U0905195

·2018·
中国有色金属工业年鉴

（总第28卷）

中 国 有 色 金 属 工 业 协 会
《中国有色金属工业年鉴》编辑委员会

2018年8月22日，赞比亚总统伦古为中国有色集团投资的数字化矿山——谦比希铜矿东南矿体投产剪彩。

2018年9月2日，中非合作论坛北京峰会前夕，中国有色集团成功举办了“中国－赞比亚工商论坛”，赞比亚总统伦古出席论坛并发表主旨演讲。论坛期间达成的合作项目签约总金额约14.7亿美元。

2018年11月7日，在首届中国国际进口博览会期间，中国有色集团出资企业与13家国际知名企业签署了8项重大采购协议。

中国有色集团是赞比亚大型中资企业，拥有3座铜矿山、3座冶炼厂和1个境外经济贸易合作区。

刚果（金）是中国有色集团实施中南部非洲战略的重要区域。图为正在建设中的刚果（金）迪兹瓦矿业项目。

蒙古国图木尔廷敖包锌矿是中蒙矿业领域大型的合作项目，被赞誉为“中蒙友好合作的典范”。

塔吉克斯坦帕鲁特金矿是中国中央企业在中亚地区开发的一座大型金矿。

中色股份位居“全球250家大型国际承包商”第85位。图为其承建的矿山选厂项目——哈萨克斯坦巴夏库项目磨矿车间。

缅甸达贡山镍矿是中缅矿业领域大型的合作项目。

中铝国际在海外的氧化铝EPC项目——越南林同氧化铝项目

都匀高速公路项目

株洲冶炼集团股份有限公司搭配锌浸出渣KIVCET直接炼铅工程

温州空港新区标准厂房

北京市的铝天桥——崇文门铝天桥

2018年8月31日中铝国际A股成功上市

全国文明单位奖牌

共创锂想

CHANGING THE WORLD WITH LITHIUM

天齐锂业是中国和全球领先、以锂为核心的新能源材料企业，为深圳证券交易所上市公司（SZ.002466），公司业务涵盖锂产业链的关键阶段，包括硬岩型锂矿资源的开发、锂精矿加工销售以及锂化工产品的生产销售。公司战略性布局中国、澳大利亚和智利的锂资源，并凭借垂直一体化的全球产业链优势与国际客户建立伙伴关系，共同助力电动汽车和储能产业实现锂离子电池技术的长期可持续发展。

资源储备

澳大利亚·格林布什锂辉石矿

中国·四川甘孜雅江措拉锂辉石矿

生产基地

中国·四川射洪生产基地

中国·江苏张家港生产基地

中国·重庆铜梁生产基地

澳大利亚·奎纳纳生产基地(在建)

中国·四川遂宁安居生产基地效果图(在建)

成为以锂业为核心的新能源材料产业国际领导者

科研创新

●国家高新技术企业 ●院士工作站 ●国家博士后科研工作站 ●四川省重点实验室

52 发明专利	134项 国家授权专利	1项 国家专利金奖	3项 国家重点新产品
1项 省高新技术创新产品	3项 省级科技成果	2项 四川省科技进步奖	20余项 国家行业标准

应用领域

新能源汽车

航空航天

锂电池

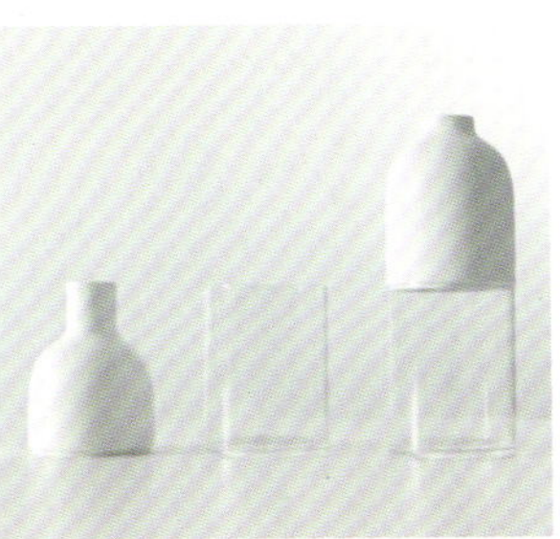
玻璃陶瓷

润滑脂

储能设备

核工业

传承历史，再创辉煌。2017 年 1 月 11 日，中金岭南公司在深圳总部举行上市 20 周年座谈会。中国有色金属工业协会会长陈全训，有色行业老领导吴建常、康义、高德柱、沃廷枢、何伯泉、张健、陈胜年，广晟公司领导马建华，中金岭南公司老领导欧显华、倪旭、郑耀明、张水鉴、郭勇，现任中金岭南公司领导及中层以上管理人员欢聚一堂，共同感怀企业上市 20 年来的难忘记忆，共同展望美好的未来。

2017 年，中金岭南克服再融资市场环境变化、发行时间短以及难度加大等一系列困难和挑战，圆满完成 15.25 亿元定增目标，融资额创历史新高，并凭借良好的资本市场形象，成为铅锌行业成功入选摩根士丹利标的股的上市公司，体现了行业龙头的影响力和竞争力，进一步推动公司国际化发展，为境外资本和投资者广泛参与投资，优化现有投资者结构提供有利条件。

2017 年 11 月 22 日，在 2017 年中国国际铅锌周暨第二十届中国国际铅锌年会上，中金岭南凭借在海外资源开发领域取得的优异成绩，喜获“2017 年度中国铅锌行业国际产能合作杰出奖”。近年来，中金岭南用技术赢得尊重，用文化赢得认同，用管控赢得效益，2017 年，全资子公司澳大利亚佩利雅公司实现了收购以来的最好业绩。

2017 年 12 月 20 日，广西盘龙铅锌矿 6000 吨 / 日采选扩产改造项目开工仪式举行，项目预计总投资 7.88 亿元，计划于 2020 年建成投产，项目建成后，将进一步提升矿山的铅锌矿石采选生产能力。

为进一步提升应对突发事件的应急处置能力，2017 年 11 月 17 日，中金岭南在凡口矿尾矿库举行应急预案综合演练，国家尾矿坝首席专家田文旗，中国安全生产科学研究院矿山所所长李全明，韶关市、仁化县安监局，广晟及中金岭南公司领导现场观摩了演练活动并给予高度评价。2017 年，中金岭南投入专项资金约 3 亿元，从源头入手，通过加快尾矿库退出、推进危废处置、强化废气治理等一系列措施，取得了良好成效，实现了“安全生产、环保受控、和谐稳定”的良好态势。

2017 年，中金岭南丹霞冶炼厂最大限度发挥自身优势，先后破解多项业界难题，自主开发镓锗铟铜综合回收流程并试产成功，创造了一系列行业新纪录，取得了历史最佳业绩，并成功入选国家绿色制造体系示范名单的铅锌企业。

大冶有色金属集团控股有限公司
DAYE NONFERROUS METALS GROUP HOLDINGS CO., LTD.

经锤炼而成 为开拓而生

大冶有色金属集团控股有限公司系中国有色集团出资企业。公司位于有着3000多年的青铜文化传承的湖北黄石，始创于1953年，是新中国早期建设的铜工业基地之一。经过60多年的建设发展，公司打造了集采矿、选矿、冶炼、化工、加工、科研、环保、建筑、制造、物流、贸易等于一体的完善产业体系，完成了经营规模化、产权多元化、资产证券化、产业绿色化、品牌国际化等“五大跨越”。主要业务板块铜板块现已形成采矿500万吨、选矿500万吨、阴极铜70万吨、铜材加工30万吨的年生产能力。稀贵金属板块产品涵盖黄金、白银、硒、碲、铂、钯、铼、镍等，已形成年产黄金20吨、白银1000吨以上的能力。积极发展废金属和再生资源利用产业，着力打造国家级“城市矿产”示范基地以及生物技术治理废水产业，不断推进绿色发展。

公司技术装备水平国内领先，先后完成了矿山、冶炼系统的全流程改造，大幅提高绿色化、智能化、机械化、自动化、信息化水平。建成世界大型的澳斯麦特炉、世界先进的铜电解项目、国内领先的30万吨铜杆加工项目，采用澳斯麦特富氧顶吹熔炼工艺、永久不锈钢阴极电解工艺、连铸连轧铜杆生产工艺，冶炼回收率、综合能耗、二氧化硫排放等主要工艺技术指标达到国内先进水平。

公司是湖北省创新型企业，拥有国家级企业技术中心、博士后科研工作站、国家级工程实践教育中心、国家认可实验室、冶金行业甲级研究院等一系列科技创新平台，公司共获得国家授权专利206件，获得各种类科技奖励140余项，主持或参与起草和修订国际、国家、行业标准138项。

公司大力推行5S精益管理，持续推进“三化建设”（人要规范化、事要流程化、物要组织化），建立了质量、环境、职业健康安全、测量、能源和党建“六标一体”管理体系和内部控制体系，逐步形成以市场化、全员化、精益化为特色的大冶有色精益管理模式。公司通过了ISO-9000质量体系认证，公司“大江”牌注册商标是中国驰名商标和湖北省著名商标；大江牌阴极铜（DJ-A、DJ-B）、黄金、白银等4个牌号的产品分别在伦敦金属交易所、伦敦贵金属交易所等国际市场实现了注册，在行业内处于领先地位。

广告

以市场为导向 以效益为中心

大冶有色网站

金彩有色微信

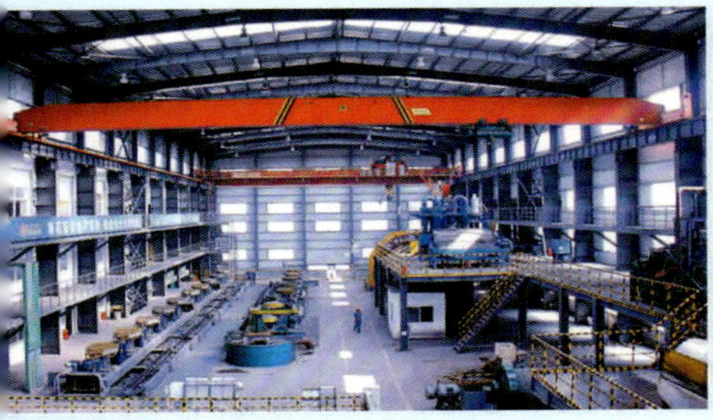

冶有色铜绿山矿选矿车间生产场景

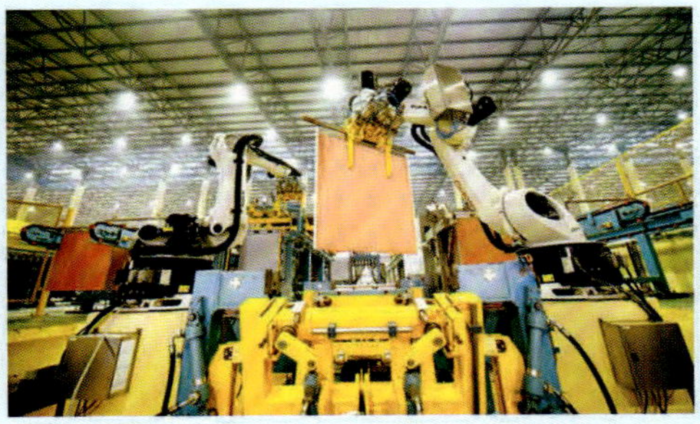

大冶有色30万吨铜加工清洁生产示范项目生产线

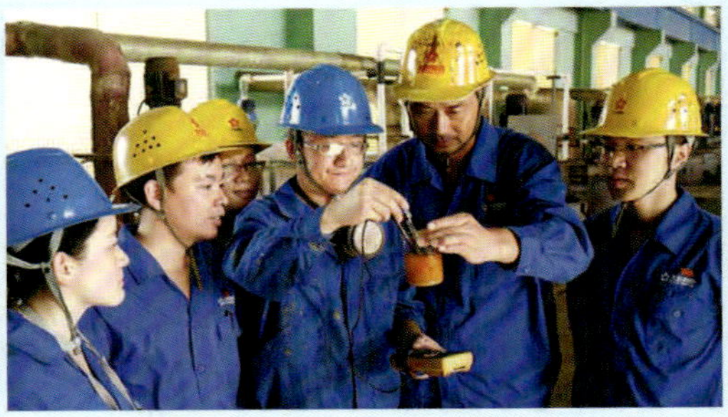

全国示范性劳模和工匠人才创新工作室——
宋幸福团队创新工作室成员在测试金还原电位

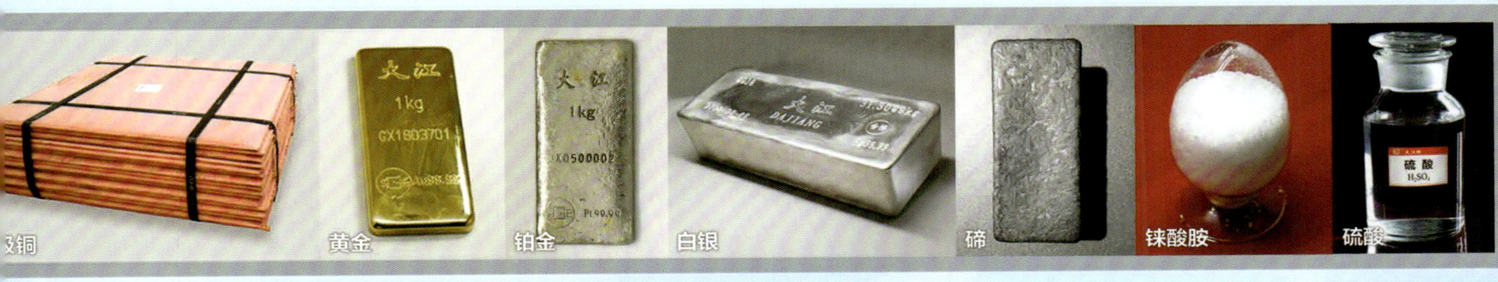

大冶有色生产的“大江牌”系列产品

地址：湖北省黄石市下陆区下陆大道18号 电话：0714-5385555 网址：www.dyys.com

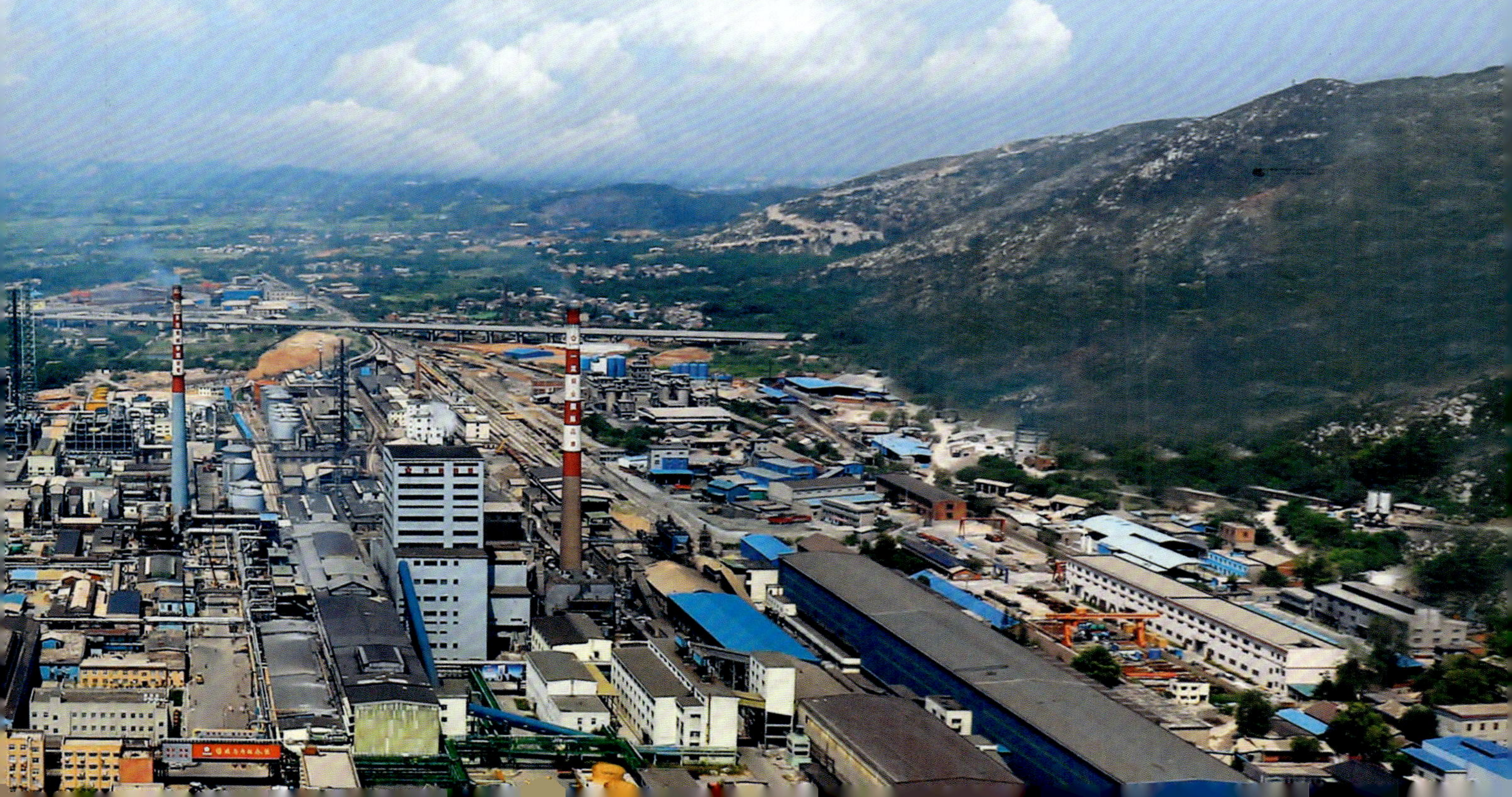

北方工业大学
North China University of Technology

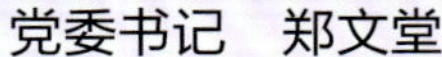
党委书记　郑文堂

校长　丁　辉

2017年，北方工业大学占地面积30.15万平方米，学校产权校舍建筑面积39.77万平方米、非产权校舍建筑面积4.08万平方米。全年教育经费投入90025.07万元，其中，国家拨款71964.73万元、自筹经费18060.34万元。固定资产总值20.22亿元，其中，教学、科研仪器设备资产值6.46亿元。图书馆建筑面积15322平方米，藏书316.09万册，其中，纸质图书166.09万册、电子图书150万册。拥有计算机7573台。学校信息化经费投入761.53万元，多媒体教室座位1.6万个，信息化设备资产26086.33万元，网络信息点13758个，校园网出口总带宽3500Mbps，电子邮件系统用户28064个，上网课程1475门，数字资源量：53.1 TB，管理信息系统数据总量219.50 TB。

2017年，学校设有1个校区，设置12个院（系、部）；开设47个专业及覆盖7个学科；具有一级学科19个，

校园风光

1个服务国家特殊需求博士人才培养项目，一级学科硕士学位授权点19个和硕士专业学位授权点15个。北京市重点二级学科7个，建有15个省部认定重点实验室或工程研究中心。

2017年，学校教职工1101人，其中，专任教师822人，包括教授130人、副教授303人；博士生导师19人、硕士生导师428人；双聘院士1人、千人计划2人、国家有突出贡献专家1人、享受政府特殊津贴专家7人。外籍教师17人，其中，教授3人、副教授1人。

2017年，学校毕业生4685人，其中，学历教育学生中全日制研究生594人（博士生2人、硕士生592人）、普通本科生2662人、成人教育本专科生1344人（本科生409人、专科生935人）；在职人员攻读硕士学位85。本科毕业生就业率99.26%。

2017年，学校招生4442人，其中，学历教育学生中全日制研究生760人（博士生8人、硕士生689人）、普通本科生2808人、成人教育本专科生874人（本科生620人、专科生254人）。高考北京地区提档线文科539分、理科537分。

2017年，学校在校生15643人，其中，学历教育学生中全日制研究生1920人（博士生18人、硕士生1902人）、普通本科生10707人、成人教育本专科生2786人（本科生1401人、专科生1385人）、在职人员攻读硕士学位230人。留学生毕业73人、招生620人（含长期语言生）、在校生421人（不含短期）。

学校网址：www.ncut.edu.cn　　地址：北京市石景山区晋元庄路5号

邮编：100144　电话：88802114　传真：68875846

“十三五”规划学校全景图

《中国有色金属工业年鉴》
编辑委员会

《中国有色金属工业年鉴》编辑部

编辑说明

由中国有色金属工业协会编辑出版的《中国有色金属工业年鉴》2018年卷正式与读者见面了。该书是国内唯一一部全面记载和公开发布我国有色金属工业发展状况的大型权威性、史志型资料工具书。2018年卷《中国有色金属工业年鉴》，在国家相关部门的支持下和有色金属行业的同仁大力协助下，真实、客观、准确地记录了我国有色行业2017年基本概况。

2017年，在以习近平同志为核心的党中央的坚强领导下，在全行业的共同努力下，行业供给侧结构性改革取得重大阶段性成果，有色金属行业认真落实供给侧结构性改革，加强行业自律，营造了良好的市场环境。2017年有色金属工业总体呈现出生产平稳，价格上涨，效益向好的态势。但投资、出口额下降，以及创新不足、融资困难等结构性矛盾仍未根本缓解，产业持续向好的基础有待进一步巩固。2017年，十种有色金属产量5653.7万吨，比上年增长5.7%；国内市场年均铜价比上年增长29.2%，结束了自2012年以来连续5年下降态势；铝价比上年增长15.9%，涨幅比上年扩大了12.9个百分点；完成固定资产投资额5770.0亿元，比上年下降7.4%；规模以上有色金属企业年末资产总额46915.4亿元，比上年增长1.9%；规模以上有色金属工业企业实现利润总额2544.7亿元，比上年增长3.9%；有色金属进出口贸易总额1348.3亿美元，同比增长15.1%。其中：进口额973.7亿美元，同比增长26.3%；出口额374.6亿美元，同比下降6.4%。截至2017年，中国十种有色金属产量连续16年居世界第一，消费量连续15年居世界第一，成为世界有色金属产量、消费量增长的主要推动力。

在国家有关部门和中国有色金属工业协会领导的大力支持下，本社编辑部在企业特约撰稿人的协助下，经过大量细致的编辑工作，将《中国有色金属工业年鉴》2018年卷敬献给读者。

本书基本延续了历年的栏目设置，共有11个部分，依序为：

第一部分：文献篇

第二部分：特记篇

第三部分：政策与法规篇

第四部分：综合篇
第五部分：市场篇
第六部分：企（事）业风采篇
第七部分：各省、自治区、直辖市有色金属工业篇
第八部分：企（事）业篇
（一）中直企业及中国有色金属工业协会所属单位、代管协（学）会
（二）全国各地有色金属工业、企事业单位
第九部分：光荣榜
第十部分：大事记篇
第十一部分：统计篇
（一）2017 年中国有色金属工业统计
（二）2017 年世界有色金属统计
附录：1949 年 –2017 年全国有色金属重要统计资料汇编。

本《年鉴》收录的有色金属工业统计资料，其国内部分是由中国有色金属工业协会信息统计部提供，具有行业权威性。文中涉及的全国性统计资料中，暂未包括我国台湾省、香港特别行政区和澳门特别行政区；其国外部分是由中国有色金属信息中心根据国际权威机构的信息资料整理提供，在此仅供参考。

由于《年鉴》内容涉及相关部门多，企业撰稿人变动较大，加上各种情况不断变化，本书在资料搜集整理上、在编辑过程中，难免有疏漏之处，欢迎广大读者给予批评指正，我们将在今后的《年鉴》编辑中及时改进。

本书在编辑和出版过程中，得到了国务院有关部门、全国各省、自治区、直辖市有色金属工业主管部门和行业协会，各有色金属企业、事业单位的大力支持和帮助，得到了中国有色金属工业协会各部门、各单位的密切配合。在此，谨向关心与支持本《年鉴》工作的各级领导和同志们，向各供稿单位、组稿（撰稿）人和海内外广大读者一并表示衷心的感谢！

《中国有色金属工业年鉴》编辑部
二〇一八年十二月 · 北京

目　　录

文　献　篇

特　记　篇

政策与法规篇

综　合　篇

市　场　篇

企（事）业风采篇

各省　自治区　直辖市有色金属工业篇

企（事）业篇

中央直属大型企业及协会
所属单位、代管协（学）会

全国有色金属工业企（事）业单位

铝　镁

铜　镍

铅　锌

钨钼锡锑

稀有　稀土　贵金属　硅

机械制造

施工企业

地质勘查

科研院所　大专院校

设计　勘察　其他

光　荣　榜

大事记篇

统计篇

CONTENTS

REFORM AND DEVELOPMENT

SPECIAL CONTRIBUTION

INDUSTRYPOLICIESANDREGULATIONS

SURVEY OF NATIONAL NONFERROUS METALS INDUSTRY

NONFERROUS METALS MARKET

INTRODUCTION OF ENTERPRISES AND INSTITUTIONS

SURVEY OF NONFERROUS METALS INDUSTRY IN PROVINCES, CITIES, AND AUTONOMOUS REGIONS

NATIONAL LARGE SCALE ENTERPRISES AND ENTERPRISES UNDER CNIA

THE MAIN ENTERPRISES AND INSTITUTIONS OF THE NONFERROUS METALS IN CHINA

ALUMINUM AND MAGNESIUM ENTERPRISES

COPPER AND NICKEL ENTERPRISES

LEAD AND ZINC ENTERPRISES

TUNGSTEN, MOLYBDENUM, TIN AND ANTIMONY ENTERPRISES

RARE METALS AND RARE EARTH AND PRECIOUS METALS AND SILICON ENTERPRISES

MACHINERYWORKS

CONSTRUCTIONENTERPRISES

GEOLOGICALEXPLORATIONBUREAU

RESEARCH INSTITUTES AND UNIVERCITIES

PROSPECTING AND ENGINEERING INSTITUTE

HONOUR ROLL

MAJOR EVENTS

STATISTICS OF NONFERROUS METALS INDUSTRY

APPENDIX

2018 年 9 月 27 日，中共中央总书记、国家主席习近平考察了中旺集团。

2017 年 4 月 20 日，正在广西考察的习近平总书记来到广西南南铝加工有限公司，实地了解企业进行传统产业优化升级，发展航空航天、轨道交通、船舶海洋等领域高性能铝材产业情况。

2017 年 6 月 22 日至 24 日，中共中央政治局常委、中央书记处书记刘云山就加强基层党建工作来到辽宁调研，营口忠旺铝业有限公司作为工业基地代表企业之一，成为刘云山调研的重要一站。

2017 年 7 月 9 日，中共中央政治局委员、中央党的建设工作领导小组副组长、中央新疆工作协调小组副组长张春贤到中信重工开诚智能装备有限公司调研国企党建工作，对公司抓实党建促发展的做法给予肯定，并鼓励企业继续保持核心竞争力，特种机器人产业一定会发展得更大更好。

2017 年 3 月 22 日，全国人大常委会副委员长艾力更·依明巴海率领由全国人大财经委员会副主任黄奇帆任组长的全国人大常委会产品质量法检查组一行到西南铝业（集团）有限责任公司调研。

2017 年 6 月 8 日，国务委员王勇，与民政部部长黄树贤、外交部副部长张明、国务院国资委副主任王文斌、中国驻赞比亚大使杨优明共同前往中国有色集团在赞比亚的出资企业进行考察。图为：王勇考察中色卢安夏湿法冶炼车间。

十种有色金属总产量

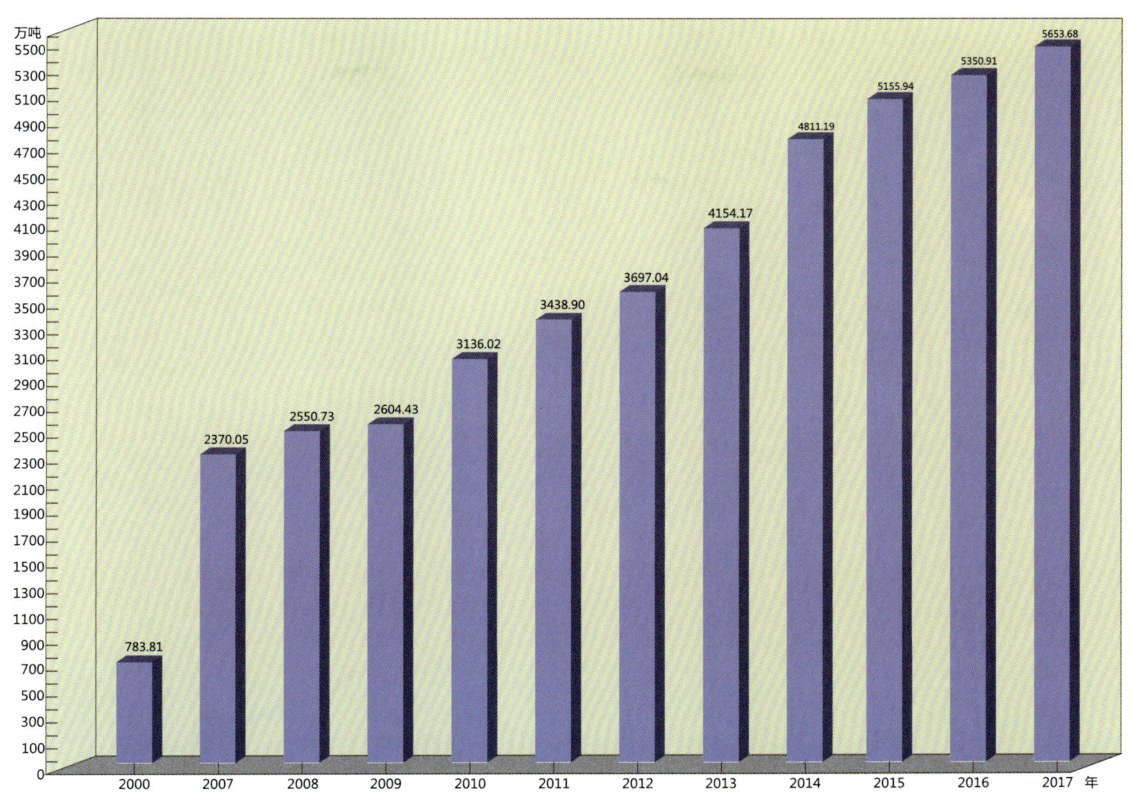

工业总产值

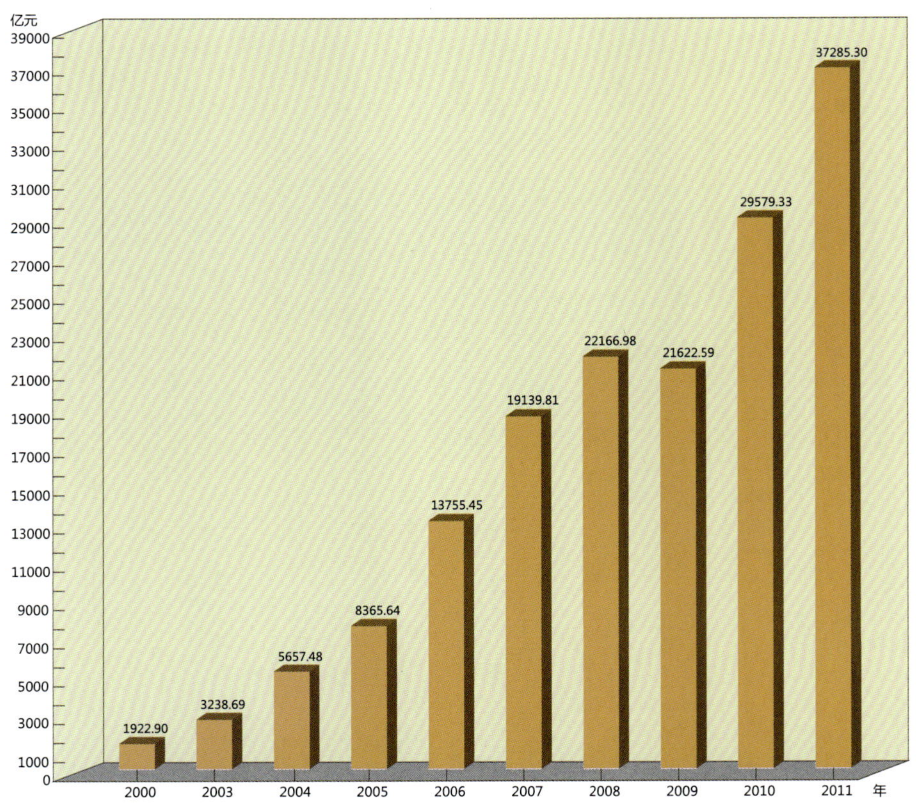

注：从2012年起不再统计工业总产值数据。

利税

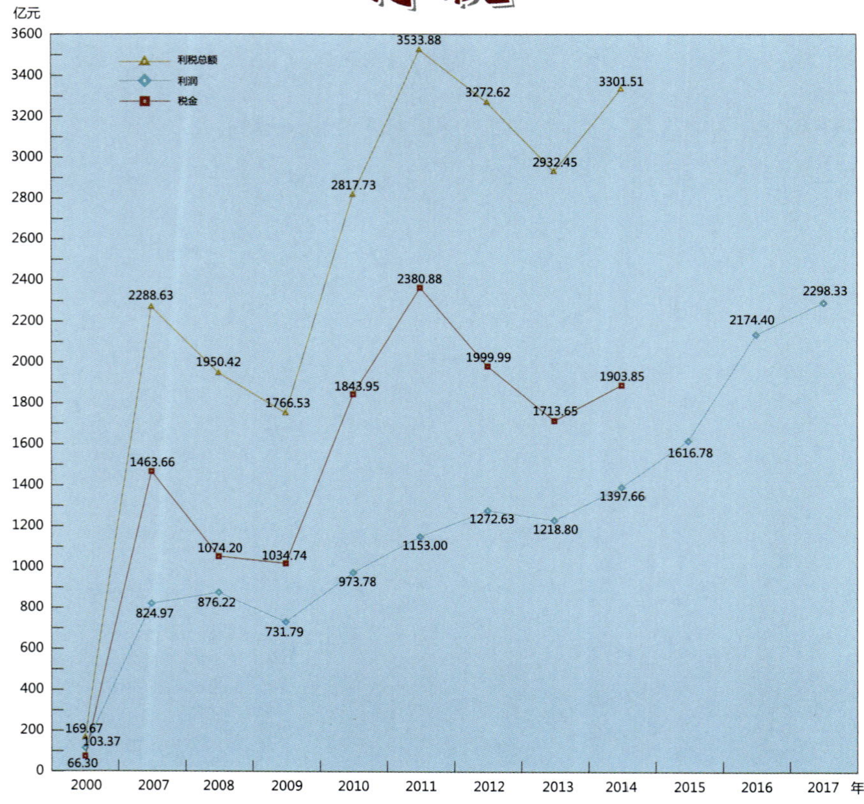

亿元
利税总额
利润
税金
3533.88
3272.62
3301.51
2932.45
2817.73
2380.88
2288.63
2298.33
2174.40
1950.42
1999.99
1843.95
1903.85
1766.53
1713.65
1616.78
1463.66
1397.66
1272.63
1218.80
1153.00
1074.20
1034.74
973.78
876.22
824.97
731.79
169.67
103.37
66.30
2000
2007
2008
2009
2010
2011
2012
2013
2014
2015
2016
2017
年

亿元
6947.03
6657.20
6719.76
6228
5770.07
5506.22
4606.34
3639.16
2716.96
2365.59
1660.45
111.08
2000
2007
2008
2009
2010
2011
2012
2013
2014
2015
2016
2017
年

固定资产投资

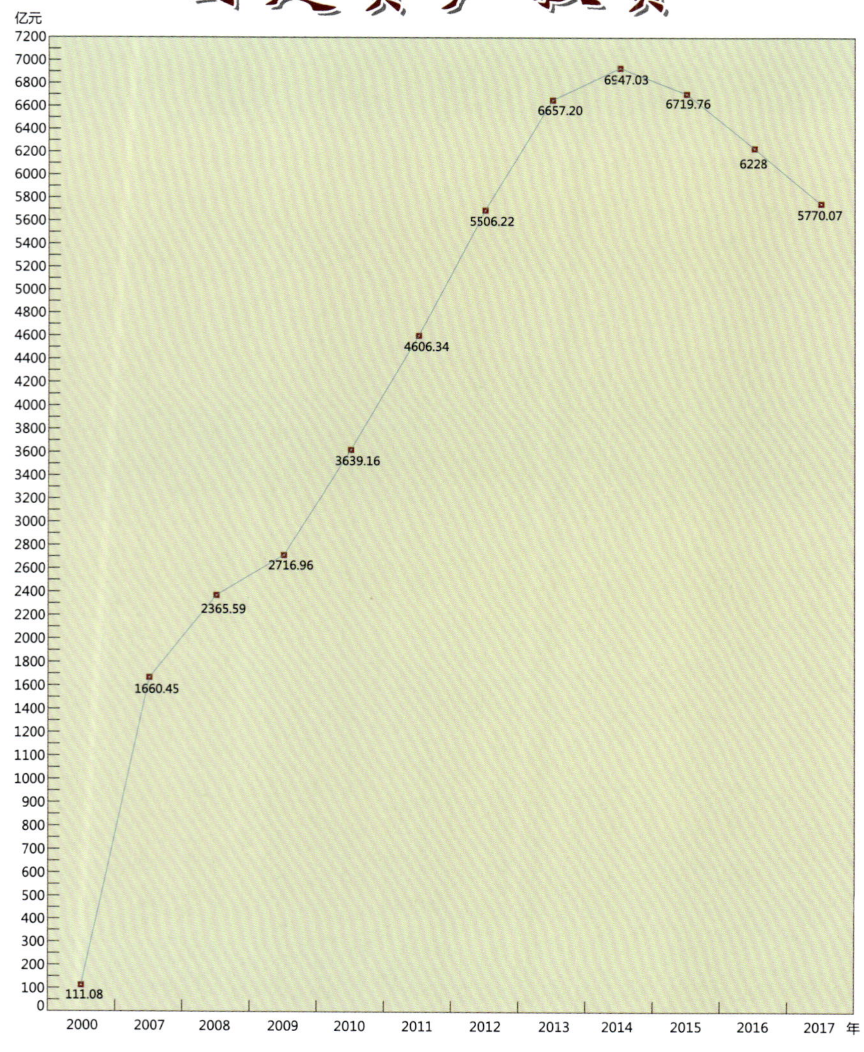

进出口贸易

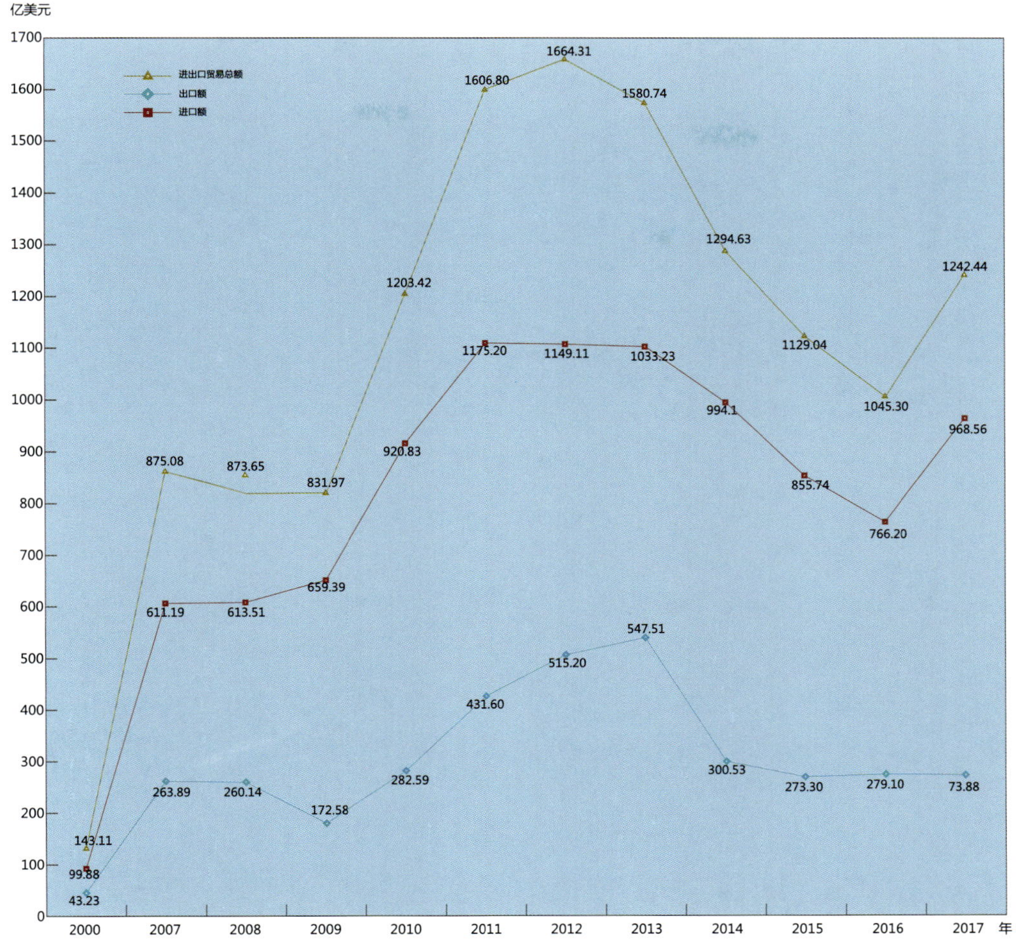

氧化铝 铜精矿 铅精矿 锌精矿 进口实物量

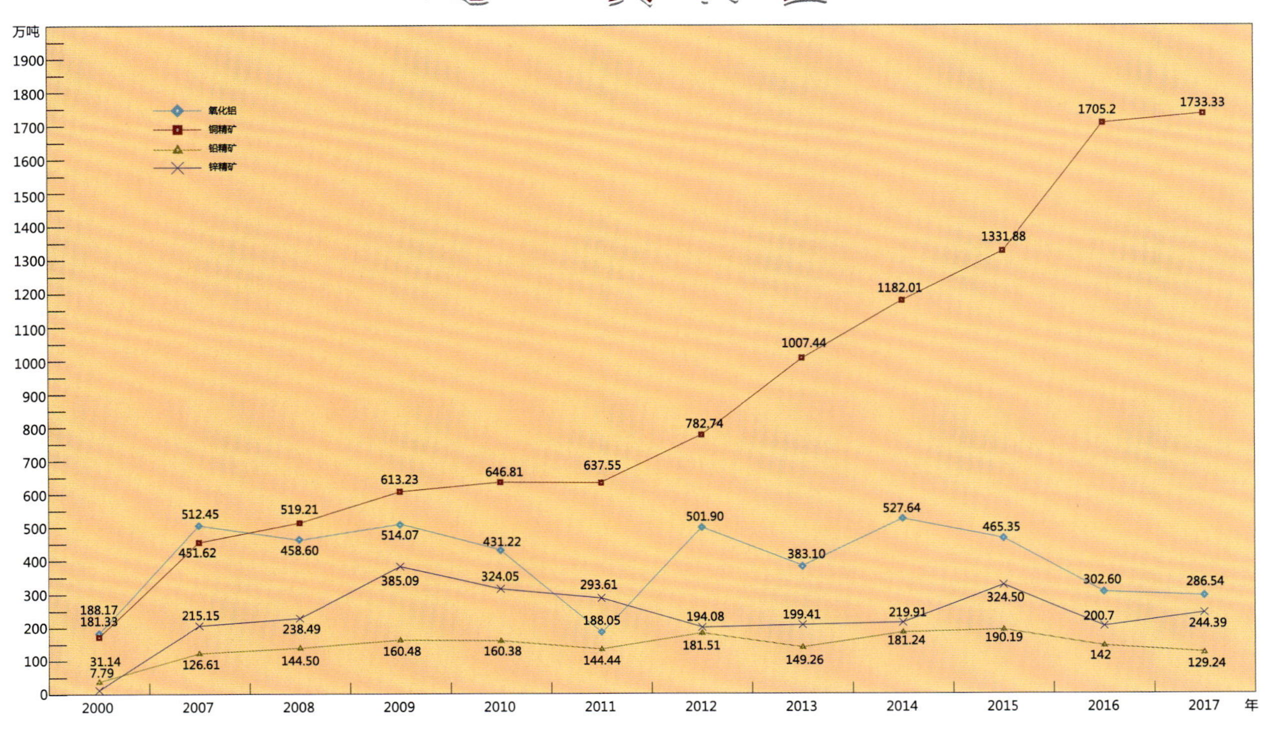

六种精矿金属含量

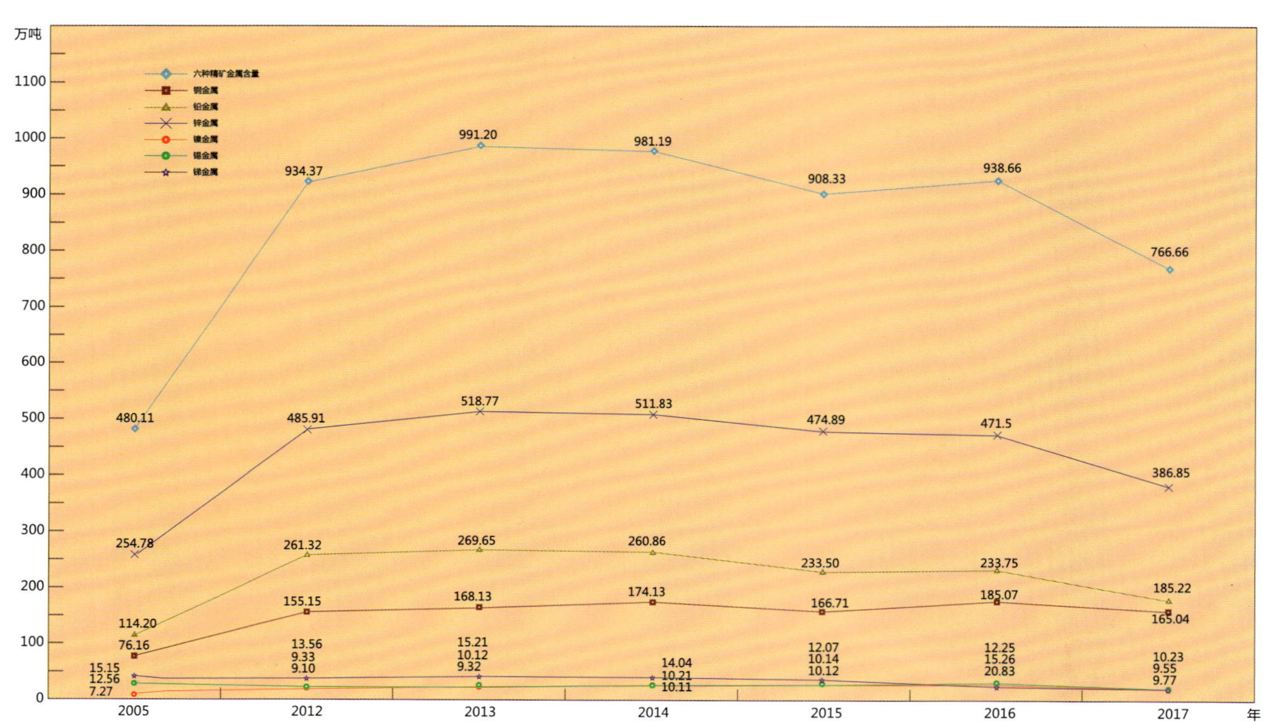

主要有色金属单位产品能耗

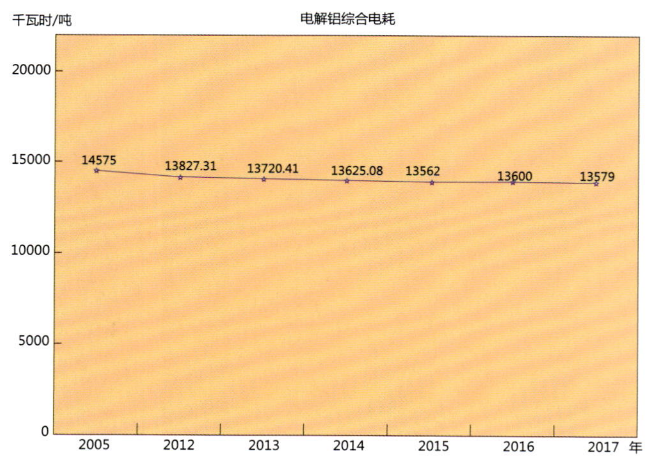

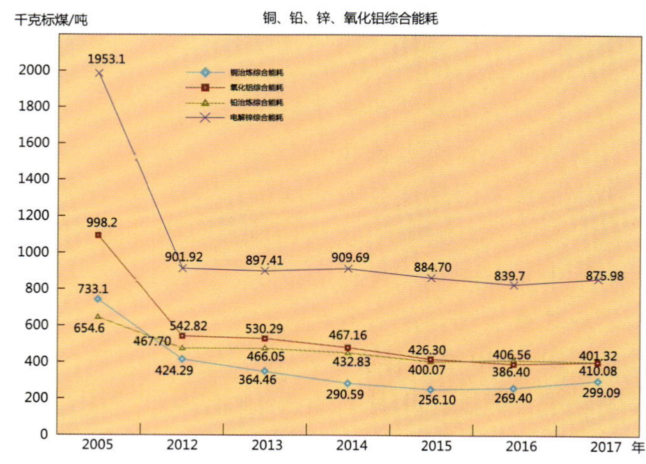

文 献 篇

深入学习贯彻十九大精神
促进有色行业高质量发展

——————中国有色金属工业协会 **2018** 年工作会议报告（摘要）

中国有色金属工业协会会长　陈全训

2018 年 1 月 29 日

一、认真学习十九大精神，兴起学习新热潮

党的十九大意义重大，影响深远。大会系统总结了十八大以来我国取得的一系列重大历史性成就、发生的历史性变革，作出了中国特色社会主义进入新时代、我国社会主要矛盾已经转化等重大政治判断，确立了习近平新时代中国特色社会主义思想在全党的指导地位，提出了新时代坚持和发展中国特色社会主义的基本方略，对新时代推进中国特色社会主义伟大事业和党的建设伟大工程作出了全面部署。这是我们党和国家迈进新时代、开启新征程、谱写新篇章的政治宣言和行动纲领，也是我们行业调结构、促转型、增效益的理论指导和行动指南。协会党委按照党中央、国务院国资委党委的部署和要求，把学习贯彻十九大精神，作为当前和今后一个时期全行业的首要政治任务，迅速在协会组织各种形式的宣贯活动，兴起学习贯彻十九大精神热潮。

十九大开幕当天，协会组织全体党员收看开幕会直播盛况，第一时间了解大会的有关重要精神。10 月 30 日，协会召开党委扩大会传达国资委党委有关部署。11 月 2 日，协会党委召开动员会，党委书记作报告进行动员部署。12 月 5－7 日，协会党委成员集中参加国资委直管协会负责人专题学习班。12 月 12－14 日，协会党委组织本部及所属单位党员干部，开展为期三天专题学习。12 月 15 日，协会党委邀请中铝公司董事长、十九大代表葛红林同志作学习十九大精神宣讲报告。到 12 月底，协会党委中心组已经 9 次集中学习十九大精神。协会党委书记还在 2017 年全国有色金属行业协会（行业主管部门）负责人座谈会、中国钨业协会 2017 年理事会等多个场合宣讲十九大精神。协会各所属单位也按协会党委的要求，部署落实各基层党组织的学习贯彻活动。

协会党委要求全体党员要原原本本、原汁原味地学，抓关键、成体系地学，学深悟透我们党在中国特色社会主义进入新时代举什么旗、走什么路、以什么样的精神状态、担负什么样的历史使命、实现什么样的奋斗目标等重大问题。要求结合中央经济工作会议精神，把握习近平新时代中国特色社会主义经济思想，从行业实际和协会工作出发，牢固树立新发展理念，抓住高质量发展这一根本要求，把党的十九大精神落细落小落实，在上下结合中做到学以致用、学以力行，增强“四个意识”，提高政治站位，坚定发展信心，提升服务能力，推动行业发展质量变革、效率变革、动力变革。

协会学习贯彻十九大精神部署早、行动快，发动广、落地实。通过领导带头先学一步、学深一层，并以多种形式动员辅导解读，形成“头雁效应”，在协会本部乃至全行业兴起了学懂弄通做实的热潮。这对我们用十九大精神和习近平新时代中国特色社会主义思想武装头脑，做好行业工作与自身建设，提供了强大的思想武器，凝聚了磅礴的精神力量。

二、认真贯彻国资委党委巡视工作部署，切实抓好协会巡视整改工作落地

根据国资委党委对巡视工作的总体部署，有色协会被列为首批巡视试点的两家协会之一。2016年11月14日，国资委第五巡视组进驻协会，开展了为期两个月的专项巡视。2017年2月15日，国资委第五巡视组向协会反馈了《关于对中国有色金属工业协会党委巡视情况的反馈意见》。认为协会党委对加强社会组织党的建设进行了有益的尝试和探索，做了大量工作，取得了明显成效，各项工作处于较好水平。但同时，还存在党的领导核心作用没有得到充分发挥、党的建设存在薄弱环节、全面从严治党不力、自身管理和建设不够规范，以及国有资产监管严重缺位五大方面问题。

协会党委高度重视巡视组指出的问题和提出的建议。反馈意见后，协会党委立即召开专题党委会，认真学习讨论巡视反馈意见，对整改工作进行全面研究部署。成立了整改工作领导小组和工作小组，对巡视反馈意见逐条逐项研究、逐字逐句分析，先后召开了14次党委会、8次工作小组整改专题会，制定了123条具体措施的整改台账，着力推进巡视整改工作落实。对巡视反馈的问题线索进行逐项核查，厘清了有关问题，对相关责任人进行了问责处理。18家协会所属（代管）单位，也制定整改台账，积极对照整改。

经过近一年来集中整改和不断探索党建工作长效机制建设，123项整改措施中，66项全部完成，55项需长期坚持，2项已经党委会原则通过，于2018年2月底前完成。对巡视移交问题涉及到的10名相关责任人进行问责处理，追索资金110.46万元。巡视整改工作取得了阶段性成效。一是协会党委的政治核心作用进一步突出。通过整改，协会党委充分认识到，行业协会加强党的领导、发挥党组织领导核心和政治核心作用刻不容缓。在事关协会改革发展的全局性、长远性问题，加强制度建设，推动规范管理，准确把握党组织功能定位等方面，得到有效改进，协会党委在改革发展中的政治引领作用进一步突出。二是协会党的建设得到全面加强。将党的建设有关内容写入协会和代管协会章程，坚持党委前置决策程序，充分发挥各级党委、各基层党组织的政治核心作用，增加党务工作人员配置，配齐配强党建、纪检干部，提升党务工作能力和水平，真正把加强党的建设工作融入协会运行和发展全过程。三是全面从严治党责任进一步深化。通过成立协会党委落实党风廉政建设和反腐败工作领导小组，设立纪检监察处，增加专职工作人员，规范协会及所属单位各纪委书记兼任的不兼容职务，组织干部职工接受廉政警示教育等措施，促使党委主体责任和纪委监督责任进一步落到实处，党委全面从严治党的能力得到进一步提高。四是国有资产监管能力有效提升。一方面，切实加强资金管理、资产处置、资源配置、资本运作和工程项目“四资一项目”的有效监管，全面提升资产财务管理水平。另一方面，加强领导干部特别是各单位主要负责人经济责任审计、专项审计等关键节点工作，规范国有资产处置，缩短投资链条。通过巡视整改，全面提升了资产监管和财务监督水平，加大了对所属单位负责人管控力度，更好地担负起国有资产保值增值的重要职责。

三、坚持问题导向，服务行业发展

根据年初工作部署，2017年，协会围绕行业发展重点难点，坚持问题导向，主要开展了八个方面工作：

一是大力推进供给侧结构性改革，促进行业平稳健康发展。针对电解铝产能过剩问题，协会积极配合发改委、工信部等四部委，大力推进供给侧结构性改革，在摸清电解铝底数的基础上，参与《清理整顿电解铝行业违法违规项目专项工作方案》（以下简称《专项工作方案》）的起草，加强行业宣贯，提高企业认识，部署《专项工作方案》四个阶段协会的具体行动，按要求参加四部委赴山东、新疆、内蒙古、广西等地实地核查。配合工信部完善电解铝产能等量减量置换方案。在《专项工作方案》实施过程中，协会密切关注电解铝行业出现的新情况，及时反映新问题，为清理整顿电解铝违规产能取得阶段性成果，促进行业平稳运行，做出了实质性贡献。

二是强化行业质量品牌建设，努力培育发展新动能。协会组织召开全国有色金属工业质量品牌建设推进工作会，加快推动《品牌培育管理体系实施指南》行业标准的研究制定，开展强化质量基础活动，组织研究发布国家标准185项，行业

标准34项。围绕创新驱动发力，着力宣传培育行业发展新动能，推动铝－空新能源产业化应用，推进高性能内螺纹铜管、高耐蚀铜合金、高强铜合金带材、高端航空和交通用铝合金材、纳米陶瓷铝等新产品开发取得新进展。围绕行业技术装备创新，编报行业《重大技术装备项目建议表和建议书》，在“十三五”国家重大基础材料研发专项中，12个稀有稀贵金属材料项目获国家立项。同时，行业6项成果通过国家科技奖评审，3个项目获第十九届中国专利优秀奖。

三是继续落实42号文件精神，潜心扩大有色金属应用。扩大有色金属应用，是国办发42号文对协会提出的明确要求，也是协会这几年工作的重点与亮点。几年来，协会以扩大铝的应用为切入点，每年寻找一个突破口，极大拓展了铝的应用领域，得到了各方面的高度认可。2017年，协会在调研的基础上，联合中国家具协会、中国林产协会等，大力推动全铝家具的应用，并在山东临朐组织“扩大铝制家具应用高层论坛暨全铝家具展览会”系列活动，取得良好反响。目前，200多家铝加工生产企业进入铝制家具生产服务行业。协会还配合全国政协经济委员会，专题组织了“铝能源产业化调研”活动，配合发改委就铜铝复合材料在电力行业的推广应用问题，组织生产方与使用方在标准、资质等方面沟通衔接，并与工信部原材料司等一起商讨联合推进扩大铜的应用。

四是加强环保政策宣贯，大力促进行业绿色发展。深入贯彻落实“五大发展理念”，把绿色发展放在协会促进行业健康发展的突出位置，号召全行业统筹处理好“金山银山”与“绿水青山”的辩证关系，努力提高行业清洁生产水平。一方面，协会在湖南组织召开“全行业环境保护工作推进会”，邀请环保专家介绍情况、分析形势、解读政策，要求全行业勇于担当历史责任与社会责任，打好环境保护攻坚战。另一方面，针对京津冀大气污染防治、特别排放限值调整、危险废物归类等对行业产生重大影响的环保政策，协会加强调研，深入研究，倾听企业意见，及时反映情况，提出对策建议，为相关政策出台提供了科学依据。同时，大力推进绿色产业标准制定，配合国土资源部完成了首个《有色金属绿色矿山建设行业标准》的制定。这些工作既提高了环保政策约束门槛，树立了矿山行业绿色标杆，提升了行业清洁生产水平，又在一定程度上缓解了企业短时间内陡然增加的压力，有利于行业可持续发展。

五是着力应对贸易摩擦，维护行业共同利益。继2016年4月美国国际贸易委员会针对中国启动影响美国铝业竞争力的“332调查”后，2017年3月28日、4月27日、11月28日，美国又先后针对我出口铝箔产品开展双反调查、针对包括来自中国在内的海外铝产品进口展开“232”专门调查、针对来自中国进口的铝板带自主发起双反调查。在严峻的贸易摩擦形势面前，为维护行业利益与合理诉求，协会配合商务部，积极组织行业相关企业抱团应诉，认真研讨应对措施和反制建议，积极协调国际铝协和相关国家铝行业组织，两次组团赴美游说，参与美方听证会据理力争，通过主流媒体发声，严正阐明中方观点，表明立场、澄清事实、回应疑问、以正视听。我们的系列应对，有效延缓了美“232”调查裁决，迄今该案尚未对中国铝产品外贸产生实质性影响。铝箔和铝板带双反案，形成了行业骨干企业联合开展无损害抗辩的共识。

六是积极组建“企业联盟”，不断推进国际产能合作。为推进“一带一路”建设在行业的有效实施，提升行业国际产能合作水平，在国家发改委的具体指导下，在各企业的大力支持下，2017年3月，协会发起组建了“中国有色金属国际产能合作企业联盟”。这是行业构筑协调发展新平台、厚植开放发展新优势、释放共享发展新潜力、凝聚行业“走出去”发展新合力的重要举措。借助这一平台，协会配合国家发改委协调推进具有自主知识产权的铜冶炼底吹技术装备输出，配合工信部以国内外结合的方式，开展优化有色金属产业链布局规划研究，结合行业职业教育工作，扎实推进职业教育“走出去”试点，完成面向赞方员工的7期职业教育培训。这些工作，有利于推动行业产能、装备、技术、服务全方位输出，促进国际产能合作迈向新高度。

七是努力为企业排忧解难，促进区域产业协调发展。围绕有色金属产品税目调整与关税调整、污染防治、危废归类、“僵尸企业”处置、矿产资源税调整、国家储备、镍产业贸易救济、锡精矿加工贸易、锑冶炼排污许可证等行业企业共同关心的问题，倾听企业诉求，征求地方意见，配合部委工作，争取政策支持。完善“三位一体”产业预测预警体系，定期发布有色金属产业综合景气指数，编制并陆续发布主要有色金属单品种景气指数，加强行业预警分析，提醒企业预防风险。按工经联统一部署，认真组织编撰《有色金属工业史》，提高行业历史文化传承亲和力。2017 年，协会在与海关总署签订战略合作框架协议的同时，还分别与安徽淮北、山东东营、江西宜春、青海西宁等地方政府（园区）签订战略合作框架协议，继续稳步推进甘肃省有色行业“一县一业”产业合作，加强技术咨询和信息服务，促进区域有色金属产业与经济社会协调发展。

八是精心组织行业重大活动，提升行业影响力。在做好日常服务工作的同时，协会坚持品牌办会、特色办会、创新办会，在一系列重大行业活动上精心组织谋划。伦敦中国有色金属报告会、中国国际铝业周、中国国际铅锌周活动，影响进一步扩大，在全球坚定发出中国有色的声音，讲好中国有色的故事。与国务院参事室共同举办中国稀土论坛，与中国工程院共同举办新能源材料高层论坛，与重庆市经信委共同主办重庆冶金展，与东营市政府共同举办有色金属工业展等活动，主题进一步聚焦，协会的牌子进一步擦亮，受到相关方面的好评。

四、加强内部建设与内控管理，增强协同服务能力

结合巡视整改要求，协会努力转变思想和作风，不断加强协会内部组织建设与内控管理制度建设，注重人才培养，在努力提高各分会、代管协会、所属单位与协会服务工作协同性的同时，提高自身发展能力。

就协会本部而言：修订了协会章程，研究制定了《协会脱钩改革预案》和《协会五年发展规划》，制定了《协会重大事项征求意见和通报制度》与《协会加强党建工作实施办法（试行）》，制修订了有关资产监管、财务管理、审计内控制度，增加了党务工作人员与党建、纪检干部配置，全面加强了党委对协会工作的领导，强化了协会内部管控制度。2017 年，协会完成了对技经院、资产公司、人才中心和海南公司 4 个单位负责人的离任经济责任审计等 18 个审计项目。按组织程序完成协会本部选拔任用干部 3 人。为掌握中青年员工思想状况，尽可能帮助年轻员工解决现实困难，更好发挥年轻人作用，协会组织召开了协会本部中青年员工座谈会，针对 19 名青年员工提出的意见建议，在加强业务培训、加大干部交流、完善干部培养机制、提高中青年员工待遇等方面采取了力所能及的有效措施。

就分会与代管协会而言：由于工业协会换届延迟的原因，致使部分分会、代管协会的按期换届受到一定影响。2017 年，协会创造条件，克服困难，采取换届与届中调整相结合的方式，按照程序顺利完成了铝业分会、铅锌分会、锡业分会、地质分会的换届工作，完成了中国钨业协会、中国有色金属加工工业协会、镓硒碲分会、金银分会、硅业分会等 9 家代管协会和分会届中领导人调整工作。各分会和代管协会都修改完善工作规则或章程，明确业务工作必须加强党的领导，努力保证各分会与代管协会组织建设健全。围绕工业协会主体工作部署，各分会和代管协会结合自身工作实际，创新服务模式，搭建工作平台，优化服务手段，“三服务”能力和水平都有提高。

就所属单位而言：根据工作需要，通过党委动议、推荐测评、考察、公示等程序，协会完成了技经院、资产公司、实业公司、地调中心等 7 家单位领导班子成员的调整工作，强化了所属单位党建工作，充实了所属单位领导力量。对所属全民所有制企业，正在按规定要求全面推行董事会管理制度的建立。所属单位开拓奋进，取得了不俗的业绩。技经院探索院整体改制继续深入推进，控股公司安泰科实现新三板挂牌，标准研究取得新突破。地研院“矿产资源绿色评价研究中心”授权挂牌，中青年人才斩获“地勘三大奖”，民生地质服务生态文明建设取得新进展。鑫达中心不断调整优化资产结构，提升风险防控能力，投资运营实现利润创新高。实业公司稳定既有盈利业务，拓展贸易渠道，开启所属单位合作共赢新模式。资产财务公司强化预算管理，盘活存量资产，加快资本流转，这些工作取得实质性效果。海南公司资产重组取得阶段性成效。鑫泉公司寻求新经济增长点开始起步。地调中心地质工作成果显著，国家及地方财政公益性项目大幅增长，市场项目在逆境中开拓。交流中心开展区域产业发展科技规划研究，发挥“三位一体”机制优势、提升科技与学术活动保障能力，协助组织行业展览活动呈现新亮点。人才中心扎实推进职业教育“走出去”，积极争取行业“走出去”龙头企业的

来华留学生名额与奖学金指标，取得了实实在在的新进展。质监总站组织编写相关培训教材，大力开展行业从业人员培训，主编完成《有色金属工业建筑工程质量检验评定统一标准》，全面完成国资委绩效考核目标。有色报社切实发挥新闻舆论先锋作用，围绕党的十九大、供给侧结构性改革等重大事件开设专栏，弘扬了行业主流媒体正能量。

总体看，分会、代管协会及所属单位与协会服务工作的协同性增强，一盘棋意识进一步巩固，自身发展能力也进一步夯实。

一是保证了各单位基本完成年初确立的目标任务。在确保协会各项任务按计划完成的同时，各所属（代管）单位全面加强党的建设，规范流动党员管理，增强大局意识，全盘谋划单位改革发展稳定，基本完成年初下达的目标任务。在增强自身发展实力的同时，为协会本部工作开展提供了强力支撑。二是促进了相关单位的优势互补。所属有关单位强化沟通协同，树立一盘棋思想，发挥各自优势，克服自身不足，联合开展有基础、有条件、相对成熟、风险较小的经营业务活动，为促进优势互补、实现共同发展奠定了好的基础。三是强化调研提升了服务能力。各分会组织、代管协会强化问题导向，加强基础调研，突出服务针对性、有效性，深化与相关国际组织、下游企业的合作，在开展高水平的国际学术交流、促进军民融合、培育行业工匠、优化服务平台、推动国家储备等方面取得实效。四是加强了风险控制，促进了转型发展。所属单位经营风险、安全风险、环保风险意识普遍增强，自觉规范企业管理，努力增收节支，不断优化资产结构，探索业务转型，注重品牌建设，提升了可持续发展能力。

同志们，2017 年，协会工作得到了各方面的信任和肯定。成绩的取得，离不开党中央、国务院的亲切关怀和正确领导，离不开有关部委的大力支持，离不开有色行业老领导、老同志的殷切关心，离不开会员企业的积极参与，也离不开协会全体干部员工的辛勤付出。在此，我代表协会领导班子，向大家表示衷心的感谢！

我们也要清醒地看到，协会工作仍有差距和不足。面对新形势与复杂环境，我们存在“本领恐慌”的隐患，应对解决问题的能力有待提升；存在担当精神不足的隐患，协同配合意识还需努力加强；存在精准防控风险的隐患，资产监管有效性有待进一步强化；存在中青年人才流失的隐患，培养人才、留住人才、用好人才的机制尚需完善；存在代管协会管理不到位的隐患，探索有效监管方式办法不多。就党建而言，协会党建工作水平与新时代党的建设面临的形势任务还不相适应；个别单位重业务、轻党建的状况仍然存在；个别党组织和党员领导干部对全面从严治党要求认识不到位，对权力运行的监督制约机制还需要进一步健全完善。这些都要在今后工作中加以克服和改进。

五、2017 年行业运行情况

2017 年，在以习近平同志为核心的党中央的坚强领导下，在全行业的共同努力下，行业供给侧结构性改革取得重大阶段性成果，产业运行趋稳趋好的积极因素明显增多，呈现生产平稳、贸易稳定、市场改善、效益上升等主要特点。

一是生产平稳增长。全年生产呈前高后稳的态势，特别是“2 +26”城市实施采暖季错峰生产以来，铝日均产量相较于全年高点下降接近 20%。全年十种有色金属产量 5378 万吨，同比增长 3%，增幅平稳，过去发展依靠产能与规模快速扩张的趋势得到明显扭转。

二是贸易保持稳定。2017 年，预计有色金属进出口贸易总额超 1200 亿美元，同比增长 18% 左右。其中，进口额增长 25% 左右，出口额下降 2% 左右。尽管贸易摩擦加剧，但是我国铝材出口仍保持增长态势，预计全年出口 420 万吨，同比增长 3% 左右。

三是市场价格回升。2017 年，国内市场主要金属品种铜、铝、铅、锌现货平均价分别同比增长 29%、16%、26% 和 43%，钴作为新能源产业支撑材料，价格上涨势头更猛，达到 97%，钨、钼、锡、锑、稀土等优势品种的价格上涨趋势也非常明显。

四是效益持续改善。预计 2017 年全年，8300 家规模以上有色金属工业企业主营业务收入 6.1 万亿元，同比增长 11% 左右，实现利润超 2400 亿元，同比增长 12% 以上。效益增幅明显高于产量和收入增幅，行业综合实力和核心竞争力不断增强。

总体看，2017 年行业运行成绩令人满意，也来之不易。但我们必须保持清醒头脑，运行情况连续两年好转，并不代表行业彻底走出了低谷，行业发展不平衡、不充分的状况，仍然突出。一方面，当前行业整体还处于产业链的中低端，结构性矛盾依然存在，资源与环境的双重约束、供给过剩和成本上升的双重挤压、科技创新和拓展应用的双重短板，短期内难以根本性改变。另一方面，2017 年行业利润的增长，主要得益于价格的反弹，与历史最好水平的 2011 年相比，十种有色金属产量从 3439 万吨增加到 5378 万吨，增长 56%，但利润与 2011 年的 2381 亿元基本持平，至少说明产品附加值没有得到有效提升。同时，当前行业主营业务利润率只有 4% 左右，不仅显著低于 2011 年水平，也明显低于银行基准贷款利率水平。2017 年第四季度，国内市场铝价大幅度跳水，致使大部分运行产能重回亏损境地。这些情况，我们都要时刻保持高度警醒。

六、当前行业面临的宏观形势

2018 年，是贯彻党的十九大精神的开局之年，是改革开放 40 周年，是决胜全面建成小康社会，实施“十三五”规划承上启下的关键一年。中央经济工作会议对当前国内外形势进行了深刻分析，明确了 2018 年经济工作的总体要求、发展目标和重大举措。协会做好行业服务工作，就是要把思想和行动统一到中央对形势的分析判断和决策部署上来，推动行业高质量健康发展。

总体看，2018 年有色金属行业发展具有很多有利条件，但也面临诸多矛盾困难和问题。

有利因素主要表现在：世界经济呈现复苏态势，我国经济增长好于预期，支持实体经济发展多措并举，企业家应对困难与挑战的信心与能力不断增强。

从世界经济增长的轨迹看，从 2016 年开始，世界经济有了复苏的势头，2017 年，国际货币基金组织、世界银行、联合国经合组织三大权威机构普遍上调世界经济增长预期，认为 75% 的国家和地区经济体出现了恢复性增长，预期 2017 年全球经济增速达到 3.6%，2018 年将达到 3.7%。新兴经济体和发展中国家的增速 2017 年达到 4.6%，2018 年将达到 4.9%。从我国经济运行态势看，虽然从高速增长转向高质量发展阶段，但我国 2017 年经济增长仍达到 6.9%，季度指标稳定，不仅好于年初预期，而且仍居全球经济增速之首。我国经济的趋稳向好，使得国际货币基金组织一年内先后四次上调对我国经济增长预期。国内外经济向好的势头，为提振有色金属需求创造了空间。从实体经济受重视程度看，党的十九大明确提出“国家强大要靠实体经济”，强调“供给侧结构性改革要向实体经济发力、聚力”。中央经济工作会议明确稳中求进的总基调，积极的财政政策取向不变，稳健的货币政策保持中性，提出“促进多层次资本市场健康发展，更好为实体经济服务”，“强化实体经济吸引力和竞争力”。各种政策合力都有利于促进有色金属工业更高质量更有效益的发展。如“放管服”改革深入实施、减税降费继续深化、首批次首台套应用保险补偿机制试点启动、金融脱虚向实大力推进、深化电力铁路改革等，将有效降低企业成本，减轻企业负担。“中国制造 2025”国家级示范区建设、新材料产业“折子工程”、智能制造工程、国家科技重大专项等扎实推进，将支持企业科技创新，大力提升高端发展能力。工业强基工程持续实施、绿色制造工程大力推进、传统产业升级改造加力、技改专项稳步实施等，将夯实产业转型基础，提高传统产业发展水平。“一带一路”深入人心，我国与 70 多个国家和国际组织签署了“一带一路”协议，“丝路基金”扩容千亿，“一带一路”产业园区建设推进，以开放包容的国际合作思维，支持利用国内外两个市场、两种资源，突出技术、品牌、市场，更深更广地融入全球供给体系，将增添有色金属国际产能合作新动能。特别是我们的企业家更加成熟。在经历了国际金融危机深度影响的磨砺、经历了市场变化的各种考验后，眼界更宽广，心理更强大，决策更科学，投资更理性，推进产业转型升级、应对困难和风险的认识更深、办法更多、措施更灵活。完善国企国资改革，支持民营企业发展，营造良好营商环境，激发和保护企业家积极性，将极大提振企业家信心，增添产业发展活力。

不利因素主要表现在：国际局势不稳定因素犹存，贸易保护主义抬头，国内需求总体偏弱，支持政策传导偏慢，产业新动能培育偏缓，不确定性因素依然复杂。

从地缘政治看，中东矛盾凸显，利比亚、叙利亚、伊拉克难民问题突出，东北亚冲突犹存。2018 年仍是世界大选年，超过 20% 的国家大选，难免“黑天鹅”事件发生，政治的变局将影响经济的变局。从经济发展不平衡看，还有25%的国家处于低增长甚至负增长状态，有的国家还存在很大经济风险。一些国家经济可能出现波动，如日本提出2019年将消费税从8%提高到10%，可能显著影响经济增长。印度的“废钞”行动、将黄金收归国有、统一联邦税制等，影响民生，也影响地方发展经济的积极性，致使一度被看好的印度经济增速不如预期。从全球经济一体化看，“美国优先”战略有可能打破世界政治经济秩序，美国退出巴黎协定、退出联合国教科文组织、退出TPP，缩表、减债、升息、降税、去杠杆，孤立主义、保护主义、封闭主义等逆全球化思维继续发展，全球化开放可能短时倒退。同时，全球宽松的货币政策渐次退出，也可能带来对世界经济、对中国经济的不确定变量。从国内情况看，原有传统增长动能有所削弱，新的动能虽然多点开花，但总的体量难以弥补传统产业速度降档的衰减，有色金属行业更是如此。经济增速的放缓，使国内对包括有色金属在内的原材料需求增速回落。拓展有色金属应用，打开新的消费领域难度增加。各种支持实体经济可持续发展的政策措施与有色金属产业结合不太顺畅，政策支持传导到有色金属产业有一个过程。转变惯性思维、开拓增长动能、找准投资方向、激发民间投资、开辟高质量有效益的增长，需要经验的积累与艰难的探索。

因此，行业发展的环境依然是机遇与挑战并存，困难与希望同在。在复杂环境下，有色金属行业的发展要以习近平新时代中国特色社会主义思想为引领，坚持新的发展理念不动摇，以供给侧结构性改革为重要抓手，努力推动行业发展“三大变革”，加快实现从高速增长阶段向高质量发展阶段的转变。

七、下阶段行业发展思路

2018年乃至今后一个时期，推动有色金属行业发展，我们要特别在以下几个方面发力：

一是紧抓供给侧结构性改革不放松。近两年，行业在这方面下了很大功夫，尤其是电解铝行业，供给侧结构性改革取得了阶段性成果，实现违规产能关停500多万吨，行业尝到了一些甜头。但我们不能有丝毫松懈，逆水行舟，不进则退，清理整顿违规产能，巩固电解铝供给侧结构性改革成果，不能躺在现有成绩之上高枕无忧。要抓好重点，严控新增产能，守住底线，大力破除低端无效产能，利用综合标准依法依规倒逼无竞争力产能退出。同时，坚持两端发力，不断拓展应用市场，努力实现供需动态平衡。

二是把促进行业高质量发展放在首位。新时代要遵循高速发展向高质量发展阶段转变的大逻辑，推动全行业切实解决发展不平衡、不充分的问题，优化存量资源配置，扩大优质增量供给，加快产业转型升级，把质量第一、效益优先放在更加突出的位置，深入推进行业“增品种、提品质、创品牌”行动，加快形成先进基础材料供给能力，满足高端、个性、多元化需求。提升产品质量稳定性、均一性，有效增加产品附加值。坚定不移培育具有全球竞争力的世界一流企业，树立中国品牌。

三是把科技创新作为突破行业短板的重中之重。要顺应从依靠要素扩张向依靠创新驱动、从依靠物质资本向更多依靠人力资本转变的大趋势，紧紧把握科技创新这一重要突破口与高质量发展短板，让创新链、产业链、资金链和政策链融合衔接，努力打造系统创新链，建立起以企业为主体、市场为导向、产学研深度融合的技术创新体系，在优势领域、共性技术、关键技术上不断取得新突破，把科技创新真正落实到产业发展上，使各方面创新成果成为推动行业高质量有效益增长的实实在在的生产力。

四是把绿色发展理念内化于心外化于行。有色金属工业是重要的基础原材料工业，同时也是践行绿色发展的重点领域。2017年的环保督查反馈意见，不少涉及到我们有色金属企业，一些污染举报事件也与有色企业历史上污染治理不到位相关。打好污染治理攻坚战，打赢蓝天保卫战，我们行业企业必须履行好政治责任、经济责任和社会责任，在为经济社会发展做贡献的同时，做好环境保护，促进绿色发展，让绿色发展理念内化于心、外化于行，让“绿水青山”真正成为造福子孙后辈的“金山银山”。

五是要把防控风险提到更加突出的位置。稳中求进，稳是前提，必须把防控风险放在更加突出的位置，保持行业稳定运行。近年来，我们行业出现过多起资金链紧张甚至断裂现象，个别企业不得不破产清算。当前行业平均资产负债率为63.2%，较全国工业平均55.8%的水平高出不少。有色金属市场价格波动频繁，价格大起大落不仅影响行业自身经营，也波及下游产业发展。海外经营更是面临诸多难以预料的复杂困难局面，行稳致远难度不小。随着盐湖提锂及锂云母提锂技术的突破、多晶硅市场需求的增长、“26＋2”大气污染防治工作方案倒逼铝用炭素的治理整顿，碳酸锂、多晶硅、铝用炭素都出现不同程度的大规模非理性扩张，投资风险凸显。行业安全生产、污染防治都需要扎牢篱笆。因此，全行业要增强风险意识，加强风险管控，筑牢风险底线。

六是要把降本增效作为激发活力的重要抓手。降本增效、开源节流，是提升企业竞争力的永恒主题。有色行业这些年的实践表明，无论国有企业还是民营企业，降本增效很重要手段就是加强企业内部管理，激发员工内生动力。有的企业能够将主导产品综合成本短期内从行业的后30%提升到前40%，有的企业能够一年内降低企业综合成本近30%，有的企业能够在同样技术装备条件下将产品质量、市场占有率、客户满意度做到行业前列，更多的是靠加强企业精细化管理，不断优化生产管理、优化经营管理、优化风险管理、优化管理层管理，催生全员的积极性、主动性、创造性。

八、2018年协会工作重点

做好2018年工作，我们要全面贯彻党的十九大精神，以习近平新时代中国特色社会主义思想为统领，按照中央经济工作会议部署，紧扣行业发展新形势新任务，推动行业高质量发展，促进协会自身能力建设，为实现有色金属工业强国目标努力奋斗。

2018年协会工作思路，重点强调五个方面。

（一）深入贯彻落实十九大精神，提高协会工作政治站位

党的十九大举旗定向、引领复兴、兴党强国，是我们党和国家发展史上的新起点、里程碑。“八个明确”、“十四条基本方略”，系统阐述了习近平新时代中国特色社会主义思想的精髓要义，未来30年全面建成现代化强国宏伟目标催人奋进。协会作为社会组织，为政府建言献策当好参谋，为企业排忧解难引导发展，必须把贯彻落实十九大精神作为当前及今后一个时期首要的政治任务，在学懂弄通的基础上，提高协会工作的政治站位，以提升党的组织力为重点，突出政治功能，宣传党的主张，贯彻党的决定，在引导行业高质量发展中做实十九大路线方针政策。同时，协会要继续按要求抓好巡视整改工作，不断巩固巡视整改成果，着力构建长效机制，深入开展“两学一做”，扎实开展“不忘初心、牢记使命”主题教育，推动管党治党不断走向深入，推动协会工作迈上新台阶。

（二）聚焦行业发展新问题，着力开展调查研究。

“调查研究是我们党的传家宝，是做好各项工作的基本功。”协会组织上对政府、下对企业，“三服务”做得好不好，关键在于调查研究是否充分。国内外环境发生了深刻变化，面对的矛盾和问题发生了深刻变化，发展阶段和发展任务发生了深刻变化，各方面对协会工作的要求发生了深刻变化。我们要围绕政府关注的问题、行业诉求强烈的问题、企业愿望迫切的问题、国际社会打压我国有色金属的关键问题，深入开展系统细致的调查，掌握真实完整的活素材，研究提出科学的应对举措，真正把功夫下到察实情、出实招、办实事、求实效上。

（三）继续寻求消费突破口，不断扩大有色金属应用

2018年要继续贯彻落实好42号文件精神，特别要在扩大有色金属应用方面继续凝心聚力。本届协会理事会成立以来，我们找准扩大铝应用的方向，每年一个突破口，成效明显。一方面，我们要继续巩固既有成果，克服困难，努力发掘扩大铝应用新的领域；另一方面，要按照协会2016年制定的落实42号文具体工作方案，联合有关部门、有关机构、下游企业，推动铜、稀有稀土金属品种扩大应用。要结合高质量发展的总体要求，抓住雄安新区建设千年大计等历史机遇，把扩大有色金属应用推上新台阶。

（四）创新工作方式，统筹协会脱钩改革与日常工作

一是扎实做好协会脱钩改革。到2018年底，协会商会脱钩改革全面完成。协会已经制定了《脱钩改革预案》，我们要在国资委党委领导下，脱钩不脱管，加强党的领导，夯实自身基础，提升服务水平。二是围绕质量第一、效益优先的高质量发展，在行业供给侧结构性改革、科技创新、质量品牌建设、绿色发展、风险防控等重大问题上，谋划服务新思路，探索服务新途径。三是认

真做好为政府、为企业日常服务工作，精心组织好行业品牌活动，不断提升行业话语权，提高行业影响力。四是加强对热点品种扩规扩能的跟踪，注重正面引导，防止过度投资。五是继续完善预警预测分析，创新统计方式，健全标准体系，适应新时代高质量发展需要。六是加强人才队伍建设，提高协会自身可持续发展能力。七是按照工经联的统一部署，继续抓好《有色金属工业史》的编纂工作。八是启动中国有色金属博物馆共建可行性研究，努力为行业历史文化传承贡献力量。

（五）扎实推进协会换届工作，保证协会运转有效衔接

本届协会理事会从成立到现在，已经六年多了，延迟换届的原因，在三届六次理事会和三届十三次会长会上，协会都作了说明。在新的时代、在全面深化改革的关口，我们要按照国资委党委的统一部署，在国资委行业协会党建工作局的具体指导下，扎实推进协会换届工作，确保换届工作顺利，确保协会工作有效衔接，确保服务工作稳步推进。

同志们，过去我们做了很多工作，有的已经完成，有的要接着做下去。新时代要有新气象，更要有新作为。让我们紧密团结在以习近平同志为核心的党中央周围，深入贯彻落实十九大精神，不忘初心，牢记使命，继续前行，在我国经济社会发展新的历史方位中，为建设有色金属工业强国做出新的更大贡献！

履行三大责任　彰显央企价值

中国铝业公司党组书记、董事长　葛红林

习近平总书记在全国国有企业党的建设工作会议上强调，国有企业是中国特色社会主义的重要物质基础和政治基础，是我们党执政兴国的重要支柱和依靠力量。党的十八大以来，中国铝业公司坚持党在企业的领导，坚持产业报国的战略思想，坚持维护各利益相关方的权益，积极履行政治责任、经济责任和社会责任，发挥了国企的作用，彰显了央企的价值。

一、履行好政治责任

中铝公司党组认为，政治责任是中央企业必须履行的第一责任。履行政治责任，就是切实增强“四个意识”，坚定“四个自信”，把加强党在企业的领导落实到具体工作中，认真履行把方向、管大局、保落实职责，充分发挥企业党组织的领导核心和政治核心作用，保证党和国家方针政策、重大部署在企业贯彻执行，服从和服务于国家战略，为维护国民经济安全运行、增强综合国力、保障人民根本利益作出重要贡献。

（一）夯实“根”铸好“魂”

习近平总书记在论全面从严治党时指出，坚持党的领导、加强党的建设，是我国国有企业的光荣传统，是国有企业的“根”和“魂”。为了使从严治党在中铝公司落地，公司党组实施了筑“根”塑“魂”工程。

——在思想建设上加强党性教育。扎扎实实开展了“党的群众路线”、“三严三实”、“两学一做”等学习教育，引导党员干部不忘初心，筑牢信仰之基，坚定理想信念，增强“四个自信”，理直气壮加强国有企业党的建设，理直气壮做强做优做大国有企业。公司党组始终把学习贯彻习近平总书记系列重要讲话精神，作为干事创业的思想武器，从思想上、行动上更加自觉地贯彻落实党中央决策部署。仅2016年以来，党组开展理论学习中心组学习34次，所属各企业党委开展学习1200余次，增强了全面从严治党的思想自觉。公司先后在中央党校、井冈山党校、延安党校和上海浦东干部管理学院开班，对党员领导干部进行集中轮训。2016年7月1日，中铝党校成立，使公司全面从严治党有了新阵地，开展干部教育培训有了新平台，党员领导干部思想教育得到进一步增强。

——在组织建设上压实责任。完善加强党的

领导和公司治理相统一的体制机制，成立中铝股份、中国铜业、中国稀有稀土、中铝资本4个板块公司党委。推动党组管理的需纳入章程的49户企业将党建要求写入企业章程，督促二级以下企业年底前全部完成党建总体要求纳入企业章程工作，落实了党组织法定地位。制定了《中铝公司党组在深化改革中坚持党的领导加强党的建设的指导意见》，督促各级党组织做到“四同步”“四对接”。开展了基层党组织建设年活动，认真落实中央关于推行“董事长、总经理原则上分设，党委书记、董事长一般由一人担任，党员总经理兼任党委副书记”的领导班子配备模式的明确要求，在符合条件的企业进行了配备，从制度上确保党委书记不当“配角”。制定了《中国铝业公司推进“两学一做”学习教育常态化制度化实施办法》、《中国铝业公司党建工作责任制实施细则（试行）》等制度，全力推动党组织“应建必建”“应换尽换”，在中铝股份、中国铜业、中国稀有稀土、中铝资本四大板块成立了党委和纪委。创新党组织书记述职评议方式，既述职又述廉，层层压实党建主体责任，促使各级党组织书记、副书记、纪委书记都聚精会神，狠抓党建，年年“赶考”，为从严治党提供了坚实的组织保证。

——在作风建设上毫不松劲。抓好中央八项规定精神落实，全面加强党的纪律建设，形成了反腐败斗争的压倒性态势，坚决纠正“四风”，结合中铝公司实际，紧盯“关键少数”，持续开展扭掉“四种坏习惯”。督促各级党组织做到“四同步”“四对接”，层层开展党建工作虚化、弱化、淡化、边缘化“四个化”和问题的整改，整顿了软弱涣散基层党组织。深入开展政治巡视，实现了十八大以来巡视全覆盖，集团公司创新开展了执行力问责巡视和机动巡视，二级单位开展巡察工作。持续召开警示教育大会，保持利剑高悬警钟长鸣，从2015年7月中央第十三巡视组到中铝公司开展巡视工作以来，由每月警示到季度警示，公司党组已经连续召开了14次党风廉政建设警示教育大会，通报了公司自办案件和执行力问责事例437个，通报纪律处分和问责人员1363人。

——创新党建考核模式。在2017年加大了党建工作考核权重，创新实行党建工作与生产经营工作绩效考核“双百分”制，即党建工作和生产经营工作考核各为100分，并且互为系数，两项工作的考核结果相乘得出各企业年度考核结果，形成了党建与生产经营工作同抓、指标同硬、相互促进的格局。

——促进党建工作与中心工作深度融合。落实“坚持服务生产经营不偏离”的要求，积极探索“党建+”，融入中心，进入管理。以深化“三型”党组织建设为重点，开展“两带两创”活动（党组织带党员创效，党员带群众创新），各级党组织紧扣企业改革发展中的急难险重任务和技术难题、经营难点、“瓶颈”工作等，设立创效项目3926个，全体党员以“一带N”或“N带一”的模式，带领群众设立创新项目或创新课题5283个，掀起了全员创新创效的热潮，实现了党建工作与中心工作深度融合。

（二）打造“国之重器”

公司党组认为，为关系国家安全和国民经济命脉的关键领域提供可靠保障，是中央企业肩负的神圣使命。新中国成立以来，中铝公司所属东北轻、西南铝、西北铝、洛铜等企业，通过一代又一代人的艰苦努力，突破国外的技术封锁，研发和提供了航空航天、国防军工和国家重大科技工程所需的有色金属合金材料，装配到“长征”系列火箭、“神舟”“嫦娥”系列飞船、“天宫”“北斗”系列卫星、“歼-”系列战机、“辽宁号”航空母舰以及其他重要军械中，在产业报国的实践中体现了国有企业的战略地位。

十八大以来，中铝公司在先进材料关键技术上取得了新的重大突破，为航空航天、国防军工和国家重大科技工程付出了新的努力，作出了新的贡献。

——为“天眼”装上“视网膜”。深空射电望远镜，是人类探视宇宙秘密的“天眼”。2015年前，世界最大“天眼”由德国造，直径为100米。2015年7月，直径500米的世界最大“天眼”在贵州深山里建成。与德国“天眼”相比，中国“天眼”直径是其5倍，灵敏度是其10倍。制造“天眼”的难点，是被誉为“天眼视网膜”的反射面面板，它对铝板材质量、弧形精度、表面光洁度、反射性能等要求极其严苛。而为“天眼”完成“视网膜”研制和装配的，是中铝公司西南铝。面对如此艰巨的任务，西南铝迅速整合内部资源，发挥技术设备及人才优势，克服了种种难以想象的困难，圆满完成了任务，确保了“天眼”反射面板的质量与工期。

——造出世界最大煅环。铝合金煅环，是连接运载火箭贮箱的筒段、前后底与火箭箱体之间的关键结构件。火箭运载量越大，要求煅环直径也越大。煅环直径越大，对刚度、精度、均匀度和热处理要求就越高，因此，煅环直径的大小代表着火箭制造技术的高低。作为我国运载火箭铝合金煅环的唯一供应商，中铝公司西南铝勇于迎接技术挑战，在成功研制出5米级的煅环后，2015年一举刷新人类运载火箭煅环直径纪录，造出了世界最大的9米级煅环。2016年7月，西南铝再接再厉，成功造出10米超级火箭煅环，再次刷新世界铝合金煅环纪录，再次震惊世界，使我国运载火箭制造能力高居世界领先水平。

——助大飞机成功首飞。2017年5月5日，装备有“中铝造”铝材的我国首架国产大型客机C919首飞成功。作为国内唯一一家为C919提供铝材的企业，中铝公司为研制出国产大飞机多个核心部位的关键材料，付出了艰苦的努力，打破了国外的技术垄断，填补了多项国内空白，为大飞机C919提供了30个规格，600余件铝合金板、锻、型材等关键结构件。

习近平主席在2017年新年贺词中，列举了中国诸多大事喜事中的七件事，其中有五件喜事与中铝公司密切相关——“中国天眼”“悟空号”“墨子号”“神舟十一号”和“天宫二号”上，都有中铝公司提供的关键铝合金材料。今年4月20日发射升空的“天舟一号”飞船，是我国第一艘货运飞船，也是我国目前为止体积最大、重量最重的航天器，“天舟一号”所采用的铝合金材料，100%由中铝公司提供。

（三）“走出去”建立海外基地

我国是铝、铜消费大国，也是生产大国，但是铝土矿对外依存度在50%以上，铜精矿的对外依存度更是高达80%。二大矿石资源高度短缺，对国民经济的安全运行和持续发展构成严重威胁。公司党组认为，公司作为有色金属行业的龙头企业，理应率先实施“走出去”战略，建立海外金属矿石供应基地，为国民经济持续健康发展提供矿产资源保障。

十八大以来，中铝公司海外开发取得了新的进展。

——秘鲁铜矿建成投产。中铝秘鲁特罗莫克铜矿拥有当量铜金属资源量约1200万吨，这一储量相当于我国国内铜资源总量的19%。一期工程年产铜精矿25万吨，全部运回国内，使国内市场铜精矿供应紧张状况得到缓解，今年1—8月实现利润上亿美元。目前，中铝秘鲁特罗莫克铜矿二期工程前期工作已经启动。

——开发几内亚铝土矿。几内亚是铝土矿资源富藏国，2015年全球探明铝土矿储量为280亿吨，仅几内亚就有74亿吨，占全球总储量的26.4%。2016年10月，中铝公司与几内亚政府达成协议，中铝公司将获准承揽开采几内亚博凯地区131铝土矿。区块铝土矿储量约7.36亿吨，中铝公司将投资建成海外最大的铝土矿供应基地。

——积极参加“一带一路”建设。中铝国际等板块公司分别在中亚、南亚、中东、西非、南美等地区20多个国家开展工程建设、矿业开发、产能合作和其他国际化业务。

二、履行好经济责任

习近平总书记强调，必须做强做优做大国有企业。中铝公司党组认为，做强自身，实现保值增值，创新引领行业发展，这是中央企业必须履行的经济责任。

（一）用加减乘除扭亏脱困

2014年12月9日，习近平总书记在中央经济工作会议上提出了供给侧结构性改革的“加减乘除法”：做加法，培育新增长点；做减法，化解产能过剩；做乘法，增强创新驱动；做除法，扩大分子缩小分母提高劳动生产率。当时的中铝公司正处于极度的困境，总书记的讲话让新一届党组眼前突然一亮，不仅为扭亏脱困转型升级指明了方向，而且教了工作方法。

——做加法。一是打好补短板的技改歼灭战，先后完成贵州华锦氧化铝、山西华兴氧化铝、包头铝电等一批短平快技改项目，提升了成本控制能力，2015年以来氧化铝、电解铝、电解铜完全成本分别降低29.8%、14.3%、23.6%。二是打好事关长远的发展攻坚战，重点在广西百色、山西吕梁、内蒙古包头布局实施了一体化大型铝业基地建设，在福建宁德、内蒙古赤峰、湖北黄石加快了铜冶炼和铜加工基地建设，在福建福州等地实施了先进铝合金加工基地建设，培育了新动能和新增长点。三是加快转型发展步伐，在工程技术、贸易物流、产业金融、现代工业服务、土地开发等方面发力，实现了产业互动发展，增强了抗风险能力。

——做减法。一是坚决淘汰退出落后产能，整体关停了抚顺铝业、华鹭铝业、华西铝业、重庆分公司、抚顺钛业、上海铜业等失去市场竞争力的产能，淘汰了河南分公司、贵州分公司等老旧氧化铝生产线，2015 年以来，共关停退出电解铝产能 95 万吨、氧化铝产能 529 万吨。二是狠抓亏损企业专项治理，对“僵尸”及特困企业制定了“七个一批”方案，即关闭撤销、破产重组一批，债务重组一批，管理提升一批，搬迁改造一批，混合改革一批，转型发展一批，运营提效一批，2016 年处置企业 10 户，其中 8 户企业扭亏为盈，2 户大幅减亏，同时减少法人户数 50 户，使全级次企业亏损面下降到了 13.9%。三是加快困难企业转型发展，实现退城（城区）进园（园区）、退二（第二产业）进三（第三产业）、退低（低端产品）进高（高端产品），一批企业实现了扭亏增盈，一批企业成功转型形成了新的竞争力。

——做乘法。一是深化科技体制改革，积蓄自主创新实力，整合内部科技资源，组建了中铝中央研究院、汽车轻量化推进工作办公室，6 个国家级企业技术中心、2 个国家工程技术研究中心、3 个专业研究院、6 个设计研究院和 5 个国家博士后科研工作站，充分发挥平台优势，形成了一批代表国家及行业的新技术、新工艺、新材料、新产品。二是加快成果转化应用，提高科技贡献水平，高效强化拜耳法技术和 500 千安、600 千安超大容量电解槽技术等重大科技成果投入应用，自主研发的离子型稀土矿原地浸矿工艺优化与创新，使稀土采选回收率提高到 80% 以上，浸液回收率提高到 92% 以上。三是加强与国内外知名科研机构、央企等大企业集团合作，推动协同创新，成立了铝模板、新材料、海装工程等合资公司，加快从原材料向终端产品的转变。两年来，公司依靠科技创新创利达 15 亿元以上。

——做除法。一是大力推进内部资产整合盘活，对公司低效无效资产、闲置设施及土地进行了处置，打造了内部工服、物流、铝箔、资本控股等多个产业化平台，变沉睡的存量为创造价值的增量，2016 年内部市场产品交易和工业服务产值合计达 16 亿元，盘活废弃厂区和闲置土地，实现收入 60 多亿元。二是加快资产的资本化证券化，利用已有的 6 家上市公司平台，实现上市公司增发募集资金近百亿元。三是持续实施人员分流安置，持续优化员工配置，累计分流安置员工 7.92 万人，使氧化铝、电解铝、电解铜劳动生产率分别提高了 136%、76%、54%。

加减乘除在中铝公司的全面实施，使公司的扭亏脱困取得了明显成效。公司在 2015 年大幅减亏的基础上，2016 年成功实现扭亏为盈，2017 年继续保持向好发展势头，上半年实现利润 11.2 亿元，创造了自金融危机以来最好的经营业绩。

（二）创新驱动行业发展

作为有色金属行业的中央企业和科技创新的龙头企业，中铝公司所属企业经过半个多世纪的深耕，研发出了一整套具有中国特色的铝工业技术，引领行业持续进步。以中铝公司 320 千安电解槽技术输出为标志，我国实现了由铝工业技术引进国到输出国的历史性转变。仅以特大电流电解槽技术为例，中铝公司研发的 300 千安、400 千安、500 千安、600 千安电解槽技术，每一个电流等级的电解槽技术都占据着世界铝工业技术的时代高峰，并装配到国内其他电解铝企业，显著提升了中国铝工业的整体技术水平。

十八大以来，中铝公司科技创新取得了一批新的重大成果。

——煤铝资源协同开采技术。我国目前电解铝产量占到世界总产量的 55%，铝土矿储量却只占世界总储量的 2.3%，露天铝土矿急剧减少，不得不转而开采煤层下的铝土矿。中铝公司在几年前就着手研发煤下铝开采技术，目前已完成了现场工程地质调查和岩石力学试验、室内相似模拟实验和数值仿真计算。利用煤铝资源协同开采技术，已经成功开采出煤下铝矿，并且创新了支护技术，解决了铝土矿顶板无基岩支护的难题，单位巷道支护成本降低 20% 左右。

——智能采矿与监测技术。中铝公司研发的采矿机器人，能够深入地下空间，对温湿度、含氧量、有害气体等大气环境进行探测，同时利用三维激光扫描仪、数字摄像机等设备，能够安全、快速、精确地实现空穴扫描建模及影像信息获取，而机械手能够进行钻探取样。公司研发的矿山安全在线监测与预警应急三维智能系统及其衍生技术，实现了矿山数据自动采集、接收、建库、分析处理，以及监测信息和安全状况在线实时三维可视化发布等功能，达到安全在线全天候自动化无人值守监测的目的。该技术已被推广应用于全国21座矿山重大危险源和城市水环境的在线监测。

——高效强化拜耳法技术。中铝公司成功开发出了以提高氧化铝生产效率为核心的高效强化拜耳法技术，在不需大幅增加设备投资的情况下，能够大幅度提高氧化铝产量，降低蒸汽消耗和工艺能耗，实现系统节能。这项国际领先技术在公司7家企业得到全面应用，平均增加产量6.4%、降低蒸汽消耗16.8%、降低工艺能耗28%，节能增效显着，推广价值巨大。

——铝电解槽废槽衬无害化处理技术。电解铝废槽衬含有氟化物和其他有毒物质，如果不做无害化处理，会对堆存地造成土壤和地下水污染。按年产3500万吨电解铝计算，我国每年产生的废槽衬超过50万吨，对堆存地环境影响巨大。中铝公司研发成功废槽衬无害化处理技术，并在包铝建设了废槽衬无害化综合处理示范线，废槽衬处理后完全能够满足国家固体废弃物排放标准，废渣还可以作为制砖建材原料和筑路填土材料。

此外，公司开发的稳流保温铝电解槽节能技术、氧化铝“一高一低一去”技术、精细氧化铝产品、铜冶炼综合回收技术、稀土绿色环保分离技术、高铁拜耳法赤泥及铁铝共生矿综合利用技术、航空用铝合金板疲劳性能关键技术、汽车车身用铝合金板产业化技术，以及高速列车结构件用铝合金材料、板材结构商用车厢材料、铜引线框架材料、高性能稀土永磁功能材料等，也都投入了应用，驱动了行业的发展。

（三）积极拓展铝的应用

十八大以来，中铝公司大力推进以铝代钢、以铝节木，引领了轻量化的工程应用，取得了经济和社会效益，同时也提高社会对轻量化的重要性认识。

——开发出汽车车身用铝合金板材。中铝公司与吉利汽车合作，开发乘用车5754铝合金板材。用两套生产工艺生产的两种铝合金板材产品均满足吉利汽车对结构件的性能需求。公司开发的6016合金板材，基本力学性能、烤漆硬化性能、翻边性能、表面质量（漆刷线）等完全满足上海通用汽车覆盖件外板的最高要求。铝挂车则重点为骨架车、厢车、罐厢、氧化铝专用车提供铝合金材料。公司还成功开发出适用于全铝瓦楞板车厢的5182合金材料及铝合金蜂窝板材料。

——开发出高速列车结构件用铝合金材料。中铝公司开发的中强可焊铝合金板材填补了国内的研制空白，整体技术达到国际先进水平，不仅满足了我国时速200千米/小时列车的用料需求，还大量应用到时速350千米/小时的高速列车上。由中铝公司提供铝合金材料生产的1.3万节全铝运煤火车，已经在大秦铁路和神华铁路投入运行。

——开发出海装工程板材。中铝公司与船舶行业里的研究院、造船厂合作，共同推进舰船用铝合金材料的应用。目前，研发的多种型号船用板材已得到造船厂采用，这是国内造船企业首次在国内企业整船采购船用铝材。

——开发出航空用铝合金板疲劳性能关键技术。公司开展了航空用高损伤容限2524铝合金板关键技术研究，并成功应用于西南铝板材实际生产过程，生产出多种厚度的板材，其力学性能及疲劳裂纹扩展速率能够满足美标要求，已应用于7050合金超厚板生产。

——拓展工程用铝。中铝公司与中国建筑成立合资公司，已在成都、武汉、广州、福州等多个城市设立铝模板厂，用铝模板替代钢铁模板和木模板。公司大力推广城市过街铝天桥，已中标包头、陇西、北京等城市6座铝天桥及包头湿地栈桥项目。公司生产的铝合金房屋在雄安新区得到推广应用，并有100多套销售到牙买加。公司生产的铝合金防洪墙在福州等地投入使用，防洪效果得到实践印证。此外，公司生产的铝合金共享单车、铝警亭、铝站牌、铝爬架、铝围护板、铝路灯杆、铝栏杆、铝回收箱等，已实现量产，成为市场知名品牌。

三、履行好社会责任

履行好社会责任，是党中央对国有企业的要求，是社会对国有企业的期盼，也是国有企业的使命担当。党的十八大提出的总体布局从“四位一体”到“五位一体”，所增加的“一体”生态文明建设就属于社会责任范畴。十八届三中全会把“承担社会责任”明确为深化国有企业改革的六大重点任务之一，这是党中央文件首次出现“社会责任”字样。十八届四中全会则提出了社会责任立法。十八届五中全会提出的“创新、协调、绿色、开放、共享”五大新发展理念，都与社会责任息息相关。中铝公司党组认为，中央企业必须带头履行社会责任，成为全社会的典范。

（一）与国际标准对接履行社会责任

十八大以来，公司党组明确提出，社会责任也要高标准、严要求，对接国际标准，把中铝公司办成最有情怀、最负责任、最能担当、最受尊敬的企业。

对标社会责任国际标准 ISO 26000，中铝公司制定了国内第一个 ISO 26000 社会责任报告指南，编写发布了国内第一份以 ISO 2600 为框架的社会责任报告，建立了第一个 ISO 26000 社会责任指标体系，构建了第一个 ISO 26000 社会责任管理模块和负面清单，按 ISO 26000 议题梳理、汇集了 105 个社会责任管理与运行制度。公司党组还将中铝公司的社会责任由项目上升为工作，提出了建设责任中铝、诚信中铝、生态中铝、法治中铝、平安中铝、和谐中铝的责任目标。

（二）在日常管理中融入责任要素

中铝公司之所以把社会责任从项目上升为工作，就是要把社会责任做给自己用，而不是当时尚、当摆设、当宣传品做给别人看。因此，公司把功夫下在了把社会责任融入日常管理上。

——导入公司战略。中铝公司专门制定了社会责任专项规划，并把“和谐发展战略”列为公司五大发展战略之一写入社会责任专项规划，由此构成公司中长期发展规划的子规划。在中长期规划的指导下，公司每年都要制订社会责任年度实施计划。

——建立组织机构。中铝公司设立了社会责任工作委员会，由董事长担任委员会主任。委员会下设社会责任工作办公室，作为公司社会责任工作的牵头管理部门，负责日常管理职能。各板块公司、各实体企业设立社会责任工作领导小组，由主要领导担任领导小组组长，部门、分厂都设有社会责任工作联络员。目前，中铝公司已从上到下建立起一支超过 1000 人的社会责任联络员队伍。

——融入管理职责。按照社会责任国际标准 ISO 26000，公司重新梳理各部门的职能职责，增添了社会责任事项，填补了社会责任管理盲区，理顺管理关系，再造管理流程。

——构建管理模块。中铝公司以 ISO 26000 七大社会责任议题为主线，建立了社会责任管理模块，引导企业把社会责任履行得更好，并按照底线思维编制了社会责任负面清单，防止出现社会责任危机。

——完善制度体系。公司按照社会责任管理模块要求，梳理并修改了各部门的制度，编制了《社会责任制度汇编》。

——纳入绩效考评。各部门每年都要对管理模块和负面清单的运行情况进行自检，并由公司社会责任工作委员会进行评估，每年出一次评估报告，评估结果纳入绩效考评。

——渗入企业文化。中铝公司把“点石成金、造福人类”的社会责任核心理念纳入企业文化体系，并作为公司品牌的宣传口号。同时收入进公司企业文化手册里的还有“报效国家，回报股东，成就员工，惠泽客户，造福社会，珍爱环境”“创造价值，回报至上”“责任、诚信、卓越、开放”等社会责任基本理念，责任与文化实现了完美的融合。

为了指导帮助板块公司和实体企业将社会责任融入日常管理，公司编制了“责任融入管理五步法”工作指南，这一工作方法 2016 年被中国有色金属工业协会授予“现代管理成果”一等奖。

（三）在生产经营实践中落地

公司试点先行，通过在企业开展社会责任试点和专题实践活动，积极推进社会责任在生产经营实践中落地。目前，已有四批 16 个企业被列为社会责任的试点单位，试点议题涵盖了公司治理、人权保护、员工权益、环境保护、公平运营、消费者权益保护和社区支持等七大领域，涌现出了一批优秀的实践案例。

——开展联合降碳行动。

中铝公司自觉践行绿色发展理念，在连续 4 年实现节能超百万吨的基础上，今年 6 月与供应链合作伙伴率先发起联合降碳行动，并设立和举办了中铝公司成立以来第一个公司性的节日——中铝降碳节，引领和带动全行业乃至全社会掀起降碳热潮，促进应对全球气候变暖举措在行业和企业落地，在国内外引起热烈反响。

公司党组认为，作为中央企业，必须坚决贯彻落实新发展理念，在应对全球气候变化方面作出表率；而中铝公司作为用能大户，降低能源消耗和碳排放、推进绿色发展责无旁贷，这是中铝公司必须履行的本质责任。中铝公司理应成为降碳先锋，树起旗帜，做出示范，引领全国行业和全社会合力降碳，彰显负责任央企的担当和风范，书写好绿色发展的中铝答案。党组决定，在全公司并联合供应链合作伙伴共同发起“中铝联合降碳行动”。

中铝联合降碳行动在五个领域广泛展开：

一是理念降碳。中铝联合降碳行动以理念降碳为先导，充分发挥舆论宣传作用，引导干部员工牢固树立降碳理念，让“节能减排，造福后代”“绿色制造，低碳发展”“使用节能产品，倡导绿色消费”“节能行动个个参加，低碳生活人人受益”“节能创造美好，低碳铸就和谐”等理念内化于心、外化于行，成为干部员工的自觉意识。

二是生产降碳。优化生产组织流程和指标参数，降低能源和原料消耗，发展循环经济，从生产的全过程降低碳排放。

三是管理降碳。推进标准化管理提升产品质量，利用“互联网+”思维推进智能制造和现代化管理，缩短物流运距降低交通能耗；减少化石能源，开发和使用新能源，消除浪费。

四是科技降碳。加大节能减排技术的研发和推广，发挥科技进步对节能减排降碳和企业转型升级的驱动作用；实施轻量化战略，拓展铝的应用，以铝代重金属降低运载能耗，以铝代木保护森林。

五是生活降碳。提倡简约生活；从衣、食、住、行、用等方面降碳，少用一次性餐具、一次性包装，节约用水用电，多用公共交通、共享交通工具；使用节能建筑和节能产品，把生活降碳的理念、方法推向企业所在社区和社会。

通过各渠道降碳吸碳，努力减缓工业对大气、土壤和水体的污染，减少粉尘和雾霾，还长空以蓝天白云，还大地以绿水青山。

——开展定点扶贫。

中铝公司从2002年起，就定点扶贫湖北阳新县。这是一个人口超百万的国家级贫困县。经过中铝公司16年持续定点扶贫，阳新县已成为湖北省财税20强县，中铝公司被授予“中央国家机关等单位定点扶贫先进单位”“中央企业扶贫开发先进单位”等称号和“2016年度扶贫公益勋章”。

十八大以来，中铝公司在阳新的定点扶贫力度加大，采取了四项硬措施。

做好顶层设计。公司制定了阳新扶贫“十三五”规划，明确了阳新扶贫的目标、模式、重点任务、步骤、举措和保障条件。

派出扶贫干部。中铝公司选派优秀处级干部到阳新挂职担任副县长，主抓扶贫工作。16年，中铝公司共派出干部8人次。中铝公司华中铜选派优秀干部到村任第一书记，落实“四到户”：帮扶精准到户，产业扶贫到户，技能培训到户，关怀保障到户。

建设示范基地。在阳新县，中铝公司先后创办了苎麻、吴茱萸示范基地，油茶种植示范基地，桑蚕产业示范基地，土鸡养殖示范基地和肉牛养殖示范基地。阳新县被授予“国家油茶生产示范县”“中国油茶之乡”、中央国家机关等单位定点扶贫先进单位和2016年度扶贫公益勋章。

送鱼，更送渔。一是开办中铝公司农民田间学校，培训农民的耕作技术。二是校企合作办学，实施“雨露计划”。三是探索电商扶贫实现“消费品下乡”和“农产品进城”双向流通功能。

除了定点扶贫湖北阳新县外，中铝公司还承担了定点扶贫青海海晏县，以及在西藏昌都察雅县的援藏任务。

特 记 篇

“2017 年中国国际铅锌周”在深圳举办

2017 年 11 月 22 日，深圳市迎来了火爆盛事——2017 年中国国际铅锌周暨第二十届中国国际铅锌年会开幕。

大会由中国有色金属工业协会主办，深圳市中金岭南有色金属股份有限公司、盛屯矿业集团有限公司特邀协办，北京安泰科信息股份有限公司承办。大会以“感受新变化、迎接新挑战、创造新机遇、寻求新突破”为主题，吸引了来自国内外 20 个国家和地区的铅锌生产、研发、贸易、投资、物流以及新闻机构的 1500 余位人参加。

中国有色金属工业协会会长陈全训，国家工业和信息化部原材料司副司长余薇，国际铅锌研究组、国际镍研究组、国际铜研究组新当选联合秘书长保罗·怀特，中金岭南公司党委书记吴圣辉，盛屯矿业公司总裁应海珍出席开幕式并致辞。国家信息中心总经济师祝宝良作了《十九大后我国经济形势和前景展望》报告。中国有色金属工业协会副会长丁学全、王健、黄晓平，盛屯集团董事长姚雄杰，西部矿业集团公司董事长张永利，白银有色金属集团股份有限公司总裁雷思维，陕西东岭工贸集团股份有限公司副总经理仝明科，河南豫光金铅集团有限责任公司总经理任文艺，国际锌协会执行理事斯蒂芬·威尔金森，国际先进铅酸蓄电池联合会项目经理鲍里斯·莫纳豪威等嘉宾出席会议。开幕式由中国有色金属工业协会副会长尚福山主持。

中国有色金属工业协会会长陈全训在致辞中表示，自 1999 年第一届国际铅锌年会开始，这项活动已经在中国成功举办 20 届，已经成为全球铅锌行业最具影响力的品牌盛会。从去年开始，中国有色金属工业协会以年会为基础，进一步丰富内容、提升层次，扩展为中国国际铅锌周活动。20 年来，中国铅锌行业总体实现了平稳发展，总量规模稳步提升，产业结构不断优化，科技创新进步明显，国际合作逐步深入。近年来，中国铅锌行业积极推进供给侧结构性改革，今年前三季度效益显著提升，规模以上企业实现利润 216 亿元。陈全训指出，当前行业仍然面临诸多挑战。突出表现为资源与环境的双重约束，供给过剩和成本上升的双重挤压，科技创新和拓展应用的双重短板。陈全训希望铅锌行业一要加强科技创新，突破应用瓶颈，聚焦量大面广的民生需求，比如铅炭电池的开发。二是坚持开放发展，深化产能合作，抓住如“一带一路”倡议提出的新机遇。三是重视生态保护，打造绿色产业。

在“第二十届中国国际铅锌年会”上，保罗·怀特、中国有色金属工业协会重金属部高级专家兼铅锌分会秘书长彭涛、云南大泽电极科技股份有限公司董事长张国义分别以《2017－2018 年全球铅锌市场供需分析》、《迈向新时代的中国铅锌工业》、《走向世界的中国电极》为题作了专题报告。会议期间还举行二次资源与环境保护论坛、期货市场服务铅锌行业论坛、铅锌产业链发展论坛、铅锌市场论坛及铅锌重点企业排污许可证申请与核发研讨会等。

（有色年鉴社）

第十四届中俄新材料新工艺研讨会召开

11月29－30日，第十四届中俄新材料新工艺研讨会在三亚市召开。本届研讨会以“金属、陶瓷与复合材料”为主题，中俄两国的院士、专家、学者齐聚一堂，对航空航天材料，新能源材料（含蓄电池材料），电子信息材料，生物医用材料，纳米材料与技术，稀有金属、贵金属及高纯材料，表面工程技术与材料，激光快速成型、3D打印技术及复杂形状制品，材料冶金过程新工艺新技术以及功能材料（含难熔金属、特硬材料及磁性材料）等10大类学术前沿问题进行了深入探讨。

本次研讨会收到了第十届全国政协副主席、中国工程院原院长徐匡迪“诚祝会议圆满成功!”的复函。中国有色金属工业协会会长陈全训，中国工程院院士黄伯云，中国工程院院士、昆明理工大学校长彭金辉，中国工程院院士屠海令、邱定蕃、何季麟、孙传尧、周克崧、邱冠周、段宁、王玉忠、聂祚仁，中国有色金属工业协会副会长黄晓平，中国有色金属学会副理事长、中南大学常务副校长胡岳华，中国有色金属学会副理事长兼秘书长张洪国，北京矿冶研究总院院长夏晓鸥，中国恩菲工程技术有限公司总经理伍绍辉，广东省科学院原党委书记邱显扬，科技部高新技术发展及产业化司、工信部原材料司的代表，以及俄罗斯科学院A·A·巴依科夫冶金材料研究院副院长西马科夫，通讯院士科姆列夫、格里戈罗维奇，俄罗斯科学院西伯利亚分院教授罗特科夫，俄罗斯联邦卫生部舒马科夫器官移植学和人造器官科学研究所教授谢瓦斯吉亚诺夫，罗斯托夫国力古布金石油与天然气大学教授布雷加耶夫等出席了开幕式。开幕式由中国有色金属工业协会副会长兼秘书长、中国有色金属学会理事长贾明星主持。

陈全训会长就研讨会提出几点建议和希望：一是巩固既有成果，继续深化合作。他指出，25年来，随着中俄合作的推进，活动涉及的领域从有色金属逐步延伸到航空、化工、医疗等领域。未来中国的改革开放将进一步深入，希望双方围绕关心的话题与需求，继续扩大和深化合作领域，不断为这项传统交流活动增添新内容、注入新活力。二是强化学术交流，促进产业发展。他希望通过学术研讨交流，将成果转化为生产力，促进双方产业的发展与转型，推动双方经济社会的发展，使双方真正享受到学术成果互利转化带来的利益。三是坚持互利共赢，助力“一带一路”。陈全训会长表示，高水平、强有力的中俄关系，日益成为两国发展振兴的助推器，世界和平稳定的压舱石，中俄全面战略协作伙伴关系日益深入。围绕“一带一路”倡议，中俄可以在有色冶金与材料领域开辟更大的合作空间，取得更大的合作成就。

据悉，中俄双边新材料新工艺研讨会是由中国有色金属学会与前苏联科学院巴依科夫研究院、强度物理及材料科学研究所共同倡议组织的国际学术会议，每两年轮流在中国和俄罗斯召开，至今已召开了十四届。本次研讨会由中国有色金属学会和北京有色金属研究总院主办。

会议期间，中俄两国专家各作了10个大会报告，分别介绍了近年来两国冶金材料界新工艺新材料的研究现状和最新进展。在会议闭幕式上，颁发了青年优秀论文奖，共10篇优秀论文获奖。本次会议共有来自中俄两国高校、科研院所、企事业单位以及政府的300余人参加。

（有色年鉴社）

“2017年中国国际铝业周”在福州举办

“在政策引导、行业自律、企业创新的交互作用下，中国铝行业运行逐渐向稳向好。”2017年11月15日，在福建省福州市举办了“2017中国国际铝业周”。

近5年来，我国有色金属行业淘汰落后产能240万吨，鼓励和引导566万吨低竞争力产能退出市场，2017年我国政府以前所未有的力度，启动清理整顿电解铝行业违法违规项目专项行动，并利用环境整治行动，倒闭企业阶段性关停产能，有效改善了市场供给。

中国有色金属工业协会会长陈全训在会上指出，今年前三个季度，规模以上铝工业企业实现利润682亿元，同比增长36%，其中铝冶炼企业实现利润253亿元，同比增长84%。取得这样的成绩主要得益于三方面，一是坚定不移推进供给侧结构性改革；二是坚持不懈扩大应用；三是重视自主创新。

他还指出，中国铝工业在不断自我完善、自我革新、自我转型的同时，也面临企业的人工成本、原辅材料成本、能耗成本、社会保障成本等刚性上升的巨大压力，面临环保整治要求更加严苛的压力，面临世界经济复苏缓慢而延缓需求增长的压力，面临贸易保护主义抬头的压力。中国铝行业、企业要坚持从自身做起，苦练内功，既要持之以恒强化创新驱动，提升核心竞争力，又要坚持不懈强化精细管理，实现提质增效；既要注重量大面广的产品应用拓展，又要提高产品质量和档次，满足多元化和个性化消费需求；既要稳步推进“走出去”，又要主动加强与国外同行的交流沟通，争取相互理解与支持。

福建省委常委、福州市委书记王宁，中铝公司党组书记、董事长葛红林，福建省政府原副省长贾锡太，财政部关税司司长冯晋平，工信部原材料司副司长余薇，商务部贸易救济调查局副局长刘丹阳，福州市委副书记、市长尤猛军，国务院发展研究中心社会发展研究部第二研究室主任周宏春，中铝公司党组副书记、副总经理、中国铝业股份有限公司总裁敖宏，魏桥创业集团副董事长、中国宏桥集团行政总裁张波，酒钢钢铁（集团）有限责任公司董事长陈春明，中铝公司党组成员、副总经理、中国铝业股份有限公司高级副总裁卢东亮，国际铝业协会秘书长罗恩·耐普，日本铝业协会会长冈田满，国家电力投资集团公司专职董事吴连成，阿联酋环球铝业董事穆罕默德·纳吉布出席了开幕式。王宁、陈全训、葛红林、冯晋平、余薇、刘丹阳、罗恩·耐普、冈田满在开幕式上致辞。中国有色金属工业协会副会长文献军主持开幕式。

“2017中国国际铝业周”由中国有色金属工业协会主办，中国铝业公司特邀协办，北京安泰科信息股份有限公司承办。来自10余个国家的1000余人参加了“铝业周”，他们分别来自铝生产、研发、贸易、投资、物流等各领域。

（有色年鉴社）

政策与法规篇

国家十六部门联合发出《关于利用综合标准依法依规推动落后产能退出的指导意见》

2017 年 2 月 17 日，国家工业和信息化部、国家发展和改革委员会、财政部、人力资源和社会保障部、国土资源部、环境保护部、农业部、商务部、中国人民银行、国务院国有资产监督管理委员会、国家税务总局、国家工商行政管理总局、国家质量监督检验检疫总局、国家安全生产监督管理总局、中国银行业监督管理委员会、国家能源局联合发出了《关于利用综合标准依法依规推动落后产能退出的指导意见》（工信部联产业〔2017〕30 号），内容摘要如下：

淘汰落后产能是推动供给侧结构性改革、促进产业结构调整和节能减排的重要举措。为贯彻落实《国务院关于进一步加强淘汰落后产能工作的通知》（国发［2010］7 号）、《国务院关于化解产能严重过剩矛盾的指导意见》（国发［2013］41 号）部署，做好淘汰落后产能工作，现提出以下意见：

一、总体要求

（一）指导思想。全面贯彻党的十八大和十八届三中、四中、五中、六中全会及中央经济工作会议精神，深入贯彻习近平总书记系列重要讲话精神，按照统筹推进“五位一体”总体布局和协调推进“四个全面”战略布局要求，牢固树立和贯彻落实创新、协调、绿色、开放、共享的发展理念，深入推进供给侧结构性改革。实现工作方式由主要依靠行政手段，向综合运用法律法规、经济手段和必要的行政手段转变；实现界定标准由主要依靠装备规模、工艺技术标准，向能耗、环保、质量、安全、技术等综合标准转变；建立市场化、法治化、常态化的工作推进机制。

（二）基本原则

——坚持市场倒逼、企业主体。健全公开透明的市场规则，强化市场竞争机制和倒逼机制，发挥市场配置资源的决定性作用，优化供给结构，促进优胜劣汰。发挥企业市场主体作用，强化企业责任意识。

——坚持政府推动、依法依规。强化法治意识和法治思维，充分发挥法律法规的约束作用和技术标准的门槛作用，营造公平竞争的市场环境，依法依规推动落后产能退出。加强政策引导，完善体制机制，保障企业和职工合法权益，确保社会稳定。

——坚持统筹协调、突出重点。以建设市场化和法治化落后产能退出机制为重点，加强部门协同，创新方式方法，推动重点行业和重点地区率先突破，形成可复制、可推广的经验做法。

（三）工作目标

以钢铁、煤炭、水泥、电解铝、平板玻璃等行业为重点，通过完善综合标准体系，严格常态化执法和强制性标准实施，促使一批能耗、环保、安全、技术达不到标准和生产不合格产品或淘汰类产能（以上即为落后产能），依法依规关停退出，产能过剩矛盾得到缓解，环境质量得到改善，产业结构持续优化升级；通过落实部门联动和地方责任，构建多标准、多部门、多渠道协同推进工作格局。

二、主要任务

（四）能耗方面

严格执行节约能源法，对达不到强制性能耗限额标准要求的产能，应在 6 个月内整改；确需延长整改期限的，可提出不超过 3 个月的延期申请；逾期未整改或经整改仍未达标的，依法关停

退出。（工业和信息化、发展改革主管部门负责）

（五）环保方面

严格执行环境保护法律法规，对超过大气和水等污染物排放标准排污、违反固体废物管理法律法规，以及超过重点污染物总量控制指标排污的企业，责令采取限制生产、停产整治等措施；情节严重的，报经有批准权的人民政府批准，责令停业、关闭。（环境保护主管部门负责）

（六）质量方面

严格执行产品质量法，对相关产品质量达不到强制性标准要求的产能，依法查处并责令停产整改；在6个月内未整改或经整改仍未达标的，报经有批准权的人民政府依法关停退出。（质量技术监督主管部门负责）

（七）安全方面

严格执行安全生产法，对安全生产条件达不到相关法律、行政法规和国家标准或行业标准要求的产能，立即停产停业整顿；经停产停业整顿仍不具备安全生产条件的，予以关闭；有关部门应当吊销其相关证照。（安全生产监管主管部门及其他负有安全生产监督管理职责的部门负责）

（八）技术方面

按照有关产业政策规定，淘汰相关工艺技术装备，须拆除相应主体设备。具备拆除条件的应立即拆除；暂不具备拆除条件的，应立即断水、断电，拆除动力装置，封存主体设备（生产线），企业向社会公开承诺不再恢复生产，同时在省级人民政府或省级主管部门网站公告，接受社会监督，并限时拆除。严厉打击违法生产和销售“地条钢”行为，依法全面拆除生产建筑用钢的工频炉、中频炉等装备。（工业和信息化、发展改革、能源、煤炭、质量技术监督主管部门牵头，相关部门按职责分工负责）

（九）产能退出

通过依法关停、停业、关闭、取缔整个企业，或采取断电、断水，拆除动力装置，封存主体设备等措施淘汰相关主体设备（生产线），使相应产能不再投入生产。（相关部门按职责分工分别负责）

三、政策措施

（十）加大资金扶持

充分利用工业企业结构调整专项奖补资金、差别电价加价收入和省级淘汰落后产能专项奖励资金等，对符合条件的企业职工安置、转产转型等予以支持。（财政主管部门负责，工业和信息化、发展改革、人力资源社会保障、价格等主管部门配合）

（十一）加大技术扶持

加强规划引导和行业准入（规范）管理，通过先进适用技术的推广，引导企业进行技术改造升级，降低产能改造成本，提高运营效率。（发展改革、工业和信息化、能源、煤炭主管部门负责）

（十二）执行价格政策

对钢铁、水泥、电解铝等行业能耗、电耗达不到强制性标准的产能，以及属于《产业结构调整指导目录（2011年本）（修正）》淘汰类的产能，执行差别电价、阶梯电价、惩罚性电价和超定额用水累进加价等差别化能源资源价格。（工业和信息化、发展改革、价格主管部门负责）

（十三）落实差别化信贷政策

落实有保有控的金融政策，对有效益、有前景，且主动退出低端低效产能、化解过剩产能、实施兼并重组的企业，按照风险可控、商业可持续原则，积极予以信贷支持。对未按期退出落后产能的企业，严控新增授信，压缩退出存量贷款。运用市场化手段妥善处置企业债务和银行不良资产。（中国人民银行分支机构、银监局负责）

（十四）做好职工安置

要把职工安置作为去产能工作的重中之重，指导企业落实主体责任，依法妥善处理劳动关系，制定好职工安置方案和风险处置预案。落实促进自主创业、鼓励企业吸纳就业和帮扶困难人员就业等各项政策，做好社保关系接续和转移，按规定落实好社会保障待遇。加强职业介绍和技能培训，增强失业人员的再就业能力。（人力资源社会保障主管部门负责）

（十五）盘活土地资源

产能退出后的划拨用地，可依法转让或由地方政府收回，地方政府收回原划拨土地使用权后的土地出让收入，可按规定通过预算安排支付产能退出企业职工安置费用。退出后的工业用地，在符合城乡规划的前提下，可用于转产发展第三产业，其中转产为生产性服务业等国家鼓励发展行业的，可在5年内继续按原用途和土地权利类型使用土地。（国土资源、财政主管部门负责）

（十六）严格执法监管

加大节能监察力度，全面调查重点行业能源

消耗情况，严格依法处置主要工序或单位产品能源消耗不达标的企业。(工业和信息化、发展改革主管部门负责)

强化环保执法，督促企业全面落实环保法律法规，严格依法处理环境违法行为，进一步完善污染源自动监控系统；纳入排污许可证管理的所有企事业单位必须按期持证排污、按证排污，不得无证排污。(环境保护主管部门负责)

加强产品质量管理执法，全面调查生产许可获证企业生产状况和生产条件，严厉打击无证生产等违法行为。对因工艺装备落后、环保和能耗不达标被依法关停的企业，注销生产许可证。(质量技术监督主管部门负责)

严格安全生产监督执法，组织检查重点行业安全生产情况，依法查处不具备安全生产条件的企业。(安全生产监管主管部门及其他负有安全生产监督管理职责的部门负责)

(十七) 强化惩戒约束

对未按期完成落后产能退出的企业，由相关部门将有关信息纳入全国信用信息共享平台，并在“信用中国”网站等平台公布，在土地供应、资金支持、税收管理、生产许可、安全许可、债券发行、融资授信、政府采购、公共工程建设项目投标等方面，依法依规实施联合惩戒和信用约束。(发展改革主管部门牵头，各相关部门按职责分工落实)

四、组织实施

(十八) 完善工作机制

各地要按照《国务院关于进一步加强淘汰落后产能工作的通知》《国务院关于化解产能严重过剩矛盾的指导意见》要求，发挥好省级淘汰落后产能工作协调（领导）小组作用，加强组织领导，明确职责分工，强化协调配合，形成工作合力。各地工业和信息化、能源、煤炭主管部门要履行牵头职责，强化综合协调，把握时间节点，统筹推进工作。各参与部门要按照职责分工，强化执法监督，完善配套政策，主动开展工作。(工业和信息化、能源、煤炭主管部门分别牵头，各参与部门按职责分工落实)

(十九) 抓好工作落实

每年 3 月底前，各地工业和信息化、能源、煤炭主管部门牵头，联合发展改革、环境保护、质量技术监督、安全生产监管等主管部门，以钢铁、煤炭、水泥、电解铝、平板玻璃行业为重点(各地可结合本地区产业发展实际和结构调整需要，扩大行业范围)，研究制定工作方案，明确年度重点任务、时间节点、工作措施和责任部门，报经省级人民政府同意后实施。

每年 12 月底前，各地发展改革、环境保护、质量技术监督、安全生产监管主管部门将当年钢铁、煤炭、水泥、电解铝、平板玻璃等重点行业依法关闭退出的企业、设备及产能情况，函告同级工业和信息化、能源、煤炭主管部门，计入当年落后产能退出情况。

次年 1 月底前，各地工业和信息化、能源、煤炭主管部门将上年度落后产能退出情况报经省级人民政府同意后，报工业和信息化部、国家能源局，抄报国家发展改革委、财政部、人力资源社会保障部、国土资源部、环境保护部、农业部、商务部、人民银行、国务院国资委、税务总局、工商总局、质检总局、安全监管总局、银监会。(工业和信息化、能源、煤炭主管部门牵头，发展改革、环境保护、质量技术监督、安全生产监管等主管部门按职责分工落实)

(二十) 加强监督检查

各地工业和信息化、能源、煤炭主管部门要及时了解、掌握工作进展，定期组织相关部门进行监督检查，对进展较慢的地区采取通报、约谈等方式进行督办。(工业和信息化、能源、煤炭主管部门牵头，发展改革、环境保护、质量技术监督、安全生产监管等主管部门按职责分工落实)

(二十一) 强化信息公开

各地工业和信息化、能源、煤炭主管部门要在网站公告年度落后产能退出企业名单、设备(生产线)和产能情况，接受社会监督。各地工业和信息化、发展改革、质量技术监督、安全生产监管主管部门，要定期公布不达标应限期整改的企业名单（“黄牌”名单)，以及经整改仍不达标、已依法关闭的企业名单（“红牌”名单)。各地环境保护主管部门要定期公布超标排放企业名单，以及超标排放情节严重的企业名单。(工业和信息化、能源、煤炭、发展改革、环境保护、质量技术监督、安全生产监管等主管部门按职责分工落实)

(二十二) 加强行业自律

各相关行业协会要充分发挥熟悉行业的优势，

及时反映企业诉求，引导企业做好自律，自觉执行相关法律法规和相关政策。（相关行业协会落实）

（二十三）做好宣传引导

各地要做好政策宣传解读，总结好的经验和有效做法，通过报刊、广播、电视、互联网等方式进行宣传，加强示范引导，营造良好舆论氛围。（工业信息化、能源、煤炭主管部门牵头，相关部门配合）

依法依规推动落后产能退出是当前和今后一个时期落实去产能任务、促进产业结构调整的重要措施。工业和信息化部、国家能源局将会同淘汰落后产能工作部际协调小组成员单位，加强对各地工作的指导，研究完善相关政策措施，适时组织对各地工作开展情况进行督促检查，并将有关情况报国务院。

国家发展改革委、财政部、住房城乡建设部发出《关于推进资源循环利用基地建设的指导意见》

2017年10月29日，国家发展改革委、财政部、住房城乡建设部发出了《关于推进资源循环利用基地建设的指导意见》（发改办环资〔2017〕1778号），内容摘要如下：

为落实“十三五”规划《纲要》和《国务院关于深入推进新型城镇化建设的若干意见》，大力发展循环经济，加快资源循环利用基地建设，推进城市公共基础设施一体化，促进垃圾分类和资源循环利用，推动新型城市发展，提出如下意见。

一、建设资源循环利用基地的重要意义

资源循环利用基地是对废钢铁、废有色金属、废旧轮胎、建筑垃圾、餐厨废弃物、园林废弃物、废旧纺织品、废塑料、废润滑油、废纸、快递包装物、废玻璃、生活垃圾、城市污泥等城市废弃物进行分类利用和集中处置的场所。基地与城市垃圾清运和再生资源回收系统对接，将再生资源以原料或半成品形式在无害化前提下加工利用，将末端废物进行协同处置，实现城市发展与生态环境和谐共生。

资源循环利用基地是新型城市建设的功能区。《国务院关于深入推进新型城镇化建设的若干意见》（国发〔2016〕8号）指出，要全面提升城市功能，推动新型城市建设，基本建立城市废弃物回收和再生利用体系。提升城市废弃物精细管理水平，通过资源高效利用支撑城市绿色发展，是新型城镇化建设的必然要求。资源循环利用基地为安全、集中、高效处置城市废弃物提供了可行方案，是大中型城市建设不可或缺的重要功能区。

资源循环利用基地是破解垃圾处置“邻避效应”的主要途径之一。资源循环利用基地通过与城市规划相结合，实现科学选址，妥善处理与居住区的分布关系，合理设计处置规模，为城市发展提供有效保障；通过园区物质流管理、设备实时监管、信息公开透明的方式建设运营，改善垃圾处置设施环境，获得周边居民认可，变“邻避”为“邻利”。

资源循环利用基地是明显提高城市资源利用效率的重要方式。基地以科学设置、集中布局废弃物处置设施为切入点，提高多种废弃物的循环利用水平，既可推进城市废弃物回收体系的有效融合，提高回收效率，也可实现分类利用、协同处置，构建不同废弃物处置项目间的产业链条，打造能源、水资源的集中供应体系，打通项目间的能源流、物质流，推动污染防治设施的统一建设、统一运营、统一监管，实现废弃物高水平利用。

二、总体要求

（一）指导思想

全面贯彻党的十九大精神，按照生态文明建设的总体要求，坚持政府引导和市场推动相结合、分类回收与终端处置相结合、统筹规划与分步建设相结合，着力技术创新和制度创新，推动建设一批高环保标准、高技术水准的废弃物综合处置示范基地，弥补城市绿色发展“短板”，助力新型城镇化建设。

（二）基本原则

——坚持统筹规划，推进分步实施。坚持城乡统筹，把基地建设纳入城市规划，加强与各专项规划的协调统一，实现高起点规划、高标准建设、高水平运营。

——坚持突出重点，加强协同处理。准确把握城市废弃物产排特点，明确基地功能定位和资源化利用重点，加强基础设施共建、项目有效衔接、物质循环利用。

——坚持政府引导，强化市场主导。注重发挥政府和市场的协同作用，鼓励采用 PPP 等多元投融资模式，引入第三方专业化服务，强化政府环境监管责任。

——坚持技术创新，提高管理水平。依靠科技进步，推进废弃物综合处置关键技术突破，建立健全各级管理网络、监督监测网络，提高信息化管理和服务水平。

——坚持生态优先，确保环境安全。严格落实相关环境标准，降低污染物排放，防控环境风险，实现基地与周边生态环境和谐共赢。

（三）总体目标

到 2020 年，在全国范围内布局建设 50 个左右资源循环利用基地，基地服务区域的废弃物资源化利用率提高 30% 以上，探索形成一批与城市绿色发展相适应的废弃物处理模式，切实为城市绿色循环发展提供保障。

三、重点任务

（一）落实选址，统筹规划

各地循环经济综合管理、环卫要会同国土、规划等部门做好基地选址，充分考虑城市废弃物年处理量变化，合理预留处理空间；统筹基地建设规划，科学布局项目建设，综合考虑废弃物产生、分类、收运、处置、运营、监管全过程空间需求，做好项目衔接，一次规划，分期建设；将基地建设纳入城市总体规划、土地利用总体规划等，优先保障土地供应。

（二）共建共享，协同处置

地方循环经济主管部门要会同相关部门，做好基地建设项目设计、规划、储备工作。优先推进道路、管网等基础设施及水电供应、污染防治等公共服务设施的共建共享。各项目运行产生的废气、废水及固体废物，要努力做到集中收集、科学处理、循环利用，严防“二次污染”，着力发挥项目间的协同效应。

基地要统筹布局各类废弃物处置项目，科学设置技术标准门槛，推动企业间形成分工明确、互利协作、利益相关的合作关系，实现资源能源的高效利用。严格落实国家对危险废物的管理要求，垃圾焚烧飞灰等危废必须做到安全无害化处置。

（三）完善收运，信息互联

城市环卫部门、发展改革部门应加快推进生活垃圾分类收集，按照“分类收集、规范运输、集中处置”的原则，合理布局生活垃圾收集设施，推进生活垃圾分类投放、规范储存和运输。积极推进生活垃圾、再生资源、危险废物回收网络和设施整合，实现有效衔接，提高废弃物回收效率和水平，为基地内各项目良好运行提供保障。

基地建设要与城市环卫信息化系统做好衔接，搭建基于物联网、GPS 等信息技术的城市废弃物收集、储运、处置信息平台，打造集物流管理、废物流监控、生产现场监控、污染排放在线监测于一体的物流系统、信息与控制系统、综合服务系统和综合管理系统，实现监督管理的信息化、可视化，提高监督管理效率和水平。

（四）创新机制，多元运营

建设资源循环利用基地需要政府、企业和居民共同参与。要因地制宜建立新型、适用性强的基地管理体系，鼓励政府和社会资本建立混合所有制企业，参与基地建设和运管。支持符合条件的企业发行绿色债券，用于基地重点项目建设。对符合规划的基地，要比照城镇基础设施项目落实用地政策。完善垃圾处理收费政策，提高收缴率。

积极推行 PPP 和环境污染第三方治理等模式，引进专业化的投资主体和运营服务商，推动建立各运营主体利益共享机制，分类保障投资运营收益，实现基地的高效、持续运营。充分发挥龙头企业的带动作用，通过兼并重组等市场化模式，连通上游回收网络、中游转运分拣网络、下游资源化利用设施，完善城市废弃物回收及资源化利用产业链延伸与耦合。支持商业模式创新，鼓励政府、企业联合管理与经营模式。

（五）接受监督，邻利共融

城市循环经济综合管理、环卫等相关部门要按照绿色发展的要求，探索建立基地与周边环境和谐共融发展模式，打造生态型、公园型资源循环利用基地，实现基地与周边民众的和睦相处。要合理预留基地拓展空间，依托基地及周边区域产业基础，引入符合产业发展方向的关联项目，大量吸纳当地居民就业，形成产业集聚发展态势，促进当地经济社会发展。

基地要建立信息公开制度，通过电视、广播、网络等平台以及在厂区周边显著位置设置显示屏等方式，及时发布各类废弃物项目运营情况，接受社会各界监督。环卫部门要组织成立由周边居民代表、有关专家等各方共同组成的监督委员会，不定期进入基地查看，向公众反馈意见。

（六）部门协作，加强监管

城市循环经济综合管理部门、环卫部门加强组织协调，会同有关部门充分论证项目建设的可行性，优先保障项目建设用地，做好项目储备，研究出台有利政策措施，为基地建设做好保障。

城市环卫部门应完善监管机制，建立相应的信息采集和管理系统，强化即时监管能力，对项目建设、基地运营、城市废弃物物质流向进行全过程管控，确保城市废弃物进入基地合法高效处置，保障基地稳定运行。

各省级循环经济综合管理部门、财政部门、住房城乡建设部门要强化统筹协调，会同有关部门制定本地区资源循环利用基地建设的推进工作方案，确定建设目标、重点任务和推进措施，并推动、指导具备条件的城市制定资源循环利用基地建设实施方案，努力打造一批城市可以依靠、居民可以信赖的废弃物安全高效处置的功能区。国家发展改革委、财政部、住房城乡建设部将会同有关部门加强统筹协调和示范引导，加大支持力度，推动资源循环利用基地建设。

工业和信息化部颁发第51号公告

国家工业和信息化部在2017年发出的第51号公告，内容如下：

根据《钨行业规范条件》（工业和信息化部公告2016年第1号）、《锡行业规范条件》（工业和信息化部公告2015年第89号），《铅锌行业规范条件》（工业和信息化部公告2015年第20号），经企业申报、省级工业和信息化主管部门核实、专家复核、现场核查及网上公示，现将符合规范条件企业名单予以公告。

列入规范公告名单的企业要严格按照相关行业规范条件要求组织生产经营活动，规范生产经营行为。

附件1： **符合《钨行业规范条件》企业名单**

序号	省、区、中央企业	申报企业名称	企业性质
1	中国五矿集团公司	株洲硬质合金集团有限公司	钨粉、硬质合金
2		南昌硬质合金有限责任公司	钨粉、硬质合金
3		自贡硬质合金有限责任公司	钨粉、硬质合金
4		衡阳远景钨业有限责任公司	钨矿山
5		湖南有色新田岭钨业有限公司	钨矿山
6		江西省修水香炉山钨业有限责任公司	钨矿山
7		郴州钻石钨制品有限责任公司	钨冶炼
8		江西省修水赣北钨业有限公司	钨冶炼
9	福建	福建金鑫钨业股份有限公司	钨冶炼、钨粉、硬质合金

续表

序号	省、区、中央企业	申报企业名称	企业性质
10		江西大吉山钨业有限公司	钨矿山
11		江西铁山垅钨业有限公司	钨矿山
12	江　西	江西盘古山钨业有限公司	钨矿山
13		江西漂塘钨业有限公司	钨矿山
14		江西小龙钨业有限公司	钨矿山
15		江西西华山钨业有限公司	钨矿山
16		江西铜鼓有色冶金化工有限责任公司	钨冶炼
17	江　西	赣州江钨钨合金有限公司	钨冶炼
18		江西浒坑钨业有限公司	钨矿山
19		江西分宜珠江矿业有限公司	钨矿山
20	湖　南	兆恒威勒（石门）钨业有限公司	钨材
21		广东翔鹭钨业股份有限公司	钨冶炼、钨粉、硬质合金
22			
23	广　东	翁源红岭矿业有限责任公司	钨矿山
24		广东韶关瑶岭矿业有限公司	钨矿山
25		韶关棉土窝矿业有限公司	钨矿山
25	广　西	广西桂华成有限责任公司	钨矿山

附件2：

符合《锡行业规范条件》企业名单

序号	省	企业名称	企业性质
1	江　西	方圆（德安）矿业投资有限公司	锡矿山

附件3：

符合《铅锌行业规范条件》企业名单

序号	省	企业名称	企业性质
1	河　南	济源万洋冶炼（集团）有限公司	铅冶炼

工业和信息化部颁发第52号公告

2017年11月22日，国家工业和信息化部发出了第52号公告，内容如下：

为推动我国铅蓄电池行业可持续发展，依据《铅蓄电池行业规范条件（2015年本）》及《铅蓄电池行业规范公告管理办法（2015年本）》，经企业申请、省级工业和信息化主管部门初审、专家审核、工业和信息化部复核以及网上公示等程序，19家企业列入《符合<铅蓄电池行业规范条件

（2015 年本）＞企业名单（第四批）》，现予以　　公告。

符合《铅蓄电池行业规范条件（2015 年本）》企业名单（第四批）

（排名不分先后）

序号	企业名称	省份	地址	邮编
1	哈尔滨光宇蓄电池股份有限公司	黑龙江省	哈尔滨市松北区中源大道 18270 号	150029
2	江苏欧力特能源科技有限公司	江苏省	高邮经济开发区北外环路 88 号	225600
3	江苏海德森能源有限公司（一期工程）	江苏省	高邮经济开发区波司登大道 98 号	225600
4	扬州阿波罗蓄电池有限公司	江苏省	扬州市扬子江南路 18 号	225131
5	长兴一鼎电源有限公司	浙江省	长兴经济开发区城南工业功能区	313103
6	浙江宝能电源有限公司	浙江省	长兴县小浦镇郎山工业集中区	313100
7	浙江美能电气有限公司	浙江省	浙江省安吉县天子湖工业园区	313309
8	宁波富海环保科技有限公司	浙江省	镇海区澥浦镇凤翔路 999 号	315204
9	漳州市华威电源科技有限公司	福建省	漳州市云霄县列屿镇工业集中区	363300
10	福建一洲动力科技有限公司	福建省	福安市闽东赛岐经济开发区工业园区	355001
11	江西禾田新能源科技有限公司（一期工程）	江西省	江西省宜春市宜丰县工业园	336300
12	江西亚泰电器有限公司	江西省	江西省宜春市宜丰县工业园	336300
13	江西圣嘉乐电源科技有限公司（一期工程）	江西省	宜丰县工业园	336300
14	江西东恒科技有限公司	江西省	江西省宜春市宜春经济开发区	336000
15	江西京九电源科技有限公司	江西省	江西省南昌市南昌县小蓝经济开发区富山一路 1388 号	330220
16	江西京九电源（九江）有限公司（一期工程）	江西省	江西省九江市永修县云山经济开发区星火工业园	330311
17	聊城江北天能电池厂有限公司	山东省	聊城市东昌府区嘉明工业园嘉明路	252000
18	天能集团（河南）能源科技有限公司（一期工程）	河南省	濮阳工业园区经七路东经八路西工业大道北	457000
19	云南振兴集团电源有限公司沙甸分公司	云南省	云南省红河州个旧市沙甸区冲坡哨	661013

工业和信息化部《关于企业集团内部电解铝产能跨省置换工作的通知》

2017 年 9 月 29 日，国家工业和信息化部发出了《关于企业集团内部电解铝产能跨省置换工作的通知》（工信厅原［2017］101 号），内容摘要如下：

为进一步推动电解铝产能置换工作，本着企业为主体，政府做好事中事后监督服务的原则，我部在《工业和信息化部关于印发部分产能严重过剩行业产能置换实施办法的通知》（工信部产业〔2015〕127 号）的基础上，对企业集团（同一实际控制人，下同）内部电解铝产能等量或减量置换工作程序进行简化。现将有关事项通知如下：

一、企业集团内部企业间电解铝产能置换由企业集团自主决策、主动接受监督。企业集团必须确保产能退出企业产能指标真实准确、无重复利用和法律债务纠纷，产能退出和职工安置到位。在此基础上，企业集团向转出地省级人民政府提交产能转出报告，包括转出产能指标相关信息、产能退出、职工安置和债务处置等责任落实情况。

二、企业集团须在产能指标转入地省级工业和信息化主管部门网站对转入产能指标相关信息、产能退出、职工安置和债务处置等责任落实情况予以声明。产能指标转入省（区、市）须对企业集团产能置换方案、产能转入指标真实有效性进行核实，将审核意见一并在省级工业和信息化主管部门网站进行公示（公示期不少于5个工作日，格式见附件）。

三、公示期间，如有对企业声明存在质疑，产能转入地省级人民政府须予以核查并作出答复，确保无异议后，方可公告。如未按此程序履行相关手续，该产能置换视为无效。

本通知自发布之日起实行。各地工业和信息化主管部门要按照本通知要求，结合实际情况开展有关工作。

工业和信息化部《关于加快推进环保装备制造业发展的指导意见》

2017年10月17日，国家工业和信息化部发出了《关于加快推进环保装备制造业发展的指导意见》（工信部节［2017］250号），内容摘要如下：

环保装备制造业是节能环保产业的重要组成部分，是保护环境的重要技术基础，是实现绿色发展的重要保障。近年来，环保装备制造业规模迅速扩大，发展模式不断创新，服务领域不断拓宽，技术水平大幅提升，部分装备达到国际领先水平，2016年实现产值6200亿元，比2011年翻一番。随着绿色发展理念深入人心，工业绿色转型步伐进一步加快，为环保装备制造业发展带来了巨大的市场空间、提出了新的更高要求。但同时，环保装备制造业创新能力还不强，产品低端同质化竞争严重，先进技术装备应用推广困难等问题依然突出。为贯彻落实《中国制造2025》和《“十三五”国家战略性新兴产业发展规划》，全面推行绿色制造，提升环保装备制造业水平，促进环保产业持续健康发展，实现有效供给，提出以下意见：

一、总体思路和目标

（一）总体思路

全面贯彻党中央、国务院关于生态文明建设和实施制造强国战略的决策部署，牢固树立创新、协调、绿色、开放、共享的发展理念，强化创新驱动，优化产品结构，完善标准体系，促进融合发展，落实和完善支持行业发展的政策措施，激发行业发展的内生动力和市场主体活力，引导全行业转变发展方式，提高行业核心竞争力，全面提升先进环保装备有效供给，为绿色发展提供有力支撑。

（二）工作目标

到2020年，行业创新能力明显提升，关键核心技术取得新突破，创新驱动的行业发展体系基本建成。先进环保技术装备的有效供给能力显著提高，市场占有率大幅提升。主要技术装备基本达到国际先进水平，国际竞争力明显增强。产业结构不断优化，在每个重点领域支持一批具有示范引领作用的规范企业，培育十家百亿规模龙头企业，打造千家“专精特新”中小企业，形成若干个带动效应强、特色鲜明的产业集群。环保装备制造业产值达到10000亿元。

二、主要任务

（一）强化技术研发协同化创新发展

鼓励企业围绕亟待解决的环境污染热点难点问题和不断提升的环保标准需求，以突破关键共性技术为目标，以行业关键共性技术为依托，以产业链为纽带，培育创建技术创新中心、产业技术创新联盟。引导企业沿产业链协同创新，推动形成协同创新共同体，实现精准研发，攻克一批污染治理关键核心技术装备以及材料药剂。加强应用推广平台建设，完善产业化机制，鼓励创新成果转化，推动装备与治理项目精准对接，加快在钢铁、有色、化工、建材等传统制造业绿色化改造中的应用。

（二）推进生产智能化绿色化转型发展

探索推进非标产品模块化设计、标准化制造，推广物联网、机器人、自动化装备和信息化管理软件在生产过程中的应用，提高环保装备制造业智能制造和信息化管理水平，实现生产过程精益化管理。加大绿色设计、绿色工艺、绿色供应链在环保装备制造领域的应用，开展生产过程中能效、水效和污染物排放对标达标，创建绿色示范工厂，提高行业绿色制造的整体水平。

（三）推动产品多元化品牌化提升发展

优化环保装备产品结构，拓展产品细分领域，逐步开发形成针对不同行业、具有自主知识产权的成套化、系列化产品，针对环境治理成本和运行效率，重点发展一批智能型、节能型先进高效环保装备，根据用户治理需求和运行环境，打造一批定制化产品。加强环保装备产品品牌建设，建立品牌培育管理体系，推动社会化质量检测服务，提高产品质量档次，提升自主品牌市场认可度，培育一批具有国际知名度的自主品牌，提高品牌附加值和国际竞争力。

（四）引导行业差异化集聚化融合发展

鼓励环保装备龙头企业向系统设计、设备制造、工程施工、调试维护、运营管理一体化的综合服务商发展，中小企业向产品专一化、研发精深化、服务特色化、业态新型化的“专精特新”方向发展，形成一批由龙头企业引领、中小型企业配套、产业链协同发展的聚集区。引导环保装备制造与互联网、服务业融合发展，积极探索新模式、新业态，加快提升制造型企业服务能力和投融资能力。推进军民融合，促进军民两用装备在环境污染治理领域的应用推广。鼓励传统制造企业利用自身技术优势向环保装备制造业拓展，延伸产业链条的深度和广度。

（五）鼓励企业国际化开放发展

鼓励环保装备企业加强合作，采取优势互补、强强联合形式，积极拓展国外市场，通过技术引进、合作研发、直接投资等方式参与海外环保工程建设和运营，引导环保装备制造业由以单机出口为主向提供成套设备和服务为主的国际设备总承包和工程总包转变。鼓励环保装备企业与基础设施建设企业联合，积极参与“一带一路”建设、国际产能合作中的环境基础设施建设项目。充分利用双边、多边合作机制和交流平台，加强与国外企业信息、技术和项目交流合作，推动环保技术装备专利、标准等国际互认，实现国际化对接。

三、重点领域

（一）大气污染防治装备

重点研发 PM2.5 和臭氧主要前体物联合脱除、三氧化硫（SO_3）、重金属、二噁英处理等趋势性、前瞻性技术装备。研发除尘用脉冲高压电源等关键零部件，推广垃圾焚烧烟气、移动源尾气、挥发性有机物（VOCs）废气的净化处置技术及装备。推进燃煤电厂超低排放以及钢铁、焦化、有色、建材、化工等非电行业多污染物协同控制和重点领域挥发性有机物控制技术装备的应用示范。

（二）水污染防治装备

重点攻关厌氧氨氧化技术装备和电解催化氧化、超临界氧化装等氧化技术装备，研发生物强化和低能耗高效率的先进膜处理技术与组件，开展饮用水微量有毒污染物处理技术装备等基础研究。重点推广低成本高标准、低能耗高效率污水处理装备，燃煤电厂、煤化工等行业高盐废水的零排放治理和综合利用技术，深度脱氮除磷与安全高效消毒技术装备。推进黑臭水体修复、农村污水治理、城镇及工业园区污水厂提标改造，以及工业及畜禽养殖、垃圾渗滤液处理等领域高浓度难降解污水治理应用示范。

（三）土壤污染修复装备

重点研发土壤生物修复、强化气相抽提（SVE）、重金属电动分离等技术装备。重点推广热脱附、化学淋洗、氧化还原等技术装备。研究石油、化工、冶炼、矿山等污染场地对人居环境和生态安全影响，开展农田土壤污染、工业用地污染、矿区土壤污染等治理和修复示范。

（四）固体废物处理处置装备

重点研发建筑垃圾湿法分选、污染底泥治理修复、垃圾高效厌氧消化、垃圾焚烧烟气高效脱酸、焚烧烟气二噁英与重金属高效吸附、垃圾焚烧飞灰资源化处理等技术设备。重点推广水泥窑协同无害化处置成套技术装备、有机固废绝氧热解技术装备、先进高效垃圾焚烧技术装备、焚烧炉渣及飞灰安全处置技术装备，燃煤电厂脱硫副产品、脱硝催化剂、废旧滤袋无害化处理技术装备、低能耗污泥脱水、深度干化技术装备、垃圾渗滤液浓缩液处理、沼气制天然气、失活催化剂再生技术设备等。针对生活垃圾、危险废物焚烧处理领域技术装备工艺稳定性、防治二次污染，以及城镇污水处理厂、工业废水处理设施污泥处理处置等重点领域开展应用示范。

（五）资源综合利用装备

重点研发基于物联网与大数据的智能型综合利用技术装备，研发推广与污染物末端治理相融合的综合利用装备。在尾矿、赤泥、煤矸石、粉煤灰、工业副产石膏、冶炼渣等大宗工业固废领域研发推广高值化、规模化、集约化利用技术装备。在废旧电子电器、报废汽车、废金属、废轮胎等再生资源领域研发智能化拆解、精细分选及综合利用关键技术装备，推广应用大型成套利用的环保装备。加快研发废塑料、废橡胶的改性改质技术，以及废旧纺织品、废脱硝催化剂、废动力电池、废太阳能板的无害化、资源化、成套化处理利用技术装备。在秸秆等农业废弃物领域推广应用饲料化、基料化、肥料化、原料化、燃料化的“五料化”利用技术装备。

（六）环境污染应急处理装备

重点研发危险化学品事故、航运中危化品（氰化物）防泄漏及应急治理的应急技术装备。重点推广移动式三废应急处理技术装备、水上溢油应急处置技术装备等。开展危险化学品事故、蓝藻水华应急处置等技术装备的应用示范。

（七）环境监测专用仪器仪表

重点研发污染源水质聚类分析、水质毒性监测，石化、化工园区大气污染多参数连续监测与预警，生物监测及多目标物同步监测，以及应急环境监测等技术装备。重点推广污染物现场快速监测、挥发性有机物、氨、重金属、三氧化硫（SO_3）等多参数多污染物连续监测，车载、机载和星载等区域化、网格化环境监测技术装备，以及农田土壤重金属和持久性有机污染物快速检测、诊断等技术装备。

（八）环境污染防治专用材料与药剂

重点研发新型高效水处理材料与药剂、超净过滤、高效气固分离材料，土壤重金属和持久性有机污染物固化脱除、微生物修复、生态修复、环保用纳米材料及药剂。重点推广高效低阻长寿命除尘滤料、脱硫用耐腐蚀衬板、土壤重金属钝化材料及药剂、挥发性有机物处理用催化剂、垃圾除臭剂、原位钝化、固定、生物阻隔材料及药剂等。

（九）噪声与振动控制装备

重点推广轨道交通隔振技术装备、高速铁路声屏障技术装备、阵列式消声器、低频噪声源头诊治装备等关键技术装备等。

四、保障措施

（一）加强行业规范引导

按照环保装备制造业的细分领域，制定分领域的规范条件，发布符合规范条件企业名单，引导生产要素向优势企业集中。定期修订发布《国家鼓励发展的重大环保技术装备目录》，加快先进技术装备的研发和推广应用。进一步完善行业标准体系，引领产品标准化、系列化、通用化、成套化发展。构建行业经济运行监测体系，规范环保装备制造业有序发展。

（二）加大财税金融支持力度

充分利用绿色制造、工业转型升级、节能减排、技术改造等现有资金渠道，发挥节能节水环保专用设备所得税优惠政策和首台（套）重大技术装备保险补偿机制，支持先进环保技术装备产业化示范和推广应用。积极推动绿色信贷、绿色债券、融资租赁、知识产权质押贷款、信用保险保单质押贷款等金融产品，加大对环保装备制造业的支持力度。鼓励社会资本按市场化原则设立产业基金，投资环保装备制造业。

（三）充分发挥中介组织作用

利用相关行业协会、科研院所和咨询机构等熟悉行业、贴近企业的优势，积极开展政策宣传、技术交流、标准制定、运行监测、行业自律等工作，做好政府与行业、企业之间的桥梁和纽带，推动行业持续健康发展。

（四）加强人才队伍建设

围绕环保装备制造业发展需要，建立和完善多元化人才培训体系，加强具有创新精神的专业技术人才和具有工匠精神的高技能人才队伍建设，加强“走出去”人才的储备和培养，为行业发展提供多层次创新人才保障。

综　合　篇

2017年中国有色金属工业运行状况综述

2017年，有色金属工业认真落实供给侧结构性改革，加强行业自律，营造了良好的市场环境。2017年有色金属工业总体呈现出生产平稳，价格上涨，效益向好的态势。但投资、出口额下降，以及创新不足、融资困难等结构性矛盾仍未根本缓解，产业持续向好的基础有待进一步巩固。2017年，十种有色金属产量5653.7万吨，比上年增长5.7%；国内市场年均铜价比上年增长29.2%，结束了自2012年以来连续5年的下降态势；铝价比上年增长15.9%，涨幅比上年扩大了12.9个百分点；完成固定资产投资额5770.0亿元，比上年下降7.4%；规模以上有色金属企业年末资产总额46915.4亿元，比上年增长1.9%；规模以上有色金属工业企业实现利润总额2544.7亿元，比上年增长3.9%；有色金属进出口贸易总额1348.3亿美元，同比增长15.1%。其中：进口额973.7亿美元，同比增长26.3%；出口额374.6亿美元，同比下降6.4%。

一、2017年有色金属工业运行状况及主要特点

（一）生产平稳运行

2017年，中国十种有色金属产量为5653.7万吨，同比增长5.7%，增幅比上年扩大1.9个百分点。其中，精炼铜产量891.5万吨，增长5.4%；原铝产量3518.9万吨，增长7.6%；精铅产量472.6万吨，增长2.7%；锌产量614.4万吨，下降0.8%。六种精矿金属量767.3万吨，同比（按可比口径计算）下降1.8%。其中，铜精矿金属量165.6万吨，增长7.8%；铅精矿金属量185.2万吨，增长3.1%；锌精矿金属量386.8万吨，下降7.3%。氧化铝产量6905.6万吨，同比增长13.1%。铜材产量1680.8万吨，同比（按可比口径计算）增长4.4%；铝材产量4180.0万吨，同比（按可比口径计算）增长7.2%。

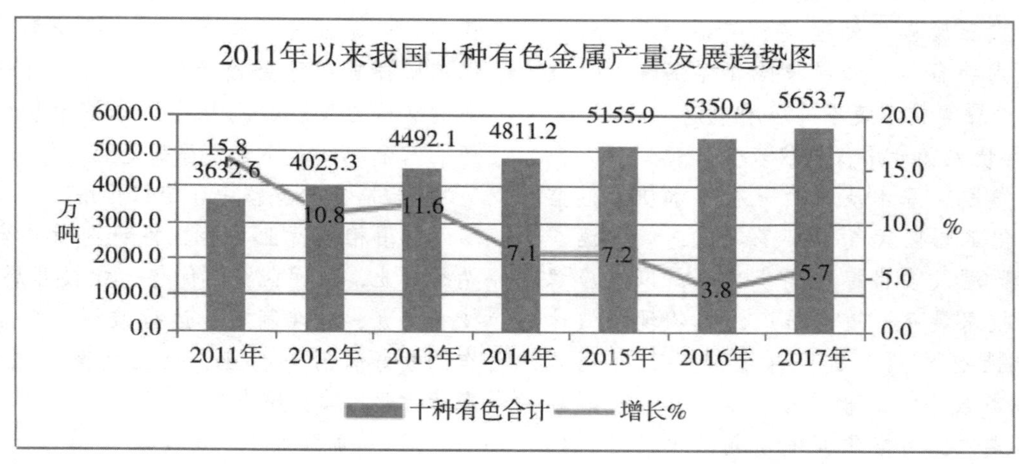

2017年有色金属生产的主要特点，一是有色金属工业生产呈前高后稳的态势。二是清理整顿电解铝违法违规项目及京津冀周边地区“2+26”城市的企业在采暖季实施错峰生产效果明显。三是铜、铝材等深加工产品持续增长。

（二）需求保持增长

1. 2017年，中国精炼铜消费量达到1120万吨，比上年增长6.7%；原铝消费量达到3540万吨，比上年增长8.9%。

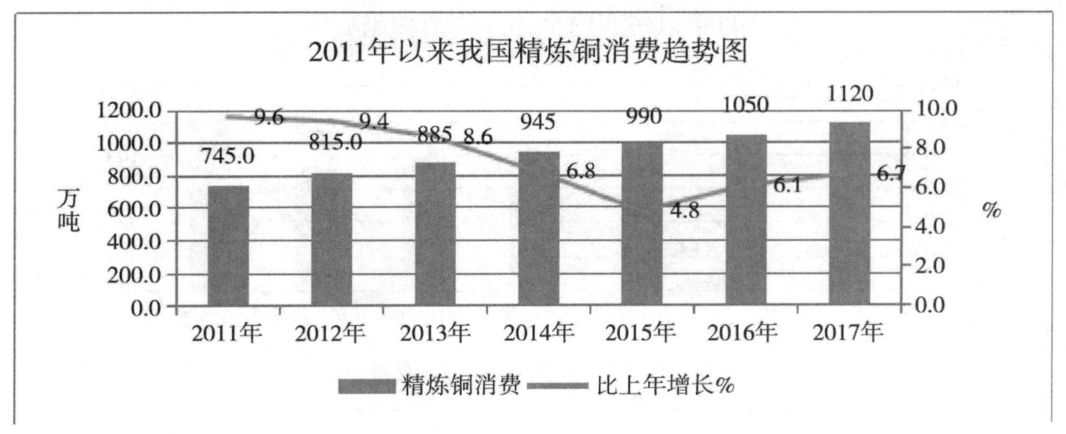

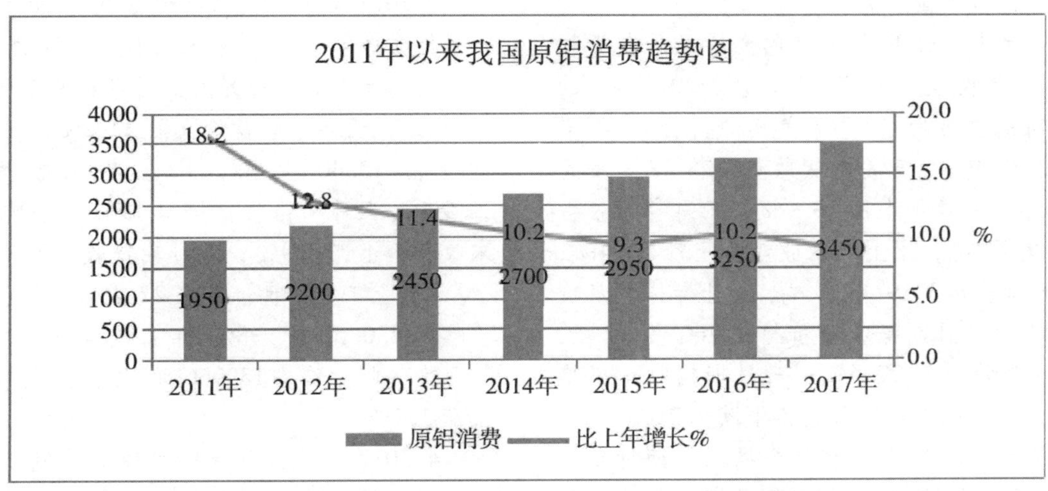

2. 2017 年，中国全铜人均年消费量 9. 17 千克，比上年增长 6. 1%；全铝人均年消费量达到 26. 5 千克，比上年增长 5. 6%。

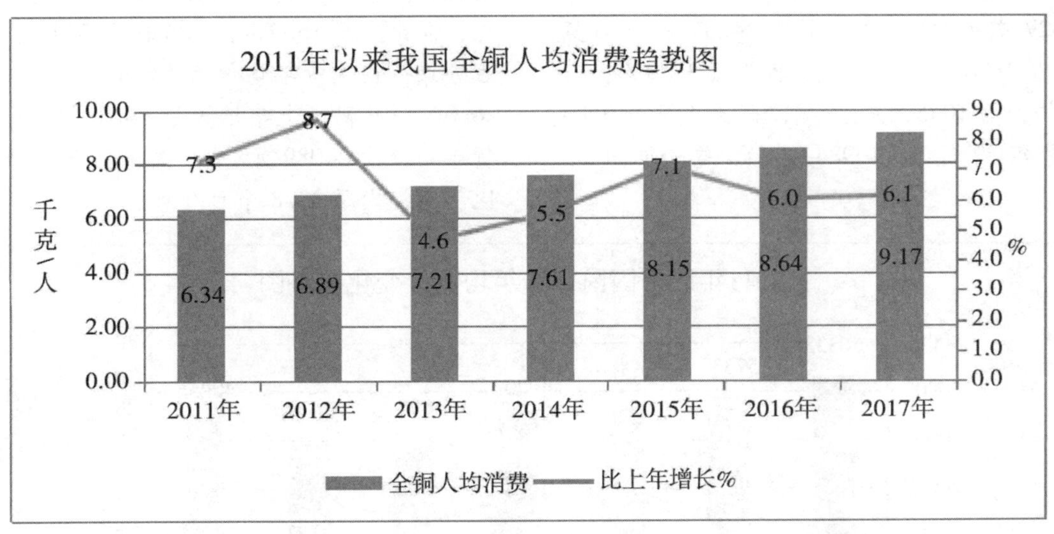

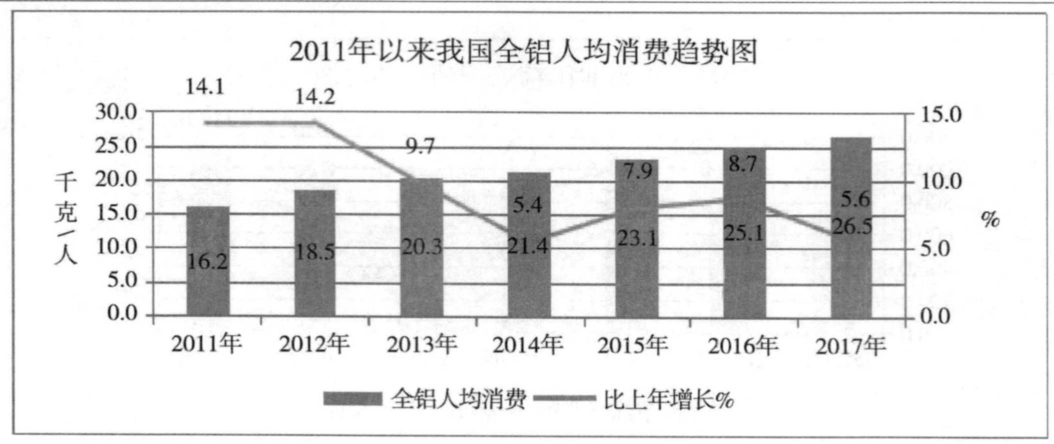

（三）价格明显上涨

1. 2017 年末，LME 六种有色金属三月期货收盘价与上年末收盘价比 5 涨 1 跌。2017 年末，LME 三月期铜收盘价格 7247 美元/吨，比上年末收盘价上涨 30.9%；三月期铝收盘价格 2268 美元/吨，比上年末收盘价上涨 33.9%；三月期铅收盘价格 2488 美元/吨，比上年末收盘价上涨 23.4%；三月期锌收盘价格 3319 美元/吨，比上年末收盘价上涨 28.8%；三月期镍收盘价格 12760 美元/吨，比上年末收盘价上涨 27.4%；三月期锡收盘价格 20025 美元/吨，比上年末收盘价下跌 7.2%。

2. 2017 年，LME 六种有色金属三月期货年均价大幅度上涨。2017 年，LME 三月期铜年均价为 6198 美元/吨，同比上涨 27.4%；三月期铝年均价为 1979 美元/吨，同比上涨 23.0%；三月期铅年均价为 2327 美元/吨，同比上涨 24.0%；三月期锌年均价为 2890 美元/吨，同比上涨 37.9%；三月期镍年均价为 10458 美元/吨，同比上涨 8.5%；三月期锡年均价为 19984 美元/吨，同比上涨 11.7%。

3. 2017 年末，上海有色金属交易所六种金属三月期货收盘价比上年末收盘价均上涨。2017 年末，上海有色金属交易所三月期铜收盘价格 55580 元/吨，比上年末收盘价上涨 22.2%；三月期铝收盘价格 15340 元/吨，比上年末收盘价上涨 22.9%；三月期铅收盘价格 19125 元/吨，比上年末收盘价上涨 8.9%；三月期锌收盘价格 25720 元/吨，比上年末收盘价上涨 22.2%；三月期镍收盘价格 96430 元/吨，比上年末收盘价上涨 12.8%；三月期锡收盘价格 139960 元/吨，比上年末收盘价上涨 1.1%。

4. 2017 年，国内市场四种金属现货年均价明显上涨。2017 年，国内市场铜现货年均价为 49256 元/吨，同比上涨 29.2%，结束了自 2012 年以来连续 5 年的下降态势；铝现货年均价为 14521 元/吨，同比上涨 15.9%，涨幅比上年扩大了 12.9 个百分点；铅现货年均价为 18366 元/吨，同比上涨 26.0%，涨幅比上年扩大了 14.7 个百分点；锌现货年均价为 24089 元/吨，同比上涨 42.8%，涨幅比上年扩大了 33.8 个百分点。

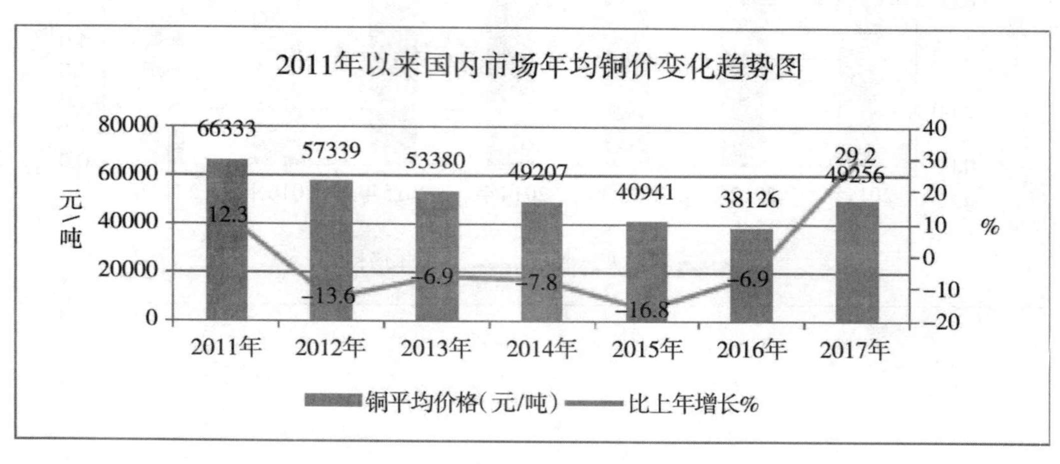

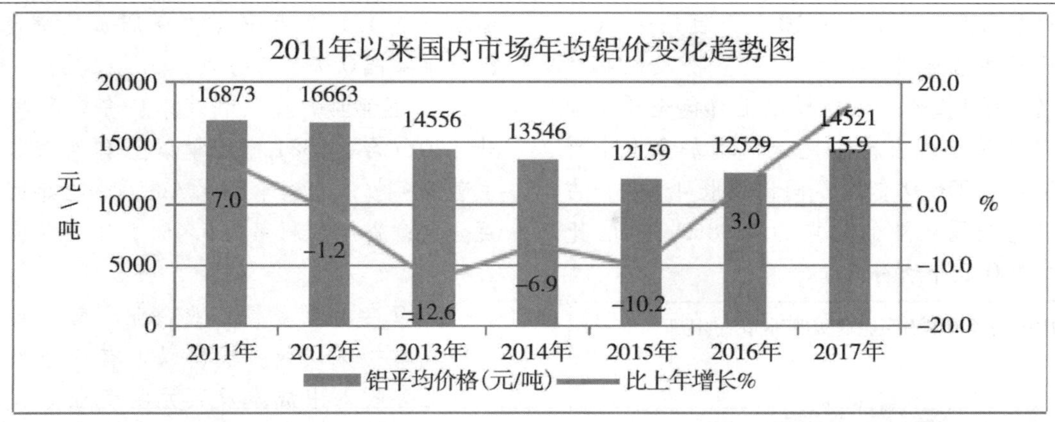

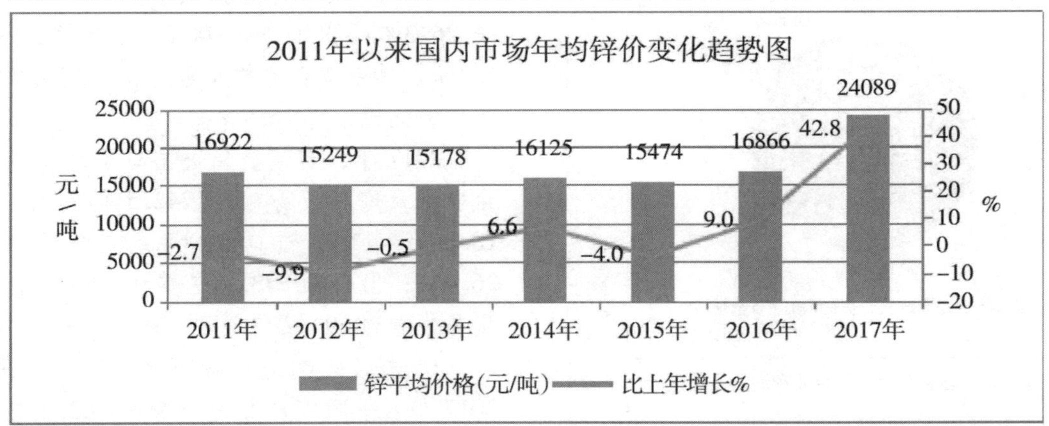

2017 年，LME 基本金属年均价格及国内市场基本金属年均价格与上年比明显上涨。铜价结束了自 2012 年以来连续 5 年的下降态势，铝、铅、锌价格涨幅比上年明显扩大，部分小金属品种价格涨幅明显高于基本金属的涨幅。

（四）规模以上企业实现利润增加

1. 实现利润增幅高于收入增幅。2017 年，8381 家规模以上有色金属工业企业（包括独立黄金企业，下同）实现主营业务收入 59195.3 亿元，同比下降 0.6%；实现利润 2544.7 亿元，同比增长 3.9%，增幅比主营业务收入增幅高 4.5 个百分点。

2. 国有企业经济效益出现恢复性增长。2017 年，765 家国有及国有控股企业实现主营业务收入 20829.2 亿元，同比增长 13.1%，占规模以上有色金属企业的比重为 35.2%，所占比重比上年增加 4.3 个百分点；实现利润 533.9 亿元，同比增长 105.4%，占规模以上有色金属企业的比重为 21.0%，所占比重比上年增加 10.4 个百分点。6993 家民营及民营控股企业实现主营业务收入 32320.6 亿元，同比下降 7.7%，占规模以上有色金属企业的比重为 54.6%，所占比重比上年减少 4.2 个百分点；实现利润 1733.9 亿元，同比下降 10.0%，占规模以上有色金属企业的比重为

68.1%，所占比重比上年减少10.5个百分点。623家三资及三资控股企业实现主营业务收入6045.5亿元，同比下降1.2%，占规模以上有色金属企业的比重为10.9%，所占比重比上年增加0.1个百分点；实现利润276.9亿元，同比增长4.5%，占规模以上有色金属企业的比重为12.8%，所占比重比上年减少0.3个百分点。

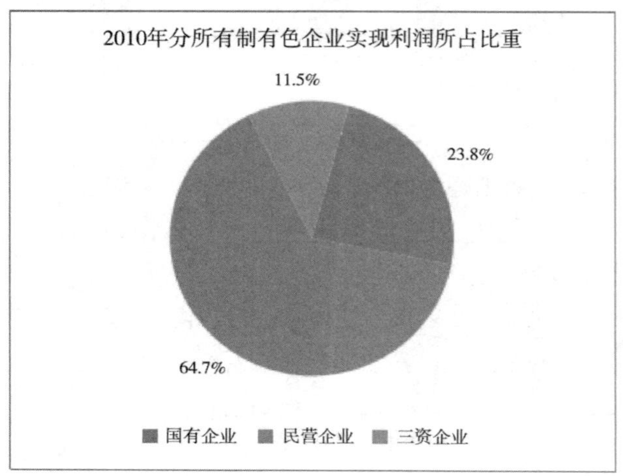

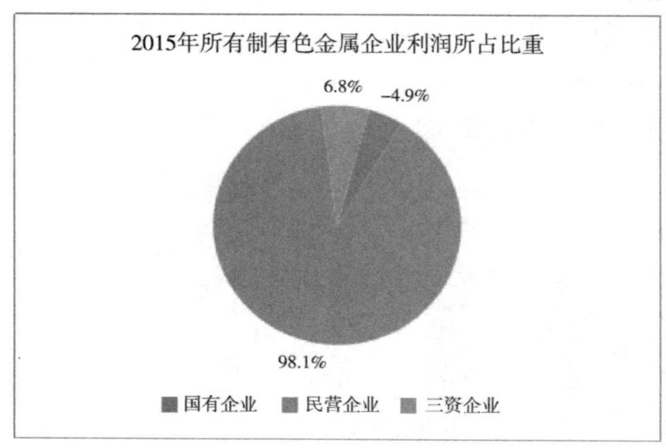

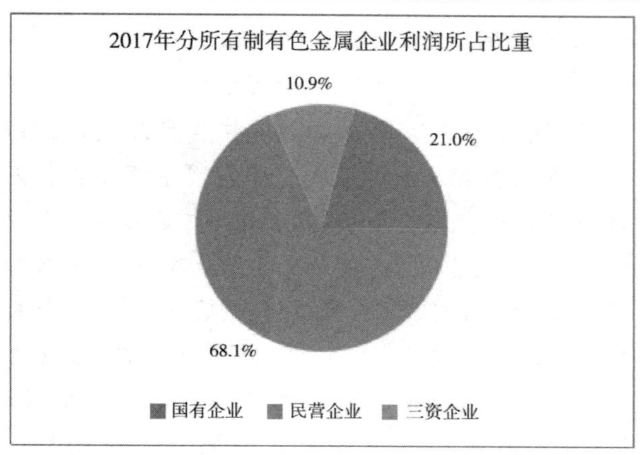

3. 资产规模稳定增长，资产负债率有所下降。2017年末，8381家规模以上有色金属工业企业资产总额为46915.4亿元，同比增长1.9%；负债额为28808.3亿元，同比增长0.8%，增幅比资产总额增幅低1.1个百分点。资产负债率为61.4%，比上年降低0.7个百分点。

4. 主营业务收入利润率、资产利润率有所回升。2017年，8381家规模以上有色金属工业企业主营业务收入利润率为4.3%，比上年回升0.2个百分点；资产利润率为5.4%，比上年回升0.1个百分点。

2017年有色金属工业企业运营主要特点：一是降成本初见成效。规模以上有色金属企业百元主营业务收入中成本及百元主营业务收入中三项费用均有下降。二是规模以上有色金属企业产成品库存周转加快，资产负债率下降，“三去一降一补”取得进展。三是价格上涨仍是效益回升的重要支撑因素，企业效益回升的基础有待巩固。四是国有企业经济效益出现恢复性增长，民营企业经济效益有所回落。

（五）进口额增长，出口额下降

2017年，中国有色金属进出口贸易总额（含黄金首饰及零件贸易额）1348.3亿美元，同比增长15.1%。其中：进口额973.7亿美元，同比增长26.3%；出口额374.6亿美元，同比下降6.4%。其中黄金首饰及零件出口贸易额100.7亿美元，同比下降16.9%。

2017年，有色金属进出口贸易总额（不含黄金首饰及零件贸易额）1242.5亿美元，同比增长18.9%。其中：进口额968.6亿美元，同比增长26.4%；出口额273.9亿美元，同比下降1.9%。贸易逆差为694.7亿美元，同比增长42.6%。

1. 未锻轧铜进口量下降，铜精矿进口增长。2017年，中国铜产品进口额为663.5亿美元，同比增长24.9%，占有色金属产品进口额的比重为68.2%；出口额为57.6亿美元，同比增长11.3%；铜产品贸易逆差605.9亿美元，同比增长26.4%。2017年，进口未锻轧铜330.8万吨，同比下降10.1%；进口铜精矿实物量1733.3万吨，同比增长1.6%；进口粗铜（阳极铜）80.0万吨，同比增长13.1%；进口铜材58.2万吨，同比增长3.5%；进口铜废碎料实物量355.8万吨，同比增长6.3%。出口未锻轧铜33.8万吨，同比下降20.6%；出口铜材47.9万吨，同比增长5.0%。中国净进口未锻轧铜297.0万吨，同比下降8.6%。

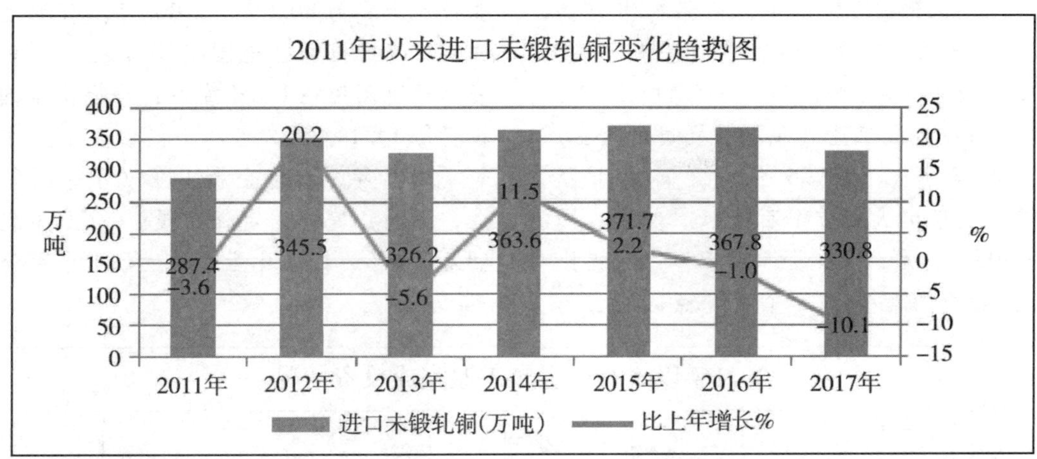

2. 进口铝土矿明显增加，出口铝材略有增加。2017 年，中国铝产品进口额为 103.3 亿美元，同比增长 20.4%；出口额为 133.0 亿美元，同比增长 5.5%。2017 年，进口未锻轧铝 18.6 万吨，同比下降 27.4%；进口铝材 39.7 万吨，同比增长 1.6%；进口铝土矿 6876.6 万吨，同比增长 32.1%；进口铝废料实物量 217.2 万吨，同比增长 13.3%；进口氧化铝 286.5 万吨，同比下降 5.3%。出口未锻轧铝 55.1 万吨，同比增长 7.7%；出口铝材 424.3 万吨，同比增长 4.0%。中国净出口铝材 384.6 万吨，同比增长 4.3%。

3. 进口未锻轧铅增加，进口铅精矿减少。2017 年，中国铅产品进口额 19.8 亿美元，同比增长 29.7%；出口额为 0.65 亿美元，同比下降 2.6%。进口未锻轧铅 10.8 万吨，同比增长 4.0 倍；进口铅精矿实物量 129.2 万吨，同比下降 8.9%。

4. 未锻轧锌、锌精矿进口量均增加。2017 年，中国锌产品进口额为 47.2 亿美元，同比增长 95.9%；出口额为 1.6 亿美元，同比下降 30.8%。2017 年，进口未锻轧锌 78.4 万吨，同比增长 49.2%；进口锌精矿实物量 244.4 万吨，同比增长 21.7%。净进口未锻轧锌 76.8 万吨，同比增长 53.0%。

5. 未锻轧镍进口量减少，镍矿进口增加。2017 年，中国镍产品进口额为 53.1 亿美元，同比下降 3.3%；出口额为 3.9 亿美元，同比增长 35.7%。2017 年，进口未锻轧镍 23.9 万吨，同比下降 35.4%；进口镍矿实物量 3504.6 万吨，同比增长 9.8%。

6. 稀土出口额持续增长。2017 年，中国稀土产品进口额为 3.9 亿美元，同比增长 32.9%；出口额为 18.4 亿美元，同比增长 14.3%；进出口贸易顺差为 14.5 亿美元，同比增长 10.2%。2017 年，出口稀土金属 3807 吨，同比增长 14.4%；出口稀土合金 1708 吨，同比下降 7.1%；出口稀土氧化物 34655 吨，同比增长 6.0%；出口稀土永磁体 29907 吨，同比增长 11.0%。

2017 年，中国有色金属进口额增长，出口额回落。价格上涨是进口额增长的主要原因之一。分金属品种看，精炼铜进口量下降，铜精矿、铝土矿、锌精矿、镍矿及铜、铝废碎料等冶炼原料进口增加；出口的环境不容乐观，但铝材出口仍略有增加；稀土产品出口额呈现出增长态势。

（六）固定投资持续下降，加工投资有所回升

2017年，有色金属工业（包括独立黄金企业）完成固定资产投资额6147.5亿元，同比下降6.9%，降幅比上年扩大0.2个百分点。其中，民间项目投资4952亿元，同比下降8.2%，降幅比有色金属工业投资降幅高1.3个百分点，所占行业投资比重为80.6%。2017年，有色金属工业完成固定资产投资占全国（不含农户）固定资产投资总额比例仍在1.0%左右，增幅比全国固定资产投资低14.1个百分点。

2017年，有色金属工业（不包括独立黄金企业，下同）完成固定资产投资5770.1亿元，同比回落7.4%，降幅比上年扩大0.1个百分点。

2017年，有色金属矿山项目完成固定资产投资777.2亿元，比上年下降25.4%，降幅比上年扩大13.6个百分点，占有色金属工业完成固定资产投资的比重为13.5%，所占比重较上年收窄3.3个百分点；有色金属冶炼项目完成固定资产投资1521.6亿元，比上年下降12.8%，降幅比上年扩大9.4个百分点，占有色金属工业完成固定资产投资的比重为26.4%，所占比重较上年收窄1.6个百分点；有色金属加工项目完成固定资产投资3471.2亿元，比上年增长0.9%，增幅比上年扩大8.7个百分点，占有色金属工业完成固定资产投资的比重为60.2%，所占比重较上年扩大4.9个百分点。

2017年有色金属工业固定资产投资的主要特点：一是有色金属工业完成固定资产投资继续下降，矿山、冶炼降幅均呈扩大趋势。二是民营投资项目降幅明显高于有色金属工业投资降幅。三是有色金属工业深加工项目投资出现小幅回升。

（七）单位产品能耗有降有升

2017年，原铝综合交流电耗为13579千瓦时/吨，同比减少21千瓦时/吨；铜冶炼综合能耗下降到299.1千克标准煤/吨，同比增加29.7千克标准煤/吨；铅冶炼综合能耗下降到367.2千克标准煤/吨，同比减少19.2千克标准煤/吨；电解锌冶炼综合能耗下降到876.0千克标准煤/吨，同比增加36.9千克标准煤/吨。主要有色金属单位产品能耗已达到国际先进或领先水平，在目前技术条件下单位产品能耗明显降低的难度较大。

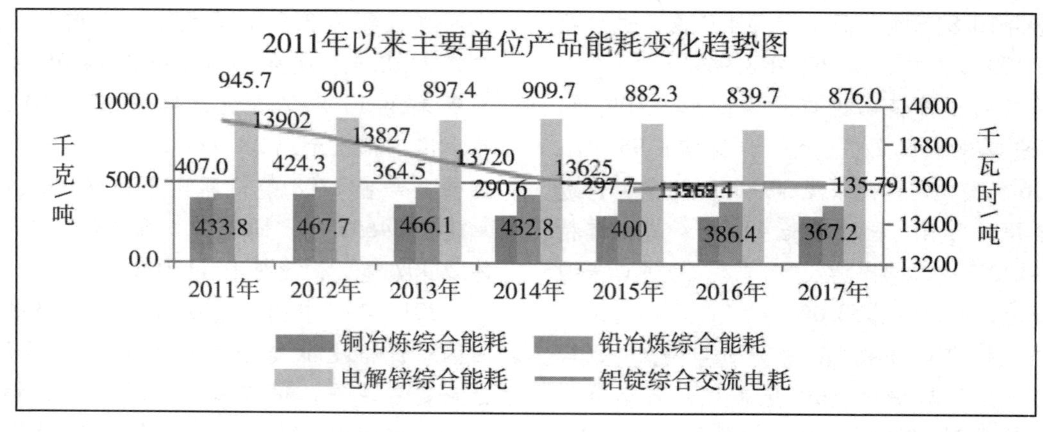

（八）中国主要有色金属产量、消费量稳居世界第一位

2002年中国十种有色金属产量跃居世界第一位，2003年十种有色金属产量消费量跃居世界第一位。截至2017年，中国十种有色金属产量连续16年居世界第一，消费量连续15年居世界第一，成为世界有色金属产量、消费量增长的主要推动力。

2002年，中国精炼铜消费量超过美国，成为全球最大的精炼铜消费国。2006年，中国精炼铜产量突破300万吨，超过智利，成为世界第一大精炼铜生产国。2017年中国精炼铜产量达到891.5万吨，占世界精炼铜产量的37.9%；精炼铜消费量达到1120万吨，占世界精炼铜消费量的47.1%。

2001年，中国原铝产量超过俄罗斯，成为世界第一生产国。2004年，中国原铝消费量超过美国，成为最大的原铝消费国。2017年中国原铝产量达到3518.9万吨，占世界原铝产量的57.1%；原铝消费量达到3540万吨，占世界原铝消费量的57.6%。

2001年，中国精铅产量超过美国，成为世界第一铅生产国。2005年，中国精铅消费量又超过美国，成为全球最大的铅消费国。2017年中国精铅产量达到421.6万吨，占世界精铅产量的40.9%；消费量达480万吨，占世界精铅消费量的41.4%。

1992年，中国锌产量就超过加拿大，成为世界第一锌生产国。2000年，中国锌消费量超过美国，成为全球最大的锌消费国。2017年中国锌产量达到614.4万吨，占世界锌产量的44.7%；锌消费量达到695万吨，占世界锌消费量的50.8%。

二、有色金属工业运行状况分析

（一）有色金属工业运行环境改善

2017年，中国有色金属工业呈现出稳中向好态势，积极因素增多，回暖信号增强。与此同时，不确定因素依然较多。

1. 从国际环境看，2017年尽管不确定性因素依然存在，但全球经济复苏的步伐明显加快，不少经济体经济趋向好转，大宗商品价格震荡上行。全球经济整体呈现同步复苏态势，经济持续扩张，通胀总体温和，劳动力市场表现良好。美国经济形势表现强劲，欧元区经济复苏步伐加快，日本经济复苏势头转好，新兴市场经济体总体增长较快，但部分经济体仍面临调整与转型压力。国际货币基金组织（IMF）和经合组织（OECD）先后上调了2017年全球经济增速预期。

2. 从国内经济看，随着供给侧结构性改革、简政放权和创新驱动战略的不断深化实施，促进经济转型升级，稳定经济增长的新动能正在增强。2017年中国经济稳中向好、好于预期，经济活力、动力和潜力不断释放，稳定性、协调性和可持续性明显增强，实现了平稳健康发展。经济结构不断优化，新兴动能加快成长，质量效益明显提高。消费需求对经济增长的拉动作用保持强劲，投资增长稳中略缓、结构优化，进出口较快增长。工业生产加快发展，第三产业增加值占GDP的比重为51.6%。就业稳中向好，消费价格温和上涨。2017年国内生产总值（GDP）为82.7万亿元，按可比价格计算，同比增长6.9%。

3. 从有色金属产业看，清理整顿电解铝违法违规项目效果显现，环保要求及措施愈加严格，京津冀及周边地区“2+26”城市的企业在采暖季将实施错峰生产，有色金属工业的市场环境及供需关系有所改善。清理整顿电解铝违法违规项目取得预期效果，但化解电解铝产能过剩任务依然艰巨。美国等西方国家出于自身利益，针对中国有色金属产品的国际贸易摩擦愈演愈烈，美国继2016年对中国铝工业进行“332”听证调查之后，2017年又启动对进口铝产品的“232调查”及“301调查”。2017年8月8日美国初裁认定中国出口到美国的铝箔产品接受了16.56%~80.97%不等的补贴；2017年10月27日美国商务部公布，将对原产自中国的铝箔进口征收关税，税率初步定在96.81%~162.24%；2017年11月30日，美国政府已正式拒绝中国根据《中国加入世界贸易组织议定书》第15条获得市场经济地位的要求，可见出口的外部环境不容乐观。2017年中国净出口铝及铝材占国内供应量的比重仅为10.8%，仍在较为合理的范围之内，中国并未对外倾销。

（二）国产矿山资源的保障率基本稳定

1. 2017年，国产铜精矿金属量占国内供应量的比重为26.9%，比上年回落1个百分点。进口的铜精矿金属量占国内铜精矿供应量的比重达到73.1%。但是中国企业在海外投资获得的铜精矿金属量已占国内铜精矿供应量的比重达到8%左右。若考虑中国企业在境外投资获得的铜精矿金

属量在内，铜矿产资源保障率仍基本稳定。

2.2017年，国产铝土矿生产氧化铝占国内氧化铝供应量的59.5%，所占比重比上年回落1.7个百分点。进口铝土矿生产氧化铝和进口的氧化铝，两项合计约占国内氧化铝供应量的40.5%，所占比重比上年扩大1.7个百分点。若考虑中国企业在境外投资获得的铝土矿在内，铝资源保障率仍稳中有升。

3.2017年，国产铅精矿金属量占供应量的比重为66.7%，所占比重比上年回落4个百分点。进口铅精矿金属量占供应量的比重为33.3%，所占比重比上年扩大4个百分点。

4.2017年，国产锌精矿金属量占供应量的比重为72.8%，所占比重比上年回落10个百分点。进口锌精矿金属量占供应量的比重为27.2%，所占比重比上年扩大10个百分点。

（三）国内再生资源供应量提升

1. 国内再生铜供应量明显提升。2017年中国再生铜供应量为320万吨（其中再生精炼铜235万吨，直接使用的再生铜85万吨），比上年增长6.7%，所占铜供应量的比重为25.2%，比上年扩大1.4个百分点。其中国内回收再生铜约为210万吨，比上年增长14.8%，占再生铜供应量的约为61%。

2. 国内再生铝供应量明显提升。2017年，中国再生铝供应量690万吨，比上年增长9.6%，占铝供应量的比重为17.6%，所占比重比上年提高了1.4个百分点。其中国内再生铝资源为517万吨，比上年增长8.4%，占再生铝供应量的75%左右。

3. 再生铅供应量大幅度提高。2017年，中国再生铅供应量205万吨，比上年增长23.3%，所占铅供应量的比重为42.6%，所占比重比上年提高了6.5个百分点。

（四）产业集中度基本平稳

2017年，江西铜业集团公司、铜陵有色金属集团控股有限公司等前10家企业精炼铜产量占全国精炼铜产量的比重为72.0%；中国铝业公司、山东魏桥集团、山东信发集团等前10家企业原（电解）铝产量占全国原铝产量的比重为66.6%；河南豫光金铅集团有限责任公司等前10家企业精铅产量占全国精铅产量的比重为54.5%；陕西有色金属控股集团有限责任公司、株洲冶炼集团有限责任公司等前10家企业锌产量占全国锌产量的比重为49.3%。

（五）国有投资恢复性增长，民营、三资投资持续下降

2017年，有色金属工业国有控股企业完成固定资产投资970.0亿元，同比增长4.7%，占有色金属工业完成固定资产投资的比重为16.8%；私人控股企业完成固定资产投资3916.2亿元，同比下降6.2%，占有色金属工业完成固定资产投资的比重为67.9%；集体控股企业完成固定资产投资76.9亿元，同比下降60.6%，占有色金属工业完成固定资产投资的比重为1.3%；港澳台控股企业完成固定资产投资95.6亿元，同比下降11.9%，占有色金属工业完成固定资产投资的比重为1.7%；外商控股企业完成固定资产投资43.6亿元，同比下降18.4%，占有色金属工业完成固定资产投资的比重为0.8%；其他企业完成固定资产投资667.8亿元，同比下降13.0%，占有色金属工业完成固定资产投资的比重为11.6%。

近年来，有色金属工业固定资产投资持续下降。初步分析，一方面有色金属工业固定资产投资下降固然是受化解产能过剩等因素的影响，即产能过剩的冶炼项目投资明显下降，这是有效化解产能过剩的积极因素；另一方面基础研究薄弱、缺乏技术支撑、高新项目储备，是投资额持续下降最根本的原因，将影响行业发展后劲。尽管2017年有色金属工业新旧动能转换出现了一些亮点，有色金属加工项目投资出现小幅回升，但创新项目投资在产业体系中所占比例不大，真正实现创新驱动、内生增长、行业全面转型升级，还有很长的路要走。

（六）去库存、去杠杆、降成本取得积极成效

1. 产成品库存周转加快。2017年规模以上有色金属工业企业产成品库存周转天数为12.6天，与上年比加快了1.2天。

2. 去杠杆取得进展。2017年末，规模以上有色金属工业企业资产负债率为61.4%，与上年比收窄0.7个百分点。

3. 降成本取得成效。2017年，规模以上有色金属工业企业每百元主营业务收入中的成本为91.66元，比上年减少0.41元；每百元主营业务收入中三项费用4.03元，比上年减少0.27元。

三、有色金属工业发展关注的主要问题及对策

（一）有色金属工业发展需要关注问题

1. 继续推进供给侧结构性改革。近年来，有色金属工业在推进供给侧结构性改革方面下了很大功夫，尤其是电解铝行业，供给侧结构性改革取得了阶段性成果，实现违规电解铝产能关停。进一步巩固电解铝供给侧结构性改革成果，严控新增产能，关闭低端无效产能，依法依规倒逼无竞争力产能退出，进一步实现供需动态平衡。

2. 把促进行业高质量发展放在首位。有色金属工业要由高速发展向高质量发展阶段转变，切实解决行业发展不平衡不充分的问题，优化存量资源配置，扩大优质增量供给，加快产业转型升级，把质量第一、效益优先放在更加突出的位置，深入推进行业“增品种、提品质、创品牌”行动，加快形成先进基础材料供给能力，满足高端、个性、多元化需求。提升产品质量稳定性、均一性，有效增加产品附加值。培育具有全球竞争力的世界一流企业，创立中国有色品牌。

3. 把科技创新作为突破短板的重点。有色金属工业要顺应从依靠要素扩张向依靠创新驱动、从依靠物质资本向依靠人力资本转变，紧紧把握科技创新这一重要突破口与高质量发展短板，让创新链、产业链、资金链和政策链融合衔接，努力打造系统创新链，建立以企业为主体、市场为导向、产学研深度融合的技术创新体系，在优势领域、共性技术、关键技术上不断取得新突破，把科技创新真正落实到产业发展上，使创新成果成为推动行业高质量有效益增长的新动力。

4. 坚持绿色发展理念。有色金属工业是践行绿色发展的重点领域。2017 年的环保督查反馈意见不少涉及到有色金属企业，一些污染举报事件也与有色企业多年污染治理不到位相关。打好污染治理攻坚战，打赢蓝天保卫战，有色金属企业必须履行好社会责任，在为经济社会发展做贡献的同时，做好环境保护，促进绿色发展，让“绿水青山”真正成为造福子孙后辈的“金山银山”。

5. 把防控风险提到更加突出的位置。稳中求进，稳是前提，必须把防控风险放在更加突出的位置，保持行业稳定运行。2017 年行业平均资产负债率为 61.4%，较全国工业平均 56.0% 的水平高出不少。有色金属市场价格波动频繁，价格大起大落，不仅影响行业自身经营，也波及下游产业发展。因此，要增强风险意识，加强风险管控，筑牢风险底线。

6. 新旧动能转换还有很长的路要走。2017 年尽管有色金属工业新旧动能转换出现了一些亮点，但在产业中所占比例不大，真正实现创新驱动、内生增长、转型升级，还有很长的路要走。有色金属工业固定资产投资连续 3 年持续下降。投资下降固然有化解产能过剩等因素的影响，但基础研究薄弱、缺乏技术支撑、高新项目储备不足，是最根本的原因，将影响行业发展后劲。

7. 有色金属企业资金依然紧张。2017 年虽然有色行业效益好转，但总体利润率不高，主营业务收入利润率仅为 4.3%。加之“两高一资、两高一剩”的观念难以扭转，金融机构对有色金属行业的资金支持仍然受限，部分企业资金链依然紧张。

8. 国际贸易摩擦加剧，外需面临严峻挑战。有色金属工业是高度国际化的产业，中国铜、铝、镍等原料需要大量进口，铝加工材等深加工产品，在国际市场具有良好的需求空间。但美国等西方国家出于自身利益，针对中国有色金属产品的国际贸易摩擦愈演愈烈，2018 年中国有色金属出口的外部环境不容乐观。

（二）相关对策

1. 继续落实电解铝专项督查，有效遏制无序新增产能。电解铝行业的当务之急是遏制新增产能，维护好这几年行业自律与政策支持下来之不易的成果。建议实施电解铝新增产能置换专项督查时，严格按照国发 41 号文、国办发 42 号文的精神要求，继续落实关于《清理整顿电解铝行业违法违规项目专项行动工作方案》，严厉惩处违规新建产能。同时，建立无竞争力产能退出通道，予以政策性资金奖补。

2. 高度重视国际贸易摩擦，保持产业健康发展。近年来，美国蓄意将中国铝工业国际贸易的经济问题政治化、双边问题多边化，企图遏制中国铝工业的良性发展，如应对不力将带来严重后果。建议有关部门高度重视，建立应对机制，发挥协同效应，组织相关企业，形成应对合力，做好应对预案。

3. 设立新材料政策性贷款，支持新材料推广应用。国家有关部门设立了新材料首批（次）应用的保险机制，但企业反映支持效果不明显。建议设立新材料推广应用政策性长期贷款专项，以低息或贴息的方式，促进新材料产业化应用。以后可以随着推广应用的进展，逐步提高利率水平。同时，建议在国家级战略性工程规划，如雄安新区的建设中，普及绿色建筑、建设绿色城市，扩大铝、铜等有色金属材料的应用。

4. 促进产融深度对接，切实解决融资难问题。实体经济融资难是个共性问题，有色协会多次汇报有色金属行业融资困难的问题，有关部门和金融机构也非常重视，给予了很大支持。建议根据企业发展实际与成长空间，进一步落实好“黑白名单”制度，强化有色金属企业与金融企业的深度对接，实施好差别化的金融政策，避免对有色金属行业融资“一刀切”，有效地缓解高新有色金属企业融资难问题。

（王华俊）

固定资产投资

2017 年，中国有色金属工业固定资产投资继续呈下滑状态。全年行业完成固定资产投资 5770 亿元，同比下降 7.4%，降幅比上年扩大 0.1 个百分点。其中，矿山项目完成固定资产投资 777 亿元，比上年下降 25.4%，降幅比上年扩大 13.6 个百分点，占行业完成固定资产投资的比重为 13.5%，所占比重较上年收窄 3.3 个百分点；冶炼项目完成固定资产投资 1522 亿元，比上年下降 12.8%，降幅比上年扩大 9.4 个百分点，占行业完成固定资产投资的比重为 26.4%，所占比重较上年收窄 1.6 个百分点；加工项目完成固定资产投资 3471 亿元，比上年增长 0.9%，增幅比上年扩大 8.7 个百分点，占行业完成固定资产投资的比重为 60.2%，所占比重较上年扩大 4.9 个百分点。

一、主要行业完成投资情况

2017 年，中国铜工业完成固定资产投资 928 亿元，较 2016 年下降 2.7%，占行业完成固定资产投资的 16.1%。其中，铜矿采选施工项目 373 个，完成固定资产投资 173 亿元，同比下降 28.3%，降幅较 2016 年扩大 21 个百分点；铜冶炼施工项目 264 个，完成固定资产投资 242 亿元，同比增长 26.8%；铜压延加工施工项目 512 个，完成固定资产投资 514 亿元，同比下降了 1.5%。2017 年，中国铝业福建宁德和内蒙古赤峰，南国铜业广西崇左等铜冶炼项目建设均取得重要进展。

2017 年，中国铝工业完成固定资产投资 2192 亿元，较上年下降 2.1%，占行业完成固定资产投资的 38.0%。其中，铝矿采选项目完成固定资产投资 74. 亿元，同比下降 33.9%；铝冶炼项目完成固定资产投资 472 亿元，同比下降 17.6%；铝压延加工项目完成固定资产投资 1646 亿元，同比增长 6.0%。忠旺天津、华建铝业等一批铝加工项目建成投产，行业投资结构得到进一步优化。

2017 年，中国铅锌采选、冶炼完成固定资产投资同比均有所下降。其中，铅锌矿采选施工项目 575 个，完成投资 244 亿元，同比下降 24.6%，低于全国有色金属矿采选投资，同比降幅 0.81 个百分点；铅锌冶炼施工项目 300 个，完成投资 183 亿元，同比下降 22.8%，低于全国有色金属冶炼投资同比降幅 10.06 个百分点。行业完成固定资产投资同比下降除受益于供给侧结构性改革成效外，也与环保要求不断提升所带来的行业准入门槛提高和产业发展趋于饱和市场投资趋于理性有关。

2017 年，中国镍钴矿采选施工项目 20 个，完成固定资产投资 28 亿元，同比增长 52.4%，镍钴冶炼项目 51 个，完成投资 70 亿元，同比下降 20.4%。镍铁冶炼投资扩张的势头已经得到明显遏制。

2017 年，中国钨钼矿采选施工项目 64 个，固定资产投资额 67 亿元，同比下降 18.5%；钨钼冶炼施工项目 62 个，投资额 48 亿元，同比下降 2.0%；稀有金属压延加工施工项目 139 个，投资额 76 亿元，同比增长 6.2%。高端钨产品投资增长，厦门钨业拟在天津武清投资 10 亿元建设高端数控刀具生产基地；中钨高新株洲硬质合金产业园项目已开工建设，预计 2019 年竣工；安泰科技旗下天龙科技年产 5000 吨钨钼精深加工产品项目于 2017 年底建成投产。

2017 年，中国锡矿采选和冶炼施工项目个数分别为 127 和 52 个。其中锡矿采选完成固定资产投资 51 亿元，同比下降 17.4%；锡冶炼完成固定资产投资 30 亿元，同比下降 20.3%。

2017 年，中国锑工业完成固定资产投资额呈下降态势。其中，锑矿采选业完成固定资产投资额 10 亿元，同比下降 43%，施工项目 23 个；锑冶炼业完成固定资产投资额 26 亿元，同比增长 6.9%，施工项目 43 个。

表　　2017 年中国有色金属工业分行业完成固定资产投资情况　　单位：亿元

行业小类	施工项目个数	本年完成投资	
		投资额	同比（%）
全国合计	6984	5770.08	-7.35
有色金属矿采选	1527	777.23	-25.43
铜矿采选	373	173.0	-28.31
铅锌矿采选	575	244.11	-24.62
镍钴矿采选	20	28.04	52.41
锡矿采选	127	51.08	-17.41
锑矿采选	23	10.17	-43.00
铝矿采选	60	74.35	-33.92
镁矿采选	18	5.04	-44.03
其他常用有色金属矿采选	169	72.98	-24.25
银矿采选	26	15.19	-31.57
其他贵金属矿采选	18	4.95	-9.15
钨钼矿采选	64	66.90	-18.46
稀土金属矿采选	16	8.39	-61.30
其他稀有金属矿采选	33	20.17	-16.63
有色金属冶炼	1605	1521.61	-12.75
铜冶炼	264	241.60	26.76
铅锌冶炼	300	182.62	-22.81
镍钴冶炼	51	70.14	-20.43
锡冶炼	52	30.49	-20.28
锑冶炼	43	25.92	6.88
铝冶炼	207	472.19	-17.55
镁冶炼	50	89.03	-17.42
其他常用有色金属冶炼	251	166.35	-3.27
银冶炼	89	54.21	-34.13
其他贵金属冶炼	52	28.83	-5.47
钨钼冶炼	62	47.81	-1.98
稀土金属冶炼	99	51.72	-46.28
其他稀有金属冶炼	85	60.71	8.68
有色金属合金制造及压延加工	3852	3471.23	0.86
有色金属合金制造	748	724.56	-5.22

续表

行业小类	施工项目个数	本年完成投资	
		投资额	同比（%）
有色金属铸造	337	177.96	36.72
铜压延加工	512	513.52	-1.53
铝压延加工	1478	1645.93	6.00
贵金属压延加工	50	37.12	-1.73
稀有稀土金属压延加工	139	75.69	-6.23

二、海外投资的新进展

2017年，中国有色金属工业海外投资的突出亮点，就是在技术含量高的深加工领域取得重要进展，扭转了单纯投资资源领域的局面。

辽宁忠旺集团的国际企业购并迈出实质性步伐。通过旗下间接全资公司收购了德国高端铝挤压企业乌纳铝业公司的控股权。该公司历史悠久，其产品主要是供应世界主要飞机制造商的高档铝管材等，空客飞机使用的35%的铝挤压材是乌纳铝业供应的。此外，2017年辽宁忠旺集团还收购了澳大利亚银色游艇公司。该公司是全球铝合金游艇制造的领军企业，是全球唯一有能力设计、制造长度70米以上全铝游艇的企业。

2017年12月，渤海活塞股份公司宣布，已经与德国一家铝合金部件制造企业达成协议，将以6150万欧元收购该企业。这家企业是欧洲知名的汽车轻量化铝合金部件研发和制造企业，为戴姆勒、宝马、奥迪、大众等汽车制造商提供铝合金部件，是欧洲汽车铝合金铸造行业的领导品牌。

2017年4月，中国多晶硅行业龙头保利协鑫集团以1.5亿美元，最终完成了对美国光伏巨头企业的收购，一举掌握世界一流的硅烷流化床法（FBR）和连续直拉单晶（CCZ）技术，从而能够在技术上领跑世界光伏产业。

2017年初，中国最大的综合性铜加工企业投资2000万美元，在越南建设铜管项目的行动迈出实质性步伐。该项目位于越南前江省，是继海亮集团投资建设铜管项目之后，中国企业在越南建设的第二个铜管生产项目。

据不完全统计，截至2017年底，中国企业已经在海外投资获得了6个铜加工项目，6个铝加工项目（含铝轮毂），以及1个多晶硅项目，1个镁加工项目，不仅开拓了市场，而且显著提升了技术开发能力，增强了企业的实力。

三、对行业固定资产投资情况的分析

自2014年行业投资增幅开始下降，到2015年以来行业投资连续出现负增长，充分体现了传统行业实现新旧动能转换的艰巨性。一方面，在过去一个很长的时期内，拉动行业投资增长的主要动力来自满足国内对有色金属基本原材料的需要。但是现在，中国电解铝产量已经占全球的50%以上，铜材产量已经占全球的60%以上，远超过中国人口占世界的比例。在国内基本生活资料、生产资料完全可以满足需要的情况下（包括中国企业的海外权益产量），现在满足内需的发展动能已经被明显削弱。另一方面，有色金属是支撑战略性新兴产业和国防科技发展的重要材料，应用仍有较大空间。但是，需求前景广阔的先进有色金属材料技术含量很高，需要很强的科技创新能力保障，而创新能力不足正是当前行业发展面临的突出短板。所以，技术储备不足已经成为制约行业投资增长的一个重要因素。例如，当前动力电池材料市场火爆，对铜箔的需求迅速增加，国内外产能均不能满足需要，亟待扩大生产规模。然而，电解铜箔关键生产设备的核心技术掌握在一家日本公司手里。该公司从企业的长远利益出发，并不增加生产，而是采取了让用户高价竞购的方式。这样，即使中国企业想在短时间内扩大投资，增加铜箔产量，也无法得到先进的技术装备，实际上制约投资增长。

此外，实体经济效益不高，融资困难，也是影响有色金属行业投资增长的一个不可忽视的关键影响因素。绝大多数民营企业固定资产投资的融资方式都是“短贷长投”，不仅造成企业资金严重不足，而且形成很大的潜在金融风险。

2017年，为了促进制造业投资增长，国家和地方出台了很多支持政策。例如，国家发改委增加了资金投入规模，提高了对增强制造业核心竞争力的支持力度；不少省、市、县设立了各种支持制造业发展的投资基金，并开始运行。但是，这些政策要取得明显成效，还需要一个时间过程。

当前国家和地方支持投资政策的实施重点，主要还是集中在解决历史欠账方面。因为在过去很长时间里，不管是国有企业，还是民营企业，固定资产投资项目都存在资金缺口，再加上融资的“短贷长投”，可以说大多数项目仅依靠自己的生产运营，在一般情况下不具备完全的还本付息能力。例如，国有企业结构调整基金2017年对有色金属行业的支持力度不小，但都是在解决企业的历史投资问题（确实必须解决），而对促进当前投资增长才刚刚开始研究。

地方上的情况也是如此。例如，陕西府谷县，号称世界“镁谷”，2016年的金属镁产量40多万吨，占国内的50%，世界的40%。2017年10月，陕西金融资产管理公司（地方支持制造业发展的金融机构）与府谷县政府签订了支持产业发展的框架协议，规模达到30亿元。但是，第一步是需要整合20多家生产企业，形成规模化生产经营，然后才能实施具体的投资项目。从第一步到第二步，大约还需要一段时间。

（赵武壮）

进出口贸易

2017年，中国主要有色金属产品进出口贸易额1243亿美元，同比增长18.9%。其中：进口额969亿美元，同比增长26.4%；出口额274亿美元，同比下降1.9%。进出口贸易逆差为695亿美元，同比增长42.6%。

一、铜产品进出口贸易

2017年中国铜产品进出口贸易额721亿美元，同比增长23.7%。其中，进口贸易额664亿美元，同比增长25.0%，出口贸易额58亿美元，同比增长11.3%，贸易逆差606亿美元。

2017年，中国进口精炼铜324万吨，同比下降10.6%，降幅较2016年扩大了9个百分点，其他铜产品进口量均有不同程度的增加。其中，铜矿进口实物量1733万吨，同比增长1.7%；粗铜进口80万吨，同比增长13.1%；铜材进口58万吨，同比增长3.5%；铜废碎料进口356万吨，同比增长6.3%。

2017年，在全球经济回暖的带动下，铜加工材出口量出现了恢复性增长，全年累计出口量达48万吨，同比增长5.0%。另外，精炼铜出口34万吨，同比下降20.6%。

表1　　2017年中国铜产品进出口情况　　单位：万吨,%

品种	进口量	同比	出口量	同比
未锻轧铜	330.85	-10.04	33.81	-20.57
其中：精炼铜	324.30	-10.64	33.81	-20.57
铜合金	6.55	35.11	0.00	-0.32
铜材	58.21	3.52	47.88	4.97
其中：铜粉	0.44	8.15	0.35	2.16
铜条杆型材	6.17	3.67	0.91	11.76
铜丝	13.52	-7.05	4.43	5.64
铜板带	13.26	9.29	3.64	13.52
铜箔	22.29	5.57	12.06	-2.04
铜管	2.08	22.80	16.70	7.78
铜制管子附件	0.45	17.38	9.81	5.82

续表

品种	进口量	同比	出口量	同比
粗铜	79.96	13.05	0.19	-27.95
铜矿	1733.34	1.65	0.02	-95.68
铜废碎料	355.76	6.26	0.03	56.12

中国铜产品进口数量逐年增加。2017 年净进口 961 万吨铜金属量（包括铜矿、未锻轧铜、铜废碎料、粗铜和铜材，其中铜矿按 25% 折算、铜废碎料按 40% 折算、铜材按 80% 折算），较 2013 年 799 万吨增长 20.3%。其中，铜矿和未锻轧铜的净进口量占比超过 75%，铜矿净进口逐年增加且增速较快，未锻轧铜净进口近 3 年呈下降趋势；铜废碎料、粗铜和铜材的净进口量变化不大。

铜加工材贸易结构总体变化不大，其中，铜管和铜制管子附件连续多年处于净出口状态；其他铜产品均为净进口，数量规模较 2016 年略有增加。

二、铝产品进出口贸易

2017 年，中国铝产品进口额为 103 亿美元，同比增长 20.4%；出口额为 133 亿美元，同比增长 5.5%。

2017 年，中国进口未锻轧铝 19 万吨，同比下降 27.4%；进口铝材 40 万吨，同比增长 1.6%；进口铝土矿 6876 万吨，同比增长 32.1%；进口铝废料 217 万吨，同比增长 13.3%；进口氧化铝 287 万吨，同比下降 5.3%。

2017 年，中国出口未锻轧铝 55 万吨，同比增长 7.7%；出口铝材 424 万吨，同比增长 4.0%。净出口铝材 385 万吨，同比增长 4.3%。

据计算，2017 年中国利用海外铝土矿资源生产氧化铝的比例为 38.2%，较 2016 年度提高了 4.4 个百分点。从数量上看，进口铝资源的折氧化铝量较 2016 年增加了约 580 万吨，同比增长 26.9%。海外铝资源开发利用也有力地支撑了国内铝工业的发展。

表 2　2017 年中国主要铝产品进出口情况　单位：万吨，%

产品		进口		出口		净进口量	同比
		数量	同比	数量	同比		
氧化铝		286.5	-5.3	5.6	-47.6	280.9	-3.8
未锻轧铝		18.6	-27.4	55.1	7.7	-36.5	43.1
其中	非合金铝	11.6	-41.5	1.4	-15.6	10.2	-44
	铝合金	7.0	20.9	53.7	8.5	-46.7	6.9
铝材		39.7	1.6	424.3	4.0	-384.6	4.3
铝土矿		6876.3	32.1	-	-	6876.3	32.1
铝废碎料		217.2	13.3	-	-	217.2	13.3

三、铅锌产品进出口贸易

2017 年中国铅锌产品进出口贸易总额 69.24 亿美元，同比增长 63.7%。贸易逆差 64.76 亿美元，同比增长 78.0%。中国铅锌进出口贸易仍以铅锌精矿的进口为主，铅锌主要出口产品铅酸蓄电池及原电池出口量同比出现下降。进出口贸易额的大幅增长与 2017 年铅锌金属价格同比上涨所造成的铅锌精矿进出口贸易额大幅增长有关。

2017 年中国铅产品进口额 19.75 亿美元，同比增长 29.7%；出口额 6500 万美元，同比下降 2.6%；贸易逆差 19.10 亿美元。主要进口产品铅精矿实物量净进口 129 万吨，同比下降 9.0%；未锻轧铅净进口量同比大幅增长。铅主要出口产品铅酸蓄电池净出口 18699 万支，同比下降10.3%。

表3　　2017年中国铅产品进出口情况　　单位：万吨

产品	进口		出口		净进口	
	数量	同比（%）	数量	同比（%）	数量	同比（%）
未锻轧铅	10.84	400.20	0.83	-50.35	10.01	1906.22
其中：精 铅	7.81	7170.33	0.73	-52.06	7.09	-603.20
铅合金	3.02	46.78	0.10	-33.30	2.92	53.15
铅材	0.03	-2.18	1.66	23.80	-1.63	24.47
铅精矿实物量	129.24	-8.95	0.01	-	129.23	-8.96
铅酸蓄电池（万支）	1092.07	26.65	19791.48	-8.84	-18699.4	-10.30

数据来源：CNIA

2017年中国铅产品进出口呈现未锻轧铅进口量大幅增长，铅精矿进口实物量、铅酸蓄电池出口量同比下滑的特点。其中精铅进口量大幅增长主要受贸易商进口市场行为影响；铅精矿进口实物量出现下降则与中国停止从朝鲜进口铅精矿及美国铅精矿产量下降有关。

2017年中国锌产品进口额47.24亿美元，同比增长95.9%；出口额1.59亿美元，同比下降30.8%；贸易逆差45.65亿美元。主要进口产品锌精矿实物量净进口244.35万吨，同比增长22.0%；未锻轧锌净进口量76.73万吨，同比增长52.6%。锌主要出口产品原电池净出口178.40亿支，同比下降4.0%。

表4　　2017年中国锌产品进出口情况　　单位：万吨

产品	进口		出口		净进口	
	数量	同比（%）	数量	同比（%）	数量	同比（%）
未锻轧锌	78.37	49.20	1.64	-27.34	76.73	52.64
其中：非合金锌	67.63	59.34	1.48	-30.89	66.15	64.12
合金锌	10.74	6.51	0.17	32.17	10.57	6.18
氧化锌	1.42	47.14	1.34	-18.43	0.08	-111.01
立德粉	0.02	53.38	1.73	-5.57	-1.71	-6.56
锌材	1.78	31.48	1.11	-42.87	0.67	-213.03
锌精矿实物量	244.40	21.75	0.05	-87.85	244.35	21.99
锌废碎料	1.38	39.92	-	-	1.38	39.71
原电池（万支）	136339.5	9.29	1920348.8	-3.16	-1784009.3	-4.00

2017年中国锌产品进出口呈现未锻轧锌、锌精矿进口量同比增长，原电池出口量同比下降的特点。其中未锻轧锌及锌精矿进口量同比增长主要受锌精矿原料供应紧张、精锌库存出现下降所影响。

四、镍产品进出口贸易

2017年，中国镍产品进口金额为96亿美元，同比增长14.3%。其中，镍矿砂及其精矿的进口金额为20.8亿美元，同比增长35.9%，占进口额的比例降至21.7%；未锻轧非合金镍的进口额为24.9亿美元，同比下降25.4%，占进口额的

25.9%，镍铁进口额为26.7亿美元，同比增长52.6%，占进口额27.8%。

2017年，中国镍矿进口量为3707万吨，同比增长7%。其中，从菲律宾进口红土镍矿2911万吨，同比下降4.7%。从印尼进口红土镍矿384万吨(2016年的进口量只有7万吨)。从新喀里多尼亚进口镍矿98万吨，同比增长200%。镍湿法冶炼中间产品的进口量29.3万吨，同比增长10.2%。锻轧镍进口量22.5万吨，同比下降36.4%；镍铁进口量为137.7万吨，同比增长31.6%。

2017年，中国进口镍铁折合镍金属约22万吨，较上年的16.5万吨增长33%。其中，自印尼进口量为99万吨，同比增长32%。全年中国企业在印尼投资的项目共向国内输送镍铁近105万吨，占到总进口量的77%。

2017年，中国镍产品的出口额为4.9亿美元，同比增长32.4%。其中，未锻轧镍出口1.8万吨，同比增长125%。

五、锡产品进出口贸易

2017年，中国锡产品进口额11.15亿美元，出口额4300万美元，进出口贸易逆差10.72亿美元。其中，进口锡精矿29.6万吨，同比下降37.7%；进口金额为9.2亿美元，同比增长13.3%，是主要的进口锡产品。中国进口的锡精矿几乎全部来自缅甸，合计29.3万吨。

除锡精矿外，2017年中国进口精锡3390吨，同比下降64.2%；锡合金、锡材和其他锡制品6290吨，同比增长8.3%。进口精锡主要来自玻利维亚、印度尼西亚。其中，从玻利维亚进口1245吨，占进口总量的36.7%；从印尼进口1182吨，占进口总量的34.9%。

2017年，由于中国取消精锡的出口关税，促使出口精锡2175吨，同比增长196%。除精锡外，中国还出口锡合金、锡材和其他锡制品5683吨，同比增长5.0%。

六、金属镁产品进出口贸易

2017年，中国镁产品出口总量46万吨，同比增长29.1%，刷新2014年44万吨的纪录，创历史新高；出口额10.73亿美元，同比增长25.9%。其中，镁锭出口24.85万吨，同比增长37.3%；镁合金出口11.81万吨，同比增长9.2%；镁粉出口8.44万吨，同比增长43.7%。

2017年，中国镁产品出口到92个国家和地区，其中最大出口目的地为荷兰。另外亚洲地区用镁量在不断增加，中国向日本、印度、韩国出口量排在荷兰和加拿大之后，分列3~5名。

2017年，中国原生镁锭出口24.85万吨，出口到64个国家和地区（含中国的香港、台湾地区，下同)；镁合金出口11.81万吨，出口到41个国家和地区；镁粉出口8.44万吨，出口到42个国家和地区。

七、稀土产品进出口贸易

从出口方面来看，2017年中国稀土产品出口额18.44亿美元，同比增长14.3%。其中，出口稀土金属及合金5500吨，同比增长8.4%；出口额7984万美元，同比增长37.4%；出口稀土氧化物2.73万吨，同比增长3.5%；出口额2.83亿美元，同比增长18.2%；出口稀土化合物1.83万吨，同比增长23.7%；出口额5400万美元，同比增长40.3%；出口稀土永磁材料2.99万吨，同比增长11.2%；出口额约14.7亿美元，同比增长12.7%。

从进口方面来看，2017年中国稀土产品进口额3.90亿美元，同比增长32.9%。其中，进口稀土氧化物4600吨，同比增长5.8%；进口额为1.49亿美元，同比增长97.4%；进口稀土化合物2.98万吨，同比增长144.1%；进口额2600万美元，同比增长22.2%；进口稀土永磁材料2400吨，同比增长1.5%；进口额约2.15亿美元，同比增长2.5%。

从出口品种来看，中国稀土金属及合金的出口中镧所占份额居首，出口量为2341吨，占43%；其次为其它稀土金属、钪及钇，出口量为1708吨，所占份额为31%。稀土氧化物的出口中以氧化镧居首，出口量为1.26万吨，占46%；其次为氧化铒、氧化钆、氧化钐、氧化镨、氧化镱、氧化钪等，出口量为8494吨，所占比例为31.1%；稀土化合物出口中以碳酸铈所占份额最大，为34.1%，数量为6259吨；其次为碳酸镧，占31%，数量为5669吨。

从进口品种来看，2017年，稀土氧化物的进口中以氧化铒、氧化钆、氧化钐、氧化镨、氧化镱、氧化钪等所占份额最大，进口量为3997吨，占87.8%；稀土盐类进口中混合碳酸稀土所占份额居首，为81%，进口量为2.41万吨，其次为碳酸铈，占进口量的12%。

从贸易地区来看，2017 年，稀土金属出口量最大的国家是日本，占总量的68.9%，越南是中国最大的稀土金属和合金进口来源国，占稀土金属进口总量的92.5%；稀土氧化物的最大的出口地为美国，占 29.6%，其次为日本，占 27.8%；最大进口来源是马来西亚，占总量的 85.7%。稀土化合物的最大出口地是美国，占 32.7%，其次为日本，占 26.9%；最大进口来源是缅甸，占65.8%，其次为马来西亚，占24.7%。

八、中国锑产品进出口贸易

2017 年，中国出口锑品 4.24 万吨，同比下降9.2%。其中，出口氧化锑 3.53 万吨，同比下降11.7%，主要销往美国、日本、中国台湾、印度、韩国、马来西亚等地。未锻轧锑出口约 2890 吨，同比下降 50.3%，主要出口到美国、荷兰、日本、比利时、韩国等国家。

2017 年，中国进口锑品 7.29 万吨，同比增长31.4%。其中，进口锑精矿 7.03 万吨，同比增长30.1%，创历史新高。塔吉克斯坦、俄罗斯、澳大利亚、缅甸和吉尔吉斯斯坦锑精矿进口量分居前五位，约占进口锑精矿总量的 93%。

2017 年，中国锑品进口量较上一年度持续增加，主要体现在锑精矿进口量的大幅增长。而锑品出口量则出现明显下滑，作为主要出口产品的氧化锑，其出口量较上一年度出现较大幅度的下降，未锻轧锑的出口量则降幅更大。

九、钨产品进出口贸易

2017 年，中国出口钨品 2.90 万吨（金属量，不含硬质合金，下同），同比增长 31.2%，创 2008年以来的新高，接近 2006 年（3.17 万吨）的历史高位；出口额 9.19 亿美元，同比增长 41.2%，出口额增幅高于出口量增幅。其中，出口原配额钨品 2.16 万吨，同比增长 34.78%。三氧化钨、蓝色氧化钨、APT、偏钨酸铵、碳化钨和钨粉出口量同比分别增长 27.8%、59.0%、53.1%、55.0%、19.2%和 5.1%。氧化钨（含蓝钨）出口量占原配额钨品出口量的近一半。混合料出口量同比增长 71.6%。

2017 年，中国进口钨品 2908 吨（金属量，含钨精矿，下同），同比下降 4.9%，下降幅度比2016 年收窄 5.6 个百分点。其中，进口钨精矿2032 吨，同比下降 3.3%，占进口总量的 69.9%。

2017 年中国净出口钨品量 2.61 万吨，同比增长37.4%；净出口额 8.28 亿美元，同比增长 47.6%。

欧洲、美国、日本和韩国是中国出口钨品的四大目的地。2017 年，出口到日本、韩国、欧洲和美国的钨品量同比分别增长 30.8%、18.1%、28.5%和 75.1%。各主要出口目的地出口量皆有大幅度增长，美国增长幅度最大。增长幅度大的主要原因：一是全球经济复苏强劲带动了钨消费增长，二是钨原料价格处于谷底且逐步走出低谷，下游企业加大了库存采购。出口到上述 4 个国家和地区的钨品量占出口钨品总量的 90.7%，比2016 年增长 1.4 个百分点。其中，出口到日本、韩国、欧洲和美国的钨品量分别占出口钨品总量的 22.9%、18.6%、32.3%和 16.9%，同期比较，美国占比增加 4.2 个百分点，日本、韩国和欧洲占比分别减少 0.1、2.1 和 0.7 个百分点。

十、钼产品进出口贸易

2017 年，中国钼产品进出口总额为 6.64 亿美元，同比增长 35.2%。其中，进口额 2.70 亿美元，同比增长 48.9%；出口额 3.94 亿美元，同比增长 27.2%。

2017 年，中国共出口 1.86 万吨钼，同比增长16.8%。其中，钼铁出口 4951 吨，同比增长76.1%，占总出口量的 26.7%；未锻轧钼出口3255 吨，同比增长 16.8%，占总出口量的17.5%；氧化钼出口量为 2621 吨钼，同比增长14.5%，占总出口量的 14.1%；钼精矿出口量为1489 吨钼，同比增长 53.2%，占总出口量的 8%。以上四种产品出口量占总出口量的 66.3%。

2017 年，中国共进口 1.42 万吨钼，同比增长21%。其中，氧化钼进口量为 4548 吨，同比增长11%，占总进口量的 32%；钼精矿进口量为 8838吨，同比增长 28.7%，占总进口量 62%，以上两种产品进口量占总进口量的 94%。

十一、钛金属产品进出口情况

2017 年，中国钛金属产品进口额 4.61 亿美元，比上年增长 8.5%；出口额 3.22 亿美元，比上年增长 7.0%，呈同步增长态势。

2017 年，中国钛金属产品出口以钛条、杆、型材及异型材为主，出口量 5417 吨，占钛材出口量的 34.7%；出口额 9200 万美元，占钛金属产品出口额的 28.6%。其次是钛板带，出口量 4379吨，占钛材出口量的 28.1%；出口额 6400 万美元，占钛金属产品出口额的 19.9%。第三是其他锻轧钛和钛制品，出口量3042吨，占钛材出口量的19.5%；出口额6700万美元，占钛金属产品出口额的20.8%。

2017年，中国钛金属产品进口以其他锻轧钛和钛制品为主，尽管进口量只有573吨，仅占钛材进口量的7.9%，但进口额达到2.47亿美元，占钛金属产品进口额的53.6%。其次是钛薄板，进口量3641吨，占钛材进口量的50.4%；进口额3600万美元，占钛金属产品进口额的7.8%。第三是钛管，进口量2126吨，占钛材进口量的29.4%；进口额4600万美元，占钛金属产品进口额的10.0%。

十二、钴产品进出口情况

2017年，随着国内外市场钴价暴涨，中国钴产品进口额达到29.2亿美元，同比增长104%；出口额达到13.7亿美元，同比增长154%，均出现大幅度增长。

2017年，中国进口钴矿实物量10.1万吨，同比下降32.2%，折合金属量7000吨；湿法冶炼中间品21.4万吨，折合金属量5.4万吨，同比增长31.3%。受动力电池生产快速增长拉动，2017年中国进口镍钴锰酸锂三元材料9009吨，同比增长283%。

2017年，中国出口钴粉1216吨，与上年基本持平；四氧化三钴7395吨，同比下降29.5%；钴酸锂出口突破1万吨，其中出口韩国的钴酸锂为1.04万吨，占中国总出口量95.9%，同比增长211.6%；镍钴锰酸锂三元材料前驱体约2.46万吨，同比增长78%，充分表明中国的前驱体技术达到世界先进水平。

十三、有色金属产品在中国进出口贸易中的地位

纵观2017年中国有色金属产品进口情况，铜产品依然是最大的进口商品，以进口额计算，占主要有色金属产品进口额的比例高达74.4%。按中国海关的统计口径，在当年中国进口商品中，铜产品进口额仅次于集成电路、石油和天然气（包括成品油和燃料油）、汽车及底盘和零部件、铁矿石和钢材，居第五位。明显高于初级形态塑料、大豆和食用植物油、液晶显示板、自动数据处理设备和部件、医药品等大宗进口商品，更是民用客机进口额的2.54倍。

表5　　2017年中国十大进口商品　　单位：亿元人民币

	商品名称	进口额	备注
1	集成电路	1.76万	未包括二极管及类似半导体器件1398亿元
2	石油和天然气	1.26万	包括成品油、燃料油
3	铁矿石和钢材	6238	
4	汽车及汽车底盘和零部件	5586	
5	铜精矿和铜及铜材	3900	
6	初级形态塑料	3284	
7	大豆和食用植物油	2995	
8	液晶显示板	2042	
9	自动数据处理设备及部件	1866	主要是银行系统使用的大中型计算机和工业控制计算机
10	医药品	1815	

2017年，中国最主要的有色金属出口商品是铝产品，以出口额计算，占主要有色金属产品出口额的48.5%，所占比重很大。但是，铝产品出口在中国出口商品中的地位较低，2017年的出口额不足十大出口商品最后一位的四分之一。可以预计，在较长时期内，有色金属产品在中国出口商品中还缺乏影响。

表6　2017年中国十大出口商品　单位：亿美元

	商品名称	进口额	备注
1	电机、电气设备及其零件	5590	包括手机等通讯设备、发电设备、输变电设备、电动机等
2	机器、机械器具及其零件	3029	包括数据处理设备、电视机等
3	家具、寝具、灯具、厨房用品	898	
4	非针织服装及衣着附件	735	
5	针织服装及衣着附件	720	
6	光学、计量、医疗精密仪器	706	
7	塑料及其制品	706	
8	车辆及其零部件	674	
9	钢铁及其制品	573	
10	玩具、游戏品、运动用品	553	

（赵武壮）

科技工作

2017年，在国家创新驱动战略的推动下，有色金属工业围绕国家重大需求，积极开展“十三五”国家重点研发计划申报立项、组织行业科技攻关、科技成果评价、国家科技奖励推荐，举办全国（东营）有色金属工业展、《中国工业史·有色金属工业卷》编纂，取得一批重大科技成果，为行业科技进步提供了技术支撑。

一、行业“十三五”国家重点研发专项立项取得新进展

2017年度，有色金属行业“十三五”国家重点研发项目申报立项取得较大进展。中国有色金属工业协会组织推荐的有研科技集团有限公司（原北京有色金属研究总院）、中南大学、北京矿冶科技集团有限公司（原北京矿冶研究总院）等单位申报的12项稀有稀贵金属材料项目通过国家立项，获专项拨款2.15亿元。中南大学牵头申报的深部金属矿集约化连续采矿理论与技术项目通过立项，专项拨款2334万元。项目正式启动进入实施阶段。2016－2017年，有色金属行业共有20个项目通过“十三五”国家重点研发计划立项，共获国家专项拨款5.058亿元。按照国家发改委要求，开展了《国家重大技术装备项目》调研，组织行业重点企业和院所召开专题座谈会、编报重大技术装备项目建议书、撰写上报有色金属行业重大技术装备专项报告，经国家发改委组织专家评审，有4个项目列入后续支持清单。

二、一批著名专家获国家表彰

（一）四位著名专家增选为中国工程院院士

中国有色金属学会副理事长、昆明理工大学校长彭金辉教授，中国有色金属学会常务理事、北京工业大学副校长聂祚仁教授，有研科技集团有限公司黄小卫教授，中国有色金属工业协会镁业分会副会长、重庆大学潘复生教授，2017年增选为中国工程院院士。

（二）两位专家获全国工程勘察设计大师称号

2016年12月30日，国家住房和城乡建设部公布了第八批全国工程勘察设计大师名单。长沙有色冶金设计研究院有限公司执行董事、党委书记廖江南教授和中国瑞林工程技术有限公司总工程师唐尊球教授荣获“全国工程勘察设计大师”称号。至此，有色金属行业原直属设计研究院现有“全国工程勘察设计大师”12人。

（三）两位专家学者获何梁何利基金科学与技术奖

昆明理工大学副校长杨斌教授、中南大学范景莲教授荣获2017年度何梁何利基金科学与技术奖。

（四）一批行业专家列入国家科技创新人才计划

索通发展股份有限公司董事长郎光辉教授在入选科学技术部2016年国家创新人才推进计划的基础上，又荣获第三批（2017年）国家“万人计划”科技创业领军人才称号；昆明理工大学副校长王华、西部矿业集团有限公司副总裁罗仙平和中南大学教授刘咏、闵小波、帅词俊、蔺永诚荣获第三批（2017年）国家“万人计划”科技创新领军人才称号。经中国有色金属学会推荐，中南大学副教授高志勇、赵红波和上海大学副研究员罗群3位青年列入中国科协青年人才托举工程第三届（2017－2019年度）入选者名单。

（五）一批科技专家获国家创新争先奖

经中国有色金属学会推荐，昆明理工大学校长彭金辉荣获人力资源和社会保障部、中国科协、科技部、国务院国资委首届全国创新争先奖章并享受省部级劳动模范待遇，中国恩菲工程技术有限公司副总工程师李东波、西北有色金属研究院院长张平祥、中南大学粉末冶金研究院难熔金属研究所所长范景莲等3人荣获首届全国创新争先奖状。

三、一批重大科技成果获国家和行业表彰

（一）一批科技成果通过协会组织的专家评价

2017年共有181项科技成果通过中国有色金属工业协会组织的专家评价。

（二）一批重大科技成果获中国有色金属工业科学技术奖

2017年共有171个项目获中国有色金属工业协会和中国有色金属学会设立的中国有色金属工业科学技术奖，其中，一等奖46项，二等奖69项，三等奖56项。

（三）一批重大科技成果获国家表彰

2017年有色金属行业有6项重大科技成果获国家科学技术奖（见附件），其中国家技术发明奖二等奖1项、国家科技进步奖二等奖5项。

（四）中国专利奖

中国有色金属工业协会推荐有色金属行业4个专利项目参加第十九届（2017年）中国专利奖评审，3个项目获得“中国专利优秀奖”。全行业共有35个项目获中国专利奖，其中中国恩菲“生产多晶硅的方法”获中国专利金奖，广东兴发铝业（江西）有限公司铝合金扁铸锭同水平热顶铸造装置等34个项目获中国专利优秀奖。

四、第二届全国（东营）有色金属工业展成功举行

协会有色金属技术开发交流中心联合协会科技部和学会秘书处与东营经济技术开发区等单位，组织开展2017年第二届全国（东营）有色金属工业展等系列活动。

展会期间举行了2017年度中国有色金属工业科学技术奖评审会、2017中国铜冶炼加工学术交流会和第二届全国（东营）有色金属工业展高层专家交流会，并举行了昆明理工大学和东营经济技术开发区管委会、湖南有色金属职业技术学院和东营职业学院、中国有色金属学会和东营市科学技术协会等战略合作签约仪式。此次展览重点展出铜冶炼、有色金属材料加工、稀贵金属回收、节能与环保等领域的技术装备成果。此次展会规格高、专业性强，行业大企业云集。参加展会的有中国铝业、中国五矿、中国有色矿业集团、金川集团、铜陵集团、东营方圆有色公司、北京有研总院、北京矿冶总院、中国恩菲、中南大学等一批全国骨干企业、院所和高校。参展单位66家，展览面积逾6000平方米。

五、《中国工业史·有色金属卷》编纂工作顺利进行

组织有色金属工业史编纂工作。2017年3月，各编章基本完成初稿。2017年4月完成了《中国工业史·有色金属卷》有色金属大事年表初稿的编写工作。2017年6月9日，协会在上海召开《中国工业史·有色金属卷》编纂工作会。协会会长陈全训出席会议并讲话，副会长兼秘书长贾明星主持会议。与会参编人员和审稿专家对编纂工作进行了交流，对有色金属大事年表初稿进行了深入讨论。会议对有色金属工业史初稿修改进行了安排。会后，根据专家提出的修改意见，对大事年表进行了补充和完善，形成了领导审阅稿，于10月下旬送行业老领导审核。11月13日，行业老领导费子文同志亲临协会，指导《中国工业史·有色金属卷》的编撰工作，对编撰《中国工业史·有色金属卷》具有很强的指导意义。11月上旬，中国工业经济联合会组织专家到协会调研

《中国工业史·有色金属卷》编纂进展情况，调研专家组对有色金属工业史编纂工作给予了充分肯定和较高的评价，并安排在12月19日中国工经联召开的《中国工业史》编纂工作会上进行大会交流发言。

六、企业创新能力建设取得新进展

江西赣锋锂业股份有限公司、广西南南铝加工有限公司、宜昌南玻硅材料有限公司3家企业获国家发改委等部委批准为2017年国家认定企业技术中心。至此，有色金属行业有国家认定企业技术中心85家。

2017年，国家工信部批准或复核认定12家有色企业为国家技术创新示范企业。这12家企业是：南山集团有限公司、晟通科技集团有限公司、广西南南铝加工有限公司、金川集团股份有限公司、西南铝业（集团）有限责任公司、宝钛集团有限公司、中色（宁夏）东方集团有限公司、中色奥博特铜铝业有限公司、多氟多化工股份有限公司、有研半导体材料有限公司、北京当升材料科技股份有限公司、西部超导材料科技股份有限公司。至此，有色金属行业有国家认定技术创新示范企业32家。

七、行业科技进步成效显著，院所综合实力明显增强

2017年全行业围绕建设有色金属工业强国目标，加大新技术、新材料研发力度，企业技术水平不断提高，科研院所改革发展稳步推进，行业技术创新能力不断增强。

（一）行业科技进步成效显著，研发投入产出水平不断提高

企业作为技术创新的主体，在增强自主创新能力，提升行业竞争力方面发挥了不可替代的作用。一是企业研发机构不断壮大。2017年规模以上全国有色金属工业企业（下同）有研发机构1776个，比上年增长11.5%；研发机构人员6.9万人，比上年增长14.4%。二是研发经费投入持续增加。2017年企业研发投入500.5亿元，比上年增长13.4%，研发经费占产品销售收入首次达到1%。三是专利权益增长大幅提升。2017年企业申请专利13833件，比上年增长19.3%，其中申请发明专利4966件，比上年增长10.2%，拥有有效发明专利16828件，比上年增长21.3%。四是新产品开发稳步推进。2017年企业新产品开发项目9365项，比上年增长17.2%；新产品开发经费支出393.7亿元，比上年增长15.0%；新产品销售收入7786.9亿元，比上年增长8.1%；新产品销售收入占产品销售总收入的比重达到15.5%。

（二）科研院所改革发展稳步推进，综合实力持续增强

有色行业科研院所通过深化改革，创新体制机制，院所收入连创新高，综合实力显著增强。初步统计，2017年21个科研院所综合收入达到433.2亿元，同比增长25.1%。云南省贵金属新材料控股集团有限公司（原昆明贵金属研究所）和陕西稀有金属科工集团有限责任公司（原西北有色金属研究院）综合收入均超过百亿元。云南省贵金属新材料控股集团实现综合收入165.5亿元，同比增长49.5%；陕西稀有金属科工集团综合收入105.4亿元，同比增长3.8%；北京有色金属研究总院综合收入70.0亿元，同比增长19.7%；北京矿冶研究总院综合收入37.4亿元，同比增长47.8%。21个科研院所实现利润10.9亿元，同比增长38.0%。北京有色金属研究总院和北京矿冶研究总院均完成了公司制改革，名称分别变更为有研科技集团有限公司和北京矿冶科技集团有限公司。

（三）取得一批重大科技成果

一批自主研发的先进技术和装备用于生产，一批高性能产品和新材料研制成功，为有色金属工业技术升级提供了有力支撑。

西北有色金属研究院针对核电、洁净煤、太阳能等行业对高温、高压、强腐蚀、强辐射等苛刻环境下高效长寿命过滤材料的需求，研发出高性能金属粉末多孔材料制备技术，发明了整套高性能金属粉末多孔材料及制备技术，突破了流体透过性与分离效果难以兼得、大尺寸异形整体结构元件难以制备的技术瓶颈，建成了11万件高性能金属粉末多孔材料量级生产线，产品应用于中国现有全部核燃料生产线、超过70%的干法煤气化生产线和大型多晶硅企业，项目成果大幅提升了中国金属粉末多孔材料制备技术的能力和水平，荣获2017年国家技术发明二等奖。北京有色金属研究总院针对微电子表面封装（SMT）、超硬材料合成、新能源用软磁材料、增材制造等高端制造领域的高性能球形金属粉末需求，研发的“球形金属粉末雾化制备技术及产业化”项目，突破了

金属粉末雾化制备的核心技术瓶颈，成功开发出成套核心雾化装备及产业化技术，建成了中高温功能粉末年产能达9000吨、SMT焊粉年产能达4000吨的生产线，系列粉末产品广泛应用于微电子、先进制造、新能源等高技术领域，项目成果显著提升了中国球形金属粉末制备水平，荣获2017年国家科技进步二等奖。河南科技大学、中南大学和北京有研总院等单位针对航空航天、超/特高压电器、大规模集成电路等高技术领域对高强高导铜合金重大需求，研发的“高强高导铜合金关键制备加工技术开发及应用”项目，突破了在铜基体中引入特定强化相并实现纳米级弥散分布的共性技术难题，开发出具有自主知识产权的核心制备加工技术和高强高导系列铜合金材料，成功应用于“长征五号”大推力运载火箭发动机、机载/舰载雷达微波管、超/特高压电器装备、大规模集成电路引线框架等，项目成果大幅提升了中国高强高导铜合金制备加工和应用水平，荣获2017年国家科技进步二等奖。

中铝集团开发的新型稳流保温铝电解槽节能技术，平均实现节电500kwh/t－Al以上；在包铝建成首条1万吨/年废槽衬无害化处理示范线，达到无害化和国家I类固体废物标准；中州铝业建设了2万吨/年赤泥土壤改良剂试验线，已在湖南等地示范应用；开展乘用车板材、型材、成形技术、表面处理、连接技术、结构设计等研究，初步实现了乘用车用铝合金材料及零部件产品类型研发的全覆盖，先后向上海通用等车企和零部件供应商提供了各类汽车用材料过万吨。中国有色（沈阳）泵业有限公司自主研发的适合输送强腐蚀、高磨蚀、高浓度固液两相介质的大型长距离管道化输送用隔膜泵，单台隔膜泵最大流量达700立方米/小时以上，橡胶隔膜寿命达8000小时以上，在氧化铝及长距离管道化输送等行业中得到广泛应用，国内市场占有率达70%以上。中色赞比亚铜冶炼公司开发成功转炉渣还原硫化－磁选回收钴新工艺，建造了年产金属钴含量1000吨的转炉渣硫化还原贫化系统，钴品位达到13%的较高水平，这是世界范围内同类项目工业化实践的首次成功，标志着中国有色集团打造非洲铜钴资源基地取得了新的重大突破。中色（宁夏）东方集团公司研制的φ214、厚1.5mm铍窗口产品成功应用于中国首颗X射线空间天文卫星“慧眼”，填补了国内空白。针对传统提钴工艺存在金属收率低、成本高、污染大，产品无法满足锂电材料高倍率、高电压技术要求等技术难题，浙江华友钴业股份有限公司和中国恩菲工程技术有限公司等单位研发成功“多形态钴资源高效绿色制造锂电材料关键技术”，建成年产1.8万吨钴（金属量）冶炼、年产3.2万吨钴系锂电材料的全球最大钴及钴系锂电材料生产线，实现了从钴资源到锂电材料的全程绿色制造，成功解决了多形态钴原料的适应性难题，实现了多组分高效分离，大幅度提高了有价资源综合利用率。内蒙古锦联铝材有限公司、霍煤鸿骏铝电有限公司首次采用石灰/石灰石－石膏法脱硫技术对电解铝烟气进行脱硫，脱硫效率达到95%以上，二氧化硫排放稳定在35毫克/立方米以下，其指标达到国家规定的大气污染物特别排放限值的最严标准。

中南大学赵中伟教授团队，针对高镁锂比盐湖卤水提锂的国际性难题，创造性地研发了“电化学脱嵌法从盐湖卤水提锂”新技术，实现了高镁锂比盐湖卤水中锂的高效选择性提取和富集。该技术具有锂综合回收率高、提锂速度快、绿色环保等特点，2017年9月8日，该项核心专利技术以10248万元转让；刘楚明教授团队，突破了镁合金在大锭坯制备以及塑性加工变形中的多项技术瓶颈，在国际上首次研发出新型中强耐热镁合金（AQ80M）、高强耐热镁合金（VW64M）和超高强耐高温镁合金，首次在航天航空领域取得成功应用。

东北大学张廷安教授团队1亿元转让“清洁生产氧化铝及低成本规模化消纳赤泥技术”科技成果。

昆明理工大学和中核二七二铀业有限公司针对中国铀化学浓缩物的煅烧均采用俄罗斯电热煅烧窑存在的能耗高、产品均一性差、易发生欠烧、过烧等技术瓶颈，研发出“铀化学浓缩物微波强化煅烧新技术”，技术指标和能耗全面优于传统工艺，建成了世界上首条铀化学浓缩物动态连续微波煅烧产业化生产线，打破了中国核产业链中俄罗斯装备与技术垄断铀纯化工序的局面，形成了具有自主知识产权的铀化学浓缩物微波煅烧新装备和技术。针对中国兰炭、金属镁产业发展的重大需求，西安建筑科技大学等单位研发的“兰炭金属镁规模化联产技术”，开发出单炉产能≥10万吨/年兰炭炉，首次建成年产60－100万吨兰炭与2万吨金属镁耦合生产的工业化生产示范线和循环经济示范园，系统提高了兰炭和金属镁低成本、规模化、清洁生产技术水平，兰炭、金属镁双双产量居全国首位。

由中国有色金属学会和北京有色金属研究总院联合主办的学术期刊《稀有金属》英文版SCI影响因子达到1.189、《稀土学报》英文版SCI影响因子达到2.429，均连创新高，并作为中国三本科技期刊代表中的两本，由国家新闻出版广电总局选送参加国际期刊交流。

（张洪国　张　龙　钟　琼　李海涛）

有色金属行业荣获2017年度国家科学技术奖项目名单

序号	项目名称	奖种	等级	主要完成单位
1	高性能金属粉末多孔材料制备技术及应用	技术发明	二等	西北有色金属研究院
2	球形金属粉末雾化制备技术及产业化	科技进步	二等	北京有色金属研究总院、北京康普锡威科技有限公司
3	高强高导铜合金关键制备加工技术开发及应用	科技进步	二等	河南科技大学、中南大学、北京有色金属研究总院等
4	高铝粉煤灰提取氧化铝多联产技术开发与产业示范	科技进步	二等	内蒙古大唐国际再生资源开发有限公司、大唐国际发电股份有限公司
5	锂离子电池核心材料高纯晶体六氟磷酸锂关键技术	科技进步	二等	多氟多化工股份有限公司
6	全国危机矿山接替资源勘查理论创新与找矿重大突破	科技进步	二等	中国地质调查局发展研究中心、中国地科院地质力学研究所、南京大学、中科院地质与地球物理研究所、河南省地质矿产勘查开发局第一地质矿产调查院、湖南省湘南地质勘察院、北京矿产地质研究院

2017年度中国有色金属工业科学技术奖项目名单

一等奖（46项，排序不分先后）

序号	项目名称	主要完成人	主要完成单位
1	红土型镍矿勘查集成技术与找矿重大突破	何　灿、郭远生、罗玉福、谭木昌、崔银亮、王　凯、高　俊、豆　松、李国清、孙建平、罗太旭、李　锡、肖述刚、秦俊学、程迁群、盖春宽	云南省有色地质局三〇八队、西南有色昆明勘测设计（院）股份有限公司、印度尼西亚富域（伟丰）有限公司
2	柿竹园钨锡多金属矿集区隐伏矿成矿规律与找矿预测	成永生、邵拥军、王　勇、张宗生、吴湘滨、谭若发、罗　璐、王周元、罗元方、朱志辉	中南大学、湖南柿竹园有色金属有限责任公司、湖南有色新田岭钨业有限公司

续表

序号	项目名称	主要完成人	主要完成单位
3	吐哈盆地南缘火山岩型铜多金属矿成矿条件研究与找矿靶区评价	毛启贵、王京彬、张会琼、于明杰、方同辉、孙　燕、卫晓锋、朱江建、吕晓强、李素云、王　宁、程奋维、韩　英、廖　震、黄行凯、张　锐	北京矿产地质研究院、中色地科矿产勘查股份有限公司
4	三道庄露天矿智能化装备及其关键技术的研发	李发本、王春毅、高建敏、朱耀帮、何亚清、高延民、张燕红、孙龙飞、张　超、杨　辉、王洛锋、王海波、刘　亮、贾宝珊、徐文松、杨建敏	洛阳栾川钼业集团股份有限公司、河南省鹰豪科技有限公司
5	井下大型溜破系统高压干湿雾化除尘循环风利用技术研究与应用	刘伟强、蔡　文、田志刚、李印洪、赖运美、卢海珠、王　志、姚银佩、李亚俊、何潇亮、郭家能、贺　尧、李方波、刘东锐、练伟春、唐　建	湖南有色冶金劳动保护研究院、深圳市中金岭南有色金属股份有限公司凡口铅锌矿、湖南九九智能环保股份有限公司
6	厚大金属矿体组合式多中段连续开采技术	杨小聪、刘道昆、方志甫、郭利杰、卫　明、刘光生、邹贤季、冯盼学、解联库、苏广宇、许文远、张　文、吴　姗、余小明、董凯程、史传哲	北京矿冶研究总院、铜陵有色金属集团股份有限公司安庆铜矿
7	含钽铌矿废石尾料资源清洁回收关键技术及产业化	何桂春、艾光华、毛若明、黄开启、黄会春、代　爽、饶宇欢、袁显才、余新阳、万　鹏、袁诗芬、陈　荣、何丽平	江西理工大学、江西金辉再生资源股份有限公司、赣州金环磁选设备有限公司
8	复杂多金属矽卡岩型含锡黑白钨混合矿界面组装浮选理论及实践	胡岳华、孙　伟、李晓东、韩海生、黄伟生、陈玉林、陈　攀、高志勇、刘　杰、刘润清、毛文明、唐鸿鹄、肖文工、王建军、徐　涛、卫　召	中南大学、湖南柿竹园有色金属有限责任公司
9	离子型稀土原矿绿色高效浸萃一体化新工艺	黄小卫、冯宗玉、胡谷华、王利军、赵龙胜、胡振光、王良士、董金诗、张书锋、黄华勇、王朝鹏、崔大立、肖燕飞、彭新林、张永奇、魏煜青	有研稀土新材料股份有限公司、中铝广西有色稀土开发有限公司、北京有色金属研究总院、郑州天一萃取科技有限公司
10	双顶吹炼铜关键技术开发与产业化应用	顾鹤林、兰　旭、宋兴诚、徐建炎、杨建中、唐都作、蔡　兵、张成明、陈　钢、林晓芳、李　科、徐万立、李国生、张海鑫、田　澍、郭　炜	云南锡业股份有限公司、中国恩菲工程技术有限公司
11	铜冶炼过程中稀贵金属高效回收关键技术创新与应用	张　麟、翟保金、李　栋、李　伟、王亲猛、吕重安、许志鹏、宁　瑞、张小林、杨　彦、侯帮炬、王亚东、刘志中、罗　杰、王建新	大冶有色金属有限责任公司、中南大学

续表

序号	项目名称	主要完成人	主要完成单位
12	含碱性脉石复杂氧化铜矿湿法提铜关键技术及产业化	骆贞江、余　浔、王　玮、何　寅、沈楼燕、张海宝、俞胜汉、蓝少青、吴柯奇、张　帆、庄建龙、周　游、罗　飞、匡　勇、赵　阳、罗敏杰	中国瑞林工程技术有限公司、鹏欣环球资源股份有限公司
13	多形态钴资源高效绿色制造锂电材料关键技术及产业示范	陈雪华、徐　伟、林　晓、刘晨明、董爱国、孙　峙、张　阳、张贵清、刘永东、刘秀庆、万　华、向　波、杨　杰、吴建明、沈建中、邓永贵	浙江华友钴业股份有限公司、衢州华友钴新材料有限公司、中国恩菲工程技术有限公司、中国科学院过程工程研究所、中南大学、中国轻工业长沙工程有限公司
14	铀化学浓缩物煅烧新技术及产业化（发明）	郭胜惠、刘秉国、谢凌峰、胡锦明、李春湘、李鑫培	昆明理工大学、中核二七二铀业有限责任公司
15	超大型低品位金矿选冶一体化关键技术研究与产业化	邱显扬、龚甦文、汤玉和、田金鹏、王成行、刘军威、汪　泰、柳小勇、邹坚坚、李显辉、胡　真、杨思军、李沛伦、曹　锋、李汉文、宋宝旭	陕西凤县四方金矿有限责任公司、广东省资源综合利用研究所
16	大型"双闪"铜冶炼系统节能关键技术的研发与应用	周　俊、王习庆、陈　卓、余　磊、姚俊峰、徐　勇、宋彦坡、张劲松、陈金球、文　燕、汪满清、何梅松、王守全、陈敬军、席光耀、刘飞飞	铜陵有色金属集团股份有限公司、中南大学、中国瑞林工程技术有限公司、厦门大学、合肥金星机电科技发展有限公司
17	难处理铀矿绿色生物堆浸关键技术与应用	孙占学、温建康、陈功新、黄松涛、刘亚洁、莫晓兰、朱曙光、李　江、武　彪、王学刚、武名麟、胡宝群、邓建国、陈勃伟、郑志宏、蔡镠璐	北京有色金属研究总院、东华理工大学、中核韶关锦原铀业有限公司
18	加热炉均匀精准加热关键技术及应用	王　华、刘日新、王仕博、徐建新、孙　辉、朱道飞	昆明理工大学、北京赛维美高科技有限公司
19	氧气底吹熔炼造锍捕金处理复杂金精矿技术开发与应用	曲胜利、颜　杰、张俊峰、董准勤、王海鹰、顾祖荣、梁帅表、栾会光、李　兵、李天刚、李　锋、邹　琳、郝小红、姜培胜、王晓丹、梁彦杰	中国恩菲工程技术有限公司、山东恒邦冶炼股份有限公司、中南大学
20	大型高效节能阳极焙烧炉及系统控制技术开发与应用	郎光辉、杨晓东、刘朝东、刘　瑞、胡　伟、许海飞、荆升阳、孙　毅、朱玉德、温殿权、周善红、吕　博、刘利宏、崔银河、周炎山、王　楠	沈阳铝镁设计研究院有限公司、嘉峪关索通炭材料有限公司、北京华宇天控科技有限公司、中铝国际工程股份有限公司沈阳分公司
21	高纯晶体硅绿色生产关键技术自主创新与产业化	银　波、黄国强、马旭平、李西良、夏进京、王铁峰、范协诚、周迎春、陈国辉、李定武、宋高杰、陈喜清、刘兴平、张　伟、张　旭、呼维军	新特能源股份有限公司、天津大学、清华大学、西安隆基硅材料股份有限公司

续表

序号	项目名称	主要完成人	主要完成单位
22	典型高纯稀散金属制备关键技术及产业化	郭学益、朱　刘、田庆华、朱世会、杨　英、尹士平、徐润泽、胡智向、王惟嘉、狄聚青、高　菁、文崇斌、邓　多、范文涛、张婧熙、何志达	中南大学、广东先导稀材股份有限公司
23	兰炭金属镁规模化联产技术	兰新哲、石　磊、宋永辉、周　军、赵向东、马红周、尚文智、张秋利、杨双平、张聪惠、张军民	西安建筑科技大学、府谷京府煤化有限责任公司、神木县三江煤化工有限责任公司、神木县东风金属镁有限公司、陕西煤化工技术工程中心有限公司
24	高性能变形镁合金及大构件制备关键技术（发明）	刘楚明、蒋树农、陈志永、高永浩、易幼平、邹利民	中南大学
25	高导热氮化铝精密成形技术及应用（发明）	秦明礼、曲选辉、章　林、鲁慧峰、吴昊阳、贾宝瑞	北京科技大学
26	大尺寸5B70铝镁钪合金板材	路丽英、姜　锋、张绪虎、雷金琴、李世伟、张云龙、于莉莉、刘有金、刘科研、才　智、韩　帅、陈士宇、贾　宁、杨晓禹、吴沂哲	东北轻合金有限责任公司、中南大学、航天材料及工艺研究所
27	锡银铜电子焊料制备关键技术及产业化	白海龙、许　磊、张利波、刘宝权、秦俊虎、周俊文、段雪霖、韩朝辉、吕金梅、彭金辉、武　信、杨　黎、夏洪应、黄迎红、孙　维、李世伟	云南锡业锡材有限公司、昆明理工大学
28	难熔金属层状复合材料CVD制备关键技术及应用	胡昌义、魏　燕、蔡宏中、陈　力、郑　旭、张诩翔、武海军、李艳琼、王　健、王　云、庄滇湘、汪　俊	昆明贵金属研究所、贵研铂业股份有限公司
29	中强高韧损伤容限钛合金TC4－DT大规格棒材研制	赵永庆、王文盛、郭　萍、赵小花、张永强、陈海生、洪　权、高玉社、韩　栋、史小云、雷文光、范志山、贾蔚菊、赵恒章、侯红苗	西北有色金属研究院、西部超导材料科技股份有限公司
30	高强韧7B50－T7751铝合金大规格预拉伸厚板工业化成套制造技术	吕新宇、熊柏青、任伟才、伊琳娜、张永安、王国军、孙兆霞、李志辉、李惠曲、李锡武、王凤春、陈康华、刘显东、刘洪雷、陈军洲、汤林志	东北轻合金有限责任公司、中国航发北京航空材料研究院、北京有色金属研究总院、中南大学
31	金属表面微纳米化修饰制备清洁能源材料关键技术开发与应用（发明）	张英杰、詹肇麟、董　鹏、于晓华、张雁南、李　雪	昆明理工大学

续表

序号	项目名称	主要完成人	主要完成单位
32	宽幅大卷重钛带低成本制造关键技术及产业化	严锡九、苏鹤洲、张玉勤、史亚鸣、李志敏、卞　辉、曹占元、蒋业华、刘　昆、李向明、黄海广、张松斌、蒋泰旭、黄晓慧、王　举、刘千里	云南钛业股份有限公司、昆明理工大学、昆明钢铁控股有限公司
33	高强韧钼合金拉深成形关键技术研究及应用	刘仁智、李　晶、左羽飞、安　耿、卜春阳、刘东新、王　文、张铁军、冯鹏发、党晓明、胡　平、曹维成、韩　强、张　兵	金堆城钼业集团有限公司、西安建筑科技大学
34	高比能动力电池及其正极材料的产业化	卢世刚、李永伟、庞　静、庄卫东、张向军、周　鼎、孙学义、李　翔、李　宁、刘　源、唐　玲、丁海洋、柏祥涛、高哲峰、赵　挺、唐海波	北京有色金属研究总院、国联汽车动力电池研究院有限责任公司
35	矿浆输送大型隔膜泵关键技术研究及工程应用	凌学勤、付　鹏、张　伟、沈东凯、孙长明、姬小东、高　晶、董　裕、郑惟才、廖新勤、张金伟、王连丹、王少华、董　哲、石立辉、李和孝	中国有色（沈阳）泵业有限公司
36	交流电传动矿用汽车关键技术及产业化	杨　珏、张　宏、金　纯、孟庆勇、杨耀东、张杰山、康翌婷、谢和平、马　飞、戈　超、靳添絜、袁自成、申焱华、张　超、孟　宇、修孝廷	徐州徐工矿山机械有限公司、北京科技大学
37	锌电解大极板自动剥锌技术和成套装备研发	郭　鑫、战　凯、孙成余、姜　勇、贾著红、石　峰、梁殿印、罗永光、陈德华、顾洪枢、吴红林、武　涛、李恒通、赵继平、龙智卓、杨文旺	北京矿冶研究总院、北矿机电科技有限责任公司、云南驰宏锌锗股份有限公司
38	宽幅铝板带热连轧成套控制系统和关键工艺技术研发及应用	何安瑞、邵　健、许　磊、陈雨来、荆丰伟、宗胜悦、刘　栩、郭　强、张勇军、宋　勇、周　滨、张　飞、王　铁、韩　庆、李小占、赵卫华	北京科技大学、广西柳州银海铝业股份有限公司、北京科技大学设计研究院有限公司
39	微电子先进封装光学非接触检测方法与装备	王福亮、王恒升、李军辉、覃经文、韩　雷、李习周、谢珺耀	中南大学、天水华天科技股份有限公司、北京中电科电子装备有限公司
40	基于精确感知与智能决策的铝电解 MES	曹　斌、史海波、王紫千、尹怡欣、胡国良、何　飞、骆先庆、潘福成、刘继承、崔家瑞、王怀江、王明刚、黄若愚、杨世勇、李　刚、王　曦	贵阳铝镁设计研究院有限公司、中国科学院沈阳自动化研究所、北京科技大学、遵义铝业股份有限公司、贵阳振兴铝镁科技产业发展有限公司

续表

序号	项目名称	主要完成人	主要完成单位
41	国际标准《铜、铅、锌和镍精矿中砷量的测定－电感耦合等离子体原子发射光谱法》	王　勇、胡军凯、李玉琴、向德磊、喻生洁、何　梅、李子健、刘　嫣、李琴美、侯　晋、黄肇敏、曾玲玲、罗　智、郑文英、曾光明、张小军	大冶有色金属集团控股有限公司、有色金属技术经济研究院、株洲冶炼集团股份有限公司、金川集团股份有限公司、深圳市中金岭南有色金属股份有限公司、铜陵有色金属集团控股有限公司、南通出入境检验检疫局、广西壮族自治区冶金产品质量检验站、江西铜业股份有限公司、云南铜业股份有限公司、湖南水口山有色金属集团有限公司
42	铝、锡、锑、汞工业污染物排放标准（GB25465－2010，GB30770－2014）	宁　平、戚焕岭、武雪芳、周东方、王宗爽、周　越、张秋林、赵科松、龙　燕、李玉珍、闵小波、邱　阳、胡奔流、杨昕东、杨光华、刘　恢	沈阳铝镁设计研究院有限公司、昆明理工大学、中国环境科学研究院、中国瑞林工程技术有限公司、中南大学
43	危险废物焚烧处理全流程关键技术开发与应用	戴伟华、曹学新、邓雅清、卢金龙、甘　露、周　清、史敦权、徐国强、陈　忠、罗　超、胡小芳、杜　龙、龙　燕、胡奔流、陈　飞、郭智生	中国瑞林工程技术有限公司
44	物化－化学－生化多元化关键技术与装备开发及在焦化废水中的应用	薛娟琴、金鹏康、毕　强、方　钊、金　鑫、马　晶、郭莹娟、于丽花、李国平、唐长斌、王隽锋、刘军利、李　迪、田宇红、张玉洁、许妮君	西安建筑科技大学、略阳钢铁厂、神木县三江煤化工有限责任公司
45	富氧强化熔炼处理铅、铋、锡、金、银二次资源综合回收新工艺	刘景槐、张　勇、陈　伟、杨　文、张洪飞、黄　健、李　婕、李建军、姚金江、牛　磊、戴彦斌、黄彦强、伍旭刚、张　著、胡　亮、王小洲	湖南有色金属研究院、永兴县东宸有色金属再生利用有限公司
46	城镇污水生化－物化多级耦合的高品质再生水处理技术研发及应用	马效贤、卢东昱、李　伟、张　强、骆　平、麻　倩、周　腾、赵建平、高信刚、鲁　燕、陈瑞芳、赵　跃、王治国、赵振宇、张薛龙、高　琪	北京恩菲环保股份有限公司、中国恩菲工程技术有限公司、北京市房山区水务局、北京中设水处理有限公司

二等奖（69 项，排序不分先后）

序号	项目名称	主要完成人	主要完成单位
1	云南省昆明市五华区清水塘钛铁砂矿详查	陈书富、蒙光志、黄俊坤、向明荣、段　伟、田犁平、李爱平、姜大志、杨　智、邵　春、涂显刚、郑克祥	云南省有色地质局三〇六队、昆明五新华立矿业有限公司
2	摩洛哥梅克内斯地区艾伯卡尔（IBOUKAL）铁矿详查	付　锐、王云斌、张云峰、李　雷、向　虹、陈文强、段汉森、褚　奇、庞振甲	西安西北有色地质研究院有限公司

续表

序号	项目名称	主要完成人	主要完成单位
3	环太平洋及特提斯东段成矿域铜矿资源分布规律与找矿战略区划研究	范世家、陈梦熊、孟庆丰、靳淑韵、陈婷芳、李艳艳、张敏燕、张　爽、高海欧、蔡厚安、王向兰、郑小明	有色金属矿产地质调查中心、北京矿产地质研究院、有色金属矿产地质调查中心北京地质调查所、中色地科矿产勘查股份有限公司
4	西藏哈海岗地区钨钼多金属矿成矿规律研究及找矿预测	刘耀辉、覃　鹏、孙广沅、姜　海、杨　英、迟占东、何国朝、辛贵强、莫江平、秦来勇、徐庆鸿、张怀岳	中国有色桂林矿产地质研究院有限公司、西藏霞钰矿业开发有限公司
5	加纳阿瓦索地区铝土矿成矿作用研究与潜力评价	郑　辉、邱仁轩、葛志超、秦术凯、黄　奎、李　树、白进春、邓莉莉、李　彬、李　亮、张淑花、王小琳	四川省冶金地质勘查局六〇六大队
6	基于DGSS与Modflow技术的矿山地质环境保护与恢复治理调查评价研究	高树志、陈书客、贾　斌、石香江、廖凤蓉、崔　萌、罗佳竺、郭钰颖、孟　繁、祁欢欢、李坤龙、张云国	北京中色资源环境工程股份有限公司、中色地科蓝天矿产（北京）有限公司
7	吉林省桦甸市六批叶矿区大架金矿深部（300米标高以下）详查	陈兆仁、宁世刚、牛廷瑞、孟祥秋、李国辉、谢　建、牛力功、郭丕夷	吉林省有色金属地质勘查局六〇八队
8	辽宁省阜新市排山楼金矿深部及外围战略性勘查	李友权、宋雨春、王　勇、高金宝、代连铎、张大伟、马永光、马　巍、张桂荣、李　军、张　军、谢良好	辽宁省有色地质局一〇五队
9	无砂仓短流程分级尾砂胶结充填技术	柳小胜、连民杰、王长军、马毅敏、宋嘉栋、宋德轩、罗　佳、李学忠、黄英华、周文略、赖　伟、张　帅	长沙矿山研究院有限责任公司、中钢矿业开发有限公司、中钢集团安徽刘塘坊铁矿有限公司
10	深井破碎矿体安全与强化开采综合技术开发及应用	林卫星、扈守全、甯瑜琳、李建波、欧任泽、梁　超、廖文景、路明福、宋　兴、宋洪宇、周　礼、张昆明	长沙矿山研究院有限责任公司、中矿金业股份有限公司
11	松散断裂带支护方法与极破碎中厚矿体安全高效开采技术	王成龙、刘志祥、闫少华、黄麟淇、刘　硕、陶　明、孙宜耐、贺显群、关鑫磊、董陇军、王国良、吴　斐	山东黄金矿业（玲珑）有限公司、中南大学、重庆大学
12	空场崩落联合高效开采与岩层移动控制技术	李夕兵、王　成、彭　康、倪国志、李永新、周子龙、常兴建、尹土兵、曹学勇、梁运培、朱根鹏、黎崇金	中南大学、赤峰山金红岭有色矿业有限责任公司、重庆大学
13	地下金属矿智能采矿爆破技术与装备	吴春平、臧怀壮、陈　凯、迟洪鹏、余乐文、田　丰、刘冠洲、王明钊、王利岗、杜　晨、吴　鹏、乔　莎	北京矿冶研究总院、北京北矿亿博科技有限责任公司
14	自然pH值硫化矿浮选分离关键技术及应用	陈建华、王建国、罗先伟、李建兵、黄应盟、许大洪、全柏飞、郭业东、韦新彦、李海敏、张　月、王恩祥	广西大学、广西高峰矿业有限责任公司、陕西华光实业有限责任公司

续表

序号	项目名称	主要完成人	主要完成单位
15	再生铅梯度熔炼技术研究及产业化应用	李卫锋、李　贵、赵振波、李新战、王拥军、左淮书、刘素红、赵体茂、陈亚州、张和平、李利丽、陈选元	河南豫光金铅股份有限公司
16	ISP 工艺富氧烧结熔炼技术的开发及应用	殷勤生、张忠军、石磊声、王纯林、于建忠、魏　勇、侯爱国、滕国刚、何华元、黄绍堂、孔旦继、苗彦臣	白银有色集团股份有限公司、白银有色集团股份有限公司第三冶炼厂、白银有色红鹭资源综合利用科技有限公司
17	铂族金属高效分离精炼新工艺研发与应用	马玉天、张发志、陈大林、黄虎军、张　燕、潘从明、李　明、杨丽虹、王　立、杨万虎、郭晓辉、曹杰义	金川集团股份有限公司
18	高温物料熔炼核心技术装备开发及应用	黎　敏、郑步东、李兴杰、崔大韡、郝朋越、马膺峻、徐　明、徐小锋、李　刚、刘占彬、冯双杰、张　晋	中国恩菲工程技术有限公司
19	加压酸浸尾气洗涤技术及装置	陆业大、张晓涛、李少龙、殷书岩、傅建国、赵爱君、周凤娟、佟立军、秦明晓、赵鹏飞、蔡燕妮、胡健清	中国恩菲工程技术有限公司
20	高有机物澳矿处理工艺技术创新	董晓辉、秦念勇、刘潮滢、钱记泽、任明林、董　鹏、韩玉晶、金　钰、宋风鸣、刘　辉、王　海、谭学深	中铝山东有限公司
21	高效、节能电解铝 TiB2 惰性阴极关键新技术及应用示范	谢　刚、杨万章、于站良、苏其军、田　林、胥福顺、俞小花、李荣兴、谢天鉴、杨　妮、李永刚、张春生	昆明冶金研究院、云南云铝润鑫铝业有限公司、昆明理工大学
22	铝电解槽用干式防渗料	柴登鹏、邱仕麟、张亚楠、李昌林、汪艳芳、杜子娟、王俊青、刘　卓、张芬萍、宋为聪、丁国臣、刘　秀	中国铝业郑州有色金属研究院有限公司
23	基于低品质原料的提高阳极抗氧化性能综合技术研究	罗英涛、史志荣、闫桂林、苏自伟、邱哲生、胡聪聪、刘宝才、张生凯、罗钟生、徐正伟、谭芝运、蒋　杨	中国铝业郑州有色金属研究院有限公司、山东华宇合金材料有限公司、中国铝业股份有限公司青海分公司、云南铝业股份有限公司
24	四氯化硅冷氢化技术研究及产业化应用	熊　焰、田新衍、石安平、王建鑫、谌激扬、吴晓华、吴一鸣、钟曙光、陈　刚、乜生良、占明明	江西赛维 LDK 光伏硅科技有限公司
25	利用离子交换法制备超高纯稀土氧化物粉体材料关键技术研究及产业化示范项目	刘长河、陆　梅、汤尽忠、朱冠成、邱光怀、高为群、张　祎、姜爱国、刘　毅、王　珂、高为正、焦登高	中铝稀土（阜宁）有限公司、中铝稀土（江苏）有限公司
26	铝特种长管内表面功能涂层制备技术及工程化研究	李争显、李宏战、杜继红、骆瑞雪、王　培、王毅飞、慕伟意、李少龙、叶源盛	西北有色金属研究院

续表

序号	项目名称	主要完成人	主要完成单位
27	高性能炭载纳米贵金属绿色催化剂制备技术	张之翔、曾永康、曾利辉、李岳锋、高　武、牟　博、杨乔森、朱柏烨、潘丽娟、孙　洁、李小虎、闫江梅	西安凯立新材料股份有限公司
28	航天用可焊高强铝锌镁钪合金	王英君、张宇玮、潘清林、丛福官、郑　力、高永强、张宏亮、林　森、李欣斌、刘　平、韩　颖、唐雨桐	东北轻合金有限责任公司、中南大学、航天材料及工艺研究所
29	节银钎料研制及其工程应用	张冠星、沈元勋、何　鹏、董　显、黄成志、廖　军、侯江涛、刘　洁、李　永、郭艳红、纠永涛、程　战	郑州机械研究所、哈尔滨工业大学、自贡硬质合金有限责任公司
30	旋转镀膜铌靶材关键技术开发与产业化应用	汪　凯、宿康宁、李兆博、李小平、黄　浩、郭从喜、焦红忠、任志东、王　莉、孙　伟	宁夏东方钽业股份有限公司
31	钨钼溅射靶材成型关键技术及应用	张灵杰、谢敬佩、张二召、王爱琴、彭光辉、王文焱、岳慎伟、陈艳芳、马窦琴、郝世明、徐润泽、王晓哲	洛阳科威钨钼有限公司、河南科技大学
32	智能复合钎焊用绿色焊接材料及成套关键技术开发与应用	蔡志红、刘宏江、曾　燕、顾建军、蔡沛沛、余华钢、伍伟耀、刘福平、贺军四、焦均志、邱圣斌、张碧波	广东省焊接技术研究所（广东省中乌研究院）、广东新宝电器股份有限公司
33	铝合金特种船舶高效焊接关键技术研究	郑世达、韩善果、闫德俊、蔡得涛、易耀勇、罗玖强、高世一、刘晓莉、李　阳、罗子艺、许　磊、臧超楠	广东省焊接技术研究所（广东省中乌研究院）、中船黄埔文冲船舶有限公司、华南理工大学
34	铝合金高效凝固控制新技术及高品质大型薄壁件压铸成形产业化（发明）	康永林、任怀德、祁明凡、张　莹、李谷南、王继成	北京科技大学、珠海市润星泰电器有限公司
35	7B52 叠层铝合金厚板研制	佟有志、黄树晖、王春晖、左德运、李海仙、徐克宇、孙黎明、闫丽珍、王金花、王京华、殷云霞、刘世雷	东北轻合金有限责任公司、北京有色金属研究总院、东北大学
36	大型结构铝型材开发	聂　波、丁叁叁、王玉刚、田爱琴、孙振宇、冯彦波、孟立春、鹿　兵、李恒奎、吴沛沛、杨富波、王　涛	山东兖矿轻合金有限公司、中车青岛四方机车车辆股份有限公司
37	局部混压埋铜高频多层 PCB 板关键制造技术研发及产业化	姚宗湘、尹立孟、王成立、黄云钟、蒋德平、曹磊磊、苏新虹、孙　军、唐国梁、马世龙、李小晓、彭家仙	重庆科技学院、重庆方正高密电子有限公司
38	深孔钻削硬质合金棒材制备新技术（发明）	孟小卫、许智峰、尹　超、曾惠钦、毛善文、张卫兵	株洲硬质合金集团有限公司

续表

序号	项目名称	主要完成人	主要完成单位
39	高强高导铜合金接触线制备关键技术及产业化（发明）	李　勇、朱　峰、张聚国、张建波、张光伟、袁华丽	江西理工大学、赣州江钨拉法格高铁铜材有限公司
40	大尺寸多光谱硫化锌窗口材料	杨　海、霍承松、魏乃光、石红春、黄万才、赵永田、曹　波、杨建纯、李冬旭、李文江、刘　伟、冯誉耀	北京有色金属研究总院、有研国晶辉新材料有限公司
41	长寿命高温抗氧化涂层材料及涂层制备	章德铭、杜开平、马　尧、邝子奇、刘　敏、万伟伟、冀国娟、邓畅光、李正秋、杨成斌、侯玉柏	北京矿冶研究总院、广东省新材料研究所
42	高性能干压一体化成型系列永磁磁粉及多极磁转子制品的技术研究	刘　辉、朱代漫、陈昌贵、全小康、李亚峰、魏汉中、谢光环、黄可淼、卢　云、周轩逸、孙忠巍、揣　丹	国家磁性材料工程技术研究中心、南通万宝实业有限公司
43	环境友好型高性能注塑永磁材料的研制及产业化	胡国辉、贾立颖、熊　君、张　康、张威峰、王　峰、刘超超、王　坤、许　琛、周　超、王志国	国家磁性材料工程技术研究中心、北矿磁材科技有限公司
44	自润滑与抗高温微动强韧一体 PVD 涂层	沈　婕、韦春贝、袁建鹏、侯惠君、刘安强、代明江、高　峰、林松盛、侯伟骜、石　倩、衣晓红	北京矿冶研究总院、广东省新材料研究所
45	大型压铸机整机动态设计与轻量化技术研究及产业化	吴智恒、余壮志、张华伟、欧阳陆广、陈启愉、冯永胜、陈　敏、姜剑、罗良传、廖　斌、郭伟科、周家民	广东省智能制造研究所、广东伊之密精密机械股份有限公司
46	X 型六辊铜箔轧机关键技术研究及装备研制	陈春灿、段胜林、程建国、罗　超、刘　新、尚　琳、张瑞虹、王晓颜、李毅飞、肖振宇、韩正英、刘　亮	中色科技股份有限公司、中铝国际工程股份有限公司洛阳分公司
47	超长型材分膛时效炉的研制	罗文祥、张信千、陈景阁、朱冬根、余广松、谢晓燕、陆　勇、吴　杰、胡国芳、杨　非、吴承福、杨光勇	苏州新长光热能科技有限公司
48	高效耐磨智能新型硬岩旋挖钻具系统的研制与应用（发明）	张萌萌、岳　文、刘　志、关晓菡、于　翔、杨　鹏	北方工业大学、中国地质大学（北京）、北京探矿工程研究所
49	智能柔性焊锡工业机器人技术及产业化应用	王华锋、王月海、白文乐、李争平、杜　涛、邢志强、王一丁、尹斌杰、杨　扬、刘万泉、闫　江	北方工业大学、迈力（北京）机器人科技有限公司
50	粗粒级弱磁性矿物回收用高磁场磁选机的研制	冉红想、王芝伟、魏红港、李国平、胡永会、刘永振、史佩伟、王晓明、尚红亮、成　磊、吕沛超、彭欣苓	国家磁性材料工程技术研究中心、北矿机电科技有限责任公司、北京矿冶研究总院

续表

序号	项目名称	主要完成人	主要完成单位
51	“点石成金”地质科普教育在线平台	宋　震、王　宁、卢正哲、钱晓程、陶　珊、朱海波、陆　叶、陈　弓	江苏省有色金属华东地质勘查局地质信息中心
52	氰根在线分析仪系统开发（发明）	李传伟、王佐满、姚福善、赵海利、李　杰、卢双豪	北京矿冶研究总院、辽宁排山楼黄金矿业有限责任公司、山东黄金冶炼有限公司
53	钒铝、钼铝中间合金化学分析方法（YS/T 1075.1 – 2015 ~ YS/T 1075.8 – 2015）	孙宝莲、李建新、禄　妮、周　恺、熊晓燕、田曙明、吴艳华、王金磊、刘建丰、麦丽碧、邹德玲、李　剑	西北有色金属研究院、承德天大钒业有限责任公司、广东省工业分析检测中心、商洛天野高新材料有限公司、中国有色金属工业标准质量计量研究所、宝钛集团有限公司、忠世高新材料股份有限公司
54	GB/T 2054 – 2013《镍及镍合金板》标准化研究	冯军宁、莫子璇、马忠贤、白红军、王　新、董　洁、王红武、王勤波、严学波、庞　洪、杨娟丽、范　翰	宝钛集团有限公司、中国有色金属工业标准计量质量研究所、中铝沈阳有色金属加工有限公司、无锡隆达金属材料有限公司、沈阳难熔金属研究所
55	《钕铁硼合金化学分析方法（7个部分）》行业标准	刘鹏宇、姚南红、高　兰、温　斌、刘　兵、宋冠禹、曹振华、祁生平、王东杰、鲍叶琳、朱　霓、王素梅	虔东稀土集团股份有限公司、北京有色金属研究总院、包头稀土研究院、中国有色金属工业标准计量质量研究所
56	《再生铜冶炼厂工艺设计规范》GB 51030 – 2014	唐尊球、赵　欣、唐　斌、涂建华、李　衡、叶　薇、王　玮、胡奔流、刘建军、陈　波、张家源、郑宪伟	中国瑞林工程技术有限公司、北京中色再生金属研究有限公司、山东金升有色集团公司
57	无铅锡基焊料光谱标准样品	王永兴、张红玲、海　兰、黄劲松、王骏峰、石如祥、苏爱萍、孙　梅、张　丽、杨　凡	云南锡业矿冶检测中心
58	《稀土术语》国家标准	许　涛、杨占峰、张志宏、闫慧忠、朱玉华、解　伟、王淑英、王春笋、许延辉、王小青、刘国征、黄焦宏	包头稀土研究院、国家稀土产品质量监督检验中心、瑞科稀土冶金及功能材料国家工程研究中心有限公司、中国有色金属工业标准计量质量研究所、钢铁研究总院、北京工业大学、中国科学院长春应用化学研究所、虔东稀土集团股份有限公司、江阴加华新材料资源有限公司、广东珠江稀土有限公司、赣州晨光稀土新材料股份有限公司、湖南稀土金属材料研究院
59	有色金属矿山水文地质勘探与防治水规范研究	刘新社、韩贵雷、李森清、徐京苑、马履霞、杨建安、折书群、高学通、邬　立、蒲海波、刘大金、樊　勇	华北有色工程勘察院有限公司、中国恩菲工程技术有限公司、中国瑞林工程技术有限公司

续表

序号	项目名称	主要完成人	主要完成单位
60	国家标准《炭素厂工艺设计规范》	谢斌兰、龚石开、张忠霞、孙继云、许开伟、杨晓平、杨　胜、谢志群、邓　超、周小淞、程尚清、白胜伍	贵阳铝镁设计研究院有限公司、沈阳铝镁设计研究院有限公司、中铝国际工程股份有限公司贵阳分公司
61	GB/T 4325－2013 钼化学分析方法等 21 项标准	蔺佰潮、马志军、王郭亮、孙宝莲、张江峰、杨红忠、谢明明、赵　昱、樊建军、韩旭峰、任娟玲、李巧红	金堆城钼业集团有限公司、有色金属技术经济研究院、西北有色金属研究院、洛阳栾川钼业集团有限公司
62	多晶硅企业单位产品能源消耗限额	严大洲、张志刚、万　烨、杨永亮、汤传斌、杜俊平、肖荣晖、张升学、郑红梅、赵　雄、姜利霞、姜志伟	中国恩菲工程技术有限公司、洛阳中硅高科技有限公司、多晶硅材料制备技术国家工程实验室
63	显微分析技术在铝合金产品质量控制和安全评估中的应用研究	伍超群、刘英坤、孙红英、牛艳萍、黄显芝、唐维学、石常亮、李　扬、罗　顺、游玉萍、马文花、管尽琼	广东省工业分析检测中心
64	铅锌冶炼废水回用与零排放处理关键技术研究及应用	郑金华、曾令成、晏　波、王远文、李军群、祝云章、刁小东、吴斌秀、肖元法、罗　琨、陈　涛、肖贤明	深圳市中金岭南有色金属股份有限公司韶关冶炼厂、中国科学院广州地球化学研究所
65	大冶有色冶炼厂 700kt/a 制酸系统集成化创新与应用	曹龙文、董四禄、张功金、胡广生、胡家宏、朱忠春、肖万平、邓文彬、刘祖鹏、张冠华、林先斌、李桂珍	大冶有色金属有限责任公司、中国恩菲工程技术有限公司、湖北师范大学
66	矿山废弃地生态重建技术集成研究与应用示范	覃朝科、程　峰、农泽喜、何　娜、唐名富、韦　韩、廖来兴、王新伟、郭尚其、周洁军、黄　伟、刘静静	中国有色桂林矿产地质研究院有限公司
67	铜冶炼行业高砷物料综合回收与安全处置技术	刘　维、郭波平、梁　超、阮　茗、韩俊伟、陈世民、杨　康、郭临斌、张添富、刘　强、王剑翔	中南大学、郴州金山冶金化工有限公司
68	铜冶炼污酸中有价金属回收利用技术研发及产业化	胡忠东、梁富明、冯治兵、周俊涛、张龙军、朱来东、鲁兴武、张恩玉、程　亮、张亚东、邵传兵、陈　炯	白银有色集团股份有限公司、白银有色集团股份有限公司铜业公司、西北矿冶研究院
69	有色金属采选重点行业（镍钴锡锑）重金属污染控制与管理支撑技术研究	赵志龙、王　芳、黄羽飞、何孟常、王建兵、林　海、孙　宁、何连生、杨晓松、李泽熙、许　永、宋文涛	北京矿冶研究总院、中国矿业大学（北京）、北京师范大学、中国环境科学研究院、环境保护部环境规划院、北京科技大学

三等奖（56 项，略）

节能环保

党的十九大报告把生态文明建设和生态环境保护提升到前所未有的战略高度，当前我国生态文明建设取得了很大成绩，但节能减排的形势依然严峻，有色金属行业节能减排工作任重道远。

一、有色金属工业节能减排取得了新成绩

（一）有色金属工业单位产品能耗稳中有降

2017 年，原铝综合交流电耗为 13577 千瓦时，同比增加 22 千瓦时/吨。铜冶炼综合能耗下降到 236.6 千克标准煤/吨，同比减少 4.3 千克标准煤/吨；铅冶炼综合能耗下降到 387.7 千克标准煤/吨，同比减少 3.0 千克标准煤/吨；电解锌冶炼综合能耗下降到 859.6 千克标准煤/吨，同比减少 12.1 千克标准煤/吨，有色金属行业主要产品的技术经济指标接近或达到世界先进水平。2012 - 2017 年主要有色金属产品能耗指标见下表。

表 1　2012—2017 年主要有色金属产品能耗指标

	单位	2012	2013	2014	2015	2016	2017
铜冶炼综合能耗	千克/吨	424.3	364.5	290.6	297.6	269.4	236.62
氧化铝综合能耗	千克/吨	542.8	530.3	467.2	435.4	406.6	384.45
铝锭综合交流电耗	千瓦时/吨	13827	13720	13625.1	13562	13600	13577.1
铅冶炼综合能耗	千克/吨	467.7	466.0	432.8	400.07	386.4	387.7
电解锌综合能耗	千克/吨	901.9	897.4	909.7	882.3	839.7	859.6
锡冶炼综合能耗	千克/吨	1495.0	1534.8	1656.6	1586.9	1783.7	1348.6
铜加工材综合能耗	千克/吨	222.6	220.1	209.7	211.2	199.0	-
铝加工材综合能耗	千克/吨	342.8	336.9	340.2	297.5	307.3	-

注：2017 年数据为初步统计数据

（二）部分技术经济指标进一步提升

2017 年，有色金属工业主要技术经济指标进一步提升，部分关键指标再创最好水平，铜选矿回收率等技术经济指标已接近或达到世界先进水平，大大提高了有色金属工业的国际竞争力。2012 - 2017 年有色金属工业主要技术经济指标见下表。

表 2　2012 - 2017 年有色金属工业主要技术经济指标

	单位	2012	2013	2014	2015	2016	2017
1. 选矿回收率							
铜选矿回收率	%	84.8	85.0	85.2	85.2	85.2	86.8
铅选矿回收率	%	85.2	85.2	85.3	86.0	86.7	84.1
锌选矿回收率	%	88.4	89.8	89.7	89.6	89.7	91.4
镍选矿回收率	%	82.9	83.5	83.2	80.9	84.6	86.2
锡选矿回收率	%	64.3	66.7	67.8	66.4	67.6	69.6
锑选矿回收率	%	86.4	84.8	85.2	86.4	87.0	89.9
钨选矿回收率	%	74.8	75.0	76.3	78.2	79.3	78.22
钼选矿回收率	%	82.4	85.4	86.0	85.8	85.9	85.5

续表

	单位	2012	2013	2014	2015	2016	2017
2. 铜冶炼回收率	%	97.7	98.1	98.1	98.3	98.2	98.5
3. 铝冶炼							
氧化铝碱耗	千克/吨	167.6	155.2	158.2	145.6	137.7	136.9
氧化铝总回收率	%	78.0	78.9	78.6	79.99	81.8	81.8
原铝氧化铝单耗	千克/吨	1920	1915.9	1916.0	1910.2	1912.8	1913.2
原铝消耗炭阳极（毛耗）	千克/吨	496.4	469.0	486.1	480.6	480.9	——
原铝氟化盐单耗	千克/吨	20.0	19.3	19.1	18.2	17.7	——
4. 铅冶炼总回收率	%	96.0	96.3	96.3	96.7	96.7	96.9
5. 电锌冶炼总回收率	%	94.9	95.2	95.0	97.2	95.0	96.3
6. 镍冶炼总回收率	%	93.9	94.4	94.4	94.5	94.3	94.0
7. 锡冶炼总回收率	%	96.7	97.0	97.3	97.5	97.7	97.7
8. 铜材综合成品率	%	70.5	75.5	74.8	78.6	77.2	76.1
9. 铝材综合成品率	%	74.6	76.6	73.5	72.4	70.8	70.6

注：2017 年数据为初步统计数据

二、国家推动有色金属工业环境保护的主要政策

为确保完成《大气污染防治行动计划》确定的2017年各项目标任务，2017年3月，环保部印发《京津冀及周边地区2017年大气污染防治工作方案》，京津冀大气污染传输通道包括北京市，天津市，河北省石家庄、唐山、廊坊、保定、沧州、衡水、邢台、邯郸市，山西省太原、阳泉、长治、晋城市，山东省济南、淄博、济宁、德州、聊城、滨州、菏泽市，河南省郑州、开封、安阳、鹤壁、新乡、焦作、濮阳市（简称“2+26”城市）。“2+26”城市实施冬季采暖季错峰生产。电解铝厂限产30%以上，以停产的电解槽数量计；氧化铝企业限产30%左右，以生产线计；炭素企业达不到特别排放限值的，全部停产，达到特别排放限值的，限产50%以上，以生产线计。2017年8月环保部、国家发改委等多部门联合发布《京津冀及周边地区2017-2018年秋冬季大气污染综合治理攻坚行动方案》。在电解铝、氧化铝、炭素错峰生产的基础上提出有色再生行业熔铸工序，采暖季限产50%的要求。

表3　　已规定大气污染物特别排放限值的污染物排放标准

1	铝工业污染物排放标准	GB 25465-2010	环境保护部公告2013年第79号
		铝工业污染物排放标准修改单	
2	铅、锌工业污染物排放标准	GB 25466-2010	环境保护部公告2013年第79号
		铅、锌工业污染物排放标准修改单	
3	铜、镍、钴工业污染物排放标准	GB 25467-2010	环境保护部公告2013年第79号
		铜、镍、钴工业污染物排放标准修改单	
4	镁、钛工业污染物排放标准	GB 25468-2010	环境保护部公告2013年第79号
		镁、钛工业污染物排放标准修改单	

续表

5	稀土工业污染物排放标准	GB 26451－2011	环境保护部公告 2013 年第 79 号
		稀土工业污染物排放标准修改单	
6	钒工业污染物排放标准	GB 26452－2011	环境保护部公告 2013 年第 79 号
		钒工业污染物排放标准修改单	
7	锡、锑、汞工业污染物排放标准	GB 30770－2014	
8	再生铜、铝、铅、锌工业污染物排放标准	GB 31574－2015	

2017 年 6 月，环境保护部修订了铜、铝、铅、锌、镁等污染物排放标准，增加了对无组织排放的管控要求，提出有针对性的、可操作的措施管控要求，将无组织排放监控工作由厂界外向厂区内延伸，使得无组织排放管理任务具体化，增强对企业的环境监管的有效性。

为落实《国务院办公厅关于印发控制污染物排放许可制实施方案的通知》，环境保护部印发《排污许可管理办法（试行）》，规定了排污许可证核发程序等内容，细化了环保部门、排污单位和第三方机构的法律责任。《管理办法》明确了排污者责任，强调守法激励、违法惩戒。

为贯彻落实《国务院办公厅关于印发控制污染物排放许可制实施方案的通知》（国办发〔2016〕81 号），完善排污许可技术支撑体系，指导和规范有色金属工业－铅锌冶炼、有色金属工业－铝冶炼、有色金属工业－铜冶炼排污单位排污许可证申请与核发工作，2017 年，《排污许可证申请与核发技术规范－有色金属工业铅锌冶炼》（HJ 863. 1－2017）、《排污许可证申请与核发技术规范－有色金属工业铜冶炼》（HJ 863. 3－2017）、《排污许可证申请与核发技术规范－有色金属工业铝冶炼》（HJ 863. 2－2017）以及镁、钛、锡锑汞、镍钴等 10 个排污许可申请与核发技术规范已正式发布。

2017 年 7 月，环境保护部印发《固定污染源排污许可分类管理名录（2017 年版）》，明确了实施排污许可管理的行业范围、按行业推进的进度、排污单位应该持证排污的最后时限以及排污许可分类管理要求。《排污许可名录》规定到 2020 年共有 78 个行业和 4 个通用工序要纳入排污许可管理。同时规定，除这些行业外，如果已被环保部门确定为重点排污单位和排污量达到规定数量的，也需要纳入排污许可管理。对于《排污许可名录》以外的企业事业单位和其他生产经营者，暂不需要申请排污许可证。《排污许可名录》要求铜冶炼、铅锌冶炼，以及京津冀、长三角、株三角区域的电解铝 2017 年实施排污许可证管理，其他常用有色金属冶炼 2018 年实施，有色金属压延加工合金制造、稀有稀土冶炼 2020 年实施排污许可证管理。

2017 年 8 月，环境保护部与国家质量监督检验总局联合发布了《固体废物鉴别标准通则》（GB 34330－2017），于 2017 年 10 月 1 日正式实施。该标准明确了固体废物的种类，明确了固体废物在其利用和处置过程中的管理属性等，是“洋垃圾”属性鉴定的重要依据，成为中国控制境外“洋垃圾”进入境内的重要手段。该标准的实施有利于危险废物的鉴别和进口废物管理，进一步促进固体废物资源化再生和生态循环技术的发展，提高固体废物综合利用和处置效率。

禁止洋垃圾入境、推进固体废物进口管理制度改革，事关中国生态文明建设大局，是建设美丽中国、保护人民群众身体健康的需要。为顺应固体废物进口管理制度改革，有效降低进口废物环境污染风险，环境保护部会同质检总局联合发布了《进口可用作原料的固体废物环境保护控制标准》（GB 16487－2017），代替 2005 年标准。新的标准将于 2018 年 3 月 1 日起实施。

三、有色金属工业节能减排工作扎实推进

为了贯彻党中央、国务院关于建设资源节约型、环境友好型社会的战略决策，把中国有色金

属工业建设成资源节约型、环境友好型产业，2017年中国有色金属工业协会在节能减排方面所做的主要工作有：

（一）积极开展大气污染成因与治理攻关方案课题研究工作

开展大气重污染成因与治理攻关项目课题研究工作，承担专题二排放现状评估和强化管控技术实施方案有色金属行业大气污染源排放清单编制技术方法研究工作和冶金大气污染治理及调控政策研究，摸清2+26城市有色行业大气污染物排放情况和管控要求，制定有色行业污染物排放清单，“2+26”城市中，有色行业重点需要关注的行业类别主要是电解铝、氧化铝及铝用碳素。有色行业金属冶炼工艺较多，如氧化铝生产中主流工艺就包括焙烧法、拜耳法、联合法等，一一区分各个工段将导致调查工作繁杂，污染物排放计算困难。因此，考虑以产排污系数法为主，物料衡算法为辅，设计有色行业污染物调查清单。

（二）召开全国有色金属工业环境保护工作推进会议

6月29日，由中国有色金属工业协会主办的全国有色金属工业环境保护工作推进会在湖南省株洲市召开。中国有色金属工业协会会长陈全训、国有重点大型企业监事会主席赵华林出席会议并分别在会上讲话和作专题报告。中国有色金属工业协会副会长丁学全、副会长兼秘书长贾明星、副会长文献军，湖南省有色金属管理局党组书记、局长唐勇，中国五矿集团公司副总经理李福利，来自环境保护部以及全国有色金属重点企事业单位的负责人和专家学者240多人出席会议。

陈全训会长总结和肯定了进入新世纪以来全行业按照国家产业政策的要求，淘汰落后产能、降低能耗、推进绿色矿山发展、实施清洁生产，开展碳排放交易试点、提高能源使用效率等方面的成绩和经验；分析了有色金属产业与环境保护深度融合发展所面临的形势和任务。他指出，随着有色行业总规模的扩大，排放总量问题依然突出。即使单个企业排放都能达标，但区域排放总量逼近极限。加之过去积累的历史欠账，发展到一定阶段，总会集中爆发，我们要为“历史旧债”、甚至其他行业的欠账去埋单。同时，一些冶炼废渣等危废资源无害化处置技术和烟气脱硫等回收利用技术难题困扰行业多年，成为“老大难”问题。人们对美好生活的向往，对重化工行业提出了更严、更高的环保要求。2015年，新的《环境保护法》正式实施，环保部、发改委等最近又联合发布《京津冀及周边地区2017年大气污染防治工作方案》和《京津冀及周边地区执行大气污染物特别排放限值的公告》（征求意见稿），重化工行业的生产排放标准全面趋严。中央环保督查力度也在明显加大，当年督察组已督查16个省份，问责6400多人，还将实现31个省份全覆盖，推动地方政府落实环境保护责任。

赵华林在会上作了经济发展与环境保护形势报告。环境保护部大气环境管理司副处长王凤作《京津冀及周边地区大气污染防治思路及措施》的专题讲座。环境保护部规划财务司处长潘英姿作《排污许可证申请与核发工作思路》的辅导报告。会议就重金属污染修复和矿山修复、有色金属冶炼废渣资源化及无害化处置、有色金属冶炼废气及废水处置等专题分三个组进行了讨论交流。

（三）积极应对气候变化，加强行业碳交流能力建设

有色金属行业二氧化碳排放主要是能源消耗和生产过程中产生，生产过程产生二氧化碳主要集中在电解铝和镁冶炼行业。据测算，2016年中国有色金属工业由能源消费带来的二氧化碳排放总量约为4.3亿吨，其中由电力消费带来二氧化碳排放约占全行业二氧化碳总排放的60%以上。分行业来看，有色金属工业由能源消费带来的碳排放主要集中铝（含氧化铝）、铜、铅锌、镁等产品的冶炼环节，约占有色金属工业由能源消费带来碳排放总量的81%左右。因此，有色金属工业碳排放减排的重点在铝、铜的冶炼环节，铝工业是碳减排的重中之重。

根据国家发改委《关于开展配额分配试算工作的通知》，各企业应积极配合国家发改委参与电解铝行业配额试算工作。参与试算的电解铝企业共3家，分别为四川启明星、阿坝铝厂和四川广元启明星。试算结果是存在配额缺口2.94万吨，试算工作为全国碳市场的稳步推行打下了基础，完成《有色金属行业碳排放权交易能力建设报告》。为配合做好全国碳排放交易市场启动，在有色金属行业推广碳交易理念，组织开展“有色金属行业碳交易企业行活动”，深入电解铝重点企业，进行调研。

（四）积极推动有色金属行业绿色制造体系建设

主要开展以下工作：1. 组织行业企业、院所编制“阴极铜—绿色产品标准”，“锑—绿色产品标准、稀土绿色产品标准”。2. 组织编制“有色金属行业绿色工厂评价要求”现已完成初稿，正在征求行业企业意见。3. 按照工业和信息化部办公厅《关于深入推进工业产品生态（绿色）设计示范企业创建工作的通知》，组织有色行业企业申报工业产品生态（绿色）设计示范企业。4. 推荐有色金属行业第二批节能与绿色发展评价中心。到2017年底，有色行业共有3家节能与绿色发展评价中心：中国恩菲有限公司、昆明理工大学、北京矿冶研究总院。

（五）组织编制《国家涉重金属重点行业清洁生产先进适用技术推荐目录》

组织开展涉重金属8个行业（聚氯乙烯、铬盐、无机颜料、铜冶炼、铅锌冶炼、锡锑冶炼、电池、皮革）清洁生产技术推行方案，组织编制8个行业清洁生产推行方案。召开了涉重金属行业清洁生产技术专家评审会，筛选出符合行业需求的清洁生产技术。10月，国家涉重金属重点行业清洁生产先进适用技术推荐目录予以公告（工信部公告2017年第45号），其中低品位铜矿生物提铜等11项有色金属行业清洁生产技术列入《国家涉重金属重点行业清洁生产先进适用技术推荐目录名录》。

（邵朱强　李　丹）

国际合作与交流

2017年，中国有色金属工业协会（以下简称：协会）国际合作与交流工作紧密围绕建设有色金属工业强国的中心任务，认真学习贯彻党的十九大会议精神和中央以及外交部有关文件精神，进一步加强和扩大多边、双边的国际合作与交流，推进“一带一路”倡议重点国家交流合作；办好精品国际会议和相关活动；完成审核、接待和团组出访等各项工作，使中国有色金属工业的国际地位得到进一步提升，影响力不断扩大。

一、服务“一带一路”，协会国际产能合作工作开启新征程

（一）正式成立中国有色金属国际产能合作企业联盟

为推进中国有色金属行业全面对外合作，落实国家发改委关于《国家发展改革委办公厅关于建立国际产能合作企业联盟有关事项的通知》（发改办外资〔2016〕1734号）的精神，2017年3月31日，中国有色金属国际产能合作企业联盟（以下简称：联盟）暨第一次联盟成员代表大会在北京召开。联盟经发改委批准，协会发起成立，53家有色金属领域相关企业及科研、服务机构参加。联盟以“服务、合作、共赢、创新、自律、发展”为宗旨，搭建有色金属国际产能合作全方位服务平台，并将着力推动有色金属企业抱团出海开展国际产能合作，带动行业产能、装备及技术等全方位输出，推动有色金属领域国际合作健康有序发展。

发改委外资司、国资委国际合作局、商务部对外投资和经济合作司、发改委国际合作中心等有关部门负责人应邀参加成立大会。协会会长陈全训以及任旭东、丁学全、尚福山、王健、文献军等协会领导出席会议。陈全训在讲话中，阐明了联盟成立的意义，肯定了中国有色金属企业“走出去”取得的成效，总结了主要经验，指出了共性问题，提出了希望和要求。发改委外资司副司长吴红亮讲了话。联盟成员代表大会暨一届一次执委会会议审议通过了《联盟章程》，讨论通过了相应组织机构，讨论确定了2017年联盟重点工作。

（二）联盟秘书处开展联盟企业调研工作

联盟成立后，联盟执行主席、协会副会长丁学全与联盟秘书处人员先后走访了中国铝业公司、中国恩菲工程技术有限公司、五矿有色金属股份有限公司、中国黄金集团公司、中国有色矿业集团有限公司、万宝矿业、南山铝业集团以及丛林集团8家单位，加强了秘书处与企业之间的联系，了解了各企业国际产能合作项目情况，听取了企业诉求以及对联盟的工作建议。企业对协会联盟秘书处近期开展的工作给予肯定，并一致同意联盟今后应在服务企业“走出去”，把握国际有色产业合作方向，加强政府统筹协调，争取国家政策支持，加强信息交流，帮助企业协调规避境外投资风险，避免企业境外无序恶性竞争，加强“走出去”企业自律等方面发挥作用。

（三）完成工信部产业链布局规划工作

2017年，由协会牵头，国际合作部及各部室协同技术经济研究院、相关协会、分会，通力合作，配合国家工信部，对有色金属行业产业布局现状进行分析总结，编制《有色金属产业链布局规划》建议稿，作为“制造业产业链布局规划”中有色金属板块内容，进一步促进产业协调发展。

（四）参与相关部门及单位的国际合作交流工作

向商务部提供《中国禁止出口限制出口技术目录》和《中国禁止进口限制进口技术目录》有关修订意见及中芬有色金属工作组工作进展材料；向科技部提供国际科技合作与交流项目材料。参加第三届墨西哥中国矿业会议、第二届尼日利亚－中国矿产资源投资合作峰会、厄瓜多尔矿业项目投资推介会、中智矿业合作专题座谈会、澳大利亚维多利亚州矿业推介会、欧盟可持续原材料战略对话会及中国企业走出去高峰论坛等活动，多渠道了解海外项目情况，充实国际产能合作工作。

二、深化国际交流，拓展合作模式

（一）积极互访，深化交流

2017年协会共接待27家国外机构、公司的来访，安排41次外事会谈。多年来协会与国际铜研究组、铅锌研究组、国际铝业协会、国际铜业协会、国际镍业协会、国际锌业协会、国际铅业协会、国际锡业协会及智利铜及矿业研究中心等国际行业组织保持密切联系。政府层面方面，与加拿大自然资源部就中加两国绿色矿山项目保持沟通交流，稳步推进中国绿色矿山项目。与美国地质调查局保持数据交流互换，双边互访，深化合作。与墨西哥经济部就继续加强交流、深化业内合作达成共识，墨方提出签署合作谅解备忘录，建立合作与沟通机制，促进两国有色金属领域经贸合作。与智利、美国、墨西哥等驻华使馆保持友好往来，交流行业情况。国际知名有色金属相关企业及机构方面，日本石油天然气金属矿物资源机构、韩国矿物资源公社、挪威海德鲁集团、俄罗斯铝业公司、芬兰奥图泰公司、日本三菱商事、美国摩根士丹利、巴西淡水河谷公司等都一直保持与协会的沟通交流。2017年，协会领导会见了加拿大自然资源部助理副部长玛丽安·康柏·贾维斯、墨西哥经济部矿业副部长马里奥·阿方索·坎苏亚雷斯、国际铝业协会秘书长耐普、国际锌业协会秘书长威尔金森、阿联酋环球铝业公司董事总经理及首席执行官卡班、挪威海德鲁集团执行副总裁莫斯、俄罗斯铝业公司副总裁穆哈梅德申及芬兰奥图泰公司有色金属部副总裁马克宁等代表团。这些会见和会谈，密切了中国有色金属企业与全球相关企业、机构的沟通与互信，加强了与国际有色金属业界的合作与交流，同时也让外方真正了解了中国有色金属工业，提高了中国有色金属工业的知名度和影响力。

（二）节能环保大趋势，中芬合作有前景

2017年11月21日，中芬有色金属工作组第31次会议在深圳举行。任旭东常务副会长担任中方主席，芬兰奥图泰公司有色金属部副总裁于尔基·马克宁担任芬方主席。会议由丁学全副会长主持，来自江西铜业集团及芬兰奥图泰公司等单位的近40位代表参会。

会议回顾了过去一年来中芬两国有色金属行业的发展情况以及今后的计划。协会建议双方：1. 继续加大有色金属冶炼领域合作，把重点放在进一步强化节能降耗方面，通过更环保、更高效技术合作研发与创新来推动有色金属行业发展；2. 继续深化在烟气净化、工业废水处理，除汞、除砷和土壤修复等环保领域的合作；3. 结伴而行，努力以“一带一路”倡议为指引，为中国所倡导的国际产能合作提供良好服务；4. 推进有色金属冶炼中有价金属回收技术的应用；5. 定期或不定期举办专题技术报告会，交流在研发、应用领域的成果推广；6. 进一步加强相关应用设备的技术服务，特别是现场的技术服务。

双方企业还就除汞除砷技术、废渣处理、矿山修复等热点问题展开讨论，中方企业希望在上述方面获得更多技术支持。会后，双方签署了会议备忘录。

（三）积极应对贸易摩擦，发挥行业带头作用

2017年4月及6月，应加拿大铝业协会及美国铝业协会邀请，按商务部贸易救济调查局关于应对美国232国家安全调查工作部署，协会派代表团赴加拿大参加世界铝业领导人会议及赴美国参加232国家安全调查听证会。协会均在国际场合发声，重点回应了国际上对中国电解铝产能过剩、铝产品过度出口及中国出口铝产品对美国国家安全的影响。

三、提升国际会议水平，打造国际交流平台

（一）规范国际会议管理

为规范国际会议管理，逐步提升国际会议水平，提高国际会议影响力，增加国际会议交流成效，协会于2017年9月制订了《关于规范国际会议管理办法（试用）》。办法进一步明确了国际会议的定义、标准，梳理了审批流程，规范了会议期间外事活动的相关事宜。通过2017年国际会议的实践，预期效果良好，会议中外事会见越来越规范，国际元素越来越多，国际交流越来越丰富。

（二）提升国际会议效果

近年来，随着中国有色金属行业的快速发展，中国有色金属行业越来越受到全世界的关注。协会召开的国际会议正逐渐成为国内外有色金属行业交流发展、共享经验、研讨未来的重要平台。2017年共召开“2017年中国国际铝业大会”、“2017年中国国际铅锌年会”、“第十七届再生金属国际论坛”、“2017中国国际镍钴工业年会”等由协会（或由协会所属单位）主办、国际合作部归口管理的8个在华国际会议。2017年的国际会议在原有报告环节基础上，增加高峰对话及自由问答等交流互动内容。多个国际会议增设了分会场、专题推介会，为行业搭建合作交流的平台，推动行业内政策宣贯、贸易对接及技术推广。2017年国际会议期间安排了古巴经济部矿业司司长签名赠书等活动，为会议增加了更多国际元素。

在这些国际会议期间，协会会长陈全训先后会见了中国铝业集团董事长葛红林、福州市委书记王宁、日本金属经济研究院理事长川口幸男、国际铝协秘书长耐普，国际铅锌研究组市场研究与统计部主任怀特等中外嘉宾，通报交流行业运行情况，推动双边合作。

（三）扩大“中国声音”影响力

2017年10月31日，中国有色金属报告会在英国伦敦成功举办。副会长尚福山代表有色协会在会议上致辞。会议得到了伦敦金属交易所、国际有色金属研究组、国际铝业协会等国际组织以及五矿有色金属控股有限公司、上海期货交易所、江西铜业有限公司、云南锡业集团、中国有色矿业集团有限公司等企业的大力支持和积极参与。

报告会注册代表共250多人。中国是全球有色金属市场关注的焦点，越来越多的中外代表将中国有色金属报告会列入了伦敦金属周的固定行程安排，报告会也逐渐成为了伦敦金属周期间颇具含金量的信息交流平台，特别是中国的发展趋势是全球最为关注的热点。“中国因素”和“中国声音”不仅是国际上很多机构的关注点，而且在市场参与、信息共享、趋势判断和行业发展上为中外企业提供了良好的条件。

（四）加强国际会议合作

2017年11月30日，第六届亚洲铜业周在上海举办。本届亚洲铜业周再次由协会与智利铜与矿业研究中心（CESCO）共同主办。在铜业周期间举办的世界铜业CEO首脑会议，吸引了来自中外铜企业高管、相关机构首席代表50余人参加。另外，作为亚洲铜业周经典内容的亚洲铜晚宴，共有来自全球铜产业及相关领域的1800位来宾出席，协会会长陈全训在晚宴上致辞。

亚洲铜业周作为全球铜产业一个高规格合作平台，为产业内部人士凝聚共识，增强互信、携手并进提供了良好的交流空间，推进了世界铜产业创新、协调、绿色、开放、共享发展，开拓了世界铜产业新的发展空间。

四、规范外事管理、提升外事服务

（一）严格出国团组审批

2017年，协会严格执行2017年因公临时出国（境）计划，认真落实巡视整改要求，修订协会外事工作管理办法，实现全年派出团组数和人次同比下降15%。在外事出访中坚持“目标明确、人员精干、时间合理、路线经济”的原则，重点控制一般性考察出访，提高团组透明度，实行公示制度。对每个本部出访团组切实履行职责，进行行前教育，确保出访人员遵守外事纪律，同时严格规范出国人员出国情况总结汇报及归还护照。

2017年协会及下属直代管单位共出访49个团组，110人次，主要出访执行参加国际会议、调研和矿山现场勘查等任务。出访团组所涉及的国家和地区25个，全年共办理新护照33本。其中协会本部出访20个团组，43人次。

（二）规范来华外宾邀请

为配合国际会议外宾参会工作，促进国外有色行业与国内行业的交流，全年共向有色金属行业相关人士发出外国人来华邀请函171封，较上年增长24%。国际部对每一位被邀请人的个人信息、工作单位、来华目的等进行严格审核，并要求提供保证书等证明材料，全力保证外宾邀请工作安

全、有序。

（刘　睿）

地质勘查

一、有色金属地矿工作概况

（一）经济运行情况概述

据不完全统计，2017年全国有色地勘单位完成经济总收入296.03亿元，比2016年增长3.56%；实现利润10.33亿元，比2016年增长11.92%。2017年全国有色地勘单位预算内收入54.10亿元，比2016年下降2.58%，其中地勘单位事业费拨款41.09亿元，比2016年下降1.25%；中央财政渠道获得的地质项目费用1.43亿元，比2016年下降51.69%；地方财政渠道获得的地质项目费用11.58亿元，比2016年增长5.56%。2017年全国有色地勘单位多种经营（包括社会地质工作）收入为242.84亿元，比2016年增长5.43%，其中社会地质工作收入为29.44亿元，比2016年下降10.87%；采掘业收入为21.60亿元，比2016年下降21.08%；建筑施工业完成收入56.65亿元，比2016年下降41.76%；其他产业收入97.73亿元，比2016年增长36.40%（注：辽宁省有色地质局因地勘单位改革未提供相关数据）。

（二）队伍结构

2017年末，全国有色地勘单位职工总数8.91万人。其中，在职职工3.45万人；离退休人员5.34万人，其中离休人员291人；职工中技术人员1.54万人，其中地质技术人员1.26万人；外聘从业人员1.02万人，其中技术人员571人。

（三）产业结构

2017年，随着国家资源环境需求发生变化，资源型地质勘查投入持续下滑，环境型地质勘查投入不断上升。各地勘单位积极主动作为，适应产业转型、升级及地质工作结构性变化，紧密围绕国家战略需求、生态文明建设、社会需求进行结构性调整。在矿产勘查投入逐年减少并向新能源、新矿种、新材料方向转化的情况下，基础地质、水工环地质、旅游地质、农业地质、水资源调查和保护、环境整治、大型工程、城市建设、土地整理、地质灾害预警和防治、地质生态环境监测和保护、海洋地质调查和勘查等正成为地勘行业发展新的增长点。

地质勘查业是有色地勘单位的主业，也是优势产业。2017年全国有色地勘单位预算内收入和社会地质勘查工作收入总计为83.54亿元，占全国有色地勘单位经济总收入的28.22%。

矿业开发主要是指采掘业等。2017年采掘业实现收入为21.59亿元，占全国有色地勘单位经济总收入的7.29%。

工程施工主要是指工程勘察、测绘、道路桥梁建设、工民建、市政建设、水利疏浚、岩土施工等民生地质业务。2017年工程施工业完成收入93.17亿元，占全国有色地勘单位经济总收入的31.47%。

其他产业主要是指机械制造、高新材料、金刚石工具、玻璃机械等制造加工业等。2017年全国有色地勘单位其他产业完成收入97.73亿元，占全国有色地勘单位经济总收入的33.01%。

二、地质勘查进展

（一）地质项目基本情况

据不完全统计，2017年全国有色地勘单位共完成地质项目3901项，其中，新上项目2831项，续作项目1070项。包括基础地质项目194项，普查项目343项，详查项目180项，勘探项目96项，其他项目3088项。

2017年全国有色地勘单位共提交地质报告693份，其中普查报告144份，详查报告87份，勘探报告57份，其他报告405份。

2017年全国有色地勘单位完成钻探工作量108.61万米，坑探工作量8.12万米，槽探工作量107.58万立方米，井探工作量1.08万米。

（二）新增固体矿产资源/储量

据不完全统计，2017年全国有色地勘单位新增（333）及以上矿产资源/储量（金属量）：铜186.97万吨、铅锌620.71万吨、钨3.49万吨、锡19.20万吨、钼5.90万吨、锑3.23万吨、铝土矿6585.6万吨、金81.28吨、银3106.22吨、铋2.9万吨、铍2300吨、镉3100吨、镓2300吨、锗400吨、铁3200万吨、稀土105.23万吨。

（三）主要矿种找矿进展

1. 铜矿：

云南省马关县都龙矿区外围锌锡铜多金属矿整装勘查。累计新增（333）以上资源量铜29.28

万吨，其中2017年新增铜9.57万吨。

西南天山成矿带霍什布拉克－乌拉根地质矿产调查。圈定了一批铜铅锌矿找矿靶区，在萨热克铜矿东部圈出了3个富铜矿体，新增铜金属量25.66万吨，总体铜资源量60.91万吨，达到大型规模。

云南省个旧市个旧矿区大白岩矿段铜钨矿生产勘探。新增（333）以上资源量铜13.03万吨、钨5500吨、伴生锡4500吨。

云南省金平县龙脖河铜矿区龙达－老虎冲铜矿生产勘探。新增（333）以上资源量铜32.95万吨，伴生金2.61吨、伴生银14.64吨。

云南省景谷县登海山铜矿地质勘查。探获333类及以上铜资源量4.2万吨，334类铜资源量2.24万吨。

2. 铅锌矿：

云南省马关县都龙矿区外围锌锡铜多金属矿整装勘查。累计新增（333）以上资源量铅54.85万吨、锌323.66万吨，其中2017年新增锌129.89万吨。

广东省仁化县凡口铅锌矿外围地质勘查。新增（332+333）铅锌矿石量200万吨以上，铅金属量10万吨以上，锌金属量15万吨以上。

贵州省沿河县黄泥坡铅锌矿普查。新增（333+334?）铅锌资源量9.82万吨。

陕西省凤县二里河铅锌矿深部及外围勘查。提交铅锌金属量19.58万吨。

陕西省凤县槽头沟—苇子坪地区铅锌矿详查。提交铅锌资源量2.84万吨。

内蒙古自治区新巴尔虎右旗查干布拉根矿区勘查。10号铅锌银矿体新增资源储量铅8.31万吨、锌13.70万吨、银207.49吨。

湖南省桂阳县宝山铅锌银矿－400米标高以下深部普查。估算新增（333+334）资源量铅锌13.44万吨、铜7300吨、银93.32吨。

湖南省常宁市康家湾铅锌多金属矿深部详查。新增332矿石量54.9万吨，铅金属量3.17万吨，锌金属量2.30万吨，新增333矿石量157.23万吨，铅金属量6.36万吨，锌金属量7.33万吨。

3. 铝土矿：

贵州省道真县新民铝土矿勘探。探获（331+332+333）铝土矿资源量5101万吨，其中（331）资源量569万吨、（332）资源量1110万吨、（333）资源量3422万吨；2017年新增1300万吨。

贵州省道真县岩坪铝土矿详查。通过对矿区空白区深部盲矿体验证和控制，探获（332+333）铝土矿资源量3017万吨，其中2017年新增1650万吨。

贵州省道真县三清庙铝土矿详查：通过钻探工程控制，提升铝土矿资源量级别，探获（332+333）铝土矿资源量1172万吨，其中2017年新增578万吨。

河南省渑池县曹窑以西煤下铝土矿关底沃－扣门山矿段详查。累计探获（332+333）铝土矿资源量2277.89万吨。

河南省渑池县雁岭铝土矿详查。累计探获铝土矿资源量1187.3万吨。

4. 钨、钼矿：

新疆福海县巴斯铁列克铜多金属矿调查评价。圈定白钨矿体3条，探获（333+334）钨金属量1.18万吨，其中（333）钨金属量6200吨（WO_3），钨品位0.17%～0.59%（WO_3），矿床达中型规模。

广西博白县油麻坡钨钼矿勘探。探获（331+332+333）资源量钨矿石量1810.15万吨（WO_3），钨金属量8.00万吨，平均品位0.442%；伴生钼金属量2600吨，铜金属量1.63万吨，铋金属量1800吨，银金属量114吨，镓金属量500吨，锗金属量300吨。

5. 锡矿：

云南省个旧市个旧矿区高松矿田高峰山矿段锡铜矿生产勘探。新增（333）以上资源量锡13.12万吨、铜7.04万吨、伴生锡4200吨、伴生铜1.83万吨。

云南省个旧市个旧矿区老厂矿田风流山矿段锡铜矿生产勘探。新增（333）以上资源量锡2.39万吨、铜1.78万吨。

云南省马关县都龙矿区外围锌锡铜多金属矿整装勘查。累计新增（333）以上资源量锡11.09万吨，其中2017年新增锡7.74万吨。

6. 金、银矿：

甘肃省礼县李坝金矿田B区。升级（331）资源量金矿石量7.05万吨，金金属量1.06吨，品位1.5110－6。扩大3条矿体规模，新增（333）资源量：金矿石量57.13万吨，金金属量0.48吨，平均品位0.8410－6。

广西龙胜平等金矿普查。发现7条金矿体，探获（333+334）金资源量超过2吨，平均品位3.510-6。

陕西省山阳县王家坪金矿勘查。探获金金属量5.77吨。

陕西省山阳县夏家店金矿补充勘查。探获金资源量3.05吨。

内蒙古自治区别鲁乌铜矿外围铜多金属矿详查。在东部矿段发现多条金矿脉，探获（333+332）资源量金2吨以上。

河南省西峡县高庄金矿深部及外围金矿普查。新发现103号盲矿体，探获（333+334?）金金属量7.35吨，品位17.7910-6，其中（333）金金属量3.25吨，（334?）金金属量4.10吨。

浙江省新昌县后岸银矿区1-2号矿体勘探。探获（331+332+333）资源量：矿石量105.18万吨，银金属量205.17吨，平均品位190.4610-6。

吉林省桦甸市五人班区金矿详查。九号矿化带圈定金（银）矿体共13条，探获（122b+333）资源量银矿石量42.2万吨，银金属量129.88吨，平均品位307.8710-6，2017年新增银金属量约50吨。

吉林省集安市米架子金矿详查。对朱家沟22号金矿体，通过钻探进行了加密和追索控制，控制长达到1120米，平均穿矿厚度3.67米，平均金品位2.1710-6，目前控制最大延深520米，2017年新增金金属量约1.50吨。

吉林省磐石市粗榆地区金矿补充勘探。矿床内共探明金矿体6条，对4条主矿体进行坑道评价，2017年新增矿石量11.7万吨，金金属量1.30吨，伴生银金属量1.91吨。

湖南省醴陵市泮川矿区金矿详查（二期）。估算（332+333）资源量矿石量21.76万吨，金金属量1.31吨。

湖南省常宁市仙人岩金矿详查。探获（332+333）资源量矿石量115.05万吨，金平均品位2.6710-6，金金属量3.07吨。

7. 其它有色金属矿种：

广西河池五圩锑多金属矿接替资源勘查。通过地质、物探、化探等综合研究，新增（333）资源量矿石量52.14万吨，锌金属量1.34万吨，平均品位2.57%；锑金属量8500吨，平均品位1.70%。

新疆福海县哈龙一带稀有金属调查评价。在胡喀拉盖区圈出铍矿体4个，初步估算（333+334）矿石量155.11万吨，铍氧化物（BeO）983.51吨。

广东省新丰县左坑矿区叶屋区段稀土矿勘探。新增稀土矿矿石量8717.8万吨，全相（TREO）资源量9.80万吨，平均品位0.1124%，离子相（REO）资源量5.73万吨，平均品位0.0657%。矿床规模为大型。

贵州省松桃县大路锰矿普查。通过深部钻探工程控制，预计可探获（333+334?）锰矿石资源量2000万吨。

湖南省临武县杉木溪矿区铷多金属矿普查。项目共探获（333+334）资源量矿石量4462万吨，铷金属量6.42万吨，达特大型。

（四）探矿权和采矿权基本情况

据不完全统计，截至2017年底，全国有色地勘单位共有探矿权854个。其中，2017年获得探矿权7个，探矿权面积1.49万平方千米。截至2017年底，全国有色地勘单位共有采矿权64个。其中，2017年未取得采矿权，采矿权面积115.58平方千米。

三、国际合作

2017年，全球矿业市场逐渐从低迷状态中走出，形势总体出现向好迹象。在经历矿产品价格全面回暖后，矿业交易并购活跃，全球矿业市场呈现触底回升态势，中国企业“走出去”参与境外矿业投资热情逐渐升温。借助“一带一路”倡议加快中国矿业投资“走出去”，将有效弥补中国矿产资源不足的问题，提升国家矿产资源安全保障能力，确保国家矿产资源安全、经济、稳定供应。

北京矿产地质研究院海外资源板块稳健发展。适时出售所持非核心海外上市公司股票，融资近4000万元人民币推进海外公司勘查工作。所持海外上市资源公司市值比上年增幅20%。海外投资核心项目——EAM公司的埃塞俄比亚铜锌金矿项目探获大型资源量，并获发采矿许可证。澳洲Sandstone金矿项目不断取得重要的找矿发现。

广西地质矿产勘查开发局与印尼合作方就扎朗金矿和多多河砂金矿的合作勘查与开发达成了框架协议。2017年2月28日在印尼成立了钜宝金获胜矿业有限公司（PT. INDOPUSAKAMASJAYA），注册资金约250万元人民币。

2017年9月28日，在柬埔寨磅清扬省举行了援建柬埔寨国家地质实验室项目开工仪式。该项目被列为广西实施国家“一带一路”建设重点项目，广西区政府追加建设资金650万元，总建设资金达1605万元。

中国有色桂林矿产地质研究院有限公司与马来西亚AK公司签订框架协议，共同成立了“马来西亚sokor金矿普查”、“马来西亚CHINI铜矿普查”项目组。发现金矿（化）体4个，探获金约2吨，铜矿（化）体2个，探获（331+333）铜资源量5000吨，具有潜在的巨大经济价值。

与老挝MPG矿业有限公司合作开展“老挝班康姆金矿普查”、“老挝约俄铜矿A区普查”、“老挝把芭铜矿预查”等勘查服务项目，预计新增金资源量3~5吨，合同金额总计1782万元。

海南省地质局在坦桑尼亚6个金探矿权区开展预查，发现多处金矿化信息。秘鲁HaispeG、H铜矿区圈定4个铜矿体，品位0.212%~0.498%。莫桑比克楠普省安戈榭地区锆钛砂矿采选项目，2012年建设、当年底试采成功，2013年中旬运回第一批锆钛精矿。2017年年产毛矿5.38万吨，选出钛精矿4.21万吨、锆中矿8800吨，年销售钛精矿7.04万吨，锆中矿1.09万吨，实现总收入1.2亿元，净利润2800万元。

内蒙古自治区有色地质勘查局自筹资金开展蒙古国乌波尔塔拉金多金属矿项目勘查，经槽探揭露发现数条铅、锌矿体，最高品位金1.2910-6、铅14.03%、锌13.67%，深部验证见多层铅、锌、铜矿化体。承担老挝甘蒙省欣本县波宁锡多金属矿普查——详查项目，为期2年，通过钻探圈定铜铅锡矿体50条，当年完成产值1000万元。

西北有色地质勘查局与澳大利亚一家上市矿业公司合作开展盈地项目矿产勘查等工作，已进入正式转让协议的签署阶段，通过验证和控制重新圈定了金矿体，金矿床资源储量增加至22.7吨。雷纳德·谢尔夫铅锌矿项目所属的一处矿权与一家澳大利亚公司签署框架协议，已着手正式转让。大力开拓“一带一路”沿线市场，在印尼、巴西、摩洛哥等地提供国际勘查技术服务。参与伊朗、俄罗斯、柬埔寨等国的项目咨询与合作；获得陕西省外经贸发展专项资金补助68.7万元。

云南省有色地质局开展境外项目共计13个。年内实施完成“缅甸蒙育瓦七星塘铜矿（K矿）生产（补充）勘探”、“伊朗克尔曼省贾巴尔-巴雷兹（JABAL-BAREZ）铜矿区第一阶段勘查”等5个矿产勘查项目，合计完成钻探1.46万米、坑道443米、探槽（含剥土）6174.9立方米、EH4剖面4千米等，货币工作量852.40万元。同时，实施完成了“缅甸蒙育瓦莱比塘铜矿（L矿）露天采场高陡边坡稳定性研究工程地质补勘钻探施工”等4个岩土工程项目，合计完成钻探3051.67米、货币工作量582.58万元。

天津华北地质勘查局在如期圆满完成老挝爬奔金矿试生产的基础上，不断优化选矿工艺，着力降本增效，打通销售渠道，创造了当年达产、当年销售、当年获利、当年分红的良好业绩。苏丹哈马迪金矿采取承包经营的方式与锐南矿业公司合作，签署了承包协议意向书，并支付协议定金，相关事宜得到苏丹政府同意。开发了伊朗、加纳、印尼、格林纳达等新兴国别市场，新签合同额同比增长132%。同时开展刚果（金）Manono地区Katonge锡钽铌矿地质勘查和南非A项目金矿资源储量核实等市场服务项目。

河南省有色金属地质矿产局2017年实施财政出资境外地质勘查项目6项，项目分布在赞比亚、坦桑尼亚、智利3个国家。坦桑尼亚有望探获1处中型金矿，南美洲智利铜矿普查项目初步估算铜资源量6.19万吨。在马达加斯加实施铝土矿勘探技术服务项目取得重大成果，探获超过10亿吨的特大型铝土矿1处，估算铝土矿资源量10.85亿吨，矿体平均厚度4.41米，伴生镓6.18万吨，达特大型，估算稀土矿资源量100.86万吨，达特大型。

四、科技教育

（一）科技成果

2017年有色地勘行业全面学习贯彻落实党的十九大精神，在地矿科技、技术创新、开发应用等方面进行了大量工作，科技创新工作取得了优异的成果。

一是由北京地研院参与完成的全国危机矿山接替资源勘查理论创新与找矿重大突破项目获得国家科技进步奖二等奖。

二是获得国土资源科学技术奖一等奖2项、二等奖4项。其中，由有色地调中心参与完成的全国重要矿产资源潜力预测评价和全球地质矿产与资源环境卫星遥感“一张图”工程2个项目获得一等奖；由有色地调中心和华东地勘局参与完成的全球矿业投资环境研究与应用项目获得二等奖；辽东青城子矿集区金银多金属找矿取得重大进展、吉林省珲春市杨金沟钨矿勘探、“点石成金”地质科普教育在线平台等3个项目获得二等奖。

三是获得中国有色金属工业科学技术奖一等奖2项、二等奖8项、三等奖7项。其中红土型镍矿勘查集成技术与找矿重大突破等2个项目获一等奖；有色金属矿山水文地质勘探与防治水规范研究等8个项目获二等奖；内蒙古克什克腾旗大地－赛汉地区地质矿产特征及成矿规律等7个项目获三等奖。

四是获得广西科学技术特别贡献奖、全国优秀测绘工程奖铜奖、贵州省科技进步三等奖等各类省部级奖励43项。

五是张会琼（北京矿产地质研究院）获得青年地质科技奖金锤奖，王召林（有色金属矿产地质调查中心）获得青年地质科技奖银锤奖，龙灵利（北京矿产地质研究院）获“优秀女地质科技工作者”称号，刘军（有色金属矿产地调中心）获得全国地质勘查行业第二届“十佳最美地质队员”称号，王生龙（青海省有色地质矿产勘查局七队）、王国君（辽宁省有色地质局一〇八队）、牛英杰（天津华勘矿业投资有限公司）、刘菊琴（甘肃省有色金属地质勘查局天水矿产勘查院）、李青锋（宝鸡西北有色七一七总队有限公司）、吴先彪（贵州省有色金属和核工业地质勘查局一总队）、程飞（黑龙江省有色金属地质勘查七〇一队）、程云茂（云南省有色地质局勘测设计院）、程知言（江苏省有色金属华东地质勘查局）和戴雪灵（湖南省有色地质勘查局二总队）获得全国地质勘查行业第二届“最美地质队员”称号。

（二）科研与教育

广西壮族自治区地质矿产勘查开发局与中国地质大学（北京）联合申报共建翟裕生院士工作站，经自治区科学技术厅审批通过。“院士工作站”所搭建的创新平台，将更有利于发挥院士专家在地质科技创新、高层次人才培养、科技合作交流等方面的引领作用，深入开展广西重大地质科学研究，提高地质科技创新能力和水平。

中国有色桂林矿产地质研究院有限公司2017年共申请并获得受理发明专利21项、实用新型5项，获得授权15项，其中发明10项、实用新型5项；主持制定并发布国家标准3项、行业标准1项，参与制定并发布国家标准13项、行业标准9项。主持制定的国际标准1项，复审国际标准2项，获得广西重要技术标准奖励1项，桂林市重要技术标准奖励2项，并成功组织召开了第二十三届国际标准化组织电子探针分析技术委员会年会。获得批复广西科技重大专项牵头的3项、参与的2项，重大科创基地支持1项，获经费支持3800万元；获自治区重点研发计划、广西自然科学基金、桂林1020项目等合计经费1095万元；获其他纵向科研经费349万元。

西北有色地质勘查局的“中国地球物理院士专家工作站”正式揭牌，成功举办首届“一带一路”地球物理国际论坛和“院士专家基层行活动暨勉略宁矿集区深部找矿学术研讨会”；联合筹建“陕西省土壤地球化学工程技术研究中心”。博士后科研工作站正式授牌，研究人员获得一批国家级科研项目支持；获得发明专利3项、实用新型专利10项。

贵州省有色金属和核工业地质勘查局完成了“贵州独山锑矿田成矿规律与找矿靶区优选研究”的年度工作，向国土资源部报送了“南方岩溶浅层低温能野外科学观测研究基地”科研项目，申请了省地勘基金“贵州省铀矿类型、控矿因素与找矿预测”等科研项目。举行了贵州省有色地勘首届技能大赛，通过参赛职工技能得到检验和提高。积极办好《贵州地质与勘查》内刊，为局广大技术人才提供专业技术、研究能力和科研成果的展示交流平台。

江西有色地质勘查局新立“对XY－4型钻机分动箱的改造及应用”、“履带式下管机在水文地质钻探中的应用”和“多目标地球化学调查样品中54种指标配套分析方法研究”3个科技创新项目。完成对“超级震击打捞先进器具的引进及应用”和“城市地下管线信息系统数据建库及成图应用研究”2个项目的验收。局属晶安高科公司与国家钨与稀土质检中心合作共建的锆铪联合实验室正式挂牌。联合中科院过程工程研究所等4家单位共同申报的“锆化学品绿色设计平台建设项目”成功入选2017年百家绿色设计平台建设项目之一。“手机陶瓷背板用氧氯化锆新工艺研究”成功申报南昌市科技局科技小巨人项目。局属晶安高科公司博士后科研工作站成功引进1名博士进站工作，并完成开题报告。

有色金属矿产地质调查中心“主要有色金属资源安全跟踪与动态评价”项目提交的《全球锡资源供需形势分析报告》，地科院以此为基础的简报上报国土资源部得到高层领导的重视关注。在新疆富蕴希勒库都克和扎勒格孜库都克两个矿区的地质找矿工作中，成功地开展了三维磁法和激电勘探，在矿区三维勘探技术应用方面迈出了重要的一步。云南东川矿区进行的无人机航磁生产性试验，取得了高海拔、极困难地形条件下开展航磁测量的突破。首次运用高（多）光谱遥感全岩岩相填图和地球化学岩相填图，在国内形成新技术方法地质填图示范区，实现了绿色勘查和多学科应用示范。对南方地区遥感影像“去雾、去植被”的处理方面获得重大技术突破，该成果处于国内领先水平。

天津华北地质勘查局申请科研项目6项：天津市科技支撑计划项目“天津市深部煤炭地下气化关键技术研究”和“中矿（天津）岩矿检测有限公司污泥再利用技术及风险评估综合服务平台”，国家重点研发计划委托业务“焦家金矿带点阵式大地电磁测量”，天津市国土房管局科研项目“静海ZK1－1孔石炭—二叠系页岩气研究”、“天津市海岸带现代沉积对环境变迁的指示研究”、“多环芳烃污染土壤修复治理技术研究”。

获国家发明专利2项，分别为“物探激电测深数据层析法处理方法”和“注浆帷幕桩孔结构”。获实用新型专利5项：华勘矿业“氰化物污染土壤异位淋洗系统”、“一种埋地金属管道预埋分支探测装置”、“一种GPS管线仪”、“一米平面光栅摄谱仪用电极定位测量装置”和“一种地质钻探钻杆排放装置”。

河南省有色金属地质矿产局实施了“河南省崤山整装勘查区金矿控矿规律与找矿方向研究”、“河南省煤下铝地层快速成孔标准工艺研究”、“豫西伊洛河流域有色金属矿山重金属污染调查与评价研究”、“基于北斗系统下的地矿远程专家指挥系统研究”等重点地质科研和技术研发项目11项。4个项目进入2018年省两权价款基金科研项目库和2018年省地勘基金项目库，1项科研项目列入2018年度拟立项支持的河南省自然科学基金项目，1项科研成果已经提交专利申请，发表科研技术论文7篇，其中核心期刊3篇。

2017年9月，通过中国地球物理学会院士专家组的考察验收，获批建立院士专家工作站。与中国科学院地球化学研究所联合成立绿色土地工程重点实验室。“双创”基地已获得郑州市科技局众创空间授牌，《河南省推进国家大数据综合试验区建设实施方案》地矿科技产业园纳入白沙园区大数据产业园区域范围，享受国家大数据综合试验区政策扶持。

江苏省有色金属华东地质勘查局组织申报国家自然科学基金2项，江苏省自然科学基金2项。完成“能源地下工程中浅层地能换热系统对地下结构的影响机制关键问题研究”国家自然科学基金项目与“和能源地下工程中浅层地能换热系统对地下结构的影响机制与关键问题研究”江苏省自然科学基金项目结题。全年共立项国家级科研项目2个、省部级3个、市厅级3个，省级自然科学基金项目1个。华都公司入选了“江苏省第二批科技型中小企业”名录；梦都公司（地建集团）获批成为局首个高新技术企业。在各类学术会议、公开期刊发表论文142篇，获得专利（工法等）12项，新增各类资质23个，其中甲级9个。

（甘凤伟）

循环经济

一、再生有色金属产业概况

（一）产量同比增速明显加快

2017年，中国再生有色金属四个主要品种产量达到1375万吨，同比增长10.44%。其中再生铜320万吨，同比增长6.7%；再生铝690万吨（实物量），同比增长9.5%；再生铅205万吨，同比增长24.2%；再生锌160万吨（含再生氧化锌的金属量），同比增长6.7%。2011－2017年国内再生有色金属产量见图1所示。

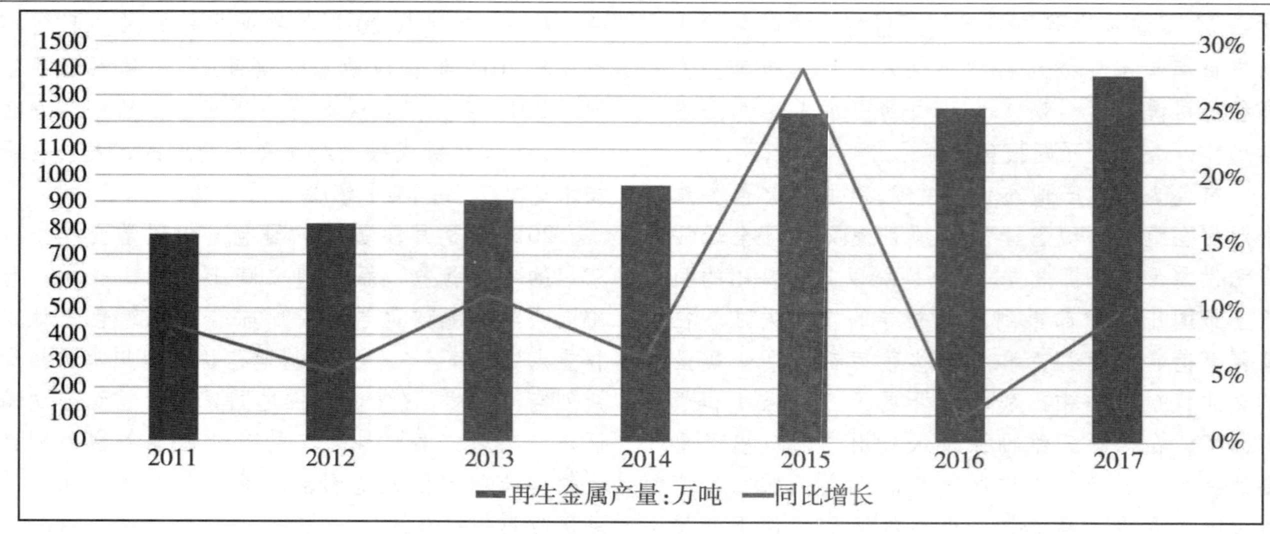

图 1　再生有色金属产量

数据来源：CMRA

（二）国内资源与进口资源情况

1. 进口资源量增加

进入 21 世纪以来，国内再生有色金属行业对进口废金属的依赖性较大，但随着国内资源的增长以及国家有关政策的调整，中国近几年进口废金属的量呈下降的趋势。但 2017 年进口废金属不减反增，当年共进口含铜、含铝、含锌废料 574.38 万吨（实物量），其中含铜废料进口量 355.76 万吨，同比增长 6.26%；含铝废料进口量 217.24 万吨，同比增长 13.3%，改变了近几年下降的趋势。国内 2011－2017 年进口废金属情况见图 2 所示。

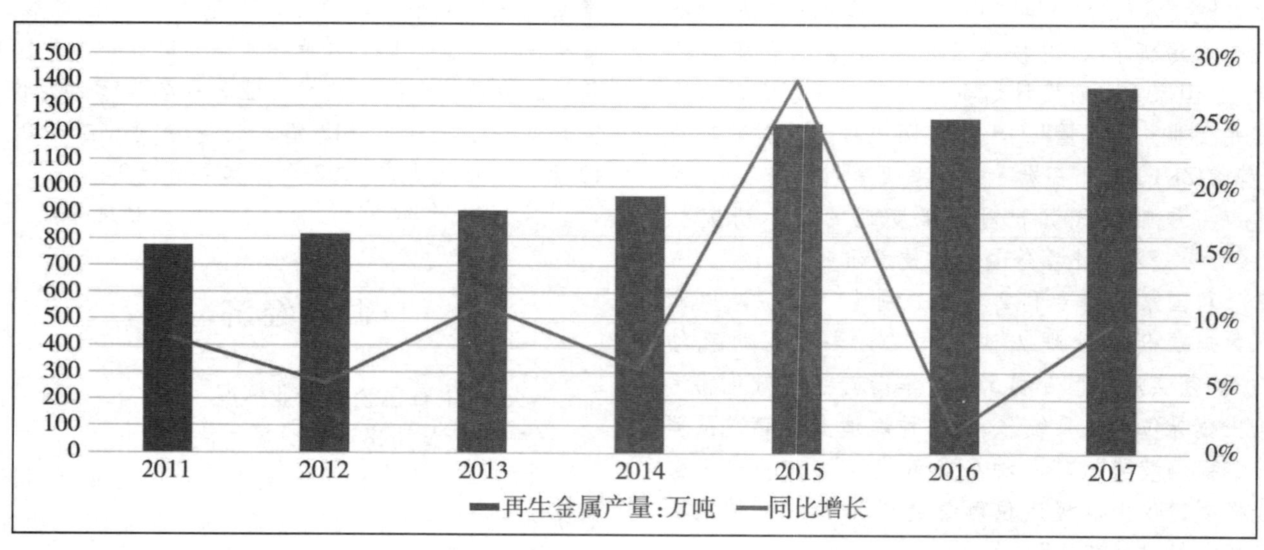

图 2　2011－2017 年进口废金属情况

数据来源：中国海关 CMRA

2. 国内资源量稳步增加

2017 年国内废有色金属回收量稳步增长，根据再生有色金属分会估算，废铜回收量约为 200 万吨，同比增长 11%；废铝回收量约为 500 万吨，同比增长 12%；废铅酸蓄电池的回收量约达到 315 万吨（实物量），同比略有增加；含锌废料回收量约 177 万吨（包括含锌灰渣中锌含量）。

（三）产业升级速度加快

中国再生有色金属技术进步进一步加快，新工艺、新技术被不断推广应用，并取得显著的经济、环境和节能效益。在再生铜领域，改进型阳极炉大量应用，以及NGL炉、熔池熔炼技术开始在行业推广应用，使全国大型规范的再生铜企业技术装备总体水平已经跨入国际一流行列；在再生铝领域，废铝分类技术、国产双室反射炉技术的大量推广、铝合金熔体直接配送压铸企业技术等都达到世界先进水平，在国际上有较强的竞争能力；在再生铅领域，机械化自动破碎分选技术、氧气底吹熔炼技术、短窑熔炼技术等都被大量采用，中国一些大型再生铅企业的技术装备总体水平已经跨入国际一流行列。同时，中国原生铅冶炼企业也涉足再生铅领域，豫光金铅集团在原生铅冶炼过程中搭配处理废杂铅取得了成功的经验。中国自主研发的再生铅预处理成套设备（破碎、分选）、熔炼设备、精炼技术，以及再生铅绿色制造规划和设计能力在国际上有较强的竞争力。

（四）资源综合利用成效显著

2017年，国内再生有色金属企业资源综合利用工作进展很快，技术不断进步，企业经济效益明显。为提高企业的经济效益，再生有色金属企业普遍重视资源的综合回收利用，重视从含有色金属的冶炼渣、收尘灰、污泥中综合回收利用有价金属。如低品位废铜的综合回收利用，在回收铜的同时，综合回收其中的锌、铅和贵金属；又如低品位阳极泥的综合回收利用，不仅回收金银等贵金属，同时回收其中的锡和铅；再如收尘灰中有价金属的综合回收利用等等。此外，中国再生有色金属企业在处理含铜污泥（电镀污泥、电腐蚀污泥）方面取得了成功的经验，并取得显著的经济效益，含铜污泥已经成为再生铜行业的一项重要原料。

（五）节能减排

节能减排已经成为企业降低生产成本提高经济效益的重要手段。由于再生有色金属行业原材料和产品市场竞争激烈，企业成本攀升，经济效益下降，企业不得不在节能减排方面挖潜，采用各种手段，降低能耗，降低生产成本。再生有色金属企业采用的节能途径，一是强化原料预处理，最大程度地在熔炼之前将杂质分离出去，减少污染物的产生，降低末端治理的压力，同时，由于“精料”熔炼，缩短了熔炼周期，达到节能之效果；二是余热利用，再生铝企业大量采用蓄热式燃烧技术，回收烟气中的余热，节能效果显著，再生铜企业采用余热锅炉，产生的蒸汽直接供生产使用。烟气余热利用技术的采用和推广，企业的能耗明显下降；三是采用富氧燃烧、稀氧燃烧技术，提高燃料的燃烧效率，同时烟气量大幅下降，减排效果明显；四是强化生产能源管理，降低能耗；五是采用先进的熔炼设备，降低能耗；六是采用先进的物流模式，如再生铝合金熔体直接配送到铸造企业的模式，使下游企业能耗大幅下降，再生铝企业也同时受益。

当年国内大型再生有色金属企业能耗指标均低于相关行业规范条件的要求，其中先进的再生铅富氧侧吹熔炼炉能耗达到80千克标准煤/吨，先进的再生铝企业能耗可以达到80千克标准煤/吨。但也应该清楚地看到，中国再生有色金属工业的节能技术还有很大的发展潜力，需要加快研发和推广先进的熔炼技术和管理模式，进一步提高节能水平。

二、再生有色金属领域相关政策环境

（一）相关规划和指导意见

1. 国家发改委等部门印发《循环发展引领行动》的通知。2017年5月国家发改委等部门印发《循环发展引领行动》的通知。循环发展是中国经济社会发展的一项重大战略，是建设生态文明、推动绿色发展的重要途径。《循环发展引领行动》提出了主要目标和“十三五”时期循环发展主要指标。同时提出了促进再生资源回收利用提质升级，完善再生资源回收体系。还提出了建立再生产品和再生原料推广使用制度，分类发布再生产品和再生原料标准和目录。此外，《循环发展引领行动》提出了支持资源循环产业“走出去”，响应“一带一路”倡议，加强循环经济理念模式的国际交流，扩大关键技术和装备的进出口贸易规模，配合国际产能合作、对外承包工程，支持国内资源循环利用企业到海外投资，增强境外资源就地转化加工能力，把海外再生资源作为资源安全保障的来源之一。

2. 国家发改委发布《关于推进资源循环利用基地建设的指导意见》。2017年10月，国家发改委发布《关于推进资源循环利用基地建设的指导意见》（发改办环资〔2017〕1778号），提出大力发展循环经济，加快资源循环利用（含废有色金属）基地建设，推进城市公共基础设施一体化，促进垃圾分类和资源循环利用，推进新型城市发展。该指导意见提出了到2020年，在全国范围内布局建设50个左右资源循环利用基地的总体目标，同时还提出了重点任务。

3. 工信部发布《关于加快推进环保装备制造业发展的指导意见》。为贯彻落实《中国制造2025》和《“十三五”国家战略性新兴产业发展规划》，全面推行绿色制造，提升环保装备制造业水平，促进环保产业持续健康发展，实现有效供给，工信部于2017年10月发布《关于加快推进环保装备制造业发展的指导意见》（工信部节［2017］250号），提出重点研发废旧电子电器、报废汽车、废金属、废轮胎等再生资源领域研发智能化拆解、精细分选及综合利用关键技术装备，推广应用大型成套利用的环保装备，并提出针对生活垃圾、危险废物焚烧处理领域技术装备工艺稳定性、防治二次污染，以及城镇污水处理厂、工业废水处理设施污泥处理处置等重点领域开展应用示范。

（二）废金属进口政策

2017年7月，国务院办公厅印发的《禁止洋垃圾入境推进固体废物进口管理制度改革实施方案》，要求根据环境风险、产业发展现状等因素，分行业分种类制定禁止进口的时间表，分批分类调整进口固体废物管理目录，综合引用法律、经济、行政手段，大幅减少进口种类和数量，全面禁止洋垃圾入境。2017年底前，全面禁止进口环境危害大、群众反映强烈的固体废物，2019年底前，停止进口国内资源可以替代的固体废物。2017年8月份，环境保护部等部委发布关于《进口废物管理目录》（2017）的公告，对现行的《禁止进口固体废物目录》、《限制进口类可用作原料的固体废物目录》和《非限制进口类可用作原料的固体废物目录》进行了调整和修订。

（三）环保政策

1. 2017年环保部发布了《固定污染源排污许可分类管理名录（2017年版）》，明确提出到2020年共有78个行业和4个通用工序要纳入排污许可管理。2017年环境保护部环境标准制修订计划明确将“有色金属工业排污许可相关技术规范(37)”列入标准制修订计划，其中再生有色金属工业作为排污重点单位，同时作为《大气污染防治行动计划》中规定的重点行业，应在2018年完成排污许可证的审核和发放工作。2017年11月份，国家环保部委托环境保护部环境保护对外合作中心、中国有色金属工业协会再生有色金属分会等单位制订《再生有色金属行业排污许可证申请与核发技术规范》。

2. 2017年4月17日环境保护部发布的《中华人民共和国环境保护税法》中规定，直接向环境排放应税污染物的企业事业单位和其他生产经营者为环境保护税的纳税人，应当依照本法规定缴纳环境保护税，从2018年1月1日起开始正式实施。

（四）行业准入

1. 在工信部《铝行业规范条件》、《铜冶炼行业规范条件》、《再生铅规范条件》的积极引领下，再生有色金属企业不断向规范化发展。2017年6月，工信部公告的符合《再生铅规范条件》企业名单（第一批）进行公示。

2. 工信部发布《做好已公告再生资源规范企业事中事后监管的通知》。2017年7月，工信部发布《关于做好已公告再生资源规范企业事中事后监管的通知》（工信厅节函［2017］434号）。通知要求有关省级工业和信息化主管部门要严格按照规范条件要求，重点对已公告企业开展监督检查，并于2017年9月30日前完成对现有已公告企业的监督检查，形成检查报告，报工业和信息化部。此后每年按规范条件要求定期开展已公告企业年度监督检查工作，并将检查结果报工业和信息化部。同时要求建立健全再生资源综合利用行业规范管理长效机制，对已公告企业实施动态管理。对于监督检查中发现的问题，有关省级工业和信息化主管部门要按照规范条件的各项标准要求，督促企业进行整改，尽快达到规范条件要求；对于整改后仍不能达到规范条件要求，以及企业主业发生重大变更等情况，依照程序撤销规范企业资格。

（五）技术政策

1. 工信部公告《国家涉重金属重点行业清洁生产先进适用技术推荐目录》。2017年10月，工信部发布第45号公告《国家涉重金属重点行业清洁生产先进适用技术推荐目录》。目录中推荐了再生铅和再生铜技术，其中包括“铅高效冶金及资源再生循环利用技术”和“NGL炉冶炼废杂铜成套工艺及装备”。

2. 工信部公告《国家工业资源综合利用先进适用技术装备目录》。为贯彻落实《中国制造2025》，加快工业资源综合利用先进适用技术装备的推广应用，提高资源利用效率，推进工业绿色发展，2017年10月，工信部公告《国家工业资源综合利用先进适用技术装备目录》。其中再生有色金属行业的“复杂多金属物料清洁生产技术”、“蓄热式转底炉处理铜冶炼渣回收铁、锌技术与装备”、“再生铝双室自动熔化铝铁分离设备”、“印刷线路板电子元器件自动分离设备”、“废铅酸蓄电池全自动破碎分选技术”、“废铅蓄电池机械破碎分离技术与装备等技术”等被列入该目录。

三、2017年再生有色金属产业发展情况

（一）宏观形势

2017年，国内再生有色金属行业集中度不断提高，淘汰落后产能、严格环保监查、关闭散乱污企业取得了良好效果，这充分表现在基本金属价格上涨、优秀企业盈利持续改善、先进产能投资开始复苏等方面，应该说，中国经济供需格局的不断改善为再生有色金属产业发展提供了充足动能。

（二）产业政策导向

2017年相关政策的出台，推动了再生有色金属产业发展。在产业顶层设计方面，5月发布的《循环发展引领行动》，旨在提升发展的质量和效益，引领形成绿色生产方式和生活方式，促进经济绿色转型，是在循环经济领域落实五大发展理念的纲领性文件。5月发布的《工业节能与绿色标准化行动计划（2017－2019年）》，是对《工业绿色发展规划（2016－2020年）》的进一步落实。在环境保护方面，7月发布的《禁止洋垃圾入境推进固体废物进口管理制度改革实施方案》，全面禁止洋垃圾入境，进一步完善进口固体废物管理制度。

（三）产业整合速度加快

中国再生有色金属产业正处于大变革大发展的时期，竞争格局激烈变化，产业整合速度加快。

中国再生有色金属产业以民营企业和中小型企业为主，虽然竞争激烈，但竞争规模和层次相对不高。随着国家对再生有色金属产业的日益重视，吸引了众多重量级企业进入再生行业，如葛洲坝集团牵手宁波展慈金属，一些大型上市公司进入再生铅行业，江西铜业等一些原生铜冶炼企业积极投资再生铜领域，以及越来越多的研究院所、设计制造、金融机构等涉足再生有色金属领域，势必将行业竞争提升到一个新的层次，同时，将进一步加快产业的重组和整合。

（四）市场格局的变化

1. 市场格局的变化。再生有色金属产业一直以来就依托国际、国内两个市场。中国再生有色金属行业曾经对国际市场的原料依赖性较大，但随着国家固体废物进口政策的调整，一些含金属的固体废物将禁止进口，因此，进口原料今后将呈下降的趋势，同时，国内原料将持续上升，国际市场将逐渐成为再生有色金属企业开展产能合作、原料预处理、产品加工、技术输出和产品销售的新格局。

2. 技术市场的竞争。中国再生有色金属行业曾经对国外技术的依赖性较大，但随着产业的发展和国内研发水平的提升，近年来，诸如铝液直供、自动化预处理技术、先进熔炼技术的研发成功和推广，中国再生有色金属的某些技术已经接近或达到世界先进水平，具备了走向国际市场的条件和能力。

（张希忠　刘　巍）

企业信用等级评价

2017年10月，中国有色金属工业协会发布了《关于开展2017年度全国有色金属行业企业信用等级评价工作的通知》（中色协会员字〔2017〕178号），正式启动了2017年度有色金属行业企业信用等级评价工作。

截至2017年12月底，共收到20余家企业的评价申请。全国有色金属行业企业信用等级评价工作办公室对申报企业提交的材料通过电话沟通、实地走访及与有关部门核对等方式，对企业申报材料的真实性、准确性、完整性进行了初审，同时还积极与第三方评级机构合作，利用终端信息查询以及互联网大数据平台，依照真实性、全面性、及时性和隐私保护的原则，客观地对受评企业进行了信用评级调查，最终确定江西铜业集团有限公司等18家企业基本符合评价条件。

2018年9月25日，全国有色金属行业企业信用等级评价工作办公室组织召开专家评审会，专家对参评企业申报材料进行了认真的审核，并形成初评意见。会后，根据评选办法规定将初评结果在《中国有色金属报》和中国有色金属工业协会网上进行了为期7天的公示，公示期间未收到单位和个人提出的异议。

2018年10月8日，全国有色金属行业企业信用等级评价委员会对专家评审结果进行了认真研究，听取了办公室的工作汇报，最终通过17家参评企业为3A级信用等级。终审结果已在当月《中国有色金属报》和中国有色金属工业协会网等相关媒体上进行了公告。获奖企业的铜牌和证书随后颁发。

2017年度有色金属行业企业信用等级评价结果

（排名不分先后）

序号	受评企业名称	评级意见
1	江西铜业集团有限公司	AAA
2	云南铜业集团（有限）公司	AAA
3	浙江富冶集团有限公司	AAA
4	甘肃东兴铝业有限公司	AAA
5	山东华宇合金材料有限公司	AAA
6	江苏常铝铝业股份有限公司	AAA
7	广东新合铝业新兴有限公司	AAA
8	福建奋安铝业有限公司	AAA
9	福建省闽发铝业股份有限公司	AAA
10	佛山市三水凤铝铝业有限公司	AAA
11	江西大吉山钨业有限公司	AAA
12	宝钛集团有限公司	AAA
13	云南冶金集团股份有限公司	AAA
14	鑫诚建设监理咨询有限公司	AAA
15	沈阳铝镁设计研究院有限公司	AAA
16	索通发展股份有限公司	AAA
17	北京安泰科信息股份有限公司	AAA

（刘宏浩）

标准　质量

一、标准

（一）有色金属产品标准化工作

1. 标准批准发布情况

2017年共计发布227项标准，其中国家标准163项，行业标准64项。其中包括国家标准《铝合金建筑型材》系列标准、《500kA铝电解槽技术规范》、《空调与制冷设备用铜及铜合金无缝管》、《钛及钛合金牌号和化学成分》、《外科植入物用钛及钛合金加工材》，行业标准《铝及铝合金无铬化学预处理膜》、《超高纯镉》、《富锂锰基正极材料》等重要标准。

2017 年发布的有色金属标准项目

序号	标准号	标准名称
国家标准		
1	GB/T 2040－2017	铜及铜合金板材
2	GB/T 2059－2017	铜及铜合金带材
3	GB/T 8753．1－2017	铝及铝合金阳极氧化 氧化膜封孔质量的评定方法 第1部分：酸浸蚀失重法
4	GB/T 27677－2017	铝中间合金
5	GB/T 33816－2017	断路器用铜带
6	GB/T 33817－2017	铜及铜合金管材内表面碳含量的测定方法
7	GB/T 33819－2017	硬质合金 巴氏韧性试验
8	GB/T 33823－2017	乘用车控制臂用铝合金模锻件
9	GB/T 33824－2017	新能源动力电池壳及盖用铝及铝合金板、带材
10	GB/T 33825－2017	密封继电器用钢包铜复合棒线材
11	GB/T 1196－2017	重熔用铝锭
12	GB/T 1527－2017	铜及铜合金拉制管
13	GB/T 3462－2017	钼条和钼板坯
14	GB/T 3875－2017	钨板
15	GB/T 4182－2017	钼丝
16	GB/T 4291－2017	冰晶石
17	GB/T 4292－2017	氟化铝
18	GB/T 17791－2017	空调与制冷设备用铜及铜合金无缝管
19	GB/T 18033－2017	无缝铜水管和铜气管
20	GB/T 18762－2017	贵金属及其合金钎料规范
21	GB/T 21181－2017	再生铅及铅合金锭
22	GB/T 23612－2017	铝合金建筑型材阳极氧化与阳极氧化电泳涂漆工艺技术规范
23	GB/T 26007－2017	弹性元件和接插件用铜合金带箔材
24	GB/T 33880－2017	热等静压铝硅合金板材
25	GB/T 33881－2017	罐车用铝合金板、带材
26	GB/T 33882－2017	换向器用银无氧铜线坯
27	GB/T 33883－2017	7XXX 系铝合金应力腐蚀试验 沸腾氯化钠溶液法
28	GB/T 33884－2017	重载货运列车用铝合金型材及厢块
29	GB/T 33908－2017	铝电解质初晶温度测定技术规范
30	GB/T 33909－2017	纯铂化学分析方法 钯、铑、铱、钌、金、银、铝、铋、铬、铜、铁、镍、铅、镁、锰、锡、锌、硅量的测定 电感耦合等离子体质谱法

续表

序号	标准号	标准名称
		国家标准
31	GB/T 33910 - 2017	汽车用铝及铝合金挤压型材
32	GB/T 33911 - 2017	4XXX 系铝合金圆铸锭
33	GB/T 33912 - 2017	高纯金属为原料的变形铝及铝合金铸锭
34	GB/T 33913．1 - 2017	三苯基膦氯化铑化学分析方法 第1部分：铑量的测定 电感耦合等离子体原子发射光谱法
35	GB/T 33913．2 - 2017	三苯基膦氯化铑化学分析方法 第2部分：铅、铁、铜、钯、铂、铝、镍、镁、锌量的测定 电感耦合等离子体原子发射光谱法
36	GB/T 33945 - 2017	电机整流子换向片用铬锆铜棒材
37	GB/T 33946 - 2017	电磁推射装置用铜合金型、棒材
38	GB/T 33948．1 - 2017	铜 - 钢复合金属化学分析方法 第1部分：铜含量的测定 碘量法
39	GB/T 33948．2 - 2017	铜 - 钢复合金属化学分析方法 第2部分：锌含量的测定 Na2EDTA 滴定法
40	GB/T 33949 - 2017	轴承保持架用铜合金环材
41	GB/T 33950 - 2017	铝及铝合金铸轧带材
42	GB/T 33951 - 2017	精密仪器仪表和电讯器材用铜合金棒线
43	GB/T 33952 - 2017	铜包铝管
44	GB/T 33960 - 2017	压力容器焊接用铝及铝合金线材
45	GB/T 33970 - 2017	电阻焊电极用 Al_2O_3 弥散强化铜片材
46	GB/T 1479．3 - 2017	金属粉末 松装密度的测定 第3部分：振动漏斗法
47	GB/T 1819．7 - 2017	锡精矿化学分析方法 第7部分：铋量的测定 火焰原子吸收光谱法
48	GB/T 1819．8 - 2017	锡精矿化学分析方法 第8部分：锌量的测定 火焰原子吸收光谱法
49	GB/T 1819．9 - 2017	锡精矿化学分析方法 第9部分：三氧化钨量的测定 硫氰酸盐分光光度法
50	GB/T 1819．10 - 2017	锡精矿化学分析方法 第10部分：硫量的测定 高频感应炉燃烧红外吸收法和碘酸钾滴定法
51	GB/T 1819．11 - 2017	锡精矿化学分析方法 第11部分：三氧化二铝量的测定 铬天青S分光光度法
52	GB/T 1819．12 - 2017	锡精矿化学分析方法 第12部分：二氧化硅量的测定 硅钼蓝分光光度法和氢氧化钠滴定法
53	GB/T 1819．13 - 2017	锡精矿化学分析方法 第13部分：氧化镁、氧化钙量的测定 火焰原子吸收光谱法
54	GB/T 1819．14 - 2017	锡精矿化学分析方法 第14部分：铜量的测定 火焰原子吸收光谱法
55	GB/T 1819．15 - 2017	锡精矿化学分析方法 第15部分：氟量的测定 离子选择电极法
56	GB/T 1819．16 - 2017	锡精矿化学分析方法 第16部分：银量的测定 火焰原子吸收光谱法
57	GB/T 1819．17 - 2017	锡精矿化学分析方法 第17部分：汞量的测定 原子荧光光谱法

续表

序号	标准号	标准名称
		国家标准
58	GB/T 3250 – 2017	铝及铝合金铆钉用线材和棒材剪切与铆接试验方法
59	GB/T 3460 – 2017	钼酸铵
60	GB/T 3848 – 2017	硬质合金 矫顽（磁）力测定方法
61	GB/T 3884．19 – 2017	铜精矿化学分析方法 第19部分：铊量的测定 电感耦合等离子体质谱法
62	GB/T 4437．2 – 2017	铝及铝合金热挤压管 第2部分：有缝管
63	GB/T 4698．1 – 2017	海绵钛、钛及钛合金化学分析方法 第1部分：铜量的测定 火焰原子吸收光谱法
64	GB/T 4698．3 – 2017	海绵钛、钛及钛合金化学分析方法 第3部分：硅量的测定 钼蓝分光光度法
65	GB/T 4698．5 – 2017	海绵钛、钛及钛合金化学分析方法 第5部分：钼量的测定 硫氰酸盐分光光度法和电感耦合等离子体原子发射光谱法
66	GB/T 4698．8 – 2017	海绵钛、钛及钛合金化学分析方法 第8部分：铝量的测定 碱分离 – EDTA络合滴定法和电感耦合等离子体原子发射光谱法
67	GB/T 4698．9 – 2017	海绵钛、钛及钛合金化学分析方法 第9部分：锡量的测定 碘酸钾滴定法和电感耦合等离子体原子发射光谱法
68	GB/T 4698．12 – 2017	海绵钛、钛及钛合金化学分析方法 第12部分：钒量的测定 硫酸亚铁铵滴定法和电感耦合等离子体原子发射光谱法
69	GB/T 4698．13 – 2017	海绵钛、钛及钛合金化学分析方法 第13部分：锆量的测定 EDTA络合滴定法和电感耦合等离子体原子发射光谱法
70	GB/T 4698．18 – 2017	海绵钛、钛及钛合金化学分析方法 第18部分：锡量的测定 火焰原子吸收光谱法
71	GB/T 4698．19 – 2017	海绵钛、钛及钛合金化学分析方法 第19部分：钼量的测定 硫氰酸盐示差光度法
72	GB/T 4698．20 – 2017	海绵钛、钛及钛合金化学分析方法 第4部分：锰量的测定 高碘酸盐分光光度法和电感耦合等离子体原子发射光谱法
73	GB/T 4698．22 – 2017	海绵钛、钛及钛合金化学分析方法 第22部分：铌量的测定 5 – Br – PADAP分光光度法和电感耦合等离子体原子发射光谱法
74	GB/T 4698．23 – 2017	海绵钛、钛及钛合金化学分析方法 第23部分：钯量的测定 氯化亚锡 – 碘化钾分光光度法和电感耦合等离子体原子发射光谱法
75	GB/T 4698．24 – 2017	海绵钛、钛及钛合金化学分析方法 第24部分：镍量的测定 丁二酮肟分光光度法和电感耦合等离子体原子发射光谱法
76	GB/T 4698．25 – 2017	海绵钛、钛及钛合金化学分析方法 第25部分：氯量的测定 氯化银分光光度法
77	GB/T 4698．27 – 2017	海绵钛、钛及钛合金化学分析方法 第27部分：钕量的测定 电感耦合等离子体原子发射光谱法

续表

序号	标准号	标准名称
国家标准		
78	GB/T 4698．28－2017	海绵钛、钛及钛合金化学分析方法 第28部分：钌量的测定 电感耦合等离子体原子发射光谱法
79	GB/T 5318－2017	烧结金属材料（不包括硬质合金）无切口冲击试样
80	GB/T 6883－2017	线、棒、管拉模用硬质合金烧结品 尺寸
81	GB/T 6886－2017	烧结不锈钢过滤元件
82	GB/T 13747．1－2017	锆及锆合金化学分析方法 第1部分：锡量的测定 碘酸钾滴定法和苯基荧光酮－聚乙二醇辛基苯基醚分光光度法
83	GB/T 13747．8－2017	锆及锆合金化学分析方法 第8部分：钴量的测定 亚硝基R盐分光光度法
84	GB/T 13747．11－2017	锆及锆合金化学分析方法 第11部分：钼量的测定 硫氰酸盐分光光度法
85	GB/T 13747．13－2017	锆及锆合金化学分析方法 第13部分：铅量的测定 极谱法
86	GB/T 13747．14－2017	锆及锆合金化学分析方法 第14部分：铀量的测定 极谱法
87	GB/T 13747．15－2017	锆及锆合金化学分析方法 第15部分：硼量的测定 姜黄素分光光度法
88	GB/T 13747．16－2017	锆及锆合金化学分析方法 第16部分：氯量的测定 氯化银浊度法和离子选择性电极法
89	GB/T 13747．17－2017	锆及锆合金化学分析方法 第17部分：镉量的测定 极谱法
90	GB/T 13747．19－2017	锆及锆合金化学分析方法 第19部分：钛量的测定 二安替比林甲烷分光光度法和电感耦合等离子体原子发射光谱法
91	GB/T 13747．20－2017	锆及锆合金化学分析方法 第20部分：铪量的测定 电感耦合等离子体原子发射光谱法
92	GB/T 13747．21－2017	锆及锆合金化学分析方法 第21部分：氢量的测定 惰气熔融红外吸收法/热导法
93	GB/T 13747．22－2017	锆及锆合金化学分析方法 第22部分：氧量和氮量的测定 惰气熔融红外吸收法/热导法
94	GB/T 13747．24－2017	锆及锆合金化学分析方法 第24部分：碳量的测定 高频燃烧红外吸收法
95	GB/T 13747．25－2017	锆及锆合金化学分析方法 第25部分：铌量的测定 5－Br－PADAP分光光度法和电感耦合等离子体原子发射光谱法
96	GB/T 19587－2017	气体吸附BET法测定固态物质比表面积
97	GB/T 21183－2017	锆及锆合金板、带、箔材
98	GB/T 34499．1－2017	铱化合物化学分析方法 第1部分：铱量的测定 硫酸亚铁电流滴定法
99	GB/T 34499．2－2017	铱化合物化学分析方法 第2部分：银、金、铂、钯、铑、钌、铝、铜、铁、镍、铅、镁、锰、锡、锌、钙、钠、钾、硅的测定 电感耦合等离子体原子发射光谱法

续表

序号	标准号	标准名称
		国家标准
100	GB/T 34502 – 2017	封装键合用镀金银及银合金丝
101	GB/T 34503 – 2017	钨管
102	GB/T 34640. 1 – 2017	变形铝及铝合金废料分类、回收与利用 第 1 部分：废料的分类
103	GB/T 34640. 2 – 2017	变形铝及铝合金废料分类、回收与利用 第 2 部分：废料的回收
104	GB/T 34640. 3 – 2017	变形铝及铝合金废料分类、回收与利用 第 3 部分：废料的利用
105	GB/T 34642 – 2017	铝锭连续铸造机组
106	GB/T 34643 – 2017	烧结金属多孔材料 气体过滤性能的测定
107	GB/T 34644 – 2017	锆及锆合金管材涡流检测方法
108	GB/T 34645 – 2017	金属管材收缩应变比试验方法
109	GB/T 34646 – 2017	烧结金属膜过滤材料及元件
110	GB/T 34647 – 2017	钛及钛合金产品状态代号
111	GB/T 34649 – 2017	磁控溅射用钌靶
112	GB/T 1817 – 2017	硬质合金常温冲击韧性试验方法
113	GB/T 2967 – 2017	铸造碳化钨粉
114	GB/T 3629 – 2017	钽及钽合金板材、带材和箔材
115	GB/T 3630 – 2017	铌板材、带材和箔材
116	GB/T 3876 – 2017	钼及钼合金板材
117	GB/T 4104 – 2017	直接法氧化锌白度检验方法
118	GB/T 5124. 3 – 2017	硬质合金化学分析方法 第 3 部分：钴量的测定 电位滴定法
119	GB/T 5124. 4 – 2017	硬质合金化学分析方法 第 4 部分：钛量的测定过氧化氢分光光度法
120	GB/T 5237. 1 – 2017	铝合金建筑型材 第 1 部分：基材
121	GB/T 5237. 2 – 2017	铝合金建筑型材 第 2 部分：阳极氧化型材
122	GB/T 5237. 3 – 2017	铝合金建筑型材 第 3 部分：电泳涂漆型材
123	GB/T 5237. 4 – 2017	铝合金建筑型材 第 4 部分：喷粉型材
124	GB/T 5237. 5 – 2017	铝合金建筑型材 第 5 部分：喷漆型材
125	GB/T 5237. 6 – 2017	铝合金建筑型材 第 6 部分：隔热型材
126	GB/T 5242 – 2017	硬质合金制品检验规则与试验方法
127	GB/T 7160 – 2017	羰基镍粉
128	GB/T 8151. 21 – 2017	锌精矿化学分析方法 第21部分：铊量的测定 电感耦合等离子体质谱法和电感耦合等离子体 – 原子发射光谱法

续表

序号	标准号	标准名称
		国家标准
129	GB/T 8152. 13－2017	铅精矿化学分析方法 第13部分：铊量的测定 电感耦合等离子体质谱法和电感耦合等离子体－原子发射光谱法
130	GB/T 8546－2017	钛－不锈钢复合板
131	GB/T 10574. 7－2017	锡铅焊料化学分析方法 第7部分：银量的测定 火焰原子吸收光谱法和硫氰酸钾电位滴定法
132	GB/T 10574. 8－2017	锡铅焊料化学分析方法 第8部分：锌量的测定 火焰原子吸收光谱法
133	GB/T 10574. 9－2017	锡铅焊料化学分析方法 第9部分：铝量的测定 电热原子吸收光谱法
134	GB/T 10574. 10－2017	锡铅焊料化学分析方法 第10部分：镉量的测定 火焰原子吸收光谱法和Na2EDTA滴定法
135	GB/T 10574. 11－2017	锡铅焊料化学分析方法 第11部分：磷量的测定 结晶紫－磷钒钼杂多酸分光光度法
136	GB/T 10574. 12－2017	锡铅焊料化学分析方法 第12部分：硫量的测定 高频燃烧红外吸收光谱法
137	GB/T 10574. 13－2017	锡铅焊料化学分析方法 第13部分：锑、铋、铁、砷、铜、银、锌、铝、镉、磷和金量的测定 电感耦合等离子体原子发射光谱法
138	GB/T 10574. 14－2017	锡铅焊料化学分析方法 第14部分：锡、铅、锑、铋、银、铜、锌、镉和砷量的测定 光电发射光谱法
139	GB/T 11108－2017	硬质合金热扩散率的测定方法
140	GB/T 13810－2017	外科植入物用钛及钛合金加工材
141	GB/T 14265－2017	金属材料中氢、氧、氮、碳和硫分析方法通则
142	GB/T 15076. 1－2017	钽铌化学分析方法 第1部分：铌中钽量的测定 电感耦合等离子体原子发射光谱法
143	GB/T 15076. 5－2017	钽铌化学分析方法 第5部分：钼量和钨量的测定 电感耦合等离子体原子发射光谱法
144	GB/T 15076. 13－2017	钽铌化学分析方法 第13部分：氮量的测定 惰气熔融热导法
145	GB/T 20510－2017	氧化铟锡靶材
146	GB/T 23615. 1－2017	铝合金建筑型材用隔热材料 第1部分：聚酰胺型材
147	GB/T 23615. 2－2017	铝合金建筑型材用隔热材料 第2部分：聚氨酯隔热胶
148	GB/T 34482－2017	建筑用铝合金隔热型材传热系数测定方法
149	GB/T 34483－2017	锆及锆合金 β 相转变温度测定方法
150	GB/T 34485－2017	锆及锆合金加工产品超声波检测方法
151	GB/T 34486－2017	激光成型用钛及钛合金粉

续表

序号	标准号	标准名称
		国家标准
152	GB/T 34487－2017	结构件用铝合金产品剪切试验方法
153	GB/T 34488－2017	全铝桥梁结构用铝合金挤压型材
154	GB/T 34489－2017	屋面结构用铝合金挤压型材和板材
155	GB/T 34492－2017	500kA 铝电解槽技术规范
156	GB/T 34493－2017	易切削铝合金挤压棒材
157	GB/T 34497－2017	端子连接器用铜及铜合金带箔材
158	GB/T 34498－2017	激光灯用钨阴极材料
159	GB/T 34501－2017	硬质合金 耐磨试验方法
160	GB/T 34505－2017	铜及铜合金材料 室温拉伸试验方法
161	GB/T 34506－2017	喷射成形锭坯挤制的铝合金挤压型材、棒材和管材
162	GB/T 34507－2017	封装键合用镀钯铜丝
163	GB/T 34508－2017	粉床电子束增材制造 TC4 合金材料
		行业标准
1	YS/T 421－2017	间接排版印刷版基用铝板、带、箔材
2	YS/T 591－2017	变形铝及铝合金热处理
3	YS/T 844－2017	铝合金建筑用隔热型材复合技术规范
4	YS/T 1186－2017	铝表面阳极氧化膜与有机聚合物膜耐磨性能测试用落砂试验仪
5	YS/T 1187－2017	铝及铝合金薄壁管材超声检测方法
6	YS/T 1188－2017	变形铝合金铸锭超声检测方法
7	YS/T 1189－2017	铝及铝合金无铬化学预处理膜
8	YS/T 94－2017	硫酸铜（冶炼副产品）
9	YS/T 1190－2017	超高纯镉
10	YS/T 1191－2017	超高纯锑
11	YS/T 1192－2017	超高纯碲
12	YS/T 1193－2017	电解用阴极板绝缘密封夹边条
13	YS/T 1194－2017	二氧化碲
14	YS/T 602－2017	区熔锗锭电阻率测试方法 两探针法
15	YS/T 1195－2017	多晶硅副产品 四氯化硅
16	YS/T 645－2017	金化合物化学分析方法 金量的测定 硫酸亚铁电位滴定法
17	YS/T 646.1－2017	铂化合物化学分析方法 第 1 部分：铂量的测定 高锰酸钾电流滴定法

续表

序号	标准号	标准名称
行业标准		
18	YS/T 646．2－2017	铂化合物化学分析方法 第2部分：银、金、钯、铑、铱、钌、铅、镍、铜、铁、锡、铬、锌、镁、锰、铝、钙、钠、硅、铋、钾的测定 电感耦合等离子体原子发射光谱法
19	YS/T 1197－2017	钯化合物化学分析方法 金、银、铂、铑、铱、钌、铅、镍、铜、铁、锡、铬、锌、镁、锰、铝、钙、钠、硅、铋、钾、镉的测定 电感耦合等离子体原子发射光谱法
20	YS/T 1198－2017	银化学分析方法 铜、铋、铁、铅、锑、钯、硒、碲、砷、钴、锰、镍、锡、锌、镉量的测定 电感耦合等离子体质谱法
21	YS/T 1199－2017	1，1′－双二苯基膦二茂铁二氯化钯
22	YS/T 1200．1－2017	1，1′－双二苯基膦二茂铁二氯化钯化学分析方法 第1部分：钯量的测定 丁二酮肟重量法
23	YS/T 1200．2－2017	1，1′－双二苯基膦二茂铁二氯化钯化学分析方法 第2部分：铅、镍、铜、镉、铬、铂、金、铑、铱量的测定 电感耦合等离子体原子发射光谱法
24	YS/T 1201．1－2017	三氯化钌化学分析方法 第1部分：钌量的测定 氢还原重量法
25	YS/T 1201．2－2017	三氯化钌化学分析方法 第2部分：铝、钙、镉、铜、铁、锰、镁、钠量的测定 电感耦合等离子体原子发射光谱法
26	YS/T 1202－2017	双（乙腈）二氯化钯
27	YS/T 1203－2017	双（三苯基膦）二氯化钯
28	YS/T 1204－2017	三（二亚苄基丙酮）二钯
29	YS/T 1205－2017	三苯基膦乙酰丙酮羰基铑
30	YS/T 1206－2017	四（三苯基膦）钯
31	YS/T 1207－2017	氧化铝基钌料中钌量化学分析方法 钌量的测定 氢还原重量法
32	YS/T 1208．1－2017	双（乙腈）二氯化钯化学分析方法 第1部分：钯量的测定 丁二酮肟重量法
33	YS/T 1208．2－2017	双（乙腈）二氯化钯化学分析方法 第2部分：铅、镍、铜、镉、铬、铁、铂、金、铑量的测定 电感耦合等离子体原子发射光谱法
34	YS/T 1030－2017	富锂锰基正极材料
35	YS/T 1184－2017	原铝液贮运安全技术规范
36	YS/T 1185－2017	工业硅安全生产规范
37	YS/T 694．1－2017	变形铝及铝合金单位产品能源消耗限额 第1部分：铸造锭
38	YS/T 694．2－2017	变形铝及铝合金单位产品能源消耗限额 第2部分：板、带材
39	YS/T 694．3－2017	变形铝及铝合金单位产品能源消耗限额 第3部分：箔材
40	YS/T 694．4－2017	变形铝及铝合金单位产品能源消耗限额 第4部分：挤压型材、管材

续表

序号	标准号	标准名称
		行业标准
41	YS/T 1169－2017	再生铅生产废水处理回用技术规范
42	YS/T 1170－2017	再生铅生产废气处理技术规范
43	YS/T 1171．1－2017	再生锌原料化学分析方法 第1部分：锌量的测定 Na2EDTA 滴定法
44	YS/T 1171．2－2017	再生锌原料化学分析方法 第2部分：铅量的测定 原子吸收光谱法和 Na_2EDTA 滴定法
45	YS/T 1171．3－2017	再生锌原料化学分析方法 第3部分：铜、铅、铁、铟、镉、砷、钙和铝量的测定 电感耦合等离子体原子发射光谱法
46	YS/T 1171．4－2017	再生锌原料化学分析方法 第4部分：氟量的测定 离子选择电极法
47	YS/T 1171．5－2017	再生锌原料化学分析方法 第5部分：氟量和氯量的测定 离子色谱法
48	YS/T 1171．6－2017	再生锌原料化学分析方法 第6部分：铁量的测定 Na2EDTA 滴定法
49	YS/T 1171．7－2017	再生锌原料化学分析方法 第7部分：砷量和锑量的测定 原子荧光光谱法
50	YS/T 1171．8－2017	再生锌原料化学分析方法 第8部分：汞量的测定 原子荧光光谱法和冷原子吸收光谱法
51	YS/T 1171．9－2017	再生锌原料化学分析方法 第9部分：镉量的测定 原子吸收光谱法
52	YS/T 1171．10－2017	再生锌原料化学分析方法 第10部分：氧化锌量的测定 Na2EDTA 滴定法
53	YS/T 1172－2017	冶炼用铜废料取制样方法
54	YS/T 1173－2017	冶炼用铜废料化学分析方法 烧失量的测定 称量法
55	YS/T 1174－2017	废旧电池破碎分选回收技术规范
56	YS/T 1175－2017	废旧铅酸蓄电池自动分选金属技术规范
57	YS/T 1176－2017	重有色冶金炉窑热平衡测定与计算方法（铜底吹炉）
58	YS/T 1177－2017	铝渣
59	YS/T 1178－2017	铝渣物相分析 X 射线衍射法
60	YS/T 1179．1－2017	铝渣化学分析方法 第1部分：氟含量的测定 离子选择电极法
61	YS/T 1179．2－2017	铝渣化学分析方法 第2部分：金属铝含量的测定 气体容量法
62	YS/T 1179．3－2017	铝渣化学分析方法 第3部分：碳、氮含量的测定 元素分析仪法
63	YS/T 1179．4－2017	铝渣化学分析方法 第4部分：硅、镁、钙含量的测定 电感耦合等离子体发射光谱法
64	YS/T 1180－2017	锗精矿单位产品能源消耗限额

2. 标准计划立项情况

2017 年共下达 3 批总计 55 项国家标准制修订计划，其中包括《航空用镁锂合金板材》、《海绵钛》等重要国家标准计划。2017 年共下达 3 批总计 127 项行业标准制修订计划，其中包括《铝合金建筑型材有机聚合物喷涂工艺技术规范》、《掺锡氧化铟粉》、《钼酸钠》、《贵金属纪念币坯》等重要行业标准计划。2017年共下达2批总计31项协会标准，其中包括《重金属精矿贸易仲裁处理规范》、《铝合金热挤压模具》等重要协会标准计划。

3. 标准项目报批情况

2017年共报批145项标准，其中国家标准103项、行业标准42项。包括国标《铜－钢复合薄板和带材》、《激光成型用钛及钛合金金粉》、《高纯银锭》，行标《热水器用镁合金牺牲阳极》、《有色金属冶炼产品编码规则与条码标识》等重要标准。

（二）有色金属工程建设标准化工作

1. 标准报批。2017年报批工程建设标准37项，其中国家标准10项，行业标准27项。

2017年报批有色工程建设国家标准

序号	标准名称	主编单位	标准层级	标准类型	备注
1	锂冶炼厂工艺设计规范	中国恩菲工程技术有限公司、新疆有色冶金设计研究院有限公司	国家标准	强制	
2	镁冶炼厂工艺设计规范	中国有色工程有限公司、贵阳铝镁设计研究院有限公司	国家标准	强制	
3	非煤矿山采矿术语标准	中国有色工程有限公司、中国恩菲工程技术有限公司	国家标准	推荐	
4	锡冶炼厂工艺设计规范	中国有色工程有限公司、昆明有色冶金设计研究院股份公司	国家标准	强制	
5	钴冶炼工厂工艺设计规范	中国有色工程有限公司、中国恩菲工程技术有限公司	国家标准	强制	
6	非煤矿山井巷工程施工组织设计规范	中国有色工程有限公司、金诚信矿业管理股份有限公司	国家标准	强制	
7	钛冶炼厂工艺设计规范	中国有色工程有限公司、贵阳铝镁设计研究院有限公司	国家标准	强制	
8	铋冶炼厂工艺设计规范	中国有色工程有限公司、长沙有色冶金设计研究院有限公司	国家标准	强制	
9	有色金属矿山排土场设计规范 GB 50421－2007	中国有色工程有限公司、长沙有色冶金设计研究院有限公司	国家标准	强制	
10	架空索道工程技术规范 GB 50127－2007	中国有色工程有限公司、昆明有色冶金设计研究院股份公司	国家标准	强制	

2017年报批有色工程建设行业标准

序号	标准名称	主编单位	标准层级	标准类型	备注
1	边坡工程勘察规范	中国有色金属工业昆明勘察设计研究院	行业标准	推荐	
2	标准贯入试验规程	中国有色金属工业西安勘察设计研究院	行业标准	推荐	

续表

序号	标准名称	主编单位	标准层级	标准类型	备注
3	抽水试验规程	中国有色金属长沙勘察设计研究院有限公司	行业标准	推荐	
4	地面与楼面工程施工操作规程	甘肃土木工程科学研究院	行业标准	推荐	
5	电测十字板剪切试验规程	中国有色金属工业昆明勘察设计研究院	行业标准	推荐	
6	动力机械基础地基动力特性测试规程	中国有色金属工业西安勘察设计研究院	行业标准	推荐	
7	工程测量作业规程	中国有色金属工业西安勘察设计研究院	行业标准	推荐	
8	工程地质测绘规程	中国有色金属长沙勘察设计研究院有限公司	行业标准	推荐	
9	灌注桩基础技术规程	中国有色金属工业昆明勘察设计研究院	行业标准	推荐	
10	静力触探试验规程	中国有色金属工业昆明勘察设计研究院	行业标准	推荐	
11	门窗安装工程施工操作规程	甘肃土木工程科学研究院	行业标准	推荐	
12	旁压试验规程	中国有色金属长沙勘察设计研究院有限公司	行业标准	推荐	
13	强夯地基技术规程	中国有色金属工业西安勘察设计研究院	行业标准	推荐	
14	湿陷性土起始压力测试规程	中国有色金属工业西安勘察设计研究院	行业标准	推荐	
15	天然建筑材料勘探规程	中国有色金属工业昆明勘察设计研究院	行业标准	推荐	
16	屋面工程施工操作规程	甘肃土木工程科学研究院	行业标准	推荐	
17	现场直剪试验规程	中国有色金属工业昆明勘察设计研究院	行业标准	推荐	
18	压水试验规程	中国有色金属长沙勘察设计研究院有限公司	行业标准	推荐	
19	岩土工程监测规范	中国有色金属工业昆明勘察设计研究院	行业标准	推荐	
20	岩土工程勘察报告书编制规程	中国有色金属工业西安勘察设计研究院	行业标准	推荐	
21	岩土工程勘察图式图例规程	中国有色金属工业西安勘察设计研究院	行业标准	推荐	
22	岩土工程现场描述规程	中国有色金属工业西安勘察设计研究院	行业标准	推荐	

续表

序号	标准名称	主编单位	标准层级	标准类型	备注
23	岩土静力载荷试验规程	中国有色金属工业西安勘察设计研究院	行业标准	推荐	
24	圆锥动力触探试验规程	中国有色金属工业昆明勘察设计研究院	行业标准	推荐	
25	注浆技术规程（高压旋喷注浆技术规程）	中国有色金属工业西安勘察设计研究院	行业标准	推荐	
26	注水试验规程	中国有色金属长沙勘察设计研究院有限公司	行业标准	推荐	
27	钻探、井探、槽探操作规程	中国有色金属工业西安勘察设计研究院	行业标准	推荐	

2. 标准计划。2017 年共下达工程建设标准制修订计划共 5 项，其中国家标准 4 项，团体标准 1 项。

2017 年有色工程建设标准制修订计划

序号	标准名称	主编单位	标准级别	任务类型	备注
1	锑冶炼厂工艺设计标准	中国有色工程有限公司、长沙有色冶金设计研究院有限公司	国家标准	推荐	
2	钼冶炼厂工艺设计标准	中国有色工程有限公司、中国恩菲工程技术有限公司	国家标准	推荐	
3	铟冶炼回收工艺设计标准	中国有色工程有限公司、中国恩菲工程技术有限公司	国家标准	推荐	
4	有色金属企业总图规划及运输设计标准（GB50544－2009）	中国有色工程有限公司、昆明有色冶金设计研究院股份公司	国家标准	推荐	
5	有色金属企业绿色评价标准	中国恩菲工程技术有限公司	团体标准	推荐	

3. 在编标准情况。截至目前，在编工程建设标准 55 项，其中国家标准 22 项，行业标准 32 项，团体标准 1 项。

2017 年在编工程建设标准

序号	标准名称	主编单位	标准级别	任务类型	备注
1	烟气脱硫工艺设计规范	中国有色工程有限公司、中国恩菲工程技术有限公司	国家标准	强制	

续表

序号	标准名称	主编单位	标准级别	任务类型	备注
2	锂冶炼厂工艺设计规范	中国恩菲工程技术有限公司、新疆有色冶金设计研究院有限公司	国家标准	强制	
3	有色金属堆浸场浸出液收集系统技术规范	中国有色工程有限公司、中国瑞林工程技术有限公司	国家标准	强制	
4	镁冶炼厂工艺设计规范	中国有色工程有限公司、贵阳铝镁设计研究院有限公司	国家标准	强制	
5	非煤矿山采矿术语标准	中国有色工程有限公司、中国恩菲工程技术有限公司	国家标准	推荐	
6	锡冶炼厂工艺设计规范	中国有色工程有限公司、昆明有色冶金设计研究院股份公司	国家标准	强制	
7	钴冶炼工厂工艺设计规范	中国有色工程有限公司、中国恩菲工程技术有限公司	国家标准	强制	
8	非煤矿山井巷工程施工组织设计规范	中国有色工程有限公司、金诚信矿业管理股份有限公司	国家标准	强制	
9	钛冶炼厂工艺设计规范	中国有色工程有限公司、贵阳铝镁设计研究院有限公司	国家标准	强制	
10	铋冶炼厂工艺设计规范	中国有色工程有限公司、长沙有色冶金设计研究院有限公司	国家标准	强制	
11	有色金属矿山排土场设计规范 GB 50421－2007	中国有色工程有限公司、长沙有色冶金设计研究院有限公司	国家标准	强制	
12	架空索道工程技术规范 GB 50127－2007	中国有色工程有限公司、昆明有色冶金设计研究院股份公司	国家标准	强制	
13	有色金属冶炼废气治理技术标准	中国有色工程有限公司，长沙有色冶金设计研究院有限公司	国家标准	推荐	
14	有色金属工业余热利用设计标准	中国有色工程有限公司、长沙有色冶金设计研究院有限公司	国家标准	推荐	
15	有色金属企业节水设计标准	中国有色工程有限公司、中国恩菲工程技术有限公司	国家标准	推荐	
16	镍冶炼厂工艺设计标准	中国有色工程有限公司、中国恩菲工程技术有限公司	国家标准	推荐	

续表

序号	标准名称	主编单位	标准级别	任务类型	备注
17	金属矿山土地复垦设计标准	中国有色工程有限公司、昆明有色冶金设计研究院股份公司	国家标准	推荐	
18	工程测量标准 GB50026－2007	中国有色工程有限公司、中国有色金属工业西安勘察设计研究院	国家标准	推荐	
19	锑冶炼厂工艺设计标准	中国有色工程有限公司、长沙有色冶金设计研究院有限公司	国家标准	推荐	
20	钼冶炼厂工艺设计标准	中国有色工程有限公司、中国恩菲工程技术有限公司	国家标准	推荐	
21	铟冶炼回收工艺设计标准	中国有色工程有限公司、中国恩菲工程技术有限公司	国家标准	推荐	
22	有色金属企业总图规划及运输设计标准（GB50544－2009）	中国有色工程有限公司、昆明有色冶金设计研究院股份公司	国家标准	推荐	
23	边坡工程勘察规范	中国有色金属工业昆明勘察设计研究院	行业标准		
24	标准贯入试验规程	中国有色金属工业西安勘察设计研究院	行业标准		
25	抽水试验规程	中国有色金属长沙勘察设计研究院有限公司	行业标准		
26	地面与楼面工程施工操作规程	甘肃土木工程科学研究院	行业标准		
27	电测十字板剪切试验规程	中国有色金属工业昆明勘察设计研究院	行业标准		
28	动力机械基础地基动力特性测试规程	中国有色金属工业西安勘察设计研究院	行业标准		
29	工程测量作业规程	中国有色金属工业西安勘察设计研究院	行业标准		
30	工程地质测绘规程	中国有色金属长沙勘察设计研究院有限公司	行业标准		
31	灌注桩基础技术规程	中国有色金属工业昆明勘察设计研究院	行业标准		
32	静力触探试验规程	中国有色金属工业昆明勘察设计研究院	行业标准		
33	门窗安装工程施工操作规程	甘肃土木工程科学研究院	行业标准		
34	旁压试验规程	中国有色金属长沙勘察设计研究院有限公司	行业标准		
35	强夯地基技术规程	中国有色金属工业西安勘察设计研究院	行业标准		

续表

序号	标准名称	主编单位	标准级别	任务类型	备注
36	湿陷性土起始压力测试规程	中国有色金属工业西安勘察设计研究院	行业标准		
37	天然建筑材料勘探规程	中国有色金属工业昆明勘察设计研究院	行业标准		
38	屋面工程施工操作规程	甘肃土木工程科学研究院	行业标准		
39	现场直剪试验规程	中国有色金属工业昆明勘察设计研究院	行业标准		
40	压水试验规程	中国有色金属长沙勘察设计研究院有限公司	行业标准		
41	岩土工程监测规范	中国有色金属工业昆明勘察设计研究院	行业标准		
42	岩土工程勘察报告书编制规程	中国有色金属工业西安勘察设计研究院	行业标准		
43	岩土工程勘察图式图例规程	中国有色金属工业西安勘察设计研究院	行业标准		
44	岩土工程现场描述规程	中国有色金属工业西安勘察设计研究院	行业标准		
45	岩土静力载荷试验规程	中国有色金属工业西安勘察设计研究院	行业标准		
46	阳极焙烧炉用多功能机组安装技术规程	中国有色（沈阳）冶金机械有限公司	行业标准		
47	阳极炭块堆垛机组安装技术规程	中国有色（沈阳）冶金机械有限公司	行业标准		
48	氧化铝厂通风除尘与烟气净化设计规范	贵阳铝镁设计研究院有限公司	行业标准		
49	有色金属工业建筑工程绿色施工评价标准	甘肃土木工程科学研究院	行业标准		
50	有色金属矿山井巷工程质量检验评定标准	有色金属工业建设工程质量监督总站	行业标准		
51	圆锥动力触探试验规程	中国有色金属工业昆明勘察设计研究院	行业标准		

续表

序号	标准名称	主编单位	标准级别	任务类型	备注
52	注浆技术规程（高压旋喷注浆技术规程）	中国有色金属工业西安勘察设计研究院	行业标准		
53	注水试验规程	中国有色金属长沙勘察设计研究院有限公司	行业标准		
54	钻探、井探、槽探操作规程	中国有色金属工业西安勘察设计研究院	行业标准		
55	有色金属企业绿色评价标准	中国恩菲工程技术有限公司	团体标准		

二、质量

（一）继续开展中国工业大奖的资格审查和推荐工作

中国工业大奖是经国务院批准设立的我国工业领域的最高奖项。2017 年推荐深圳中金岭南有限公司等 5 家企业和 5 个项目参与第五届中国工业大奖评选，现已完成专家评审、企业答辩等阶段，还将进行现场考察等环节。到目前为止，金川集团公司和中国五矿集团公司已获此殊荣，龙口市丛林铝材有限公司的“高速轨道交通用高强超薄大型铝合金车体型材研制与产业化”项目和铜陵有色金属集团控股有限公司的“立体循环经济”项目获得中国工业大奖项目表彰奖，另外还有一些企业和项目获得提名奖。

（二）继续推动制造业单项冠军企业和产品的培育工作

制造业单项冠军企业是指长期专注于制造业某些特定细分产品市场，生产技术或工艺国际领先，单项产品市场占有率位居全球前列的企业。根据《制造业单项冠军企业培育提升专项行动实施方案》的有关条件，2017 年有近 20 家企业进行申报第二批制造业单项冠军企业和产品，经行业评审论证，综合评审、公示等程序，有色金属行业的辽宁忠旺集团有限公司、株洲硬质合金集团有限公司、佛山市三水凤铝铝业有限公司、哈尔滨东盛金属材料有限公司、江苏中能硅业科技发展有限公司 5 家企业获得单项冠军示范企业，西部超导材料科技股份有限公司获得单项冠军培育企业，中色奥博特铜铝业有限公司的空调铜管获得单项冠军产品称号。

（三）深入推进企业品牌培育，引导建立品牌培育管理体系

根据工信部的有关要求，在行业内继续开展企业品牌培育工作，加大宣传品牌培育质量管理理念的力度，组织、推荐企业积极参与品牌培育试点，引导近百家企业建立品牌培育管理体系。截至目前，广东坚美铝型材厂有限公司、福建省南平铝业有限公司、四川三星新材料科技股份有限公司等近 20 家企业获得品牌培育示范企业称号。同时报批《品牌培育管理体系实施指南有色金属行业》行业标准。

2017 年 12 月中旬在广东佛山召开了全国有色金属行业质量品牌建设推进工作会，与会代表 200 余人。在大会上，行业标杆企业、品牌培育示范企业与大家分享了自己的管理经验，同时组织了为期两天的品牌经理培训，强化了企业对品牌培育的理解。

（四）扎实推进 QC 小组活动，弘扬精益求精的工匠精神

2017 年，行业内广大 QC 小组活动推进者和一线员工紧跟时代步伐，将 QC 小组活动与经济社会发展大局相结合，与所在组织发展战略相结合，紧紧围绕“全面提升质量水平、降本增效、品牌培育、节能减排、安全环保”等广泛关注的热点、重点和难点问题，开展质量改进和创新。QC 小组活动呈现参与面广、关注度高、效果突出、可推广性强的鲜明特点。

据不完全统计，2017 年行业共注册 QC 小组近 1000 个，累计登记注册的共有 51686 个。年创可计算经济效益达数亿元。7 月中旬在辽宁沈阳召

开了有色金属工业优秀质量管理小组评审会暨“忠旺杯”优秀QC小组发表赛，共评选出有色金属工业优秀质量管理小组151个，有色金属工业优秀质量管理小组活动优秀企业8个、卓越领导者10人、优秀推进者7人，有色金属工业质量信得过班组19个、质量信得过班组建设优秀企业1个、质量信得过班组建设先进个人3人。

QC小组活动作为运用质量管理技术和方法，自主开展改进和创新的群众性质量活动，是广大企业落实全面质量管理理念、开展质量提升行动的有效形式，是增强员工质量意识，激励员工自主创新，培育员工工匠精神的有效途径。在活动过程中，小组成员直面问题与挑战，集众智、汇众力，攻坚克难，不断激发创新创造活力，充分彰显出小组成员主人翁的责任与担当，同时为企业带来可观的经济效益和深远的社会效益，取得了组织发展与员工成长的双丰收。

2016－2017年度有色金属工业优秀质量管理小组名单

序号	企业名称	小组名称
1	中国铝业股份有限公司连城分公司	炭素一厂500KA成型区域QC小组
2	中国铝业股份有限公司连城分公司	电解一厂QC小组
3	中国铝业股份有限公司连城分公司质量检验中心	理化班QC小组
4	中国铝业股份有限公司连城分公司检修厂	熔铸检修班QC小组
5	佛山市三水凤铝铝业有限公司	乘风QC小组
6	广东凤铝铝业有限公司	壮志QC小组
7	广东凤铝铝业有限公司	侠胆QC小组
8	阳谷祥光铜业有限公司	熔炼车间闪速炉攻关QC小组
9	阳谷祥光铜业有限公司	熔炼车间阳极炉攻关QC小组
10	阳谷祥光铜业有限公司	稀贵一车间金银精炼QC小组
11	楚雄滇中有色金属有限责任公司	龙人QC小组
12	广东坚美铝型材厂（集团）有限公司	氧化二QC小组
13	福建省南铝板带加工有限公司	铝板带材产品QC小组
14	甘肃蓝野建设监理有限公司	共进QC小组
15	兰州有色冶金设计研究院有限公司	矿山工程设计院冶炼QC小组
16	兰州有色冶金设计研究院有限公司	采矿专业QC小组
17	兰州有色冶金设计研究院有限公司	城市规划QC小组
18	兰州有色冶金设计研究院有限公司	深部开采减震膨胀充填材料试验研究QC小组
19	兰州有色冶金设计研究院有限公司	矿山院选矿QC小组
20	锡矿山闪星锑业有限责任公司	锑冶炼厂生产技术科QC小组
21	锡矿山闪星锑业有限责任公司	精细冶金厂科技创新QC小组
22	中铝山东有限公司	热电厂生产运营QC小组
23	中铝山东有限公司	第二氧化铝厂动力运行QC小组
24	山东山铝环境新材料有限公司	二车间QC小组

续表

序号	企业名称	小组名称
25	青海桥头铝电股份有限公司	电解铝分公司检修一车间天车班 QC 小组
26	北京矿冶研究总院	矿山地质灾害治理工程 QC 小组
27	北京矿冶研究总院	矿用三维激光扫描测量系统产品 QC 小组
28	北京矿冶研究总院	北矿新材科技有限公司军品技术中心 QC 小组
29	福建紫金矿冶测试技术有限公司	第二检测室创新 QC 小组
30	中铝广西有色金源稀土有限公司	沉淀车间 QC 小组
31	中铝广西国盛稀土开发有限公司	雷霆电气 QC 小组
32	中国铝业股份有限公司青海分公司	第一电解厂综合管理部设备管理 QC 小组
33	中国铝业股份有限公司青海分公司	第一电解厂生产管理五部 QC 小组
34	中国铝业股份有限公司青海分公司	炭素厂生产管理二部第二 QC 小组
35	中国铝业股份有限公司山西分公司	技术中心化验分析室二厂站“溶液护卫”QC 小组
36	中国铝业股份有限公司山西分公司	热电分厂电气工区 QC 小组
37	中国铝业股份有限公司山西分公司	第二氧化铝厂焙烧 QC 小组
38	张家港联合铜业有限公司	精炼 QC 小组
39	云南云铜锌业股份有限公司	小聪聪 QC 小组
40	云南云铜锌业股份有限公司	硫酸 QC 小组
41	广亚铝业有限公司	降本增效 QC 小组
42	国核宝钛锆业股份公司	超越 QC 小组
43	中铝华中铜业有限公司	设备 QC 小组
44	中铝华中铜业有限公司	技术 QC 小组
45	玉溪矿业有限公司	玉矿科技采矿 QC 小组
46	山西华圣铝业有限公司	越冬 QC 小组
47	山西华圣铝业有限公司	铸造 QC 小组
48	山西华圣铝业有限公司	电解厂电解一车间 QC 小组
49	山西华圣铝业有限公司	供电车间 QC 小组
50	厦门金鹭特种合金有限公司	完美无缺 QC 小组
51	厦门金鹭特种合金有限公司	“金刚石一号”QC 小组
52	厦门金鹭特种合金有限公司	“光明大道”QC 小组
53	江西瑞林稀贵金属科技有限公司	“拓荒牛”QC 小组
54	凉山矿业股份有限公司	突围 QC 小组
55	凉山矿业股份有限公司	能源再造 QC 小组
56	中国铝业股份有限公司广西分公司氧化铝厂	旭日 QC 小组

续表

序号	企业名称	小组名称
57	中国铝业股份有限公司广西分公司热电厂	电气 QC 小组
58	平果铝业公司	芦荟 QC 小组
59	广西中铝工业服务有限公司	炉修 QC 小组
60	西北有色金属研究院	“鹏飞” QC 小组
61	西安凯立新材料股份有限公司	贵金属富集与提纯 QC 小组
62	新疆新鑫矿业股份有限公司阜康冶炼厂	镍车间 QC 小组
63	新疆新鑫矿业股份有限公司阜康冶炼厂	电仪中心铜镍维修 QC 小组
64	新疆新鑫矿业股份有限公司阜康冶炼厂	技术中心化验 QC 小组
65	福嘉综环科技股份有限公司	工艺技术 QC 小组
66	西北铝加工厂	挤压厂“滴水” QC 小组
67	西北铝加工厂	技术质量中心“小智慧” QC 小组
68	宁夏东方钽业股份有限公司	涂层研究室涂层 QC 小组
69	西北稀有金属材料研究院	粉体研究所还原 QC 小组
70	宁夏东方钽业股份有限公司	钽铌材料分厂还原 2QC 小组
71	云南锡业股份有限公司冶炼分公司	精炼车间真空炉 QC 小组
72	云南锡业股份有限公司大屯锡矿	硫化矿车间 QC 小组
73	云南锡业股份有限公司铜业分公司	电解出装联合 QC 小组
74	云南锡业股份有限公司老厂分公司	生产服务车间机电 J－QC 小组
75	云南锡业股份有限公司卡房分公司	选矿车间选矿技术 QC 小组
76	铜陵有色金属集团股份有限公司金冠铜业分公司	电解车间运转 QC 小组
77	铜陵有色金属集团股份有限公司稀贵金属分公司	金属回收车间“碧浪” QC 小组
78	芜湖铜冠电工有限公司	亮剑 QC 小组
79	铜陵有色股份公司铜山矿业有限公司	选矿车间 QC 小组
80	铜陵有色金属集团股份有限公司稀贵金属分公司	贵金属一车间“繁星” QC 小组
81	铜陵有色股份凤凰山矿业有限公司	选矿车间 QC 小组
82	铜陵有色金属集团股份有限公司安庆铜矿	选矿车间增益 QC 小组
83	铜陵有色股份天马山黄金矿业有限公司	选金车间求索 QC 小组
84	铜陵铜冠神虹化工有限责任公司	卓越 QC 小组
85	铜陵金威铜业有限公司	“朝阳” QC 小组
86	大冶有色金属有限责任公司冶炼厂	熔炼车间澳炉 QC 小组
87	大冶有色金属有限责任公司冶炼厂	污水车间扬帆 QC 小组
88	大冶有色金属有限责任公司稀贵金属厂	精炼车间白银 QC 小组

续表

序号	企业名称	小组名称
89	大冶有色金属有限责任公司稀贵金属厂	铼车间粗炼班 QC 小组
90	大冶有色金属有限责任公司铜绿山铜铁矿	采掘一车间技术组“破冰”QC 小组
91	广西华锡集团股份有限公司铜坑矿	生产技术中心前进 QC 小组
92	广西华锡集团股份有限公司铜坑矿	索道车间 QC 小组
93	来宾华锡冶炼有限公司	综合分厂升华 QC 小组
94	广西高峰矿业有限责任公司	坑口技改 QC 小组
95	金川集团股份有限公司贵金属冶炼厂	加压合金 QC 小组
96	金川集团股份有限公司镍冶炼厂	镍电解一车间第二 QC 小组
97	金川集团股份有限公司龙首矿	地质测量队 QC1 组
98	白银有色集团股份有限公司	铜业公司精炼车间创新 QC 小组
99	白银有色集团股份有限公司	铜业公司熔炼车间创新 QC 小组
100	白银有色集团股份有限公司	第三冶炼厂精馏车间精益求精 QC 小组
101	白银有色集团股份有限公司	西北铅锌冶炼厂电力运管中心总降变电所卓越 QC 小组
102	白银有色集团股份有限公司	西北铅锌冶炼厂“锌动”QC 小组
103	广西华锡集团股份有限公司车河选矿厂	三车间铅锑 QC 小组
104	广西华锡集团股份有限公司车河选矿厂	化验室 QC 小组
105	山东南山铝业股份有限公司	荒野猎人 QC 小组
106	山东南山铝业股份有限公司	超越 QC 小组
107	山东南山铝业股份有限公司	HOT 小组
108	山东南山铝业股份有限公司	精整涂层 QC 小组
109	山东南山铝业股份有限公司	铝材工艺一部 QC 小组
110	山东南山铝业股份有限公司	工艺技术二部 QC 小组
111	宁波金田铜业（集团）股份有限公司	蚂蚁战队 QC 小组
112	宁波金田铜业（集团）股份有限公司	亮剑 QC 小组
113	河南豫光锌业有限公司	锌业二厂聚宝盆 QC 小组
114	河南豫光锌业有限公司	锌业四厂“锌之火”QC 小组
115	河南豫光锌业有限公司	锌业一厂“精英”QC 小组
116	河南豫光金铅股份有限公司	直接炼铅厂极光 QC 小组
117	河南豫光金铅股份有限公司	熔炼厂“飞翔的蜘蛛”QC 小组
118	河南豫光合金有限公司	扬帆 QC 小组
119	株洲冶炼集团股份有限公司	电自中心自动化三站 QC 小组

续表

序号	企业名称	小组名称
120	株洲冶炼集团股份有限公司	科开公司水处理运营部 QC 小组
121	株洲冶炼集团股份有限公司	锌焙烧厂挥一工段 QC 小组
122	株洲冶炼集团股份有限公司	锌电解厂技术室 QC 小组
123	株洲冶炼集团股份有限公司	锌成品厂技术攻关 QC 小组
124	株洲硬质合金集团有限公司	钻头合金事业部 QC 小组
125	株洲硬质合金集团有限公司	模具合金厂工艺 QC 小组
126	紫金矿业集团黄金冶炼有限公司	金提纯 QC 小组
127	东北轻合金有限责任公司	熔铸厂技术组 QC 小组
128	东北轻合金有限责任公司	质量中心探伤站 QC 小组
129	北方铜业股份有限公司	铜矿峪矿选矿厂雄鹰 QC 小组
130	北方铜业股份有限公司	中条山集团山西有色金属检测有限公司 QC 小组
131	北方铜业股份有限公司	垣曲冶炼厂熔炼车间 QC 小组
132	中色奥博特铜铝业有限公司	铜管分厂“精益” QC 小组
133	国家电投集团宁夏能源铝业有限公司	宁东分公司“人在铝途” QC 小组
134	国家电投集团宁夏能源铝业有限公司	宁东分公司焙烧车间 QC 小组
135	国家电投集团宁夏能源铝业工程检修有限公司	铝材加工部“奋斗者” QC 小组
136	山西华兴铝业有限公司	热电区锅炉单元 QC 小组
137	山西华兴铝业有限公司	热电区水处理单元 QC 小组
138	山西华兴铝业有限公司	氧化铝区蒸发单元 QC 小组
139	中铝山东依诺威强磁材料有限公司	中铝依诺威 QC 小组
140	广东有色工程勘察设计院	花都区中轴线石岗安置区二期工程超前钻勘察 QC 小组
141	西部钛业有限责任公司	“锋刃” QC 小组
142	江西铜业股份有限公司贵溪冶炼厂	倾动炉车间 QC 小组
143	江西铜业股份有限公司德兴铜矿	采矿场铲装工段 QC 小组
144	江西铜业股份有限公司德兴铜矿	泗洲选矿厂生产技术室 QC 小组
145	江西铜业股份有限公司贵溪冶炼厂	原料验收 QC 小组
146	江西铜业集团铜材有限公司	线材分厂 QC 小组
147	江西省江铜台意特种电工材料有限公司	漆包线分厂 QC 小组
148	江西省江铜－耶兹铜箔有限公司	生产运营部表面处理二工段 QC 小组
149	辽宁忠旺集团有限公司	铝挤压材 QC 小组
150	辽宁忠旺集团有限公司	熔铸技术 QC 小组
151	中铝稀土（阜宁）有限公司	生产技术部 QC 小组

2016～2017 年度有色金属工业质量管理小组活动优秀企业名单

序号	企业名称
1	辽宁忠旺集团有限公司
2	中国铝业股份有限公司广西分公司
3	新疆新鑫矿业股份有限公司阜康冶炼厂
4	西北稀有金属材料研究院
5	云南锡业股份有限公司
6	大冶有色金属有限责任公司冶炼厂
7	河南豫光金铅股份有限公司
8	紫金矿业集团黄金冶炼有限公司

2016－2017 年度有色金属工业质量管理小组活动卓越领导者名单

序号	企业名称	卓越领导者姓名
1	辽宁忠旺集团有限公司	马青梅
2	青海桥头铝电股份有限公司	赵生茂
3	中国铝业股份有限公司山西分公司	郭庆山
4	中铝华中铜业有限公司	明文良
5	新疆新鑫矿业股份有限公司阜康冶炼厂	李江平
6	西北稀有金属材料研究院	王战宏
7	云南锡业股份有限公司	杨奕敏
8	大冶有色金属集团控股有限公司	翟保金
9	河南豫光金铅集团有限责任公司	孔祥征
10	紫金矿业集团黄金冶炼有限公司	熊辉昌

2016－2017 年度有色金属工业质量管理小组活动优秀推进者名单

序号	企业名称	优秀推进者姓名
1	中铝华中铜业有限公司	赵智勇
2	新疆新鑫矿业股份有限公司阜康冶炼厂	华维
3	云南锡业股份有限公司	罗家轩
4	大冶有色金属集团控股有限公司	李苏明
5	河南豫光金铅集团有限责任公司	常改竹
6	紫金矿业集团黄金冶炼有限公司	章永仁
7	北方铜业股份有限公司铜矿峪矿选矿厂	张国

2016~2017 年度有色金属工业质量信得过班组名单

序号	企业名称	班组名称
1	兰州有色冶金设计研究院有限公司	辽东湾新区危险废弃物处置中心 EPC 总承包班组
2	兰州有色冶金设计研究院有限公司	造价咨询班组
3	山西铝厂	计控信息中心三车间自控五班
4	山西华圣铝业有限公司	净化车间运行一班
5	山西华圣铝业有限公司	电解二车间四班
6	山西华圣铝业有限公司	炭素厂焙烧车间运行三班
7	平果铝业公司分析检测中心	原料质检班
8	宁夏东方钽业股份有限公司	分析检测中心光谱组
9	宁夏东方钽业股份有限公司	钽铌材料分厂还原班组
10	中色（宁夏）东方集团有限公司	铍铜分公司热处理班组
11	云南锡业股份有限公司化工材料分公司	化二车间硫酸亚锡班组
12	铜陵有色金属集团股份有限公司稀贵金属分公司	贵金属一车间熔炼班
13	铜陵有色股份铜冠电工有限公司	漆包线检验班组
14	铜陵有色金属集团股份有限公司	冬瓜山生产部化验班
15	安徽省有色金属材料质量监督检验站有限公司	有色金属分析班组
16	河南豫光金铅股份有限公司	精炼厂电解三班
17	株洲冶炼集团股份有限公司	锌成品厂合金一工段合金一班
18	紫金矿业集团黄金冶炼有限公司	金提纯班
19	国家电投宁夏能源铝业有限公司宁东铝业分公司	电解四车间二工区班组

2016－2017 年度有色金属工业质量信得过班组建设优秀企业名单

序号	企业名称
1	紫金矿业集团黄金冶炼有限公司

2016－2017 年度有色金属工业质量信得过班组建设先进个人名单

序号	企业名称	先进个人姓名
1	铜陵有色集团股份有限公司质量检验中心	孙丽筠
2	紫金矿业集团黄金冶炼有限公司	丘杭新
3	中条山有色金属集团有限公司	李国琴

（五）持续开展实物质量认定活动，使之成为行业质量品牌建设的重要抓手

2017 年继续在行业内开展有色金属产品实物质量认定活动，共有 20 余家近 60 个产品参加了申报。依据《有色金属产品实物质量认定办法》的相关规定，初审企业申报资料及相关证实性材料，对其产品用户进行第三方用户满意度调查测评。在初审、测评结果全部合格的情况下，依据《现场核查实施细则》，组织安排核查组赴企业现场核查产品工艺路线、生产装备和检测手段、质量数

据指标、产品标准的采标水平及质量保证体系等情况，并同国际同类产品进行比对。同时企业提交第三方有相应资质的检测机构出具的产品检测合格报告。在2017年12月中旬组织召开的有色金属产品实物质量认定汇报会上，通过企业代表汇报、现场答辩、专家评审以及评审委员会最终审定等环节，最终认定47个产品达到国际同类产品实物质量水平，并授予有色金属产品实物质量“金杯奖”认定证书。

实物质量认定要求申报产品必须符合国家产业及环保政策和技术发展方向，必须达到国际同类产品质量水平，并能在实际使用中替代进口或参与国际市场竞争。通过第三方质量认证，有效地推动了有色金属重点工业产品的采标和达标工作，宣传推广了行业内的优质产品，指导下游用户购买信得过的品牌，为企业创名牌，增强国际市场竞争力，打下了牢固的基础，成为有色金属行业质量品牌建设的重要抓手。

2017年度有色金属产品实物质量认定（金杯奖）名单

证书编号	单位名称	产品名称	牌号或规格
2017－01	广东新合铝业新兴有限公司	铝合金建筑型材（阳极氧化型材）	6063
2017－02	广东新合铝业新兴有限公司	铝合金建筑型材（电泳涂漆型材）	6063
2017－03	广东新合铝业新兴有限公司	铝合金建筑型材（粉末喷涂型材）	6063
2017－04	广东新合铝业新兴有限公司	铝合金建筑型材（氟碳漆喷涂型材）	6063
2017－05	广东新合铝业新兴有限公司	铝合金建筑型材（隔热型材）	6063
2017－06	张家港联合铜业有限公司	阴极铜	Cu－CATH－1
2017－07	金川集团股份有限公司	阴极铜	Cu－CATH－1
2017－08	福建省南铝板带加工有限公司	铝及铝合金彩色涂层板、带材	3003 3105
2017－09	索通发展股份有限公司	铝电解用预焙阳极	TY－1
2017－10	安徽铜冠铜箔有限公司	超低轮廓电子铜箔	HTE－VLP
2017－11	江苏中能硅业科技发展有限公司	太阳能级多晶硅	PSi－T－I－T－S PSi－T－C－T－S PSi－T－G－T－S
复评企业和产品			
2017－12	广东华昌铝厂有限公司	铝合金建筑型材（阳极氧化型材）	6063
2017－13	广东华昌铝厂有限公司	铝合金建筑型材（电泳涂漆型材）	6063
2017－14	广东华昌铝厂有限公司	铝合金建筑型材（粉末喷涂型材）	6063
2017－15	广东华昌铝厂有限公司	铝合金建筑型材（氟碳漆喷涂型材）	6063
2017－16	广东华昌铝厂有限公司	铝合金建筑型材（隔热型材）	6063
2017－17	广东华昌铝厂有限公司	一般工业用铝及铝合金挤压型材	6063
2017－18	阳谷祥光铜业有限公司	工业硫酸	浓硫酸 优等品（98%）
2017－19	阳谷祥光铜业有限公司	阴极铜	Cu－CATH－1
2017－20	广东耀银山铝业有限公司	铝合金建筑型材（阳极氧化型材）	6063

续表

证书编号	单位名称	产品名称	牌号或规格
2017－21	广东耀银山铝业有限公司	铝合金建筑型材（电泳涂漆型材）	6063
2017－22	广东耀银山铝业有限公司	铝合金建筑型材（粉末喷涂型材）	6063
2017－23	广东耀银山铝业有限公司	铝合金建筑型材（氟碳漆喷涂型材）	6063
2017－24	广东耀银山铝业有限公司	铝合金建筑型材（隔热型材）	6063
2017－25	广东坚美铝型材厂（集团）有限公司	铝合金建筑型材（阳极氧化型材）	6063
2017－26	广东坚美铝型材厂（集团）有限公司	铝合金建筑型材（电泳涂漆型材）	6063
2017－27	广东坚美铝型材厂（集团）有限公司	铝合金建筑型材（粉末喷涂型材）	6063
2017－28	广东坚美铝型材厂（集团）有限公司	铝合金建筑型材（氟碳漆喷涂型材）	6063
2017－29	广东坚美铝型材厂（集团）有限公司	铝合金建筑型材（隔热型材）	6063
2017－30	广东坚美铝型材厂（集团）有限公司	一般工业用铝及铝合金挤压型材	6061
2017－31	福建省南铝板带加工有限公司	一般工业用铝及铝合金板、带材	1100 3003
2017－32	福建省南铝板带加工有限公司	铝幕墙板 有机聚合物喷涂铝单板	3003
2017－33	河南豫光金铅股份有限公司	银锭	IC－Ag99. 99
2017－34	河南豫光金铅股份有限公司	再生铅及铅合金锭	ZSPbSb1、ZSPbCa
2017－35	河南豫光金铅股份有限公司	工业硫酸	浓硫酸 合格品（98%）
2017－36	河南豫光锌业有限公司	工业硫酸	浓硫酸 合格品（98%）
2017－37	佛山市华鸿铜管有限公司	空调与制冷用无缝铜管	TP2
2017－38	佛山市华鸿铜管有限公司	电工用铜和铜合金母线	TMY
2017－39	佛山市华鸿铜管有限公司	无缝内螺纹铜管	TP2
2017－40	佛山市华鸿铜管有限公司	无缝铜水管和铜气管	TP2
2017－41	安徽铜冠铜箔有限公司	光面粗化电子铜箔	RTF
2017－42	安徽铜冠铜箔有限公司	锂离子电池用双面光电子铜箔	LB
2017－43	合肥铜冠国轩铜材有限公司	高温高延伸率红化电子铜箔	HTE（E）
2017－44	合肥铜冠国轩铜材有限公司	换位导线	HWNC1、HNC1
2017－45	广东季华铝业有限公司	铝合金建筑型材（阳极氧化型材）	6063
2017－46	白银有色集团股份有限公司	金锭	IC－Au99. 995
2017－47	白银有色集团股份有限公司	银锭	IC－Ag99. 99

（六）稳步推进行业用户满意工程

为加快转型升级，提升市场竞争力，在企业中继续稳步推进实施用户满意工程活动，引导企业树立以用户为中心的经营战略和以用户满意为标准的质量观。通过开展第三方用户满意度测评，为企业提供更多的质量改进机会，更好地促进企业服务质量的提升。2017 年河南豫光金铅股份有限公司的铅锭、银锭，河南豫光锌业有限公司锌锭以及铜陵有色铜冠房地产集团有限公司物业管理服务分别荣获“全国用户满意产品”、“全国用户满意服务”等称号。

（七）积极开展行业全面质量管理培训，提升员工质量意识，提高企业QC小组活动质量和水平

提高企业员工的素质和质量意识，加强小组活动骨干的培养，壮大小组活动人员的队伍是开展小组活动的前提，也是质量管理小组活动能持之以恒、深入发展的必备条件。2017年组织了三期质量管理小组活动研讨，邀请中质协质量专家进到行业，面向QC小组活动评委、优秀推进者及小组活动骨干200余人，以《质量管理小组活动准则》新标准宣贯为抓手，对行业骨干人员的质量管理知识与统计技术方法进行专项培训，培养造就一支高素质的活动骨干和热心参与质量管理的员工队伍，有效推进行业群众性质量管理小组活动持续深入的开展。

（八）以组织参加全面质量管理知识竞赛为契机，全面提升行业员工质量素养

为促进行业企业员工质量意识和素质的提升，积极组织安排有色金属行业广大企业员工参加由中国质量协会举办的全国性大型公益质量活动——全国企业员工全面质量管理知识竞赛。其中云南铝业股份、青海平安高精铝业2家企业获得优秀组织奖，安徽铜陵有色金属、云锡大屯锡矿、厦门金鹭、云南冶金、广西百矿、云南永昌等5家企业获得优胜集体奖，云铝股份官春华等2人获得个人一等奖，安徽铜陵有色金属集团控股王玲等3人获得个人二等奖，厦门金鹭特种合金江泉海等35人获得个人三等奖。通过广大员工踊跃参与，在行业内普及和宣传了全面质量管理知识，激发了全行业学习和应用全面质量管理知识的热情，进一步提升了行业员工的质量素养。

（杨　鹏　杨　健　金丽君　张　蕴）

信息统计工作

2017年，信息统计部在中国有色金属工业协会（以下简称：协会）领导的关怀支持下，与协会有关部室及有色企业（单位）精诚合作，开展并完成了以下几项主要信息统计工作：一是认真学习贯彻落实党的十九大精神，认真学习贯彻落实中央领导对统计工作作出重要讲话、指示、批示精神和统计法律法规；二是建立“三位一体”的产业预测预警体系；三是完成了《中国铜消费发展趋势及峰值预测研究》、《中国铝消费发展趋势及峰值预测研究》课题及撰写《有色金属工业史》（上册）初稿，同时圆满完成了统计年报、季报、月报，撰写统计分析、信息报送及《有色金属信息》刊物、内部资料编辑和发送等日常工作。

一、学习贯彻党的十九大精神

2017年，信息统计部认真学习贯彻落实党的十九大精神，认真学习贯彻落实中央领导对统计工作作出重要讲话、指示、批示精神及《关于深化统计管理体制改革提高统计数据真实性的意见》、《统计违纪违法责任人处分建议办法》，《中华人民共和国统计法实施条例》和《部门统计调查项目管理办法》。根据以上政策法规的精神要求研究制定了《有色金属行业统计工作管理办法》（2017年版）并印发在有色金属行业执行。

二、建立了“三位一体”的产业预测预警体系

2017年，信息统计部定期编制发布“中经有色金属产业月度景气指数”及“中色铜产业月度景气指数”、“中色铝冶炼产业月度景气指数”；定期编制撰写铅锌、钨钼景气指数报告并在内部试运行；按季试编制“有色金属企业信心指数”。在听取企业和专家意见的基础上，根据新常态下产业指标运行趋势，修改了中经有色景气指数模型及单金属品种景气指数模型的权重、阈值等。根据有关部委的要求研究并撰写了《对2018年有色金属产业运行走势预测判断》。在工信部运行监测协调局举办的《2017年工业及行业预测预警方法和应用培训会》上，介绍了有色协会建立“三位一体”的产业预测预警体系的经验和做法。

三、完成了承担的课题研究工作

完成了《中国铜消费发展趋势及峰值预测研究》、《中国铝消费发展趋势及峰值预测研究》等研究课题；定期完成财政部关税司（税则委）委托的季度《有色金属工业经济运行情况分析报告》；与政研室、科技部共同撰写《有色金属工业史》（上册）初稿。

四、依法依规开展行业统计工作

2017年，信息统计部按照国家统计局批准的《有色金属工业统计报表制度》布置报表，企业依

法报送，协会依法收集、审核、汇总统计报表。（1）利用“网上直报系统”报送2016年度有色金属企业和地区统计年报，年报的报送、审核、汇总工作已经完成，编印了《2016年有色金属工业统计资料汇编》。（2）按月编印《重点联系企业财务月报》。（3）企业按月报送生产、财务、技术经济指标、产品能耗等指标，协会及时审核、汇总、编印各种定期报表。（4）发布了2016年度有色金属企业销售额排序。（5）制定报批了2018－2019年《有色金属工业统计报表制度》。与有色金属企业密切配合、通力协作，有色金属行业统计数据真实可信度进一步提升。

五、加强统计分析及信息采集报送工作

2017年，信息统计部围绕推进供给侧结构性改革等重点工作及统计局有关部室要求，对行业、企业运行中出现的新情况、新问题跟踪分析，着力把握行业经济运行的新变化。定期撰写有色金属行业运行分析报告，及时反映企业的诉求，并定期向发改委、财政部、工信部、国资委、能源局、国土资源部、商务部等部委的有关司局报送行业动态信息、行业运行分析报告，反映企业诉求。

六、开展统计学术研究活动

针对有色金属行业统计工作的新情况、新问题，信息统计部开展统计学术研究活动。以有色金属企业“三新”（即新产业、新业态、新商业模式）统计方法、利用“大数据”为切入点开展了统计学术研究活动。针对有色金属“三新”统计的要求，研究制定了《有色金属新产品目录》。

七、做好信息统计服务工作

定期编印《有色金属信息》刊物，并免费发送给协会的会员单位；定期编印《经济运行分析》、《动态信息》。按规定进行铜、铝、铅锌等企业间统计信息交流，及时为有色企业办理一些相关事宜，上市融资等出具统计证明材料，为企业提供信息服务等。在不违背保密的前提下，与有关国际组织定期进行统计信息交流，并及时把获得的世界有色金属资料编译为《国际有色金属信息》等。

八、积极推进有色金属工业两化深度融合工作

（1）推进有色金属行业信息化建设及行业信息化与工业化深度融合，为有色金属企事业单位搭建交流的平台。（2）积极开展行业大数据应用，促进信息共享和数据开放。（3）推进电子商务和物流业发展。（4）推进两化融合管理体系贯标试点工作，为行业创新发展，建设有色金属工业强国提供了新动力。

（张淑宁　王华俊）

人事与机构

（统计截至2018年7月31日）

一、中国有色金属工业协会本部

（一）协会领导

会　　长　陈全训
常务副会长　任旭东
驻会副会长　赵家生　丁学全　贾明星　尚福山
　　　　　　王　健　文献军
不驻会副会长　葛红林　李福利　罗　涛　宋　鑫
　　　　　　李保民　杨志强　杨　军　田　永
　　　　　　张永利　张学信　宋建波　张　涛
　　　　　　黄晓平　王京彬　王琴华　朱景兵
　　　　　　廖　明　王永光　郭海棠　洪　伟
　　　　　　刘学景　霍　斌　张洪恩　冯亚丽
　　　　　　张培良　陈玉民　陈春明　陈景河
　　　　　　张　波　钭正刚
特邀副会长　黄伯云　屠海令　张水鉴　宋建民
秘 书 长　贾明星（兼）
副秘书长　王华俊　张洪国　胡长平　杨云博
　　　　　　胡德勇　戴　山　段德炳
党委书记　陈全训
党委副书记　任旭东　范顺科
纪委书记　范顺科（兼）

（二）各部室及负责人

1. 办公室（党委办公室）
主　　任　赵彦恒
副 主 任　毛艳华

2. 会员部
主　　任　王惠芬
副 主 任　李春超

3. 信息统计部
主　　任　王华俊（兼）
副 主 任　代　英

4. 政策研究室
主　　任　段德炳（兼）

副　主　任　赵武壮

5. 科学技术部

主　　　任　张洪国（兼）

副　主　任　张　龙

6. 轻有色金属咨询与协调部

主　　　任　杨云博（兼）

副　主　任　李德峰

7. 重有色金属咨询与协调部

主　　　任　胡长平（兼）

副　主　任　段绍甫

8. 稀有稀土金属咨询与协调部

主　　　任　胡德勇（兼）

9. 组织人事部

主　　　任　戴　山（兼）

副　主　任　刘　华

10. 资产财务部

副　主　任（主持工作）　陈　铧

副　主　任　　刘荷花

11. 国际合作部

主　　　任　李宇圣

副　主　任　曹明玥

二、中国有色金属工业协会所属企业、事业单位及负责人

1. 有色金属技术经济研究院

院　　　长　林如海

副　院　长　朱玉华　段德炳

党委书记　范顺科（兼）

党委副书记　林如海　周新珉

纪委书记　周新珉（兼）

2. 中国有色金属工业技术开发交流中心

总　经　理　贾明星（兼）

副总经理　张洪国（兼）　张　强

3. 有色金属工业人才中心

总　经　理　谢承杰

副总经理　宋　凯

党委书记　谢承杰

党委副书记　宋　凯

4. 有色金属矿产地质调查中心

主　　　任　王寿成

副　主　任　刘秀霞

党委书记　王寿成

党委副书记　杨军民

纪委书记　杨军民（兼）

5. 北京矿产地质研究院

院　　　长　王京彬

副　院　长　付水兴　李月臣　李素云

党委书记　付水兴

党委副书记　王京彬　田锦川

纪委书记　田锦川（兼）

6. 中国有色金属工业建设工程质量监督总站

站　　　长　贾明星（兼）

副　站　长　蔡胜利

7. 中国有色金属报社

社长兼总编辑　张湘斌

副　社　长　安仲生

副总编辑　封云聪

8. 中色资产管理有限公司

总　经　理　冯晓元

常务副总经理　段淑霞

副总经理　杨仲德　陈　铧　薛殿军

9. 中国有色金属实业技术开发公司

总　经　理　冯晓元

副总经理　杨进涛　赵卫肃

10. 鑫达金银开发中心

总　经　理　朱景兵（兼）

副总经理　郝　静　杨树生　孙幼平

财务总监　申义荣

11. 北京鑫泉科贸有限公司

总　经　理　刘　德

副总经理　王书衡

三、分支机构及负责人

1. 铜业分会

轮值理事长　杨志强　李保民　蒋培进　武建强　王　勇　高晓宇

副理事长　雷思维　刘学景　王树琪　曹建国　王永刚　徐　明　郑敦敦　王晋定　王士杰　林泓富　段绍甫　罗忠平　陈德芳　崔志祥

秘　书　长　段绍甫　（兼）

2. 铝业分会

理　事　长　卢东亮

副理事长　（按姓氏笔画为序）

王　刚　王晓磊　文义博　皮溅清　刘凤海　杨云博　吴连成　谷万铎　宋昌明　张松江　张德程　陈德斌

秘　书　长　杨云博（兼）

3. 铅锌分会

轮值理事长 黄国平 王永刚 余 刚 任文艺 沈立俊 席 斌 李黑记

副理事长 黄忠民 王明辉 孙成余 何学斌 周南方 李智聪 马永刚 彭 涛

秘书长 彭 涛(兼)

4. 镁业分会

会长 林如海

副会长 (按姓氏笔画为序)
丁文江 邓绛峰 石 磊 白林旺 朱 军 任龙太 孙 杰 孙 前 李振江 陈根永 赵向东 赵校军 姜永正 潘复生

秘书长 孙 前(兼)

5. 钼业分会

会长 张继祥

常务副会长 李朝春

副会长 谢康德 吴勇本 刘新盘 邵会西 郑家驹 周武平 杨 伟 胡德勇

秘书长 杨晓明

6. 钛锆铪分会

会长 邹武装

副会长 (按姓氏笔画为序)
王其红 王保成 王继宪 王 煊 冯 勇 刘孝荣 齐春生 李彦利 杨 锐 张 红 陈潮钿 周 慧 郑少华 胥 力 袁改焕 贾栓孝 贾 翃 郭晓光 黄桂文 蒋东民 颜学柏 戴圣龙

秘书长 贾 翃(兼)

7. 再生金属分会

会长 尚福山

副会长 王吉位 李士龙 丁国培 丁星驰 王煨冬 巩晓明 朱桂贤 伍艳红 许 准 李小社 李富元 李新战 杨春明 林生健 罗忠平 周全法 胡艾滔 胡明杰 姜 松 黄耀滨 臧会松 张希忠 王 议 臧立根

秘书长 王吉位(兼)

8. 地质矿产分会

会长 王京彬

副会长 (按姓氏笔画为序)
马建青 王东生 王寿成 伍 伟 齐少烽 许建荣 李义邦 李志平 李振国 李素云 杨吉良 杨国高 冷春阳 张起钻 张 敏 唐海军 程群喜

秘书长 甘凤伟

9. 硅业分会

会长 赵家生

常务副会长 范顺科

副会长 林如海 蒋文武 贾 飞 熊 焰 周旗刚 罗立国 李爱民 张耀平 王体虎 李卫南 税 敏 范先树 胡俊辉 周继红 赵纯源 陈晓燕 杨伟家 王金铎 施 燕 谢 明 费治军 段 雍 白荣林

秘书长 徐爱华

10. 金银分会

会长 王 健

副会长 (按姓氏笔画为序)
王 佐 王时璋 孙幼平 华鹏飞 何从行 余中民 张长春 张邦琪 张爱国 陈在劳 陈志友 苗红强 郑家驹 翁占斌 曹永贵 黄 体

秘书长 孙幼平(兼)

11. 选矿药剂分会

会长 赵家生

副会长 于国栋 王琐宽 衣跃进 李 洵 张吉学 肖益赋

秘书长 肖益赋(兼)

12. 钽铌分会

会长 胡德勇

常务副会长 陈 林

副会长 (按姓氏笔画为序)
毛 剑 吴理觉 岑端国 郑辉权 袁明才 黎末娜

秘书长 陈 武

13. 铟铋锗分会

会长 王琴华

副会长 (按姓氏笔画为序)
包文东 朱 明 朱世会 李晓东 杨 海 吴世军 吴祖祥 何斌全 范德胜 赵科峰 胡德勇 洪 涛 郭天立 夏中卫 唐武军 戴兴征

秘书长 冯君从

14. 钴业分会

轮值会长　李建忠　武　浚　吴理觉　陈雪华
　　　　　胡启明

副会长　李长东　段德炳　胡德勇

秘书长　徐爱东

15. 锂业分会

会长　赵家生

副会长　蒋卫平　李良彬　袁明才　朱玉华
　　　　李南平　赵鹏德

秘书长　张江峰

16. 锡业分会

会长　李　刚

常务副会长　丁学全

副会长　黎　全　王晓磊　王中奎

秘书长　王中奎（兼）

17. 锑业分会

会长　丁学全

常务副会长　王　涛

副会长　刘跃斌　李中平　陈昭跃　谷玉胜
　　　　蒋进光　胡德勇

秘书长　杨薛玲

18. 铝用炭素分会

会长　范顺科

常务副会长　郎光辉

副会长　杨家骍　梁瑞华　李长安　张　延
　　　　都小平　刘　祯　张红亮　王佐任
　　　　苗勇波　刘志祥　赵庆才　王　毅
　　　　范　兰　靳艳军

秘书长　陈维胜

19. 工业炉分会

会长　陆志方

常务副会长　林如海

副会长　万　军　王　智　贾著红　卢焕瑞
　　　　翟耀杰　周绍芳　谭荣和　张文博
　　　　薄　钧　孙雨生　游述怀　刘萍花
　　　　宋修明　臧立中

秘书长　何水金

20. 镓硒碲分会

会长　王琴华

副会长　贾立炳　陈　峰　李　恒　朱世会
　　　　吴世军　产小华　李水林　汪飞虎
　　　　胡德勇　唐武军　叶立生　申兰江

秘书长　冯君从

21. 铂族金属分会

会长　贾明星

常务副会长　朱绍武

副会长　金　锐　潘再富　王兴权　杜明焕
　　　　彭金辉　杨洪英　刘玉强　尹克勤

秘书长　陈家林

22. 稀土分会

会长　王琴华

副会长　胡谷华　王　涛　张　忠　钟　鸣
　　　　王如海　黄长庚　高德华　胡德勇
　　　　杨文浩　李红卫　郑家驹

秘书长　胡德勇（兼）

四、代管协（学）会及负责人

1. 中国钨业协会

会长　丁学全

副会长　庄志刚　鄢阳华　李仲泽　杨伯华
　　　　刘良先

秘书长　刘良先（兼）

2. 中国有色金属建设协会

理事长　陆志方

副理事长　马文洲　贺志辉　严弟勇　程方方
　　　　　刘则平　章晓波　熊代余　廖从荣
　　　　　赵志锐　陈殿强　周百泉　刘　敬
　　　　　黄粮成　廖江南　张国明　吴志刚
　　　　　刘昭义　李万福　杜少华　宁升功
　　　　　畅耀民　杨景民　王先成　李尚勇
　　　　　张　麟　李全学　许新强　张洪国
　　　　　蔡胜利　杨　力

秘书长　杨　力（兼）

3. 中国有色金属加工工业协会

理事长　范顺科

副理事长　（按姓氏笔画排序）
　　　　　王建国　吕正风　李剑平　李家亭
　　　　　李　翔　李鹏伟　杨一兵　吴小源
　　　　　吴维光　张　平　张　明　张　波
　　　　　张清龙　陆明华　宗　岩　金　菁
　　　　　姜　纯　钟景明　骆越峰　钱　芳
　　　　　高振中　徐国涛　黄长远　黄秀华
　　　　　黄铁明　黄粮成　曹建国　崔立新
　　　　　章吉林　董卫峰　蒋太富　楼国强
　　　　　黎柏松　廖玉庆　潘伟津　燕志富

秘书长　章吉林（兼）

4. 中国爆破行业协会

轮值会长 郑炳旭 谢先启 杨仁树 彭 立
付 军

副 会 长 战 凯 高荫桐 于淑宝 王学进
卢文波 代青松 冯忠波 刘建永
李 林 李晓杰 李新建 杨旭升
杨海斌 吴明胜 吴新霞 张 正
张正忠 张北龙 张志毅 张建平
罗乃鑫 顾 勇 徐 颖 高 欣
曹文俊 康 健 梁 锐 梁锡武
蒲加顺 路利军 管志强 薛培兴
魏格平

秘 书 长 汪 平

5. 中国游艺机游乐园协会

副 会 长 (按姓氏笔画排序)
王 巍 王才中 邓志毅 叶威棠
田恩铭 李小维 李绳宗 时军林
佟建春 张宏旺 张晓振 陈建生
林 明 林树青 赵文敬 姚 军
顾俊发 隋法波 裴 勇

秘 书 长 冯玉国

6. 中国有色金属学会

理 事 长 贾明星

副理事长 葛红林 李福利 桂卫华 严纯华
孙加林 杨志强 刘江浩 胡岳华
彭金辉 杨 斌 张少明 蒋开喜
陆志方 张洪国

秘 书 长 张洪国(兼)

中国有色金属工业协会 第三届理事会理事名单

(*号为常务理事)(381名)

按姓氏笔画为序

* 丁吉林 云南铝业股份有限公司总经理
* 丁学全 中国有色金属工业协会副会长
谢承杰 有色金属工业人才中心总经理、党委书记
万多稳 昆明有色冶金设计研究院股份公司董事长
马 进 西北矿冶研究院院长
马庭荣 二十一冶建设集团有限公司董事长
王 进 湖北金洋冶金股份有限公司总经理
* 王 健 中国有色金属工业协会副会长
* 王 锐 贵州省有色金属行业协会会长
* 王 群 中国铝业股份有限公司连城分公司副总经理
* 王大勇 河北省冶金行业协会秘书长
王万汉 南京银茂铅锌矿业有限公司副总经理
* 王元珞 开曼铝业(三门峡)有限公司总经理
王中奎 中国有色金属工业协会锡业分会秘书长
* 王文生 宝钛集团有限公司董事长
* 王龙章 山西省有色金属行业协会会长
王立新 山东国大黄金股份有限公司副总经理
* 王永光 中国冶金科工股份有限公司副总裁
* 王永刚 中冶葫芦岛有色金属集团有限公司副总经理
王永红 中铝沈阳有色加工有限公司总经理
王吉位 中国有色金属工业协会再生金属分会副会长兼秘书长
* 王先成 金诚信矿业管理股份有限公司董事长、总经理
王传信 青岛创佳铜业有限公司董事长
王华俊 中国有色金属工业协会副秘书长
* 王利民 中国电力投资集团公司总经济师
王青元 长沙铜铝材有限公司总经理
* 王京彬 北京矿产地质研究院院长
王建国 厦门厦顺铝箔有限公司副总裁
王建超 陕西铜川铝业有限公司党委书记
* 王树琪 中条山有色金属集团有限公司董事长
王根宝 上海裕强供应链管理有限公司董事长
王晓磊 五矿铝业有限公司副总经理
* 王铁军 内蒙古霍煤鸿骏铝电有限责任公司总经理
* 王琴华 中国有色金属工业协会副会长
王敬贵 重庆市新材料产业联合会副会长兼秘书长
王惠芬 中国有色金属工业协会会员部主任
王景连 山东金升有色集团有限公司董事长
王瑞贞 中国有色金属工业再生资源有限公司副总裁

* 王德满 东北轻合金有限责任公司总经理
王曙光 攀枝花学院院长、党委副书记
* 文献军 中国有色金属工业协会副会长
尹文新 沈阳有色金属研究院院长
尹光远 哈尔滨松江铜业（集团）有限公司董事长
* 尹雪春 西南铝业（集团）有限责任公司董事长
邓志平 湖南瑶岗仙矿业有限责任公司总经理
* 邓南方 湖南晟通科技集团有限公司董事长
叶　标 江西自立环保科技有限公司董事长
叶李强 峨嵋半导体材料研究所所长
* 申建东 吉林省工业和信息化厅原材料工业处处长
* 田　永 云南冶金集团股份有限公司董事长
史建强 洛阳单晶硅有限责任公司副总经理
白湘益 广东十六冶建设有限公司董事长
包良清 丹东东方测控技术股份有限公司董事长
冯天杰 荷泽广源铜带有限责任公司董事长
* 冯亚丽 海亮集团有限公司董事长
冯君从 中国有色金属工业协会镓硒碲分会秘书长
冯忠波 安徽江南化工股份有限公司董事长
冯晓元 中国有色金属实业技术开发公司总经理
* 冯皖东 安徽省冶金工业协会副会长
宁开功 中国有色金属工业第十四冶金建设公司董事长
* 邢奇生 河南煤业化工集团有限责任公司有色金属事业部总经理
吕维宁 贵阳铝镁设计研究院有限公司党委书记
朱世明 清远先导稀材股份有限公司副总经理
* 朱生海 青海省经济委员会原材料工业处处长
* 朱光恒 广西有色金属工业协会会长
* 朱向东 天津华北地质勘查局局长
朱守河 遵义铝业股份有限公司总经理
* 朱绍武 昆明贵金属研究所董事长
朱绍武 中国有色金属工业协会铂族金属分会常务副会长
* 朱洪军 宁夏回族自治区经济和信息化委员会原材料工业处处长
朱桂贤 安徽华鑫有色金属有限公司董事长
* 朱景兵 鑫达金银开发中心总经理
任　海 四川省有色科技有限责任公司董事长
* 任旭东 中国有色金属工业协会常务副会长、党委副书记
任柏峰 中国有色金属工业协会锑业分会秘书长
华金仓 西藏玉龙铜业股份有限公司总经理
刘　敬 沈阳铝镁设计研究院有限公司总经理
* 刘　煜 江西省工业和信息化委员会副主任
* 刘万年 中国有色（沈阳）冶金机械有限公司总经理
* 刘占海 中色奥博特铜铝业有限公司董事长
* 刘立斌 河南省有色金属行业协会副会长
刘则平 二十三冶建设集团有限公司董事长
* 刘学景 阳谷祥光铜业有限公司董事长
刘建军 西藏华钰矿业股份有限公司董事长
刘昭义 七冶建设有限责任公司总经理
* 刘祥民 中国铝业股份有限公司副总裁
* 刘跃斌 锡矿山闪星锑业有限责任公司总经理
* 刘景旺 中国游艺机游乐园协会会长
* 刘瑞弟 广东广晟有色金属集团有限公司董事长
* 米兆襄 云南省冶金行业协会常务副会长兼秘书长
江岩生 厦门汇融工贸公司总经理
许国强 湖南有色金属职业技术学院党委书记
* 许继松 福建省冶金（控股）有限责任公司副总经理
孙　宏 陕西东岭冶炼总公司总经理
* 孙　峰 西北有色地质勘查局局长
孙仟花 上海全胜物流股份有限公司董事长
孙幼平 中国有色金属工业协会金银分会副会长兼秘书长
* 孙自学 河南神火集团有限公司副总经理

孙众志 吉林省有色金属地质勘查局局长
* 孙金华 中电投山西铝业有限公司
* 孙波涛 中国铝业股份有限公司兰州分公司总经理
* 孙振斌 内蒙古大唐国际再生资源开发有限公司副总经理
孙晋强 洛阳永宁金铅冶炼有限公司董事长
* 孙瑞文 中国中铁资源集团有限公司总经理
* 严志明 四川省有色金属工业协会会长
苏三庆 西安建筑科技大学校长
杜少华 十一冶建设集团有限责任公司董事长
李 勇 西北铝加工厂总经理
* 李 翔 福建省南平铝业有限公司总经理
李万福 八冶建设集团有限公司董事长
李云军 沈阳有色冶金设计研究院院长
李巨东 商丘市丰源铝电有限责任公司总经理
李中军 内蒙古自治区有色地质勘查局副局长
李长安 山东晨阳新型碳材料股份有限公司董事长
* 李长杰 金龙精密铜管集团股份有限公司董事长
李文中 济源市万洋冶炼（集团）有限公司副总经理
李世奇 内蒙古有色金属工业协会会长
李成英 抚顺铝厂厂长
李传林 中钢集团衡阳重机有限公司副总经理
李延忠 北华大学校长
李宇圣 中国有色金属工业协会国际合作部主任
李志明 广西平桂飞碟股份有限公司董事长
李国锋 广东省有色金属行业协会常务副会长兼秘书长
* 李 宗 徐州徐工矿山机械有限公司总经理
* 李保民 江西铜业集团公司董事长
李海忠 海南省地质勘查局局长
李海洪 湖南有色金属股份有限公司黄沙坪矿业分公司总经理
* 李跃民 万基控股集团有限公司董事长
* 李朝春 洛阳栾川钼业集团股份有限公司董事长

李富堂 三门峡天元铝业股份有限公司副总经理
* 李福利 中国五矿集团公司副总经理
* 杨 军 铜陵有色金属集团控股有限公司董事长
杨 兵 有色金属矿产地质调查中心主任
* 杨 斌 江西理工大学校长
* 杨 毅 北京鑫恒铝业有限公司董事长
杨云博 中国有色金属工业协会副秘书长兼轻有色金属咨询与协调部主任
* 杨文浩 甘肃稀土集团有限责任公司董事长
杨永泉 广州有色金属集团有限公司董事长
* 杨安国 河南豫光金铅集团有限责任公司董事长
* 杨志强 金川集团有限公司董事长
* 杨春明 江苏春兴合金（集团）有限公司董事长
杨勇强 赤峰中色白音诺尔矿业有限公司党委书记
杨站君 青海省有色地质矿产勘查局局长
* 杨焕文 中国有色金属学会副秘书长
* 肖以华 浙江华东铝业股份有限公司总经理
* 吴 松 广西华锡集团股份有限公司总经理
吴万华 甘肃省国有资产投资集团有限公司董事长
吴小源 广东凤铝铝业有限公司董事长
* 吴世忠 湖南水口山有色金属集团有限公司总经理
吴志刚 中国有色金属工业第六冶金建设公司总经理
* 吴连成 中电投宁夏青铜峡能源铝业集团有限公司总经理
* 吴国根 株洲硬质合金集团有限公司总经理
吴润华 中国瑞林工程技术有限公司总经理
吴维叶 山东伟业铝材有限公司董事长
* 邱显扬 广州有色金属研究院院长
何水金 中国有色金属工业协会工业炉分会秘书长
何占源 安阳市岷山有色金属有限责任公司副总经理

* 何时金 横店集团东磁股份有限公司董事长
何学斌 汉中锌业有限责任公司董事长
何建伟 洛阳龙鼎铝业有限公司副总经理
何家金 广东高登铝业有限公司常务副总经理、总工程师
* 余　刚 深圳市中金岭南有色金属股份有限公司董事长
邹　健 上海鑫冶铜业有限公司副总经理
* 邹汾生 江西钨业集团有限公司总经理
* 冷正旭 中国铝业股份有限公司山西分公司总经理
* 汪旭光 中国工程院院士、中国工程爆破协会理事长
沈建国 永杰新材料股份有限公司董事长
* 宋　鑫 中国黄金集团公司总经理
* 宋建民 湖南省有色金属管理局局长
* 宋建波 山东南山铝业股份有限公司董事长
张　平 江苏常铝铝业股份有限公司董事长
张　明 宁波博威合金材料股份有限公司总经理
张　波 山东魏桥创业集团有限公司副董事长
* 张　涛 云南锡业集团（控股）有限责任公司总经理
张　强 中国有色金属工业技术开发交流中心副总经理
* 张　麟 大冶有色金属集团控股有限公司董事长
* 张元坤 中铝中州铝业有限公司执行董事
张五越 河北城大金属集团有限公司董事长
* 张少明 北京有色金属研究总院院长
* 张正基 中铝山东有限公司执行董事
* 张平祥 西北有色金属研究院党委书记
* 张永利 西部矿业集团有限公司董事长
* 张传武 兖矿电铝分公司总经理
张江峰 中国有色金属工业协会锂业分会秘书长
张红生 江苏大亚铝业有限公司总经理
* 张克生 青海西北铝合金材料（集团）有限公司副总经理
张连根 安阳市豫北金铅有限责任公司副总经理
* 张际强 中国铝业股份有限公司河南分公司总经理
张际强 中国长城铝业公司总经理
* 张英杰 昆明理工大学校长
张国义 云南大泽电极科技股份有限公司董事长
张国华 湖南经阁投资控股集团有限公司董事长
张国明 鑫诚建设监理咨询有限公司总经理
* 张佰成 内蒙古自治区经济和信息化委员会副主任
* 张　波 山东魏桥创业集团有限公司副董事长
* 张学信 信发集团董事长
* 张春明 中国钨业协会常务副会长
张春海 中国有色集团抚顺红透山矿业有限公司董事长
张春海 中国有色金属工业协会选矿药剂分会秘书长
* 张荣京 中国有色金属建设协会副理事长兼秘书长
张洪国 中国有色金属工业协会副秘书长
* 张洪恩 河南豫联能源集团有限责任公司董事长
张继祥 中国有色金属工业协会钼业分会副会长
* 张培良 丛林集团有限公司董事长
* 张跃文 中色海南有色金属工业有限公司总经理
* 张湘斌 中国有色金属报社社长
* 张福利 广西有色金属集团有限公司董事长
* 陆志方 中国恩菲工程技术有限公司董事长
陈　伟 湖南有色金属研究院院长
* 陈　进 云南驰宏锌锗股份有限公司总经理
陈　林 中国有色金属工业协会钽铌分会常务副会长
* 陈士发 甘肃省冶金有色工业协会会长
陈长科 新疆众和股份有限公司副总经理
* 陈玉民 山东黄金集团总经理

* 陈传成 佛山市南海宇成金属投资有限公司总裁
陈传奇 佛山市兴奇金属有限公司董事长
* 陈全训 国务院参事、中国有色金属工业协会会长、党委书记
陈启丰 潮州翔鹭钨业有限公司董事长
陈国友 重庆市博赛矿业（集团）有限公司副总经理
陈国华 包头稀土研究院主任
陈学敏 深圳市新星轻合金材料股份有限公司总经理
* 陈建华 江苏省冶金行业协会常务副会长
* 陈春明 酒泉钢铁（集团）有限责任公司董事长
* 陈帮之 四川启明星铝业有限责任公司总经理
陈昭跃 云南木利锑业有限公司董事长
陈维胜 中国有色金属工业协会铝用炭素分会秘书长
* 陈景河 紫金矿业集团股份有限公司董事长
陈善陆 芜湖恒鑫铜业集团有限公司常务副总经理
* 陈德芳 万宝矿产有限公司总经理
* 武建强 云南铜业（集团）有限公司总经理
范本彦 甘肃省有色金属地质勘查局局长
* 范顺科 中国有色金属工业协会党委副书记有色金属技术经济研究院院长
林如海 中国有色金属工业协会硅业分会副会长兼秘书长
* 尚福山 中国有色金属工业协会副会长
畅耀民 中色第十二冶金建设公司总经理
* 易　曦 海南中非矿业投资有限公司总经理
* 罗　涛 中国有色矿业集团有限公司总经理
和金保 云南金鼎锌业有限责任公司总经理
周　胜 国际铜业协会（中国）总裁
周　慧 湖南湘投金天科技集团有限责任公司董事长
周　鑫 广西成源矿冶有限公司常务副总经理
周立新 汉江丹江口铝业有限责任公司总经理
* 周传良 焦作万方铝业股份有限公司总经理
周　江 中建铝新材料有限公司总经理
周贤锦 成都电冶有限责任公司董事长
* 郑文堂 北方工业大学校长
郑建军 甘肃土木工程科学研究院副院长
* 郑保义 抚顺铝业有限公司纪委书记
郑家驹 北京安泰科信息开发有限公司总经理
孟　杰 中国有色金属工业协会铝业分会常务副秘书长
孟德强 包头稀土高新技术产业开发区管理委员会副处长
* 赵　继 东北大学校长
赵生茂 青海桥头铝电有限公司总经理
赵仲青 贵州省有色金属和核工业地质勘查局局长
* 赵丽江 湖北省冶金行业协会负责人
赵彦恒 中国有色金属工业协会办公室主任
* 赵家生 中国有色金属工业协会副会长
荣培斌 山西省有色金属工业总公司总经理
胡长平 中国有色金属工业协会副秘书长兼重有色金属咨询与协调部主任
胡长源 宁波兴业盛泰电子金属材料有限公司董事长
* 胡岳华 中南大学常务副校长
胡晗东 西藏珠峰资源股份有限公司副总裁
胡德勇 中国有色金属工业协会副秘书长兼稀有稀土咨询与协调部主任
* 星占雄 中国铝业股份有限公司青海分公司总经理
钟志翔 四川启明星铝业有限责任公司总经理
* 钟晓云 江西稀有金属钨业控股集团有限公司董事长
* 钟景明 中色（宁夏）东方集团有限公司总经理
* 钭正刚 杭州锦江集团有限公司董事长
段绍甫 中国有色金属工业协会铜业分会秘书长
段德炳 中国有色金属工业协会政策研究室主任
* 侯　军 山东省冶金工业总公司总经理
* 侯成桥 山东黄金有色矿业集团有限公司董事长

* 侯红军 多氟多化工股份有限公司总经理
施金良 重庆科技学院副校长
* 洪　伟 青海省投资集团有限公司董事长
* 姚红海 中铝洛阳铜业有限公司总经理
* 贺志辉 中铝国际工程有限责任公司总经理
贺建委 河南省有色金属地质矿产局副局长
秦宁昌 陕西铅硐山矿业有限公司总经理
* 袁志明 嘉兴学院社会合作处处长
袁梅芳 湖南有色冶金劳动保护研究院院长
都卫国 烟台国润铜业有限公司总经理
* 聂亚文 中国铝业集团有限公司贵州铝厂有限责任公司副总经理
聂祚仁 北京工业大学材料科学与工程学院院长
栗　博 鑫联环保科技股份有限公司副总裁
贾　翃 中国有色金属工业协会钛锆铪分会副会长兼秘书长
* 贾明星 中国有色金属工业协会副会长兼秘书长
* 夏晓鸥 北京矿冶科技集团有限公司董事长
* 柴永成 包头铝业（集团）有限责任公司总经理
* 徐　明 上海有色金属行业协会会长
徐广平 吉林昊融有色金属集团有限公司董事长
徐风云 辽宁省有色地质局局长
徐顶峰 安徽新亚特电缆集团有限公司董事长
徐国端 中国有色金属工业协会地质矿产分会秘书长
* 徐晋湘 中国有色金属工业协会镁业分会常务副会长兼秘书长
徐爱东 中国有色金属工业协会钴业分会秘书长
徐爱根 新疆昊鑫锂盐开发有限公司董事长
* 殷志伟 长沙矿山研究院副院长
高　恒 内蒙古锦联铝材有限公司总经理
高尚荣 宁夏惠冶镁业有限公司总经理
* 高晓宇 五矿有色金属股份有限公司总经理
高慧杰 上海华通铂银交易市场董事长
* 郭　鸿 天津市有色金属行业协会会长
郭远生 云南省有色地质局局长
郭忠诚 昆明理工恒达科技股份有限公司董事长
* 郭晓光 遵义钛业股份有限公司董事长
* 郭海棠 新疆有色金属工业（集团）有限责任公司董事长
唐小金 华北铝业有限公司总经理
唐向阳 新疆有色金属研究所所长
唐武军 中国有色金属工业协会铟铋锗分会副会长
* 黄大雄 四川宏达股份有限公司总经理
* 黄卫平 中国铝业股份有限公司广西分公司总经理
黄长庚 厦门钨业股份有限公司副总裁
黄安平 湖南有色金属投资有限公司总经理
* 黄伯云 中南大学（中国工程院院士）
黄启富 湖南黄金集团有限责任公司董事长
* 黄苗荣 浙江省冶金有色行业协会秘书长
黄忠民 株洲冶炼集团股份有限公司总经理
* 黄金海 黑龙江省冶金行业协会会长
黄泽兰 崇义章源钨业股份有限公司董事长
* 黄晓平 陕西有色金属控股集团有限责任公司董事长
黄粮成 中色科技股份有限公司董事长
曹顺勇 湖南省鑫达银业股份有限公司总工程师
* 曹修运 湖南有色金属控股集团有限公司总经理
戚建萍 浙江宏磊铜业股份有限公司董事长
龚　强 黑龙江省有色金属地质勘查局局长
常礼安 西安有色冶金设计研究院院长
崔立新 山东创新集团董事长
* 崔志祥 东营方圆有色金属有限公司董事长
* 章吉林 中国有色金属加工工业协会副理事长兼秘书长
梁　璧 山西阳泉铝业股份有限公司董事长
* 屠海令 中国工程院院士、北京有色金属研究总院名誉院长
彭　涛 中国有色金属工业协会铅锌分会秘书长

* 彭建南 东方希望集团有限公司副总经理
* 葛红林 中国铝业公司总经理
* 董长青 辽宁省有色金属工业协会会长
蒋卫平 四川天齐锂业股份有限公司董事长
景丕林 中国投资咨询公司
* 喻振贤 中国十五冶金建设集团有限公司总经理
锁 芳 云南昊龙实业集团有限公司董事长
* 程方方 金堆城钼业集团有限公司董事长
程自力 山西晋能集团有限公司副总经理
傅月琴 上海大昌铜业有限公司总经理
童文其 四川其亚铝业集团有限公司董事长
* 曾庆猛 中铝国际贸易有限公司董事长
谢 刚 昆明冶金研究院院长
谢兴楠 江苏省有色金属华东地质勘查局副局长
* 谢志刚 中国有色桂林矿产地质研究院有限公司董事长
谢志刚 湖南宇腾有色金属股份有限公司总经理
* 谢建新 北京科技大学副校长
* 谢康德 自贡硬质合金有限责任公司总经理
* 楼国君 宁波金田铜业（集团）股份有限公司副总裁
雷 华 江苏省冶金设计院有限公司总经理
雷和孙 江西福丰化工有限公司董事长
* 路增进 中国铝业股份有限公司贵州分公司总经理
* 解庆林 桂林理工大学校长
窦立军 长春工程学院副院长
窦旭东 兰州有色冶金设计研究院有限公司董事长
蔡胜利 有色金属工业建设工程质量监督总站副站长
管建红 赣州有色冶金研究所所长
* 廖 明 白银有色集团股份有限公司董事长
* 廖大学 湖南柿竹园有色金属有限责任公司董事长
* 廖从荣 中国有色金属长沙勘察设计研究院有限公司党委书记
廖玉庆 广东兴发铝业有限公司总经理
廖江南 长沙有色冶金设计研究院有限公司总经理
* 樊大林 中国铝业郑州有色金属研究院有限公司党委书记
樊玉川 湖南稀土金属材料研究院院长
潘 华 重庆华浩冶炼有限公司董事长、总经理
燕志富 山东亨圆铜业有限公司董事长
薛 峰 湖南宝山有色金属矿业有限责任公司总经理
薛亮民 山西华圣铝业有限公司总经理
* 霍 斌 伊川电力集团总公司董事长
冀树军 山西华泽铝电有限公司董事长
戴 山 中国有色金属工业协会副秘书长兼组织人事部主任
／ 国家电力投资集团有限公司
／ 广东省广晟资产经营有限公司

中国有色金属工业协会会员单位名单

（截至2015. 12）1473家会员

中国铝业公司
中国五矿集团公司
国家电力投资集团公司
中国有色矿业集团有限公司
中国黄金集团公司
中国冶金科工集团有限公司
有研科技集团有限公司
北京矿冶科技集团有限公司
中国恩菲工程技术有限公司
五矿有色金属股份有限公司
中铝国际工程股份有限公司
中铝国际贸易有限公司
中铁资源集团有限公司
中国投资咨询公司
五矿铝业有限公司
鑫诚建设监理咨询有限公司
中国铜业有限公司
中国国际工程咨询公司
中国有色金属建设股份有限公司

北京矿产地质研究院

鑫达金银开发中心
中国钨业协会
中国有色金属建设协会
中国有色金属加工工业协会
中国爆破行业协会
中国游艺机游乐园协会
中国有色金属学会
有色金属技术经济研究院
中国有色金属报社
中色海南有色金属工业有限公司
有色金属矿产地质调查中心
中国有色金属工业技术开发交流中心
有色金属工业人才中心
有色金属工业建设工程质量监督总站
中色资产管理有限公司
中国有色金属实业技术开发公司
北京鑫泉科贸有限公司
厦门汇融工贸公司
北京安泰科信息开发有限公司

北方工业大学
北京科技大学
北京鑫恒铝业有限公司
金诚信矿业管理股份有限公司
万宝矿产有限公司
中国有色金属工业再生资源有限公司
北京工业大学
鑫联环保科技股份有限公司
紫金国际矿业有限公司
新华招标有限公司
北京联合智业认证有限公司
北京轩昂环保科技有限公司
中国国际期货有限公司
埃尔拉多黄金公司
北京西玛通科技有限公司
北京达茂源膜科技有限公司
索通发展股份有限公司
北京吉亚半导体材料有限公司
凯博嘉多（北京）投资顾问有限公司
北京三融亿腾科技发展有限公司
北京高能时代环境技术股份有限公司
北京市有色金属工业总公司
安泰国际贸易有限公司
北京盛世创业科技股份有限公司
中工国际工程股份有限公司
北京麦戈龙科技有限公司
荷兰俄铝环球管理有限公司北京代表处

天津市有色金属行业协会
天津华北地质勘查局
天津大无缝铜材有限公司
天津融金汇银责金属经营有限公司
锦润再生资源股份有限公司
融商集团有限公司
天津东义镁制品股份有限公司
天津航天长征火箭制造有限公司

河北省冶金行业协会
华北铝业有限公司
河北城大金属集团有限公司
涿神有色金属加工专用设备有限公司
力尔型材有限公司
秦皇岛通联重工车辆有限公司
保定港安有色金属有限公司
河北安泰可耐特电解槽有限公司
河北四通新型金属材料股份有限公司
三河和平铝材厂有限公司
河北钢铁集团涞源有色金属有限公司
河北欣意电缆有限公司
石家庄博鑫丰锌业有限公司
河北首鼎金属制品有限公司
河北长力金属制品有限公司

山西省有色金属行业协会
中国铝业股份有限公司山西分公司
中条山有色金属集团有限公司
山西昇运有色金属有限公司
中电投山西铝业有限公司（原山西鲁能晋北铝业有限责任公司）
山西省有色金属工业总公司
山西晋能集团有限公司
中铝山西新材料有限公司
山西阳泉铝业股份有限公司
中色十二冶金建设有限公司
山西华圣铝业有限公司
山西铝厂

中煤平朔煤业有限责任公司
荷兰俄铝环球管理有限公司北京代表处
山西亚欧有色金属交易中心有限公司

内蒙古自治区经济和信息化委员会
内蒙古霍煤鸿骏铝电有限责任公司
包头铝业（集团）有限责任公司
内蒙古大唐国际再生资源开发有限公司
内蒙古自治区有色地质勘查局
包头稀土高新技术产业开发区管理委员会
包头稀土研究院
内蒙古锦联铝材有限公司
内蒙古有色金属工业协会
赤峰中色白音诺尔矿业有限公司
赤峰大井银铜矿
赤峰中色库博红烨锌业有限公司
赤峰金剑铜业有限责任公司
赤峰云铜有色金属有限公司
巴彦淖尔紫金有色金属有限公司
内蒙古蒙金矿业投资有限公司
大唐国际发电股份有限公司高铝煤炭资源开发利用研发中心
神华准能资源综合开发有限公司
内蒙古兴安银铅冶炼有限公司

辽宁省有色金属工业协会
中冶葫芦岛有色金属集团有限公司
抚顺铝业有限公司
中国有色（沈阳）冶金机械有限公司
东北大学
抚顺铝厂
沈阳铝镁设计研究院有限公司
中铝沈阳有色金属加工有限公司
中国有色集团抚顺红透山矿业有限公司
辽宁省有色地质局
沈阳有色金属研究院
沈阳有色冶金设计研究院有限公司
沈阳联立铜业有限公司
东北大学设计研究院（有限公司）
中国有色金属工业沈阳公司
铁岭选矿药剂有限公司
大连黄海铝加工厂
辽宁忠旺集团有限公司
沈阳市冶金建材行业联合会
大连维乐机械制造有限公司
沈阳东大自动化有限公司
抚顺钛业有限公司
大连汇程铝业有限公司
辽宁忠大铝业有限公司
盘锦东迪科技发展有限公司
大连世杰航空锻造有限公司
沈阳天众合金股份有限公司
鞍山发蓝股份公司

吉林省工业和信息化厅原材料工业处
吉林昊融有色金属集团有限公司
长春工程学院
吉林省有色金属地质勘查局
北华大学
吉林东北有色金属有限公司
临江市东锋有色金属股份有限公司
长春黄金设计院有限公司

黑龙江省冶金行业协会
东北轻合金有限责任公司
哈尔滨松江铜业（集团）有限公司
黑龙江省有色金属地质勘查局
哈尔滨东盛金属材料有限公司
哈尔滨贵金属交易中心有限公司

上海有色金属行业协会
东方希望集团有限公司
上海大昌铜业有限公司
上海华通铂银交易市场有限公司
国际铜业协会（中国）
上海鑫冶铜业有限公司
上海全胜物流股份有限公司
上海裕强供应链管理有限公司
上海飞轮有色新材料股份有限公司
上海飞轮实业有限公司
上海华源复合新材料有限公司
上海刚泰矿业有限公司
上海恒洋仪表科技有限公司
上海安美特铝业有限公司
万向资源有限公司
上海天申铜业集团有限公司

上海有色网信息科技有限公司
上海银天下金融信息服务有限公司
中都银业投资控股有限公司
上海圣懋控制设备有限公司
上海钢联电子商务股份有限公司
台能国际控股有限公司
上海市贺利氏工业技术材料有限公司
液化空气（中国）投资有限公司
上海合联稀有金属交易中心有限公司
德莎胶带（上海）有限公司

江苏省冶金行业协会
江苏春兴合金（集团）有限公司
徐州徐工矿山机械有限公司
江苏大亚铝业有限公司
江苏省常铝铝业股份有限公司
江苏省有色金属华东地质勘查局
南京银茂铅锌矿业有限公司
江苏省冶金设计院有限公司
徐州国贸稀贵金属综合利用研究所
江阴鑫裕装潢材料有限公司
江阴协和新型建材有限公司
常州金源铜业有限公司
江苏开元股份有限公司
江阴邦特科技有限公司
泓泰复合材料（江阴）有限公司
常州双欧板业有限公司
江苏天地龙集团有限公司
江苏利华铜业有限公司
江苏亚太轻合金科技股份有限公司
江苏大屯铝业有限公司
常州市盛洲铜业有限公司
江阴市保税物流中心
银邦金属复合材料股份有限公司
江阴周庄金属交易所有限公司
南京理工大学科学技术研究院
靖江市伟杰环保设备厂
江阴市华正金属科技有限公司
昆山德力铜业有限公司
常州市康频电器科技有限公司
徐州浩通新材料科技股份有限公司
江苏华宏科技股份有限公司
尼的曼过滤制造（苏州）有限公司
无锡范尼韦尔工程有限公司
常州中钢精密锻材有限公司
江阴恒兴涂料有限公司
苏州金江铜业有限公司
江苏鑫海铜业有限公司
苏州东宸先瑞新材料科技有限公司

海亮集团有限公司
杭州锦江集团有限公司
浙江省冶金有色行业协会
嘉兴学院
宁波金田铜业（集团）股份有限公司
浙江华东铝业股份有限公司
宁波兴业盛泰集团有限公司
浙江宏磊铜业股份有限公司
永杰新材料股份有限公司
宁波博威合金材料股份有限公司
浙江省有色金属地质勘查局
浙江富冶集团有限公司
浙江鼎丰铝业有限公司
青山控股集团有限公司
浙江中控软件技术有限公司
宁波展杰磁性材料有限公司
杭州戴奥投资管理有限公司
浙江科菲科技股份有限公司
宁波复能新材料股份有限公司
宁波金和锂电材料有限公司
浙江灿根智能科技有限公司

铜陵有色金属集团控股有限公司
安徽省冶金工业协会
芜湖恒鑫铜业集团有限公司
安徽新亚特电缆集团有限公司
安徽省华鑫有色金属有限公司
安徽江南化工股份有限公司
安徽宏宇铝业有限公司
安徽生信铝业股份有限公司
安徽锦洋氟化学有限公司
界首市一鸣新材料科技有限公司

紫金矿业集团股份有限公司
福建省冶金（控股）有限责任公司
福建省南平铝业股份有限公司

厦门厦顺铝箔有限公司
厦门钨业股份有限公司
福建省闽发铝业有限公司
漳州市鸿安铜业有限公司
福建同盛达电工材料有限公司

江西铜业集团公司
江西省工业和信息化委员会
江西理工大学
江西钨业集团控股有限公司
中国瑞林工程技术有限公司
崇义章源钨业股份有限公司
江西福丰化工有限公司
赣州有色冶金研究所
江西自立环保科技有限公司
南昌硬质合金有限责任公司
宜春钽铌矿
九江有色金属冶炼有限公司
江西大吉山钨业有限公司
江西荡坪钨业有限公司
赣州有色金属冶炼有限公司
江西画眉坳钨业有限公司
江西岿美山钨业有限公司
江西漂塘钨业有限公司
江西铜业集团七宝山矿业有限公司
江西西华山钨业有限公司
江西下垄钨业有限公司
江西小龙钨业有限公司
江西有色地质勘查局
赣州华兴钨制品有限公司
赣州市赣南钨业有限公司
江西耀升工贸发展有限公司
江西省瑞金化工机械有限责任公司
宜丰县华泰铝业有限责任公司
江西金品铜业科技有限公司
江西铜业铅锌金属有限公司
江西宝华锌业有限公司
江西恩凯金属科技有限公司
江西坤金有色材料有限公司

山东南山铝业股份有限公司
信发集团
丛林集团有限公司
阳谷祥光铜业有限公司
山东黄金集团有限公司
山东魏桥创业集团有限公司
山东省冶金工业总公司
中铝山东有限公司
东营方圆有色金属有限公司
中色奥博特铜铝业有限公司
兖矿电铝分公司
烟台国润铜业有限公司
山东晨阳新型碳材料股份有限公司
山东国大黄金股份有限公司
山东伟业铝材有限公司
菏泽广源集团
山东金升有色集团有限公司
青岛创佳铜业有限公司
山东亨圆铜业有限公司
山东创新集团有限公司
山东铝业公司
济南市冶金科学研究所
金堆城钼业光明（山东）股份有限公司
滨州魏桥铝业科技有限公司
山东华宇铝电有限公司
邹平铝业有限公司
山东华建铝业集团有限公司
山东天圆铜业有限公司
招金有色矿业有限公司
沾化庆翔金属材料有限公司
聊城万合工业制造有限公司
东营方泰金属回收利用有限公司
山东金阳机械制造有限公司
临沂奥达铸造有限公司
临沂众驰金属材料有限公司
山东金腾金属材料有限公司
济南宝世达实业发展有限公司
山东昊林铜业有限公司
山东昭和新材料科技股份有限公司
淄博南韩化工有限公司
山东中凯稀土材料有限公司
山东裕航特种合金装备有限公司
山东浩阳新型工程材料股份有限公司
山东方兴建筑材料有限公司
山东聊城瑞利金属材料有限公司

河南豫联能源集团有限责任公司
伊电控股集团有限公司
河南省有色金属行业协会
中铝矿业有限公司
中铝洛阳铜业有限公司
中铝中州铝业有限公司
中国长城铝业公司
中国铝业郑州有色金属研究院有限公司
河南神火集团有限公司
河南能源化工集团有限公司
焦作万方铝业股份有限公司
金龙精密铜管集团股份有限公司
洛阳栾川钼业集团股份有限公司
河南豫光金铅集团有限责任公司
多氟多化工股份有限公司
开曼铝业（三门峡）有限公司
河南万基控股集团有限公司
洛阳单晶硅有限责任公司
三门峡天元铝业股份有限公司
中色科技股份有限公司
中国有色金属工业第六冶金建设有限公司
商丘市丰源铝电有限责任公司
洛阳龙鼎铝业有限公司
河南省有色金属地质矿产局
安阳市豫北金铅有限责任公司
安阳市岷山有色金属有限责任公司
济源市万洋冶炼（集团）有限公司
洛阳永宁金铅冶炼有限公司
中铝河南铝业有限公司
国家建筑装修材料质量监督检验中心
林州市林丰铝电有限责任公司
河南省登封铝业有限公司
栾川龙宇钼业有限公司
河南金利金铅有限公司
河南志成金铅股份有限公司
洛阳香江万基铝业有限公司
沁阳市昊达实业有限公司
中矿国投（陕县）有色金属交易中心有限公司
焦作众合未来铝业有限公司
河南中色东方韶星实业有限公司
洛阳丰瑞氟业有限公司
焦作未来国贸贸易有限公司
河南中原黄金冶炼厂有限责任公司
中信重工机械股份有限公司
中储洛阳物流有限公司

湖北省冶金工业协会
大冶有色金属集团控股有限公司
中国十五冶金建设集团有限公司
汉江丹江口铝业有限责任公司
湖北金洋冶金股份有限公司
美尔雅期货经纪有限公司

湖南省有色金属管理局
中南大学
锡矿山闪星锑业有限责任公司
株洲硬质合金集团有限公司
中国有色金属长沙勘察设计研究院有限公司
湖南水口山有色金属集团有限公司
长沙矿山研究院有限责任公司
湖南晟通科技集团有限公司
湖南柿竹园有色金属有限责任公司
湖南有色金属控股集团有限公司
株洲冶炼集团股份有限公司
湖南有色金属投资有限公司
湖南有色金属有限公司黄沙坪矿业分公司
二十三冶建设集团有限公司
湖南有色金属研究院
长沙铜铝材有限公司
长沙有色冶金设计研究院有限公司
中钢集团衡阳机械有限公司
湖南稀土金属材料研究院
湖南有色冶金劳动保护研究院
湖南明珠选矿药剂有限责任公司
湖南宝山有色金属矿业有限责任公司
湖南经阁投资控股集团有限公司
湖南瑶岗仙矿业有限责任公司
湖南省鑫达银业股份有限公司
湖南湘投金天科技集团有限责任公司
湖南黄金集团有限责任公司
湖南宇腾有色金属股份有限公司
湖南有色金属职业技术学院
湖南省有色地质勘查局
郴州市金贵银业股份有限公司
桃江稀土金属冶炼厂
香花岭锡业有限责任公司

湖南有色湘东钨业有限公司
湖南三立集团股份有限公司
湖南省桂阳银星有色冶炼有限公司
长沙新振升集团有限公司
湖南永州福嘉有色金属有限公司
湖南展泰有色金属有限公司
益阳生力材料科技有限公司
郴州市丰越环保科技股份有限公司
湖南有色国贸有限公司
湖南有色衡东氟化学有限公司
湖南有色金属交易有限公司
长沙凯瑞重工机械有限公司
湖南太丰矿业集团有限责任公司
中蓝长化工程科技有限公司
长沙华时捷环保科技发展股份有限公司
湘潭县康大工贸有限责任公司

广东省广晟资产经营有限公司
深圳市中金岭南有色金属股份有限公司
广东广晟有色金属集团有限公司
广东省科学院
佛山市南海宇成金属投资有限公司
广东兴发铝业有限公司
广州有色金属集团有限公司
潮州翔鹭钨业有限公司
佛山兴奇金属有限公司
佛山市三水凤铝铝业有限公司
深圳市新星轻合金材料股份有限公司
广东先导稀材股份有限公司
广东省有色金属行业协会
广东省有色金属地质局
深圳华加日铝业有限公司
从化钽铌冶炼厂
广亚铝业有限公司
南海有色金属技术创新中心
广东珠江稀土有限公司
广东华昌铝厂有限公司
乳源东阳光精箔有限公司
佛山市南海区铝型材行业协会
广东伟业铝厂有限公司
广东豪美铝业有限公司
广铝集团有限公司
亚洲铝业控股有限公司

广东坚美铝型材厂（集团）有限公司
台山市金桥铝型材厂有限公司
佛山市南海华豪铝型材有限公司
佛山市兴亚铝业有限公司
佛山澳美铝业有限公司
江门市高骏资源发展有限公司
广东鑫元素金属工业有限公司
佛山金兰铝厂有限公司
广州市银鸥选矿科技有限公司
清远市华南铜铝业有限公司
珠海九通水务有限公司
佛山市南海艺华不锈钢铝业有限公司
广东广弘铝业有限公司
广州市恒道企业管理咨询有限公司
大纪（佛山）经贸有限公司
深圳杰夫实业集团有限公司
佛山市广成铝业有限公司
前海海航供应链管理（深圳）有限公司
广东芳源环保股份有限公司
广东高登铝业有限公司

广西有色金属集团有限公司
广西有色金属工业协会
中国铝业股份有限公司广西分公司
广西华锡集团股份有限公司
中国有色桂林矿产地质研究院有限公司
桂林理工大学
广西平桂飞碟股份有限公司
十一冶建设集团有限责任公司
广西成源矿冶有限公司
广西高峰矿业有限责任公司
广西壮族自治区地质矿产勘查开发局
广西有色栗木矿业有限公司
平果铝业公司
广西铟泰科技有限公司
平果亚洲铝业有限公司
广西平铝集团有限公司
河池市南方有色冶炼有限责任公司
广西福斯银冶炼有限公司
广西柳工机械股份有限公司
广西南桂铝业有限公司

海南中非矿业投资有限公司

海南省地质局
海南省资源环境调查院
海南供销大集供销链控股有限公司
海南信航供应链管理有限公司

西南铝业（集团）有限责任公司
重庆华浩冶炼有限公司
重庆市博赛矿业（集团）有限公司
重庆科技学院
重庆市新材料产业联合会
中铝萨帕特种铝材（重庆）有限公司
重庆旗能电铝有限公司

四川省有色金属工业协会
自贡硬质合金有限责任公司
四川宏达股份有限公司
四川启明星铝业有限责任公司
成都电冶有限责任公司
峨嵋半导体材料研究所
四川其亚铝业集团有限公司
四川省有色科技集团有限责任公司
天齐锂业股份有限公司
中建铝新材料有限公司
四川省有色金属工业公司
四川广元启明星铝业有限责任公司
四川省特丽达实业有限公司
四川三星新材料科技股份有限公司
米易华星钒钛科技有限责任公司
成都真火科技有限公司
四川路桥矿业投资开发有限公司

贵州省有色金属工业协会
中国铝业股份有限公司贵州分公司
贵州遵钛（集团）有限责任公司
中国铝业集团有限公司贵州铝厂有限责任公司
贵阳铝镁设计研究院有限公司
贵州省有色金属和核工业地质勘查局
遵义铝业股份有限公司
七冶建设有限责任公司
贵阳市能矿集团股份有限公司
兴仁县登高铝业有限公司

云南冶金集团股份有限公司
云南锡业集团（控股）有限责任公司
云南省冶金行业协会
云南铜业（集团）有限公司
昆明理工大学
昆明贵金属研究所
云南铝业股份有限公司
云南驰宏锌锗股份有限公司
昆明有色冶金设计研究院股份公司
云南木利锑业有限公司
中国有色金属工业第十四冶金建设公司
云南省有色地质局
云南金鼎锌业有限公司
昆明冶金研究院
昆明理工恒达科技股份有限公司
云南大泽电极科技股份有限公司
云南昊龙实业集团有限公司
中国有色金属工业昆明勘察设计研究院
云南铜业股份有限公司
云南罗平锌电股份有限公司
云南祥云飞龙再生科技股份有限公司
云南贵冶选矿技术研究院
盈江县昆润实业有限公司
云南凯康合金材料有限公司
云南东源煤业集团曲靖铝业有限公司
云南钛业股份有限公司
亚太环保股份有限公司

陕西有色金属控股集团有限责任公司
宝钛集团有限公司
金堆城钼业集团有限公司
西北有色金属研究院
西北有色地质勘查局
陕西铅硐山矿业有限公司
西安有色冶金设计研究院
陕西铜川铝业有限公司
陕西东岭冶炼总公司
汉中锌业有限责任公司
西安建筑科技大学
中国有色金属工业西安勘察设计研究院
陕西银矿
宝鸡钛业股份有限公司
九冶建设有限公司
陕西锌业有限公司

陕西中电电气有限公司
西安迈科金属国际集团有限公司
西安隆基硅材料股份有限公司
西安陕鼓动力股份有限公司

金川集团股份有限公司
白银有色集团股份有限公司
酒泉钢铁（集团）有限责任公司
甘肃省冶金有色工业协会
甘肃稀土集团有限责任公司
中国铝业股份有限公司兰州分公司
中国铝业股份有限公司连城分公司
八冶建设集团有限公司
甘肃土木工程科学研究院有限公司
兰州有色冶金设计研究院有限公司
西北矿冶研究院
二十一冶建设集团有限公司
甘肃省有色金属地质勘查局
西北铝加工厂
甘肃省国有资产投资集团有限公司
甘肃东兴铝业有限公司
兰州兰石换热设备有限责任公司
兰州理工大学
张掖市三益化工外贸有限公司
甘肃省有色金属企业管理公司

西部矿业集团有限公司
青海省投资集团有限公司
青海省经济和信息化委
中国铝业股份有限公司青海分公司
青海西北实业集团
青海桥头铝电股份有限公司
青海省有色地质矿产勘查局
西部矿业股份有限公司
青海铝业有限责任公司
青海西部矿业百河铝业有限责任公司
黄河鑫业有限公司
青海黄河矿业有限责任公司

宁夏回族自治区经济和信息化委员会
中电投宁夏青铜峡能源铝业集团有限公司
中色（宁夏）东方集团有限公司
宁夏惠冶镁业有限公司
宁夏有色金属地质勘查院
宁夏金和化工有限公司

新疆有色金属工业（集团）有限责任公司
新疆昊鑫锂盐开发有限公司
新疆有色金属研究所
新疆众和股份有限公司
新疆有色工业集团新鑫矿业股份公司
新疆维吾尔自治区有色地质勘查局
新疆汇友矿业（集团）有限公司
新疆嘉润资源控股有限公司
新疆博亚有色金属交易市场股份有限公司
新疆湘晟新材料科技有限公司
新疆紫金锌业有限公司

西藏玉龙铜业股份有限公司
西藏华钰矿业股份有限公司
西藏中凯矿业股份有限公司
西藏珠峰工业股份有限公司

（刘　华　吴　桐）

市 场 篇

2017 年有色金属市场综述

在经历 2008 年国际金融危机以来的漫长复苏期后，2017 年全球经济迎来近 10 年最大范围的增长提速。美国表现最为抢眼，2017 年美国股市延续了已持续 8 年的牛市行情，三大指数不断创历史新高，一路领涨发达经济体股市。截至 2017 年 12 月 26 日收盘，道指全年累计上涨 25.22%，至 24746 点；标准普尔指数累计上涨 19.73%，至 2680 点；纳斯达克综合指数累计上涨 28.85%，至 6936 点。美国制造业 PMI 指数处于 50 荣枯线上方，第二、第三季度实际国内生产总值（GDP）终值年化季率增速连续超过 3%，这是 2014 年以来连续两个季度高速增长。欧洲各国逐渐走出欧债危机的泥潭，迎来久违的共同增长，出现 10 年来最强劲的扩张。日本则在量化宽松的路上越走越远，经济出现小幅增长。路透社称，2017 年，欧元区和日本的经济表现超出前一年的预测。中国国内也出现“我们已经站在新周期的起点……”等比较乐观的预期言论。乐观的宏观情绪对本来已经从 2016 年开始上涨的商品市场以积极引导，价格继续上行，全年绝大部分有色金属价格强劲上涨（见表 1）。

表 1　　2012－2017 年国内有色金属价格涨跌幅（%）

	2012 年	2013 年	2014 年	2015 年	2016 年	2017 年
铜	－13.2	－7.6	－8.0	－17	－6.1	29.1
铝	－6.7	－7.6	－13.4	－9.7	－0.1	21.2
铅	－6.5	－7.2	－2.4	－7.3	11	24.6
锌	－10.8	－1.1	6.8	－4.4	10	41.4
镍	－26.4	－13.5	9.4	－22.7	－13	7.3
锡	－17.7	－6.6	－5.6	－21.3	9.7	21.2
钴	－20.65	－7	3.4	－1.4	－0.3	97.7
钨精矿	－14	10.8	－18.8	－33	－4.8	33.63
钼精矿	－21	－7.0	－13.2	－29.3	－3.3	34.5
锑	－21	－12	－13	－23	－8.6	35.5
金	－14.2	－17	－11	－6.0	13.6	3.0
银	－14.8	－23.7	－17.9	－13.8	12.6	2.9
铟	－14.8	21.6	13.8	－55	－40.1	2.0
锗	0.3	40	4.2	－21.6	－24.9	10.3
铋	－10.5	－13.7	10.9	－39.3	－29.5	19.4
硒	－25.6	－58.3	－23.9	－39.7	－40	158.8

续表

	2012 年	2013 年	2014 年	2015 年	2016 年	2017 年
碲	-61.9	-4.1	-4.3	-31.4	-35.6	-30.5
镓	-42	-25	-17.5	-25.2	-43	-36.4
钒铁	-12.7	16.8	-6.2	-30	9.8	110
铂	-9.7	-12.5	-6.9	-22.4	-6.4	-0.79
钯	-12.17	8.7	11.5	-12.6	-11.3	42.0
碳酸锂	18.8	-2.6	-3.2	34	162	1.7
氧化镨钕	-49.2	-7.1	-2.2	-11.6	-4.8	33.3

数据来源：安泰科

表 2　　2017 年国内外主要期货品种价格比较

	LME				SHFE			
	当月		三月期货		当月（现货）		主流合约	
	价格（美元/吨）	同比（%）	价格（美元/吨）	同比（%）	价格（元/吨）	同比（%）	价格（元/吨）	同比（%）
铜	6162	26.7	6190	27.2	49361	29.4	49309	29.1
铝	1968	22.7	1979	23.3	14495	18.2	14664	21.2
铅	2317	23.9	2326	23.9	18350	25.7	18276	24.6
锌	2894	38.4	2890	37.8	13950	43.8	23592	41.4
镍			10475	8.7	85578	12.2	85653	7.3
锡	20109	11.7	19991	11.8	143691	20.1	144446	21.1

数据来源：安泰科

表 1 显示，2017 年价格没有回升的有色金属寥寥无几，而且大多数品种涨幅较大。基本金属中，除了镍之外，其他 5 种金属价格涨幅都超过了 20%，中国优势资源品种钨、钼、钒、锑、稀土涨幅比较突出，铜铝铅锌等主要金属的伴生金属铟、铋、锗、镓、碲等价格没有上涨，仍保持低迷。涨幅最大的 3 个品种有硒、钒和钴。

除了市场积极情绪之外，2017 年有色金属价格普遍上涨的原因还有供求基本面的改善和美元贬值等因素。尽管美联储 2017 年三次加息，但并未能有效提振美元指数走势，美元全年跌幅超过 9.0%，这是自 2012 年以来最大年度跌幅。

表 2 显示，国内主要有色金属市场价格涨幅高于国际市场，这是从一个侧面表明影响价格的国内因素更强一些。国内供给侧结构性改革在 2017 年继续深化，供应萎缩面更广、程度进一步加深。

一、有色金属供求基本面情况

从基本面来看，连续多年的价格大幅度下跌造成企业严重亏损，矿山减产，原料供应紧张，全球有色金属冶炼产量下降或者增速减慢，但影响更大的是中国的供给侧结构性改革，越来越严厉的环保安全整治行动，产能扩张和产量增速减缓，许多企业停产、减产。整个市场供求基本面因为供给收缩而持续好转，表 3 和表 4 显示，无论全球市场还是国内市场，2017 年供求基本面进一步改善，表现在供应缺口进一步缩小，库存下降。

表 3　　全球主要有色金属供求平衡和报告库存　　单位：万吨

品种		2012 年	2013 年	2014 年	2015 年	2016 年	2017 年
铜	供应量	1983	2076	2155	2205	2250	2290
	消费量	1970	2055	2125	2170	2220	2265
	供求平衡	13	21	30	35	30	25
	报告库存	32.0	36.6	17.7	23.6	32.2	20.2
铝	供应量	4808	5080	5400	5700	5965	6387
	消费量	4803	5099	5486	5751	6090	6440
	供求平衡	6	-20	-86	-51	-135	-53
	报告库存	521	545.8	421	289.2	220.6	110.2
铅	供应量	1054.1	1090.3	1094.4	1097	1124	1148.2
	消费量	1024.9	1084.3	1116.4	1095.2	1133.7	1153.9
	供求平衡	29.2	6.0	-22	2	-9.5	-5.7
	报告库存	32.0	21.4	22.2	19.2	19.5	14.2
锌	供应量	1262.7	1303.3	1350.9	1366	1335.7	1338
	消费量	1238.8	1314.2	1373.3	1358	1370.7	1391.5
	供求平衡	23.9	-10.9	-22.4	8.4	-35	-53.5
	报告库存	122.1	93.8	68.6	46.3	42.8	18.2
锡	供应量	33.48	34.05	36.42	33.63	33.74	35.5
	消费量	34.06	34.89	35.85	34.69	34.50	36.2
	供求平衡	-0.58	-0.84	0.57	-1.06	-0.76	-0.7
	报告库存	1.3	1.0	1.2	0.6	0.4	0.2
镍	供应量	174.5	194	197	197	193	207
	消费量	181	187	189	164.8	200	215
	供求平衡	9.7	17	10	8	-7	-8
	报告库存	14.0	26.2	41.3	44.1	37.1	36.8

表 4　　国内市场主要有色金属供求平衡　　单位：万吨

品种		2012 年	2013 年	2014 年	2015 年	2016 年	2017 年
铜	产量	562	618	688	736	765	801
	净进口量	313	291	332	347	320	290
	消费量	860	915	966	993	1031	1074
	供需平衡	15	-6	54	89	54	17
	报告库存	20.6	12.6	11.2	17.8	14.7	15.0

续表

品种		2012 年	2013 年	2014 年	2015 年	2016 年	2017 年
	产量	2230	2510	2820	3080	3265	3667
	净进口量	41	22	3	3	3	6
铝	消费量	2207	2497	2791	3031	3280	3540
	供需平衡	64	35	32	52	-12	133
	报告库存	44.7	18.7	20.7	29.7	30.0	54.0
	产量	459	478	474	470	467	487
	净进口量	0.5	-2.1	-3	-4.9	-1.4	7
铅	消费量	434	470	496	472	475	483
	供需平衡	25.6	6	-25	-6.9	-9.4	11
	报告库存	7.8	9.0	6.4	1.2	2.9	1.7
	产量	493	545	583	586	590	585
	净进口量	50	64	55	55.6	50.5	77
锌	消费量	540	596	625	628	657.0	663
	供需平衡	-7	13	13	13.6	-16.5	-1
	报告库存	31.2	23.9	8.3	20.0	15.3	6.9
	产量	55.9	70	70	63	58	59
	净进口量	23.1	19.8	11.4	41.4	51.8	45.3
镍	消费量	73	87	94	96	115	122
	供需平衡	6	2.8	-12.6	8.4	-5.2	-5.3
	报告库存	-	-	-	4.8	9.0	4.4
	产量	15.3	15.4	17.0	16.5	16.6	16.9
	净进口量	1.3	0.3	0.4	0.5	0.7	0.1
锡	消费量	14.9	15.6	16.3	15.4	15.8	16.8 供
	需平衡	1.7	0.1	0.8	1.6	1.5	0
	报告库存	-	-	-	0.07	0.24	0.49

铜：由于中国铜需求增速放缓，全球铜消费增幅受限，但精铜产量随着铜精矿供应的改善稳定增长，全球精铜市场自2012年转变成供应过剩，2014-2015年供应过剩逐步扩大。2016-2017年全球铜精矿生产出现波动，但库存充足，中国精铜新增产能投产，全球精铜产量稳步增长，供应过剩量放大。2017年国内空调、新能源汽车等需求增长，弥补了电力行业用铜增速较为平缓的影响。同时，海外美国、欧洲经济稳步复苏，也对需求增长有利。综合来看，2017年全球供应保持过剩，但过剩量继续缩减，接近紧平衡状态。

2017年国内精铜产量为800.7万吨，同比增长4.7%；进口量为324.3万吨，同比下降11.96%，净进口量同比下滑9.3%至290.5万吨；消费量为1074万吨，同比增长4.2%。综合进口、生产、消费等情况，2017年精铜供应过剩17.2万吨，比2015-2016年明显缩减，主要是净进口量下滑较多。

铝：2017 年，中国清理整顿违规项目的产业政策及环保政策成为影响全球电解铝供应格局走向的最大因素。根据安泰科统计，2017 年中国关停违规违法电解铝产能近 460 万吨，停止的在建、拟建产能超过 500 万吨，加上进入冬季采暖期，“2 + 26” 城市电解铝企业又按照政策要求展开错峰生产，2017 年底全国电解铝运行产能降至 3590 万吨/年，为 2016 年下半年以来最低水平。全年全国电解铝年产能净增量 170 万吨，较上年大幅收缩，年底，全国电解铝产能规模为 4490 万吨，较上一年增长 3.9%，增速比上年回落 7.1 个百分点。随着产能波动，原铝消费增速放缓，国内电解铝产量波动较大，2017 年电解铝产量 3667 万吨，较上年增长 12.3%，增幅提高 6.3 个百分点，连续 5 年增速放缓后再度回升。2015 – 2017 年中国电解铝产量的年复合增长率为 9.1%。

在铝材、铝制品等出口增长有限的情况下，2017 年中国原铝内需表现较为稳定，其中房地产、耐用消费品等领域的原铝消费增长最为显著，为国内原铝消费增长奠定重要基础。安泰科估计，2017 年中国原铝消费量达到 3540 万吨，比上年增长 7.9%，增速回落 0.3 个百分点。

2017 年国内市场可统计社会铝锭库存创下历史新高。春节后国内铝锭库存仅短短数日下跌后，随即便呈现上升态势。而在政策调控预期下，铝价持续上涨也进一步刺激电解铝运行产能攀升，致使上半年国内供应增速逐月上涨；即便同期消费表现强劲，但库存仍居高不下。步入下半年，尽管电解铝供应增速在政策落地影响下显著回落，但同期消费受宏观、外贸环境、环保等因素影响，表现不及预期，国内铝锭库存并未因中国电解铝供应能力大幅下降所回落。截至 2017 年末，国内可统计社会铝锭库存在 170 万吨以上，较年初上涨约 4.8 倍。

综上所述，2017 年中国原铝市场供应过剩 133 万吨，市场供需关系由紧平衡转为过剩，全球原铝市场过剩 110 万吨。

铅：2017 年国内外铅价表现不俗，均价均为近 10 年的新高。铅价上冲高位的动力来自供给端，美国减产和中国环保安全整治大背景下供应不稳定。

2017 年中国铅精矿减产，受朝鲜局势和加工费低迷影响，铅精矿进口显著减少，导致国内冶炼厂原料供应紧张，全年原生铅减产 5.1%。国内环保安全整治行动在 2017 年进一步加强，再生铅黑色产业链是重点整治的环节，结果主要企业废铅原料供应好转、生产利润保持良好，生产受到鼓舞，再生铅产量显著增加，全国精铅产量增长。但是，美国关闭了最后一家原生铅厂导致 2017 年显著减产。中国增产在一定程度上弥补了美国的减产，全球精铅产量小幅增长。

全球铅的消费因为中国的原因进入疲软时期，2017 年国内消费增长 1.3%，全球增长 1.8%。电动自行车市场的饱和、部分被锂电池替代是国内铅消费增速减缓的重要原因。

2017 年全球铅市场供应短缺，国内市场则供应过剩，国内过剩的重要原因是再生铅生产提速、消费疲弱。

锌：2015 年以来锌精矿市场的持续短缺在 2017 年达到极致，并延伸到了锌锭市场，无论全球还是国内，锌锭市场供应均为短缺，延续去库存过程。基本面因为供给侧原因而好转，锌价延续了 2016 年年初以来的涨势，国内外年均价涨幅超过 35%，是基本金属中涨幅最大的品种。

2015 – 2016 年国内外矿山持续大量减产，导致全球原料供应紧张，锌价从 2016 年初开始回升，国外停产的矿山在 2017 年陆续恢复生产，新项目逐步投产，矿山产量恢复性增长。但国内矿山产量受环保安全整治行动的影响仍然下降，精矿加工费持续下跌到接近历史最低水平，全球冶炼厂、特别是中国冶炼厂原料供应继续保持显著紧张状态，生产受到制约。2017 年全国锌产量下降，全球产量微增长。全球锌消费虽然比较弱，但保持小幅度增长。

在供应受限，需求基本正常的情况下，2017 年全球锌金属市场供应短缺量比 2016 年明显放大，库存显著下降。国内冶炼厂生产状态不佳，迫使国内外比价保持高位，进口大幅度增加。全年进口锌及锌合金 77 万吨，比 2016 年增长 52%。但进口锌锭相当一部分在保税仓库，国内现货市场供应保持紧张，交易所报告库存下降明显，年底只有 6.9 万吨，比上年底减少 54.9%。到 2017 年年底，国内外锌市场现货保持供应紧张，但是，市场情绪上已经开始转向原料供应好转、锌价将回软的预期。

镍：镍价经历了 2014 – 2015 年两年的低位徘

徊之后，部分企业因亏损逐渐退出市场或削减产量，自2016年开始，全球镍市因为供给侧原因连续出现供应缺口。2017年美国、欧洲、日本等发达经济体不锈钢生产和需求均有良好的增长，预期今后几年继续保持适度增长，占60%以上镍消费的不锈钢行业给镍市场提供了良好的需求前景，新能源汽车快速增长的预期从2017年下半年给镍消费注入了新的动力。然而，2017年四季度市场热情开始转为理性，给镍市场有效降温。从全球市场来看，2017年镍市场供应短缺量与2016年相当，报告库存基本稳定；国内市场因为进口减少，供应保持适度短缺，库存显著下降。

锡：缺乏新发现资源和原料供应紧张一直是全球锡市场的关键问题，印尼、缅甸等主要的原料供应国限制初级产品出口的政策是近年来锡市场供应最不稳定的因素，但是2016年以来锡价相对高位运行，在一定程度上刺激了锡的供应，全球锡矿山产量和精锡产量均有所增长。与此同时，全球电子工业增长良好，拉动锡消费也适度增长，全球精锡市场保持供应短缺。国内市场因为产量下降、出口增加，供应过剩状况有明显缓解。

二、稀有金属基本面概况

从价格表现来看，稀有、稀散等小金属价格触底时间大致晚于铜、铝、铅、锌等基本金属价格。2016年初开始，主要有色金属价格开始回升，2017年以更大幅度继续反弹，但小金属价格在2016年仍低位徘徊，很多品种如铟、铋、锗、镓、硒、碲等价格在成本区域波动，2017年才出现不同程度回升，年均价有升有降。从价格背后的影响因素来看，基本面对小金属的影响为主，市场情绪影响有限。

国内高强度的环保安全整顿行动，对钨、钼、锑等金属供应也造成一定影响，供给端推动这些金属供求基本面改善。但是，对从废渣等资源综合利用行业供应来源较大的品种和主要金属伴生的品种来看，虽然环保行动也导致一些小企业关闭和退出，但总体来说，产量处于增长状态。所以，在现货供应阶段性紧张、价格反弹之后，供求关系很快逆转。

从消费来看，经过多年的培育，国内下游终端市场有所发展，一些关键材料的规模化生产有所发展，小金属的国内直接消费增长的品种越来越多。但是，国内消费基数太低，对供求关系影响有限。另外，小金属长期积累的库存偏高。

总体来看，基本金属之外的小金属供求关系也因为供给端收缩、消费增长有所好转，但多年积存的库存仍然较高，国内消费基础薄弱，对出口依赖度太高，国内供求关系很脆弱，一旦出口受阻，库存会快速回升。供求关系的转折性变化尚需时日。

（冯君从）

铜市场分析

一、价格走势回顾

2017年，全球铜价走势可以大体分为上下半年两个阶段。上半年铜价冲高回落陷入震荡，尽管铜矿的罢工和影响供应的事件频发，但精铜产量依靠库存并未受太大影响，而且市场聚焦于中国制造业增速放缓，美联储3月加息带来的担忧等因素，给铜价在全球经济增长的不确定中带来一定压制和限制。下半年，铜价强势向上突破，伦铜、沪铜纷纷创下年内新高，12月更是短暂下探后强势回升拉涨。引发铜价上涨的主要动力在于中国经济表现好于预期，美元指数弱势以及对中国废铜政策、国外矿山面临诸多劳资谈判可能带来原料供应下滑等多项利多消息共同作用，使铜价突破此前压力位，年末一度达到7300美元上方。

LME三个月期铜2017年最后一个交易日收盘价较2016年最后一个交易日上涨30.9%。

2017年LME当月期铜和三个月期铜平均价分别为6162美元/吨和6190美元/吨，同比分别上涨26.72%和27.20%。

国内铜价走势与国际市场基本一致，但考虑到下半年以后人民币升值的因素，沪铜下半年表现的相对“弱”些，特别是年底，涨幅明显弱于伦铜。

SHFE三个月期铜2017年最后一个交易日收盘价较2016年最后一个交易日上涨22.2%。

2017年SHFE当月期铜和三个月期铜平均价分别为49361元/吨和49309元/吨，同比分别上涨29.38%和29.07%。

纵观全年铜价，受美元走软、供不应求预期

的疑虑，以及对中国需求信心等诸多因素的带动，延续了2016年四季度以后的反弹表现，重心不断提升，逐步脱离了连续几年的熊市氛围。

LME 和 SHFE 期铜平均价

	LME（美元/吨）		SHFE（元/吨）	
	当月期铜	三个月期铜	当月期铜	三个月期铜
2012 年	7950	7946	57348	57318
2013 年	7326	7349	53165	52980
2014 年	6859	6825	48935	48338
2015 年	5501	5493	40633	40584
2016 年	4863	4867	38152	38203
2017 年 1 月份	5737	5758	46311	46575
2 月份	5941	5952	48068	48832
3 月份	5821	5840	47185	47540
4 月份	5697	5727	46131	46538
5 月份	5591	5614	45438	45274
6 月份	5699	5724	45952	45876
7 月份	5978	6008	48208	48059
8 月份	6478	6507	51291	50923
9 月份	6583	6623	52234	51504
10 月份	6797	6833	54641	53999
11 月份	6825	6857	53520	53721
12 月份	6801	6838	53354	52865
2017 年	6162	6190	49361	49309
2017/16 同比变化	26.72%	27.20%	29.38%	29.07%

数据来源：SHFE、LME、安泰科

二、全球铜市场供求关系

2017年上半年，国外一些大型铜矿受罢工冲击影响产量，造成全年全球铜精矿供应稍有短缺，而依靠较充裕的库存，全球精铜供应继续稳步增长，其中，中国精铜需求增速较上年略有提升，但全年来看全球精铜市场供应继续表现为过剩状态。

（一）铜精矿供应略有短缺

2017年一季度和二季度初，全球铜矿生产遇到了较多的干扰，诸多罢工、政企纠纷，导致铜精矿产量受到较大冲击，尽管二季度后期以及下半年各矿山加大了生产力度，一定程度上弥补了损失，加上一些新矿山逐步达产或提升产能利用率，全球铜精矿产量较2016年无明显变化，现货市场铜精矿加工费最低曾出现70美元/吨和7.0美分/磅以下的报价。

全球铜精矿消费主要集中在亚洲、美洲和欧洲三个地区，目前全球冶炼产能的增加主要集中于中国，虽然中国部分冶炼厂因环保原因存在一些减产，但整体来看铜精矿需求影响相对有限。

综合来看，2017年全球铜精矿产量为1645万吨，需求量为1650万吨，供应出现小幅短缺。

（二）全球精铜消费好于预期，但供求维持过剩格局

全球精铜市场自2012年起转为供应过剩。由于中国进入经济结构调整期，对铜的需求增速放缓，导致全球铜消费增幅受到较大影响，但精铜产量却随着铜精矿供应的改善呈现稳定的增长趋势，在2014－2015年期间，全球精铜供应过剩量呈逐步扩大的趋势。2016年，全球精铜消费量的增长略高于产量，过剩量开始趋于收窄。

这一趋势在2017年继续得以体现，尽管全球铜精矿产量受到一定抑制，但此前几年连续过剩的库存和粗铜库存并没有传导至精铜生产上来，而且中国精炼产能扩张在近两年稍有放缓，使得全球精铜产量维持了稳步增长的格局。

需求方面，中国需求增速好于2016年，特别是在颇有韧性的经济，空调、新能源汽车等方面表现出的亮点，一定程度上弥补了电力行业用铜增速较为平缓的影响，同时，海外美国、欧洲经济稳步复苏，也对需求增长有利，特别是“一带一路”倡议推动了沿线国家的经济增长、工业化城市化进程，进而直接拉动有色金属、钢铁、水泥、能源等大宗商品的需求。

2017年全球精铜产量为2290万吨，消费量2265万吨，综合来看还是出现了一定过剩，但过剩量较前几年缩减，而且总量不大，考虑到库存和在途等因素，市场整体为平衡状态。

三、中国市场分析

（一）冶炼/精炼产能继续扩张

据安泰科统计，2017年铜粗炼和精炼各新增产能10万吨，年末总产能将分别达到660万吨和1092万吨。

（二）铜精矿供应延续过剩格局，过剩量大幅收窄

中国有色金属工业协会数据显示，2017年中国铜精矿产量为165.6万吨，同比增长7.74%。其中，有6个省区铜精矿含铜产量超过10万吨，分别为江西、云南、新疆、安徽、甘肃和内蒙古，合计121.3万吨，占全国比例为73.2%，显示国内铜精矿生产地区集中度较高。

尽管铜价的走高带动了铜矿的生产积极性，但环保要求的提升，使一些中小型矿山产量关闭，少数大型矿山的生产也曾阶段性受限，而新产能投入有限，因此整体产量增幅相对有限。

受国内铜冶炼产能持续扩张的推动，铜精矿需求量逐年增长。通过对主要铜冶炼企业的跟踪调查和研究，估算出国内铜精矿消费量，2017年为585.3万吨（铜金属量）。

由于近年来国内冶炼产能扩张迅速，国内对铜精矿的需求量也增长很快，远高于国内铜精矿产量增幅和增速，对原料的渴求不断刺激进口增加。不过，2017年进口铜精矿加工费仍是冶炼厂有盈利的水准，但相较上年还是有一定幅度的下滑，加之上半年全球矿山的罢工行为，使不少冶炼厂顺势进行检修，进口积极性相对较弱，因此2017年进口铜精矿（估算含铜量）为433.3万吨，同比增长1.64%，增幅不大。纵观全年，中国铜精矿供需（产量＋进口－需求量）仍维持过剩局面，只是过剩量大幅收窄。

（三）国内精铜产量增速平稳，消费增速好于上年

中国有色金属工业协会数据显示，2017年国内精铜产量为888.9万吨，同比增长7.69%。

尽管2017年国内新增产能相对有限，一季度和二季度初受到铜精矿加工费较低的影响，下半年又有少数企业因环保问题限产，加之铜精矿、粗铜库存以及废杂铜的补充，国内精铜产量仍保持增长。

消费方面，电力行业消费增速不及预期，电缆行业表示前10个月订单和生产尚好，但最后两个月情况不尽如人意；房地产市场调控持续，给市场带来心理压力，对铜消费的负面影响依然还没有真正体现出来，新开工面积等数据依然好于预期；空调行业保持了2016年下半年以来的火爆局面，内销和出口保持产销两旺；新能源汽车作为热点保持良好增速，加之中国经济、基建等给消费提供持续的支持，全年精铜消费增速略高于上年。

整体来看，国内精铜消费在2017年大多数时间都好于预期，年末情况稍差但并不影响大局，全年消费增速约为4.2%至1074万吨，较上年的增长3.8%左右，提高了0.4个百分点。

（四）铜精矿进口同比仍有增长，精铜进口同比下滑

近几年，中国铜冶炼产能的不断扩张，带动铜精矿的需求逐年增加，但国际市场铜精矿供应一直处于紧张状态，加工费低廉给企业带来经营压力。这种状况在2013年开始得到改变，随着国际市场铜精矿供应大幅增加，加工费一路攀升，

推动中国铜精矿进口量大幅增加。

2017 年中国进口铜精矿 1735.1 万吨（实物量），同比增长 2.28%，再创历史新高，较上年 27.60% 的增幅下降明显，估算折合金属量 433.3 万吨。

尽管中国精铜产能不断扩张，但仍不能完全满足市场的需求，因此依赖精铜进口弥补缺口成为必然。不过，由于比值在多数时间不利，金融属性得不到太多空间，而且库存充足，此前两年精铜进口量又处于“不理性”的高位，因此，尽管 2017 年累计进口精铜 324.3 万吨，同比下滑 10.63%，净进口量为 290.6 万吨，同比下滑 9.27%，下滑的幅度不算小，但整体情况符合预期。

此外，由于年内消费好于预期，降低了出口的意愿，2017 年精铜出口量低于上年。

（五）国内精铜供应依然过剩，过剩量继续收窄

综合进出口、生产、消费等情况来看，2017 年供应存在过剩，但过剩量较 2015 和 2016 年缩减，主要因净进口量下滑较大，产量增速低于预期和消费量高于预期起到的作用。

（六）国内废铜政策对供应会有阶段性影响

2017 年废杂铜进口有所回升。一方面，欧美经济逐步复苏，终端产品更迭进度有所加快，废铜产量增加；另一方面，日本、菲律宾、泰国等国门槛较低，政府支持力度较大，令其国际竞争力优势扩大，加之进口政策变化的消息不断出现，已有一些企业在东南亚等国建立拆解厂，提前加大进口布局，因此可以看到中国从东南亚进口废铜数量在增加。此外，精废铜价差扩大导致废铜消费的经济型凸显，市场对于废铜的需求量增加，也对废铜进口有所提振。

四、影响市场的其他主要因素

资金在 2017 年继续介入铜市的意愿较高，除了铜市场本身供需平衡较为脆弱外，全球经济复苏、中国经济颇具韧性和美元的弱势，也都对铜价起到了稳定、提供动力的作用。

（一）美联储进入加息周期，美元弱势支持铜价反弹

从历史上看，美联储的加息周期往往也是铜价走高的周期，而且加息周期越长、幅度越大，对应的铜价涨幅也越大，当前市场普遍认为美联储的加息将是小步慢跑、循序渐进，以历史经验来看，未来几年铜价将呈现为慢牛格局。

尽管美联储年内实行三次加息，但并未能有效提振美元指数走势，全年跌幅超过 9.0%，这是自 2012 年以来首次出现年度跌幅，也是自 2003 年以来最糟糕的一年。一方面，市场对美国政府所实行的政策不确定性始终存在担忧，其税改立法推进缓慢且美国通胀压力都可能与美元的贬值有关；另一方面相对于其他国家，美国经济复苏态势最先展现出来，美联储在 2015 年开始逐步退出量化宽松政策，自 2014 年年中开始至 2015 年年初美联储的加息预期刺激美元强势升值，之后 2016 年因特朗普当选为美国总统，美元指数继续攀升，但这波涨势时间并不长，欧元区、英国经济良好复苏、加拿大加息等因素导致市场对美元其他竞争货币的信心有所增强，特别是 2017 年欧元区经济强势增长且政治局势比预期来的更加稳定，使得欧元大幅走强，削弱了美元的表现。

（二）中国经济展现出韧性

2017 年，中国经济稳中有进、稳中向好，一方面给了市场信心，另一方面也给了市场对铜消费向好的底气，对铜价颇具提振作用。

（三）全球经济都在恢复中

2017 年，不仅仅是美国，欧洲和多个新兴国家经济恢复良好，作为传统的铜需求国家，欧美经济的强劲复苏有利于拉动铜的需求，新兴国家对基建等的要求也有助于铜消费提升，也为铜价反弹提供着基础。

（四）交易所库存对市场影响有限，国内外库存转移行为较多

交易所的显性库存从大趋势来看，2017 年大体呈现为先增后减，LME 和 SHFE 曾出现联系的互相转移局面，一度短暂影响市场心态。不过整体来看，近几年市场主要关注点都不在库存方面，只是当库存出现短期连续趋势时，价格会作出一定短期的反应。

（五）资金对价格推动力量明显增强

铜价 2017 年继续受到资本市场的青睐，LME 持仓虽然较 2016 年底有所下滑，但整体仍属近年来的较高水准。

SHFE 市场相对更受追捧，资金在 2017 年下半年大举入场做多，其投机行为也令国内市场价格很多时候引领着国际价格，铜价的反弹也明显

看出资金力量的推动作用。

COMEX 的基金持仓则年内始终维持净多头寸，可以在一定程度上看出资金对于铜价较为乐观的态度。

从月末的资金流入来看，虽然仅仅看月末数据有一定欠缺，但仍能体现出来，当铜价上涨的月份，往往是资金净流入市场的时期。

（何笑辉）

铝市场分析

一、国际铝市场价格走势回顾

2017 年全球铝市场供需关系继续得到改善。在中国电解铝供给侧改革叠加环保政策，以及原材料成本持续攀升等因素的带动下，国内外电解铝价格大幅抬升，LME 和 SHFE 三月期铝全年均价分别比上年上涨 23.3% 和 21.2%。

上半年，国际铝价运行重心稳步上升。年初 LME 三月期铝价格快速站上吨铝 1800 美元整数关口，同时在宏观消息面向好以及全球电解铝供需紧缺预期加剧等因素提振下，保持较为强劲的上涨态势。步入一季度末，国际铝价已站稳 1900 美元整数关口，并于 3 月冲至上半年高点 1981 美元，较 2016 年下半年低点 1559 美元上涨 27.1%。2017 年二季度，国际铝价在宏观风险升温、能源价格下跌，以及中国电解铝供应增速大幅回升等因素影响下，呈现逐月回调态势。4 月 LME 三月期铝环比跌幅达 2.17%，步入五六月份国际铝价一度跌破 1900 美元整数关口，最低探至 1855 美元，二季度末国际铝价在市场风险偏好改善带动下，重回 1900 美元上方，收于 1923 美元。

下半年，国际铝价继续高位运行。三季度，随着中国国内供给侧改革不断深化，尤其是在山东省宣布关停违规产能后，国际铝价大幅上涨，吨铝迅速突破 2000 美元关口，并站稳脚跟。步入四季度，由于宏观环境整体偏弱，加之中国冬季限产效果不及预期，国际铝价逐步下滑。但考虑到国外供应维持偏紧局面，对铝价底部有一定支撑，同期 LME 铝价抗跌性较强。

2017 年，LME 现货月和三月期铝平均价分别为吨铝 1968 美元和 1979 美元，较 2016 年分别大幅上涨 22.7% 和 23.3%。

上半年，国内期铝价格总体呈现上涨态势。年初国内铝市场供需压力大幅缓解，库存处于近年来同期低位水平，对铝价构成支撑。与此同时，随着《京津冀及周边地区 2017 年大气污染防治工作方案》（环大气［2017］29 号）文件公布，市场对铝市预期大幅向好，同期原材料价格上涨也进一步助推铝价反弹，沪铝三月期铝一举站上吨铝 1.4 万元整数关口。2017 年 4 月，国家发改委、工信部、环保部、国土资源部联合发布《清理整顿电解铝行业违法违规项目专项行动工作方案》发改办产业［2017］656 号，被市场誉为“国家针对电解铝宏观调控以来最为严厉的政策”终于落地出台，沪铝三月期铝应声大幅上涨，创下上半年高位至 14930 元，较 2016 年下半年低点 11630 元上涨 28.4%。

下半年，国内期铝价格先扬后抑。三季度时，随着违规产能的陆续关停，政策执行效果不断显现，同时市场对政策预期强烈，资金不断涌入铝市，铝价一路上涨，9 月份吨铝突破 1.7 万元关口，刷新近年高位；步入四季度，价格承压下滑，一方面是由于 2017 年，国内铝锭库存持续增加，较为悲观的基本面对铝价构成下行压力；另一方面，供给侧政策执行效果不如预期，铝价重回基本面，步入下行通道。但 2017 年总体运行重心依然是大幅上移。

2017 年，SHFE 现货月和三个月期货的吨铝平均价分别为 14495 元和 14664 元，较 2016 年分别上涨 18.2% 和 21.2%。

二、全球原铝生产情况

（一）中国以外地区原铝生产情况

2017 年，国外电解铝产能小幅下降，关停规模高于新增产能。根据安泰科统计，截至 2017 年底，国外电解铝年产能约为 3255 万吨，较上年下降 0.2%。

从减产情况来看，2017 年国外关停电解铝年产能约为 35 万吨，主要分布在美国、加拿大、南非和乌拉圭。从新增产能来看，2017 年中国之外地区新建电解铝年产能约 30 万吨，主要分布在中东、挪威、冰岛等国家和地区。随着全球电解铝供需矛盾逐年放缓，国外电解铝产能利用率稳步攀升，2017 年国外电解铝产能利用率为 83.6%，较上年增长 0.8 个百分点。

根据国际铝业协会统计，2017 年 12 月份中国之外地区的电解铝产量为237.5万吨，同比上涨2.3%；日均产量7.66万吨，环比增长0.8%；2017年国外电解铝累计产量2750万吨，比上年增长0.9%。

（二）中国原铝生产情况

政策成为影响企业生产运营的最大因素。在“清理违规违法电解铝行动方案”、“2+26冬季采暖错峰生产”等政策叠加因素下，2017年中国电解铝年产能净增量达到170万吨，较上年大幅收缩。截至2017年底，中国形成的电解铝年产能规模达到4490万吨，较上年增长3.9%，增速回落7.1个百分点。

受价格上涨，行业盈利大幅改善带动，2017上半年中国电解铝产能利用率创近年新高，为产量快速增长奠定重要基础。根据安泰科统计，2017年中国电解铝产量达到3667万吨，较上年增长12.3%，增幅提高6.3个百分点。

随着政策的推进，2017年中国电解铝运行产能大幅缩减。根据安泰科统计，2017年中国关停违规违法电解铝年产能近460万吨，主要分布在山东、内蒙古、贵州、新疆、重庆5地，其中山东和新疆关停规模最大，占比分别为71%和22%。与此同时，一批不符合产业政策的在建及拟建电解铝项目也纷纷停工，涉及产能超过500万吨。进入冬季采暖期，“2+26”城市电解铝企业又按照政策要求展开错峰生产，至年底国内电解铝运行年产能已降至3590万吨，为2016年下半年以来最低水平。

三、中国铝及相关产品进出口情况

据海关统计，2017年12月原铝进口6700吨，环比增加7.9%，同比大幅下降90.39%；2017年累计进口11.62万吨，同比下降41.5%。12月，原铝出口200吨，环比大幅增加90.6%，同比下降17.4%；2017年累计出口1.43万吨，同比下滑14.9%。2017年12月，原铝净进口量为6400吨，环比增加6.7%；2017年原铝净进口10.19万吨，同比减少43.7%。

2017年12月，铝合金进出口量环比均有所下滑，进口铝合金7600吨，环比减少12.2%，同比增长8.9%；2017年累计进口铝合金7.0万吨，同比增长21.2%。12月中国出口铝合金4.44万吨，环比下降4.8%，同比增加5.4%；2017年累计出口铝合金53.7万吨，同比增长8.6%。

2017年12月中国铝材出口量继续增加。据海关统计，12月，铝材出口39.1万吨，环比增加19.1%，同比增长19.1%；2017年累计出口421.7万吨，同比小幅增长4.0%。12月，进口铝材3.55万吨，环比下降6.1%，同比下降1.5%；全年累计进口铝材39.5万吨，同比小幅增长1.6%。

表1　　2017年中国铝产品进出口统计　　单位：万吨

产品种类	进口			出口		
	12月	同比（%）	年初迄今同比（%）	12月	同比（%）	年初迄今同比（%）
原铝	0.67	90.4	-41.5	0.02	-17.4	-14.9
铝合金	0.76	8.9	21.2	4.44	5.4	8.6
铝材	3.55	-1.5	1.6	39.1	19.1	4.0
废铝	20.2	13.5	13.4	——	——	——

数据来源：中国海关

四、中国铝消费

2017年，发达国家经济体稳步复苏，房地产和汽车行业稳中有进，新兴经济体原铝消费增速也显著攀升。分大洲原铝消费情况来看，除大洋洲之外，其余大洲的原铝消费增速均保持2%以上。南美洲、亚洲（不含中国）、非洲三个地区原铝消费增幅显著，大致在4%~6%之间。安泰科统计，2017年国外原铝消费量为2900万吨，较上年增长2.8%，占全球原铝消费量的比重为45%。

在铝材、铝制品等出口增长有限的情况下，2017年中国原铝内需表现较为稳定，其中房地产、耐用消费品等领域的原铝消费增长最为显著，为国内原铝消费增长奠定重要基础。安泰科估计，2017年中国原铝消费量达到3540万吨，比上年增长7.9%，增速回落0.3个百分点。

从消费分领域来看，2017年建筑、电子电力、交通运输三大原铝消费领域占比有所下降。根据安泰科统计，建筑、电子电力、交通运输三大领域原铝消费占比分别为32.1%、15.2%和12.4%，耐用消费品、包装容器占比分别上升至11.3%和8.3%。

从库存变化来看，2017年中国可统计社会铝锭库存创下历史新高。春节后国内铝锭库存仅短短数日下跌后，随即便呈现上涨态势。在政策调控预期下，铝价持续上涨也进一步刺激电解铝运行产能攀升，致使上半年国内供应增速逐月上涨；即便同期消费表现强劲，但库存仍总体居高不下。步入下半年，尽管电解铝供应增速在政策落地影响下显著回落，但同期消费受宏观、外贸环境、环保等因素影响，表现不及预期，国内铝锭库存并未因中国电解铝供应能力大幅下降所回落。截至2017年末，国内可统计社会铝锭库存在170万吨以上，较年初上涨约4.8倍。

综上所述，安泰科统计2017年中国原铝市场供应过剩133万吨，市场供需关系由紧平衡转为过剩；国外原铝市场短缺186万吨。

表2　　2011－2017年中国原铝市场供需平衡表　　单位：万吨

	2011年	2012年	2013年	2014年	2015年	2016年	2017年
产量	1960	2230	2510	2820	3080	3265	3667
净进口量	18	41	22	3	3	3	6
供应量	1978	2271	2532	2823	3083	3268	3673
需求量	2009	2207	2497	2791	3031	3280	3540
供需平衡	－31	64	35	32	52	－12	133

数据来源：安泰科、中国海关

表3　　2011－2017年国外原铝市场供需平衡表　　单位：万吨

	2011年	2012年	2013年	2014年	2015年	2016年	2017年
产量	2639	2570	2547	2580	2620	2700	2720
净出口	－18	－41	－22	－3	－3	－3	－6
供应量	2621	2529	2525	2577	2617	2697	2714
消费量	2546	2573	2610	2680	2720	2810	2900
供需平衡	75	－44	－85	－103	－103	－113	－186

数据来源：安泰科、中国海关

五、国际氧化铝市场概述

2017年全球宏观环境整体向好，同时在中国去产能政策的强烈影响下，国内外铝价大幅上涨，有效拉动了氧化铝价格的上涨空间。2017年国外氧化铝价格同样经历了几次涨跌行情，并于11月初达到了年内最高点。澳洲吨氧化铝离岸价格最高达484美元，较5月份时的年内最低点272美元上涨77.9%。11月之后，受中国氧化铝价格回落的影响，国外氧化铝价格也逐步下滑，但运行区间依然处于年内较高水平。2017年国外吨氧化铝现货均价为353.2美元，同比上涨39.3%。

据安泰科统计，2017年国外氧化铝退出产能大于新增产能，新增的氧化铝产能主要来自酒钢集团位于印尼的年产能165万吨和越南仁基65万吨的氧化铝项目，但是永久关停的产能较多，国外氧化铝总产能较上年有所下降。由于2017年多数永久关停的产能早已停止生产，因此对2017年的产量没有产生较大影响。总体来看，2017年国外氧化铝年产能达到6923万吨，同比下降2.4%；产量达到6090万吨，同比增长2.1%。

2017年6月，关停8年之久的牙买加阿尔帕特工厂顺利复产。该氧化铝厂是中国酒泉钢铁集团于2016年7月以2.99亿元从俄铝手中购得，年产能为165万吨，是中国在国外全资收购的第一个氧化铝厂。收购之后，酒钢集团随即对其进行修复改造，不到一年时间便顺利复产。2017年10月初，首批氧化铝产出；12月29日，首船氧化铝出口启运仪式在牙买加凯撒港举行，此次首船氧化铝共计3.5万吨，全部出口至中国。2017年7月，由越南煤炭矿产工业集团投资的多农省仁基氧化铝项目正式投入商业运营。该项目氧化铝年产能为65万吨，由中国铝业集团承建，于2010年开工，主要产品为氢氧化铝和氧化铝。

从关停情况来看，2017年国外关停氧化铝年产能约为600万吨。2017年1月美国铝业称，因铝土矿供应缺乏，公司决定永久关闭旗下苏里南Suralco氧化铝厂，而在2015年该厂220万吨氧化铝年产能就已完全停产。2017年力拓集团宣布永久关闭Gove氧化铝厂，该厂位于澳洲阿纳姆地，年总产能390万吨，于2013年11月停产。

安泰科估计，2017年国外电解铝产量为2720万吨，按生产1吨电解铝消耗1.92吨氧化铝来计算，2017年国外冶金级氧化铝需求量为5223万吨，非冶金级氧化铝需求550万吨，需求总计5773万吨。2017年中国之外地区氧化铝产量6090万吨，考虑到国外需求和向中国净出口287万吨，供需平衡后，过剩20万吨。

表4　2012－2017年国外氧化铝市场供需平衡　单位：万吨

	2012年	2013年	2014年	2015年	2016年	2017年
国外氧化铝产量	5952	5980	6102	6221	5966	6090
冶金级氧化铝需求量	4934	4954	4979	5057	5184	5223
国外非冶金级需求	468	487	526	541	550	560
向中国净出口量	498	364	516	436	280	287
平衡	52	175	81	187	－48	20

数据来源：安泰科

六、中国氧化铝市场概述

2017年，中国氧化铝价格走势与2016年基本相同，但重心有所抬升。全年来看，1月中旬吨氧化铝价格达到年内的第一个高点2988元，在春节后快速下行，5月份到达低点2272.5元后，中国氧化铝价格呈震荡走势。价格自8月中旬开启了一轮暴涨的行情，10月末达到3744元，上涨幅度高且速度快。该价格也是2008年金融危机以来的最高价格。之后受铝价低迷以及氧化铝供应过剩的影响，中国氧化铝价格在11月初开始回落，12月末价格跌至2879元。2017年中国氧化铝价格波动幅度达1470元。2017年国内氧化铝平均价格为每吨2904元，比上年上涨39.7%。2017年中国氧化铝企业整体盈利状况良好。

2017年，由于氧化铝行业利润可观，氧化铝新增以及重启产能持续投放到市场。据安泰科统计，截至2017年底，中国氧化铝年产能达到8125万吨，其中新增产能达550万吨，企业开工率不断增加，氧化铝产量快速增长。其中，上半年新增产能投放355万吨，包括：山西东方希望晋中铝业二线100万吨氧化铝投产，该厂氧化铝产能总计达到200万吨；山东魏桥铝电公司新增氧化铝产能200万吨；中铝兴华科技二期55万吨生产线投产。其余项目均在四季度或是年末启动，对2017年氧化铝产量贡献有限。除新增产能外，其它氧化铝企业均满负荷超产运行。自11月15日进入采暖季之后，河南、山西和山东地区相关氧化铝企业进行30%产能的限产，氧化铝产量出现实质性下降。总体测算，2017年中国氧化铝产量达到7033万吨，同比增长16.9%，增速回升14.3个百分点。

2017年中国原铝产量达到3667万吨，电解铝生产中氧化铝的单位消耗量按1.92吨计算，2017年中国冶金级氧化铝需求量为7040万吨，非冶金级氧化铝的需求量为210万吨，供需平衡后2017年中国氧化铝供应过剩64万吨。

表 5　　2012－2017 年中国氧化铝供需平衡　　单位：万吨

		2012 年	2013 年	2014 年	2015 年	2016 年	2017 年
供应	总计	4716	5064	5625	6301	6308	7314
	产量	4214	4700	5125	5865	6016	7033
	净进口量	498	364	500	436	292	281
需求	总计	4484	5006	5623	6144	6474	7250
	冶金	4304	4806	5423	5944	6269	7040
	非冶金	180	200	200	200	205	210
平衡		228	58	2	157	－166	64

数据来源：中国海关、安泰科

（申凌燕）

铅市场分析

一、价格走势回顾

2017 年国内外铅价走势一致，均经历了上半年的回调后强势反弹，年均价都创出了近几年的新高。分阶段来看，6 月份之前受国际地缘政治动荡引发的避险情绪影响，以及中国需求疲软的影响，LME 铅价持续下挫，年内低点 1955 美元/吨。之后随着需求回暖以及中国环保政策导致供应收紧、美国减产等因素影响，铅供应出现短缺，铅价开始持续反弹，一度突破 2600 美元/吨。LME 三月期铅最终录得年均价 2326 美元/吨，为近 10 年来的次高，同比上涨 23.9%。LME 现货均价 2317 美元/吨，同比上涨 23.9%。

国内铅价在 5 月份之前，受消费提前预支的影响，铅市场基本面偏弱，铅价出现深度回调，沪铅主力由年初的 19000 元/吨左右回调至 15385 元/吨的低点，之后环保督查导致供应收缩，基本面好转，库存持续下降，铅价开始攀升，并于 9 月末创出年内高点 21220 元/吨。进入 10 月份之后，环保督查结束再生铅供应放量，铅价震荡回调，先后跌破 2 万元/吨和 1.9 万元/吨关口。但进入 12 月份之后，环保再起叠加天然气供应紧张的影响，铅价再度上涨，最终收盘于 19170 元/吨。2017 年沪铅主力年均价 18276 元/吨，同比上涨 24.6%；国内现货年均价 18363 元/吨，同比上涨 26.4%，均价为近 10 年的新高，从历史上来看，仅次于 2007 年。

表 1　　国内外精铅平均价

时间	LME 均价（美元/吨）		SHFE 均价（元/吨）		国内现货市场报价（1#元/吨）
	三月期货	现货	主力合约	当月合约	
2013 年	2158	2142	14273	14155	14183
2014 年	2111	2096	13923	13733	13830
2015 年	1794	1787	12912	13015	13100
2016 年	1877	1870	14664	14593	14530
2017 年 1 月	2236	2236	18390	18381	18340
2017 年 2 月	2323	2321	19054	18832	18978

续表

时间	LME 均价（美元/吨）		SHFE 均价（元/吨）		国内现货市场报价（1#元/吨）
	三月期货	现货	主力合约	当月合约	
2017 年 3 月	2285	2277	17978	18225	18102
2017 年 4 月	2230	2231	16316	16123	16578
2017 年 5 月	2138	2131	15946	15677	15979
2017 年 6 月	2151	2131	17063	17461	17083
2017 年 7 月	2290	2266	17819	17602	17727
2017 年 8 月	2379	2357	19364	19660	19210
2017 年 9 月	2394	2377	20140	20800	20375
2017 年 10 月	2513	2506	19562	19691	20332
2017 年 11 月	2472	2464	18676	18545	18674
2017 年 12 月	2507	2508	18998	19204	18973
同比	11.8%	12.5%	-1.4%	2.4%	-3.2%
环比	1.4%	1.8%	1.7%	3.6%	1.6%
2017 年均价	2326	2317	18276	18350	18363
同比	23.9%	23.9%	24.6%	25.7%	26.4%

数据来源：LME、SHFE、安泰科

二、全球供需分析

（一）全球铅精矿市场

根据国际铅锌研究小组（ILZSG）最新公布的数据并经安泰科修正，2017 年全球铅精矿产量为 449.2 万吨，较 2016 年下降 4%。分国别来看，中国是全球最大的铅精矿生产国，2017 年产量占全球的 46.3%，但从 2014 年以来，受环保和安全生产政策影响，小矿山关停叠加部分矿山品位下降，中国铅精矿产量开始逐年下降。根据国家统计局统计数据并经安泰科修正，2017 年中国铅精矿产量为 208 万吨，同比下降 6.6%。澳大利亚境内主要矿山 Mt Isa 矿和 McArthur River 矿 2017 年继续减产；Cannington 矿采选量和品位双降，产量连续 3 年下降，2017 年澳大利亚铅精矿产量为 34.3 万吨，同比下降 22.2%。美国在关停了所有的原生铅产能之后，铅精矿进入战略性减产，2017 年铅精矿产量为 31.6 万吨，同比下降约 8.8%。秘鲁和墨西哥铅精矿产量同比分别小幅下降 2.2% 和 1.2%。俄罗斯近几年铅精矿产量稳步增加，2017 年产量有望突破 20 万吨。印度 2017 年铅精矿产量同比增长 16.4%，主要是印度斯坦锌业旗下矿山扩产的影响。哈萨克斯坦境内拥有较好的成矿带，探明资源储量 200 万吨，位居全球第八位，开发较晚，后续增长前景可期，2017 年铅精矿产量为 11.2 万吨，同比增长 58.2%。

表 2　　全球铅精矿供求平衡　　单位：万吨金属量

	2015 年	2016 年	2017 年
产量	496.8	467.7	449.2
需求量	465.0	476.0	457.4
平衡	31.8	-8.2	-8.2

数据来源：ILZSG、安泰科

（二）全球精铅市场

根据国际铅锌研究小组的统计数据并经安泰科修正，2017 年全球精铅产量为 1148.2 万吨，同比增长 2.1%（增量为 24 万吨），其中，中国是拉动全球精铅产量增长的主要因素。根据安泰科统计，2017 年中国精铅产量为 487 万吨，同比增长 4.4%（增量为 20.5 万吨）。美国是全球第二大精铅生产国，2017 年受 Quemetco 冶炼厂停产影响，铅产量同比下降 9.2%。韩国、墨西哥、日本和澳大利亚精铅产量都有不同程度下降。而印度铅产业发展提速，精铅产量明显增长，2017 年精铅产量为 55.4 万吨，同比增长 6.7%。

2017 年在全球范围内都出现了原生铅产量下降、再生铅产量增长的态势。根据国际铅锌研究小组统计数据并经安泰科调整，2017 年全球原生铅产量为 448.3 万吨，同比下降 3.9%，再生铅产量为 699.9 万吨，同比增长 6.4%，占精铅比重为 61%，首次超过 60%。

根据安泰科对资料的整理，2017 年除了西藏珠峰在塔吉克斯坦新建的 5 万吨冶炼产能之外，国际市场无其他新建项目。目前国外有两个原生铅项目规划，但均处于可研阶段，分别为乌兹别克斯坦的 AGMK 公司 1.5 万吨和加拿大 Lead FX 公司拟建的 7 万吨冶炼产能，主要是为了匹配 Paroo Station 矿复产后的产出，生产的铅锭主要用于出口。中国拟建的主要项目是新疆广汇集团 10 万吨，为火烧云铅锌矿采选项目的配套项目。受铅精矿产量恢复增长的影响，国内精铅产量也将小幅增长。

再生铅方面，新增产能主要集中在中国，国际市场暂无新的产能规划，但国际主要精铅生产国多数也在增加再生铅生产比重。

全球范围内，铅消费主要集中在铅酸蓄电池、铅材、颜料、铅弹等领域，其中铅酸蓄电池是铅消费的最主要领域，其消费量占总量的 80%。从铅酸蓄电池的终端消费来看，除中国外（电动自行车为第一大消费领域），其他国家铅酸蓄电池主要用于汽车行业，占比 42%，因此各国汽车市场的起伏直接影响到全球精铅的消费量。

2017 年随着全球经济的持续复苏，尤其是发达经济体的经济增长带动铅消费进一步改善。根据国际铅锌研究小组统计数据，并经安泰科修正，2017 年全球铅消费量为 1154 万吨，同比增长 1.8%。

2017 年，全球精铅市场处于小幅短缺状态，短缺主要集中在美国，其次是日本，日本铅消费超预期复苏，导致缺口扩大。

表 3　　全球铅市场供求平衡　　单位：万吨

	2015 年	2016 年	2017 年
产量	1097	1124	1148.2
需求量	1095.2	1133.7	1153.9
平衡	2	-9.5	-5.7

数据来源：ILZSG、安泰科

三、国内供需分析

（一）国内铅精矿市场

2017 年中国生产铅精矿 208 万吨左右，较 2016 年的 222.7 万吨下降 6.6%，下降幅度扩大 2 个百分点。铅精矿产量下降主要受两方面影响：首先，国家环保及安全政策持续高压，大量处理量 1000 吨/日以下的中小型矿山面临关停并转，生产受到制约，精矿产量降低，不利于全年铅精矿的生产。其次，2017 年部分新增矿山投产不及预期，影响全年铅精矿产量下降。

分地区来看，2017 年铅精矿年度产量在 10 万吨以上的省区有 4 个，除内蒙古外，还包括湖南、云南和广西，上述 4 地区铅精矿产量合计占全国总产量的 64.3%。内蒙古是中国最大的铅精矿生产省区，2017 年共生产铅精矿 79.2 万吨，同比下降 4.9%，占全国的比重接近 40%，其新增矿山产能低于预期，同时受到原矿品位下降影响，产量同比减少。2017 年广西和福建的铅精矿产量增长非常明显，这主要是由于这些地区的矿山投扩产导致，不过由于这些省份的产量基数比较小，贡献有限，无法扭转全国总产量负增长的大局。2017年云南、四川等省份的铅精矿产量同比下降幅度明显，作为中小型矿山整治的重点省份，受到矿山治理拖累，产量减少。

2017年，中国铅精矿进口量延续了上年的下滑态势。海关统计数据显示，2017年中国进口铅精矿127.7万吨，同比下降9.4%，其主要原因，一方面是因为铅精矿主要生产国产量下滑，全球铅精矿的供应在减少；另一方面受环保督查和加工费走低影响，冶炼厂开工率低，一定程度上影响了对铅精矿的需求。中国铅精矿进口主要来自美国、俄罗斯、秘鲁等国，2017年中国从上述国家累计进口铅精矿55.2万吨，占全年总进口量的43.2%。与上年相比，中国从美国、秘鲁、哈萨克斯坦、荷兰、澳大利亚5国进口的铅精矿量共减少了16.6万吨，是中国进口量减少的主要来源；2017年中国铅精矿进口增量主要来自伊朗、缅甸、尼日利亚、俄罗斯和波兰，从上述5国进口的铅精矿量相比上年增加了7.3万吨。

朝鲜是中国铅精矿的主要进口国之一，2017年之前中国每年从朝鲜进口10万吨左右的铅精矿，但2017年中国执行联合国安理会第2371号决议，决定全面禁止从朝鲜进口煤、铁、铁矿石、铅、铅矿石、水海产品，10月开始中国从朝鲜进口铅精矿量的增量已经为零。

表4　中国铅精矿供求平衡　单位：万吨

	2015年	2016年	2017年
铅精矿产量	233.5	222.7	208.0
铅精矿需求量	321.0	313.2	296.9
铅精矿净进口量	94.9	70.5	63.9
铅精矿供求平衡	7.4	-20.0	-25.0

数据来源：安泰科

（二）国内精铅供需分析

2017年中国生产精铅487万吨左右，较2016年的466.5万吨上升4.4%，其中原生铅产量为285万吨，同比下降5.1%，再生铅产量为202万吨，同比上升21.5%。原生铅方面：主要受原料供应紧张影响，2017年原生铅产量出现下降；再生铅方面：2017年再生铅产量大幅增长。主要是因为2017年废电瓶供应增长、再生铅利润增长、再生铅产能增加共同作用下，促进再生铅产量增长。2017年再生铅行业在供给侧改革相关政策推动下发展提速，年内新投产的废旧电池拆解能力共计86.6万吨，折再生铅产能59.5万吨；政策的不断完善将促使再生铅行业进入新一轮产能扩张和规范化发展，行业转型升级加速，总产能将显著提高。

据中国国家统计局统计并经安泰科修正，2015-2017年中国铅酸蓄电池产量由2015年的19413.8万KVAH增长到2016年的19705.0万KVAH。2017年上半年受消费提前预支影响，铅消费表现疲软，1-3月份铅酸蓄电池产量同比降幅达7.3%，三季度开始铅酸蓄电池生产恢复正常，2017年铅酸蓄电池产量19922.9万KVAH，仅同比增长1.1%。

浙江是中国最大的铅酸蓄电池生产地区，以生产电动助力车电池为主，形成了以天能、超威、南都为龙头的企业群体。2017年受电动自行车行业不景气影响，产量小幅下降。湖北省近几年产能扩张速度较快，以生产汽车起动型电池为主，骆驼股份等当地铅酸蓄电池企业，得益于产能增长和背靠汽车生产基地，2017年产量实现增长。河北省环保整治令当地小型生产企业大量关停，虽当地龙头企业风帆股份生产保持稳定，但全省产量大幅下降。江苏省以生产固定型备用电池为主，以双登集团为龙头，2017年产量小幅增长。

电动自行车行业方面：电动自行车行业是中国的铅酸电池消费最大的领域，占比在33%左右。中国电动自行车自1998开始商品化上市，当年产量为5.8万辆，之后便开始迅猛发展，至2013年产量到达峰值3695万辆，当年保有量为1.8亿辆。经过快速发展之后，电动自行车行业逐步走向饱和，产量逐年下降，但保有量仍在增长，截至2016年底中国电动自行车保有量为2.5亿辆。进入2017年产量进一步下滑。自行车协会公布的国内主要35家电动自行车企业1－9月份累计生产电动自行车957.5万辆，同比下降5.1%。

2017年，中国汽车产销分别为2901.5万辆和2887.9万辆，同比分别增长3.2%和3.0%，增速比上年同期分别回落11.3个百分点和10.6个百分点。2017年汽车产销量的增长，除正常新增需求外，车辆购置税的优惠政策起到一定作用。2017年汽车领域的精铅消费保持增长，安泰科测算在4%左右。

2017年摩托车行业产销摩托车1714.6万辆和1713.5万辆，分别比上年增长1.9%和2.0%。产销量连续5年下降后小幅回升。从国内外市场情况看，国内市场销售962.4万辆，比上年下降2.5%，出口751.1万辆，比上年增长8.3%。从数据上可以看到2017年国内摩托车需求仍然延续萎缩态势，摩托车产量回升主要是出口拉动。摩托车行业用铅量占比仅为3.3%，虽小幅回升，但对铅消费总量贡献有限。

据国家统计局数据，2017年中国生产移动通信基站设备27233.4万信道，同比下降19.4%，该行业的精铅消费明显回落，安泰科测算在8%左右。固定型铅酸蓄电池主要用于通讯基站，2015－2017年间，国内移动通讯基站产量呈现先增后降态势。其中2015－2016年各大电信运营商新建大量新基站及旧基站设备更新，通讯领域用铅酸蓄电池高速增长，2016年中国生产移动通信基站设备34083.6万信道，同比增长11.1%。2017年受移动通信投资乏力和出口受阻影响，移动通信基站设备产量大幅下滑。

铅的贸易方面，中国原料长期进口，铅精矿贸易量较大，而精铅、铅合金及铅材的贸易量偏小，在2017年精铅进口出现猛增。由于国内外铅价比值和税收问题，不利于中国精铅进口，中国精铅进口量总体维持低位，并且数量极少，2017年之前，中国进口精铅仅为千吨级或百吨级。据海关统计，2017年中国进口精铅7.81万吨，为近年来最高，其中进口主要来源地为澳大利亚、哈萨克斯坦、韩国和俄罗斯。

据海关统计，2017年中国出口精铅7265吨，同比下降52.0%。近年来中国精铅出口呈先增后降趋势，从2012年的不足万吨至2015年的5万吨，然后2016年降至1.5万吨，2017年精铅出口进一步降低至不足万吨。出口量快速下滑是2016年"银精矿加工贸易"政策所导致，在含银较高的铅精矿中，铅部分加工成精铅后无法享受税收优惠还需缴纳出口关税，精铅成本不具备海外竞争优势。

2017年中国精铅市场由短缺转为过剩，由于过剩量主要体现为7.1万吨的净进口精铅，该部分精铅由于国内外标准差异，大多数存放在保税库，并未进入国内流通环节，导致国内现货市场供应仍然偏紧，也为2017年的铅价提供支撑。

表5　　中国精铅供求平衡表　　单位：万吨

	2015年	2016年	2017年
精铅产量	470.0	466.5	487.0
其中：原生铅	305.0	300.3	285.0
再生铅	165.0	166.2	202.0
精铅净进口	－4.9	－1.4	7.1
精铅消费量	470.0	475.0	483.0
精铅供应平衡	－4.9	－9.9	11.1

数据来源：安泰科

（夏　丛）

锌市场分析

一、锌市场走势回顾

2017年锌价整体呈现三段趋势，历经2016年单边大涨之后，2017年上半年在全球精矿增量逐步释放的利空预期，以及地缘政治风险不断释放的宏观背景下，锌价呈现偏弱震荡格局。进入三季度，宏观风险逐渐平息，叠加前期锌矿的紧缺向冶炼端逐渐传导，锌再度开启单边上行趋势。到第四季度，由于中国市场消费偏弱现状的拖累，锌价重新步入高位调整格局。

年初伦锌三月合约开盘于2567.5美元/吨，年内最高触及3326美元/吨，最低至2427.5美元/吨，收于3316美元/吨，2017年LME锌年均价为2890美元/吨，较2016年上涨37.8%。

相比于外盘，国内沪锌市场整体抗跌性较强，但受制于现货市场需求偏弱表现，上方持续上行空间受到一定抑制。2017年，沪锌主力合约开盘于21165元/吨，最高触及26935元/吨，最低至20630元/吨，收于25725元/吨，年均价为23592元/吨，较2016年上涨41.4%。现货方面，2017年国内0#锌锭现货年均价23950元/吨，较2016年上涨43.8%。

表1　　国内外锌月均价情况一览表

年份	LME三月期货（美元/吨）	LME现货（美元/吨）	沪锌主力合约（元/吨）	国内现货0#（元/吨）	LME库存（吨）	SHFE库存（吨）
2013	1939	1909	14896	14938	933475	238723
2014	2167	2164	15858	15896	691600	83471
2015	1942	1932	15160	15235	464400	200428
2016	2097	2090	16679	16653	427850	152824
2017	2890	2894	23592	23950	182050	68630
2017/2016	37.8%	38.4%	41.4%	43.8%	-245800	-84194

数据来源：LME、SHFE、安泰科

二、全球供需基本面分析

（一）国外矿山恢复性增产

受全球大型矿山减产、关闭影响，2016年全球锌精矿市场供应下降。然而，进入2017年，全球矿山产量呈现恢复性增长。根据国际铅锌研究小组（ILZSG）统计数据，并经安泰科修正，2017年全球锌精矿产量为1260万吨，同比增长4.8%，增加产量部分弥补了2016年的减产量。

2017年，全球锌精矿产量的恢复，主要来自于中国之外地区产量的增加。根据国际铅锌研究小组（ILZSG）统计数据，安泰科估算，2017年，除中国之外地区锌精矿产量累计增加了67.6万吨，产量增长比较明显的国家包括印度、秘鲁、土耳其和厄立特里亚，同比分别增加了22.1万吨、18.1万吨、6万吨和5.3万吨，增产地区基本符合预期。而产量下降最多的是澳大利亚，同比减少了11.2万吨。

根据安泰科不完全统计，2017年中国之外地区矿山产能增加约83万吨，按照投产时间估算全年产量增加57.2万吨，再考虑其他未统计在列的小矿山增量以及泰克红狗矿等矿山的减产及损耗，全年中国之外地区矿山增产60余万吨，全年缺口在30万吨上下。锌精矿市场供应短缺现象将会得到显著改善。

表2　　全球锌精矿市场供求平衡　　单位：万吨

	2015年	2016年	2017年
产量	1278.1	1202.0	1260.0
需求量	1344.4	1307.6	1309.8
平衡	-66.3	-105.6	-49.8

数据来源：ILZSG、安泰科

（二）全球精锌供需缺口逐步扩大

2015年起，由国外矿山关闭造成的锌精矿供应缺口持续存在，至2017年，原料端影响传导至冶炼环节，锌锭供应缺口明显。根据国际铅锌研究小组（ILZSG）统计数据，并经安泰科修正，估算2017年全球精锌产量为1338万吨，同比略增0.2%。从区域分布来看，减量主要在美洲地区，增量主要来自于亚洲。

主产国中，中国、韩国、加拿大、澳大利亚、秘鲁等国产量下降明显，产量增加最多的是印度，几乎是一枝独秀，其全年精锌产量同比增长30.6%，产量82万吨，比2016年增产19万吨以上。印度斯坦锌业Rampura Agucha矿山是全球最大的锌矿山，从露天开采转入地下后，2017年地下开采实现大规模正常化生产。原料供应增加，冶炼厂开工率提升，锌产量恢复到接近2015年的水平。

据安泰科不完全统计，佩诺尔斯Torreon新增产能12万吨于2017年四季度开始试生产，2018年一季度正式投产。2017年11月底，诺兰达基金已宣布持续长达一年之久的加拿大CEZ精炼厂罢工已经结束，从12月份开始恢复生产。

2017年，全球经济普遍向好，从全球主要经济体PMI数据对比来看，发达经济体表现要强于主要新兴经济体，欧美需求显著好转，美国经济明显复苏，房地产市场逐步回暖、制造业持续扩张，对锌消费的拉动显著。欧元区在2017年经济也有超预期的增长，年初所担心的“黑天鹅”事件均未造成影响，政治经济环境的稳定改善，主要国家锌消费均有不同程度拉动。

亚洲地区仍然是锌消费增长的主力军。作为全球最大锌消费国的中国，经济增长好于预期，全年GDP增长达到了6.9%，基建投资和房地产投资虽然增速放缓，但整体保持增长。印度的锌需求正在快速增长，属于锌消费领域的后起之秀，主要是基建设施方面，镀锌领域占印度整个锌消费的75%左右，远高于世界平均水平，近两年锌需求得到很好的释放，消费量在全球的排名逐步提升至第三位。韩国锌消费也有一定增长，浦项钢铁公司光阳厂7号连续镀锌生产线（CGL）年产能50万吨，2017年年中建成投产，拉动锌消费1.5万吨左右。

2017年锌精矿供应短缺持续存在，全球性消费复苏以及中国精锌减产引起的全球性的供应紧张进一步加剧，全球精锌市场供应缺口在53.5万吨左右。

表3 全球精锌市场供求平衡 单位：万吨

	2015年	2016年	2017年
产量	1366	1335.7	1338
需求量	1358	1370.7	1391.5
平衡	8.4	-35	-53.5

数据来源：ILZSG、安泰科

三、中国锌供需基本面分析

（一）锌精矿供应保持紧张

2017年中国新矿山投产不及预期，现有矿山受到环保安全整顿行动冲击以及品位下降影响，全国产量下降。

主要增加的矿山项目在内蒙古，主要包括国森矿业二期、银漫矿业，还有2015－2016年投产的一些矿山逐步达产，新项目在2017年新增产量在13万吨左右，但这些仍弥补不了因环保安全整治而减少的产量。

据有色金属信息统计，2017年中国锌精矿产量为326.8万吨，较上年同期下降8.6%。由于9月份之后，内蒙古地区统计口径有重大调整，导致中国矿山产量历史可比性差。修正后的2017年全国锌精矿产量为430万吨，比2016年减产2.3%。

分地区来看，锌精矿主要产区中，2017年有一多半地区或多或少减产，内蒙古、新疆、广西、福建、浙江、广东、黑龙江等较少地区增产。锌精矿产量远低于预期的原因主要归结为以下三个方面：

1. 环保检查和安全整治导致主要产区小矿山

关闭，在产大矿山生产也有波动。环保督查轮番进行，四川、青海、西藏等地区矿山阶段性大面积停产整顿，对产量影响较大。内蒙古地区受安全生产检查影响较大，影响了部分矿山的开工率，导致其产量出现下降。

2. 新增矿山投产不理想。各种因素影响，多数新增产能释放缓慢。主要新增项目除内蒙古国森矿业、银漫等投产外，其他均不畅，而已投产项目也存在品位不及预期等问题，全年产量低于预期。

3. 在产矿山出矿品位下降。锌价高位下，矿山利润丰厚，半年时间已完成甚至超过全年利润计划的企业不在少数，企业会根据具体情况调整生产计划。此外，高价位下，低品位资源开采也有利润，部分在产矿山选择主动开采低品位资源。

在上述多重因素影响下，中国矿山产量下降比较明显，国产矿 TC 自年初以来基本维持在 4000 元/吨以下，四季度起显著下降，至 12 月底，中国主流加工费基准（15000 元锌锭价格为基准）最低报价降至 3000 元/吨。进口方面，进口矿 TC 报价基本维持在 50 美元/吨以下，至 12 月份，市场听闻最低报价已在 20 美元/干吨附近，较前期有大幅度的下降。虽然进口锌矿仍旧亏损，但是中国精矿供给不足，也迫使冶炼厂不得不增加外矿的购买量，使得加工费逐渐下滑，至四季度末，已无持续下降的空间。

据海关最新统计数据，2017 年中国锌精矿进口 241.5 万吨实物量，同比增长 20.9%，尽管累计同比增速超过 20%，但由于 2017 年以来，锌精矿进口国别增加，来自非洲、中东地区国家进口的锌精矿增加较多，以及缅甸氧化矿进口的增加，锌精矿整体品位有所下滑，实际金属量增加恐不足 20%，基本弥补国内减产，但没有形成太多库存积累。

表 4　　中国锌精矿供求平衡　　单位：万吨

万吨	2015 年	2016 年	2017 年
产量	425	440	430
需求量	564.9	569.1	563.8
净进口量	161.4	99.7	125
平衡	21.5	-29.4	-8.8

数据来源：安泰科

（二）精炼锌生产受到制约

据国家统计局数据，2017 年中国共生产精锌 622 万吨，同比下降 0.7%。安泰科以国统局公布的数据为基础，结合各地区锌冶炼能力，对年产 10 万吨以上的冶炼厂进行了实际调研。经调整，2017 年中国精锌产量为 585 万吨，较 2016 年下降 0.8%。

中国全年锌锭产量出现下滑，其原因主要有以下几个方面：

1. 加工费低导致冶炼厂阶段性检修减产。2017 年锌精矿加工费低位徘徊，冶炼厂的利润偏低，生产积极性普遍不高，一季度冶炼厂出现了一轮较为集中的阶段性检修减产，且检修减产持续时间长于常规性检修周期，企业开工率处于历史低位。

2. 原料低品位化，影响生产效率。2017 年中国环保安全形势严峻，铅锌矿山经历了多次严格的督查整顿，新增及在产矿山生产均受到不同程度影响。尽管锌精矿进口量有所增加，但冶炼厂普遍反映精矿紧张，原料复杂化、低品位化趋势明显，影响冶炼厂生产效率。

3. 安全环保阶段性影响生产。2017 年几轮环保督查过程中，部分地区冶炼厂出现了不同程度的停产整顿。

4. 高负荷运转导致意外事故频发。2016 年起，锌价持续上涨，部分冶炼厂系统持续高负荷运转，加之原料品质的下降，对于冶炼系统技术也提出了更高的要求，2017 年事故性检修减产频发，冶炼厂整体开工稳定性下降。

2017 年，原料南紧北松的局面转变为普遍性的紧张，在这种情况下，自有矿山原料保障度较高、原料库存较高、技术指标及综合回收能力较好的冶炼企业，生产稳定性相对较高。从规模来看，10万吨以上的冶炼企业生产稳定性要高于10万吨以下的小企业，在环保持续严厉的局面下，这种状况仍将延续，终将逐步倒逼产业升级，产业集中度得到进一步提升。

（三）下游消费偏弱持稳

中国的锌消耗仍然高度依赖于镀锌领域，镀锌所耗锌量占比高达60%以上。其他方面，如压铸合金占15%、氧化锌占12%、黄铜领域占9%，电池占3%。而在镀锌领域中又分连续镀锌和批量镀锌产品，连续镀锌的板带有71%用在了建筑、汽车和电器行业，批量镀锌的钢管、结构件等有72%用在了电力和基础设施、交通和建筑行业。

据国统局数据，2017年，中国累计生产镀层板5263万吨，折合镀锌板产量为4894万吨，同比下降6.5%。上半年，国内强势的环保态度将在未来较长的时间内影响着整个产业链，尤其是在2017年环保成为下游生产常态化影响因素的过程中，阶段性、区域性的开工率下滑不可避免。此轮环保也更多地引起了企业间和地区间的整合，小企业散单向大企业转移，大企业开工率提高，区域内无法消化的订单向周边东北及华东地区转移，因此，对全国实际消费的影响相对有限。

进出口方面，据海关数据估算，2017年镀锌板出口总量为932.4万吨，同比下降4.4%，进口总量为263.7万吨，同比下降0.33%。2017年，镀锌领域消费增速整体下滑，镀锌板表观消费量为4225万吨，同比增长1.6%。

其他初级领域，2017年压铸锌合金领域需求尚可，没有出现大幅萎缩。今后用于汽车、仪器仪表等领域的高端锌合金需求将继续增长，但用于一般日用五金、房地产行业的压铸合金受铝替代难以恢复到以前的高水平。

2017年氧化锌供应紧张，价格持续走高。2016年底，国家新颁布氧化锌（间接法）标准，新标准于2017年实施，氧化锌企业的发展不断改进规范。叠加2017年环保趋严、原材料价格创下新高因素下，资金、技术、环保不达标的小企业关闭，大企业扩大规模，氧化锌产业集中度增加。环保政策下，部分企业生产受限，产量受到影响；进入2017年采暖季，部分区域生产遇到天然气供应问题，氧化锌企业开工率持续走低。

据安泰科数据，2017年中国铜材产量1749.3万吨，同比增长4%。黄铜生产中普遍存在废旧铜材回收再利用的现象，2017年废七类禁令使废铜供应量暂时减少，黄铜中原生铜的使用比例会有适当增加，估算2017年在该领域中的用锌总量或持稳。

中国原电池行业是出口主导型产业，国内生产的电池80%以上供出口。最近3年，中国电池产销状况基本稳定，2017年有比较明显的增长。从海关统计数据可以看出，2017年扣式、圆柱形、其他碱性锌锰电池及锌空气电池出口增幅明显；锌空气电池进口量增长迅速，氧化银电池出口量有所下滑。估算2017年全国原电池行业锌消费量较2016年增长5%。

终端方面，2017年房地产投资降温，中国房地产开发投资10.98万亿元，比上年名义上增长7.0%。房地产开发企业房屋施工面积78.15亿平方米，比上年增长3.0%；房屋竣工面积10.15亿平方米，下降4.4%；商品房销售面积16.94亿平方米，比上年增长7.7%。

全年中国固定资产投资增速稳中有降，累计63.17万亿元，比上年增长7.2%，增速比上年回落0.9个百分点。其中，电力、热力、燃气及水生产和供应业投资2.98万亿元，增长0.8%，增速回落0.3%；水利管理业投资增长16.4%，增速回落0.6%；公共设施管理业投资增长21.8%，增速回落1.5%；道路运输业投资增长23.1%，增速回落1.5%；铁路运输业投资同比下降0.1%。

2017年，中国汽车产销量增速大幅降低。据中国汽车工业协会统计分析，2017年，中国汽车产销2901.54万辆和2887.89万辆，同比增长3.19%和3.04%，增速比上年同期回落11.27%和10.61%，创下自2008年以来年度最低增长水平。2017年，中国汽车行业面临两方面压力。一方面由于购置税优惠幅度减小，乘用车市场在2016年12月份出现提前透支；另一方面新能源汽车政策调整对2017年第一季度销售产生一定影响。汽车产销增速降低，但总量仍会增长，因此汽车行业对锌的需求总量仍会增加。

2017年，中国家电行业表现较为强劲。国家统计局数据显示，2017年中国家用电冰箱产量8670.3万台同比增长13.6%；中国房间空气调节器行业累计完成产量1.80亿台，同比增长26.4%；中国家用洗衣机产量为7500.9万台，同比增长3.2%。2017年，中国居民收入增长较快，增速快于GDP增长，居民消费水平进一步提高，生活质量不断改善，汽车、空调、冰箱、洗衣机等耐用消费品持续升级换代，其中农村居民耐用消费品升级换代趋势更加明显。

（四）精锌进口补充国内库存

2017年，中国累计进口精锌62.6万吨，同比增加47.6%。前5个月，进口锌锭持续处于亏损状态，进口量暂未对国内供应形成补充。进入6月份，锌锭进口盈利大幅扩大，一度超过2000元/吨，国内精锌进口有逐月增加趋势，精炼锌进口量的增加，一定程度上缓解了年内国内市场国产货源供应紧张的局面。

2017年供应紧缺继续向冶炼端传导。在原材料紧张和加工费较低的环境下，叠加环保因素，冶炼厂普遍开工率不高，中国精锌产量下降。

2017年，初端消费在环保的持续影响下，锌价高企但成本难向下游传导，整体开工率表现平平。但是整体产能有所增加，特别是镀锌、氧化锌等领域，均出现传统生产区域产能未减，又在一些新的区域增加产能投放的情况。

表5　中国精锌市场供求平衡　单位：万吨

	2015年	2016年	2017年
产量	586	590	585
需求量	628	657.0	661
净进口量	55.6	50.5	75
平衡	13.6	-16.5	-1

数据来源：国家统计局、中国海关、安泰科

（夏　丛）

镍市场分析

一、2017年镍价回顾

2017年镍市场运行特点是镍价前低后高，重心不断上移。2017年上半年，印尼宣布有条件允许镍矿出口以后，市场预期镍矿供应不足的问题会迎刃而解，加之印尼中资镍铁项目产能陆续释放，产量明显增加。一季度不锈钢消费增长有限，不锈钢价格接连下调。因此在供应增加而需求表现又不及预期下，镍价在上半年以震荡回落为主，至6月份创下年内低点8680美元/吨，对应沪镍主力价格71520元/吨。2017年下半年大宗商品整体呈现出牛市特征，在黑色金属领涨下，有色金属纷纷开启上涨行情。镍是整个有色板块中启动最晚的品种，全年呈现V形走势，在上半年完成筑底后，7月起开始突破上行，价格重心不断上移，特别是市场传出山东临沂地区将在即将到来的采暖季对镍铁行业限产50%的消息，镍价开启上涨，10月底在LME年会上对新能源汽车发展的乐观判断引爆市场，LME镍当天暴涨6.5%，涨至2017年最高位13030美元/吨。此后随着新能源汽车概念炒作降温以及临沂限产不及预期，加之印尼镍矿出口配额不断增加，镍价自高位回落，并于年底前一直处于弱势震荡行情。

2017年LME三月期镍均价为10475美元/吨，同比上涨8.7%，截至年底伦镍库存量为36.78万吨，比2016年底减少3504吨，其中镍球、镍豆占比80%，镍板占比20%。

二、全球镍产量小幅增加

2017年全球原生镍产量为207.8万吨（金属量，下同），同比增长4.8%，其中亚洲产量同比增长14.4%至108.6万吨，亚洲地区产量增量主要来自印尼和中国，两国增速分别为76.1%和8.8%。除亚洲外，非洲产量同比下降6.8%至7.9万吨，美洲产量同比仅增长1.8%至30.9万吨，欧洲产量同比下降10.7%至38.9万吨，大洋洲产量同比增长2.1%至21.6万吨。

分国家来看，美洲地区两大传统硫化镍生产国产量都有下降，其中巴西产量同比下降11.2%至6.8万吨；欧洲的俄罗斯产量同比下降19.3%

至15.5万吨；大洋洲的澳大利亚产量同比下降3.2%至11.2万吨。

分企业来看，2017年上半年由于镍价持续低迷，全球主要镍生产商产量呈现下滑趋势，第三季度因镍价上涨有不同程度增产，但俄镍和淡水河谷等传统镍企业产量收缩明显。

表1 2013－2017年全球精炼镍产量 单位：万吨金属量

	2013年	2014年	2015年	2016年	2017年	同比增长率
非洲	5.9	7.5	8.9	8.4	7.9	－6.8%
美洲	27.8	29.6	30.3	30.3	30.9	1.8%
亚洲	92.1	93.9	89.7	94.9	108.6	14.4%
欧洲	49.5	48.3	47.8	43.4	38.9	－10.7%
大洋洲	19.6	19.9	21.0	21.2	21.6	2.1%
全球总计	194.3	199	197	198	207.8	4.8%

数据来源：INSG、安泰科

2017年中国原生镍产量为63.6万吨，同比增长4.3%，其中NPI产量为41.1万吨，电解镍产量15.6万吨，通用镍产量2.8万吨，镍盐产量4万吨。

2017年中国电解镍产量为15.6万吨，同比下降9.8%，受镍价持续低位运行影响，国内在产的电解镍企业仅剩金川集团、新鑫矿业、广西银亿、烟台凯实和天津茂联。

2017年淡水河谷大连工厂通用镍产量为2.8万吨，与2016年基本持平，通用镍含镍98%左右，该工厂主要利用淡水河谷在印尼和新喀里多尼亚的镍原料，产品部分在国内销售，大部分出口至日本、中国台湾。

2017年全球约有53万吨硫酸镍产量，其中国内产量占62%，海外占38%，行业集中度较高。2017年中国硫酸镍产能为44万吨，产量约32.6万吨以上，同比增长60%，国内主要企业硫酸镍产量：金川5万吨，吉恩4.5万吨，格林美4万吨，广西银亿3万吨，宁波长江新能源2万吨，池州西恩2万吨，湖南邦普2万吨，另外还有一些在1万~2万吨之间，例如光华科技、江西睿锋、江门优长、眉山顺应等等。2017年海外硫酸镍产量约20万吨，主要是优美科（2.5万吨）、住友（6.5万吨）、俄镍（5万吨）以及中国台湾、印度等地区。

2017年中国镍生铁产量为41.1万吨，同比增长9.6%。高镍铁产量为33万吨，同比增长16%，低镍铁产量为8万吨，同比下降8%。高镍生铁产量同比大幅增长的原因是2016年四季度镍铁利润恢复后镍铁产量增加，2017年上半年的镍铁企业延续2016年四季度高开工率，因此拔高了整体高镍铁产量。即便在后续的亏损过程中，高镍铁开启减产模式，但未发生断崖式的下降，随着三季度高镍铁利润的恢复并持续，高镍铁产量开启增产模式。而低镍铁产量的下降，一方面是由于环保因素，高炉间歇性的开停，再者个别200系不合规精炼产能的停产使得低镍铁需求量有所下降，且“低镍铁＋镍板”的配料模式对于300系厂家而言缺乏经济性。因此，无论是供应端还是需求端，都不足以支撑低镍铁产量走高。

全国在产的镍铁企业（包括RKEF、普通电炉、高炉）大约40多家，产业集中度大幅提高。鑫海科技是中国最大的镍铁生产企业，2017年产量达到8.8万吨镍金属量，其次是青山集团（不包含印尼产量），2017年镍铁产量为6.7万吨，江苏德龙2017年产量为4.6万吨，前三家镍铁企业产量占全国总产量的49%。

三、全球镍消费量稳步增加

国际镍业研究小组（INSG）数据显示，2017年全球镍消费219.2万吨，同比增长7.8%，除非洲和大洋洲外，全球其他各地区镍消费量同比均有所增长，其中最大消费地区亚洲消费量同比增长10.3%至163.4万吨，而日本表现最为抢眼，同比增速达到16.2%至17万吨。

2017年，随着全球经济转好，各种金属材料的消费量都有所恢复，其中包括不锈钢。据国际不锈钢论坛（ISSF）的统计数据显示，2017年全球不锈钢产量为4810万吨，较上年增长5.8%。分国家和地区来看，中国不锈钢产量为2580万吨，较上年增长4.7%；其他亚洲国家产量为803万吨，增长4.5%。美国不锈钢产量为275万吨，增长11.0%。欧洲产量为738万吨，增长1.3%。全球所有主要不锈钢生产国家和地区均保持增长，其中美国同比增幅高达两位数。

据安泰科统计数据，2017年中国不锈钢的产量为2556万吨，同比增长5%。其中300系的产量为1331万吨，同比增长8.7%；200系产量为743万吨，同比回落0.5%；400系产量为479万吨，同比增长3.6%。300系产量保持快速增长的贡献来自青山集团，该厂2017年的300系总产量达到450万吨水平，比2016年增加了100万吨，另外北海诚德的300系也在放量，2017年300系产量近130万吨，比2016年增加35万吨，还有太钢300系的产量也从2016年的242万吨增加至2017年的254万吨。与此同时，也有一些工厂300系的产量呈现了回落的趋势，其中德龙产量减少的最为明显，由2016年的109万吨了降至2017年的71万吨，西南不锈钢则由2016年44万吨减少至22万吨，酒钢的产量也从50万吨减少至45万吨，其它钢厂的产量变化有限，钢厂体量小即使工厂产量变化大，对全国产量的影响也是非常有限。

镍在非不锈钢领域的消费在2017年也有不错的亮点，特别是新能源汽车迅猛发展带动了硫酸镍需求大幅增长。

四、国内镍进口量维持高位

2017年中国共进口镍矿3505万吨，同比增长9.8%，其中自菲律宾进口量为2915万吨，同比下降4.6%，来自印尼的数量为381万吨，另外还从危地马拉、新喀里多尼亚、土耳其等国进口约164万吨红土镍矿，剩下的44万吨主要是硫化镍矿。

近几年来，中国电解镍年进口量均保持在20万吨以上。2015年累计进口电解镍29.2万吨，同比增长125%。2017年中国电解镍进口量为23.5万吨，同比下降35%，一方面是由于进口窗口持续关闭，另一方面是因为2017年没有国储需求，三是从结构上看俄镍产量下降，四是印尼镍铁增加抑制国内电解镍需求。

2017年中国进口镍铁总量137万吨，同比增长32%，折合镍金属吨约22万吨，较上年16.5万吨增长33%。其中自印尼进口量为99万吨，同比增长32%。

（徐爱东　陈瑞瑞）

钴市场分析

一、市场行情

受到新能源电动汽车用钴需求前景广阔以及资本介入的影响，2017年国内外以金属钴为代表的钴产品价格持续上涨，截至2017年末国际市场低等级金属钴价格突破35美元/磅，现货金属钴年度均价达到26.6美元/磅，同比上涨126%。

2017年LME金属钴期货价格也处于持续上行的趋势，但由于成交量相对较小，对国际市场钴价影响较弱。根据统计，2017年LME三月期金属钴买价年度均价为55312美元/吨，同比上涨118.77%。

2017年中国市场金属钴现货年度成交均价为40.39万～41.8万元/吨，低幅价格同比上涨97.7%，高幅价格同比上涨92.7%。虽然国内钴价全年处于一个整体上行的情况，但是由于上半年国内钴价长时间保持较低的价位，拉低了全年国内现货金属钴市场均价。

2017年国内金属钴价格在大部分时间里仍然低于国际市场价格。值得注意的是，自2017年9月份以来国内市场价格迅速上涨，与国际市场价格之间的差距才逐步缩小。而且国内投机性买盘囤货的情况非常明显，也为进入2018年后国内投机商出现获利了结抛货的情况埋下伏笔。

钴原材料方面，由于中国市场主要依赖进口，2017年进口原料中占80%左右的钴湿法冶炼中间产品的计价折扣系数，从7.6折逐步上涨至接近9折，所以在成本的推动下，钴盐及下游产品价格也水涨船高。

表1 国内国际钴平均报价

年份	长江现货（万元/吨）	英国金属导报	
		钴 99.8%（美元/磅）	钴 99.3%（美元/磅）
2011 年平均价	28.12～29.99	17.03～18.19	16.01～16.88
2012 年平均价	22.40～23.73	13.49～14.61	12.98～13.98
2013 年平均价	19.95～20.86	12.56～13.78	12.21～13.29
2014 年平均价	20.71～21.63	13.96～14.89	13.71～14.61
2015 年平均价	21.13～21.94	12.67～13.67	12.58～13.53
2016 年平均价	20.43～21.69	11.60～12.37	11.41～12.14
2017 年平均价	40.39～41.80	27.11～28.35	25.87～27.19

资料来源：MB、安泰科

二、产量情况

据美国地质调查局（USGS）2018 年矿产品年鉴（Mineral Commodity Summaries 2018）统计数据显示，2017 年世界钴储量约为 710 万吨。

2017 年世界钴的探明储量为 714.3 万金属吨，主要集中分布于刚果（金）、澳大利亚、古巴、菲律宾、赞比亚、加拿大、俄罗斯等国，上述国家钴储量总和约占世界总储量的 87.5%，其中刚果（金）就占世界储量的 49%。中国是个贫钴国，按照国土资源部 2017 年公布的 2016 年全国矿产资源储量通报，中国钴储量基础为 8 万吨，仅占全球总量的 1.12%。查明资源量为 67.25 万吨，但具有开采意义的储量仅为 2.68 万吨，占查明资源储量的 4.2%。

表2 2017 年世界钴储量 单位：万吨

国家或地区	2014 年	2015 年	2016 年	2017 年
刚果（金）	340	340	340	350
澳大利亚	110	110	100	120
古巴	50	50	50	50
赞比亚	27	27	27	27
菲律宾	25	25	29	28
俄罗斯	25	25	25	25
加拿大	25	24	27	25
新喀里多尼亚	20	20	6.4	–
马达加斯加	13	13	13	15
中国	8	8	8	8
巴西	8.5	7.8	–	–
巴布亚新几内亚	–	–	–	5.1
南非	3.1	3.1	2.9	2.9
美国	3.7	2.3	2.1	2.3
其他	77	61	69	56
世界总计	735.3	716.2	699.4	714.3

资料来源：美国地质调查局（USGS）

在2017年钴价飙升的情况下，嘉能可、洛钼、谢里特、淡水河谷等钴矿巨头的产量相对保持稳定，甚至出现前三季度减产的情况，而中型的钴矿供应商在积极扩产。2016年全球钴原料产量约在10.7万金属吨，2017年全球钴原料产量突破12万金属吨，增幅在10%以上。2017年增量比较明显的有金川的Ruashi Mining、莎林那资源（Shalina Resources/Chemaf Etoile）、中冶（Metallurgical Corp. of China（MCC））、Somika SPRL和万宝矿产的Kamoya等。

全球精炼钴产量从2012年的7.8万吨增长至2017年的11.8万吨，年均增长率约为8.6%。中国钴生产企业在制造成本、下游产业链配套方面相比欧美及日韩企业仍具有一定的优势。全球精炼钴产量逐年增长，中国产量增速迅猛。2012年，中国占全球钴产量比例约38%。2015－2016年中国精炼钴产量占全球的比重均超过50%，2017年比重接近60%，全球钴产业向中国转移和集中的趋势明显。除此之外，自由港钴业－科科拉工厂和优美科近年来一直在扩产，嘉能可的金属钴产量相对较为稳定。

金属钴领域，海外金属钴供应商主要有嘉能可、谢里特、谦比西、CTT、Vale和诺里尔斯克，国内的金属钴供应商主要有金川、凯力克、凯实，从2017年5月起华友也开始生产金属钴。

钴粉领域，总产量包含精制钴粉和粗制钴粉，国外钴粉以粗制钴粉居多，生产商主要有自由港钴业、优美科，另外是Sherritt Moa、Ambatovy以及嘉能可Murrin Murrin生产的钴粉。

钴盐领域，近几年钴盐产量的增速较快，2012－2017年复合年均增长率约为17.5%，主要是由于受以3C和动力汽车对钴盐产品需求的拉动。中国钴盐产量的复合年均增长率高达26%，主要是中国钴产业的迅速发展，已经成为全球钴行业的最主要的冶炼基地。

根据统计，截至2017年末，中国精炼钴企业钴产能约10万吨，其中华友、格林美与金川的合计产能约为5.2万吨，占总产能的54%。根据统计，2017年中国精炼钴产量约为7万吨，同比增长21.73%。其中华友、格林美与金川三大钴冶炼厂商精炼钴的合计产量约为4.2万吨，占比61.42%，同比增长10.25%。

另外产量大幅增长的主要原因是由于2017年宁德时代与钴原料供应商嘉能可直接签订原料合同，然后交给钴冶炼厂加工，所以一部分精炼钴增量是给宁德时代代加工的量，其中腾远、茂联等公司扩产较为迅速。但是受到2017年中国政府环保核查力度空前，导致一部分环保不达标的中小钴冶炼厂商的生产以及扩产受到限制，也使国内冶炼厂商并未出现全面扩产的情况。

三、消费情况

2012－2017年全球精炼钴消费呈逐年增长趋势，消费量从2012年的8万吨，增长至2017年的11.5万吨，年均增长率约为7.6%。

电池行业在钴消费中占据越来越重要地位，是钴行业消费最主要的增长点。来自电池行业对钴的消费从2012年的3.1万吨增长至2017年的6.8万吨，年均增长率高达17%。

航空市场是超级合金的主要应用领域，得益于航空业的不断发展，超级合金市场规模不断扩大。全球超级合金行业对钴的需求量从2012年的1.48万吨增加至2017年的1.68万吨，年均增长率约为2.6%。

硬质合金和金刚石领域也是重要的钴需求领域，2014－2016年硬质合金行业相对疲软，2017年以来，该行业下游订单增加，需求复苏，全年消费量约为7575吨。

中国钴市场的消费量从2012年3.2万吨增长至2017年的5.58万吨，年均增长率为9.7%。电池领域，尤其是钴酸锂和三元材料对钴的消费成为推动国内钴消费增长的最主要动力。

2017年中国同比增长17.27%，增速大幅提升。其中电池领域消费占比高达79.82%，比2016年相比小幅提高。电池领域仍然是促进国内钴消费的增长动力，其他领域比如硬质合金、磁性材料、玻陶、催化剂等相对稳定。

四、进出口贸易

2017年，中国累计钴精矿进口量约为10万吨，同比约下降33%，折合金属量7000吨；全年中国共进口湿法冶炼中间产品量约为21.4万吨，折合金属量约为5.4万吨，同比约增长23%。此外，2017年，中国进口了接近1.3万吨的白合金，折合金属量约为3200吨左右。2017年中国进口镍产品带钴量约为2700金属吨。全年中国钴原料的进口量将达到6.7万金属吨。

根据近几年进口钴原料结构的变化，钴精矿

的比例逐步减少，而湿法冶炼中间品的比重不断提高，2017年湿法冶炼中间产品在进口钴原料中占比高达81%。

2017年中国共进口金属钴2786吨，同比减少31.56%，总进口额为1.25亿美元，同比增加29.14%。进口量减少的主要原因是由于2017年没有收储任务以及国外价格高于国内价格，为了避免进口出现亏损，进口贸易商的积极性有所减弱，尤其是在下半年这种情况尤为明显。

2017年中国共出口2651吨金属钴，同比增长292%，出口量大增原因主要在于2016年由于中国国储局收储金属钴导致国内金属钴生产企业主要忙于交储，无暇出口。2017年在国内外金属钴价格倒挂的情况下，中国金属钴生产企业大幅扩大出口，以重新占领国外市场份额，出口企业主要是金川、凯实、格林美以及华友，还有一些在保税仓的转口贸易。

中国是全球最大的四氧化三钴生产国，2017年所生产的四氧化三钴除了自用以外，7395吨的四氧化三钴出口至日韩以及东南亚等国家。2017年中国四氧化三钴进口量大增至2289吨，主要是进料加工为主，以从芬兰进口为主，大部分的四氧化三钴进口加工成钴酸锂之后再出口，所以带动了钴酸锂的出口量。

中国拥有全球最大的钴系锂电正极材料的生产能力，2017年中国出口钴酸锂突破1万吨，其中接近96%出口至韩国，主要进口企业为韩国的三星、LG。出口量大幅增加的主要原因是海外锂电池生产企业在国际市场钴价过高的影响下，中国钴酸锂生产企业通过进料加工方式能够抵扣部分增值税，出口价格相较于在海外厂商能有一定优惠，所以导致2017年中国钴酸锂大量以进料加工的形式出口。

2017年中国共出口镍钴锰酸锂三元材料约7625吨，同比增长了30%；总进口量约为9009吨，同比增长约283%，净进口量约为1384吨。由于中国的前驱体技术达到世界先进水平，得到国际客户的广泛认可，2017年共出口镍钴锰酸锂三元材料前驱体约2.46万吨，同比增长78%；共进口2773吨，同比下降约27%，前驱体净出口量高达接近2.2万吨。

（刘 磊）

镁市场分析

一、镁价格回顾

（一）国内价格

2017年国内原镁年均价14920.74元/吨，同比上涨5.43%。全年日均价波动范围在13500~18600元/吨，全年最高价为8月份的18700元/吨，最低价为年初的13200元/吨。

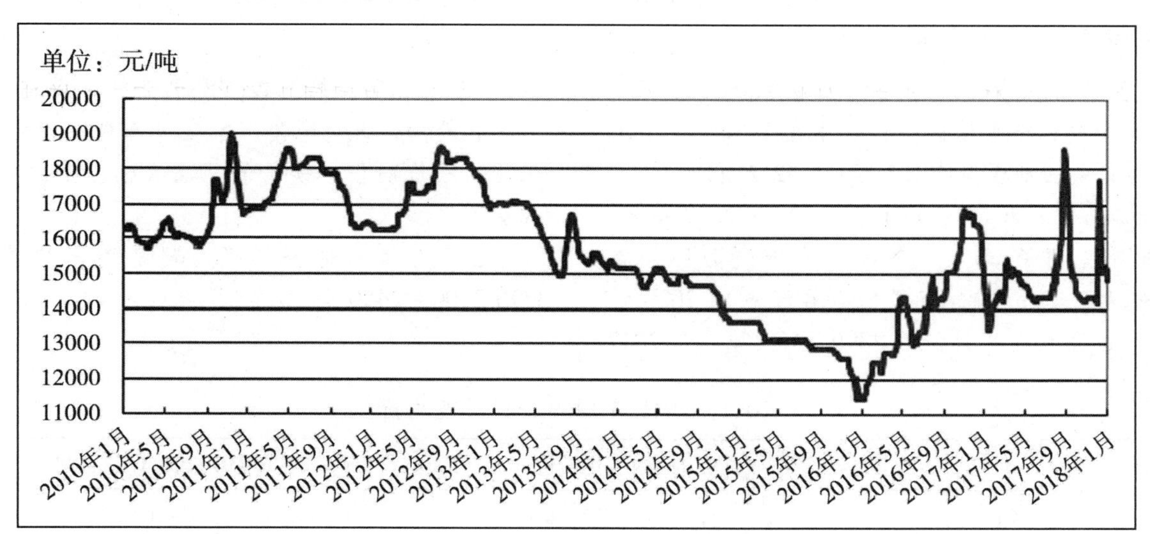

图1 2010－2017年中国原镁现货价格走势图

数据来源：镁业分会

从图1可以看出，2017年镁价格有三次明显波动，其波动幅度之大历年少见。

年内镁价第一次明显波动是3月份，主要受煤炭供应紧张推高价格所致，随着煤炭供应紧张情况缓解，镁价回落。

8月份，镁价现第二波大幅上涨，也是年内涨幅最大的一次，月涨幅3000元/吨。上涨直接原因是硅铁价格大幅上调，同期煤炭、钢铁以及铝价同样出现大幅拉升，相关市场形成上涨氛围，也推动镁价走高。随后在硅铁价格触顶下跌等因素推动下镁价跳水。

按惯例，四季度尤其是12月份镁市场通常表现弱势，价格以回落走势为主。2017年12月份镁价再次出现"被涨价"，振幅仅次于8月份，一周内价格暴涨3500元/吨。价格上涨的直接原因仍是硅铁价格上调。随后因库存压力增加，镁价回落，同时成本压力倍增致使业内部分厂家陆续减停产。

2017年国内镁市场供需面基本稳定，产量、出口量均呈现增长，年内三次大幅的突兀上涨均为受原料价格上涨以及人为因素等方面影响。

2017年硅铁价格少有的大幅波动，凸显出镁价走势与硅铁价格变动有着更强的相关性。

图2 2010－2017年国内镁和硅铁日均现货价格比较图

数据来源：镁业分会

截至年底，山西地区厂商主流报价1.53万～1.55万元/吨；宁夏地区报价基本在1.51万～1.53万元/吨；陕西地区报价1.5万～1.52万元/吨。

出口方面，2017年FOB年均价2302.22美元/吨，同比上涨6.20%。全年日均价波动区间在2050～2750美元/吨，年最低点在年初的2020美元/吨，最高点在8月份的2890美元/吨。从2017年前11个月出口数据看，出口量保持增长，因供应增长较快，致使国内厂家难以掌握价格主动权，采购商压价明显，镁价的几次大幅上涨过程中均成交不佳。

截至年底，部分厂商、贸易商出口报价在FOB 2400～2450美元/吨。

表1　　2011－2017年国内外镁月度均价

日期	国内现货镁价（元/吨）	MB报价（美元/吨）
2011年	17536.08	3111.22
2012年	17409.38	3206.62
2013年	16074.17	2893.18
2014年	14686.32	2527.58

续表

日期	国内现货镁价（元/吨）	MB 报价（美元/吨）
2015 年	12970.00	2222.87
2016 年	14152.11	2149.62
2017 年	14920.74	2260.34
累计同比（%）	5.43	5.15

数据来源：镁业分会、MB

（二）国际价格

1. 美国市场。2017 年美国市场镁相关价格中，镁锭价格继续下调，合金价格小幅上调。

根据美国金属周刊的报道，截至 2017 年底，美国镁锭西方现货价为 2.10 ~ 2.20 美元/磅，较 2016 年持平；美国镁锭交易者进口价格由 1.47 ~ 1.55 美元/磅继续下调至 1.42 ~ 1.46 美元/磅；而美国压铸合金（贸易者）价格由 1.60 ~ 1.75 美元/磅小幅上调至 1.65 ~ 1.80 美元/磅。

2. 欧洲市场。2017 年底欧洲市场各报价与上年底相比基本呈下行走势。

2017 年底英国金属导报（MB）镁锭价格收至 2300 ~ 2400 美元/吨，2016 年底为 2350 ~ 2500 美元/吨；美国金属周刊（MW）的欧洲自由市场价格收至 2300 ~ 2400 美元/吨，较 2016 年底持平；欧洲战略小金属鹿特丹仓库报价收至 2350 美元/吨，较 2016 年底的 2375 美元/吨有所下调。

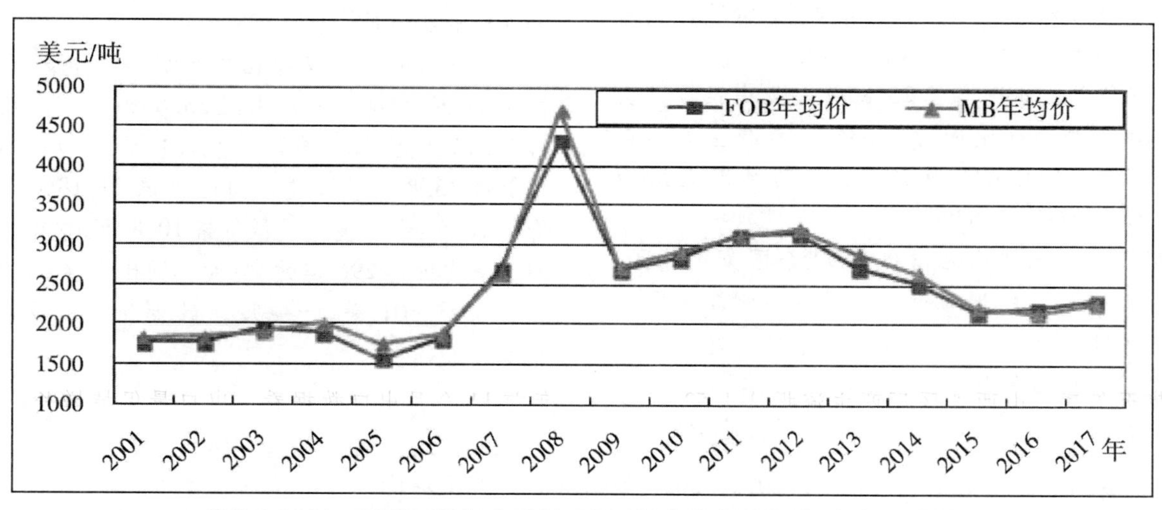

图 3　2001 –2017 年中国原镁 FOB 年均价与 MB 年均价对比图

数据来源：镁业分会、MB

二、市场分析

受全球经济逐步复苏影响，2017 年国内原镁供应及消费量均再创历史新高。

（一）全年国内产量创历史新高

据中国有色金属工业协会、中国有色金属工业协会镁业分会（以下简称：镁业分会）统计，2017 年全国原镁冶炼产能为 138.35 万吨，同比下降 6.61%；原镁产量 102.20 万吨，同比增长 12.27%；镁合金产量 32.86 万吨，同比增长 18.41%，镁粒（粉）9.66 万吨，同比增长 5.81%。

2017 年中国共产原镁 102.2 万吨，同比增长 3.78%。其中陕西生产 47.88 万吨，同比增长 2.6%；宁夏生产 16.83 万吨，同比增长 18.05%；山西生产 14.36 万吨，同比增长 2.27%。

2017 年陕西省原镁产量继续保持中国首位，陕西省产量占中国总产量的 55.05%，占比保持增长。山西省产量占总产量的 23.92%，占比较上年减少。宁夏地区产量占总产量的 6.76%，占比较上年减少。据镁业分会统计，2017 年全球原镁产量为 118.10 万吨，同比增长 12.55%，增量主要来自中国产量的增加。

（二）国内需求保持增长

2017年全球镁消费仍呈逐步增长态势。据统计，2017年全球的原镁消费量约为120万吨，比上年增长17.07%。

中国作为世界第一镁消费大国是镁需求增长最快的国家，欧美、日本等地区镁消费量也有所增加。

从行业发展来看，交通领域的应用仍是镁消费的主要领域，汽车、轨道交通及其他代步工具方面均有进一步发展并逐步实现规模化生产。

据镁业分会统计，2017年国内镁消费量为41.75万吨，同比增长4.98%。国内镁在冶金领域的消费量为26.46万吨，占国内总消费量的63.38%；镁在加工领域的消费量为14.19万吨，占国内总消费量的33.99%。

（三）全年出口量有所增长

据海关总署统计数据显示，2017年中国镁产品出口总量46.02万吨，同比增长29.08%，刷新2014年43.5万吨的纪录，创历史新高，金额10.73亿美元，同比增长25.85%。其中镁锭共出口24.85万吨，同比增长37.3%；镁合金共出口11.81万吨，同比增长9.17%；镁粉共出口8.44万吨，同比增长43.68%。

2017年中国镁产品出口到92个国家和地区，其中最大出口目的地为荷兰。另外，亚洲地区用镁量在不断增加，中国向日本、印度、韩国出口量排在荷兰和加拿大之后，分列3～5名。

（史晓梅）

钨市场分析

一、2017年钨市场总体呈现振荡上行的态势

2017年，钨市场总体呈现振荡上行的态势。一季度价格平稳回升，二季度小幅回落，三季度呈现大幅上涨，四季度出现先跌后涨。

影响价格起伏的主要原因是供给端受国家供给侧改革、环保、安监等政策影响，需求端借助全球经济形势回暖，以及在中国“制造2025”、“一带一路”等大投入基础建设目标的加持下，钨产品在供需形势上，逐渐回归理性，甚至迎来逆转。供应端一直显得略微偏紧，需求端在传统淡季迎来高速扩张，推动价格持续稳定上升。

国际市场，欧洲APT年末价格较年初上涨52%，重回300美元/吨度大关，价格具体走势紧随国内趋势，前三季度持续上浮，在9月达到年内价格最高位后，理性回调。

总体看来，2017年国内65%黑钨精矿平均价格9.04万元/吨，同比上涨33.63%，年内最高价格12.15万元/吨，最低价格7.1万元/吨；APT平均价格13.87万元/吨，同比上涨31.18%，最高价格18.5万元/吨，最低价格10.8万元/吨；欧洲APT平均价格296美元/吨度，同比上涨54.97%，最高价格301美元/吨度，最低价格187美元/吨度。

表1　　2012－2017年钨精矿和APT均价

	黑钨精矿（65%，元/吨）	APT（元/吨）	欧洲APT（美元/吨度）
2012年	117656	182406	375
2013年	130367	191149	368
2014年	108026	166855	356
2015年	71000	111200	227
2016年	67624	105736	191
2017年	90368	138708	296
2017年同比2016年增长	33.63%	31.18%	54.97%

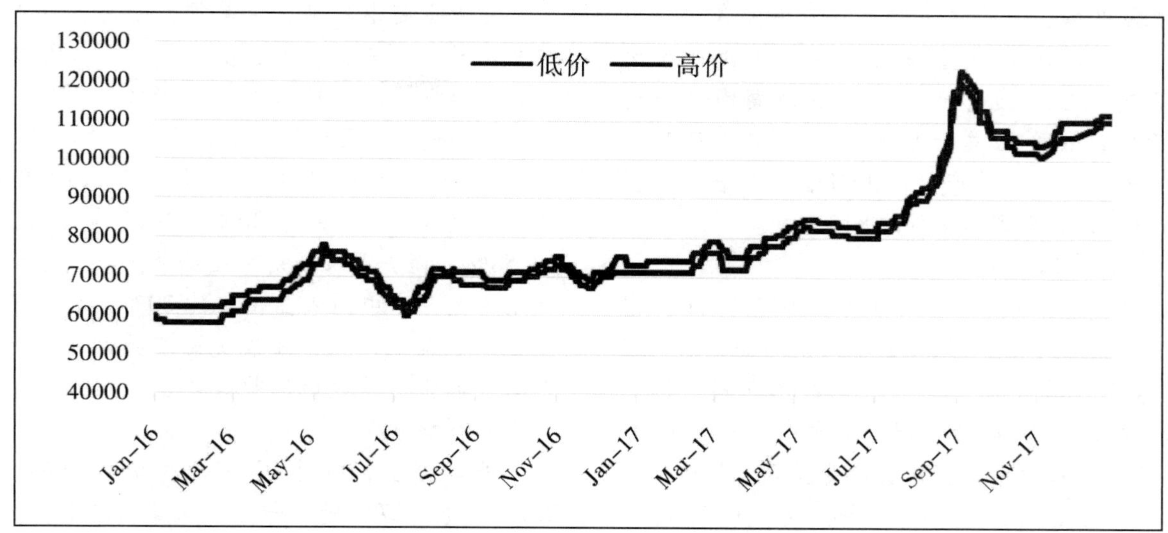

图 1　2016－2017 年国内钨精矿价格走势图

二、生产情况

据中国有色金属工业协会统计数据显示，2017 年国内生产钨精矿（65%）13.92 万吨，同比增长 6.18%。根据安泰科统计数据估算，2017 年纳入国家统计局月度统计的企业，钨精矿总产能为 14 万吨，虽然因环保政策的严格执行，停产矿山的重启不易，但大中型矿山均利用本次价格回升加紧生产，分摊成本。结合真实产能利用率，安泰科估算 2017 年钨总产量为 6.6 万吨（金属量）左右，较上年略有增加。但结合进出口数据考量，2017 年国内可用钨精矿，较上年有所下滑，结合消费端的扩张，给人市场上钨精矿数量供不应求直观感受。

2017 年下游冶炼加工企业产销两旺，持续保持增长态势。除钨条、钨丝、钨电极和钨铁外，其它钨冶炼加工产品产量均有大幅度增长。中国钨协统计的主要钨冶炼加工企业，2017 年主要钨冶炼加工产品 APT、氧化钨、钨粉、碳化钨、偏钨酸铵、硬质合金、高比重合金和钨坩埚产量同比分别增长 30.47%、21.38%、14.15%、19.39%、2.54%、28.37%、119.81% 和 76.30%；钨条、粗钨丝、细钨丝、钨电极和钨铁产量同比分别下降 13.58%、1.83%、17.87%、1.58%和 0.27%。

表 2　　2015－2017 年中国主要区域钨精矿产量　　单位：吨，65% WO_3

	2015 年	2016 年	2017 年
江西	49506	55605	64863
湖南	47070	40171	31118
河南	24498	21763	20455
云南	7810	8013	8818
广西	2943	3362	4251
福建	3446	4077	4211
广东	2558	2308	1567
甘肃	812	1875	2459
其他	2940	2489	1432
合计	141583	139663	139174

数据来源：国家统计局、中国海关、安泰科

中国钨精矿开采主要集中在资源富集地，以江西、湖南、洛阳产量最大。其中江西产量为6.49万吨，占全国总产量的47%；湖南产量为3.11万吨，占全国总产量的22%；河南产量为2.05万吨，占全国总产量的15%；三省合计产量11.64万吨，占全国总产量的84%。

三、进出口情况

据中国海关的统计资料分析，2017年11月出口同比增长42.5%，创2012年以来同期新高。12月出口环比有所下调，全年出口2.86万吨，同比增长32.5%，增长明显。出口品种中，三氧化钨、APT、偏钨酸铵及混合料增长最为显著。具体情况如下：三氧化钨累计出口4886吨，同比增长27%；APT累计出口3804吨，同比增长53%；偏钨酸铵累计出口1194吨，同比增长54.9%；混合料累计出口3029吨，同比增长71.56%。

三大主要出口地区，美国、欧洲、日本需求扩张明显，分别占到中国出口总量（产品均折合成钨金属量计）的17.1%、33.58%和23%。多年来，欧洲进口中国钨品占中国总出口的25%左右，最高的2006年占到38%，最低的2012年不到20%，近两年来超过30%，2017年占比达到33.58%。而美国市场对中国的依赖略有下滑，多年来一直占到中国钨品出口的20%，最高年份达到27%，而近年来，随着美国废钨回收加大，以及本土企业在其他地区收购矿山等操作，使得进口比例有所下滑。

进口方面，据中国海关的统计资料分析，2017年进口2722吨，与上年同期相差不多，钨砂累计进口量也稳定在2031吨左右，氧化钨增长较大，其中三氧化钨累计进口101吨，同比增长13倍，蓝色氧化钨进口量为99吨，同比增长414倍。

表3　　2017年中国钨品进出口统计　　单位：吨实物量，万美元

	进口				出口			
	12月数量	累计数量	累计同比%	累计金额	12月数量	累计数量	累计同比%	累计金额
钨矿砂及其精矿			3945339	27408223			96475	841650
钨酸			2	611			209527	4330580
黄色氧化钨			127715	3192157			6162489	139629661
蓝色氧化钨			14136	298299			6496565	144132352
仲钨酸铵			87554	1877251			5426544	106462240
钨酸钠			201082	3158213			51596	970995
偏钨酸铵			20000	394737			1731064	38364045
其他钨酸盐			770	244845			2011	6323
碳化钨			16781	1207533			5484764	168448162
钨铁			0	689			2622800	61106250
硅钨铁			0	174			0	0
钨粉			176029	9062986			1252627	40795235
①			5430	903140			415750	13320830
②			44331	7201934			1204488	49699327
钨丝			15690	9507739			345297	31602240
其他钨制品			26927	13509726			293155	20261488

续表

	进口				出口			
	12月数量	累计数量	累计同比%	累计金额	12月数量	累计数量	累计同比%	累计金额
混合料			252014	11945005			3189082	88390000
钨废碎料			75954	1218675			359495	10264151
总值			5009754	91131937			35343729	918625529

①未锻轧钨，包括简单烧结成的条、杆，废碎料；

②钨条、杆，但简单烧结成的除外，型材及异型材、板、片、带、箔。

注：表内统计实务数量，非金属量

四、消费情况

2017年中国钨消费总量保持小幅增长，消费总量达到4.9万吨，同比增长3%。从钨制品消费结构看，钨主要用于硬质合金、钨钢、钨材和钨化工，其比例分别为：49%、21%、23%及7%。近几年主要领域消费量如下：

表4　　2015－2017年中国钨消费情况　　单位：吨金属量

领域	2015年	2016年	2017年
硬质合金	21506	22201	24600
钨特钢	11452	11570	10600
钨材	10076	10028	11200
钨化工	2394	2800	2900
消费合计	45428	46599	49300
废钨	7287	7252	7246
领域	2015年	2016年	2017年
原钨消费	38141	39347	42054
钨消费增速	－8%	3%	6%

数据来源：安泰科

（一）硬质合金持续盈利

据不完全统计，中国硬质合金企业有485家，在湖南、四川、江西、江苏、福建等地部分市区形成了硬质合金产业聚集区，特别是湖南株洲市硬质合金企业有106家，占全国行业企业数量的22%，其硬质合金产量、销售收入和出口创汇占全行业的1/3。在长三角、珠三角形成了硬质合金切削刀具产业聚集区，如常州西夏墅、广东东莞刀具产业规模聚集区已形成。

中国硬质合金产业经过2015年的低谷后，2016年恢复性增长，2017年迎来爆发，产品产销两旺，年内进行过两次涨幅在10%～15%之间的产品提价，实现利润和利税等经济指标均出现较大涨幅。根据硬质合金分会统计表明，2017年生产硬质合金2.92万吨，同比增长29.18%。其中，切削刀片同比增长18.39%，矿用合金同比增长25.57%，耐磨零件同比增长23.14%，棒材同比增长41.65%。

（二）钨特钢产量小幅增长

根据特钢产量数据显示，2017年特钢协会统计的粗钢产量的高速工具钢累计产量为13.25万吨，同比增长6.7%，合计钨消费量为9276.33

吨。考虑到社会全部产量，全年特钢产量估算为15.1万吨，合计钨消费为1.06万吨。

（三）钨材和钨化工消费表现不一

钨的消费还有钨材（钨丝和钨电极）和钨化工（催化剂和颜料等）。由于应用领域不同，表现不一，具体情况如下：

钨丝：据钨协统计，细钨丝产量同比下降17.87%、粗钨丝产量下降1.83%。随着LED照明成本不断降低，普及率也在不断提高，LED灯替代白炽灯是大势所趋，加上国家发改委等五部委曾正式发布计划2016年10月1日开始，禁止进口和销售15瓦及以上普通照明白炽灯。钨丝产业已成为名副其实的夕阳产业。

钨化工：以钨酸类产品为例。2017年中国钨酸类产品出口同比增加1倍左右。由于钨酸亦可用于纺织、皮革等领域，2017年国内纺织业工业增加值同比增长4%，皮革、毛皮制品增加值同比增长4.7%，2017年度中轻皮革景气指数均在88以上，甚至达到90，远高于上年同期。

五、供求平衡

综合以上分析，2017年原钨消费增加至4.93万吨，出口2.86万吨，精矿产量6.6万吨，进口2700吨，供应短缺接近1万吨。

表5　　2014－2018年中国钨供需平衡　　单位：吨金属量

领域	2015年	2016年	2017年
钨消费	45428	46599	49300
收储	5000	10000	0
出口	19620	21539	28553
钨精矿产量	67649	65405	65912
进口	6006	2998	2722
供需平衡	3607	－9735	－9219
黑钨（元/吨）	71000	67624	90368
APT（元/吨）	111200	105736	138708

数据来源：安泰科

六、库存释放风险将影响钨市场

钨市场显性库存仍存在，首先是“泛亚事件”后，近3万吨APT将何去何从成为悬在市场上方的达摩克利斯之剑，引发业界关注，无论是采取何种方式，都会对市场造成较大影响。另外，已知的库存还有某国有大型钨企业联合地方政府收储的1万吨钨精矿以及国家在2016年启动的四次收储的2.05万吨钨精矿。

（杨召会）

钼市场分析

一、全球钼供需基本面继续改善，价格振荡回升

2017年全球钼价总体振荡回升，上半年先扬后抑，下半年持续走高，年末加速上行。其中，欧洲氧化钼价格波动范围在6.8～10.5美元/磅钼；年均价8.20美元/磅钼，同比上涨26%；欧洲钼铁价格范围在17.1～26美元/千克；年均价20.2美元/千克，同比上涨24.1%。具体来看，一季度供应面突发状况是推动国际钼市场上行的主要因素。海外钼工厂、钼矿山罢工及河南某矿企遭遇突发事件停产导致市场供应偏紧。进入12月份，国际市场又展开一波明显的上涨行情，氧化钼价格年末上探10～10.5美元/磅钼（为2014年10月以来的高点）。年末钼价走高与智利Codelco公司2018年预期减产的消息有较大关系。

与国际市场相比，2017年一季度中国市场上涨行情的启动要滞后一些。进入8月份，受供需利好支撑，中国钼市场引领国际市场大幅走高。供应偏紧，终端需求淡季不淡是推高市场的主要原因。受气候、环保及检修等因素影响，7月份吉林、黑龙江及内蒙古地区钼精矿产量均有所下降。

8月初，黑龙江某大型矿山再度传出停产一周的消息，加大了市场对原料供应紧张的担忧。从下游来看，随着钢铁行业景气度的明显回升，钢厂对包括钼铁在内的合金原料采购积极。钢企量价齐升，坐实了钼价的涨幅，进一步强化了钼市场的信心。

可以看出，一季度国际市场领涨国内市场，钼价走高的主要诱因是国际钼企业频频罢工及国内某矿企停产等因素导致供应面偏紧。而年中的上涨行情是国内领涨国际，供需利好支撑钼价走高。年末的行情则是在供应预期趋紧及钢厂需求活跃的共同作用下，国际与国内市场联动走强。在全球经济同步复苏，大宗商品价格整体回升的大背景下，对于钼市场而言，在下游需求保持增长的支撑下，供应面的突发事件成为了推动市场上行的主要诱因。

综合来看，2017 年中国钼精矿均价 1219 元/吨度，同比上涨 34.5%；年末钼精矿价格约 1470 元/吨度，较年初上涨 40%；钼铁均价 8.51 万元/吨，同比上涨 29.3%；年末钼铁价格约 10.1 万元/吨，较年初上涨 36.5%。

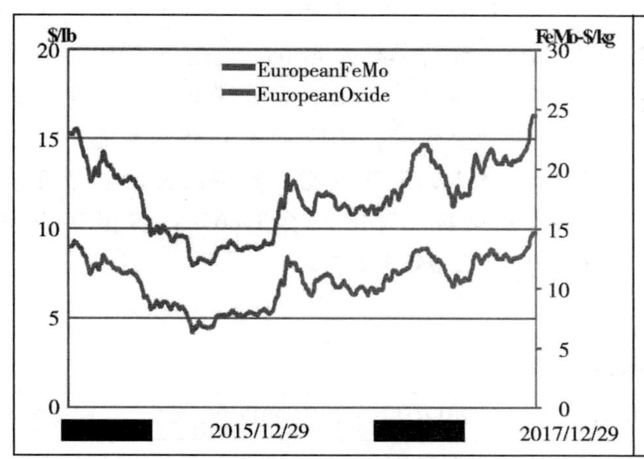

图 1　2014－2017 年国际钼价

数据来源：英国金属通报（MB）、安泰科

图 2　2014－2017 年国内钼价

二、供需分析

（一）2017 年全球钼产量同比增长 11.36%

据估计，2017 年全球钼精矿产量约 26.49 万吨钼，同比增长 11.36%。其中，欧洲钼精矿产量同比增长 7.3%至 1.68 万吨钼；亚洲同比增长 9.4%至 9.97 万吨钼；美洲钼精矿产量同比增长 13.2%至 14.84 万吨钼。

表 1　　2017 年全球钼产量　　单位：吨钼

	2016 年	2017 年 H1	2017 年	2017 年同比（%）
欧洲总计	15658	8464	16807	7.34
中国	83619	44120	90729	8.50
伊朗	3148	1704	3804	20.84
哈萨克斯坦	540	275	540	0.00
蒙古	2432	1283	2680	10.20
越南	1007	690	1400	39.03
朝鲜	418	251	538	28.71
亚洲总计	91164	48323	99691	9.35
加拿大	2835	2461	5313	87.41

续表

	2016 年	2017 年 H1	2017 年	2017 年同比（%）
智利	56085	31517	63207	12.70
墨西哥	11231	5957	13261	18.07
秘鲁	25757	12743	28141	9.3
美国	35100	19160	38430	9.49
美洲总计	131008	71838	148352	13.24
全球总计	237830	128625	264850	11.36

数据来源：安泰科、世界金属统计、USGS。

（二）世界钼消费增长 7.97%

据世界钢铁协会统计数据显示，2017 年全球 66 个主要产钢国和地区粗钢累计产量为 16.74 亿吨，同比增长 5.5%。其中，欧盟 28 国粗钢产量为 1.69 亿吨，同比增长 4.1%；北美粗钢产量为 1.16 亿吨，增长 4.8%；南美产量 4373 万吨，增长 8.7%；亚洲 11.52 亿吨，增长 5.7%。

从宏观经济来看，国际货币基金组织（IMF）发布的报告称，2017 年世界经济增速达到 3.7%，约 120 个经济体经济增长，这是自 2010 年以来最广泛的全球同步增长，由此带来了全球需求的反弹。据初步估算，2017 年全球钼消费量同比增长 7.97% 至 24.15 万吨钼。其中，西欧钼消费量约 6.31 万吨钼，同比增长 3.86%；美国同比增长 6.67% 至 2.94 万吨钼。

表 2　　2017 年全球钼消费量　　单位：吨钼

	2017Q1	2017Q2	2017Q3	2017Q4	2017 年	同比%
中国	19000	18600	23650	23550	84900	16.3
日本	6119	6220	6128	6089	24556	2.64
西欧	16477	15913	15695	15014	63100	3.86
美国	7452	7467	7300	7188	29407	6.67
	2017Q1	2017Q2	2017Q3	2017Q4	2017 年	同比%
其他	9979	9619	9901	10019	39518	2.91
全球总计	59027	57819	62674	61860	241480	7.97

数据来源：安泰科、英国商品研究所

（三）中国钼精矿产量同比增长 8.5%

据统计，2017 年中国钼精矿产量总计约 20.16 万吨（折合金属量 9.07 万吨钼），同比增长 8.5%。其中，河南省产量同比增长 14.8% 至 3.12 万吨钼；陕西省产量为 1.58 万吨钼，同比增长 12.2%；内蒙古产量同比增长 24.9% 至 1.39 万吨钼；黑龙江省产量同比增长 6.3% 至 1.35 万吨钼。

表 3　　2017 年中国钼精矿分地区产量（折 45% 钼）

地区	2017 年 实物，吨	2017 年 金属量，吨钼	同比（%）
全国总计	201619	90729	8.50
河南	69224	31151	14.75
陕西	35065	15779	12.21

续表

地区	2017 年 实物，吨	2017 年 金属量，吨钼	同比（%）
内蒙古	30990	13946	24.85
黑龙江	30000	13500	6.31
河北	10000	4500	-20.63
江西	9100	4095	1.11
吉林	8760	3942	18.38

数据来源：中国有色金属工业协会、安泰科

（四）中国钼产品进出口情况

据海关统计数据显示，2017 年中国共出口钼产品 1.81 万吨钼，同比增长 19.8%。其中，氧化钼出口 2725 吨钼，同比增长 28.0%；钼铁出口 4534 吨钼，同比增长 61.3%。另外，2017 年中国共进口钼产品 1.61 万吨钼，同比增长 29.7%。其中，氧化钼进口量为 5083 吨钼，同比增长 24.1%；钼精矿进口量为 1.02 万吨钼，同比增长 34.4%。

（五）钢铁行业景气度继续提升，中国钼消费增长

从下游来看，2017 年中国不锈钢的产量为 2556 万吨，同比增长 5%。其中 300 系的产量为 1331 万吨，同比增长 8.6%；200 系产量为 743 万吨同比回落 0.5%；400 系产量为 479 万吨，同比增长 3.7%。另据中国特钢企业协会数据，2017 年会员企业特钢粗钢产量总计约 1.27 亿吨，同比增长 9.7%。其中，低合金钢产量为 3926 万吨，增长 10.8%；合金钢产量为 3040 万吨，增长 10.1%。另外，特殊质量合金钢 2494 万吨，增长 11.6%。其中合金结构钢 1772 万吨，增长 12.5%。不锈钢及特钢产量继续保持不同程度的增长，拉动了国内钼产品的消费。

据估计，2017 年中国钢厂钼铁采购总量达到 10.89 万吨，中国钼消费总量约 8.49 万吨钼，同比增长约 16.3%。

（六）供需平衡

综合以上分析，2017 年中国钼市场钼产量增长 8.5% 至 9.07 万吨，消费增长 16.3% 至 8.49 万吨，净出口 2000 吨，供应过剩约 3800 吨。

表 4　　2016 - 2017 年中国钼供需平衡表　　单位：吨钼

	2016 年	2017 年 Q1	2017 年 Q2	2017 年 Q3	2017 年
产量	83619	20628	23489	22016	90729
进口量	12442	5151	2707	3015	16143
出口量	15140	5330	7093	3490	18144
消费量	73000	19000	18600	23200	84900
供需平衡	7921	1449	503	-1659	3828

数据来源：安泰科

（高海亮）

锡市场分析

一、2017 年锡价维持高位运行

2017 年，全球经济迎来普遍温和复苏，需求好转；缅甸存在矿产源枯竭和矿石开采品位大幅下滑之忧，中国取消精锡出口关税，印尼出口精锡持续增加等，总的供应增长温和，整个锡市场进入良性发展阶段，全年锡价维持高位运行。LME 现货和三月期货锡年均价分别为 2.01 万美元/吨和近 2 万美元/吨，同比分别上涨 11.7% 和 11.8%；SHFE 锡主力合约均价为 14.44 万元/吨，

同比增长21.1%。国内现货市场锡均价为14.37万元/吨，同比上涨20.1%。

二、2017年全球锡市供需均小幅增长

（一）全球锡精矿供应情况

全球锡精矿的生产较为集中，中国、印尼、缅甸、玻利维亚和秘鲁是最大的5个锡生产国，2017年，5大国的矿产量总和占到全球总产量近85%。另外，巴西、刚果等国家生产的矿锡对矿产总量也有较大贡献。全年锡精矿资源相对于下游需求依旧紧俏。截至2017年末，全球矿产量已连续两年保持增长。

中国矿产量近两年趋于稳定；印尼继续保持矿产政策的收紧，三季度初宣布暂时停止锡采矿执照的发行和更新，强调有必要解决非法采矿造成环境危害和非法出口锡精矿的问题，在邦加非法采矿的问题上，非法采矿确实正在减少；缅甸精矿金属量同比上涨近20%，其基础设施的改善已经使缅甸锡出货量受雨季影响更小，而之前几年因雨季出货量急剧下降的情况非常普遍；秘鲁锡精矿产量自2009年起逐年减少，原因在于秘鲁唯一锡矿山圣拉斐尔矿增产能力有限。圣拉斐尔矿曾是全球为数不多的高品位矿山之一，然而现在品位下降、资源缩水问题越发明显。值得一提的是，2017年尼日利亚乔斯高原的锡精矿产出快速增加。全球锡生产国产量增减不一，但整体仍处于上升空间。2017年全球锡精矿产量29.2万吨，同比增长1.5%。

（二）全球精锡生产

2017年，由于上一年锡价的大幅增长，全球精锡企业积极生产，产量较前两年明显增长，中国、印尼领先其他主要精锡生产国产量再拔高，玻利维亚、巴西、比利时等国产量也连续两年继续增长。但秘鲁及马来西亚因资源减少而继续限制了其精锡的产出。2017年全球精锡产量达到35.5万吨，同比增长4.8%。

（三）全球锡消费

2017年，全球经济持续向好，以电子产业为代表的锡消费领域的需求快速增长，2017年全球消费量增长3.4%，达到36.2万吨。目前，锡的消费主要以焊料、化工制品、镀锡板（也称马口铁）为主，其消费量占总量的近80%。

分行业来看，2017年随着全球经济大环境的好转，电子行业突破了近些年的疲软，迎来全新的复苏周期。根据WSTS预计，半导体全球销售额2017年有望突破4000亿美元大关；半导体产业协会（SIA）公布2017年10月份全球半导体销售额数据，全球销售总额达到371亿美元，创历史新高，销售额数据已连续15个月同比增长，连续8个月环比增长。全球电子行业企稳回升提振了锡的需求，但电子产品目前倾向于小型化，也一定程度上影响到了锡的使用量，因此，全年电子锡焊料行业用锡量依然保持稳定。

近年来，镀锡板由于受其他包装材料（如铝罐、塑料罐等）的竞争，以及镀锡工艺的改进，使镀锡层变薄，马口铁领域锡消费一直承受着下滑压力。马口铁领域精锡需求保持停滞和下降，特别是在美国和欧洲这样的成熟市场。中国市场也面临挑战，产能过剩和竞争是主要问题。2015－2017年，镀锡板对锡的消费量继续下降，2017年用锡量在5.1万吨左右。

随着科技的高速发展，锡化工产品种类越来越多，其应用范围也越来越广，已成为各行各业不可缺少的重要原料。其他门类技术的发展，拓宽了锡的使用范围，但在21世纪初期锡化工行业对锡的消费量已经达到了最高峰，随后保持了小幅萎缩的局面。目前国际市场上锡的无机化合物用途广泛，用于锡及合金电镀、陶瓷釉及颜料、催化剂、玻璃等工业生产；主要有锡的氧化物、锡的氯化物、锡的硫化物、锡酸盐等。有机锡是锡深加工的重要产品，是一类有着重要工业意义的金属有机化合物，具有品种繁多、用途广泛等特点。有机锡是锡消费量增长最快的领域，是国际上一个正在蓬勃发展的精细化工产业。由于它具有独特的性能，自20世纪末以来开发应用的领域不断扩大、用途日益广泛，需求量急剧增加。目前，有机锡化合物有上千种，其中具有工业生产价值的数十种。目前主要应用于以下几个方面：在化工方面的塑料行业用作热稳定剂、催化剂；在农业、医药、纺织方面用作杀虫剂、杀菌剂；林业和船舶方面用作防腐剂和涂料等。从20世纪50年代发展到21世纪初，世界有机锡的年消费量增加11倍，但随后又逐步缩减。国际市场上，有机锡稳定剂、杀虫剂、催化剂的发展相对稳定，但有机锡防污涂料由于对于海洋环境的危害处于日益减少的趋势。尽管多年来大量的法规监管给有机锡消费带来压力，但似乎大部分生产商都声称并且预计持续的增长，主要受聚合物产品的强劲市场驱动。全球来看，PVC 稳定剂市场竞争非常激烈。

含锡合金包括以锡为主的锡合金（锡铅焊料除外），以及锡为主要添加元素的合金，占锡消费总量的5%左右。主要用于汽车、机车、拖拉机轴瓦和重型机器轴瓦，其中锡基巴氏合金应用最广泛。最近几年中，铜锡合金（青铜）、巴氏合金、铝锡合金、易熔合金、铌－锡超导合金等合金的消费量呈现了稳定中有小幅增长的趋势。

铅酸蓄电池是全球精锡消费第四大领域。铅酸蓄电池在近几年的增长非常强劲，然而现在增速正在放缓。中国的大型铅酸蓄电池公司比小型公司更加乐观，反映了持续的激烈竞争，这种竞争既来自行业内，也来自于锂离子技术。

21 世纪初，全球浮法玻璃产量已经达到高峰，因此大幅增加的可能性不大，而且新建生产线的增长率也很低，因此近年来全球在浮法玻璃行业对锡的需求量保持一个稳定的态势。但这几年中国地区浮法玻璃行业的快速发展，促使全球浮法玻璃用锡量有了一个相对快速的增加。

三、国内锡市场供应过剩收窄

（一）矿山及冶炼生产呈现下滑态势

近些年，全球锡资源越发稀缺，没有新矿投产，中国锡资源也较紧张。2017 年中国锡矿产量总体呈下滑态势。据中国有色金属工业协会统计，2017 年，中国生产锡精矿 9.6 万吨金属量，同比下滑 1.7%；精锡方面，国内环保核查进一步升级，形势愈发趋紧、趋严，已对冶炼厂的生产造成一定影响，因环保的不定期审查，国内精锡生产出现阶段性不稳定的情形，但据安泰科统计，2017 年国内生产精锡 16.85 万吨，同比增长 5.3%。现行的环保政策对产量的影响仅是短期扰动，对长期生产尚不具备过多制约。

（二）精锡贸易出口显著增长

据中国海关统计，2017 年中国进口锡精矿实物量 29.5 万吨，同比下滑 37.6%；国内进口矿绝大部分来自于缅甸。尽管实物量下滑明显，但前 10 个月缅甸进口精矿的平均品位近 18%，精矿折金属量后为 5.3 万吨，较同期增长 17.2%；精锡进出口方面，由于国内精锡产能仍存在过剩，锡下游需求的持续低迷，2017 年中国累计进口精锡 3390 吨，同比下滑 64.2%；由于国际下游需求，尤其是电子行业需求维持在高景气度，2017 年精锡出口达到了 2175 吨，同比暴增 195.9%，一系列因素的作用使得中国精锡贸易出现连续多月呈净出口的状态。

（三）国内锡消费稳中有升

随着中国经济的快速发展，中国电子工业进入高速发展期，同时带动锡消费增长，中国迅速成为全球最大的锡消费市场，目前消费量占到全球 45% 左右的份额。根据安泰科统计，2017 年中国锡消费量 16.8 万吨，同比增长 3.7%。其中第一大消费领域——焊料行业用锡量小幅增加，全年用锡量在 10.2 万吨左右，同比增加 4.1%，年增长率稳定；镀锡板行业由于钢铁行业去产能效果的逐步显现，用锡量有所下滑，全年用锡量在 1.35 万吨左右，同比下滑 10%；锡化工行业用量持续增长，同比增长 14%；铅酸蓄电池行业的用锡量略有增长，全年用量占总消费量的 8.9%。合金、浮法玻璃等行业用锡量变化不大，2017 年国内锡总消费量稳中有升。

（郭　宁）

锑市场分析

2017 年，中国锑行业整体保持平稳运行态势，市场供需基本面继续保持稳中向好格局。随着锑价重心整体上移，企业效益总体持续好转。全行业进一步推动供给侧结构性改革，加强自律，积极营造良好的市场环境。骨干企业深化改革，强化管理、苦练内功，积极应对成本上升、需求不足、融资困难等新老问题，为产业发展持续向好打下基础。但行业运行形势依然严峻，特别是环保压力的不断升级。根据最新发布的中经有色金属产业月度景气指数显示，2017 年 12 月中经有色金属产业景气指数为 25.1。初步判断，有色金属产业景气指数持续在“正常”区间较为平稳运行。整体来看，2017 年中国锑行业运行同中经有色金属产业景气月度指数走势大体一致。

一、价格走势

2015－2017 年锑锭价格经历了大幅下跌后振荡回升的过程。2015 年锑价快速下跌并在年底止跌反弹，2016 年走出振荡上升行情，2017 年锑锭价格前高后低，年末趋稳。

2017 年，受主产区环保督查的影响，市场供应减少的预期推动锑价大幅上升，并在督查结束后逐渐回落。据中国有色金属工业协会锑业分会会员单位报价，2017年1月初中国锑锭（99.65%）每吨价格为4.85万~4.95万元，2月初价格为4.8万~5万元（年内最低价），5月中旬价格为6.1万~6.3万元（年内最高价），12月末价格为5.1万~5.2万元，2017年平均报价为5.47万元，同比上升35.7%。一至四季度锑锭（99.65%）的平均报价分别为：5.28万元、5.96万元、5.46万元、5.17万元，同比分别上升57.9%、58.9%、27.9%和8.8%。

2017年国际市场锑价走势与中国锑价基本相似，在中国锑价上涨的带动下，国际锑价在5月份上升至年内高点后振荡回落，锑价重心整体上移。2017年国际市场锑均价为每吨8260美元，同比上升26.2%。

具体价格变化情况见报价走势图（图1）和中国市场锑锭年平均价走势图（图2）。

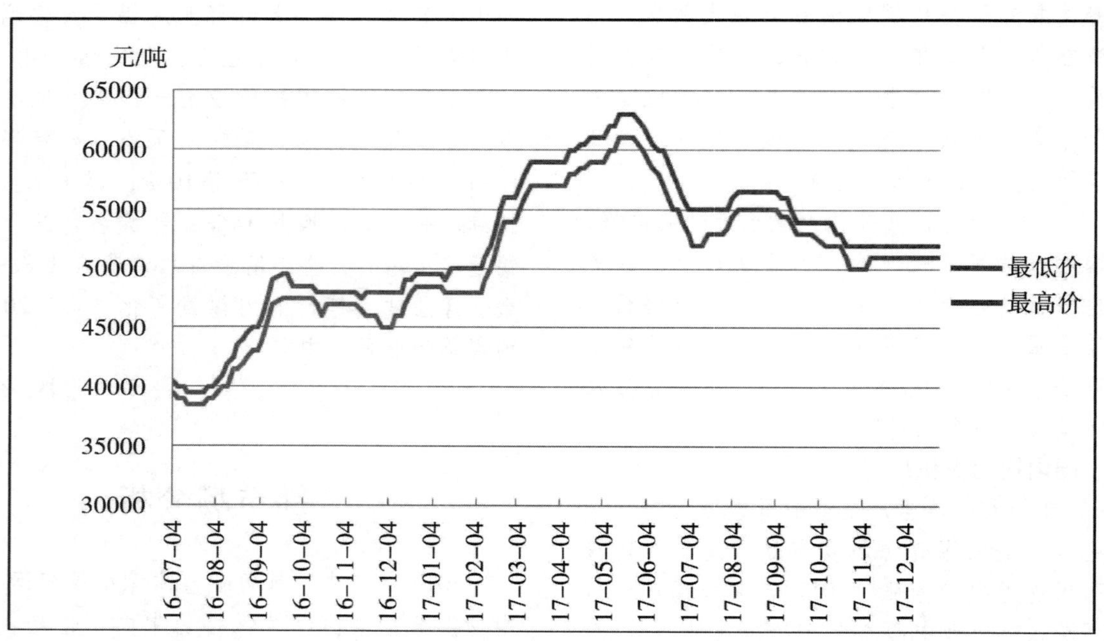

图1　2016年7月-2017年12月中国锑锭（99.65%）报价走势图

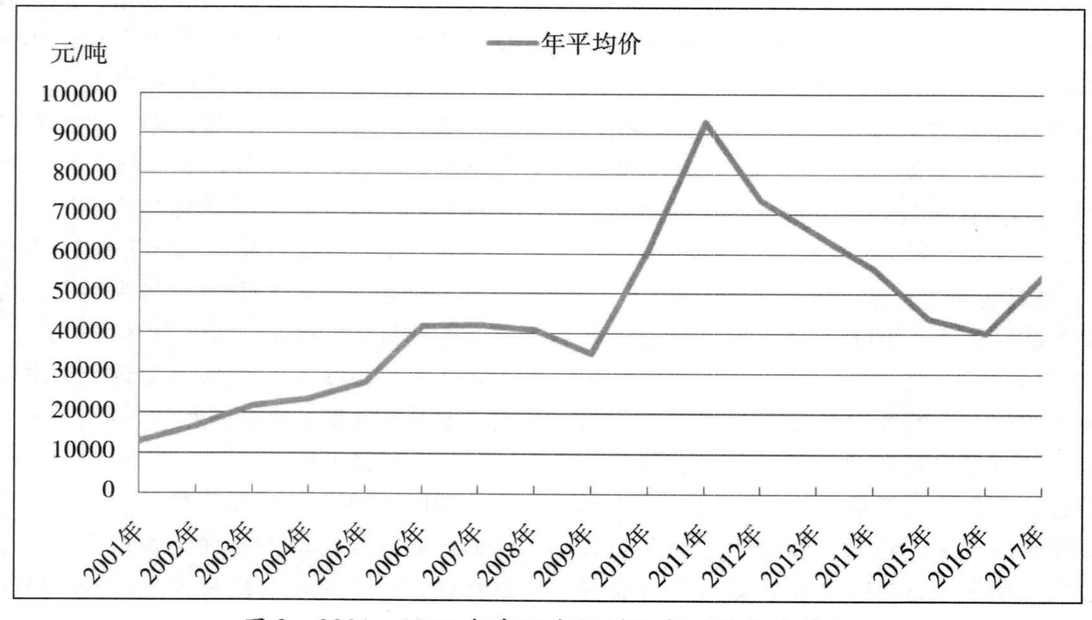

图2　2001-2017年中国市场锑锭年平均价走势图

二、供应情况

据世界金属统计，2017 年世界主要国家锑矿含锑产量为 13.01 万吨，同比下降 8.5%。其中，中国锑矿含锑产量约 9.77 万吨，同比下降 5.73%，占世界总产量的 75%，表明中国继续保持全球最大锑生产国地位。除中国外，产量排前四位的分别是塔吉克斯坦、俄罗斯、缅甸和玻利维亚，分别为 1.4 万吨、6600 吨、2881 吨和 2844 吨。2017 年世界主要国家锑矿含锑产量出现下降的国家占多数，中国锑矿含锑产量出现较明显的下降（见表 1）。

表 1　　世界主要国家锑矿含锑产量　　单位：吨

国家或地区	2011 年	2012 年	2013 年	2014 年	2015 年	2016 年	2017 年
中国	128017	135600	125000	123193	111408	108000	97683
俄罗斯	6348	6400	6400	6520	7420	6600	6600
南非	2391	3044	2332	1630	1080	—	—
塔吉克斯坦	5550	5544	7308	8000	10000	14464	13960
玻利维亚	3947	5081	5052	4186	3843	2669	2844
澳大利亚	1576	1950	3277	3828	3996	5004	2102
吉尔吉斯斯坦	892	924	900	1450	1200	1880	1077
缅甸	7054	7482	9714	3300	3610	360	2881
土耳其	2340	7119	4512	3070	1917	2000	1999

资料来源：世界金属统计、中国有色金属工业协会

2017 年，受主产区湖南和贵州两省环保督查的影响，冶炼产品产量有所下降。据中国有色金属工业协会统计数据显示，2017 年中国锑矿含锑累计产量为 9.77 万吨，同比下降 5.73%，湖南、广西的产量较上年下滑，云南省产量则明显增加；2017 年中国锑品累计产量为 19.94 万吨，与 2016 年产量基本持平。除广西区以外，湖南、云南、贵州三大主产区的锑品产量均较上年有不同程度的增加（见图 3）。

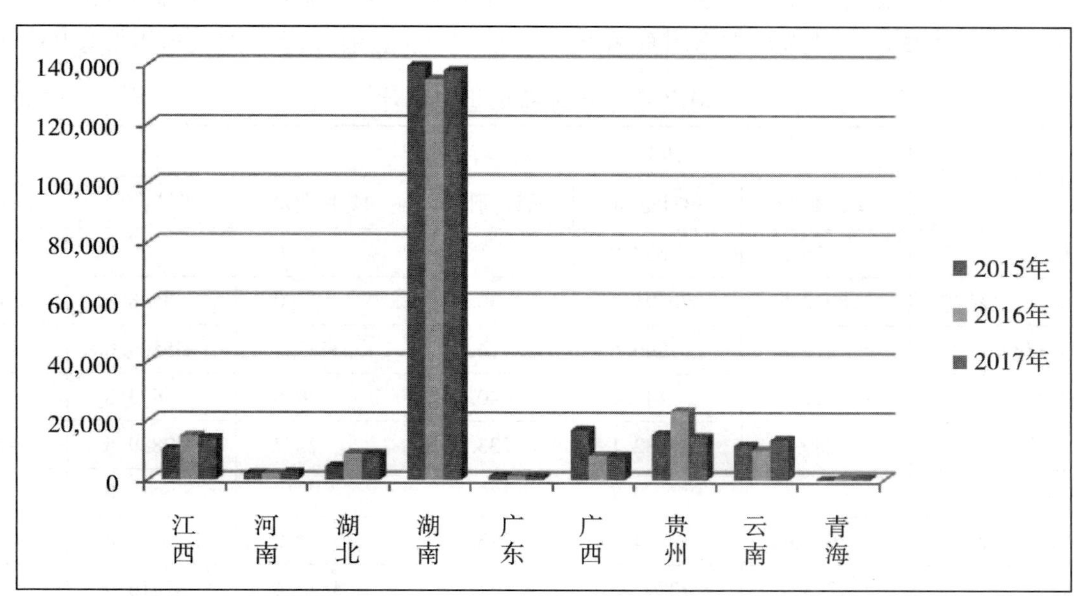

图 3　2015 - 2017 年中国分省区锑品产量

根据相关统计数据，结合调研数据，在去除数据重复计算等因素后，测算得到2017年中国锑品含锑产量为10.5万吨，同比下降9.5%（见图4）。

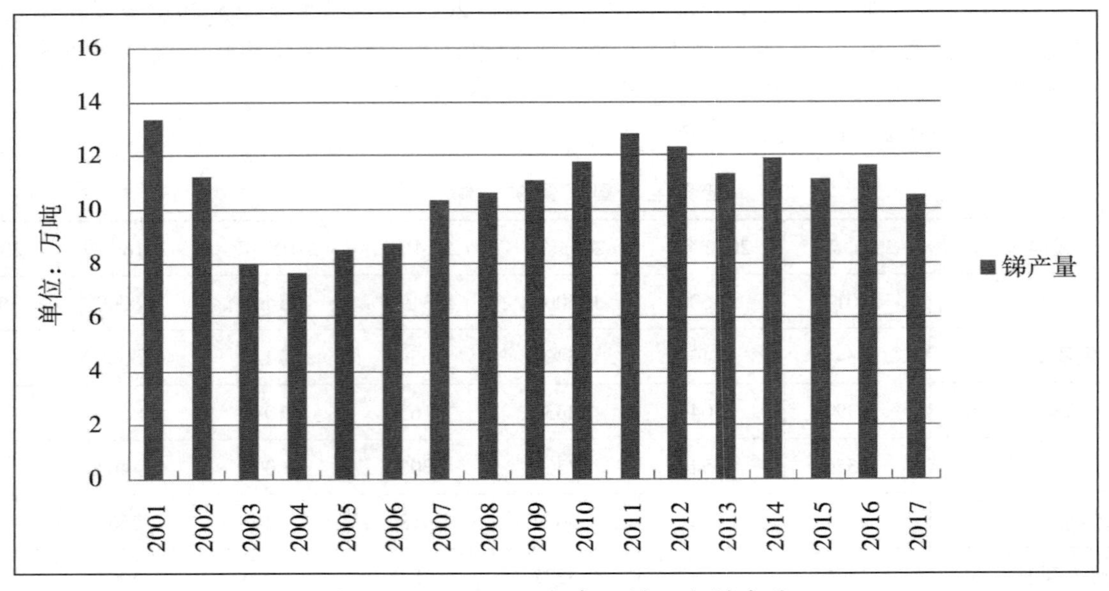

图4　2001－2017年中国锑品含锑产量

据中国有色金属工业协会锑业分会的统计数据显示，2017年分会会员企业锑锭产量约6.94万吨，同比下降19.2%。氧化锑产量约8.95万吨，同比增长0.8%。乙二醇锑产量9874吨，同比增长20.8%。锑酸钠产量5525吨，同比增长10.3%。三硫化二锑、锑珠、母粒等其他锑品产量约7231吨，同比增长9.0%。

三、进出口情况

全球锑品贸易量相对稳定。中国是世界上最大的锑品生产国，也是最大的锑品贸易国。中国锑品进口以锑精矿为主，出口则以多系列的氧化锑产品为主，深加工产品的出口比例呈现上升态势。

据海关统计数据显示，2017年中国累计锑品进口量约7.29万吨，同比增长31.4%（见表2）。其中，锑矿砂及其精矿累计进口量为7.03万吨，同比增长30.1%。从全年累计进口量看，中国进口的锑矿砂及其精矿主要来自塔吉克斯坦、俄罗斯、澳大利亚、缅甸等国家，分别为塔吉克斯坦2.49万吨，同比下降3.5%；俄罗斯1.81万吨，同比增长118.0%；澳大利亚1.05万吨，同比下降13.8%；缅甸9603吨，同比增长964.5%。

表2　　2017年中国锑品进出口统计　　单位：吨实物量

商品名称	进口			出口		
	12月数量	累计数量	累计同比%	12月数量	累计数量	累计同比%
生锑	25.3	650.8	–	0	0	–
其他锑矿砂及其精矿	8922.5	70295.2	30.1	0	3548.7	597.4
锑的氧化物	79.8	966.6	4.2	3782.1	35305.0	–11.7
硫化锑	17.1	147.2	–40.9	70.6	673.8	58.8
未锻轧锑	289.0	832.1	233.6	22.7	2889.5	–50.3
锑粉末	0	0.7	136.1	0	0	–
其他锑及锑制品	0.001	4.9	13.3	0	0	–
合计	9333.7	72897.5	31.4	3875.4	42416.9	–9.2

数据来源：中国海关

2017年中国累计锑品出口量约4.24万吨，同比下降9.2%。作为主要出口产品的氧化锑，2017年出口量较上年明显下降；未锻轧锑出口量较上年大幅下降，主要以一般贸易出口为主，占同期未锻轧锑累计出口总量的比例为99.2%。

2017年中国累计氧化锑出口量约3.53万吨，同比下降11.7%。主要销往美国、日本、台湾、印度、韩国、马来西亚等国家和地区，分别为美国1.42万吨，同比下降22.5%；日本4577.8吨，同比增长8.2%；台湾4424.8吨，同比下降6.4%；印度2645.2吨，同比下降4.2%；韩国2219.1吨，同比下降11.8%；马来西亚1138吨，同比增长177.9%。

2017年中国累计未锻轧锑出口量为2889.5吨，同比下降50.3%。从出口国别来看，主要销往美国、荷兰、日本、比利时、韩国等国家，分别为美国1294.0吨，同比下降3.1 %；荷兰550.2吨，同比下降42.5%；日本401.4吨，同比下降61.4%；比利时185.0吨，同比下降81.6%；韩国163.2吨，同比下降41.8%。

四、消费情况

锑是中国十种常用有色金属之一，是现代工业生产不可或缺的重要原料。广泛应用于材料阻燃、合金材料、化工生产、电子工业及国防军工等领域，对保障中国国民经济的持续发展起着极其重要的作用。锑的应用广而分散，被称之为“工业味精”。

近30年的技术创新和发展，锑的消费结构发生重大变化，最主要体现在锑金属的消费量下降而锑化合物的消费量上升，特别是以多种规格的三氧化二锑、高效乙二醇锑等为代表的锑深加工产品的应用不断上升。而在锑化合物的应用中，氧化锑是锑消费的主要产品，应用领域集中在阻燃材料。

从地区分布来看，美国、欧洲、日本以及亚洲其他地区（包括中国、印度、韩国）为全球最主要的四个阻燃剂消费市场。美国和欧洲地区作为阻燃剂的发源地，行业发展较早，亚洲地区阻燃剂行业起步较晚。

中国是全球最大的锑消费国，占全球锑消费近50%。2015－2017年中国锑消费量基本保持在5.8万~6.0万吨之间。从消费总量来看，呈现明显的弱弹性特征，主要影响因素是阻燃“无卤化”和环保督察。

从中国锑消费的主要行业来看，塑料和橡胶等阻燃行业是三氧化二锑的主要应用领域，约占三氧化二锑总产量的60%。2017年的聚酯市场景气度持续回升，新产能投放速度继续放缓，去产能进程逐步加速，产能有效利用率大幅提高。

随着中国经济的发展，人们的安全意识会越来越强，防火安全相关标准和法规也会更加完善，在监管方面最终会像欧美发达国家一样对材料的阻燃性能进行强制性要求，从而带动阻燃剂的整体市场需求，为阻燃用锑的需求增长创造条件。

五、供需趋势

2017年，中国锑市场继续呈现以供给端为主导的特征。在锑市场需求改善有限的情况之下，锑供应端受环保督查影响而进一步收紧，使供需基本面得以维持向好状态。全年锑品含锑的产量有所收缩，供给结构得以进一步优化。

随着锑行业供给侧结构性改革的推进，生态环境约束的不断加强，锑企业转型升级的内生动力也在不断增强。总的来说，锑行业发展的外部环境发生很大变化，锑工业已进入结构调整、转型升级的关键时期，国内锑品供应将保持相对稳定，供应的有效性有望得到进一步提升。

从市场需求来看，消费趋势正朝着适应绿色发展的方向转变。未来两年，锑消费结构短期内尚不会发生明显的变化，消费总体呈现稳中缓增态势。聚酯产业和光伏产业的成熟发展，将带动该领域的锑消费保持稳步增长，塑料和橡胶等阻燃消费受相关法规的影响较大，新能源汽车的快速发展将带来新机遇。企业应积极适应形势的变化，加强与下游产业的交流，研发和拓展锑品在多领域的应用空间。

综上所述，锑市场供需基本面具备进一步改善的基础。在需求端短时间内增长有限的情况下，持续推动供给侧结构性改革将有利于锑市场供需面继续向好。

（杨薛玲）

钛市场分析

一、钛工业经济运行情况概述

（一）产能

2017年中国海绵钛的产能比2016年增长了

5.7%，达到9.3万吨，国内7家海绵钛生产企业的产能与前一年相当，只有洛阳双瑞和朝阳百盛两家海绵钛生产企业的产能有所增加，目前国内前5家全流程海绵钛生产企业的产能利用率达到90%以上，国内海绵钛行业的整体开工率达80%以上。

根据30家钛锭生产企业的统计，2017年国内钛锭的产能比2016年增长了8.7%，达到14.67万吨，主要由于近两年国内高端钛材生产企业新上熔炼设备所造成的。

（二）产量

钛精矿。根据攀枝花钒钛产业协会的统计，2017年中国共生产钛精矿大约380万吨，其中攀西地区的产量为260万吨，同比增长8.8%，占国内总产量的68.5%；进口钛精矿330万吨，同比增长29.5%。

海绵钛。2017年，中国有9家企业共生产7.29万吨海绵钛，比2016年增长8.7%，连续3年增长。

钛锭。根据30家企业的统计，2017年中国共生产7.10万吨钛锭，比2016年增长6.80%。

钛加工材。根据国内主要钛材30家生产企业的统计，2017年中国共生产钛加工材5.54万吨，同比增长12.0%。

（三）产业结构

在钛产品结构方面，2017年钛及钛合金板的产量同比增长13.4%，占到当年钛材总产量的55.1%，其中钛带卷的产量占到了一半以上；棒材产量同比下降11.6%，约占全年钛材产量的17.8%；管材产量同比增长25.5%，占到全年钛材产量的15.5%；除铸件和棒材外，其余的锻件、丝材和其它产品的产量合计均同比大幅增长。

在产业分布方面，从上述统计数据可以看出，海绵钛主要生产分布在辽宁地区，5家企业的产量占到全国的将近一半（44.9%）；钛及钛合金棒材生产主要集中在陕西，主要3家生产企业的产量占总量的61.0%；钛及钛合金锭生产主要集中在陕西，11家主要生产企业的产量占全国产量的四成左右；陕西3家主要钛板材生产企业的产量也占到全国34.6%，钛管的生产主要集中在长三角地区，主要5家生产企业的产量占全年总量的34.2%。综上所述，除钛棒材以外，主要钛生产品种钛及钛合金锭、钛管和钛板的产量分布均有逐步分散的迹象。

（四）市场与价格

销售量。2017年，中国海绵钛的总销售量为7.29万吨，净进口为1944吨，国内销售量为7.49万吨，同比增长9.3%。

2017年，中国钛材的总销售量为5.51万吨，净出口量为8385吨，国内销售量为4.67万吨，同比增长28.4%。

需求分配。2017年，中国钛及钛合金在不同领域的销售量及所占比例见图1。

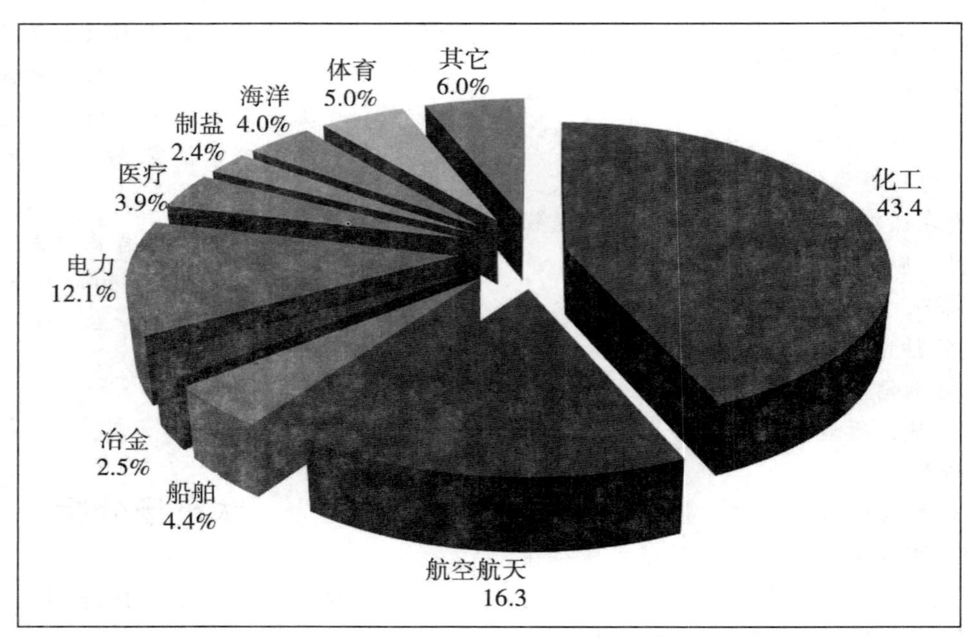

图1 2017年中国主要钛材生产企业在不同领域的应用情况统计（t）

价格。根据钛锆铪分会的统计，2017 年中国一级海绵钛和具有代表性的 TA2、3.0mm 厚的标准钛板的价格走势见图 2 和图 3。

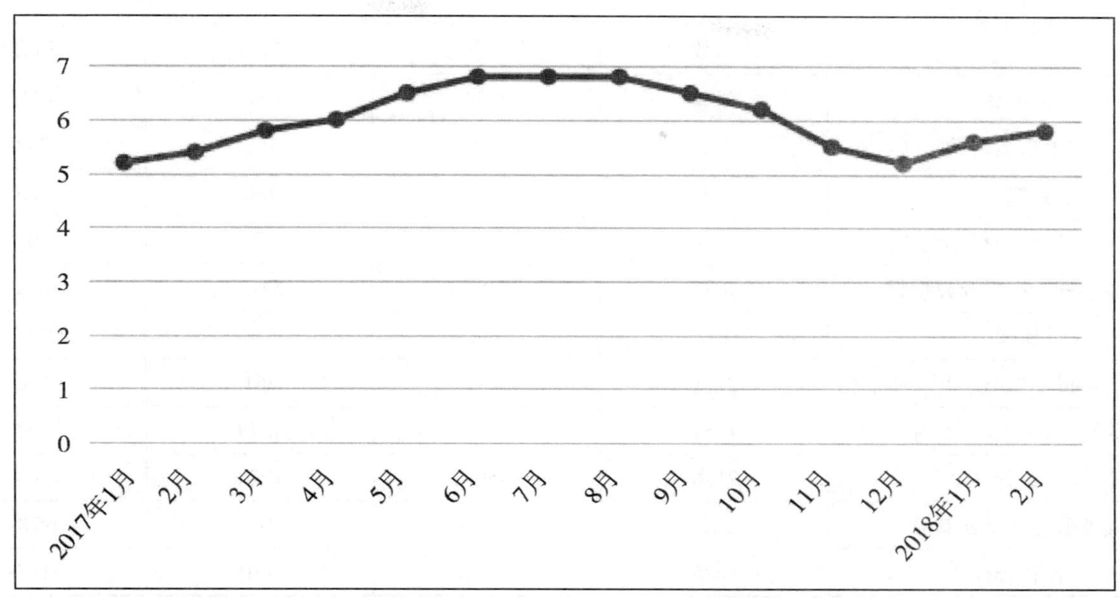

图 2　2017 年中国一级海绵钛的价格走势（万元/吨）

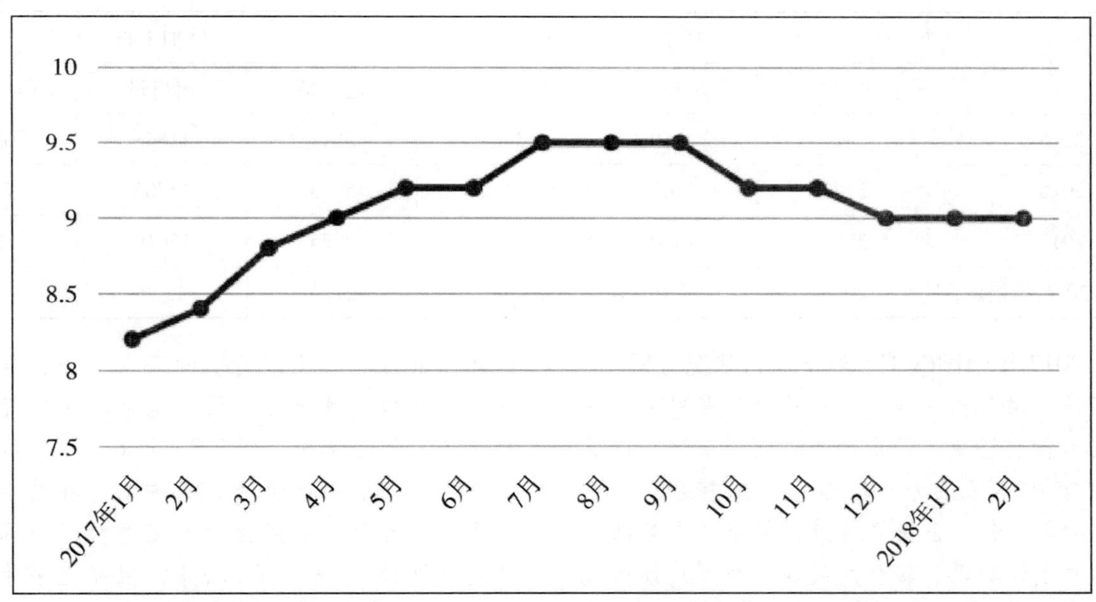

图 3　2017 年中国 TA2/3.0mm 厚纯钛板价格（万元/吨）

（五）进出口贸易

2017 年中国金属钛及钛产品的进出口情况详见表 1、表 2。

表 1　　2017 年中国金属钛的进出口统计　　单位：吨，万美元

商品名称	进口		出口	
	进口数量	进口金额	出口数量	出口金额
钛矿砂及其精矿	3065127	55144	22133	1595
钛白粉	214968	57652	829914	198346

续表

商品名称	进口		出口	
	进口数量	进口金额	出口数量	出口金额
海绵钛	3844	2654	1900	1027
其他未锻轧钛	178	875	162	282
钛粉末	69	376	180	383
钛废碎料	406	56	0	0
钛条、杆、型材及异型材	1085	5487	5417	9220
钛丝	107	722	556	1763
厚度≤0.8mm 的钛板、片、带、箔	2183	3641	261	576
厚度＞0.8mm 的钛板、片、带	1151	4169	4379	8385
钛管	2126	4581	1955	4524
其他锻轧钛及钛制品	573	24686	3042	6690
钛材合计	7225	43286	15610	31158

表 2　　2015－2017 年钛产品的进出口数量变化　　单位：吨

年份	海绵钛			钛加工材		
	进口量	出口量	净出口量	进口量	出口量	净出口量
2015	82	3550	3468	5547	11848	6301
2016	3182	1760	－1422	5943	13705	7762
2017	3844	1900	－1944	7225	15610	8385
2017 年与 2016 年相比，%	20.8	8.0	－	21.6	13.9	－

二、2017 年中国钛工业经济运行状况分析

2017 年，中国经济供给侧结构性改革进一步深化，中国钛行业经受住了市场的大幅震荡波动以及国家及省市的环保压力，在国家军民融合、工业 4.0 和“一带一路”等相关政策指导下，在各部委提质增效和创新驱动、转型发展等一系列政策措施的推动下，中国钛工业开始逐渐盘出低谷，进入新一轮上升通道，呈现出一些与以往不同的发展特点，整个产业正向着诸多利好的方面发展。

经过前几年的市场消化和吸收，2017 年中国钛工业已逐渐摆脱去库存的压力，行业结构性调整初见成效，由过去的中低端需求以及钛产品的结构性过剩，逐步转向中高端需求，产业结构逐步转向航空航天、舰船和高端化工等领域。钛冶炼企业维持现状，钛加工中小企业间逐步拉大差距。

2017 年，随着钛白市场好转，各地原料生产的环保压力，以及钛精矿的需求紧缺，导致国内钛原料价格连续上涨，从而也带动了海绵钛和钛材价格的触底反弹，到 2017 年 6 月，1 级海绵钛的价格比上年初上涨了 20% 左右。在结构性调整过程中，由于两家企业的产能增加，中国海绵钛产能比 2016 年增长了 5.7%，但在上半年原料价格上涨和高端需求增长的带动下，海绵钛的产量同比增长了 8.7%，达到 7.29 万吨。随着市场好转和海绵钛价格的上涨，仍有部分停产企业、新上低成本海绵钛项目以及原有扩产计划的企业，打算扩大部分产能。

针对航空航天、医疗和海洋工程等高端市场不断扩大的市场需求，多家企业新上熔炼设备，以 3 吨以上设备为主，逐渐替代低端的小型熔炼设备，且低端熔炼设备仍可以闲置待用，产能有所扩张，2017 年中国钛锭的产能比 2016 年增长了 8.7%，在

市场需求拉动下，钛锭的产量也同比增长了6.8%。

2017年，在船舶、海洋工程、体育休闲、高端化工（石化、环保等）、军工等行业需求拉动下，中国钛加工材的产量同比增长了12.0%，达5.54万吨，钛行业逐渐走出低谷。以国内前10家主要钛材生产企业为例，钛材销量占总量的77.1%，比上年有所提高，产业集中度逐步提高。

另外，2017年，中国钛民用制品市场出现了巨大变化。首先是产业间的合作更加广泛，出现了多家钛加工企业与家电细分龙头企业之间的战略合作；其次市场出现了钛品品种多样化、质量高端化、价格亲民化等迹象，钛产品向市场化、多元化方向发展，同时也在广东、浙江、西部等多地涌现出了一批钛制品企业，从而也带动了民品钛材需求量的快速增长。

在钛材消费领域，2017年比2016年国内销售量同比大增了28.4%。除冶金行业外，2017年中国钛加工材在主要消费领域的用钛量均呈现出不同程度的增加，尤其在航空航天、船舶、电力和海洋工程等高端领域，延续2016年的走势，均出现了一定幅度的增长，从总量上来看，舰船领域的增长幅度最大，增加了1106吨，其次是电力（952吨）、体育休闲（682吨）和航空航天（567吨），这也反映出国家的产业发展方向，以及中国钛加工材在高端领域的发展趋势；而船舶领域的异军突起，说明中国钛加工材在该领域的需求开始爆发，但在制定标准和材料体系等方面还有待进一步完善。

（贾 翃 逯福生 郝 斌）

黄金市场分析

一、黄金市场走势分析

（一）国际黄金市场行情回顾

2017年世界主要经济体趋于复苏、全球货币政策趋于回归常态化、世界经济复苏加快，国际货币基金组织（IMF）、世界银行（WB）、经合组织（OECD）年初统计预测的2017年全球经济增长有望分别达到3.6%、2.7%和3.5%。

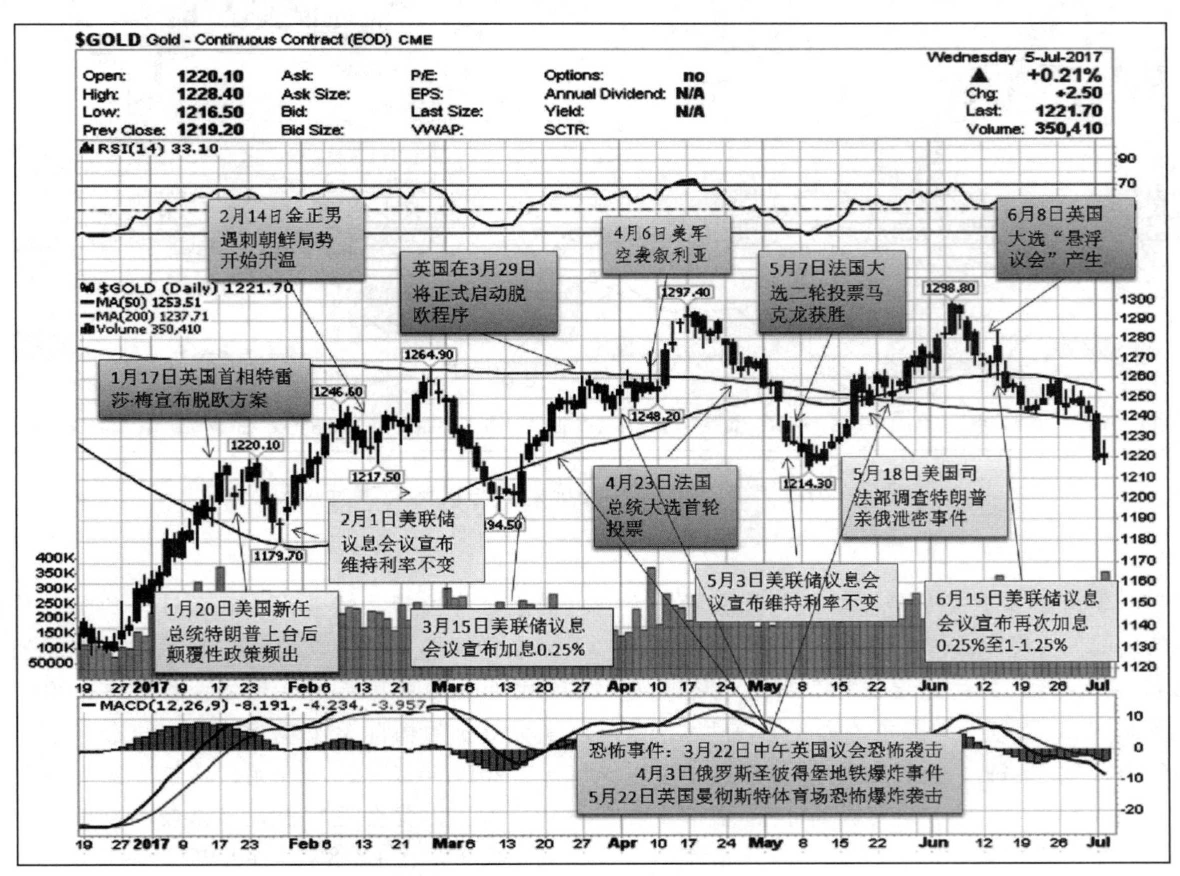

图1 2017年上半年国际金价走势与国际大事对应图

资料来源：安泰科

2017 年国际金价一路震荡走高，纽约商品交易所（COMEX）国际黄金期货主力合约价格从 1 月初的 1151.0 美元/盎司低点开始攀升，9 月上旬价格达到一年来新高 1362.40 美元/盎司。纵观 2017 年国际黄金价格走势，在美联储三度加息（2017 年 3 月 15 日、6 月 15 日、12 月 13 日美联储分别加息 0.25% 最后至 1.25% ~1.50%）背景下，美国新任总统特朗普政府颠覆性经济政策、欧洲大选（法国、荷兰、英国、德国等大选）的不确定性，中东、朝鲜等地地缘危机频发等不断激发黄金避险需求；而全球地缘政治经济形势下不确定性等风险事件引发的避险需求和 2017 年美元阶段疲软主导了国际金价走势。

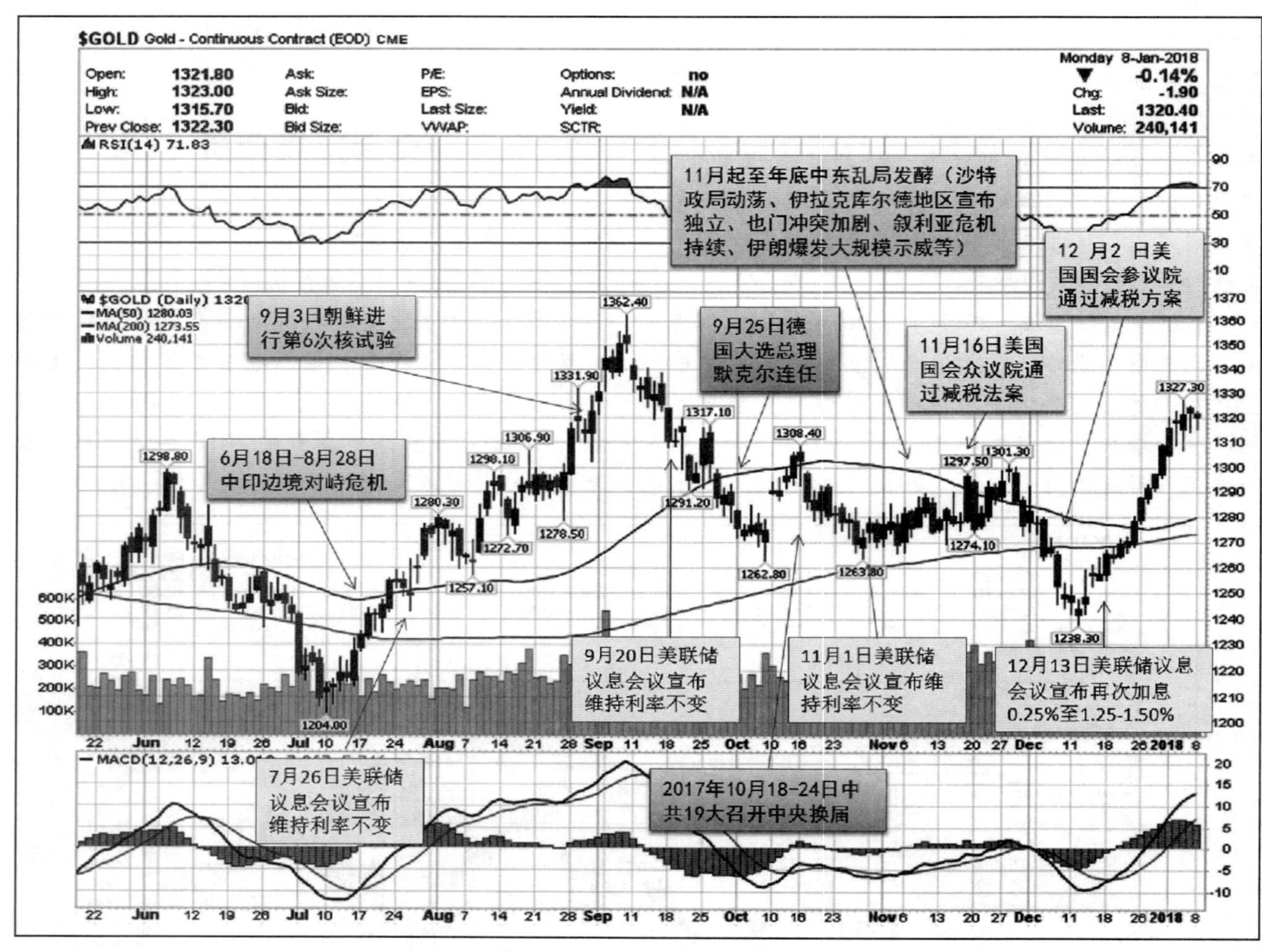

图 2　2017 年下半年国际金价走势与国际大事对应图

资料来源：安泰科

2017 年国际黄金现货价格——伦敦金银协会（LBMA）黄金现货（下午定盘价）均价为 1257.11 美元/盎司，同比上涨 0.51%，全年收盘价格最高 1346.25 美元/盎司（出现在 9 月），最低 1151.0 美元/盎司（出现在 1 月）。而纵观以美元、欧元、英镑、日元、瑞士法郎和澳元等 6 种货币计价的 2 年期黄金现货价格看，美元计价的黄金价格波动涨幅最大，欧元计价的黄金价格波动涨幅最小。对于以美元、日元、英镑和欧元四种货币计价的国际黄金现货价格而言，2017 年以美元计价的国际黄金现货价格年末较年初涨幅最大，2017 年以美元、日元、英镑和欧元四种货币计价的国际黄金现货价格年末较年初涨幅分别达到 +12.6%、+8.8%、+2.9% 和 -1.1%。

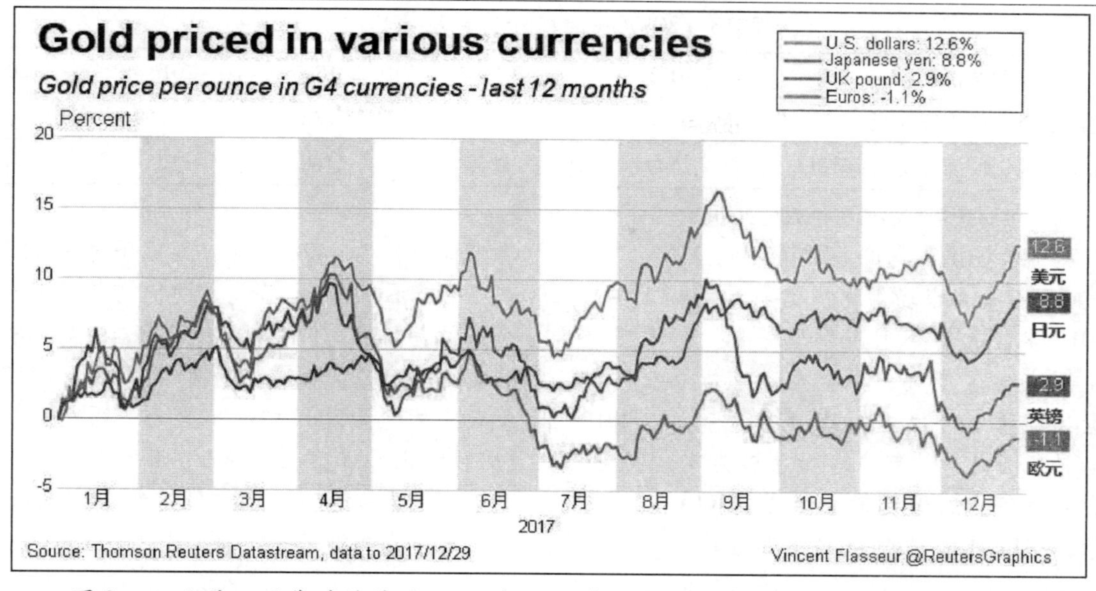

图3　以4种不同货币计价的2017年国际黄金价格（截至2017年12月29日）

资料来源：汤森路透社

（二）国内黄金市场行情回顾

2017年国内两大黄金交易所——上海黄金交易所和上海期货交易所金价跟随国际黄金价格走势整体价格小幅上涨。上海黄金交易所Au99.95收盘加权平均价为275.52元/克，同比上涨2.88%，成交量683.19吨，同比增长41.26%，成交额为1650.84亿元，同比增长28.78%；Au99.99收盘加权平均价为275.60元/克，同比上涨2.92%，成交量5662.54吨，同比下降4.43%，成交额为15571.65亿元，同比下降0.57%，黄金品种Au99.99活跃程度继续远远超过Au99.95。2017年上海黄金交易所全部黄金品种累计成交量5.43万吨，同比增长11.54%，成交额14.98万亿元，同比增长14.98%。上海期货交易所黄金期货合约累计成交量共3.90万吨，同比下降43.96%，成交额10.84万亿元，同比下降41.99%。

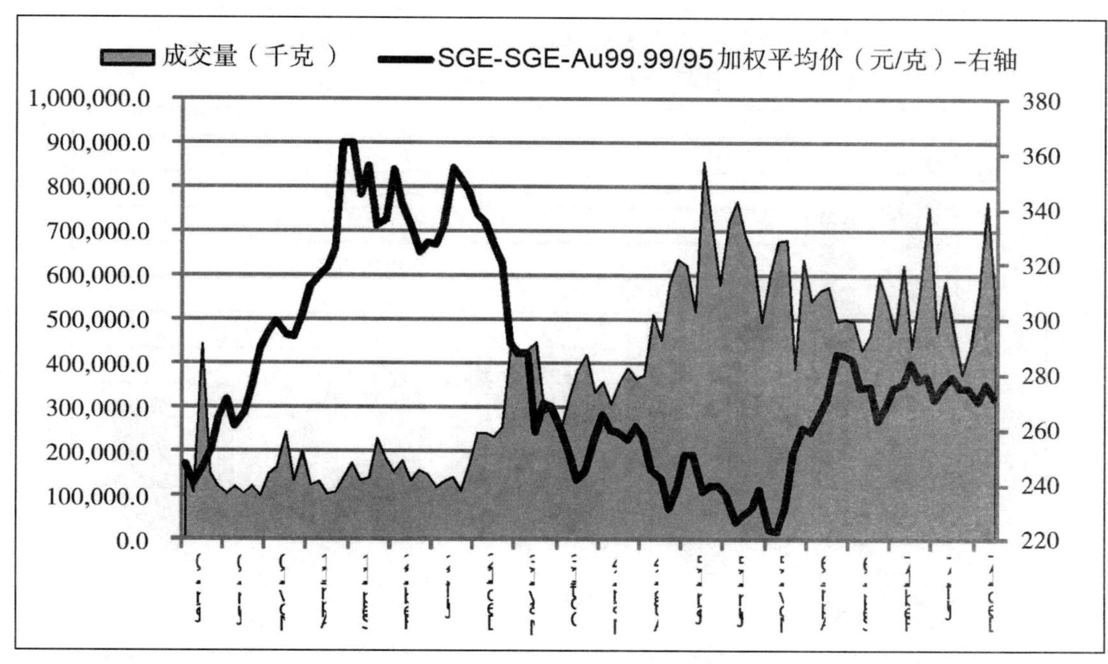

图4　上海黄金交易所黄金成交情况

资料来源：上海黄金交易所、安泰科

表 1　　2013－2017 年国内外黄金现货均价

黄金价格	2013 年	2014 年	2015 年	2016 年	2017 年
国内黄金现货均价（元/克）	282	251	236	268	276
国际黄金现货均价（美元/盎司）	1411	1266	1160	1251	1257

资料来源：上海黄金交易所、伦敦金银协会

二、黄金市场供需与产业政策环境分析

（一）国际黄金市场供需情况分析

1. 2017 年世界黄金生产供应分析。世界黄金的供应主要来自矿产金、再生金和官方售金，矿产金是世界实物黄金供应的最主要部分，自 2010 年以来世界各国央行从官方净抛售转为净购买后，官方售金基本停止。世界黄金协会（WGC）公布数据显示，2017 年全球黄金实物供应总量（不含套期保值）为 4428.7 吨，同比下降 2.84%，其中矿产金产量为 3268.7 吨，同比增长 0.17%；再生金产量为 1160.0 吨，同比下降 10.43%；当年全球黄金生产商套保减持对冲 30.4 吨。2017 世界实物黄金的供应构成中，矿产金、再生金所占比重分别为 73.81% 和 26.19%；目前世界矿产黄金产量达到近年来新高，而中国连续 11 年蝉联世界最大矿产黄金生产国。

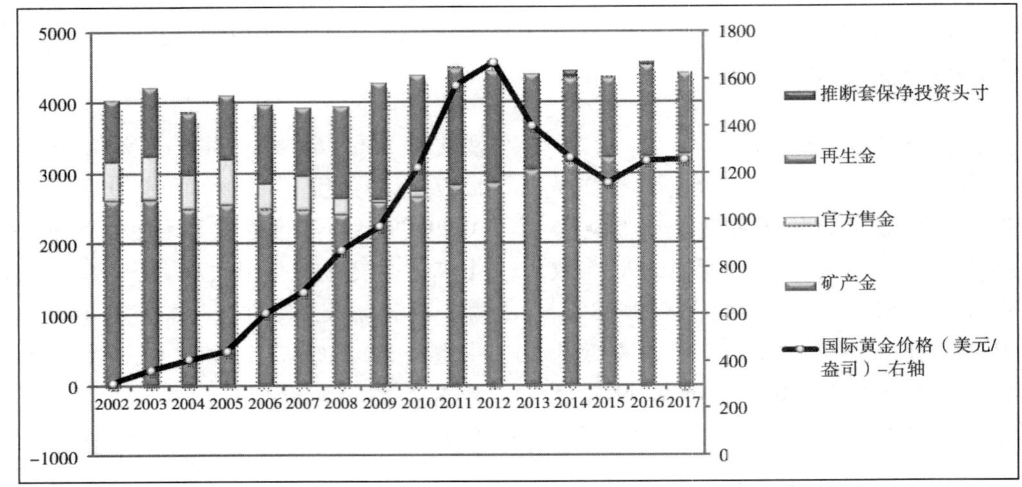

图 5　2002－2017 年全球黄金供应构成结构变化图

资料来源：世界黄金协会、GFMS、MF、安泰科

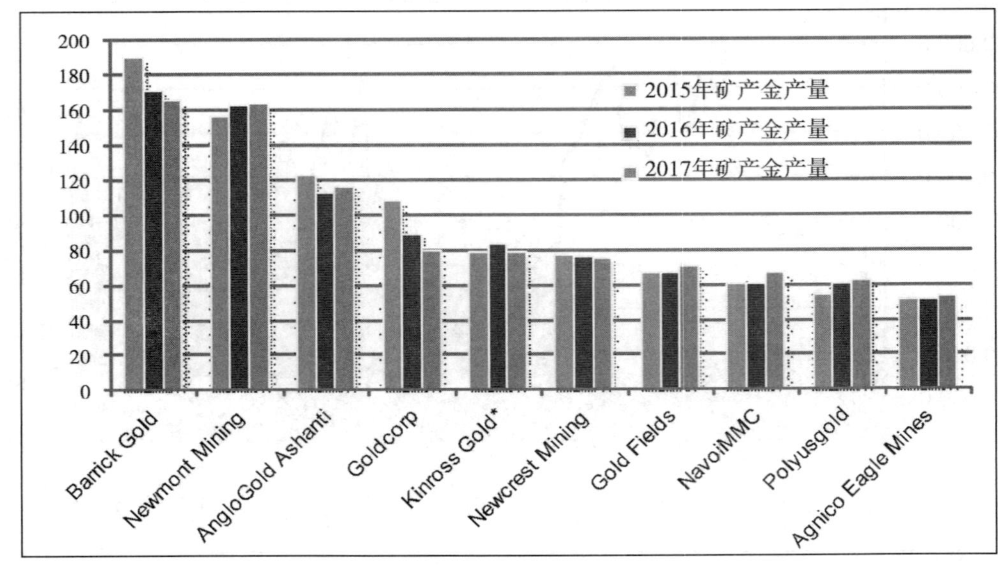

图 6　2015－2017 年世界 10 大黄金生产企业产量对比图

资料来源：世界黄金协会、GFMS、MF、安泰科

根据世界黄金协会（WGC）、MF报告显示，2017年世界10大矿产黄金生产国分别是：中国、澳大利亚、俄罗斯、美国、加拿大、秘鲁、南非、加纳、墨西哥和印度尼西亚。目前全球主要大型黄金矿业公司主要集中在西方，西方发达国家大型矿业公司依旧主导全球黄金矿业的发展。2017年，世界10大黄金生产企业总计生产矿产黄金915吨。世界最大黄金生产企业——加拿大巴里克黄金公司（Barrick Gold）生产矿产金黄金532万盎司（约合165吨）。

2.2017年世界黄金消费分析。由于黄金在所有商品中具有最强金融属性，其消费需求构成较为复杂。目前世界黄金需求主要由黄金珠宝首饰消费、工业需求、金条和金币投资、黄金交易基金产品（ETFs）及相关金融衍生品投资、世界各国央行购买和生产商黄金期货头寸净对冲等构成。2017年全球黄金实物消费比重构成为：珠宝首饰55.04%、工业用金8.63%、金币金条投资26.69%和央行购买9.63%。

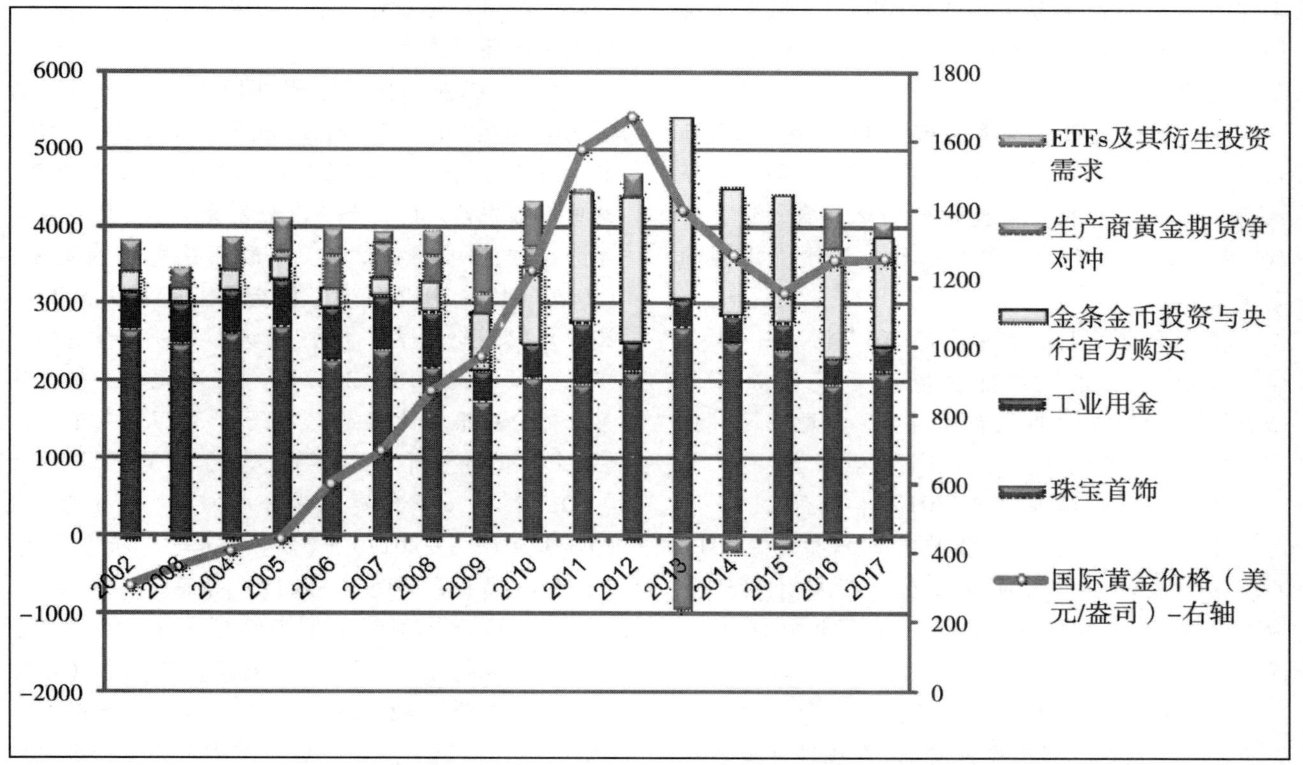

图7 2002－2017年全球黄金消费构成结构变化图

资料来源：世界黄金协会、GFMS、MF、安泰科

根据世界黄金协会（WGC）公布数据，2017年世界黄金实物需求（不含ETFs等金融消费需求）达到3855.4吨，同比增长2.62%。其中珠宝首饰消费需求达到2122.0吨，同比增长6.36%，工业制造业消费用金332.8吨，同比增长2.91%，金条和金币投资黄金消费需求1029.2吨，同比下降1.86%，世界各国央行购买与机构投资净需求371.4吨，同比下降4.71%。如果考虑ETFs等金融消费需求，2017年世界黄金总需求达到4058.2吨，同比下降5.71%。中国和印度是世界最大两个实物黄金消费国。

（二）中国黄金市场供需情况分析

1.2017年国内黄金产业环境分析。随着中央2015年提出要“着力加强供给侧结构性改革”，明确了“去产能、去库存、去杠杆、降成本、补短板”五大任务后，2016年国内供给侧改革攻坚初见成效。在黄金产业领域，2017年国家继续不断出台系列政策优化黄金产业环境，黄金产业供给侧改革不断推进。

（1）工业和信息化部2017年2月24日对外发布《关于推进黄金行业转型升级的指导意见》（工信部原〔2017〕10号），提出加强黄金工业国家顶层设计力促黄金行业转型升级。

（2）受工业和信息化部原材料工业司委托，中国黄金协会研究制定的《黄金行业“十三五”发展规划》2017年2月发布，未来五年黄金全产业链持续健康发展有了规划引领文件。

（3）中国人民银行、国家海关总署2016年12月29日宣布调整《黄金及黄金制品进出口管理商品目录》。新目录自2017年1月1日起施行，进出口“其他金化合物（海关商品编号2843300090）”、“镶嵌钻石的黄金制首饰及其零件（海关商品编号7113191100）”，免予办理《中国人民银行黄金及黄金制品进出口准许证》，黄金进出口进一步放开。

（4）国家发改委和商务部2017年6月28日正式发布《外商投资产业指导目录（2017年修订）》，删除了限制外商投资贵金属（金、银、铂族）勘查、开采产业条款，放开外资投资中国贵金属工业。

（5）国家工业和信息化部2017年7月14日印发《重点新材料首批次应用示范指导目录（2017年版）》推动重点新材料（5类贵金属材料入选）首批次应用保险补偿机制试点工作。

（6）工业和信息化部2017年8月21日下达2017年全国黄金生产指导性计划指标，2017年全国黄金（全国成品金）生产指导计划产量为507吨，较2016年计划产量521吨同比下降2.69%。

（7）国土资源部2017年7月5日印发《自然保护区内矿业权清理工作方案》，系统性开展各类保护区内矿业权清理工作，确保新设矿业权不再进入自然保护区，不断推进生态文明建设，提升矿政管理水平。

（8）国土资源部、财政部、环境保护部、国家质检总局、中国银监会、中国证监会2017年3月22日联合印发《关于加快建设绿色矿山的实施意见》，加大政策支持力度，加快绿色矿山建设进程，截至2017年确定的国家级绿色矿山试点单位名单有573家，其中黄金行业绿色矿山有65家，占全国绿色矿山比重为11.34%。

（9）国务院办公厅2017年7月18日印发《关于禁止洋垃圾入境推进固体废物进口管理制度改革实施方案》，要求全面禁止洋垃圾入境，完善进口固体废物管理制度，加强固体废物回收利用管理，大力发展循环经济。禁止洋垃圾入境推进固体废物进口管理制度改革实施方案有利于国内再生贵稀金属产业的规范发展。

（10）国家环保部办公厅2017年10月30日发布《黄金行业氰渣污染控制技术规范（征求意见稿）》，强化黄金行业氰渣在贮存、运输、脱氰处理、利用和处置过程中的污染防治及环境监管，有效防范环境风险。

（11）工业和信息化部2017年7月7日发布了2017年第32号公告，批准了238项行业标准，其中有色金属行业标准34项、黄金行业标准6项，这些标准中涉及的黄金标准分别是：《金化合物化学分析方法 金量的测定 硫酸亚铁电位滴定法》（YS/T 645－2017）、《粗金》（YS/T 3026－2017）、《粗金化学分析方法 第1部分：金量的测定》（YS/T 3027.1－2017）、《粗金化学分析方法 第2部分：银量的测定》（YS/T 3027.2－2017）、《载金炭化学分析方法 第5部分》（YS/T 3015.5－2017）、《载金炭化学分析方法 第6部分》（YS/T 3015.6－2017）、《载金炭化学分析方法 第7部分》（YS/T 3015.7－2017）等等。

2.2017年中国黄金生产供应分析。中国黄金协会统计数据显示，2017年中国生产黄金（不含进口原料产金）426.14吨，与上年同期相比减产27.34吨，同比下降6.03%。其中黄金矿产金完成369.17吨，有色副产金完成56.97吨。另有国外进口原料产金91.35吨，同比增长11.45%，2017年中国合计生产黄金（含进口原料产金）517.49吨，同比下降3.35%。

中国有色金属工业协会信息统计部公布资料显示，2017年中国有色冶炼厂累计黄金产量114.46吨，同比增长3.74%。2017年中国有色黄金产量占全国黄金总产量（含进口原料产金）的22.12%，较2016年提高1.51个百分点。

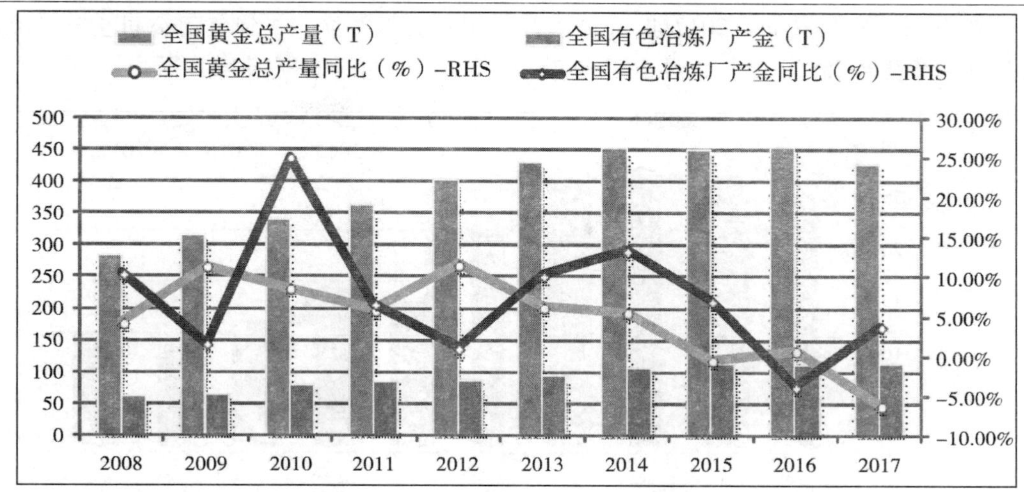

图 8　近 10 年中国黄金总产量、有色冶炼厂黄金产量变化图

数据来源：中国黄金协会、中国有色金属工业协会、安泰科

（1）黄金矿产金生产。中国黄金行业初步形成了大型企业集团主导行业发展的战略格局。根据中国黄金协会公布资料，2017 年中国黄金矿产金 10 大企业分别是：山东黄金集团有限公司、中国黄金集团有限公司、福建紫金矿业集团股份有限公司、山东招金集团有限公司、云南黄金矿业集团股份有限公司、湖南黄金集团有限责任公司、西部黄金股份有限公司、山东中矿集团股份有限公司、银泰资源股份有限公司和河南灵宝黄金股份有限公司等。2017 年中国黄金、山东黄金、紫金矿业、山东招金等大型黄金企业集团黄金成品金产量和矿产金产量分别占全国产量（含进口料）的 52.24% 和 40.39%。山东黄金集团有限公司 2017 年矿产黄金产量达到 43.93 吨，跃居全国第一。

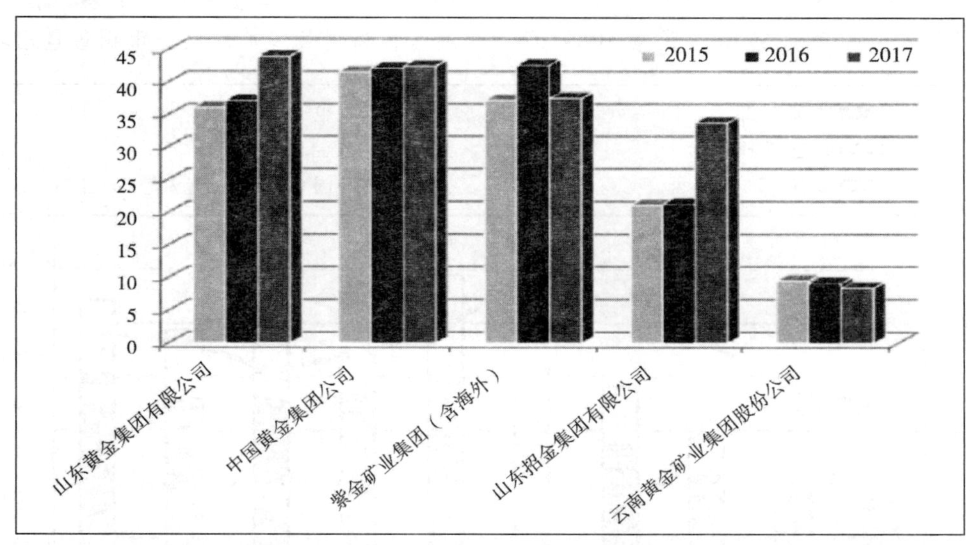

图 9　2015－2017 年中国 5 大矿产黄金企业黄金产量对比

数据来源：中国黄金协会

（2）有色副产黄金生产。目前中国有色行业副产黄金产量约占全国黄金总产量的 1/5 左右，有色副产黄金生产主要集中于铜铅冶炼企业，特别是铜冶炼企业，有色黄金产量与矿产铜铅（主要是铜）产业发展密切相关。

2017 年中国有色副产金 5 大企业分别是：山东东营方圆有色金属公司、江西铜业集团公司（铜系统）、湖北大冶有色集团、山东阳谷祥光铜业公司和福建紫金铜业有限公司。2017 年山东东营方圆有色公司生产黄金25.80 吨，位居全国有色副产金第 1 位，江铜集团公司生产黄金 25.58 吨，位列全国有色副产金第 2 位。

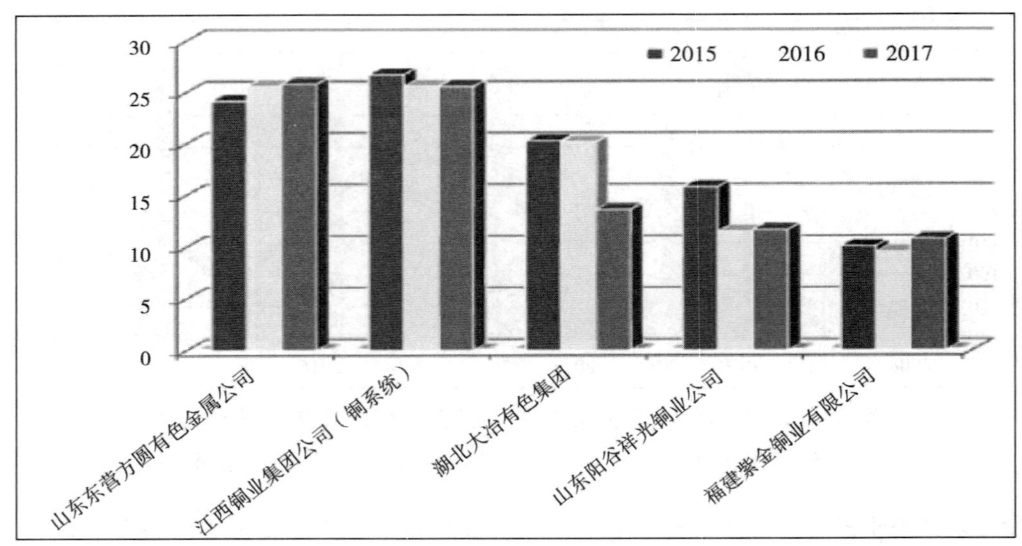

图 10　2015－2017 年中国 5 大有色副产金企业黄金产量对比

数据来源：中国黄金协会、中国有色金属工业协会金银分会、安泰科、企业

3. 2017 年中国黄金消费分析。中国黄金消费构成领域包括：首饰用金、金条用金、金币用金、工业用金和其他用金，2017 年中国黄金消费构成比重分别是：首饰 63.95%、金条 25.38%、金币 2.39%、工业和其他 8.28%。中国黄金协会公布数据显示，2017 年全国黄金实际消费量 1089.07 吨，与上年同期相比增长 9.41%。其中：黄金首饰 696.50 吨，同比增长 10.35%；金条 276.39 吨，同比增长 7.28%；金币 26 吨，同比下降 16.64%；工业及其他 90.18 吨，同比增长 19.63%。当年黄金首饰、金条销售和工业用金量继续保持增长趋势，仅金币销售量出现了下跌。

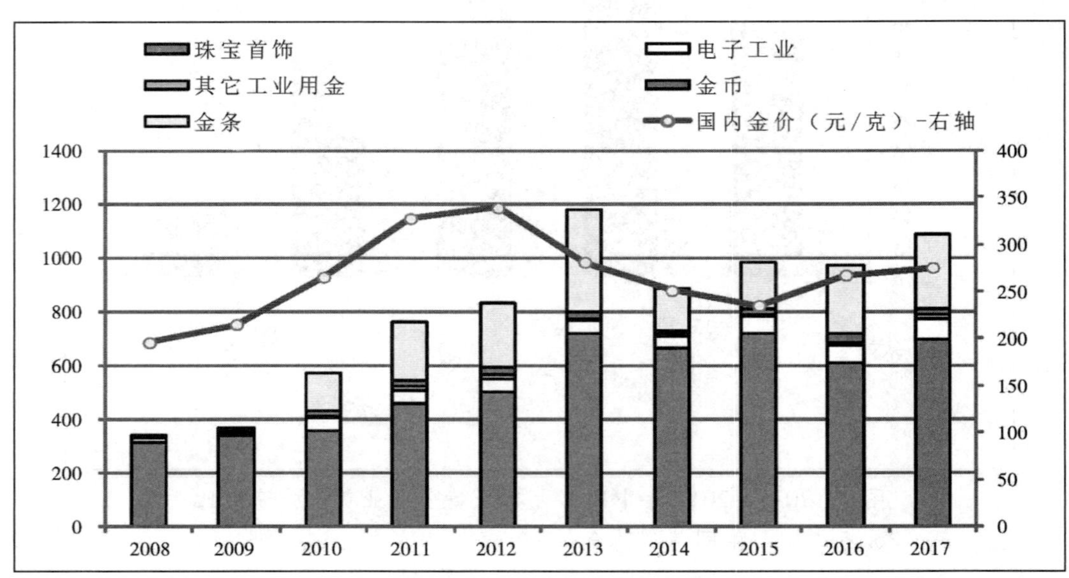

图 11　近 10 年中国实物黄金分领域消费与金价走势图

资料来源：中国黄金协会、上海黄金交易所、安泰科

中国黄金消费最大领域是珠宝首饰行业，而中国金银珠宝销售数据是衡量国内黄金需求变化的重要参考指标。根据中国黄金协会公布数据，2017 年黄金珠宝首饰消费占中国黄金总消费需求

的63.95%，占比较2016年同期上升1.29个百分点，国内黄金珠宝首饰行业在2016年黄金消费大幅下降后2017年市场出现回暖。国家统计局公布的数据也显示，2017年国内规模零售企业金银珠宝销售额达到2970亿元，同比增长5.6%（2017年同期国内现货金价同比上涨2.88%）。

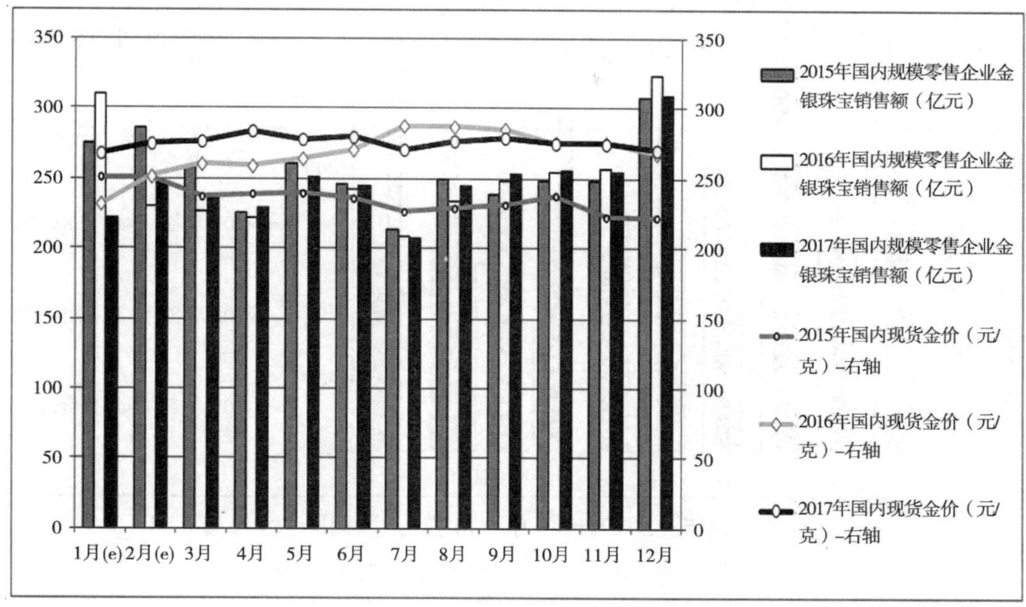

图12　2015－2017年各月中国规模零售企业金银珠宝销售情况对比图

数据来源：国家统计局、上海黄金交易所、安泰科

4. 2017年中国黄金进出口贸易分析。目前国家对黄金进出口统计数据（如金锭、货币用金、金粉等）并不完全公开。香港特区政府数据显示，2017年中国大陆从香港净进口黄金631吨，同比下降18.11%（也有媒体统计的2017年中国大陆从香港净进口黄金数量为679吨）。有关方面披露资料估计，2017年中国总计进口黄金1110吨。

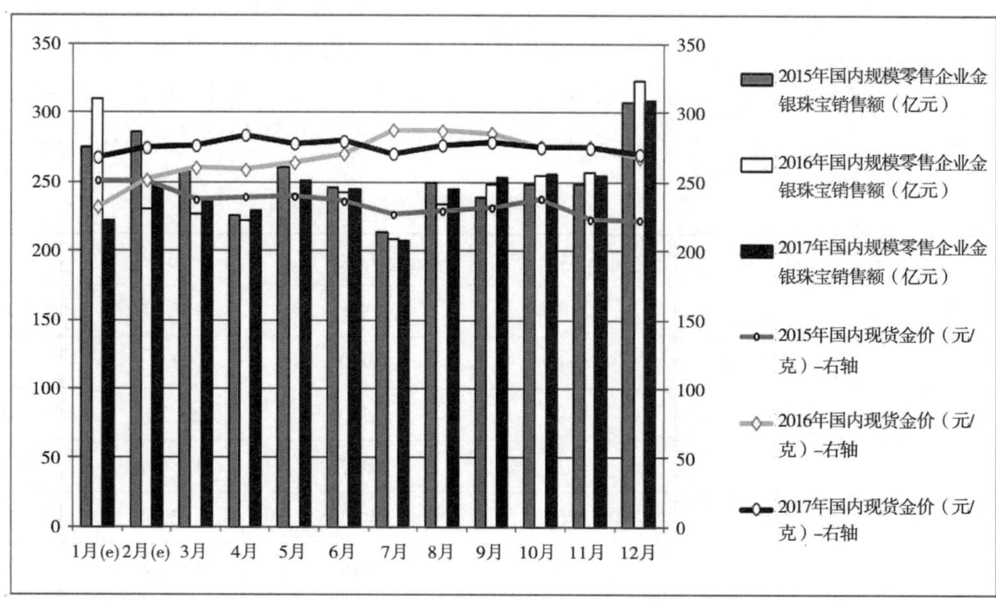

图13　2015－2017年各月中国大陆从香港净进口黄金对比图

数据来源：香港特区政府、伦敦金银协会、安泰科

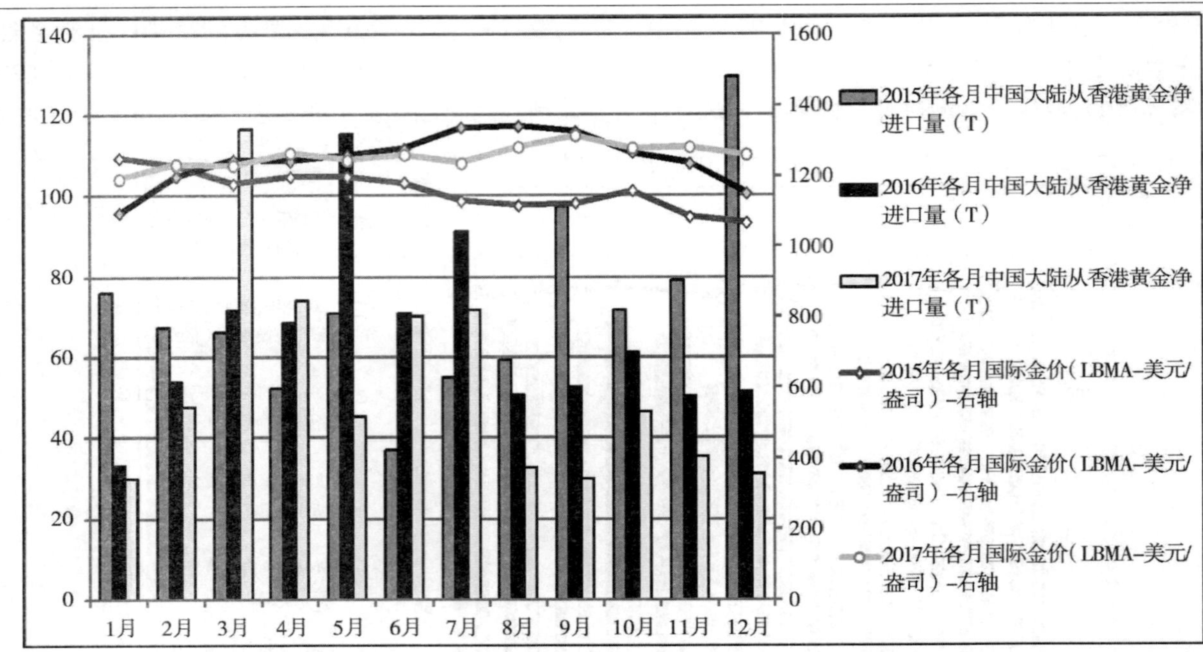

图 14 2015－2017 年各月中国黄金首饰出口对比图

数据来源：国家海关总署、伦敦金银协会、安泰科

中国不仅是世界黄金（原料金锭、金精矿）进口大国，同时也是黄金（黄金首饰）出口大国。不过国内黄金珠宝首饰出口在 2014 年创下历史新高后不断下降，2017 年中国大陆累计出口金首饰及零件 158.95 吨，同比下降 4.92%。

（石和清）

白银市场分析

一、白银价格走势回顾

2017 年，金银价格出现个性化走势，金价走出震荡上扬的行情。银价则在区间震荡，维持下行趋势。银价走势明显弱于金价走势。推动金价走高的避险动力未能外溢到白银市场，加上基本面的疲软，银价弱势整理，窄幅波动。2017 年，COMEX 白银年均价 17.07 美元/盎司，同比下跌 0.4%。

国内沪银跟随国际银价走势，运行在下行通道中。由于人民币汇率在 2017 年持续走弱，部分弱化了国内银价的跌势。2017 年上海华通铂银交易市场 1# 银年均价 3920 元/千克，同比上涨 1.8%；上海期货交易所白银主力合约年均价 4011 元/千克，同比上涨 2.9%；上海黄金交易所白银 TD 合约年均价 3926 元/千克，同比上涨 2.9%。

国内外白银平均价

	华通 1# 银	上期所主力合约	上金所 T + D	LBMA	COMEX
	元/千克	元/千克	元/千克	美元/盎司	美元/盎司
2012 年	6458	6413	6960	31.15	31.0907
2013 年	4806	4895	5590	23.793	23.7469
2014 年	4018	4017	4007	19.078	19.0304
2015 年	3407	3462	3413	15.68	15.6576
2016 年	3850	3898	3818	17.138	17.1365
2017 年 1 月份	4003	4114	4009	16.81	16.9

续表

	华通 1#银	上期所主力合约	上金所 T+D	LBMA	COMEX
	元/千克	元/千克	元/千克	美元/盎司	美元/盎司
2 月份	4108	4212	4121	17.87	17.91
3 月份	4077	4154	4084	17.59	17.63
4 月份	4145	4191	4152	18.06	18.03
5 月份	3956	4062	3964	16.76	16.79
6 月份	3978	4067	3951	16.95	16.9
7 月份	3760	3586	3757	16.14	16.17
8 月份	3855	3947	3865	16.91	16.95
9 月份	3892	3959	3896	17.45	17.49
10 月份	3843	3887	3848	16.94	16.98
11 月份	3834	3914	3840	17.01	16.97
12 月份	3675	3807	3682	16.16	16.22
2017 年均价	3920	4011	3926	17.05	17.07
同比;%	1.8	2.9	2.9	-0.3	-0.4

二、全球白银工业发展概述

(一) 白银总供应同比下降 1.4% 到 3.15 万吨

据世界白银协会报告，2017 年，全球白银总的现货供应量同比下降 1.4% 到 3.15 万吨。其中矿产银产量延续 2016 年的下降趋势，同比下跌 1.8% 到 2.71 万吨；再生银产量在银价上涨的鼓励下略有增长，同比增长 1.3% 到 4404 吨。

2017 年，因在产银矿矿石品位的下降，生产受罢工、政企纠纷等影响，矿产银延续 2016 年的跌势，产量进一步下降。

(二) 白银消费同比下降 4.9% 到 3.08 万吨

2017 年，印度白银消费的改善提振了首饰和银器的需求，但现货投资情绪的低迷拖累银币、银条的消费继续大幅下滑。工业用银逆转前 3 年的跌势，同比有 3.4% 的增长；但未能弥补现货投资 36.7% 的损失。全球现货需求同比下降 4.9% 到 3.08 万吨（经安泰科调整后）。

工业用银恢复性增长。2017 年，电子电气行业的替代和节银已经放缓，其对行业中银用量的影响已经很小。钎焊料获益于以中国为先锋的房地产改善，以及在光伏中消费的快速增长。2017 年除摄影业外，其他主要工业领域的银消费量均出现增长，光伏行业是最大的贡献者。工业用银逆转前两年的跌势，同比增长 3.4% 到 1.86 万吨。

印度首饰和银器消费的恢复，利好全球消费。2017 年，印度经济的改善和本币银价的稳定，促进首饰和银器的需求增长。在印度消费的拉动下，2017 年全球首饰和银器用银同比增长 0.8% 到 8039 吨。

全球现货投资继续大幅下滑。2017 年，全球银币市场销量疲软，鹰扬银币在 2017 年销量同比下降 52% 至 562 吨，比 2015 年峰值的 1462 吨下降 61.6%。珀斯铸币厂银币及银条在 2017 年的销量同比也有 21% 的跌幅。2017 年，现货投资在继 2016 年下降 29% 后继续萎缩 37% 到 4114 吨，抵消了工业和首饰消费的增长，拖累全球总需求下降。

全球白银消费集中度较高，前三位消费国（美国、中国、印度）的银消费量合计在全球总消费中占到 57%。前十位消费国的消费合计在总消费中占到 82%。

(三) COMEX 白银库存大幅提高

截至 2017 年底，COMEX 白银库存创下历史第三高，达到 7569 吨，同比增长 50%。COMEX 的白银库存自 2016 年下半年以来持续增加，二季度以后增速加快。背后的原因是消费的疲软和投机兴趣的平淡。而庞大的库存，也是价格疲软的因素之一。

（四）投机/投资情绪低迷

2017 年白银市场投机/投资情绪低迷。现货投资跌落到 7 年的低点，白银 ETP 净流出，期货市场空头情绪更浓。

2017 年白银 ETP 净流出 383 吨；CFTC 报告显示，截至 2017 年底，投机者持有的白银投机性多头比 2016 年底减少 9938 手合约至 48558 手合约，投机性空头头寸从前一年的 1.94 万手增加到 5.57 万手，市场自 2001 年以来首次出现投机性净空头寸。

（五）世界白银现货市场平衡

2017 年，市场逆转为供应过剩。需求的下降，确切来说是现货投资的下降，大大超过了供应的下降，从而逆转了现货市场的供需平衡关系。

表 3　世界白银现货市场平衡表　单位：吨

	2015 年	2016 年	2017 年
现货供应	32095	31895	31455
现货需求（经安泰科调整）	35816	31910	30361
现货市场平衡	-3721	-15	1094
ETP 库存变化	-549	1552	-383
交易所库存变化	392	2482	2536

资料来源：世界白银协会、安泰科、Wind

（六）世界白银贸易情况

印度和美国是两个重要的白银现货进口国。

2017 年，印度经济的改善和本币银价的稳定，促进首饰和银器的需求增加。此外，经历了 2016 年低水平进口后，2017 年市场补充库存。2017 年 7 月政府通过商品服务税法前，供应链也有部分买兴。白银进口同比增长 90% 至 5750 吨。印度大部分白银来自英国等地、中国内地和香港。

2017 年美国白银进口同比是下降的。尽管工业消费表现良好，但现货投资疲软。美国现货白银投资偏向银币，2017 年银鹰币销量大幅下降。

三、2017 年中国白银工业发展现状

（一）白银产量维持增长态势，增速放缓

据中国有色金属工业协会初步统计，2017 年白银产量将再创新高到 2.26 万吨，同比增长 7.5%。

国内白银生产集中度不高，前 10 位生产企业产量合计在总产量中占比仅达三分之一。2017 年国内前 10 大生产企业产量上千吨的有两家，河南豫光金铅股份有限公司和河南金利金铅集团有限公司。

（二）2017 年中国白银消费同比增长 6.5% 到 6588 吨

国内白银消费在 2014 年达到峰值，2015 年、2016 年总消费水平下降。2017 年，光伏和触头行业引领总消费刷新历史纪录。

安泰科估计，2017 年国内白银消费达到 6588 吨，同比增长 6.5%。最大贡献来自光伏行业，同比有 30% 的增长。其他行业，电器银基触头合金用银同比增长 10%，电子行业同比增长 2.6%。饰制品行业则有 8% 的跌幅。

银币用银下降 30%。2017 年，对人民币贬值的担忧减弱，银币投资情绪不高，销售同比下滑 40%。但全年的生产依然按照人行的发行计划走，因此 2017 年银币用银 227 吨，同比下降 30%。

工业用银同比增长 12%。2017 年，在经济稳步增长、工业生产健康发展的支持下，国内工业用银同比增长 12% 到 5534 吨。

分领域来看：

光伏行业。在经历了 2016 年 37% 的增长后，中国光伏用银在 2017 年继续大踏步向前，同比增长 30%，银用量创下 2020 吨的历史纪录，超过触头行业成为国内第一大用银行业。银粉国产化率在 2017 年达到 35%，其中正银粉国产化率达到 24%。

触头行业。2017 年，在下游低压电器行业的支持下，触头合金行业呈现欣欣向荣的景象。企业生产饱满，大企业基本都有两位数的增长，但外资企业的经营不容乐观。从终端消费领域来看，维持了良好的增长。下游消费领域总体规模的扩大，拉动了其中银基合金用量增大。全年银用量达到1745吨，创下历史峰值。

电子信息产业。据安泰科估计，2017年国内电子信息产业中银用量达到880吨，同比增长3.9%。其中触摸屏用银180吨，同比增长5.3%；键盘用银49吨，同比下降5.8%；汽车除霜线用银95吨，同比增长18.8%；LED用银128吨，同比增长17.4%。

钎焊用银：2017年国内钎焊用银维持稳定；无铅焊料产量与2016年持平，无铅焊粉略有增长。综合来看，2017年钎焊用银达667吨，同比增长2.1%。2016年工信部等四部委发布绿色制造工程实施指南，尽管引导市场放心对含铅焊料的使用，但仍在控制范围内。出口产品仍严格使用无铅焊料。

环氧乙烷（EO）：2017年国内环氧乙烷就中石化茂名上了一条20万吨的新线，加上更换料，全年银用量79吨，同比下降43.6%。EO行业，其中使用的银催化剂，主要依靠的是进口，国产化率大约在11%。

（三）2017年国内白银库存维持在高位

2017年，白银市场库存峰值在2月份，此后呈持续下降的趋势，年底创下年内低点。全年库存呈下降趋势，但依然维持在高位。库存下降的原因之一是交货少了。2017年，主营金属铜铅锌的生产迟滞，传递给了白银。另外，就是出口大幅增长。

（四）行业投资及经营情况

整个产业链投资从2014年开始下滑，上游矿山和冶炼行业跌幅显著，下游深加工行业相对较好，且在2017年出现明显改善。据中国有色金属工业协会统计，2017年，银矿完成投资额下降31.6%到15.2亿元；银冶炼完成投资额下降34.1%到54.2亿元；贵金属压延加工完成投资额下降1.7%到37.1亿元。

（五）资源勘探及开发情况

2017年，涉银资源勘探项目有3项，小秦岭南部的大型银矿、赤峰市巴林左旗双尖子山银铅锌矿和内蒙古昌图锡力银铅锌锰矿。3个项目新增银资源量20161吨。

2017年，2项银资源开发项目都集中在内蒙古，分别为内蒙古阿旗敖包吐银铅锌多金属矿30万吨年采选项目和内蒙古乌兰陶勒盖东银铅锌矿探转采项目。

（六）进出口贸易

2017年，中国银产品贸易总额达到108.7亿美元，同比增长193%；进出口双双大幅增长。其中进口增长187.4%，出口增长200%。贸易逆差5000万美元。除银锭和首饰制品外，其他均为贸易逆差。在全球贸易中，中国是主要的银锭出口国和银粉进口国。银首饰和制品的出口对于国内首饰行业很重要。

（靳湘云）

铂钯市场分析

一、铂钯市场综述

据庄信万丰统计，2017年全球铂矿山产量为186.9吨，小幅下降1.53%。铂从二次资源回收量基本与上年持平，为59吨。从各矿产国家看，南非铂矿山比较稳定，占2017年总产量的72.9%。俄罗斯产量占比为11.9%，津巴布韦占比7.7%。另外，北美地区铂矿山供应占比为5.5%，其他地区占比2.6%。据估计，2017年铂出现6年以来首次供给过剩，过剩量为9.1吨。

南非矿业面临巨大挑战，包括工资上涨和管理制度改革等经济和社会压力。客观上要求矿业界采取强有力的措施来应对市场压力，甚至包括裁减员工。自2007年，铂族金属项目仅有一半投产，而且大多数为初级。

受美联储加息，以及汽车等领域需求下降影响，2017年国际铂价呈现震荡下行、寻求底部的趋势。2017年底，铂价收于928.00美元/盎司，比上年度上涨25.5美元，涨幅为2.75%。2017年铂价最高为1043.90美元/盎司，最低为873.39美元/盎司。年均价为948.00美元/盎司，比上年度下降38.98美元，降幅为3.95%，年均价连续6年下降。2017年钯价在多方利好消息推动下，连续创下新高。钯的基本面看好，2017年出现短缺。2017年，国际钯价涨幅为55.10%，盘中最高1072美元/盎司。

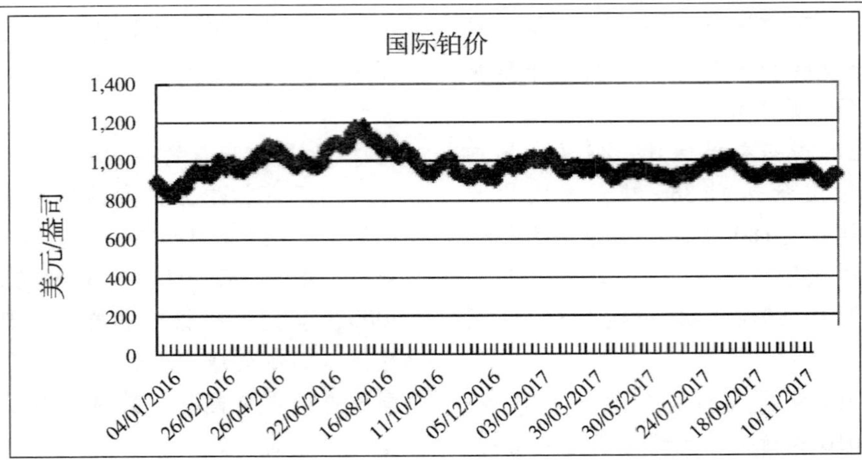

图 1　国际铂价走势

数据来源：伦敦铂钯市场

二、国际铂钯价格走势

（一）国际铂价震荡下行

受美联储加息，以及汽车等领域需求下降影响，2017 年国际铂价呈现震荡下行、寻求底部的趋势。2017 年前两个月铂价触底反弹，呈上行趋势，3 月之后，铂价震荡走低。3 月，受美元加息及投机资金撤离影响，铂价表现相对疲软，3 月初出现断崖式下跌。4 月国际铂价呈现震荡整理趋势，先高后低，整体表现较为疲软。4 月下旬，地缘局势趋于缓和，美国经济数据较好，加息预期增加，贵金属避险作用下降，铂价一路下降，跌破 950 美元/盎司。5 月份国际铂价触底回升。贵金属避险作用下降。铂价跟随跌破 900 美元/盎司大关。6 月底，铂价收于 920.74 美元/盎司。1－6 月，国际铂价累计上涨 2.02%。7 月和 8 月铂价走高，9 月初突破 1000 美元/盎司。9 月份受金价大跌影响，铂价走低。10 月、11 月铂价低位震荡，区间为 920～960 美元/盎司。12 月铂价破位下行，最低跌破 880 美元/盎司。2017 年底，处于低位的铂被投资者看好，从底部反弹至 920 美元/盎司附近。2017 年铂价收于 928.00 美元/盎司，比上年度上涨 25.5 美元，涨幅为 2.75%。2017 年铂价最高为 1043.90 美元/盎司，最低为 873.39 美元/盎司。年均价为 948.00 美元/盎司，比上年度下降 38.98 美元，降幅为 3.95%，年均价连续 6 年下降。

（二）国际钯价连创新高

2017 年，钯价在多方利好消息影响下，连创新高。钯的基本面看好，2017 年继续出现短缺。国际钯价涨幅为 55.10%，盘中最高 1072 美元/盎司。2017 年钯均价为 869.43 美元/盎司，比上年高出 255.72 美元，涨幅为 41.67%。

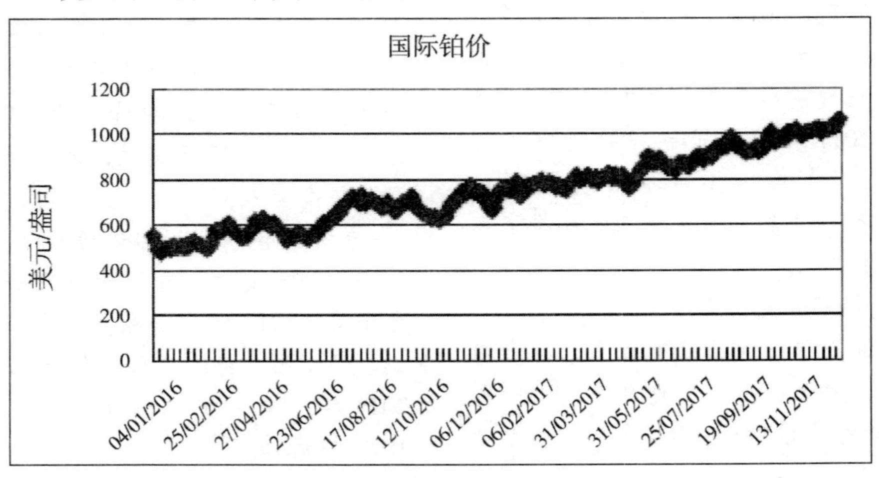

图 2　国际钯价走势

数据来源：伦敦铂钯市场

三、铂供求分析

（一）铂矿产供应连续两年下降

全球铂矿山产量连续两年下降。2017 年全球铂矿山产量为 186.9 吨，小幅下降 1.53%。铂从二次资源回收量基本与上年持平为 59 吨。

从各矿产国家看，南非铂矿山比较稳定，2017 年矿山总产量占比为 72.9%。俄罗斯产量占比为 11.9%，津巴布韦占比 7.7%，北美地区铂矿山供应比例为 5.5%，其他地区占 2.6%。

经过多年的工业化发展，铂族金属形成了可观的地面存量。铂族金属再生不仅有利于保证供应和资源循环利用，同时具有明显的经济效益。铂族金属的回收区域主要为欧洲、北美以及日本等经济发达地区，一些新兴国家的回收也开始出现。

由于铂族金属的再生提取对资金、技术以及环保要求较高，国际上铂族金属回收呈现寡头竞争的局面。目前，铂族金属回收主要集中在一些跨国企业，包括贺利氏、庄信万丰、优美科、巴斯夫及田中贵金属等，这些公司不仅在贵金属产品生产方面称霸世界，同时在铂族金属回收市场上也扮演着领导者的角色。

据统计，2017 年，铂二次资源回收占总供应的比例为 24.0%，钯二次资源回收占比为 25.0%。

（二）铂需求下降

铂消费领域集中在汽车、石油、化学、玻璃、电子、首饰、生物医学及投资领域等，其中汽车和首饰是最大的消费领域。2017 年各行业铂总需求达到 236.8 吨，比 2016 年减少 7.5%。

受柴油车销售比例下降影响，2017 年汽车行业铂需求由增加转为下降，首饰行业需求继续回落。2017 年汽车、首饰、工业、投资行业对铂需求占比分别 41.6%、30.7%、24.7%及 2.9%。世界铂消费主要集中在欧洲、中国、日本、北美等国家和地区。

铂因减少柴油动力汽车排放得到广泛应用。在欧洲，柴油汽车占销售的 40%，而在中国和美国汽油汽车占据绝对主导。自从大众汽车传出美国尾气排放测试作弊丑闻后，柴油汽车需求受到影响，同时铂价遭到重创。

表 1　2014－2017 年世界铂供需平衡

单位：吨

	2014	2015	2016	2017
矿山生产	160.0	190.0	189.8	186.9
回收	64.1	53.3	59.8	59.0
供应量	224.1	243.3	248.6	245.9
总需求量	250.5	257.1	256.1	236.8
供需平衡	－26.4	－13.8	－6.5	9.1

资料来源：英国庄信万丰公司、安泰科

四、钯供求分析

（一）钯供应小幅下降

钯生产主要集中在俄罗斯、南非、北美和津巴布韦等国。2017 年，全球钯矿山产量为 206.3 吨，下降 1.9%。南非钯产量小幅增长，其他国家出现下降。

2017 年，南非、俄罗斯、北美地区、津巴布韦钯矿山产量占比分别为 38.9%、40.5%、13.2%及 5.5%。

钯的再生资源来源主要是汽车催化剂、电子废料及废旧首饰回收。据统计，2017 年，铂二次资源回收占总供应的比例为 24.0%，钯二次资源回收占比为 25.0%。

（二）钯需求增长

汽车工业是钯的最大消费领域，同时钯广泛应用于化学、电子、齿科等工业行业。2017 年全球钯消费量为 315 吨，比上年增长 7.6%，中国的汽车市场增长形成支撑。2017 年汽车、工业、首饰对钯需求占比分别 81.2%、20.0%和 1.8%。钯消费地区主要集中在欧洲、北美、中国、日本等国家和地区。

表 2　2014－2017 年世界钯供需平衡

单位：吨

	2014	2015	2016	2017
矿山生产	189.9	200.8	210.4	206.3
回收	84.6	75.0	77.4	68.7
供应量	274.5	275.8	287.8	275
总需求量	332.2	286.8	292.7	315
供需平衡	－57.7	－11	－4.9	－24.4

资料来源：英国庄信万丰公司、安泰科

五、中国铂族金属市场分析

（一）国内铂钯价格走势分析

受全球经济形势及需求疲软的影响，2017 年中国铂价总体呈低位震荡的走势。2017 年初，铂价反弹至 243 元/克。1 月份，受国际铂价反弹影响，国内铂价震荡上行，走势强劲。2 月底，受金价带动，走势强劲。3 月份，国内铂价震荡下行。4 月份，国内铂价先高后低，总体表现疲软。5 月份，国内铂交易活跃度提高，铂价触底反弹。6 月份，国内铂价震荡走低。7 月份和 8 月份，受金价带动，铂价走强，但未能突破高点。第四季度，铂价低位震荡整理，年底再次破位下滑。2017 年底铂收盘价为 209 元/克，全年累计下降 10 元，降幅为 4.57%。2017 年铂均价为 221.02 元/克，比上年度下降 0.79 元，降幅为 0.36%。

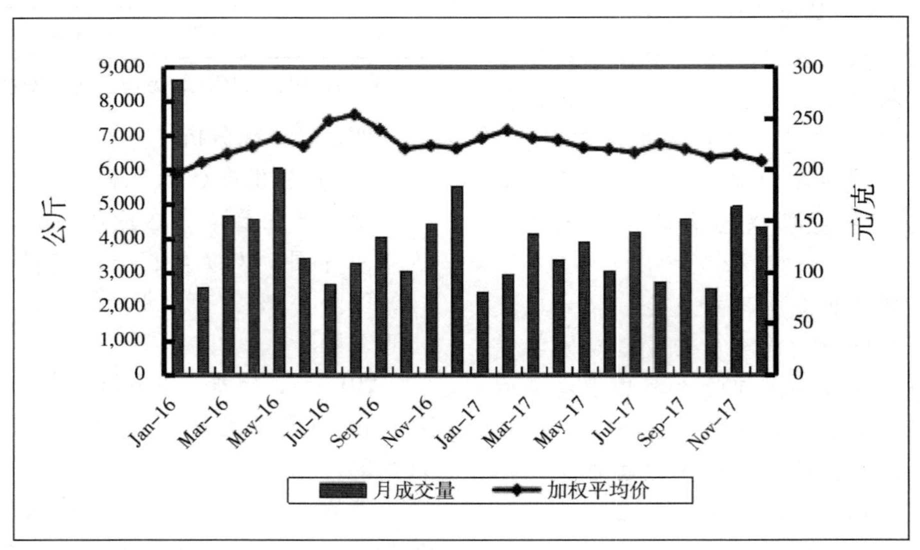

图 3　上金所铂成交量 VS 价格

与其他贵金属相比，钯的走势较为强劲。2017 年中国汽车市场保持良好势头，钯价不断刷新纪录，累计涨幅高达 48.45%。

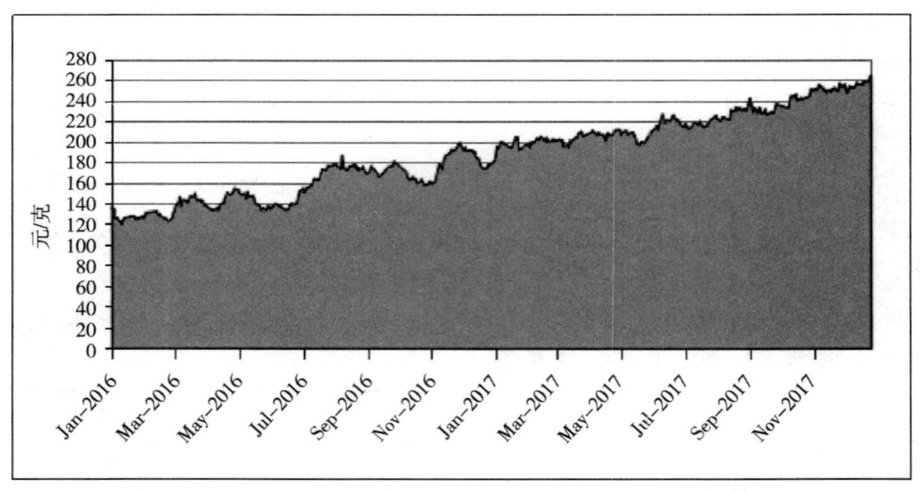

图 4　国内自由市场钯价走势

（二）中国铂钯供需分析

1. 矿山生产。2017 年中国铂钯矿山产量为 3.9 吨，其中铂产量为 2.5 吨，比上年度下降 14.8%。铜陵有色、江西铜业、阳谷祥光等铜冶炼厂可综合回收少量铂，保持基本稳定。2017 年从铜阳极泥中回收的铂约 200 千克，钯约 2 吨，与上年持平。

金川集团“镍矿伴生铂族金属高效回收与综

合利用项目”总投资7.21亿元，年处理2万吨粗粒合金、8944吨细粒合金、9000吨热滤渣、5000吨焚烧渣以及1万吨尼尔森精矿，回收有价金属镍、铜、铂、钯、金，对未来铂族金属产量有一定促进作用。兴业矿业公司已收购唐河时代矿业有限责任公司100%股权。唐河时代拥有铜镍矿石总量9754.9万吨，除铜镍外，该矿伴生铂、钯、金、银，分别为18.4吨、15.7吨、12.2吨和402.2吨。生产规模330万吨/年。唐河时代于2014年8月取得采矿许可证，目前仍在建设阶段。

2. 废料回收。除了从矿山生产，中国的铂族金属可以从电子废料、废催化剂等物料综合回收处理中获得。废旧汽车催化剂、失效化工催化剂、废弃电子设备、仪器仪表等是供再生回收的铂族金属二次资源。

随着工业的发展，中国在汽车、石油、化工、电子等方面使用了大量铂族金属，经过一定使用周期后，这些含铂族金属的物料会失效，从而产生大量的二次物料。在铂族金属一次资源极度匮乏，而二次资源相对丰富的情况下，展开对铂族金属二次资源综合利用是解决供求矛盾的关键，同时也具有明显的经济效益。

近几年国家环保治理加强，贵金属回收乱象有所缓解。2017年，环保执法力度进一步加强。再生资源回收及处理向较大规模的企业集中，小企业受制于资质或资本，生存较为艰难。根据新的环保法，违法转移3吨危险废物将负刑事责任。新环保法有利于危废的集中处理，但目前守法成本很高，手续繁琐。贵金属价格在几个月时间内变化很大，容易引起合同纠纷，欧洲的备案制可以借鉴，欧美主要靠诚信和监管，违法成本很高。

从地域来看，受政策及废料来源影响，铂族金属回收具有明显的集聚性，二次资源回收主要集中在浙江、江苏、江西、湖南、云南等地。

据安泰科统计（本统计数据不包含从国内产业链中出来后重新进入产业链的回收量），2017年从各种再生资源中铂回收量为2.6吨，增加1.2吨；钯回收量为10.0吨，增加1吨。回收向规模较大企业汇集，集中度提高。

3. 铂钯应用。铂族金属在国内应用非常广泛。中国正处于工业化发展阶段，铂钯及其产品在冶金、仪器制造、石油炼制、化工、能源、环保、军事、航空、科研以及医学等方面都有着广泛的应用。

受玻纤和汽车等行业需求增加影响，2017年中国铂需求略有增长。据安泰科统计，2017年全国铂消费量为38.9吨，比上年度增长2.4%。其中，首饰行业需求为2.7吨，增长12.5%。石油化工行业铂需求下降24.2%至4.7吨。玻璃工业铂需求增长20.4%至5.9吨。汽车工业需求增长12.5%至2.7吨。电子行业铂需求下降11.8%至1.5吨。

汽车行业保持增长，拉动钯的需求。据统计，2017年中国钯消费量为58.2吨，比上一年度增长7.0%。汽车催化剂钯需求继续维持增长，2017年汽车行业需求达到48.3吨，比上一年度增长10%，占总需求的比例约83%。电子行业钯需求增长5.0%至4.2吨。化工行业钯需求下降14.4%至5.05吨。首饰行业钯需求继续低迷，几近于无。

（三）中国铂钯进出口统计

2017年，中国大陆铂进口量为60.86吨，比上年度下降10.98%。其中，未锻造铂和铂粉进口量为44.82吨，同比下降4.67%，铂板、片进口量为19.30吨，同比下降17.33%。最高月份进口量为7.34吨，最低为3.81吨。2017年1-8月份，铂进口量较低，9月份之后进口量增加，每月6~8吨。出口方面，2017年含有铂或铂化合物的废碎料出口量为650.59吨，比上年度下降9.75%。

2017年中国大陆海关钯进口量为17.02吨，比上年度下降13.24%。其中，未锻造钯及钯粉进口量为16.39吨，下降12.99%，钯板、片进口量为659.40千克，下降15.58%。全年单月进口量均在1吨以上，月份进口量最高为2.11吨，最低为1.11吨。出口方面，2017年氯化钯及其他贵金属化合物、贵金属汞齐的出口量为39.56吨，比上年度增长4.77%。

（姬长征）

铟市场分析

2017年，中国铟市场供给收缩，直接消费增加，投资需求回暖，铟价得以巩固筑底并寻找回升机会。中国铟市场已经度过了2014年前市场需求和价格极度低迷的困难阶段，拉开了良性发展的序幕，进入了新的发展时代。

一、铟市场走势情况回顾

国内外铟价自从2014年泛亚事件曝光之后一直下跌，2015年三季度末触底趋稳，在底部蛰伏时间长达两年之久，终于在2017年四季度开始回升。铟价上涨，主要动力来自基本面，需求好转，供应减少。此外，投资资金的进入也使得铟市场更加活跃。

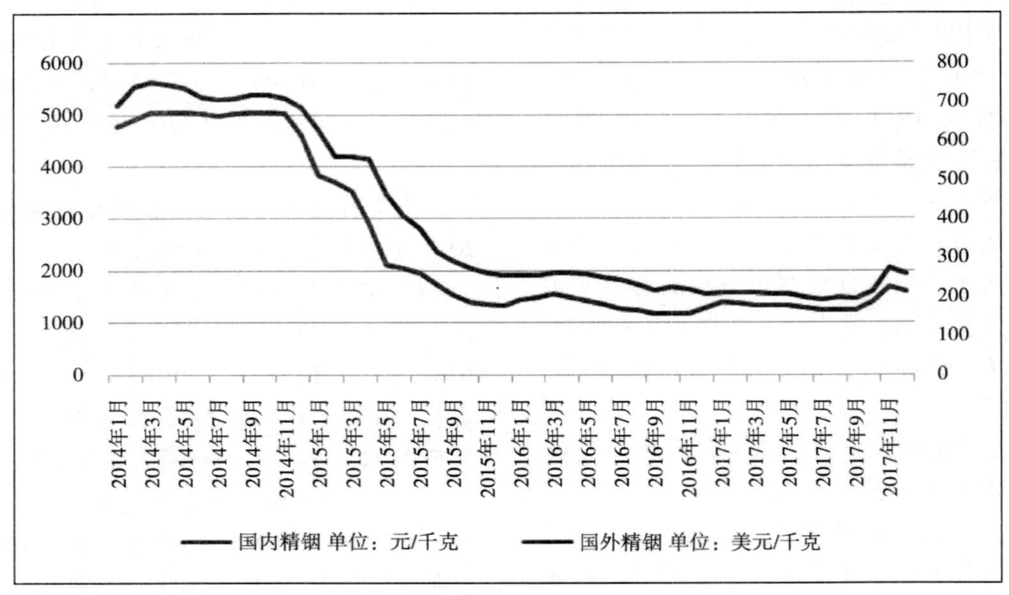

图1　2014－2017年国内外铟月均价

数据来源：安泰科、铟铋锗分会

中国有色金属工业协会铟铋锗分会价格显示，2017年年均价为1372元/千克，相比2016年的1343元/千克同比上涨2.1%。从年均价变化看涨幅并不明显，原因是价格的快速上涨开始于第四季度。2017年中国铟价格均价8月最低1225元/千克上涨至11月1725元/千克，三个月内涨幅达到40.8%。

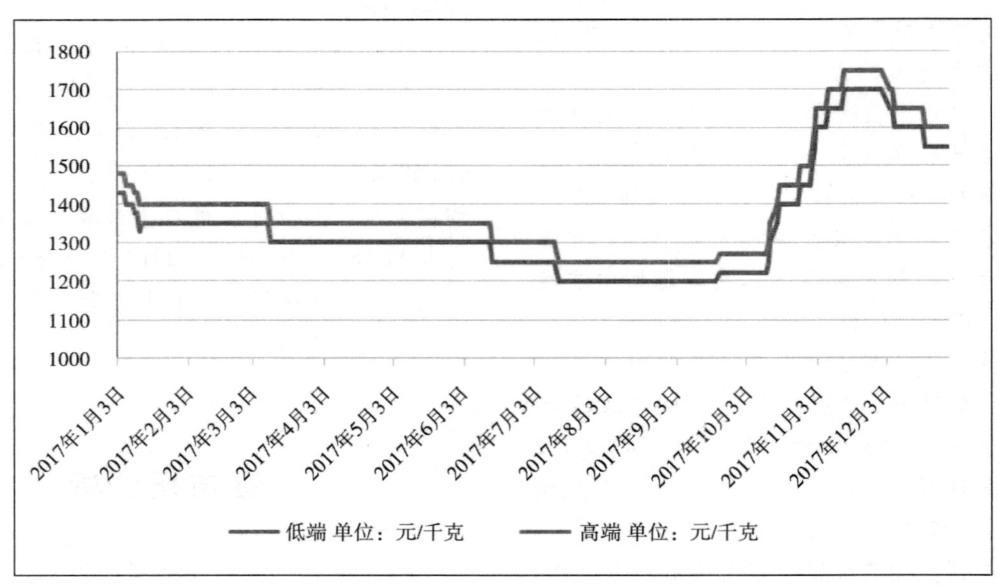

图2　2017年国内铟价格走势图

数据来源：安泰科、铟铋锗分会

国际方面，价格基本与国内保持相同的运行轨迹，2017 年 MB 均价 8 月最低 190 美元/千克上涨至 11 月 280 美元/千克，涨幅达到 47.4%，略高于国内。

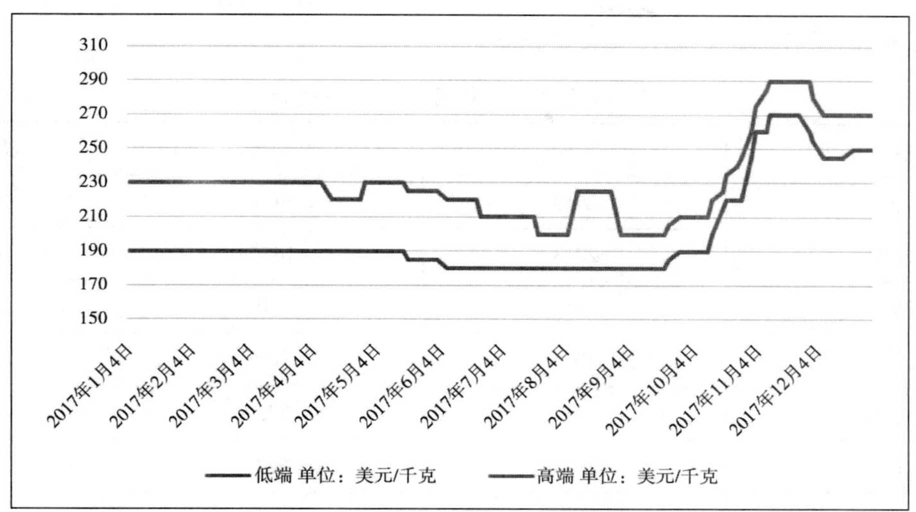

图 3　2017 年 MB 铟价格走势图

数据来源：安泰科、铟铋锗分会

回顾 2017 年铟价变化，总体表现为先弱后强，内弱外强的特点。

二、2017 年铟供需情况

供给方面，2017 年中国的铟产量持续萎缩。粗略统计，2017 年中国精铟产量为 385 吨，比 2016 年下降 10% 以上，主要原因是国家加强了危险固废管理，安全环保加强，以各种渣、泥、灰为原料的企业停产或减产，铅锌冶炼企业和骨干资源综合回收企业成为生产的主力。随着全国各地仍在进行环保安全回头看活动，对危险固废处理行业的管理丝毫没有放松，一些关闭的企业难以恢复，这种情况在以后会继续延续。

消费方面，铟在各个应用领域均保持稳定增长，特别是在其最大的应用 ITO 领域。ITO 靶材核心技术长期控制在日本三井、东曹和韩国三星等国外大企业手里。对于国内的企业来说，还未全部掌握先进的技术和工艺。由于 ITO 靶材是由高温烧结而成，烧结技术工艺决定了产品质量，最常出现批次质量不稳定的问题。溅射到屏上，有的 ITO 膜表面出现“麻点”，有的在蚀刻时容易出现直线放射型的缺划或电阻偏高带，还有的会出现微晶沟缝等问题。国内自主生产的靶材多数用于中低端市场。数据显示，每年中国 ITO 靶材消耗量超过 1000 吨，用于高端产品的靶材几乎全部依靠进口。受有色金属价格波动和技术封锁等因素叠加作用，长期以来价格偏高，使面板企业承担不小的成本。近年来，随着中国 ITO 技术的不断发展，以广西晶联和河北鹏达为代表的靶材生产企业已经逐步缩小了与日韩的差距，并在生产工艺上取得了突破。由于国内 ITO 靶材起步晚，且技术门槛高，国内厂商基本集中在中低端，竞争非常激烈，而高端市场依然被日韩企业牢牢把控。如今国内企业已经在高端市场“撕开”了一个口子，实现了国产化。

相较靶材领域，铟需求在铜铟镓硒（CIGS）薄膜太阳能领域的表现可以说是“大器晚成”。2017 年铜铟镓硒（CIGS）薄膜太阳能领域铟用量并不突出，但随着中国多条生产线陆续投产，铜铟镓硒（CIGS）薄膜太阳能领域在铟消费中绝对是一股不容小觑的力量，预计 2018 – 2019 年将新释放 10 吨铟需求。铜铟镓硒光伏产业的发展对铟行业具有划时代意义，标志着铟的消费不再过度依赖靶材的生产，鸡蛋不用放在一个篮子里，提高了行业抗风险能力。

三、进出口情况

由于中国国内直接消费不足，出口需求依然庞大。令人不解的是，中国精铟进口同样维持高位，至今也无法用市场原因解释。2017 年起，中国出口配额取消。由于国外用户此前大幅补充了库存，加之铟价总体稳定以及对于“泛亚”库存的担忧，国外用户并未持续补充库存，2017 年中国精铟出口量维持了 2016 年水平，政策调整实现了平稳过渡。

据中国海关统计，2017 年中国累计出口金属铟产品 16.32 万千克，同比下降 1%；同期中国进口金属铟产品 13.48 万千克，同比增长 27.8%；同期净出口为 2.84 万千克，同比下降 51%。

2013－2017 年中国铟及出口情况　　单位：千克

产品	年份	出口数量	进口数量
锻轧铟	2013	260	1266
未锻轧铟	2013	1659	105928
合计	2013	1919	107194
锻轧铟	2014	100	1280
未锻轧铟	2014	523	47507
合计	2014	623	48787
锻轧铟	2015	832	1769
未锻轧铟	2015	89060	50185
合计	2015	89892	51954
锻轧铟	2016	1170	1380
未锻轧铟	2016	162190	104076
合计	2016	163360	105456
锻轧铟	2017	3322	6628
未锻轧铟	2017	159860	128197
合计	2017	163182	134825

数据来源：中国海关

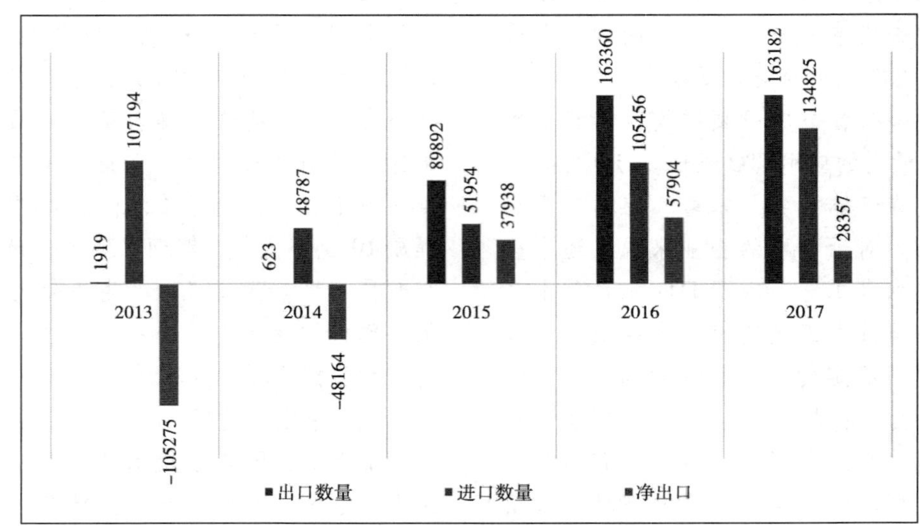

图 4　2013－2017 年铟进出口情况

数据来源：中国海关

（孙　旭）

钒市场分析

一、全球经济同步复苏，供需利好推高全球钒市

2017 年全球经济同步复苏，发达经济体超预期复苏。美国、欧元区和日本经济普遍回暖；新兴经济体仍稳中向好，巴西和俄罗斯由此前的衰退转为强劲复苏，中国经济继续引领全球增长。全球货币政策分化有所缓解，流动性总体宽松的格局不变。国内来看，经济延续企稳向好，钢铁、有色等行业去产能稳步推进，需求得到有效提振，供过于求的矛盾得到改善。2017 年上半年，国际钒市场总体保持窄幅波动的态势，受中国钒市场走强拉动和供应紧张以及需求增长等因素的影响，7 月下旬开始国际钒价格大幅攀升。全年欧洲五氧化二钒均价约 6.85 美元/磅，同比上涨 91.9%；钒铁均价 32.65 美元/千克钒，同比上涨 76.4%。

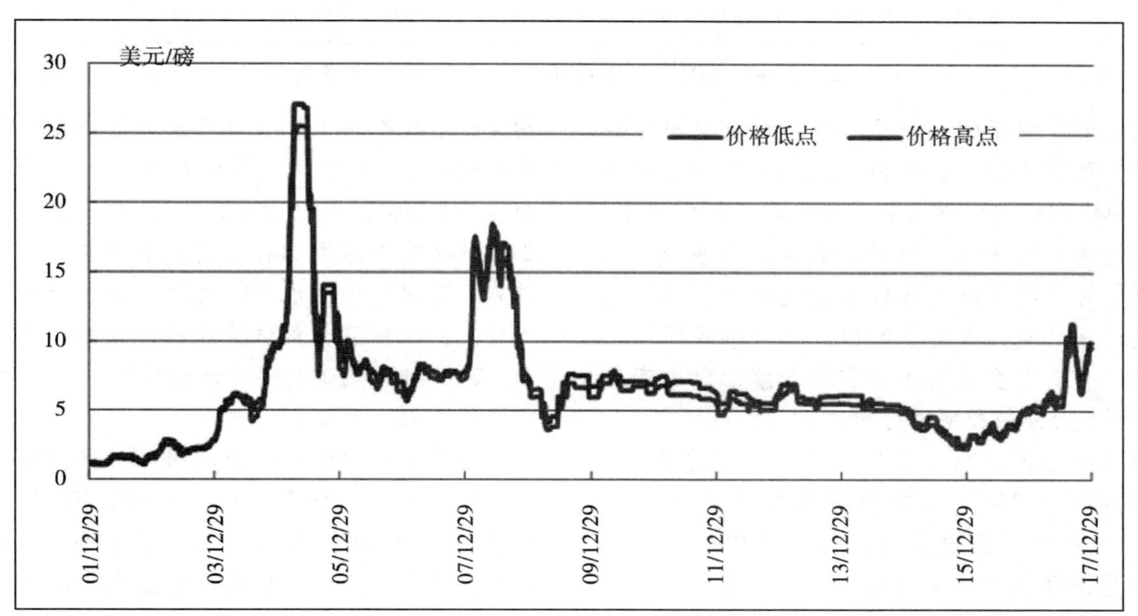

图 1　2001 －2017 年欧洲氧化钒价格走势

表 1　　2013 －2017 年欧洲及国内钒价

	2013 年	2014 年	2015 年	2016 年	2017 年
欧洲钒铁（80%V），美元/千克钒	27.65	25.52	18.72	18.51	32.65
欧洲五氧化二钒，美元/磅	5.97	5.46	3.59	3.57	6.85
国内钒铁（50%V），万元/吨	8.39	7.85	5.55	6.04	12.68
国内五氧化二钒，万元/吨	7.36	6.82	4.60	5.50	11.42

数据来源：英国金属通报（MB）、安泰科

二、供应紧张，国内钒价大幅走高

2017 年 7 月下旬到 8 月中旬，中国市场钒产品价格大幅攀升。钒市场走强与以下因素有关：环保核查，主产区攀枝花氧化钒生产企业大面积停产；钒渣将列入禁止进口的固体废物目录。全年五氧化二钒（片）价格波动范围在 8.25 万 ~20 万元/吨（含税），均价 11.4 万元/吨，同比上涨 107.3%，年底五氧化二钒价格为 15.4 万元/吨，较年初上涨 79.1%。另外，2017 年国内钒铁价格波动范围在 8.9 万 ~22 万元/吨（含税），均价 12.68 万元/吨，同比大幅上涨 110%，年底钒铁价格达到 17.1 万元/吨，较年初上涨 87.9%。

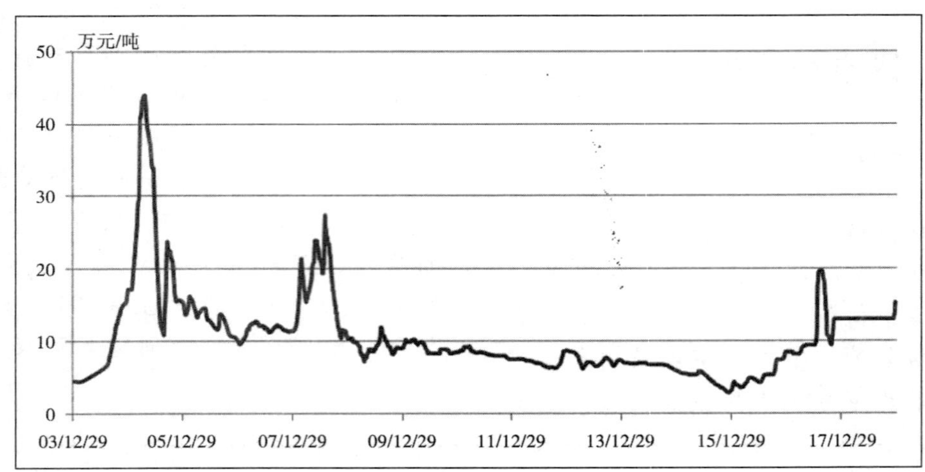

图 2　2004－2017 年国内市场五氧化二钒价格走势

钒主要消费于钢铁行业，钒市场走势与宏观经济形势及钢铁行业息息相关。2017 年中国经济保持了稳中向好的发展态势，经济增长好于预期，供给侧结构性改革深入推进，效果逐步显现。钢铁行业作为供给侧结构性改革的先行者，积极化解钢铁过剩产能，取得了突出成效。市场环境明显改善，产能严重过剩矛盾有效缓解，优质产能得到发挥，企业效益明显好转。

2017 年全国完成固定资产投资（不含农户）比上年增长 7.2%。其中制造业投资同比增长 4.8%；房地产开发投资同比增长 7.0%。此外，2017 年生态环保、道路运输、公共设施、水利管理等基础设施投资均保持 20% 左右的增长速度，增速比上年提高 1.6 个百分点。另外，2017 年全国房地产开发投资同比增长 7.0%，房屋新开工面积增长 7.0%。可以看出，房地产、汽车、家电、工程机械等下游用钢行业的发展态势较好，基础设施投资保持较高水平，促进了钢材市场需求有所增长，钢材消费整体情况好于预期。有数据显示，2017 年中国钢材实际消费量约 7.25 亿吨，同比增长 7.7%。

随着整个行业的回暖，钢材价格开始振荡上行。数据显示，2017 年底中国 HRB400 螺纹钢价格已回升至 5000 元/吨，同比涨幅接近 40.8%。在此情况下，钢厂对包括钒合金在内的原料采购价也逐渐回升。

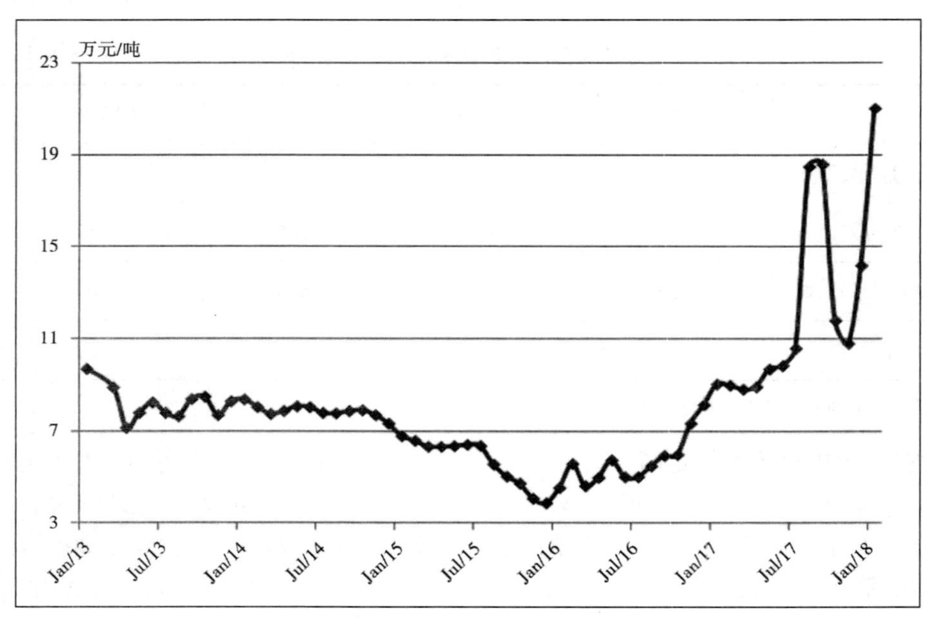

图 3　2013－2017 年国内某钢厂钒铁（50% V）采购价走势

三、供需基本面分析

（一）2017 年全球钒产量增长 3.6%

据估计，2017 年全球钒产量总计约 16.0 万吨，同比增长 3.6%。其中，加拿大拉戈资源公司在巴西的 Maracas 钒项目产量为 9297 吨，同比增加 1247 吨。另外，南非海维尔德钢钒公司、Vanchem 钒厂依然处于停产状态。从国内来看，2017 年钒产量约 9.6 万吨，同比增长 10.3%。其中，钒渣原料企业产量估计约 9 万吨，占比 93.8%；石煤提钒企业产量约 4100 吨，占比 4.3%；废催化剂回收企业钒产量约 1900 吨，占比 1.9%。

表 2　世界钒产能及产量　单位：万吨，折合 V_2O_5

	全球总计	中国
当前产能	24.2	14.1
2015 年	16.50	8.69
2016 年	15.45	8.7
2017 年	16.00	9.6

数据来源：安泰科综合（部分数据有更新）

（二）国内钒消费同比下降 10.8%

2015 年以来，中国部分钢筋生产企业随着装备能力的提高及降低生产成本的考虑，采用穿水工艺生产热轧钢筋，大量的轧后控冷钢筋涌入市场。这些钢筋或含钒量降低或不含钒，直接导致自 2015 年以来，钒在热轧钢筋生产中的消耗量出现了下降。2016 年这种情况仍在延续。2017 年中国打击“地条钢”生产取得较大进展，约 1.4 亿吨“地条钢”产能全面出清。有分析称，这部分“地条钢”产能约有 6000 万吨产品产出，而其中约 40% 以上是生产螺纹钢。因此，伪钢筋产能的出清为真正含钒钢筋产量的提升提供了契机，钒消费因此有所增长。另外，中国钒电池产业的快速发展也在一定程度上推动了钒需求的增长。据估计，2017 年中国钒消费总量约 7.75 万吨，同比增长 10.7%。

总体来看，2017 年全球钒消费总计约 16.41 万吨，同比增长 8.3%。

表 3　2015－2017 年世界钒消费情况　单位：万吨，V_2O_5

	全球总计	中国
2015 年	15.92	7.85
2016 年	15.15	7.00
2017 年	16.41	7.75

数据来源：安泰科综合（部分数据有更新）

（高海亮）

钽铌市场分析

一、中国钽铌工业发展现状

（一）经济运行情况概述

2017 年，钽铌行业矿石价格飙升，下游冶炼厂生产成本上扬；由于原材料市场价格持续回升、各企业开工率不足且国家环保监测力度加大，整个行业盈利能力大幅下降，钽铌产品销售企业经营困难。

钽约 65% 应用于电子工业，铌约 87% 应用于钢铁工业。2017 年，中国钢铁行业结束了长期持续震荡下跌而进入复苏模式，铌铁市场迅速扩张。2017 年中国钽矿市场价格持续上扬，国内矿石供应量及价格均大幅上涨。近年来，随着新材料、新技术的运用，电子行业、航空航天以及超导技术的蓬勃发展，钽铌金属制品的产量总体上来说是增加的，具体见表 1、表 2：

表1　　中国钽铌工业主要产品产能产量　　单位：吨

名　称	生产产能	产品产量	同比（%）	备　注
钽精矿	200（Ta_2O_5）	102.5（Ta_2O_5）	30.41	初级原料
K_2TaF_7	3144.3	501.3	-26.98	
Nb-Fe 合金	18432	18081	-	钢铁工业
Ta_2O_5	1045	523.4	41.19	
Nb_2O_5	2475	1806.8	-5.49	
Ta-Nb 制品	596.5	476.3	336.97	超导技术
Ta 条	300	87.3	-13.13	超级合金工业
Nb 条	425	346.4	15.08	钢铁工业
TaC（NbC）	145	74	60.87	硬质合金工业
Nb 粉	100	17.7	-64.10	
钽粉	515	169.5	-46.50	电容器工业用
钽丝	130	48	0.00	电容器工业用

数据来自：中国有色金属工业协会钽铌分会各会员单位上报数据

注：非会员单位产能、产量未计入，由于厂址搬迁、环保等原因，一部分会员单位产量未计入此表；铌铁增量没有统计。

表2　　中国钽铌工业经济效益运行状况

年　度	工业总产值（亿元）	销售收入（亿元）	工业总产值同比增长
2016 年	29.53	26.19	-1.57%
2017 年	36.22	36.30	22.65%

数据来自：中国有色金属工业协会钽铌分会各会员单位上报数据

注：非会员单位产能、产量未计入，由于厂址搬迁、环保等原因，一部分会员单位产量未计入此表。

（二）产业结构情况

1. 产品结构。钽铌产品涵盖化合物、金属、合金和制品，产品门类齐全，应用领域广泛。K_2TaF_7、Ta_2O_5、Nb_2O_5 是多种钽铌深加工产品的原料，中国湿法冶炼生产厂家对产品质量十分重视，质量有很大进步，K_2TaF_7 的化学性能、物理性能能很好地满足高比容钽粉的生产要求；多家钽铌冶炼厂可以生产工业、陶瓷、光玻和晶体 4 个品级的钽、铌氧化物产品，工业级、陶瓷级 Ta_2O_5、Nb_2O_5 产品的质量也能很好地适应陶瓷电容器和细粒径钽铌碳化物的生产要求。钽粉、钽丝是钽铌行业的主导产品，钽电容器的片式化发展，要求钽粉向高比容化发展、钽丝向细径化方向发展，宁夏东方钽业股份有限公司电容器级钽粉的主要生产品级发展到 200000 CV/g，研究水平已达到 300000 CV/g，拉制钽丝直径达到 0.06 毫米以下，使中国超高容量钽粉、钽丝的研发生产技术达到世界先进水平，从根本上突破了高品质电容器用钽粉生产的技术瓶颈。钽铌溅射靶材产品在智能手机、平板电脑、汽车电子等终端消费领域应用面持续扩大，随着半导体市场容量的进一步提升，带动了溅射靶材生产厂家的技术发展。铌铁在合金钢、不锈钢、石油和天然气管道等领域的应用得到了成功，利用铌的优良性能增加钢的强度和韧性，减轻钢的重量；超导磁线圈、磁悬浮运输系统、粒子物理实验对铌钛合金的需求，带动了铌冶炼加工的技术进步；钽铌材向深加工和高端发展，超导加速器用铌材、超导钽材、化学反应设备用钽、铌材、航天航空用钽铌合金正得到日益广泛的使用。

2. 产业分布：

（1）矿山。中国钽铌资源特点是矿脉分散、矿物成分复杂、原矿中钽铌品位低，钽铌矿物嵌布粒度细，钽铌矿一直是中国资源短缺的矿产，中国矿山主要分布在江西、湖南、广东、新疆和福建等省区。钽铌矿主要是硬盐型矿床、品位偏低，赋存状态不良，嵌布粒度较细，而分散的钽、铌与其他伴生元素相互嵌布，大部分矿山规模小，因此造成剥采比大，采矿、选矿流程复杂，生产效率低、成本高、综合收率低。宜春钽铌矿是中国目前具有经济价值的钽铌资源矿山，是中国已形成规模化采、选能力的矿山企业，2015 年宜春二期投产后设计供货量 30 吨/月，但由于收率较低及不能达产达标等原因，2017 年实际供货量约为 20 吨/月，未能减轻中国钽铌原料不足的压力。

（2）冶炼和加工企业。中国的冶炼加工企业目前有 10 多家，主要分布在宁夏、江西、湖南和广东等省区，形成了以国有、中外合资、外资、民营企业等多元化资本结构的产业群体，产品从化合物、金属、合金和制品，产品门类齐全，是全球主要的钽加工国。

2017 年中国钽精矿产能已达到 200 吨，在现代探矿、采选矿技术的发展带动下，有效提高了矿石回收率。2017 年 10 月，由北京有色金属研究总院、中国矿业大学（北京）、北京科技大学等单位组成的评价组，对宜春钽铌矿“低品位钽铌矿资源高效综合利用关键技术与产业化课题”项目进行验收，该项目以低品位钽铌矿资源高效综合利用为研究对象，通过科技创新，研发出细粒钽铌矿物离心重选预富集－浮选新技术，解决了细粒钽铌回收难题，项目整体技术达到国际先进水平。九江有色金属冶炼有限公司等单位生产的高纯 Ta_2O_5、Nb_2O_5 的纯度可以达到 99.999%，能很好地满足高级别光学玻璃及光学级钽、铌酸盐晶体生产的要求。中国其他钽粉、钽丝生产厂家的产品进步很快，出口产品档次逐步提高，江门富祥电子材料有限公司、株洲硬质合金集团有限公司和泰克（苏州）科技有限公司生产的钽粉、钽丝、钽条和钽锭等产品，已占有一定国际市场份额。钽电容器的片式化发展，要求钽粉向高比容化、钽丝向细径化方向发展，电容器级钽粉比电容量发展水平是衡量一个国家钽工业发展的重要标志，以宁夏东方钽业股份有限公司为首从事钽铌高端产品出口的企业，在电容器用钽粉、丝的国际竞争市场中，粉、丝总量占到世界市场份额的 25% 左右，钽粉、钽丝在国际钽铌行业的地位，带动了中国钽铌行业整体发展。

（三）市场与价格

1. 钽铌原料价格触底反弹、持续上扬。中国虽然是钽铌加工冶炼大国，但并不是钽铌资源大国。2017 年，随着宜春钽铌矿的扩产，一定程度上扩大了国内市场上的钽铌矿石供应量，但中国钽铌原料的对外依存度依然达到 80% 以上。从全球市场看，2015 年上半年钽矿价格稳步回升，价格曾一度反弹到 82 美元/磅左右，但由于受经济环境低迷影响，消费市场需求不旺，下游客户补充库存不足，钽铌原料采购交易不活跃，使得钽原料价格在下半年又一路回落，到 2016 年 12 月份钽矿价格已跌至 52 美元/磅左右，跌幅达到 36% 左右。2017 年钽矿价格触底反弹。钽矿石价格与年初相比大幅上涨了约 67%，中国到岸价坚挺于 90 美元/磅左右。铌精矿在 2017 年伊始延续了上年底 9.3 美元/磅的价位，到年底上升至 16.5 美元/磅左右，涨幅约 77.4%。2017 年钽铌矿石进口量较 2016 年大幅增加，其中受电子行业需求持续强劲、市场对普通级和高纯氧化铌需求增加等刺激使铌矿消耗量增大，从而铌矿进口增量显著。

2. 钽铌产品价格上涨滞后。作为加工冶炼的中国钽铌行业，无论是中低端产品还是高端产品，其价格与 2016 年同期相比几乎没有涨幅，甚至上半年钽铌原料价格大幅上涨，也没有支撑产品价格上涨，主要原因在于下游客户不接受将原料价格上涨而引起的生产成本上升部分转嫁给他们，钽铌加工利润空间越来越小。

（四）进出口贸易

中国钽铌工业是以加工为主、原材料进口及终端产品出口的两头在外的加工型工业。

1. 进口及加工。2017 年中国钽铌矿进口总量为 7275 吨，较 2016 的 7427 吨，小幅下滑 2%。矿石总体消耗量较上年持稳。2017 年中国钽铌矿主要进口国是尼日利亚、埃塞俄比亚、塞拉利昂、卢旺达、刚果和巴西，其中尼日利亚为进口量最大的国家，全年总量约为 3820 吨，占总进口量的 52.5%。

中国铌铁进口来源几乎全部来自于巴西，进口占比常年保持在90%～95%之间；加拿大是中国铌铁进口第二大来源国，占比6%左右。

2. 钽产品出口贸易。2017年度，中国钽产品出口数量524余吨（金属量），与2016年相比，数量增长20.7%，价格几乎没有变化；未锻轧钽及钽条等中低端产品出口数量与2016年相比增加892.29%以上，钽粉出口量与2016年同期相比有小幅增长。

2017年电子产品市场中，移动互联继续强势，智能手机是主力，全球市场规模达到4320亿美元，亚洲新兴经济体将是增速最快的市场。此外，由于元素出色的化学性质，使钽铌材料在高温合金、溅射靶材、高温炉部件等领域的应用逐渐广泛。2017年钽粉出口有小幅增长，钽丝出口小幅下降，未段轧钽产品出口量增幅明显，但总量较小，锻轧钽及制品出口量有较大增幅，具体见表3。

表3　2017年度钽产品出口数量统计　单位：吨

名　称	数量	同期（%）
钽粉	150.633	1.38
钽丝	46.954	-0.96
未锻轧钽及条、杆	1.732	892.29
锻轧钽及制品	325.505	36.40
合计	524.824	20.70

数据来自：2017年出口统计估算

二、中国钽铌工业经济运行状况分析

2017年9月，欧盟发布了第三版关键原材料清单，所涉材料27种，包括了钽和铌，而上一版清单将钽移出，认为钽不属于关键原材料。清单所列27种关键原材料有供应短缺的风险，影响到欧盟经济。在关键原材料全球供应中，中国是最具影响力的国家。

2017年5月19日，《欧洲联盟进口商公报》第2017/821号条例规定了欧洲进口锡、钽和钨、矿石和受冲突影响地区和高风险地区的黄金的供应链尽职调查义务（简称《冲突矿产条例》）。《冲突矿产条例》从2017年7月起实施，但绝大部分条款将在2021年1月之后生效，给受影响方留下了适应条例要求的足够时间。该冲突矿产管制条例旨在防止冲突矿物和金属出口到欧盟，欧盟内使用冲突矿物和滥用采矿工人，要求供应链中公司从负责任供应源进口有关矿物。

美国《多德·弗兰克法案》和EICC组织虽然创造了钽供应链透明度，对来自刚果等冲突地区的进口矿产采取强制认证管理制度，但导致国际市场的钽矿供应数量减少、钽矿成本增加，推高钽矿石原料价格大幅上涨，欧盟《冲突矿产条例》开始实施，更加剧全球钽供应紧张、价格高居不下的局面，不仅提高了相关冶炼企业的生产供应成本，也给相关深加工企业带来了压力，尤其是电子信息类企业。中国作为全球电子信息设备最大的生产国和出口国，在今后的发展过程中将受到越来越多的限制。

截至12月底，中国前后已有17家会员单位通过了CFS无冲突冶炼厂认证。

三、中国钽铌工业发展中存在的突出问题及对策建议

中国钽铌工业存在的突出问题主要有：资源供应以进口为主，影响钽铌工业的可持续发展；《中华人民共和国环境保护税法》对企业提出了更加严格地要求，钽铌工业环保和节能减排压力将进一步加大；中低端产品出口增加冲击高附加值产品，抗风险能力较弱。

对策建议主要有：鼓励利用海外资源，加大二次原料回收力度，切实落实“走出去”政策；完善产业政策，加大对高附加值产品的支持，参与国际市场竞争；建立国家钽铌资源储备制度；加强行业协会的协调作用。

（黄子然　陈　武　陈　林）

稀土市场分析

在稀土市场经历了持续两年的低迷、价格下滑行情后，2017年是稀土价格与价值逐步回归的一年。工信部联合八部委启动的稀土行业专项治理行动，从稀土开采、冶炼分离、资源综合利用、流通、出口等环节全覆盖，对稀土生产违法违规实施精准打击，取得明显成效，对稀土供给端产生约束，产量明显下降，使得市场信心大振，叠加下游新能源汽车、功能材料等对稀土材料的需求增加，稀土产品市场供求关系得到改善。2017年中国稀土市场价格由缓慢上涨到快速上涨，再到回落企稳，波动过程先扬后抑，市场整体价格较2016年同期明显上涨，稀土行业整体经营形势得到一定改善。2017年稀土行业实现主营业务收入840.4亿元，同比增长12.4%；实现利润74.7亿元，同比增长38.3%；主要产品价格年均上涨30%左右，初步扭转前两年出口“量增价跌”的态势（数据来自《稀土信息》）。

一、市场及价格

（一）市场供应和需求

2017年，政府对稀土实施“收储+打黑”双管齐下管理，有效地稳定了稀土价格，规范了稀土的供应端。

1月、3月、5月，分别进行了三次稀土国储招标，招标总量分别为2000余吨、3000余吨和3000余吨，每次招标主流稀土的产品价格总体高于上次招标价格，微幅溢价。这种小批量多频次收储策略被验证有利于稳定市场价格，促进稀土行业健康发展。

2017年，工信部联合八部委启动的稀土行业专项治理行动以后，非法稀土资源减少，部分企业停产整顿，供应量大幅缩减。

表1　　2017年全国稀土生产指令性计划情况

序　号	省（区）	稀土氧化物（REO，吨）	
		岩矿型稀土（轻）	离子型稀土（以中重为主）
1	内蒙古：包头钢铁（集团）有限责任公司	59500	
2	福建		2000
3	江西：赣州稀土矿业有限公司（赣州稀土集团有限公司）		9000
4	山东微山湖稀土有限公司（中国铝业公司）	2600	
5	湖南：五矿稀土江华有限公司（中国五矿集团公司）		2000
6	广东		2200
7	广西：中铝广西有色稀土开发有限公司（中国铝业公司）		2500
8	四川	25000	
9	云南		200
小计		87100	17900

数据来自：工信部网站

从目前中国市场稀土冶炼分离产品在下游领域的消费现状来看，稀土元素应用的不平衡性仍然严重。其中，氧化镧、氧化铈供应过剩，虽然大力拓展下游应用，在电子产品、环保等领域发展的带动下，抛光粉、催化剂等主要下游领域的前景看好，但仍难改过剩局面。镨钕氧化物供需基本处于平衡状态。近年来，钕铁硼磁性材料在清洁能源、节能电器、新能源汽车领域得到了广泛应用，作为主要原料的镨钕需求也逐年增长。为了缓解镨钕氧化物的供应紧张状况，近年来开发了铈铁硼磁性材料。氧化镝由于价格高昂，近年来下游领域研发了减量化、去镝化应用技术，虽然属于资源宝贵的中重稀土，但也处于供应过剩状态。氧化铕则由于三基色荧光粉受LED替代，需求大量缩减，也呈供应过剩状态。近年来，稀土需求的增长主要集中在新材料领域，稀土功能材料和应用材料呈逐年增长态势，表2所示2015－2017年稀土下游消费情况。

表2　　2015－2017年稀土下游消费情况

稀土材料	2015年	2016年	2017年	同比
磁性材料（毛坯，吨）	140000	141000	152000	8%
催化材料（含石油催化裂化及尾气净化，万升）	202900	203800	238000	5%
储氢材料（吨）	8100	8300	8600	3%
抛光材料（吨）	20000	22000	28000	27%
荧光材料（含LED，三基色，长余辉，吨）	2540	2410	2150	－10%
稀土硅铁合金（吨）	38600	36000	38000	6%

数据来自：盛和资源

伴随建设低碳经济、节能环保型社会的热潮，新能源汽车、节能家电、环保空调、风力发电、工业机器人等新兴行业开始崛起，稀土永磁材料作为新能源和节能减排的重要基础材料，发展前景十分广阔。2017年1月，工信部等部委联合制定发布了《新材料产业发展指南》。《指南》将高性能稀土永磁列为关键战略材料，并将其作为支撑高档数控机床和机器人、先进轨道交通装备、节能环保等关键应用领域急需的新材料重点支持发展，稀土永磁产业将再次迎来一轮快速发展机遇。为强化新能源汽车、驱动电机和稀土永磁材料等产业链间的协同，推动上下游企业联合攻关。2017年，工信部组织开展了“新能源汽车驱动电机用稀土永磁材料上下游合作机制”工作，这种上下游合作机制的组建，将有利于打通新能源整车、驱动电机和稀土永磁材料等产业间发展梗阻，真正形成以新能源汽车整车、电机的协同发展带动电机关键部件和磁性材料发展的协同创新和良好协作，实现全产业链互利共赢。产业链终端应用领域的快速发展，需要中间产品生产企业以及上游原料供应厂家依据市场来调整自身产业结构，转型升级是企业高质发展的必经之路。

（二）价格

2016年底启动的行业整顿行动，一改过去走过场的模式，实行常态化、专业化、精准化运作，对稀土违法违规生产的震慑作用在市场上得到体现。2017年稀土价格自年初稳步上涨，国内稀土价格指数（DREPI）从年初116.8点到8月下旬最高升至188.9点，与2017年初相比涨幅高达61.7%，岁末收于131.9点较年初上涨15点，全年日均值150.7点。标志性产品氧化镨钕价格由1月份的26万元/吨最高上涨到8月下旬的52万元/吨，其后开始下跌，12月上旬最低跌至约28万元/吨，随后企稳（图1所示）。此轮价格上涨是由打击违法违规和严格总量控制管理所致的政策性稀土供应短缺，同时伴随着价格炒作，稀土价格由上半年的理性回归，到7月份演变成价格炒作。快速上涨的稀土价格刺激一些企业开始扩大生产。

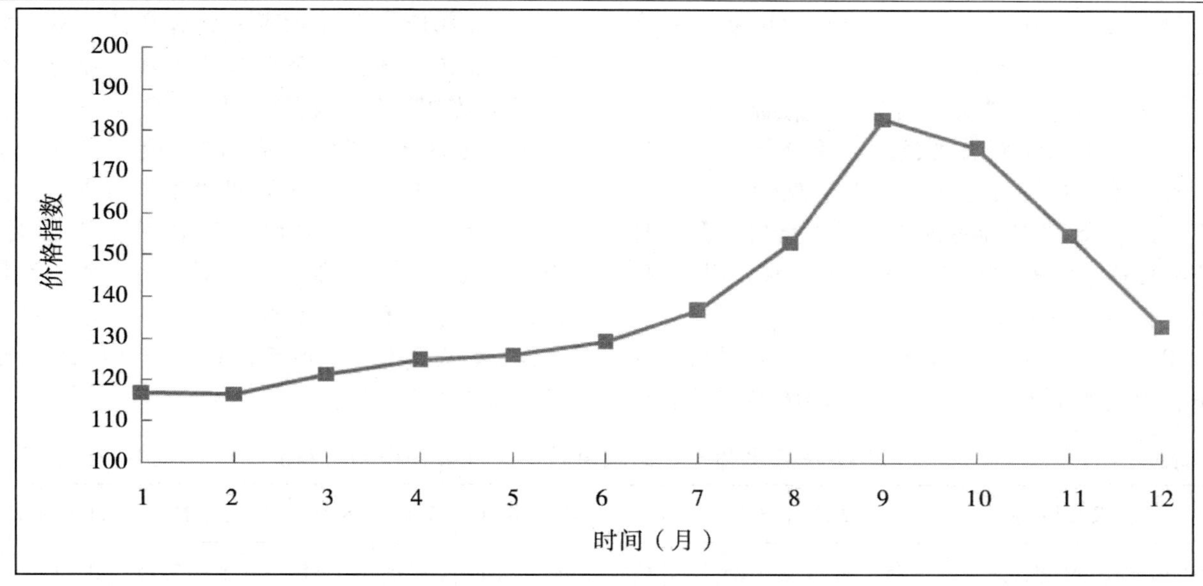

图 1　2017 年国内稀土价格指数走势

2017 年一季度，中国稀土市场运营平稳，春节前后，大部分企业停工休假或减产，供货持续紧张，看涨情绪浓厚，八部委联合打黑行动的力度空前，遏制了非法货源，市场主流产品货源较为紧张，价格处于上行通道，南北稀土大集团联动提高挂牌价，加上稀土国储对市场货源的吸收，稀土价格进入了上涨的快车道，尤其是镧铈、镨钕、铕、钬、铽、镥等几种产品价格稳步上涨，商家看涨情绪高涨。

2017 年二季度，中国稀土市场延续一季度的价格走势，持续上涨，从供给端看，稀土打黑高压态势延续，打击违法行为的成效显著，环保核查日益趋紧，部分违规企业关停整顿或减产，导致稀土市场现货吃紧、供不应求，镨、钕、铽等主流稀土产品价格持续上涨。多数稀土商品表现供不应求，现货难以买到，商家对后市持乐观心态。二季度，市场对镧铈产品的需求量增加，询价增多，氧化镧的平均价格为 1.42 万元/吨，与一季度相比上涨了 5.2%，氧化铈的平均价格为 1.30 万元/吨，与上季度相比上涨了 4%，氧化镨钕价格持续上涨，平均价格为 29.5 万元/吨，与一季度相比上涨了 10.07%。氧化镝价格涨幅不大，氧化铽价格涨幅较多，平均价格为 3485 元/千克。不过，市场炒作有所升温，例如氧化铕价格涨幅巨大，而同期荧光粉行业需求没有增加。

2017 年三季度，七八月份，市场炒作氛围浓厚，稀土价格出现暴发式上涨，9 月份氧化镨钕平均价格达到 49 万元/吨。稀土市场出现报价无序、囤货居奇的现象，甚至连有大量货源的氧化铈的价格也在上涨。稀土市场的暴涨引起了国家及行业协会的担忧。8 月 3 日，中国稀土行业协会发文呼吁广大稀土生产企业，要站在全局的高度维护稀土市场的平稳健康发展，培育中下游市场，实现稀土产业链企业的共赢共荣。国家工信部稀土办也曾发文，要求六大稀土集团必须加强行业自律，维护行业生产经营秩序，严格按照稀土生产总量控制计划抓好生产，顺价销售产品，共同促进稀土市场健康良性发展。由于此次价格上涨非需求推动，终端需求对价格支撑有限，虽然稀土价格短期被提振，但由于下游需求疲软，上游供应过剩，进入 9 月份，稀土价格一改前期的暴涨行情，部分稀土产品进入震荡下行。

2017 年四季度，尽管 10 月份各大集团联手停产，买涨不买跌的心态凸显，稀土价格一跌再跌，多数生产企业面对疲软的市场形势大多选择减少生产量来规避市场风险，市场几乎处于半休整的状态。到 12 月底市场活跃度有所增加，询盘和报盘量都大幅上升，稀土价格开始止跌企稳。氧化镝和氧化铽的市场受镨钕市场影响询盘量也有所增加，但价格仍然在较低位徘徊。

2017 年，尽管稀土冶炼分离产品的主要应用领域稀土永磁材料、催化材料、储氢材料、光功能材料、抛光材料和稀土合金的需求没有大的增长，对稀土价格难以形成强有力的支撑作用。但是，稀土行业秩序整顿力度空前以及国家多轮收储成为稀土价格上行的重要催化剂，2017 年前 9 个月稀土价格出现“躁动式”上涨，价格节节攀升，上游企业从中获益匪浅。由于价格上涨非需求推动，整体市场供过于求，没有实际需求支撑，从 10 月份中旬开始稀土价格出现大幅回落，南北稀土集团联合采取“停产保价”的措施，到 12 月中旬，价格止跌企稳。

2017 年稀土市场整体价格较 2016 年同期明显上涨，镨钕产品 2017 年四季度与 2016 年四季度相比增加，2017 年富余的稀土镧铈产品价格也有大幅上涨，氧化镧上涨 20% 以上、氧化铈价格增幅达 60% 以上，除了政策红利外，还有一个主要原因是手机 3D 玻璃面板、曲面玻璃等新产品的加工为稀土抛光粉（氧化铈）提供了新的市场。另外由北方稀土牵头成立的中国轻稀土企业联盟，2017 年在平衡市场供给、化解过剩产能、维护国内轻稀土市场秩序，引导国际市场走势发挥了积极作用。表 3 及图 2 所示部分稀土产品 2017 年期间的价格变化趋势。

表 3　　2017 年主要稀土产品及原料产品价格（平均价格）　　单位：万元/吨

产品及规格	1月	2月	3月	4月	5月	6月	7月	8月	9月	10月	11月	12月
金属镧 99% -99.9%	3.25	3.25	3.25	3.33	3.4	3.42	3.55	3.64	3.8	3.74	3.74	3.6
金属铈≥99.0%	3.25	3.25	3.25	3.25	3.39	3.4	3.4	3.59	3.86	3.75	3.7	3.7
金属镨 96% -99%	46	46	46	46	46.2	47.9	49	61.32	67.5	67.92	61.57	53.67
金属钕 99% -99.5%	33.53	34.46	35.04	35.53	36.61	37.50	40.68	56.75	58.71	53.69	47.86	41.23
镨钕金属 99% -99.9%	33.63	34.84	36.03	36.33	37.41	39.36	45.64	58.2	62.5	55.42	47.16	37.43
金属镝* 99% -99.9%	1650	1650	1650	1650	1650	1695	1743	1996	1736	1610	1600	1567
金属铽* 99% -99.9%	3900	3947	4068	4300	4410	4718	4900	5250	5043	4731	4232	3860
金属钇* 99.9% -99.95%	225	225	225	225	225	225	225	225	225	225	225	225
氧化镧 99% -99.5%	1.35	1.35	1.35	1.38	1.44	1.45	1.45	1.52	1.67	1.66	1.6	1.4
氧化铈 99% -99.5%	1.25	1.25	1.25	1.25	1.31	1.33	1.31	1.5	1.88	1.86	1.7	1.4
氧化镨 99.0 -99.9%	32.5	33.1	34.9	36.3	36.7	37.4	40.64	55.96	57.29	52.69	48.41	41.67
氧化钕 99% -99.9%	25.9	26.4	27.2	27.8	28.5	29.6	31.79	45.59	47	41.08	37.32	31.23
氧化镨钕 99% -99.9%	25.9	26.7	27.7	28.4	29.4	30.8	35.39	47.59	48.14	41.88	36.84	30.37
氧化钐 99.5% -99.9%	1.25	1.25	1.25	1.25	1.25	1.29	1.35	1.3	1.4	1.4	1.4	1.4
氧化镝* 99% -99.9%	1193	1206	1215	1216	1217	1170	1194	1381	1244	1167	1168	1146
氧化铽* 99% -99.99%	2375	3016	3111	3307	3464	3684	3850	4011	3839	3508	3182	2820
氧化铕* 99% -99.99%	395	419	436	464	557	598	575	611	563	503	465	424
镝铁合金*	121.7	122.8	124	124	124	123.5	122.5	132	127.5	120.42	119.23	108.93
碳酸稀土 ReO42% -45%	2.25	2.25	2.25	2.25	2.29	2.3	2.3	2.3	2.3	2.3	2.3	2.3
中钇富铕矿 REO >92%	19.5	19.5	19.5	19.5	19.5	19.5	19.28	18.5	18.5	18.5	17.95	16.33

数据来自：中国稀土网、中国稀土行业协会　* 价格为　元/千克

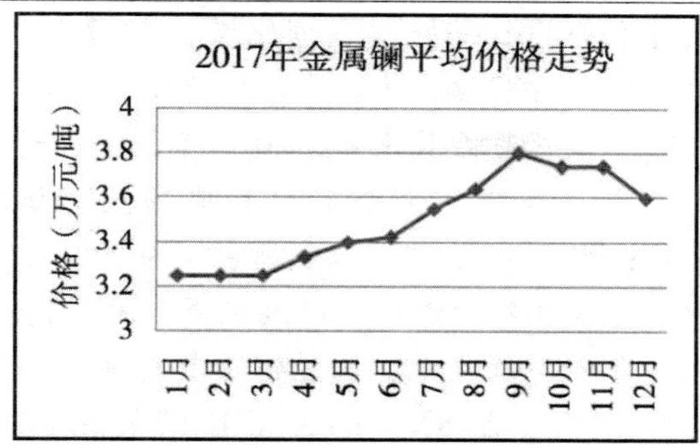

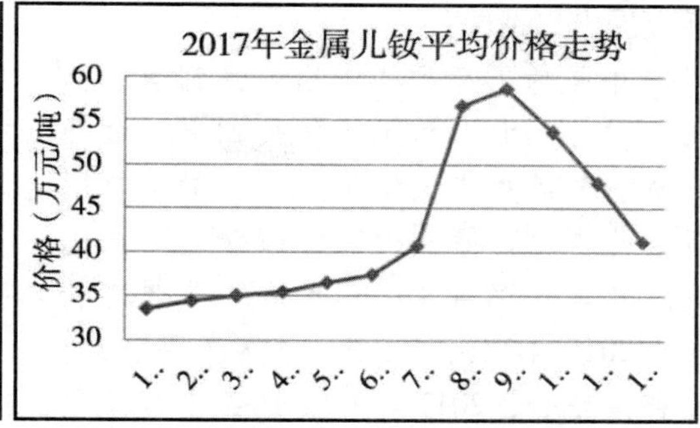

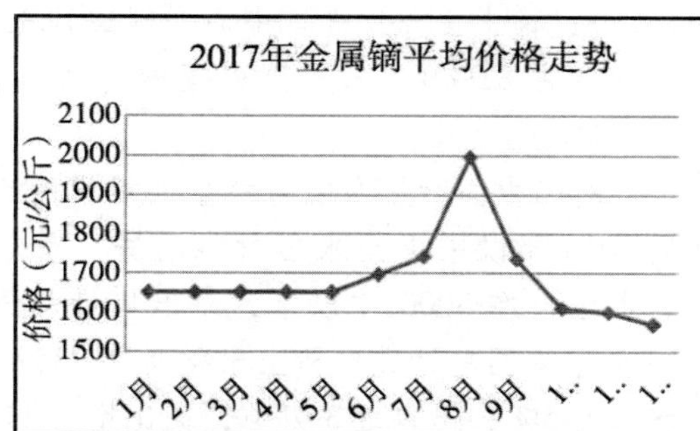

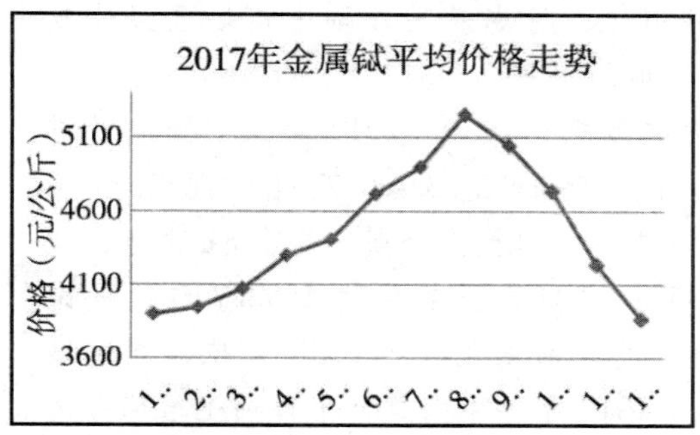

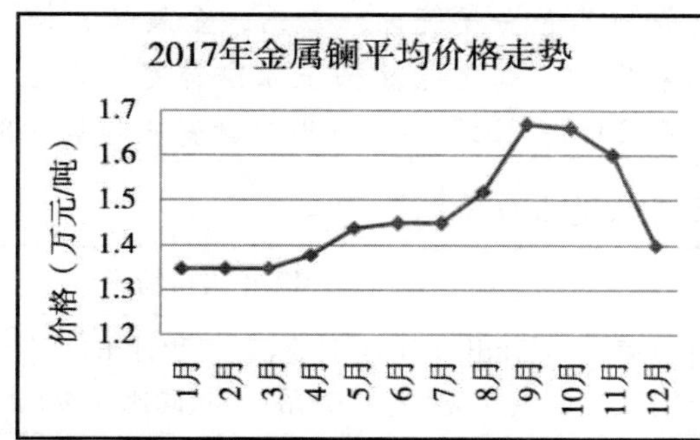

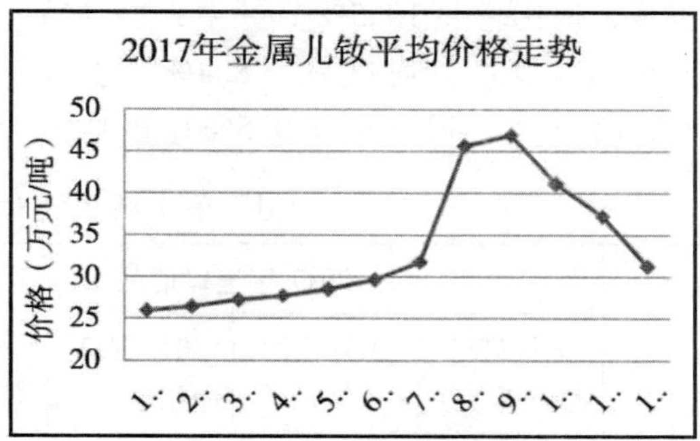

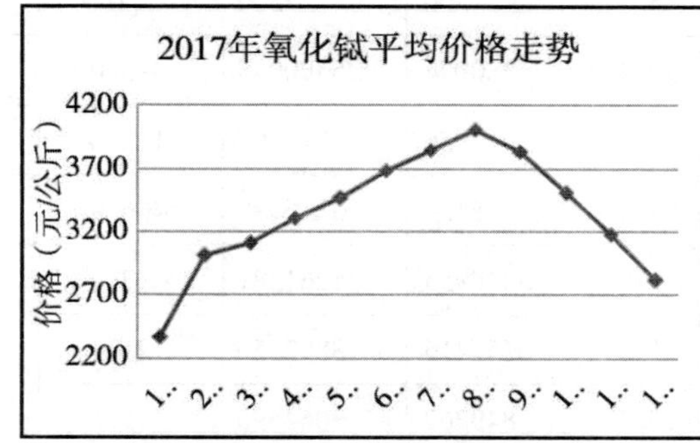

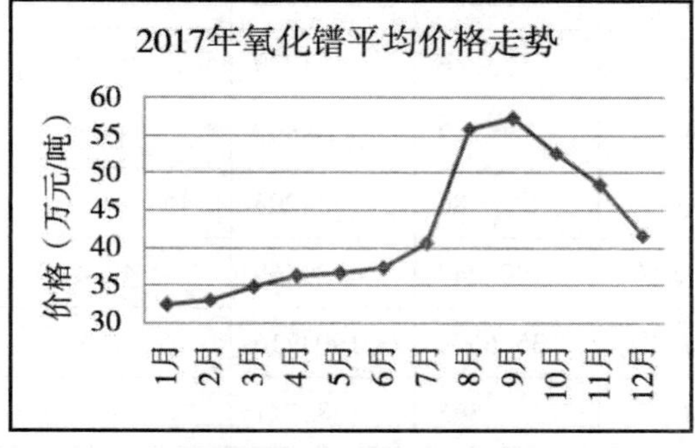

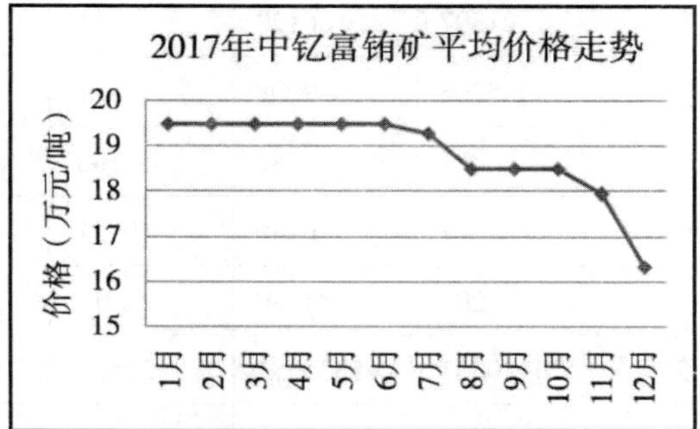

2017年金属镧平均价格走势
价格（万元/吨）
4
3.8
3.6
3.4
3.2
3
1月
2月
3月
4月
5月
6月
7月
8月
9月
10月
11月
12月

2017年金属儿钕平均价格走势
价格（万元/吨）
60
55
50
45
40
35
30

2017年金属镝平均价格走势
价格（元/公斤）
2100
2000
1900
1800
1700
1600
1500
1月
2月
3月
4月
5月
6月
7月
8月
9月

2017年金属铽平均价格走势
价格（元/公斤）
5100
4600
4100
3600

2017年金属镧平均价格走势
价格（万元/吨）
1.7
1.6
1.5
1.4
1.3
1.2
1月
2月
3月
4月
5月
6月
7月
8月
9月
10月
11月
12月

2017年金属儿钕平均价格走势
价格（万元/吨）
50
45
40
35
30
25
20

2017年氧化铽平均价格走势
价格（元/公斤）
4200
3700
3200
2700
2200

2017年氧化镨平均价格走势
价格（万元/吨）
60
55
50
45
40
35
30
1月
2月
3月
4月
5月
6月
7月
8月
9月
10月
11月
12月

2017年碳酸稀土平均价格走势
价格（万元/吨）
2.4
2.3
2.2
2.1
2
1月
2月
3月
4月
5月
6月
7月
8月
9月
10月
11月
12月

2017年中钇富铕矿平均价格走势
价格（万元/吨）
20
19
18
17
16
15
1月
2月
3月
4月
5月
6月
7月
8月
9月
10月
11月
12月

图 2

二、稀土进出口情况

2017年，中国稀土产品的进出口量都有不同幅度的增长，同时，由于稀土价格的回升，近几年一直在贸易中表现的“量增价跌”的局面有所改观。2017年中国出口稀土产品5.12万吨，同比增长9.7%，出口金额4.15亿美元，同比增长22%。中国自2015年取消稀土出口配额和关税后，稀土出口量持续增长，2017年稀土产品出口总量达到5万吨以上，标志着国外稀土市场已经恢复到2011年以前的水平。

根据海关数据网统计，2017年，中国总计进口稀土冶炼分离产品3.44万吨，同比增长108.3%。其中，进口稀土金属及合金81.3吨，同比增长430%；进口稀土氧化物4552.7吨，同比增长5.8%；进口稀土化合物2.98万吨，同比增长144.1%。2017年，中国总计出口稀土冶炼分离产品5.12万吨，同比增长10.5%。其中，出口稀土金属及合金5514.9吨，同比增长8.4%；出口稀土氧化物2.73万吨，同比增长3.5%；出口稀土化合物1.83万吨，同比增长23.7%。表4所示2017年中国稀土产品进出口情况。

从贸易品种来看，2017年，中国进口的稀土金属及合金几乎全部为其他稀土金属、钪及钇（占99.7%），出口以镧所占份额居首（占43%）；稀土氧化物的进口中以氧化铒、氧化钆、氧化钐、氧化镨、氧化镱、氧化钪及其他氧化稀土所占份额最多（占87.8%），出口以氧化镧居首（占46%）；稀土化合物进口中混合碳酸稀土所占份额居首（占81%），出口则以碳酸铈所占份额最多（34.1%）。

随着中国稀土永磁材料生产规模的迅猛扩大，自2013年以来中国永磁材料的进口量较为稳定，基本维持在3000吨以下，而出口量却逐年增长。2017年中国总计进口稀土永磁材料2357吨，同比增长1.5%，出口近3万吨，同比增长11.2%。根据《有色金属统计》数据，金属钕、镝、氧化镧、氧化钇、氧化铽及稀土永磁体等几种主要稀土产品2016－2017年各月出口量变化趋势如图3所示。

表4　2017年中国主要稀土产品进出口情况

产品名称	2017年进口情况				2017年出口情况			
	累计进口量（千克）	累计金额（美元）	累计进口量同比（%）	累计金额同比（%）	累计出口量（千克）	累计金额（美元）	累计出口量同比（%）	累计金额同比（%）
稀土金属矿	755246	2400822	327.9	45.1	300	7500	[0]	[0]
金属钕	6	1229	-99.9	-99.4	380074	25390945	-3.0	29.8
金属镝	2	38597	[0]	21.5	17955	4712201	112.6	112.9
金属铽	86	34298	[0]	85.4	5130	3316999	466.9	591.9
氧化(氢氧化)铈	1909247	4129469	48.4	2.9	3428955	31261581	-17.6	-24.8
碳酸铈	3566608	1904716	18.9	116	6259415	8892350	21.1	27.6
其它铈	89335	1282721	-9.1	-19.7	849362	3064590	9.4	13.4
氧化钇	21397	3166123	61	54.7	2171400	9794303	21.9	5.8
氧化镧	335205	649008	-75.1	-55.7	12591365	28778959	-13.9	1.7
氧化钕	1	2988	-100	-99.9	433977	21711024	-11.6	9.5
氧化镝	7	6140	-99.1	-93.6	166909	36586734	93.9	72.1
氧化铽	200	81280	[0]	[0]	60628	29314270	45.5	78.9
混合碳酸稀土	24120731	15535551	225.7	167.7	20	375	-66.7	1400
稀土永磁体	2357433	214693750	1.5	2.5	29902917	1468644158	11.2	12.7

数据来自：《有色金属统计》　[ ]内为上一年数据

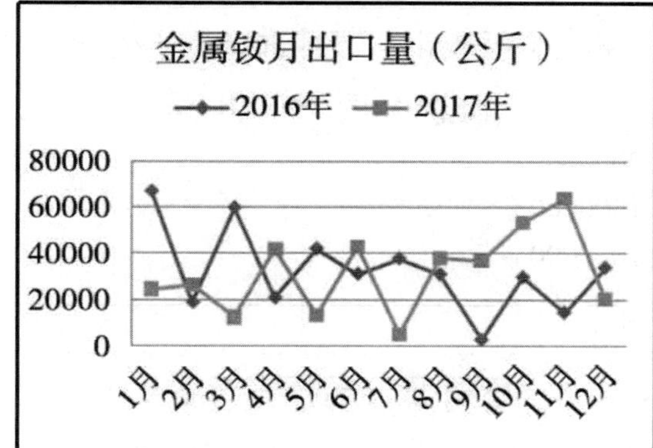
金属钕月出口量（公斤）
2016年
2017年
80000
60000
40000
20000
0
1月
2月
3月
4月
5月
6月
7月
8月
9月
10月
11月
12月

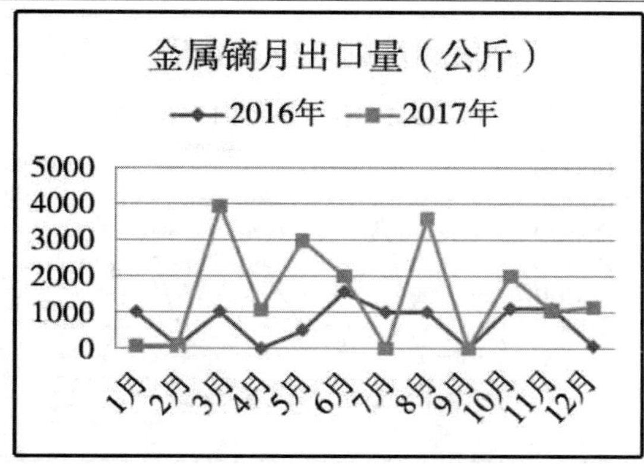
金属镝月出口量（公斤）
2016年
2017年
5000
4000
3000
2000
1000
0
1月
2月
3月
4月
5月
6月
7月
8月
9月
10月
11月
12月

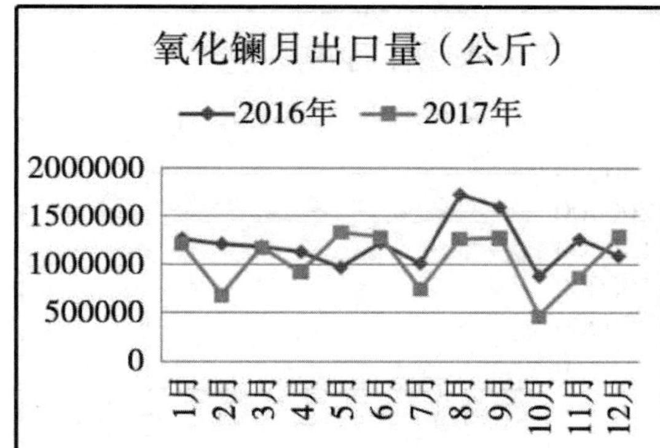
氧化镧月出口量（公斤）
2016年
2017年
2000000
1500000
1000000
500000
0
1月
2月
3月
4月
5月
6月
7月
8月
9月
10月
11月
12月

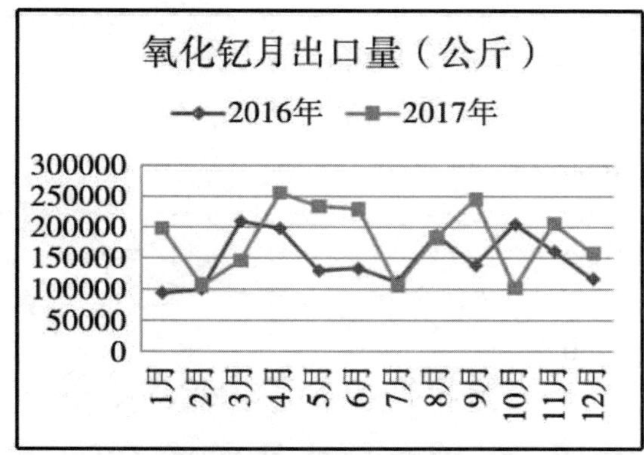
氧化钇月出口量（公斤）
2016年
2017年
300000
250000
200000
150000
100000
50000
0
1月
2月
3月
4月
5月
6月
7月
8月
9月
10月
11月
12月

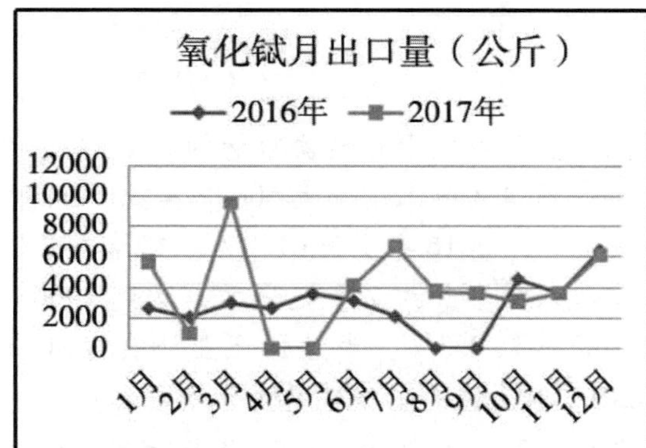
氧化铽月出口量（公斤）
2016年
2017年
12000
10000
8000
6000
4000
2000
0
1月
2月
3月
4月
5月
6月
7月
8月
9月
10月
11月
12月

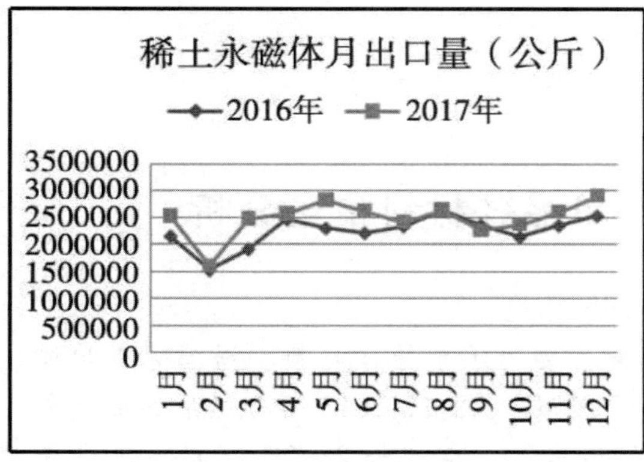
稀土永磁体月出口量（公斤）
2016年
2017年
3500000
3000000
2500000
2000000
1500000
1000000
500000
0
1月
2月
3月
4月
5月
6月
7月
8月
9月
10月
11月
12月

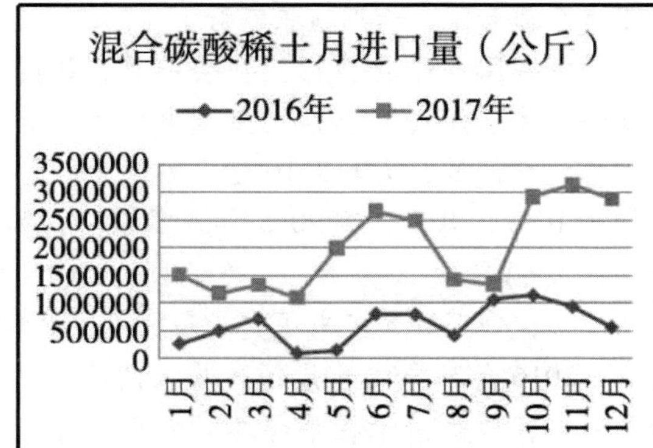
混合碳酸稀土月进口量（公斤）
2016年
2017年
3500000
3000000
2500000
2000000
1500000
1000000
500000
0
1月
2月
3月
4月
5月
6月
7月
8月
9月
10月
11月
12月

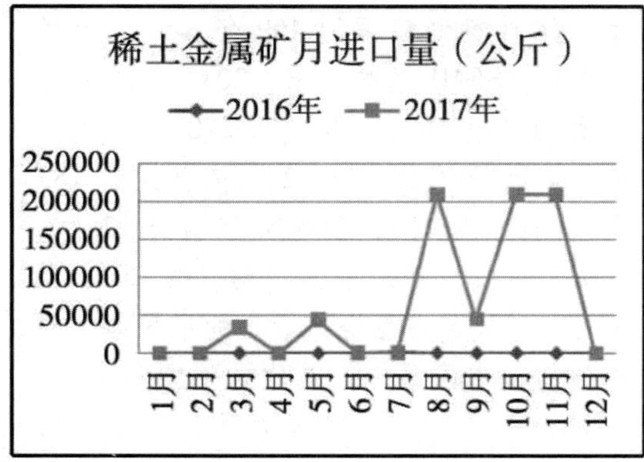
稀土金属矿月进口量（公斤）
2016年
2017年
250000
200000
150000
100000
50000
0
1月
2月
3月
4月
5月
6月
7月
8月
9月
10月
11月
12月

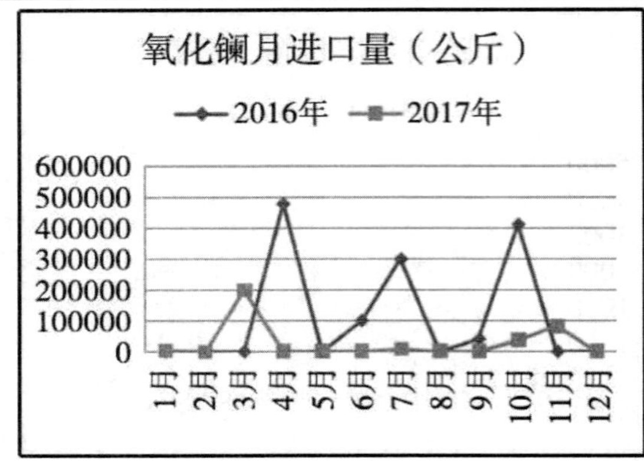

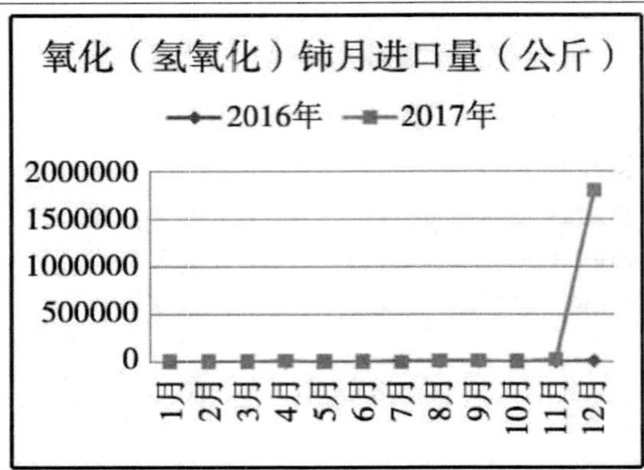

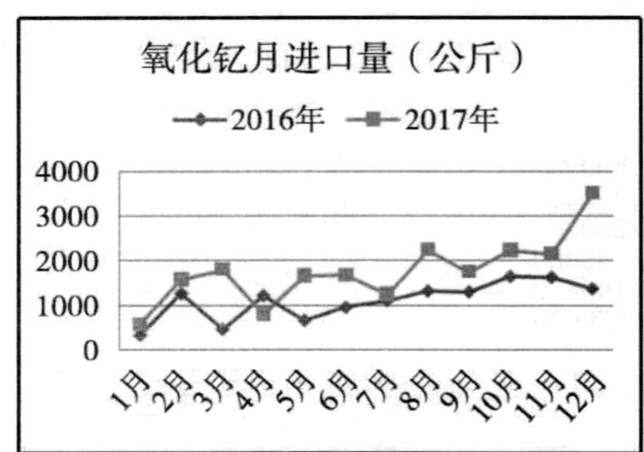

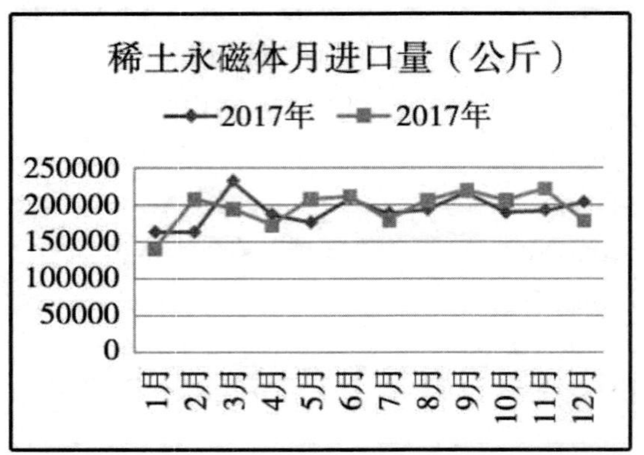

图3

（马跃宇 车 聪）

单晶硅材料市场分析

一、国际市场

单晶硅主要用于半导体材料。据国际半导体产业协会（SEMI）公布，2017年全球半导体销售额为4122亿美元，年增长21.6%，创下历史新高。全球半导体材料销售额为469亿美元，市场规模增长9.6%。SEMI报告指出，2017年总的晶圆制造材料和封装材料总额分别为278亿美元和191亿美元，相比较2016年的247亿美元和182亿美元（SEMI修订数据），同比分别增长12.7%和5.4%。市场购买方面，中国台湾地区2017年以103亿美元连续8年占据全球最大的半导体材料购入冠军的头衔，中国第二，其次是韩国和日本；市场收入方面，中国台湾、中国大陆、欧洲和韩国市场收入增长最大，分别为12%、12%、11%和11%，北美、日本、世界其他地区（ROW）材料市场收入则分别增长9%、4%和8%，全球总增长10%。全球领先的信息技术研究和顾问公司Gartner最新统计结果显示，2017年全球半导体收入的上涨得益于存储器市场的强劲增长。2017年存储器市场收入增加近500亿美元，达到1300亿美元，比2016年上涨61.8%。存储器以外的半导体收入共增加约248亿美元，达到2900亿美元，增长率为9.3%。半导体产业协会（SIA）指出，2017年销售的里程碑是由于半导体广泛用于日常生活及高新科技中，全球需求扬升，致使半导体市场全面升温，长期前景看好。

据中国电子材料行业协会统计，2017年，全球半导体硅片（不包括太阳能电池用）产量按出货总面积计量，达118.10亿平方英寸，比2016年增长10%，基本回到2015年产量水平，如表1所示；其销售收入为87亿美元，比2016年增长20.7%，创下近5年来历史新高。由表1和表2可见，2016年半导体硅片销售收入的增幅约为产量的一倍，这是由于在半导体行业回归景气周期的影响下，与其存在高度一致性的硅片市场也迎来复苏，市场对硅片的需求量大增。自2016年下半年以来，全球半导体硅片出现供不应求的局面，导致了半导体硅片的价格开始抬升。主要供货商纷纷多次调涨硅片价格，日本三菱住友株式会社

可持续地利用地球上的自然资源

通往绿色未来的 150 年发展历程

发轫于芬兰，我们的历史可追溯至 19 世纪中叶中欧及德国的矿业和金属冶炼行业。我们强有力的市场地位与领先的技术优势源自奥托昆普和鲁奇冶金（其前身为德国金属公司）两家大型矿业和冶金公司的知识、经验及其专门技术。我们曾为奥托昆普集团的一部分，在采矿和冶金作为奥托昆普主要业务的时期，奥托昆普投入大量资源开发相关技术，使得我们成为全球范围内的技术领导者。

我们可为客户提供从设计、建设、维护至运营整个工厂的一站式解决方案。我们致力于在两大业务领域为客户开发和量身定制可持续的技术解决方案和全生命周期服务：选矿；金属、能源和水。我们拥有全球化的销售和服务网络，可确保客户在整个生命周期（包括运营和维护）的各个工艺环节始终享受到经验丰富的奥图泰专业人员提供的技术支持。

可持续发展是我们开展一切活动的核心。我们帮助客户以最可持续的方式从自然资源中创造价值，探索最环保的利用水、能源和矿物的解决方案，管理从矿石到金属全价值链。

选矿

我们为矿产行业客户提供完整的选矿解决方案，从前期的可行性研究直至覆盖整个工厂和产品生命周期的服务。我们全面的技术与服务，能够高效地处理几乎所有类型的矿石，为客户带来盈利。

我们设计并交付世界一流的工艺设备、优化的工艺、智能化的自动和控制系统乃至整个工厂。快速可靠的项目交付，结合长期的运营和维护服务，确保客户获得最佳投资回报。

金属、能源与水

金属：
我们的自有研发中心拥有超过一个世纪的技术开发经验，使得我们可以处理几乎所有类型的矿石和精矿，提炼金属。我们在硫磺焚烧与利用冶炼烟气制硫酸领域具备大量的专业知识。

能源：
我们为可再生能源与传统能源的生产提供技术支持与服务。我们的焚烧和气化技术可以利用各种燃料，包括生物质、煤炭、污泥、农业和工业的副产品及分类的垃圾等。我们还提供从油页岩中提炼油、从市政污泥焚烧飞灰中回收磷的解决方案。

水处理：
我们的解决方案最大限度地提高水的循环利用，减少水和能源的消耗，所净化的水完全符合环保排放标准。

由于奥图泰产品在环保方面的突出贡献，2018年9月中国欧盟商会授予奥图泰中国“2018年可持续发展公司奖”。

奥图泰已经连续六年入选全球最可持续发展企业百强名单。2018年，奥图泰被«企业爵士»评为“全球最可持续发展公司第五名”，并在2018年达沃斯全球经济论坛上予以宣布。

保利协鑫能源控股有限公司
GCL- Poly Energy Holdings Limited

全球领先的光伏材料制造商

采用世界领先的生产技术，
提供高纯度的多晶硅原料和各类型高效硅片，
已为全球累计光伏装机容量的1/4提供高品质的原材料。

保利协鑫能源控股有限公司（股票代码3800.HK，下称保利协鑫）是全球领先的高效光伏材料研发和制造商，掌握并引领高效光伏材料技术的发展方向，是多晶硅、硅片等光伏产品的主要技术驱动者和领先供应商。

保利协鑫拥有多晶硅制造“双基地”，坚持多、单晶并举，每年为全球提供1/4左右的高纯多晶硅原料和硅片。保利协鑫多晶硅年产能达12万吨，硅片年产能达40吉瓦。

保利协鑫坚持“创新驱动”的核心价值观，在光伏材料领域拥有雄厚的科技储备。作为领先的工业级生产商，保利协鑫正在致力于将半导体级高纯多晶硅、FBR硅烷流化床法颗粒硅、CCz连续直拉单晶等前沿科技投入产业化应用，让光伏科技造福清洁能源生活。

保利协鑫坚持以高效、优质的产品为客户创造价值，从而推动行业进步，促进光伏发电平价上网的实现。

杭州锦江集团有限公司

杭州锦江集团1983年始创于浙江临安，1993年组建集团公司，先后涉足纺织、印染、造纸、电缆、建材、医药等领域，历经35年发展，三次产业结构调整，目前已形成以环保能源、有色金属、化工新材料为主产业，同时集贸易与物流、投资与金融于一体的现代化大型民营企业集团。截至2018年末，集团总资产超800亿元，营收近千亿元。

杭州锦江集团多年蝉联中国企业500强（2018年位列193位）、中国制造业500强（2018年位列第82位）、中国民营企业500强（2018年位列第51位）、浙江省百强企业（2018年位列第19位）。

2003年以来，杭州锦江集团整合矿业、电力、氧化铝、铝镁合金、铝材深加工等优势资源，打造极具竞争力的资源性产业链——有色金属产业，并将其作为集团未来可持续发展的重点产业。目前，已在河南、山西、广西、宁夏、内蒙古、贵州等地投资建厂，整体铝产业规模、效益均居行业前列，其中，氧化铝产能位居全国第三，是国内三大氧化铝现货供应商之一，可供交易的氧化铝占据国内市场的前列。

杭州锦江集团在发展有色金属产业的过程中，始终秉承“技术为先、安全环保”的企业理念，运用国际先进技术打造智能化企业，建立技术成本优势。国家工信部智能制造试点、两化融合贯标试点都在锦江旗下企业中有落地实施。

锦江在行业内多年积累的口碑和声誉也换来了业界对锦江的认可，在国企混合所有制改革中，创造了更多的合作机会。锦江与中国铝业、河南能源集团、内蒙古矿业集团、郑煤集团等多家央企、国企开展了深度的合作，共同推动中国铝产业的发展。除了合资、并购等常规方式外，集团有色产业还通过托管经营，输出管理、技术合作等方式，先后托管河南义翔铝业、山东鲁北海生生物等，被托管企业都取得了技术、管理和效益的显著提升。

在深耕国内的同时，锦江的有色金属产业也开启了全球化的布局，在国家“走出去”、“一带一路”建设的支撑下，开展国际产能合作，在印尼投建一期150万吨氧化铝产业园项目，启动全球资源整合。

（以上数据由本单位提供）

地址：浙江省杭州市湖墅南路111号锦江大厦20楼　电话：0571-88389111　传真：0571-88388848

宁波金田铜业（集团）股份有限公司

宁波金田铜业（集团）股份有限公司（以下简称：公司）始建于 1986 年，是一家以铜加工为主，涵盖高新材料、建筑材料、稀土钕铁硼等领域的中国 500 强企业。

经过 30 多年的沉淀，公司已发展成为全球领先的铜加工企业，共有员工 5800 余人，占地面积 2000余亩，下辖分子公司20多家，先后在宁波、江苏、越南等地建立生产基地，在中国香港、美国、德国、日本、泰国等地设立海外机构。公司铜合金板、带、管、线、棒及阴极铜、漆包线等主要产品产量均居行业前列。2017 年，公司实现铜产品产销量超 80 万吨，被列为宁波市千亿级龙头培育企业；集团位列宁波制造业百强前列、浙江民营百强第 13 位、中国制造业 500 强第 126 位、中国企业 500 强第 238 位。

公司坚持走技术兴企之路，设立了国家认定企业技术中心、博士后科研工作站及国家认可实验室，持续深化与北京有色金属研究总院、中南大学等外部著名科研机构的合作关系，建立以市场为导向、产学研用紧密融合的企业技术创新体系，凭借先进的再生铜精深加工技术，被评为“全国循环经济”试点单位及全国首批“城市矿产”示范基地。

公司积极打造学习型、创新型企业，以未来思维和全球眼光加快转型步伐，不断强化精益理念，广泛推进信息化应用，积极引入国内外知名专业咨询机构，开展企业文化、人力资源、信息化等各类管理及信息系统提升项目，获得了“浙江省创新型试点企业”、“浙江省转型升级引领示范企业”、“宁波市信息化和工业化融合标杆企业”等荣誉称号。

办公大楼

在未来的发展中，公司将秉承“创造客户价值，打造百年公司，成为行业标杆，为中国工业强国做贡献”的使命愿景，沿着“管理现代化、运营数字化、发展规模化、运作资本化”的发展之路，坚持“依法经营、诚信经商、自主创新、科学发展”，持续优化产业布局和产品结构，不断创新发展模式，为打造“世界 500 强企业”而努力奋斗。

地址：浙江省宁波市江北区慈城镇城西西路 1 号
邮编：315034
电话：0574-87597760
传真：0574-87597573
网址：www.jtgroup.com.cn

（以上数据由本单位提供）

宁波金田铜业(集团)股份有限公司
博士后科研工作站
POSTDOCTORAL PROGRAMME
二〇一〇年八月

宁波金田产业园
国家“城市矿产”示范基地
二〇一〇年八月

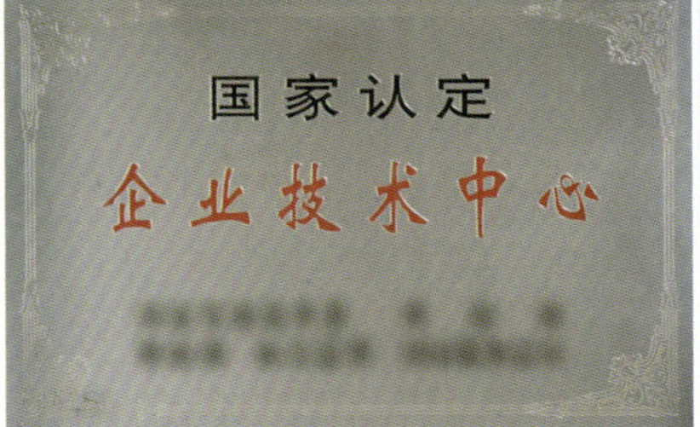

烟台孚信达双金属股份有限公司

烟台孚信达双金属股份有限公司（以下简称：孚信达）成立于2007年6月，坐落于美丽的海滨城市烟台，占地8万平方米，注册资金6035万元人民币，公司现有员工200余人，拥有院士带领的中青年技术团队60余人。从2007年开始孚信达人以国家节铜战略为己任，在北京科技大学谢建新院士团队协助和国家863计划项目及山东省自主创新重大专项等资金支持下，攻克了铜铝同步连铸的许多技术瓶颈和难题，成功研发出铜铝复合材料整体制造技术和装备，实现了铜铝复合棒材、带材、型材、线材的工业化生产，并拥有自主知识产权，技术成果获得了国家技术发明二等奖。

2012年开始，孚信达致力于铜铝复合电气配件的研制，现已成为国际著名电气制造商的全球供应商，铜铝复合配件体现着轻量化、个性化的特点，孚信达创造了一个真正属于自己的民族品牌。铜铝轻型电气配件：轻量化、个性化的电气母排，铜铝过渡安全转接头是其代表性产品。从而实现了从新材料研发者向高端电气配件制造商的成功拓展。

产品在海洋装备、高铁地铁云轨、新能源电动车和电力金具等领域应用，产品销量持续扩大，公司正积极与国防科工领域开展合作，争取为军队运输及配套装备的轻量化作出贡献。

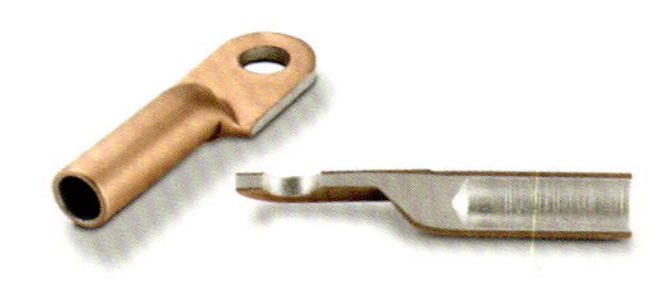

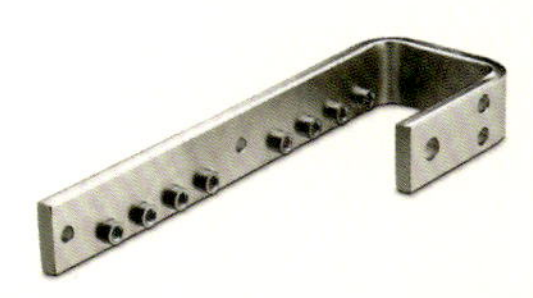

地址：山东省烟台市牟平区武五路575号　邮编：246118　网址：www.fisend.com
电话：（0535）4709208 4708188　传真：（0535）4709107

中国有色金属工业第十四冶金建设公司

中国有色金属工业第十四冶金建设公司（以下简称：十四冶）始建于1964年，过去的50多年间，风雨兼程、卓绝奋斗、创新不止，规模由小到大，十四冶转战南北，横跨欧亚，施工足迹遍布云、贵、川、桂、晋、苏、浙、沪等近20个省市区，以及科威特、埃及、老挝、越南、缅甸、柬埔寨等15个国家，已具备了较强的品牌影响力和行业竞争优势。长期以来，十四冶在工业建设，特别是有色冶金工业和矿山建设方面在云南省一直处于龙头地位，生产经营规模在全国有色建设施工行业中也有目共睹。技术精湛、作风过硬、素质优良、敢打硬仗的几代十四冶人塑造了“中国有色十四冶”品牌。目前，业务涵盖有色金属工业与矿山工程、路桥及市政公用工程、房屋建筑工程、钢材及建材贸易等板块。十四冶正立足自身的资源优势、专业能力和品牌效应，着力打造“工业、基础设施和房屋建设”为主营业务的工程建设能力和水平，通过加强工程总承包、“走出去”、综合管控、资源整合四大能力来提升企业的核心竞争力。当前，作为集团“做强做优做大一批”的模范和标杆，作为集团百亿企业俱乐部成员，十四冶将紧紧围绕集团“123555”发展战略，围绕2020年迈向世界500强的目标，凝心聚力、奋力拼搏，在云南建投的大旗下承担起时代赋予的使命，站在历史的新起点，用心谱写新的华彩篇章。

广西百矿新山煤电铝一体化工程

临沧市公安局业务技术用房项目

云南功东高速项目（在建）

云南新平戛洒大红山矿工程

地址：云南省昆明市五华区滇缅大道218号　　邮编：650000　　电话：0871-65311513

魏桥创业集团

张波，男，汉族，1969年6月出生，现任山东魏桥创业集团有限公司董事长。

2001年张波获得山东省富民兴鲁劳动奖章，2004年被评为“2003山东十大财经风云人物”，2004年获得山东青年“五四”奖章，2007年获得全国“五一”劳动奖章，2008年被评为山东省劳动模范，2010年被评为全国劳动模范，2015年被评为中国有色金属境外资源开发战略功勋人物，2016年荣获中国有色金属工业科学技术奖一等奖，2017年被评为中国有色金属工业年度经济人物。山东省十届、十一届、十二届人大代表。

魏桥创业集团的前身是一家小型油棉加工厂，从1981年开始，历经38年的创新和发展，目前已成为一家拥有2家香港上市公司、国内外11个生产基地、13万名员工、2500亿元总资产，集“纺织—染整—服装、家纺”产业链及“热电—采矿—氧化铝—原铝—高精铝板带、新材料”产业链于一体的特大型企业，是全球大型的棉纺织企业和铝业生产企业。2018年，集团实现销售收入2835亿元、利润87亿元，上缴各级税金首次破百亿，达到109亿元，继续保持了稳健发展的良好势头。2012年以来连续7年入选美国《财富》杂志“世界500强”企业排行榜，2018年位列第185位。2018年还分别位列中国企业500强第43位、中国制造业企业500强第13位、中国民营企业500强第5位。2014年以来连续5年位列山东企业100强第1位。“魏桥”品牌连续15年入选《中国500最具价值品牌》排行榜，2018年以605.72亿元的品牌价值名列第62位。

地址：山东省邹平经济开发区魏纺路 1 号　电话：（86）0543-4161111 传真：（86）0543-4162000

烟台国润铜业有限公司

2017年7月，烟台国润铜业有限公司（简称：国润铜业）与中国恩菲工程技术有限公司合作，建成了“富氧侧吹熔池熔炼－多枪顶吹连续吹炼－固定式阳极炉火法精炼”连续炼铜工艺，3台炉依次由高到低排布，各炉之间通过溜槽连接，该工艺实现了连续送风、连续炼铜，熔炼强度大，自动化程度高，具有效率高、能耗低、对原料的适应性强、处理能力大、环保、操作简单、投资少等优点，是一种全新炼铜工艺的产业化应用，具有广阔的推广市场。

项目技改完成后，铜精矿至粗铜的工艺能耗为92.57kgce/t，粗铜成本降低至1100元/吨以下，阳极板成本降低至380元/吨以下。冶炼烟气均经余热回收、收尘后进行制酸，余热锅炉产出的蒸汽全部进行发电。高温熔体密闭倒运，采用虹吸排放，减少了高温烟气泄露点，全厂环保烟气量约11万Nm^3/h，是同类项目的50%，处理成本大幅降低。氧气站采用了全新的低浓度深冷制氧工艺，制氧成本较高浓度工艺降低近30%，产出熔炼所需浓度的氧气直接进熔炼炉，通过氧压机实现富氧浓度的调节，取消了熔炼工艺供气设施，节约了投资，也降低了运行成本。

国润铜业积极响应政府退城进园的号召，成立烟台国兴铜业有限公司（简称：国兴铜业），搬迁至开发区，负责18万吨阴极铜节能减排项目（简称：国兴项目）的建设。国兴铜业认真贯彻烟台市新旧动能转换总体部署，全力推进国兴项目建设。目前该项目已全面展开，各项工作进展顺利。项目按照“整体规划、分步实施、电解先行”的工作方针，分两期建设，先建设电解及配套系统，再建设熔炼、制酸、动力等生产系统。其中，先期建设的净液车间于2018年7月破土动工，8月初开始土建施工，10月下旬达到±0平面以上，先后完成桩基施工（总计264根）、立面防腐、设备基础浇筑等工作，主体建筑混凝土现已基本完成，2019年上半年竣工。此外，电解生产系统用地的土方回填已基本完成，预计5月份开工建设，年底完成施工。

地址：烟台市芝罘区化工路45、47号　　电话：0535-6878228转2118

昆明理工大学

昆明理工大学创建于1954年，时名为昆明工学院，1995年更名为昆明理工大学，1999年原昆明理工大学与原云南工业大学合并组建新的昆明理工大学。经过60多年的发展，现已发展成为一所以工为主，理工结合，行业特色、区域特色鲜明，经济、管理、哲学、法学、文学、艺术、医学、农学、教育等多学科协调发展的综合性大学，是云南省、办学层次和类别齐全的重点大学，在中国有色金属行业和区域经济社会发展中发挥着重要作用，学校是国家国防科技工业局与云南省人民政府共建高校。2015年初习近平总书记视察云南时，给予学校"全国著名高校"的赞誉。学校现有呈贡、莲华、新迎三个校区，占地4300余亩，主校区为呈贡校区，位于昆明市呈贡大学城。

60多年的建设发展，现已形成了以地质资源与地质工程、矿业工程、冶金工程、材料科学与工程、环境科学与工程为优势学科，理学、管理科学与工程、机械工程、土木工程、建筑学、力学、控制科学与工程、信息与通信工程、计算机科学与技术、交通运输工程、电气工程、化学工程与技术、农业工程等为支撑学科，生物学、医学、哲学与社会科学等为新兴学科的特色鲜明"大有色"优势学科群。2015年以来，学校工程学、材料科学、化学学科先后进入ESI排名世界前1%行列。现拥有国家重点学科1个、国家重点培育学科1个、省级重点学科23个、省院省校合作共建重点学科9个、博士后流动站8个、省博士后科研流动站2个、一级学科博士点18个（含1个工程博士专业学位点）、一级学科硕士点41个、硕士专业学位类别14种；有110个本科专业、1个第二学士学位专业，在全国设有近48个函授站（点），有54个夜、函大本专科专业；在全省有33个高等教育自学考试助学中心。

学校设有28个学院、1个教学部、6个研究院、13个临床教学基地（含9个附属医院、3个教学医院、1个实习医院），3个应用人才培养基地，设有城市学院，专门培养高等职业教育普通本科生；设有研究生院。全日制在校本科学生31447人，博士、硕士研究生11143人，2017年有各类长短期留学生1557人；中国人民解放军陆军在学校设有"驻昆明理工大学后备军官选拔培训工作办公室"，现有145名国防生在读。建校至今已培养各类学生29.2万余人。

学校有教职工3844人，其中，专任教师2356人，教授、副教授人员1327人。学校现有院士7人，其中，全职两院院士3人，外籍院士4人；"千人计划"入选者（含"青年千人"）4人，"长江学者奖励计划"特聘教授2人，全国"创新争先奖"获得者1人，国家杰出青年科学基金获得者1人，全国杰出专业技术人才1人，"万人计划"入选者8人，"何梁何利奖"获得者2人，国家优秀青年科学基金获得者2人，国家"百千万人才工程"人选13人，国家突出贡献专家5人，享受国务院政府特殊津贴20人，霍英东教育基金会高校青年教师基金及教师奖获得者7人，教育部"高校青年教师奖"1人，教育部"新世纪优秀人才培养计划"入选者8人；云南省科技领军人才5人，云南省高端科技人才8人，云岭高层次人才6人，云南省万人计划"人才培养激励"专项5人，云南省"兴滇人才奖"2人，"云岭学者"8人，云南省引进海外高层次人才17人，云南省有突出贡献优秀专业技术人才14人，享受云南省政府特殊津贴人员15人，云南省中青年学术和技术带头人99人、后备人才45人，云南省技术创新人才13人，云岭青年人才45人，国家教学名师1人，国家高层次人才特殊支持计划教学名师1人，云岭教学名师5人，云南省高层次人才特殊支持计划高等学校教学名师9人，云南省教学名师19人，云南省高等学校名师工作室17个。

2000年以来，学校在人才培养、科学研究、社会服务、文化传承创新等方面取得了众多标志性成果。获得国家认可的教学成果奖一等奖1项、二等奖6项，省教学成果奖43项；获国家科技进步奖一等奖1项，国家技术发明奖二等奖6项，国家科技进步奖二等奖7项，中国产学研合作创新成果奖4项，省部科技成果奖316项；出版论著1912本，专利授权9569项；2017年科研经费规模达8.97亿元。

学校拥有国家工程研究中心、国家工程实验室、省部共建国家重点实验室、国家大学科技园、国家技术转移示范机构、国家创新人才培养示范基地、国家高校学生科技创业实习基地、国家国际技术转移中心、国家地方联合工程研究中心、国家地方联合工程实验室、超硬材料先进制备技术国际联合研究中心、国家中小企业公共服务示范平台（技术、创业）等平台17个；教育部省部共建工程研究中心、教育部省部共建重点实验室、环保部工程技术中心、中国有色金属工业协会工程技术研究中心、中国有色金属工业协会重点实验室、省重点实验室、院士工作站、省工程技术研究中心、省工程实验室、省工程研究中心、省部检验站、云南省高层次人才创新创业示范基地、省级产学研联合开发中心、云南省能源效率中心、云南省生产力促进中心、云南省大学生创业示范园、省协同创新中心、云南省高校重点实验室、云南省高校工程研究中心、云南省社科研究基地等平台91个，科技部重点领域创新团队、教育部创新团队、云南省创新团队、云南省高校科技创新团队等共43个，甲级资质的设计研究院1所。

学校是教育部认定的深化创新创业教育改革示范高校，在中国"互联网+"大学生创新创业大赛中，获国家金奖1项、银奖2项、铜奖5项；是教育部"国家大学生创新性实验计划"项目入选学校，获国家大学生创新创业训练计划项目321项；是教育部"卓越工程师教育培养计划"实施高校和国家"中西部高校基础能力建设工程规划"学校，有8个专业获批教育部"卓越工程师教育培养计划"建设项目。学校有5个专业通过国家专业评估、15个专业通过国家工程教育专业认证。已建成国家精品课程8门、国家精品视频公开课2门、国家精品资源共享课1门、国家双语示范课程2门、国家教学团队3个、国家实验教学示范中心3个、国家工程实践教育中心12个、国家虚拟仿真实验教学中心1个、国家虚拟仿真实验教学项目1项、国家高等学校特色专业建设点8个、国家精品教材1部、国家"十二五"规划教材5部、普通高等教育"十二五"应用型本科规划教材4部，获批国家新工科研究与实践项目4项、国家专业综合改革试点建设项目2项。学校有云南省高水平大学创新人才培养基地2个、卓越人才教育培养基地1个、小语种人才培养示范点1个、东南亚南亚语种人才培养示范点1个。图书馆藏书313.8万册、中外文电子图书255万种，中外文纸质期刊累计5500种，网络数据库154个，是"教育部科技查新工作站"、"全国研究级文献收藏单位"和"西南地区有色金属专业文献信息中心"。

学校与美国、德国、法国、英国等30多个国家的60多所高校和科研机构建立了长期稳定的友好合作交流关系；在面向周边国家的工程及管理人才长期培养、国际技术转让，面向发达国家的高水平合作研究方面，逐渐形成了自身的特色和影响力。与老挝苏发努冯大学共同举办孔子学院。在老挝、泰国、越南设立了国外办学点，服务"一带一路"倡议。在亚欧合作、中国与东盟合作、大湄公河次区域合作等重要国际区域合作机制中，作为中国高校代表发挥了积极作用。

今天的昆明理工大学正坚持内涵发展、开放发展，秉承"明德任责、致知力行"的校训，抢抓历史机遇，以提高质量为核心，进一步增强核心竞争力，朝着建设特色鲜明研究型高水平大学的奋斗目标阔步前进。

学校英文名称：Kunming University of Science and Technology

电话：0871-65916099 0871-65916977　　传真：0871-65192076

本科招生办电话：0871-65194108 0871-63346080

研究生招生办电话：0871-65112931

呈贡校区地址：云南省昆明市呈贡区景明南路727号　　邮编：650500

莲华校区地址：云南省昆明市一二一大街文昌路68号　　邮编：650093

新迎校区地址：云南省昆明市环城东路50号　　邮编：650051

不忘初心 牢记使命

五矿铜业（湖南）有限公司

五矿铜业（湖南）有限公司（以下简称：公司）实施的水口山金铜综合回收产业升级技术改造项目（以下简称：金铜项目），基本情况简要介绍如下：

1. 建设背景。2009 年 12 月，中国五矿与湖南省人民政府签订战略合作协议，重组湖南有色，金铜项目是该协议的重要内容之一。该项目是以水口山集团柏坊铜矿铜冶炼系统升级改造为契机，以采用水口山自主研发的 SKS 炼铜法实现多金属的资源综合回收为目的，以常宁市政府承担相关配套设施等支持为引力，以湖南省加快落实《湘江流域重金属污染治理实施方案》为基础，在水口山地区上马的铜冶炼综合回收及环保项目。项目的实施填补了湖南省有色产业大金属铜冶炼的空白，属中国五矿涉铜冶炼的“开篇之作”。

2. 项目概况。金铜项目一期工程总投资 30 亿元，其中建设投资 20.89 亿元。项目年处理含铜、金、银、硫物料 55 万吨，年产一级阴极铜 10 万吨，金银贵金属 200 余吨，硫酸 50 万吨。项目采用中国自主知识产权的水口山炼铜法（又称氧气底吹炼铜工艺）。该工艺是目前世界上先进的铜冶炼技术之一，其对于处理复杂铜精矿、金精矿具有突出的优势。

3. 项目建设。2013 年 8 月 26 日项目奠基，2014 年 5 月 1 日启动项目工程建设，2014 年 10 月，项目主体工程开工建设，2016 年 5 月份实现竣工投产。

4. 项目运营。2017 年 12 月该项目初步实现熔炼单系统达产。2018 年 12 月实现全面达产。2018 年 10 月实现当月盈利。金铜项目投产至今，安全环保形势整体平稳，生产经营稳中向好，主要技经指标达到设计值。当前，公司正围绕“一期稳健盈利、二期年内上马”目标全力以赴开展各方面工作。

5. 发展规划。中国五矿规划投资近 100 亿元在水口山有色金属工业园实施铜铅锌产业基地项目，在“一期项目运营良好、双底吹技术成熟可靠和融资方案可行”的情况下，2019 年启动金铜项目二期建设准备，力争 2021 年建成电解铜 30 万吨 / 年产能，实现年销售收入超 150 亿元，进一步拉长中国五矿铜产业价值链，实现湖南有色铜冶炼产业“从无到有、从有到优”。

当前，公司全体员工发扬“一天也不耽搁、一天也不懈怠”的企业精神，不忘初心，真抓实干，为实现金铜一期的全面达产达标达效，推动金铜二期尽快实施而努力奋斗。

质量信用等级证书
CERTIFICATE OF QUALITY CREDIT GRADE
五矿铜业（湖南）有限公司
湖南省质量信用AAA级企业
Quality Credit AAA Grade Enterprise of Hunan Province
湖南省质量技术评审中心
二〇一九年四月

公司 AAA 级质量信用企业证书

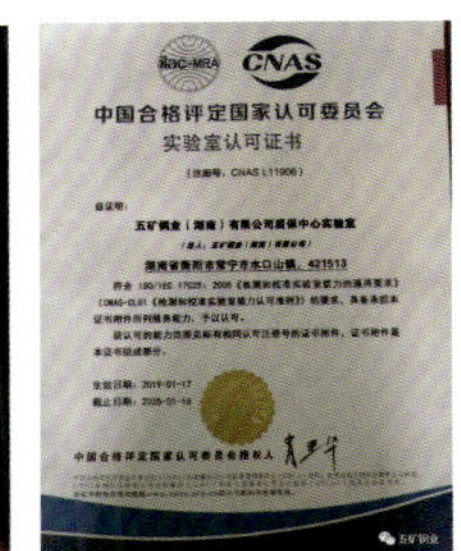
CNAS
中国合格评定国家认可委员会
实验室认可证书

公司 CNAS 认可证书

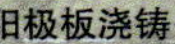
阳极板浇铸

阴极铜剥片

地址：湖南省常宁市水口山镇新园路　电话：0734-7513128

广东兴发铝业有限公司

国家企业技术中心大楼

广东兴发铝业有限公司（以下简称：兴发铝业）总部位于广东省佛山市，始建于1984年，2008年3月31日于香港联交所主板上市（股票代码：00098）。兴发铝业是中国大陆早期生产铝型材的企业之一，现已成为中国著名的专业生产铝型材的大型企业，是国家高新技术企业、国家绿色工厂、国家技术创新示范企业、国家第三批制造业单项冠军示范企业、国家住房和城乡建设部铝合金建筑型材定点生产基地。

目前，兴发铝业的产品已经拥有铝合金型材国家专利1200多项（专利号：2016202484121、2016202484155、2016202484696……），4万多种产品规格型号。产品主要分建筑门窗幕墙类和工业铝型材两大类。工业铝型材包括各种电子设备、机械装备、轨道交通、航天航空、船舶及高科技军工产品等。同时，也是中国大型地铁机车导电铝型材供应商。公司主要生产装备和检测设备均从德国、美国、日本和意大利引进，兴发铝业凭借强大的研发能力及对卓越品质的执著追求，在过去30多年里，在中国及世界各地建立了广泛而稳定的销售网络，以满足全球市场客户对高品质产品的需求。

2009年，兴发铝业为满足不断扩大的市场需求，相继在华东江西宜春、西南四川成都、中部河南沁阳建立子公司，以及广东佛山三水、南海、肇庆分公司，六大生产基地均已投产，实现生产在本土、用户在本土、服务在本土的零距离战略，并统一制定产品质量标准和服务标准，形成行业内布局最完善的企业。

自中国有色金属加工工业协会评定行业排名开始，兴发铝业始终保持着行业领先的地位。2003年被评为“中国铝型材企业十强”，2012年被评为“中国建筑铝型材二十强企业”，并于2017年再次被评为。兴发铝业开发和生产的兴发牌铝合金型材是中国名牌产品，兴发牌商标被评为中国驰名商标。

兴发铝业的成功，源自于高目标的追求、严格而精细的管理、精良的技术装备和客户一贯的信赖与支持。未来，公司将秉持“创造价值、共同分享”的核心价值观，一如既往地发扬与时俱进、开拓创新的精神，以“一流的产品、一流的服务”不断提高顾客满意度，朝着“创卓越兴发，建百年品牌”愿景前进！

（以上数据由本单位提供）

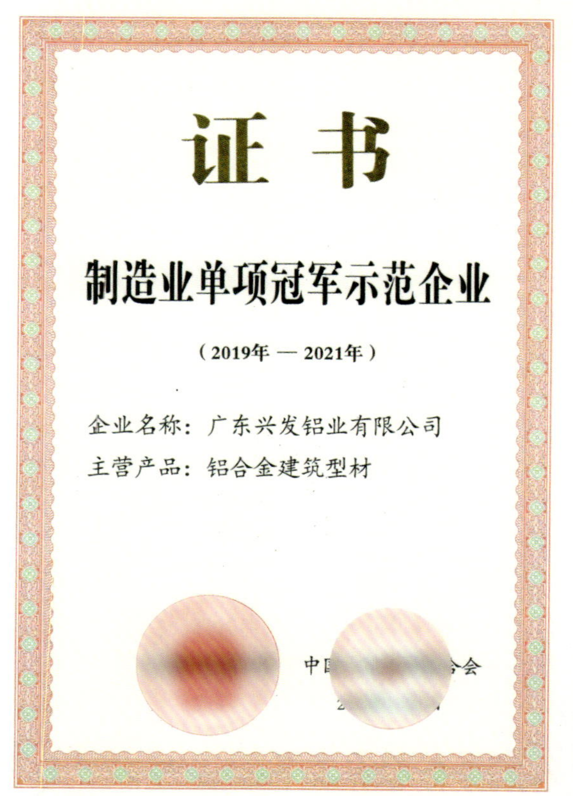

制造业单项冠军示范企业（铝合金建筑型材）

地址：广东省佛山市禅城区南庄镇人和路23号　　邮编：528061
电话：（0757）85332727　　传真：（0757）66695256　　网址：www.xingfa.com

山东恒邦冶炼股份有限公司

山东恒邦冶炼股份有限公司是目前国内综合配套最为完备的专业化金铜、金铅和稀有金属、半金属混合冶炼、精炼加工企业。同时，还从事矿业、化工、高纯金属材料研发及生产、矿产资源及有色金属国际贸易等多个领域，是财富中国500强企业。

公司位于我国早期划定的14个沿海开放城市之一的山东省烟台市，总占地面积2100多亩，总资产150亿元，员工5000余人。经过30年的创新发展，公司已建立起集“探矿、采矿、选矿、冶炼、精炼、深加工”为一体的完整产业体系，并在半导体材料等高纯金属新材料领域开始布局。目前，公司主导产品年生产能力为黄金50吨、白银1200吨、电解铜25万吨、电解铅10万吨、硫酸130万吨，并可综合回收锑白、铋锭、碲锭、二氧化硒、金属砷等有价金属。

公司贵金属冶炼综合配套能力处于国内领先水平，尤其在复杂矿处理领域多项技术国际领先。目前，公司建有造锍捕金、高铅提金等多套生产工艺系统。其中造锍捕金是公司最主要的核心生产工艺，经过企业自主创新，已成功在富氧底吹熔炼系统突破骤冷干法收砷技术，并开发出精三氧化二砷、金属砷生产线，将砷的治理与产业化融为一体，创立了全球砷治理的恒邦模式。因此，公司也获得了国家发改委“固废资源化”重大专项支持。同时，公司还在高铅捕金工艺系统中，成功应用粉煤底吹直接还原技术，成为世界上掌握该技术的专业工厂。

公司始终将创新视为企业的生命。近年来，公司大力实施了理念、技术和管理“三大创新”战略，推动企业走上持续、快速、健康的发展道路。尤其是在技术创新领域，公司内引外联，先后与国内的中南大学、东北大学、中国恩菲等多所知名高校、科研院所建立了稳定的合作关系，并走出国门与智利、加拿大等同行知名企业开展长期合作，进行关键技术的攻关，取得多项突破。同时，公司还积极申请设立了院士工作站、博士后创新实践基地、企业技术中心（省级）、职工创新工作室（省级）等创新平台，为技术研发及成果转化提供了必备条件。近5年来，公司已获得中国有色金属工业科学技术奖一等奖3项，国家科技进步奖二等奖1项，而且有多项技术被认定为国际领先，在全世界同行业内树立了标杆，已有智利、秘鲁、墨西哥等国家的冶炼企业与公司达成了技术引进意向。

创建员工幸福、客户满意、环境和谐、国际一流的贵金属冶炼企业是恒邦股份不懈的追求。面对未来，公司将依托“理念、技术、管理”三大创新，沿着“垂直一体化、相关多元化”的战略主线，瞄准“有价元素全产品化、绿色发展零废弃物、生产操作无人值守”三大战略目标，着力延伸产业链条，不断丰富产品种类，在进一步做大矿冶生产的同时，重点布局半导体材料等高纯金属新材料产业，力争实现百分百满足“中国芯”和国之重器基础材料需求的新战略目标。从而，逐步推动公司实现矿冶生产与新材料双轨并行的转变，努力让恒邦品牌成为世界品牌。

（以上数据由本单位提供）

公司地址：山东省烟台市牟平区水道镇金政街11号
公司网站：www.hbyl.cn
邮箱地址：manage@hbyl.cn
邮政编码：264109
电　　话：0535-4631040
传　　真：0535-4631105

·广告·

广东翔鹭钨业股份有限公司

XTIC

公司大门

广东翔鹭钨业股份有限公司位于广东省潮州市湘桥区官塘镇庵头工业区，创建于1997年，并于2017年1月19日在深圳证券交易所挂牌上市（股票简称“翔鹭钨业”，代码“002842”）。现拥有5000吨仲钨酸铵、氧化钨，3000吨钨粉、碳化钨粉，200吨特种硬质合金的年生产能力。

2017年9月公司完成对大余隆鑫泰钨业有限公司的收购，同年10月成立控股子公司广东翔鹭精密制造有限公司，并在广东东莞、江苏常州设立分公司，形成从钨矿开采到钨粉末研制再到钨硬质合金精密深加工产品的全产业链模式。目前已完成了对隆鑫泰生产设备的技改更新，助力公司销售增长，精密制造公司已达试产状态，刀具小批量投放市场，市场反馈良好，未来会成为公司新的利润增长点。

公司通过建立一流的质量测试系统和环保控制体系，全面实施ERP信息管理系统，推行5S现场管理，建立健全各项经济责任制的管理和考核，逐步形成了信息化、标准化、规范化、高效化的新型生产模式。

公司拥有“广东省钨新材料工程技术研究中心”和“广东省企业技术中心”两大平台，通过与多所重点高等院校和知名科研院所建立长期、稳定的合作关系，强化企业自主研发和新品开发能力，达到行业领先水平。近年来完成了多项具有自主知识产权的重点科研项目，取得了具有行业先进水平的科研成果，并获得多项发明专利（专利号：201110117589.X、200910193072.1）及“高新技术产品”荣誉称号。

公司通过ISO 9001:2015质量管理体系、ISO 14001环境管理体系、OHSAS 18001职业健康安全管理体系、ISO 10012.1计量保证体系认证。“翔鹭”牌多个产品被评为“国家重点新产品”、“广东省名牌产品”、“广东省高新技术产品”。“翔鹭”牌商标被评为“广东省著名商标”。公司连续多年荣获“纳税大户”和“守合同重信用企业”等称号。“翔鹭”牌产品远销美、欧、日等20几个国家和地区，得到国内外厂家的好评。公司现任中国钨业协会理事单位及主席团主席、广东省有色金属协会副会长单位。

公司将继续坚持创新驱动和先进制造发展理念，以市场需求为导向、以技术创新为核心、以客户满意为目标，不断丰富产品形态和种类，延伸钨制品产业链，以“稳中求进”为发展主基调，提高企业的管理水平，提升整个产业的竞争力，向集团化的高科技企业迈进。

（以上数据由本单位提供）

硬质合金生产线

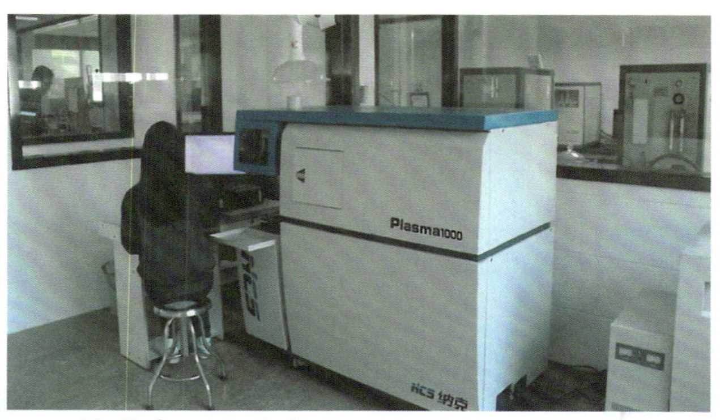

技术中心试验室

粉末产品

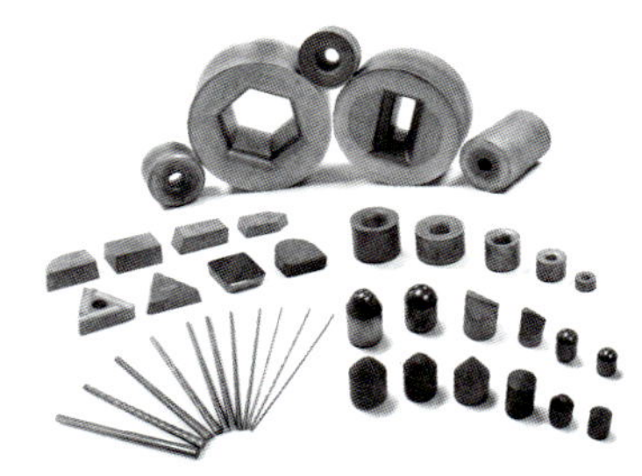
合金产品

地址：广东省潮州市湘桥区官塘工业区　邮编：521000　电话：（0768）6972888　传真：（0768）6303998
公司主页：www.XL-tungsten.com　E-mail：webmaster@XL-tungsten.com

广告

中铝沈阳有色金属加工有限公司

中铝沈阳有色金属加工有限公司（以下简称：中铝沈加）是中国铝业集团有限公司全资子公司、国家高新技术企业，位于辽宁省沈阳市苏家屯区桂花街 358 号，沈阳金属新材料产业园区。中铝沈加前身系沈阳有色金属加工厂（八一四厂），于 1949 年成立的有色金属加工企业，被誉为中国有色金属加工业的摇篮。2008 年 3 月中国铝业公司重组沈阳有色金属加工厂。2012 年异地搬迁建设钛镍加工材项目。

中铝沈加以加速推进我国钛镍工业的可持续发展为己任， 钛镍加工材项目是国家战略性新兴产业发展专项资金计划项目，是辽宁省、沈阳市重点项目，是沈阳金属新材料产业龙头企业。项目占地 600 亩，总投资超 21.87 亿元，已成为年生产钛、镍、铬锆铜加工材万余吨的综合性有色金属加工企业。拥有多台套从德国、美国、意大利进口，以及国内配套的电子束冷床炉、真空自耗炉、真空感应炉、80MN 油压机、20/60 MN 快锻机、炉卷轧机等先进设备。拥有钛熔铸、镍（铬锆铜）熔铸、锻造、板带、残钛回收等生产线和技术研发中心，产品合金规格种类齐全。获得《全国工业产品生产许可证》、《质量管理体系认证证书》和《国军标质量管理体系认证证书》，并取得国家保密三级认证资格及《国家武器装备科研生产生产许可证》、《中国合格评定国家认可委员会（CNAS）实验室认可证书。

中铝沈加致力于打造成国内一流的钛镍金属加工企业，通过对标先进，全面提升质量，实现 1、3 发展战略（“1”是指在钛民品市场国内名列前茅；“3”是指在钛军品市场国内实现三分天下），努力成为中铝制造的一支特种兵队伍。

（以上数据由本单位提供）

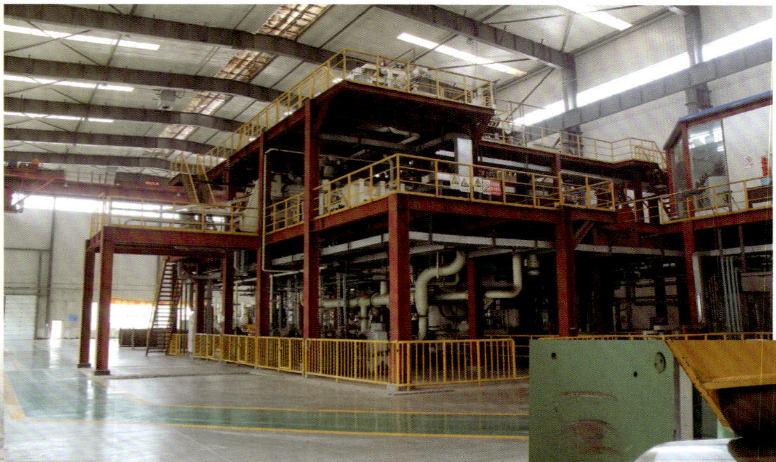

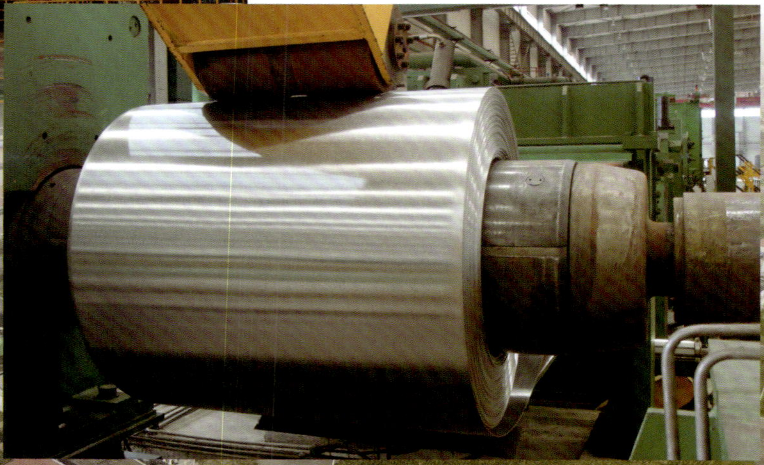

地址：辽宁省沈阳市苏家屯区桂花街 358 号　　邮编：110108

电话：024-31387080　　传真：024-31387100

China Nonferrous Metals Techno-Economic Research Institute

有色金属技术经济研究院

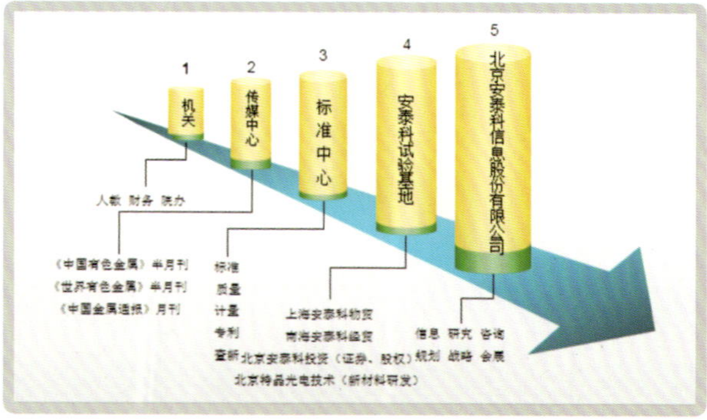

有色金属技术经济研究院成立于1983年3月，是中央所属242家转制科研院所之一，于1999年7月由国家全额拨款科研事业单位转制为科技型企业。现隶属于中国有色金属工业协会，是北京市高新技术企业。

有色金属技术经济研究院同时对外又称“中国有色金属工业信息中心”和“中国有色金属工业标准计量质量研究所”，是中国有色金属行业专职从事产业发展战略研究与规划、市场信息服务与咨询、标准质量研究与专利查新、行业期刊出版发行的综合性科技服务机构。

有色金属技术经济研究院多年来为国内外有色金属生产商、贸易商、消费用户及其他机构提供全方位、多渠道的信息服务，为政府制定政策和企业制定经营决策提供支撑；负责组织我国有色金属国家标准、行业标准、军用标准项目的计划、制修订与复审，提供标准化、质量、计量服务与咨询；开展专利代理、查新检索；出版国内外公开发行的《中国有色金属》《世界有色金属》《中国金属通报》三个国家一级刊物；承担中国有色金属工业协会硅业、锂业、钴业、锡业、锑业、铟铋鍺、镓硒碲、铝用炭素、工业炉和镁业共十个分会秘书处的工作；从事有色金属及其它产品的购销贸易和代理销售服务，在原辅材料采购、产品销售和物流领域为客户提供增值服务；具有私募股权投资基金管理人资格，从事新能源材料产业和有色金属行业企业并购领域股权投资业务，从事证券、期货投资管理及投资咨询业务。

有色金属技术经济研究院现有职工216人，其中从事科技活动人员185人，占86%；博士5人，研究生毕业（包括双学位）60人；大学毕业143人；教授级高工42人；副高52人；中级91人，中级以上占86%，他们当中的一部分已被公认为行业内知名专家。

电话：010-62256630

地址：北京市海淀区苏州街31号10层
网站：www.cnmte.cn
传真：010-62252230

湖南有色金属研究院

创新有色科技，引领绿色发展

院大楼全景图

湖南有色金属研究院自1958年成立以来，一直专注于为有色金属工业提供专业的科技开发和工程咨询技术服务，享誉四海五洲。湖南有色金属研究院隶属于湖南省有色金属管理局，主要从事有色金属采、选、冶及深加工和资源综合利用工艺研发，新型合金、新材料研究及新产品开发，工程咨询设计、节能环保、环保监测和有色金属网上现货交易，有色金属产品质量监督检验等业务，下辖7个科研所、5个子公司和1个信息中心，是湖南省高新技术企业，通过了ISO 9001：2008质量管理体系认证，拥有工程咨询甲级资质证书、选冶试验甲级资质证书、工程设计环境工程（固体废物处理处置工程）专业甲级资质证书、工程设计乙级资质证书、三级军工保密资质证书、建设项目环境影响评价乙级资质证书、安全评价乙级资质证书等十几种专业资质证书。是目前国内有色行业同时具有安全和环保研究开发资质和能力的专业研究机构，也是湖南省内有色金属产品质量监督检验权威机构。

全院拥有“复杂铜铅锌共伴生金属资源综合利用湖南省重点实验室”、“湖南省铋工程技术研究中心”、“有色金属工业环境保护重点实验室”、“湖南省环境保护有色金属工业清洁生产与污染防治工程技术中心”、“湖南有色金属研究院技术中心”、“博士后科研工作站”和“矿冶固体废弃物资源化产业技术创新战略联盟”等7大创新平台。

全院现有职工437人，拥有各类科技人员299人，其中副高以上高级工程师75人（含教授级11人），享受国务院特殊津贴专家7人，湖南省政府特殊津贴专家1人，湖南省“121人才工程”4人，国家级“新世纪百千万人才工程”1人，湖南省优秀专家1人，长沙市科技创新创业领军人才2人。在固体废弃物综合利用技术、复杂难选多金属矿、氧化铜钴矿选矿技术、绿色石煤提钒、高炭镍钼矿选冶联合技术开发、选矿药剂以及锂离子电池材料的研制等专业领域树立了自己的科研品牌。

2016年与中国环境科学研究院、中国环境科学学会生态产业分会、清华大学联合主办了中国环境科学学会生态产业分会学术年会，与全国各地专家学者和企业家、环保人士共同探讨“工业绿色发展：政策与技术”相关问题。

经湖南省有色金属管理局批准，获得省相关部门同意，湖南有色金属研究院联合多家实力雄厚的金融实体，于2015年9月成立了湖南有色金属交易有限公司。湖南有色金属交易有限公司是基于现代互联网技术和理念，集电子交易、金融服务、质量检测、仓储安保、物流服务功能为一体，立足湖南，辐射全国，专业从事省内优势有色金属资源大宗商品现货贸易和流通交易的服务平台。

（以上数据由本单位提供）

研究院科研人员发现的新矿物“Guite”获IMA-CNMNC批准认定

研究院富氧侧吹强化熔炼处理稀贵金属二次资源综合利用新工艺项目顺利通过科 技成果评价并获中国有色金属工业科学技术奖一等奖

研究院与塔中矿业有限公司、昆明理工大学在“塔吉克斯坦国际学生联合培养合作协议”签字仪式上

工程实例

地址：湖南省长沙市芙蓉区张公岭亚大路99号　邮编：410100
电话：（0731）85239114　传真：（0731）85239572

纸媒+新媒体+品牌活动＝深度+新闻+新思想

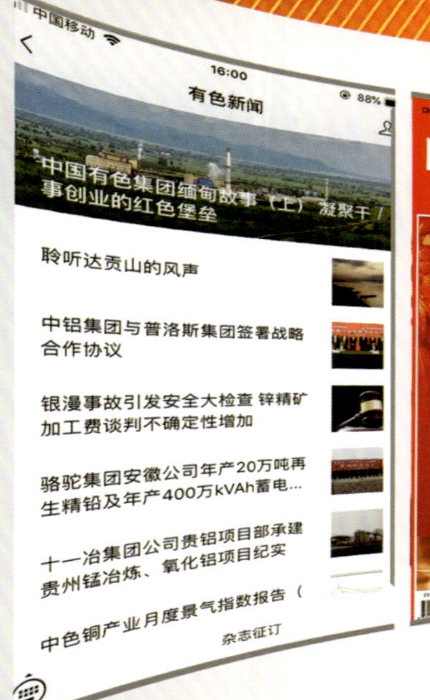

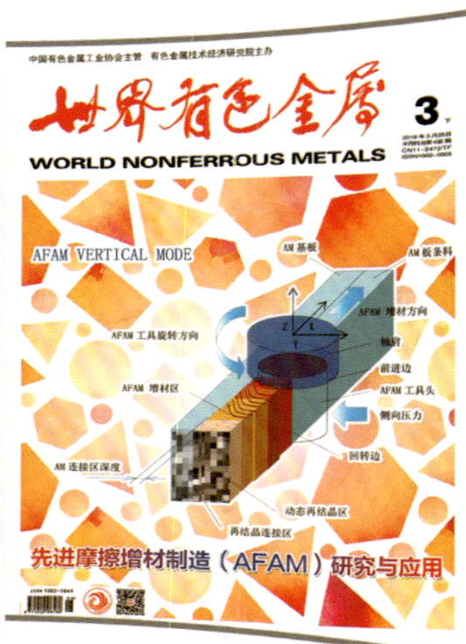

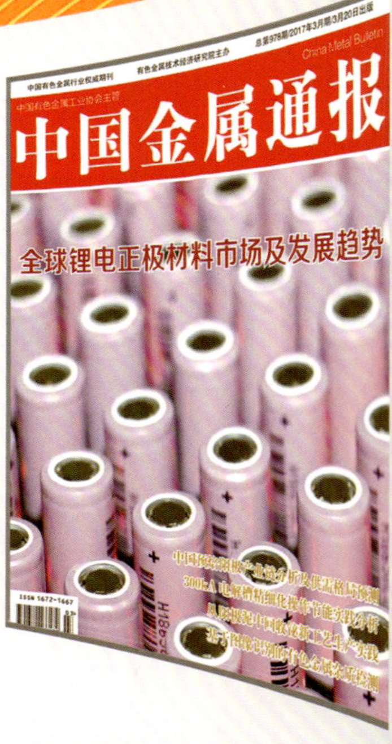

《中国有色金属》、《世界有色金属》
杂志荣获 2017 年度“中国百强报刊”

中国有色金属工业协会主管主办
中国有色金属行业权威的传媒机构
旗下主要的信息服务平台：

《中国有色金属》杂志 （半月刊，国内外公开发行）
《世界有色金属》杂志 （半月刊，国内外公开发行）
《中国金属通报》杂志 （月刊，国内外公开发行）
《有色新闻》网站、微博、微信、移动客户端

·广告·

·广告·

东航电热电器
推出先试用后付款活动

节能25%～38%

中国的“一带一路”建设就是要号召把中国的先进制造装备推广到国外去，即解决了中国的过剩产能问题，又提高了落后国家的基础建设和发展水平。作为挤压机心脏不可或缺的电热管，也存在着国产和进口两种选择。由于以往崇洋媚外的心理影响，进口电热管给人总体质量较好的感觉，但在目前经营环境越来越恶劣的时候，能否有一种国产品来替代进口品？

产品质量：符合JB/T2379-2016，代替JB/T2379-1993标准，准予出厂。

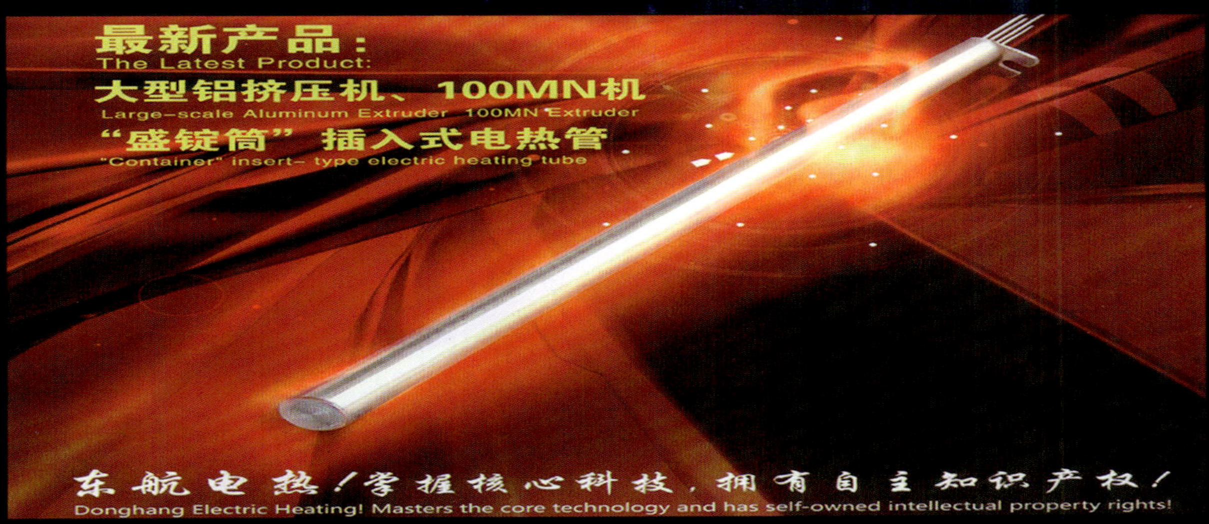

SR-100A

单区智能铝型材挤压温控系统柜

SR-200A

三区智能铝型材挤压温控系统柜

张家港市东航电热电器厂
Zhangjiagang City,Donghang Electric Appliance Factory
张家港市波德电热管销售有限公司
Zhangjiagang City,BODE Electric tube Sales Co.,Ltd.

厂址：江苏张家港市杨舍镇蒋桥
电话：0512-58202120　13913606605
传真：0512-58197020　58202870
网址：www.dhdrdq.com
邮箱：sale@dhdrdq.con

乳源东阳光

乳源东阳光（以下简称：公司）拥有铝业、药业、南岭养生三大产业群。“东阳光”（股票代码 600673）是以公司电子材料产业群为主体的 A 股上市公司，核心竞争优势产品电子铝箔、腐蚀化成箔技术国内领先、国际先进，产销全球前列。

公司骨干企业化成箔、精箔、制药、亲水箔、氟化工被认定为国家高新技术企业，连续三届蝉联广东省百强民营企业、广东省知识产权先进企业、广东省文明单位、广东省诚信公约会员单位；2007 年，HFF 铝板带获中国名牌产品，在韶关市率先获此殊荣； 2008 年设立了经国家有关部门批准成立的“博士后科研工作站”，建立韶关博士后科研工作站；2009 年，HEC 化成箔被认定为中国驰名商标，实现韶关中国驰名商标零的突破 ;2013 年东阳光科技术中心通过了国家企业技术中心认定；2013 年公司骨干企业精箔公司获得标志卓越企业管理水平的广东省政府质量奖；2013-2016 年“东阳光”连续 4 次荣获广东省优秀雇主。

公司持续高投入技术研发，历年获得省科技进步奖二等奖 2 项、省科技进步奖三等奖 2 项、中国有色金属工业科学技术奖一等奖 1 项、中国有色金属工业科学技术奖二等奖 1 项；认定国家重点新品 3 个；承担国家火炬计划 4 项；累计授权专利 110 项，其中发明专利 58 项；高性能汽车钎焊箔技术创新团队获批进入广东省“扬帆计划”。

公司将继续推进传统产业的产品、技术和客户升级，巩固电子箔、化成箔、钎焊箔行业领先地位，加快药业和氟树脂新材料的建设，力争在“十三五”期间，培育壮大药业、化妆品、食品、智能机械等大健康、大消费优势产业。

（上述数据由本单位提供）

地址：广东省韶关市乳源县民族经济开发区　电话：0751-5284158　邮箱：dongyangguanglv@cnal.com

中国有色桂林矿产地质研究院有限公司

中国有色桂林矿产地质研究院有限公司（简称：中色桂林矿地院）成立于 1955 年，前身是重工业部地质局矿物检验所，1970 年迁至桂林，2011 年成为中国有色矿业集团有限公司（简称：中国有色集团）控股企业。60 多年来，向国家提交各类科研成果近 3000 项，输出矿产地质成果产业链总产值超过 1000 亿元，新材料成果输出形成的产业链总产值超过 100 亿元。

中色桂林矿地院下设矿产地质研究所、博泰环保研究所、资源综合利用研究所、有色金属矿产地质测试中心和“国家特种矿物材料工程技术研究中心”5 家研究开发机构，拥有 8 家全资（控股）子公司，形成了以有色行业服务为中心，涵盖前期矿产地质勘查及探矿工程、水工环地质勘查、矿山环境评价、地质灾害危险评估、防治及施工、岩土工程勘察、地基基础工程专业承包、矿山开发设计及生产探矿、尾矿库治理、资源综合利用，以及地质、冶金、环境、生物、新材料、土壤、食品等样品的分析方法研究和成分检测等全产业链的综合技术服务优势，同时是全国超硬材料及制品研发牵头单位和技术发源地之一，拥有金刚石绳锯、钻头、立方氮化硼复合片、人工晶体材料等多项达国际领先或先进水平的产品，业务遍布加拿大、澳大利亚、巴西、西班牙、赞比亚、刚果（金）、老挝、马来西亚、印度尼西亚等 20 多个国家和地区。

作为中国有色集团产业链最前端的一环，中色桂林矿地院正全面融入集团公司全球矿产资源开发体系，并在百舸争流的经济发展浪潮中不断壮大，力争成为矿产资源、新材料和环保及工程领域的一流高科技企业，造福员工，回报社会。同时，我们也将秉承“诚实正直、客户至上、团结共赢、创新发展”的核心价值观，一如既往地把客户利益放在首位，以更加开放的姿态和更宽阔的胸怀，真诚与广大客户、社会各界人士精诚合作，共谋发展！

（以上数据由本单位提供）

地址（Add）：广西桂林市七星区辅星路 2 号
No. 2, Fuxing Road, Qixing District, Guilin, Guangxi
电话（Tel）：0773-5826160　　传真（Fax）：0773-5839305
邮箱（E-mail）：dkybgs@rigm.ac.cn
网址（Web）：http://www.rigm.ac.cn

西安建筑科技大学冶金工程学院

冶金工程学院成立于1958年，学院办学历史悠久，底蕴深厚，建院时师资队伍汇聚了我国解放初期最早一批冶金、金属材料加工方面的专家学者，是国家于上世纪50年代在西北地区布局的学科门类齐全的冶金科学与金属材料加工类院（系），是国家主要的冶金及金属材料加工科教基地之一。

学院现有“材料科学与工程”博士后科研流动站；“冶金工程”、"材料科学与工程"两个一级学科博士点；冶金工程、材料科学与工程两个一级学科硕士点；有冶金工程、材料成型与控制工程、金属材料工程、新能源材料与器件四个本科专业，博硕士点涵盖了所有本科专业。目前，学院在校本科生1800余人，硕士研究生400余人，博士生50余人。建院以来，先后为国家和行业培养了近万名德才兼备的管理人才和业务骨干，许多毕业生成为大型企事业的领导、有突出贡献的专家和厂矿、科研院所的业务骨干，1名校友当选中国科学院院士。

学院师资力量雄厚，目前在职教职工96人，其中教授26人，博士生导师16人，陕西省“百人计划”学者7人，陕西省科技新星2人，副教授、高级工程师32人。聘任兼职教授36名，其中中国科学院、中国工程院院士11名。师资队伍中，研究生以上学历达到100%，其中拥有博士学位的教师达到87.6%。

学院有“功能材料加工国家地方联合工程研究中心”、“冶金技术国家实验室教学示范中心”、“陕西省黄金与资源重点实验室”等国家及省（部）教学、科研平台9个。近年来承担国家“863计划”、“973计划”、“十二五”科技支撑计划、国家自然科学基金重点项目等国家认可的项目50余项，承担省部重点项目、企业横向项目百余项，取得成果90余项，获得国家发明专利100余件，先后获得国家科技进步奖二等奖、陕西省科技进步奖一等奖、甘肃省科技进步奖一等奖、中国有色金属工业科学技术奖一等奖等40余项奖励。

学院坚持以“围绕学生成长，关照学生成才，服务学生一切”为工作宗旨，构建了“以立德树人为主线，以平台活动为抓手，以规范建设为保障”的“多位一体”的富有学院特色的人才培养体系，促进学生全面发展，引领学生成为国家建设的后备中坚力量。学院培养的学生综合素质高，创新能力强，敢于吃苦，社会评价高。近5年来，在校学生发表学术论文700余篇，其中有120余篇被SCI和EI收录，本科生获国家发明专利十余项。1名学生荣获第三届中国青少年科技创新奖，3名学生获得宝钢教育奖励基金优秀学生特等奖，占学校获宝钢教育奖特等奖人数的七分之三。学院毕业生的供需比一直保持在1：5以上，学院四个本科专业连续多年被评为“毕业生一次就业率100%专业”多次荣获“就业工作先进集体”荣誉称号。

学院学术氛围浓厚，近年来承办国际、国内学术会议20余次，与美国、英国、德国、日本、加拿大、澳大利亚、中国香港等国家和地区的多所大学有经常性学术交流。“十三五”期间，学院将继续坚持“以生为本”的办学理念，持续推进教育教学改革，不断提升人才培养质量，努力建设特色鲜明的高水平学院。

地址：陕西省西安市碑林区雁塔路中段13号　邮编:710055　电话/传真:029-82202923

瑞福锂业 RUIFU LITHIUM

山东瑞福锂业有限公司

公司大门　　生产设备　　机器人包装

山东瑞福锂业有限公司是一家同时具备锂辉石与锂云母提取制备锂电池正极原材料——电池级碳酸锂和电池级氢氧化锂的新能源国家高新技术企业，是泰安市、肥城市重点培植的“工业领军50强”企业，是中国有色金属工业协会团体会员单位、中国有色金属工业协会锂业分会理事单位。公司成立于2010年11月，注册资本9777.78万元，主营电池级碳酸锂、工业级碳酸锂，电池级氢氧化锂、无水硫酸钠、硅铝粉等系列产品。产品广泛应用于国内锂电池正极材料行业。公司市场竞争优势强，行业地位高。

公司已申请成立了泰安市工程技术研究中心、泰安市科技型中小企业、山东省一企一技术研发中心、山东省企业技术中心、山东省工程实验室；公司被认定为山东省瞪羚示范企业、山东省隐形冠军、“瑞福”牌碳酸锂被评为山东省名牌产品。公司已顺利通过了《质量管理体系》、《环境管理体系》、《职业健康安全管理体系》、《IATF16949汽车管理体系》、ISO 50001《能源管理体系》的认证。

公司研发中心有博士3人，硕士9人，大专以上学历120人，其所学专业涉及多个领域，有着很强的创新能力和丰富的实践经验，公司已申请专利22项，其中授权发明专利6项，实用新型9项，外观1项，公司分别荣获中国专利优秀奖、山东省专利二等奖以及山东省技术发明二等奖。“锂云母氟化学法提锂及资源综合利用产业化”、“从盐湖锂矿生产氯化锂的方法”、“一种利用电池级碳酸锂沉锂母液回收制备高纯碳酸锂的工艺”三项科技成果被评为国内领先水平。

目前，公司具有年产2.5万吨电池级碳酸锂生产线和年产1万吨电池级氢氧化锂生产线各一条；公司还计划新上年产4万吨锂盐生产线，项目建成后，公司总的锂盐产能将达到7.5万吨。

在《山东省新旧动能转换重大工程实施规划》中，公司列入新能源新材料类山东省重点建设产业基地。合于时敏于势，面向未来，时不我待！瑞福锂业将抓住世界锂行业快速发展的良好机遇，积极布局未来新型战略产业，规划建设金属锂、氯化锂等多类型锂电基础材料项目及尾矿锂渣综合利用项目，同时实现企业产品品质、产能规模与技术创新能力国内领先、行业优先，以优质锂电新能源促进绿色出行、至领高效能源，实现瑞锂兆福人的企业愿景。

（上述数据由本单位提供）

科研设备　　DCS 监控系统　　中控室

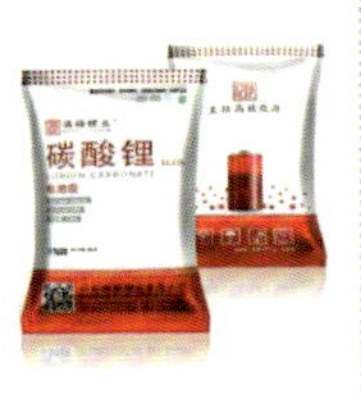

名称		电池级碳酸锂
含量不小于（%）	Li_2CO_3	99.50
杂质含量不大于（ppm）	Na	250
	K	10
	Ca	50
	Mg	80
	Fe	10
	Cu	5
	Pb	3
	Ni	10
	Mn	3
	Zn	5
	Al	10
	Si	30
	SO_4^{2-}	800
	Cl^-	30
H_2O（%）不大于		0.25

电池级碳酸锂（产品照片）

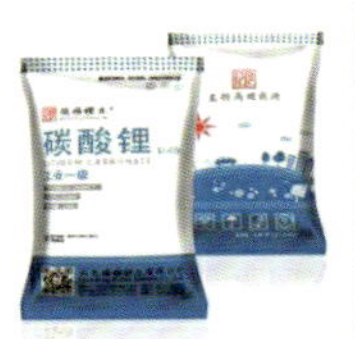

名称		工业级碳酸锂	
[illegible]		Li_2CO_3—0	Li_2CO_3—1
含量不少于（%）	Li_2CO_3	99.2	99.0
杂质含量不大于（%）	Na	0.08	0.15
	Fe	0.002	0.0035
	Ca	0.025	0.040
	SO_4^{2-}	0.20	0.35
	Cl^-	0.010	0.020
	H_2O	0.3	0.3
	Mg	0.015	—
	盐酸不溶物	0.005	0.015

工业级碳酸锂（产品照片）

公司地址：山东省肥城市老城工业园瑞福北路001号

邮编：271601　电话、传真：0538-3462269　网址：www.sdrfly.com

·广告·

铁岭选矿药剂有限公司

铁岭选矿药剂有限公司（简称：铁岭药剂）是由国家大型中央企业——中国有色集团控股，前沿科技企业——北京矿冶科技集团有限公司参股的国有控股公司。

铁岭药剂是集生产、研发、营销为一体的以生产选矿药剂为主的化工企业，拥有省、市企业技术研发中心及创新研发团队。“矿友”品牌选矿药剂产品享誉中外，产品销往全国各地，出口30多个国家和地区，与500多家客户建立了长期合作关系。

铁岭药剂主要产品：

黄药、黑药、羟肟酸及盐类系列捕收剂，黄原酸酯类、硫氮类、硫氨酯类系列捕收剂，起泡剂系列产品，调整剂（抑制剂、活化剂、铜硫抑制剂及新型复合药剂等70余种。

自主研发的高效低毒系列特色药剂：

T–2系列：铁矿正反浮选捕收剂、铁精矿除硫高效捕收剂。

T–3系列：铜、锌高效捕收剂。

T–4系列：氧化锌、磷、石英、萤石、长石等氧化矿及非金属矿捕收剂。

T–6系列：稀土、锡、白钨等高效捕收剂。

TW–7系列：黑钨、锡铌、稀土等细泥难选矿物高效捕收剂。

T–8系列：铜、铅氧化矿高效捕收剂。

T–9系列：分别针对金属铜、钼、锌、金等矿物高效起泡剂、石墨矿高效捕收剂。

KH系列：硫化矿特色捕收剂。

KHQZ系列：硫醇锡、硫醇锑等热稳定剂的主要原料及医药中间体。

铁岭选矿药剂有限公司热忱欢迎并期待国内外朋友莅临企业指导工作，洽谈业务，并愉快合作。公司将一如既往地以客户需求为己任，为广大客户提供优质的产品和一流的服务，“矿友”伴您共发展。

（以上数据由本单位提供）

地址：辽宁省铁岭市银州区北三路18号
沈阳经济技术开发区细河北街12号
邮编：112002
电话：铁岭（024）74127073 74127079
沈阳（024）25298377 25298308
传真：铁岭（024）74570147
沈阳（024）25298355
网址：http://www.minefriend.com

伊电控股集团有限公司
YIDIAN HOLDING GROUP CO.,LTD.

伊电控股集团2010年引进的哈兹列特（连铸连轧）铝板带生产线。

伊电控股集团有限公司（简称：伊电控股集团）是以铝工业为主导，铝加工为龙头，发供电为基础，铝冶炼、铝用碳素、循环经济、地产、贸易、物流、金融一体化发展，跨地区、跨行业的特大型民营企业。现有222万千瓦火力发电、年产84万吨电解铝、60万吨铝加工、32万吨铝用碳素等生产能力。

伊电控股集团是全国500强企业，先后获得全国“五一”劳动奖状、国家文明单位、全国知名品牌重点保护单位、国家海关AA类管理企业等30余项荣誉。主导产品“豫港龙泉”牌铝锭和“龙鼎”牌铝板带箔获得国家免检产品、河南省名牌产品等荣誉称号，“龙鼎”牌铝板带箔远销美国、欧盟、日本、韩国、印度、澳大利亚、墨西哥、中东等30多个国家和地区。

伊电控股集团全面实施集团化、资源化和资本化发展战略，整合上游煤炭和氧化铝资源，巩固中游电解铝和自备电，发展下游铝加工，深度融合物流、金融、贸易等高端服务业，立足产品合作，强化资本合作，力争“十三五”末建成电力发供用一体化、产业链相互配套、产业集群优势互补、各产业竞相展示活力的大型产业集群，实现千亿企业目标。

当前，伊电控股集团正在合作建设几内亚氧化铝项目、洛阳100万吨高精端铝加工项目，以及国内以铝及铝产品为主的有色金属现货交易中心，配套建设集物流储运、商品交易、物流金融三大功能为一体的现代化综合物流产业园。

洛阳有色金属交易中心配套的洛阳华晟物流产业园分公路港、铁路作业区、金属交割区等主体功能区，集物流储运、商品交易、物流金融三大功能为一体，通过供应链金融降低风险和成本，通过区块链技术保证交易信用、显著提升交易效率，推动解决有色行业物流成本高问题。该项目2017年3月开工建设，计划2019年试运行。

图左为伊电控股集团2002年建设的300千安电解铝系列。

2018年8月23日，伊电控股集团举行第三届“寒门骄子·伊电圆梦”慈善助学捐赠仪式。伊电控股集团在河南省慈善总会设立“伊电公益基金”，荣获“中华慈善事业突出贡献奖”，累计慈善公益捐赠超过2亿元。

“龙鼎”牌铝板带箔产品有40余种合金型号，年产45万吨，广泛应用于家电、电子通讯、交通运输、医药、仪器包装、印刷、化工、建材、装饰等行业。

地址：河南省洛阳市伊川县产业集聚区　邮编：471312　电话：0379-68311611
网址：http://www.yidianjituan.com　邮箱：ydkgjt@188.com　传真：0379-68311610

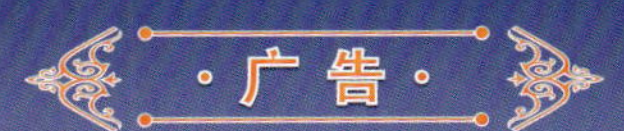

河南豫光金铅集团有限责任公司

河南豫光金铅集团有限责任公司始建于1957年。60多年来，豫光历代职工始终秉承“愚公移山、产业报国”的企业理念和“绿色冶炼、环保发展”的绿色发展理念，把一个小型地方国有企业，逐步发展成为中国有色金属行业大型骨干企业、国内大型铅锌冶炼企业。公司连续10年跻身中国企业500强、中国制造业500强、财富中国500强，位居河南省百强工业企业前列。公司拥有铅、锌、铜、金、银、硫酸、合金、锑、铋、铟、镉、碲、靶材等30余种产品，主要产品生产能力为：铅40万吨、锌30万吨、铜12万吨、黄金10000千克、白银1000吨、硫酸110万吨。其中，电铅、白银、再生铅、电锌等多种主要产品生产规模位居行业领先地位。集团公司核心企业为河南豫光金铅股份有限公司和河南豫光锌业有限公司。河南豫光金铅股份有限公司2002年7月在上海证券交易所上市。公司主导产品“豫光”牌电解铅、白银、高纯锌、阴极铜分别在伦敦金属交易所（LM E）、伦敦贵金属协会（LBMA）和上海期货交易所注册，YG牌A级铜在上海交易所注册成功，YUGUANG商标被认定为中国驰名商标，河南省著名商标。2018年，豫光完成现价工业总产值305亿元，利税9亿元。

豫光技术装备水平国际国内领先。公司先后建立了省技术中心、博士后科研工作站、河南省铅锌冶金工程技术研究中心及“一院八所”等多个科研机构，依靠自主研发形成了一批国际领先拥有自主知识产权的核心技术，依靠自主创新工艺，公司技术装备水平持续30余年保持行业先进水平，并引领行业发展30余年。公司主持和参与了50余项国家及行业标准的制修订工作，获得科技成果近200项，专利100余项，其中2项科技成果获国家科技进步奖二等奖。2018年，公司被工信委评为河南省智能工厂，冶金机械公司被认定为河南省高新技术企业，“锌清洁冶炼工程研究中心”被列入省级工程研究中心名单。

豫光环保治理水平行业领先。公司通过自主研发、自主创新，先后实现了中国铅冶炼的工艺从烧结锅、烧结机、富氧底吹到液态高铅渣直接还原技术四次革命性升级。自主研发的“双底吹”连续炼铜技术是一项具备中国独立自主知识产权的重大技术创新，整体技术达到了国际领先水平，并实现了世界铜冶炼行业成功产业化应用。公司各项指标明显优于行业平均水平，被工信部列为有色金属行业能效标杆企业，豫光铅、锌冶炼综合能耗指标是有色金属行业能效标杆指标。2018年，公司被评为全国绿色发展典范企业，被中国有色金属工业协会授予“中国铅锌行业绿色发展杰出贡献奖”，被评为“河南省节能减排竞赛先进单位”，被济源市政府评为“济源市大气污染防治攻坚先进单位”，锌业公司被评为“国家第二批绿色工厂”。

投资20亿元的再生铅资源循环利用及高效清洁生产技改工程顺利推进。

豫光循环经济模式被誉为中国样本。豫光在国内创造了“废旧铅酸蓄电池自动分离—底吹熔炼再生铅”先进工艺，开创了再生铅和原生铅相结合的新模式，实现了资源循环高效利用，使铅工业步入“生产—消费—再生”的循环发展之路，成为了中国再生铅产业发展的样本。目前豫光已形成年处理54万吨废旧蓄电池的再生铅产能，成为世界上废旧蓄电池处理能力先进的企业。豫光是国家循环经济试点单位、全国废旧金属再生利用领域试点企业、清洁生产化示范企业、通过铅锌准入和再生铅准入的企业、河南省城市矿产示范试点单位。2018年，公司被济源市政府评为“2018年度济源市工业转型发展先进企业”。

（以上数据由本单位提供）

地址：河南省济源市荆梁南街1号
邮编：459000
电话：（0391）6699888
传真：（0391）6693547

豫光锌业公司被评为国家第二批绿色工厂

·广告·

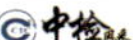

中检
风采

赣州腾远钴业新材料股份有限公司

赣州腾远钴业新材料股份有限公司成立于2004年，是一家集科研、生产、贸易于一体的现代化股份制高新技术企业。公司坐落于江西赣州高新技术产业园区，注册资金8034.3万元，总资产19.82亿元，占地面积10万平方米，现有员工450人。公司拥有独立的进出口权，具备年生产钴系列产品6500吨、铜产品6000吨的能力，主要产品有高纯氯化钴、高纯硫酸钴、电池级四氧化三钴、标准阴极铜等，是目前国内技术水平和规模实力较强的钴系列产品生产商之一。

公司将继续加大科技创新步伐，吸引国内外先进技术和优秀人才，通过引进重点技术装备，加快向应用产品等产业链终端延伸，着力发展深度加工，建设一个集采、选、冶、加、贸一体化，具有国际竞争力的国际一流的钴业集团公司。

（以上数据由本单位提供）

公司地址：江西赣州高新技术产业园区（赣县）
邮编：341100
电话：0797-7772092
传真：0797-4435778
网址：www.tycogz.com

桐柏鑫泓银制品有限责任公司

厂 区

厂 区　　生产车间

桐柏鑫泓银制品有限责任公司是由中国有色金属工业协会鑫达金银开发中心控股成立的国有企业，专门从事白银深加工生产。主要产品有硝酸银、电解银粉、国标白银、氧化银、银微粉等银制品。公司位于河南省桐柏县城东工业开发区，紧临312国道，北靠宁西铁路，东距信阳75公里，西至南阳125公里，交通方便；货源充足、供应有保障。公司管理先进，生产技术采用中国科学院的专利成果，工艺独特先进，设计正规，在国内处于领先地位；集科研、生产、检测和销售一体化，专门建立了以检测含金、银产品为主的化验室，科研及分析检验实力强，并拥有一整套国内一流的分析检验仪器和设备，确保为顾客提供稳定、优质的产品。

公司下设硝酸银车间、电解车间、银粉车间，现已发展为国内大型硝酸银生产基地，产品颗粒均匀、外形美观、质量稳定，并广泛用于胶片业、导电粘合剂行业、镀银行业和医药行业；产销量位于同行业前列，畅销国内28个省、市、自治区，市场占有率达40%，用户满意度为100%，已通过ISO 9001-2000质量管理体系认证，2006年产销硝酸银200吨，2007年产销硝酸银300吨，2008年产销硝酸银240吨。

公司近年来连续被评为桐柏县安全生产先进企业，桐柏县质量管理先进企业，南阳市优秀企业，南阳市质量工作优秀企业，河南省质量管理先进企业，河南省诚信企业，河南省高成长型企业，被河南省有关部门授予河南省优质产品奖和河南省名牌产品奖。

公司依照县有关部门“工业立县、项目统揽”的战略方针，围绕“拉长白银产业链条，建立桐柏银产品基地”的构想，狠抓产品质量，扩大企业规模，拉长白银产业链条，公司新征工业用地100亩，计划新扩建的白银深加工车间，硝酸银已扩建为800吨/年。被南阳市人民政府评为2008年南阳市发动机项目单位。

效果图

（SUMCO）的12英寸硅片已提至120美元/片，相比2016年底的75美元/片上涨幅度达60%。

表1　　2013－2017年全球半导体硅片产量（不包括太阳能电池用）

单位：亿平方英寸

年份	2013	2014	2015	2016	2017
产量	90.67	100.60	121.00	107.38	118.10
增长率（%）	-9.3	11.0	20.3	-11.3	10.0

数据来源：中国电子材料行业协会

表2　　2013－2017年全球半导体硅片销售收入（不包括太阳能电池用）

单位：亿美元

年份	2013	2014	2015	2016	2017
销售收入	79.6	79.9	72.0	72.1	87
增长率（%）	-12.5	0.4	-10.0	0.1	20.7

数据来源：中国电子材料行业协会

二、国内市场

（一）市场综述

在全球半导体市场快速增长、国内政策大力扶植、基金资金支援等推力的带动下，2017年中国半导体产业保持了近几年的增长势头，继续快速发展。根据中国半导体行业协会统计，2017年中国集成电路产业销售额达到5411.3亿元，同比增长24.8%。其中集成电路制造业增速最快，较2016年同比增长28.5%，销售额达1448.1亿元，设计业和封测业继续保持高速增长，增速分别为26.1%和20.8%，销售额分别为2073.5亿元和1889.7亿元，成为全球最大的半导体市场。据国家统计局统计，2017年，中国集成电路市场延续增长态势，产量达到1565亿块，同比增长18%。

据观研天下统计，2017年硅片产能增加有限，12寸晶圆供给约750万片/月，需求则增加至775万片/月，产生约3%～4%供求缺口。据分析是由于近些年硅片产能持续高于需求，使得制造商未进行扩产导致，预计未来两年厂商扩产计划或将增多，产能缺口将得到缓解。

表3为2013－2017年中国单晶硅产量及增长率情况。2017年，中国单晶硅整体产量约16.64万吨，与2016年相比，增长约113%。其中区熔级单晶硅产量为54.8吨，直拉单晶硅产量为1240吨，太阳能级单晶硅产量16.51万吨。这可能是由于光伏发电装机量回升，带动太阳能级单晶硅的需求，且在效率、性能及成本降低等方面，单晶硅在光伏中替代多晶硅的趋势也越来越明显。

表3　　2013－2017年中国单晶硅产量　　单位：吨

年份	2013	2014	2015	2016	2017
区熔单晶	150	10	200	180	55
半导体直拉单晶	1200	1200	1800	1640	1240
太阳能单晶	45000	45000	56000	76000	165100
总计	46350	46300	58000	78000	166400
增长率（%）	12.6	-0.1	24.0	34.5	113.0

数据来源：中国电子材料行业协会

据中国电子材料协会统计，2017 年中国多晶硅产量为 24 万吨，出口约 0.7 万吨，全年均价为 13.50 万元/吨，全年销售额 324 亿元（含出口）；2017 年中国半导体硅片销售额 39.48 亿元（含出口）。2017 年中国 6 英寸硅抛光片产能约 1731 万片，产量约 1247 万片；8 英寸硅抛光片产能约 206 万片，产量约 108 万片。2017 年底 4 英寸直拉单晶硅硅抛光片价格 24 美元/片，6 英寸直拉单晶硅硅抛光片价格 35 美元/片，8 英寸直拉单晶硅硅抛光片价格 50 美元/片，较 2016 年有所增长。自 2017 年初开始，硅晶圆的价格就不断上涨，推测这可能是由于市场供不应求所致，有关专家认为，这一状况可能会继续持续两年左右。

（二）对外贸易

据海关总署统计，2017 年中国进口集成电路 3770 亿块，同比增长 10.1%，进口金额 2601.4 亿美元，同比增长 14.6%；2017 年中国出口集成电路 2043.5 亿块，同比增长 12.9%，出口金额 668.8 亿美元，同比增长 9.0%，如表 4、表 5 所示。2017 年，中国集成电路进口量约为同年中国集成电路产量的 2.4 倍，可见中国集成电路的自给率仍然较低，很大比例的需求仍要依靠进口满足。

表 4　　2013－2017 年中国集成电路进口情况

年份	2013	2014	2015	2016	2017
数量（亿块）	2662.26	2856.60	3139.96	3425.50	3770.00
增长率（%）	10.1	7.3	10	9.1	10.1
金额（亿美元）	2313.40	2184.00	2307.00	2270.70	2601.40
增长率（%）	20.4	－6.9	6.0	－1.6	14.6

数据来源：海关总署、中国产业信息网

表 5　　2013－2017 年中国集成电路出口情况

年份	2013	2014	2015	2016	2017
数量（亿块）	1426.77	1535.20	1827.66	1810.10	2043.50
增长率（%）	20.7	7.6	19.1	－1.0	12.9
金额（亿美元）	877.00	610.90	693.10	613.80	668.80
增长率（%）	64.1	－30.3	13.5	－11.4	9.0

数据来源：海关总署、中国产业信息网

据《有色金属统计》统计，2017 年，中国单晶硅切片的进口量约为 2233.5 吨，较 2016 年增长 18.3%；进口额约为 10.7 亿美元，同比增长 24.4%。单晶硅切片出口量约为 17001.7 吨，较上年增长 71.6%；出口额约为 15.2 亿美元，同比增长 50.5%，详见表 6、表 7。可见 2017 年单晶硅切片进口量稳定上涨，而进口金额增长大于进口量，价格有所上涨。而 2017 年单晶硅的出口量有了较大幅度的增长，推测可能是由于 2017 年全球半导体硅晶圆大量缺货，致使单晶硅切片的进出口流动较大。

表 6　　2013－2017 年中国单晶硅切片进口情况

年份	2013	2014	2015	2016	2017
数量（吨）	1268.6	1515.4	1617.9	1888.7	2233.5
增长率（%）	11.9	19.5	6.8	16.7	18.3
金额（亿美元）	8.7	9.1	7.9	8.6	10.7
增长率（%）	－30.4	15.2	- 15.2	8.9	24.4

数据来源：中国有色金属工业协会《有色金属统计》

表 7　　2013－2017 年中国单晶硅切片出口情况

年份	2013	2014	2015	2016	2017
数量（吨）	4986.9	6514.0	7532.3	9906.7	17001.7
增长率（%）	191.9	30.6	15.6	31.5	71.6
金额（亿美元）	7.9	9.9	10.0	10.1	15.2
增长率（%）	38.6	25.3	1.0	1.0	50.5

数据来源：中国有色金属工业协会《有色金属统计》

表 8、表 9 所示为中国 2013－2017 年用于电子工业的单晶硅棒的进出口情况，由表中可知，2017 年单晶硅棒的进口量较 2016 年有明显下降，但较往年仍是明显上涨。这可能是由于 2016 年全球硅需求异常旺盛，导致当年进口量大幅上涨，而 2017 年供应逐渐恢复正常，进口量也有所下降，进口金额也随之下降。出口方面，2017 年单晶硅棒的出口量恢复至 2015 年水平，较 2016 年上涨 68%，出口金额涨幅不如出口量，为 21%。

表 8　　2013－2017 年中国电子工业用单晶硅棒进口情况

年份	2013	2014	2015	2016	2017
数量（吨）	815.76	413.32	662.47	2050.23	1050.57
增长率（%）	63	－49	60	209	－49
金额（万美元）	7195.85	5059.03	5021.62	9930.47	7688.02
增长率（%）	10	－30	－1	98	－23

数据来源：中国有色金属工业协会《有色金属统计》

表 9　　2013－2017 年中国电子工业用单晶硅棒出口情况

年份	2013	2014	2015	2016	2017
数量（吨）	1068.6	1399.5	1200.5	736.7	1238.1
增长率（%）	16	31	－14	－38.6	68
金额（万美元）	9446.2	11012.9	7993.3	5474.2	6640.8
增长率（%）	－6	17	－27	－32	21

数据来源：中国有色金属工业协会《有色金属统计》

（车　聪）

多晶硅市场分析

2017 年，在面临复杂多变经济形势、工业投资增长缓慢、企业经营困难的大背景下，中国多晶硅产业呈现出“终端需求爆发、多晶硅四创新高，企业效益明显好转”的特点。终端需求爆发带动全国多晶硅产能、产量、进口量和消费量四创新高，企业效益明显好转。

一、行业运行特点

（一）全球多晶硅市场供需两旺——中国市场地位凸显

2017 年，受益于国内外光伏市场需求持续增长，特别是中国硅市场抢装高峰，全球多晶硅市场供需两旺。2017 年全球光伏装机量为 100GW，同比增长 37%，其中仅中国装机量就达到 53GW，占比达到 53%。截至 2017 年底全球多晶硅有效产能为50万吨/年，较2016年净增4.3万吨，同比增长9.4%。其中新增产能全部来自中国的扩增产能6.6万吨/年，从21万吨/年增至27.6万吨/年，占比达到55.2%。

同期，全球多晶硅产量为43.9万吨，同比增长13.7%。其中中国产量为24万吨，同比增长23.1%，占全球总产量的54.7%。需求方面，2017年全球多晶硅需求量44.4万吨，其中太阳能级多晶硅需求量为41.4万吨，同比增长11.3%，其中中国太阳能级多晶硅需求量达到39.4万吨，同比增长18%，全球占比95.2%。

（二）全球多晶硅产业发展新阶段——产业结构不断优化、企业效益有所改善

2017年，全球多晶硅产业结构不断优化。从各地区产能分析，新增产能全部来自中国的扩增产能6.6万吨，增量主要来自新特能源、江苏康博、东方希望、新疆大全、四川永祥等的扩产项目或产能优化；海外地区多晶硅年产能有所减少，从2016年的24.7万吨减少至2017年的22.4万吨：美国多晶硅有效产能从6.7万吨减少至5.1万吨，韩国产能8.2万吨不变，德国产能从6.2万吨减少至6万吨，日本产能从1.5万吨减少至1.18万吨，另有海外其他产能较小的企业被淘汰。全球总计2017年多晶硅产能新增6.6万吨，淘汰2.3万吨。

在市场供需两旺、价格理性回暖的背景下，多晶硅企业效益有所改善。特别是中国多晶硅企业在扩张产能的同时，坚持技术创新，生产成本持续下降，企业效益有所改善。尽管2017年仍有少数多晶硅生产企业亏损，但绝大部分生产企业已经实现利润，整个产业的良性循环为企业下一步发展奠定了基础。

（三）多晶硅引领产业发展——多晶硅国产化趋势明显

2017年，对于中国乃至全球都是丰收的一年，这一年各种利好政策和事件推动整个产业快速发展。

光伏6.30抢装、930抢装以及1230抢装，需求一次次被激发出来，加之美国201事件、对韩反倾销事件以及美国瓦克工厂爆炸事件，都给国内多晶硅产业带来强有力的支撑。

从目前市场来看，简单的贸易壁垒并不能阻挡光伏全球化的步伐，无论是多晶硅市场的竞争还是光伏市场的博弈，最终决定因素还是企业的综合竞争力。目前国内多晶硅产业的快速发展，推动多晶硅产业替代进口的进程。同时，技术的不断进步提高了高品质的产品比例也在不断增加，中国多晶硅作为光伏产业的基础材料正引领整个多晶硅产业发展。

二、多晶硅产量

（一）全球多晶硅产能产量情况

1. 全球多晶硅产能及产量情况。硅业分会统计，截至2017年底全球多晶硅有效年产能为50万吨，净增4.3万吨，同比增长9.4%。

2017年全球多晶硅产量达到43.9万吨，同比增长13.7%。其中，中国产量为24万吨，同比增长23.1%，占全球总产量的54.7%，连续两年全球占比超过一半以上，位居全球最大的多晶硅生产国；韩国产量7.7万吨，同比小幅增长4.1%，占比为17.5%，仅次于中国列居全球产量第二位；德国产量5.8万吨，环比下降7.9%，占全球总产量的13.2%，位居第三。按产量排序计算，2017年前五大多晶硅生产企业（中国中能、德国Wacker、韩国OCI、中国新特能源和美国Hemlock）总产量占比达53.0%。从2017年全球多晶硅企业的产量情况看，在产多晶硅企业基本维持满产状态，全年平均产能利用率达到87.8%。

表1　　2015－2017年全球分国别多晶硅供应情况　　单位：万吨

	全球		中国		中国之外		美国		欧洲		韩国	
年份	产能	产量	产能	产量	产能	产量	产能	产量	产能	产量	产能	产量
2015	41.3	35	18.8	16.9	22.5	18.1	4.7	3.2	5.4	5.7	8.7	7
2016	45.7	38.6	21.0	19.5	24.7	19.1	6.7	3.2	6.2	6.3	8.2	7.4
2017	50	43.9	27.6	24.0	22.4	19.9	5.1	3.9	6	5.8	8.2	7.7

数据来源：中国有色金属工业协会硅业分会、安泰科

2. 全球多晶硅各主要企业情况。从2016年各企业产能、产量来看，超过万吨级的企业已经达到18家，其中美国3家（HEMOLOCK、REC和WAKER）、韩国3家（OCI、Hawha和Hankook）、欧洲1家（WAKER）、马来西亚1家（Tokuyama）、中国10家（保利协鑫、新特能源、洛阳中硅、四川永祥、亚洲硅业、新疆大全、东方希望、内蒙盾安、江苏康博和江西赛维）。这15家公司里面，按产能成本和产能利用率来看，GCL、WAKER、OCI、TBEA和HEMLOCK5家公司为第一梯队，而其他万吨级企业为第二梯队。

硅业分会统计，第一梯队的5家企业2017年产能产量分别为26.3万吨和24.16万吨，占比分别为52.6%和55%。而第二梯队的产能产量分别为17.5万吨和14万吨。从开工率角度来看，第一梯队的企业开工率为83.3%，第二梯队开工率为91.9%。第一梯队中中国企业产能产量占比为41.8%和43.7%，而第二梯队中中国企业产能产量占比为68.6%和77.1%。由于生产规模的限制，其他的企业都列为第三梯队成本优势明显，只是规模尚未到万吨级。其他企业总产能为6.2万吨，产量仅为5.75万吨。仅从数据来看，各梯队的企业中，中国企业正在挑战国际企业，特别是经过2016－2017年国内企业大规模技术改造之后，综合竞争力大幅提升。

表2　　2016－2017年全球分企业多晶硅供应情况　　单位：万吨

	国别	企业	有效产能	产量
第一梯队	德国、美国	WAKER	8	6.7
	中国	GCL	7.4	7.46
	韩国	OCI	5.2	4.9
	中国	TBEA	3.6	3.1
	美国	HEMOLOCK	2.1	2
	小计		26.3	24.16
第二梯队	中国	LUOYANG	2	1.79
	中国	YONGXIANG	2	1.7
	中国	DAQO	2	1.79
	中国	Asia－silicon	1.5	1.44
	韩国	Hawha Chemical	1.5	1.4
	韩国	Hankook	1.5	1.4
	中国	East Hope	1.5	0.42
	马来西亚	Tokuyama	1.4	0.8
	美国	REC	1.1	1
	中国	Dunan	1	0.83
	中国	LDK	1	1
	中国	Kangbo	1	0.42
	小计		17.5	13.99
其他企业			6.2	5.75
总计 TOTAL			50	43.9

数据来源：中国有色金属工业协会硅业分会、安泰科

（二）中国多晶硅产能产量情况

1. 中国多晶硅产能及产量情况。2017年受国家各种补贴政策刺激，终端需求爆发式增长，带动中国多晶硅产能加速扩张。硅业分会统计，截至2017年底，中国在产多晶硅企业由2016年底的17家增加至22家，有效产能共计27.6万吨，同比增长31.4%，较2016年净增6.6万吨，主要来自东方希望、江苏康博、河南恒星、新特能源、新疆大全、四川永祥、洛阳中硅等的新建项目或产能优化。

2017年中国多晶硅产量达到24万吨，同比大幅增长23.1%，较2015年更是增长42.0%。分季度产量数据来看：1季度产量5.75万吨、2季度产量6.05万吨、3季度产量6.04万吨、4季度产量6.19万吨。在国内各大厂商检修集中的下半年，产量都比上半年高出3.6%。产量大幅增长的主因表现在：一方面与终端需求的刺激有关，非检修企业都开足马力保供应；另一方面是东方希望、江苏康博、河南恒星、鄂尔多斯等新兴企业达产后产能在下半年逐渐释放。下半年开始中国陆续检修的企业达到14家，11月份产量受影响的企业最多达到7家，直到12月底全部恢复正常生产，即便如此，11月份和12月份产量均创国内单月产量历史新高，达到2.09万吨。单纯按总产量和总产能计算，2017年中国多晶硅产能利用率达到87.0%，较2016年低6.3个百分点，主要是由于下半年达产企业在上半年未有产出，而产能按全年计算，故产能利用率略有降低。

表3　2015－2017年中国化学法多晶硅产量情况　单位：吨

年份	产能		产量		企业				
	数量	同比	数量	同比	中能	中硅	大全	特变	集中度
2015	188000	14.3%	169000	28.0%	72100	11600	8550	22106	67.7%
2016	207500	10.4%	193238	14.3%	67165	15000	12170	24280	61.4%
2017	276400	31.6%	240396	23.0%	74598	31040	17880	17870	58.8%

数据来源：中国有色金属工业协会硅业分会、安泰科

2. 中国多晶硅生产企业情况。2017年中国多晶硅年产能增加6.6万吨，新增年产能包括新建企业释放产能（东方希望1.5万吨、江苏康博1万吨、河南恒星5000吨、鄂尔多斯2400吨、宁夏东梦1000吨）以及现有企业技改优化产能（新特能源1.4万吨、新疆大全8000吨、四川永祥5000吨、洛阳中硅3000吨、内蒙盾安2000吨、陕西天宏1000吨）等。截至2017年底，超过万吨级产能的中国多晶硅企业达到10家，分别为江苏中能（7.4万吨）、新疆特变（3.6万吨）、大全新能源（2万吨）、四川永祥（2万吨）、洛阳中硅（1.8万吨）、亚洲硅业（1.5万吨）、东方希望（1.5万吨）、江西赛维（1万吨）、内蒙盾安（1万吨）、江苏康博（1万吨），这10家企业的年产能占据国内总产能的77.4%，2017年产量占比达到82.6%。

从各企业生产情况看，2017年江苏中能7.4万吨/年改良西门子法生产装置正常产量保持在每月6000吨以上正常运行，硅烷流化床颗粒硅项目月均产出量在200吨，正常外售，电子级生产线也在研发建设阶段，2017年产量约7.46万吨，是截至目前中国乃至全球产量第一的多晶硅企业；新特能源扩产产能从4月份开始逐步释放，产能迅速达到3.6万吨/年，随后稳定生产，10月份开始轮线检修，于12月底检修结束，全年产量在3.10万吨，位居国内外产销量第一；新疆大全和四川永祥分别在第一季度和第三季度初产能达到2万吨/年，且在三季度有分线检修。洛阳中硅在三季度检修结束后产能优化至1.8万吨/年，全年产量在1.79万吨，常年位居中国产量第三位；国内万吨级企业中月产量在千吨以上的有8家，2017年这8家企业产量占中国总产量的77.8%。

表 4　　2017 年国内多晶硅主要企业产能情况

万吨级以上 10 家企业：产能 22.8 万吨，占比 82.5%					
江苏中能	特变电工	四川永祥	新疆大全	洛阳中硅	亚洲硅业
7.4 万吨/年	3.6 万吨/年	2 万吨/年	2 万吨/年	1.8 万吨/年	1.5 万吨/年
东方希望	赛维 LDK	内蒙盾安	江苏康博		
1.5 万吨/年	1 万吨/年	1 万吨/年	1 万吨/年		
万吨级以下 12 家企业：产能 4.84 万吨，占比 17.5%					
宜昌南玻	昆明冶研	四川瑞能	国电晶阳	神舟硅业	河南恒星
0.8 万吨/年	0.6 万吨/年	0.6 万吨/年	0.5 万吨/年	0.5 万吨/年	0.5 万吨/年
陕西天宏	黄河水电	鄂尔多斯	河北东明	新疆合晶	宁夏东梦
0.4 万吨/年	0.25 万吨/年	0.24 万吨/年	0.2 万吨/年	0.15 万吨/年	0.1 万吨/年

数据来源：中国有色金属工业协会硅业分会、安泰科

三、多晶硅消费

（一）全球多晶硅消费

全球多晶硅产业从半导体和光伏两个下游产业需求来看，在半导体产业方面，其需求保持相对稳定，尽管全球半导体产业依旧保持快速发展，但是由于下游制造产业技术突破，单耗的降低，使得对电子级多晶硅需求一直维持在 3 万吨左右。2017 年，全球电子级多晶硅需求量在 3 万吨左右。在光伏产业方面，受益于中国需求爆发，2017 年全球光伏安装量达到 100GW，同比增长 37%。全球硅片产量约 93GW，同比增长 16.3%，消耗太阳能级多晶硅量创新高达到 41.8 万吨，同比增长 12.4%。

从各个地区分析太阳能级多晶硅需求可以看出，过去几年中，中国大陆地区是全球最大的电池生产地区。2017 年中国大陆地区的硅片产量约 86GW，占全球总产量的 92.4%。海外地区硅片的产量仅为 7GW 左右。全球的太阳能级多晶硅消费绝大部分集中在中国市场。

表 5　　2015－2017 年全球多晶硅需求情况

单位：GW、万吨、亿平方英寸

	总需求量	太阳能光伏					半导体（电子）		
		安装量	电池片	硅片	单耗	需求量	硅片	单耗	需求量 E
2015 年	33	56	60	58	5.2	30	122	245	3
2016 年	40.2	73	80	80	4.7	37.2	122	245	3
2017 年	44.4	100	92	93	4.45	41.4	128	240	3

数据来源：中国有色金属工业协会硅业分会、安泰科

总体看来，2017 年全球新增光伏装机量主要集中在中国、印度、美国、日本，集中度达 80% 左右。

综上所述，目前全球多晶硅消费主要集中在光伏领域，其占比为 93.2%。同时，多晶硅在光伏领域的消费主要在中国，仅中国大陆市场在光伏领域的消费量占全球多晶硅消费总量的 88.1%。

（二）中国多晶硅消费

全球光伏产业链各环节中，中国占据主导地位，各环节产品占比均超过 50%，其中硅片产量占比超过 90%，电池片、组件产量占比超 70%。在 2017 年“国内 630”、“930”、“领跑者”以及

“光伏扶贫”等一系列政策的支持下，终端需求继续爆发，并迅速传导至上游。硅业分会统计，2017年中国硅片产量增加至86GW，同比大幅增长22.2%。多晶硅在光伏领域的消费量为39.1万吨，而在半导体领域的消费量则相对平稳，大约在0.3万吨左右，光伏领域的消费占总消费量99.2%。

光伏产品制造方面，2017年电池片和组件产量分68GW和78GW，组件出口量21GW，国内光伏安装量约53GW。在终端市场——光伏电站安装方面，2017年上半年光伏安装量总计达到24.4GW，安装数值超过上年创纪录的9%。另外，随着光伏电站投资向中东部转移，加之政策明显倾向于分布式光伏，2017年前三季度分布式光伏新增装机更是达到15.3GW，同比增幅达到400%。

中国半导体领域消费多晶硅多采用进口硅材料，包括进口电子级多晶硅、进口单晶硅棒等，中国电子级多晶硅的消费量并不大，但是目前中国部分企业正在努力改变这一现状，通过多年的努力，国家电投黄河新能源分公司建成了中国第一条电子级多晶硅生产线，生产出符合集成电路应用的高纯电子级多晶硅，打破了中国市场长期由国外垄断的格局，高纯电子级多晶硅已经得到下游客户的广泛认可，产品可用于生产3至8英寸重掺、轻掺抛光片和外延片，并经过12英寸抛光片质量评估，完全可替代进口产品，填补了中国电子级多晶硅的空白。硅业分会估计，中国电子级多晶硅消费量在3000吨左右，其中中国的产量为800吨左右，进口量为2200吨左右。

表6　　2017年中国多晶硅需求情况

单位：万吨、GW、亿平方英寸

	总量	光伏								半导体	
	多晶硅需求量	国内安装量	组件出口	电池片产量	电池出口	硅片产量	硅片出口	单耗	需求量预测	硅片	需求量预测
2017年	39.4	53	21	68	1	86	15	4.55	39.1	2.7	0.3

数据来源：中国有色金属工业协会硅业分会、安泰科

四、多晶硅贸易及影响因素

（一）全球多晶硅贸易

从全球多晶硅贸易来看，美国、欧洲和韩国作为多晶硅主要生产地区，同时也是主要出口地区。其中欧美地区多晶硅产量的80%左右用于出口；韩国的多晶硅出口比例更是超过90%。仅这3个地区多晶硅出口贸易量占全球总产量的40%～45%。2017年美、欧、韩多晶硅出口量分别为3万吨、4.8万吨和7.5万吨，占各地区产量的77%、82.8%和97.4%。同时出口总量达到15.3万吨，占全球总产量的34.9%。

相反，中国和日本不仅是多晶硅主要生产国家，同时也是主要的进口国家。其中中国作为全球最主要的光伏生产国家，2017年多晶硅进口量达到15.9万吨，占全球总产量的36.2%，为国外总产量的80%；日本作为全球主要的光伏应用和半导体生产国家，每年需要从美国、欧洲、韩国等地区进口大量的多晶硅，尽管也少量出口中国，但是每年净进口多晶硅的数量为2万吨。

表7　　2017年全球多晶硅贸易情况分国别　　单位：万吨

	美国		欧洲		韩国		中国		日本	
	产量	出口	产量	出口	产量	出口	产量	进口	产量	进口
2017年	3.9	3	5.8	4.8	7.7	7.5	24	15	0.75	2

数据来源：中国有色金属工业协会硅业分会、安泰科

从欧、美、韩三地区的出口流向来看，中国始终是第一大市场。中国作为太阳能级多晶硅重要的消费地区，以上地区2017年出口到中国或转口到的份额均超过50%。

（二）中国多晶硅贸易——中国多晶硅进口量居高不下

随着多晶硅技术的进步，国内多晶硅产品品质也有了飞速发展，国内先进企业均可以生产出符合国家电子级标准与用途的多晶硅产品，但近年来进口产品对国内市场的冲击仍未见缓解。2017年进口多晶硅达到15.9吨，同比增长12.7%，月均进口量在1.3万吨。估计全年每月进口量超过万吨，其中9月份进口量在1.76万吨，创历史最高纪录。

造成中国多晶硅进口量一直居高不下的主要原因有：一方面，2017年全球装机量井喷，超过100GW，并推动多晶硅需求创新高。全球装机量增长37%，多晶硅需求量增长18%；另一方面，中国是全球光伏制造中心，其硅片市场占有率超过90%。下游制造业的集中也吸引多晶硅供应聚集在中国。同时，主要生产国均存在特殊原因，让国内"反倾销"作用弱化，韩国上调2个百分点的低反倾销税、美国转口台湾以及德国多晶硅价格承诺，让海外多晶硅到中国市场更加容易。最后，中国一些下游企业为了保障自身供应的安全，和海外多晶硅企业签订了长单，使得进口在短期内仍然在高位上维持。

表8　　2015－2017年中国多晶硅进出口情况　　单位：吨

	2015年	2016年	2017年
全年出口	7541	7000	7000
全年进口	116892	141022	158838
1月	9303	12388	11726
2月	7558	10372	10947
3月	10297	13866	12529
4月	10897	12102	10262
5月	11085	10159	12553
6月	10942	12056	14816
7月	9664	12082	13711
8月	8561	11648	16141
9月	10603	8871	17628
10月	7504	8680	11153
11月	10028	13584	14918
12月	10444	14449	12534

数据来源：中国海关

2017年，中国多晶硅进口地区主要有韩国、德国、美国、中国台湾，进口量为14.4万吨，占总进口量的90.6%，进口量占比分别为44.4%、29.8%、5.5%和10.8%，韩国居首位且占比巨大。由此表明，韩国上调2个百分点的低反倾销税、美国转口台湾以及德国多晶硅的价格承诺，导致全球大部分多晶硅进入中国市场。

表 9　　2015－2017 年中国多晶硅进口情况分国别　　单位：吨

	总计	美国		德国		韩国		中国台湾	
		数量	占比	数量	占比	数量	占比	数量	占比
2015 年	116892	13305	11.4%	31288	26.8%	51189	43.8%	10722	9.2%
2016 年	141022	5635	4%	35663	25.3%	70090	50.3%	13553	9.6%
2017 年	158838	8726	5.5%	47476	29.8%	70742	44.4%	17197	10.8%

数据来源：中国海关

从进口均价来看，2017 年进口均价为 15.77 美元/千克，基本上和2016 年持平。主要是由于美元不断贬值，虽然国内价格仍为小幅上涨，而进口价格却是小幅下跌。从美、韩、德月进口均价来分析，德国价格相对稳定，韩国价格波动较大，而美国受高反倾销税影响，价格相对较高。从进口数量来看，由于韩国基本上没有新增产能，因此从韩国进口多晶硅数量保持稳定；而瓦克在美国新建工厂之后，欧洲的产量基本上都出口到中国，导致从德国进口的数量出现明显的增加；美国方面进口数量波动较大，和本身高额反倾销税有着直接的关系。

表 10　　2017 年中国多晶硅进口情况　　单位：吨、美元/千克

	总计		韩国		美国		德国		三国小计数量	
	数量	单价	数量	单价	数量	单价	数量	单价	数量	份额
2016 年全年	141022	15.81	70090	14.66	5635	33.85	35663	15.61	111389	80.0%
2017 年 1 月	11726	16.91	1750	15	1228	38.31	3799	13.13	9777	83.4%
2017 年 2 月	10947	16.35	5265	15.64	519	24.33	3152	16.56	8937	81.6%
2017 年 3 月	12529	15.75	5536	16.09	457	10.97	4389	15.7	10382	82.9%
2017 年 4 月	10262	14.94	4584	14.35	629	10.79	3430	15.58	8643	84.2%
2017 年 5 月	12553	14.38	6905	13.12	889	17.33	3092	15.38	10886	86.7%
2017 年 6 月	14816	14.48	7808	13.71	745	18.47	3666	14.77	12218	82.5%
2017 年 7 月	13711	14.38	5281	13.75	622	21.61	4741	14.05	10644	77.6%
2017 年 8 月	16141	14.76	6453	14.61	751	11.03	5409	15.44	12614	78.1%
2017 年 9 月	17628	16.28	6671	16.46	1437	13.59	5655	16.19	13764	78.1%
2017 年 10 月	11153	16.48	5231	17.23	635	12.19	2194	15.78	8060	72.3%
2017 年 11 月	14918	17.37	7149	17.52	312	16.63	4142	16.74	11603	77.8%
2017 年 12 月	12534	17.3	5188	17.6	502	6.26	3807	17.03	9497	75.8%
2017 年全年	158838	15.77	70742	15.39	8727	18.1	47476	15.52	126945	80.0%

数据来源：中国海关

五、多晶硅供需平衡分析

（一）全球多晶硅供需平衡分析

从历年对多晶硅市场供需两方面的数据分析来看，2017 年光伏装机井喷，并带动全球多晶硅产业快速发展之后，整个产业供应再次紧张，市场价格理性回暖。硅业分会统计，2017 年全球多晶硅供应量为 43.9 万吨，而实际消费量达到 44.4 万吨，供应短缺 0.5 万吨。其间，电子级多晶硅的

供需平衡，均为3万吨，而太阳能级多晶硅供应40.9万吨，需求量为41.4万吨，供应短缺0.5万吨。主要原因是由于以中国为代表的终端市场需求短期内快速爆发。

表11　　2015－2017年世界化学法多晶硅供需情况　　单位：万吨

	多晶硅			太阳能级			电子级（半导体）		
	产量	需求量	平衡	产量	需求量	平衡	产量	需求量	平衡
2015年	35	33	2	32	30	2	3	3	0
2016年	38.4	40.2	－1.8	35.4	37.2	－1.8	3	3	0
2017年	43.9	44.4	－0.5	40.9	41.4	－0.5	3	3	0

数据来源：中国有色金属工业协会硅业分会、安泰科

（二）中国多晶硅供需平衡分析

由于全球光伏产业的中心在中国，而中国多晶硅国内供应不能完全满足国内的需求，因此，近年来中国国内多晶硅供需和全球多晶硅供需存在一定的差距。

2017年，受抢装影响中国需求迅速爆发，特别是分布式装机有效释放的情况下，多晶硅市场呈现少有的一货难求的情况。硅业分会数据统计，2017年国内多晶硅产量为24万吨，进口量为15.9万吨，出口量为0.7万吨，净供应量为39.2万吨。光伏领域消费39.1万吨，半导体领域消费量为0.3万吨，总消费量为39.4万吨，供应短缺0.2万吨。但是从企业上下游得到的库存变化来看，上游企业库存基本为零、下游企业库存减少0.5万吨，中间环节库存增加0.3万吨。

表12　　2015－2017年国内多晶硅供需情况

年份	国内多晶硅供应（万吨）				光伏消费		半导体消费		需求合计（万吨）	平衡（万吨）
	产量	进口	出口	供应量	硅片产量（GW）	需求量（万吨）	硅片产量（万 in.^{2}）	需求量（万吨）		
2015	16.9	11.7	0.8	27.8	50	25	2.8	0.3	25.3	2.5
2016	19.5	13.7	0.7	32.5	70.4	33.1	3	0.3	33.4	－0.9
2017	24	15.9	0.7	39.2	86	39.1	3	0.3	39.4	－0.2

数据来源：中国有色金属工业协会硅业分会、安泰科

六、多晶硅价格走势

（一）多晶硅生产成本构成及成本价格

多晶硅生产成本因各公司情况不同差异巨大，目前国际先进大型多晶硅企业多数具备规模、能源、技术、资源综合利用等多方面优势，生产成本相对较低，而中国大部分多晶硅生产企业生产成本已降至15美元/千克以下，甚至个别企业生产成本降至10美元/千克以下，在全球同类企业中保持相对领先地位。

根据彭博统计数据显示，中国的新特能源和大全新能源已经是全球生产成本最低的企业，OCI和GCL的成本为12美元/千克左右，列为第二梯队，永祥、Hankook、马来多晶项目和瓦克则为第三梯队，其余的中国企业和部分韩国企业则为第四梯队。最后的其他企业，包括REC和Hemlock则列为第五梯队。尽管里面一些数据不能全面的反映整个行业的真实情况，但从一个侧面说明，经历多年的努力之后，中国的多晶硅企业已经具备足够的竞争力，在国际竞争中，已经扭转了被动的局面。

目前，多晶硅生产成本主要包括以下几个部分：电力成本、折旧成本、原材料成本、人工成本以及其他成本。据硅业分会调研，截至2017年国内绝大部分多晶硅企业都已经完成通过技术改造、降低成本的过程。由于采用更为先进的冷氢化工艺和大还原炉，在能耗、物耗方面的技术指

标已经接近极限，这两方面继续减少成本的潜力已经很小。但是由于各企业的电价以及投资水平不同，各企业的能耗成本和折旧成本则相差较大。例如新疆、内蒙古地区，电价相对较低，加之如果是新建项目，投资较晚，大部分采用国产设备，因此折旧成本也较低。

从各企业的发展规划来看，在生产要素更低的地方新建项目已经成为未来发展的趋势。包括目前正在建设的陕西有色和东方希望都是煤电硅一体化项目，保利协鑫也计划投资300亿元在新疆新建煤电硅一体化项目。同时，其他企业也纷纷争取更低的电价，提升其竞争力，包括内蒙古地区电价已经降至0.25元/千瓦时。

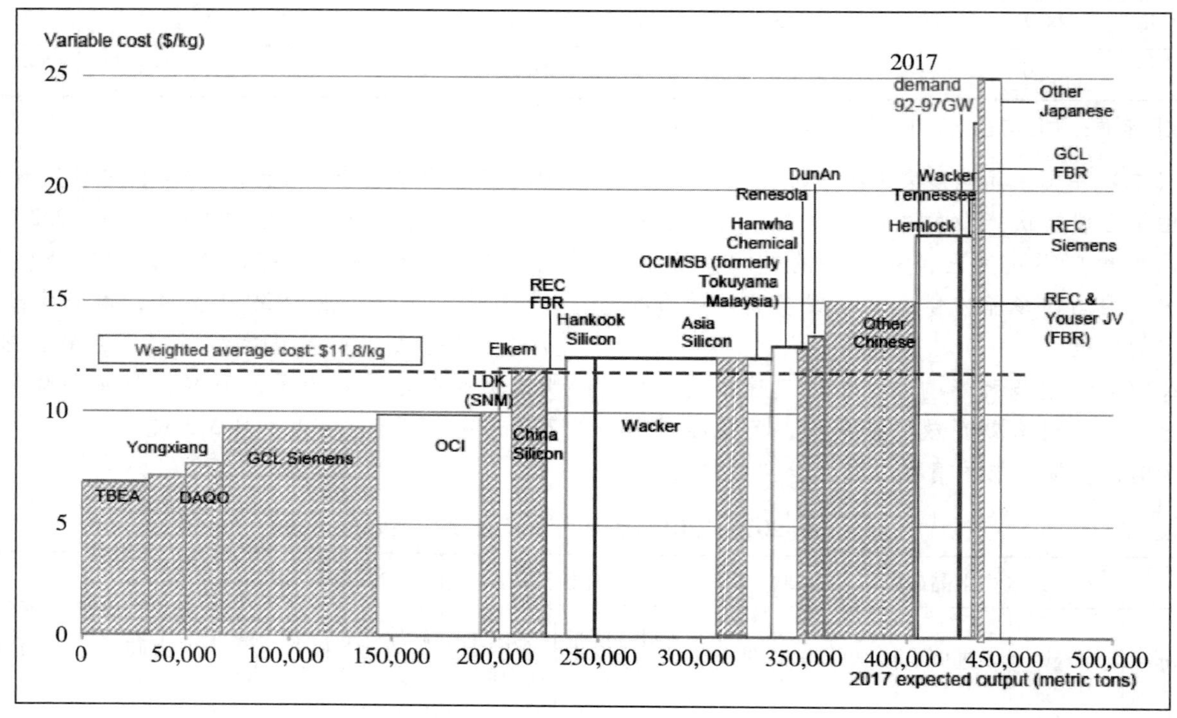

图1　2017年多晶硅企业成本对比图

（二）2017年国内外多晶硅及光伏产品价格走势

2017年中国多晶硅均价为13.50万元/吨，同比小幅上涨5.6%。全年多晶硅价格呈现“√”走势，最高点和最低点都高于2016年，周均价从1月初的14.00万元/吨，上涨到2月底的14.27万元/吨，涨幅为1.9%，随后断崖式下跌至4月中的全年低点10.85万元/吨，跌幅达到24.0%，触底反弹后一路回升至12月底的15.28万元/吨，涨幅达到40.8%。

1－2月份价格温和上涨的动因：1月份企业忙于执行2016年终订单，加之受春节期间物流受阻的预期影响，下游囤货需求增加，导致多晶硅供不应求；2月春节过后，单晶硅需求的增加是刺激多晶硅价格温和上涨的主要原因。

3－4月份价格急速下跌因素：进入3月份以后，6.30光伏装机政策对于国内市场需求的刺激效果尚不明朗，又加之多晶片企业受电池转换率要求提升影响，成本压力增大，纷纷通过压缩硅料成本来维持生产，不堪重负者则减产停产，需求骤减，导致多晶硅价格迅速进入下行通道。

4－12月份价格反弹回升原因：光伏装机政策影响逐渐明朗是导致多晶硅价格回升的主要因素，具体表现为：一方面中能、新特、中硅、永祥、大全、OCI等一线大厂陆续检修，使得国内外市场供应量缩减，而需求在“国内630”、“国内930”和“美国201”政策的刺激下持续火热，供不应求的状态持续不减；另一方面单晶产能的加速扩张和分布式补贴调整的预期导致需求持续旺盛，再加之下半年陆续检修企业达到14家，各企业维持负库存，供应紧缺状态尚未缓解。以上种种因素支撑了4月中旬价格开始反弹后持稳回升。

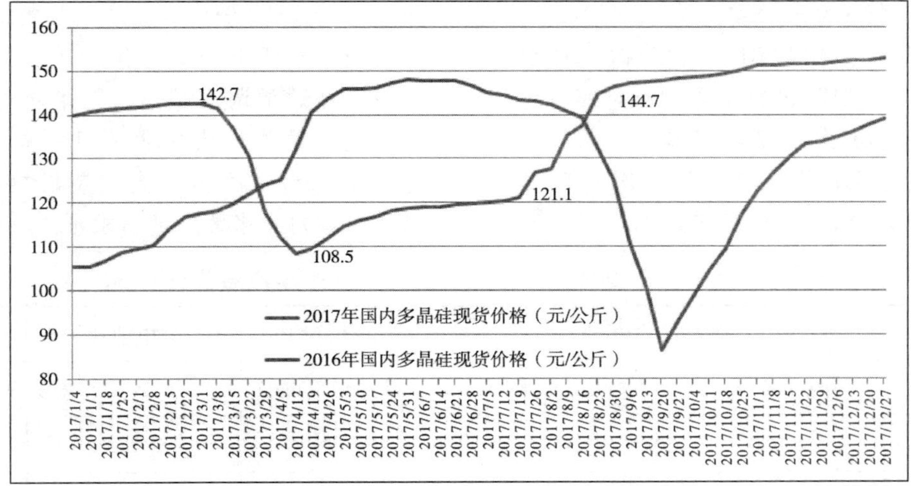

图 2 2016－2017 年国内多晶硅现货价格（万元/吨）

数据来源：硅业分会、安泰科

2017 年国际多晶硅价格与国内现货价格走势基本一致，但由于国际多晶硅价格受中国光伏市场需求影响较大，一般在市场向好的关键节点，国内市场相对更敏锐，国际价格波动略显滞后，而在市场进入下行通道时，在贸易商的作用下，国际价格往往率先下跌。2017 年国际多晶硅周均价从 1 月初的 15.37 美元/千克上涨到 2 月初的 16.26 美元/千克，随后急速下滑至 4 月下旬的 12.79 美元/千克，之后在市场需求持续旺盛的情况下，国际多晶硅价格震荡上升。2017 年 9 月以前，硅片价格与多晶硅价格走势基本一致，从 1 月初的 0.62 美元/片持稳至 2 月底，随后开始随硅料一同下滑，跌至 4 月中下旬的 0.542 美元/片，触底反弹一路回升到 9 月初的 0.659 美元/片，从 9 月份开始受单多晶硅片市场份额之争，硅片价格与硅料价格反其道而行，一路下滑到 12 月底的 0.618 美元/片，跌幅达到 6.2%。2017 年电池片价格涨跌幅度小于硅片，波动同样出现在 3－4 月份，多晶硅电池片价格从 4 月份上涨到 7 月份后开始下滑，一路下跌至 12 月底。组件价格全年整体呈下滑走势，从年初 0.358 美元/瓦跌至年底的 0.313 美元/瓦，下滑幅度达到 12.6%（见表 14）。

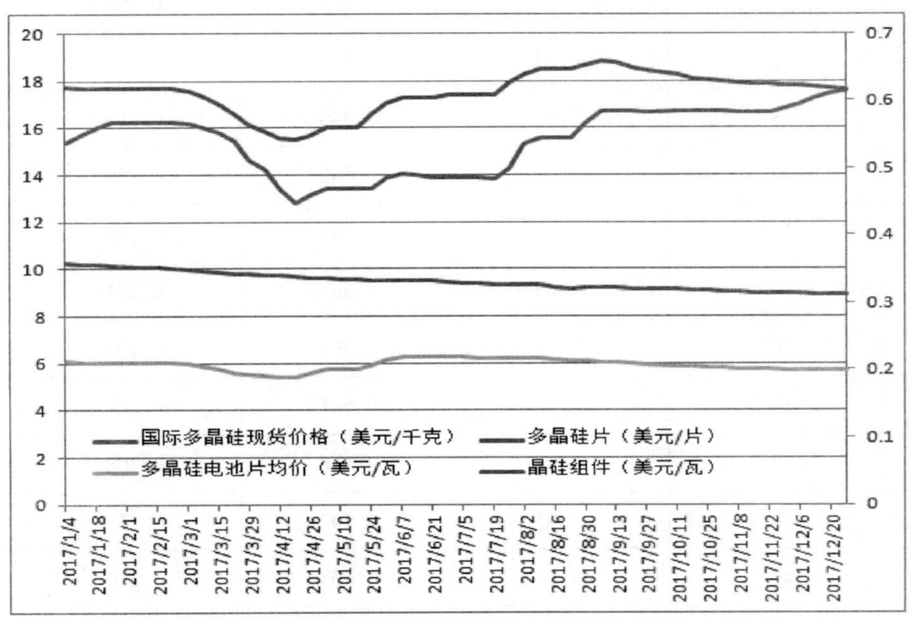

图 3 2017 年光伏产品价格

数据来源：硅业分会、安泰科

（三）2017 年多晶硅价格走势

受“6·30”、“美国 201”、“领跑者计划”、“分布式补贴调整预期”等政策影响，终端电站的建设和并网热潮支撑了 2017 年多晶硅价格在经历短暂的大幅下跌之后整体稳步回升。2017 年 12 月国家发改委发布关于 2018 年光伏发电项目价格政策，相对来说 2018 年上半年政策对地面电站安装的刺激略大于分布式，但是随着电站成本的不断下降，补贴下调成必然，且本次电价调幅基本符合预期，另外光伏扶贫项目补贴标准保持不变，也是国家为建立另一光伏装机重要组成的途径，这都无疑对未来的终端需求形成刺激因素。

表 13　　2017 年多晶硅光伏产业链各产品价格

	多晶硅均价		多晶硅硅片均价	多晶硅电池片均价	晶硅组件均价
	国内（￥/KG）	进口（$/KG）	（$/P）（156mm）	（$/W）	
2017/1/4	140.0	15.37	0.621	0.213	0.358
2017/1/11	140.8	15.7	0.62	0.212	0.357
2017/1/18	141.1	16	0.62	0.212	0.357
2017/1/25	141.4	16.26	0.62	0.212	0.355
2017/2/8	142	16.26	0.62	0.212	0.353
2017/2/15	142.5	16.25	0.62	0.212	0.352
2017/2/22	142.7	16.22	0.62	0.211	0.35
2017/3/1	142.5	16.2	0.614	0.209	0.349
2017/3/8	141.6	16.03	0.607	0.206	0.347
2017/3/15	136.9	15.76	0.594	0.2	0.345
2017/3/22	130.8	15.46	0.58	0.194	0.343
2017/3/29	118.1	14.63	0.565	0.192	0.342
2017/4/5	112.1	14.21	0.555	0.19	0.341
2017/4/12	108.5	13.42	0.545	0.189	0.34
2017/4/19	109.6	12.79	0.542	0.189	0.339
2017/4/26	112	13.14	0.549	0.195	0.337
2017/5/3	114.6	13.43	0.561	0.201	0.336
2017/5/10	116.2	13.43	0.561	0.201	0.335
2017/5/17	116.9	13.43	0.561	0.201	0.334
2017/5/24	118.3	13.43	0.58	0.208	0.333
2017/5/31	118.7	13.85	0.597	0.215	0.333
2017/6/7	119.1	14.06	0.605	0.219	0.333
2017/6/14	119.1	13.99	0.605	0.219	0.333

续表

	多晶硅均价		多晶硅硅片均价	多晶硅电池片均价	晶硅组件均价
	国内（￥/KG）	进口（$/KG）	（$/P）（156mm）	（$/W）	
2017/6/21	119.5	13.89	0.605	0.219	0.332
2017/6/28	119.8	13.87	0.608	0.219	0.33
2017/7/5	120	13.86	0.608	0.219	0.329
2017/7/12	120.5	13.85	0.608	0.218	0.328
2017/7/19	121.1	13.84	0.608	0.217	0.327
2017/7/26	126.9	14.27	0.628	0.217	0.327
2017/8/2	127.7	15.34	0.64	0.217	0.327
2017/8/9	135.3	15.55	0.647	0.217	0.327
2017/8/16	137.3	15.55	0.647	0.215	0.323
2017/8/23	144.7	15.55	0.647	0.213	0.321
2017/8/30	146.3	16.20	0.654	0.213	0.323
2017/9/6	147.1	16.71	0.659	0.212	0.323
2017/9/13	147.4	16.71	0.657	0.211	0.322
2017/9/20	147.8	16.71	0.65	0.209	0.321
2017/9/27	148.2	16.67	0.645	0.208	0.320
2017/10/11	148.9	16.7	0.639	0.206	0.32
2017/10/18	149.4	16.68	0.634	0.205	0.319
2017/10/25	150.1	16.68	0.631	0.204	0.318
2017/11/1	151.1	16.68	0.629	0.203	0.317
2017/11/8	151.3	16.66	0.627	0.202	0.316
2017/11/15	151.4	16.66	0.626	0.201	0.315
2017/11/22	151.5	16.66	0.625	0.2	0.314
2017/11/29	151.6	16.82	0.624	0.199	0.314
2017/12/6	152	16.97	0.623	0.199	0.314
2017/12/13	152.2	17.31	0.621	0.199	0.313
2017/12/20	152.4	17.45	0.62	0.199	0.313
2017/12/27	152.8	17.57	0.618	0.199	0.313

（马海天）

再生金属市场分析

一、中国有色金属废料进口情况

2017年中国进口废有色金属实物量574.38万吨，同比增长8%左右，其中废铜进口实物量为356万吨，同比增长6.27%；进口废铝实物量217.24万吨，同比增长13.3%；进口含锌废料1.38万吨，同比增长39.86%。进入新世纪以来，中国再生有色金属工业迅速发展，国内产生的废有色金属难以保证企业之需求，因此，对进口废金属的依赖性较大。资料表明，2007年、2008年是中国进口废有色金属的最高峰。之后，由于国家对进口废金属政策的调整以及国内产生的废有色金属量的增长，进口量开始下降，2016年降到历史最低点，当年进口废金属实物量532万吨。2017年进口废金属量反弹，比上年增加了42万吨，同比增长8%。近年来进口废有色金属情况见图1所示。

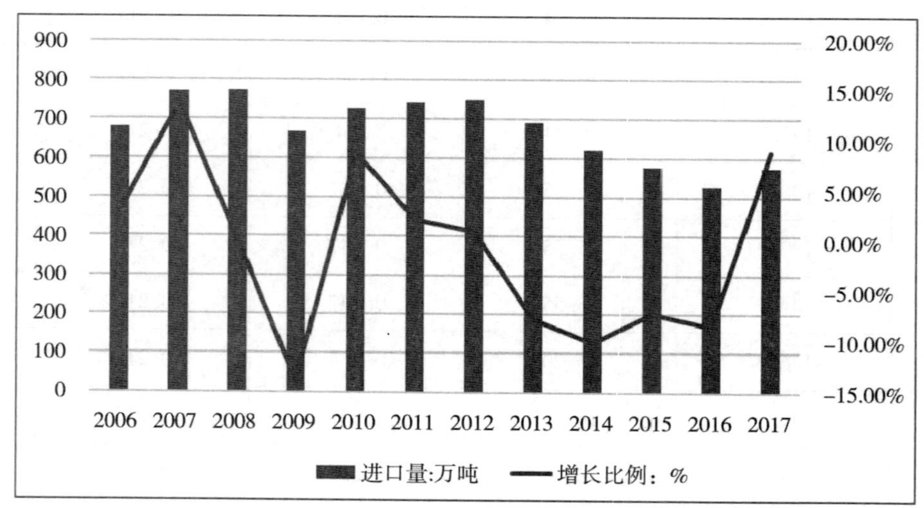

图1 2006－2017年中国进口废金属情况

数据来源：中国海关 CMRA

（一）废铜进口情况

2017年，中国废铜进口实物量为356万吨，同比增长6.27%，废铜进口金额为91.30亿美元，同比增长47.85%。

中国曾经是国际上进口铜废料最多的国家，历史进口最高年份是2007年、2008年，分别为558万吨和557万吨（均为实物量），2009年受国际金融危机影响，铜进口量大幅下降，之后几年虽有升高，但从2013年开始至2016年一直呈下降趋势。

2017年，含铜废料进口量及进口额均有所回升，2000－2017年中国进口废铜情况见图2所示。

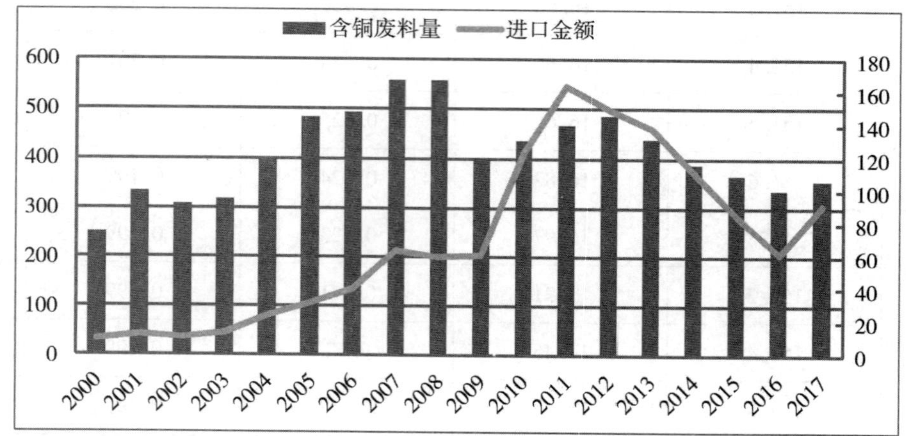

图2 2000－2017年进口废铜情况

数据来源：中国海关 CMRA

中国进口含铜废料主要来自中国香港、日本、马来西亚、菲律宾、泰国、英国、德国、意大利、荷兰、西班牙、加拿大、美国、澳大利亚等国家和地区。图3是2017年中国含铜废料主要进口国家和地区。

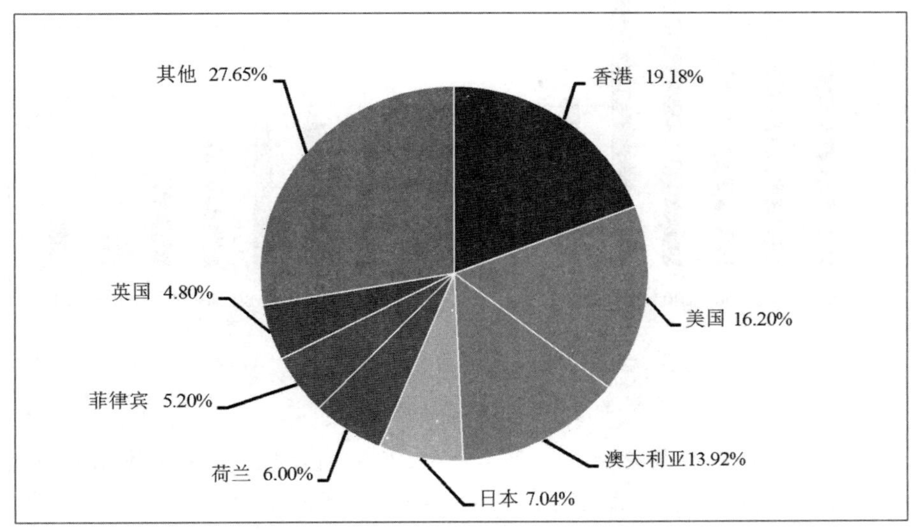

图3 2017 中国废铜主要进口国家和地区

数据来源：中国海关

与2016年相比，2017年中国香港、澳大利亚、日本、荷兰出口含铜废料所占比例有所下降，美国所占比例有所上升，菲律宾超越马来西亚成为中国进口含铜废料的第六大国家。

（二）废铝进口情况

2017年中国废铝进口数量为217万吨，同比增长13.17%；废铝进口金额为28.44亿美元，同比增长29.21%。废铝进口量在经历6年持续下跌后，出现反弹，但这种态势不会持续，受国内废铝回收量不断增加及国家进口固体废物政策调整的影响，未来废铝进口量将继续呈现不断降低的趋势。

图4 2005－2017年中国废铝进口量

数据来源：中国海关 CMRA

（三）废锌进口情况

2017年锌废碎料进口数量为1.38万吨，同比增长39.86%，进口量出现小幅反弹；进口金额为3058.35万美元，同比增长114.30%。中国2002－2017年期间锌废碎料的进口量见图5所示。

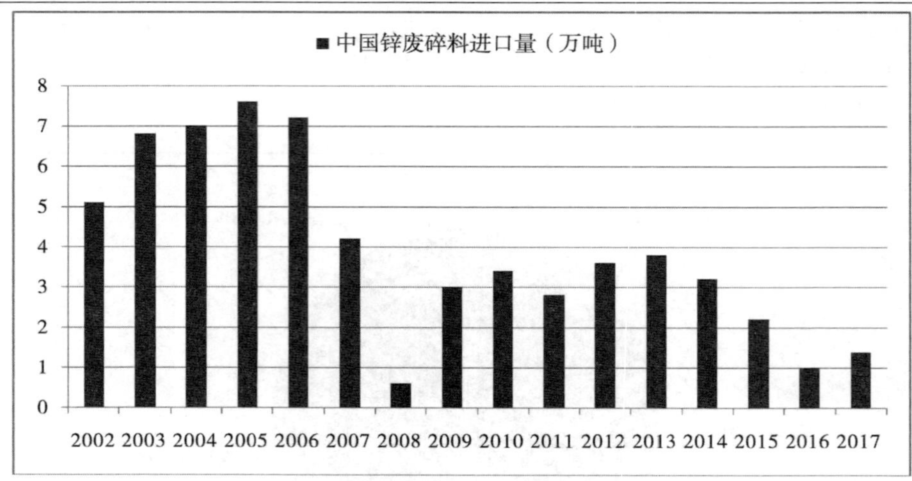

图5　2002－2017 年中国锌废碎料进口量

数据来源：中国海关　CMRA

以上是海关公布的废锌进口数量，除此之外，每年还有部分通过其他渠道进入中国的废锌，主要是混杂在进口的废铝、废五金和其他废金属之中的锌废料。

二、再生有色金属市场价格变化

（一）国内外废铜市场情况

废铜的价格根据废铜的种类、地区和时间的变化而有所波动。以美国为例，2017 年光亮铜价格大约为 5320～7100 美元/吨，2#铜价格大约为 4905～6685 美元/吨，黄杂铜价格大约为 3675～4520 美元/吨，干净黄铜水箱价格大约为 3520～4185 美元/吨。

2017 年上半年，铜价延续 2016 年的高位小幅震荡态势，7 月开始不断发力上涨至当年最高点后小幅回调，废铜价格整体保持向上的趋势。以江浙沪地区为例，光亮铜、2#铜、黄杂铜年初最低价分别为 3.91 万元/吨、3.85 万元/吨和 2.9 万元/吨，年末最高价分别为 4.8 万元/吨、4.73 万元/吨和 3.4 万元/吨，分别增长了 22.8%、22.86%和 17.2%。具体见图 6。

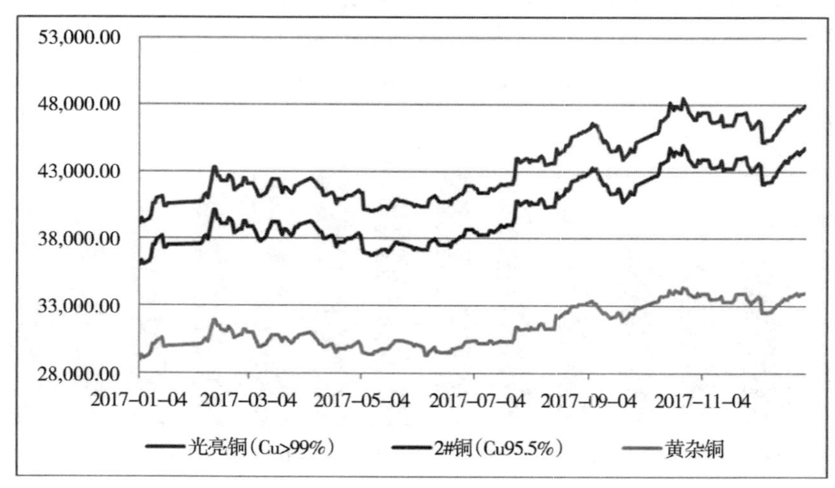

图6　2017 年江浙沪地区废铜价格走势情况

数据来源：Wind

国内废铜回收和销售市场比较活跃，这些市场内有专业的废铜商店，对所收购的废铜进行简单的拆解、分拣，并不进行深加工，但由于发展水平不同，各地市场的交易集中程度及数量存在差异。当年国内规模较大的废铜集散地主要分布在湖南汨罗、浙江永康、山东临沂、河南长葛等地，并形成各具特色的废金属市场。随着国内回收交易市场的不断规范和发展，国内回收废铜量在逐年增长，将不断提升我国废铜资源的保障程度。

2017 年，中国国内废铜回收量约为 200 万吨。

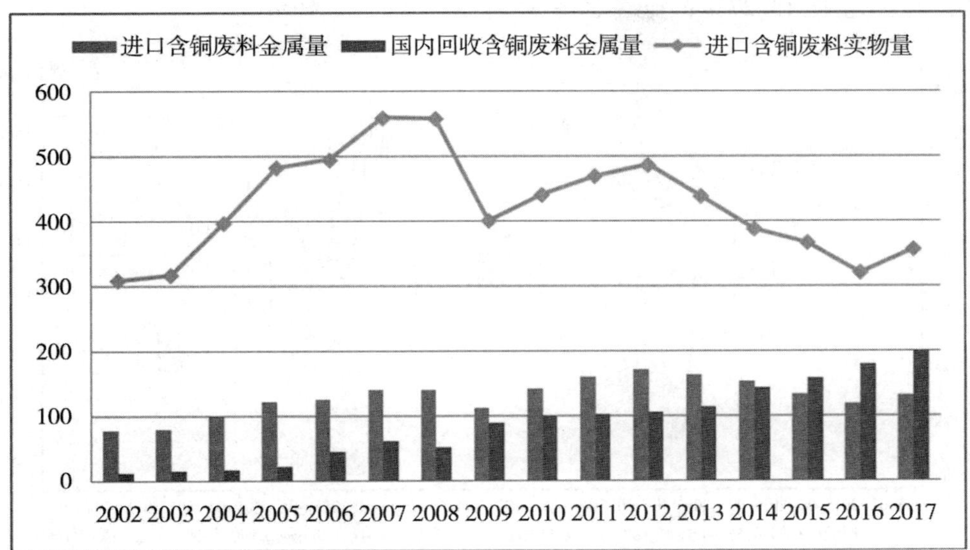

图 7　2002 - 2017 年中国进口及国内回收废铜情况

数据来源：商务部　CMRA

含铜废料的进口量和国内回收量的差距在逐渐缩小，2015 年国内回收量首次超过了进口量，并逐年增长。

2017 年国务院办公厅印发《禁止洋垃圾入境推进固体废物进口管理制度改革实施方案》，提出全面禁止洋垃圾入境，完善进口固体废物管理制度，切实加强固体废物回收利用管理。随着这一政策的逐步实施，废铜进口量进一步下降，企业将更重视国内废铜的回收。

（二）国内外废铝市场情况

2017 年全球铝市供需关系显著改善。在中国电解铝供给侧改革叠加环保政策，以及原材料成本持续攀升等因素带动下，铝价大幅提高。LME 三月期铝均价 1980 美元/吨，最高价 2280 美元/吨，同比上涨 23.4%。国内 SHFE 铝价同样呈现大幅上涨态势，SHFE 三月期货平均价为 1.47 万元/吨，同比上涨 21.2%。

图 8　2015 - 2017 年国内外三月期铝价格

数据来源：WIND　CMRA

受铝价上涨带动，2017年国内废铝价格继续震荡上行，最高至1.27万元/吨，平均价格为1.17万元/吨，同比增长13.27%；而美国进口zorbaCIF全年平均价格为1419美元/吨，同比下降0.63%，但降幅较2016年收窄2.16%。

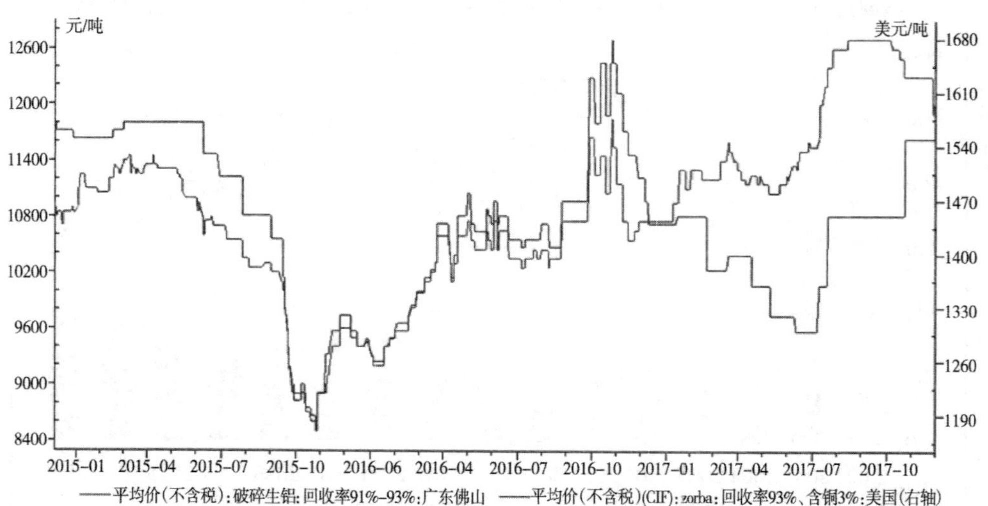

图9 2015－2017年国内外废铝价格走势情况

数据来源：WIND CMRA

以广州佛山为例，采用原铝、破碎生铝、ADC12铝合金进行对比分析，从相对差价看，2017年ADC12与破碎生铝的价差为3259元/吨，同比增长8.3%；2017年原铝价格持续在高位，ADC12与A00铝锭之间的差价继续缩小至1390元/吨。从价格看，2017年再生铝企业经营情况持续好转。

图10 2015－2017年国内原铝、破碎生铝、ADC12铝合金锭价格对比

数据来源：WIND CMRA

再生铸造铝合金广泛应用于汽车、摩托车、电子信息、机械制造、家用电器及建筑五金等行业。其中在汽车、摩托车行业的应用占再生铸造铝合金应用的70%，汽车、摩托车行业的发展对再生铝合金消费支撑明显。

2017年，中国汽车产销呈小幅增长，全年产销分别为2901.54万辆和2887.89万辆汽车，同比增长3.19%和3.04%，增速与上年相比有一定回落。2017年，中国摩托车工业产销结束连续5年下滑的走势，取得了小幅增长。摩托车产销量分别为1714.57万辆和1713.49万辆，比上年分别增长1.93%和1.99%。

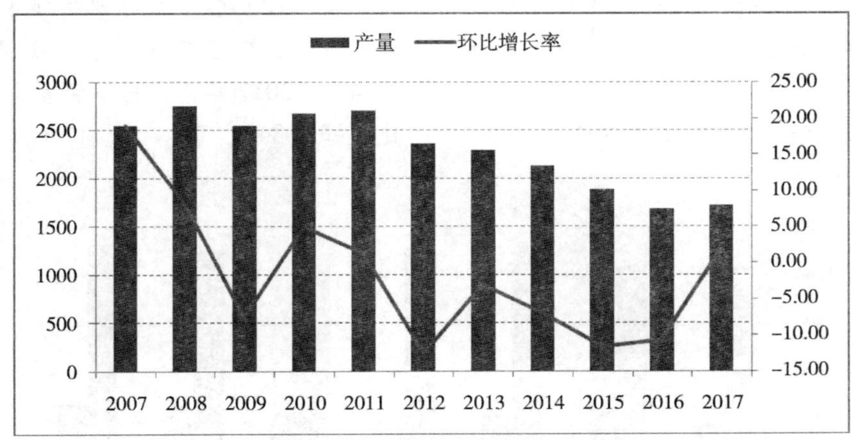

图 11 2006－2017 年中国汽车产量

数据来源：WIND CMRA

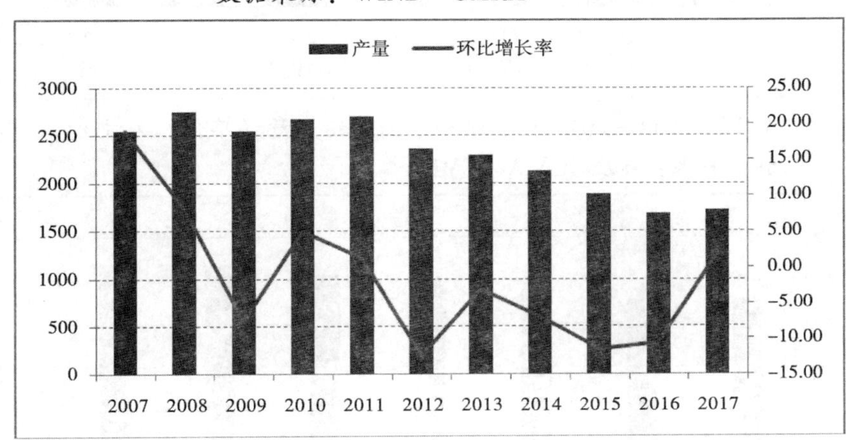

图 12 2007－2017 年中国摩托车产量（万辆）及增长率（%）

数据来源：WIND CMRA

2017 年国内回收废铅量约为 500 万吨，同比增长约 12%。

（三）铅及废铅蓄电池市场

2017 年，铅价格走势整体呈现先抑后扬、宽幅震荡的格局，铅金属价格同比大幅增长，内外盘铅价走势一致，年均价创出近年新高。2017 年 LME 三月期铅均价 2325 美元/吨，同比上涨 23.9%；上海期货交易所三月期铅均价 1.83 万元/吨，同比增长 24.6%；国内现货市场 1# 铅均价 1.88 万元/吨，废铅蓄电池均价约 8950 元/吨。

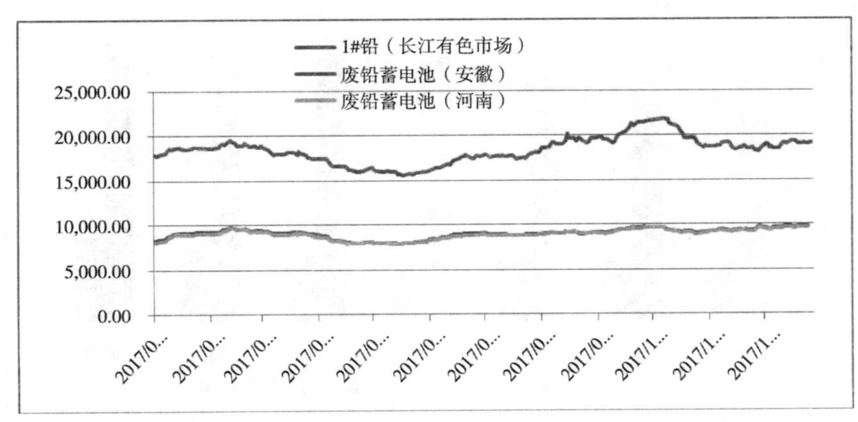

图 13 2017 年铅及废铅蓄电池价格走势（单位：元/吨）

数据来源：WIND CMRA

2017 年中国精炼铅产量为 471.6 万吨，同比增长 9.71%，其中再生铅占铅总产量的比例超过四成。

2017 年中国精铅表观消费量为 464.5 万吨，同比下降 0.13%，从初级消费上看，2017 年中国铅蓄电池产量 2.05 亿千伏安时，同比下降 3.74%。2017 年中国出口铅蓄电池 1.98 亿支，同比下降 8.84%。

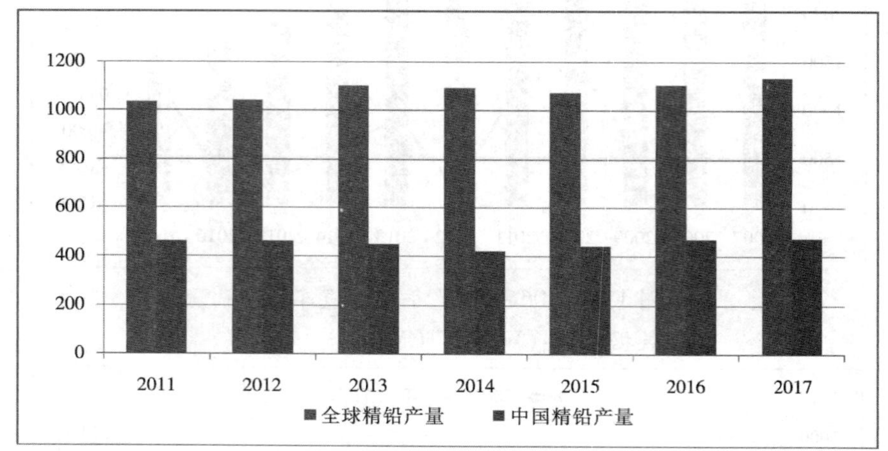

图 14　2011－2017 年全球和中国精铅产量（单位：万吨）

数据来源：ILZSGCNIA　CMRA

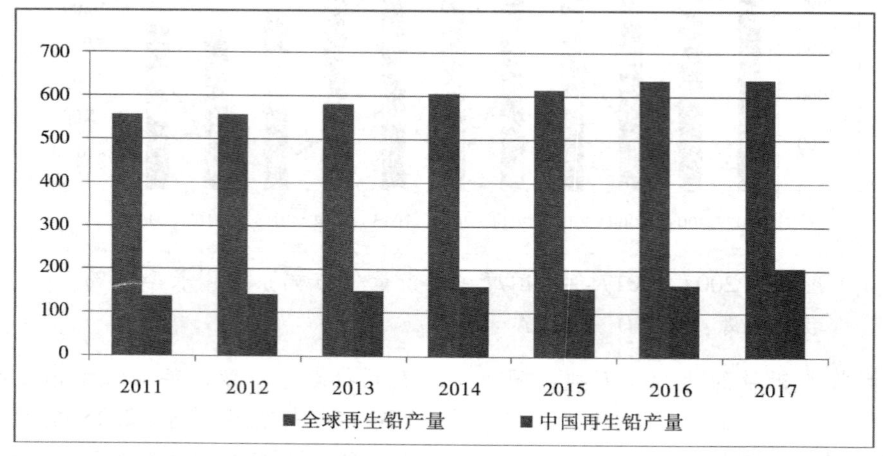

图 15　2011－2017 年全球和中国精铅消费量（单位：万吨）

数据来源：ILZSGCNIA　CMRA

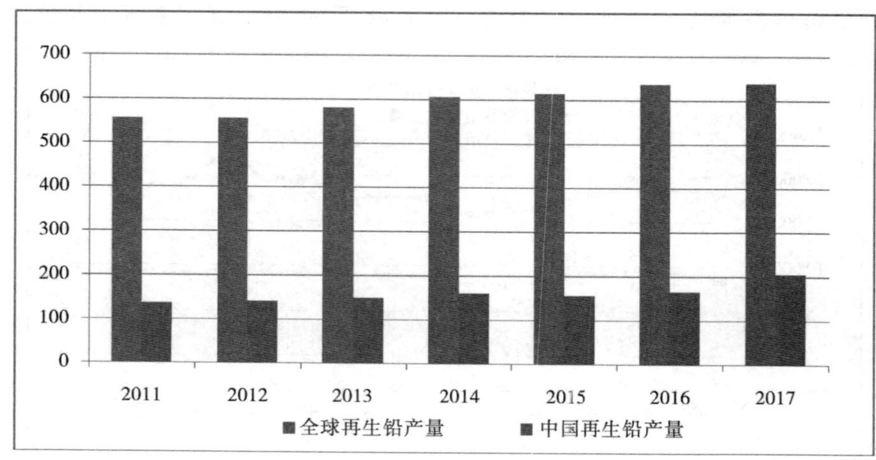

图 16　2011－2017 年全球和中国再生铅产量（单位：万吨）

数据来源：ILZSGCNIA　CMRA

（四）锌及废锌市场

2017 年锌金属价格同比大幅增长，国内长江有色市场 0[#]锌均价 24348.87 元/吨，最高为 27600 元/吨，最低 21530 元/吨。LME 锌现货均价 2895.94 美元/吨，最高 3370 美元/吨，最低 2434.5 美元/吨。总体来说，前 3 个月锌价高位宽幅震荡，波幅逐渐收窄。4－5 月受避险因素影响，锌价大幅下跌。6－8 月在供需面双重利好下，沪锌大幅上涨。9－12 月，锌价开始宽幅震荡走势。

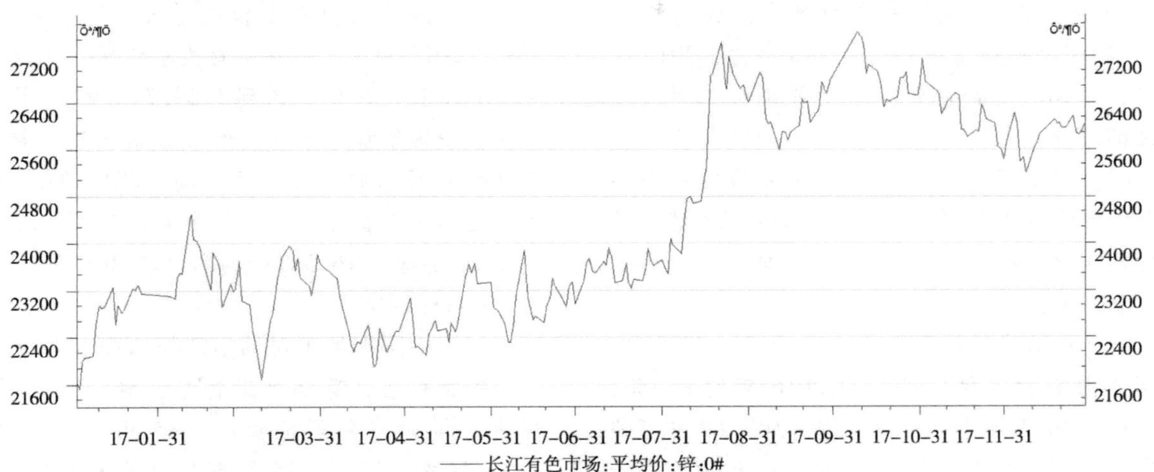

图 17　2017 年长江有色市场 0[#]锌平均价格走势（单位：元/吨）

数据来源：WIND

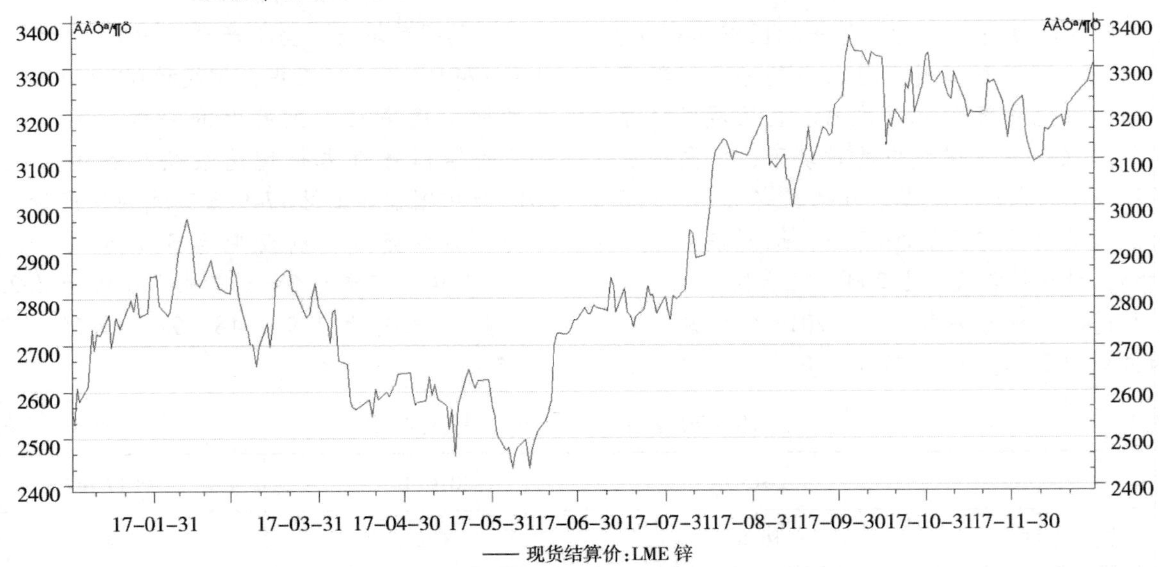

图 18　2017 年 LME 锌现货结算价格走势（单位：美元/吨）

数据来源：WIND

（张希忠　张　琳　王　欣　张一鸣）

铜加工市场分析

一、中国铜加工行业总体运行情况

2017 年，世界铜加工材生产继续维持温和回升势头，同时生产重心进一步向亚洲集聚，而中国、日本、韩国、德国、意大利、美国 6 个国家的主导作用得到进一步加强。事实上，就 WBMS 现有的统计资料进行分析，2017 年世界铜加工材行业得以保持总体平稳，在很大程度上依旧是得益于中国发挥出的重要作用。

根据世界金属统计（WBMS）的最新数据分析，2017年世界铜加工材的总产量比2016年增长43.8万吨至2584.5万吨的年度新高水平。其中，亚洲地区的铜加工材产量可达到2110.5万吨的历史新高，并在世界铜加工材生产总量中的占比首次超过80%。中国的作用更加突出，成为引领"六强"国家铜材产量增长的最主要动力，2017年中国铜加工材的产量占到当年世界铜加工材生产总量的67.7%。

总体上经营环境继续好转，相关行业平稳运行的带动，促使2017年中国铜加工行业依然保持稳中向好态势，全年行业运行的基本特点主要有以下四个方面：

一是产量增速保持平缓，结构调整有序平稳。2017年中国铜加工材的产量比2016年增长4%，总量达到1749.3万吨。其中，铜线材以62.9万吨的数量，成为产量增长最多且占比最大的一类产品；铜箔以10%的增幅继续占据增速最快产品的位置。

二是产业转移持续进行，华东地区继续领先。华东地区是中国铜加工材产量最多的地区，其产量在中国的占比一直在70%左右。在区域经济建设提速与加强产业集群效应的拉动下，中国铜加工材已形成了以浙江、江苏、江西、安徽、广东5个省为引领的产业格局。2017年，地处华南的广东省铜加工材产量首次跃上200万吨台阶。

三是进出口贸易恢复增长。2017年中国铜加工材的进出口贸易有明显回升，全年进出口贸易量增长4.5%达到106万吨，贸易额增长20.6%达到95亿美元。其中，进口量58.2万吨，出口量47.8万吨，同比分别增长3.6%和5.8%；进口金额58亿美元，出口金额37亿美元，同比分别增长20.6%和20.5%。

四是消费实现稳中较快增长，经营效益出现好转。2017年中国铜加工材表观消费量实现3.9%左右的增长，全年可达到1759.7万吨并创下历史新高。中国铜加工行业的经营效益出现明显好转，特别是利润总额有大幅度提高。2017年，规模以上铜压延加工企业实现主营业务收入9553.7亿元，比2016年增长16.5%；利润总额288.4亿元，同比增长18.14%。

二、中国铜加工材的生产与消费

安泰科在计算铜加工材分品种的生产量与表观消费量时，主要按铜管、铜板带（含排，下同）、铜棒、铜箔、铜线等五大类产品进行对比分析。

安泰科的研究表明，2017年中国铜加工材生产量继续平稳增长。全年产量比2016年增长4%，达到1749.3万吨。其中，铜线材62.9万吨，成为产量增长最多且占比最大的一类产品；铜箔以10%的增幅继续占据增速最快产品的位置。在2017年中国铜加工材1749.3万吨的总产量中，铜管为296.6万吨、铜板带为326万吨、铜棒为238.5万吨、铜箔为38.5万吨、铜线为802.9万吨，占比分别为17%、18.6%、13.6%、2.2%和45.9%。

表1　2015－2017年中国铜加工材生产量　单位：万吨

	2015年	2016年*	2017年*
铜加工材	1618.8	1682.0	1749.3
其中：铜管	294.0	275.0	296.6
铜板带	314.5	325.0	326.0
铜棒	227.9	235.0	238.5
铜箔	32.2	35.0	38.5
铜线	684.3	740.0	802.9
其它	65.9	72.0	46.8

资料来源：CNIA、安泰科　＊为安泰科估计值

从中国铜加工材生产的地区情况看，按照地理大区划分，华东地区一直是中国铜加工材产量最多的地区。2016 年与 2017 年浙江、江苏、江西、安徽、广东等 5 个省份铜加工材的累计产量分别为 1262.5 万吨与 1334.1 万吨，在全国总产量中的占比继续扩大并至 75.1%与 76.3%。

从表观消费量来看，2014 年以来，中国铜加工材表观消费量的增长幅度明显放缓，但总体上仍一直保持着稳中较快的增长态势。2016 年中国铜加工材的表观消费量达到 1693 万吨，比 2015 年增长 4%；2017 年中国铜加工材表观消费量将保持平稳增长，增速为 3.9%左右，达到 1759.7 万吨。

从主要产品的情况看，中国铜线材的表观消费量在持续逐年大幅增长之后，2017 年达到 812 万吨的历史新高。同时，铜线材在全部铜加工材表观消费量中的占比，2017 年继续提升至 46.1%水平。另外三大主导产品——铜管、铜板带、铜棒的表观消费量，2017 年分别增长至 282 万吨、335.7 万吨与 243.8 万吨，且铜管、铜板带、铜棒在 2017 年铜加工材表观消费量中的占比分别为 16.1%、19.1%和 13.9%。

表 2　　2014－2017 年中国铜加工材表观消费量　　单位：实物量，万吨

	2014 年	2015 年	2016 年*	2017 年*
铜加工材	1506.6	1628.5	1693.0	1759.7
其中：铜管	264.6	278.8	261.2	282.0
铜板带	306.7	323.0	333.9	335.7
铜棒	214.7	233.9	240.2	243.8
铜箔	38.1	39.7	43.8	48.7
铜线	633.7	696.2	750.3	812.0
其它	48.8	56.9	63.6	37.5

资料来源：CNIA、安泰科　＊为安泰科估计值

三、中国铜加工行业的进出口贸易

中国进出口铜加工材产品大致可归纳为铜粉，铜箔，铜条、杆、型材及异型材，铜板、片及带，铜丝，铜管，铜管子附件七大类。

根据中国海关的统计数据分析，2017 年中国铜加工材的进出口贸易有明显回升，且全年进出口贸易量达到 106 万吨，比 2016 年增长 4.5%。其中，进口量 58.2 万吨，出口量 47.8 万吨，同比分别增长 3.6%和 5.8%。2017 年中国铜加工材共实现进出口贸易额 95 亿美元，比 2016 年提高 20.6%。其中，进口金额 58 亿美元，出口金额 37 亿美元，同比分别提高 20.6%和 20.5%。

表 3　　2014－2017 年中国铜加工材进出口量值

	数量（万吨，实物量）			金额（亿美元）进口		
	出口	贸易量	进口	出口	贸易额	进口
2014 年	60.4	50.8	111.2	60.4	42.3	102.7
2015 年	56.3	46.6	102.9	50.6	35.6	86.2
2016 年	56.2	45.2	101.4	48.1	30.7	78.8
2017 年	58.2	47.8	106.0	58.0	37.0	95.0

数据来源：中国海关、安泰科

从大类产品情况看，近年来中国铜加工材进口量（实物量）中最多的一直是铜箔、铜丝、铜

板片带这三大类产品。2017 年，上述三大类主导产品的合计进口量提升到 49.1 万吨，但在全部进口量中的占比却降至 84.4%。其中，铜箔、铜丝、铜板片带这三类产品的进口量分别为 22.3 万吨、13.5 万吨和 13.3 万吨，在全部铜加工材进口量中的占比分别为 38.3%、23.2% 和 22.9%。其中，铜箔、铜板片带产品的进口量继续上升且均比 2016 年增加 1.2 万吨，铜丝的进口量则继续收缩并减少了 1 万吨。

铜管、铜箔、铜管子附件一直是全部铜材中出口最多的三类主导产品。2017 年，上述三大类主导产品的出口量合计为 38.5 万吨，比 2016 年增加 2.6 万吨，但在全部铜材出口总量中占比继续下降至 80.5%。其中，铜管、铜箔、铜管子附件的出口量分别为 16.7 万吨、12.1 万吨和 9.7 万吨，分别占全部铜材出口总量的 34.9%、25.3% 和 20.3%。与 2016 年相比，铜箔的出口量减少 2000 吨，铜管、铜箔的出口量分别增加 1.2 万吨和 8000 吨。

表 3　　2015－2017 年中国铜加工材进出口量　　单位：实物量，万吨

项目	进口量			出口量		
	2015 年	2016 年	2017 年	2015 年	2016 年	2017 年
铜加工材	56.3	56.2	58.2	46.6	45.2	47.8
其中：铜粉	0.3	0.4	0.4	0.3	0.3	0.3
铜箔	20.7	21.1	22.3	13.2	12.3	12.1
铜条、杆、型材及异型材	6.9	6.0	6.2	0.9	0.8	0.9
铜板、片及带	11.5	12.1	13.3	3.0	3.2	3.6
铜丝	15.4	14.5	13.5	3.5	4.2	4.4
铜管	1.3	1.7	2.1	16.5	15.5	16.7
铜管子附件	0.3	0.4	0.4	9.1	8.9	9.7

数据来源：中国海关、安泰科

从主要贸易国的情况看，中国铜加工材进口的来源地有 70 多个国家和地区。近年来，中国台湾、韩国、日本、印度尼西亚、德国、马来西亚、俄罗斯等国家和地区，一直是中国铜加工材产品进口的主要来源地，成为中国铜加工材进口十分稳定的贸易伙伴。其中，前 5 个来源地的合计进口量，2016 年为 47.5 万吨，占总进口量的 84.5%；2017 年合计总量达到 49.9 万吨，在总进口量的占比上升至 85.7%。

与此同时，中国铜加工材已出口到世界上 190 多个国家和地区。其中，韩国、中国香港、中国台湾、泰国、马来西亚、美国、日本、印度等国家和地区，多年来一直是中国铜加工材产品出口的主要目的地。最近两年，中国铜材产品出口最多的目的地分别是韩国、泰国、中国香港、马来西亚、中国台湾。2017 年中国铜加工材向上述 5 个目的地的出口量合计为 19.3 万吨，比 2016 年减少 4000 吨，在总出口量的占比也从 43.6% 降为 40.4%。

四、中国铜加工材生产的金属铜用量情况

根据 CNIA 最新统计资料，安泰科针对不同种类产品含铜量进行测算的结果表明，中国铜加工材生产所用金属铜的数量，在 2013 年首次突破 1000 万吨之后呈现逐年增长势头，2017 年中国各类铜加工材产品的金属铜用量继续增长，并突破 1400 万吨的新高水平。

从各类产品的生产情况看，铜线材产量的快速增长，仍是目前中国铜加工材生产用铜量保持稳定增长的最主要因素。据安泰科分析，2016 年和 2017 年中国铜线材生产的金属铜用量分别为 586.1 万吨和 635.9 万吨，占铜材生产所用全部金属铜的 43.5% 和 45.3%。

另外三大类主要产品——铜板带、铜管、铜棒生产的金属铜使用量，在 2011－2015 年间，年

均增速分别为11.7%、8.1%和9.6%。2016年的金属铜用量分别为230.2万吨、276.7万吨和175.3万吨，2017年继续增长至286.8万吨、232.3万吨和177.9万吨。

表5　　2015－2017年中国铜加工材生产的金属铜使用量　　单位：万吨

	2014年	2015年	2016年*	2017年*
铜加工材	1200.4	1296.9	1347.7	1403.7
其中：铜管	220.2	230.2	215.3	232.3
铜板带	261.4	276.7	285.9	286.8
铜棒	155.3	170.0	175.3	177.9
铜箔	30.5	31.9	34.7	38.1
铜线	492.5	542.0	586.1	635.9
其它	40.5	46.1	50.4	32.8

资料来源：安泰科　＊为估计值

铜加工材生产的主要原料来自精炼铜与废杂铜。安泰科的研究表明，考虑到废杂铜的直接利用量，国内精炼铜的供应量与铜加工材生产的精炼铜使用量之间，在2001－2015年间一直呈现过剩状态，但过剩量自2012年达到160万吨之后开始出现明显下降，2015年只有45万吨。这一结果与其间铜价涨跌形成对应，同时也从一个角度很好地印证了这样一个规律，即当市场供求关系回归常态，铜价的波动也将回归常态。2016年国内铜加工材生产的精炼铜使用量小幅增加到1078万吨的水平，而中国精炼铜的供应量与铜加工材生产的精炼铜使用量之间的过剩量继续缩减至7万吨。2017年，情况则会发生根本性变化。安泰科认为，2017年中国铜加工材生产的精炼铜使用量可增长至1091.2万吨，而这会使得其与国内精炼铜的供应量的关系，从之前多年来的供应过剩转为供应不足，初步测算缺口为31.7万吨。

（王　君）

铝加工市场分析

2017年，中国经济由高速增长转向中高速和高质量发展，国际贸易环境不断恶化。面临诸多困境，中国铝加工产业仍然保持了健康、平稳的良好发展态势。根据中国有色金属工业协会统计，2017年中国铝材产量达到5832万吨，同比增长9.5%。安泰科分析认为，在剔除重复统计后，铝材产量应为3820万吨，同比增长8.5%，连续12年保持全球第一。铝材出口仍保持良好态势，2017年中国铝材净出口量为382万吨，增加了15万吨，较上年明显增长。其中，进口铝材39.5万吨，比上年小幅增长1.5%；出口铝材421.8万吨，比上年增长4.0%。

2017年，中国铝材总产量已连续12年位居世界第一，在世界铝材总产量中的占比由2016年的58.1%进一步提升至59.5%。产能扩建速度趋缓，铝材年产能达5313万吨，比上年增长5.6%，比2016年同期增速低2.1个百分点。

据中国有色金属工业协会统计，2017年中国铝材产量排名靠前的地区包括河南、山东、广东、江苏、广西和浙江，上述6省区的铝材年产量均超过250万吨，产量合计占全国总产量的62.6%。

国内铝加工项目投资结束了连续两年的下滑，小幅回升，加工企业加大了对罐料、汽车车身板、航空板等高精铝材及深加工领域的投入，产品质量达到世界先进水平。

截至2017年底，中国投产“1＋3”到“1＋5”热连轧生产线19条，“1＋1”铝热粗轧－热精轧生产线12条，双机架、三机架、五机架冷连轧生产线18条，45兆牛以上的大型挤压机125台，先进设备总量甚至超过国外所有国家的总和。

2017年，中国铝加工行业投资结束连续两年持续下跌，比上年增长6.0%。中国有色金属工业协会发布数据显示，2017年，中国铝加工业完成固定资产投资额为1645.93亿元，比上年增长

6.0%，占有色金属加工总投资的47.4%；施工项目1478个，比上年增加309个项目。

近年来，铝加工项目投资有所下降，主体设备国产化明显。2017年中国铝挤压领域完成的投资项目主要有北京和平铝业有限公司4条及压线、内蒙古光太铝业有限公司年产1万吨铝型材项目、忠旺集团225MN挤压生产线等。在建项目主要有江苏海安宏宇新材料有限公司年产10万吨挤压材项目、陕西西安高科建材科技有限公司年产2万吨挤压材项目、经阁铝业公司汨罗铝型材公司年产20.5万吨挤压材项目等。在铝轧制领域，在建项目主要包括酒钢天成彩铝公司年产40万吨铸轧项目、华峰铝业年产20万吨铝板带项目、宏创控股有限公司年产8.5万吨高精铝板带项目、中铝瑞闽年产20万吨铝板带项目等。当年建成投产的有天津忠旺铝业1（4500mm）+1（4100mm）+4（3150mm）热连轧生产项目、内蒙古联晟轻合金公司2150mm连铸连轧线等。

近年来，中国经济增长由高速增长逐步向高质量发展转变，增速放缓，一定程度上对铝材消费增长形成抑制；2017年，虽然国际贸易形势更为严峻，但中国铝材出口仍取得小幅增长的良好局面；中国铝材消费增速与上年基本相当，增速仍高于美国、日本等国家的增长水平。安泰科估算，2017年中国铝材总消费量为3444.7万吨，较上年增长7.7%，增速比2016年下降0.1个百分点。

近年来，中国铝加工产业得到快速发展，技术装备水平不断提高，装机水平达世界前列，同时在技术研发、产品质量等方面获得不断进步，国产铝材产品不仅能够基本满足国内市场需求，而且在中低档以及部分高端产品领域具备与西方先进工厂竞争的实力，中国铝材产品大量出口，自2010年开始中国铝材出口已经连续8年全球第一。少量需从国外进口，主要以高端产品为主，集中在汽车板、航空板、电子铝箔等产品。2017年，中国铝材进口量为39.5万吨，与上年相比小幅增长1.5%；出口铝材421.8万吨，较上年增长4.0%。

铝板带依然是进口量最大的铝材品种，2017年进口25.5万吨，比2016年小幅增加9000吨，占全部进口量的64.6%。铝挤压材和铝箔分别进口6.6万吨和6.1万吨，分列第2和第3位。

在出口方面，铝板带仍是最大的出口铝材产品，2017年出口207.7万吨，较上年大幅增长26.7%，占铝材出口总量的比例高达49.2%；铝箔出口数量排名跃升至第2位，出口量达116.3万吨，比上年增长了7.7%。其次为挤压材，2017年出口94.4万吨，大幅下降27.6%。

（陈　欢）

有色金属证券市场

一、证券市场有色金属企业概况

根据安泰科的统计分类整理，截至2017年12月31日，在国内沪深两地上市的有色金属企业已达103家，比上年新增4家，涉及到铜、铝、铅、锌、锡、镍、钨、钼、小金属、稀土及磁性材料等有色金属品种，总市值为1.66万亿元，占沪深两市总市值的比重为2.93%。

按照有色金属品种划分，将上海、深圳证券交易所上市的有色企业划分为12大板块，其中：铝板块上市公司24家、铜板块上市公司14家（新增3家）、铅锌板块上市公司14家、镍板块上市公司2家、钨板块上市公司4家（新增1家）、锡板块上市公司1家、锂板块上市公司4家（减少1家）、钼板块上市公司3家（减少1家）、贵金属板块上市公司11家、其他金属板块上市公司15家（新增2家）、稀土板块上市公司4家和磁性材料板块上市公司7家（见表1）。

表1　国内有色金属上市公司名录

铝板块				铜板块			
序号	简称	代码	上市时间	序号	简称	代码	上市时间
1	600219.SH	南山铝业	1999年12月23日	1	600362.SH	江西铜业	2002年1月11日
2	002082.SZ	栋梁新材	2006年11月20日	2	000630.SZ	铜陵有色	1996年11月20日
3	601677.SH	明泰铝业	2011年9月19日	3	000878.SZ	云南铜业	1998年6月2日

续表

铝板块			
序号	简称	代码	上市时间
4	600673. SH	东阳光科	1993 年 9 月 17 日
5	002160. SZ	常铝股份	2007 年 8 月 21 日
6	002540. SZ	亚太科技	2011 年 1 月 18 日
7	002501. SZ	利源精制	2010 年 11 月 17 日
8	300057. SZ	万顺股份	2010 年 2 月 26 日
9	300337. SZ	银邦股份	2012 年 7 月 18 日
10	002578. SZ	闽发铝业	2011 年 4 月 28 日
11	002379. SZ	宏创控股	2010 年 3 月 31 日
12	600768. SH	宁波富邦	1996 年 11 月 11 日
13	002806. SZ	华锋股份	2016 年 7 月 26 日
14	601600. SH	中国铝业	2007 年 4 月 30 日
15	000933. SZ	神火股份	1999 年 8 月 31 日
16	000807. SZ	云铝股份	1998 年 4 月 8 日
17	600595. SH	中孚实业	2002 年 6 月 26 日
18	000612. SZ	焦作万方	1996 年 9 月 26 日
19	601388. SH	怡球资源	2012 年 4 月 23 日
20	002547. SZ	春兴精工	2011 年 2 月 18 日
21	300328. SZ	宜安科技	2012 年 6 月 19 日
22	300489. SZ	中飞股份	2015 年 7 月 1 日
23	600888. SH	新疆众和	1996 年 2 月 15 日
24	002824. SZ	和胜股份	2017 年 1 月 12 日

镍板块			
序号	证券代码	证券简称	上市日期
1	600432. SH	*ST 吉恩	2003 年 9 月 5 日
2	000693. SZ	*ST 华泽	1997 年 2 月 26 日

钨板块			
序号	证券代码	证券简称	上市日期
1	000657. SZ	中钨高新	1996 年 12 月 5 日
2	002378. SZ	章源钨业	2010 年 3 月 31 日
3	600549. SH	厦门钨业	2002 年 11 月 7 日
4	002842. SZ	翔鹭钨业	2017 年 1 月 19 日

锡板块			
序号	证券代码	证券简称	上市日期
1	000960. SZ	锡业股份	2000 年 2 月 21 日

钼板块			
序号	证券代码	证券简称	上市日期
1	601958. SH	金钼股份	2008 年 4 月 17 日

铜板块			
序号	简称	代码	上市时间
4	601168. SH	西部矿业	2007 年 7 月 12 日
5	002203. SZ	海亮股份	2008 年 1 月 16 日
6	002171. SZ	楚江新材	2007 年 9 月 21 日
7	600255. SH	梦舟股份	2000 年 11 月 22 日
8	601137. SH	博威合金	2011 年 1 月 27 日
9	002295. SZ	精艺股份	2009 年 9 月 29 日
10	600490. SH	鹏欣资源	2003 年 6 月 26 日
11	600110. SH	诺德股份	1997 年 10 月 7 日
12	601212. SH	白银有色	2017 年 2 月 15 日
13	603527. SH	众源新材	2017 年 9 月 7 日
14	300697. SZ	电工合金	2017 年 9 月 7 日

铅锌板块			
序号	证券代码	证券简称	上市日期
1	000758. SZ	中色股份	1997 年 4 月 16 日
2	000060. SZ	中金岭南	1997 年 1 月 23 日
3	600497. SH	驰宏锌锗	2004 年 4 月 20 日
4	600531. SH	豫光金铅	2002 年 7 月 30 日
5	600961. SH	株冶集团	2004 年 8 月 30 日
6	000751. SZ	锌业股份	1997 年 6 月 26 日
7	600331. SH	宏达股份	2001 年 12 月 20 日
8	600338. SH	西藏珠峰	2000 年 12 月 27 日
9	000688. SZ	建新矿业	1997 年 1 月 20 日
10	002114. SZ	罗平锌电	2007 年 2 月 15 日
11	000426. SZ	兴业矿业	1996 年 8 月 28 日
12	000975. SZ	银泰资源	2000 年 6 月 8 日
13	000603. SZ	盛达矿业	1996 年 8 月 23 日
14	601020. SH	华钰矿业	2016 年 3 月 16 日

锂板块			
序号	证券代码	证券简称	上市日期
1	002466. SZ	天齐锂业	2010 年 8 月 31 日
2	002460. SZ	赣锋锂业	2010 年 8 月 10 日
3	000762. SZ	西藏矿业	1997 年 7 月 8 日
4	002070. SZ	*ST 众和	2006 年 10 月 12 日

其他金属板块			
序号	证券代码	证券简称	上市日期
1	600614. SH	鹏起科技	1992 年 7 月 28 日
2	600711. SH	盛屯矿业	1996 年 5 月 31 日

续表

钼板块				其他金属板块			
序号	简称	代码	上市时间	序号	简称	代码	上市时间
2	603399. SH	新华龙	2012 年 8 月 24 日	3	600206. SH	有研新材	1999 年 3 月 19 日
3	603993. SH	洛阳钼业	2012 年 10 月 9 日	4	000962. SZ	东方钽业	2000 年 1 月 20 日
贵金属板块				5	000969. SZ	安泰科技	2000 年 5 月 29 日
序号	证券代码	证券简称	上市日期	6	600456. SH	宝钛股份	2002 年 4 月 12 日
1	601899. SH	紫金矿业	2008 年 4 月 25 日	7	002167. SZ	东方锆业	2007 年 9 月 13 日
2	600547. SH	山东黄金	2003 年 8 月 28 日	8	002149. SZ	西部材料	2007 年 8 月 10 日
3	600489. SH	中金黄金	2003 年 8 月 14 日	9	002182. SZ	云海金属	2007 年 11 月 13 日
4	002237. SZ	恒邦股份	2008 年 5 月 20 日	10	002340. SZ	格林美	2010 年 1 月 22 日
5	002155. SZ	湖南黄金	2007 年 8 月 16 日	11	002428. SZ	云南锗业	2010 年 6 月 8 日
6	600988. SH	赤峰黄金	2004 年 4 月 14 日	12	300428. SZ	四通新材	2015 年 3 月 19 日
7	601069. SH	西部黄金	2015 年 1 月 22 日	13	603799. SH	华友钴业	2015 年 1 月 29 日
8	600311. SH	荣华实业	2001 年 6 月 26 日	14	603663. SH	三祥新材	2016 年 8 月 1 日
9	600766. SH	园城黄金	1996 年 10 月 28 日	15	603978. SH	深圳新星	2017 年 8 月 7 日
10	002716. SZ	金贵银业	2014 年 1 月 28 日	磁性材料板块			
11	600459. SH	贵研铂业	2003 年 5 月 16 日	序号	证券代码	证券简称	上市日期
稀土板块				1	000970. SZ	中科三环	2000 年 4 月 20 日
序号	证券代码	证券简称	上市日期	2	600330. SH	天通股份	2001 年 1 月 18 日
1	600111. SH	北方稀土	1997 年 9 月 24 日	3	000795. SZ	英洛华	1997 年 8 月 8 日
2	600259. SH	广晟有色	2000 年 5 月 25 日	4	300224. SZ	正海磁材	2011 年 5 月 31 日
3	600392. SH	盛和资源	2003 年 5 月 29 日	5	600366. SH	宁波韵升	2000 年 10 月 30 日
4	000831. SZ	五矿稀土	1998 年 9 月 11 日	6	300127. SZ	银河磁体	2010 年 10 月 13 日
				7	600980. SH	北矿科技	2004 年 5 月 12 日

在香港上市的有色企业共有 39 家，比上年新增 1 家，其中，以黄金及贵金属产品为主营业务的上市公司有 10 家、以铜镍为主营业务的上市公司有 10 家、以铝产品为主营业务的上市公司有 7 家、以铅锌为主营业务的上市公司有 4 家、以小金属及矿产为主的上市公司有 8 家（见表 2）。

表 2　香港有色金属上市公司名录

序号	简称	代码	上市时间	主营业务
1	江西铜业	hk0358	1997/6/12	铜产业链
2	志道国际	hk1220	1997/9/23	铝加工
3	中国稀土	hk0769	1999/10/15	稀土及耐火材料
4	中国铝业	hk2600	2001/12/12	铝产业链
5	中核国际	hk2302	2003/1/6	铀金属系列
6	紫金矿业	hk2899	2003/12/23	黄金、铜开采及冶炼
7	麦盛资本	hk1194	2004/10/12	黄金开采及加工

续表

序号	简称	代码	上市时间	主营业务
8	中国有色金属	hk8306	2005/2/28	铅、锌开采
9	灵宝黄金	hk3330	2006/1/12	黄金开采及冶炼
10	招金矿业	hk1818	2006/12/8	黄金开采及冶炼
11	洛阳钼业	hk3993	2007/4/26	钼产业链
12	新鑫矿业	hk3833	2007/10/12	镍、铜采选、冶炼
13	欢悦互娱	hk0505	2007/12/27	铜加工
14	兴发铝业	hk0098	2008/3/31	铝加工
15	瑞金矿业	hk0246	2009/2/23	黄金开采
16	中国忠旺	hk1333	2009/5/8	铝加工
17	大唐潼金*	hk8299	2010/3/31	黄金开采
18	悦达矿业*	hk0629	2010/6/30	铅、锌、铜开采
19	齐合环保	hk0976	2010/7/12	废铜回收、铸造
20	中信大锰	hk1091	2010/11/18	综合锰生产商
21	金川国际*	hk2362	2010/11/30	铜开采、冶炼
22	中国黄金国际	hk2099	2010/12/1	黄金开采
23	五矿资源*	hk1208	2010/12/31	铅、锌、铜开采
24	中国宏桥	hk1378	2011/3/24	铝产业链
25	中国多金属	hk2133	2011/12/14	铅、锌、银开采
26	汇力资源	hk1303	2012/1/12	镍、铜采选
27	中国大冶有色金属*	hk0661	2012/3/8	铜产业链
28	中国有色矿业	hk1258	2012/6/29	有色矿产资源开发
29	万国国际矿业	hk3939	2012/7/10	铜采选
30	中国白银集团	hk0815	2012/12/28	白银冶炼
31	荣阳实业	hk2078	2013/2/5	铝加工
32	中国铝罐	hk6898	2013/7/12	铝加工
33	中国金属利用	hk1636	2014/2/21	废铜回收、铜加工
34	中广核矿业*	hk1164	2014/5/18	铀资源开发
35	恒兴黄金	hk2303	2014/5/29	黄金开采
36	北方矿业*	hk0433	2014/8/1	钼采选
37	港银控股	hk8162	2014/8/5	金属贸易、白银产品加工
38	铸能控股	hk8133	2015/4/30	金属铸造零部件
39	飞尚非金属	hk8331	2015/12/29	膨润土矿产品开发及销售

注：*为转型成为有色行业，上市期为转型时间

二、2017 年有色金属上市公司主要事件

表 3　　2017 年有色金属上市公司主要事件

证券代码	证券名称	事件类型	发生日期
000426. SZ	兴业矿业	定向增发	20170106
002824. SZ	和胜股份	IPO 首日上市	20170112
000630. SZ	铜陵有色	定向增发	20170118
002842. SZ	翔鹭钨业	IPO 首日上市	20170119
002171. SZ	楚江新材	定向增发	20170120
300337. SZ	银邦股份	签订重大合同	20170120
600614. SH	鹏起科技	由鼎立股份变更为鹏起科技	20170123
002501. SZ	利源精制	定向增发	20170124
601212. SH	白银有色	IPO 首日上市	20170215
002547. SZ	春兴精工	定向增发	20170217
002114. SZ	罗平锌电	定向增发	20170220
600392. SH	盛和资源	定向增发	20170223
600490. SH	鹏欣资源	定向增发	20170227
300618. SZ	寒锐钴业	IPO 首日上市	20170306
300224. SZ	正海磁材	定向增发	20170315
000962. SZ	东方钽业	由 * ST 东钽变更为东方钽业	20170405
600392. SH	盛和资源	定向增发	20170410
002716. SZ	金贵银业	定向增发	20170427
000693. SZ	* ST 华泽	由 ST 华泽变更为 * ST 华泽	20170502
000933. SZ	神火股份	由 * ST 神火变更为神火股份	20170502
000831. SZ	五矿稀土	由 * ST 五稀变更为五矿稀土	20170503
002149. SZ	西部材料	签订重大合同	20170601
002379. SZ	宏创控股	由鲁丰环保变更为宏创控股	20170601
601899. SH	紫金矿业	定向增发	20170607
600330. SH	天通股份	签订重大合同	20170620
002578. SZ	闽发铝业	签订重大合同	20170629
000060. SZ	中金岭南	定向增发	20170704
603993. SH	洛阳钼业	定向增发	20170724
603978. SH	深圳新星	IPO 首日上市	20170807
000688. SZ	建新矿业	签订重大合同	20170821
000969. SZ	安泰科技	签订重大合同	20170823
600255. SH	梦舟股份	由鑫科材料变更为梦舟股份	20170825
601677. SH	明泰铝业	签订重大合同	20170828
000960. SZ	锡业股份	定向增发	20170901
300697. SZ	电工合金	IPO 首日上市	20170907

续表

证券代码	证券名称	事件类型	发生日期
603527. SH	众源新材	IPO 首日上市	20170907
000758. SZ	中色股份	签订重大合同	20170930
002340. SZ	格林美	签订重大合同	20171102
002540. SZ	亚太科技	定向增发	20171123
600497. SH	驰宏锌锗	定向增发	20171130
601677. SH	明泰铝业	定向增发	20171211
002340. SZ	格林美	签订重大合同	20171222
000758. SZ	中色股份	签订重大合同	20171231

数据来源：Wind

三、有色金属市场定向增发融资情况

2017 年有色金属行业内共 18 家公司完成总计 469.53 亿元的增发募资（见表 4），洛阳钼业募资 178.59 亿元是年内股权融资规模最大的企业。

表 4　　2017 年有色金属上市公司增发融资情况　　单位：亿元

证券代码	证券简称	增发募集资金	证券代码	证券简称	增发募集资金
000060. SZ	中金岭南	14.9	002171. SZ	楚江新材	13.36
000630. SZ	铜陵有色	26.52	002716. SZ	金贵银业	11.92
000960. SZ	锡业股份	23.71	300224. SZ	正海磁材	7.43
002114. SZ	罗平锌电	8.45	600392. SH	盛和资源	6.48
002501. SZ	利源精制	29.56	600490. SH	鹏欣资源	16.87
000426. SZ	兴业矿业	11.62	600497. SH	驰宏锌锗	37.96
002547. SZ	春兴精工	10.82	601677. SH	明泰铝业	10.71
002540. SZ	亚太科技	14.67	601899. SH	紫金矿业	45.97
603993. SH	洛阳钼业	178.59	合计	469.53	

数据来源：Wind

四、有色金属行业整体盈利增幅明显

2017 年有色金属板块全行业营收与利润继续上涨。全年营业收入总计 1.39 万亿元，同比增长 15.84%；归母净利润总计 326.75 亿元。2016 年经调整后归母净利润为 167.49 亿元，同比增长 95.09%（见图 1）。

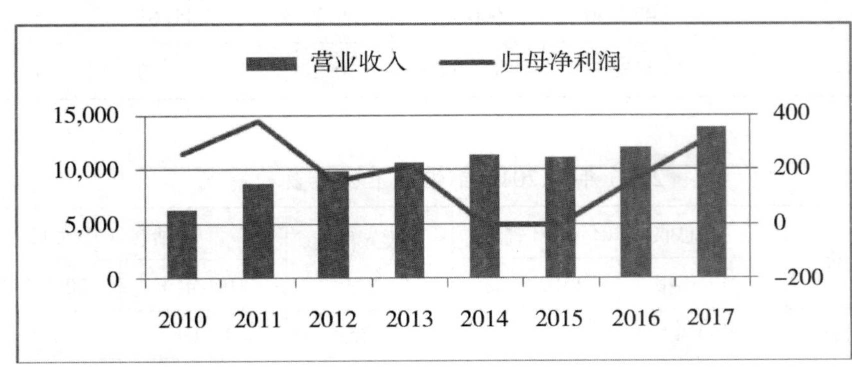

2010－2017 年有色金属板块收入利润情况　　单位：亿元

数据来源：Wind

2017年全球经济同步复苏，需求提振，以及美元走弱助推了有色商品价格继续上涨。除镍，小金属中的钼、锆，以及部分磁性材料企业净利润出现下跌外，有色其余板块净利润均继续上涨。基本金属中，受益于价格继续震荡走高，铅锌行业增长幅度最大，盈利62.62亿元，同比增长473.44%；其次是锡，增幅为419.12%；铝和铜行业盈利分别为64.31亿元和50.99亿元，只有镍企业因投资和经营不善继续大幅亏损。

2017年贵金属板块盈利62.74亿元，同比增长40.86%。在全球地缘政治形势不确定性等风险事件引发的避险需求，以及美元走软的支撑下，金价仍维持高位震荡。

2017年国内新能源汽车已步入产业化阶段，仍然是拉动锂消费增长的主动力，同时全球锂资源开发项目进程缓慢，行业继续向好，实现利润26.09亿元，同比增长33.86%；钼行业受益于供需基本面改善，价格震荡回升，2017年实现利润30.55亿元，同比增长182.61%；稀土和钨行业继续受益于供给侧改革和环保，以及打黑等政策支持，加上需求向好，2017年盈利显著增加，分别为7.89亿元和8.47亿元；小金属行业中钴大放异彩，随着新能源汽车行业发展迅猛，拉动钴价大幅上涨，其中具有代表性的华友钴业2017年实现净利润18.96亿元，同比大增31.45倍。

表5　　2016年和2017年各板块盈利情况　　单位：亿元

行业	营业收入			归母净利润		
	2016	2017	同比	2016	2017	同比
有色板块	11971.43	13867.46	15.84%	167.49	326.75	95.09%
铜	4788.70	4992.45	4.25%	28.53	50.99	78.72%
铝	2581.70	3237.44	25.40%	43.02	64.31	49.49%
铅锌	899.22	1064.01	18.33%	10.92	62.62	473.44%
镍	48.17	35.21	-26.90%	-25.90	-46.51	-79.58%
锡	334.29	344.10	2.93%	1.36	7.06	419.12%
钨	157.51	235.36	49.43%	2.65	8.47	219.62%
钼	184.88	365.53	97.71%	10.81	30.55	182.61%
贵金属	2131.01	2392.68	12.28%	44.54	62.74	40.86%
稀土	110.94	216.19	94.87%	1.03	7.89	666.02%
锂	83.30	112.75	35.35%	19.49	26.09	33.86%
其他金属	472.30	660.06	39.75%	11.61	36.89	217.74%
磁性材料	108.53	119.68	10.27%	16.10	12.93	-19.69%

数据来源：Wind

表6　　2016年和2017年铜上市公司盈利情况

序号	证券简称	总收入（亿元）		总收入同比增长率（%）	净利润（亿元）		净利润同比增长率（%）
		2017年报	2016年报		2017年报	2016年报	
1	江西铜业	2050.47	2023.08	1.35	16.04	7.88	104.57
2	铜陵有色	824.30	866.74	-4.90	5.49	1.80	204.35

续表

序号	证券简称	总收入（亿元）		总收入同比增长率（%）	净利润（亿元）		净利润同比增长率（%）
		2017 年报	2016 年报		2017 年报	2016 年报	
3	云南铜业	573.23	591.95	-3.16	2.27	2.03	11.82
4	白银有色	566.34	559.50	1.22	2.39	2.52	-4.85
5	海亮股份	299.13	180.00	66.19	7.05	5.51	27.95
6	西部矿业	273.77	277.76	-1.44	2.61	1.00	161.17
7	楚江新材	110.44	79.18	39.47	3.61	1.87	92.44
8	鹏欣资源	60.56	25.60	136.57	3.01	0.51	484.99
9	博威合金	57.58	42.43	35.71	3.06	1.83	66.65
10	精艺股份	54.52	38.89	40.17	0.59	0.09	540.57
11	梦舟股份	53.75	51.42	4.54	1.50	1.92	-21.56
12	众源新材	29.84	21.54	38.53	0.86	0.74	14.90
13	诺德股份	25.38	20.02	26.75	1.90	0.26	623.23
14	电工合金	13.14	10.59	24.01	0.61	0.55	11.63

数据来源：Wind

表 7　　2016 年和 2017 年铝上市公司盈利情况

序号	证券简称	总收入（亿元）		总收入同比增长率（%）	净利润（亿元）		净利润同比增长率（%）
		2017 年报	2016 年报		2017 年报	2016 年报	
1	中国铝业	1800.81	1440.66	24.86	13.78	4.02	93.55
2	云铝股份	221.30	155.43	42.23	6.57	1.11	243.84
3	神火股份	188.99	169.02	11.81	3.68	3.42	129.91
4	南山铝业	170.68	132.28	29.03	16.11	13.13	27.97
5	万邦德	146.35	91.83	59.37	0.98	0.70	36.83
6	中孚实业	115.22	139.16	-17.20	-1.89	0.58	-389.33
7	明泰铝业	103.66	74.81	38.56	3.52	2.69	27.87
8	东阳光科	74.12	51.02	45.27	5.23	1.09	785.05
9	新疆众和	60.06	55.47	8.28	1.21	0.39	216.16
10	怡球资源	53.84	37.67	42.93	3.23	0.26	1149.32
11	焦作万方	50.17	39.26	27.78	1.76	0.99	77.11
12	常铝股份	40.64	32.85	23.70	1.71	1.57	9.08
13	春兴精工	38.04	25.36	50.03	-3.59	1.63	-312.62
14	亚太科技	34.07	27.13	25.61	3.04	2.97	2.31
15	万顺股份	32.13	22.36	43.69	0.80	0.76	-4.02
16	利源精制	30.31	25.58	18.50	5.23	5.50	-4.93
17	银邦股份	19.89	15.65	27.11	0.08	0.07	7.26

续表

序号	证券简称	总收入（亿元）		总收入同比增长率（%）	净利润（亿元）		净利润同比增长率（%）
		2017 年报	2016 年报		2017 年报	2016 年报	
18	宏创控股	14.47	9.77	48.04	0.39	0.14	178.66
19	闽发铝业	12.29	10.42	17.89	0.38	0.18	124.77
20	和胜股份	8.41	7.67	9.70	0.65	0.75	-13.36
21	宜安科技	8.11	5.63	44.00	0.33	0.31	-13.60
22	宁波富邦	8.05	7.57	6.32	0.71	0.18	285.80
23	华锋股份	4.39	3.72	18.23	0.29	0.26	7.73
24	中飞股份	1.44	1.38	4.48	0.13	0.31	-60.03

数据来源：Wind

表 8　　2016 年和 2017 年铅锌上市公司盈利情况

序号	证券简称	总收入（亿元）		总收入同比增长率（%）	净利润（亿元）		净利润同比增长率（%）
		2017 年报	2016 年报		2017 年报	2016 年报	
1	中金岭南	190.16	150.86	26.05	10.67	3.23	219.84
2	驰宏锌锗	184.69	141.04	30.95	11.55	-16.53	167.91
3	豫光金铅	174.49	135.66	28.63	2.91	1.76	63.37
4	中色股份	154.27	191.14	-19.29	2.01	2.96	7.68
5	株冶集团	137.97	126.85	8.76	0.55	0.21	181.21
6	锌业股份	67.00	47.13	42.14	2.27	1.34	68.82
7	宏达股份	46.23	40.76	13.41	2.06	1.28	158.30
8	西藏珠峰	24.67	14.77	67.02	11.14	6.50	71.98
9	兴业矿业	21.11	8.66	143.90	5.65	0.89	520.56
10	罗平锌电	16.19	10.04	61.28	0.55	0.83	-32.97
11	银泰资源	14.83	7.62	94.61	3.25	2.20	46.95
12	国城矿业	12.40	11.14	11.32	4.12	2.34	76.35
13	盛达矿业	10.96	6.86	59.68	2.83	2.02	21.52
14	华钰矿业	9.05	6.68	35.38	3.04	1.87	64.88

数据来源：Wind

表 9　　2016 年和 2017 年镍上市公司盈利情况

序号	证券简称	总收入（亿元）		总收入同比增长率（%）	净利润（亿元）		净利润同比增长率（%）
		2017 年报	2016 年报		2017 年报	2016 年报	
1	吉恩（退市）	31.30	27.60	13.39	-23.63	-21.86	-14.00
2	*ST 华泽	3.91	20.56	-80.99	-22.88	-4.04	-469.66

数据来源：Wind

表 10　　2016 年和 2017 年锡上市公司盈利情况

序号	证券简称	总收入（亿元）		总收入同比增长率（%）	净利润（亿元）		净利润同比增长率（%）
		2017 年报	2016 年报		2017 年报	2016 年报	
1	锡业股份	344.10	334.29	2.93	7.06	1.36	268.39

数据来源：Wind

表 11　　2016 年和 2017 年钨上市公司盈利情况

序号	证券简称	总收入（亿元）		总收入同比增长率（%）	净利润（亿元）		净利润同比增长率（%）
		2017 年报	2016 年报		2017 年报	2016 年报	
1	厦门钨业	141.88	85.28	66.37	6.18	1.47	212.27
2	中钨高新	65.41	51.96	25.88	1.28	0.13	238.68
3	章源钨业	18.31	13.11	39.59	0.31	0.47	-33.37
4	翔鹭钨业	9.76	7.15	36.53	0.69	0.57	20.81

数据来源：Wind

表 12　　2016 年和 2017 年钼上市公司盈利情况

序号	证券简称	总收入（亿元）		总收入同比增长率（%）	净利润（亿元）		净利润同比增长率（%）
		2017 年报	2016 年报		2017 年报	2016 年报	
1	洛阳钼业	241.48	69.50	247.47	27.28	9.98	252.77
2	金钼股份	102.06	101.65	0.40	1.07	0.54	79.88
3	吉翔股份	21.99	13.73	60.10	2.20	0.29	857.02

数据来源：Wind

表 13　　2016 年和 2017 年锂上市公司盈利情况

序号	证券简称	总收入（亿元）		总收入同比增长率（%）	净利润（亿元）		净利润同比增长率（%）
		2017 年报	2016 年报		2017 年报	2016 年报	
1	天齐锂业	54.70	39.05	40.09	21.45	15.12	46.18
2	赣锋锂业	43.83	28.44	54.12	14.69	4.64	215.54
3	*ST 众和	7.54	8.86	-14.91	-10.40	-0.48	-421.51
4	西藏矿业	6.68	6.96	-4.03	0.35	0.21	53.43

数据来源：Wind

表 14　　2016 年和 2017 年其他金属上市公司盈利情况

序号	证券简称	总收入（亿元）		总收入同比增长率（%）	净利润（亿元）		净利润同比增长率（%）
		2017 年报	2016 年报		2017 年报	2016 年报	
1	盛屯矿业	206.68	127.10	62.61	6.10	1.89	212.71
2	格林美	107.52	78.36	37.22	6.10	2.64	117.76
3	华友钴业	96.53	48.89	97.43	18.96	0.69	3145.19

续表

序号	证券简称	总收入（亿元）		总收入同比增长率（%）	净利润（亿元）		净利润同比增长率（%）
		2017 年报	2016 年报		2017 年报	2016 年报	
4	云海金属	49.27	40.48	21.71	1.55	1.69	-12.30
5	安泰科技	46.60	39.21	18.83	0.59	0.79	-51.56
6	有研新材	40.80	38.08	7.13	0.44	0.48	-7.93
7	宝钛股份	28.76	25.10	14.58	0.21	0.37	-10.33
8	鹏起科技	20.04	23.27	-13.89	3.87	0.92	461.05
9	西部材料	15.59	12.13	28.50	0.54	0.21	123.61
10	四通新材	11.50	8.99	27.97	1.05	0.70	48.68
11	深圳新星	10.09	7.94	27.10	1.05	1.33	-21.28
12	东方钽业	9.45	8.71	8.49	-3.80	0.29	-1398.98
13	东方锆业	8.52	8.27	3.01	-0.39	0.25	-244.32
14	云南锗业	4.64	2.98	55.63	0.08	-1.03	106.01
15	三祥新材	4.08	2.78	46.88	0.54	0.39	37.31

数据来源：Wind

表 15　2016 年和 2017 年贵金属上市公司盈利情况

序号	证券简称	总收入（亿元）		总收入同比增长率（%）	净利润（亿元）		净利润同比增长率（%）
		2017 年报	2016 年报		2017 年报	2016 年报	
1	紫金矿业	945.49	788.51	19.91	35.08	18.40	92.47
2	山东黄金	510.41	501.99	1.68	11.37	12.93	-8.82
3	中金黄金	329.28	389.28	-15.41	2.91	3.62	14.00
4	恒邦股份	195.23	163.97	19.06	3.61	2.03	74.75
5	贵研铂业	154.42	107.74	43.33	1.19	0.83	44.94
6	金贵银业	113.02	78.52	43.93	2.53	1.45	80.47
7	湖南黄金	103.26	67.81	52.27	3.02	1.42	138.47
8	赤峰黄金	25.87	21.12	22.48	2.74	3.21	-16.28
9	西部黄金	13.93	11.13	25.08	0.22	1.27	-82.77
10	荣华实业	1.66	0.82	101.79	0.03	-0.65	103.96
11	园城黄金	0.11	0.11	2.23	0.03	0.03	-16.15

数据来源：Wind

表 16　　2016 年和 2017 年稀土上市公司盈利情况

序号	证券简称	总收入（亿元）		总收入同比增长率（%）	净利润（亿元）		净利润同比增长率（%）
		2017 年报	2016 年报		2017 年报	2016 年报	
1	北方稀土	102.04	51.13	99.56	4.01	0.91	767.86
2	广晟有色	54.95	41.62	32.03	0.20	0.26	172.08
3	盛和资源	52.04	13.71	279.51	3.37	-0.33	1105.53
4	五矿稀土	7.16	4.48	59.89	0.31	0.19	88.24

数据来源：Wind

表 17　　2016 年和 2017 年磁性材料上市公司盈利情况

序号	证券简称	总收入（亿元）		总收入同比增长率（%）	净利润（亿元）		净利润同比增长率（%）
		2017 年报	2016 年报		2017 年报	2016 年报	
1	中科三环	38.95	35.41	10.01	2.82	3.17	-11.75
2	天通股份	21.79	16.92	28.82	1.57	1.10	41.68
3	宁波韵升	18.81	15.60	20.57	4.13	8.02	-48.98
4	英洛华	18.57	16.51	12.48	1.03	0.35	229.59
5	正海磁材	11.92	15.88	-24.89	1.02	1.91	-51.17
6	银河磁体	5.27	4.23	24.50	1.93	1.18	62.99
7	北矿科技	4.36	3.98	9.63	0.43	0.37	17.19

数据来源：Wind

2017 年，有色金属库存总计 2275.42 亿元，同比增幅为 22.4%。库存排名前三的子板块为铜、铝冶炼、黄金，上述三个子板块 2016 年末存货分别为 590.36 亿元、347.89 亿元和 316.52 亿元。

截至 2017 年末，有色金属行业上市公司整体资产负债率为 45.76%，同比增加 1.57 个百分点（见图 2）。

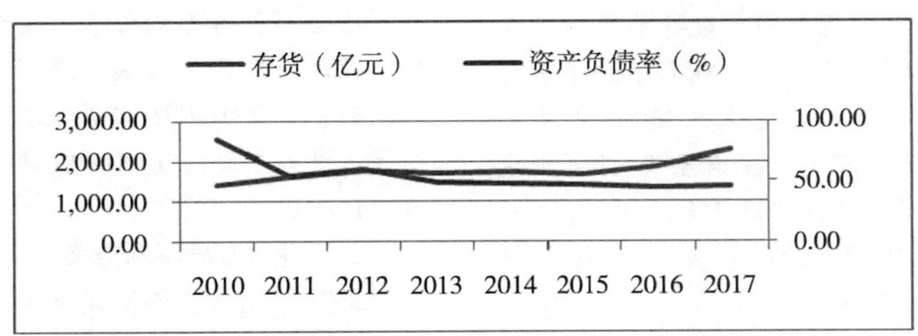

图 2　2010 年到 2017 年存货及资产负债率情况

数据来源：Wind

（朱　妍　于　晨）

各省 自治区 直辖市 有色金属工业篇

北 京

2017年末，北京市有色金属工业总公司（以下简称：北京有色）拥有控股、参股企事业单位11个，包括北京有色金属与稀土应用研究所、北京金鹰铜业有限责任公司、北京银鹰铜业有限责任公司、北京市冶金设备自动化研究所、北京市圣利达技术贸易发展公司、北京有色金属综合服务公司、北京中色亿安金属进出口公司、北京市公关有色金属工业咨询服务中心、北京市冶金建筑安装工程公司、北京市黄金公司、北京市应用高级技工学校。其中，全资及控股单位7个，参股单位2个，高级技工学校1所，行政管理企业1个，从业人员747人。

2017年北京有色按照年初确定的工作任务和目标，结合首都功能定位的总体要求，在北京有色党委的带领下，团结一心，迎难而上，加快推进了两大产业平台建设，使经济运行保持平稳有序，产业创新平台建设成效显著，疏解非首都功能任务全面完成，各项管理基础得到夯实，党建工作和党风廉政建设不断加强，较好地完成了各项任务，实现了全年预期目标。2017年北京有色主营业务收入实现12.3亿元，完成预算的118.7%，同比增长0.82%，主营业务利润实现9178万元，完成预算的105.1%，同比增长9.5%；实现利润总额4067万元，完成预算125.2%，同比增长26.4%。

一、创新产业平台初步形成，科技创新成效显著

北京有色自2016年11月达博公司和诺飞公司的股权划转工作全部完成后，建设创新产业平台全面启动。一是建立了有色所、达博公司、诺飞公司和达博长城公司4家国家级高新技术企业之间以资本为纽带的产权关系；二是在生产合作，科技营销，开发市场，装备应用，检验检测，技术研发等多个方面，实现了资源共享和信息共享；三是在制度建设、各项管理、人才培养和政策运用上得到了深入融合；四是党委实行统一领导，党员管理集中，基层党支部建设和战斗堡垒作用得到加强。通过创新产业平台的构建，科技创新取得了显著成效：

2017年北京有色所属企业有色所以金锡、锡铅、铟锡等为代表的微组装软钎制品产量稳步增加，金银铜管材/环片等新兴功能材料经过持续攻关进入应用阶段，经济效益良好。全年科技创新和技术研发所产生的经济收入达到1400万元，创造利润700余万元。2017年有色所成为第二届“中国电子材料行业50强”之一。达博公司2017年累计完成创新项目60余项，AG6、AG8金合金产品全新上市，打开了台湾地区敦南科技和宏齐科技等多家客户。诺飞公司申请的“一种高强度太阳能硅片”、“一种高效吸收光线的单晶硅片”、“一种电动汽车用动力电池箱的固定结构”、“一种散热效率高的减震电动汽车用电池箱”、“一种便于快速更换电池的电动汽车电池箱”5项实用新型专利已全部获得专利证书。在新能源电动车市场中，经过技术研发攻关，全年开发新产品模具7套，在完善ISO 9001质量体系的同时，通过了更高层次汽车方面的TS 16949质量认证体系，并取得了证书。

二、各项基础不断夯实，管理能力得到加强

2017年北京有色围绕有色新材料和创意服务两大产业平台建设，把补齐短板，夯实基础放在强化管理的突出位置，并着重做了以下工作：

（一）强化产业经营管理，运营质量得到提升

有色所以国资委项目为平台，在打造“高精尖”装备的同时，通过对原有工装设计，自动化水平，人员结构和成本控制进行优化调整，使产品性能，产品质量和工作效率有了较大幅度的提

升。达博公司2017年在信息化一、二期建设的基础上，对整个系统进行了全面优化，ERP系统和MES系统得到深度融合，并成为运营管理、风险控制和质量纠错分析的有力支撑。

（二）物业管理不断完善

2017年设备所完成了区域内消防主管线的铺设，消防设施更加完备；圣利达公司完成了广外9号院南平房的消防管线调整，这两项消防工程都已得到消防部门正式验收。有色综服公司对晏庄金矿留守处区域内70多米长的围墙实施了加高加固工程，安装了院内大门，消除了安全隐患。

（三）安全维稳责任得到落实

2017年北京有色分解落实安全维稳责任，加大投入力度，对各类安全隐患进行了综合治理。公司所属各单位始终把讲安全、查安全贯穿到整个经济工作中，每当发生重大事件或重要时间节点前，北京有色安委会都会及时发布信息，提出明确要求。各单位安全员积极响应，及时反馈情况，形成了覆盖全公司的安全维稳网络体系，确保了各项工作有序推进。

（四）各项改革工作全面启动

按照北京市国资委的统一部署，2017年北京有色及所属各企业完成了公车改革工作，制定了公车管理办法，建立了公车档案，落实了公车管理的各项责任。全面启动了涉及近10万多平方米的非经营性房产移交社会化管理工作，整理权属证明，核实移交面积，填报情况说明，并配合接受部门对非经营性房产实地了解情况；全面启动涉及4家国有独资公司实施公司制改革工作，并将相关情况上报说明。

三、党建工作和党风廉政建设不断加强

2017年，北京有色党委围绕打造有色新材料和创意服务两大产业平台建设和全年重点任务，把学习贯彻党的十九大精神和习近平总书记系列重要讲话作为重要政治任务，全面落实北京有色党委主体责任和纪委监督责任。

一是学习宣传贯彻党的十九大和十八届五中、六中全会，习近平总书记系列重要讲话精神、中央关于宣传贯彻党的十九大精神的决定以及《关于新形势下党内政治生活的若干准则》、《党内监督条例》、《“一带一路”是中华民族伟大复兴的广阔之路》等文献。二是总公司党委制定了《关于进一步推进“两学一做”学习教育常态化制度化实施方案》，完成了所属各单位党支部召开专题组织生活会和民主评议党员工作。党委书记、支部书记以讲党课的形式，交流学习十九大体会，提升了意识形态工作实效。三是履行“两个责任”，落实党风廉政建设责任制。北京有色对党风廉政建设和反腐败工作通过签订责任书，把责任量化到具体责任人。召开专题民主生活会，举一反三剖析和反思，用身边的事，教育身边的人。2017年北京有色党委制定了《关于进一步深化“为官不为”“为官乱为”问题专项治理的工作方案》和《开展严肃查处群众身边的不正之风和腐败问题专项治理实施方案》，修订了“三重一大”制度决策内容、规则和程序；完成了全年的效能监察立项工作。

（高淑丽）

上　海

一、概况

2017年末，上海有色金属行业规模以上生产企业117家。主要分布在浦东、松江、奉贤、宝山、青浦、嘉定、金山等7个区，其中，浦东新区规模以上有色金属企业数量最多为21家，其次为松江区19家，其余5个区企业分布较为平均，上述7个区企业数量合计占到规模以上生产企业总数的91%。在117家规模以上企业中，有29家企业生产铜及铜合金材料和零部件，有53家企业生产铝及铝合金材料和零部件，其余的为镁合金、稀贵金属、粉末冶金等材料和制品生产企业。这些企业中，民企占72.65%，外资、合资、股份制企业占25.64%以上，国有企业占1.71%。

二、生产与经营

2017年，上海有色金属冶炼及压延加工业主营业务收入及利润双双出现上升，分别提升7.65%和7.27%至449.03亿元和14.33亿元。其中，从主营收入来看，初级产品电解铜同比下降23.36%，但附加值更高的加工材产品则出现上升势头，铜材和铝材分别上升13.89%和10.77%；利润方面，铝材利润继续增长，较上年上涨34.23%至7.95亿元，铜品种则表现不佳，铜材尽管下游需求良好，但由于一些企业套期保值出现亏损，导致整体利润较上年大幅下滑66.9%，电解铜则由于出现停产整改、环保投入增加等原因，全年亏损860.7万元。

从产量上看，2017年铝合金产量下降较大，由于受限于当地区域规划、土地、环保政策等多种因素，多家铝合金生产企业相继全部迁移出上海，导致铝合金产量大幅下降。2017年产量仅为4.81万吨，较上年减少9.99万吨，同比下降幅度达67.48%。另一下降幅度较大的品种为电解铜，2017年产量为3.40万吨，同比下降31.50%。铜铝加工材产品在2017年发展态势良好，均实现了不同程度的增长。其中，铜材产量达29.05万吨，同比增长2.05%；铝材产量54.87万吨，同比增长6.04%。

三、结构调整与优化布局

2017年，上海有色金属产业结构调整继续推进。随着环保执法力度加大和企业自身的结构调整，一方面上海有色金属行业低附加值产品逐渐淘汰或搬迁；另一方面面对下游行业对有色金属材料的精密加工成型技术与创新能力提出的更高要求，上海有色金属加工企业也纷纷顺应市场需求，向下延伸新能源汽车、高铁动车、集成电路以及医疗等市场，不断加强与下游产业链企业的交流合作，大力开发精深加工材产品，加快与上海支柱性产业和上海战略性新兴产业配套与发展。同时，考虑到上海在能源、土地方面的限制，也为了更贴近下游消费市场，与下游用户构建更良好、亲密的合作关系，2017年一些有实力的企业也走出上海，在重庆、河南永城、浙江海盐等地布局生产基地，通过整合资源与优化整体布局，进一步提升企业竞争力。

四、循环经济

2017年，为落实国务院办公厅出台的《生产者责任延伸制度推行方案》精神，“率先在上海市建设铅酸蓄电池回收利用体系，规范处理利用采取‘销一收一’模式回收的废铅酸蓄电池”，上海积极推进“生产者责任延伸制上海试点方案”工作。3月，上海蓄电池环保产业联盟起草了《上海废铅酸蓄电池回收利用体系建设试点方案（草案)》和《铅蓄电池配送回收临时存放点规范条件(征求稿)》，提出上海在运行“销一收一”模式回收中所遇到的问题以及相应的解决方案与政策需求清单，探索突破目前存在的瓶颈问题的可行性方案，并邀请上海市主要品牌蓄电池生产企业及在沪经销商围绕上述问题及方案召开讨论，建言献策，以期为相关政策研究机构制定政策与方案提供参考依据，为上海市建设铅酸蓄电池回收利用体系做好前期铺垫工作。9月，上海市发改委召集上海市各相关委办、公司及行业组织召开了“上海市铅酸蓄电池回收利用体系试点方案”意见征求会，研究讨论“试点方案”等相关工作，并根据各方建议进一步完善试点方案。年底，上海市发改委完成了《基于铅酸蓄电池生产者责任延伸制上海试点方案》的实施意见。

五、协会主要工作

（一）加快有色产业优化升级，增强企业竞争力

1. 开展行业研究，探寻转型发展新路径。2017年，上海有色金属行业协会继续推进上海有色金属行业转型升级和创新发展工作研究，先后完成了《2016年上海有色金属行业经济运行报告》、《2016年上海有色金属行业发展白皮书》等多篇报告；同时，完成并通过了“上海再生铅产业向铅酸蓄电池配送回收环保产业转型方案研究”、“2017年上海有色金属贸易产业形势分析及应对”项目；继续推进“上海铅酸蓄电池配送回收体系绿色信用评价与奖惩平台建设”项目的实施。上述报告和专项研究为掌握行业发展情况、引导上海有色金属产业的转型升级贡献了力量。

2. 集聚行业智慧，促进有色新材料发展。2017年，上海有色金属行业协会联合主办了“2017上海－太仓“有色金属&汽车”产业链合作发展论坛”、“有色金属智能制造研讨会”，与上海市经信委新材料处展开“新能源汽车、汽车材料轻量化等课题的研讨；发挥院士和专家的智囊作用，共同围绕有色金属产业智能制造领域的热点问题展开了学术研讨和技术交流，建立了上下游产业链企业互动长效机制，为上海及周边地区汽车及相关产业的协调与联动发展搭建平台。同时，为了使有色行业能为上海战略性新兴产业和支柱产业做好配套工作，上海有色金属行业协会四届六次理事会通过了关于筹建上海有色先进材料研究中心（暂定）的建议。

3. 推进公平贸易工作，增强企业应对能力。2017年，有色金属行业国际贸易摩擦事件增多，对业内企业造成了较大的影响。为了了解行业及企业情况，协会秘书处集中走访调研了十几家行

业重点企业，并针对企业面临的问题与困境，邀请了市商务委员会公平贸易（法制）处领导与重点企业进行面对面地交流，为企业应对贸易摩擦进行指导；此外，协会出版了两期《上海有色金属行业外贸环境动态监测简报》，开展了公平贸易工作培训，及时传递信息，帮助企业掌握上海有色产业及贸易形势、重点产品和重点国家地区贸易动态，以便企业及时调整经营策略，增强应对贸易摩擦能力。

4. 加强与各地交流，架起合作共建桥梁。2017 年，上海有色金属行业协会先后走访了浙江省冶金有色行业协会、上海市室内环境净化行业协会；组团参观了涪陵李渡工业园区、清溪园区以及涪陵的城市建设；赴范县进行回访考察，就两地加强合作人才培养作了充分的交流；组团赴美国、墨西哥进行学习与考察。11 月，协会还与江苏省如东县洋口港经济开发区签署了合作框架协议，双方就发挥两地优势，发展新型铜、钛等有色金属冶炼及综合利用产业，建设临港工业区有色金属产业园开展合作。这些与不同国家、地区、行业的交流、考察、学习，不仅开拓了协会与业内企业的思路，也架起了两地合作共建的桥梁。

（二）推动节能减排工作，启动新能源电池规范回收利用新课题

2017 年 11 月，协会启动了“DB 31574－2011 铝箔单位产品能源消耗限额”、“DB 720－2013 铜及铜合金棒、线材单位产品能源消耗限额”、“DB 792－2014 硅单晶及其硅片单位产品能源消耗限额”等 5 项上海市强制性地方标准的修订工作，修订后的标准将更加适应行业生产和需求的发展，继续为上海有色金属耗能企业能效水平对标活动提供依据。同时，协会继续推进节能减排工作的开展。2017 年，共有 6 家单位 12 个 JJ 小组积极参与，涌现了一批节能减排的先进案例，也有效提高了行业能效水平。

新能源电池的回收和利用问题正受到越来越多的关注，为了规范回收和梯次利用上海及周边的新能源电池，协会和联盟召开了“上海及周边地区新能源电池回收体系建设及梯次利用课题研讨会”，围绕未来上海及周边区域新能源电池回收体系建设及梯次利用等相关课题进行研讨交流，并启动了新课题。

（三）搭建有色金属高技能人才培养基地提升职工技能综合素质

为了加快有色技能人才队伍建设，使更多一线技能人才有获得感和成就感。6 月，协会在实施单位的基础上，积极探索，踊跃申报；8 月，获得上海市职业技能指导中心授予的“上海有色金属职业技能鉴定所”的服务机构；12 月，获得上海市人力资源和社会保障局授予的“上海有色金属高技能人才培养基地"服务机构。与此同时，年初协会在高技能人才实施单位的平台上，申报的“铅酸蓄电池配送与回收、硅片加工”两个专项通过上海市教育培训指导中心的认定。

2017 年，有色金属行业特有工种职业技能鉴定六十六号站在浙江天宁合金材料、华峰日轻铝业、上海龙阳精密复合铜管、永杰新材料股份等 9 家企业的支持下，先后开展了 6 个批次、176 人的鉴定，覆盖了 15 个工种的一级到四级 4 个等级。另外，2017 年，上海市工程系列仪表电子专业（有色金属学科）中，经专家评审，4 人获得高级工程师，14 人获得工程师专业技术职称任职资格。

（史爱萍）

天　津

2017 年，中色（天津）特种材料有限公司（以下简称：公司）紧紧围绕公司战略发展思路，在全体员工的共同努力下，攻坚克难，真抓实干，各项生产经营工作取得了较好成果。

一、生产经营呈现新局面

一是加工费收入首次破亿。2017 年，公司实现各类产品加工费收入 1.03 亿元，创中色特材项目投产后历史新高，同比增长 43%。在此带动下，公司实现营业收入 5.14 亿元，同比增长 17.86%。二是产品产量实现新高。2017 年，公司累计实现各类产品产量 1.79 万吨，同比增长 18.3%。部分产品品种如镍材、铝挤压材、铝深加工产品都创出了投产以来的产量历史新高。三是现金流状况明显改善。由于加大高附加值产品的销售，产品毛利水平有所提高。2017 年，公司经营活动现金流净额同比净增 5000 余万元。

二、市场开发取得新突破

一是产品结构调整思路明确，有保有压。

2017年，加大对高附加值新产品的开发力度，有意识地压减低毛利产品和不能覆盖付现成本的产品。二是以产品特点抓市场重点，精准发力。以水冷电机壳产品为发力点，配合新能源产业政策，搭上“顺风车”，不断提高公司产品的市场认可度。龙头产品打进国际市场，“压合式散热器”成功获得了西门子总部的正式订单，实现大批量出口德国，成功跻身欧洲市场。积极开拓高铁、风电等领域市场，突出“走高端”。大尺寸散热器获得“复兴号”高铁列车配套的订单。三是进军新兴领域，重点客户进入“培育期”。进军智能制造领域，与新松机器人公司就提供高精度机器臂铝挤压材达成合作意向。联合捷威动力，签署《高安全高比能乘用车动力电池系统技术开发与产业化》项目合作协议，共同申报2018年国家重点研发计划新能源汽车专项项目。

三、生产组织显现新成效

一是严控压缩生产成本。各生产车间通过合理组织，实现连续生产，降低能耗，减员增效。二是积极推进技改技革。生产车间通过工艺改进、设备改造等手段，在降低成本、提高成材率、节省人力、提高效率等方面取得实效。技术人员合力攻关，自主设计研发搅拌摩擦焊接工艺装备，一举突破技术瓶颈，为提高生产效率、按期交货提供了重要保证。改造镍材加工大气中频感应熔炼炉，模具使用周期增长至原来的2.5倍，铸板表面缺陷减少、精整成材率提高15%。三是提升内部管理水平。发挥基层管理选人用人导向作用，组织各工段班组长公开竞聘、择优选用，实现人尽其才、各尽所能。通过细化薪酬管理方案和金银铜牌技工评选方案，实现正向激励引导，营造比学赶超、力争上游的良好氛围。

四、企业管理定位新高点

一是坚持问题导向，对症下药。2017年，通过对12项重点工作的组织实施和推动落实，纵深推进精细化管理，有效堵塞了各种管理漏洞，切实解决了管理方式粗放造成的一系列问题。二是坚持对标管理，补齐短板。采取“走出去、引进来”的方式，学习对标同行业、同系统先进企业的优秀管理经验。三是坚持严把严控，降低风险。建立健全日常动态管理、月度分析预警机制，及时关注应收账款和存货的动态水平。通过落实各项措施提高企业的现金流管理，降低企业的经营风险。

五、技术创新取得新进展

一是强化过程控制，以体系建设促进质量管理提升。2017年9月顺利通过TUV南德公司的外审，成为首批通过新版IATF16949质量体系认证企业，标志着公司在质量管理方面迈上了一个新台阶。二是加大专利研发，以科技实力助推产业升级。2017年公司共申报专利5项，取得授权专利2项，其中“旋转式电机机壳加工工装夹具”获得发明专利，“水冷电机壳搅拌摩擦焊水道的焊接夹具”获得实用新型专利。公司连续3年获得中国有色集团“科技配套奖”。三是强化质量监督，以提高产品质量提升客户满意度。公司重点关注产品质量问题，组织“提质降耗”主题质量攻关活动，项目择优报送天津市市场监管委。“提高6063材质铝合金电力管综合性能”项目，获得天津市质量攻关优秀成果二等奖。

六、深化改革拿出新举措

一是全力推进压减改制工作。2017年，公司按时完成所属3家生产型壳企业清算注销以及所属华北公司改制工作。二是绩效考核全员化全覆盖。不断调整绩效考核体系，2017年首次将定性指标与定量指标共同纳入职能部门考核评价体系当中，真正发挥绩效考核机制的引导和约束作用。三是深化人事改革，实现减员增效。积极探索人事改革，坚决将薪酬向一线倾斜，2017年生产一线的职工平均工资收入同比增加13.6%。四是加强青年人才和骨干队伍建设。坚持党管干部原则，严格执行干部选拔任用工作各项规定，推动重要岗位干部交流轮岗。有计划地对优秀年轻干部进行重点锻炼培养。

七、党建工作迈上新台阶

一是学懂弄通做实党的十九大精神。邀请党的十九大天津市代表进企业作专题报告，领导班子成员带头开展宣讲活动。通过座谈研讨、征文交流、微信答题、知识竞赛等多种形式广泛开展学习宣传，在全公司掀起学习贯彻党的十九大精神热潮。二是推进“两学一做”学习教育常态化制度化。开展“维护核心、铸就忠诚、担当作为、抓实支部”主题教育实践活动，推进专题学习研讨。围绕“庆七一，迎接党的十九大”主题，开展“八个一”系列党建活动。三是抓好国企党建重点任务落实。全面完成党建工作要求进章程工作，加强基层组织和基本制度建设，全面建成党员电子档案，各基层党组织均按期完成换届改选。在基层党组织配齐兼职党务干部和纪检监察员。四是加强监督执纪问责。逐级落实党风廉政建设工作责任，进一步加大纪律审查力度，严格组织落实各类专项检查、廉洁风险排查、效能监察等工作。五是充分发挥工会作用，围绕中心工作开展工作。广泛开展群众性劳动和技能竞赛活动，公司镍材冶炼班组被评为天津市2016年度“工人先锋号”和中国有色集团2017年度先进班组。公司工会荣获了天津市总工会颁发的经审工作规范化建设考核一等奖。

八、综合保障应对新挑战

一是进一步提供安全生产保障。结合实际健全完善保卫巡视、物资出入等工作流程和规章制度。深入开展隐患排查与治理，2017年度组织开展节假日、防火、电气等各项专项检查11次，排查治理隐患90余项。二是进一步严格环境保护监管。对园区危化品进行系统排查，将酸、醇、碱、试剂等危化品的存储状态进行登记建档，专人管理、合规存放，严格管控危险废物规范合法处置。三是进一步维护安全稳定大局。成立公司主要领导任组长的安全稳定工作领导小组及办公室，落实安全稳定“一岗双责”，切实保障公司安全稳定。制定《信访维稳工作应急预案》，加强日常不稳定因素排查及化解，公司全年没有发生群体性上访事件。

（吕　莹）

重　庆

一、概况

2017年重庆市有色金属工业经济运行总体呈现“快速增长，效益向好”态势，全年规模以上企业完成工业总产值733.2亿元，同比增长32.5%；实现利润24.48亿元，同比增长47%。铝材料行业（包括铝土矿开采、铝冶炼、铝加工、再生铝），完成工业总产值591亿元，同比增长40.9%；铜材行业完成52亿元，同比增长34.6%。铝、铜两大子行业合计完成工业总产值643亿元，占有色金属工业比重为87.7%。

2017年，重庆市十种有色金属产量合计60.2万吨，同比增长8.9%。其中，原铝54万吨，同比增长8.6%；氧化铝68.5万吨，同比增长14.1%；铝材188.36万吨，同比增长10.7%；铜材19.85万吨，同比增长5.6%；再生铝31.22万吨，同比增长12.1%。

二、主要工作举措

开展违法违规项目清理整顿。按照国家要求和市政府总体部署，摸排5家电解铝企业，关停电解铝产能10万吨。

优化行业服务。支持重庆新格智能制造工程申报智能制造专项，指导中昆铝业等企业通过市级企业技术中心评审。推动西南铝预拉伸铝合金厚板、再升科技保温隔热材料进入商用大飞机材料目录。帮助国际复合、西南铝对接配套汽车行业。帮助天泰铝业等重点企业脱困发展，实现天泰铝业二期10万吨电解铝项目成功复产。

推进重大项目建设。以重点项目为抓手，加快推动金世利航空钛材、远成铝业铝建筑模板、南邦铝业高精度铝型材等项目开工建设，中铝铝萨帕轨道交通铝材、西南铝熔铸等逐步达产，增强了有色金属工业发展后劲。

积极开展招商引资。2017年签约忠旺铝合金等重点项目，华峰铝业20万吨铝板带箔等项目开工建设，中铝一院四线在谈项目进展顺利。

三、存在的主要问题

一是行业高增长势头逐渐减弱。市场需求总体仍然偏弱，物流、要素成本高企，产品价格难于继续维持高位，投资下降。

二是技术创新能力不强。普遍存在科研投入低，研发人员不足，新产品数量少等突出问题。

三是产业培育缓慢。招商引资优势不明显，投资后劲不足。受基础差，人才缺乏，产学研用合作不紧密，标准、检测、评价、计量等体系不健全，推广应用难等问题，成为支柱产业尚待时日。

（杨　益）

内蒙古

一、概况

有色金属工业是重要的基础原材料产业。内蒙古自治区是国家重要的有色金属采选、冶炼、加工基地，“十二五”期间，内蒙古按照《国务院关于进一步促进内蒙古经济社会又好又快发展的若干意见》（国发〔2011〕21号）精神，加强政策支持和引导，发挥资源和能源优化组合优势，积极构建煤－电－铝及有色金属深加工循环经济链条，推进有色金属采选、冶炼、加工基地建设。十种有色金属产量居全国前4位，已经形成了以铜、铝、铅、锌等主要有色金属为主，钨、钼、镍、镁、硅多元发展的产品结构，采矿、选矿、冶炼、压延加工较完整的工业体系，以呼包鄂、赤峰、巴彦淖尔、锡林浩特、呼伦贝尔和通辽等6个资源富集区为主的产业空间布局。

二、发展现状

（一）产业规模持续增长

内蒙古有色金属储量丰富，铜储量739万吨、铅1369万吨、锌2700万吨、煤系氧化铝蕴藏量约30亿吨。基本形成了探、采、选、冶、加一体化发展模式。2017年，全区有色金属冶炼建成产能达到584.7万吨，产量355万吨。其中，电解铝建成产能439.2万吨，产量265.8万吨，同比增长7%，占全国产量的8.2%，在全国18个电解铝生产省市排第4位，产能利用率60.5%。铝材产量214.6万吨，电解铝就地转化率为81%。粗铜产能59万吨、精炼铜产能30万吨，产能分别占全国约8.7%和2.8%。企业主要分布在包头、巴彦淖尔、赤峰。2017年，精炼铜产量14.6万吨，同比下降11.9%，产量占全国比重1.6%，全国排第12位，产能利用率为48%。铜材产量7万吨，转化率48%。锌冶炼产能65万吨，企业主要分布在赤峰、兴安盟、呼伦贝尔和巴彦淖尔。2017年，锌产量63万吨，同比增长12.3%，占全国产量比重10%，产量在全国排名第4位，产能利用率为97%。铅冶炼产能40万吨，2017年产量9.4万吨，同比增长18.7%，产量在全国排第8位，产能利用率为23.5%。镁冶炼产能10.5万吨，2017年产量1万吨，同比增长15.7%，占全国产量比重0.8%，在全国8个产镁省份排第6位。

（二）产业链不断延伸，技术装备水平有所提高

内蒙古铝产业依托能源优势，以大唐国际再生资源、中铝包头铝业、希望稀土铝业、锦联铝材、国电投霍林河煤电等企业为龙头形成煤电选冶加一体化产业链。电解铝产能、产量居全国前列，电解铝400千安预焙阳极电解槽比重达到55%以上。新建矿山企业采用较大型高效、节能的浮选设备，回收率提高到90%以上。铜产业以铜陵有色金属公司、云南铜业公司等企业为重点，形成了采选冶加齐全的产业链；铅锌是内蒙古优势产业，采选业在全国最具影响力，矿山能力居全国之首。

（三）节能减排成效显著

霍煤鸿骏铝电有限责任公司电解铝烟气污染物近零排放示范工程已取得显著效果，氟化物、二氧化硫、粉尘减排效率达到90%以上，具备了在行业内推广的条件。目前内蒙古电解铝生产企业铝业交流电耗绝大部分已经达到《铝行业规范条件》的要求。随着电解铝去产能的进一步推进，一部分电解铝产能通过置换落得内蒙古，在项目建设中有必要推广电解铝冶炼节能新技术。重点推进项目有包头铝业有限公司1万吨/年铝电解槽大修渣无害化处置项目（环保产业项目）、内蒙古华云新材料有限公司一期建设项目（节能技术推广项目）、内蒙古创源金属有限公司电解铝烟气污染物近零排放示范工程（环保技术推广项目）。重点推广技术有铝电解槽大修渣无害化处置技术、低温低电压铝电解新技术、铝电解槽新型阴极结构及焙烧启动与控制技术、电解铝烟气湿法脱硫污染物近零排放技术。内蒙古锌冶炼均采用湿法炼锌工艺。在生产过程中将产生浸出渣约55万吨，是《国家危险废物名录》中明确的危险废物，通过火法处理，可以使其无害化，并回收其中锌、铅、银、铁、铟等有价元素。目前，重点推进的项目有巴彦淖尔紫金锌业有限公司湿法炼锌浸出渣资源综合利用及无害化处理项目（环保产业项目），重点推广技术是湿法炼锌浸出渣资源综合利用及无害化处理技术、高电流密度锌电解节能技术等。由于有色金属精矿中普遍含砷，在生产过程中将产生含砷废渣约16万吨，是《国家危险废物名录》中明确的危险废物，通过火法处理，可以使其无害化，并回收其中砷。重点推进项目：包头华鼎铜业发展有限公司含砷废渣资源化利用项目（环保产业项目）、包头华鼎铜业发展有限公司余热发电项目（节能低碳项目），重点推广技术有色金属冶炼含砷废渣资源化利用技术、节能高效强化电解平行流技术、冶炼烟气余热回收利用技术等。

三、完成的主要工作

（一）化解过剩产能，抑制产能盲目扩张

坚决执行《国务院关于化解产能严重过剩矛盾的指导意见》（国发〔2013〕41号），按照依法依规退出过剩产能和引导产能有序转移退出分类实施。对不符合环保、能耗、质量、安全、工艺装备等法律法规的产能予以退出。

（二）加快煤电冶加一体化循环发展

依据《内蒙古煤电铝循环产业基地建设规划》、《内蒙古自治区煤电灰铝一体化循环产业示范基地发展规划》、《内蒙古自治区有色金属产业发展战略研究》等规划，实施“三化”（产业园区化、上下游一体化、产品多元化）布局，继续扩大煤电冶加、探采选冶加、综合利用等特色产业链规模。推广智能制造试点示范项目建设经验，促进“互联网＋”与企业生产经营深度融合。突破高铝粉煤灰提取氧化铝核心关键技术和共性技术，降低生产成本，争取国家对高铝粉煤灰循环经济示范项目的支持。鼓励企业通过并购、重组、参股等方式，进行产业融合，组建跨行业的有色金属生产加工企业集团。

（三）扩大精深加工产品应用

提高电解铝等有色金属就地转化率，鼓励加工企业进一步延伸产业链，细分消费市场，注重个性设计，向个性定制和合金部件制造等方向发展。围绕交通运输领域“以铝代钢”、电力领域“以铝节铜”、建筑领域“以铝节木”等应用，发展高强度、高韧性、耐磨蚀、轻量化产品。积极引进一批航空航天及轨道交通用大型铝合金板材、船舶汽车铝合金材料等项目，扩大高性能铝合金材料的应用。

（四）落实电力扶持政策

深化电力体制改革，落实《内蒙古自治区人民政府关于进一步深化电力体制改革促进产业结构调整有关事宜的通知》（内政发〔2016〕61号），对符合国家产业政策、行业先进技术标准和内蒙古布局的有色金属冶炼企业给予政策支持，推动特色工业园区电价改革试点向有色金属行业拓展。鼓励公用火电企业与存量用电负荷企业相互重组，重组后优先与自身负荷交易。通过电力体制改革，助力有色金属产业结构调整。

（胡景朝）

山　西

一、概况

2017年，山西有色金属工业在全国、全省推进供给侧结构性改革、淘汰落后产能、简政放权、优化市场环境，经济回升向好的发展环境与背景下，行业盈利、产量增长继续向好。全省十种有色金属产量进一步恢复性增长，氧化铝出现跳跃性增长，行业利税、利润出现大幅增长。

2017年，山西有色金属行业有规模以上企业112户，总资产1224.8亿元，较上年增加260.8亿元；具有十种有色金属生产能力213万吨，其中电解铝能力153万吨，精炼铜能力20万吨，金属镁能力40万吨；还具有氧化铝能力2260万吨，铝加工能力120万吨，铜加工能力10万吨，炭素能力85万吨；拥有国家级技术中心1家，省级技术中心10家，省级循环经济试点企业6家，国家智能制造试点示范企业1家，在晋央企7家。目前山西有色金属工业已形成铝镁铜三大产业，其中铝产业占山西有色金属工业比重70%，铝产业中，有氧化铝企业17家，生产运行企业15家，其中生产能力超百万吨的企业9家，生产能力超200万吨的企业7家，能力达300万吨企业2家；有电解铝企业6家，平均规模25.5万吨；有40余家铝加工企业。2017年山西氧化铝产量占全国氧化铝产量27.9%，电解铝占全国电解铝产量3%，铝材产量占全国铝材产量0.8%。山西氧化铝就地转化率9.9%，向省外输送氧化铝1736万吨，受电价较高和电解铝产能指标置换等因素影响，山西铝产业结构处于严重失衡状态。

二、生产与经营

（一）产品产量增长

2017年，十种有色金属产量132.11万吨，同比增长9.66%，位居全国14位；电解铝产量98.5万吨，同比增长13.48.%，位居全国第10位；精炼铜产量19万吨，同比下降2.9.%；金属镁产量14.36万吨，同比增长2.27%，位居全国第4位；钛产量125吨，同比下降51.36%。氧化铝产量1928.26万吨，同比增长36.3%，位居全国第2位，铝材产量48.09万吨，同比下降16.38%，铜材1.90万吨，同比下降26.47%。

（二）财务指标改善

2017年全行业实现销售收入903.34亿元，同比增长145.88%，其中：采矿业实现销售收入25.3亿元，冶炼及压延业实现销售收入878.04亿元。行业全部主营业务收入中，铝产业实现销售收入668亿元，同比增长159.04%，铝采矿业实现销售收入13.6亿元，铝冶炼业实现销售收入587.4亿元，铝压延加工业实现销售收入67亿元。

2017年全行业实现利税79.5亿元，同比增长271.33%，实现利润50.9亿元，同比增长366.2%。其中：采矿业实现利润1.1亿元，冶炼及压延加工业实现利润49.8亿元。行业实现税金28.6亿元，同比增长185.7%，其中：采矿业实现税金2.4亿元，冶炼及压延加工业实现税金26.2亿元。

行业资产总计1224.8亿元，较上年增加260.8亿元。

（三）生产经营平稳

氧化铝行业：2017年，全省氧化铝行业生产经营平稳有升，产能产量增长。全省15家氧化铝生产运行企业利税业绩较上年大幅上升。其中，吕梁市10家氧化铝企业形成能力1285万吨，氧化铝产量实现1102.6万吨，同比增长7.1%；另生产氢氧化铝610.4万吨，同比增长10%。其中：孝义兴安化工实现产量290.35万吨；国电投山西铝业实现产量273万吨，交口肥美铝业实现产量280万吨，山西信发实现产量224.5万吨、山西华兴铝业实现产量198.69万吨，中铝山西新材料、山西晋中铝业等企业生产经营、利税业绩均好于上年。但有少数企业因供矿原因对企业生产经营造成一定影响。

电解铝行业：2017年有5家企业生产，运行能力103.5万吨，受环保部启动实施2+26城市冬季采暖期间对电解铝关停部分产能影响，山西兆丰铝业、太原东铝铝材受到影响。山西华圣铝业和中铝山西新材料电解铝生产经营实现了产量与效益稳定增长。2017年山西电解铝大用户直供电交易电价较上年提高4分/千瓦时，企业成本虽较上年上升，但受电解铝价格大幅上涨因素，华圣铝业、中铝新材料等企业实现了较好盈利，特别是华圣铝业扭转了多年亏损局面，到年底还有1家企业亏损。

铝加工行业：2017年全省铝加工生产经营受上游电解铝原料不稳定影响，特别是永济、河津等地部分铝加工企业出现停产和阶段性生产，使全省铝材产量及效益较上年出现了明显下降。

铜行业：2017年全省铜行业产量发展平稳，受市场价格下降，成本上升影响，利润出现亏损，其中：中条山有色金属集团公司实现销售收入272亿元，中条山有色金属集团公司旗下的北方铜业公司生产经营及财务指标均好于上年。

镁行业：2017年镁价下跌，全省镁行业受环保、成本等因素影响，多数企业生产经营困难，企业开工能力普遍不足，部分企业阶段性生产，全省镁生产能力开工不足、产量保持上年水平，低于全国同期增长水平。

三、改革与发展

（一）中铝在晋两企业实现合并重组

8月8日，中国铝业山西分公司与山西华泽铝电有限公司实施合并重组，挂牌成立了中铝山西新材料有限公司。重组后的公司注册资本42.80亿元，总资产135亿元，在册员工7889人，具有氧化铝250万吨、电解铝42万吨、铝合金棒10万吨、阳极炭素21万吨等生产能力和2300兆瓦燃煤发电机组，成为拥有矿山、氧化铝、电解铝、铝加工并配套自备发电机组的铝全产业链的联合企业，两企业实现战略重组，打通了氧化铝、电解铝上下游产业链，有效降低运营成本并提升企业竞争力。

（二）国务院文件助推山西铝业改革发展

9月12日，国务院国发42号文件《关于进一步支持山西深化改革，促进资源型经济转型发展的意见》中提到：“发展煤电铝材一体化改革试点，促进铝工业转型升级”。文件下发到山西后，政府、行业、企业积极行动，政府层面、省发改委、省经信委，以及运城、吕梁、忻州、晋中、阳泉、太原等市发改委、经信部门在推动，省行业协会向全省发出行动倡议书，铝企业在配合政府、协会在行动，积极推动山西煤电铝材改革试点。省发改委组织编写了山西煤电铝材一体化改革试点实施方案，12家企业参与了实施试点方案情况汇报，发改委确定了5家企业进入改革试点项目，上报国家发改委。

（三）两家国有企业实现改制

中铝集团旗下的山西铝厂改制为中铝山西铝业有限公司；山西有色金属工业总公司在2009年

归属省资产经贸集团公司成为国有子公司后，2017年，随着省组建山西文旅集团，山西资产经贸集团成为山西文旅集团子公司，山西省有色金属工业总公司成为山西文旅集团的二级国有子公司，根据省国资委推进国有企业改革改制要求，公司改制为山西省有色金属工业有限公司。

（四）东方希望集团与左权县签署合作协议

8月15日，东方希望集团有限公司和左权县政府签署战略合作协议，投资建设东方希望集团左权铝工业循环经济项目。由东方希望集团独立投资50亿元，建设240万吨氧化铝并配套80万吨石灰、烧碱等项目，分两期推进建设。

四、基本建设与技术改造

2017年全省完成固定资产投资76.4亿元，同比负增长52.59%。

（一）开竣工项目

氧化铝方面：新增产能220万吨，其中柳林森泽70万吨、兴华科技55万吨、华庆45万吨、田园10万吨、泰兴铝镁10万吨。柳林森泽新增70万吨后形成了130万吨生产能力，国电投山西铝业经改造提升，新增30万吨，形成310万吨生产能力。

电解铝方面：山西中铝华润有限公司一期50万吨电解铝项目，吕梁市发改委2016年4月核准，原计划2017年9月建成投产，因产能置换原因未按时投产。在10月份工信部下文同意在集团内部可以直接置换后，由山西省经信委组织对中铝系统电解铝置换山西中铝华润有限公司产能指标进行了核查与公示，到年底已形成产能，但受供电因素影响，年底未实现投产。

（二）在建项目

在建项目主要有山西齐亚铝业、山西同德铝业、山西道尔铝业等氧化铝企业和永济、河津部分铝加工项目，在建项目不多，固定资产下降。

五、协会与学会

（一）学术交流

2017年5月11－12日，为贯彻落实山西煤电铝材一体化发展要求，实现省委、省政府提出的实现千亿产业发展战略目标与重要任务，增强山西“十三五”发展铝业转型发展紧迫感，山西省有色金属行业协会、运城市人民政府、山西省有色金属学会联合，以“创新协调、转型升级、资源循环、做大做优做强”为主题，在运城市共同召开了“山西省铝工业发展峰会”。中国有色金属工业协会会长陈全训，省发改委、省经信委、运城市政府及省有色金属行业协会、省有色金属学会有关领导、专家及铝企业代表120余人参会，取得了6项成果，对推动运城百万吨铝产业及全省铝产业发展起到了积极助推作用。

8月12－14日，为促进中西部区域有色金属工业发展，山西有色金属学会（协会）与中西部地区14省（市区）有色行业组织联合，以“提升产业发展、促进技术创新、强化产业服务、加大区域合作”为主题，主办了“2017（长沙）中西部第十届有色金属发展论坛”。中国有色金属工业协会、中国有色金属学会和湖南省科协、中西部地区行业组织领导和企业及论文作者参会，为中西部有色金属工业创新产业发展发挥了引领作用。

（二）社团改革

一是根据国家和山西省对行业协会、商会与主管部门脱钩要求，2017年8月，协会与主管单位省经信委进行了脱钩，取消了业务主管单位。二是实现了电子化票据改革。三是协会、学会实现了党组织全覆盖。省经信委成立了中共山西省经信委行业协会委员会，省科协成立了中共科技类社会组织委员会，省有色金属行业协会、省有色金属学会分别有了上级党组织选派的指导员和联络员。四是实现了协会、学会报税与监管由地税向国税转变的改革等。

（王香槐）

河　北

一、行业概况

据河北省发改委统计，至2017年末，河北省规模以上有色金属压延企业共214家，比上年减少2家，从业人数为2.8万人。

二、生产经营

2017年，因各种因素影响，导致河北省十种有色金属产量大幅减少，仅完成6.33万吨，同比下降46.76%。其中保定市完成5.42万吨，占全省十种有色金属产量的85.62%，同比下降47.83%；石家庄市完成2380吨，邯郸市完成6760吨。

2017年全省生产铝材62.08万吨，同比下降4.91%。其中秦皇岛市产量20.8万吨，占全省铝材产量的33.51%；沧州市产量24.49万吨，占全省铝材产量的39.45%；保定市产量10.6万吨，占全省铝材产量的17.07%；邯郸市产量2.06万吨，占全省铝材产量的3.32%；唐山市产量3.33万吨，石家庄市产量0.68万吨，衡水市产量0.13万吨。

2017年河北省有色金属矿采选业主营业收入完成43.73亿元，同比下降3.9%；工业增加值完成22.86亿元，同比下降36.37%；实现利润9.13亿元，同比增长54.29%；销售产值49.58亿元，同比下降1.19%。

河北省有色金属冶炼和压延加工业实现主营业务收入完成533.34亿元，同比增长6.67%；工业增加值完成83.78亿元，同比下降6.71%；实现利润11.42亿元，同比下降0.64%；销售产值527.83亿元，同比增长7.42%。

有色金属工业产品出口降幅较大。2017年出口交货值9.41亿元，同比下降21.81%，占全省工业出口交货值的0.60%。

三、国际合作

河钢集团南非PMC公司铜二期工程进展顺利，铜产量达到3.45万吨、铁精粉销量700万吨，实现利润近10亿元。

（韩灵玲）

辽　宁

一、行业概况

2017年，辽宁省有色金属行业一改前几年的颓势，生产经营情况明显好转，有色金属产量小幅增长。铜材方面，由于营口高威铜业的投产，铜材产量有了较大增长；铝材方面，由于辽宁忠旺进行转型升级，产品结构调整，产量有所下降。

2017年辽宁省有色金属行业共有规模以上生产企业249户，平均从业人数6.2万人，资产总额1444.5亿元，负债942.5亿元，资产负债率65.2%。其中有色金属采选企业81户，从业人员1.6万人；有色金属冶炼及金属压延业168户，从业人员4.6万人。

截至2017年末，辽宁省有色金属冶炼能力达到130万吨，其中：锌冶炼能力为43.5万吨，电解铜生产能力为25万吨，电解铝的生产能力为43万吨，电解铅生产能力14万吨。有色金属压延加工能力超过了200万吨。

二、生产与经营

2017年，有色金属价格持续上涨，辽宁省十种有色金属总体产量小幅增长，铜、铝、铅、锌等有色金属的产量均出现增长，但是钛下降幅度较大；由于忠旺进行产品结构调整，向下游延伸产业链条，铝材产量下滑，造成全省铝加工材产量的下降；随着营口高威铜业的投达产，辽宁省铜加工材产量出现明显增长。

（一）主要产品产量

2017年，辽宁省共完成铜、铅、锌等3种有色金属矿山产品产量（金属含量）10.7万吨，比上年增长81.4%。其中：铜精矿（金属含量）8569吨，比上年下降5.5%；铅精矿（金属含量）7.0万吨，比上年增长199.0%；锌精矿（金属含量）2.9万吨，比上年增长4.3%。

完成十种有色金属产品产量98.9万吨，比上年增长6.9%。其中：精炼铜产量11.0万吨，比上年增长2.9%；铅产量8.3万吨，比上年增长15.3%；锌产量27.8万吨，比上年增长1.4%；电解铝产量49.2万吨，比上年增长11.0%；海绵钛产量2.4万吨，比上年下降13.2%。

辽宁省生产铝加工材90.0万吨，比上年下降5.8%；铜加工材18.9万吨，比上年增长92.7%。

辽宁省黄金产量10.4吨，比上年下降1.7%；白银7.6吨，比上年下降27.3%。

（二）主要经济指标完成情况

2017年，辽宁省有色行业实现主营业务收入843.3亿元，比上年增长32.7%；实现利润总额64.9亿元，比上年增加17.4亿元，增长36.6%；实现利税91.4亿元，比上年增加29.3亿元，增长47.2%。其中：有色金属矿采选业实现主营业务收入93.2亿元、利润10.7亿元、利税16.9亿元，分别比上年增长21.0%、282.1%和131.5%。有色金属冶炼和压延加工业实现主营业务收入750.1亿元、利润54.2亿元、利税74.5亿元，分别比上年增长13.6%、21.3%和35.9%。

三、兼并重组

2017年8月，忠旺集团的间接全资附属公司忠旺铝业德国有限公司完成了对Alunna的收购，持有Alunna98.27%的股权。Alunna成立于1914年，是一家高端铝制加工材制造商，主要产品为无缝挤压管、分流挤压管以及其他高附加值铝合金挤压产品。产品主要应用于航空和汽车工业等领域。通过收购Alunna，可大幅提升忠旺在无缝管挤压方面的能力，进一步完善产品结构，亦可借助其产品资质认证和客户开发经验，加快忠旺在航空和汽车工业等领域的业务拓展，从而提升忠旺的整体实力。

2017年10月，忠旺集团的间接全资附属公司香港忠旺投资有限公司完成了对SilverYachts的收购，持有SilverYachts66.67%的股权。SilverYachts在设计和制造大型、全铝合金、空气动力设计、高性能、低油耗的超级游艇业务领域是领军企业之一。通过收购SilverYachts，忠旺将业务进一步延伸至航海领域。

四、重点有色企业情况

辽宁忠旺集团以产品研发为主线，继续改进工艺技术，积极进行设备改造升级，并专注于高附加值产品创新，使忠旺从高端铝加工材料供应商逐步转变为轻量化综合解决方案供应商。经过不断转型升级，逐渐向下游延伸产业链，发展铝制模板、铝合金车厢、航空航天用铝型材等铝合金深加工产品和高端铝合金型材。2台225MN超大型挤压机已调试完毕，投入使用，同时还有多条自动焊接、喷涂生产线及新挤压机逐步投入。忠旺研发和生产的部分乘用车及商用车铝制大部件等产品均已投入市场，得到积极反馈。其中，与中国第一汽车股份有限公司合作开发的国内首台“全铝车身+全铝底盘”的客车项目，弥补了铝合金在底盘应用上的空白，使忠旺集团成为国内首个能够独立设计、制造“全铝车身+全铝底盘”的铝企。另一方面，作为中国标准动车组“复兴号”整车车体主要供应商之一，为其提供大量车体型材及深加工产品。忠旺集团研发能力逐渐加强，目前已拥有国家级企业技术中心、国家地方联合工程研究中心、国家级博士后工作站、省级工程技术研究中心等机构，2017年完成多项专利申请，并参与制订和修订多项国家及行业标准。2017年，公司铝型材产量65.5万吨，比上年下降11.8%，占辽宁省铝材产量的比重达到72.8%；公司实现主营业务收入173.5亿元，比上年增长8.1%；利润43.4亿元，比上年增长16.7%；利税56.9亿元，比上年增长13.5%。

2017年，葫芦岛有色金属集团公司在铅锌行业市场原燃料供应紧张、采购成本上升、加工费下降、产品需求萎缩不振等诸多不利因素影响下，努力克服困难，积极应对各种挑战，取得了不错的成果：精锌厂结合炉塔大中修，解决了天然气燃烧特性与现有炉体结构不匹配问题，燃气成本大幅降低，全年按用户需求及时生产出各种合金、低铁锌、纯锌大锭等高附加值产品；进口原料转港圆满成功，所有进口矿业务全部转往葫芦岛港，并获得了企业海关高级认证资质，比过去节省了港杂费和运费；开展了部分锌精矿套期保值业务，实现了期货销售与现货销售联动，锁定了价格效益。公司全年完成锌产量27.8万吨，比上年增长1.4%。公司实现主营业务收入65.4亿元，比上年增长44.2%；利润1.5亿元，比上年增长30.0%；利税3.7亿元，比上年增长47.3%。

中国有色抚顺红透山矿业有限公司企业经营形势明显好转，2017年主营业务收入大幅增长，实现扭亏为盈。全年公司完成铜精矿（金属含量）7507吨，与上年基本持平；锌精矿（金属含量）8880吨，比上年下降6.0%；硫铁矿石（折含硫35%）22.3万吨，与上年基本持平。公司实现主营业务收入5.1亿元，比上年增长26.3%；利润1980.3万元，比上年增加10611.4万元（上年为-8631.1万元）；利税1.1亿元，比上年增加1.4亿元（上年为-3311万元）。

（李超起）

吉 林

2017年，吉林省有色金属行业按照《吉林省工业转型升级行动计划（2017-2020年）》部署要求，认真贯彻落实省委省政府稳增长、调结构、促转型各项政策措施，积极推动供给侧结构性改革，加强企业环保改造，把握市场价格变化机遇，深化创新发展，加快新动能培育和传统动能提升，积极推动转型升级，产业总体呈稳定运行态势。

一、生产与经营

吉林吉恩镍业股份有限公司主营业务为镍金属采矿、选矿、冶炼及其相关化工产品的生产加工和销售，专业生产电镀、化学镀、电池材料等行业用的镍、铜、钴盐，以及有色金属、化工产品，拥有完整的产业链。“吉恩”牌优质镍系列产品营销网络覆盖全国并远销海外。2017年吉恩镍业资产总额109亿元，生产硫酸镍3万吨，同比增长5.8%；完成产值30亿元，同比下降16.2%；实现销售收入39.6亿元，同比下降1%。实现利润－31.8亿元，同比负增加10亿元；缴纳税金6600万元，同比增长99.7%。

吉林大黑山钼业有限公司处理矿石492万吨，生产钼精矿6001吨，硫精矿5.6万吨，铜精矿1372吨。完成产值3.6亿元，同比增长19.4%；实现销售收入3.6亿元，同比增长16.1%；实现利润524万元，上缴税金6856万元，全面完成了2017年生产经营任务，并一举扭转了连续两年亏损的局面，被永吉县企业家协会授予“服务经济发展奖”。

吉林吉辉钼业股份有限公司“强基础、抓管理”，通过生产实践，在原有设备基础上提高处理矿量，由原来的3000吨/日，提高到3300吨/日。全年可多处理9.9万吨矿石量。

吉林麦达斯铝业有限公司是国内最大的轨道车辆铝合金车体材料专业化生产企业，是中国工业铝材10强企业，是中国大批量出口轨道车辆铝合金车体材料企业。一年来市场形势向好，行业地位稳固，新老领域全面有序推进，受国家“八纵八横”、“一带一路”以及国家拥有自主知识产权的标准动车组上线运营等多项重大利好政策影响，各项业务呈现爆发式增长。麦达斯继续在中国中车集团的高铁和城轨项目中保持高比例份额，依然占据着国内市场的半壁江山。在轨道车辆领域，麦达斯与青岛四方车辆厂正式展开全面合作，成为行业内唯一向中国中车全部子公司供货的上游供应商；在汽车领域，麦达斯防撞梁项目进入量产阶段，于年中实现首批发货，并获得客户授予的“2017年度最佳新供应商”殊荣。

二、改革与发展

吉林吉恩镍业股份有限公司2017年结合实际经营状况，加强成本、资金管理，将财务预算工作落实到各个环节，紧紧围绕年初制定的经营目标，挖潜增效、增收节支，千方百计压缩开支，最大限度降低消耗，把成本管理工作抓细做实，企业管理提升艰难有成。公司持续实施全面预算管理，把管理创新作为管理提升活动的重要内容，加大资金使用管理力度，坚持严控非生产性支出以及严控生产单位设备使用预算管理及费用支出，面对复杂的市场形势，创新发展，全力打造世界有影响的关键金属材料生产商。

吉林吉辉钼业股份有限公司大力开展“修旧利废、节能环保”工作，在浮选车间新增回水池，把跑、冒的矿浆进行回收，既清洁了环境，又提高了选矿金属回收率0.5个百分点。与钼矿储量位居全国第二的陕西省渭南市的蒲城县中信钼业有限责任公司合作生产氧化钼。

三、基本建设与技术改造

2017年，吉林省有色金属企业不断加大固定资产投入，努力改造技术项目，开发新产品，发展下游产业，延长产业链。

吉恩镍业股份有限公司2017年累积完成项目建设投资9060万元。公司项下子公司亚融科技投资14.9亿元成立的吉林奥融新能源有限公司，以建设年产镍锰钴酸锂2万吨、硫酸钴1890吨、硫酸铜1310吨、硫酸锌1034吨工艺生产线及生产、生活所需公辅设施为主的年产2万吨锂电池正极材料项目已获得前期审批手续，完成了主体设备、工程及监理的招投标和场地平整工作。项目建成后，将实现产值18亿元，充分延伸产业链，大大提高市场控制力。

投资10.6亿元成立了吉林卓创新材料有限公司，年产2万吨羰基铁粉羰基金属功能材料建设项目获得磐石市政府平台出资，已完成综合办公楼的5个单元的框架建设工作；合成分解自建厂房招标已全部完成，设备招标完成70%，整体工程有序开展，2017年已生产羰基铁粉1032吨，完成产值3527.2万元，实现利润127.8万元，项目达产后预计产值3.6亿元。

投资10.6亿元成立了吉林博研新材料有限公司，年产1.1万吨新能源材料项目正在建设中。

四、科技创新与产业、产品结构调整

强化品牌引领作用，品牌质量不断提升。吉恩镍业股份有限公司生产的“吉恩”品牌硫酸镍产品，被称为镍股“第一品牌”，多次获得“吉林省名牌”称号，产品营销网络覆盖全国，并远销美国、日本、韩国、南非等国家和地区。新动能集聚提升，一批冶金新材料项目投资建设。军民融合发展等新业态初步形成，吉恩镍业投资建设的吉林卓创新材料公司系列羰基金属粉末功能材料全年产量1032吨，产品在磁性材料、军工等领域应用良好，部分粉体材料市场价格已达3.3万元/吨。

吉林吉辉钼业股份有限公司成立科技研发部，

研究开发二硫化钼项目，目前正处于试验阶段。部分模具实现自主设计，技术实力跃升新水平。

吉林麦达斯利用长期积累的经验，成功将自主设计的模具方案应用于生产实际，先后设计模具方案25套，其中按设计方案开模的15套，均在三次试模内上机合格。麦达斯已基本具备小机台模具的设计及修模指导能力。

2017年，吉林紫金铜业有限公司完善了产品布局，投资300余万元的发烟酸项目、投资100余万元的硫酸镍项目相继投产，在丰富产品结构、提高产品质量的同时，提升产品市场占有率和市场竞争力。目前，公司正加快提高运营效率，逐步构建智能工厂，积极应用新技术、新工艺及信息化技术手段，实施自动化智能控制系统建设，实现技术升级和清洁生产。同时，公司将配合地方政府加快引进下游硫酸和铜深加工企业，提高产品的科技含量和工业附加值，延长地方铜产业链条，促进地方高端绿色制造升级、循环产业经济发展，并可进一步带动地方就业。公司将坚定不移走创新绿色循环发展之路，深度融入地方“一带一路”、东北振兴、沿边开放战略发展构架中，积极履行企业社会责任，更好助力地方经济社会发展，把握新时代、抢抓新机遇、勇于新作为、实现新跨越。

五、资产重组、资本运营、资源开发利用情况

2017年，吉恩镍业股份有限公司积极推进重整工作，继续加强与债权人的协商与沟通，研究资产、债务重组，盘活资产，努力改善资产结构。

吉林吉辉钼业股份有限公司加大与域外企业合作力度。2017年与钼矿储量位居全国第二的陕西省渭南市的蒲城县中信钼业有限责任公司合作生产氧化钼，累计加工钼精粉257吨，按每吨附加值2000元计算，年增加经济效益51.4万元。

（肖维竹）

黑龙江

一、概况

2017年，黑龙江省有色金属矿采选业企业有12户，有色金属冶炼和压延加工业企业15户。主要有东北轻合金有限责任公司、黑龙江多宝山铜业股份有限公司、伊春鹿鸣矿业有限公司等有色企业。资产总额187.1亿元。

二、生产经营

2017年，黑龙江省有色金属工业企业共实现工业总产值78.4亿元，同比增长27.7%；主营业务收入82.6亿元，同比增长33.3%；利润总额8.8亿元，同比增加11.3亿元。

（一）主要产品产量

2017年，铜金属含量3.65万吨，同比增长15.4%；铅金属含量1690.6吨，同比下降27.4%；锌金属含量1.40万吨，同比下降0.6%；稀有稀土金属矿3.20万吨，同比增长17.6%；钼精矿（45%）产量3.20万吨，同比增长17.6%；铝合金2.05万吨，同比增长112.3%；铜材2403.0吨，同比下降33.6%；铝材产量14.79万吨，同比增长20.4%。

（二）能源消耗

2017年，黑龙江省规模以上有色金属企业综合能源消费量为20.4万吨标准煤，同比增长0.52%；电力消费11.21亿千瓦时，同比增长15.33%；原煤消耗4.35万吨，同比下降14.03%。

（三）固定资产投资

2017年，黑龙江省有色金属工业企业固定资产投资项目74个，完成投资额31.8亿元，同比下降30.8%。

（李洪训）

安　徽

一、基本情况

截至2017年底，安徽省有色金属行业拥有生产企业295户，同比增长0.68%。重点企业年生产能力为：铜金属矿采矿1070万吨、矿产粗铜冶炼102.5万吨、铜电解128万吨、铅电解41.12万吨、锌电解10.00万吨、铜材加工93.27万吨、铝材加工4万吨。

二、经济运行

（一）主要产品产量稳中有进

2017年，安徽省十种有色金属产量221.00万吨，同比增长12.76%，居全国第10位，中部地区第2位。其中精炼铜127.96万吨（含铜陵有色

集团控股有限公司的张家港和金剑公司），居全国第3位；铅82.79万吨，同比增长45.21%，居全国第2位；锌10.26万吨，同比增长7.97%，居全国第12位。铜材294.95万吨，同比增长9.88%，居全国第3位；铝材52.31万吨，同比增长6.91%，居全国第19位；铜金属含量16.60万吨，居全国第4位；铅金属含量1.72万吨，同比增长0.28%，居全国第16位；锌金属含量1.18万吨，居全国第20位；黄金21.11吨，同比增长0.21%。

（二）行业经济效益平稳增长

2017年，安徽省有色行业完成主营业务收入3304.19亿元，同比增长14.28%；利税总额88.47亿元，同比增长27.58%，其中利润总额40.48亿元，同比增长26.39%。

（三）主要技术经济指标稳步向好

1. 矿山：铜坑采采矿损失率6.02%，同比下降1.80%；铅坑采出矿品位1.27%，增长1.60%；铅锌坑采采矿损失率19.68%，下降2.08%；铅锌坑采工人实物劳动生产率1057.29吨/人·年，增长21.76%；铜选矿工人实物劳动生产率6465.09吨/人·年，增长7.37%；铅锌矿处理原矿品位（铅）1.27%，增长1.60%；铅选矿精矿品位59.87%，增长0.62%；铅选矿实际回收率85.36%，高于全国同行平均84.08%的1.28个百分点，增长0.79%；铅锌选矿用新水单耗0.23立方米/吨，降低42.5%。

2. 冶炼：铜冶炼总回收率98.43%，同比增长0.76%；铜粗冶炼总回收率98.83%，增长0.75%；铜精炼回收率99.71%，高于全国同行平均99.45%的0.26个百分点，增长0.05%；粗铜电耗727.30千瓦时/吨，下降2.49%；铜电解直流电单耗305.85千瓦时/吨，下降1.32%；铜新水单耗10.95立方米/吨，下降29.12%；铅冶炼综合能耗（折标煤）155.62千克/吨，下降1.79%。

3. 加工：铜加工材综合成品率89.26%，同比增长3.13%；每吨铜加工材金属消耗977.69千克/吨，下降0.77%；每吨铝加工材综合能耗（折标煤）180.62千克/吨，下降8.22%；铝材新水单耗8.84立方米/吨，下降13.24%。

三、投资

（一）固定资产投资

2017年有色金属行业累计完成固定资产投资232.02亿元，同比增长10.99%，其中有色金属矿采选业54.88亿元，下降0.63%；有色金属冶炼和压延加工业177.14亿元，增长15.16%。其中，技改投入完成172.56亿元，同比增长14.79%。包括有色金属矿采选业40.29亿元，增长2.97%；有色金属冶炼和压延加工业132.27亿元，增长18.96%。

（二）投资完成情况

铜陵有色金属集团公司完成21.39亿元；安徽华铂再生资源科技有限公司完成6.5亿元；安徽省华鑫铅业集团公司完成8000万元。铜陵有色金属集团公司沙溪铜矿于7月1日实现重负荷联运试车试生产阶段。金昌冶炼厂生产系统于4月20日全面关停，奥炉项目基本建成，金剑铜业“退城入园”技改项目启动前期准备工作，公司冶炼产业迎来全面的优化升级。铜陵铜箔项目一期Ⅰ段工程建成试生产。金威铜业公司新型铜板带进入ABB、施耐德等世界500强企业。法国铜冠格里赛公司平稳运行。成立新兴产业项目组，围绕铜基新材料、新能源汽车等领域，加大新材料发展方向研究。与中航发、航材院、铜陵发展投资集团签署合作协议，加大特种航空材料研发生产。完成金隆铜业和稀贵金属分公司的合并重组，金冠铜业与奥炉项目部的整合，成为安徽省首批制造业与互联网融合发展试点企业。1项管理成果分别获得安徽省和中国有色金属工业协会企业一等奖。2家单位获得卓越绩效奖、6家单位获得提名奖。履行社会责任。全年公益支持项目支出380万元；安徽华铂再生资源科技有限公司建标准钢构厂房6万平方米、再生铅研发大楼1幢；安徽省华鑫铅业集团公司再生铅备用生产线已投入使用，氨法脱硫、全自动拆解项目正在试运行。

四、能源消耗

（一）能源消费量降低

2017年有色金属行业规模以上工业企业综合能源消费量134.70万吨标准煤，同比下降0.62%，其中有色金属矿采选业4.20万吨标准煤，下降1.20%；有色金属冶炼和压延加工业130.50万吨标煤，下降0.60%。

（二）工业单位增加值能耗有升有降

有色金属行业全年规模以上工业单位增加值能耗下降0.62%。其中有色金属矿采选业增加值能耗同比增长6.10%；有色金属冶炼和压延加工业增加值能耗下降3.50%。

五、重点企业

铜陵有色金属集团控股有限公司。2017年，生产阴极铜127.85万吨，完成预算105.66%；硫酸378.34万吨；黄金9.6吨；白银385.9吨；自产铜精矿含铜4.67万吨；铁精矿完成43.27万吨；硫铁矿完成82.58万吨；铜加工材33.45万吨。阴极铜、铜板带综合能耗分别同比下降10%和16%，累计完成节能量1.5万吨标准煤。全年实现营业收入824.3亿元，超预算12.11%。资产总额477.94亿元，较期初增加32亿元。实现利润总额10.39亿元，同比增长101.36%。“双闪”工程等一批项目通过环保验收。危险废物安全处置率100%，污染物排放综合达标。“安徽省铜基电子材料及加工技术工程研究中心”获批筹建，“铜加工工程技术研究中心”成为省级工程技术中心。铜冠铜箔公司“超低轮廓电子铜箔”打破国际垄断。全年实施3批次、188项科技项目，确定28项重点攻关课题。2017年获得安徽省科学技术奖3项、中国有色金属工业科学技术奖4项，1项研发课题入围安徽省重大科技专项。获得授权受理专利93项，其中安徽省专利金奖2项。主持或参与起草国家、行业、地方标准9项，2项标准获得中国有色金属工业科学技术奖。

安徽楚江科技新材料股份有限公司。2017年实现营业收入110亿元，同比增长39%，利润总额4.34亿元，增长90%，净利润3.61亿元，增长93%。2017年规模效益和经营质量进一步提升，行业领先优势继续扩大：2017年较2000年基础材料规模翻了25倍，其中铜基材料翻了70倍；净资产规模翻了260倍。自主研发了国内首套连续式高温石墨纯化系统并在国内碳及碳化硅复合材料热工装备中名列第一；开发研制了全自动高效节能18管炉，在国内粉末冶金系列热工装备中名列第一，并出口俄罗斯；通过成功开发1000吨、2400℃超大型热压装备在国内高端真空热处理系列装备中名列前五。在2017年取得了“武器装备承制证”，目前军工四证资质齐全。

安徽省华鑫铅业集团有限公司。2017年资产总额18.31亿元；从业人员年末1280人，主要产品年生产能力33万吨，2017年铅产量10.89万吨，同比增长36.40%，实现工业总产值（当年价格）27.65亿元，增长34.98%，主营业务收入24.80亿元，增长22.28%。2017入选中国制造业500强第481名；获得阜阳市企业100强；被阜阳市政府评为纳税十强民营工业企业。

安徽华铂再生资源科技有限公司。2017年职工700人（其中技术人员90人）。年产再生铅能力21万吨。富氧侧吹炉3台。配有科研实验检测设备20套和达到环保要求的烟尘、废气、废水处理系统。2017年实现销售收入49亿元，利润5.1亿元，上缴税金6.3亿元，2017年获“中国再生有色金属产业先进企业”荣誉称号。

安徽省琅琊山矿业总公司。2017年资产总额5.94亿元，年末从业人员1016人，实现主营业务收入1.79亿元，同比增长4.73%，全年完成铜产量4168吨，铁精矿9111吨，金168千克，银4502千克。利润总额5038万元，利税总额7454万元，增长150.34%。

安庆月山矿业公司。2017年生产铜金属量768吨，占年计划的101.11%；铁折合量（60%）4.54万吨，占年计划的133.44%；实现销售收入5360万元，占年计划的147%；采选成本328元/吨，较计划下降10元/吨。降本增效成果显著，年可节约成本支出105万元。

（华幸福）

山　东

一、概况

有色金属产业是山东省的优势特色产业，经过十几年的快速发展，在全国占有重要地位。山东省有色金属产业主要包括铝、铜行业。2017年，全省铝行业共有企业80家，其中氧化铝企业6家、产能2670万吨，电解铝企业7家、合规产能939万吨，铝材加工重点企业67家、产能1200万吨。主要分布在滨州、聊城、烟台、临沂、济宁等市。铜冶炼（电解）企业4家，产能约200万吨，主要分布在聊城、东营、临沂和烟台市。

二、生产经营

（一）主要产品发展稳健

2017年山东省完成氧化铝2113.0万吨，电解铝725.3万吨，铝材1066.6万吨，同比分别增长3.75%、-14.83%和7.67%。其中，魏桥铝电公司电解铝完成561.28万吨，同比增长2.40%，产能利用率 86.89%；南山铝业公司完成 83.11 万吨，同比增长 0.44%，产能利用率 101.85%；信发集团完成 147.20 万吨，同比增长 13.53%，产能利用率 93.16%；邹平铝业有限公司完成 6.87 万吨，同比下降 38.68%，产能利用率 49.07%；山东华宇铝电有限公司完成 21.70 万吨，同比增长 0.13%，产能利用率 108.50%；兖矿科澳铝业有限公司完成 6.89 万吨，同比下降 59.40%，2016 年 9 月份全部停产，已经计划退出电解铝生产。2017 年精炼铜 129 万吨，同比增长 15.37%。铜材产量 100.70 万吨，同比增长 6.65%。

（二）经济效益保持适度增长

2017 年，山东省有色金属完成产品销售收入 6559.7 亿元、同比增长 12.43%，利税 463.5 亿元、同比增长 14.79%，利润 325.6 亿元、同比增长 9.72%。其中，铝产业完成工业总产值 1975 亿元、同比增长 9.18%，产品销售收入 2111 亿元、同比增长 9.95%，利税 215.21 亿元、同比增长 6.30%，利润 181.87 亿元、同比增长 8.30%。铜行业完成工业总产值 1049.51 亿元，销售收入 1174.22 亿元，同比分别增长 2.52% 和 7.8%，实现利税 97.41 亿元、利润 49.82 亿元，同比分别增长 4.68% 和 7.5%。

三、科技创新与产业、产品结构调整

（一）产能集中度进一步提高

在 5 家电解铝生产企业中，魏桥铝电、南山铝电和信发集团 3 家企业电解铝产能、产量占全省电解铝产能、产量的 95% 左右；铜冶炼（电解）重点企业 4 家，产能 162 万吨，占全省总产能的 81%。

（二）技术创新能力不断增强

山东省铝行业企业建立了一批国家和省级企业技术中心、工程技术研究中心、院士工作站、博士后科研工作站，自主创新能力不断增强，研究和应用了一批先进技术，开发出一批高附加值产品，部分新产品产量名列全国第一位。截至 2017 年底，共取得专利 485 余件、获奖科技成果 17 项、起草各类标准 18 个，为全国、全省有色金属产业的发展发挥了重要作用。丛林集团最早引进的世界首台万吨挤压机，成功研发 380A 动车组车体型材，国内市场占有率 70% 以上，并批量供应新加坡东北线和韩国首尔地铁线。南山铝业引进国外先进的热轧、冷轧生产线，研制成功的罐体料国内市场占有率超过 40%，替代进口并走向国际市场，为国内最大的罐料供应商。鲁丰铝箔生产研发的单面光冷成型复合药用铝箔被科技部、商务部等四部委认定为国家重点新产品，双零铝箔被列为国家火炬计划项目。家用铝箔产品出口 60% 以上。铜材加工中簿铜带产品广泛应用于电子线路板、印刷板材和军工领域，并拥有成套的电气化铁路用铜及铜合金接触线和电气化铁路用铜及铜合金绞线生产线，产品主要服务于电气化轨道交通用铜材。中色奥博特铜铝业有限公司空调用冷凝内螺纹铜管在国内空调企业中市场占比最高，达到 30%。

四、节能减排与环境保护

山东省有色金属行业企业高度重视环境保护工作，加大资金投入等措施，进一步强化污染治理，烟尘排放已基本达标，对废渣进行 100% 无害化处理。魏桥铝电应用具有国际先进水平的成套环保技术，突破了电解槽大型化过程中存在的电解槽集气效率低下，烟囱排放长期不达标，吨铝总氟排放不先进的问题，改善了车间的工作环境，排放指标达到欧洲标准。

（鲁　冶）

江　苏

2017 年，江苏省有色金属行业保持了稳中向好的发展局面，主要有色金属产品价格同比大幅回升，进出口贸易总额保持稳定增长，企业经济效益显著提高，固定资产投资额同比明显下降。

2017 年，江苏省十种有色金属产量为 43 万吨，同比增长 25.7%；产铜材 284 万吨，同比下降 10.3%；铝材 445 万吨，同比增长 17.9%。

2017 年，江苏常铝铝业股份有限公司实现营业收入 42.48 亿元，较上年增长 29.29%，实现归属于上市公司股东净利润 1.65 亿元，较上年上涨 6.21%。面对空调箔市场行情向好，企业通过优化工艺、提升设备速度等方式，不断提高冷轧和涂层产量，且屡创月新高。12 月，成立了江苏常铝新能源材料有限公司，专业生产动力电池箔，每年可生产万吨电池用阴级箔。

2017 年，江苏鼎胜新能源材料股份有限公司实现入库量同比增长 15%，营业收入同比增长 21%。参与《瓶盖用铝箔》、《半刚性容器箔》、

《变形铝及铝合金化学成分》等国家标准的修订。同时，在新品开发方面也不断加大研发力度，申请发明专利16项。积极推动两化融合，完成江苏省两化深度融合创新试点示范、江苏省工业企业技术改造综合奖补资金、省级战略性新兴产业发展专项资金项目等10多个项目，并获得两化融合管理体系评定证书。

江苏财发铝业股份有限公司坚持创新驱动发展战略，以省级工程中心为平台和东北大学、中南大学、合肥大学、东南大学、武汉大学、中国矿业大学、中国汽车工程研究院等十多个院校及科研院所合作研发新产品，研究开发的新产品铝镜面板、卷质量达到了国际同类产品的质量水平；0.12毫米、0.08毫米容器箔，产品质量得到了市场和用户的认可。2017年，公司投入资金新上8条生产线（纵切剪、厚切剪、重卷清洗机、滚体式淬火炉、铸轧生产等生产线），不断增大高性能铝合金等高附加值产品的比例。

张家港联合铜业公司紧紧抓住市场机遇，内抓管理，外拓市场，不断提高电铜产量和企业利润，2017年完成电铜产量30万吨，阳极铜产量18万吨，利润大幅提升，创近10年来最好水平。公司通过对阳极炉进行自动化控制系统升级改造，将重油全氧燃烧、烟气在线控制全部实现自动化、机械化操作，大大改善了工人的现场作业环境，降低了劳动强度。阳极炉重油单耗、阴极铜综合加工成本在同行业中均处于领先水平。

江苏豪然喷射成形合金有限公司与中国兵器工业集团江麓机电集团有限公司自2016年开始正式合作以来，积极开展生产工作，2017年初，江苏豪然成功将喷射成形的7055铝合金应用于新型坦克、装甲车的关键部位，经过跑车检验的结论与国际军事大赛的验证，产品质量获得了充分的肯定。江麓机电集团有限公司表示，在新型空投坦克及两栖装甲车的生产上，将大批量使用江苏豪然公司生产的喷射成形7055铝合金。

3月14日，江苏天工科技股份有限公司与湖南湘投钛金属有限公司达成钛合金板坯产销合作，推动天工钛合金板材向高端装备材料领域发展。3月22日，江苏天工科技股份有限公司和南京工业大学成功签署“海洋工程新材料联合实验室”合作协议，建立全面的产学研合作关系，共同创建“南工大－天工股份海洋工程新材料联合实验室”平台，以加强在海洋新材料生产与应用等多方面研究，提高海工材料技术成果的产品化、标准化、工艺流程化程度。

5月，江苏中天铝线自主研发的国内第一根低风压中强度全铝合金绞线投入福建省“忠田－湄洲110千伏线路”电网工程建设中。

7月12日，在国家标准委发布国家标准公告（2017年第18号）中，苏州市3家有色金属新材料单位主导制定的3项国家标准GB/T 33970－2017《电阻焊电极用 Al_2O_3 弥散强化铜片材》、GB/T 33949－2017《轴承保持架用铜合金环材》和GB/T 33952－2017《铜包铝管》顺利发布，其中金江铜业是国标GB/T 33970－2017的独家起草单位，这是江苏近年来在有色金属新材料领域不断加大研发力度和产品品质等方面的体现。

2017年，南京云海特种金属股份有限公司实现营业收入49亿元，同比增长21.7%；实现净利润1.5亿元。公司着力提高产品性能以及生产工艺，10月与北京汽车集团有限公司达成战略合作关系，重点加强在新型镁铝合金相关应用技术方面的合作，同时在北汽集团各车型中，合作开展轻量化材料替代、优化设计、成型试制评估等工作，共同开发仪表盘支架、座椅支架等汽车零部件。双方还将加强对高性能低成本镁合金零部件的开发和应用探讨，组成专题科研小组，共同推进新型镁铝合金、压铸件、挤压管型材、板材、挤压锻造、CMT和FSW焊接、液压成形、热冲压成形等新材料、新工艺在北汽集团车型上的试用和批量使用。

11月3日，爱励铝业镇江工厂举行庆祝2.5万吨航空板材发货仪式，标志着其向全球航空产业供应的铝合金航空板材已达2.5万吨。

2017年，为解决制约江苏高温合金行业高质量发展的关键共性技术问题，实现以点带面推动全省高温合金产业高端化发展，较好实现材料国产化和规模化应用。江苏省经信委和江苏省冶金行业协会在行业现状调研、攻关专题征集和“十三五”重大项目摸底等工作的基础上，确立了高温合金攻关项目，评选出5家单位为高温合金材料/产品制备共性技术攻关项目中标单位。11月30日，江苏省经信委在南京召开“高温合金材料/产品制备”关键共性技术攻关项目签约会。

（韦春丹）

浙 江

一、基本概况

截至2017年底，浙江省共有规模以上有色金属企业809家，有色金属工业总资产1569.88亿元，从业人员8.56万人。全省拥有十种有色金属冶炼能力115万吨，其中铜冶炼能力65万吨，再生铝冶炼能力40万吨。有色金属加工能力700万吨，其中铜加工能力400万吨，铝加工能力300万吨。

二、有色金属工业生产

2017年全省有色金属工业实现工业总产值2525.82亿元，同比增长23.07%，超过工业平均增幅7.52个百分点。有色金属生产总体稳定，全省十种有色金属产量40.75万吨，同比增长3.9%，增幅比上年提高0.2个百分点。其中：铜产量37.57万吨，同比增长10.4%。黄金产量17.28吨，同比下降38.1%，白银产量1170.06吨，同比下降0.5%。铜、铝加工材产量分别为301.87万吨和240.37万吨，同比分别增长1.2%和5.8%。

三、有色金属产品出口

2017年全省有色金属产品出口交货值164.38亿元，同比增长36.76%，高出工业平均增幅27.33个百分点。海亮、宁波金田、宁波兴业等一批骨干企业通过调整出口产品，市场结构，继续扩大中高端、特色产品的出口，实现了出口的高增长，为全省有色金属工业出口增长做出了重要贡献。

四、有色金属工业效益

2017年全省有色金属工业实现主营业务收入、利税、利润分别为2443.1亿元、132.33亿元和86.99亿元，同比分别增长20.93%、56.09%和60.33%。全省有色金属工业主营收入利润率为4.44%，同比提高0.6个百分点。有色金属工业资产负债率62.99%，在2016年下降3.02个百分点的基础上，再降0.17个百分点。骨干企业效益良好，有色金属工业利润水平前5位企业利润额占全省有色金属工业总利润的20%。

五、有色金属工业科技创新

2017年有色金属行业科技活动经费支出17.92亿元，同比增长14.44%。有色金属工业新产品产值683.23亿元，同比增长22.94%。兴业盛泰追随国际先进同行，研发高性能低成本新型合金，全年开发铜镍硅、铜锡镍等新合金品种超5只，并初步掌握了锡镀层厚度1~2微米的关键技术，其与北京有色金属研究总院合作完成的“高性能低锡强化磷青铜合金带材的关键技术研究及产业化”获浙江省科技进步奖二等奖。宁波长振铜业有限公司完成的“废杂铜资源绿色、保质再生制造关键技术的研究与应用”获浙江省科技进步奖三等奖。浙江天河开发了铜-铁-磷系的KFC铜合金引线框架材料及铜铬白铜材料，绍兴力博研发成功水轮发电机组磁极线圈用铜异型材。

六、有色金属工业绿色发展

2017年粗铜冶炼综合能耗同比下降15.41%，重点监测铜加工企业每吨铜加工材综合电耗同比下降14.84千瓦时。富冶集团投资兴建多金属回收项目，综合回收废渣中有价金属。浙江海亮股份有限公司实施铜及铜合金管材加工关键工序节能改造，通过对铜加工过程能耗结构的分析，工艺创新、装备升级，成材率提高10%，节能3385吨标准煤。

七、存在的问题

一是利润水平长期低于工业平均水平。2017年全省有色金属工业规模以上企业主营业务收入利润率比全省工业平均水平低3.25个百分点，比全国有色金属行业平均水平低0.66个百分点。二是科技活动强度有待提高。2017年有色金属工业科技活动经费支出占主营业务收入比例仅0.73%，规模以上企业新产品产值率27.05%，分别低于全省工业平均水平1.03和8.33个百分点，产品迈向中高端困难重重。三是经营风险未充分释放。2017年全球大宗商品价格过快上涨，推高了企业生产成本，有色金属主营业务成本同比增长22.55%，已接近追平主营业务销售收入增幅，并仍呈刚性上涨之势，原材料价格处于高位，增加了企业资金占用和产品跌价风险。部分区域有色金属加工企业仍未摆脱“两链”风险影响。四是外部环境约束持续加强。部分企业环保历史欠账，难以适应绿色发展要求。多数企业环保投入加大，环保设施运营成本不断提高。全面实施亩均论英雄企业分类评价制度，对有色金属企业转型升级倒逼压力更大。

八、行业管理

一是定期组织召开行业分析会议，围绕有色金属加工改造提升等热点，分析行业发展和运行态势，指导行业发展。二是推进有色金属加工行业传统产业改造提升。制定《有色金属加工制造业改造提升实施方案（2017－2020年）》，并选取诸暨市、永康市开展分行业省级试点。三是开展铜熔铸业规范条件执行情况检查，湖州久立电气材料科技发展有限公司、宁波兴业盛泰集团有限公司、葛洲坝展慈（宁波）金属工业有限公司3家企业通过省铜熔铸业规范企业公告。四是开展行业规范公告企业年度检查，分解落实2017年度钨生产指令计划。做好华东铝业15万吨电解铝产能跨省置换工作。五是开展有色金属和黄金行业先进集体、先进个人评选。

（毛恭忠）

江　西

一、概况

2017年，在江西省委、省政府的正确领导下，全省上下认真学习宣传贯彻党的十九大精神，落实新发展理念，深入实施工业强省战略，大力发展有色金属新材料，积极推进供给侧结构性改革等各项工作，产业结构调整、动能转换进一步加快，全省有色行业呈现效益持续回升的稳中向好态势。受益于江西省有色金属行业主要产品铜、钨等商品价格强势反弹，行业效益明显改善，产量大幅增长的高景气度，有色行业主营业务收入、利润增幅全部保持两位数高速增长。全省有色产业规模以上企业816家，实现主营业务收入6726亿元，同比增长11.6%；利润300.6亿元，同比增长25.2%；利税488.8亿元，同比增长13.6%。

二、生产与经营

生产矿产品：铜精矿32.6万吨，同比增长24.6%；铅精矿18.3万吨，同比增长330.1%；锌精矿5.6万吨，同比增长1.1%；锡精矿0.4万吨，同比下降8%；钨精矿（折三氧化钨65%）6.5万吨，同比增长17.8%；钼精矿（折纯钼45%）0.9万吨，同比下降5.6%。

十种有色金属产量合计174.2万吨，同比增长17%。其中，电解铜141.9万吨，同比增长22.4%；铅17.7万吨，同比下降2.6%；锌11.4万吨，同比增长2.1%；镍0.05万吨，同比下降94.4%；锡1.8万吨，同比下降19.4%；锑品1.4万吨，同比下降4%。

单一稀土金属同比增长15.8%；黄金30.7吨，同比下降2.4%；白银661.2吨，同比下降22.3%；铜材299.4万吨，同比下降6.5%；铝材2.8万吨，同比下降6.4%。

三、经济运行特点

实现扭亏为盈，产业效益均以两位数增长。1－12月，全省有色工业规模以上企业实现利润300.6亿元，同比增长25.2%。其中主要产业铜、钨、稀土产业分别增长30.1%、20.9%和14.2%，企业亏损额下降。1－12月，规模以上有色金属工业企业中亏损企业亏损额7.3亿元，同比减亏34.8%，其中主要钨及稀土产业分别减亏52.1%和48.5%。

企业负担过重，主要费用大幅上涨，后端加工企业尤为严重。1－12月，规模以上有色金属工业企业销售费用及管理费用同比分别增长54.9%和23.8%，其中，有色金属加工企业销售费用及管理费用同比分别增长139.9%和101.4%。规模以上有色金属工业企业财务费用下降3.1%。

铜产业利润大增。全省铜产业主营业务收入4750.7亿元，同比增长11.7%；利润167亿元，同比增长30.1%，利税288.2亿元，同比增长17.8%。

钨产业复苏明显。全省钨产业主营业务收入429.8亿元，同比增长10.1%；利润25.3亿元，同比增长20.9%，利税40.5亿元，同比增长10.7%。

四、行业管理

（一）大力推进新材料产业发展

一是牵头筹建江西省新材料研究院。根据省委省政府制定的顶层设计，江西省整合现有资源，建成一个股份制、市场化的新材料研发及产业化平台，创新研发和产业化机制。2017年底，江西省以江西理工大学、中国南方稀土集团、江铜集团、江钨控股集团、中国瑞林工程有限公司等10家大型骨干企业及科研院所为共同发起单位，在中国稀金谷核心区赣州，联合组建了“江西稀土功能材料科技有限公司”。

二是建设新材料产业发展聚集区。立足江西

省现有产业优势，高标准推进“世界铜都”、“中国稀金谷”和“亚洲锂都”等产业发展平台建设。2017年，省工信委在加快现有产业集群发展的基础上，新培育了新余市高新技术开发区建设“江西省锂电新材料产业基地”。

三是推进重点新材料首批次应用保险补偿机制试点工作。据初步统计，江西省重点新材料首批次应用保险保费约3500万元，保额约3.5亿元，位居全国前列。

四是实施新经济培育工程新能源新材料产业专项。为实施一批应用示范项目，搭建一批生产应用示范平台，强化江西省新能源新材料产业发展体系，共安排1000万元重点支持了19个新能源新材料项目。

（二）着力推动稀土行业秩序整顿

按照国家统一部署，经省政府同意，自2016年12月起，开展了全省打击稀土违法违规行为专项行动。

一是雷霆出击，查处违规典型。接群众举报发现并捣毁了赣州市南康区一处黑稀土窝点；关停了19家存在环保不达标、无立项文件问题的稀土企业；追缴并处罚了4家企业的351万元偷逃税款；将2家贸易企业涉嫌非法经营稀土产品案移交公安机关立案调查。

二是多措并举，压减企业数量。通过采取关闭、停产、停止新建以及兼并重组、减量置换等方式，企业数量大幅减少，产业集中度明显提高。本次江西省列入核查名单的稀土企业共132家，较2011年的404家减少272家，减少67%。其中，资源回收利用企业从70家减至33家在产，减少53%。

三是创新管理，整顿稀土乱象。2017年9月，江西省政府办公厅印发了《关于进一步加强稀土生产经营管理的通知》（赣府厅字〔2017〕112号）文件，随着文件精神的落实，大大压缩违法违规稀土企业的生存空间，保护其它企业的合法生产经营，打破“整顿不断、问题依旧”的行业整治工作怪圈。国家工信部认为，“江西省扎实推进稀土行业秩序整顿工作，为重点省（区）做好整顿工作起到了示范带头作用。”

四是助推了一个“谷”。积极配合赣州市政府向工信部等部委争取支持“中国稀金谷”建设。工信部发布的《有色金属工业发展规划（2016－2020年）》和《稀土行业发展规划（2016－2020年）》，将“支持江西赣州‘中国稀金谷’建设”写入规划，明确将赣州稀土功能材料和器件项目列入“十三五”稀土材料和器件项目库，利用部专项资金予以支持；将赣州列为稀土、有色金属高值利用示范重点城市；利用产业转型升级专项资金等支持南方稀土集团建设。

（尚晓霞）

福　建

一、概述

截至2017年底，福建省拥有规模以上有色金属工业企业194家，其中大中型企业78家（大型20家）。全年完成工业总产值（规模以上）2079.5亿元；完成出口交货值130亿元；实现主营业务收入2014.7亿元，同比增长29.8%；实现利税128.5亿元，同比增长97.7%；实现利润79.9亿元，同比增长123.8%；全年累计产销率98.19%，同比增长3.72%。

全年完成主要产品产量：电解铝14.1万吨，同比增长13.4%；铝材167.2万吨，同比下降2.1%；电解铜31.9万吨，同比下降3.3%；铜材27.1万吨，同比增长15.5%；细钨丝69.14亿米，同比下降1.7%；黄金98.7吨，同比增长28.4%；稀土冶炼分离2649吨，同比增长30.0%。

二、科技与转化

（一）持续推进技术创新

福建省南平铝业有限公司（简称：南铝）持续抓好国家级企业技术中心、国家级创新型企业、省级铝合金型材工程研究中心和省级铝合金重点实验室等创新平台的建设和维护，积极立项攻关科技创新项目，“铝合金车体产品开发及应用”等7个项目通过验收或申报省重大科技计划。投资3.31亿元开展66项创新研发、技术改造、设备改造项目，有力促进增量提质，节能降耗。获专利授权20项，其中发明专利3项、实用新型专利4项。主起草或参编的GB/T 5237.6－2017《铝合金建筑型材第6部分：隔热型材》等20项国家标准和4项行业标准于年内发布。厦门钨业股份有限公司（简称：厦钨）积极实施以IPD为主线的技术创新模式，启动6项重大专项攻关工作，力求在硬质合金、难熔材料、电池材料、磁性材料等主要产业领域实现重大突破和弯道超车。以专业技术委员会为核心，组织实施重点项目38项，已验收完成13项，预期实现经济效益1.2亿元。

（二）有力推进产品研发

南铝重点推进新合金开发，改善高端产品结构，着重加大7系产品开发，成功开发高端汽车天窗导轨及汽车行李架用圆锭，试产汽车轮毂用661H合金出口日本，试产坦克轮毂用2014合金，实现军工产品“零”的突破。传统铝型材高附加值产品加快转型，开发新产品80余款，另有60余款厢式车新产品正在制样，高附加值深加工产品比重接近60%，产品盈利能力有较大提升。IT铝型材递延深加工在保证原有合金订单基础上，加大高附加值6系合金、7系产品和笔电产品用合金比重，高附加值产品贡献利润88%以上。完成轻量化车销量268辆，销售额达2641万元，实现批量供货。在保持利润率较高的幕墙工程承接施工比重的同时，加大建筑模板、工业厂房、人行天桥、防洪挡墙等铝结构产品推广和市场化运作力度，铝模板产品施工面积达127万平方米，全铝结构天桥、防洪挡板、全铝屋面维护结构等结构件产品已签订施工合同5208.27万元。厦钨围绕技术创新管理实施细则，实施新产品奖励计划，制定并发布《厦钨新产品奖励与管理办法》，对新产品的认定标准、管理流程、统计核算和奖金发放进行了明确规定，充分发挥专家委员会的作用，在奖金设计上，以3年为认定周期，按照产品净利的10%给予开发团队奖励。

（三）加快推进项目建设

南铝投资8000万元的罗源铝材加工二期建设项目基本完工，新增10万平方米模板、100平方米木门窗幕墙加工生产能力。高端工业铝合金型材关键技术及产业化应用技术改造项目已实施8台挤压生产线的提质改造，有效提升了挤压效率。厦钨稳步推进1万吨车用锂离子三元正极材料产业化项目、宁德年产2万吨锂电正极材料生产项目、三明年产6000吨高能长寿三元材料生产线等项目建设。通过资本运作等方式，兼并收购行业优势企业，其中增资控股赣州豪鹏科技有限公司项目已完成了工商登记手续。

（四）积极发展新兴产业

南铝加快年产5000台轻量化车厢和物流车项目及新增5000辆铝制厢车项目建设，已完成一车间的建设和设备的搬迁、安装、调试，并投入厢车生产，目前后续工程正加快进行。成都公司通讯电子新材料及深加工建设项目有序推进，新增6条挤压生产线已投产5条；新增5台时效炉、两条自动化高精锯生产线及1条全自动冲压自动化生产线均已投产；熔铸二期2台熔炼炉和3台均热炉已完成安装调试，具备投产条件。板带公司与韩国Neo Metalplus公司合资成立福建省南铝复合金属新材料有限公司合营公司，致力复合新材料的开发与应用，共同拓展国内和国际市场。厦钨稀土及能源新材料项目、电机产业园等一批重要项目稳步推进。目前，公司以新能源材料和轻量化汽车、IT和笔电铝型材为主要产品的新兴产业已形成资产46.64亿元、占公司总资产的7.30%，实现营收41.74亿元、占公司营收总额的7.24%，利润3.35亿元，占公司利润总额的4.57%，新兴产业发展呈现良好态势。

三、企业管理

（一）精心抓好资本运作

南铝成都公司高效推进IPO上市进程，目前相关律师事务所已经出具法律意见书、相关会计师事务所完成3年加一期财务审计报告，相关证券机构已完成招股书并顺利通过总部内核，四川省证监局辅导验收工作业已完成，已向中国证监会上报上市申报材料。南铝工程公司进一步抓好IPO上市基础管理，现已完成股份制改制，正按照有关要求引进工程项目管理软件和财务软件，规范财务管理，制订和完善公司内控制度，完善公司法人治理结构，为上市申报奠定良好基础。厦钨设立厦门三虹并购基金，与福建省稀有稀土集团、福建省国改投资基金、福建省国企改革重组投资基金共同投资设立福建巨虹投资合伙企业。联合国内知名品牌基金、福建省国改投资基金、厦门市创业投资公司等共同成立厦门厚德智翔股权投资有限公司，设立产业基金，开展投资、并购、整合等业务，积极参与上游资源开发、产业链上下游等相关领域的投资并购，孵化战略新兴产业。

（二）稳步实施改革改制和“三供一业”剥离工作

南铝工程股份有限公司和闽光软件股份有限公司均已完成混合所有制改制，实现员工持股。

厦钨新能源有限公司被省国资委列入省内员工持股试点改革企业，正加紧制订包含员工持股在内的混改方案，并将于2018年初实施。积极推进冶金设计院的增资扩股工作，加强与投资者中铁二院、省铁投联系沟通，投资三方已经签订增资投资意向书，并已基本确定投资协议的主要框架内容，力争年内完成增资扩股工作。有序推进各权属企业开展职工家属区“三供一业”分离移交工作，涉及“三供一业”移交剥离的企业已全部完成分离移交框架协议签订工作，目前正积极配合接收单位制订具体维修改造实施方案。

四、技术进步奖

南铝铝模公司申报的“一种应用在铝合金模板体系槽钢处的施工方法”和“一种井盖”两项科研成果获国家知识产权局授权，正式取得发明专利证书。中铝瑞闽股份有限公司（铝带材）获省级制造业单项冠军企业；三祥新材股份有限公司氧化锆，宁德市星宇科技有限公司辐射环获省级制造业单项冠军产品。

五、重点工程建设

2017年全省重点投资项目共15项：(1) 中铝瑞闽股份有限公司“高端电子和环境友好型包装材料智慧项目”；(2) 福建祥鑫股份有限公司“超高性能（军民两用）特种铝合金材料生产线技改项目”；(3) 福建凯景新型科技材料有限公司“年产35万吨镀铝锌线”“年产15万吨烤漆线扩建项目”；(4) 福建省金瑞高科有限公司“超薄壁铝合金精密铸锻件产品生产项目”；(5) 福建省南铝铝模科技有限公司“铝合金模板项目”；(6) 大田县华阳光电有限公司“年产3.2万吨高纯工业硅技改项目”；(7) 福建泰达高新材料有限公司“年产18万吨铝硅合金生产项目”；(8) 福建鑫隆光伏科技有限公司“年产100MW太阳能单晶硅硅棒项目”；(9) 福建清景铜箔有限公司“年产15000吨锂离子电池用高档电解铜箔项目”；(10) 福建上杭太阳铜业有限公司“船缆及数据缆生产项目”；(11) 紫金铜业有限公司“末端物料综合回收扩建项目”；(12) 宁德市星宇科技有限公司“年产3000吨高性能烧结钕铁硼永磁材料生产线建设项目”；(13) 三祥新材股份有限公司“年产10000吨电熔氧化锆系列产品项目”；(14) 厦门厦钨新能源材料有限公司“10000吨车用锂离子三元正极材料产业化项目”；(15) 厦门金鹭特种合金有限公司“航空航天加工用硬质合金刀具生产线建设”。

六、企业技术中心建设

2017年，全省冶金行业继续推进以企业技术中心为依托的技术创新体系建设，增强企业技术开发和创新能力，全省冶金行业共有国家重点高新技术企业5家，国家级企业技术中心3家，省级企业技术中心11家。

（陈华宇）

湖　南

2017年，是湖南省有色金属产业发展史上不平凡的一年。按照中央和省委关于高质量发展的有关精神，湖南有色金属管理局提出了瞄准“建设有色强省”一个目标，坚持“创新、开放”两轮驱动，加快“要素配置由传统向现代转变、产品供给由低端向高端转变、发展方式由粗放向集约转变”三个转变，实现“创新、开放、绿色、融合”四个发展的“1234”发展思路，收到了良好效果。2017年，全省有色金属工业完成十种有色金属产量205.62万吨，同比下降5.2%；完成工业增加值776.48亿元，同比下降3.5%；实现主营业务收入3271.73亿元，同比增长15.5%；实现利润96.12亿元，同比增长26.4%；实现利税153.04亿元，同比增长17.2%。

一、重大项目来势较好

全行业加大创新力度，着力推进项目建设，增强发展后劲。五矿有色水口山铜铅锌产业基地项目正式开工建设，弥补了湖南省没有铜冶炼基地的短板。金贵银业2000吨/年白银清洁冶炼改扩建项目竣工投产，刷新国内电银月产量新纪录。宝山矿业箕斗主井项目正式投入运行。军民融合发展项目取得重大突破，湖南有色院集中优势科研力量成功攻克铼提取技术，突破中国航空发动机研制关键原材料瓶颈，特别是湖南稀土院申报的军用特种稀土材料基础研发条件建设项目，投资额达1.6亿元，已完成国家国防科工局专家评审和现场审查，有望在近期获批立项，将为打造国家重稀土材料研制基地奠定坚实基础，将为推进全省有色金属产业转型升级发挥重要的示范引领作用。

二、重点园区蓬勃发展

重点园区发挥“主战场”作用，进一步提升产业集聚力、竞争力。郴州高新区积极发挥湖南矿交所的引领作用，形成“有色金属郴州指数”，抢占战略制高点。望城经开区以有色金属精深加工作为优势产业成功入选国家新型工业化产业示范基地，为园区“打造千亿主导产业、进军全国百强园区”打下坚实基础；注重招大引强，全年共引进项目33个、总投资451亿元，其中中信戴卡南方智能制造产业园项目实现了当年规划、当年竣工、当年投产、当年达效、当年启动二期的良好成绩。汨罗、永兴、衡东等地专业园区突出有色金属产业主导地位，大力发展循环再生、精深加工，实现较大幅度增长。湖南省硬质合金产量全国第一，株硬集团是亚洲最大的硬质合金产业基地。

三、绿色发展成效明显

强化顶层设计，湖南省有色金属管理局联合省经信委、省科技厅、省环保厅出台《关于推进有色金属资源综合回收与循环利用产业发展的意见》，为产业发展提供政策支撑。强化规划引领，按照中央环保督察反馈意见修订完善《湖南省有色金属产业“十三五”发展规划》，并在重点园区、企业大力宣讲贯彻，推动构建现代、高端、绿色、高效的有色金属产业体系。积极参加湘江保护和治理。指导常宁、汨罗园区开展循环化改造。创元铝业成立湖南省铝循环再生产业园，获得省政府授牌。金龙铜业通过“再生金属循环经济+互联网”的融合，打造再生金属循环经济产业平台。积极探索矿山绿色转型发展之路，大力推进绿色矿山建设，特别是宝山矿业实现绿色矿山建设与企业经济效益协同发展，受到广泛关注。

四、开放合作亮点纷呈

认真落实“一带一路”倡议，积极拓展国内外市场。湖南省有色金属管理局主动与郴州市政府签订战略合作协议，深化省地合作；加强与中南大学的衔接交流，推进有色金属研究成果转化基地建设。湖南有色职院积极参与职业教育“走出去”试点工作，筹建赞比亚分院。湖南有色院切实推进哈萨克斯坦和塔吉克斯坦国际项目总承包落地。金旺铋业利用海外基地，不断提高欧美市场占有率。顶立科技研制的“全自动、智能化十八管还原炉”，打破欧美长期垄断高端钨粉还原设备市场局面。

五、改革改制有序推进

五矿有色深化所属企业改革，加快主辅分离、推进精细管理、建立激励机制，柿竹园、锡矿山、水口山、黄沙坪、株冶集团等盈利能力不断增强。省有色金属管理局深化“共同维稳机制”，加强与长沙市、衡阳市衔接，推进长锌、长特硬、衡冶历史遗留问题解决，长锌三汊矶、仰天湖征拆准备就绪，这件久拖10年的“老大难”问题有望得到解决；加快推进中央下放有色金属企业职工家属区“三供一业”分离移交，完成补助资金拨付工作，将15家企业补助资金7.32亿元拨付到所在县市区政府；积极贯彻省委、省政府事业单位改革精神，主动将有色金属行业放到全省大局中来思考和谋划改革，组织行业专家学者、重点企业代表座谈交流，到陕西、云南等地有色金属龙头企业学习取经，反复调研论证，形成了改革建议方案。

六、安全生产守住底线

建立健全“党政同责、一岗双责、齐抓共管、失职追责”的安全生产责任体系，实行安全生产“一票否决”。省有色金属管理局组织开展“落实企业安全生产主体责任年”活动，统一部署开展安全生产“大排查、大管控、大整治”行动，实行重大事故隐患治理“一单四制”，坚持“四不两直”检查方式，排查并督促直属单位整改各类安全隐患166处，确保无一例重大安全生产事故发生。积极完成省级安全生产示范乡镇创建对口指导帮扶工作，对口帮扶的石门县夹山镇被评为省安全生产示范乡镇。

七、服务保障更加有力

湖南省有色金属管理局结合学习宣传贯彻党的十九大精神，全面推进党的政治建设、思想建设、组织建设、作风建设、纪律建设，把制度建设贯穿其中，以党的建设统领和保障行业改革发展。认真做好巡视“回头看”整改工作，整改任务基本完成。完成直属企业党委换届工作。深入推进“服务企业下基层，排忧解难促发展”作风建设主题活动，局领导分别带队赴50余家重点园区、企业开展专题调研，收集意见建议80余条，通过现场会诊、技术支持、政策保障等帮扶，切实为企业排忧解难。加强经济运行调度。积极协助企事业单位办理高新技术企业认证、技术申报等。推进学术交流合作，协办了全国有色金属工业环境保护工作推进会暨学术交流会、中国有色金属学会第十一届学术年会等全国性重大活动，取得良好反响。推进精准扶贫，经过3年努力，结对帮扶村顺利脱贫摘帽。以文明创建为统揽推进各项工作，获得了省文明标兵单位授牌，被评为全省安全生产工作优秀单位、全省信访工作先进单位、全省维护稳定工作先进单位、全省公共机构节水型单位等，并继续保持平安单位称号。

（张　洪）

湖　北

2017年，湖北省有色金属行业贯彻落实国家供给侧结构性改革工作部署，深入推进行业去产能各项工作，运行稳中向好，企业效益显著提升。

一、行业运行基本情况

（一）行业增加值增长较快

2017年，湖北省有色金属行业增加值实现了较快增长。规模以上有色金属冶炼和压延加工工业增加值增速为14.4%，同比增长1.3个百分点，高于全省规模以上工业增速的7个百分点，占规模工业比重为1.8%。

（二）主要产品产量保持增长

2017年，湖北省精炼铜产量增长明显，达到11.2%，高出全国3.5个百分点；电解铝产量增长7.4%，高于全国5.8个百分点。

（三）重点企业运行良好

2017年，大冶有色金属集团控股有限公司累计铜产量达到48万吨，同比增长11.30%；中铝华中铜业有限公司累计铜产量为3万吨，同比增长10%；汉江丹江口铝业有限责任公司累计铝产量为5万吨，同比下降2%；湖北金洋冶金股份有限公司累计铝产量为5万吨，同比增长25.8%。

（四）能耗总量小幅增长

2017年，湖北省有色金属行业综合耗能为83.21万吨标准煤，同比增长3.71%。

（五）行业效益提升明显

湖北省有色金属行业经济效益好转。2017年，有色金属冶炼和压延加工工业全年主营业务收入下降9%，低于全国22.8个百分点；实现利润8.26亿元，同比增长9.7%，低于全国17.8个百分点；税金总额增长29%。

二、深入推进供给侧结构性改革

全面开展电解铝行业违法违规项目清理核查工作。落实国家发展改革委、工业和信息化部、国土资源部、环境保护部《关于印发〈清理整顿电解铝行业违法违规项目专项行动工作方案〉的通知》（发改办产业〔2017〕656号）的有关精神和工作要求，湖北省也发出了《湖北省部分产能严重过剩行业建设项目产能置换暂行细则》（鄂经信重化〔2017〕90号），并组织对全省电解铝企业进行了全面摸底及核查。2016年底，全省拥有宜昌长江铝业有限责任公司、汉江丹江口铝业有限责任公司、湖北华盛铝电有限公司电解铝企业3家，电解铝产能共计28.1万吨，占全国产能的0.67%。经清理，全省无违法违规项目建设。宜昌长江铝业有限责任公司因市场原因已于2015年2月停产。2017年，经企业申请、地方审核，宜昌长江铝业有限责任公司和汉江丹江口铝业有限责任公司分别淘汰关闭了13.5万吨和3万吨电解铝产能，宜昌长江铝业有限责任公司电解铝产能实现整体退出转移。

（鄂重化）

河　南

2017年，河南省有色金属工业贯彻中央和省委、省政府的决策部署，适应经济发展新常态，坚持发展新理念，加快转型升级，推动了行业生产经营、科技进步、管理创新，出现新局面，取得新成绩。

一、多数冶炼产品小幅压减，铝加工产品继续增长

2017年，河南省十种有色金属产量543.17万吨，同比下降2.9%。其中：精炼铜39.87万吨，同比下降4.1%；铝302.15万吨，同比下降4.01%；铅151.54万吨，同比下降1.74%；锌32.03万吨，同比下降1.36%。氧化铝1156.06万吨，同比增长3.66%；铜材56.91万吨，同比下降9.26%；铝材1212.49万吨，同比增长11.4%。钼精矿折合量11.29万吨，同比下降6.92%。

二、行业经济效益持续增长

2017年，河南省858户规模以上有色金属工业企业实现主营业务收入6747.86亿元，同比增长0.2%；利润总额357.97亿元，增长3.9%。主营活动利润334.2亿元，下降1.1%；主营活动利润率4.95%，降低0.07个百分点。税金总额104.37亿元，增长10.9%。858户企业中，亏损企业数99户，增加12户，亏损企业亏损额25.67亿元，下降12.7%。

铝工业主营业务收入和利润持续增长。330户铝工业企业实现主营业务收入3060.65亿元，同比增长11.38%；利润149.21亿元，增长22.19%；主营活动利润135.1亿元，增长17.07%；税金总额57.46亿元，增长1.99%。其中，60户铝矿采选企业主营业务收入237.24亿元，同比增长7.7%；利润19.94亿元，下降19.6%；主营活动利润20.8亿元，下降18.3%；主营活动利润率7.32%，降低2.32个百分点；税金总额9.85亿元，增加9.6%。21户铝冶炼企业主营业务收入1035.36亿元，增长29.1%；利润36.15亿元，增长132.8%；主营活动利润27.6亿元，增长174.6%；主营活动利润率2.66%，增加1.41个百分点；税金总额26.74亿元，增长18.4%。249户铝加工企业主营业务收入1786.87亿元，增长5.7%；利润93.12亿元，增长13.9%；主营活动利润87.5亿元，增长8.4%；主营活动利润率4.9%，增加0.12个百分点；税金总额20.85亿元，下降13.6%。

26户铅锌冶炼企业经济效益持续大幅增长。实现主营业务收入803.75亿元，同比增长18.5%；利润20.86亿元，增长26.4%；主营活动利润18.7亿元，增长9.2%；主营活动利润率2.33%，降低0.2个百分点；税金总额17.42亿元，增长58.7%。

19户铜冶炼企业实现主营业务收入100.1亿元，同比增长16.2%；利润5.91亿元，下降5.6%，主营活动利润5.9亿元，下降5.7%；主营活动利润率5.9%，降低1.38个百分点。43户铜加工企业实现主营业务收入402.47亿元，下降1.3%；利润15.66亿元，增长38.2%，主营活动利润15.8亿元，增长57.7%；主营活动利润率3.92%，增加1.47个百分点。

42户钨钼矿采选企业主营业务收入138.91亿元，增长0.1%，利润1.84亿元，增长1633%；主营活动利润2.2亿元，增长375.9%；主营活动利润率1.57%，增加2.14个百分点。32户钨钼冶炼企业主营业务收入361.28亿元，增长107.5%；利润52.06亿元，增长164.9%；主营活动利润51.6亿元，增长173.8%，主营活动利润率14.28%，增加3.46个百分点。

三、固定资产投资继续回落

2017年，河南省有色金属工业完成固定资产投资712亿元，占全国同行业的12.34%，同比下降8.82%。

四、重点骨干企业继续发挥行业引领作用

伊电集团按照“两翼齐振，双轮驱动”总基调，实施千亿战略，开启二次创业。通过改革股权激励机制，充分调动中高层管理人员积极性；实施物资管理改革设立物资超市，招投标平台上线运行，740余家合格供应商成功注册，超过3000种常用物资供下属企业自主采购；试行设备点检制，逐步推行以精密点检为核心的设备状态检修；以利润责任为核心，实施“让听得见炮声的人做决策”的集中管理、分散经营新集团化战略，充分激发各事业部经营活力，做到外部成本内部化，内部经营市场化。

豫联集团以经济效益为中心，生产经营平稳有序，挖潜增效亮点纷呈，资金保障坚实有力，科技创新瞄准市场，高精铝项目进入利润增长期，行业率先转型优势更加稳固，持续保持强劲的增长势头，全年发电量71.2亿千瓦时，原铝产量68.5万吨，铝加工产品产量87万吨，预焙阳极产量17.7万吨，实现销售收入360亿元，同比增长12%，纳税4.11亿元。

万基控股集团按照“深化改革、强基固本、转型创新、提质增效、持续增盈”的工作指导思想，深入开展“狠抓工作落实年”和“安全文明生产双达标”活动，加强管理向内挖潜，面向市场开发新产品，坚持推进项目建设，推进环保治理。全年实现工业总产值245亿元，实现销售收入326亿元，同比增长32.52%；盈利2.5亿元；上缴税金6.9亿元，同比增长32.69%。

中铝中州铝业公司围绕理顺管理流程、提升工作效率、降低过程成本、释放员工活力，持续深化管理改革。2017年中铝中州铝业公司成品氧化铝总量完成233万吨，完成年度计划95.3%，比2016年减少14.7万吨；实现工业产值57.3亿元，比2016年增加11.5亿元。

河南明泰集团加快项目建设，推动企业转型升级；转变设备管理思路，强力推进更新换代；实施信息化工程，推进智能化管理；广泛开展培训活动，打造一流员工队伍；成功入围国家第二批绿色制造示范名单；圆满完成2017年65万吨销量目标，销售收入突破100亿元。

豫光金铅集团开展了“创建中国有色冶炼标杆企业”活动。围绕铅、锌、铜冶炼技术的研究开发和优化、设备升级、环保治理、清洁化生产、节能降耗、自动化改造、转型升级产业及产品开发等，组织科技计划项目立项64项，开工建设了计划总投资19亿元的“再生铅资源循环利用及高效清洁生产技改工程”项目。全年工业总产值、销售收入、利润总额、税收等主要经济指标，铅、金锭、银锭等主要产品产量均创历史最好水平。

洛钼集团完成了刚果（金）的铜钴业务及巴西的铌磷业务两大板块的平稳过渡；完成了180亿元股票定向发布，营业收入和利润总额大幅增长；公司再次被认定为高新技术产业，通过了海关高级企业（AEO）认证；被推荐为“全国社会扶贫先进单位”；三道庄露天矿智能化装备及其关键技术的研发获得中国有色金属工业科学技术奖一等奖。截至2017年9月底，总市值超过1500亿元人民币，市值位列国内有色金属行业与河南省上市公司首位。

（李如西）

广　东

一、概况

2017年，在以习近平同志为核心的党中央的坚强领导下，在有色金属行业员工的共同努力下，广东省有色金属行业供给侧结构性改革取得重大阶段性成果，产业运行趋稳趋好，行业呈现生产平稳、贸易稳定、市场改善、效益上升等主要特点，推动行业高质量健康发展已成共识。在省委、省政府大力推进大众创业、万众创新，进一步推动广东经济结构调整，打造发展新引擎、增强发展新动力，坚持不懈走创新发展道路。广东省有色金属工业企业积极克服生产经营困难，2017年生产总体呈现稳定的运行态势，运行情况整体好于预期。工业增加值、主营业务收入增幅，高于产量增幅与成本增幅，行业效益明显高于上年水平。

从产业规模上看（国民经济分类GB/T 4754－2011），广东省有色金属行业包括有色金属矿采选业、有色金属冶炼和压延加工业两大类，并逐年加快向金属制品业（金属结构制造、金属门窗制造等）、废弃资源综合利用业（金属废料和碎屑处理）、有色金属工业专用机械设备制造发展。

2017年，广东省规模以上有色金属工业企业709个。从业人数15.71万人，全员年劳动生产率69.45万元，比上年下降1.12%。其中，有色金属矿采选企业27家，占全省规模以上有色金属工业企业的3.81%，有色金属冶炼及压延加工企业682家，占全省规模以上有色金属工业企业的96.19%。

2017年，广东省有色金属工业总产值3329.96亿元，同比下降4.87%。有色金属工业完成工业增加值401.12亿元，按可比价格计算比上年下降了22.72%。其中，有色金属矿采选业完成工业增加值36.24亿元，占广东省有色金属工业增加值的9.03%，有色金属冶炼和压延加工业完成工业增加值364.88亿元，同比下降25.73%。广东省有色金属工业增加值占全省工业增加值的1.28%。

2017年有色金属规模以上分行业工业增加值和增长速度

行业	工业增加值（亿元）	占总计百分比	2017比2016增长（%）	占总计百分比
全省总计	31349.47		0.06	100
有色金属行业总计	401.12	100	－22.72	1.28
有色金属矿采选业	36.24	9.03	－8.2	0.09
有色金属冶炼及压延加工业	364.88	90.97	2.4	1.16

2017 年，广东省有色金属行业规模以上工业企业实现主营业务收入 3364.71 亿元，同比增长 1.18%。利税总额 202.79 亿元，同比增长 4.91%，实现利润总额 144.66 亿元，同比增长 6.21%。主营业务收入利润率 4.30%，与上年相比有所增长。在全国 31 个省市排名中，广东有色金属工业利税总额居第 6 位。

2017 年，广东省有色金属工业资产总计 1846.92 亿元，资产总额同比下降 5.05%。固定资产 427.12 亿元，同比下降 27%。

二、生产经营

广东铜铝加工产业是广东有色金属工业的支柱产业。2017 年，全省有色金属加工材中，铜、铝材产量合计 763.49 万吨；其中，铜材产量为 225.09 万吨，同比增长 7.12%；铝材产量 538.4 万吨，同比下降 3.59%。分别位居全国第 5 位和第 3 位。

2017 年有色金属行业重要经济指标完成情况

单位：亿元，吨

序号	指标		广东	同比增长（%）
1	工业总产值（亿元）		3329.96	-4.87
2	工业销售产值（亿元）		3414.62	-0.89
3	利税总额（亿元）		202.79	4.1
4	十种有色金属（吨）		361353	5.06
5	主要产品产量	1. 铜	95967	-0.53
		2. 铅	50072	-2.29
		3. 锌	222984	5.1
		4. 锡	274	20.70
		5. 锑	767	-37.96
		6. 铜精矿含量	13070	70.08
		7. 铅精矿含量	65680	-9.52
		8. 锌精矿含量	128828	-11.68
		9. 锡精矿含量	100	-29.08
		10. 钨精矿折合量	1567	-26.36
		11. 钼精矿折合量	48	-18.39
		12. 铜材	2250891	7.12
		13. 铝材	5384036	-3.59

三、改革与管理

2017 年国内外经济环境更加复杂严峻，经济下行压力较大，经济发展新常态特征愈发明显。按照《国务院办公厅关于营造良好市场环境促进有色金属工业调结构促转型增效益的指导意见》（国办发〔2016〕42 号）工作部署和《有色金属工业发展规划（2016-2020 年）》有关工作安排，广东着力转变行业发展方式，由规模扩张转向优化存量、控制增量；由低成本资源和要素投入转向创新驱动，加快发展高端材料和实施智能制造，提升中长期增长动力。

2017 年受煤炭能源价格和运输成本上涨、投资乏力对行业效益持续回升的影响，广东省主要有色金属产品产量增长 5.06%，有色金属行业工业增加值同比下降了 22.72% 左右。加快供给侧改革，去产能、去杠杆、补短板、加快行业转型升级和降本增效。

四、节能降耗

广东有色金属工业能源消耗主要集中在冶炼和加工两个领域，有色金属矿山采选能源消耗极少。至今广东省不产氧化铝和电解铝。广东省又没有高能耗的钛、锡等冶炼企业。如广东省铅锌产业企业集中度高，具备了完整的产业链，铅熔炼生产已采用氧气底吹炼铅新工艺及其他氧气直接炼铅技术，锌冶炼生产已发展新型湿法工艺，这些都为广东省节省了大量的能源和水资源。使得历年来广东省有色金属能源消费总量（万吨标准煤）占全国有色金属工业能源消费总量的5%以下，与相同产值省份比较，广东省能耗相对来说是最低的（各项指标情况详见下表）。

2017 年有色金属分行业能源消费总量和原煤、电力消费量

行业	能源消费总量（万吨标准煤）	占总量百分比	原煤消费量（万吨）	占总量百分比	电力消费量（亿千瓦小时）	占总量百分比
消费总量	32341.66	100	16181.55	100	5610.13	100
有色金属矿采选业	13.65	0.042	1.25	0.01	4.02	0.067
有色金属冶炼及压延加工业	442.77	1.37	35.93	0.22	106.94	1.79

2017 年 7 月 26 日，国家工业和信息化部发布了《2017 年第一批绿色制造体系示范名单公示》，本次公示的示范名单，共有 203 家企业入选，覆盖电子、汽车、钢铁、有色、机械、水泥、制药等 15 个行业，其中广东省有色金属行业企业共有 4 家入选：广东兴发铝业有限公司、广东深圳市中金岭南有色金属股份有限公司丹霞冶炼厂、广东乳源瑶族自治县东阳光化成箔有限公司、广东乳源东阳光优艾希杰精箔有限公司。

五、科技创新

（一）2017 年，广东兴发铝业有限公司组织申报的“纳米 SiO_2 改性铝型材高耐候聚酯粉末涂料及制备方法（专利号 ZL200810029664.5）”和“纳米粉末材料的射频辉光放电感应耦合等离子体制备方法（专利号 ZL200810177364.1）”荣获第十八届中国专利优秀奖。

（二）新合铝业检测中心经中国合格评定国家认可委员会评定，正式获批成为国家级实验室。

2017 年度有色金属产品实物质量（金杯奖）认定名单

证书编号	单位名称	产品名称	牌号或规格
2017－01	广东新合铝业新兴有限公司	铝合金建筑型材（阳极氧化）	6063
2017－02	广东新合铝业新兴有限公司	铝合金建筑型材（电泳涂漆）	6063
2017－03	广东新合铝业新兴有限公司	铝合金建筑型材（粉末喷涂）	6063
2017－04	广东新合铝业新兴有限公司	铝合金建筑型材（氟碳漆喷涂）	6063
2017－05	广东新合铝业新兴有限公司	铝合金建筑型材（隔热型材）	6063
复评企业和产品			
2017－12	广东华昌铝厂有限公司	铝合金建筑型材（阳极氧化）	6063
2017－13	广东华昌铝厂有限公司	铝合金建筑型材（电泳涂漆）	6063
2017－14	广东华昌铝厂有限公司	铝合金建筑型材（粉末喷涂）	6063
2017－15	广东华昌铝厂有限公司	铝合金建筑型材（氟碳漆喷涂）	6063
2017－16	广东华昌铝厂有限公司	铝合金建筑型材（隔热型材）	6063
2017－17	广东华昌铝厂有限公司	一般工业用铝及铝合金挤压型材	6063

续表

证书编号	单位名称	产品名称	牌号或规格
2017－20	广东耀银山铝业有限公司	铝合金建筑型材（阳极氧化）	6063
2017－21	广东耀银山铝业有限公司	铝合金建筑型材（电泳涂漆）	6063
2017－22	广东耀银山铝业有限公司	铝合金建筑型材（粉末喷涂）	6063
2017－23	广东耀银山铝业有限公司	铝合金建筑型材（氟碳漆喷涂）	6063
2017－24	广东耀银山铝业有限公司	铝合金建筑型材（隔热型材）	6063
2017－25	广东坚美铝型材厂（集团）有限公司	铝合金建筑型材（阳极氧化）	6063
2017－26	广东坚美铝型材厂（集团）有限公司	铝合金建筑型材（电泳涂漆）	6063
2017－27	广东坚美铝型材厂（集团）有限公司	铝合金建筑型材（粉末喷涂）	6063
2017－28	广东坚美铝型材厂（集团）有限公司	铝合金建筑型材（氟碳漆喷涂）	6063
2017－29	广东坚美铝型材厂（集团）有限公司	铝合金建筑型材（隔热型材）	6063
2017－30	广东坚美铝型材厂（集团）有限公司	一般工业用铝及铝合金挤压型材	6061
2017－37	佛山市华鸿铜管有限公司	空调与制冷用无缝铜管	TP2
2017－38	佛山市华鸿铜管有限公司	电工用铜和铜合金母线	TMY
2017－39	佛山市华鸿铜管有限公司	无缝内螺纹铜管	TP2
2017－40	佛山市华鸿铜管有限公司	无缝铜水管和铜气管	TP2
2017－45	广东季华铝业有限公司	铝合金建筑型材（阳极氧化）	6063

（陈秀红　黄　露）

广　西

一、概况

2017 年，广西有色金属工业列入统计年报的企业有 209 家，比上年的 206 家多 3 家，上升 1.46%，全部从业人员年平均 84546 人，同比增加 3.57%。资产总额 1595.13 亿元，同比增长 14.01%，负债率 73.21%，比上年下降 3.22 个百分点。全年完成现价工业产值 2172.38 亿元，工业增加值 716.38 亿元。主营业务收入 1949.24 亿元，同比增长 44.50%，利税总额 124.58 亿元，同比增长 39.21%，其中利润 65.88 亿元，同比增长 45.21%。

2017 年完成十种有色金属 230.0 万吨，产量创历史新高并跃居全国第 9 位，同比增长 27.35%。其中精炼铜 48.90 万吨，产量跃居全国第 6 位，同比增长 8.22%；电解铝 120.55 万吨，同比增长 53.85%，产量创历史新高并跃居全国第 8 位；铅 10.03 万吨，同比增长 26.34%，产量排全国第 8 位；锌（含锌品折锌）46.17 万吨，同比下降 0.07%，产量排全国第 5 位；镍 2.04 万吨，同比增长 127.62%，产量排全国第 3 位；精锡 1.50 万吨，同比增长 36.32%，产量排全国第 4 位；锑 7900 吨，同比下降 12.96%；产量排全国第 6 位。中间产品氧化铝产量 1045.80 万吨，同比增长 15.43%，首次突破千万吨创历史新高，居全国第 4 位。在有色金属加工材方面，生产铜材 18.94 万吨，同比增长 140.68%；生产铝材 387.93 万吨，同比增长 19.83%，创历史新高跃居全国第 5 位。

在矿山生产方面，2017 年广西生产六种矿山精矿金属含量 44.39 万吨，同比增长 12.47%。其中，生产铜精矿含量 2700 吨，同比增长 4.61%；铅精矿含量 12.81 万吨，同比增长 45.97%；锌精矿含量 28.55 万吨，同比增长 2.85%；锡精矿含量 2.04 万吨，同比增长 7.13%；锑精矿含量 7200 吨，同比下降 16.97%。

二、产量主营业务收入大幅增加，利润利税创历史新高

2017 年，广西有色金属工业十种有色金属产量增加 49.40 万吨，主营业务收入增加 561.88 亿元，均创历史最好水平。加上产品市场价格回升，使全行业利润利税大幅增长。其中利润比上年增加 20.51 亿元，利税增加 35.09 亿元，均创历史新高，而且成为利税超百亿元的利税大户。由于利润高的大宗产品氧化铝产量增加 139.8 万吨，价值高的大宗产品铝材产量增加 51.86 万吨，铜材产量增加 11.2 万吨，矿山精矿金属含量也由上年减产变成增产 7.10 万吨，就连近年来生产不振的电解铝产量也增加 42.19 万吨。氧化铝、电解铝、铜材、铝材产量都创历史新高，使全区规模以上 209 家有色金属企业的主营业务收入和现价工业总产值均创历史新高，分别达到 1949.24 亿元和 2172.38 亿元，而且在保持千亿元产业地位的基础上，跃进产值超两千亿元的产业行业，其中铝产业已成为超千亿元产业。

三、完成固定资产投资超 300 亿元，一批项目开工建设或竣工投产

2017 年，广西有色金属工业固定资产投资施工项目 372 个，完成固定资产投资达到 300.12 亿元，同比增长 53.47%，完成投资额创历史新高，占全国有色金属工业同期投资总额的 5.20%，跃居全国有色金属工业第 8 位，占西部地区 12 个省市自治区有色金属工业同期完成固定资产投资总额的 14.04%，排西部地区第 3 位。

一批项目开工建设或竣工投产。2017 年 12 月 22 日平果县扶贫产业园 100 万吨/年铝精深加工项目开工建设，这是广西目前产能最大、投资最多的铝精深加工项目。该项目由广西百矿集团有限公司和广西福地金融投资集团有限公司两家企业共同投资建设。该项目包括：年产 16 万吨工业用铝合金管棒型材项目，年产 10 万吨车用散热器复合材项目，年产 20 万吨铝及铝合金铸轧板带箔项目，年产 180 万件汽车压铸件项目，年产 160 万只汽车用铝合金锻造轮毂项目。项目总占地面积 6000 亩，其中建设用地 4580 亩，预留发展用地 1420 亩，项目投资 165 亿元，总建设周期为 30 个月，计划 2020 年 6 月底前将陆续建成投产运营。项目达产后可实现年产值 400 多亿元，利税总额 32 亿元以上，新增就业 4500 人，具有良好的经济效益和社会效益。

广西华磊公司轻合金材料项目投产。2017 年 9 月 25 日，广西华磊新材料有限公司轻合金材料项目轻合金部分投产，这是广西当前产能最大的电解铝一次性建成投产的项目，也是广西电解铝首家采用 50 万安培大型预焙槽项目。

四、科技进步和科技创新取得显著成绩

2017 年广西有色金属工业在创新驱动方针指引下，科技进步和科技创新取得显著成绩。全年获省部级科学技术奖三等奖以上成果 16 项，其中省部级科学技术奖一等奖 4 项，二等奖 6 项，三等奖 6 项。获国家专利 69 件，其中发明专利 39 件，实用新型专利 27 件，外观设计专利 3 件。

2017 年广西有色金属工业科研和科技创新有如下显著特点：一是在研发高新材料产品方面取得显著成绩。由广西南南铝加工有限公司完成的“高强高韧耐蚀航空铝合金大规格中厚板制备技术研究”科研项目，由于研发出的航空铝材高新产品已批量应用在我国军用大型运输机、地铁车厢和高铁车厢制造等方面，高强、高韧、耐蚀和大规格等技术指标达到国际先进水平，部分指标达到国际领先水平，荣获 2017 年广西科学技术进步奖一等奖。由广西柳州银海铝业股份有限公司等单位完成的“交通运输用超宽幅高性能铝板带 1 + 4 热连轧生产集成技术的自主创新及产业化”科研项目，通过自主创新研发出交通运输超宽幅高性能铝板带高新产品并实现产业化，不仅填补该项产品国内空白，而且已批量应用于大型运输车辆的制造，主要技术指标达到国际先进水平，荣获 2017 年广西科学技术进步奖二等奖。二是在绿色环保清洁生产方面的研发取得好成绩。由中铝广西有色稀土开发有限公司等单位完成的“离子型稀土原矿绿色高效浸萃一体化新工艺”科研项目，不仅提高了稀土原矿的浸萃回收率，而且做到绿色环保，彻底改变了过去稀土矿开采回收率低污染严重状况，中铝稀土集团公司曾在广西召开现场会推广该科研成果，该成果荣获 2017 年度中国有色金属工业科学技术奖一等奖。由中国有色桂林矿产地质研究院有限公司完成的“矿山废弃土地生态重建技术集成研究与应用示范”科研项目，因解决了矿山废弃土地的生态重建问题而荣获 2017 年度中国有色金属工业科学技术奖二等奖。三是在成矿规律和地质探矿方面的研发取得新突

破。由广西桂华成有限责任公司等单位完成的“广西珊瑚钨锡矿成矿规律、找矿技术方法研究及应用”科研项目，由于在广西珊瑚钨锡矿老矿区实际应用中探获新储量延长了矿山寿命，荣获2017年广西科学技术进步奖三等奖。由中国有色桂林矿产地质研究院有限公司完成的“西藏哈海岗地区钨钼多金属矿成矿规律研究及找矿预测”科研项目，因在该地区的成矿规律及找矿预测方面都取得突破，荣获2017年度中国有色金属工业科学技术奖二等奖。由广西壮族自治区三零七核地质大队完成的“广西龙州县科甲地区铝土矿勘察技术集成与示范研究”科研项目，因对该地区铝土矿勘查技术集成与示范研究取得成果，探明该地区部分铝土矿储量，荣获2017年度中国有色金属工业科学技术奖三等奖。四是在标准制定方面取得好成绩。由广西区冶金产品质量检验站等单位完成的“国际标准《铜、铅、锌和镍精矿中砷量的测定——电感耦合等离子体原子发射光谱法》”科研项目，由于攻破了该国际标准中砷量准确快速测定难题，技术成果达成国际先进水平，荣获2017年度中国有色金属工业科学技术奖一等奖。由十一冶建设集团有限责任公司等单位完成的《有色金属工业安装工程质量验收及评定系列标准（YS/T 5422－2014、YS/T 5423－2014、YS/T 5425－2)》科研项目，因填补了该领域工程质量验收及评定系列标准的空白，并在实际应用中获得好评，荣获2017年度中国有色金属工业科学技术奖三等奖。

五、强化企业管理取得好成绩

2017年，广西有色金属工业强化企业管理，使企业获得机制创新和优化升级，成绩显著。

（一）强化管理，一批管理先进企业获奖

管理先进企业获奖的主要有中国铝业股份有限公司广西分公司等20家被评为“2016年度广西有色金属工业优秀企业”；广西投资集团银海铝业有限公司等10家企业被评为“2017广西有色金属行业十强企业”；广西百矿铝业有限公司等14家企业被评为“2017广西有色金属行业诚信企业”；广西华银铝业有限公司氧化铝厂等15个集体被评为“2016年度广西有色金属工业先进集体”；十一冶建设集团有限责任公司董事长、总经理杜少华等20名企业领导被评为“2016年度广西有色金属工业优秀企业家”；广西金川有色金属有限公司等10家企业被评为“2017广西企业100强”等等，强化企业管理取得好成绩。

（二）强化质量管理取得优异成绩

2017年广西有色金属工业强化质量管理，桂林漓佳金属有限责任公司等4家企业荣获“2017年度广西有色金属工业质量管理奖”；柳州中色锌品有限责任公司等4家企业被评为“2017广西有色金属行业质量信用企业”，其中达质量信用AAA级企业4家；广西柳州银海铝业股份有限公司等3家企业获得“2017年度广西有色冶金行业通过标准化良好企业确认”，其中达AAAA级3家。同时，群众性质量管理小组（简称QC小组）活动广泛深入开展，2017年广西有色金属工业登记注册的QC小组数512个，取得成果的QC小组数485个，创可计算的经企业财务认可的经济效益5216万元，35个小组荣获2017年度广西有色金属工业优秀QC小组，22个小组荣获2017年度广西区优秀QC小组，10个小组荣获2017年度全国优秀QC小组。南南铝业股份有限公司等3家有色企业被评为“2017年度广西卓越绩效模式先进企业”。

2017年一批有色金属产品评为广西名牌产品，主要有：来宾华锡冶炼有限公司的金海牌锡锭、锌锭，广西广银铝业有限公司百色分公司的广银牌6XXX系列铝合金圆铸锭，河池五吉有限责任公司的五吉牌锑锭，广西华锑科技有限公司的BRIGHTSUN牌三氧化二锑，广西金川有色金属有限公司的JNMC牌阴极铜，广西平铝集团有限公司的平铝牌建筑铝型材，广西金茂钛业有限公司的藤茂牌颜料钛白粉，广西雅照钛白有限公司的雅照牌非颜料用二氧化钛，广西澳美铝业有限公司的澳美牌建筑用铝型材，广西亚龙铝业有限公司的凯亚龍牌建筑用铝型材，广西宝新铝业有限公司的宝新苹果牌建筑用铝型材，南南铝业股份有限公司的南南牌铝合金工业型材、家电铝合金零组件，广西南南铝加工有限公司的南南牌地铁用6005A铝合金型材、油罐车用5XXX铝合金板材、新能源客车蒙皮用5050铝合金带材、航空用7075铝合金中厚板、航空集装箱用7021铝合金板材，广西贺州市桂东电子科技有限责任公司的GET牌中高压电子铝箔，广西南南铝箔有限责任公司的南南牌铝及铝合金圆片，广西福美耀节能门窗有限公司的福美耀牌金属门窗等23个有色金属产品评为2016年度广西名牌产品，创广西有色金属工

业评上广西名牌产品数的历年之最，强化质量管理取得优异成绩。

（唐献民）

海　南

一、冶金采矿工业

（一）概况

海南省冶金采矿业2017年完成工业产值29.1亿元（当年价）。其中，黑色金属采选业产值12.92亿元；有色金属矿采选工业产值9.74亿元；非金属矿采选工业产值达2.38亿元；黑色金属冶炼和压延加工业产值为2700万元；有色金属冶炼和压延加工业产值为3.79亿元。

（二）海南矿业股份有限公司

位于海南省昌江县石碌镇境内，是中国著名的露天富铁矿生产基地。2017年，海南矿业股份有限公司的工业产值达12.92亿元，开采量为434.7万吨。

（三）海南海拓矿业有限公司

位于文昌市东路镇，主要从事锆钛矿精选业务，通过电选、磁选、重力水选、摇床选等方法，将含有锆钛矿物的进口原料分离，生产锆英砂精矿、钛精矿、金红石、独居石等产品，具备50万吨/年锆钛矿加工能力。2017年，海南海拓矿业有限公司的工业产值达8.12亿元，产量为17万吨。

二、黄金采矿工业

（一）概况

2017年，海南省黄金采矿业企业2家，共生产黄金1456.5千克，工业产值4.0亿元（当年价）。

（二）海南山金矿业有限公司

海南山金矿业有限公司系山东黄金集团与海南省地质局共同出资设立，位于乐东黎族自治县境内，系中国近年发现的特大型金矿成矿区之一。2017年海南山金矿业有限公司共生产黄金1216.5千克，工业产值3.36亿元。

（刘桂林）

贵　州

为贯彻落实国务院办公厅《关于营造良好市场环境促进有色金属调结构促转型增效益的指导意见》，加快推进贵州省有色金属工业供给侧结构性改革，推动调结构、促转型、增效益。2017年贵州省政府结合实际，制定并印发了《贵州省促进有色金属工业调结构促转型增效益实施方案的通知》黔府办发〔2017〕79号文。制定了有色金属工业的发展基本原则及主要目标。

文件提出：坚持分类指导，因地制宜。结合贵州省有色金属产业发展实际和资源禀赋，区分不同有色金属品种属性和特点，因地制宜、分类施策，巩固提升传统有色金属产业，大力发展金属新材料产业，促进优势资源一体化开发利用，推进企业兼并重组，促进产业向有资源禀赋、产业基础的地区集中。坚持集约集群，节能减排。集中建设一批优势互补、产品关联、资源共享、辅助相通的产业集聚区，推动产业间协同发展，推进“退城进园”、产业升级，加快生态化、循环化等改造，促进精深加工，构建技术先进、高效利用、节能减排、环境友好的有色金属产业发展体系。该文件提出的目标是：贵州省有色金属工业主要产品产能利用率持续保持较高水平，其中电解铝产能利用率保持在80%以上，海绵钛产能利用率保持在60%以上。到2020年，行业装备工艺水平有效提升，主要生产企业基本实现在线管理信息化、数字化及自动化；节能降耗成效明显，行业能效水平基本达到国内先进水平；产业结构进一步优化，重点行业深加工产品品种和产量不断提升，基本形成以初加工产业为基础、精深加工产业为主导、上下游合理配套和协同发展的有色金属工业体系；贵州省有色工业总产值和增加值分别达到1000亿元、330亿元，产业水平跃上新台阶，发展质量和效益得到明显提升。

2017年，贵州省继续深入实施工业强省战略，工业经济呈现出速度较快、结构向好、效益提升的发展态势。全年规模以上工业增加值完成4304.8亿元，同比增长9.5%，排名全国第4位。其中，国有控股企业增长8.0%，非公有控股企业增长10.7%。贵州省工业投资（含园区基础设施投资）完成3459.3亿元，其中，有色金属重点产业投资增长10.6%。装备制造业增长13.8%，其中，有色金属冶炼和压延加工业增长10.5%。贵州省采矿业比上年下降1.5%，其中，有色金属矿采选业增长10.9%。此外，2017年贵州省电解铝停建产能30万吨。

2017年，贵州省工业经济领域坚持稳中求进工业总基调，以推进供给侧结构性改革为主线，扎实抓好能源工业运行新机制、“千企改造”等重点任务，积极应对下行风险和压力，全省工业经济呈现出稳中有进、转型加快、质量提升、效益显著的良好态势，总体完成全年各项目标任务。

（年 鉴）

四 川

一、概况

2017年四川省铁矿石原矿产量1.44亿吨，较上年小幅度下降，生铁、粗钢、成品钢材产量分别为1899.7万吨、2026.3万吨和2491.2万吨，较上年都有小幅度上升。

2017年，四川省十种有色金属产量67.8万吨，较上年45.4万吨产量上涨了49.3%，其中铜金属、电解铝、氧化铝、稀土产量都有上升；铝材产量92.68万吨。

2017年，有色金属工业推动供给侧结构性改革，加强行业自律，营造良好的市场环境，有色金属行业总体呈现出生产平稳运行、效益持续向好态势。四川省印发了《营造良好市场环境促进有色金属工业调结构促转型增效益的实施方案》。根据《实施方案》，四川省一方面严控新增产能，加强产能严重过剩行业项目管理，加快退出过剩产能，依法退出和处置过剩产能，对淘汰落后产能和节能减排考核结果未通过的市（州），暂停了部分有色金属投资项目核准审批；另一方面，清理整顿电解铝违法违规项目效果进一步显现。

二、锂电产业发展迅速

四川德阳金士能新能源材料有限公司的10万吨锂电池负极材料项目生产基地正式开工；2016年12月4日，遂宁市安居区政府与天齐锂业股份有限公司签约，天齐锂业将其最先进的锂材料生产工厂落户安居区，这个项目是天齐锂业2020年实现10万吨锂化工产品装备产能目标的重要组成部分；四川甘眉园区年产10000mWh磷酸铁锂电池生产项目启动；华鼎国联四川锂电池项目开工建设；四川省兴发规划建筑设计有限公司年产1000万瓦时锂离子电池包系统PACK生产项目获批建设。

三、存在的主要问题

（一）新旧动能转换总体缓慢

新能源汽车的需求带动了有色金属钴、锂等新材料的发展，轨道交通和汽车用铝的产量和用量持续增长，进一步促进了高端运输铝材的应用。但应看到，高端材料和新材料在产业体系中所占比例不高，新旧动能转换总体缓慢。产业下游精深加工的基础研究、技术支撑和高新项目储备不足，部分有色金属精深加工高端产品依赖进口的局面暂时难以改变。

（二）严管严控电解铝新增产能任务仍然艰巨

清理整顿电解铝行业违法违规项目专项行动取得阶段性成果，违法违规项目已停产停建。但电解铝行业向好发展的基础尚不牢固，产业集中度不高。

（三）成都增材制造的成长加快了步伐，但缺乏宏观规划和引导

目前，增材制造技术在航空航天、汽车制造、工业设计、生物医药和军工生产等领域取得了较好的应用成效。但存在缺乏宏观规划和引导、对增材制造技术研发投入不足、产学研用协同创新不够、政策支持力度有待加强等因素，为推动四川省增材制造技术和产业的发展，四川大学牵头联合了50多家企业、院校、研究机构组建了四川省增材制造技术协会。

（付 利）

云 南

2017年，云南省有色金属工业以“调结构、促转型、增效益”为重点，借市场持续回暖有利时机，实现了“运行稳定、效益向好、转型升级、质量提升”的发展目标。

一、十种有色金属产量保持稳定

2017年，云南省十种有色金属产量为372.7万吨，同比增长4.9%。其中：铜65万吨，同比增长7%；铝129万吨，同比增长0.6%；铅42万吨，同比增长19.2%；锌125万吨，同比增长3.8%；锡10.3万吨，同比增长5.5%；锑1.33万吨，同比增长34.4%。

二、主营业务收入突破2000亿元

2017年，云南省规模以上有色金属行业实现主

营业务收入2319.6亿元，同比增长16.2%。其中：有色金属矿采选业实现主营业务收入263亿元，同比增长25.4%；有色金属冶炼和压延加工业实现主营业务收入2056.6亿元，同比增长24%。

三、行业效益显著提升

2017年，云南省有色金属行业实现利税总额110.3亿元，在2016年基础上净增71.8亿元，同比增长187%。其中：上缴税金总额为49.1亿元，同比增长39.5%；实现利润总额61.2亿元，同比增长19倍。利润总额中，有色金属矿采选业实现利润25.4亿元，同比增长141.6%；有色金属冶炼和压延加工业实现利润35.8亿元，同比增长43倍。

四、产业集中度进一步提高

云南省有色金属规模以上企业283户，在2016年度基础上压减10户。其中：采选业压减7户，冶炼和压延加工业压减3户。淘汰落后电解铝产能8.62万吨。

五、完成固定资产投资

2017年，云南省有色金属行业完成固定资产投资277.5亿元，同比增长15.3%。其中：有色金属矿采选业完成投资132.1亿元，同比下降15.6%；有色金属冶炼及压延加工业完成投资145.4亿元，同比增长73.2%。

六、能源消耗情况

2017年，云南省有色金属行业消耗能源总量为1356万吨标煤，同比增长3.2%。单位工业增加值能耗采选业下降9.6%；冶炼和压延加工业下降5.1%。

云南铝业股份有限公司获得国家工信部2017年度重点用能行业能效“领跑者”企业称号。单位产品能耗为12817千瓦时/吨。

七、普朗铜矿一期采选工程投料试生产

2017年3月16日，普朗铜矿一期采选工程投料试生产。普朗铜矿拥有480万吨铜、145吨黄金、2754吨白银、19万吨钼、1054万吨硫，是亚洲最大斑岩铜矿山。普朗铜矿采选工程是有色金属工业“十二五”发展规划的重点项目。

八、校企战略合作推进

2017年11月23日，昆明理工大学与云南锡业集团（控股）有限责任公司签订全面深化校企科技创新战略合作协议。

2017年12月6日，昆明理工大学与云铜科技股份有限公司签订战略合作协议，在云铜科技公司建立真空冶金国家工程实验室产业化基地。自2017年3月，昆明理工大学为云铜科技公司提供了真空提取、提纯金属硒的技术支持，目前公司已完成日产金属硒1吨的目标。

2017年12月29日，昆明理工大学与云南冶金集团签署《人才挂职交流合作协议》、《技术提升+学历提升人才培养协议》。双方将深入开展人才培养、基础教育、重大科技攻关、共建科技创新平台、干部挂职锻炼、互派指导教师以及国际交流等方面的合作，达到合作共赢、共同发展的目的。

九、昆明理工大学喜获双院士

2017年11月27日，昆明理工大学校长彭金辉当选中国工程院院士，分属化工、冶金与材料工程学部。

11月28日，昆明理工大学灵长类转化医学研究院院长季维智研究员当选中国科学院生命科学和医学分部院士。

（李淳中）

陕　西

一、概况

陕西有色金属控股集团有限责任公司（以下简称：陕西有色集团）的前身是中国有色金属工业西安公司（陕西省有色金属工业管理局）。2000年10月，随着国家有色金属工业的属地化管理，陕西省政府在下放的中央有色金属企、事业单位基础上组建了陕西有色金属集团有限公司，2004年改制为陕西有色金属控股集团有限责任公司，2017年被列为国有资本投资运营公司改革试点单位之一。经过多年的发展，陕西有色集团已成为以国有资产运营及产权管理和有色金属资源开发为一体的大型企业集团，目前拥有权属企业35家，国内A股上市公司3家（金钼股份、宝钛股份、宝色股份），新三板上市公司1家（中科纳米公司），在职职工4万余人。主要产品中，钼、钛在国内外市场上处于领先地位，铝、铅、锌、金、银、钒、镍、锰、硅材料等在国内也占有重要地位。2017年，陕西有色集团位列中国企业500强第128位、中国制造业企业500强第43位，稳居全国有色行业第7位，综合实力和核心竞争力显著提升，稀有金属产业优势地位进一步巩固，已成为陕西省经济增长速度较快、盈利能力较强、具有陕西经济特色、参与国际竞争的大型企业集团。

二、生产经营

2017年，面对种种困难和挑战，陕西有色集团紧盯市场动态，加强产销衔接，实施柔性生产，争取优惠政策，产值产量总体平稳，经营成效趋稳向好。2017年实现营业收入1275亿元、同比增长2.7%，实现利税41.6亿元、增长28.5%，其中，利润10.3亿元、增长71%。完成工业总产值1256亿元、增长3.7%，生产电解铝75.1万吨，电解锌50.3万吨，电解铅3万吨，钼精矿4.5万吨，钛材1.45万吨，黄金1.6吨，白银31.3吨，多晶硅3902吨，单晶硅677.2吨。

三、资产投资

2017年固定资产投资55项，总投资724亿元，年计划投资66.4亿元，实际完成投资66.5亿元。其中，美鑫公司董家河循环经济产业园项目完成投资32.1亿元，设备调试安装接近尾声，冶坪煤矿、西北耐物流园正在加快实施；天瑞公司完成投资16.8亿元，建成国内第一条硅烷气、粒状硅和西门子高纯硅生产线，成功产出硅烷气、粒状硅、高纯多晶硅等产品；陕西锌业回转窑尾气脱硫改造等9个项目陆续开工建设；五洲股份100吨/年高纯金属钒一期工程等7个项目全部建成，进入试生产阶段；宝钛集团钛带生产线等7个项目顺利通过竣工验收，运行管理步入正轨。

四、改革改制

2017年积极开展国有资本投资运营公司改革试点，借助咨询机构，进一步明确战略定位，完成管控现状诊断，初步形成了管控体系、组织结构、绩效考核等方案。持续推进“压减”工作，通过整合重组、股权转让、清算注销等方式，减少企业15户。全面完成工厂制企业公司制改革，23户企业顺利完成改制任务。积极实施产业整合重组，西北供销公司、西安供运公司、进出口公司3家贸易单位重组成立陕西有色集团贸易有限公司。金堆城独立工矿区各项分离移交正式协议全部签订，提前完成了年度任务，位居全国5个综合改革试点单位前列，“有色模式”初见端倪。2017年陕西有色集团被省国资委评为“压减”专项工作优秀企业、“三供一业”分离移交工作优秀企业、“僵尸企业”处置工作良好企业，工厂制企业公司制改革受到通报表扬。

五、资本运营

2017年在投资合作方面，抓住市场低迷时机，宝钛集团以较低价格受让宝钛法力诺焊管公司原外方股权，有效发挥全产业链优势；积极开展冶矿集团收购巴西锰矿70%股权工作，为锰合金产业持续发展提供了资源保障。在上市推进方面，利用现有上市平台，密切关注资本市场变化，稳妥实施股票增减持，取得了较好收益；认真编制金钼股份、宝钛股份等上市公司做强做优方案，有序推进西勘院有色建设新三板挂牌筹备工作，为下一步开展资本运作奠定了基础。资金筹措方面，制定完善月度资金平衡计划，统筹资金安排，压缩“两金”占用，控制负债规模，进一步提高了资金使用效率；成功注册30亿元永续中票、300亿元超短期融资券，利用类永续债、黄金租赁等工具解决兑付资金，节约资金成本约3700万元；争取授信额度超过1000亿元，为企业发展提供了资金保障。

六、追赶超越

建立健全机制，明确责任分工，强化督导检查，促进了工作落实落细落小。组织开展季度点评，分阶段进行客观评价，查找主观存在的问题和客观制约的因素，提出对策和办法，有效推动改革发展、经营管理、提质增效等整体工作，取得了良好效果。

七、对标管理

成立执行小组286个，以设备运转率、选矿回收率、能源单耗等为突破口，实施改进措施1500余条，通过成本控制、现场管理、节能降耗等方面的立标、对标、达标，实现降本增效1.2亿元。金钼集团深入推进生产工艺对标，钼选矿回收率同比提高1.3%；天宏公司通过对标先进，多晶硅制造成本同比降低16.9%。

八、科技创新

2017年完成科技项目162项，获得国家技术发明奖1项、省部级科技奖11项。承担国家重大专项47项、省部级重大科技专项35项，申报专利115项、获得授权76项，主持或参与制定各类标准28项。截至目前，共获得国家专利568项，主持或参与制定各类标准342项，建成各类技术中心、工程中心、实验中心、检测中心27个，博士后工作站3个，院士工作站3个。五洲股份参与攻关的页岩钒行业全过程污染防治的短流程清洁生产关键技术，成功解决了石煤湿法提钒工艺废水量大、氨氮超标等问题，荣获国家科学技术发明二等奖；金钼集团钼合金燃料棒管材与棒材研制一期项目顺利通过验收，具备了批量生产高品质薄壁钼管能力，实现了核反应堆事故容错燃料包壳材料的突破；宝钛集团继4500米深潜器钛合金载人球舱成功应用后，自主研制的1万米潜水器球舱已完成出入口、观察窗开孔，为后续攻关“全海深”载人潜水器球舱打下了坚实基础；地矿集团与中科院联合打造的中国地球物理院士专家工作站获批授牌，成为行业内西北首家建站单位；冶矿集团合作研究的微波冶炼技术为国际首创，理论上具备了规模化生产条件，将带来铁合金冶炼技术的工艺革命。

九、资源开发

2017年投入资金5752万元，安排勘查项目31项，有望新增铅锌矿石237万吨、金矿石409万吨、银矿石28万吨、锰矿石3万吨、钨矿石200万吨、钒钛磁铁矿石500万吨。山阳王家坪金矿、刘家峡金矿、镇安东阳钼钨多金属矿等项目，勘查找矿进展顺利；四方金矿、陕西银矿、二里河铅锌矿等矿区深部及外围找矿均有新收获。

十、基础管理

在安全环保方面，推进安全环保标准化和精细化管理，加大隐患排查和整治力度，狠抓作业过程管理，2017年千人负伤率为0.19，未发生重大生产安全事故。在风险防控方面，认真履行审计监督职责，完成审计552项，审计资产410亿元，促进增收节支2562万元，提出审计建议371条，有效化解了经营风险；严格执行“七五”普法规划，坚持“法律体检”与业务经营相结合，系统性前移法律风险的防范和管控，及时发现问题、解决问题，有效降低了法律风险。

十一、党群工作

严格履行全面从严治党的政治责任，充分发挥党委的领导核心和政治核心作用。细化干部考察环节，完善任用程序，推进“三项机制”贯彻落实，形成了能者上、庸者下、劣者汰的用人导向。认真落实意识形态工作责任制，严把舆论宣传，确保了企业意识形态安全。积极参加“党旗红·国企兴”党建成果汇报展，荣获了省国资系统一等奖。严肃党内政治生活，切实做到了正风肃纪，纪委系统接收信访举报80件，均合理办结。工团组织建设扎实有效，凝聚了职工干事创业精气神。

十二、脱贫攻坚

陕西有色集团作为省国资系统合力团团长单位，出资3亿元分别与当地政府组建了渭南、千阳产业扶贫公司，按照“龙头企业+党支部+合作社+贫困户”模式，首批签约项目总投资超过9亿元，涉及农产品加工、仓储物流、农业观光旅游等多个产业，将带动近7000户脱贫致富，有效拉动当地县域经济发展；积极参与陕西社会扶贫网捐款，继续支持西藏阿里地区重大民生工程，宝钛集团助力千阳健康扶贫，获得了社会各界广泛好评。2017年陕西有色集团被评为全省助力脱贫攻坚先进单位。

（马　力）

甘　肃

一、产品产量

2017年，甘肃省十种有色金属产量427.52万吨，同比增长13.7%。其中铜91.54万吨，增长4.6%；铝279.62万吨，增长21.31%；铅2.83万吨，增长29.82%；锌39.64万吨，下降0.88%；镍13.51万吨，下降5.66%；钴3897吨，下降9.22%；单一稀土金属1581吨，同比增长35.24%。有色金属加工材121.64万吨，其中铜材37万吨，铝材84.64万吨。

二、主要经济指标

2017年，甘肃省有色金属行业完成工业总产值1903.8亿元，同比增长12.18%；工业增加值196.15亿元，同比增长7.6%；实现主营业务收入3609.95亿元，同比增长13.9%。金川公司年营业收入超过2100亿元，在省属企业中继续保持领先地位。全行业完成税收60.83亿元，同比增长61.51%，实现利润51.41亿元，同比增长78.94%。

三、改革与发展

2017年2月，白银公司成功实现首发整体上市，成为甘肃省乃至全国有色行业整体上市的第一家。公司进一步规范股东大会、董事会、监事会和经理层的运行，建立完善了董事会领导下的各专业委员会的工作机制，权力边界清晰，运行高效顺畅。西北铝深入推进混合所有制改革，与全国最大的焊材生产商天津金桥集团合资组建陇西西北铝金桥焊材有限公司，建成1000吨年产能的铝焊丝生产线，目前两种合金的条状、盘状焊丝已实现批量化生产，舰船用高端焊丝已具备批量化生产条件。甘肃稀土公司完善事业部模拟独立法人市场化运作体系，完善以“提质降耗、增产增效”为宗旨的各生产单位的绩效考核，有效激发了经营活力。金川公司充分发挥管理哲学对企业生产经营发展的引领、凝聚、促进作用，启动企业文化优化提升项目，形成了新的企业文化大纲，制订了更加详细周密的实施方案。公司为尽快把已形成的科研成果转化为创造效益的实际生产力，将镍钴研究设计院作为技术集成营销平台和管理机构，牵头组建技术集成营销团队，将几十年的技术积淀通过技术集成营销进行市场化运作，通过营销手段对外承接业务，为企业创造效益。东兴铝业花大力气改变仓储管理运行模式，彻底取消全公司二级库，实现物资的集中入库和统一配送，全年整体库存资金占用同比降低3463万元，降幅达41.23%。

四、项目建设

2017年，甘肃省各企业充分发挥比较优势，着力建设了一批在国内外有较强市场竞争力的大项目和好项目。酒钢东兴铝业公司为解决氧化铝供应瓶颈，以2.99亿美元从俄罗斯铝业联合公司手中购得阿尔帕特氧化铝厂后，迅速组建起一支280余人的检修复产大军奔赴牙买加。经过近一年的努力，6月21日，阿尔帕特氧化铝厂顺利复产，10月6日成功生产出首批氧化铝产品。目前东兴铝业氧化铝、电解铝和铝加工的产能分别达到165万吨、170万吨和60万吨，总资产超过256亿元，成为中国最具竞争力的大型铝电解企业之一。金川公司抓住市场好转的有利时机，加大基建和技改项目的投资力度。广西40万吨矿产铜项目后续改造工程已建成；合成炉大修及配套工程、羰基镍及铂族金属原料制备技术改造项目已经完工；雄村铜矿、金森达铜矿、齐福普铜矿等项目正在加紧进行。临洮铝业公司在确保300千安系列前5万吨安全平稳生产的基础上，经过4个多月艰苦努力，顺利完成了后5万吨的启动任务和后期优化管理工作，全年累计生产铝锭10.42万吨，较上年增加4.74万吨。西北铝业有限责任公司35MN水压机技术更新改造项目完成竣工验收，55MN挤压机全面投产，目前订单充足。特种行业铝合金材料产业化项目主要引进设备36MN挤压机完成合同签订，厂房基础开始施工。

五、技术创新

甘肃省全行业有针对性地实施了一批重点项目，解决了一批关键技术问题，对全行业的跨越发展，起到了重要的支撑作用。白银公司白银炉技术提升改造完成后，日均处理低品质复杂铜物料700吨，“吃杂粮”、“吃粗粮”原料适应性优势更加明显。渣铁硅比持续优化，渣量每天减少约90吨，全年减少渣选费用及有价金属铜、金、银绝对损失费用980万元。2017年9月，经中国有色金属工业协会评定，“白银炼铜法”熔炼炉增效关键技术研究及应用项目整体技术达到了国际先进水平。金川公司为激发一线职工创新创造的智慧与热情，打造以职工技术协会为阵地、以创新工作室为引领、以团队创新为依托、以全员创新为目标的“五创平台”，先后出台《职工技术创新活动评价办法》、《职工技术创新成果奖励办法》，设立科技进步奖、技术改进奖、行业专利奖等奖项，每年拿出1000万元支持职工创新、200万元奖励职工创新成果，营造出“人人参与创新、时时都在创新、处处体现创新”的浓厚氛围。甘肃稀土公司投入520万元，进行了16个项目技术攻关，成功开发出镧铈铽磷酸盐绿粉、纳米氧化铈、高性能钐钴合金甩片、高铈粉、稀土抛光液等新产品，对改进生产工艺、稳定产品质量、提升生产效率起到了突出作用。中国铝业连城分公司以智能铸造为切入点，开发了铝锭在线激光二维码标识管理信息系统，将激光技术应用于铝锭标识，在国内率先实现了铝锭在线计量、合格证标签打印的无人化操作，实现了从铝锭生产、出入库到客户网上查询质量信息的激光二维码全流程管理。中铝兰州分公司积极推广FHEST技术项目，节电效果十分显著。宝徽实业公司积极采用国内先进的低污染黄钾铁矾法工艺，对原有的一次中浸、一次酸浸工艺进行技术改造，增加了预中和和沉矾工序，提高了金属回收率，减少了污染。东兴铝业公司通过优化电解槽内衬结构，采用新型全石墨阴极等技术手段，使500kA大型铝电解槽吨铝节电258.2千瓦时，槽寿命预计延长900天以上。公司评定为“国家级高新技术企业”。

六、节能减排

面对资源和环境的双重压力，全行业积极探索资源型企业新的发展道路，推动实现可持续发展，基本完成了全年节能减排任务。金川公司把节能减排放到更加突出的位置，能源消耗总量同比下降4.14%；公司万元产值能耗降至0.62吨标煤，同比下降1.51%。兰州铝业深入开展产品对标活动，瞄准国内先进生产指标，制定科学先进的生产能耗预算指标，并分解至各单位及作业区，压力传导至每一位员工。公司常年持续严抓各类能源的跑冒滴漏，职工从节约每滴水、每度电、每斤料着手，加强设备密封、点检工作，节能降耗效果明显。东兴铝业实施了物料循环输料系统改造项目、陇西分公司环保改造项目、组装二作业区破碎站除尘改造项目和组装一作业区破碎站清理机改造项目，减少了排放，改善了职工的作业环境，提高了周边的环境质量。西北铝组织实施锅炉大修、熔炼炉组大修理、熔铸机组改造等设备大修理项目9项，提高了设备运行效率，降低了能耗，全年共计消耗能源9477.41吨标煤，同比下降6.36%。

作为资源性能源性的原材料企业，甘肃省有色企业始终把发展循环经济摆到突出位置，着力在资源化、减量化和再利用上狠下功夫。兰州铝业加强电解铝、碳素、电力生产过程中退出生产线物料资源的综合利用，已形成电解铝－铝灰－铝灰分离－铝冶炼、电解铝－碳渣－碳粉－碳素制品、煤炭－发电－粉煤灰（石膏）－综合利用、电解槽－大修渣－填埋场等4条环保产业循环经济链条。东兴铝业将公司铝电解生产过程中产生的废铁作为生产铝铁合金的原材料进行重新利用，最终以炼钢用脱氧铝铁合金的形式售出，2017年共计销售铝铁合金1641.8吨，消耗废旧钢铁985.1吨。西北铝积极探索废料变废为宝的循环利用增值工程，成功开发出用100%废料生产铸造碟片和铸管的技术，已实现批量化生产。连城铝业全力构建碳素节能减排循环利用产业圈，在阳极生产过程中最大限度回收利用残极；对电解产生的碳渣通过热熔法和浮选法处理后将其中的氟化盐提取出来，返回电解槽；对回转窑启动产生的余热进行综合利用，取得明显的社会效益和经济效益。

七、资源开发

金川公司着力在“一带一路”整合资源、开发资源，加快实施在印尼、南非思威铂业、梅特瑞斯公司的资源开发项目，刚果（金）金森达铜矿项目正式建成投产，集团在30多个国家和地区开展有色金属矿产资源开发与合作，全球获得矿业权43个，在金川以外获得探矿区1000多平方公里，控制保有资源铜金属量1083万吨，含镍金属量452万吨，含钴金属量54.1万吨。白银公司控股的南非第一黄金投资的斯班一公司成功并购美国静水公司，成为全球第九大黄金公司和第三大铂系金属公司。秘鲁尾矿综合开发项目正式建成投产，在秘鲁中资企业中创造了投资管控和建设进度两个第一，并使循环经济技术成为集团公司海外投资的一张亮丽“名片”。

八、产业链延伸

金川公司积极创建镍钴新材料产业技术创新中心和创新联盟，以电工材料、铜合金、镍合金、粉体材料及粉末冶金制品、电镀材料、高纯金属、贵金属新材料、电池材料及军民融合为重点，高效推进有色金属新材料园区化、规模化、产业化发展，已形成明显聚集效应，镍盐、粉体和加工材产量都有较大幅度的增长。兰州铝业通过整合兰州雄泰公司14万吨合金棒材生产线，投资900万元，建设大扁锭扩能项目，形成了28万吨合金产能，成为中铝系统内合金产量最高的电解铝企业。东兴铝业采用优化原材料供给、现场精细化管理等多项措施，经过半年时间的技术攻关，成功在普通500千安铝电解槽中生产Al99.9%铝液1016.6吨，生产Al99.85%铝锭3.24万吨，较普通重熔用铝锭多创效226.76万元。4月27日，东兴铝业子公司天成彩铝有限责任公司第一卷纯铝铸轧卷成功下线，结束公司有铝锭无铝材的历史。到年底已投产32条铸轧线，一台冷轧机组。后续将完成10条冷轧线及配套精整设备、4条彩涂线、10条亲水箔线、16条铝箔生产线及配套精整设备的建设。该公司全面投产后年产能60万吨，其中幕墙板和铝箔材料用幕墙板20万吨，涂层板带材20万吨，箔材20万吨。主要产品为PS板、彩铝板、空调箔、药箔、电池箔、食品箔等，可实现年营业收入90亿元，利润7.5亿元。西北铝重点研发航天煨弯型材、燃料罐铝合金支架、超声波辐射块、新能源汽车铝合金部件、商务车铝合金部件、高铁管材煨弯、换能器等新产品，是近年来研发新产品最多的一年。公司取得全国高新技术企业资质证书，被列为甘肃省战略性新兴产业第四批骨干企业。

（田丽君　杨　勇）

宁　夏

一、基本情况

宁夏有色金属工业主要由电解铝、金属镁、钽铌铍稀有金属材料等组成。全区有色金属工业规模以上企业18户，2017年有色工业增加值增长6.7%。主要产品产量迅速增长，电解锰产能80万吨，稳居世界第一，占全国产能的40%。钽铌铍稀有金属市场进一步巩固，钽丝、钽粉全球市场占有率分别达到60%和25%，成为全球重要的稀有金属生产研发基地。有色金属工业快速发展，技术装备、产业链延伸等实现了重大突破，为宁夏工业发展发挥了重要作用。

（一）技术水平跃上新台阶

宁夏有色金属工业生产技术和装备水平显著提高，装备大型化、密闭化、节能化成为行业发展主流，一批先进成熟的节能技术得到推广应用。青铜峡铝业、锦宁铝业对铝电解槽进行全面升级改造，吨铝交流电耗下降约300千瓦时，天元锰业开发应用了多管式移动床还原炉焙烧技术，解决了进口锰矿石除铁技术瓶颈，实现了锰渣重溶回收，在锰行业中的影响力进一步凸显。中色东方突破了高比容钽粉及细直径钽丝生产技术，填补了国内空白，其自主开发的超导铌腔加速梯度达到世界先进水平。

（二）结构调整实现新发展

依托资源、技术等比较优势，围绕纵向延伸、横向耦合，建成一批“增链补链”项目，重点行业产业链不断延伸。金属锰行业形成以石膏制酸—电解锰—锰渣综合利用，铬铁、镍铁为主的循环经济产业链；铝行业建成了广银铝业30万吨铝棒加工项目、锦宁巨科40万吨铝板带加工、锦绣轻合金20万吨、浩源铝合金10万吨铝棒材加工生产线，青铜峡能源铝业实现了煤电铝一体化发展；金属镁行业出现萎缩，惠冶镁业因资金链断裂停产，唯一生产的太阳镁业因环保治理不到位，部分生产线停产。

（三）优势特色产业迈出新步伐

通过科技创新推进主导产业升级、新产品开发和深加工拓展，新材料产业链进一步延伸，形成较大发展规模和经济优势。依托钽铌铍钛等稀有金属新材料特色高技术产业公共服务平台，组织实施了细直径钽丝、一氧化铌、铍铝合金等高技术产业化示范工程，提升了我国钽铌铍的世界话语权。铝镁轻金属领域实现了铝棒材、板带和铝铜线缆规模化生产，广银铝业铝合金棒出口瑞士奥利伯斯给奔驰、宝马高端车及富士康做相关配套，产业链进一步延伸。

二、存在问题

（一）产品层次较低，缺乏深加工产品

宁夏有色工业主要以传统的原材料生产和初级加工为主，电解铝就地加工转换化仅50%，低于青海80%和甘肃60%的水平，而且主要以板带、棒材初级加工为主，以铝轮毂、铝门窗、线缆、铝合金支架等进入终端消费的电解铝不足20万吨。电解锰和金属镁主要以销售金属锰重融铸锭和镁锭为主，无深加工产品。钽电容器由于替代品不断出现，销售出现滑坡。

（二）科技投入低，自主创新能力弱

2017年规模以上有色金属工业企业R&D经费支出占工业增加值比重仅为3.6%，不到全国平均水平的60%。企业缺乏创新意识，高层次创新型领军人才、高技术专业人才稀缺，科技人才队伍建设相对滞后。

今后宁夏有色金属工业发展的主要方向是转型升级和结构调整。

（董文域）

青　海

有色金属工业是青海省重要的支柱产业之一。近年来，全省有色金属工业围绕国家产业政策要求，始终把加快转型升级、推动提质增效作为发展主线，实现了产业规模、产品质量和整体装备技术水平的快速提升。有色金属工业在生产规模、品种质量和技术装备水平方面稳定发展，持续加快产业结构调整、转型升级，行业总体保持了平稳发展的态势。

一、有色金属工业运行情况及特点

（一）产量基本稳定

2017年青海省十种有色金属产量231.88万吨，同比增长2.7%，占全国总产量的4.9%，排全国第8位。其中，电解铜为2.03万吨、铅1.01万吨、锌1.94万吨、原铝221.54万吨，同比分别增长4.7%、－65.8%、34%和3.4%。铝合金、铜材、铝材产量分别为33.1万吨、6.15万吨和98.38万吨，分别增长47.1%、183.9%和25.4%。

（二）行业稳步发展

2017年，青海省有色金属冶炼及压延加工业增加值比上年同期增长6.7%，占全省规模以上工业增加值比重比上年明显增加。受原料、能源价格上涨与产品价格震荡下行双重影响，全行业实现利润－2.5亿元。

（三）产业链条不断延伸

2017年，青海省围绕构建铝、镁、铜等有色金属产业链，提升有色金属就地转化升值能力，大力发展有色金属下游精深加工产品和高附加值产品。积极推动符合国家政策的产业链配套项目建设，全力打造产品竞争力明显、资源充分利用、绿色环保安全的现代有色工业体系。铝产业鼓励优势铝企业与煤炭、电力等企业以资本和产业链为纽带实施联合重组，在落实置换产能的基础上，建设电解铝及精深加工项目。镁产业支持盐湖集团镁产业发展战略，鼓励企业努力提升镁基合金的开发水平和深加工能力，全力打造具有资源优势、技术领先、创新性和影响力的新型镁工业。铜产业以提高铜深加工能力为方向，延伸产业链，开发技术含量和附加值高的铜加工产品。同时，加快夏日哈木镍钴矿等的开发力度，形成镍钴规模化产能。积极发展具有青海省比较优势的锂、锶等其它有色金属的生产能力，形成轻金属系列化产品。

（四）产业集聚效应初步显现

通过优化产业结构，加快兼并重组步伐，一批大企业、大集团迅速壮大，对有色金属工业的支撑和带动作用进一步增强。以园区为载体的有色金属产业集聚效应初步显现，西宁经济技术开发区东川工业园区成为国家有色金属精深加工产业示范基地，初步形成了以铜箔、铝箔为主要产品的电子专用材料产业链，以铝、镁、钛为主的新型轻金属合金材料产业链；西宁甘河工业园区已初步形成的有色金属产业、黑色金属产业及特色化工产业，通过延伸产业链和按照循环经济、低碳经济的发展理念，在重点改造现有色金属冶炼加工基础上，进一步重点布局金属冶炼深加工和产业链延伸项目；柴达木循环经济试验区格尔木工业园和藏青工业园逐步发展成为有色金属资源的重要加工基地。

（五）节能降耗成效显著

2017年，青海省加大新技术、新工艺的推广应用，指导企业加强内控管理，推进铝水直供模式，以电解铝行业为重点有色金属工业节能降耗取得显著成效。通过全面实施新型阴极结构电解槽、低温高效电解等先进节能工艺技术改造，推进生产精细化管理，和新增项目采用工艺先进的大型预焙槽，实现了较好的节能减排效果。加快推广电解槽新型阴极钢棒技术改造，实施了一批节能减排技术改造项目，具备条件的电解铝与铝加工企业签订铝液直供合同，吨铝铝液电解交流电耗全部在13500千瓦时以下。

二、存在的主要问题

（一）外部环境约束逐步加大

一是融资难、融资贵、财务成本高等普遍存在。二是随着全国及青海省大气污染防治力度的不断加大，对企业的节能减排要求逐步提高，需企业进一步加大环保投入，造成生产经营成本进一步上升。

（二）投资增长整体乏力

一是为了尽可能减少亏损，降低资金占用比重，导致部分扩能和新建项目延期甚至取消建设。二是一些本应投产的项目放慢了建设和投运步伐，部分已具备投产达产条件项目迟迟未能投产达产，必将影响投资拉动效应。

（三）企业发展信心不足

主要产品价格虽有小幅回升，但受原料供应偏紧和成本上升制约，利润空间并没有得到根本改善，企业对外部宏观经济政策预期持谨慎乐观态度，对本行业发展形势预期普遍不强。

（陶宏伟）

新　疆

一、基本概况

新疆有色金属工业（集团）有限责任公司（以下简称：新疆有色集团"）是以常用有色金属、稀有金属、黄金资源开发为主，集勘探、开采、冶炼、科研设计、机械制造、建筑安装、商贸进出口、房地产开发等为一体的多元化大型企业集团。截至2017年底，新疆有色集团总资产220亿元，净资产110亿元，资产负债率48.34%；在职职工7622人。

二、生产情况

新疆有色集团聚焦新疆社会稳定和长治久安总目标，统一思想、坚定信心，切实抓好提质增效、安全环保、资源整合等各项工作，树立战略思维，积极推进10万吨铜冶炼项目达产达标，凝心聚力、开拓进取，全面完成了年度目标考核任务。全年实现工业总产值101.9亿元、工业增加值12亿元、利润总额1.14亿元。生产电铜10.84万吨，电解镍1万余吨，黄金4000千克，金属锂422吨，电钴93吨，铍铜合金406吨。

三、改革与管理

一是企业改革取得新成效。内部改革不断深化，按照精干高效的原则，持续优化管理流程、精简人员机构，推进二级公司规范董事会建设，实现"管控下移、经营前移"，压缩管理层级、优化管理幅度，不断激发内生动力，人员结构不断优化，劳动生产率较2016年提高21%。二是提质增效取得新进展。成立4个专项工作组，针对重点企业存在的主要问题进行专项攻关；邀请铜陵有色10名专家到五鑫铜业现场指导，产品品级率明显提高，阴极铜产量较2016年增长1.7倍。三是资本运作取得新突破。收购克州阿克陶县新疆佰源丰矿业和科邦锰业取得实质性进展；完成五鑫铜业股权收购；与"一带一路"基金合作设立股权投资管理公司；启动了乌鲁木齐4家物业供暖企业重组合并，以提高产业集中度，推动承接"三供一业"工作。

四、节能减排

一是产业结构不断优化，加快淘汰落后生产能力。适时对鑫光公司进行关停，淘汰落后金属镁产能3万吨。五鑫铜业启动余热发电项目，喀拉通克矿业公司在冶炼生产燃料方面推动煤代焦，提升冶炼生产氧浓，降低侧吹炉燃料率和能耗水平。二是有序推进中央下放政策性破产企业"三供一业"分离移交工作，获得补助资金2.39亿元；完成直供电交易电量5.9亿千瓦时，节约电费4500余万元。三是坚决贯彻习近平总书记"绿水青山就是金山银山"的理念，严格落实环保整改要求，对主要矿山冶炼企业实施了停产限产，加快环保消缺和"补课"。新鑫矿业率先行动，累计投资4312万元，积极推进环境整治及环保消缺；伊犁公司等4家单位已通过绿色矿山试点；五鑫铜业稀氧燃烧系统技术改造项目实施后，烟气排放减少70%，每年可节约成本250万元。

五、项目建设

2017年共有13家单位、52项工程纳入建设，累计完成投资2.7亿元。伊犁公司600米竖井及平巷掘进工程完成建设并投料试生产；全面推进可可托海红色旅游项目，完成了陈列馆升级改造和主碑广场工程；金辉公司抓住房地产市场上扬的有利形势消化存量，有色明园科技苑项目有序推进，已达到预售条件。

六、技术创新

科技创新能力不断增强。2017年共申请专利15项，其中发明专利6项，实用新型专利9项，5个课题获得国家、自治区各类科技奖项荣誉。信息化工作已完成总体框架设计，正在稳步推进。"三中心一平台"方案基本形成。依托技术创新深入挖潜降耗，充分利用自动化、信息化建设，推动现场自动化水平不断提升，智能矿山建设迈出坚实步伐。有色研究所已实现99.9%的金属铂提纯制备；锂电池材料无水碘化锂项目正在进行优化升级改造，完成后每年可实现收入近2000万元，利润200余万元。伊犁公司积极探索熔融氯化焙烧冶炼技术。喀拉通克矿业公司尾砂充填等项目稳步推进。

七、党的建设

一是党的建设呈现新气象。积极组织开展一系列活动，学习宣传贯彻党的十九大精神。以十九大代表容雪岭为主的宣讲团，深入各厂矿、车间、班组、"访惠聚"驻村工作队宣讲十九大精神，累计宣讲36场。二是提高政治站位，坚决贯彻落实中央和自治区重大决策部署。持续做好

“访惠聚”驻村工作，南疆驻村工作队由4个增加到7个，共计60人（含有色地勘局支教人员），全年投入资金435万元。帮助于田县104名富余劳动力稳定就业。积极开展“民族团结一家亲”活动，共有7090名干部群众结成5778对亲戚。邀请吾布力喀斯木·买吐送与党员干部进行面对面交流。集团成立5个专项督查考核组，对所属26个单位191名干部进行了专项考核。三是严抓党风廉政建设和反腐败工作。启动“廉洁相伴，幸福同行”家庭助廉系列活动，举办64场廉洁专题道德讲堂，630位干部家属撰写廉洁寄语；组织949人次参观自治区反腐倡廉教育展览。出台“禁酒令”，修订公务接待管理办法，业务接待费较2016年下降12%。

（郭旭峰）

西　藏

一、行业概况

有色金属矿产业对西藏工业具有重要的支撑作用，已初步形成了铜、铅、锌、盐湖锂矿等多处重要矿产资源勘查开发基地，同时依托藏青工业园推动建设了有色金属深加工基地。但受铜等价格波动影响，区内很多矿企普遍反映利润下降。西藏自治区矿产资源丰富，铜资源远景储量列全国第一位，约占全国总量的1/2左右；铅锌资源分布广泛，占全国总量的1/3。但已开采资源比例较低。截至2017年底，西藏自治区采矿证总数为109个（国家颁发5个，自治区颁发104个），其中铜金属采矿证19个（国家颁发3个，自治区颁发16个）。2017年，规模以上工业有色金属矿采选业12家，实现工业增加值25.83亿元，增长12.1%；实现利润13.66亿元，同比增长96.4%。主要产品产量中，铜金属产量5.66万吨，增长29.8%；铅金属产量7.79万吨，下降7.6%；锌金属产量4.22万吨，增长4.9%。

二、发展重点

（一）制定了发展规划

有色金属资源储备开发基地，位于西藏自治区西北部的阿里、那曲地区（除嘉黎县外）、日喀则仲巴县境内；有色金属资源勘查开发基地，主要为藏中南、藏东有色金属资源勘查开发基地；有色金属资源深加工基地，即藏青工业园。

（二）基础地质与矿产勘查

重点在青藏铁路沿线、藏中冈底斯东段—念青唐古拉成矿带和藏东“三江”流域等成矿有利地区，优先布局矿产资源勘查。加强基础地质调查研究和重要矿产综合调查评价，提高西藏总体地质工作程度，投放新设探矿权，加大对优势矿产资源的勘查评价，摸清资源家底，增加矿产资源储量。对重点区域设立整装勘查区、重点勘查区，对有可能成为资源基地的矿集区，充分利用企业资金和地质单位技术力量，增加勘查投入和进度。到2020年，基本形成藏中南、藏东地区有色金属开发基地，藏西、藏北有色金属资源勘查储备基地，以及藏西盐湖资源开发基地，查明藏西北地区部分矿产资源储备开发潜力。

（三）矿产资源深加工

依托藏青工业园布局有色金属加工和资源综合利用产业基地，积极发展有色金属深加工，延伸产业链，提高矿业品附加值。推进铜深加工，加快生产电解铜、铜线、精密铜管等高附加值产品。发展铜副产品硫酸的产业链延伸，发展钼资源产业链及盐湖化工产业原料。推动钼矿深加工，发展钼酸铵和钼铁，加工生产钼粉、钼丝等精加工。发展铅冶炼，生产精铅，及副产品精锑、锑白等。锌产业，深加工生产锌合金铸件、锌条、锌粉，以及副产品发展生产精镉、硫磺等。

（四）矿产资源保护治理

落实矿产开发负面清单制度，合理有序发展优势矿产业。强化矿产开采、分选、冶炼各个环节的节能环保措施。对开采和分选中的废水进行无害化处理，废石回填矿坑，对矿区土地进行采后复垦。通过采用自动化技术，降低能耗，采用余热回收设备，进行低温余热发电。对废渣废料等进行回收，发展循环经济。在格尔木藏青工业园发展循环经济，建设再生铅回收利用产业链、硫酸铵综合利用产业链、回收废渣综合利用产业链。走集约化、规模化、现代化矿业发展道路，转变矿产资源开发利用方式，采用先进设备，提高采选回收率和综合利用率。

三、发展路径

一是依托藏青工业园，延伸产业链。通过藏青工业园的建设，引导矿企发展下游冶炼环节，提高产品附加值，改变过去单一通过分选提升附加值的传统路径。二是在生产管理中实行降本增效。引导企业开展精细化管理，提高矿产开采、运营等各环节的生产效率，通过降本增效，提升矿企经营效益。三是加大对采矿区的环境保护。严格保护矿区环境，完善矿企环保相关指标，加大对废水的无害化处理、废渣回收利用的监督和检查，坚决杜绝污染。

四、管理与服务

一是配合开展重点矿区开发利用规划及规划环评编制工作。二是挂牌成立了自治区矿业协会。

（闫娅菲）

企（事）业篇

中央直属企业及协会所属单位、代管协（学）会

中国铝业集团有限公司

一、概况

中国铝业集团有限公司（以下简称：中铝集团）成立于2001年，是中央管理的国有重要骨干企业，国家授权的投资管理机构和控股公司。主要从事矿产资源开发、有色金属冶炼加工、相关贸易及工程技术服务等业务，连续10年入选《财富》世界500强企业，2017年度排名第248位。中铝集团下设铝业、铜业、稀有稀土、工程技术四大主业板块，以及资产经营、财务金融等相关业务板块。2017年12月中国铝业公司完成公司制改革，正式更名为中国铝业集团有限公司。

中铝集团总部设在北京。截至2017年底，集团注册资本252亿元，资产总额5313.37亿元，从业人员11.53万人，所属68家企业分布在20多个省（自治区、直辖市），拥有4家上市公司，分别是中国铝业（上海601600、香港030668、纽约ACH），中铝国际（香港02068），云南铜业（深圳000878），银星能源（深圳000862）。境外资产总额1877.44亿元，境外营业收入207.22亿元，境外机构37家，主要分布在英国、澳大利亚、新加坡、委内瑞拉、巴西、秘鲁、越南、老挝、印度、印度尼西亚、开曼群岛、中国香港等国家和地区。

二、生产经营

2017年，中铝集团坚持扭亏转型升级总基调，改造提升传统产能，培育发展新动能，整体盈利能力明显增强，集团首次实现所有板块全部盈利，完成了国资委年度考核目标。

2017年实现销售收入3155.15亿元，同比增长17.91%。有色金属原矿量3277.0万吨，同比下降4.2%。氧化铝产量1636万吨，同比下降2.2%；电解铝产量360.7万吨，同比增长18.9%；铝加工材产量167.7万吨，同比增长14.5%；精炼铜产量62.68万吨，同比增长7.5%；铜加工材产量30.34万吨，同比增长16.0%；稀土分离产品产量6734吨，同比增长12.8%。

中铝集团持续开展管理提升活动。2017年制定了《质量工作指导意见》，修订了《质量管理办法》，启动了安全环保质量“全面大动员、全面大清查、全面大整改”强基固本行动，制定了10个方面50项内容的质量大清查对照表。对监事会发现的3类质量问题，制定了24项整改措施，12项已完成。总部重点监控的9类14项指标首次实现达标率100%。铝、铜加工质量损失率同比分别降低29.75%和26.60%，质量损失同比减少2558万元，全年未发生A类质量事故。

中铝集团2017年主要经济指标完成情况

项目	2016年	2017年	比上年增长（%）
资产总额（亿元）	5218.31	5313.37	1.8%
所有者权益（亿元）	841.0	1952.28	132.14%
营业收入（亿元）	2675.8	3155.15	17.91%

续表

项目	2016 年	2017 年	比上年增长（%）
利润总额（亿元）	1.67	20.5	1200%
净利润（亿元）	-5.8	0.0012	100.02%
归属于母公司所有者的净利润（亿元）	-18.77	-28.97	-54.34%
技术开发投入（亿元）	38.46	49.18	27.87%
利税总额（亿元）	75.8	104.44	37.78%
应交税金总额（亿元）	112.2	102.61	-8.55%
全员劳动生产率（万元/人·年）	24.3	31.45	29.42%
净资产收益率（%）（不含少数股东）	-11.87	2.89	增加 14.76 个百分点
总资产报酬率（%）	2.53	2.82	增加 0.29 个百分点
国有资本保值增值率（%）	135.87	77.6	减少 58.27 个百分点

三、改革与管理

2017 年，中铝集团继续深化企业改革与管理，实施加减乘除，落实供给侧结构性改革，实现了提质增效，促进了产业升级。

（一）科学做好加法

完成投资 188.6 亿元，普朗铜矿等一批资源项目、内蒙古华云等一批轻合金项目建成投产，四大铝产业基地、三大铜冶炼基地初具规模，颐和园项目通过了证监会上市发审会。启动筹建环保节能、创新投资、海外开发三大平台。

（二）敢于做好减法

关停转移电解铝产能 16 万吨。抚顺钛业完成破产，抚顺铝业由铝转型为炭素生产。上海铜业主业关停，设备内迁华中铜和洛铜，盘活土地收入 7 亿元。管理层级从七级压缩到五级，法人户数同比减少 72 户。完成 437 户全级次企业的功能界定和类别划分。

（三）积极做好乘法

实施创新驱动，聚焦产业发展和制约生产瓶颈的突出问题，组织实施项目研发和联合攻关，新增 18 个国家认定高新技术企业，大力开发高铁、船舶、汽车轻量化铝材，推广应用铝天桥、铝模板、铝托盘、铝挂车、全铝家具等一系列终端新产品，初步实现了乘用车用铝合金材料及零部件产品类型研发的全覆盖，实现了材料到产品的转变。

（四）善于做好除法

力拓外汇贷款债转股项目落地，集团资产负债率降低 19 个百分点；中铝股份丰收项目增加 126 亿元净资产。“三供一业”移交稳步推进，26 户企业的 138 项职能已完成移交或协议签订。稳妥推进人员分流安置和跨企业用工配置，全年分流安置 8543 人，跨企业配置用工 1442 人。

四、节能减排

2017 年，中铝集团出台了《中国铝业公司节能减排目标管理考核办法》、《职业健康安全环保督察工作规定（试行）》、《环境保护管理办法》、《重点排污口“河长制”》等。全年，中铝集团总能耗为 2265.4 万吨标煤，与 2016 年比下降 12.19%。现价万元产值能耗为 1.05 吨标煤，同比下降 0.76%。节能量按照单位产品能耗计算，比 2016 年节能 30 万吨标准煤。

实行“大能源”管理策略，从原料采购、生产消耗、能源梯度利用、新项目设备选型等方面全面加强能源管理，梳理分析水、电、风、气、油、汽、热等能源要素状况，制定大能源降本实施方案，建立季度例会和月度指标异常分析机制，将大能源纳入绩效考核，全年实现大能源降本 4.8 亿元。

大力推广节能新技术应用。有色金属冶炼烟气多污染物协同控制技术：2017 年，中铝集团与中科院过程所、上海交大、昆明理工等共同申报国家重点研发计划项目，研发适用于有色金属冶炼烟气的多种污染物协同减排技术及成套装备，已获立项批准。赤泥综合利用技术：开发出6项赤泥利用技术，主要用于废气、污水、重金属土壤治理、土地复垦等，提升了赤泥安全存放和资源化利用水平。赤泥土壤改良剂技术在中州铝业建成试验线，产品已在湖南等地示范应用；赤泥选铁技术在3条生产线上应用，每年从赤泥中回收利用铁精矿能力50万吨。固废无害化处理技术：此技术已应用于电解铝企业。电解废槽衬无害化处理生产线2017年在包头铝业全线投运，经过无害化处理后的废槽衬氟化物浸出浓度为6毫克/升（国家标准100毫克/升），属于Ⅰ类一般固废。超低排放技术：铝电解节能技术——FHEST技术在集团8家电解铝企业的363台电解槽实施，平均节电500kWh/t－Al以上。“新型双碱法”技术，应用于华兴3台大型锅炉脱硫，达到超低排放要求。

积极响应并带头践行《巴黎协定》。2017年6月，中铝集团发起“联合降碳倡议”，主动履行降碳倡议，完善碳资产管理架构体系，纳入碳交易的32家试点企业有26家完成了碳资产盘查。参与国家有关有色金属行业碳交易政策制定工作，组织2期碳交易知识培训。

五、基本建设与重点项目

国内大型基地建设初具轮廓，一批重点项目加快建成投产。内蒙古华云、广西华磊、贵州华仁等轻合金材料项目提前通电投产。宁夏能源银星一井项目获国家能源局核准，进入联合试运转。普朗铜矿、铜厂沟铜钼矿、青海牛苦头铅锌矿等项目投料试车。中铝矿业氧化铝等技改项目达产达标。上海铜业加工生产线向华中铜、洛铜转移，搬迁工程有序推进。山西中润、东南铜业、赤峰云铜、瑞闽蓝园项目加快建设。中铝齐鲁工业园铝基新材料产业一期项目开工建设。设立中铝雄安总部筹备工作办公室、中铝国际雄安开发办公室，积极对接雄安规划，参与新区建设。

2017年，中铝集团新增境外投资9.39亿元，港口氧化铝、几内亚铝土矿、秘鲁铜矿二期等项目前期工作全面推进。秘鲁特罗莫克铜矿二期工程项目年内完成基本设计及国家发展改革委备案更新工作，具备开工建设条件。几内亚西芒杜项目开展了尽职调查等工作，同步完成项目开发方案优化。几内亚铝土矿项目如期完成了项目可行性研究、环境与社会影响评价等申请矿权的重要报告的编制与提交等各项前期工作。刚果（金）40万吨粗铜冶炼项目，2017年3月，中铝集团批复云铜集团与中国有色矿业集团有限公司在刚果（金）新设合资公司，共同投资建设规模为年处理40万吨铜精矿（干）粗铜冶炼项目。

六、自主创新与技术进步

2017年，中铝集团召开了科技工作暨成果产业化推广会议，高新技术企业增加到42户，成立了中央研究院和13个分院、3个分技术中心。

全年聚焦15项重大科技专项，300余个科技项目，科技投入41亿元。突破了一批重大关键技术，科技增效10亿元以上，提高了科技进步贡献率。完成了地下采空区无人自动探测机器人的研制；郑州研究院采用“新型双碱法”首次成功应用于华兴3台大型锅炉脱硫，达到超低排放要求。

大力开发铝材应用，搭建了轻量化中试平台，初步实现了乘用车用铝合金材料及零部件产品类型研发的全覆盖，引领了轻量化发展。

为长征系列运载火箭、天舟一号飞船、国产大飞机C919提供了关键铝合金材料。开展军品质量专项行动，军品销量同比提高11.9%，成品率提高2.3个百分点。

七、党建与企业文化建设

2017年，中铝集团上下深刻领会习近平新时代中国特色社会主义思想，认真学习和宣传党的十九大精神，狠抓党员干部的思想建设学习，深入推进“两学一做”学习教育常态化制度化。全面落实党建进章程的要求，制定了实施细则和“一岗双责”清单，创新实施“双百分”考核，认真开展党组织书记述职评议，切实履行了主体责任。开展了党组织带领党员创效、党员带领群众创新的“两带两创”活动，得到了中组部肯定，在中央企业推广。从严执行了党内监督和“三重一大”决策，充分发挥了党组织把方向、管大局、保落实的作用。坚持治庸问责，创新了“闲官”治理法，全年排查“闲官”213名，“闲岗”108个。提拔14名70后干部担任正职或进入领导班子，3人担任总经理助理职务。面向国家部委和央企引进优秀人才，面向社会积极招聘专业化人才。持续加强能力建设，分片区开展了12次“勇于创新”谈心活动，与48户企业424名干部面对面互动，交流创新经验，分享实战心得。选送67名干部参加中组部、国资委等部委组织的调训，开展各类专业培训，全年培训干部2500多人次。完善了全面从严治党责任分解、监督检查、评价考核工作机制，进一步夯实“一岗双责”。强化了干部行权履职监督。建立完善了问题线索“大数据”和分类处置机制，处置问题线索926件，处置“二次大起底”线索1700余件。严肃查处违反中央八项规定精神问题和违反六大纪律案件，给予党政纪处分385人次、移送司法机关24人。创新巡视方式方法，完成巡视全覆盖，巡视发现问题准、分析问题透。每季度召开一次警示教育会，组织拍摄警示教育专题片。开展纪委书记“接地气”工作，发现问题9104项，已整改7019项，问责1054人，得到了中纪委领导的肯定。

2017年，中铝集团编制《企业文化三年滚动计划（2016-2018）》，下发《企业文化工作考核项目单》等制度，召开企业文化工作会议、创新与企业文化座谈会、品牌建设研讨会等。在中铝集团《2017年党建和思想政治工作要点》中，党组对群团工作提出明确要求，并纳入党建工作考核。制订《合理化建议评选办法》、《职工创新工作室创建管理办法》等一系列群团工作规章制度。集团工会出台《工会经费管理办法》，足额计提并据实列支工会维权帮扶、节日慰问、宣教文体活动等经费210多万元。列支20余万元组织团干部业务培训、召开纪念建团95周年大会和共青团中铝集团第一次代表大会。在中铝党校组织召开“创新发展·青年担当”座谈会，对青年科技人员队伍情况进行分析并形成了报告。团员青年围绕工商业领域创新应用、生产生活领域实用创意和高端产品和工艺品设计3个类别，开展集团首届创新创意大赛。在西北、西南、中部、东部片区分别举办复赛，36户企业选送83个项目参赛，评选产生复赛优秀项目32个。组织拍摄“创新发展、青年担当”专题片，评选产生18个优秀作品。召开了共青团中铝集团第一次代表大会。开展群团组织建设、队伍情况和换届摸底，企业团委到期的均于年底前完成换届。中铝国际、中铝资本、山西华圣、山西华兴成立团委。集团团委在中铝党校举办团干部培训班，77名团干部和青年代表参训。组织基层团干部参加了央企协作区团干部培训。团委选拔了第二批挂职团干部。组织召开纪念建团95周年暨2017年“五四”表彰大会，党组领导出席会议并讲话，与团干部代表进行了座谈。开展了“安全月”青年安全生产示范岗创建活动，命名了21个“中国铝业公司青年安全生产示范岗”。在央企共青团工作会议暨央企青联四届一次全委会上，集团党组成员、副总经理卢东亮当选央企青联副主席，西南铝陈丽芳获“央企青年先锋”称号，9个青年先进集体和10名优秀个人受表彰。一个创新项目在第三届中央企业青年创新奖4000多个项目中脱颖而出，荣获金奖。

八、履行社会责任

2017年，中铝集团印发实施《2017年度社会责任工作要点》、《社会责任管理模块和负面清单（2017修订版）》。梳理整合公司公益品牌，确定“同心缕+”公益品牌名称及标识，印发《中铝公司关于加强公益品牌建设与管理的指导意见》。社会责任试点单位增加到17家，范围覆盖集团铝、铜、稀有稀土、工程技术、铝加工等主要板块及在建项目。发布了年度社会责任报告和首份降碳报告，举办“中铝降碳节”。中铝秘鲁铜矿的社会责任工作获得《人民日报》专栏报道。中铝宁夏能源《开发清洁能源，致力自主贡献》荣获全球契约实现可持续发展目标先锋企业。

援藏援青工作取得新成绩。2017年，中铝集团党组全面贯彻落实中央关于西藏工作的大政方针和战略部署，大力实施经济援藏、教育援藏、就业援藏、干部人才援藏，集团党组多次研究援藏工作，党组领导深入受援地区了解援藏工作情况，慰问援藏干部人才，参加央企入藏活动，签署了《“十三五”中央企业对口援藏合作协议》。全年共投入援藏资金1300万元，重点援助项目3个。中铝集团结合受援地的实际需要，认真贯彻落实中央关于青海藏区工作有关指示精神，积极拓展援青渠道，搭建了交流交往、技术援青和教育援青三大平台，共投入援青资金350万元。集团党组成员与受援地区高层领导建立互访机制，2017年3月，海北州委书记尼玛卓玛带队访问中铝集团；6月，中铝集团党组成员、副总经理张程忠到海晏县考察调研，举行了350万元的援建资金捐赠仪式；8月，集团党组书记、董事长葛红林赴海晏县实地考察和调研，决定进一步加大援青资金投入力度，增加50名贫困学生结对帮扶名额，并积极探索与当地政府在涉铝项目上的合作。2017年累计推动中铝集团及成员企业与海晏县、平安高精铝业交流交往14批100余人次，从而拓宽了援建渠道和援建内容。

结合自身的优势，协助发展产业助力精准脱贫。2017年，中铝集团的定点扶贫工作稳步推进，全年直接投入帮扶资金100万元，用于基础设施32万元，产业开发48万元，支助贫困学生60人次，医疗卫生4万元，人力资源培训投入3万元，赈灾救济送温暖5万元，帮助1093名贫困人口脱贫，1693名贫困人口实现就业，增加贫困户劳务收入655万元。先后有14名领导干部赴湖北省阳新县指导。

持续开展学雷锋志愿服务活动。2017年，有28家企业团委结合“安全、干净”班组竞赛有关安排开展环境整治义务劳动，32家企业启动“青年志愿安全员”活动，开展安全生产宣传和监督，5家企业团委开展“3·12”植树节义务植树活动，各级团组织广泛开展义工进社区活动。

（马桂英）

中国有色矿业集团有限公司

一、发展质量进一步提升

2017年，中国有色矿业集团有限公司（以下简称：中国有色集团）深入学习贯彻党的十九大精神和习近平新时代中国特色社会主义思想，认真落实全国国有企业党建工作会议精神，在国务院国资委的正确领导和国有重点大型企业监事会的监督指导下，在中国有色金属工业协会的大力支持下，坚持稳中求进总基调，扎实推进瘦身健体、提质增效、风险防控、党的建设等各项工作，资产总额、营业收入、利润总额稳步增长，有色金属产品产量174.2万吨，同比增长7.9%，创近年来最好水平，圆满完成了国务院国资委下达的2017年考核指标，超预期实现了“经济效益稳定增长”的奋斗目标，中国有色集团稳的基础更加坚实，质的提升更加明显，优的态势加速形成。

二、改革发展的信心和动力进一步增强

党的十九大以来，中国有色集团将学习宣传贯彻落实党的十九大精神作为首要的、重大的政治任务，组织全集团职工收听收看党的十九大开幕盛况，邀请中央党校教授进行十九大报告辅导讲座，印发了《关于认真学习宣传贯彻党的十九大精神的实施意见》，中国有色集团党委中心组组织集中学习研讨，并在湖北举办了“学习党的十九大精神示范培训班”，中国有色集团领导班子到出资企业宣讲党的十九大精神，各级党组织广泛开展党的十九大精神培训，领导班子带头讲党课，与广大干部职工分享学习心得体会，党的十九大精神学习宣传贯彻做到了“五个到位”，实现了“五个全覆盖”。中国有色集团全体党员、广大干部职工认真学习贯彻十九大精神，用习近平新时代中国特色社会主义思想武装头脑、指导实践、引领改革的动力更加强劲，理直气壮做强做优做大的信心更加坚定。

三、中南部非洲资源开发成为新的最大亮点

2017年，中国有色集团紧紧围绕中心任务和战略发展思路，推进中南部非洲资源开发战略落地，重大资源开发项目取得实质性进展。在刚果（金），潘达尾矿资源综合回收项目于2017年9月投产，各项经济技术指标均好于设计标准，成为当年投产、当年达产、当年盈利的好项目，是继中色华鑫和中色马本德之后，中国有色集团在刚果（金）的又一新的利润增长点；年产8万吨阴极铜的迪兹瓦项目和年产12.5万吨粗铜的卢阿拉巴项目均已全面进入建设准备阶段；东南矿区项目大力推进矿山数字信息化、自动化生产调度系统及井下电能管控系统建设，打造非洲自动化样板矿山。实施基建探矿、就矿找矿、新区找矿等各种找矿项目14项，新增铜金属资源量32.8万吨。赞比亚中国经济贸易合作区全年新增入区企业9家，累计完成基础设施投资2亿美元，共有51家企业入驻，区内企业累计完成投资17.86亿美元，实现销售收入143.08亿美元，上缴东道国税费超过4.5亿美元，为当地创造就业岗位8000余个。进一步加大与“一带一路”沿线国家的市场对接，在伊朗、沙特、阿尔及利亚、俄罗斯等国家新签海外工程承包合同62项，合同金额94亿元。不断探索对外经济合作新模式和新路径，全面提升在全球矿业资源价值链中的地位。

2017年，中国有色集团立足核心业务优势带动，持续提升国际化经营水平和影响力，当选“中国有色金属国际产能合作企业联盟”第一届轮值主席单位，加入“丝路产业与金融国际合作联盟”，在更高层次、更多领域走在国际产能合作的前沿，成为有色金属行业参与“一带一路”建设的“排头兵”和“先行者”。

进一步增强科技创新的使命感，梳理了创新驱动发展思路，2017 年，中国有色集团获批国家科技项目 10 项，获批数量创历史新高。中国有色集团作为第一完成单位共有 11 项成果获得中国有色金属工业科学技术奖，其中一等奖 5 项；共有 8 项科技成果通过中国有色金属工业协会成果评价，其中具有国际领先水平的有 2 项，国际先进水平 4 项。自主研发的人工晶体磷酸氧钛钾产品，解决了同类型产品无法批量应用于电光器件的世界难题；研发的国内首台（套）组锯机及组合绳锯达到国际先进水平；新研制的铍窗口产品成功应用于中国首颗 X 射线空间天文卫星“慧眼”，填补了国内空白；研制的 12 微米黑化箔成功打破国外技术垄断。

四、提质增效成果显著，发展态势稳中向好

2017 年，中国有色集团提质增效全面发力，运营质量和经济效益明显改善，从效益上扭亏为盈转变为本质上扭亏脱困，书写了自强不息、奋发有为的新篇章，实现了由亏到盈、由困到进的逆袭，踏上了做强做优做大的新征程，开启了改革发展的新时代。

2017 年，中国有色集团完善降本增效长效机制，加大统筹协调力度，带动所属企业抢抓机遇、提升业绩，建立“一体化”经营数据库，调整生产节奏和营销策略，提高设备运转率和金属回收率，以精细化管理为严格控制物耗节约成本，通过“两金”压控、成本管理、欠款清收等有效措施，推动产量、质量和效益“三提升”。

五、改革举措落地见效，重点难点取得突破

（一）“处僵治困”工作成效显著

中国有色集团计划于 2017 年底前完成处置治理的 13 家僵尸特困企业基本按期完成任务，个别尚未彻底处置的企业也已进入挂牌转让、工商注销等收尾阶段。21 家僵尸特困企业较 2015 年末减亏 50% 以上，亏损户数减少过半。在保证人员及社会稳定的前提下，安置富余人员 7748 人，完成 3 年总体安置计划的 88%。

（二）“三供一业”等办社会职能剥离工作稳步进行

大冶有色、中色股份、中色东方、沈阳矿业、桂林矿地院积极主动落实移交任务，确保 2017 年“大头落地”，“三供一业”移交协议签订比例达到 73%，符合国家进度要求。红透山矿业、大冶有色顺利完成消防、市政职能移交工作；大冶有色、中国十五冶的教育、医疗机构改革取得了实质性进展。

（三）全民所有制企业改制全面完成

按照中央企业公司制改制工作座谈会精神，中国有色集团迅速组织下属待改制企业提前制定改制方案，及时解决重点难点问题，8 家各级次的全民所有制企业中，有 6 家已完成公司制改制，剩余 2 家不符合改制条件的企业，1 家已完成工商注销，1 家列入“压减”计划，将于 2018 年完成注销。

（四）混合所有制改革取得新突破

中色东方所属金和化工与民营企业多氟多合作开展混合所有制改革，成功扭转了连年亏损的局面。重组后的企业产量大幅增长，效益明显改善，员工工作积极性与企业经营活力显著提高，实现盈利 3000 万元。金和化工混改脱困和大冶有色体制机制改革被国务院国资委作为典型案例编入《国企改革探索与实践》系列丛书。

（五）法人单位户数压减完成年度考核指标

积极处置低效无效资产，通过让渡控制权的方式退出泰国新月公司等非核心领域的企业，进一步优化境外布局。运用吸收合并、增资扩股等方式，优化存量资产，集中整合资源，对空壳公司进行清理，年内共完成 25 户法人单位的“压减”工作，超额完成年度任务，为确保“三年任务两年完成”奠定了基础。

（六）机构改革和劳动人事制度改革统筹推进

优化集团总部组织结构和职责分工，实施新的考核办法并强化考核结果运用。启动了境外中方岗位人才储备计划，建立分级分类的市场化公开招聘制度。完善干部任用、劳动用工、收入分配机制，全年减少非关键岗位冗余劳动用工 1700 余人。

六、全面加强风险管控，规范管理提高效能

（一）坚持制度引领，健全制度体系

2017 年，从现有规章制度的覆盖面、科学化、执行力入手，对中国有色集团制度建设进行全面系统梳理。新订制度 25 项，修订制度 40 项，梳理制度 276 项，制度体系更加完善，使管理工作有章可循、有法可依。

（二）全面风险管理工作深入开展

2017 年，中国有色集团从抓全面风险工作体系建设和制度落实入手，建立起出资企业领导参加的 71 人全面风险工作队伍，实现了集团总部和出资企业全面风险管理工作的对接，全部出资企业按要求完成了全面风险管理报告，全面风险管理工作正在向纵深和全面展开。中国有色集团认真落实法治工作“十三五”规划，2017 年通过诉讼手段共挽回损失 1.78 亿元，避免损失 2.73 亿元，逾期应收账款比上年同期减少 3.29 亿元，连续两年实现总量下降，有效防范了诉讼风险，法律风险防范体系的价值创造作用不断显现。聚焦主业，突出投资重点，严格把控投资方向，规范投资项目决策程序，严格审备并积极推进条件成熟的项目，反复论证风险较大的项目，投资管理和风险防控水平得到提升。将违规贸易风险排查和整改作为“一把手工程”，严禁开展任何形式的违规贸易，全力做好清收欠款和责任追究工作，已全面杜绝新的融资性贸易业务。严格防范期货投机风险，加强套期保值业务的动态监控。规范物资采购招标程序，制定中国有色集团《招标管理暂行办法》，修订完善《招标监督办法》，实现了对采购招标活动的全过程监管。

（三）推进财务转型，积极开拓创新。

2017 年，中国有色集团委派总会计师管理工作推向深入，完善了委派总会计师考核制度，制定了财务人员管理办法。资金管理中心运行良好，资金监管作用凸显，共推广实施 243 家单位，涉及现金流约3480.77 亿元，覆盖境内企业全部现金流量近 90%，“基于财务管理转型的资金集中管理”课题获得国家“企业管理现代化创新成果二等奖”。大力推进股权性融资项目，深化与中非产能基金、国寿投资控股有限公司等金融机构的合作，发行永续债 70.8 亿人民币和 2.5 亿美元，优先股 2.3 亿美元，集团公司整体资产负债率大幅降低，资产负债结构得以优化。持续加强“两金”压降工作力度，将“两金”压降纳入考核，加强专项督导，从严控制库存规模，全力回收资金。开展了成本费用管理项目前期调研，迪兹瓦项目等重点境外项目税收筹划工作顺利完成，对 33 家境内外企业开展了会计基础达标检查工作。

（四）持续加大内部审计和内控评价工作力度

2017 年，中国有色集团开展内部审计 151 项，审计涉及资产总额 871.36 亿元，做到了离任审计全覆盖，提出审计整改建议 834 条，全面开展内控评价，共发现缺陷 345 项，对内部审计和内控评价发现的问题持续督促整改，有效促进了企业战略执行、重要岗位权力约束和依法合规运营，促使企业主动识别、主动纠错、及时整改，有力促进了企业管理效能的提升。

（五）持续推进信息化建设和应用升级

2017 年，认真贯彻落实国资委信息化工作有关要求和相关部委工作部署，中国有色集团制定下发了《信息化项目管理办法》，完成商务部海外企业视频监控平台对接和外交部“一带一路”建设安全风险监测预警平台注册。积极推进无纸化和移动化办公，完成相关流程模板梳理和优化，完成移动会务管理开发和部署，完成信息集中展示和分级查看。以突出激励作用为导向，调整信息化测评方案，组织完成测评工作。大力推进 ERP 等系统建设，完成 ERP 薪酬二期和大冶有色 ERP 一期、二期建设任务。做好网络安全、视频会议等系统运维保障，开展系统建设和优化，应用效果持续提升。

（六）安全环保工作常抓不懈

2017 年，中国有色集团全面贯彻落实国家安全环保新政策、新要求，制定、修订《安全环保事故责任追究办法》等十余项规章制度，有效落实安全环保主体责任。狠抓安全环保风险防控，全面启动安全风险分类分级管控机制建设，环保监管信息化平台搭建完成并有效运行，坚持开展全方位多层级的安全环保大检查，重点针对尾矿库、电气火灾防范开展专项整治行动，有力推进企业隐患排查治理工作。能源双控和污染物治理取得积极进展，4 家境内重点企业首次成功申领排污许可证。集团公司应急管理水平稳步提升，实现与国家应急救援指挥中心专线对接，并成功获得财政部525 万元资金用于应急救援队伍建设。突出把控质量风险，质量标准化体系平稳运行，提升了产品品牌建设水平。全年生产安全事故总数较 2016 年总体持平，实现万元产值综合能耗和二氧化硫排放量持续下降，无环境污染事件和重大质量事故发生，安全环保质量形势总体稳定。

七、提高政治站位，党的领导和党的建设持续加强

2017 年，中国有色集团党委深入学习贯彻党的十九大精神和习近平新时代中国特色社会主义

思想，坚决落实全国国有企业党建工作会议精神，充分发挥党委把方向、管大局、保落实的领导作用，扎实推进“中央企业党建工作落实年”各项任务，全面落实管党治党主体责任，坚持党的领导、加强党的建设等各项工作取得了明显进展，得到了实质性加强。

（一）党的建设明显加强

中国有色集团将党组织研究讨论作为董事会、经理层决策重大问题的前置程序。17 家国内二级出资企业已全部完成党建工作进章程工作，52 家国内三级出资企业完成了党建进章程工作，4 家境外企业完成了党建进中文版章程工作。对新调整的出资企业领导班子采用党委书记、董事长“一肩挑”领导体制。

（二）管党治党责任逐级落实

制定出台《出资企业党建工作责任制实施办法》、《出资企业党建工作责任制考核评价暂行办法》和《党建工作经费使用管理办法》，建立出资企业向集团公司党委报告年度党建工作制度，开展出资企业党委书记抓党建述职评议考核。召开了全集团范围的警示大会和“贯彻党的十九大精神，严守政治纪律，做到令行禁止”专题民主生活会，牢固树立“四个意识”，进一步提高政治站位，形成了“上有令下有行、上有禁下有止”的氛围。

（三）党建基础逐步夯实

2017 年，按照国资委党委关于党建机构和人员配置的要求，对党建机构、人员、经费做出了制度性安排，15 家设党委的出资企业配备了专职党委副书记。召开了第三次党代会，印发了《“两学一做”学习教育常态化制度化实施方案》，举办党务干部培训班和基层党支部书记示范培训班，开展专题党课、党建工作督查、专题党日、红旗党支部表彰、走访慰问等工作。进行海外党建工作专题调研，在赞比亚召开了党建工作现场经验交流会，党组织的凝聚力、战斗力显著提升。

（四）党管干部不断加强

2017 年，中国有色集团实现了出资企业领导班子考察全覆盖，同步开展选人用人“一报告两评议”工作。制订、修订《党政领导干部选拔任用工作条例》等 8 项制度，调整 15 家出资企业 21 名党政正职，调整总部 7 名部门正职，7 名出资企业干部到总部交流任职，选派 8 名总部干部到企业交流任职，提拔 6 名出资企业后备干部到其他出资企业交流任职。举办 5 期中高层领导干部培训班，对出资企业领导班子和总部中层干部全部进行了轮训。

（五）正风肃纪不断深入

开展了出资企业 2017 年度纪委重点工作考核，完善出资企业领导人员廉洁档案，加强出资企业落实中央八项规定精神、纠正“四风”工作的督导检查，对发现违规问题进行了通报曝光。有效运用监督执纪“四种形态”，坚持挺纪在前，对违规开展融资性贸易造成损失的责任人加大追责问责力度，严肃查处出资企业领导人员与本企业发生经济往来问题、境外代表处违反中央八项规定精神问题。坚持“一案双查”，在追究违纪问题直接责任的同时，加大对出资企业党委主体责任和纪委监督责任的问责力度。对 9 家境外出资企业、4 家境内出资企业党组织进行了巡视，巡视的利剑作用得到有效发挥。

（六）问题导向不断突出

根据国资委党委巡视组反馈意见制定的 104 条整改措施已全部完成。启动党建任务落实和巡视整改“回头看”工作，同步开展国家审计署及国资委经济责任审计整改、监事会监督反馈问题整改情况的“回头看”，对出资企业负责人进行了集体约谈。认真开展“四项自查”，清退企业领导人员违规取酬。根据国资委党委第八督察组反馈意见，研究提出整改措施 116 条。成立集团公司党建督查组，实现了专项督查全覆盖，反馈意见 54 条，并逐条抓好了整改落实。

（七）宣传思想和社会责任工作不断强化

加强社会主义核心价值观和意识形态方面的引导和宣传，编辑了《企业文化手册》，组织了“参与一带一路建设，喜迎党的十九大系列宣传报道”，中国有色集团被“国资委信息”和“国资工作交流”采用并上报中办、国办的信息，在全部中央企业中排名第 36 位。中国有色集团投入扶贫资金 434.24 万元，荣获“中国工业行业履行社会责任五星级企业”、“2017 年度公益企业”和“2017 中国企业慈善公益 500 强”荣誉称号，并获赞比亚驻中国大使馆颁发的“赞比亚发展贡献嘉许奖”。

（八）民主管理不断加强

中国有色集团坚持在企业重大决策上听取职

工意见，建立健全职工董事、职工监事制度，企业领导班子坚持每年在职代会接受民主评议监督，全面落实职代会各项职权。持续加强班组建设、职工创新工作室创建，组织劳动技能竞赛，组织开展了“职工创新创效工作交流会”。大力弘扬劳模精神、工匠精神，表彰奖励了10个红旗班组、10名劳动模范、20个先进班组、17名先进职工。强化了对生产一线职工特别是海外员工的教育培训，组织海外企业的20名生产一线骨干员工来北京进行为期三周的培训。关心职工生活，开展困难职工就医帮扶、节假日送温暖活动。丰富职工文化娱乐活动，成功举办“心念党恩、情系祖国、喜迎十九大、共筑有色梦”歌咏比赛，弘扬了爱国情怀。开展了职工健步走、迎新年健身广播体操表演等活动，增强了职工的向心力和凝聚力。

（王　刚）

中国电力投资集团有限公司

一、公司概况

国家电力投资集团有限公司（以下简称：国家电投）成立于2015年6月，资产总额10012亿元，员工总数13万人，拥有9家上市公司、公众挂牌公司，连续6年荣登世界500强企业榜单，2017年位居第368位。

国家电投是中国五大发电集团之一，是一个以发电为核心、一体化发展的综合性能源集团公司。截至2017年底，电力总装机容量1.26亿千瓦，其中：火电7423万千瓦，水电2203万千瓦，核电448万千瓦，太阳能发电1166万千瓦，风电1383万千瓦，在全部电力装机容量中清洁能源比重占45.14%，具有鲜明的清洁能源发展特色。年发电量4226亿千瓦时，年供热量1.71亿吉焦。拥有煤炭产能7860万吨，电解铝产能253.5万吨，铁路运营里程627千米。

国家电投是中国三大核电开发建设运营商之一，拥有辽宁红沿河、山东海阳、山东荣成等多座在运或在建核电站，以及一批沿海和内陆电力资源，是实施三代核电自主化的主体、载体和平台，以及大型先进压水堆国家科技重大专项的牵头实施单位，肩负着国家三代核电自主化、产业化、国际化的光荣使命，具备核电研发设计、工程建设、相关设备材料制造和运营管理的完整产业链和强大技术实力。

二、铝业生产经营

铝业是国家电投的特色产业，涵盖电解铝及配套电力、氧化铝、铝土矿、铝业贸易等业务，所属的铝电公司、内蒙古公司和黄河公司3家二级单位从事涉铝业务，合计有经国家审核合规的电解铝产能253.5万吨，氧化铝产能290万吨，配套装机发电能力419万千瓦，掌控国内铝土矿资源约2.45亿吨，并在几内亚获取了丰富的铝土矿资源。已开工建设贵州务正道100万吨氧化铝项目，配套建设瓦厂坪、大竹园两个100万吨规模铝土矿。

2017年，国家电投铝业完成电解铝产量234万吨，同比增长3.68%；氧化铝产量274万吨，同比下降3.43%；铝业板块实现销售收入637亿元，同比增长5.09%，实现经营利润15.26亿元。

三、铝业改革与管理

近年来，国家电投铝业板块坚持以高质量、可持续发展为导向，主动优化调整产业结构，逐渐由规模、数量外延式增长向效益、质量内涵式增长转变，开创了生产经营发展新局面，实现了社会、企业和员工个人协同效益最优化。

（一）调整产业结构，做到有进有退、优化发展

国家电投坚决落实国家供给侧结构性改革要求和铝产业发展政策，采取关停、转让等方式，淘汰50多万吨落后产能和不具备市场竞争力产能。与此同时，充分发挥蒙东区域清洁能源和煤电路港产业协同优势，做强做优蒙东清洁能源铝电循环经济产业链。抓住电力体制改革机遇，推动宁夏铝电一体化，发掘铝电存量资产价值，实现效益最大化。加快山西、贵州铝土矿资源转化，提高系统内氧化铝保障能力，实现铝产业上下游合理匹配与衔接。

在发展过程中，国家电投积极推进瘦身健体、提质增效，苦练内功，提高资产质量。通过优化完善铝业分级分类对标，开展生产经营专项诊断，推进精益内部管理等措施落实，使电解铝完全成本低于行业平均水平，保持了铝业整体竞争优势。随着产业结构深入调整，铝业板块成功扭亏为盈，已连续两年保持利润增长。

（二）坚持改革创新，增强内生动力，创造良

好业绩

国家电投除准确把握行业趋势，做好经营发展外，采取多项改革创新举措，为铝业发展增加了新动力。通过调整考核激励机制，突出业绩导向，增强了各单位完成业绩目标的动力。按照新的权力清单，国家电投强化总部监督、指导、服务职能，给予经营主体更多决策权和自主权，释放了管理活力，各单位主动抢抓市场机遇，及时释放产能、优化期货持仓和销售节奏，扩大经营成果。通过重组整合部分铝业资产和业务，组建专业化子公司，打造铝土矿－氧化铝－电解铝上下游产业链一体化经营模式，在产供销等环节形成整体合力，有效提升了企业竞争力。

尽管铝工业是传统产业，但国家电投铝业在发展过程中始终致力于新技术、新工艺的研究与应用，在取得良好经济效益的同时，企业逐步转型升级。开发应用电解铝生产全过程控制技术，优化提升电解铝行业自动化水平，保障安全生产，提升能源效率。通过在地下铝土矿成功应用综合机械化掘进工艺，降低了巷道掘进成本，缩短了建设工期。通过创新应用焙烧脱硫工艺，解决了高硫铝土矿拜耳法生产的难题。近几年，国家电投铝业共收获3次中国有色金属工业科学技术奖一等奖等多项荣誉，拥有国家级技能大师工作室1个，省级创新（技能大师）工作室2个。

（三）厚植绿色理念，加大减排力度，打造行业典范

作为能源央企，国家电投始终将绿色基因注入企业经营发展全过程。在铝业发展方面，多年来，持续投入大量资金实施环保设施改造和升级，各铝业公司均按要求实现了达标排放，最大限度降低污染物排放对环境的影响。

2017年，国内首个煤电铝烟气污染物趋零排放工程在国家电投下属企业鸿骏铝电投入运行，烟气中氟化物、二氧化硫和颗粒物含量远低于国家铝工业污染物排放标准的特别排放限值。鸿骏铝电、鑫业公司成功入选2017年绿色制造体系示范名单。

四、党建和企业文化

制定学习贯彻党的十九大精神实施意见，并纳入党建责任制考核，确保落实落地。进一步明确党组织在公司治理中的法定地位，修订公司章程，使党组织发挥领导核心和政治核心作用组织化、制度化、具体化。全面加强党的领导，全部二级单位实现党委书记、董事长一肩挑，总经理兼任党委副书记全覆盖，在规模较大的二级单位配齐专职副书记。全面从严治党，严肃党内政治生活，开展年度党建工作与党组织书记述职评议考核，推动公司党建工作向纵深发展。党风廉政建设责任制检查考核实现总部和二级单位全覆盖。

建立企业文化常态化培训机制，实施企业文化工作考评。开展“员工四大行动”，努力打造“好声音、好故事、好形象、秀安全”文化品牌，进一步推动“和文化”落地深植。大力开展社会主义核心价值观宣贯和形势任务教育，树先进典型，弘扬正能量。推进阳光央企和诚信合规体系建设，发布了年度社会责任报告。

（董成勇）

中国黄金集团有限公司

一、概况

中国黄金集团有限公司（以下简称：中国黄金）主要从事金、银、铜、钼等贵金属及常用有色金属的勘察设计、资源开发、产品生产和销售、工程总承包和辐照加工等业务，已发展成为集地质勘探、矿山开采、选矿冶炼、产品精炼、加工销售、科研开发、工程设计与建设、辐照加工于一体的综合性大型矿业公司，是黄金行业唯一一家中央企业，国内最大的黄金公司。中国黄金的铜资源储量和产量位居国内前列，下属铜矿山企业主要有内蒙古矿业有限公司、西藏华泰龙矿业开发有限公司、索瑞米投资有限公司3家。

中国黄金下设中金黄金、中金国际、中金珠宝、中金建设、中金资源、中金辐照、中金贸易七大业务板块，以及内蒙古矿业公司、中金科技等骨干企业。有两家上市公司，“中国黄金”品牌已成功在国家工商总局注册，目前全国投资金条及黄金珠宝营销网点2000多家，遍布全国大中城市。

二、生产经营

2017年，中国黄金积极应对价格挑战，调整思路、奋力拼搏，通过积极努力，经济运行稳中有进，发展质量和效益显著提升。全年完成矿产金42.4吨，矿山铜14.6万吨，实现营业收入

1003亿元、利润总额7.7亿元。中国黄金转变发展理念，注重发展质量和效益，提出“全过程成本管控+科技进步”、“全过程成本管控+改革创新”的理念，将全过程成本管控向纵深方向推进。通过坚持不懈抓全过程成本管控，增强了企业核心竞争力，克金成本、吨矿成本同比分别降低6.9元和3.5元，受到国务院国资委的充分肯定，为全行业提供了宝贵的借鉴经验。

三、改革与管理

中国黄金认真贯彻落实党中央、国务院战略决策，全面推进深化改革。混合所有制改革稳妥实施。通过积极争取、落实责任，统筹协调、过程控制、加强督办等措施，中金珠宝纳入国家发改委第二批混改试点企业名单，引入京东、中信证券等具有协同效应和领先优势的战略投资者，累计引入资金22.5亿元，并将进一步提升公司治理机制现代化和经营机制市场化。积极开展员工股权激励。按照国家科技部等三部委文件精神，扎实推进中金辐照对管理骨干和科技人才股权激励。股权激励的实施，不仅激发了企业活力，对于推动中国黄金科技体制机制改革也有重要的示范意义。

四、安全环保

中国黄金坚决落实习近平总书记安全环保健康的要求，牢固树立安全发展、绿色发展、科学发展的理念，始终坚守安全生产“红线”，不断强化绿水青山就是金山银山的意识。认真履行企业安全生产的主体责任，强化企业主要领导对安全生产负总责；对企业实施安全分级管理、安全环保大检查和安全环保培训；按照中央要求高度重视生态文明建设，并通过专题视频会议进行部署落实；推进企业完善并运行安全环保管理体系，提高安全环保工作技能，提升企业本质能力。不断加大安全环保的投入，积极履行企业的社会责任，着力解决安全环保方面存在的发展不平衡、不充分问题。截至2017年底，中国黄金拥有绿色矿山31座，占黄金行业绿色矿山数量的45%。

五、科技创新

中国黄金加快实施创新驱动发展战略，加大科技创新力度，落实科技工作规划，创新体系进一步完善，积极完成国家科技攻关项目。制定了《科技型企业实施股权和分红激励总体工作方案》等科技创新顶层设计方案，制定修订了《黄金矿业术语》等20余项黄金行业技术标准，标准数量继续保持全行业领先地位；积极参加央企创新成就展，创新成就得到了部委有关领导的充分肯定；组织企业申报高新技术企业，全年获批12户，实现了高新技术企业数量的迅猛发展。

六、引领行业发展

2017年10月，中国黄金联合中国黄金协会、人民网，牵头主办了2017“一带一路”黄金产业高峰论坛。此次论坛发布了《黄金行业“一带一路”发展共识》，呼吁国内黄金企业，积极参与“一带一路”建设，进一步团结协作、加强交流，抢抓机遇，主动出击，开展与相关国家黄金资源和市场开发合作。2017年9月，中国黄金作为黄金行业唯一央企，受邀参加了2017年厦门金砖国家工商论坛等一系列重大活动。通过这些论坛、活动，对促进中国黄金产业健康发展，增强国家黄金控制力，筑牢国家金融安全的防波堤都具有重要意义，为中国黄金行业发展注入了新动力，进一步扩大了集团公司在全国、全行业的影响力。

七、社会责任

中国黄金倡导和践行“黄金为民”理念，坚持把实现企业和社会的全面发展作为追求目标，以改善民生的实际成效取信于民，带动周边区域发展，为致富一方百姓做贡献。在新疆、西藏、内蒙古、云南、贵州等少数民族地区和边远地区，最大限度地加大投资，吸收当地居民进入企业工作，变“输血”为“造血”。中国黄金社会责任报告连续4年获得五星级最高评价，保持在卓越者序列。

（杨晓龙）

有研科技集团有限公司

一、概况

有研科技集团有限公司（以下简称：有研集团），前身为北京有色金属研究总院，创建于1952年，是中国有色金属行业以创新为引领、综合实力最强的工程技术研究开发和高新技术产业培育实体，为国务院国资委管理的中央企业，注册资金为30亿元。截至2017年底，资产总额91亿元，员工4100余人，其中两院院士5人，国家有突出贡献的中青年专家、千人计划、国家百千万人才和政府特殊津贴专家等各类高级技术人才共120余名。在“材料科学与工程”和“冶金工程”等学科具有博士、硕士授予权，并设有博士后科研流动站。

二、生产经营

面对错综复杂的国内外市场环境，有研集团各产业单位积极采取多种措施稳增长、增效益，主营收入比2016年增长了近40%，产业板块实现全面盈利。有研亿金和有研半导体获得中国半导体材料十强企业称号，有研亿金荣获第十一届中国半导体创新产品技术奖。

（一）研发新产品，开拓新市场

有研集团各业务单元调整优化经营策略，千方百计拓展市场份额，发挥技术优势开发新产品。有研粉末积极开拓新客户、新行业，创新经营模式，销售收入同比增长40%，创历史新高；开发的新型纳米铜膏打破了国外行业垄断；研制的汽车轴承盖、变速箱零部件等在国内主流车厂实现应用。有研半导体抓住市场总体回暖机遇，调整产品结构，推动技术革新，实现了扭亏为盈的目标。有研新材积极实施战略规划，稀土金属相关产品销量突破3000吨；12寸铜靶通过中芯国际等重要客户验证并形成批量销售；加强红外光学材料市场开拓，硫化锌等产品销售收入同比增长74%，锗产品销售收入同比增长33%；医疗板块通过并购等手段，拓展销售渠道，销售收入实现翻番。厦门火炬紧密结合市场变化及客户需求，狠抓产品研发和市场开拓，营业收入同比增长24%。国标公司加强市场开拓，标准溶液的营业收入和初级利润同比上涨均超过50%，新增“环境土壤检测”和“标准物生产者”两项资质。稀冶所克服搬迁压力，膜料靶材销售收入稳步增长。

（二）深挖内部潜力，成本管控效果显现

有研集团认真贯彻国资委“成本管控、效益否决”的专项要求，狠抓“两金”压控和降本增效。截至2017年底，应收账款余额、存货余额比2016年的增长幅度均小于营业收入增长幅度，全面完成年度“两金”压控目标。厦门火炬不断推进装备自动化，提高管理效率，人均产量增长37%。有研半导体优化采购管理，积极推进原辅材料国产化应用，关键部件的成本显著下降。有研新材改善靶材制备工艺，效率提升33%；推动稀土金属中间合金生产线绿色节能改造，氟化尾气处理成本降低50%。

三、管理提升

为落实“十三五”战略规划，有研集团在规范管理、降低风险、提高效率、提升发展保障能力等方面取得了一定的进展。

（一）加强重点任务和重大项目管理

根据2017年工作报告确定的重点任务，以及结合经营实际确定的重大项目，明确了重大改革、规划管理、投资管理、创新提升、扭亏控亏、重大合作等方面31项重点工作内容，通过实施项目化管理和重点督办，加强组织协调、明确任务目标和关键节点等方式推动落实。

（二）加强制度体系建设

结合公司制改制，梳理明确基本管理制度清单，为新型法人治理结构运行奠定管理基础。在绩效考核、专项工作、投资、财务以及商誉等管理方面制修定了24项管理制度，完善管控体系。

（三）加强资金管理和风险管控

优化集团账户管理，降低资金成本。多方拓展融资渠道，综合授信额度较上年增加了一倍，达到110亿元，可为发展提供充足的资金保障。制定集团风控合规管理指引，规范风险管控工作。探索开展投资后评价。加强审计工作，全年审计累计金额1.25亿元并积极推动整改。实现1000余份合同法律审核全覆盖，形成重大合同季度监督管控机制。结合经济责任审计和监事会监督检查反馈意见，狠抓问题整改，持续提升基础管理水平。

（四）加强信息化建设

持续深化协同办公系统应用，移动办公系统上线使用，提升办公效率；不断完善网络信息安全建设工作，对全集团网站进行网络信息安全实时监测，完善集团网络基础设施建设；启动视频会议系统建设项目，实施网络升级改造。

（五）加强基地保障能力建设

怀柔基地第二阶段建设主体结构及外墙装饰全部完工。燕郊稀土基地11个建筑物主体结构完成验收。昌平靶材基地主楼已完成竣工。有研粉末合肥基地完成项目立项登记。职工住宅完成两批次的配租工作。办公楼装修及改造工程已基本完工并验收。

（六）加强安全环保和保密工作

针对风险部位建立健全安全生产应急预案。加强安全生产标准化建设。完善安全环保设施建设和隐患排查治理，整改合格率超过95%。从严落实各项保密管理制度，积极推进保密换证工作。

四、科研创新

有研集团在高效连续雾化制粉及新型球形粉末材料开发等多项关键技术上实现了创新，成果获得了国家科技进步奖二等奖。参与研发满足特殊性能要求的高强高导铜合金材料，成果获国家科技进步奖二等奖；攻克了大飞机机翼壁板用高性能铝合金超大规格板材强韧性调控技术，实现了批量应用。围绕国家锂电350发展战略，完成比能量230～260瓦时/千克动力电池和关键材料的中试，300～350瓦时/千克新型动力电池研发取得突破；与合作伙伴共同启动建设年产20亿瓦时动力电池和5000吨正极材料的示范工厂。研发的“离子吸附型稀土矿绿色高效浸萃一体化新技术”，使中国首次实现低浓度稀土浸出液直接萃取富集的工业应用，从源头解决了多年来含放射性废渣的处理难题，是中国离子型稀土矿生产工艺的一次重大变革。攻克了难处理铀矿绿色生物堆浸重大技术难题，为保障国防和新型核能战略需求提供了技术支撑。研制的大尺寸细晶均质铝合金铸棒通过了航空航天用户考核，骨架接头等铝合金结构件实现量产，铝基复合材料动环在国家重点型号上开始批量应用。突破了陶瓷活性钎焊料制备、连接件焊接工艺等系列关键技术，研制的产品通过了相关单位的应用考核。研制的新型固态储氢器件技术指标超过了国际同类产品，开发的大口径真空集热管实现了应用。研制的核堆用复合屏蔽材料通过了关键专项考核。主办的期刊《稀有金属》英文版SCI影响因子达到1.189、《稀土学报》英文版SCI影响因子达到2.429，均再创新高，并作为中国3本科技期刊代表中的两本，由国家新闻出版广电总局选送参加国际期刊交流。

五、节能减排

有研集团在认真贯彻落实各项法律、法规和各级主管部门环保要求的基础上，创新性的引入“五位一体”管理思路，将环保工作纳入到规化管理体系当中，使集团环境保理能力进一步提高，各项工作取得长足进步。同时，注重生产现场管理，严管污染物排放第一关，把污染风险控制在源头，集团全年未发生一起环境污染事件。在节能减排方面，有研集团各单位在环保新工艺、新技术等方面投入不断加强，先进生产工艺及设备在主要排污工序陆续应用，提高了节能减排效果，达到清洁生产的目的，提升了可持续发展能力，实现了以节能减排促企业发展的良性循环。

六、基地建设

截至2017年底，有研集团完成了怀柔基地二期的设计和规划申报工作，现已获批开工建设。小项目已完成全部设备购置和工程改造等建设内容，并通过了环保、安全、职业卫生、财务审计、工程质量、保密技防测评、消防等各单项验收。继续推进稀土燕郊基地的建设工作。开工建设高纯金属靶材产业化项目。完成二部1.5万平方米厂房的建设；二部基地的煤改热工程如期完工。

（李　蒙）

北京矿冶科技集团有限公司

一、概述

2017年，北京矿冶科技集团有限公司（以下简称：集团）深入学习贯彻习近平总书记新时代中国特色社会主义思想，认真落实党中央、国务院国资委的工作部署和要求，以提高质量效益和核心竞争力为中心，抢抓机遇，锐意进取，埋头苦干，各项工作取得了显著成效，实现了营业收入和经济效益大幅提升，集团生产经营创历史最好水平，全面超额完成了国资委下达的年度考核任务，各项业绩指标迈上了新台阶。

二、加快推进深化改革，企业活力进一步增强

（一）完成公司制改制工作

公司制改制是党中央、国务院做出的重大决策部署，是深化国企改革的重要内容，也是国资委部署的年度重点任务。为此，集团成立了主要领导为组长的领导小组，统筹布置，协同推进，于2017年12月29日完成工商注册，取得营业执照，矿冶总院正式更名为“北京矿冶科技集团有限公司”，所属徐州院等5家全民所有制子企业的改制任务也同期完成，按期完成了国资委要求2017年底前完成改制的各项工作任务。

（二）完成企业功能界定和分类工作

根据国资委有关要求，完成了所属30家二级单位的功能界定和分类工作，进一步明确了子企业的发展方向和发展定位，有利于进一步实现分

类考核、分类监管。

（三）加大科技创新考核力度

在对二级经营单位负责人业绩考核中，特别增加了科技创新考核指标，将科研成果、专利标准等相关内容进行量化，加大考核权重，引导二级单位进一步加大科研投入、加快科研成果转化、注重科研成果凝练，提升全集团科技创新能力。

（四）混合所有制改革取得新成果

完成对民营企业北京安期生技术有限公司战略重组，通过收购安期生公司近60%的股权成为控股股东，并相继采取了选派高管人员、加强财务管控、产业基金支持等一系列措施不断改善公司经营管理水平。

（五）统筹推进“处僵治困”专项治理工作

按照国资委统一部署，制定实施了集团《2017年度“僵尸企业”和特困企业专项治理工作目标和措施计划》，全面改善相关企业状况，累计安置冗余人员500余人，减亏增利超过2亿元，平稳完成“处僵治困”任务。

三、不断强化科技创新，核心竞争力持续提升

（一）服务国家创新发展战略

全面落实《“十三五”国家科技创新规划》，积极参与“中国制造2025”、“互联网+”等国家战略的实施，参与“深地资源勘查开采”、“固废资源化”、“水资源高效开发利用”、“土壤污染防治”等国家科技重点专项编写工作，为工信部、环保部等制定相关产业政策提供技术支撑。全年新批准纵向立项项目68项，项目经费1.76亿元，同比增长60%。全年纵向到款1.38亿元，同比增长7%；签订横向科研类合同476项，合同总额2亿元，到款1.52亿元，同比增长7%。全年获各类科技奖励32项，其中国家级1项、省部级6项、行业等社会力量奖19项、其它科技奖6项。

（二）进一步加大研发投入力度

2017年，集团研发投入较上年增长38.56%，其中科研基金预算增幅超过一倍，重点支持了高端装备、智能矿山、绿色选冶药剂及特种粉体材料等领域的23个研发项目。此外还设立专项经费1000余万元支持“基因矿物加工工程研究”、“KYF－680m^3特大型浮选机研制”、“铝电解废阴极隔氧连续超高温无害化处置及资源化利用工业化技术开发”等具有行业前瞻性、市场前景好、产业化潜力大的重大科研项目，充分发挥了科研基金对科技创新的引导和激励作用。两个国家重点实验室开放基金额度增加一倍，用于集聚行业优势资源，引导社会力量共同加强行业亟需的基础理论和方法研究。立项支持了近30个青年科技创新基金项目，鼓励广大青年科技人员大胆探索、勇于创新，增强集团科研后劲。由青年科技人员完成的6个项目获“航天科工杯”中央企业青年创新奖优秀奖。

（三）知识产权体系建设取得新成绩

2017年共获授权专利114项，软件著作权6项。“顺流型槽体磁选机”等3项专利获第十九届中国专利优秀奖。负责或参与制、修订正式发布标准34项，其中国家标准7项，地方标准1项，行业标准23项，军工标准3项。完成的《粗氢氧化镍化学分析方法》和《阳极铜化学分析方法》分别荣获全国有色金属技术标准一等奖和二等奖。2017年，集团入选“国家知识产权示范企业”，北矿机电和当升科技入选“国家知识产权优势企业”。

（四）科技创新平台建设进一步加强

获批北京市企业技术中心、徐州市稀贵金属再生利用工程实验室、湖南省小巨人企业等多个省部级科研创新平台。加入中国矿产资源与材料应用创新联盟等5个创新联盟，进一步增强行业辐射及带动能力。

（五）军工配套科研及能力建设取得新进展

成功通过二级保密资格认证，完成了武器装备科研生产许可资质升级及延续工作，扩大了武器装备科研生产质量体系专业范围。成功获批“陶瓷可磨耗/复合耐磨封严涂层材料”等军工纵向科研项目，获批纵向经费4600余万元，进一步巩固了集团在军工配套研发领域的优势地位。

（六）不断深化国际科技合作与交流

依托国际科技合作基地，积极组织申报国际科技合作项目，其中“基于有色冶炼渣的绿色充填胶凝材料制备及其性能合作研究”项目获得国家重点研发计划中美政府间国际科技创新合作重点专项批准立项。积极筹建中国南非矿产资源开发联合研究中心，该联合研究中心得到了中南两国政府的高度重视，已于2017年4月在刘延东副总理的见证下签署了合作备忘录。成功申办2019年第九届世界采样大会（WCSB），扩大了集团在

国际检验检测领域的影响力。

（七）加强宣传展示，提升品牌效应

积极参加央企创新成就展、中国矿业大会、有色金属工业成就展等多场大型科技创新展，全面展示集团综合实力，提升集团的行业知名度和影响力。在央企创新成就展期间，国务委员王勇、国资委党委书记郝鹏等领导参观了集团展台，充分肯定了集团创新发展取得的成就，对集团在地下矿山智能化无人开采、炸药混装车、先进浮选设备及先进材料等方面取得的成就给予高度评价。制作了集团中英文宣传片，宣传集团代表国家水平的主业业务、优势技术和产品，提升行业地位和影响力。

四、大力加强市场开拓，工程业务稳步增长

（一）抢抓“一带一路”倡议和国际产能合作国家战略机遇

继续加大国际市场开拓力度，在南非、刚果（金）、赞比亚等重点目标市场取得显著成效。全年新签涉外工程承包与咨询服务类合同总额6300余万美元。成功中标南非PMC冶炼厂改造总承包项目，该项目采用集团自主知识产权的富氧双侧吹铜冶炼技术，设计年产铜规模8万吨，将成为南非最大的铜冶炼厂。继续深耕刚果（金）市场，与华友钴业、紫金矿业、盛屯矿业、维玛特等新老客户签约一批铜钴矿选冶项目合同，进一步扩大了矿冶集团在非洲市场的业务范围和品牌影响力。

（二）加强项目组织管理，注重突出技术优势，努力打造精品工程

矿山所成功实施三山岛金矿新立主井溜井治理工程总承包项目，凸显集团在矿山灾害治理方面的技术特色。工程公司在鹤庆北衙矿业二选厂扩建工程中，积极开展技术攻关，将设计选别流程由原来的浸出+磁选流程优化改造成浮选+磁选+浸出流程，取得良好效果。环保所在矿山复垦领域首次中标环保部专项治理资金项目，承担了赣州6家稀土冶炼和矿山废弃地土地复垦与生态恢复EPC总承包项目，为矿冶集团土壤修复领域承接重大工程奠定良好基础。

（三）发挥集团多专业配套综合优势，创新工程业务模式

积极开展协同合作，为客户提供一揽子解决方案。冶金所与环保所联合承担紫金矿业有色冶炼危废无害化处置项目，采用自主研发的“硫化砷渣置换－沉淀砷酸铁－固化填埋”新技术，实现砷无害化处置及有价金属回收，体现了集团在资源综合利用领域的整体技术实力。环保所与选矿所紧密合作，积极为河南豫光金铅冶炼废渣无害化处置和综合利用项目开展研发、工程一体化服务，收到了较好成效。植物胶中心与工程公司组建联合项目组，中标并完成中石化杭锦旗配液站工程总承包项目，开创了当年设计、当年施工、当年投产的成功先例。

（四）完善工程业务制度建设，加强项目过程管理

制定相关制度10余项，规范管理流程，加强工程业务的组织管理。重点抓好跨部门工程项目的统筹协调、重大项目跟踪落实等工作，强化项目过程监管和风险管控，补齐集团工程总承包管理短板，推动集团工程业务能力建设和管理提升。

五、不断优化产业结构，质量效益持续改善

（一）科技产业基地建设取得新进展

当升科技海门二期二阶段工程顺利投产，新增4000吨高镍三元材料产能，形成了万吨动力材料生产能力。北矿科技阜阳生产基地实现全面达产，全年各类磁性材料产量同比增长60%，产品合格率达96.54%。矿山化学品研发与生产基地落地河北沧州临港经济开发区，现已开工建设。

（二）上市公司经营业绩显著改善

当升科技双主业优势凸显，发展势头强劲，净利润较上年增长1.5倍。中鼎高科积极开拓国际市场，拓宽模切机应用领域，国际市场销量实现高速增长。北矿科技实现机电装备和磁性材料两个板块业务双增长，发展潜力和发展势头良好。机电公司通过开发世界最大规格KYF－680m^{3}浮选机、智能剥锌生产线、双槽棒式搅拌磨机、智能摇床控制系统等一系列新产品，核心竞争力进一步增强。磁材公司不断优化产品结构，改进BMS－9等高性能烧结产品技术指标，开发性能稳定的BMS－5H高剩磁非稀土烧结材料新产品，市场占有率稳步回升，全年销售额大幅增长。

六、不断完善体系建设，管理水平进一步提高

（一）积极推进集团“晒态势、促提升”专项工作，不断完善内控体系建设

结合巡视持续整改落实工作、监事会监督检

查通报整改工作和审计署审计意见整改工作，梳理责任链条，拧紧责任螺丝，重点抓好制度的有效执行和持续改善，持续推进提质增效。集团党委充分发挥领导作用，把方向、管大局、保落实，制定并印发了《开展“晒态势、促提升”，全面提升现代企业治理体系及治理能力水平的意见》，全面分析集团目标态势，梳理问题清单，完善管理流程，有效促进了矿冶集团企业治理体系及治理能力的提升。

（二）不断完善制度建设和依法治企体系建设，提高风险防控能力

成立军工管理办公室，进一步规范保密和军工项目管理，制定、修订多项保密制度，健全保密管理体系，促进保密工作与业务工作相融合，提升保密体系风险防范能力。制定、修订一系列工程管理制度，强化了工程项目实施的前期管理和过程管控。修订了系列劳动合同规章制度，为集团公司制管理模式下新劳动关系的建立打下良好制度基础。不断强化内部审计工作，开展职务消费、长期挂账存货、债权债务等专项审计工作，防止国有资产流失。规范重大合同及重大法律纠纷的管理工作，认真履行重大投资项目法律尽职调查。完善集团本部预算预报表、预算报表、预算调整表的在线编制功能，加强对下属公司管控力度，规范财务核算。

（三）做好“两金”压控和瘦身健体工作

通过考核指标、约谈督导、动态监控等措施，“两金”压控整体取得良好效果。积极落实国资委工作要求，开展瘦身健体和法人压减工作，结合亏损企业治理工作，严格控制集团管理层级和法人层级均在4级以内，截至目前已完成压减法人户数6家，有望提前完成三年压减总任务。

（四）继续以信息化促进管理提升

综合办公系统和ERP系统已覆盖集团各级子企业，在资金集中管控、全面预算管理等方面取得了良好的效果；科研管理信息系统实现了纵向科研项目的全链条管理；工程设计管理一体化系统实现了工程项目从立项审批到图纸审批的全流程信息化。

七、大力实施人才强企，考核机制进一步完善

（一）深化干部管理机制改革

不断完善并强化中层干部选拔任用管理，将集团推荐担任控股企业的董事、监事明确纳入集团“中层干部”管理范畴；进一步完善中层干部选任、管理、考核、交流、奖惩等各项制度，重点凸显“党管干部”的原则和民主推荐程序；加强考核，建立中层干部岗位目标责任制和干部任期制，将考核结果作为是否续聘的重要依据，逐步形成干部有能则上、无能则下的管理机制。

（二）加强人才引进和培养，高层次科技领军人才队伍建设取得新突破

引进高级管理人才、专业技术人才10人，其中首次引进国家“千人计划”专家澳大利亚马克·菲利浦·施瓦茨博士。报送国务院特殊津贴、中国工程院院士、百千万人才工程、优秀创新团队等国家级人才项目候选人近20人，其中陈彦彬获“北京市百名科技领军人才”和“有突出贡献中青年专家”称号，章德铭入选国家高层次人才特殊支持计划青年拔尖人才。

（三）完善人才成长上升通道

制定4项员工职业通道管理制度，实现岗位通道与专业技术通道并重。出台科研技术人员奖励办法，激发科技人员的创新动力。完善专业技术职务评审机制，调动从事市场和管理工作专业技术人员积极性，全年有22人晋升教授级高级工程师、56人晋升高级工程师，46人晋升工程师。

八、积极践行社会责任，矿冶文化更加和谐

（一）积极响应党中央关于京津冀一体化协调发展、疏解非首都功能的战略部署

多次与北京市政府、西城区政府及有关部门沟通协调，商讨疏解办法，与市场承办方多次谈判，对广大商户做了大量艰苦细致的工作，并多次向国务院国资委、有关政府部门汇报，争取政策支持。经过不懈努力，在2017年底前将两个市场全部关闭，全面完成了疏解任务。

（二）一如既往认真履行企业社会责任，积极参与社会公益事业，做优秀企业公民

积极响应党中央精准扶贫战略，认真落实国资委扶贫开发领域监督执纪问责工作电视电话会议精神，做好中央企业定点扶贫工作。由集团党委书记、专职副书记带队深入扶贫一线，对定点扶贫的平舆县进行调研回访。探索创新扶贫模式，发挥集团专业技术和人才优势，承担了平舆县污水处理厂、户外休闲用品产业园规划两个扶贫专项工程，精准融入平舆县脱贫攻坚战。

（三）注重构建和谐的企业文化

通过持续开展职工技能竞赛活动、“争当改革先锋，我为改革献策”职工合理化建议活动，营造员工钻研业务、提升技能的浓厚学习氛围，增强了员工出谋划策、参与管理的主人翁意识。在2016年承租燕宝高米店118套公租房的基础上，积极与北京相关单位联系，申请郭公庄公租房项目，为进一步解决年轻职工的住房困难问题寻找新的房源。投入数百万元开办职工食堂，解决了职工就餐难题。举办“喜迎十九大、放飞青春梦”青年演讲比赛，开展春季健身长走、集体跳绳、篮球、羽毛球、乒乓球、棋牌、摄影比赛等员工喜闻乐见的文体活动，为员工搭建展示个人才艺的舞台，加强了员工间的沟通交流，增进了友谊。落实转制前离退休人员增加生活补贴标准，确保国家政策及时落实到位，同时也提高了转制过渡期退休人员生活费，改善了离退休人员生活水平。

（四）做好企业文化和新闻宣传舆论引导工作

在科技日报、国资委网站等媒体上发表新闻报道和集团宣传材料40余篇。拍摄制作集团宣传片，塑造集团良好企业形象。出版《走向辉煌2006－2016院志》，弘扬了矿冶精神，传承了矿冶文化。

（五）严守安全底线，维护和谐稳定

全年安全生产形势总体保持平稳，严格落实安全生产责任制，开展“安全生产月”、“节能宣传周”、防火应急演练、安全生产管理人员培训班等活动，增强了全员安全和节能意识。加强安全检查和隐患排查治理工作，组织开展集团及重点单位安全生产检查16次。由集团主管领导带队，组织了在建工程项目的安全生产专项检查，对发现的安全隐患及时整改落实。积极应对市场商户围堵事件，处置丹东厂分流安置人员，做好丹东厂棚户区改造、动迁等引发的职工要求房改的思想工作。

九、学习贯彻落实十九大精神，党建工作取得新进展

（一）全面贯彻落实全国国有企业党建工作会议精神

制定并印发了集团《党委2017年党建工作要点》和《党委贯彻落实全国国有企业党的建设工作会议精神工作任务实施方案》，确定的58项重点工作任务完成了52项，明显地提升了集团党建水平。

（二）严格执行“三重一大”制度

坚决落实党委会议研究“三重一大”事项前置程序要求，深入研究解决涉及企业发展方向、影响企业发展进程的战略规划、公司制改制、党建工作进公司章程等重大事项，充分发挥了党委把方向、管大局、保落实的领导作用。

（三）加强党的建设，党建工作机制更加完善

以修改公司章程为抓手，围绕完善法人治理结构、规范企业决策议事程序，明确企业各个治理主体权责边界，集团公司和10家二级子企业完成了党建工作进公司章程工作，实现了党的建设制度化、规范化和常态化。制订了《北京矿冶研究总院二级单位党组织党建工作责任制实施细则》等文件，开展二级单位党组织负责人党建工作述职，定量考核二级单位党组织工作，压实了党建工作责任。进一步建立健全了“两学一做”学习教育常态化制度化机制，有效提升了全集团基层党支部的战斗力。加强党务工作力量配备，集团总部党群部门工作人员超过了职能部门平均数。制定并印发了《党建工作经费纳入预算管理办法》，将党建经费纳入管理费用，保证了党建工作的物质条件。开展党内评优，表彰了一批“四好班子”、“四强党组织”、优秀党员和优秀党务工作者，激发了党员创先争优的热情。

（四）持续推进党风廉政建设和反腐败工作

集团党委和纪委深刻认识党中央对全面从严治党形势的科学判断，保持战略定力和政治定力，持续将党风廉政建设和反腐败斗争引向深入。召开集团党风廉政建设和反腐败工作会议，落实“两个责任”，强化履职担当。加强制度建设，形成规范体系，重新制定了党风廉政建设16项制度。深入开展深化巡视整改自查自纠工作，通过了国资委第七专项督查组对集团党委的专项督查。制定了26条切实有效的整改措施并已全部完成，集团党建基础更加坚实。对集团二级单位开展巡视工作，发挥党内监督作用。加强纪检队伍建设，提升监督执纪能力。在春节、元旦、中秋等重要时间节点持续落实中央“八项规定”精神，纠正“四风”不松懈。

（五）开展精神文明建设

北矿新材公司获“全国文明单位”、“首都精神文明单位”称号。做好意识形态工作，积极宣

传倡导社会主义核心价值观，弘扬爱国主义精神，集团精神面貌得到提升。

（姚志超）

中国有色工程有限公司

一、概况

中国有色工程有限公司暨中国恩菲工程技术有限公司（以下简称：中国恩菲），其前身是中国有色工程设计研究总院，现隶属于中国五矿集团有限公司、中国冶金科工集团有限公司。中国恩菲是集技术研发、工程一体化、产业投资为一体的科技型企业，拥有工程设计综合甲级资质。主营业务包括工程一体化业务、新能源产业和资源开发三大板块。

中国恩菲人力资源结构合理，现有中国工程院院士1名，全国工程勘察设计大师3名，全国有色金属行业设计大师13名，国家百千万人才3名，各类国家级注册工程师530多人次，高级工程师近500名，教授级高级工程师近200名。

二、生产经营

2017年是中国恩菲深入学习贯彻党的十九大精神、全面加强党建的关键之年，是在集团总体战略布局中实现协同融合、转型突破的增长之年。以“有色矿冶国家队、绿色环保排头兵、新兴产业创新者，长期坚定不移走高技术发展之路”的战略定位为引领，找准战略定位，优化顶层设计，加大市场开拓，推动技术创新，稳步开展各项工作。

工程一体化业务稳步推进。灵宝金城总承包项目创精品样板工程成功入选集团20大重点工程；青海铜业总承包项目已完成预验收；五矿铜铅锌基地锌项目初步设计已经完成；中冶新材料项目现场施工全面铺开；纳米比亚总承包项目、刚果（金）森达总承包项目按计划完成竣工验收和移交工作；谦比希项目大部分采购工作已经完成。

多晶硅全年产量1.82万吨，销售1.74万吨。中国恩菲下属的各污水处理厂运营良好，出水安全达标，全年处理污水超过2.16亿吨。垃圾发电业务环保排放达标，安全生产无事故，全年上网电量1.58亿千瓦时。光伏发电业务累积完成上网电量为1.05亿千瓦时。

三、立足传统市场，拓展新兴市场，深耕海外市场

中国恩菲市场工作坚持以“矿冶工程服务为主力、环保产业为支撑、新兴产业为补充”的模式，紧紧抓住五矿集团打造“千亿内部协同市场”和有色行业企稳回暖的重大机遇，紧盯一批矿山、冶炼、市政工程重点项目，积极开拓新兴业务领域，加大海外市场工作力度，开展了大量富有成效的市场开发工作。

按照专业相近、市场相近的原则，对生产经营组织机构进行大规模调整，集中专业资源，优化业务布局，组建完整的事业部。各事业部均成立了市场开发部门，配备了市场营销队伍，大力加强市场开拓力度。成立能源环境公司，进一步加大固废投资业务和项目的开拓力度。成立中冶恩菲华南公司，以点带面，辐射整个广东乃至华南市场。成立洛阳电气智能技术分公司，推动恩菲电气智能装备及系统集成业务走向市场。为加强中南以及西南地区的市场开拓力度，有效利用中西部地区的技术和人力资源成本优势，设立了中国恩菲项目执行（长沙）中心和项目执行（成都）中心。在河北雄安新区设立了办事机构。

瞄准城市矿产、工业固废综合回收利用等新兴产业发展方向，积极参与区域水系治理、产业园区及道路、环境治理等PPP项目的市场开拓。大力推动污染土壤修复技术发展和创新，已掌握了重金属和有机物污染场地的土壤和地下水治理的核心技术。积极探索索道工程从传统咨询设计向工程承包新模式的拓展，索道业务已经成为公司业务拓展和品牌宣传的新名片。

按照“建渠道、创平台、属地化、控风险”的海外市场战略，围绕“一带一路”建设，构建海外市场渠道，持续推进重点区域板块的设点布局工作。充分发挥境外子（分）公司的市场开拓及周边辐射作用，搭建国内外资源、技术、资金的对接窗口。全力打造一支深谙国际市场、精通商务、在国际矿业和能源环境工程领域攻城略地的人才队伍。

四、落实精细化管理

紧紧围绕中冶集团“工程建设管理提升年”主题，以项目管理精细化为核心，开展项目管理基础建设工作。在总承包项目管理中，树立“事

前算赢”、过程管控、动态调整的成本控制理念，确保每个总包项目实现成本控制目标。开展海外设计流程梳理和海外工程设计标准库建设，持续改进项目管理体系。积极尝试项目管理新技术、新方法，提升项目管控手段。

坚持以企业发展战略为导向，深化“精确、规范、严格、高效”的精细化财务管理理念；强化刚性预算，保障年度决算，对财务风险及时进行分析和预警。全面深入开展税务统筹，建立健全税务统筹管控体系和工作机制。积极拓展融资渠道，确保资金正常周转。大力开展信息化建设，充分发挥信息化管理作用。持续改进财务基础工作，规范业务流程，完善会计核算系统，提高会计信息质量；不断完善财务内控。

以总承包项目、海外项目和子公司安全监管为核心，创新管控机制，改革监管方式，落实业务部门安全生产工作主体责任，加大分包商安全监管力度，坚决杜绝“三违”安全生产事故的发生。做好海外项目HSE管理体系建设，有针对性地做好各类突发事件的应急处置预案。进一步推进子公司生产安全达标工作，深化隐患排查治理，加强重大危险源风险管控。制度化开展公司级质量督查活动。完成公司三标体系管理评审及监督审核换证组织工作，三标体系整体运行情况良好。全年未发生质量、安全、环境责任事故。

开展制度、流程和标准化体系建设，初步建立了完整的采购管理流程体系。继续加强中冶电商平台OA系统、ERP系统评审，对子公司采购业务及非工程项目采购业务进行监管。继续完善供应商管理，对供应商进行分类与考核，实行准入制。维护采购基础信息数据库，完善采购电子商务平台基础配置。

以“战略统一思想，文化提升实力”为目标，将企业文化的制度修订、思想宣贯、专项活动开展融入企业生产经营全过程，切实做到文化建设与发展战略有机结合，形成浓厚的企业文化氛围。全面加强内外宣传，注重宣传工作的策划性，充分发挥公司“六位一体”宣传平台的重要作用。

五、聚焦科技管理，科技创新再提升

2017年，中国恩菲科技创新工作以“十三五”技术发展规划为指引，以技术引领、转化应用为目标，完善机制建设，形成集课题研发、平台建设、专利申报、标准编制、报奖评优和人才培养多要素驱动模式，创新能力显著增强，科技成果硕果累累。2017年共获省部级以上奖项58项，其中国家级奖项4项，省部级奖项54项。专利技术“生产多晶硅的方法”荣获国家知识产权局和世界知识产权组织（WIPO）联合颁发的第十九届中国专利金奖。中原黄金项目获全国优质工程银奖，岔路口钼铅锌多金属矿项目和广西金川有色金属原料加工园项目获全国优秀工程咨询奖。中国恩菲荣获“国家知识产权示范企业”称号。

中国恩菲成功获批成为国际标准化组织ISO/TC300固体回收燃料技术委员会的国内技术对口单位，意味着公司将代表中国，牵头组织国内有关单位参与该领域国际标准的制定工作，为下一步开拓城市固废、城市矿产国际市场提供了引领性优势。

“中国矿业信息化协同创新中心”获批北京市发改委工程研究中心，成为中国首个采矿过程智能化、矿业生产大数据平台；国家安全监管总局“金属矿山及有色冶金安全工程技术创新中心”通过验收；中国恩菲被认定为国家高新技术企业，以优秀成绩通过北京市设计创新中心复核。

六、加强监管，为公司发展保驾护航

中国恩菲全面贯彻落实党的十八大、十九大以及全国国有企业党的建设工作会议精神，坚定维护以习近平为核心的党中央权威和集中统一领导，深刻领会习近平新时代中国特色社会主义思想，坚持党要管党、全面从严治党，牢固树立“四个意识”，坚定“四个自信”。坚持服务中心大局为目标，以落实党建工作责任制为抓手，以提升领导力和强化作风建设为重点，把党组织内嵌到公司治理结构之中，充分发挥党的领导作用，切实履行“两个责任”，把方向、管大局、保落实，持续推进党风廉政建设和反腐败工作，为打造“中央有色研究院”、实现业务和党建“双一流”提供坚强政治保证。

中国恩菲纪委紧紧围绕公司改革发展、转型升级的中心任务，坚持运用系统思维和底线思维，谋篇布局年度工作计划，树立正确执纪导向，推动公司各级党组织把管党治党的责任扛起来，把纪律规矩挺起来，把监督管理严起来，把党员干部干事创业的精气神提起来，为企业战略目标实施提供了坚强保障。

（张雯文）

中国钨业协会

2017年，中国钨市场基本走出了市场低迷的“雾霾”期，逐渐回归理性，行业形势持续向好。中国钨业协会（以下简称：协会）深刻学习领会党的十八届三中、四中、五中、六中、七中全会和党的十九大精神，认真落实中国有色金属工业协会会长、中国钨业协会会长陈全训在六届五次理事会上提出的“要践行服务宗旨，提升精准实效的服务能力；要抓重点、破难点，推进行业转型升级；要助推产业整合与走出去，提高国际影响力”的工作要求，积极开展行业调研和专题研究，跟踪分析国内外市场动态，继续加强行业自律、行业协调和行业信息的发布，积极维护钨市场的平稳运行，配合政府有关部门加强行业监管，引导和协调钨行业平稳健康发展。

一、积极开展针对性调研，反映行业企业诉求

一是先后组织36人次前往江西、湖南、河南、四川、江苏、湖北、山东和河北8个省的54家钨矿山、冶炼加工企业、科研院校、行业管理部门和地方行业协会（商会）等进行调研，撰写调研报告8份。针对废钨再生利用、钨矿资源开发管理、钨冶炼污染防治和产业转型升级等行业发展的热点问题，前往5省17家钨企业和有关部门开展专题调研，征求政策措施意见和建议。

二是受环境保护部固废管理中心的邀请，秘书长刘良先赴江西赣州参加环境保护部江西省钨冶炼废渣利用处置有关情况调研，实地调研有关企业，并在调研座谈会上，就中国钨冶炼废渣污染防治的有关情况作了专题发言，提出有关建议。

协会通过多种渠道和方式积极向政府有关部门反映行业、企业的问题和建议。先后向财政部、国土资源部、发展和改革委、商务部和环境保护部等有关部门报送9份建议报告。向国土资源部报送《关于2017年钨矿开采总量控制指标和措施的建议》、《关于钨矿探矿权采矿权审批管理的建议》；向财政部税政司报送《关于钨资源税实施情况和进一步改革的建议》；向环境保护部报送《关于钨冶炼废渣污染防治有关情况及建议》；向商务部报送《关于钨出口国营贸易企业申报条件及申报程序的修改建议》；向发展和改革委报送《有色金属行业重大技术装备项目建议书》、《制造业产业链布局目录》、以及有色行业绿色矿山建设等建议。在国土资源部全国钨矿稀土矿开发管理工作会议上，协会就钨矿开采总量控制指标执行情况及政策建议作专题发言。

二、积极开展专题研究，当好政府的参谋助手

针对钨矿开采总量控制、钨冶炼污染防治、钨品出口国营贸易和钨精矿国家储备等行业关注的热点问题，先后拜访了国土资源部矿产开发管理司非金属处、环境保护部固废管理中心、商务部对外贸易司能源资源品贸易处、发展和改革委国家物资储备局，汇报钨行业发展及钨市场形势，以及有关政策措施建议。同时，积极参与相关法律法规、宏观调控和产业政策的研究制定，参与制定修订行业发展规划、行业规范条件，认真研究中国钨资源开发利用的现状、发展趋势、存在的问题，提出政策建议，为加强行业监管，促进行业发展，当好政府的参谋助手。

一是完成国土资源部矿产开发管理司委托的钨矿开采总量控制指标执行情况分析研究，报送了全国钨矿开采总量控制指标执行情况分析研究报告，并提出加强钨矿开发管理的政策建议。

二是完成了中国地质调查局发展研究中心委托的《钨矿开采总量指标控制政策评估》课题研究，并续签开展《钨矿开发管理机制要点研究》课题研究。

三是完成国土资源部中央地质勘查基金管理中心委托的《钨资源储备规划及管理研究》，并续签开展《钨矿全国矿产地储备专项规划》研究。

四是受工业和信息化部原材料工业司的委托，组织专家对江西、湖南、福建、广东、四川和广西等省（区）第二批拟通过钨、锡行业规范条件公告的31家钨企业进行了现场核查。形成核查报告报送工业和信息化部原材料工业司，并提出相关政策建议。

五是受河北省清河县工业局的委托，开展了《清河县废钨再生利用产业中长期发展规划研究》课题研究。

六是受赣州市工业和信息化委员会的委托，采取政府购买社会组织公共服务的形式，组织开展钨行业发展动态和政策咨询服务。

七是根据中国有色金属工业协会的工作安排，完成了《中国工业史·钨及硬质合金工业》初稿。

三、畅通信息交流渠道，促进钨市场平稳运行

协会积极发挥主席团单位的引领作用，及时发布行业市场信息、宣传国家行业政策、加强与国外钨企业的联系与沟通，积极加强行业分析监测、行业自律和行业协调，为维护钨市场供需平衡，缓解钨市场供需矛盾，提振了市场信心，促进钨市场平稳运行发挥了积极作用。

一是加强行业自律和行业协调。加强与主要钨企业的联系，交流沟通市场信息。同时，加强与国外企业和有关报价机构的沟通与联系，传递中国钨市场信息，发出中国钨协的声音，传递钨市场正能量。

二是加强钨市场跟踪、监测、分析和信息交流。进一步加强钨行业信息统计工作，加大行业经济运行情况的跟踪、分析和监测力度，企业报送统计报表的数量和质量继续保持稳定，为促进钨行业发展，为会员企业生产经营提供可靠的行业统计信息分析数据，为会员企业项目申报免费提供信息咨询服务。编写了《2016 年中国钨工业发展报告》、《2016 年全国主要钨企业统计资料汇编》、《全国硬质合金行业 2016 年统计年鉴》、《中国钨工业年鉴（2017 年版）》，以及 2017 年行业统计季度报表汇编、《硬质合金简讯》等行业内部信息资料，为会员企业免费寄发。

三是进一步畅通信息发布渠道。对协会网站进行改版，注册中国钨协微信公众号，充分利用 QQ、微信、《中国有色金属报》等媒体，及时发布行业发展动态、市场信息和协会工作情况。为提振市场信心、维护钨市场平稳运行发挥了重要作用。

四、精心组织业务活动，夯实协会服务基础

根据年度工作安排，严格按照中央“八项规定”要求，精心组织开展各项重要活动，提高服务能力和水平。

一是召开了中国钨工业发展报告会暨中国钨业协会六届六次理事会。会长陈全训出席会议并讲话，他结合学习贯彻十九大报告精神，着重分析了我国有色金属工业面临的形势，对行业发展和协会服务工作提出了要求和希望。会议总结了 2017 年钨协主席团工作和理事会工作，布置研究了 2018 年协会工作；会议审议了 2017 年理事会工作报告和经费收支报告，选举并通过了中国钨协第六届理事会领导人选调整。会议还邀请了国务院发展研究中心、中国地质科学院、硬质合金国家重点实验室、中南大学等有关专家学者作专题报告。

二是召开六届十一次、十二次主席团会议。学习贯彻十二届全国人大五次会议上的政府工作报告精神，并对 2017 年钨协重点工作作了具体安排。会议通报了钨矿开采总量控制指标执行情况，就钨矿开采总量控制政策评估课题研究报告进行了专题研讨，提出了政策意见和建议。审议通过了关于发展会员和退会、理事调整、主席团主席调整、以及分会负责人调整等决议。

三是召开业务会议，组织开展分会活动。召开了中国钨业协会第十二次信息统计工作会议，研究部署了信息统计工作和《中国钨工业年鉴》编辑工作，表彰了 2016 年度优秀信息统计员，并进行统计业务培训。召开了秘书长会议，审核《中国钨工业年鉴（2017）》编辑稿，总结交流了分会工作经验，分析了钨市场形势，研究了分会下一步工作。硬质合金分会组织召开了全国硬质合金行业信息统计工作会和硬质合金分会三届四次理事会，举办了上海国际硬质合金工业展览会；经贸研究分会组织召开了钨国营贸易资质企业负责人会议；地质矿山分会组织召开了全国钨矿山企业负责人座谈会。

五、加强国际交流与合作，提高国际影响力

继续加强与国际知名钨企业、国际钨协等有关国际机构保持密切联系和沟通，及时了解、掌握国际钨市场形势，提高中国钨协的国际影响力。

协会秘书长刘良先分别在北京和赣州会见国际钨协秘书长蔡轶乐和 SMR 总经理马科斯·穆尔（Markus Moll）以及 SMR 新加坡雇员张莉文，双方就全球钨终端消费的总体情况、重点应用领域及发展趋势进行了交流。

刘良先在北京先后三次会见来访的越南马山资源公司董事长 Chetan Baxi，双方就钨市场、生产、消费等情况进行了交流，并提出了一些建设性的意见，双方表示今后将加强交流与合作。

刘良先和方季云应国际钨协秘书长蔡轶乐的邀请赴莫斯科参加国际钨协第 30 届年会，加深了与国际钨协和国外钨企业的联系与交流，传递中

国钨行业的声音，让世界了解中国钨业。会议期间，刘良先一行先后与多家国际机构和钨企业代表进行了会谈，交流了钨矿开采管理政策、钨冶炼污染防治情况以及钨市场形势和钨产业发展等情况，与国际钨协秘书长就钨终端应用研究的合作等进行了广泛探讨和交流，达成了共识；参观了俄罗斯沃尔夫姆公司乌涅恰难熔金属工厂。

六、落实巡视反馈意见的整改工作，加强党风廉政建设

协会党支部推动落实“两学一做”学习教育常态化制度化，认真落实“三会一课”制度及开展党组织活动。按照中国有色金属工业协会党委关于落实国资委党委第五巡视组反馈意见的整改工作的部署，认真学习国资委党委第五巡视组向中国有色金属工业协会反馈巡视意见和中国有色金属工业协会会长陈全训在协会巡视整改落实工作会议上的讲话精神，深刻认识到国资委党委第五巡视组反馈意见中所指出问题的严重性和紧迫性，在开展好党内组织生活会和民主生活会的基础上，结合协会自身实际情况，制定强化学习、坚持党的组织生活制度、建立监督机制等措施和整改清单，更好发挥行业协会党组织在新时期的战斗堡垒作用和党员的先锋模范作用。

（余泽全）

中国工程爆破行业协会

一、认真学习领会党的重要会议精神，确立协会工作指导思想

2017年中国爆破行业协会（以下简称：协会）工作的指导思想是：全面贯彻落实党的十九大精神和习近平总书记的系列重要讲话精神，按照协会整体部署，继续坚持以科学发展为主题，以改革创新为动力，以提高服务质量为宗旨，落实全面从严治党，深化党建工作创新，持续推进作风建设；积极创新社会化管理，努力拓展服务范围，进一步增强服务能力，促进为“政府、企业、行业和社会”服务再上新台阶；全力推进爆破行业科技进步和创新发展，全面推动爆破行业标准化建设工作；深化爆破行业人才队伍建设改革，打造全方位、多层次的领军人才队伍；紧密团结广大团体会员单位，努力做好行业服务与管理工作，力争为会员单位提供更优质的服务，勇于担当实施行业自律职责，积极帮助支持企业规范运作，引领推动爆破行业发展进步。

二、加强党支部建设工作，完善协会章程内容

2017年，协会扎实推进“两学一做”学习教育常态化制度化，不断深化对习近平科技创新思想的学习研究和贯彻落实。按照习近平总书记对全面从严治党的要求和党章党规对党组织、党员领导干部的要求，牢记主体责任，坚持一岗双责，把全面从严治党责任落实落地。2016年12月－2017年2月，国务院国有资产监督管理委员会第五巡视组对协会工作进行了调研考察，在充分肯定协会各方面工作成绩的基础上，提出了进一步加强党建工作的要求。

根据巡视整改意见，协会会员管理部积极着手修改协会章程，撰写党建工作的相关内容，并经协会六届二次会长办公会议、六届二次常务理事会议（通讯）审议通过，在协会章程中增加了党建工作条文。2017年3月，经中国有色金属工业协会党委批准，由协会法定代表人、秘书长汪平担任党支部书记。这是协会不断增强“四个意识”、坚定“四个自信”，抓住“主体责任”这个关键，推动管党治党从宽松软走向严实硬，建好“党支部”这个基本单位，不断增强创造力凝聚力战斗力的重要举措。

三、增强行业智库力量，完成专家库换届工作

为更好发挥专家的智库与引领作用，全面推动爆破行业科技进步和创新进一步发展，根据《中国爆破行业专家库章程》、《中国爆破行业专家委员会管理办法》的有关规定，启动了专家库的换届工作。共收到专家库专家申请700余份，充分显示了爆破行业专家的权威性和吸引力。经认真审核、筛选，中国爆破行业专家库（专家委员会）换届工作会议于2017年4月22－25日在河南省洛阳市召开，选拔成立了新一届专家库和专家委员会，其中，委员会委员基本涵盖了爆破行业各个专业领域，以中青年专家为中坚力量，除澳门以外所有省份和地区均有委员入选，较第一届专委会的组成更加全面、建构更加科学、管理更加规范。新一届委员会将切实把“尊重劳动、尊重知识、尊重人才”的长效机制落到实处，积极在行

业标准化建设、样板工程评审、工法的制修订等重要科技创新工作中发挥作用，努力推动全国爆破行业科技进步和科学发展。

四、坚持秉承服务宗旨，做好换届后续工作

第六次会员代表大会选举产生了第六届理事会，大会结束后，按照协会工作安排和要求，通过电话、短信、电子邮件等多种方式，积极与新当选的理事会成员、新入会的会员单位、替补与更换的成员取得联系，确认有关信息和材料的完整，收集相关人员的照片，制作完成了新的理事证的制作，并认真核对信息，通过快递和邮政进行寄送，确保理事会成员及时收到有关证件。

根据民政部社团管理规定，换届大会召开后，有关人员认真按照要求进行了第六届负责人的备案、社团法定代表人的变更手续等工作，确保了换届会议后各项工作衔接有序，为新一届理事会履行职能做好了充分准备。

五、坚定创新发展理念，推动爆破行业科技新进步

协会始终高度重视科技创新发展，深入学习习近平总书记有关科技创新发展的一系列重要论述，包括“推进以科技创新为核心的全面创新”、“双轮驱动”、“三个面向”、建设世界科技强国等。在上年完成并审议通过的《中国爆破行业中长期发展规划（2016－2025）》对未来5～10年爆破行业的科技发展确立了宏观方向和指导思想的基础上，协会按时做好科技进步奖的鉴定、评审与推荐，在全国爆破行业内开展了工法的编写和征集工作。并全面启动了“中国爆破行业样板工程”的评选，目前已完成1项样板工程的评定。

2017年4月，依托“舟山石化矿山开采爆破工程”，协会面向有关高校和科研院所征询了科研课题。经科研课题论证会的专家认真研究和考察，对其中的6家单位申报的科研课题给予立项并确定了配套经费。该项工作正按照安排有序进行，科研进度和研究成果将适时通过协会网站或有关会议进行通报。

六、全面启动标准化编制工作，建立爆破行业科学标准体系

加强标准化工作，实施标准化战略，对经济社会发展具有长远的意义。习近平总书记关于标准化工作的一系列重要论述，凸显了标准化工作的战略地位和作用，提高了全社会的标准化意识，开辟了标准化工作的新境界。协会自2015年全面启动爆破行业标准化建设工作，通过与公安部、国家标准化委员会等部门的多次协调沟通，成功设立了中国爆破行业标准化委员会，并积极协助公安部门开展全国爆炸物品公共安全管理标准化技术委员会筹备工作。

标委会成立后，高度统一思想，积极开展工作，2017年3月，在全国标准化信息平台对协会团体标准进行了注册，打好了标准化建制工作的基础。随后，在全行业发出了《关于征集2017－2022年中国爆破行业标准承担制修订单位的通知》，面向爆破企业、科研院所、高校和其他有关单位召集承担标准制修订单位，通知一经发出，引起了广大会员单位的高度重视和积极反响。经初期报名、筛选和意见征集，8月11日，首批“中国爆破行业标准”编制工作研讨会在北京召开。来自全国爆破行业近90位科研学者、企业技术负责人和标准负责人参加了会议，会上对首批立项的28个协会标准的编制工作进行了充分研讨，通过多方酝酿和慎重考量，确定了首批标准的主要起草单位和人员等事项。12月24－26日，协会在贵阳召开了中国爆破行业协会标准化技术委员会会议，对2107年标委会工作进行了回顾总结，安排部署了未来三年标委会的重点工作。标志着爆破行业标准化工作全面进入正轨，将按照协会统一安排部署，进行编写整理和后续工作。

七、高度重视行业人才工作，加强爆破领军人才建设

加快建设人才强国始终是党和国家高度重视和坚持的发展战略。爆破行业在推进人才发展体制中牢牢把握改革和政策创新，形成具有国际竞争力的爆破人才制度优势。以实施爆破行业领军人才培养工程为重点，统筹推进各类专业人才队伍建设工作。

（一）培养爆破行业领军人才，建立更加完善科学的人才选拔制度

协会历来重视对爆破行业管理人才、技术人才、技能人才的培养、选拔和支持，为进一步建立更加完善的人才管理制度，协会拟启动“中国爆破杰出专家”和“中国爆破工匠”的选拔工作。其中，“杰出专家”旨在重点支持理论水平深厚、实践经验丰富、具有较强管理能力、在爆破行业拥有较大影响力的专家学者，使其成为具备评选

院士资格的候选人，引领爆破行业科技创新发展。“爆破工匠”的选拔培养在“全国优秀爆破高技能人才”的评审基础之上，优中选优，依托“中国爆破高技能人才实操培训基地”，着力培养1～2名技术水平高、实践能力强、能够代表爆破行业技术最高水平的工人代表，推出爆破行业的“大国工匠”。

该项工作已经六届二次会长办公会议审议通过，并于1月和7月分别召开了专家座谈会和企业家、工人代表专题座谈会，充分讨论了开展该项工作的重要意义和可行性。目前相关准备工作已基本完成，计划于明年正式启动选拔、培养和评审工作。

（二）继续做好爆破行业优秀人才的培养、选拔与管理工作，积极筹备第四届全国有突出贡献爆破专家、全国优秀爆破企业家和全国优秀爆破高技能人才评审工作

经过前三届的评审，“爆破行业优秀人才”已在中国爆破行业内产生了良好的影响力，为行业人才培养和队伍建设提供了交流与展示平台。协会将总结经验、不断完善和提高评审水平，丰富评审模式，为行业和全社会经济建设培养和输送更多的有用之才。

（三）做好在职硕士研究生、在职博士研究生的推荐与报名工作

通过协会领导与中国矿业大学（北京）积极沟通协调，并经教育部门批准，协会于2017年5月成功推荐在职硕士研究生12名、在职博士研究生6名。这是协会联合高校培养高学历人才、促进爆破企业人才再深造的一项重要工作，充分显示了协会对人才培养工作的高度重视，更是协会积极履行服务宗旨、发挥桥梁纽带作用的重要体现。

（四）为努力建设符合爆破行业科技创新、改革发展需要的高素质、全方位的人才队伍，推动协会全面可持续发展，共创“百年协会”，在中央《关于深化人才发展体制机制改革的意见》的指导下，贯彻落实人才发展改革战略精神，适时制定了《中国爆破行业协会关于深化人才发展体制机制改革的实施意见》。

八、认真组织参与国内外学术会议，打造爆破行业高质量学术交流平台

认真组织和积极参与国内、国际系列学术会议和访问，做好国内外的学术交流与技术研讨，携手促进爆破行业的合作与发展。

（一）顺利召开“第五届亚洲太平洋地区爆破技术研讨会暨第九届国际岩石破碎物理问题学术会议”

第五届亚太会议于2017年9月26－29日在浙江省舟山市召开。本届会议共计收到国内外论文百余篇，探讨了爆破技术和岩石破碎物理问题在新世纪所面临的机遇、挑战与对策，展望了爆破技术在各领域的应用前景，大大加强了亚太地区和俄罗斯与独联体国家间的学术交流与技术合作，增进了各行业各学科间的相互渗透，推进了世界爆破技术和岩石破碎物理问题的发展。

（二）国内学术会议

2017年12月底计划组织召开“非炸药爆破与油气井爆破装备与技术论坛”。

（三）做好会议论文的征集工作

积极做好“第44届炸药与爆破技术年会”、“第九届世界炸药与爆破大会”和“第十二届国际爆破破岩学术会议”会议论文的征集工作。

九、加强与爆破协（学）会联络，共同推进全国爆破事业发展

2017年12月4日，协会在深圳召开了2017年度全国爆破行业协（学）会工作年会，总结一年来各协会的工作经验，对加强行业管理、规范企业行为、增强服务意识、提高服务能力等进行充分的交流研究，为各兄弟协（学）会提供一个相互总结、交流与学习创新服务职能工作经验，共同研讨与研究扩大服务范围和提高服务质量的新思路、新方法、新举措的机制，从而更好地推动我国爆破行业的发展。

十、积极发挥协会刊物窗口作用，促进爆破行业学术与信息交流

（一）认真办好《工程爆破》，打造高品质科技期刊

2017年完成4期《工程爆破》出版工作，刊发文章75篇，其中会员单位49篇，占65.33%，并完成1期公安部治安管理局主管的《爆炸物品公共安全研究》的编辑出版。此外，5月出版的《工程爆破》被俄罗斯《文摘杂志》（AJ）收录，刊发论文的传播和本刊物影响力得到提升。

（二）完善和提高《通讯》质量，更好发挥平台作用

《通讯》也是协会实现纽带功能、促进行业交流的重要平台，内容涵盖政策要闻、行业关注、协会工作动态、地方协会工作动态、会员风采、安全生产、科技创新、爆破施工新闻和“优秀人才事迹”等，及时地向各会员单位传达行业内的最新信息。

为进一步规范通讯员队伍管理，更好地发挥通讯员的作用，完善通讯宣传工作，进一步提升《中国爆破行业协会通讯》品质，更好地为会员单位提供服务，2017 年 6 月 11 – 14 日，协会第三次通讯员工作会议在浙江遂昌召开。

十一、严格执行协会章程，认真履行三级会议制度

按照《中国爆破行业协会章程》规定，坚持民主办会、严格执行“三级会议”制度，按时召开会长办公会议、常务理事会议和理事会议，及时通报、民主协商、讨论研究、审议决定协会有关工作和重要事项。

1. 六届二次会长办公会议于 2017 年 2 月 26 日在湖北省武汉市召开。会议审议通过了专家库及委员会换届工作安排、协会标准化建设进展报告、关于在爆破行业开展工法和样板工程评选活动、有关爆破行业优秀人才评审工作的完善建议等。

2. 2017 年 3 月 13 日 – 4 月 1 日召开了协会六届二次常务理事会议（通讯）。审议通过了关于中国爆破行业专家库和专家委员会换届情况报告，委员建议名单，关于协会标准化建设工作的情况报告。

3. 2017 年 9 月 17 日召开了六届三次会长办公会议。审议通过了协会 2017 年度工作报告等文件。

4. 2017 年 9 月 18 日召开了六届三次常务理事会议，审议通过了协会 2017 年度工作报告，财务报告，《中国爆破行业协会章程（修订稿）》及修订说明，中国爆破行业标准化工作的报告，中国爆破行业工法，样板工程评定和项目科研工作的报告，关于进一步推进中国爆破行业人才工作的报告，增补和替换协会理事、常务理事、副会长的报告，并通报了第五届亚洲太平洋地区爆破技术研讨会暨第九届国际岩石破碎物理问题学术会议的筹备情况。

5. 协会于 2017 年 12 月 8 – 28 日召开了六届三次理事会议（通讯），审议通过了《中国爆破行业协会章程（修订稿）》及修订说明等报告。

十二、努力创新社会化管理，不断加强自身建设，认真做好服务与管理工作

全面贯彻落实重要会议精神，统一思想指导实践，推动协会创新发展顺应经济发展新常态的内在要求，围绕“四个全面”战略布局，按照国务院国资委等有关上级领导部门的指示精神，进一步加强协会自身建设，不断强化和创新社会化管理，提高服务能力与水平，促进协会各项工作再上新台阶。

（张　楠）

中国有色金属建设协会

一、概况

2017 年，中国有色金属建设协会（以下简称：协会）积极把握新的历史机遇，围绕建设有色金属工业强国、促进行业转型升级的战略目标，认真贯彻有色金属工业“十三五”发展规划，努力为政府、行业、企业做好服务工作，取得了丰硕成果。

2017 年有色金属建设行业经济形势稳中向好，营业收入为 1612.18 亿元。其中工程勘察收入为 20.43 亿元，咨询设计收入 43.65 亿元，施工收入为 1019.41 亿元，工程总承包收入为 331.13 亿元，项目管理收入为 16.51 亿元，工程监理收入为 3.07 亿元，其他收入为 177.98 亿元。工程勘察、咨询设计、工程总承包收入同比分别增长为 37.55%、3.34% 和 274.92%。

全行业建成多项具有国内外先进水平的精品工程；取得许多重大科技成果，培养和涌现一批创新人才和先进人物，企业的科学管理水平、技术创新能力和市场竞争力持续提升。协会坚持发挥桥梁纽带作用，坚持为企业办实事，开展的各项活动，得到了会员单位的大力支持和积极参与，协会的凝聚力进一步增强，为保持行业稳定发展发挥了重要作用，得到会员单位和上级有关部门的肯定。

二、进一步加强党建工作，积极学习贯彻党的十九大精神

加强党的建设，筑根塑魂，使全面从严治党落地并引向深入，协会以落实党建工作责任制为

抓手，以基层党组织和党员队伍建设为重点，加强党的领导，把方向、管大局、保落实，党的建设得到明显提升和加强，为全面深化改革发展和完成中心工作提供坚强保证。当年，由于协会人员变更，重新组建了党支部，全面加强党建工作。

按照中国有色金属工业协会党委部署，协会党支部对中央精神进行了积极贯彻学习，包括习近平总书记“7·26”重要讲话精神、党的十九大会议精神，组织各类交流座谈和学习。一方面，加强党的领导与业务发展的紧密结合，推进基层党组织建设和制度建设，切实推动“两学一做”学习教育常态化制度化，将“两学一做”融入日常、抓在经常，形成常态、发挥长效；另一方面，坚持把学习宣传贯彻党的十九大精神作为当前和今后一个时期首要的政治任务切实抓紧抓好，做学习贯彻十九大精神的组织者、推动者和宣讲者，营造良好环境，带领全系统、全行业共同学习贯彻好十九大精神，切实把思想和行动统一到十九大精神上来，把智慧和力量凝聚到十九大确定的目标和任务上来，进一步统一思想、振奋精神、明确方向、奋发有为，努力开创行业发展和党建工作新局面。

三、推动有色金属建设行业技术创新，促进行业高质量发展

2017 年，有色金属建设企业在工程建设中积极开展技术创新。在超大规模、超深井矿床综合开采、复杂矿床安全高效开采、智能矿山、生态矿山、智能冶炼、粗铜连续吹炼、废铅酸蓄电池铅膏连续熔池熔炼、大型流态化焙烧炼锌、超大容量铝电解槽、单线百万吨级氧化铝生产装备、难处理资源可控加压浸出、废杂铜高效利用、高性能铜材、高强度大断面铝合金型材精深加工等工艺技术和关键装备的创新提升方面，有色金属建设企业充分发挥了推进作用，多项技术成果达到国际领先水平，为中国制造业迈向中高端提供了重要支撑。

为不断提高服务质量和咨询水平，提高工程勘察和工程设计水平，引导、鼓励工程勘察设计单位和工程勘察设计人员创作出更多质量优、水平高、效益好的工程勘察与工程设计项目，开展群众性的质量管理活动，提高工程质量，协会组织开展了优秀工程咨询成果奖、优秀工程勘察奖、优秀工程设计奖、优秀质量管理小组等评选活动。2017 年全行业创新创优工作取得丰硕成果，涌现了一大批绿色精品建设工程，获得全国优质工程奖 3 项，获国家鲁班奖 2 项（其中境外 1 项），评选出 40 项勘察系统优秀 QC 小组成果奖，74 项工程勘察项目获部级优秀工程勘察奖；108 项咨询成果获部级优秀工程咨询成果奖，55 项工程设计获部级优秀工程设计奖；89 项施工系统优秀 QC 小组获成果奖，6 项建设工程获得施工安全生产标准化工地，109 项施工工法获有色行业部级工法，1 家会员企业获诚信典型企业，7 家会员企业通过“中国工程建设企业社会信用评价”审查，评选出 7 个优秀施工企业，6 名优秀施工企业家、15 名优秀项目经理。各项数据在 2016 年基础上稳中有升，彰显了行业健康、稳健发展的良好态势。

四、人才队伍不断发展壮大

2017 年末，有色金属建设行业从业人员 7.9 万人，专业技术人员 3.89 万人，占从业人员的 49%；拥有工程院院士 2 人，全国工程勘察设计大师 14 人。有色金属建设行业共评选四届行业大师，目前在职 111 人，其中勘察大师 38 人，设计大师 73 人。设计分会举办了压力管道审批人员专题培训、设计大师评选、优秀人才推荐等工作，为广大会员单位搭建了一个良好的平台，对有色设计行业人才梯队建设起到了助推作用。

五、分支机构工作扎实推进

全面提高分支机构工作水平，进一步加强协会对分支机构的管理和监督。按照 3 月召开的分支机构秘书长工作会议要求，各分支机构稳步开展了有关工作：咨询设计分会顺利完成换届工作，配合标准化委员会组织会员单位，开展了大量卓有成效的工作。工程造价委员会召开了工作会议，研讨 2013 版有色定额的修编工作。施工分会召开了七届三次理事会，完成了依托单位的调整，并召开了施工技术工作会议。安全分会召开了一届理事会二次会议，评选出 6 个建设工程项目施工安全生产标准化工地。工程勘察分会召开了九届四次理事会。

按照咨询设计分会年度会议安排，其下设各研究会分别开展了有关工作。信息技术研究会、压力管道研究会、财务会计研究会、办公室主任研究会分别召开了年度工作会议。环境工程研究会、总承包研究会、工会研究会、质量研究会、总设计师研究会等分别在咨询设计分会换届会上

明确了主任委员依托单位和主任委员人选。

六、工程建设标准取得丰富业绩

2017年是国家继续推进标准化深化改革的一年。一方面，全面提高工程建设标准的覆盖面，培育团体标准，搞活企业标准，完成强制性标准体系框架的编制，向国外的“技术法规”过渡；另一方面，全面与国际先进标准接轨，推动中国标准与国际先进标准对接，助推“一带一路”倡议实施，加大中国标准翻译力度。

2017年，协会标准化委员会协助完成国家全文强制性标准体系框架（有色金属工程部分）课题研编工作，完成161位行业专家的申报注册工作；完成了国标复审暨整合精简工作，对2016年及以前批准发布的工程建设国家标准和住房城乡建设部行业标准进行了复审；起草了关于《工程建设团体标准管理实施细则》，启动第一项有色工程建设团体标准《有色冶炼厂绿色工厂评价标准》编制工作。

在国际标准方面，积极推进3项工程建设国家标准翻译英文版工作；协助企业获3项ISO/TC 282国际标准的联合主编权；经国标委批复，在有色行业设立了ISO/TC 300国内技术对口单位资格；编制完成《有色金属工业“十三五”工程建设标准体系建设方案》和《工业行业工程建设领域“中国制造2025”标准体系建设研究》。

2017年共获得工程建设标准制修订计划项目6项，其中国家标准4项，行业标准2项；报批工程建设标准34项，其中国家标准10项，行业标准24项。截至2017年底，在编工程建设标准53项，其中国家标准23项，行业标准30项。

七、搭建好协会服务平台，努力做好服务工作

积极落实协会责任，为企业提供服务保障。2017年，对有需求的企业进行14项工法关键技术鉴定，为企业办理施工管理人员岗位证书，并积极协助企业开展奖项申报及资质申报。

完成质监总局委托的工作。完成10家设计单位压力管道设计资质取（换）证鉴定评审，并举办了压力管道设计审批人员培训和考核。完成抽查1家设计单位（中色科技有限公司）压力管道设计及管理情况。

（杨　健）

中国有色金属加工工业协会

2017年，中国有色金属加工工业协会（以下简称：加工协会）在国家有关部委和中国有色金属工业协会的正确领导下，在广大会员企业的大力支持下，紧紧围绕年初确定的重点工作，不忘初心，奋勇开拓，各项工作再上新台阶。

一、反映行业诉求，不断深化会员服务

2017年，加工协会坚持“为会员服务”是协会立命之本的理念，进一步扩展行业调研的广度和深度，自行前往或组织专家先后深入江西、安徽、浙江、山东等重点铜加工地区和上海、广东、江苏、山东、安徽、广西等重点铝加工地区广泛开展行业调研，把脉企业难点，聚焦行业热点，反映行业诉求，不断深化会员服务，全力为企业排忧解难。

针对铜板带产业大而不强的现状，专题策划召开了主要由骨干企业领导参加的高峰论坛，对产业大而不强的深层次原因进行剖析，提出解决方案，明确发展方向和目标，并与国家有关主管部门对接，反映行业诉求，争取政策、资金和项目支持，助力突破制约产业发展的关键瓶颈。

持续加强会员开发，全年发展新会员51家。定期为会员企业发送《轻合金加工技术》、《铜加工》、《中国有色金属加工》刊物。组织会员企业参加2017年“中国铝业杯”第十一届全国有色金属行业职业技能竞赛，发扬工匠精神，为产业转型升级培养技能人才。利用协会自身具有的公信力和权威性，为会员企业在项目建设、市场拓展、品牌提升等方面提供多元化服务，努力为企业排忧解难。

二、积极建言献策，配合政府做好行业管理工作

积极邀请国家有关部门的主管领导参加行业会议，深入企业调研，就行业共性问题，与企业面对面交流，充分发挥协会的桥梁纽带作用。根据国家有关部门要求，加工协会及时提交有关调研报告。此外，利用产业发展报告、课题研究、会议研讨等形式，对行业面临的形势和存在的问题建言献策。

配合政府有关部门，做好行业管理工作。

2017 年 3 月，受商务部反垄断局委托，对浙江海亮股份有限公司收购诺兰达集团部分业务案进行反垄断审查，并出具审查意见。2017 年 6 月，配合工业和信息化部开展《重点新材料首批次应用示范指导目录》调研。此外，还推荐兴发铝业和贝斯特机械等会员企业参加了第十九届中国专利奖评选等。

三、加强课题研究，促进产业集群转型

2017 年，加工协会完成了《聊城市有色金属加工产业转型升级实施方案（2016—2025 年）》、《滨州高端铝材创新型产业集群建设与发展规划》、《滨州市高端铝产业中长期发展规划（2017—2025 年）》、《滨州北海经济开发区铝产业园发展规划（2017—2025 年）》（送审稿）共 4 个课题项目，课题数量较以前明显增加，研究质量较以前显著提高，为促进聊城和滨州两大产业集群转型升级起到了重要的指导作用。其中，《滨州高端铝材创新型产业集群建设与发展规划》顺利通过国家科技部评审，协助滨州经济技术开发区高端铝材创新型产业集群申报成为国家创新型产业集群试点。

四、加强标准引领，全面推动产业升级

针对行业共性问题，加工协会主动和行业标准主管部门合作立项，以编制相关标准前期基础性研究为抓手，组织相关企业开展工作。例如，加工协会发现国家环保政策深度加码趋势，于是联合环境保护部华南环境科学研究所等单位在环境保护部立项，共同承担铝合金挤压型材污染物排放国家标准研制任务，并于 7 月 25 日组织重点铝型材企业和部分地方行业协会的专家在广州召开座谈会，充分听取广大企业对该标准制定的意见和建议。针对模具质量、木纹转印质量等行业共性问题，加工协会通过全国有色轻金属标准化分技术委员会在中国有色金属工业协会立项，开展《铝及铝合金热挤压模具》、《粉末涂料选用指南》、《木纹转印热转印纸选用指南》等标准制定研究工作。

五、坚持扩大应用，推动供给侧结构性改革

深入开展扩大铝应用工作，推动铝加工行业供给侧结构性改革，为满足人民日益增长的美好生活需要提供更多优质产品。

10 月 13 日，由中国有色金属工业协会主办，加工协会承办，中国家具协会、广东省有色金属学会铝加工专业委员会、临朐县铝型材行业协会、滨州市铝行业协会、佛山市南海区铝型材行业协会等单位协办的“扩大铝制家具应用高层论坛暨全铝家具展览会”在山东临朐召开，论坛和展览为宣传和推动铝制家具走入寻常百姓家，为进一步扩大铝的应用发挥了积极作用。

六、协助地方招商，服务区域经济发展

为落实国家振兴东北老工业基地发展战略，加工协会协助辽宁省灯塔市政府于 6 月 22 日在南京召开了“辽宁 · 灯塔市重点项目招商推介会”，协助灯塔市开展宣传推介和招商引资。此外，利用召开行业技术交流研讨会的机会，为安徽省濉溪县铝加工产业进行宣传推介和招商引资，取得了很好效果，受到了地方政府的高度肯定。

七、加强会议策划，持续提高办会水平

2017 年 9 月，加工协会第七届三次理事会在江西鹰潭召开，会议同意范顺科接替文献军为加工协会第七届理事会理事长，完成领导届中调整。

2017 年，加工协会召开铜加工年会 1 次、专题技术交流研讨会议 7 次，初步为行业搭建起了全方位、无死角的技术交流平台。会议安排更加合理，人气进一步提升，影响进一步扩大，得到了广大企业的积极响应和广泛肯定。

2 月，2017 年中国铝及铝合金熔铸技术研讨会在广东佛山召开，400 余人参会。

3 月，2017 年中国铝及铝合金用粉末涂料技术研讨会在广东新兴召开，150 余人参会。

5 月，2017 年中国铜及铜合金熔铸技术研讨会在浙江宁波召开，200 余人参会。

9 月，轻金属分会主办的全国铝合金挤压技术交流会在黑龙江哈尔滨召开，150 余人参会。

9 月，2017 年中国铜加工产业年度大会在江西鹰潭召开，中国有色金属工业协会党委书记、会长陈全训，工业和信息化部原材料工业司副司长余薇等领导出席大会并发表讲话，共 500 余人参会。

10 月，由中国有色金属工业协会主办，加工协会承办的扩大铝制家具应用高层论坛在山东临朐召开，400 余人参会。

11 月，2017 年中国铝加工与润滑技术交流研讨会在安徽濉溪召开，400 余人参会。

12 月，2017 年中国铜板带产业发展高峰论坛在安徽芜湖召开，国内骨干企业负责人在现场共商铜事。

此外，由加工协会主办，山东华建铝业集团有限公司承办的第六届中国（临朐）家居门窗博览会暨全铝家居展览会在山东临朐召开，展览面积达到2.4万平方米，参展企业423家，参观人数近6万人次。

八、强化自身建设，夯实服务基础

加强制度建设。为加强对分支机构的管理，修订完善了《中国有色金属加工工业协会分支机构管理办法》，并经第七届三次理事会通过。

加强平台建设。全新设计的加工协会网站正式上线。新增微信订阅号1个，微信平台总数达到3个。《中国有色金属加工》杂志完成改版。

一年来，加工协会坚持加强自身建设，不断强化行业服务，各项工作取得了预期效果，得到了广大企业，尤其是会员单位的响应和支持，为行业持续稳健发展做出一定贡献。

（卢　建）

中国有色金属工业协会铜业分会

2017年，中国有色金属工业协会铜业分会（以下简称：铜业分会）按照中国有色金属工业协会总体工作部署和分会二届六次理事会工作安排，积极开展工作，圆满完成了各项工作任务。

一、大力推进供给侧结构性改革，促进行业平稳健康发展

针对产业结构性矛盾日益突出、行业不断恶化的形势，铜业分会在2017年继续配合国家有关部委、协会、企业积极推进“供给策结构性改革”工作。一是结合2017年（第十五届）中国国际铜业论坛的举办，与上期所共同举办了期货市场服务于铜骨干企业供给侧结构性改革培训研讨会。二是主动对接地方政府，谋划产业发展。铜业分会先后对接了广西崇左市工信委、内蒙古乌拉特前旗政府、湖北黄石市工信委、黑龙江齐齐哈尔市市委、重庆市发改委等部门，帮助其谋划发展铜产业，推动地方开展铜产业供给侧结构性改革工作。

二、积极配合国家有关部门开展铜产业相关政策制定工作，为政府和企业服务好

一是就铜精矿加工贸易政策与海关总署开展合作。促成了协会与海关总署签订战略合作协议，开拓了合作领域。同时代表协会与宁波海关签订了合作协议，开展铜产业相关技术咨询工作。受济南海关聊城办的邀请，组织专家对祥光铜业的铜、金银的单耗标准进行核销。二是应理事单位要求，积极开展进口铜精矿副产品硫酸及稀散金属海关征管事项的协调工作。三是协助工信部原材料司开展《铜冶炼行业规范条件（第四批）》组织申报、专家评审等工作。

三、加强环保政策宣贯，大力促进行业绿色发展

2017年铜业分会深入贯彻落实新发展理念，推动产业绿色发展，号召全行业处理好“金山银山”与“绿水青山”的辩证关系，努力提高清洁生产水平。针对京津冀大气污染防治、特别排放限值调整、危险废物归类等对行业产生重大影响的环保政策，加强调研，深入研究，倾听企业意见，及时反映情况，提出对策建议，为相关政策出台提供科学依据。同时，大力推进绿色产业标准制定，配合国土资源部完成了首个“有色金属行业绿色矿山建设规范”行业标准的制定。这些工作既提高了环保政策约束门槛，树立了矿山行业绿色标杆，提升了行业清洁生产水平，又在一定程度上缓解了企业短时间内陡然增加的压力，有利于行业可持续发展。

四、努力为企业排忧解难，促进产业协调发展

围绕铜精矿加贸税收政策、进口废杂铜杂质标准、矿产资源税调整、镍产业贸易救济、硫酸反倾销、铜冶炼排污许可证等一系列铜行业企业关心的问题，分会秘书处积极开展调研，倾听企业诉求，并及时将有关情况向相关部门反映，争取政策支持。

五、完成相关工作

铜业分会积极参与完善产业预测预警体系，定期发布铜产业综合景气指数。按协会统一部署，认真组织《中国工业史·有色金属工业卷》铜篇的编撰工作。参与了伦敦中国有色金属报告会、铜业国际论坛、上海铜业周等活动，扩大了中国铜产业的影响，发出了中国铜行业的声音。

（马　骏）

中国有色金属工业协会铝业分会

按照中国有色金属工业协会（以下简称：协会）2017年工作总体部署，在协会的领导下，中国有色金属工业协会铝业分会（以下简称：铝业分会）围绕严管严控电解铝新增产能、扩大铝应用、加强行业自律和扩大会员单位之间交流、开展专题研究等方面积极开展了各项工作。

一、坚定不移推进电解铝供给侧结构性改革

（一）配合国家发改委、工信部、国土资源部、环保部四部委开展清理整顿电解铝违法违规建设项目专项行动

铝业分会参与开展的主要工作有：一是积极参与专项行动工作方案的制定，明确工作要求、确定具体实施步骤。二是摸清底数。参与收集整理全国电解铝产能基础数据和资料，摸清电解铝合规产能、违规产能规模。三是配合四部委迅速安排部署。参加四部委相关负责人于4月25日主持召开的专项行动启动工作会议，学习中央领导的重要批示指示精神，配合四部委对专项行动进行动员部署，压实各方责任，明确目标任务。四是参与地方核查。配合四部委赴山东、新疆、内蒙、广西等地电解铝企业实地核查，督促指导企业完善相关手续。五是发挥政府和企业间的政策传达和诉求反馈的桥梁作用，跟踪政策落实情况等工作。该项工作取得积极成效，主要表现在违法违规新增产能全部关停，电解铝行业投资建设秩序进一步规范，产能快速无序增长势头明显遏制，行业运行质量提高，企业效益明显改善。

（二）参与电解铝产能等量减量置换方案的研究和完善

为维护行业平稳运行，保证清理整顿电解铝违法违规工作顺利开展，铝业分会参与工信部关于电解铝产能置换方案的研究。在方案发布后，积极跟进方案推进情况，并将实施中遇到的难点、存在的问题主动向工信部反映，建议简化集团内部电解铝产能置换方案。为更好推进置换工作的落实，工信部于9月底出台了企业集团内部电解铝产能跨省置换工作的通知，对工作程序进行了简化。

此外，还不定期向国家发改委办公厅、产业协调司、商务部外贸司、工信部原材料司等国家有关部门汇报，并提供铝产品产能、产量、进出口、效益、投资等基础数据及行业运行状况，撰写电解铝产能预警分析报告。

二、继续开展扩大铝应用工作

扩大铝应用是近年来重点工作之一。按照协会部署的“加强绿色铝宣传、做好扩大铝应用工作”的要求，坚持在不断深化已有扩大铝应用成果的基础上，按照一年一个主题，持续不断扩展铝应用的新亮点。

2017年是持续开展扩大铝应用的第六年，继在交通、建筑、电力行业推广全铝挂车、新能源城市公交、铝合金建筑模板、铝合金围护板、铝合金电缆等工业产品应用基础上，2017年铝业分会将铝制家具作为工作重点，进一步扩大铝产品在民用领域的消费潜力。

为加强宣传，增进技术、生产、销售、使用等多方面交流与沟通，引导铝制家具行业健康发展，铝业分会于2017年10月13日在山东临朐召开“扩大铝制家具应用高层论坛暨全铝家具展览会”。这次论坛得到了中国家具协会、广东省有色金属学会铝加工专业委员会、临朐县铝型材行业协会、滨州市铝行业协会、佛山市南海区铝型材行业协会、国际铝业协会、中国林产协会、山东省家具协会、天津家具协会，以及山东华建、辽宁忠旺、大连福兴、营口鑫美润、山东权铝、南海雄业等30余家铝制家具企业的积极参与，也得到了国家发改委、工业和信息化部等部委的大力支持。参加这次论坛的嘉宾和代表共计400余人。会议紧紧围绕绿色环保的主题，针对铝制家具的特点、行业状况、存在的问题及发展前景等议题进行了充分交流和讨论，论坛及展会都取得较好效果。

三、主动防范应对国际贸易摩擦

（一）美国铝箔产品双反案

美国商务部于3月28日对中国出口铝箔产品启动反倾销反补贴调查。铝业分会于4月29日在北京召开骨干出口企业协调会，商讨美国铝箔反倾销反补贴调查无损害抗辩相关事宜，与会12家铝箔企业（占中国对美铝箔出口总量比例超过70%）一致同意由协会牵头组织美国铝箔双反调查无损害抗辩工作。在整个应诉过程中，协会负责牵头制定行业损害抗辩工作计划、协调落实行

业损害抗辩相关工作、与律师事务所和企业做好沟通、组织开展中美业界的磋商、游说、出席终裁听证会等工作。

美商务部已作出双反初裁决定。对此，铝业分会发表声明，表示对此决定坚决反对，支持中国铝箔企业继续开展双反调查应诉工作，全力维护中美铝产业间健康自由的贸易环境。

（二）美国232调查

4月27日，特朗普签署备忘录，要求美国商务部根据《1962年贸易拓展法案》第232节的规定，对包括来自中国在内的海外铝产品进口展开专门调查。

协会副会长文献军带队于6月12－16日赴美开展游说工作，重点拜访了美国主要铝企业、铝下游商协会和用户等美国利益相关方，争取第三国利益方对华态度保持中立，争取美国共同利益方的支持，参加听证会、提交了详细报告，反对美方对进口铝产品实施限制。同时，还向美国对华发难利益方表明态度，亮出筹码，特别与美国铝业公司拆分后的Arconic的全球政府关系副总裁进行了当面沟通，Arconic和ALCOA是多数案件的主要推手。此外，还拜访了中国驻美使馆公使，争取中国驻美使馆的支持，公使表示支持业界积极应对，适当情况下可以采取反制措施。中国铝业公司、忠旺集团、南山集团、北京安泰科信息开发有限公司及中国有色金属工业协会轻金属部相关人员参加了游说。

按国家商务部贸易救济调查局关于应对美国232国家安全调查工作部署，于6月20－24日赴美参加232国家安全调查听证会，全面分析整理了与本案有关的基础资料和数据，在此基础上，总结提炼了一系列立场观点，向美国商务部提交了关于美国232国家安全调查立场报告。还通过媒体采访等途径，主动发声，阐明中方观点，以正视听。路透社、美国贸易内情、Bloomberg、新华社等媒体关于232听证会的报道中均引用了中方观点，并进行了客观的评论和报道。例如，Bloomberg发表了题为《特朗普对进口产品设限是错误的》评论文章。

通过系列应对工作，有效拖延了案件裁决时间，且到目前为止未对中国铝产品外贸产生实质性影响。

（三）美国332调查

7月，美国际贸易委员会（ITC）发布“影响美国铝业的竞争状况”（332）调查研究报告。基于中方前期开展了大量情况研究、国际交流、国内抱团应诉、出席听证会并主动发言等工作，应诉工作得到了商务部的高度认可和企业的好评。

通过系列应对工作，使得ITC在报告中指出中国铝产业的快速发展主要是受国内基础设施建设和建筑等领域对铝的强劲需求拉动的，是为了满足国内经济发展的需要，供需基本是平衡的等客观观点。但报告也指出中国政府对铝产业实施的补贴等问题，并认为这种补贴使得中国出口的产品具备了成本优势。这一论断不利于中国铝产业市场经济地位的认定以及未来贸易救济案件的应诉。尽管这项调查属于事实性调查，但报告内容和基本观点很有可能成为美国新贸易救济案件的依据。

（四）美铝板带双反调查

美国商务部于11月28日对自中国进口的铝板带自主发起反倾销反补贴调查。对此，铝业分会发表声明表示坚决反对。认为，中美铝板带产品存在高度互补性，两国业界间的贸易与投资稳步推进，服务并促进了两国经济发展；中美业界一直保持良好合作和对话关系，共同应对发展中遇到的分歧与问题，美政府自主立案的行为不仅激化甚至扩大了矛盾，同时还无视美消费者利益、下游产业就业等诸多问题。

为做好该案的应对工作，铝业分会于12月11日召开应对铝板双反案应诉座谈会，参会企业对美出口涉案产品数量占中国对美出口涉案产品的比例接近70%。会议由协会副会长文献军主持，并邀请了商务部贸易救济调查局副局长刘丹阳等领导参加。会上，介绍了中美贸易形势、应诉的重要意义等，与会企业统一思想，表示将积极应诉。

四、组织会议活动情况

（一）参与举办“2017年中国国际铝业周”

11月15－17日，由协会主办，中国铝业公司协办的“2017中国国际铝业周”在福建省福州市召开，铝业分会参与了筹备、宣传和组织等一系列工作。铝业周期间先后召开了2017年中国国际铝业大会、泛太平洋铝业商务冷餐会、泛太平洋铝业高峰论坛。协会会长陈全训在中国国际铝业大会开幕式上致辞表示，在世界铝工业格局重塑、合作深化、消费升级的新阶段，希望建立一个高效、开放、包容、共赢的市场，共同把世界铝工业这块蛋糕做大、做好。希望借助中国国际铝业周这个平台，各方增强互信，增进友谊，实现更加广泛、更加深入、更高层次的交流与合作。福建省委常委、福州市委书记王宁，中国铝业公司董事长、党组书记葛红林，财政部关税司司长冯晋平，工信部原材料工业司副司长余薇，商务部贸易救济调查局副局长刘丹阳，国际铝业协会秘书长罗恩·耐普，日本铝业协会会长冈田满等出席了开幕式并致辞。国家发改委产业司、商务部外贸司等领导也出席了开幕式。协会领导文献军、贾明星、范顺科先后主持了泛太平洋铝业高峰论坛中CEO对话专场，技术与应用专场，投资和贸易专场等主题论坛。本次参会代表来自10多个国家、1000余人，与会各方围绕行业发展走向，共同探讨了铝业热点话题，预判市场、交流技术、分享体会、洽谈合作，共叙铝工业发展大计。

（二）组织召开铝业分会二届五次理事会

11月14日，铝业分会三届一次理事会暨换届会议在福州召开。会议总结了5年来铝行业的发展情况，分析和探讨了当前铝行业形势和行业重点关注的热点问题。同时，总结二届理事会的主要工作，安排部署了今后一段时期铝业分会的重点工作任务。文献军在会上指出，尽管2017年铝行业整体向好，但面临的国内外环境依然不容乐观，铝行业要坚定推进供给侧结构性改革，坚持走绿色环保之路，继续推动铝的应用。中铝公司党组成员、副总经理、中铝股份高级副总裁卢东亮，协会组织人事部主任戴山，协会会员部主任王惠芬等领导出席会议。本届会议还选举产生了铝业分会三届理事会理事长、副理事长及秘书长，50余名理事或理事代表参加会议。

五、反映企业诉求

铝业分会积极将企业提出的取消电解铝出口暂定关税、提高铝制易拉罐盖退税率、放开氧化铝加工贸易、将氟化铝调出《出入境检验检疫机构实施检疫的进出境商品目录》等政策建议反馈给国家有关部委，部分建议得到了及时采纳。

（莫欣达）

中国有色金属工业协会铅锌分会

一、2017年中国铅锌工业运行概况

2017年，中国铅锌工业运行平稳，产销量波动在正常范围以内，精炼产品进口增加，价格运行在相对高位，行业效益恢复性增长，主要技术指标有所提升，投资总额稳中有降呈现优化，再生循环领域增速加快。各理事单位为促进我国铅锌工业营造良好的市场环境，调结构、促转型、增效益等方面付出了不懈努力，为实现铅锌工业强国目标做出了应有的贡献。

与此同时，铅锌行业的产业结构矛盾长期存在，资源和环境的双重约束制约着发展高度，成本高企和扩大应用难度双重挤压着生存空间，中国铅锌产业实现高质量发展面临着转型升级的三大挑战：

一是生态文明建设和污染防治攻坚战将对中国铅锌工业发展环境产生重大影响。

二是产业集中度逐渐提高，采选和冶炼利润分化加大，采选冶加工一体化的优势企业占比较低，提高资源掌控力任重道远。

三是生产和消费已进入平台期，再生铅产量将逐步超过原生铅，全球铅锌整体上过剩局面难以改变，精炼产品净进口将对国内产业形成冲击。

二、2017年铅锌分会开展的主要工作

中国有色金属工业协会铅锌分会（以下简称：铅锌分会）三届理事会换届成立后，积极学习贯彻党的十九大精神和习近平新时代中国特色社会主义思想，全面落实《国务院办公厅关于营造良好市场环境促进有色金属工业调结构促转型增效益的指导意见》（国办发〔2016〕42号）文件精神、深化供给侧结构性改革、突出绿色理念促进铅锌行业高质量发展。理事会秘书处严格按照中国有色金属工业协会总体工作部署，积极开展了以下六个方面的主要工作：

（一）按计划圆满完成了理事会部署的各项工作，加强行业自律和联合取得实效，扩大分会的影响力

2017年6月22日在白银公司顺利召开了铅锌分会理事会换届大会，增加了轮值理事长单位，扩充了理事会的铅锌产业链覆盖范围，三届铅锌

分会理事单位已达45家，还有3家冶炼企业申请入会，分会理事单位的冶炼总产能约占全国的70%，已成为中国铅锌行业的核心组织和中坚力量。理事会秘书处充分发挥铅锌分会的行业自律协调和引领作用，充分认识新形势新任务，主动应对新挑战化解市场风险，特别是加强行业自律，密切理事单位间的沟通协调，维护行业共同利益，同时推动铅锌上下游产业链间的合作，实现共同发展。

（二）全面贯彻落实国办发42号文件精神，深化供给侧结构性改革，引导行业由规模扩张转型高质量发展

认真分析了行业形势和突出问题，以提质增效为抓手，在去产能、去库存、降成本、补短板等领域取得了不同进展，保证了行业的平稳运行。受益于供给侧结构性改革成效和铅锌价格上涨，2017年全国规模以上铅锌企业实现利润310.7亿元，同比增长67.35%，占有色金属实现利润的13.52%，比2016年提高了2.76个百分点，创下自2006年铅锌分会成立以来的历史最好水平。

（三）以绿色发展理念为引领，全面提升行业的重金属防控，从源头上做好清洁生产防治环境污染

铅锌行业是重金属污染防控的重点行业，全行业像重视市场风险一样高度重视环保责任，将重金属防控压力转化为绿色发展动力，积极引导各理事单位领导高度重视不抱侥幸心理，从工艺装备、环保投入、管理制度等风险点入手，及时补好环保短板，扎实有效做好环境保护工作。秘书处积极配合环保部针对铅锌行业的重金属防治和固废管理等工作，先后参与了《铅锌工业污染物排放标准实施评估》、《冶炼行业排污许可证申请与核发技术规范》、《含锌废物利用处置污染控制技术政策》等项目研究，并在2017年11月的中国国际铅锌年会期间联合北矿院环境所为20家铅锌骨干企业组织召开了排污许可证审核申请和环保管家推介会，获得了企业热烈欢迎。

（四）组织筹办了第20届中国国际铅锌年会暨第二届中国国际铅锌周等行业活动

中国国际铅锌周筹办得到了骨干企业的大力支持，组委会开展了年度中国铅锌行业创新发展奖、国际产业合作杰出奖、践行社会责任优秀奖等三大组委会行业奖项评选，取得了良好的行业示范引领效果。此外，还组织相关企业积极参与了伦敦金属周（LME）的中国有色金属报告会、国际铅锌研究组会议、国际锌大学项目、中芬有色金属工作组、上海有色网铅锌峰会等活动，对国内外动态和市场趋势进行了预判，及时采取了应对措施，基本达到了预期成果。

（五）强化实地调研和现场学习，积极帮助解决行业共性问题和企业实际困难

铅锌分会是理事单位的娘家，秘书处不忘初心，牢记使命，想方设法为企业排忧解难，先后到河池南方、驰宏锌锗、云铜锌业、中金岭南、豫光金铅、济源万洋、白银有色、株冶、水口山、中色白音诺尔矿业、中冶葫芦岛、陕西东岭等企业调研走访学习。积极向国家有关部门反映了行业运行新情况，寻求政府支持，协助解决了相关企业在生产经营、进出口、环保科技等方面遇到的实际困难。

（六）积极发挥桥梁纽带作用，利用多种渠道和方式，以资源保障和期现结合规避风险为重点，全面提升铅锌行业竞争力

在矿冶价格分享、矿山合作信息、精矿销售流向等方面加强理事单位的合作，避免无序竞争。同时，与上期所密切合作，在铅锌分会理事会和中国国际铅锌年会期间共同举办期货市场服务铅锌行业高层研讨培训专场，在驰宏锌锗、豫光金铅等骨干企业分别开展铅锌期货产业培训基地活动，逐步提高风险防范能力，为促进行业供给侧结构性改革起到了保驾护航作用。

（彭　涛）

中国有色金属工业协会镁业分会

2017年，在党的十九大精神指引下，在中国有色金属工业协会的正确领导下，中国有色金属工业协会镁业分会（以下简称：镁业分会）遵循为政府、为行业、为企业服务的宗旨，创新发展，积极作为，圆满完成了全年的各项工作任务。

一、召开四届二次理事会，实现新老交替，林如海接任镁业分会会长

2017年10月11日，镁业分会在威海召开了四届二次理事会，徐晋湘辞去镁业分会会长职务，

林如海担任镁业分会会长。

会议期间，与会代表充分肯定了镁业分会近年来的工作和对中国镁产业发展做出的贡献，对林如海担任会长表示全力支持并提出了殷切希望，同时还就中国镁产业多个方面的问题进行了深入的探讨。

二、发挥行业服务职能，提升行业服务水平

一直以来，镁业分会将服务行业、服务会员企业作为工作的基本点和落脚点。2017 年，镁业分会继续强化行业职能，努力为企业服务，推动行业发展。

2017 年，镁业分会共接待政府相关部门和企业来访 150 多人次，咨询服务范围涉及企业发展、产品定位、地方区域产业规划、技术趋势、行业发展前景等诸多方面，为企业发展、地区经济的发展提供了中肯而富有成效的意见和建议。

2017 年，受山东、河北、陕西等省多家企业和地方政府的委托，镁业分会组织专家对多个涉镁项目或课题进行了评审、评估或推荐，为企业发展、争取投资或者国家经费支持和地方发展提高了强有力的支撑，促进了企业的发展和行业的进步。

2017 年，受江苏、浙江、山东、陕西等省多家企业的请求，镁业分会通过发函、出具协会说明、派专人现场解答等多种方式，积极为企业解决生产和建设存在的实际问题和困难，保障企业的正常运营。

三、充分发挥平台作用，加强宣传，根据热点问题搭建沟通交流桥梁

2017 年，镁业分会继续大力宣传中国镁业，提升镁在全行业的认知度。通过“一网一刊”——期刊、网站加强信息服务，普及宣传镁行业。同时，镁业分会还与有色金属行业权威信息机构—北京安泰科信息股份有限公司合作出版《镁报告》，及时向全行业通报镁行业最新信息，积极为镁行业、镁企业提供信息服务。

2017 年，镁业分会积极发挥行业沟通协调功能，积极搭建沟通渠道，加强企业间的互联互通，促进行业间交流，促进企业发展和行业进步。

2017 年，镁业分会主办了多个行业内重要会议，不仅向社会各界推介和宣传了镁行业，而且根据行业热点邀请有关政府部门进行重点解析，为企业和行业发展给出了指引。

（一）理事扩大会

2017 年 6 月，镁业分会在山西运城召开了 2017 年理事会扩大会，副会长、常务理事、理事及部分特邀代表共 70 多人参加了会议。会议针对行业对矿山开发、环保等非常关心的议题，邀请了中国有色金属工业协会、国家环保部评估中心的专家领导就行业关心的“白云石三率指标”制定、“镁行业排污许可申请及核发”等问题进行了专门解读，获得了参会代表的好评。

（二）镁业分会第 20 届年会暨 2017 年全国镁业大会

2017 年 10 月，镁业分会在山东威海召开第 20 届年会暨 2017 年全国镁业大会，来自镁行业及相关产业的代表 400 余人参加了会议。会议以应用开拓为中心议题，邀请汽车、3c 以及业内优秀企业做专门报告和经验介绍，搭建沟通交流平台，加强企业间的沟通和交流，推动行业发展。

四、积极参与国家政策的制定，为行业发展创造良好的外部环境

2017 年，镁业分会积极配合国家相关部委、参与各项涉镁政策的制定。

（一）白云石三率指标制定工作

受国土资源部的委托，镁业分会参与并主导了中国有色金属工业协会承接的白云石三率指标的制定工作。

矿产资源合理开发利用“三率”指标是指矿山开采回采率、选矿回收率和综合利用率等三项指标，是评价矿山企业开发利用矿产资源效果的主要指标。三率指标将是采矿证核发的重要参考指标。

根据初步研究，白云石三率指标如下：开采回采率，露天矿山开采回采率不低于 90%；选矿回收率，冶金用白云岩经破碎后直接进行冶炼提取金属镁，没有选矿过程，因此建议暂不制定“选矿回收率指标”；综合利用率，暂不设定指标，鼓励矿山企业开发利用白云岩矿产时，综合利用低品位矿石、利用矿山开采废石及选矿尾矿，制作建筑材料或矿山采空区回填。

（二）镁行业排污许可申请及核发技术规范

镁行业排污许可申请及核发技术规范，是镁行业排污许可证申请和核发的标准，该标准的制定对行业排污许可证申请工作非常关键，镁业分会非常重视，积极与中国有色金属工业协会等规范制定单位密切合作，积极组织行业专家参与规范的评审。

（三）其他

镁业分会还积极参与有关行业发展的政策研讨和制定，如绿色矿业建设标准等。

五、加强产业服务，做好重点项目跟踪，搭平台，推动重点项目产业化

镁业分会非常重视重点技术和项目的孵化和产业化，不仅将工作重点放在冶炼、加工关键技术的突破上，更重要的是工作落脚点是关键技术的产业化。

（一）冶炼工艺的技术提升与创新

一是积极推介成熟、先进的冶炼工艺。近年来，中国镁冶炼技术进步非常明显。镁业分会持续追踪，多方调研，认为竖罐冶炼工艺技术已日趋成熟，并在南京云海实现了产业化。虽然此种工艺还有不少需要完善的地方，但已具备全行业推广的基本条件。镁业分会将适时向全行业推介，推动镁冶炼行业机械化和自动化，提高劳动生产率，促进全行业冶炼水平的提升。

二是，鼓励并支持开发新型冶炼工艺。有多家企业尝试借鉴其他传统行业工艺开发新型镁冶炼工艺，镁业分会积极跟踪，并适时向全行业通报情况。

（二）关键加工技术工艺的产业化

镁合金轮毂锻造技术、板材加工技术、板棒坯铸造技术是相关关联的技术包，这些技术的产业化对镁合金规模化应用将起到了极大的推动作用，镁业分会积极推动这些技术的产业化，并将镁合金轮毂锻造技术作为重点中的重点。

六、加强调研，把握行业情况

2017 年，镁业分会以平台建设、行业发展现状、扩大应用等几条主线，到山西、陕西、江苏、浙江、河南、上海等地就重点镁企业生产运营情况、技术改造、节能减排情况以及重点项目进展情况展开了多次调研。通过调研，不仅真正掌握行业情况、企业现状，而且通过协会的影响力，搭建了企业与政府间沟通的桥梁，为企业解决了不少实际困难，真正起到了为企业服务、政府咨询的作用。同时，镁业分会还积极将调研情况以当面汇报、书面汇报等形式向国家相关部门反馈行业最新情况，为国家制定政策提供参考。

七、积极开展国际交流与合作

镁业分会高度重视国际合作，与国际性镁组织保持密切联系和沟通，与国际镁业协会、日本镁业协会建立了稳定的合作关系。同时，镁业分会充分发挥沟通协调职能，为国内企业和国外镁企业、国际性镁组织搭建沟通渠道，促进镁行业国际交流。

（史晓梅）

中国有色金属工业协会钼业分会

一、钼工业运行情况

（一）产能、产量

1. 生产能力。2017 年中国钼选矿生产能力为 35 万吨/日（矿石处理能力）；中国氧化钼、钼铁焙炼能力超过 28 万吨/年；中国钼酸铵生产能力近 5.5 万吨/年；钼酸钠的产能为 9850 吨/年；高纯二硫化钼粉的产能 1700 吨/年；高纯三氧化钼生产能力为 1.8 万吨/年；钼粉及其制品的产能为 1.78 万吨/年。

2. 产品产量。据中国有色金属工业协会钼业分会（以下简称：钼业分会）统计，2017 年中国钼精矿产量为 19.24 万吨，与 2016 年的 17.38 万吨相比增长 10.75%。主要因为钼价持续走高，部分停产的矿山已恢复正常生产。

2017 年工业氧化钼产量为 12.20 万吨，与 2016 年的 11.48 万吨相比增长 6.24%；2017 年钼铁产量 10.39 万吨，与 2016 年的 10.40 万吨相比下降 0.14%；2017 年钼化工产品产量为 4.88 万吨，与 2016 年的 4.75 万吨相比增长 2.9%；2017 年钼粉及其制品产量为 1.51 万吨，与 2016 年的 1.43 万吨相比增长 5.1%。中国钼产品产量近年来变化如图 1 所示。

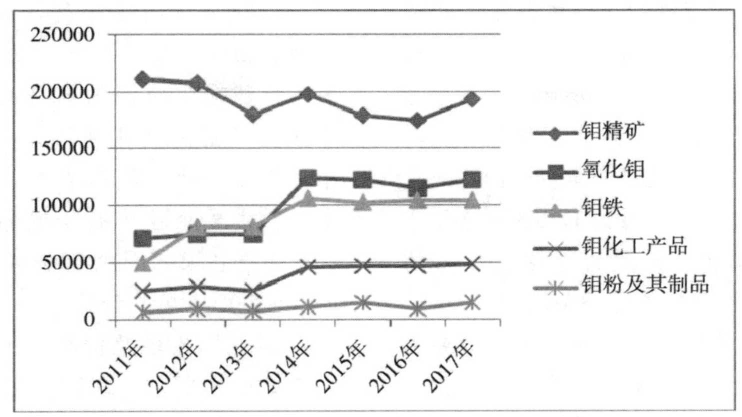

图1　中国钼产品产量近年来变化

2017年中国钼精矿产量同比增长10.75%。钼精矿产量的增加主要来自黑龙江、陕西、内蒙古、吉林等主要省区，增幅分别为：32%、19%、17%和10%，江西、河北地区钼精矿产量有所减少，减幅分别为15%和7%。

（二）产业结构

1. 产品结构。2011—2017年中国钼产品结构如表1所示。2017年中国钼化工产品产量所占份额与2016年相比减少1.3个百分点；2017年钼粉及其制品产量所占份额与2016年相比有所增加，增幅5.17%。

表1　2011—2017年中国钼产品结构

年份	2011年	2012年	2013年	2014年	2015年	2016年	2017年
氧化钼、钼铁（%）	79.83	80.05	82.46	80.26	73.20	79.26	75.39
钼化工产品（%）	15.04	14.96	13.32	15.95	18.15	17.19	15.89
钼粉及其制品（%）	5.13	4.99	4.22	3.79	8.65	3.55	8.72
合计（%）	100	100	100	100	100	100	100

注：按钼业分会统计的实物量计算

2. 产业分布情况。2017年中国钼精矿的生产主要集中在河南、陕西、内蒙古、黑龙江、吉林、江西、河北等省区，以上省区钼精矿产量占全国钼精矿总产量的96.96%，其中河南省钼精矿产量占全国的26.2%，河南、陕西两省钼精矿产量占全国总产量的51.42%。其中副产品钼产量为2.13万吨，占中国钼总产量的11.08%，副产钼的分布主要在内蒙古的中金乌山铜副产品钼及江西的江西铜业铜副产品钼。2017年中国钼精矿产量分布如图2所示。

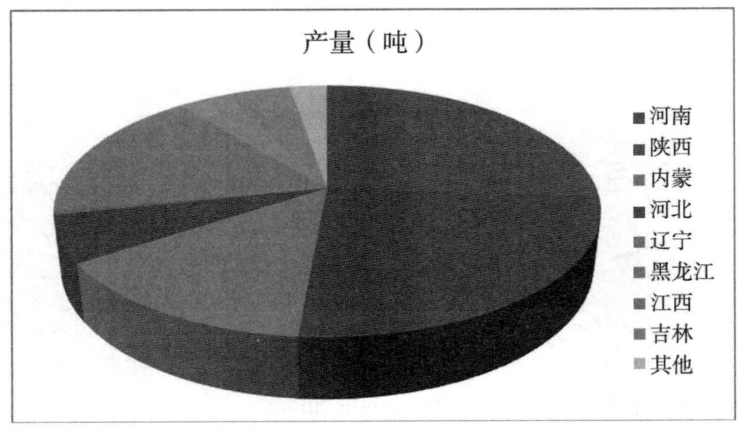

图2　2017年中国钼产量分布图

2017年中国氧化钼、钼铁的生产主要集中在河南、陕西、辽宁等省，其中金堆城钼业集团有限公司和洛阳栾川钼业集团有限公司氧化钼的产量占到了全国的60%以上，钼铁的产量占全国的41%以上。其中金堆城钼业集团有限公司氧化钼产量占全国总产量的31.7%，钼铁产量占全国总产量的17.8%；洛阳栾川钼业集团有限公司氧化钼产量占全国总产量的28.87%，钼铁产量占全国总产量的23.65%。

2017年中国钼酸铵等钼化工产品的生产主要集中在陕西、江苏、安徽、河南等省，其中陕西、江苏钼化工产品的产能占全国总产能的65.58%，陕西省的钼化工产品产量占全国总产量的34.53%，江苏省钼化工产品的产量占全国的31%。陕西省钼化工产品的生产很集中，主要是金堆城钼业集团有限公司，而江苏、河南、安徽等省区的钼化工产品的生产分布较广，中小企业多。

2017年中国钼粉及其制品的生产主要集中在陕西、四川、江苏等省，该3省的钼粉及其制品的生产能力占全国的80%左右，江苏、河南等地专业生产钼粉及其制品的厂家较多，但规模都较小，比较分散。陕西省钼粉及其制品的生产较为集中，主要企业为金堆城钼业集团有限公司。其产量占全国总产量的32%左右。

（三）市场与价格

1. 国际市场及价格。2017年国际氧化钼价格走势如图3所示。2017年在国内外钼市场供求关系有所好转的支撑下，国际钼市场整体呈现震荡回升行情。2017年《MW》氧化钼价格运行区间在7.2～9.5美元/磅钼间波动。2017年《MW》氧化钼累计平均价为8.2美元/磅钼，较上年同期增长26.15%。

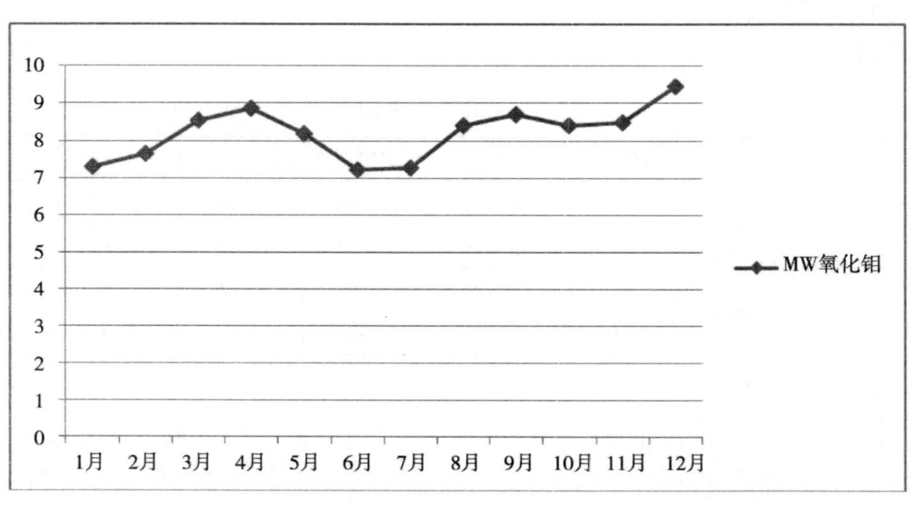

图3　2017年国际氧化钼价格趋势

2011—2017年国际市场氧化钼价格变化如图4所示。

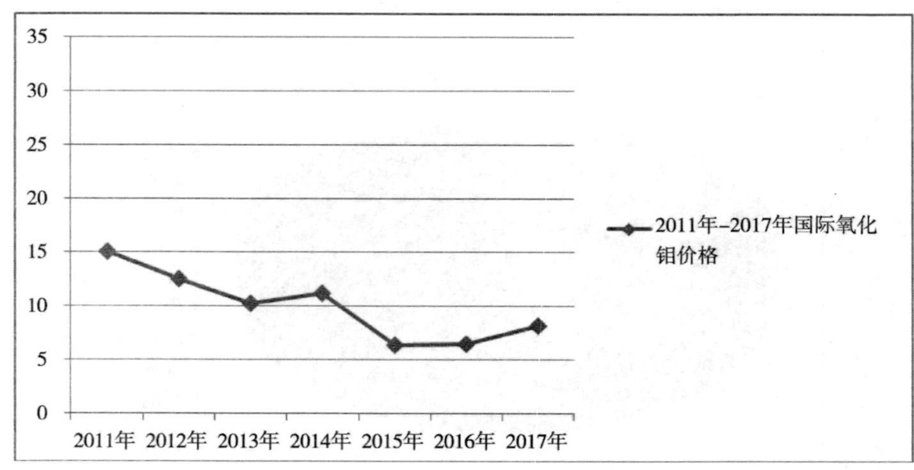

图4　2011年—2017年国际氧化钼价格变化

2. 中国国内市场及价格。2017 年国内钼精矿月均价格走势如图 5 所示。12 月份是全年最高点，为 1417 元/吨度，最低点是 1 月份，为 980 元/吨度。

据统计，2017 年中国国内钼精矿平均价格为 1210 元/吨度，与 2016 年的 906 元/吨度相比上涨了 33.55%。

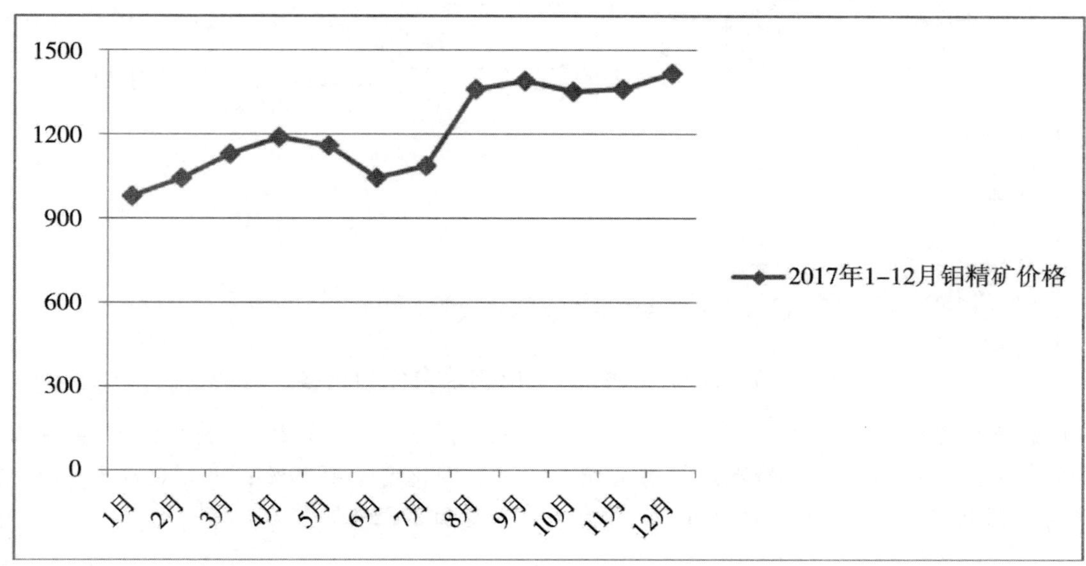

图 5　2017 年钼精矿价格

2011—2017 年国内钼精矿价格变化如图 6 所示。

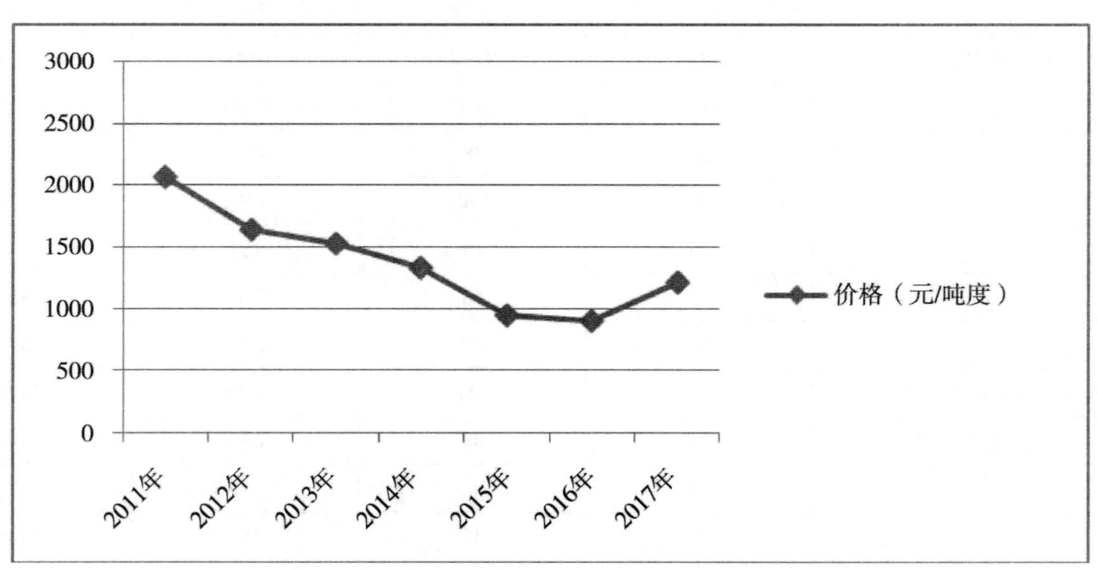

图 6　2011—2017 年国内钼精矿价格变化

2017 年国内钼铁招标价格走势如图 7 所示。12 月份是全年最高点为 9.86 万元/吨，最低点是 6 月份为 7.46 万元/吨。

据统计，2017 年中国国内钼铁平均招标价格为 8.56 万元/吨。

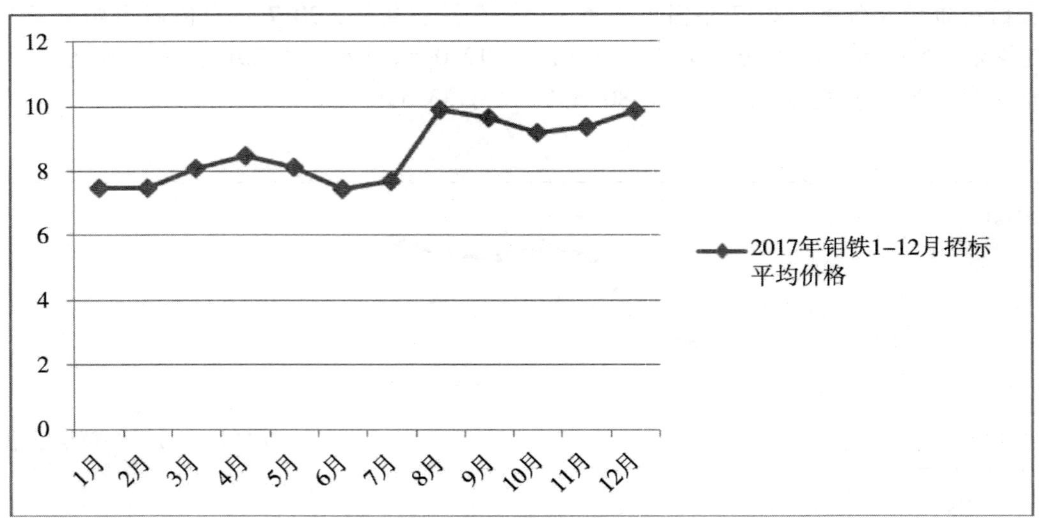

图7　2017 年钼铁 1—12 月招标平均价格

（四）进出口贸易

1. 2017 年中国钼产品进出口情况。据海关统计，2017 年中国钼产品进出口总额为 6.64 亿美元，同比增加 35.2%。其中进口金额 2.70 亿美元，同比增长 48.9%；出口金额 3.94 亿美元，同比增加 27.2%。

表 2　　2017 年中国钼品进出口　　单位：吨实物量，万美元

	进口		出口	
	数量	金额	数量	金额
已焙烧钼矿砂及精矿	8918	9490	5141	4917
其他钼矿砂及精矿	19641	12027	3309	2183
钼的氧化物及氢氧化物	26	38	3682	5451
钼酸铵	179	270	2012	2523
其他钼酸盐	26	19	787	694
钼铁	59	48	7618	8810
钼粉	120	447	544	1520
未锻轧钼包括简单烧成条杆	40	221	3255	7428
钼条、杆、型材及异型材	384	3387	644	2542
钼丝	38	366	344	1573
钼废碎料	0	0	654	1346
其他钼制品	57	708	52	420
总计	29488	27021	28042	39407

数据来源：中国海关

2. 中国钼产品进口情况。2017 年中国进口 1.42 万吨钼，同比增长 21%。其中，氧化钼进口量为 4548 吨钼，同比增长 11%，占总进口量的 32%；钼精矿进口量为 8838 吨钼，同比增长 28.7%，占总进口量 62%，以上两种产品进口量占总进口量的 94%。

3. 中国钼产品出口情况。2017 年中国出口 1.86 万吨钼，同比增长 16.77%。其中，氧化钼出口量为 2621 吨钼，同比增长 14.5%，占总出口量的 14.1%；钼精矿出口量为 1489 吨钼，同比增长

53.2%，占总出口量的8%；钼条、杆、型材及异型材出口量为644吨钼，同比增长11.23%，占总出口量的3.5%，以上3种产品出口量占总出口量的26%。2017年中国钼产品出口量同比增长16.8%。

二、钼业分会运行情况

2017年，钼业分会按照中国有色金属工业协会年度工作会议的统一部署，认真学习贯彻党的十九大精神，用习近平新时代中国特色社会主义思想武装头脑，开拓服务方式、扩大服务内容、提升服务水平，关注钼行业运行情况，深入调查研究，分析钼行业的新情况、新问题，积极向国家相关部委反映行业企业诉求，主要开展了以下几个方面的工作：

（一）大力推进供给侧结构性改革，促进行业平稳健康发展

针对国内钼工业产能过剩问题，钼业分会积极配合国家工信部、国土资源部等部委，大力推进供给侧结构性改革，在充分调研钼资源情况及消费情况的基础上，多次上报情况说明和政策建议，暂停、暂缓钼矿资源探矿证、采矿证审批。并促进国土资源部在找矿突破战略行动实施5年阶段目标后，把钼移除找矿突破战略。结合国家工信部委托的《钼行业规范条件》的起草，通过征求意见，进一步规范行业生产经营、安全环保，初步形成钼矿山“九+二”（九家主产钼的矿山企业+两家副产钼的矿山企业）模式，提高了产业集中度，促进了行业平稳发展。

（二）继续落实42号文件精神，积极寻求扩大钼应用途径

扩大有色金属应用，是国务院办公厅国办发[2016]42号文件对协会提出的明确要求，钼业分会按照中国有色金属工业协会的安排，积极推动钼应用工作，2017年，钼业分会在安泰科、金钼股份的密切配合下，积极联系国际钼协会，先后组织3次专题会议，分析钼推广在中国困难较大的现实问题，寻求扩大钼应用的突破口，确定了钢铁下游零部件制造领域是扩大钼应用最佳途径，为进一步开展工作奠定基础。

（三）主动承接政府职能转变，完善调研机制，提升服务能力水平

钼业分会密切与国家各有关部委及钼行业各企业单位联系，承接政府职能转变，争取更大政策支持，国家“两会”前后，钼业分会主动拜访国家工信部、财政部、国土资源部、税务总局、中国有色金属工业协会，汇报钼行业运行情况及存在问题，了解国家部委对行业发展的指导性意见，承接部委相关工作安排，并确保高质量完成任务。一年来，完成了工信部《钼行业规范条件》调研与起草工作，完成了财政部、国税总局《资源税调整方案》意见征集与汇总，完成了工程院冶金研究课题《稀贵金属及部分重金属冶金发展战略研究（钼部分）》；同时钼业分会按照中国有色金属工业协会的安排，积极与企业联系，寻求行业发展的重点难点，有针对性地加强调研工作。一年来，根据国家环保新政和绿色发展的新理念，开展了陕西渭北钼化工工业区调研，倾听企业意见，反映情况，提出建议，为后续钼行业环保标准制定做好前期准备工作。

（四）努力为企业排忧解难，促进行业企业减轻负担

2017年8月，钼业分会在北京组织召开钼行业形势汇报分析会。国家财政部税政司、国家税务总局财产行为税司、中国有色金属工业协会政研室、稀有稀土部相关领导应邀出席会议。各参会钼矿山企业向国家部委领导面对面汇报了各自企业的优势、产业布局、矿产资源储备、资源税从量计征到从价计征改革前后税收增减因素及企业税负情况，并进行了对比分析，各企业积极寻求应对方案，提出政策建议，为国家部委进一步完善资源税改革相关政策法规的制订提供参考，同时恳请国家部委对钼矿山企业提供政策支持。

会后钼业分会组织金钼、洛钼、鹿鸣3家大型矿山企业进一步与国家财政部、国家税务总局商讨。财政部、税务总局已向全国人大财经委员会提交了资源税论证的初步方案。

（五）精心组织行业活动，提升行业影响力

在做好日常服务工作的同时，钼业分会坚持创新办会，在金钼股份的配合下，精心组织了“钼矿山企业财务管理经验交流会第一次会议”。会议交流了财务管理经验，分享了财务管理成果。并形成了矿山企业财务会议定期召开的机制，促使各会员单位的财务人员更好的沟通交流、互相学习。钼业分会还完成了《中国工业史·有色金属卷》“中国钼工业”的编写工作，《关于填报钼“矿床工业指标调查表”》填报工作，《绿色矿山建

设规范生产征求意见稿》意见征求、整理上报工作，年度中国钼工业发展报告、中国有色金属工业年鉴钼工业部分的撰写上报工作，年度全国钼行业数据统计工作及年度钼工业运行情况分析等工作。

（六）向会员单位提供业务咨询服务

钼业分会做为全国钼行业的协会，向钼会员单位提供业务咨询，信息服务和提供真实具有效力的证明文件，先后帮助江苏峰峰申报中国驰名商标，帮助锦州新华龙大有有限公司申报辽宁省行业名牌产品，经核实情况帮助金钼光明出具钼金属丝材生产工艺无污染证明文件等。

（刘　萌）

中国有色金属工业协会钛锆铪分会

2017 年，虽然航空航天、医疗等高端产品需求有所增加，但化工、冶金、制盐等领域需求持续萎缩，行业去库存压力仍然较大，钛材价格上涨乏力。面对严峻形势，中国有色金属工业协会钛锆铪分会（以下简称：分会）充分发挥服务行业、企业、政府职能，重点围绕应用推广和双向服务，做好企业与政府间的桥梁和纽带，有效地促进了行业的规范健康发展。

一、以“两学一做”学习教育为抓手，不断加强自身建设，努力转变工作作风，提高服务水平

学习贯彻党的十九大精神，深刻领会习近平新时代中国特色社会主义思想，把思想和行动统一到党的十九大精神上来，把智慧和力量凝聚到落实党的十九大提出的各项任务上来。深入研究解决行业新问题，解读新出台的与行业发展密切相关的政策，解决行业最为突出和紧迫的问题。进一步加强自身建设，不断提升服务能力和水平。

二、深入开展行业调研，充分发挥建言献策职能

2017 年，分会先后深入到宝钛集团、洛阳双瑞万基、湖南金天钛业、遵义钛业、朝阳金达钛业、鑫鹏集团、南京宝泰等行业骨干企业进行调研，收集行业信息，了解企业的经营状况和存在的问题及遇到的困难，为分会下一步工作积累了第一手资料，积极跟踪钛冶炼及加工行业的发展状况，力促行业稳健发展。

2017 年，分会还对锆铪行业的龙头企业东方锆业、浙江锆谷、海南文盛、国核宝钛、江苏佑天等进行了调研与沟通交流，就 2017 年锆铪产业的发展问题以及《中国锆铪》杂志的编撰等具体工作达成一致意见。

分会在对企业全面调研的基础上，对钛和锆铪行业进行了 2016 年度生产、经营和消费的数据统计工作，并根据统计数据和调研结果编撰完成了《2016 年中国钛工业发展报告》和《2016 年钛年评》、《2016 年锆年评》，并且参与编写《中国有色金属工业年鉴》钛锆铪市场分析部分。

三、搭建信息交流平台，传递行业政策导向，助力会员企业持续健康发展

（一）组织会议

组织召开了 2017 年中国钛锆铪年会暨推广应用高峰论坛、中国钛谷国际钛产业博览会，组织召开了 2017 中国军民融合材料与装备配套展览会。

（二）做好会刊和文献出版工作

组织编纂了《中国工业史·有色金属卷》中钛工业史及锆铪工业史。

配合中国有色金属工业协会编制《中国有色金属工业年鉴》钛锆铪部分。

完成了 2017 年《中国锆铪》杂志前五期的组稿、编辑、出版、发行等工作。

（三）及时掌握信息，切实为企业做好服务

2017 年，为推荐全国有色金属行业 3A 信用等级评价企业，与中国有色金属工业协会一道，共同前往多家企业进行了考察，为企业的 3A 信用等级评价做了深入的调研，现已通过了专家评审，并已取得商务部颁发的 3A 信用等级证书。

2017 年，组织并推荐重点企业，在有色协会科技部进行了技术成果评议，并拟报成果奖。

协助锆行业企业办理海关所需进出口货物相关说明文件，为上市企业提供资料及相关证明等。

努力争取各项利于行业发展的优惠政策，为行业的复苏创造了良好发展环境。

参加国家工信部组织召开的“轻量化材料制造业创新中心”座谈会，研究创建方案。

组织行业专家为《有色行业排污许可证申请与核发技术规范》建言献策。

努力做好网站工作。2017 年对钛锆铪分会的网站进行了大范围的修订改版工作，增加多个栏

目，及时报导行业市场价格、信息和技术等资讯，年内新增信息上千条，为行业和企业发展提供强有力的双向服务。

（郝　斌）

中国有色金属工业协会再生金属分会

2017年，中国有色金属工业协会再生金属分会（以下简称：分会）在党的十八大、十九大精神的指引下，在国家有关部门的指导下，在中国有色金属工业协会的领导下，围绕新时期国家再生有色金属战略转型升级的目标，主动作为，求真务实，为实现中国再生有色金属工业平稳发展做了积极有效的工作。

一、思想政治工作及文化建设

2017年，分会严格按照中国有色金属工业协会党委要求，全面贯彻落实党的十八大、十九大精神，深入学习领会和贯彻习近平总书记系列重要讲话精神，深刻认识新形势下如何加强和规范党内政治生活、加强党内监督的重大意义，切实加强党内政治文化建设、从严从实开好民主生活会的思想自觉和行动自觉。在党的十九大召开之际，分会支部组织全体员工全程观看，及时传达有关文件，认真组织职工学习。

在加强思想政治工作的同时，注重分会的文化建设，提高员工的服务意识，促进分会的发展。分会通过技术培训，老员工传帮带等方式，提高员工的业务素质和咨询能力，促进分会的可持续发展。同时，注重分会相关制度的建设，强化规范管理，健全绩效考核机制，调动员工的积极性，提高企业凝聚力和战斗力，更好地为行业服务，为行业的转型升级提供助力。

二、加强调查研究，发挥桥梁和纽带作用

为及时掌握产业发展动态和企业诉求，分会在年初和年末，集中时间、集中人员、集中精力，由秘书处领导带队就产业绿色发展、转型升级、政策宣贯执行等热点和突出问题深入到环渤海地区、长三角地区、中南地区和西南地区的50余家重点企业进行专题调研，召开座谈会、交流会听取企业意见和建议，针对企业发展的难点问题，将调研情况向有关行政主管部门进行专门汇报。为政府、行业主管部门宏观调控和工作决策提供一线信息，充分发挥了分会在政府和企业间的桥梁纽带作用。

2017年，再生有色金属行业处于调整、转型期，尤其是进口废五金政策的改革、进口废五金海关专项稽查以及《再生铜、铝、铅、锌工业污染物排放标准》的实施等，企业面临较多挑战和机遇，分会主动了解和反映企业诉求，积极发挥分会的作用，为会员企业在税收政策、升级改造、项目准入、市场拓展、品牌提升等方面提供多元化服务。针对企业比较关注的环保政策、税收政策、排污许可证制度实施等问题多次组织重点企业座谈交流，积极反映企业诉求，努力为企业排忧解难。

三、充分发挥政府部门的助手作用

（一）提出行业健康发展的建议

按照国家有关部委要求，结合产业发展现状及相关政策情况，分会及时提出了关于《进口可用作原料的固体废物环境保护控制标准（征求意见稿）》的修改建议、《关于进一步营造公平的市场环境继续加大政策支持力度促进再生资源行业规范健康发展的报告》，并分别通过新华社和国务院参事室提交了《关于规范再生铅生产流通秩序，促进再生铅产业绿色发展的建议》，在促进行业规范发展的同时，维护企业权益，得到了国家有关部门的好评。

（二）完成有关部门委托的研究课题

受国家发改委委托，完成《铅酸蓄电池生产者责任延伸制度实施方案》初稿编制工作；受国家环保部委托，参加“排污许可证申请与核发技术规范”（再生有色金属工业）的制订工作，该项工作将在2018年完成并实施；受环保部固管中心委托，完成《废铅酸蓄电池利用处置经营单位绩效考核评估机制技术政策研究》；受环保部对外合作中心委托，承担《再生金属行业污染防治经济政策》研究课题；受国家有关部门委托，完成《进口废五金加工利用情况调研报告》；受工信部委托，承担《再生铅行业规范管理工作支撑》任务，完成了第一批申报企业（10家）资料审核并出具审核意见。

四、产业咨询能力不断提高

2017年，再生金属分会产业咨询能力不断提高，为行业转型升级提供支持。分会积极拓展，密切有关部门、地方政府和企业联系，挖掘和对接需求，先后受有关企业的委托，完成中国铁塔公司《关于构建废铅酸蓄电池回收利用体系培育新的经济增长点初步方案》，天津子牙园区《天津子牙循环经济产业区承接京津冀及雄安新区资源循环利用产业战略规划》，上海期货交易所委托的《再生铅产业对原生铅产业发展趋势的影响研究》课题，内蒙古霍林郭勒工业园区委托的《再生铝产业发展规划》等多个项目咨询工作，推动了再生金属产业绿色发展及园区转型升级发展工作。此外，还受联合国计划开发署委托开展《O2O模式整合电器电子废弃物非正规回收》项目研究工作。

五、成功组织召开相关会展

（一）召开分品种专业会议

2017年，分会以“绿色发展、规范发展、创新发展”为主题，分别在鹰潭、霍林格勒、宁波召开再生铜、再生铝、再生铅分品种专业会议，围绕企业规范发展、国内回收渠道和网络建设、创新发展、新技术研发和推广、绿色产品开发、环保治理等，进行专题演讲、交流，并组织企业到现场交流参观，为企业发展提供思路，受到企业一致好评。

（二）成功召开第十七届再生金属国际论坛及展览交易会

为搭建全球再生金属产业交流平台，以生态文明建设和固体废物进口政策改革为产业带来的转型升级机遇为切入点，汇聚新业务、新模式、新业态，探寻新时期再生有色金属产业发展转变与突破路径，2017年11月7－9日，再生金属分会在浙江宁波组织召开第十七届再生金属国际论坛及展览交易会。来自22个国家的再生金属行业从事资源回收、生产、加工、利用及相关联的金融、证券、高校、科研机构1500余人参加会议，有60多家企业参加展览。会议期间还举办了“固废进口政策与“一带一路”国际合作、“环保政策与产业绿色再生”、“期货市场与产业创新高峰对话”及“再生铅企业绩效考核评估机制”专题研讨会。此外，本届展览在充分调研的基础上，扩大了专业领域，延伸了产业链，把与再生有色金属有关的耐火材料、原辅材料等也纳入展览范围。

六、加强再生有色金属国际交流合作

借助绿色“一带一路”建设机遇，2017年分会应邀先后组团出席美国废料回收协会年会、国际回收局国际回收大会、金属导报第25届国际再生铝会议，并与主办方、参会企业深入交流。同时，为共同探讨以循环经济产业园为载体，推动中国与东盟循环经济产能合作，分会先后组织国内意向海外布局企业赴马来西亚、泰国、老挝、越南等国家调研，为企业海外布局、产能国际合作投石问路，帮助企业拓展市场。

分会还先后组团、派人赴马来西亚、泰国、印度、巴基斯坦等国考察，拜访相关政府部门、实地调研，会同行业企业“抱团出海、共建园区、绿色投资”，实现中国循环经济的产能输出、模式输出、绿色输出，提高中国作为负责任大国的海外投资声誉，体现中国为全球节能减排、绿色发展做出的贡献。

七、认真完成工业协会交办的工作

在中国有色金属工业协会的领导下，再生金属分会承担了《中国工业史·有色金属卷》第九编《再生金属史略》的编写工作，2016年完成初稿，2017年根据工业协会的要求，组织编写人员对初稿做进一步修改，按时完成并报中国有色金属工业协会。

根据中国有色金属工业协会的安排，完成《2016年度中国再生有色金属产业发展报告》和2017《中国有色金属工业年鉴》中“循环经济”、“再生金属市场分析”和“再生金属分会”等篇章的编写工作。

（张希忠　吕晓冯）

中国有色金属工业协会地质矿产分会

2017年，中国有色金属工业协会地质矿产分会（以下简称：分会）在中国有色金属工业协会的领导下，牢固树立服务意识，切实把握分会的定位，加强自身建设，努力做好了各项工作。

一、分会的自身建设现状

2017年，分会编辑出版了1期《会刊》，建立了分会QQ群（群号：416965281），对分会的网站进行了数据、信息更新和日常维护工作。

截至2017年11月，分会有125个会员单位。其中地勘单位73家、矿山企业41家、科研院所6家、中介机构2家、软件设备厂商3家。

（一）召开了分会第三届第五次秘书长会议

2017年3月18－20日，分会三届五次秘书长会议在武汉市召开。来自矿山企业、地勘单位、科研院所的地质矿产分会副秘书长及代表、《中国国土资源报》社记者共19人参加了会议。会议总结了分会2016年的工作，讨论落实分会2017年工作安排和计划。

会议由分会副秘书长、黑龙江省有色地勘局副局长史憨主持。秘书长徐国端作《地质矿产分会2016年度工作总结暨2017年度工作安排》，副秘书长曲丽莉作《地质矿产分会2016年度会费收支情况和2017年度会费预算报告》。

与会代表对分会秘书处2016年的工作给予了充分肯定。会议审议并通过了《地质矿产分会2016年度工作总结暨2017年度工作安排》和《地质矿产分会2016年度会费收支情况和2017年度会费预算报告》。

（二）召开了分会第四次会员代表大会

10月23日，分会在南京召开了第四次会员代表大会。参加会议的正式代表109名，占分会会员单位总数的87.20%。

会议由分会会长王京彬主持，并代表分会第三届理事会作了《适应新常态、抢抓新机遇，全力助推地勘行业转型升级稳增长》的工作报告。徐国端作分会2012－2016年度会费收缴使用情况的报告。地质矿产分会副会长、中铝矿产资源有限公司总经理王东生通报了分会第四届理事会筹组方案，宣读了第四届理事会理事选举办法。甘肃省有色金属地质勘查局局长范本彦宣读了地质矿产分会第四届理事会理事候选人名单。

与会代表充分肯定了5年来地质矿产分会的工作。认为地质矿产分会坚持以服务为宗旨，努力拓宽服务领域，进一步扩大了影响力，增强了凝聚力，较好地体现了分会作为桥梁与纽带的重要作用。

（三）召开了分会第四届理事会第一次会议

10月23日分会在南京召开了第四届理事会第一次会议。参加会议的理事及理事代表41人，占理事会理事总数的97.62%。超过理事总数的三分之二，符合理事会会议的法定人数。

分会会长王京彬主持了会议。会议审议通过了下列决议：

1. 第四届理事会会长、副会长、秘书长选举办法。

2. 选举产生了第四届理事会新的领导集体，任期5年。任职人员有：分会会长王京彬，分会副会长有：马建青、王东生、王寿成、伍伟、齐少烽、许建荣、李义邦、李志平、李振国、杨吉良、杨国高、冷春阳、张起钻、张敏、唐海军、程群喜，分会秘书长为徐国端。

二、协办了第七届中国新疆国际矿业与装备博览会

7月18－20日，协办了第七届中国新疆国际矿业与装备博览会。为积极响应国家“一带一路”倡议和“十三五”规划，加强与中亚国家的矿业合作，充分发挥会展经济的平台作用，促进区域产业优势尽快转化为经济优势，引进国际先进经验与装备技术，推动中国矿业产业和装备制造业可持续发展，会议围绕“凝聚丝路智慧、筑梦矿业未来”的主题进行了充分的交流和研讨。来自国内的地勘单位、矿山企业、科研院所、选冶炼单位、矿山设计单位、矿山勘查与开发设备单位、相关进出口贸易商、设备租赁或代理商等，以及哈萨克斯坦、吉尔吉斯斯坦、塔吉克斯坦等中亚5国的矿产资源勘查与开发行业的专家和学者600多人参加了会议。

作为国家“358”找矿行动重要平台，新疆矿博会为内地的企业和科研院所提供大量的市场开拓机遇，把新疆和中亚的市场、资源与内地的技术、资金结合起来，助力新疆“358”地质找矿项目与援疆省份的合作，优势互补，实现互利共赢。新疆丝路基础设施投资与建设博览会和中国新疆工程机械、建筑机械及专业车辆博览会集中展示了基础建设相关的最新机械设备、建材与技术，为企业互相交流合作提供机会，也为新疆大力发展基础建设提供了助力。

三、召开了全国有色地勘行业发展与改革高层论坛

6月7－9日，主办了第十四届全国有色金属地质勘查行业发展与改革高层论坛。中国有色金属工业协会、中国地质调查局、中国矿业联合会、北矿城投资（集团）有限公司、中国矿山环境治理投融资联盟以及22家有色地勘局和科研院所，中国国土资源报、中国有色金属报等单位的139位代表参加了本次论坛。

中国有色金属工业协会常务副会长任旭东、中国地质调查局发展研究中心主任徐勇出席论坛

开幕式并讲话。中国矿业联合会原常务副会长王家华作《互联网时代下的地勘改革新思维》的报告。北矿城投资（集团）有限公司副总裁王曦明作《寻求合作谋发展创新模式促转型》的报告。论坛由中国有色金属工业协会副会长、地质矿产分会会长、北京矿产地质研究院院长王京彬和轮值主席西北有色地质勘查局局长孙峰分别主持。西北、湖南、吉林、浙江4个有色地勘局及中国有色桂林矿产地质研究院作专题发言，其余与会代表以自由发言的形式进行交流、研讨。

会议指出，当前中国有色金属工业正处于深化供给侧结构性改革，聚焦战略性产业，前瞻布局、系统谋划、拓展空间、实现转型升级的关键时期。有色地质勘查行业发展面临着新形势、新任务：一是资源地质的发展高峰期已过，精干队伍势在必行。二是民生地质迎来大发展机遇，可能要持续二三十年较长时期。三是初步判断资源的红利产生在海外，国家大的政策在转向，早期是资源优先，现在是资源环境并重，未来是环境优先。四是地质工作趋势是从过去一业为主多种经营，转向资源与民生地质双主业，大地质、大数据会成为新趋势。五是地勘体制改革实际上在加快推进逐步深化，事企分开大部分地勘单位进行企业化改革是大趋势。

四、召开了全国有色金属行业民生地质勘察成果交流会

10月23－25日，由分会、中国有色金属学会地质学术委员会、中国地质学会矿山地质专业委员会联合主办，江苏省有色金属华东地质勘查局承办的全国有色金属行业民生地质勘察成果交流会在南京召开。中国有色金属工业协会副会长兼秘书长、中国有色金属学会理事长贾明星，中国有色金属工业协会副会长、地质矿产分会会长王京彬等出席会议。与会代表围绕民生地质工作的市场开拓、经营管理、发展方向等议题进行了深入研讨。来自全国地勘单位、矿山企业、科研院所以及其他相关单位共计190多人参加了会议。

会议的主题是交流有色金属行业民生地质勘察工作主要进展和成果，研讨民生地质勘察新技术、新方法、市场开拓和经营管理经验，探索民生地质发展的新方向。会议邀请了从事民生地质研究与实践工作的24位专家进行交流发言，与会代表在深入交流后表示，在落实党的十九大关于加强生态文明建设决策的过程中，地质专业技术将提供最可靠的支撑。

五、组织会员参加2017中国国际矿业大会

9月23－25日，2017（第十九届）中国国际矿业大会在天津召开。地质学术委员会受大会组委会的委托，组织邀请了有色金属地勘单位、矿山企业、科研院所等有关单位的会员参加。

来自54个国家和地区的政府官员、专家学者和矿业企业、金融机构的代表共计8000余人参会。大会围绕“弘扬丝路精神，共促矿业发展”主题，积极推进落实“一带一路”国际合作高峰论坛成果，以和平合作、开放包容、互学互鉴、互利共赢为核心的丝路精神为指引，持续推进创新驱动型、改革引领型、绿色安全型、包容共享型、开放互利型矿业建设，加强全球矿业界的联系合作，打造全球矿业命运共同体，携手推动矿业繁荣发展。

大会由重要活动、高峰论坛、矿业博览会三大部分组成。高峰论坛设置沿袭“1＋4”模式，即1场主题论坛和4场高层论坛（企业CEO论坛、国际矿业部长论坛、国际地质调查局长论坛和“一带一路”矿业合作论坛），同时举办各类专题论坛42场，就全球矿业形式与政策、矿业投资与金融、矿业勘探与开发、矿业绿色发展等专题进行研讨，组织国内外矿业合作项目的推介、洽谈、交流和签约等活动，进一步推进国内外矿业企业开展实质性项目合作。

（甘凤伟）

中国有色金属工业协会硅业分会

2017年，中国有色金属工业协会硅业分会（以下简称：硅业分会）在中国有色金属工业协会的直接领导下，在国家有关部门和广大会员单位的大力支持下，硅业分会在为政府、为行业、为企业服务等方面做了大量工作，主要包括：一是积极配合国家有关部门进行贸易管理、行业监管和产业政策制定前期研究；二是切实加强调研，深入了解行业存在的共性问题和企业的个性诉求；三是积极组织开展行业活动、搭建行业交流平台，促进上下游产业链协调发展；四是不断完善行业信息服务，为政府和企业提供决策参考。

一、2017年中国硅工业概况

2017年，中国多晶硅产业呈现出“终端需求爆发、多晶硅四创新高，企业效益明显好转”的特点。2017年，全球光伏装机量约达到90GW，同比增长25%以上，其中仅中国装机量超过50GW，同比增长43%以上。终端需求爆发带动中国多晶硅产能、产量、进口量和消费量四创新高。截至2017年底，中国多晶硅产能为30万吨/年，同比增长42.8%；产量为24万吨，同比增长23%；进口量为15万吨，同比增长6.4%；表观消费量为39万吨，同比增长16%。同时，全年多晶硅均价为13.5万元/吨，同比增长5.6%。虽然价格仅是微幅上涨，但是企业通过技术改造和节能降耗，实现了经营效益的明显好转。不过，在市场繁荣的背后，中国多晶硅产业隐藏着预期投资过热、产业布局待优化、未来市场竞争激烈等问题。

同时，工业硅产业呈现出“环保政策推动供给侧改革，成本快速上升引发市场价格急剧波动”的特点。2017年，持续的环保督查引发了整个工业硅行业的供给侧结构性改革，不仅让新疆大量煤电硅一体化项目停建缓建，也加速了四川、贵州等地落后产能的淘汰。2017年中国工业硅市场供需相对平稳。截至2017年底，中国工业硅产能为480万吨/年，同比增长4.3%；产量为220万吨，同比增长4.8%；出口量为80万吨，同比增长17.4%；消费量为130万吨，同比增长8.3%。在市场供需相对平稳的背景下，原材料成本的快速上升支撑了工业硅平均价格的上涨，全年441级工业硅平均价格为12660元/吨，同比上涨18.4%。但是阶段性、区域性的环保督查引发了市场价格的大幅波动，其中7月份各品级工业硅平均价格上涨了30%以上，但是8月份又下滑了15%左右。在如此大涨大跌的市场行情下，中国工业硅企业效益低下的情况并没有得到明显改善。

面对严峻的国内外宏观形势和复杂的国际贸易环境，为了适应新形势下发展产业的要求，积极贯彻落实国务院继续推动供给侧结构性改革和绿色发展、创新发展等的新理念新思路新举措，推动中国硅产业转型升级，实现行业健康、绿色、可持续发展，硅业分会在中国有色金属工业协会的直接领导下，在国家有关部门和广大会员单位的大力支持下，在为政府、为行业、为企业服务等方面做了大量工作。

二、2017年硅业分会工作情况

（一）积极配合国家有关部门进行贸易管理、行业监管和产业政策制定前期研究

2017年，硅业分会继续积极配合国家有关部门落实中央宏观调控政策，切实强化行业管理，主要做了以下三方面的工作：

一是在贸易协助管理方面，自20世纪90年代以来，欧盟、美国、澳大利亚等国家和地区对中国出口的工业硅产品进行的“双反”调查和“双反”制裁持续了近30年。与此同时，近些年来，美国、韩国和德国等国家不断向中国倾销太阳能级多晶硅产品。面对日趋严峻的国际贸易环境，中国政府一方面积极组织力量应对来自国际市场的“双反”调查，努力争取最低的“双反”税率，同时开始利用“双反”武器，积极应对来自国际市场的倾销行为。

2016年11月22日，国家商务部发布立案公告，决定对原产于韩国的进口太阳能级多晶硅所适用的反倾销措施进行倾销及倾销幅度期中复审调查，并于2017年11月21日进行了期中复审裁定。在此期间，硅业分会多次向商务部有关部门及时提供了中国多晶硅行业生产经营、下游消费、进口动态等方面的情况，并组织到江苏、青海、江西、河南、四川、内蒙古、河北等地进行了实地考察，深入了解国内多晶硅企业受国外倾销的影响、在经历“双反”并通过技改提高竞争力后的生产经营现状以及整个行业的运行情况，及时向国家商务部进行了汇报。同时，硅业分会结合行业发展实际以及企业的意见，向国家商务部提出了继续从严对韩期中复审的建议。

2017年7月3日，美国商务部发布公告称，对进口自中国的金属硅作出第四次反倾销快速日落复审终裁：裁定若取消本案的反倾销税，将导致中国金属硅的倾销以139.49%的倾销幅度继续或再度发生。在裁决之前，硅业分会向中国国际贸易促进委员会及时提供了大量的数据和资料，进行了大量的行业协调工作，积极组织企业有效应对国际贸易摩擦。

同时，鉴于中国硅产业面临的贸易形势依旧严峻复杂，硅业分会多次向国家商务部提交了关于多晶硅、光伏“双反”意见的汇报；应国家商务部的要求，对于德国提出的中国多晶硅产能无

序扩张情况，硅业分会给予了书面解释和回应；应主要工业硅企业的要求，针对当前我国工业硅买单出口较为严重的现象，硅业分会发布了致全国工业硅出口企业的倡议书；应新华通讯社的邀请，硅业分会接受了采访，着重分析了我国电子级多晶硅发展现状及需要国家提供的支持。

二是在行业监管方面，工业和信息化部将工业硅纳入铁合金行业体系，一并实施准入管理。2017 年，硅业分会陪同工信部原材料司领导对峨边金凯亿电冶有限责任公司和新疆西部合盛硅业有限公司两家工业硅企业进行了准入核查。工信部对工业硅的行业管理由原来的产业政策司转到了原材料司，为此，硅业分会向相关领导详细介绍了中国工业硅及下游多晶硅光伏产业的运行状况，并从工艺特点、产品质量要求、下游消费结构等方面，建议工信部对工业硅和铁合金行业实行差别化行政管理。

三是在制定产业政策前期研究方面，硅业分会对国家环保部发布的环境保护综合名录（2017年版）征求意见稿进行了反馈，该征求意见稿将工业硅产品列入了高污染产品目录，硅业分会就中国工业硅工艺技术、环保排放情况向国家环保部进行了汇报，并建议环保部从行业实际出发，不要将工业硅列入高污染产品目录。硅业分会参与了国家工业和信息化部组织的《“十三五”工业硅行业供应侧结构性改革研究》和《工业硅行业生产能力水平评价指标体系研究》、国家发改委组织的《“十三五”期间我国新能源材料产业发展研究》、2018 年度硅产品关税税目和税率调整研究等产业政策的制定和修订，并结合产业实际情况提出建议。同时，硅业分会积极为地方经济发展做好服务。受部分地方政府的委托，硅业分会开展了新疆准东开发区硅材料产业发展研究、云南昭通硅产业发展研究、江西遂川硅产业发展研究以及酒泉市新能源新材料产业发展研究等。应当地主要企业的要求，硅业分会向四川省经信委、云南省工信委、昆明铁路局等地方政府部门汇报了企业生产经营过程中遇到的一些实际困难和问题，积极争取地方政府对硅行业和具体企业的政策支持。

总之，硅业分会坚持配合国家有关部门强化行业管理，根据行业发展需要，积极参与贸易管理、行业监管和产业政策制定前期研究，力争能够在产业布局、技术进步、节能环保、进出口管理等方面获得国家有关部门和地方政府的政策支持，促进中国硅产业的可持续健康发展。

（二）切实加强调研，深入了解行业存在的共性问题和企业的个性诉求

2017 年，硅业分会共组织 100 余人次到新疆、四川、云南、江苏、江西、陕西、河南、青海、内蒙古、北京、河北、上海、山西、甘肃等 10 余个地区，对国内主要的工业硅和多晶硅生产企业、下游硅铝合金、有机硅和光伏企业、主要的原料和设备供应商、主要的外企驻华机构等进行了较为全面的调研，一方面充分了解行业存在的共性问题，另一方面努力了解企业的个性诉求。

在行业共性问题方面，2017 年硅业分会着重做了两方面工作。首先是有关工业硅工业污染物排放标准的制定。硅业分会通过大量的调研了解到，云南、四川和新疆等主要产区的工业硅生产企业在接受当地政府环保监管的过程中，由于中国尚没有针对工业硅工业污染物排放的统一标准，国家有关部门和地方政府在环保监管过程中无据可依，这些主要工业硅生产省份已经出现了环保整治“一刀切”的倾向，例如云南省要求所有的工业硅企业将二氧化硫排放量减少一半，新疆要求所有工业硅企业须在 2020 年前增加脱硫脱硝的环保装置，且制定了非常严格的二氧化硫和氮氧化物排放指标。生产企业在实施工艺改造和环保治理时由于没有标准的引领，找不到努力的方向，不可避免地存在盲目性和自利性。在此背景下，中国工业硅行业亟须制定统一的工业污染物排放标准。为此，硅业分会及时向中国有色金属工业协会报告了制定工业硅工业污染物排放标准的必要性和行业的呼声。协会对此高度重视，积极向国家环保部申请，同时响应国家号召，启动了工业硅工业污染物排放团体（行业）标准的制定。

其次是有关专家委员会的成立。硅业分会通过调研了解到，中国工业硅和多晶硅企业的技术力量不仅与国际先进水平相比仍有较大的差距，亟待通过共同努力实现工艺装备和生产技术水平的整体提升，而且国内企业之间也是参差不齐，严重缺乏技术交流和相互促进。在此背景下，为了更好地推动硅产业健康稳定发展，硅业分会组织成立了专家委员会，下设三个板块，分别为产业政策协调板块、多晶硅技术板块和工业硅技术

板块，通过有序组织各种技术交流活动，共同研讨国家产业政策导向和行业技术难题，及时交流行业实现的最新技术进展。

在了解企业个性诉求和服务会员企业方面，硅业分会于2017年应新疆大全和江苏中能的邀请，参加了新疆光伏硅材料产业协同发展论坛及全国硅材料和光伏产业质量提升动员推进会，并在会议上作报告；应通威集团、永祥股份和合盛硅业的邀请，为通威集团35周年庆典发表题为《大力发展多晶硅光伏，力促能源革命与绿色发展》的文章及寄语，参加了永祥股份15周年庆典暨5万吨多晶硅及配套新能源项目开工奠基仪式，出席了合盛硅业在上海证券交易所鸣锣上市活动；应企业的邀请，参加了新疆中硅工业硅项目可行性研究论证会、内蒙古神舟硅业资产评估论证会和新疆巴州硅相关企业发展规划讨论会等；应合盛硅业、江苏中能、四川潘达尔硅业、天瑞硅材料等企业的要求，出具了10余份行业证明材料，涉及技术进步、环保排放、生产成本、行业竞争力分析等诸多方面。

以上各项工作有两方面的作用正日益显著，一是及时地掌握了行业内的发展动态，包括新建或扩建项目的进展、企业取得的成绩和正面临的各种问题或困难；二是密切了和业内企业、地方政府及国家有关部门之间的联系，与国家商务部、工信部、发改委、海关总署、中国工程院、机电商会、贸促会等国家有关部门之间的联系和互动增多，也得到了各地方政府的积极支持。

（三）积极组织开展行业活动，搭建行业交流平台，促进上下游产业链协调发展

硅业分会十分注重发挥行业组织对外交流合作窗口作用，积极搭建以政策为引导、协会为纽带、企业之间以及企业和政府之间的交流平台。在过去的一年时间里，为积极应对新形势下产业发展的要求，硅业分会多次组织召开行业会议，包括于3月底在江西省新余市召开的新能源材料高峰论坛和多晶硅行业研讨会、于4月底在四川省成都市召开的中国工业硅产业链年会、于8月底在青海省西宁市召开的中国国际硅业大会暨光伏产业博览会等。这些会议已经成为多晶硅和工业硅业内人士深入研读产业政策、研讨市场前景及技术动态、共商上下游交流合作的重要平台，对于及时传递政府宏观调控意图，促进行业技术交流和进步，引导上下游产业链协调健康发展起到有益的作用。

（四）不断完善行业信息服务，为政府和企业提供决策参考

硅业分会切实履行政府赋予的行业统计职能，强化统计数据的监测和市场分析评述，已经建立了一套相对完整的信息服务体系，包括按照理事会沟通的结果，通过密切的联系和沟通，每周汇总企业的报价和成交价等信息；为会员企业提供工业硅和多晶硅光伏产业相关的月度评述、季度评述和年度发展报告等定期产业分析报告；对硅全产业链上各个环节的产能变化情况和生产成本情况等都进行及时的跟踪研究，建立了工业硅和多晶硅全球行业数据库，梳理了工业硅和多晶硅工艺原理及原料配比情况等等。总之，硅业分会已经建立起相对完整的市场分析体系，能够为企业制定生产经营决策和政府制定行业政策提供信息支撑和参考意见，其权威性、可靠性得到了有关部委和国内外企业的广泛认可。

2017年，硅业分会在中国有色金属工业协会的组织和指导下，继续撰写《中国工业史·有色金属卷》硅工业篇的有关内容，对工业硅和多晶硅的相关章节进行了补充完善，并在有研总院的帮助下补充了单晶硅的相关章节。

（马海天）

中国有色金属工业协会金银分会

一、2017年中国金银工业发展情况

（一）金银价格小幅上涨

2017年国际黄金现货（LBMA）年均价为1257美元/盎司，同比上涨0.51%；国内上海黄金交易所黄金现货年均价为276元/克，同比上涨2.9%。2017年国际白银现货（LBMA）年均价为17.05美元/盎司，同比下跌0.41%；国内上海华通铂银交易市场白银现货年均价为3920元/千克，同比上涨1.8%。

（二）金银生产平稳运行

2017年国内累计生产黄金426吨，同比下降6%，连续11年保持世界第一位。其中，黄金矿产金完成369吨，有色副产金完成57吨。2017年国内白银累计产量2.26万吨，同比增长7.5%。

（三）金银消费有所回升

2017年国内黄金消费量1089吨，同比增长9.4%，连续5年保持世界第一位。其中：黄金首饰697吨，同比增长10.4%；金条276吨，同比增长7.3%；金币26吨，同比下降16.6%；工业及其他90吨，同比增长19.6%。

2017年国内白银消费量6666吨，同比增长7.3%。其中光伏行业消费白银2020吨，同比增长30%。银基触头合金用银增长10%，电子信息产业用银增长2.6%，钎焊用银增长2.1%，白银饰制品行业用银同比下跌8%，银币用银同比下跌30%。

（四）白银企业效益提升，行业投资整体下滑

2017年规模以上白银工业企业实现利润20.4亿元，同比增长7.4%。其中，银矿采选企业实现利润7亿元，同比增长8.6%；白银冶炼企业实现利润13.3亿元，同比增长6.8%。

2017年，白银产业链固定资产投资整体下跌，银矿采选完成投资15亿元，同比下降32%；白银冶炼完成投资54亿元，同比下降34%；贵金属压延加工完成投资37亿元，同比下降2%。

（五）金银矿产勘查成果显著

2017年我国金银矿产勘查工作取得了突破性进展，发现了一个超大型金矿床和一个超大型银矿床。其中，山东莱州三山岛矿区西岭金矿已备案金属量383吨，金平均品位为4.5克/吨，勘查结束后预计可提交金资源量550吨以上，有望成为我国黄金工业史上最大的单体金矿床。内蒙古赤峰市巴林左旗双尖子山银铅锌矿圈定出工业矿体280条，其中有39条单矿体的资源量达到了大型银矿规模，已查明银金属量15474吨，铅金属量39万吨，锌金属量152万吨，是一个超大型银多金属矿。

（六）科技创新成果突出

山东黄金成功实施了中国岩金勘查第一深钻4006米，填补了我国固体矿产超深勘查的空白；中国黄金研发的生物氧化提金技术，适用温度范围更广、单位能耗更低，在处理高砷矿等方面具有明显优势，荣获国家科技进步奖二等奖；此外，有5项金矿勘查成果获得原国土资源部2017年度国土资源科学技术奖，有12个项目获得2017年中国有色金属工业科学技术奖。

二、2017年金银分会的主要工作

（一）认真学习宣传贯彻党的十九大精神，用习近平新时代中国特色社会主义思想武装头脑

在中国有色金属工业协会党委的领导下，中国有色金属工业协会金银分会（以下简称：分会）认真组织学习了党的十九大提出的重大理论观点、战略思想、政治论断和工作部署，在“学懂、弄通、做实”上下功夫，领会思想精髓，把握核心要义，思考行业发展。要求会员单位把全面学习领会宣传贯彻党的十九大精神，用习近平新时代中国特色社会主义思想武装头脑，作为当前和今后一个时期的首要政治任务，把思想统一到党的十九大精神上来，把力量凝聚到党的十九大确定的各项任务上来，推动党的十九大明确的各项任务在有色金银行业落地生根，为建设有色金属工业强国做出积极贡献。

（二）深入企业调研，积极跟踪有色金银产业发展状况，力促行业稳健发展

2017年，分会调研走访了招金集团、豫光金铅、郴州金贵银业、永兴贵研资源、中钞长城贵金属等20多家企业，并到“中国银都”永兴县国家城市矿产基地和湖南长沙经济技术开发区白银产业园区进行了调研。分会还参与了工业和信息化部规划司的研究课题——“有色金属行业投资方向专项研究”，为黄金投资方向提供参考资料。调查研究发现全行业上下游产业链出现了一些新动向和新问题：一是创新驱动引领发展成为行业共识，二是绿色发展理念深入企心人心，三是行业结构需要进一步优化。

（三）搭建信息平台，传递政策导向，助力会员企业持续健康发展

为了进一步推动有色金银行业做好安全环保工作，2017年11月，分会在南宁举办了有色金银行业安全环保培训，邀请国家安全生产监督管理总局遏制重、特大事故协调组专家和环保部环境规划院专家，就企业风险分级管控与隐患排查双重机制建设以及国内工业固定源环保管理最新政策动向及其对有色行业的影响作了深入分析。培训成效显著，与会企业普遍反映，通过培训能更好地把握国家的政策方向，同时进一步提高了企业自身的安全、环保工作能力和水平。

（四）认真做好《中国贵金属工业史略》的编纂工作

为了做好《中国工业史·有色金属工业卷》第八编《中国贵金属工业史略》中有色黄金工业和白银工业部分的编纂工作，分会积极协调，认真组织编写，在广大会员单位的大力支持下，进展顺利，编纂工作基本完成。

（王新利）

中国有色金属工业协会钽铌分会

2017年，中国有色金属工业协会钽铌分会（以下简称：钽铌分会）在中国有色金属工业协会（以下简称：协会）的领导下，在各会员单位大力支持下，以促进钽铌行业持续发展为己任，积极配合协会做好行业政策研究、重点课题研究等工作，遵守协会章程和分会工作规则。各项工作稳步推进，取得了一定的成效。

一、认真学习贯彻党的十九大精神

认真学习领会党的第十九次全国代表大会精神，把握以下六个新：新成就、新时代、新思想、新方略、新目标和新的伟大工程。同时深刻把握习近平新时代中国特色社会主义思想的意义，加快有色产业优化升级，培育发展新动能，把创新、协调、绿色、开放、共享的理念，全面转化为有色金属行业各方面的自觉行动。行业发展关键要坚定不移地加快高质量发展步伐、坚持打好去产能攻坚战、坚持创新引领、坚持绿色发展、培育具有全球竞争力的世界一流企业，确保有色金属工业平稳健康发展。

钽铌分会安排部署了以下四项重点工作：一是大力推进供给侧结构性改革，促进行业平稳健康发展；二是加强环保政策宣贯，大力促进行业绿色发展；三是深入挖掘市场需求潜力，拓展发展新动能；四是做好做实“常规动作”，提高服务能力和水平。

二、不断拓宽信息渠道，提升咨询服务能力

按照协会的部署和安排，牵头做好《中国工业史·有色金属卷》钽铌篇和铍篇的修改和补充工作。在钽铌篇和铍篇的编纂过程中，得到各会员单位的鼎力支持，进展顺利。

继续支持钽铌学会与中色东方集团公司一起做好《钽铌工业进展》期刊的发行工作，及时将每期刊物发送到每个会员单位，帮助会员单位及时了解钽铌行业最新技术进展、市场动态及经济运行情况。《钽铌工业进展》2017年共出版4期，刊登论文46篇，信息稿件26篇。

三、组织办好分会理事会

钽铌分会于2017年6月在宁夏中卫市组织召开了钽铌分会二届七次理事会。会议总结分析了国内外宏观经济形势，并对钽铌行业下一步的工作提出了希望和要求。2017年9月在湖南株洲市召开二届八次理事会，参会理事们介绍了各企业2017年生产经营状况，并对钽铌行业的发展与市场情况进行沟通与交流，结合钽铌行业的发展形势，提出需要关注和解决的问题。

四、钽铌分会换届准备工作有序进行

按照协会管理制度规定，分会应每四年进行换届选举。分会秘书处于2017年11月向协会提交《关于筹备召开中国有色金属工业协会钽铌分会第三届理事会换届会议的请示》，在得到协会批复后即启动换届相关筹备工作。

2017年，世界经济低速增长的态势仍在延续，钽铌行业需求持续低迷，中国钽铌产品出口薄弱，价格相对疲软。而原料端矿石价格飙升且国家环保监测力度加大，下游冶炼厂生产性成本上升、开工率不足，利润空间越来越小，整个行业盈利能力大幅下降，钽铌产品销售企业经营困难。

面临以上困难和挑战，钽铌分会将承担起更多的责任与任务，在协会的领导以及钽铌分会全体会员单位的大力支持下，立足服务，提高认识，提出具体可行的新理念、新措施和新方法，振奋精神、锐意进取，迎接挑战，齐心协力推动钽铌分会各项工作再上新台阶，为钽铌行业的持续健康发展做出新的更大的贡献。

（黄子然）

中国有色金属工业协会铟铋锗分会

一、铟铋锗行业运行情况

2017年，在供给侧结构改革的作用下，小金属行业供需矛盾有所缓解，但仍然面对来自于经济下行压力、经营成本上升、环保约束等行业共性问题，铟铋锗全行业主动寻找新道路，打破发展瓶颈，集聚创新精神，行业运行总体维持了平稳态势。

（一）铟价突破区间，国内应用稳步向前

在市场、政策共同作用下，盈利能力差、环保水平低的铟行业企业陆续被淘汰，供应缩量的同时得到优化。供给端支持铟行业供需关系进入良性区间。铟消费稳中有增，应用稳步向前，高端靶材企业通过用户实验认证数量增加，多条铜铟镓硒（CIGS）薄膜太阳能电池生产线开工新建。尤其是凯胜集团生产的中国第一片铜铟镓硒薄膜太阳能高效模组功下线，标志着我国铜铟镓硒（CIGS）产业发展进入新阶段。铟出口配额取消并未造成贸易波动，由于国外用户重建库存放缓，我国出口量不增反降。

据中国海关统计，2017年中国累计出口金属铟产品16.32万千克，同比下降1%；同期中国进口金属铟产品13.48万千克，同比增长27.8%；净出口为2.84万千克，同比下降51%。在基本面支撑和库存限制下，前三季铟价走势表现为区间震荡，价格在1200～1400元/千克之间。四季度开始，投资资金的介入致使铟价突破区间上涨至2000元/千克以上，供求关系进入新一轮调整期。

（二）铋价底部徘徊，供给侧改革推进

从供给方面看，受最严环保督察影响，我国铋产量较往年出现明显下滑，大量小型生产企业退出市场，市场供应过剩的局面得到缓解。从需求方面来看，铋市场外需不振、内需疲软的状态仍存。铋市场总体呈现供需两弱的状态。价格方面，2017年国内精铋均价为74092元/吨，同比下降12.73%。据海关统计数据显示，2017年我国铋产品出口量为5130吨，较2016年同期下滑19.37%。面对来自环保、消费多方面的压力，铋生产企业特别是骨干企业勇于担当，通过主动限产减产、完善下游产业链、拓展国外市场等方面取得了瞩目的成绩。

（三）锗价坚定抬升，产业链优化升级

2017年，锗产业链进一步优化升级，价格整体抬升，行业亏损状况正在扭转。为适应供给改革、应用发展需要，产业链企业拆分、退出、进入增多，矿山、冶炼集中度上升，加工能力增长，应用规模扩大。民用红外、民用光伏、光纤光缆需求增长迅速，出口贸易活跃。2017年，我国出口金属锗产品21.12吨，同比增长31.83%，在产业链优化升级的有力推动下，锗价已走出底部区域，区熔锗锭价格突破1万元/千克，达到近两年来高位。在需求向好，供应充裕，行业集中度提高的几大因素影响下，锗市场进入底部抬升阶段，行业总体进入价格合理、利润适度的时期。

二、铟铋锗分会的主要工作

中国有色金属工业协会铟铋锗分会（以下简称：分会）始终以“三个服务”为工作重心，积极配合国家有关部门和协会，在反映行业诉求、服务会员企业、搭建信息平台、开展调查研究等方面开展了一系列工作，取得了较好成效，进一步发挥了桥梁纽带和参谋助手作用。

现阶段，铟铋锗行业发展方向与国家产业政策调整方向的主线相吻合，分会密切跟踪国家三大战略实施、中国制造2025、战略新兴产业发展等重大机遇，学习党的十九大会议精神，同时迎合“三去一降一补”政策，引导行业走上去产能、去库存、去杠杆、降成本、补短板的任务路线，协助分会会员企业发现市场机遇献计，提升行业在国民经济和新材料发展中的地位。

（一）建议国家收储，反映行业政策诉求

分会秘书处坚持对铟铋锗市场运行的日常跟踪和行业发展的分析预警，通过召开专题研讨会、研究报告等渠道，向国家有关部门阐述行业发展特点，反映存在问题，特别针对当前国内铟铋锗行业直接消费不足、价格持续低迷、企业运营困难的实际情况，年内先后和部分骨干企业一起，在出口退税仍需多加支持、小金属下游应用扶植、防止资源廉价外流加大收储力度等几个方面向国家发改委产业司、科技部高新技术与产业化司、工业和信息化部原材料司、商务部外贸司等相关部门进行反映和汇报，并得到相关部委的重视。

（二）完善交流平台，引导行业交流互鉴

积极搭建以政策为引导、协会为纽带、企业为主体的高层次信息交流平台，统筹利用国际国内两种资源、两个市场，加强国际交流合作。分会聚焦新能源热点应用领域，参与组织新能源材料高峰论坛；行业会议是企业间重要的信息交流平台，可有效提高凝聚力、增强共识、稳定行业发展。2017年全球小金属论坛秉承了全球小金属论坛开创以来的开放与合作、参与与共享的精神，围绕宏观经济形势、市场发展现状、高新技术方向等方面作专题报告，并与英国小金属贸易协会MMTA一道共同打造全球小金属行业盛会。

（三）深入调查研究，提高专业服务能力

分会在2017年调研铟铋锗行业企业基础上，系统了解国内小金属行业供给侧结构性改革所带来的影响、下游应用前景和市场供需变化等情况，完善行业数据，同时依托《中国工业史·有色金属卷》（铟、铋、锗部分）编撰整理修改等工作，对中国铟铋锗工业的历史沿革有了更加深刻的认识，全面总结回顾中国铟、铋、锗工业发展历程，展示新中国成立以来特别是改革开放以来取得的辉煌成就，目前已完成初稿修改。

（四）坚持服务宗旨，提高服务质量和水平

分会围绕内部管理、制度建设、人才培养和业务拓展等方面，开展了大量工作，行业凝聚力和影响力都有较大幅度提升。分会通过加大人力、物力和资金投入，逐步完善信息服务工作。截至2017年，分会已连续5年坚持每日发布产品报价，用户群已由过去分会会员为主，逐渐过渡到全产业链。按时发布铟、铋、锗市场周报、双月报和年度报告，实时跟踪技术进步和消费前沿，引导行业健康有序发展。同时，分会秘书处还利用微博、微信等新媒体渠道，进一步提升铟铋锗行业知名度。

（刘　麦）

中国有色金属工业协会钴业分会

一、2017年钴行业运行情况

2017年，钴价的波动一直是市场关注的焦点。国际市场MB低等级低幅价格从年初的15.3美元/磅上涨至年底的35美元/磅之上，国内电钴价格成交超过50万元/吨，涨幅均超过130%。基本面改善、投资性购买以及流通环节加库存等因素导致钴价的大幅上涨。

2017年中国精炼钴产量6.6万吨，同比增长10%，消费量6万吨，同比增长26%。

2017年前9个月镍钴采选冶企业的盈利34.7亿元，而上年同期亏损28.3亿元。规模以上企业营业收入达到2347亿元，同比增长21%。前10个月，约80.2亿元投入到68个镍钴采选冶企业中，略低于上年同期的82.1亿元，但是考虑到三元材料和前驱体环节近200亿元的投资，实际远高于上年同期水平。

二、2017年钴业分会完成的主要工作

（一）为政府服务

3月中旬，中国有色金属工业协会钴业分会（以下简称：钴业分会）向国储局汇报中国钴产业发展状况，并就收储事宜提出建议。邀请相关国储领导参加3月底新余新能源高峰论坛。3月下旬向国家工信部原材料司领导汇报钴供应链及新能源产业发展情况。

（二）为行业服务

1. 成功召开钴业分会二届三次理事会。2017年3月29日，钴业分会二届三次理事会在江西新余召开。本次会议完成轮值会长的工作交接，形成了以广东佳纳能源科技有限公司董事长吴理觉为会长（轮值）的新一届领导班子。新一届领导班子听取了钴业分会秘书处的工作报告，充分肯定上届领导班子所做出的努力，并表示将继续大力支持钴业分会，配合秘书处积极向国家有关部门争取行业有利政策，促进钴行业健康发展。

2. 在协会的指导下召开新能源高峰论坛。为推动国家新能源材料产业发展，加快能源结构转型升级，2017年3月底，在中国有色金属工业协会指导下，钴业分会协同各兄弟分会联合召开了2017（第四届）新能源材料高峰论坛，本次论坛得到与会领导以及参会嘉宾的高度赞扬，大会取得圆满成功。

3. 策划召开中国国际镍钴工业年会。2017年8月份新策划的正极材料会议，由于抓住了市场热点，加上和其他机构密切合作，一举成为业内又一次年中盛会。2017年11月份组织召开中国国际镍钴工业年会会议，参会人数创历史新高，取得社会效益和经济效益双丰收。

4. 承担《中国工业史·有色金属卷》“钴工业”篇的编纂工作。根据中国有色金属工业协会部署的《中国工业史·有色金属卷》“钴工业”篇主要撰写工作由钴业分会和金川公司为主导，同时邀请其他企业积极配合参与，已初步完成这一个极具历史意义的工作。

（三）自我提升和改进

1. 利用各种机会擦亮钴业分会牌子。积极参加行业和企业的活动，通过会议、微信、网站、报刊等平台，及时发出钴业分会对市场、行业的观点。每次重要观点发布前，秘书处会同分会会长单位及主要骨干企业及时进行沟通，确保观点中立客观。9月28日中央电视台财经频道对中国镍钴市场和企业进行了专访报道，钴业分会介绍了行业的基本情况，钴业分会秘书长徐爱东应邀向广大电视观众介绍新能源汽车发展对镍钴市场的影响，在行业内外引起较好的反响。

2. 加强国际交流。2017 年 5 月，钴业分会参加在摩洛哥马拉喀什举行的钴发展协会年会，9 月和 11 月分别参加 Argus 和 Metal Events 等机构组织的会议，介绍中国镍钴行业发展的现状。12 月 7 日参加中韩矿业合作研讨会，12 月 18 日给中色矿业海外员工培训班公益授课，介绍中国和全球钴行业现状。通过与国际组织和国外企业的充分交流及友好互动，进一步增强了钴业分会在国内外的影响力。

3. 改进现有报价体系。针对行业形势的变化，在现有报价内容的基础上增加硫酸钴、硫酸镍、三元前驱体和三元材料的报价，增加英文版报价，并将报价频次从以往的每周 2 次改为每天一次，使分会报价工作与时俱进，满足国内外客户的需求。

4. 多次调研发展会员。2017 年钴业分会秘书处赴广东、江西、湖南、上海、浙江、江苏、天津、山东、福建等多地调研，并结合有关咨询项目带领丰田等国际客户调研国内市场。通过调研和宣传，了解到第一手的行业资讯。2017 年，钴业分会新增会员企业 3 家。

（徐爱东）

中国有色金属工业协会锂业分会

一、2017 年中国锂行业发展概况

（一）概况

中国锂辉石矿主要分布在四川甘孜州、阿坝州，新疆的和田、阿勒泰等地。与国外矿山相比，国内矿山自然环境恶劣、海拔高、基础设施配套较差、开采和尾矿处理难度大、生产规模小，部分矿山在少数民族地区，还存在宗教、环保等问题，国内企业越来越多的将目光投向澳大利亚及非洲国家。山东瑞福锂业、华友钴业、江特电机、雅化实业、湖南长远锂科等参股国外矿山或与国外矿山签订战略合作协议。

国内锂辉石矿产量持续在低位徘徊，2017 年生产锂辉石精矿约 1 万吨，折碳酸锂当量（以下简称 LCE）约 1000 吨。江西宜春地区锂云母精矿产量 20 万吨，折 LCE 约 1.3 万吨。

2017 年底国内基础锂盐产能约 25 万吨，其中碳酸锂产能 17.8 万吨，氢氧化锂产能 5.4 万吨，氯化锂产能 1.8 万吨（包括工业级、电池级产能，也包括外资企业在我国的加工产能）。与 2016 年底 17 万吨产能相比，国内锂盐产能增长了 47%。山东瑞福锂业年产 2 万吨碳酸锂生产线于 2017 年下半年投入试生产，江西金辉锂业年产 1 万吨工业级碳酸锂生产线 9 月初投产，青海恒信融锂业年产 2 万吨碳酸锂生产线于 2017 年 11 月投入试生产。江苏宝众宝达、江西合纵锂业、江特银锂等企业锂盐扩产项目建设完工并投入运行。

根据中国有色金属工业协会锂业分会（以下简称：锂业分会）初步统计，中国锂盐产量 12.34 万吨（包括进口工业级碳酸锂加工成电池级碳酸锂或氢氧化锂等），同比增长 43.5%。离子电池正极材料产量 32.3 万吨，同比增长 49.54%，消耗碳酸锂约 11 万吨，同比增长 52.14%。有 10 多家企业正极材料的产量超过了 1 万吨。

2017 年国内锂离子电池正极材料技术进步和产量都取得了长足进展，已成为全球最重要的正极材料生产国和消费国。为满足动力电池、储能锂电及小型锂电三大市场的不同需求，主要电池材料厂与下游客户共同研发不同类型的产品，根据客户订单配料生产。由于众多企业看好新能源汽车的发展，锂离子正极材料产能快速扩张，根据锂业分会的统计，国内前 30 家企业的产能就超过 50 万吨。湖南杉杉、宁波容百、贝特瑞等一批龙头企业建设或规划建设中正极材料产能也达数十万吨。

2017 年，中国基础锂盐企业取得了较好的经济效益，企业平均净利润在 20% 以上，正极材料也是产销两旺，企业平均利润在 5% 以上。

（二）市场价格

2017 年，碳酸锂价格走势呈现前低后高的上涨趋势，氢氧化锂价格在 13 万元到 16 万元之间波动。2017 年初，新能源汽车补贴新政策迟迟未出台，叠加春节对生产的影响，新能源汽车产量下滑，锂电池产量下降，锂电正极材料对碳酸锂的消费需求拉动不大。国内高镍三元材料刚刚起步，市场无法消化迅速增加的氢氧化锂产品，导致氢氧化锂产品价格下滑。二季度开始，锂电产业开工率逐渐恢复，拉动了对碳酸锂等锂盐的需求，

加之天齐锂业张家港基地技改检修、江西赣锋锂业更换锂辉石原料供应，碳酸锂市场供应量减少，市场价格逐渐上涨。三季度受环保督查，新能源汽车“抢装”等影响，碳酸锂价格大幅上涨，高镍等锂电正极材料的需求较平稳，氢氧化锂价格波动不大。四季度末，受大量进口锂辉石原矿和精矿的影响，以及国内盐湖提锂、锂云母提锂工艺技术取得重大突破，碳酸锂价格逐渐回落。

2017 年 1 月底起，四氧化三钴和硫酸钴价格逐渐上涨，推动钴酸锂和镍钴锰酸锂（523 型）价格上涨，加之碳酸锂价格在 3 月中旬后上涨，钴酸锂和三元材料价格一直持续在高位。6 月至 8 月，电池市场进入淡季，钴的价格下滑，下游企业对高价位的正极材料接受程度较低，钴酸锂和镍钴锰酸锂的价格小幅回落。8 月中旬后，四氧化三钴和硫酸钴、硫酸镍价格出现上涨，钴酸锂和镍钴锰酸锂价格也开始走高，钴酸锂价格较年初翻番。

（三）进出口贸易

2017 年进口锂盐总计 3.5 万吨（碳酸锂当量），同比增长 35.55%，主要从智利和阿根廷进口碳酸锂；全年出口锂盐总计 1.9 万吨（碳酸锂当量），同比增长 76.19%，主要将氢氧化锂出口到日本、韩国等国家。

2017 年中国氢氧化锂净出口 1.8 万吨，同比增长 86.43%；氯化锂净进口 2813 吨，同比下降 6.74%；碳酸锂净进口 2.9 万吨，同比增长 42.97%。

综合考虑氢氧化锂、氯化锂和碳酸锂三大产品的进出口，2017 年净进口总量达到 1.6 万吨碳酸锂当量，同比增长 6.03%，其中氢氧化锂净出口和碳酸锂净进口大幅提升，体现了 2017 年国内外新能源汽车产销量的刺激对锂盐需求增加和中国市场对锂盐的加工能力有所增强。

（四）经营形势

随着中国及世界锂电产业的快速发展，对主要的原材料锂的需求在逐年增长，多个国家开始重视锂资源的勘探和开发。近两年来，由于下游需求旺盛，锂盐生产企业的竞争主要表现在生产原料供应与产品质量方面。国内锂盐生产以矿石提锂为主，但由于近年来中国锂矿资源开发进程缓慢，原料主要依靠进口，即使在国内拥有矿山资源的企业也不例外。锂辉石精矿（含氧化锂 6%）价格也快速上涨，从 2015 年的每吨 400 美元，2016 年每吨 600 美元，2017 年已涨至每吨 900 美元。另外，锂盐产品质量至关重要，有些正极材料企业宁可停产，也不盲目购买非合格供应商的产品，同时，质量好的锂盐产品销售价格高且畅销。

随着磷酸铁锂、三元材料生产工艺的改进以及新能源汽车的快速发展，作为新能源汽车最主要正极材料的磷酸铁锂和三元材料呈现快速增长的态势。正极材料市场竞争压力的不断增大，下游客户的需求不断提高，企业必须在产品研发、经营规模、技术创新等方面紧跟市场的发展方向，否则将面临市场竞争地位下降、盈利能力下降的风险。2017 年正极材料产销两旺，企业取得了较好的经济效益，多家企业不断扩产，且有多家新进入者涉足正极材料，新增产能将在 2018 年开始陆续投放，锂电正极材料行业竞争将会越来越激烈。

目前，中国已形成了一些专门的动力电池回收企业，如广东邦普、深圳格林美、江西赣锋锂业等，国内已建成一定规模的废旧电池与报废电池材料处理生产线，可以回收废旧电池中含有的镍、钴、锰、锂等稀有金属。既避免了对环境的污染，也补充了国内镍钴锂等稀有资源的供应，支持了国内锂电产业的发展。

随着动力电池回收利用问题越来越迫切，一些新能源汽车企业、动力电池企业、报废车拆解企业、电池材料企业都有参与动力电池回收利用的意愿。国家应进一步规范锂电回收市场，促进资源的回收利用，引导上下游企业能联合起来，利用各自的优势，完全可以解决锂电池的回收利用问题。

二、2017 年锂业分会的工作情况

（一）召开行业报告会，加强行业内企业之间的交流

2017 年 3 月 31 日，为推动锂工业的科技发展，提升锂的技术水平，锂业分会主办，在江西省新余市组织召开了 2017 年中国锂业科技大会。中国有色金属工业协会副会长、锂业分会会长赵家生到会并致辞，中国工程院院士郑锦平、多吉出席了会议。

会议重点讨论了国内外锂资源的勘查现状及潜力；锂矿的采、选、冶技术与进展；锂电池材料和新型锂电池技术及其在电动汽车与储能中的

应用进展；锂产业技术和产品的发展对未来的影响等重要议题。通过本次会议，带动了上下游企业之间的交流，为行业的发展搭建了平台。

（二）召开分会二届二次理事会扩大会议

2017年9月13日，锂业分会组织在江苏省南通市召开了分会二届二次理事会扩大会议。秘书处向各位理事单位报告了上半年行业发展情况，各企业通报了各自发展的现状，就发展中存在的一些问题进行了交流。针对不断上涨的原料价格等问题也进行了深入探讨。对大家关注《环境保护综合名录》（2015版）将矿石提取碳酸锂列入“高污染、高环境风险”产品名录，各理事单位也发表了自己的看法，提出了应对措施。

（三）召开2017（第三届）中国锂资源战略研讨会

2017年12月4日至6日，锂业分会主办在四川省成都市召开了2017（第三届）中国锂资源战略研讨会。来自全球锂产业链生产企业、下游消费企业、贸易商、设备供应商和科研机构等100多家单位的300多位代表参加了会议。中国工程院院士郑绵平、北京当升材料科技股份有限公司李建忠等12位专家就锂资源开发、行业发展概况、正极材料发展、动力电池产业发展、电解液行业发展等内容做了大会报告。会议得到了行业内各企业的高度认同，有20多位外国企业代表参加了会议。

（四）充分发挥桥梁纽带作用

应西藏自治区工信厅的要求，3月30日锂业分会组织行业内企业代表参加“西藏盐湖资源综合开发利用座谈会”，共同为资质盐湖资源科学有序开发利用建言献策，受到了西藏自治区工信厅的称赞。4月中旬，分会委托专家到西藏阿里、日喀则等地进行考察调研，协助西藏工信厅起草了《关于加快推进盐湖锂资源开发利用的实施方案》。

锂业分会秘书处积极到企业进行调研。与企业所在地的地方政府进行沟通，为地方政府发展锂电产业出谋划策，为企业发展争取地方政策支持。为锂电正极材料生产企业协调碳酸锂供应问题，为锂盐生产企业联系解决锂原料，协调部分企业与地方政府之间关系等问题。

（五）完成部分报告和规划的编写

2017年，锂业分会组织专家完成了《2016年度中国锂产业报告》的撰写和编辑，完成《中国工业史锂铷铯篇》的编辑修改。应江钨集团的要求，通过企业调研、召开锂产业研讨会、资料收集等，组织编写《江钨锂产业发展规划》，经过数次修改，9月份通过了专家评审。

通过广泛搜集、归纳整理和及时发布国内外市场动态、行业及企业的有关信息，利用微信平台及时向企业通报行业信息，使国内企业对我国和全世界锂行业的信息和市场有一个全面的把握和相对准确的认识。

（张江峰）

中国有色金属工业协会锡业分会

一、2017年中国锡工业运行特点

一是矿山生产呈现下滑态势。据中国有色金属工业协会（以下简称：协会）统计，2017年，中国生产锡精矿9.6万吨金属量，同比下滑1.7%；精锡16.85万吨，同比增长5.3%。

二是行业经济效益有所改善。受价格上涨影响，2017年锡行业整体经济效益明显好转，锡矿采选主营业务收入117亿元，同比增长41.72%；实现利润14亿元，同比增长82.76%。锡冶炼行业主营业务收入494亿元，同比增长2.06%；锡冶炼行业亏损6.4亿元。

三是消费保持小幅增长。根据中国有色金属工业协会锡业分会（以下简称：锡业分会）统计，2017年中国锡消费量16.8万吨，同比增长3.7%。其中第一大消费领域——焊料行业用锡量小幅增加，全年用锡量约为10.2万吨，同比增长4.1%；镀锡板行业由于钢铁行业去产能效果的逐步显现，用锡量有所下滑，全年用锡量约为1.35万吨，同比下滑10%；锡化工行业用量持续增长，同比增长14%；铅酸蓄电池行业的用锡量略有增长，全年用量占总消费量的8.9%。合金、浮法玻璃等行业用锡量变化不大，2017年国内锡总消费量稳中有升。

四是原料进口下降，精锡进口减少、出口大幅增加。据中国海关统计，2017年中国进口锡精矿实物量29.5万吨，同比下滑37.6%，折合金属量为5.3万吨，较上年下降5.4%。2017中国进口精锡3390吨，同比下滑64.2%；同期出口精锡2175吨，同比增长196%。

五是市场价格中高位运行，且波动较大。2017 年由于全球经济迎来普遍温和复苏，锡原料供应趋紧及消费小幅增长，锡价维持中高位振荡。2017 年 LME 现货锡年均价为 20109 美元/吨，比上年上涨 11.7%；SHFE 锡主力合约均价为 144446 元/吨，比 2016 年上涨 21.1%。

二、中国锡工业面临的形势

（一）工业化应用的冶炼烟气治理环保技术尚未全面推广普及

2017 年环保执法力度加强，企业环境保护压力增大。锡业分会的会员中锡冶炼业均投入大量资金建立了冶炼烟气治理装置，绝大多数企业是采用石灰把冶炼烟气中的二氧化硫吸附固化，减少烟气中二氧化硫的排放，维持了企业正常生产。但与此同时产生了大量的钙渣，堆放在企业内部，随着时间的积累，大量的石膏渣没有得到充分的无害化处理和利用，从而演变成大量的固体废物堆积的环保压力。总体而言，锡冶炼企业环保的科研投入少，行业整体自主创新能力偏弱，高效适用的环保技术一次性投入高，尚未推广普及。

（二）资源储备不足，未来原料供应担忧

近几年来，中国矿山锡产量在 10 万吨左右，没有大的突破，国内矿产品自给率在降低，通过进口缅甸矿来弥补，2017 年缅甸锡矿供给达到高峰。由于缅甸可供开采的资源品位持续下降、矿山由富转贫，并由地上开采转为地下开采，锡矿供应出现下降。受此影响，出现原料供应紧张，市场投资机构业也多次借此因素来炒作价格，导致市场价格小幅波动明显。未来市场存在原料供应的担忧。

总的来说，中国锡工业已进入技术创新、结构调整、转型升级的关键时期，国内的资源和环境承载力也不支持简单粗放扩大生产规模，产业必须转型升级发展。

三、2017 年锡业分会完成的主要工作

在协会的领导下，锡业分会在广大理事单位和会员单位大力支持下，坚持以“三个服务”为工作重心，积极配合协会和国家有关部门，在服务政府、服务行业、搭建信息平台、调查研究等方面开展了一系列工作。

（一）服务于政府开展的工作

为规范锡企业生产经营秩序，提升资源综合利用水平和节能环保水平，推动锡行业结构调整和产业升级，促进锡行业持续健康发展。一是组织骨干企业对工信部《锡行业规范条件》提出修改意见和建议（在进行中）；二是向协会和财政部回复了《关于征集进口有色金属矿产品含金情况的函》，建议对进口锡矿砂及其精矿中所含黄金价值部分免征进口环节增值税；三是向工信部和协会上报《锡产业高端装备对外依赖情况及调查表》（包括核心技术、关键零部件、材料等）；四是向工信部和协会提供《关于梳理有色金属行业重点产品相关情况的通知》中要求提到的重点锡产品在研制、生产及应用领域的瓶颈和优势等内容；五是协助协会完成自然资源部有色行业绿色矿山标准建设。

（二）服务于行业开展的工作

1. 成功召开了锡业分会二届一次理事会。2017 年 6 月 28 日在上海召开“中国有色金属工业协会锡业分会第二次会员大会”，会议选举产生锡业分会新一届会长、副会长、秘书长。召开了“中国有色金属工业协会锡业分会二届一次理事会”，总结了第一届理事会和过去四年锡业分会的工作，探讨了中国锡行业供给侧改革，研讨《锡冶炼行业排污许可证申请与核发技术规范》。

2. 召开了“2017 年（第五届）中国锡业年会”。6 月 29 日召开了 2017 年（第五届）中国锡业年会。会议的主题是：新常态下锡产业的持续发展、锡期货市场服务于实体经济、锡产业政策建议、锡市场预测等。来自全国锡生产企业、消费企业、贸易企业、研究院所和国外企业等 60 多家单位的 120 多人参加了会议。

3. 走访企业调研、了解企业现状、听取企业呼声。2017 年锡业分会共组织 4 次企业调研，分别到云南、安徽、广东等省市锡企业，涵盖了矿山、冶炼、锡焊料、包装等领域。结合有关咨询项目带领丰田公司等国际客户调研国内市场，拜访分会骨干企业。通过到企业调研，了解锡企业生产经营情况，下游消费以及企业面临的问题，企业环保设备改造及环保政策的落实情况。

4. 组织修改完善《中国工业史·有色金属卷》“锡工业章”。按照《中国工业史·有色金属卷》编纂工作的总体安排，由分会秘书处牵头，组织重点骨干企业提供素材，按时完成了锡工业部分的编写及修改完善工作。

5. 为会员提供信息服务。进行日常维护锡业分会网站（www. chinatin. org）各栏目内容，发布锡行业消息、分会动态、锡企业报价，锡的年评、季评、年报；定期完成6期会刊《中国锡业》编辑发行工作。

（郭　宁）

中国有色金属工业协会锑业分会

一、中国锑行业发展情况

2017年中国锑工业整体保持平稳运行态势，中央环保督察组进驻湖南、贵州两大锑主产区，对锑的供应产生局部影响。全行业进一步推动供给侧结构性改革，加强自律，积极营造良好的市场环境。骨干企业深化改革，强化管理、苦练内功，积极应对成本上升、需求不足、融资困难等新老问题，为产业发展持续向好打下基础。在国内外市场需求相对平稳的情况下，锑市场运行突显以供给端为主导的特点，市场供需总体保持平稳向好格局，企业效益继续回升。2017年，锑价总体呈现先涨后跌再启稳的态势。

（一）企业效益继续保持增长

国家统计局数据显示，2017年规模以上锑工业企业实现利润5.3亿元，同比增加4亿元。其中，锑矿采选规模以上企业的主营业务收入38.9亿元，同比下降0.5%，利润总额1.7亿元，同比下降18.3%。锑冶炼规模以上企业的主营业务收入130.3亿元，同比增长5.7%，利润总额3.6亿元，同比增加4.4亿元。

（二）锑工业固定资产投资趋降

从2017年固定资产投资完成情况看，中国锑工业完成固定资产投资总体呈现下降态势。锑矿采选业完成固定资产投资额10.2亿元，同比下降43.0%；锑冶炼业完成固定资产投资额25.9亿元，同比增长6.9%。

（三）锑品市场供应量保持收缩状态

中国有色金属工业协会锑业分会（以下简称：锑业分会）的统计汇总（包含22家理事单位及15家团体会员单位，占会员中有效统计总数的90%），2017年锑业分会会员企业锑锭产量约6.9万吨，同比下降19.2%；氧化锑产量约8.95万吨，同比增长0.8%；乙二醇锑产量9874吨，同比增长20.8%；锑酸钠产量5525吨，同比增长10.3%；三硫化二锑、锑珠、母粒等其他锑品产量约7231吨，同比增长9.0%。锑品市场整体供应量呈收缩状态。

（四）锑品进口增加出口下降

2017年中国锑品进口量较上年持续增加，且主要体现在进口锑精矿的大幅增长，而锑品出口量则出现明显下滑，作为主要出口产品的氧化锑，其出口量较上年出现较大幅度的下降。海关统计数据显示，2017年累计锑品进口量约7.29万吨，同比增长31.4%，其中主要以锑精矿进口量为主，累计锑品出口量约4.24万吨，同比下降9.2%。其中，氧化锑出口量同比下降11.7%，未锻轧锑出口量同比下降50.3%。

（五）供需关系维持向好态势

2017年，中国锑市场继续呈现以供给端为主导的特征。在锑市场需求改善不力的情况之下，锑供应端受环保督查影响而进一步收紧，使供需基本面得以维持向好态势。2017年锑价先涨后跌渐趋缓，国内锑锭（99.65%）年均价格5.46万元/吨，同比上涨35.5%。

二、锑业分会的主要工作

根据中国有色金属工业协会（以下简称：协会）2017年总体工作部署，锑业分会围绕环保主题，积极开展行业活动，就当前锑行业企业所面临的实际困难和突出问题，研究应对策略；将扩大应用作为工作重点，积极开展横向联系，加强调研，为进一步挖掘应用市场创造条件；坚持做好常态化服务工作，在秘书处的日常工作中，注重服务能力和分会影响力的提升，踏实做好市场跟踪研究工作。

（一）坚持服务宗旨，努力为企业排忧解难

加强政策协调服务，配合协会积极向环保部、发改委、工信部、商务部、财政部、国家海关总署等国家有关部委反映企业诉求，帮助企业解决困难。一是推进锑工业污染物排放标准修订（协助开展前期预研究）；二是补充完善工信部制定的《新材料产业产品和服务统计指导目录》（初稿）；三是呼吁对锑品关税税目税率调整、出口退税等方面政策进行调整。四是反馈重点企业对《有色金属行业绿色矿山建设规范》行业标准（征求意见稿）的意见。

（二）积极推动锑冶炼工艺技术升级进程

一是组织广西河池主要企业与恩菲等科研院

所对接，研究现有冶炼流程技术改造方案。二是积极寻求国家项目资金支持。组织企业积极参与财政部、工业和信息化部关于组织开展绿色制造系统集成项目申报。

（三）配合《锑冶炼行业排污许可证申请与核发技术规范》编制工作

组织锑冶炼行业主要企业，积极参与技术规范前期调研，提供参考数据，并推荐重点企业参加规范初稿的讨论会。就规范中涉及的污染因子许可排放浓度限值（颗粒物排放限值与锑及其化合物排放限值）不匹配，以及如何落实《锡、锑、汞工业污染物排放标准》（GB 30770－2014）中锑的排放浓度等问题，开展覆盖重点企业的实地调研工作，收集企业的反馈意见，多渠道反映企业的实际情况和诉求。

（四）积极开展行业活动，提升行业影响力

9月18－20日，由锑业分会主办、冷水江市政府和锡矿山闪星锑业有限责任公司协办的“2017年中国锑业年会”在湖南省冷水江市召开。工信部、环保部、有色协会、五矿有色金属控股有限公司、冷水江市政府等有关领导出席会议，来自全国锑生产企业、消费企业、贸易企业、大学和研究院所等单位200多位代表参会。演讲嘉宾与参会代表分享了宏观经济、锑行业管理、锑矿资源、锑冶炼技术、重金属污染防治、塑料加工业发展、阻燃剂应用、锑市场分析等方面的研究成果。

（五）寻求切入点，继续扩大产品应用

为扩大应用，分会秘书处积极开展横向联系，参加下游产业相关会议并调研重点消费企业，加强与下游消费行业的交流与沟通，提升对锑下游应用领域的关注度，特别是阻燃应用的新动向，着力了解消费企业的需求变化，为锑品的下游应用开发方向打基础。

（杨薛玲）

中国有色金属工业协会铝用炭素分会

2017年是中国有色金属工业协会铝用炭素分会（以下简称：铝用炭素分会）近年来最好的年份，也是铝用炭素行业发展过程中不平凡的一年。2017年，铝用炭素企业盈利能力普遍提高，主要得益于国家供给侧结构性改革政策，特别是从2016年底开始，影响行业发展的新政策、新法规陆续出台，电解铝市场的好转导致铝用炭素价格飙升。2017年初，预焙阳极市场迅速由买方市场变成了卖方市场，整个行业呈现产量增长、价格上扬、效益好转、出口稳定、投资扩张等特点，沉寂了多年的炭素行业释放出了前所未有的爆发力。

一、2017年铝用炭素行业运营情况

（一）铝用炭素生产情况

据铝用炭素分会统计，2017年中国铝用预焙阳极总产能2463万吨，较上年同期产能增加121.5万吨；铝用预焙阳极产量1699.29万吨，较上同期增加了122.9万吨（其中2017年前11个月商业预焙阳极产量较上年同期只增加36.06万吨，配套预焙阳极较上年同期增加了86.86万吨）。

总体来看，2017年中国铝用炭素产量增速放缓。原因是：在环保的压力下商业预焙阳极2017年开工率降低，扩建或新建产能释放滞后；配套预焙阳极全面加大生产能力，部分企业在满足自身生产的前提下，外销余量补给市场空缺。

（二）铝用炭素行业大事件

1. 国家环境保护部办公厅印发《京津冀及周边地区2017年大气污染防治工作方案》（简称：《防治方案》）。2017年2月20日，国家环境保护部印发的《防治方案》中明确指出：各地采暖季电解铝厂限产30%以上，以停产的电解槽数量计；氧化铝企业限产30%左右，以生产线计；炭素企业达不到特别排放限值的全部停产，达到特别排放限值的限产50%以上，以生产线计。实施范围包括北京、天津及周边26个城市。京津冀地区是我国铝用炭素生产的重要地区，区域内铝用阳极生产总产能占到全国总产能的40%。《防治方案》给铝用炭素行业带来了一定的“阵痛”。从长远看，必将对我国铝用炭素行业的工业布局产生积极而深远的影响。

2. 国家四部委印发《清理整顿电解铝行业违法违规项目专项行动工作方案》（简称：《清违方案》）。2017年4月12日，国家发改委牵头的四部委下发的《清违方案》，为严管严控电解铝行业新增产能，进行清理整顿电解铝行业违法违规项目的专项行动。

3. 铝工业污染物排放标准再修改，严控无组

织排放。为进一步完善国家污染物排放标准，环保部决定修改《铝工业污染物排放标准》（GB 25465－2010），增加“无组织排放控制措施”。新的排放标准自2017年10月1日起在京津冀“2＋26”城市区域内的铝矿山、氧化铝厂、电解铝厂、再生铝厂等企业先期执行。在增加“无组织排放控制措施”中指出，铝用炭素生产工序（除回转窑）应在封闭厂房内进行。煅烧窑（炉）的加料口、出料口，沥青融化、生阳极制造、阳极组装和残极破碎等产尘点处应设置集气罩，并配备密闭抽风收尘设施。焙烧覆盖填充料添加和炭块清理工段应设置集气罩，并配备除尘设施。铝工业污染物排放标准的再修改，对炭素行业的生产、组织，以及生产环境的改善提出具体要求。

4. 铝用炭素资本运营谱写新篇章。索通发展股份有限公司（简称：索通发展，股票代码603612）2017年7月18日正式登陆上海证券交易所主板，索通发展成为铝用炭素行业首家主板上市企业。2017年11月22日，济南万瑞炭素有限公司以挂牌价3.42亿元，签约收购济南海川投资有限公司。这次收购是铝用炭素行业内首次通过产权交易网挂牌交易的方式完成的资产整合。2017年7月，外资企业——佛山市嘉力亚贸易有限公司通过股权收购，将湖南创元新材料有限公司重组为湖南嘉力亚新材料有限公司，重组后的湖南嘉力亚新材料有限公司是湖南省唯一生产预焙阳极的外商投资全资子公司，主要产品预焙阳极全部出口东南亚。

5. 电商交易平台“焦易网”正式上线。2017年4月27日，炭素行业首家原材料一站式交易平台“焦易网”正式启动上线。截至2017年底，实现注册用户近400家，成交额5.22亿元。焦易网已上线石油焦模块、煅烧焦模块、海外交易模块以及焦币商城，已具备帮找货、帮保障、帮存货、帮运输、帮找钱、帮运营六大核心功能。对整个行业资源优化配置，以及产业转型升级会产生积极的推动作用。

6. 引领铝用炭素行业发展的年会盛况空前。2017年9月5－7日，2017（第九届）中国铝用炭素年会暨产业上下游供需对接会在内蒙古包头市召开。中国有色金属工业协会会长陈全训，包头市政府副秘书长刘清义，中国铝业股份有限公司副总裁冷正旭，中国有色金属工业协会副会长文献军、党委副书记（铝用炭素分会会长）范顺科等出席会议。会议由中国有色金属工业协会铝用炭素分会主办，中铝国际贸易有限公司特邀协办，参会代表超过400人。

7. 新建铝用预焙阳极单体生产线规模创历史新高。2017年3月始建的山东信发炭素80万吨预焙阳极项目，其煅烧、焙烧车间工程于9月完工投产，10月份成型车间工程也陆续展开，是碳素行业首次全厂采用DCS系统集中控制的项目。全厂人员缩减至百人左右，比同规模常规炭素厂节省用工至少在75%以上，是目前世界上单车间产能最大、自动化程度最高的生产线，环保水平和生产效率也属于全球先进水平。

8. 兖矿炭素制品公司关闭停产。2017年11月15日，兖矿集团部署炭素制品公司关闭停产、员工分流安置工作。兖矿炭素制品公司破产主要源于长期亏损，在预焙阳极市场很好的2017年，阴极生产企业生存却极其艰难。

9. 河南实行史上最严污染管控措施。2017年11月30日晚，河南省政府紧急召开全省大气污染防治攻坚冲刺30天的电视电话会议。从2017年12月1日至30日，列入错峰停产的1858家企业一律实行停电停产；碳素行业中那些达到特别排放限制的54家限产炭素企业，由原来的减产50%，全部改为停产。

10. 烟气排放系统环保改造备受瞩目。2017年，由沈阳铝镁设计研究院、嘉峪关索通炭材料有限公司等单位共同开发的“大型高效节能焙烧炉和残极自动清理系统”，以及沈阳铝镁设计研究院、昆明理工大学等单位制定的“铝、锡、锑、汞工业污染物排放标准（GB 25465－2010，GB 30770－2014）”，荣获中国有色金属工业科学技术奖一等奖；昆明冶金研究院、云南云铝润鑫铝业有限公司等单位研发的“高效、节能电解铝TiB2惰性阴极关键新技术及应用示范”，中国铝业郑州有色金属研究院有限公司、山东华宇合金材料有限公司等单位从事的“基于低品质原料的提高阳极抗氧化性能综合技术研究”，以及贵阳铝镁设计研究院有限公司、沈阳铝镁设计研究院有限公司等单位制定的国家标准《炭素厂工艺设计规范》，荣获中国有色金属科学技术奖二等奖。北京英斯派克科技有限公司联合中铝郑州研究院环境研究所共同研发的焙烧炉干式非催化还原法脱硝系统，实现了将阳极焙烧生产的氮氧化合物排放控制在40毫克/立方米以下。该系统已在华信碳素有限公司、中兴碳素有限责任公司和海韵能源科技开发有限公司成功应用。

二、理性看待2017年铝用炭素市场

（一）铝用炭素价格走势概况

从2017年初开始，中国铝用炭素价格出现阶梯式上涨行情，1月出厂含税价上调至3200元/吨，之后每月上涨；四季度涨势放缓，12月平均现金结算出厂含税均价4450元/吨。据悉，12月22日预焙阳极低端出厂含税价4490~4690元/吨，高端价格4690~4900元/吨，青海地区采购价格4850元左右，新疆地区在5100~5300元/吨之间。

（二）铝用炭素市场变化分析

2017年，原铝产量减产和铝用炭素行业减产不同步，导致铝用炭素供货紧张，价格上涨；而受环保新政的影响，炭素行业作为高污染行业，整体开工率呈现低位运行态势。炭素市场供给减少，导致价格上涨，直接带来的利好就是企业利润大幅改善。

2017年上半年电解铝产量同比增长19%，要求预焙阳极需求同步增长。但在供给方面，新增产能进展缓慢，环保不达标的预焙阳极企业被迫关停，商用阳极开工率下滑至67%，环保达标产能早已充分释放，行业库存下滑至历史底位。2017年下半年，供应紧缺趋势尤为明显。大量炭素企业停产，供需矛盾将更为突出。全年随着预焙阳极供需矛盾恶化，驱动价格从2800元/吨快速攀升至4500元/吨一线，涨幅高达60%。

前几年经济大环境不佳，部分国家地区直接放弃了生产附加值较低、低端的碳素产品，这恰好给我国阳极出口市场带来了相当大的潜力，炭阳极年度出口总量不断刷新。

（陈维胜）

中国有色金属工业协会工业炉分会

中国有色金属工业协会工业炉分会（以下简称：分会）成立以来，始终按照中国有色金属工业协会提出的“牢记服务宗旨，打造公信力；勇于担当责任，增强创新力；加强行业自律，形成凝聚力”的要求，和理事会确定的“善调研、重服务、勤沟通、多搭桥”这四个工作重心，2017年积极开展工作，较好地完成了年度工作任务。

一、走访调研

2017年，分会秘书处人员相继走访调研了云南铜业、株洲冶炼、广西金川公司、云锡集团、大冶有色、金川集团等30多家企业，涉及大学、设计研究单位、央企、国企、民营企业。对相关企业单位的生产运营、市场行情、创新投入、环保工作等方面进行了深入调研，并认真听取了企业的建议与诉求。在走访调研中，秘书处了解了企业的炉窑节能减排、耐火里衬、停炉检修、资源循环利用、高端炉窑技术攻关与进展等方面的基本情况，达到了分会提出的要求和目的。

一是通过调研掌握中国有色金属工业火法生产企业工业炉使用大盘面，盘点原生，再生，有色金属固废，危废资源火法处理工业炉整体情况，正确评估有色金属工业炉整体水平。

二是为有色金属行业工业炉提升和淘汰提供行业的合理化建议和意见。

三是通过调研，对企业的具体需求和诉求进行了分类，协助企业解决问题。

四是力争解决行业三个“一批”和国产化问题。通过调研综合评估中国有色金属工业工业炉水平，对国际性前沿技术先进的工业炉需要协会和国家有关部门立项研发一批，对国内现投用的先进的工业炉要通过技改推广一批，对高耗能的工业炉要淘汰一批。通过重点攻关和联合攻关，力争通过先部分后彻底，先个别后整体，先重点后普遍的渐进策略，逐步实现有色金属冶炼耐材国产化，重点培养几家工业炉制造、安装、耐材砌筑、开炉保驾服务和工业炉燃烧节能装置制造企业和几个真正以热工研究为主导特色和方向的国家级企业技术中心。

经过调研，分会看到了行业取得的成绩，也发现了存在的一些问题。

本次调研走访了河南豫光金铅、水口山有色金属集团、株冶、云锡铅厂和金洋冶金股份有限公司等铅冶炼企业。纵向比较，除金洋冶金公司是再生铅回收冶炼之外，其他4家全部是原生冶炼，分别采用双底吹工艺，底吹熔炼－侧吹炼渣－烟化炉渣，基夫赛特炉一步炼铅，澳斯麦特炉一台炉子周期性熔炼－还原－炉渣烟化。尽管炼铅方法不一，但工艺匹配合理，选用工业炉技术先进，各有特色，都采用了富氧强化熔炼，二氧化硫浓度高，硫的回收率高，既节能减排又绿色环保。横向相比，铅比铜再生冶炼工业炉装备水平先进，技术水平高。目前在建的铅再生项目大多采用是侧吹炉工艺，对铅金属而言，再生铅和矿铅的冶炼工艺技术装备水平一致齐整。

中国炼铜工业已进入世界强国水平，中国不仅是世界铜消费第一大国（1000 万吨），也是生产第一大国（800 多万吨）。中国矿铜冶炼工艺技术先进，工业炉装备优良，50% 以上的粗铜都是闪速炉产出的，其他是采用艾萨炉，澳斯麦特炉和中国自主研究开发的富氧底吹和富氧侧吹炉产出的。这些工艺技术技经指标先进，熔炼富氧浓度指标越来越高，硫的回收率达 99% 以上，清洁生产，绿色环保，节能减排水平得到显著提升。

同时，调研走访中也发现有色炉窑及其辅助企业普遍存在以下问题：

在铜资源化再回收板块上与矿炼铜整体水平差距很大，一是产量的规模小、企业的集约化差。二是工艺技术落后，工业炉装备水平低，生产能耗高，作业环境差。经济效益比较差。

二、为会员单位当好勤务兵

一是通过微信、邮件等方式为会员单位提供有色行业多金属品种的市场、价格、走势的重要综情分析报告。

二是利用《中国有色金属》、《世界有色金属》两个中央级刊物和中国有色金属协会工业炉分会网站的平台优势、资源优势和信息传播优势，为广大会员企业赠送刊物，提供行业综情参考，为部分会员单位刊登产品广告和技术文章，借此扩大会员企业及产品的知名度和品牌影响力。

三是为分会会员参与协会开展的“信用等级评价”工作进行互联和沟通协调，提供全面的支持与帮助。

四是分会联合《中国有色金属》杂志社、《中国质量技术监督》杂志社和《中国品牌》杂志社等单位开展会员单位的品牌联创。

五是 2017 年 7 月由分会牵头，在河南瑞泰的大力支持下，组织国内双闪炉用户、大专院校、科研院所以及国内双闪炉整体方案提供商奥图泰在河南瑞泰科技总部开展了双闪炉耐材国产化的专业研讨，取得了重要成果。

（何水金）

中国有色金属工业协会镓硒碲分会

一、镓硒碲行业运行情况

2017 年，全球制造业发展仍处于后金融危机阶段，美国等发达国家纷纷实施“再工业化”战略，重塑制造业竞争新优势，并推行贸易保护主义，导致国际贸易摩擦加剧。而一些发展中国家也在加快谋划和布局，积极参与全球产业再分工，承接产业及资本转移，拓展国际市场空间。我国制造业面临发达国家和其他发展中国家“双向挤压”的严峻挑战。“危”中存“机”，外部挤压可以激发创新活力，驱动中国主动由“制造”向“智造”转变，而在这一历史性转变过程中，镓硒碲扮演着不可或缺的重要角色。

（一）价格回升，行业曙光已现

自 2016 年初开始，伴随着整个大宗商品市场的强劲反弹，包括镓硒碲在内的稀散金属价格亦同步上扬，其中，镓和碲价格反弹幅度较大。中国有色金属工业协会镓硒碲分会（以下简称：分会）统计数据显示，2017 年，国内现货金属镓年均价 883 元/千克，同比上涨 11.6%；国内硒锭年均价 290 元/千克，同比大幅上涨 133.9%；国内碲年均价 416 元/千克，同比上涨 49%。价格回升，带动企业效益好转，部分已经停产的企业开始恢复生产，产量逐步回升。2017 年，我国原生镓产量 285 吨，同比增长 66.7%；硒产量 770 吨，同比增长 2.7%；碲金属产量 281 吨，同比持平。初步判断，当前镓硒碲行业已经逐步走出底部、度过最困难时期。

（二）需求回暖，出口同比增加

国内镓市场需求继续保持较快增长，硒碲市场需求逐步回暖。镓在 LED 等传统领域消费表现稳健，而在铜铟镓硒薄膜电池领域需求初步显现；硒行业伴随电解锰市场复苏以及富硒健康产业发展，其需求已经触底回升，市场情绪基本回归正常；碲化镉光伏薄膜技术日臻成熟，生产线渐次投产，在此带动下，碲直接消费正逐步提升。

海外需求正处于回暖通道，这一点可从镓硒碲进出口贸易数据可以得到印证。2017 年我国进口金属镓 3.4 吨，同比下降 18.0%，出口 141.3 吨，同比增长 25.9%；进口硒产品 1966.8 吨，同比增长27.4%，出口217.1吨，同比下降53.19%；进口碲产品10吨，同比下降67%，出口约60吨，同比增长30%。

（三）结构优化，行业自律增强

为适应下游多元化消费需求，镓硒碲行业主动求变，不断丰富产品种类，优化产品结构，在诸多方面均取得明显进展。镓产品量质同升，国产砷化镓多晶产量增加，并替代部分进口；氮化镓生产及应用技术不断成熟，市场占有率持续提升；高纯镓产量同比增幅明显；与此同时，各类镓产品的综合利用体系建设也得到逐步加强和完善。硒借力健康产业，通过科技创新和产品迭代，不断提升有机硒产品占比，满足日益扩大的市场需求。碲构建垂直一体化产业链结构，主要碲企业已经确定了资源开发－冶炼提纯－精深加工－终端应用－综合利用的全产业链发展目标。特别要指出的是，在市场价格显著回升的情况下，各骨干生产企业总体上能够理性安排生产，有效避免了短时、大规模供给放量，行业自律的加强对于保障行业平稳运行和市场健康发展发挥了重要作用。

（四）苦练内功，竞争力持续提升

在经历了2014－2015年市场持续低迷的洗礼后，镓硒碲企业通过管理提升，挖潜增效，不断提升自身竞争力水平。一是加强自律、顾全大局，主动减少市场无序、过度供给，稳定市场情绪、维护行业利益；二是坚持多元化经营，实施稀散金属＋贵金属并举的市场化经营策略，提升盈利性产品产量，修复企业盈利能力；三是拓展下游，努力开发终端市场，持续提升市场认可度和市占率。由于行业骨干企业的共同努力，特别是各理事单位所发挥的中流砥柱作用，才使得镓硒碲行业砥砺前行，能够筑底回升，并迎来全新发展契机。

二、2017年镓硒碲分会工作

分会成立3年来，始终以“对内服务会员单位、对外提升行业影响力”为工作重心，围绕调查研究、政策咨询、行业研究、产品报价等方面，做了大量工作，并取得阶段性成效。

（一）开展调查研究，把握产业发展趋势

为深化行业认知、把握产业趋势，分会秘书处于2017－2018年间先后赴湖南、四川、江西、河北等省份，对全国主要企业进行实地调研，并与企业高层全面深入交流，及时了解国内外行业发展、技术进步、政策导向和市场供需等情况，使分会秘书处时刻位于产业最前沿，保证分会工作“接地气、重前瞻、有格局”。

（二）发挥桥梁作用，反映行业共性诉求

分会秘书处立足本职，以提交报告、组织座谈等多种形式，向国家有关部门阐述行业特点、宣传发展成果、反映共性问题，受到有关部门的高度重视。针对国内镓硒碲行业直接应用不足、供需相对过剩、价格长期低迷、行业发展艰难的实际情况，分会于2017年4月组织召开新材料发展座谈会，并邀请国家科技部、商务部、国储局等有关部门相关负责人听取分会汇报和企业意见，对相关新材料发展扶植政策进行了对接，对行业起到了较好宣传作用，受到有关部门重视和企业好评。2017年8月，分会主动配合国储局召集骨干企业和研究院所对碲产业进行内部研讨，对国储局深入认识碲行业发挥了重要作用。

（三）强化日常服务，提升行业影响力

分会秘书处自成立以来，就密切跟踪镓硒碲市场日常变化，强化行业分析预警工作，并依托安泰科信息平台和报价平台，开展镓、硒、碲三个品种共计7种产品的报价，开始向会员单位以及业内企业短信推送报价信息。通过采集会员单位报价数据，建立分会报价体系，有效扭转了市场竞相压价的不利局面。与此同时，分会秘书处聚焦行业热点，撰写研究报告，第一时间从专业角度解读事件的潜在影响，科学引导市场预期，进而不断提升行业影响力和关注度。

（四）搭建信息平台，强化国际交流共融

积极搭建以政策为引导、协会为纽带、企业为基础的高层次信息交流平台，为鼓励企业“走出去”，拓展行业发展空间，在世界留下镓硒碲行业“中国印记”，分会与MMTA合作召开第二届全球小金属年会，组织国外小金属公司和专家学者参加行业会议，增强国内外、同行业之间交流合作的深度与广度。同时，分会秘书处积极参与协会以及其他行业组织召开的关联会议并作主题报告，促进镓硒碲行业与其他行业间的横向交流。

（五）加强自身建设，持续提高服务能力

分会秘书处严把用人关，对工作人员开展业务培训，提升工作能力和水平，加深产业认识，通过加强自身能力建设来为会员单位提供更为优质、更具针对性的服务，为企业解决实际问题，为政府提供政策建议。

（刘　麦）

中国有色金属学会

一、服务创新型国家和社会建设

2017年，中国有色金属学会（以下简称：学会）与中国有色金属工业协会（以下简称：协会）共同开展了“中国有色金属工业科学技术奖”评选工作，共有171个项目获奖，其中一等奖46项、二等奖69项，三等奖56项。

（一）积极开展创新驱动助力工程

学会与湖南、辽宁、湖北3个省级科协，江西省赣州市、山东省东营市、湖北省黄石市等13个市科协保持密切联系并开展合作，根据企业的技术需求，组织专家深入现场为企业解决技术难题，助力地方经济发展。

“赣州有色金属创新驱动助力工程建设项目”是学会与赣州科协申报的科协示范项目，已经实施完成。帮助赣州建立院士专家工作站、服务企业技术攻关、学术交流等活动。

与山东省东营市科协签署战略协议全面开展合作，包括建立院士专家工作站、学会工作站；组织高层次专家学术交流活动；开展技术需求对接、支持东营市有色金属学会建设等。

与湖南省长沙市科协签订了长期战略合作协议，包括建立学会工作站、帮助当地企业技术攻关、开展国内外学术交流等。

根据湖北省黄石市科协邀请，组织行业环保、冶金和材料加工领域相关专家，赴湖北大江环保科技股份有限公司和中铝华中铜业有限公司进行现场考察，开展“点对点”服务，为企业提供技术咨询和指导。

（二）持续开展技术培训

12月，学会在湖南省长沙市举办“矿物加工前沿技术与装备高级研修班”“资源高效回收前沿理论与新技术高级研修班”，共有324人参加了培训，其中“资源高效回收前沿理论与新技术高级研修班”项目入选人社部2017年度高级研修班项目计划；举办城市地质勘探技术（城市地质、水文地质、三维地质建模）培训班，共有416人参加了培训；环保学术委员会举办“污染土壤环境调查、监测与修复技术”专题培训，共有52人参加了培训；安全学术委员会举办“危险化学品生产经营单位主要负责人和安全管理人员培训班和复训班”共计17期；“非煤矿山主要负责人和安全管理人员培训班、复训班”和安全法规、标准的宣贯培训班共计12期；培训总人数1950人次。

二、能力提升

在协会的大力支持下，对科技资源三位一体的整合已经取得明显效果。第十一届学术年会的开拓创新、中俄会的继承发展，以及连续两年的东营有色金属工业展系列活动彰显了学会科技服务的能力和战斗力。

2017年在积极开展高水平学术交流、国际会议和人才培训、在建立完善会员管理系统、分支机构管理制度、加强网站建设等方面均取得一定成效。

三、自身建设

截至2017年底，学会新发展个人会员4010名，团体会员7家。学会新成立分支机构“有色冶金资源综合利用专业委员会”、“稀有金属材料专业委员会”以及“计算机学术委员会”更名为“自动化学术委员会”。

6月23日，在吉林省长春市成立中国科协先进材料学会联合体，联合体由包括学会在内的11家全国学会共同发起组建。同期，参加了第十九届中国科协年会先进材料创新展览会，学会有25项先进材料技术项目参与现场展览。

8月24日在山东省烟台市召开七届二次理事会。学会理事及理事代表共150余人出席会议。会议通报了学会换届以来的工作情况；审议通过了成立新分支机构、部分理事、分支机构人员变更等议案；发布了《2017有色金属工业新技术推广指南》和《2017有色金属行业高新技术产品目录》。会议对加强学会能力建设、开展学术交流、申报中国科协项目、加强期刊管理等工作做了整体部署安排。

11月30日召开分支机构及地方学会秘书长会议。参会人员深入学习了党的十九大精神；总结了学会各分支机构2017年工作并讨论了2018年工作建议。

12月21日，召开七届三次常务理事会通讯会议，审议“学会2017年工作总结及2018年工作建议”。

按时完成了向中国科协申报的《2016－2017矿物加工工程技术学科发展报告》项目撰写。

四、学术期刊

积极支持打造精品期刊。2017年，《中国有色金属学报（英文版）》获得中国科技期刊国际影响力提升计划项目A类资助，《稀有金属（英文版）》获得C类资助，《稀有金属（中文版）》、《中国有色金属学报（中文版）》、《稀有金属材料与工程（中文版）》获得精品科技期刊工程资助；《中国有色金属学报（中文版）》获得中国科技期刊TOP50称号，《稀有金属（中文版）》、《稀有金属材料与工程》获得2017百强科技期刊称号。积极扩展期刊群体，与江西理工大学合作创办《钨科技（英文）》期刊。《稀有金属（英文版）》被国家新闻出版广电总局选送参加法兰克福国际书展，实现了有色金属期刊走出去的破冰之旅；由选矿学术委员会参与编写的《中国大百科全书·矿冶卷》，其中选矿分支共分为17个小分支，1300余词条，2017年已正式完成编写任务，目前网络版正在出版过程中。由选矿学术委员会主任委员孙传尧院士主持编写的《选矿工程师手册》获第四届中国出版政府奖提名奖，是选矿领域首次获得该奖项。

五、国际会议

2月27日－3月1日，理事长贾明星率领学会代表团赴美国出席国际铜会组委会会议和美国矿物、金属、材料学会（TMS）会议。会议期间，贾明星会见了美国矿物、金属、材料学会（TMS）理事长霍华德，副理事长迪杨，前任理事长特驰，下任副理事长汉姆克及执行总裁罗宾逊。双方就两国学会如何开展合作进行了深入交流，确定在高端铝材加工、石油焦、炭素、温室气体减排、稀土材料研发等领域共同开展专题学术研讨会。

11月11－15日，副秘书长高焕芝赴德国参加第23届联合国气候变化大会，并应邀在会上就“建立可持续发展的碳市场：制度设计与绿色金融”主题进行讨论。

12月29－30日，第十四届中俄双边新材料新工艺研讨会在海南三亚举办。来自俄罗斯、捷克、中国等国家和地区的专家学者270余人参加了会议。会议主题是金属、陶瓷与复合材料。

六、国内主要学术会议

2017年，学会组织各学委会和地方学会共同举办综合性、交叉性、跨学科的学术交流活动，全年共举办国内学术会议37次，参会人员10675人次，发表论文2680篇，大会报告1846篇。

9月19－22日，在湖南省长沙市召开了“中国有色金属学会第十一届学术年会”，会议主题为“创新驱动、绿色发展”。有12位院士以及近4000余名代表参会，607位专家学者作会议报告。会议设立了12个分会场，编印出版了《中国有色金属学会第十一届学术年会论文集》、《中国有色金属学会学术年会——2017青年科技论坛摘要集》、《2017中国矿物加工大会论文集》。

9月20－22日，“中国新能源材料与器件第一届学术会”在湖南省长沙市召开。会议以新一代高性能绿色能源材料、技术和器件的研究、开发、产业化等为主题。会议设一个主会场、7个分会场和两个论坛，700余名代表参加了会议。中国科学院曹镛院士、加拿大皇家科学院张久俊院士等作了《聚合物体相异质结太阳电池研究进展——材料、器件、印刷工艺与应用前景》、《可持续能源发展与新能源汽车动力电池》专题报告。大会收到145篇论文并出版论文集。

10月18－20日，在陕西省西安市召开了“2017年中国贵金属论坛”，会议主题为“开放创新、合作共赢”，200余名代表参加了会议。会议邀请11名国内外知名专家学者围绕宏观经济与政策、国际形势、学术技术、市场动态等作专题报告。

10月28－29日，在辽宁省沈阳市召开了“2017矿业前沿与信息化智能化科技年会”。大会以“绿色开发、深部开采、智能采矿”为主题。来自98家高等院校、企事业单位、科研院所的300余名代表出席会议。中国工程院蔡美峰院士、古德生院士等专家学者作大会专题报告。会议共收到21篇论文并出版论文集。

11月5－6日，在山东省东营市召开了“2017中国铜冶炼及加工技术学术交流会”。大会以“科技创新转型升级”为主题。200余名代表参加了会议，邀请18位专家学者作了专题报告。

11月17－19日，“中国有色金属冶金第四届学术会”在云南省昆明市召开，大会以有色金属“一带一路”为主题。近800位代表参加了会议。

大会设1个主会场、2个特邀报告分会场和8个专题分会场，孙传尧院士、余永富院士、刘炯天院士及200余名专家学者分别作了专题报告。会议收到130篇论文并出版了论文集。

12月7－10日，“2017年特种粉末冶金及复合材料制备暨加工第二届学术会”在湖南省长沙市召开，700余位代表参加了会议。中国科学院金属研究所所长杨锐、中南大学副校长周科朝、郑州大学副校长关绍康、中南大学教授范景莲等10余位知名专家学者作了专题报告。会议收到217篇论文并出版了论文集。

七、“中国有色金属学会第十一届学术年会”

9月19－22日，“第十一届学术年会”在湖南省长沙市召开，大会主题是“创新驱动、绿色发展”。中国有色金属工业协会会长、党委书记陈全训出席大会并讲话，湖南省政协党组副书记、副主席戴道晋致辞，年会学术委员会主任中南大学、中国工程院院士黄伯云，中南大学校长、中国工程院院士田红旗在开幕式上致辞。中国有色金属学会理事长贾明星主持会议。

中国工程院院士、北京科技大学教授谢建新和中国现代国际关系研究院副院长、研究员李绍先分别作了题为《材料基因组计划与国家相关科技项目》、《当前我国周边形势》的报告。10位第一届“杰出青年工程师奖”获奖者在会上受到表彰。

12位中国科学院和中国工程院院士以及来自全国有色金属行业骨干企事业单位、高等学校、科研院所的负责人等4000余人参加了此次年会，607位院士和知名专家就行业科技热点、转型升级、绿色发展等内容作了专题报告。

八、“第十四届中俄双边新材料新工艺研讨会”

11月29－30日，第十四届中俄双边新材料新工艺研讨会在海南省三亚市召开。研讨会由中国有色金属学会、北京有色金属研究总院、俄罗斯联邦科研机构管理局、俄罗斯科学院、俄罗斯基础研究基金会等联合主办，中国有色金属工业技术开发交流中心承办。来自俄罗斯、捷克、中国等国家和地区的专家、学者270余位代表参加会议，其中俄方代表80余位。大会主题是“金属、陶瓷与复合材料”，主要议题有：航空航天材料、新能源材料（含蓄电池材料）、电子信息材料、生物医用材料、纳米材料与技术、稀有金属、贵金属及高纯材料、表面工程技术与材料、激光快速成型、3D打印技术及复杂形状制品、材料冶金过程新工艺新技术、功能材料（含难熔金属、特硬材料及磁性材料）等。

贾明星理事长主持了大会开幕式，中方组委会主席、中国有色金属工业协会会长陈全训出席会议并讲话；中国工程院院士黄伯云、屠海令分别致辞；俄方组委会副主席、俄罗斯科学院A·A·巴依科夫冶金材料研究院副院长西马科夫教授、副院长科姆列夫通讯院士、俄罗斯科学院西伯利亚分院罗特科夫教授分别致辞。出席开幕式的嘉宾还有：中国工程院院士邱定蕃、何季麟、孙传尧、周克崧、邱冠周、段宁、王玉忠、彭金辉、聂祚仁，中国有色金属工业协会副会长黄晓平，中国有色金属学会副理事长、中南大学常务副校长胡岳华，中国有色金属学会副理事长兼秘书长张洪国，北京矿冶研究总院院长夏晓鸥，中国恩菲工程技术有限公司总经理伍绍辉，广东省科学院原党委书记邱显扬，科技部高新技术发展及产业化司、工信部原材料司的代表，俄罗斯科学院A·A·巴依科夫冶金材料研究院通讯院士格里戈罗维奇，俄罗斯联邦卫生部舒马科夫器官移植学和人造器官科学研究所教授谢瓦斯吉亚诺夫，罗斯托夫国力古布金石油与天然气大学教授布雷加耶夫等。

本次研讨会收到了第十届全国政协副主席、中国工程院院长徐匡迪“诚祝会议圆满成功!”的复函。

九、表彰举荐优秀科技工作者

设立“中国有色金属学会杰出青年工程师奖”并完成首次评选表彰工作。

组织开展2017年两院院士推选工作，严格履行推荐程序按时完成上报中国科协。柴立元等5位候选人通过中国科协初审。

组织开展首届“全国创新争先奖”候选人推选工作。经学会推荐的昆明理工大学校长彭金辉荣获全国创新争先奖章；中国恩菲副总工程师李东波、西北有色院院长张平祥、中南大学难熔金属研究所所长范景莲等3人荣获全国创新争先奖状。

依托中国科协先进材料学会联合体完成了2017年青年托举人才推荐工作，中南大学副教授高志勇、赵红波，上海大学副研究员罗群等3人入围“2017－2019 年度青年人才托举工程项目”。

推荐中南大学刘恢、北京有色金属研究总院李志辉作为第十五届中国青年科技奖候选人。

推荐昆明理工大学杨斌和中南大学赵中伟为第十二届光华工程科技奖候选人。

十、党建强会

充分发挥学会功能性党委的作用开展党建强会。按照《中国科协关于加强科技社团党建工作的若干意见》的总体部署，申报了 2017 年“党建强会计划”和“两个全覆盖专项党建活动”两个项目并认真组织实施。学会主要领导参加科协学习宣传贯彻党的十九大精神培训班，并在理事会秘书处等多个层面传达贯彻；学会与科技部联合党支部按照协会党委的统一部署，认真学习宣传贯彻党的十九大精神，力争覆盖学会党员、分支机构党员和理事党员。

十一、会员服务

完善会员个人信息，更新了会员数据库。编纂《中国有色金属学会会刊》，每两个月出版一期。每月向个人会员发送 2 期电子会刊，介绍学会工作动态和工作信息等，便于会员了解行业内相关信息。会员可通过微信公众号和学会官网及时了解学会活动和行业动态。个人会员可通过电子邮件办理入会，并免费为部分个人会员提供继续教育。会员可优先参与学会活动和在学会期刊上发表论文，优先受聘参加本会组织的论证、评议、鉴定和技术咨询等各项活动并以优惠价格参与学会会议。

（刘为琴）

有色金属工业建设工程质量监督总站

一、基本情况

有色金属工业建设工程质量监督总站（以下简称：总站）是中国有色金属工业协会（以下简称：协会）所属事业单位。主要业务是负责对有色金属行业基本建设和大中型技术改造项目实施工程质量监督、工程质量检测及相关工程监理人员的资质管理，为有色金属行业建设工程提供监督保证。

二、行业质量监督基础建设工作

（一）发布实施了《有色金属工业建筑工程质量检验评定统一标准》

总站作为第一主编单位组织编写的《有色金属工业建筑工程质量检验评定统一标准》工信部已经审批同意并发布实施。

（二）编辑出版了《有色金属工业建设工程现场质量监督抽查培训教材》（内部使用）

2017 年 4 月，总站在长沙召开了《有色金属工业建设工程现场质量监督抽查培训教材》的专家审查会，与会专家对教材进行了认真的梳理，提出了许多宝贵意见。总站组织各参编人员及部分专家对初稿进行了认真的审查和修改，10 月份出版发行。以该教材为范本，总站于 10 月中下旬在郑州组织了一次培训，参训人员对该《教材》给予了高度评价。

（三）组织编写的《有色金属矿山井巷工程质量检验评定标准》按计划推进

2017 年，在 2016 年郑州通稿会的基础上，由各参编单位按要求修改，并由总站进行了初步汇总。

（四）《有色金属工业监理人员培训教材》编写情况

为了加大对有色金属行业内监理人员的培训力度，提升培训质量，总站牵头组织行业内主要监理单位的部分专家编写了《有色金属工业监理人员培训教材》。

三、行业人员培训工作成绩斐然

总站全年共组织各类培训 6 期，共培训各类人员 570 人次。其中在郑州组织了一期行业监督人员培训班，共培训 67 人；在铜川、灵宝、文山、鄂尔多斯蒙泰铝业等项目现场组织了四期工程质量管理知识培训班，共培训 200 多人；在广西华磊新材料有限公司举行了一次有色金属行业的创建精品工程培训暨现场观摩会，有近 300 人参加。

四、行业工程质量抽查情况

2017 年 4 月、5 月、8－9 月、11 月份，总站组织业内有关专家，采用分批次的方式对中国铝业、中国铜业、陕西有色、云南锡业等 10 家企业在建项目的施工质量及参建各方的质量行为进行了抽查。结合年度工程质量抽查，总站还委托中国有色金属工业建设工程质量检测中心对其中部分在建工程的主体结构质量进行了抽样检测。

在检查过程中，各检查组共抽查了 120 个单位工程，实测实量了 305 个在建分项（或检验批）

工程，在建分项（或检验批）工程合格率100%。其中优良200项，优良率65.6%。

2017年检查组从责任主体质量行为、实体工程质量、工程技术资料、文明施工等方面共提出须整改的问题480项次。其中检查组共抽查了质量行为792项次，其中不符合要求的106项次；文明施工方面总共提出整改意见56条；工程资料方面共提出整改意见120条；抽查过程中共提出需要整改的质量问题198条。

与行业工程质量抽查相配合，总站委托中国有色金属工业建设工程质量检测中心于2017年6－11月分期分批对陕西美鑫产业投资公司30万吨铝镁合金项目、白银公司铜冶炼技术提升改造项目、灵宝市金城冶金有限责任公司日处理2000吨复杂难处理金精矿多金属综合回收项目、云南华联锌铟股份有限公司年产10万吨锌60吨铟冶炼技改项目、内蒙古蒙泰达拉特90万吨/年铝板带项目、国家电投集团山西铝业有限公司挖潜改造项目等6项在建工程的主体结构质量进行了抽样检测。

根据检查结果，各受检项目工程主体质量整体较好，无重大质量缺陷及隐患。

从全年抽查工作的整体情况来看，基本反映了有色金属工业的工程质量现状，工程质量水平总体稳定，基本处于受控状态。

五、行业检测工作管理情况

（一）各试验检测机构加强内部管理，做好转型与检测资质平台的建立

2017年各试验检测机构在新形势与新准则的要求下，在加强内部管理、更新试验检测设备、改善试验检测环境条件方面做了许多工作，通过不断增强试验检测水平来提高市场竞争力。金昌市建衡工程质量检测有限责任公司，新增设备设施资产2200万元，管理及检测人员总数上升至36人。云南有色金属工业建设工程质量检测站根据上级要求，完成了与云南省建筑科学研究院的吸收合并。河津市天河建筑工程检测有限公司2017年通过山西省建设厅颁发的工民建一级、见证取样检测资质。

中国有色金属工业建设工程质量检测中心新增市政、建筑安装材料检测项目，更新了建筑节能、室内环境、化学分析的检测手段，新增设备近30台套。

（二）对11家有色试验检测机构的现场资质进行了监督审查

2017年对行业内的11家检测机构进行了现场审查，其中：铜陵铜冠建筑工程技术检测有限责任公司、铜陵有色金属工业建设工程质量检测中心、云南有色金属工业建设工程质量检测站、广东省有色金属工业建筑工程质量检测站有限公司、有色金属工业建设工程中孚实业质量检测站、中金（西安）工程检测有限公司、金昌市建衡工程质量检测有限责任公司（广西防城港）、中国有色金属工业建设工程质量检测中心平果铝检测站8家通过了审查。

河南中铝建设工程有限公司试验室、黄石华昌建设工程质量检测有限公司、中国有色金属工业建设工程质量检测中心华银铝检测站3家单位，由于机构调整或无检测任务申请或建议撤销有色检测资质。

（三）有色检测数据监管系统有效运行

根据有色检测机构的上传数据和日常的监督检查情况，大部分建设工程质量检测机构都能按照检测监管系统的工作内容和时间计划要求，按时完成检测数据的上传工作，为各建设单位和监督站等提供了技术支持和保证，进一步强化并落实检测数据动态监控工作。

2017年按照总站质量检测监管相关规定实现检测报告联网上传的检测机构及其分支机构共有18家，其中检测机构分支机构2个，共上传混凝土试块、钢筋原材、钢筋连接件检测报告2.48万份；其中混凝土试块检测报告1.86万份，占上传检测报告总数的74.9%；钢筋原材料检测报告3893份，占上传检测报告总数的15.7%；钢筋连接件检测报告2328份，占上传检测报告总数的9.4%。

六、行业优质工程创建工作

2016年度有色行业部级优质工程通过申报、初审、复审及专家委员会评审，共有15家建设单位的24个项目获得了2016年度部级优质工程。

2017年度共有2个项目获得了国家优质工程奖。

七、组织召开了有色行业年度建设工程质量监督工作会议、行业检测工作会议等

2017年，总站先后组织召开了有色金属行业建设工程质量监督工作会议、全国有色金属行业

创建精品工程培训暨现场观摩会、年度质量监督站站长工作会议、2017 年度建设工程质量检测工作等会议。

八、调整监督工作模式，对质量监督站工作进行检查指导

根据国家对事业单位改革的要求，按照新修订的《中国有色金属工业建设工程质量监督管理规定》，总站全部取消了直接派驻人员在项目现场进行工程质量监督的直属站。总站将主要精力从直接监督工程项目上解脱出来，回归真正的管理职能，其主要功能放在加强对现有企业项目站、地区监督站进行业务指导、人员培训、工作检查等。

2017 年有色质监总站共检查了 9 家质量监督站，发现存在以下主要问题：一是部分质量监督站兼职人员数量多，日常检查用工器具满足不了工作要求，需向施工和监理单位借用。二是监督注册和备案不及时，未及时形成正式书面文件，特别是建设单位的监督注册申报资料不齐全。三是对各责任主体的质量行为未形成动态监督检查，对执证人员到岗履职情况检查不到位，无监督检查记录。四是现场质量监督抽查及工程实体质量监督未形成监督文件，部分监督站是以建设单位和监理单位名义下发，部分监督站未及时形成正式的纸质文件。五是部分监督站对重要的分部工程和监督工作方案中要求监督的重要节点和部位未监督或未形成正式监督文件。六是部分监督站对已完工程的监督资料归档不重视，基本未见监督文件，不能按要求组卷归档。

九、认真抓好巡视问题整改，积极组织学习，提高全体人员的政治理论水平

2017 年初，总站根据国务院国资委巡视组的反馈意见，对照单位的实际情况共梳理出了 4 大类 10 个方面的问题 10 项。为此，单位多次组织召开党小组会议、站长办公会和站务会，有针对性的研究解决，坚决整改。10 项问题全部整改到位，并且在全年的工作中时刻注意，以防止类似问题再次发生。总站按要求撰写了巡视整改落实工作专题报告，并及时报告上级党组织。

总站全体人员按照党中央、国资委以及协会党委的要求，认真学习党的十八届以来历次全会文件以及中纪委六次、七次会议精神，把“两学一做”学习教育活动常态化制度化。

（姚　丽）

有色金属技术经济研究院

一、概述

面对新的宏观环境和行业趋势，有色金属技术经济研究院（以下简称：研究院）在中国有色金属工业协会（以下简称：协会）的直接领导和大力支持下，在研究院党委和行政班子的统一带领下，坚持以新发展理念引领新发展实践，认真贯彻落实院“十三五”规划精神，以“改革、做强、巩固、提高和两个建设”为目标指引，切实有效推进各项工作，在保持各主体业务持续稳健发展的同时，多项改革取得突破，研究院综合实力的提升又向前迈进了一步。

二、积极推进深化改革，提升风险管控能力

（一）积极推进院本部改制工作

为建立起符合市场经济发展规律的现代企业制度，提高资产运行效率，增强市场竞争力，2017 年，研究院启动了公司制改革工作。同时，为了在改制后成功引进战略投资者，正积极与相关企业就股权投资、业务拓展等进行深入交流，以期在改制成功后尽快实现股权多元化，壮大本部实力，对二级单位的业务发展形成实质性支撑。

（二）完善管理制度，建立健全治理结构

为提高各单位规范化运作水平，切实提升研究院风险管控能力，2017 年，院本部积极完善管理制度、建立健全治理结构，研究制定并出台了 20 余项管理制度，包括《“三重一大”决策制度实施办法》、《控股子公司管理办法》、《证券、期货投资管理指导意见》、《对外担保管理办法》、《对外投资管理办法》、《财务审批暂行规定》、《财务风险预警制度》、《重大财务事项报告制度》、《安全管理办法》、《因公临时出国经费管理补充规定》、《分会秘书处管理暂行办法》等，用以切实有效地指导各项正常生产经营活动，规避可能出现的财务风险和经营风险，基本建立权责清晰、管理科学、治理完善、运行高效、监督有力的内控制度。同时，为了建立健全企业法人治理结构，按照协会的要求，先行实施一人有限责任制公司管理模式，全面推行董事会管理制度，进一步明确董事会、监事会、经理层职责，形成各负其责、协调运转、有效制衡的法人治理结构，以此推进企业改制改革工作，研究院决定成立董事会和监事会，并向协会推荐了董事、监事名单。

三、五大业务板块全面发力，实现创新多元化发展

（一）安泰科信息公司板块业务

2017年是北京安泰科信息股份有限公司发展史上具有里程碑意义的一年，公司完成了股份制改造，成功在新三板挂牌；并以挂牌为契机，对内强化公司治理，规范公司管理，改革创新业务模式，对外加大调研力度，积极拓展合作，在较好完成全年各项工作任务的同时，为下一步发展打下了坚实的基础。其中，会展业务在巩固原有优势的基础上，通过做精会议内容和创新办会模式等，各主要会议的品牌影响力进一步提高；咨询业务在发力安泰科研究的基础上，在国家部委委托的课题经费出现较大幅度下降的背景下，受地方政府委托的战略研究和发展规划研究课题及外企委托的咨询研究项目显著增加的支撑下，保持了相对稳定；基础信息业务因管理模式几经调整，加上竞争的激烈，经营业绩较上年有所下滑；公司数据库的查询功能进一步完善，数据库产品化推广工作正式启动；英文网站和英文报告收入有所增加，继续尝试境外办会模式；较好地完成了协会网站的运维工作。为了发挥公司优势，增加利润增长点，扩大主营业务收入，安泰科信息公司正在积极推动与山东能源枣庄矿业集团有限公司、无锡市不锈钢电子交易中心、深圳同远宏方有限公司等的合作。

（二）标准专利中心板块业务

标准专利中心的标准制修订工作稳健运行，专利代理业务快速增长，国际查新工作稳步开展。标准方面，2017年共全面完成200余项国家、行业、军用、协会标准制修订工作，圆满召开有色标委会、稀土标委会、半材标委会、有色标样分委会年会；编制完成并正式上报了《有色金属行业“十三五”技术标准体系建设方案》。专利方面，完成专利申请代理252件、专利无效请求代理1件、软件著作权登记26件；完成《铝空气电池专利分析报告》1份，完成科技查新报告94份。知识产权方面，共完成4项装备发展部国防知识产权局课题。新争取下达3项装发部专利研究课题和2项国标委课题，新争取下达国标、行标、军标、协会标准300余项。

课题研究取得显著进展，正有序推进2016年度NQI专项“先进有色金属结构材料领域关键技术标准研究”。作为牵头单位，成功申报了两个2017年度NQI专项（“新材料领域先进功能材料关键技术标准研究”和“有色金属及稀土领域国际标准研究”）以及工信部节能项目“有色金属行业工业节能与绿色标准化研究”，并预申报了2018年度NQI专项“冶金领域国际标准研究”。同时，国际标准化组织稀土标准化技术委员会秘书处工作取得突破性进展，召开了年会并成功完成两项国际标准提案；承办了国际标准化组织轻金属及其合金北京年会，镁及镁合金领域继续强化了国际秘书处优势，多个项目进展顺利；向国标委提交了成立“锂”国际技术委员会与“贵金属”国际分技术委员会的申请；中国为主研制的首个ASTM标准正式发布。

（三）传媒板块业务

2017年，研究院传媒板块按期按量、保质保量完成了《中国有色金属》、《世界有色金属》、《中国金属通报》和《有色金属统计》的编辑出版任务，无重大出版错误和导向问题，杂志总体质量明显提高，管理更加有序，行业影响力不断增强；同时，通过继续进一步贴近企业，进一步向前端靠、向市场靠，传媒板块派记者深入数十个行业大型会议和数十家企业进行采访报道，并以不同形式刊发封面等各类大篇幅文章，在行业内产生了重要而又积极的影响。

（四）投资与科贸板块业务

根据研究院总体规划，北京安泰科投资有限公司积极开展私募股权投资基金业务，2017年7月成功获得私募股权投资基金管理人资格，并于2017年8月成功发行第一只私募基金，未来将在新材料新能源领域积极推动相关工作，包括与现有成熟基金合作、参与政府引导基金以及独自发行私募基金等，努力打造研究院投融资平台。

北京特晶光电技术有限公司成功研制了“电推进系统高纯度离子推进剂加注设备”。贸易、物流业务稳步开展，与客户合作良好。

（五）分会秘书处板块业务

已有钴业、硅业、锂业、锡业、锑业、镁业、铟铋锗、镓硒碲、铝用炭素、工业炉共10个分会秘书处挂靠研究院运行。各分会秘书处紧紧围绕“善调研、重服务、勤沟通、多搭桥”这四个重

心，切实强化服务意识，努力为政府、为行业和相关企业提供服务，综合服务能力不断提升，行业影响力不断扩大。

钴业分会利用行业景气回升、市场关注度高的机会，积极参加来自国内外行业和企业等的各种活动，针对市场热点积极发出分会的声音，及时向国家工信部原材料司和国储局等政府有关部门汇报行业情况，积极与国际组织进行充分交流及友好互动，进一步增强了钴业分会在国内外的影响力。

硅业分会积极配合国家有关部门进行贸易管理，多次向商务部提交了关于多晶硅“双反”意见的汇报，为应对欧美针对中国工业硅产品进行的反倾销日落复审，向贸促会及时提供了大量的数据和资料，进行了大量的行业协调工作；积极配合工信部原材料司进行工业硅准入核查等行业监管工作；多次参加环保部、工信部和发改委等国家有关部门产业政策制定前期研究；并切实加强调研，深入了解行业存在的共性问题和企业的个性诉求，协助推动了工业硅工业污染物排放团体标准制定的启动工作以及行业专家委员会的成立工作。

锂业分会结合锂行业自身的特点，坚持服务宗旨，积极加强调研和咨询，为江西、湖南、四川、青海、江苏等地方政府发展锂电产业出谋划策，为企业发展争取地方政策支持。

锡业分会积极反映企业诉求，根据新形势发展要求，建议调整锡有关产业政策，很多建议得到国家有关部门的高度重视和有效调整，2017 年更是实现了阶段性的成果。最为突出的有以下三个：2017 年商务部取消锡及锡制品出口配额；2017 年财政部取消精锡 10% 出口关税；2017 年 4 月 20 日国家海关总署同意锡规范企业开展进口锡精矿来料加工业务。

锑业分会坚持服务宗旨，积极向国家环保部、发改委、工信部、商务部、财政部、海关总署等国家部委反映企业诉求，努力为企业排忧解难：一是协助开展锑工业污染物排放标准修订的前期预研究；二是补充完善工信部制定的《新材料产业产品和服务统计指导目录》；三是呼吁对锑品关税税目税率调整、出口退税等方面政策进行调整；四是反馈重点企业对《有色金属行业绿色矿山建设规范》行业标准（征求意见稿）的意见。

镁业分会积极配合国家有关部委、参与各项涉镁政策的制定，包括国土资源部委托的白云石三率指标制定工作以及镁行业排污许可申请及核发技术规范的制定；受山东、河北、陕西等多家企业和地方政府的委托，组织专家对多个涉镁项目或课题进行了评审、评估或推荐，为企业发展、争取投资或者国家经费支持和地方发展提供了强有力的支撑。镁业分会非常重视重点技术和项目的孵化和产业化，不仅将工作重点放在冶炼、加工关键技术的突破上，更重要的是将工作的落脚点放在关键技术的产业化上。

铟铋锗分会、镓硒碲分会为了及时了解行业发展动态，特别是下游发展情况，帮助企业开拓下游应用，组织召开了新材料座谈会，邀请发改委、科技部、工信部、商务部、国储局有关领导参加，为相关部委和司局了解铟、铋、锗、镓、硒、碲等相关新材料的发展，帮助企业了解国家政策和争取财税支持搭建了平台。在听取多方意见后，国储局领导对铋、碲两个品种的产业情况有了新的认识，分会向国储局递交了铋、碲行业情况说明，并参加了国储局对碲收储的讨论会。

铝用炭素分会为了更准确地掌握行业基础信息及企业生产经营情况，对全国铝用炭素及相关企业进行了一次大范围的实地走访，进一步加深了与各铝炭用素企业之间的联系，增强了对企业的感性认识，从而对全行业的现状、变化和发展有了更精准的把握。分会秘书处通过各种渠道为铝用炭素上下游企业牵线搭桥，推动行业上下游产业的联动与合作。

工业炉分会进行了大量调研，充分了解了中国工业炉行业取得的成绩及存在的共性问题，对有色金属工业炉整体水平进行了正确评估，为有色金属行业工业炉提升和淘汰提出了合理化建议和意见，对具体企业的个性化需求，予以组织、协调和帮助解决；为会员单位当好勤务兵，除了常规的微信、邮件等服务手段外，利用《中国有色金属》、《世界有色金属》和分会网站的平台优势、资源优势和信息传播优势，为广大会员企业提供增值服务。

在一些共性服务方面，各分会秘书处积极动员广大企业参与中国有色金属工业协会组织的科技评奖工作、信用等级评价工作等；按照《中国工业史·有色金属卷》编纂工作的总体安排，由各分会秘书处牵头，组织重点骨干企业提供素材，按时完成了《中国工业史·有色金属卷》钴、硅、锡、锑、锂铷铯、铟铋锗、镓硒碲等部分内容的编写及修改完善工作。

四、加强党的建设，为深化改革发展和中心工作提供坚强保证

为了加强党的建设，筑根塑魂，使全面从严治党在研究院落地并引向深入，院党委全面贯彻党的十八大以来的历次全会精神，深入学习贯彻习近平总书记系列重要讲话精神和治国理政新理念新思想新战略，不忘初心抓党建，以党的政治建设为统领，以坚定理想信念为根基，以调动全体党员的积极性、主动性、创造性为着力点，全面推进政治建设、思想建设、作风建设和纪律建设，把制度建设贯穿其中。以落实党建工作责任制为抓手，以基层党组织和党员队伍建设为重点，加强党的领导，把方向、管大局、保落实，推动研究院党的建设得到明显提升和实质性加强，为全面深化研究院改革发展和中心工作提供坚强保证。

（一）层层落实党建工作责任，加强基层党组织和党员队伍建设

加强党的领导与业务发展相融合。在研究院重大问题的决策、重要干部的任免和重大项目的投资上，坚持党委前置决策原则，完善各党组织议事规则，明确党组织与其他治理主体的权责边界，充分发挥党组织的领导作用和政治功能。同时加强党组织在事中、事后的监管。

加强党的组织和制度建设。进一步加强基层党组织建设，适时调整优化党组织设置，配齐配强党组织书记及委员。严把党员“入口关”，畅通党员“出口关”，永葆党员的先进性和纯洁性，充分发挥党支部的战斗堡垒作用和党员的先锋模范作用。认真学习党内法规，结合研究院工作，修订完善“三会一课”、党员学习等党建工作制度，进一步加大对党支部落实组织生活会、民主评议党员制度的监督检查力度。

抓好党员教育管理。推动“两学一做”学习教育常态化制度化，以“三会一课”为基本制度，以党支部为基本单位，以解决问题、发挥作用为基本目标，将“两学一做”融入日常、抓在经常，形成常态、发挥长效。加强党员发展和动态管理，重视在工作一线和青年职工中发展党员，注重把业务骨干培养成党员，把党员培养成业务骨干，把党员骨干输送到重要岗位。坚持“支部工作APP”在线学习，积极利用微博、微信、手机客户端等平台，提升基层党建工作活力实效。

研究院党委坚持领导干部带头深入学习贯彻党的十九大精神，并创新学习方式，力促学以致用，组织院党委中心组和各党支部集体学习，掀起了学习热潮。院党委切实抓好集中宣讲，认真开展研讨交流，精心组织宣传报道，为确保十九大精神在研究院落地生根营造良好的环境，努力开创研究院事业发展和党建工作新局面。

加强群团工作和关心离退休人员工作。组织职工开展积极向上、有益身心健康的文体活动，活跃职工业余文化生活，积极做好离退休人员和待岗、内退人员的稳定工作，关心他们的生活，并为离退休人员和困难职工送温暖。以“五四”青年节为契机，组织有特色的活动，不断提高年轻职工的思想理论水平和工作的积极性、创造性。

（二）坚持党管干部、党管人才原则，加强领导人员队伍建设

选优配强各单位领导班子。认真贯彻落实《党政领导干部选拔任用工作条例》精神，坚持从严治党、从严管理干部，坚持党管干部原则，坚持德才兼备、以德为先，坚持五湖四海、任人唯贤，坚持事业为上、公道正派，把好干部原则落到实处。强化院党委及人事部门在推荐、考察、识别、使用干部中的把关责任，提拔重用牢固树立“四个意识”和“四个自信”，坚决维护党中央权威，全面贯彻执行党的理论、路线、方针、政策、忠诚担当的干部，注重培养专业能力和专业精神，努力打造政治过硬、素质优良、结构合理、充满活力的领导人员队伍，以适应新时代中国特色社会主义的发展要求。

2017年严格按照《党政领导干部选拔任用工作条例》中的有关程序，完成了8名年轻干部的选拔任用工作。

加强规范单位内部治理，深化人才队伍建设。加强对院各单位的实质性监管。通过强化制度建设，完善监管体系，理顺管控机制，健全所属单位法人治理结构，明确党组织在各单位治理中的核心领导和决策地位，细化股东会、董事会、监事会、经理层的职责，制订相应的议事规则，完善内控制度，规范决策权限，完善治理体系，依

法依规监管国有资产。

（三）坚持标本兼治，推动全面从严治党向纵深发展

持续加强党风廉政教育，切实加大预防腐败工作的力度。加强和规范党内政治生活，加强党员干部党性锤炼，坚定理想信念。加强党员领导干部党章党规党纪教育、宗旨教育、警示教育、廉洁教育，开展廉政主题党日活动，坚持新任职干部廉政谈话，着力营造廉政从业的良好氛围。进一步加大廉政建设宣传教育力度，深化廉政文化建设，组织职工参加廉政知识讲座，观看反腐倡廉警示片，参观廉政教育基地。

强化监督执纪问责。认真贯彻落实十八届中央纪委六次、七次全会，以及中央企业党风廉政建设和反腐败工作会议精神。严格落实党风廉政建设党委的主体责任和纪委的监督责任，落实党组织书记第一责任人职责，以及班子成员和党组织书记"一岗双责"。组织召开院纪检工作座谈会，做好反腐倡廉各项工作任务的分解落实和督促检查。

（四）加强思想文化宣传工作，为院改革发展营造良好氛围

加强思想政治工作。学习贯彻落实《中国共产党党委（党组）理论学习中心组学习规则》，深刻理解把握中心组学习的性质定位原则、内容形式要求以及组织管理考核规定。深入学习中央关于意识形态工作的重大部署和基本要求，深刻理解意识形态领域一些重点问题，把握好做好工作的具体要求，切实把思想统一到中央对当前意识形态的总体判断上来，并结合实际，指导全院做好意识形态工作。

加强新闻宣传和舆论引导工作。以学习、宣传、贯彻党的十九大为主线，总结宣传近年来改革发展、党建工作创新和实践创新重大成果取得的显著成就和宝贵经验。充分运用院网站、杂志纸媒等载体，宣传党的大政方针，积极传播正能量。

（徐爱华　冯东琴）

中国有色金属工业技术开发交流中心

2017年，中国有色金属工业技术开发交流中心（以下简称：中心）按照中国有色金属工业协会（以下简称：协会）的统一部署，按照稳中求进的发展原则，做好国家科技支撑计划项目推荐组织管理、行业科技会展服务、科技成果鉴定和评奖、小型基建项目落实、有色金属科技信息网络服务、党建和企业文化建设、资产运营等各项工作，取得了良好的社会效益和经济效益。

一、"十二五"国家科技项目组织管理工作

2017年，中心完成了"十二五"国家科技支撑计划8个项目的组织管理工作。

在课题、项目管理方面完成了国家科技支撑计划"高选择透过膜与膜精炼产业化技术开发"等5个在研项目和所属18个课题年度执行情况报告网上填报；上述4个项目所属10个课题年度财务决算报告网上填报；5个项目总结和成果介绍上报国家科技部。同时在湖南郴州组织召开了国家科技支撑计划"大厂矿田铟锡锑多金属资源高效开发技术研究与示范"3个项目课题中期评审会，9个课题通过了中期评审。

在课题、项目验收方面"十二五"国家科技支撑计划陆续进入验收阶段，按计划完成了"十二五"国家科技支撑计划"金属矿床高效地下开采关键技术研究及示范"项目及所属8个课题财务验收和技术验收，全部通过验收。

二、"十三五"国家重点研发计划专项及2017年项目申报的推荐工作

2017年，中心向国家科技部推荐"深地资源勘查开采"重点专项"深部金属矿集约化开采理论与技术"项目、"政府间国际科技创新合作"重点专项"基于有色冶炼渣的绿色充填胶凝材料制备及其性能合作研究"等5个项目以及"大气污染成因与控制技术研究"重点专项"铝行业多污染物协同控制与全过程控制耦合技术"项目。

"十三五"国家重大基础材料研发专项等项目申报立项取得重大进展。组织推荐的12项稀有稀贵金属材料项目获得科技部立项。

组织行业各单位编报《重大技术装备项目建议表和建议书》，并撰写完成了《有色行业重大技术装备专项报告》上报国家发改委。

三、中心参研的科研项目

2017年，在完成项目管理工作基础上，中心还结合自身能力积极参与科研工作。

参加中挪合作履行水俣公约能力建设项目（三期）研究，向环保部提交《原生汞生产污染现

状、政策法规研究及履约差距分析报告》、《铜铅锌冶炼污染现状、政策法规研究及履约差距分析报告》（中、英文）。

2017年，中心受山东省东营市科技局委托，开展东营有色金属产业科技发展规划研究工作，撰写完成了《东营市有色金属工业科技发展规划》（初稿），提出了技术路线图，组织行业专家进行了预审。

四、开展科技会展服务工作

（一）承办2017年全国（东营）有色金属工业展一展三会

11月，经协会党政联席会研究同意，中心承办2017年第二届全国（东营）有色金属工业展。展览开幕式上，协会会长陈全训发表重要讲话。展会征集66家单位参展，合计6000平方米，参观人数近万人，还召开2017中国铜冶炼及加工技术学术交流会、2017年中国有色金属工业科学技术奖励评审会、有色金属工业高层专家交流会等会议，中心承担了会务工作。

（二）积极助力地方有色产业发展，发挥中心桥梁纽带作用

积极为东营有色金属产业发展助力，以东营展览会为契机，为协会与东营市政府圆满签署长期战略合作协议，做了大量基础工作。

（三）行业科技会议支撑保障

在“全国有色金属工业环境保护工作推进会暨学术交流会”、“中国有色金属学会七次二届理事会”、“第十四届中俄双边新材料工业研讨会”等会议中，中心承担了大会会务工作，保证了会议顺利进行。

五、有色金属工业科技成果管理

（一）行业成果鉴定、评价和推广

开展有色行业科技成果评价工作。2017年共完成173项行业科技成果评价，并做好2016年度有色行业科技成果鉴定评价资料整理归档工作。

（二）行业科技奖励

组织2017年度行业奖励推荐、评审，本年度共申报项目254项，参评项目237项，173个项目通过了会议评审，评上一等奖47项、二等奖69项、三等奖57项。评审结果在《中国有色金属报》及相关网站向社会公示。编撰《2016年度获奖项目汇编》；向《中国科技奖励年鉴》编辑部报送获奖项目；按照国家科技奖励办要求，上报2016年度行业科技奖励工作报告。

（三）国家科技奖励

上报国家科技奖励办申请2017年度推荐指标，全行业共推荐11项，其中技术发明奖3项、科技进步奖8项。

组织项目遴选、推荐培训、项目公示、推荐书预审等推荐工作，配合提名2018年度国家科技奖行业初评工作。配合项目单位上报项目答辩材料，完成项目会评答辩。有色行业共有6项获2017年度国家科技奖初评通过。

六、小型基建项目

（一）科技成果推广基地项目

国务院国资委批复的“有色金属行业科技成果推广实验基地改造及扩建项目”目前正全力以赴推进后续工作。

（二）《中国有色金属工业技术开发交流中心有色金属行业科技服务体系及行业专家协同工作系统的开发建设》小型基建项目，目前通过了有色协会组织的初步验收。

七、党建及企业文化建设

在开展各项业务的同时，中心非常重视党团建设和企业文化建设。在新一届支委会的领导下，把支部建设与中心团队工作建设相结合，促进中心事业的健康可持续发展，并发展预备党员1名。

深入持续开展“两学一做”专题教育活动。为方便支部全体党员学习，中心单独布置了“两学一做”学习角，利用书籍和板报的形式，做好“两学一做”的教育学习工作；支部利用微信发给全体党员《每日一题》，利用手机APP、微信、网站等各种手段组织学习讨论。

组织多种企业文化活动，关心职工身体健康。多次开展科普、调研活动；组织员工开展公文写作培训；关心职工身体健康，组织职工体检，为职工办理医保附加医疗保险等。

（李　扬）

有色金属工业人才中心

有色金属工业人才中心（与有色金属行业职业技能鉴定指导中心合署办公，是全国有色金属职业教育教学指导委员会秘书处所在单位，以下简称：人才中心）成立于1984年，先后隶属于中

国有色金属工业总公司、国家有色金属工业局、中国稀有稀土集团公司、中国有色金属工业协会(以下简称：协会)。

2017年人才中心在教育部、人社部、国务院国资委、中国机冶建材工会全国委员会的大力支持下，在中国有色金属工业协会的直接领导下，业务范围不断扩展、人员不断增加、服务能力不断加强。围绕人事代理、职称评审、技能鉴定、职业教育、境内外培训、就业服务、网络信息等业务和3个媒介(《有色人力资源开发》杂志、中国有色金属人才网、中国有色金属行业教育培训网)，积极搭建有色金属行业人力资源开发服务平台。人才中心积极深入学习宣传贯彻党的十九大精神、开展“两学一做”学习教育活动，通过学习教育大大提高了党员干部政治思想觉悟和工作积极性。党员领导干部率先垂范，全体职工积极努力，排除干扰，圆满完成了各项工作任务。2017年财务运行情况良好，基本处于稳步健康发展的态势，利润保持平稳、应对风险能力逐年增加。

一、人事代理服务

2017年新增代理单位14家，减少代理单位4家，共有代理单位427家，其中提供社保、住房公积金服务的代理单位达158家，代理人数达4559人；接收人事档案542份，转出档案430份，新增档案112份，截至2017年底实存档案6105份；全年为包括协会、中铝、五矿等代理单位办理退休32人；并做好集体户口人员管理工作。

通过新建立的电子影像档案系统为国资委相关单位、中国有色矿业集团下属单位、中国专利信息中心等10余家单位装订、扫描约600份人事档案；同时在数字档案管理系统互联网升级改造的基础上，增加了人事档案公共服务网平台，通过平台为代理单位提供人事服务。

按照国资委党建局要求，对国资委管理、协会代管的5个协会（中国工业经济联合会、中国钢铁协会、中国建筑材料联合会、中国机械工业联合会、中国物流与采购联合会）领导班子成员的干部人事档案专项审核，完成共计118份人事档案审核整理装订工作。

配合中组部、国资委完成对人才中心流动党员287人进行排查、回头看等工作，完善和增加党员信息相关字段，确保流动党员信息准确。

二、专业技术人才服务

2017年，人才中心完成国务院国资委、中国有色金属工业协会、中铝集团、中色矿业集团、中铝国际、中国新兴集团的职称评审服务工作，启动了“国务院国有资产监督管理委员会职称评审管理系统”，实现对整个申报及评审过程的监督、评估、检查及评审评议过程的电子化、网络化。

三、技能人才服务

组织完成2017年度技师、高级技师的考评，其中，技师714人，高级技师314人；继续开展初级技能、中级技能、高级技能职业技能鉴定工作，全年初、中、高获证人员为11230人；组织考评员培训16期，培训人数669人。

组织召开有色金属行业技能人才工作研讨会暨职业技能鉴定工作会及有色金属行业职业技能鉴定考务管理人员业务培训班；成立西北铝、中金岭南、金诚信和国核锆业4个鉴定指导中心直属鉴定点；为辽宁地质学院、辽宁忠旺，SMC等单位开展了鉴定定点服务工作。

完成了《氧化铝制取工》国家职业标准的行业终审。

四、职业技能竞赛

在人社部、教育部、中国机冶建材工会全国委员会、中国有色金属工业协会等上级单位的大力支持下，在各相关企业的积极配合下，进一步巩固了有色（包括黄金）行业内业已形成的国家级竞赛、行业级竞赛、中央企业集团级竞赛、公司级竞赛和职业院校学生竞赛多层级、相互依托、相互补充的职业技能竞赛体系。全年组织包括第十一届“中国铝业杯”全国有色金属行业职业技能竞赛在内的各级竞赛4个，其中，国家级竞赛2个、行业级二类竞赛1个、中央企业级竞赛1个；备案企业竞赛7个。以上四类竞赛涉及13个职业（工种)，其中6个职业（工种）采用了巡回实际操作方式，分别是铝及铝合金熔铸工、铸轧工（金属轧制方向)、铝电解工、精整工、铸轧工（铸造方向）和阳极组装工；4个职业（工种）首次进行了行业及大型企业集团级的竞赛，分别是设备点检员、铸轧工（金属轧制方向)、井下支护工和钳（焊）工。

五、人力资源咨询

人力资源咨询服务，是2017年新开拓的业务。

根据企业需求，结合内外部环境分析，为河南中孚实业股份有限公司高精铝深加工分公司技能人才队伍需要等问题，提出适合本企业的技能人才聘用、评价、培训体系建设方案，完成聘任、考评、培训等管理办法及实施细则，组织并指导完成岗位标准和岗位任职评价标准的编制。

六、职业教育

按照教育部和协会的部署，扎实推进职业教育“走出去”试点。组织试点院校19名老师赴赞比亚进行面向赞方员工的培训，完成了7期培训，共培训员工200多人；安排中国有色矿业集团海外企业90名来华留学生国内就读及协调留学生在职业院校生活保障；申请中国政府资助并组织完成海外中资企业当地员工短期培训20人。

按照教育部的要求，组织起草了《推进职业教育与企业协同“走出去”的指导意见》，摸清了职业教育走出去需要的主要政策需求。

围绕行业供给侧结构性改革，以提升技能人才培养质量为目标，2017年6月，作为教育部批复的两家行业试点之一，在白银矿冶职业技术学院成功举办了全国职业院校技能大赛甘肃分赛区（行业特色赛）暨第八届全国有色金属行业职业院校技能大赛。

继续深化校企合作，稳步推进“现代学徒制行业试点”，出台了一系列规范，推动在行业相关院校稳步推广实践现代学徒制。目前，试点院校已初步建立了有色金属行业现代学徒制育人模式，行业现代学徒制制度体系正在形成。

组织行业、企业和院校专家修（制）订了有色冶金技术等6个高职专业教学标准，完善了高等职业学校矿物加工技术专业实训教学条件建设标准。

完成了矿山专职委的换届和成立硅材料专指委的筹备工作。

七、境外培训

在以往承办教育部国培项目的基础上，积极开展境内外教师培训实践项目。完成全国10余个职业院校教师50人次短期访学研修项目和现场教学跟岗实践项目；完成了美国密苏里州立大学EMBA项目4名学员、德克萨斯大学阿灵顿商学院MBA项目2名学员的招生推荐工作。

八、班组建设

立足行业企业基层班组长队伍建设，完成了采矿、选矿、冶炼、加工、质检化验、生产辅助6个专业方向班组长的32个胜任能力指标构建，以及配套的测试题，测试题包含了知识、技能和能力三个方面，在模型和题库基础上，开发了有色金属行业班组长能力测评系统；顺利实施由协会和中国机冶建材全国委员会联合主办的“江铜杯”第二届行业班组长综合技能竞赛，共有来自24家单位的130名选手参与竞赛；完成首个区域范围的班组长竞赛——黄石市工业企业班组长竞赛，参赛企业涉及有色金属（黄金）行业企业，还有钢铁、生物制药、酿酒、新材料等多个行业企业；完成了中国铝业集团班组长综合技能竞赛和中国黄金集团公司电工班组长技能竞赛；实施班组长培训班4期，累计参训人员约300人。

九、行业培训工作

完成中国有色金属教育培训网的平台升级及移动学习平台的开发工作，协助中色矿业、金堆城等单位完成了2017年度专业技术人员的远程继续教育工作。全年服务于中国有色矿业集团、内蒙古大唐再生资源、中铝国贸、南山集团、国投山西铝业等单位企业人才培养计划，开展了内训师、中层干部、行政管理人员等20期面授培训班，累计培训1500人。

十、招聘就业服务

全年举办“第四届大中城市联合招聘高校毕业生（春季）有色金属行业校园巡回招聘会”和“第五届大中城市联合招聘高校毕业生（秋季）工矿与生产制造业巡回招聘会”共16场，来自全国各地的1120家次有色金属、装备制造、新能源、新材料、高新技术及事业单位的用人企业参与，总计提供岗位近2万个，现场1.2万余毕业生求职。网络招聘发布近700家用人单位招聘信息，提供岗位1.2万余个。组织召开“有色金属行业高校毕业生就业联盟2017年工作会暨高校毕业生就业合作研讨会”和“有色金属行业2018届高校毕业生供需交流座谈会”。

十一、网络信息服务

2017年中心机房已初步建设成为具有专业屏蔽、防静电、专业供电、备用电源、降温除湿、消防联动等功能的专业数据中心机房，现有机柜3个共有硬件设备39台（套），网络信息部已经实现对中心机房的自主控制能力；机房巡检工作形成制度化常态化，新增气体灭火系统并实现与物业火警系统联动控制的自动灭火机制，新增温度感应、视频监控联动的监控报警推送机制，大幅度提高了机房远程主动监控能力；重新规划接入宽带网络和域名解析服务，利用负载均衡设备有效分配内外网流量和网络系统应用负载；采用快照技术定期对虚拟主机和物理主机中的14套网站和信息系统进行数据备份，利用策略管理有效保障了信息系统和业务数据的存储安全性。

运营以有色金属工业人力资源库为基础升级建设的全国职业信用评价网，配合现代学徒制试点工作建设了现代学徒制人才库以及面向全行业开放的智力人才库、技能人才库、专业人才库、企业管理人才库、生产管理人才库等子库，全年共采集各类人员职业教育、培训信息2000余条。

十二、小型基建项目建设

人才中心承建的“有色金属行业人才大数据分析平台”是2017年中央预算内非经营性基建项目，总投资600万元，其中2017年投资400万元，年度中央预算内投资400万元。

（邓红珍）

有色金属矿产地质调查中心

一、基本概况

有色金属矿产地质调查中心（以下简称：有色地调中心）主要从事矿产勘查、区域地质调查、地球物理与地球化学勘查、遥感地质调查、水工环地质调查、信息咨询与技术服务等业务。2017年末职工人数230人，具有中级以上技术职称人员161人，其中高级专业技术人员103人。

二、2017年完成的主要任务指标

在中国有色金属工业协会的正确领导下，有色地调中心深入贯彻党的十八届历次全会精神和习近平总书记系列重要讲话精神，坚持以公益性地质工作为主线，坚持以地质工作质量为中心，按照“抓机遇、强管理、创实效、树形象”的工作思路，在全体干部职工的共同努力下，较好地完成了全年的目标任务。经济总量稳中有增，总体运行稳健。2017年现金总流入超过1亿元，完成了预期目标，经济运行总体稳健，员工收入增加。决算收入9700余万元，同比增长4.41%。其中：财政补助收入增长43.25%，事业收入下降31.82%；经营收入同比下降63.83%。

2017年人均完成货币工作量约为42万元，同比有所增长，工作效率有所提高。

三、地质调查成果显著

（一）2017年度西南天山－地质矿产调查项目，新增确定了4处铜矿产地，圈定了一批铜铅锌矿找矿靶区，形成一批具有较大找矿潜力的铜铅锌矿产基地，取得了良好的找矿成果。

在萨热克铜矿东部圈出了3个富铜矿体，新增铜金属量25.66万吨，总体铜资源量60.91万吨，达大型规模。

在乌恰喀什炼铁厂地区，圈定2条铜矿体和2条铅矿体，铜矿体长350米，平均品位1.18%，平均厚度4.15米。

在乌恰凹陷吾合沙鲁地区，圈定矿（化）体7条，初步估算铜金属量（333＋334）16.79万吨，预测资源潜力铜总金属量约50万吨。

在库车盆地康村地区，圈出铜矿（化）体3条；在柯坪萨尔干—西克尔地区圈定岩溶蚀变体21处；在喀拉多维地区发现较好的稀有稀土金属矿线索；在巴什苏洪地区首次发现火成碳酸盐，其中碱长花岗岩和霓石－伟晶岩为铌钽稀土赋矿地质体，具有形成1处大型稀有稀土金属矿矿产地的潜力。

霍什布拉克地区构造破碎带型金矿，圈出矿化体多条。

（二）东天山矿产地质调查也取得重要找矿进展

黑山金多金属矿靶区。2017年经深部钻探验证，综合研究认为，成因类型为浅成低温热液型金矿，具有较大的找矿远景，已向新疆自治区上报了地质勘查基金立项申请。

二红洼地区新发现基性－超基性杂岩体金铜镍钴矿，新圈出矿化体5处，规模大，具有形成新的矿产地潜力。

在天宇北地区发现矽卡岩型钨矿1处，深部钨矿体与地表对应性较好。有望形成新的金钨矿矿产地。

（三）“沅陵北项目”发现多处铜、金矿化

天王池发现金矿体3条，具有大中型潜力；廖家湾发现金矿体3条，具有大中型潜力；磨子溪发现金矿体2条，具有中小型潜力；青山垭发现金矿化体1条，铜矿化点2处，具有中小型潜力。

（四）探明一处我国目前最大的银矿

双尖山银矿勘探报告，提交的银总金属量1.82万余吨，铅85万余吨，锌188万余吨；银矿规模达到超大型，铅矿、锌矿均达到大型规模，是中国银矿重大勘查突破。

（五）矿产资源环境综合调查成果突出

通过1:5万资源基地环境技术经济评价要素综合调查工作，对西南天山地区特殊生态环境下的有色金属基地开发初步进行了地质环境承载力评价总结。

（六）实现了绿色勘查和多学科示范

在东天山地质矿产调查项目中，首次运用高（多）光谱遥感全岩岩相填图和地球化学岩相填图，在国内形成新技术方法地质填图示范区，实现了绿色勘查和多学科应用示范。

运用技术手段，对南方地区遥感影像“去雾、去植被”处理获得重要技术进展。

（七）三维勘探技术的应用迈出重要一步

在新疆富蕴希勒库都克和扎勒格孜库都克两个矿区找矿工作中，成功开展了三维磁法和激电勘探。

（八）完成锡资源供需形势分析

2017年5月完成了“主要有色金属资源安全跟踪与动态评价”项目中《全球锡资源供需形势分析报告》，报告提交后，得到专家一致好评。

（九）组织完成项目野外质量检查与验收，二级项目质量和管理工作获得好评

顺利完成项目结题和成果资料汇交工作，按时完成2017年地调项目年报。

四、地质项目立项成效显著

（一）公益性项目大幅增长

2017年承担国家及地方财政项目18项，其中续作地调二级项目2项，三级子项目10项，续作行业基金项目2项，续作新疆基金项目2项，承担地方财政项目2项。西南天山和东天山2个二级项目经费有了较大增加。

（二）地质市场项目取得成效

2017年新签地质服务项目5项，包括内蒙古东乌珠穆沁旗项目、昆明市东川金水项目、北疆、东川等物探项目，哈密钻探项目等。签订苏里南、印度尼西亚两国资源勘查技术服务战略合作协议，项目前期工作已经展开。

五、获奖成果

有色地调中心的“环太平洋及特提斯东段成矿域铜矿资源分布规律与找矿战略区划研究”获得2017年度中国有色金属工业科学技术奖二等奖，“多光谱遥感数据处理技术规程研制”和“新疆富蕴县杜热地区矿产地质调查”获三等奖。刘军获得第二届“寻访最美地质队员”十佳称号。王召林获得第十六届“青年地质科技奖”银锤奖称号。杨自安、唐攀科获得2017年度国土资源部科学技术奖一等奖。

六、内部管理不断加强

（一）精简职能机构

根据有色地调中心面临的形势任务变化和工作实际需要，本着精简机构人员、充实业务部门、加强党的建设的原则，2017年对现有的机关机构和职能进行了适当调整。撤三建一、减少二级部门2个。撤销生产经营处，职能分别并入办公室、地质处，地质处加挂生产安全处牌子；撤销计划审计处，计划职能并入地质处、审计职能并入党群办公室；撤销综合管理处，职能分别并入办公室、党群办公室；新设组织人事处，强化人力资源管理和服务。

（二）制定修订规章制度与管理办法

为加强管理，规范行为，充分发挥制度的约束和激励作用，有色地调中心根据实际情况，相继制定和修订了部分规章制度与管理办法，主要有《中心处室工作职责及处室岗位职责与工作分工》、《中心中层领导干部选拔任用实施办法》、《有色金属矿产地质调查中心资金存放管理办法》、《有色金属矿产地质调查中心对外投资及资产处置管理办法》、《中心业务用车管理办法》等。

（三）强化成本管理和试行竞聘上岗

集中组织各项目的预算编制，突出成本概念，统一标准，提高预算编制的水平和质量，按照技术与经济紧密结合的原则，将项目总预算分解到各项目片区（专业组）。

为强化竞争机制和责任意识，促进人才成长，提升项目工作质量与成果水平，开展了子项目负责人岗位公开竞聘，共20人竞聘6个项目的项目负责人岗位，采用应聘人汇报、专家提问打分的方式进行，在竞聘基础上，择优选择。

（四）完成了事业单位参加养老保险首次登记申报工作。ISO 9001质量管理体系再认证顺利通

过审核

七、党建工作取得实效

（一）增强四个意识，在各项工作中贯彻落实，强化党的政治核心和领导核心作用

制定了《“三重一大”决策制度实施办法》，修订了《领导班子议事规则及会议制度》，党的建设有效融入中心各项工作中。

（二）认真落实整改责任，提升党建工作水平

撤销中矿党支部，完成中矿党支部45名党员组织关系整建制转移，梳理调整中心内部党员的组织关系。制定了《2017年党建工作要点》、《党支部“三会一课”制度》、《推进“两学一做”学习教育常态化制度化具体实施方案》、《2017年纪检工作要点》。

（三）认真学习党的十九大精神，深化“两学一做”，发挥党员先锋模范作用。党员人人谈学习体会，提交书面心得体会。

（四）开展多种形式的宣传教育工作

在有色地调中心党员即时交流群开设《每日一宣》栏目，每天发布党内重大新闻、党规党法、模范党员先进事迹、习近平总书记系列重要讲话及反腐倡廉警示案例等内容。组织职工参观庆祝建军90周年主题展览，参观“砥砺奋进的五年大型成就展”。对在《温家宝地质笔记》征文评选中的获奖人员进行表彰，并对获奖征文进行编印和分发。

（五）提高执纪监督工作力度

把住有色地调中心工作中的各个廉政建设重要风险点，确保监督工作到位。完成了对地调中心多个方面的审计报告。

（六）积极开展工会、团组织和离退休服务工作。

（苏永津）

中国有色金属报社

2017年，按照中国有色金属工业协会（以下简称：协会）以改革破难题，以创新促发展，落实国务院办公厅《关于营造良好市场环境促进有色金属工业调结构促转型增效益的指导意见》的42号文件，推进国际产能合作，推动科技重大专项立项，贯彻落实十九大精神等工作部署，围绕建设有色金属工业强国的中心任务，中国有色金属报社（以下简称：有色报）全体员工在协会的正确领导下，在报社领导班子带领下，以“内涵提升+外延扩张”的发展新思路，坚持“正面宣传适度、负面舆情可控、热点难点疏导”的工作原则，着力提高舆论引导水平，加强新闻采编队伍建设，较好地发挥了新闻舆论工作的职能作用。

一、加强策划助内涵提升

2017年，有色报继续加大对行业的宣传力度，在内涵提升方面下功夫，加强了对专栏、专题、专版的策划，拓展了新闻评论的广度和深度，在解读国家政策，引导舆论导向，宣传先进典型，推动有色文化建设等方面发挥了重要的作用。

（一）开辟专栏有新意

2017年，报纸开辟了一系列全新的专栏，如，《新常态新机遇新变化》、《贯彻落实42号文件精神》、《国际产能合作进行时》、《国际镍论坛专题》、《说说民机铝材》和《铝应用》、《锂事汇》等。《贯彻落实42号文件精神》栏目，积极响应中央政策，宣传报道了行业相关方针政策的指导思想和相关内容。《国际产能合作进行时》栏目，在有色行业发展面临经济增速下行压力的形势下，聚焦企业“走出去”，报道全行业在“走出去”过程中涌现的感人事迹和样板工程，为全行业更加安全、积极地“走出去”总结了经验，提供了参考。

（二）策划专题内容实

策划的加强是报纸提升内涵的关键所在。一版策划了《五矿国际“贸易再创业”系列纪实报道》、《豫光集团建企六十周年系列报道》栏目，二版策划了《在建设有色强国的道路上砥砺前行开局之年看进取的铜产业》，三版策划了《晟通集团：中国铝加工业的领跑者》、《独有的铝业“符号”——魏桥创业集团坚持创新发展纪实》、《大咖畅谈互联网+铝如何发展》、《中国喷射成形产业第一人》，四版策划了《调结构促升级加快建设钨工业强国》、《稀土震荡中积蓄能量》、《钴价疯狂的背后逻辑》，五版策划了《有色金属市场将健康复苏》等，这一系列深度文章的采写，以专家的视野、记者的角度，及时报道了行业的最新形势与重大事件。

（三）会议报道全方位

对“两会”进行全面报道。开设《两会聚

焦》、《两会声音》、《两会风采》等栏目，采写并刊发了关于行业人大代表、政协委员的专访文章30余篇，及时、鲜活地再现了有色行业两会代表、委员为行业献计献策的真实场景，报道内容与形式比以往有很大创新。

全力以赴完成党的十九大期间的报道。会前，报纸开辟了《砥砺奋进的5年迎接党的十九大特别报道》栏目，从9月7日协会会长陈全训发表了题为《开创建设有色金属工业强国的新局面》开篇后，陆续发表了中铝、中色、五矿、铜陵、金川、江铜、湖南有色、中金岭南、北矿院等企业党组织领导的署名文章；会中开辟了《十九大代表风采》栏目，采访报道了8位十九大有色行业的代表，同时及时跟踪报道会议盛况，其间转载《人民日报》论学习贯彻党的十九大会议精神评论员文章10篇；会后开辟了《深入学习贯彻党的十九大精神》等栏目，宣传协会以及有色行业各单位学习十九大精神的新风貌。这一系列栏目，多方位呈现了企业创业以及守业的艰苦历程和重大成果，突出了学习贯彻落实党的十九大精神的重要性，为行业营造了舆论正能量。

完成协会重要会议报道。包括协会2017年工作会、民主生活会、中国有色金属国际产能合作企业联盟成立等。全方位参与协会几项重点工作，如铝业周、铜业周、伦敦金属报告会、稀土论坛、有色金属工业展等，真实、充分再现了各个专业会议的精彩内容。通过编辑记者的文章，宣传了协会的桥梁纽带作用，擦亮了协会的牌子。

二、扩大影响做外延拓展

2017年，有色报为扩大自身影响力，在提升内涵的同时，不断拓展外延——强化了网络与微信平台的建设；组织召开了铜产业链发展高峰论坛、“点钛成金”2017中国首届钛业民品交流会等多个会议。

（一）网络、微信平台关注度平稳上升

随着有色报报网融合工作的进一步深化，编辑记者专业水平有了大幅提高，编辑思想紧跟新传媒的发展变化，三位一体的采编方式，使得报纸的影响力与日俱增。

中国有色网全年共发布信息2.87万余条，其中网络视频460余期、数字报150余期，设计制作并开通上线专题5个。包括2017全国两会专题报道；《一场铜行业从业者的思想盛宴》，2017年（第十三届）中国国际铝工业展览会；喜迎十九大专题报道；领航新征程专题。

中国有色网日均访问量达16.71万次，独立访客2.27万人。2017年，本报微信公众号发布220期、1800余条信息，注册用户数达5.4万人，比2016年增加了9600多人。

本报钛微媒的发展势头向好。围绕宝鸡市组织的国际钛博览会，钛微媒采用纸媒、网站、移动微信三位一体的平台，进行了立体报道。博览会开幕当日，钛微媒首次直播开幕式盛况，同时跟踪采访专家，报道展会情况，并在第一时间在钛微媒上推出。由于报道及时，又具专业性，钛微媒受到宝鸡市委宣传部及钛产业联盟的称赞。

2017年5月，钛微媒在宝鸡市组织了第一期沙龙，20多家企业30人参加了活动，成为业内一大亮点。

钛微媒上每天的钛市场报价也深受企业欢迎，成为业界认可的报价体系。目前钛微媒粉丝量已经超过7000人，形成一个良性的微钛圈生态体系。

此外，在新增“钛微媒”之后，有色报又陆续增加了“铜微媒”、“锂事汇”两个微信公众号，使新媒体的关注度明显上升，提升了报网的影响力。

（二）组织、开展论坛会议效果明显

有色报联合扑克投资家、云南铜业公司，于2017年4月在昆明成功举办了首届中国铜产业链发展高峰论坛。论坛吸引了百家铜产业链相关企业，150位国内铜冶炼、加工企业的领导及代表，涵盖了国内铜产业链设备、技术企业，以及交易所、贸易、物流、期货、基金等行业。论坛聚焦热点话题、凝集产业智慧，为铜产业链行业精英搭建了一个加强合作、凝智聚力、共谋发展的高端平台。论坛得到了多家公司的支持。

有色报于5月25日在西南铝召开了2017年全国有色金属工业企业报总编工作会暨新闻写作研讨培训班。于11月23－24日在广西柳州十一冶集团召开“2017年中国有色金属报宣传工作会”。10月，有色报、钛微媒、上海金福钛业在上海主办了“点钛成金”2017中国首届钛业民品交流会。会议获得了较大反响。民用钛企业发展迅速，联盟、合作、交流意愿浓烈。

通过一系列论坛会议的举办，有色报进一步打造出与企业间互动交流的新平台，使有色报在各个金属品种产业中的影响力不断扩大，进一步增强了有色报与客户、企业之间的联系和感情，增强了服务行业的能力。

三、转观念促经营创新

在“内涵提升＋外延扩张”这一新理念的指引下，有色报经营工作稳定发展。

有色报在稳定推行拓展大客户，保持发展中小客户的策略的基础上，以“中央厨房，移动优先”的思路，通过开设新的公众号，发展会议经济的方式，拓宽了报纸的发行渠道，扩大了有色报的收益面，形成新的经济增长点。

（李秋香）

全国有色金属工业企（事）业单位

铝　镁

中铝集团山东企业

一、基本情况

中铝集团山东企业（以下简称：中铝山东企业）包括山东铝业有限公司（以下简称：山东铝业）、中铝山东有限公司（以下简称：中铝山东）两家公司，位于山东省淄博市张店区，是“一五”时期国家156个重点建设项目之一，于1954年7月1日建成投产。2017年主要产品产量：氧化铝280万吨、精细氧化铝83万吨、水泥330万吨、液碱20.52万吨、液氯16.42万吨、铝型材1.16万吨；IC卡3.51亿颗。其中：中铝山东资产总额70.20亿元，负债率34.01%，员工总数4591人。山东铝业资产总额32.45亿元，负债率61.75%，员工总数4591人。

二、生产经营

2017年，中铝山东企业始终坚持扭亏脱困转型升级工作总基调，抢抓市场机遇，全力提产增效，深化改革改制，加快转型升级，开创了改革发展的崭新局面，创出了2008年金融危机以来最好业绩。

（一）产销量持续攀升

2017年生产氧化铝266万吨（其中冶金级氧化铝178万吨），同比增长7.8%；精细氧化铝80.77万吨，同比增长17.7%；供汽量566.42万吨，同比增长8.87%，折百液碱20.52万吨，同比增长4.1%，液氯16.42万吨，同比增长3.1%，均创出历史新高；供电量12.28亿千瓦时；水泥300.45万吨、炭素4.44万吨、铝型材1.16万吨、再生铝2.05万吨、IC卡3.51亿颗。

（二）成本得到有效控制

氧化铝全口径完全成本低于总部考核目标24元/吨。企业成本费用利润率达到5.98%，同比升高4.48个百分点。

（三）经营业绩大幅改善

2017年，中铝山东实现销售收入91.78亿元，同比增长18.89%。实现经营利润5.2亿元，超预算3.7亿元，较上年增长364%。其中新材料公司盈利1.19亿元，电子公司盈利737万元，阳泉矿业实现了收支平衡。

山东铝业实现销售收入26.77亿元，同比增长10.71%。实现经营利润1.01亿元，超预算2200万元，较上年增长173.3%。环境新材料公司等5家子公司盈利水平稳中有升。

中铝山东、山东铝业分别实现经营性净现金流6.56亿元和1.37亿元，较预算分别增加1.66亿元和8700万元，资产负债率分别达到34.01%和64.65%，同比下降26.18个百分点和6.35个百分点。

三、重大发展项目

坚持高起点定位、高标准设计，统筹制定了山铝厂区、社区和中铝齐鲁工业园区“三位一体”、联动开发的系统规划方案，完成了园区一期、厂区及社区城市设计及重大项目初步规划，初步明确了园区开发的总体思路。

打造铝基材料新高地。中铝齐鲁工业园铝基新材料产业一期项目10万吨板状刚玉、10万吨精细分子筛、15万吨环保吸附新材料正式开工建设，开启了新旧动能转换和增量带动存量发展的坚定步伐。

创造南海速度，开拓异地办学新局面。历经7个多月的建设，克服了诸多困难，职业学院威海校区于2017年9月份投入运行，8000余名师生正式进驻南海，山铝职教迈出了异地合作办学、打造全国领军式职业院校的关键一步。

四、企业管理

中铝山东企业聚焦经营管理的工作重点，精准发力，精细管控，形成了边算边干、边干边算的良好工作习惯。工作质量效率得到精准提升，夯实了盈利的基础。

（一）优化经济运行管控，实现降本增利

完善避峰填谷生产组织，2017年创效108.6万元；争取跨区直购电交易，直购电量3亿千瓦时，成为山东省唯一一个申报电量全部竞价成功的企业，直接创效1664万元；实施能源系统优化，实现大能源管理降本5914万元；煤气产量、发电量、产汽量同比增加78.08%、21.19%和9.45%；强化设备检修标准化管理，吨氧化铝检修费用下降0.9%。

（二）调整营销策略，市场运作成效明显

坚持利润最大化目标导向，动态调整产品结构，全年共销售氢铝70.7万吨，非冶金级氧化铝11.8万吨，比销售冶金级氧化铝增利1.3亿元。引入竞争机制，控制采购节奏，锅炉煤、冶金煤采购价格在中铝内部排名稳步提升；在波动的市场中寻找机遇，降低液碱采购成本259万元、纯碱采购成本367万元；通过市场运作，水泥售价提高93元/吨，精细氧化铝加权售价提高417.45元/吨；抓住政策机遇，成立售电公司，开展电力贸易业务。

（三）实施精益操作，技术指标持续改善

推广岗位标准作业卡，规范了岗位员工操作行为；氧化铝综合能耗完成275.06千克标煤/吨，排名行业前列；水泥熟料综合电耗创出历史最好水平；炭素产品质量、消耗、成本综合排名位列中铝第一名。质量管理水平稳步提升，氧化铝分解率完成52.18%，获得中铝股份单项劳动竞赛第一名；-45μ 氧化铝粒度优化了5.6%；专氢白度指标提高3%左右。

五、科技创新

2017年，科技研发投入2.8亿元，助力降本增效，并获得授权专利7项；借助研究院平台开展14项课题攻关；电子公司被评定为高新技术企业；环境新材料有限公司高端水泥中标青岛胶州国际新机场和日照山字河国际机场；精细氧化铝市场需求导向日趋明显，产品品质不断提升；通过市场引导、品质升级，非冶金级氧化铝实物量占氧化铝系列总实物量比例首次超过50%，产品结构调整迈出历史性步伐。

六、深化改革

山东铝业、设备检测中心完成公司制改革，分别更名为山东铝业有限公司、机电科技有限公司；山铝宾馆变更为公司分支机构，淄博华泰节能有限公司正式注销，压减法人户数两户。加快“三供一业”移交，先后与市自来水公司、国网淄博供电公司签订供水、供电分离移交正式协议，相关设施改造工作有序推进。与张店区政府设立的淄博新阳光热力有限公司签订了供暖和物业分离移交正式协议。另外，中铝山东工程划归中铝国际、运输部和物配中心整合至中铝物流集团。

七、党建工作

深入学习贯彻党的十九大精神。结合企业实际，开展了“百名书记宣讲十九大”、“学习习近平新时代中国特色社会主义思想”等形式多样的宣讲、研讨、培训活动；公司各级领导主动深入基层党支部带头讲党课200余次；及时修订公司章程，明确了党组织在公司治理中的法定地位；坚持“三重一大”事项集体研究决策制度；严格履行党建工作“一岗双责”，建立了党建和生产经营双百分考核机制，实现了党建工作与业务工作同规划、同部署、同检查、同考核；健全了内部重大决策失职、渎职责任追究和倒查监管机制，针对执行不力情况分别与7名中层管理人员进行了谈话；在岗员工500人以上的单位设立专职党委副书记和党群工作部，500人以下的单位设立党政办公室；积极开展关爱员工送温暖活动，救助困难员工和社区居民227人，救助费用26.4万元。

八、履行社会责任

一是按照省市政府退役士兵权益保障专项工作要求，接收安置1名51岁退役老兵。

二是加强民生建设：①物业管理部为老年公寓投资70万元，增设电梯，免费安装大型净化器系统；②山铝润溪水厂主导举办“润泽春蕾，共享阳光”大型爱心公益活动，并在全国高考期间为高考学子、家长和志愿者们赠送饮用水。

三是北大医疗淄博医院开展精准扶贫工作：减免2名困难患者各5000元手术费，并赠送牛奶、鸡蛋以及5000元救助金。

四是积极响应国家绿色环保政策，率先执行2+26地区超低排放标准，全年投入1.2亿元，实施了水泥窑、焙烧炉、高温窑除尘脱硝等20余项环保治理项目；对铝土矿、煤炭、赤泥、石灰石、原盐等堆场进行封闭、棚盖和安装防尘网，抑制了无组织排放；全面建立了重点排污口“河长制”。累计减排二氧化硫、氮氧化物、粉尘140吨、410吨和234吨。

（刘绪睿）

中国铝业河南分公司

一、基本情况

中国铝业河南分公司（以下简称：河南分公司）始建于1958年，前身是国家第二个五年计划时期建设的郑州铝厂，1992年组建为中国长城铝业公司，2002年1月，重组长城铝业氧化铝和电解铝板块资产，成立河南分公司有限公司。2010年托管河南分公司有限公司。2017年12月完成中铝矿业与河南分公司资产重组，成立新的中铝矿业有限公司（2018年1月1日正式使用）。

主要产品有氧化铝及多品种氧化铝、碳阳极、金属镓及其深加工产品。具有年供矿400万吨，年产氧化铝200万吨、碳素制品12万吨、金属镓40吨，年自发电15亿千瓦时的生产能力。拥有铝土矿资源保有储量1.6亿吨。截至2017年底，河南分公司资产总额为91.03亿元，负债率为27.43%，员工总数为2743人，其中大专及以上员工为1193人。

二、机构设置

河南分公司设有总经理办公室、党委工作部、人力资源部、财务部、纪检监察审计部、工会共青团部、安全环保部、投资发展部8个部室。生产指挥保障中心、营销中心、矿业中心3个中心。氧化铝厂、热电厂、碳素厂（10月1日划归河南分公司）3个分厂。洛阳矿、渑池矿、巩义矿、登封矿、小关矿5座矿山。

三、生产经营

2017年，河南分公司以扭亏脱困和转型升级为主线，围绕“十大”提质增效攻关项目，全体员工团结一致，奋力拼搏，结束了自金融危机以来连续9年的亏损局面，打赢了扭亏脱困“翻身仗”。实现盈利6201万元，比预算超额完成6201万元，经营性盈利4.9亿元，同比增加5.62亿元，生产运营净现金流完成3.76亿元，比预算超额完成7609万元。

2017年，河南分公司主要产品产量：氧化铝171.3万吨，同比增长40.4%；金属镓15.62吨，同比增长5.3%；碳素制品12.1万吨，同比增长38.1%。工业产值为42.05亿元，同比增长106.3%；销售收入64.77亿元，同比增长174%；利润额6200万元；纳税额3.95亿元，同比增长124%；净资产收益率为0.55%；产值劳动生产率1533千元/人，同比增长16.4%；安全事故为零。

四、重大发展项目

2017年，河南分公司从建设“生命工程”的高度出发，集全体员工之力，氧化铝升级改造项目于3月25日建成投产，创国内氧化铝项目建设新纪录。项目投产后3个月内实现达产达标，实现了“建一个、成一个、盈一个”的目标。

重大发展项目情况

项目名称	设计规模	投资规模/万元	当年完成投资额/万元	年内项目建设形象进度
氧化铝节能减排升级改造项目	100万吨氧化铝	44847	1684	建成投产

五、企业管理

2017年，河南分公司认真开展强基固本行动，狠抓安全，紧盯环保，改进质量，全体员工安全环保责任意识显著增强。开展案例警示教育、组织各类安全教育培训，积极开展领导干部进班组活动，认真制订安全环保迎检方案，持续抓好抓实日常检查和专项督查，严格落实隐患排查整改与考核问责，顺利完成了强基固本第一阶段的大清查工作。

2017年，河南分公司以实施精准管理为抓手，以新项目投用为契机，全面建立指标对标体系，新老系统电耗、气耗、新水消耗等指标均实现历史最好水平。强化制度建设，梳理发布制度176项。强化成本过程控制，充分发挥财务快速预警和动态监控职能，实施每日晨会和每旬分析会制度，及时发现和解决问题。

六、科技创新

2017年，河南分公司科技创新投入4.79亿元，获得授权专利1件，科技人员占比为39%。

七、深化改革

2017年，河南分公司按照国务院国资委和中铝集团要求，通过“债转股”和“现金增资”的方式，完成了中铝矿业与河南分公司资产重组，成立新的中铝矿业有限公司。

不断完善分配激励机制，下发了骨干员工激励实施办法，上调新入职大学生薪酬待遇标准，初步制定“五级工程师”、“五级技师”激励办法；矿山全面实行以“吨采矿计件工资、吨破碎计件工资”为核心的绩效考核方案。

重新制定了岗位设置及人员编制方案，一批年轻有为的干部走上中基层管理岗位，年龄结构、专业结构得到改善；落实专业技术人员考评、晋升、激励的“三位一体”措施，彰显了尊重人才、尊重业绩的价值导向。

八、党建与企业文化建设

（一）党建工作

2017年，河南分公司党委坚持发挥政治引领与核心作用，领导班子成员带头上讲台，带头深入基层讲党课，扎实履行“一岗双责”；创新实行党建、绩效双百分考核，实施“两带两创”、党支部带项目等一系列党建活动，解决了一批难点问题。

河南分公司狠抓教育监督，践行“四种形态”，推动“每日一题”、“每旬一案”、“每月一课”、“每季一警示”党风廉政教育工作全面化、具体化、可视化和常态化；坚持从严查办案件，倒逼责任落实，成立了“两金”压降、执行力督办、安全责任落实等7个“接地气”专项监督工作组，监督整改落实专项工作226项，累计党政纪处分18人，问责处理34人；效能监察结项38项；完成问题清单梳理226个、审计7项，核实资产6.96亿元。

（二）企业文化建设

2017年，河南分公司坚持弘扬“创业、创新、创造”的“三创”精神，各级党组织带头激发活力，带动全员创新，汇聚广大员工智慧，合力攻坚，解决了一批重点难点问题。在河南分公司厂区中心马路打造300米企业文化长廊，把企业历史、企业精神、安全文化、廉洁文化、厂务公开等进行集中展示。

九、履行社会责任

2017年，河南分公司深化帮扶工作精准化、规范化建设，建立完善在册困难职工档案216户；企业帮扶中心累计救助困难职工614人次，发放救助款107.91万元；金秋助学活动中，救助困难职工子女132人，发放助学款20.36万元；高度重视环境治理工作，渑池分公司土地复垦得到中央电视台报道。

（王超锋）

中国长城铝业有限公司

一、基本情况

中国长城铝业有限公司（以下简称：长城铝业）隶属于中铝资产经营管理有限公司，是中国铝业集团有限公司的板块公司。长城铝业是集生产、建设、科研、经营于一体的综合性国有独资企业，始建于1958年，前身是郑州铝厂，1992年组建为中国长城铝业公司，2011年12月，中国长城铝业公司、中国铝业河南分公司实行合署办公、一体化管理。2017年3月与中国铝业河南分公司（现为中铝矿业有限公司）实行一个党委领导，行政独立运行的管理模式。2017年底，完成了公司制改制，更名为中国长城铝业有限公司。

长城铝业的营业范围：主要产品为水泥和碳素制品，兼营建筑安装、装备制造、物流贸易、信息技术、地产开发、环境监测、职业教育、后勤服务、餐饮住宿等业务。2017年，水泥产能100万吨，碳素制品产能30万吨，多品种氧化铝6000吨，资产总额达26.9亿元，负债率66.5%，员工总数2247人，其中大专及以上学历人员为1034人。

二、生产经营

2017年，长城铝业坚持以扭亏脱困和转型升级为主线，全体干部职工奋力拼搏，圆满完成了2017年目标任务，生产经营呈现良好势头。长城铝业实现经营性盈利8069万元，超出预算目标6069万元，超出奋斗目标5669万元，盈利能力大幅提升。

2017年，长城铝业水泥产量为79.13万吨，同比增长17.28%；碳素制品22.94万吨，同比增长76.9%；工业产值8.01亿元，同比增长77.21%；

销售收入17.20亿元，同比增长18.69%；利润额1100万元，同比下降94.11%；纳税额1.10亿元，同比增长51.02%；净资产收益率为0.56%，降低了24.39个百分点。全年未发生人身伤亡事故。

三、重大发展项目

2017年，长城铝业重大发展项目——赤壁长城炭素制品有限公司扩产10万吨/年预焙阳极项目，投资规模为1.99亿元，当年完成投资额63万元，于12月中旬开工建设。

四、企业管理

2017年，长城铝业严格落实安全环保法律法规，以及国家、省市及中铝集团安全环保工作要求，牢固树立红线意识和底线意识，强化安全环保管理。深入推进安全环保质量强基固本行动，完成全级次动员工作。落实领导网格化包保责任，每周编发强基固本简报，推动行动开展。完成了第一阶段的大清查工作，分别梳理出129个安全问题点、28个环保问题点、6个质量问题点，已完成整改120项。

长城铝业着力加强风险管控，积极落实重点专项工作。补充调整了各分子公司财务主管，并实施集中管理，完成了财务账户的清查清理，提升了经营风险管控能力。成立了长期应收账款清欠办公室，应收账款比年初下降7775万元，存货比年初下降1.72亿元，超额完成“两金”压降目标。成立非经营性房产问题专项整改小组，积极盘活闲置资产，获得非经营性房产处置收益1432万元，解决土地遗留问题避免损失520万元。修订和新增制度154项。持续巩固内部市场，累计完成内部市场交易结算金额6.3亿元，同比增长110.5%。

五、科技创新

2017年，长城铝业不断加强科技管理，下属2家单位顺利通过高新技术企业认证，协助中铝科技部举办了精细氧化铝交流专题分会；长城铝业水泥厂篦冷机改造等科技创新项目荣获中铝股份年度“银点子”奖。

六、深化改革

2017年，按照国务院国资委要求，长城铝业、广州冶炼厂顺利完成全民所有制改制工作，提升了企业活力。大集体改革有序推进，完成了氧化铝劳动服务公司改制，参股成立了郑州铝城新材料科技有限公司。“三供一业”移交进展顺利，水电暖正式移交协议全部签订，物业移交主体已基本明确，实施了部分职工生活区供暖改造工程。

持续优化干部人才梯队建设，重新梳理并编制了岗位及人员设置方案，一批年轻干部走上中基层管理岗位，队伍活力明显增强；不断完善分配激励机制，下发了骨干员工激励实施办法，对新入职大学生薪酬待遇标准进行上调，推进“五级工程师”、“五级技师”工作实施，彰显了尊重人才、尊重业绩、尊重创造的价值导向。

长城铝业持续巩固内部市场交易，充分借助内部市场交易机制，发挥自身优势，持续巩固拓展内部市场，全年累计完成内部市场交易额6.3亿元，同比增加110.5%。外拓市场意识不断增强。承接了山东沂兴项目制作安装合同3076万元，打开了集团外部碳素行业制安市场；发挥专业优势，中标太康县公共自行车和东兴电解铝管控一体化等项目，合同额1419万元；新增恒大保险和田管中心两家长期大客户，为未来稳定经营提供了保障。

七、党建与企业文化建设

（一）党建工作

2017年，长城铝业坚持全面从严治党，压实“两个责任”，组织长城铝业全体党员学习新党章及十九大工作报告，不忘初心，牢记使命，稳步推动转型发展。通过开展“党员活动日”、党员责任区创建、“三会一课”等形式，增强党员干部的“四种意识”。构建警示、教育、监督、问责为一体的反腐倡廉管理体系，累计党政纪处分18人，问责处理34人；强化重点领域的监督监察，2017年效能监察累计立项38项。

各级群团组织紧扣生产经营重点，大力实施“四项工程”，累计开展劳动竞赛109项，发放奖励11万元；征集合理化建议7893条，评出金点子6项，合理化建议二等奖21项、三等奖19项，优秀成果63项。

（二）企业文化建设

2017年，长城铝业坚持弘扬“企业兴衰、我要负责”的责任意识，各级领导干部做表率，带动全体员工在状态、担责任，全力以赴，推进了企业转型发展。坚持弘扬“创业、创新、创造”的“三创”精神，各级党组织带头激发活力，带动全员创新，汇聚广大员工智慧，合力攻坚，解决了一批重点难点问题。

春节前夕，组织企业书法家为广大职工及当

地群众义务书写赠送春联，开展书画美术摄影展、篮球比赛、排球比赛、羽毛球比赛、游泳比赛等文化体育活动，丰富职工文化生活。

八、履行社会责任

坚持紧紧依靠员工、关爱员工。2017 年，长城铝业救助困难员工 617 人次，发放救助款 116 万元，帮助解决 132 名困难员工子女上学难问题，得到了地方政府和当地群众的充分认可和高度评价。

（王超锋）

中国铝业贵州分公司

一、企业概况

中国铝业贵州分公司（以下简称：贵州分公司）是中国铝业股份有限公司在贵州的分支机构，所在地为贵阳市白云区。具备年产铝土矿 225 万吨、电解铝 40 万吨、合金化及加工 18.7 万吨、碳素制品 27 万吨的生产能力。企业主营业务为铝土矿和石灰石矿的勘探、开采，电解铝及部分加工产品，碳素制品及相关有色金属产品的生产和销售。

截至 2017 年底，贵州分公司资产总额为 58.93 亿元（贵州分公司资产归属总部，故无净资产项）；2017 年完成电解铝产量 28.21 万吨，碳素阳极产量 25.52 万吨，铝土矿自采矿量 142.93 万吨；完成工业总产值 45.19 亿元，同比增长 14.84%；在岗员工 2727 人，人均年产值劳动生产率为 1608 千元，同比增长 19%。

二、生产经营

2017 年，贵州分公司全面完成总部下达的生产经营目标。

（一）电解铝安全高效运行并平稳有序退出生产

贵州分公司努力克服老龄槽、破损槽增多，以及贵州华仁投产后与存量系统“两线作战”等困难，实现了电解铝安全稳定运行，3135# 等 4 台槽被中铝命名为“中铝寿星槽”（槽龄 > 4500 天）。随着电解铝“退城进园”项目通电投产，结合贵州电力供应紧张、原铝亏损、现金流等因素，经请示中国铝业股份有限公司同意，2017 年 11 月 15－21 日，电解铝二、三系列永久性退出生产（电解一系列 2014 年 1 月退出生产），电解四系列维持生产。整个退出过程实现了安全、平稳、有序。

（二）提质增效取得良好效果

合金化生产卓有成效。全年产量 17.63 万吨，创历史最好水平。与中铝萨帕共同研发轨道交通、船舶、摩拜单车等新型铝合金材料及产业化生产，成功生产 Φ533 毫米、Φ457 毫米规格合金圆铸锭；成功研发高导电率铝母线、新型铝导杆，满足了贵州华仁项目对节能材料的需求。全年实现近 4 万吨 A356.2 合金销售，创历史新高。2017 年通过了 DNV（挪威船级社）对加工用 6 系铝合金圆铸锭生产工厂的认证，获得了美国 ABS 对半连续铸造 6082、6061 铸棒的认证，产品在中国高铁、澳大利亚奥斯塔造船厂护卫舰、日本住友精密工业株式会社飞机热交换器上得到运用。

在石油焦、沥青等原材料供应紧张且价格大幅上涨的压力下，在完全市场化结算条件下，贵州分公司碳素事业部实现利润同比增长 151%，在中铝碳素企业中名列第一。全年阳极焙烧块单位制造成本、组装块单位制造成本均排名中铝第一；阳极一级品率达到 82.55%。煅后焦实收率、成型产量、焙烧天然气消耗等指标，在中铝 13 家碳素企业中综合排名保持第一。碳素阳极在西南地区形成品牌。阴极复产后效果良好，全年实现阴极产品产量 1.3 万吨，消化阴极系统库存物料 8000 吨以上，保障了电解铝“退城进园”项目需要并实现资产盘活。

矿业公司努力克服安全环保督察压力，以及雨季洪水灾害、火工品供应与矿石运输等方面的困难，坚决落实“一矿一策一鞭”提质增效方案，全年完成采矿 143 万吨，实现矿石销售 153 万吨，销售高品位矿石 5.7 万吨。麦坝铝矿努力克服暴雨淹井等重大灾害，于 12 月 22 日通过总部模范矿山验收，成为中铝股份第一家地下模范矿山。

组建了资产处置办公室，采取盘活阴极生产线、内部利用长期积压备件等措施，实现资产处置收益及资产盘活。对 160 千安电解铝生产线及配套资产和报废固定资产进行清理、盘点、界定，制订处置方案。

三、改革与管理

（一）深化改革

在总结碳素事业部、铸造事业部市场化改革

经验的基础上，制定并完善了矿业公司精品矿激励办法，取得良好效果。

结合电解铝退出实际，加强与贵州华仁的沟通协调，最大限度进行人员分流安置。截至2017年底，贵州分公司向贵州华仁有序分流安置员工400余人。同时，结合“退城进园”进程，在总部的部署和支持下，实施员工内部退出岗位620人。

（二）精准管理

26个重点专项成效明显。全年创效超计划93%；受中铝总部管控的4个优秀项目累计收益超计划完成全年目标。

现场管理保持先进水平。全年累计督办现场管理问题点共计170个，整改完成率86%。

深入开展“精准辨识、消除浪费”活动。全年共开展16个消除浪费项目，累计收益较好。

认真开展《问题清单》梳理及整改。制定了贵州分公司问题梳理及整改专项工作方案，梳理出26个专题94个具体问题并进行整改。截至2017年底，已完成整改问题58个，继续整改的问题36个。

（三）安全环保

全面开展安全环保质量强基固本行动。领导带头、班子负责，采用各级领导包保班组等形式，落实责任和整改。通过全面大清查，形成了安全和环保的问题清单。全面开展“安全、干净”班组竞赛活动，验收合格班组达到97%。

全面加强安全大检查及隐患整改。全年累计检查1105次，查出问题点2169个，整改率100%。确保安全环保投入，全年立项52个。全面开展环境风险排查和“小散乱污”整治，环保设施运行率100%。按照总部工作部署，对生产领域业务外包119个项目及承包商进行清理整顿，完成压减承包商30%的目标。

2017年，贵州分公司实现重伤及以上事故为零，较大环境污染事故为零的安全环保目标。

四、节能减排

2017年，贵州分公司累计能源消耗总量为81.09万吨标准煤（电力折算系数：1.229吨标准煤/万千瓦时）。

2017年，贵州分公司实施精准管理，完善能源计量设施，确保了一级能源计量检测率达到100%，二级能源计量检测率达到95%以上，重点耗能工序能源计量率达98%以上。有针对性地制定了贵州分公司降低铝锭压缩风耗、工业新水耗等大能源管理降本方案，定期对重点耗能设备及工序开展节能测试，对能源利用效率、消耗水平、能源经济与环境效果进行诊断和评价，实现了降本增效。同时，加强对外转供能源管理并大力推进国家发改委牵头确定的万家企业节能行动实施方案。

2017年，贵州分公司加强日常环保监管，督促各单位加强环保设施运行管理，重点围绕二氧化硫、氮氧化物、氟化物、粉尘等主要污染因子，制定达标排放工作预案，通过加强环保设施巡视、检查、检修，工艺参数控制，人员责任制落实，应急物资储备等处置措施的实施，保证了净化环保设施完好率、运行率均达100%；确保碳素阳极煅烧窑烟气脱硫设施、阳极焙烧烟气净化系统运行率100%，烟气达标排放，通过地方环保部门的监督性监测。严格电解铝厂环保在线监测设备管理和运营维护，在线监测指标达到环保部门要求。

通过了当地环保局《排放污染物许可证》年审。严格按相关要求进行了排污申报登记，并按时足额缴纳排污费。

五、基本建设与技术改造

（一）轻合金新材料“退城进园”项目

2017年，贵州分公司在项目主体贵州华仁正式组建及开始运营前的过渡期，为确保工程建设与通电投产的无缝衔接，积极组织力量，努力完成项目所需的各项前期手续办理及相关建设工作，成立了进园项目领导小组和项目管理部，与总承包方合署办公、无缝对接，深度介入项目安全文明施工、质量管理、建设进度管理等方面，全力推进项目建设。依规合法办理相关手续，顺利落实外部建设条件，并同步安排通电投产的相关准备工作，按首批电解槽通电投产的工期目标，拟定了生产准备实施网络进度计划，完成了生产准备和通电投产方案（初稿）编制等工作，为项目节省投资3亿元以上。

项目于2016年8月26日正式开工建设，2017年8月26日，项目一期工程正式通电投产，投产后项目由贵州华仁新材料有限公司承接。

（二）合金化项目

2017年11月，中铝股份批复贵州分公司作为投资主体建设“退城进园”项目的合金铝部分。项目于2017年3月16日开工建设，设备招标已完成92%，主要工艺及建筑设备采购合同已签订，土建整体工程完成75%。

（三）麦坝矿区坑内开采工程

完成项目环评验收，在贵州省环保厅取得备案。完成麦坝矿建设用地招拍挂手续，缴纳竞买保证金。

（四）坛罐窑矿段开采工程

组织开展环评验收工作，委托环评单位编制环评变更说明，实施矿坑水及饮用水处理、油烟治理等环保工程，完成竣工决算审计。

六、科技创新

“猫场高硫铝土矿焙烧脱硫试验研究”项目。完成铝土矿干法制粉技术及装置开发、焙烧脱硫工艺研究、焙烧精矿加工性能提升技术研究等全部研究内容，焙烧精矿溶出沉降性能满足氧化铝生产工艺要求的预期研究目标。

“高导电率铝母线产业化示范”项目。建成了年产2万吨高导电率铝母线及铝导杆生产线。在室温条件下测量铝母线等距压降，硼化加稀土铝母线的电导率比传统母线提高5%～6%，而且机械、焊接性能均满足电解系列工程建设需要。

“贵州分公司FHEST技术推广”项目。在230千安系列上进行了3台槽推广。运行效果良好，并节电54.17万千瓦时。

“铝电解槽内衬用新型碳/碳复合材料整体成型应用研究”项目。完成高导电树脂－碳/碳复合材料、高阻抗树脂－碳/碳复合材料研制，设计了新型内衬结构铝电解槽，开发出新型碳/碳复合材料整体成型技术与焙烧技术，并进行了工业验证试验。

“猫场铝矿地下开采顶板安全控制综合技术研究”项目。截至2017年12月，完成猫场铝矿现场调查、顶板力学建模计算研究、矿体直接顶板切顶厚度研究、顶板粘土岩和铝土岩力学参数选取、房柱法采场矿柱尺寸计算、岩样耐崩解性试验、地质雷达用于顶板厚度测定实验等研究工作。

2017年贵州分公司的3项实用新型专利全部获得授权。截至2017年底，贵州分公司拥有的有效专利共157件（其中发明专利88件）。

七、加强社会主义精神文明建设

认真落实全国国有企业党的建设工作会议精神，完善党建考核评价体系。通过创新“书记话党建”培训模式、“支部带项目”攻坚模式、“党员带群众”引领模式、基层“督导帮扶”考评模式，融入中心工作，压实党建责任。深入推进“两学一做”常态化制度化，深入贯彻学习党的十九大精神和习近平新时代中国特色社会主义思想。

强化从严治党，健全党风廉政建设责任体系。建立常态化约谈机制。以“钉钉子”精神抓好政治巡视、执行力巡视和专项巡视问题整改，使一批长期遗留问题得到有效解决。

劳动竞赛成绩突出。动力厂供电车间运行四班荣获“全国工人先锋号”荣誉称号。在“中国铝业杯”第十一届全国有色金属行业职业技能竞赛中，贵州分公司荣获团体总分第二名，并包揽铝及铝合金熔铸工工种前3名。电解铝厂1个项目获中国铝业集团有限公司2017年度“银点子”奖，碳素事业部1个项目获中国铝业股份有限公司2017年度“银点子”奖。碳素事业部二焙烧工区在中铝股份碳素企业提质降耗劳动竞赛中获优胜奖，电解铝厂五车间二厂房东区在中铝股份电解铝生产工区劳动竞赛中获三等奖。

帮扶工作精准扎实。全年贵州分公司帮扶困难职工424人次，使用帮扶资金27.2万元。畅通信访渠道，维护企业稳定，全年共受理在岗员工来信来访和诉求5件次、13人次，退休人员与外来人员来信来访和诉求58件次、247人次，初信初访一次性办结率大于95%，信访答复率达到100%。

（施慧芸）

贵州铝厂有限责任公司

一、基本情况

贵州铝厂有限责任公司（以下简称：公司）始建于1958年，原名贵州铝业公司，1965年更名为302厂，1972年更名为贵州铝厂。2002年2月，原贵州铝厂正式分离为上市公司和存续企业两个单位，上市公司为中国铝业贵州分公司，存续企业为贵州铝厂。

2017年11月27日，贵州铝厂完成了公司制改制，由全民所有制企业改制为国有独资公司，改制后股东为中铝资产经营管理有限公司。贵州铝厂注册资金5亿元，截至2017年末资产总额38.16亿元。承担着贵州铝厂和中国铝业股份有限公司贵州分公司的土地管理及后勤服务等职能。公司主营业务：现代工业服务、现代城市服务、现代物流（铁路专用线及公路）、房地产开发、职业教育学校、技术服务、建筑施工、餐饮住宿、交通印刷、科研所需原辅材料、机械设备、仪器仪表、零配件及相关技术的进口业务、经营本企业进料加工、“三来一补”等。主营产品：彩铝板、铝型材、多品种氧化铝、装备制造、机械加工等。

截至2017年底，公司资产总额为38.16亿元，负债率为77.28%，员工总数为5014人，在岗职工1988人，平均年龄48岁，具有大学本科学历的214人、大学专科学历的366人、中专及以下的为1408人。

二、生产经营

2017年，公司实现经营性盈利2794万元，超额完成利润1800万元的目标；收回氧化铝土地收储资金5亿元，实现了预期目标；获得贵州省、贵阳市、白云区政府相关政策补贴资金2811万元。

2017年，公司主要经济指标完成情况：铝型材1900吨，同比下降11.45%；彩铝2500吨，同比增长309.50%。工业产值为1.15亿元，同比增长64%；销售收入为3.63亿元；利润额为－1.89亿元；纳税额为8700万元，同比增长67%；净资产收益率同比下降104.07%；年产值劳动生产率同比增长109.57%。全年没有发生人身伤亡事故。

三、重大发展项目

根据中铝集团、中铝资产的指导意见和贵州省、贵阳市发展规划及贵州铝厂发展战略的实际需要，明确了以修文矿土地综合开发利用项目为龙头，以土地综合利用项目为中心，并重点推进健康养老、赤泥闭库等项目。

（一）修文矿土地综合开发利用项目

完成项目的总体规划设计，原则通过概念性规划专家评审。中铝集团与贵阳市政府签订了《修文矿生态修复及土地综合开发建设项目框架协议》；与绿地西南公司、中建装饰集团有限公司、碧桂园集团签订《战略合作框架协议》，与中天城投集团签订合作备忘录；注册成立了贵州中铝云顶旅游发展有限公司。

（二）金融北城项目

按照贵阳市政府打造“公平共享的创新型中心城市示范区和以生态为特色的世界旅游名城”决策部署及白云区政府“三产主导、二产辅助、一产支撑”的发展方向，工作专班与中天城投有限公司合作，开展前期的项目规划论证、土地获取、合资公司组建等工作。

（三）健康养老项目

经过两年多的调研、论证，明确了项目的发展方向和市场定位，制定了“贵铝智慧幸福苑健康养老中心”工作方案和营销工作计划。同时，完成项目施工招投标工作，于12月17日正式进入开工建设。

（四）赤泥闭库项目

8月完成招标，9月正式开工。赤泥堆场场地综合利用已列入2018年投资项目计划，项目前期工作已经正式启动。

重大项目情况表

项目名称	设计规模/万吨	投资规模/万元	当年完成投资额/万元	年内项目建设形象进度
赤泥闭库项目	6613	6613	4840	完成土建工程量的70%
健康养老项目	3566.65	3566.65	1040	室内改造完成70%

四、企业管理

（一）强化制度建设，促进管理提升

分层级开展建章立制工作，完成贵州铝厂的制度汇编。实现“设备见本色”，加强了无泄漏治理，持续提升无泄漏工厂创建水平。持续提升现场管理水平和厂容厂貌，厂区环境治理取得显著成效。

（二）加强财务管理，细化会计核算

进一步提升预算分析质量，强化预算执行力，规范会计业务处理，夯实财务管理基础，提升财务管控能力。

（三）加强内控管理，狠抓问题整改

监事会问题清单、中铝集团第八巡视组检查反馈问题等123项问题中“已整改”“整改中”“未整改”的问题分别为75个、46个和2个。

（四）安全环保质量，不断夯实基础

认真履行企业的安全生产主体责任，成立独立的安全环保部门，配齐专业管理人员，以问题为导向，抓好安全“一岗双责”责任清单的落实。企业全年实现轻伤以上事故、一般以上环境污染事件为零，保持了安全生产形势的总体平稳。

五、科技创新

2017年，公司科技创新投入为340万元，申请专利9件，授权专利1件，科技人员占公司职工总数的1.1%。

“猫场高硫铝土矿焙烧脱硫试验研究”等一批研发成果在矿山和电解项目投入使用；“涂装生产线云端智能制造”项目获得贵州省经信委300万元的项目扶持资金；新型自装卸铝水抬包车进行量产；贵州铝厂移动办公平台“云之家”正式上线运行。

六、深化改革

（一）“瘦身健体”促进提质增效

平稳实施工贸实业总公司厂办大集体改革。推进压缩管理层级和减少法人户数工作，亏损户治理超额完成目标任务，从两户减少为零户。加快供水、供电、市政物业等“三供一业”分离移交工作。

（二）完成全民所有制企业公司制改革

11月27日，贵州铝厂改制为贵州铝厂有限责任公司。

（三）深化激励机制改革促进员工增收

落实正向激励，全员在岗员工收入同比平均增长11%。

（四）“简政放权”激发活力动力

出台“放、管、服”工作指导意见，推出绩效分配、资产经营、投资等业务的“简政放权、规范管控、强化服务”清单，进一步激发了企业的发展活力和内生动力。

七、党建与企业文化建设

完善党建考核评价体系。制定9项党建管理制度，修订汇编党支部“三会一课”、主题党日等10个工作制度。两级党组织大力开展170个“两带两创”项目。创新“督导帮扶”考评模式。党委书记、纪委书记和机关党群干部对9家直属党组织和25个基础薄弱的党支部进行“点对点”帮扶。开展政治巡察和专项巡察。对贵州贵铝现代城市服务有限公司开展了政治巡察，对公司铝合金厂开展“开源节流、增收节支”工作情况进行专项核查评估。

制定了《中铝贵州2017－2019年企业文化建设实施方案》，明确了5项重点工作。贵州贵铝现代城市服务公司员工丁辉荣获第二届“最美中铝人”称号。

八、履行社会责任

根据贵州省国资委统一部署，选派干部到黔南州福泉市凤山镇三根树村担任驻村第一书记，协助政府开展精准扶贫。企业内部连续7年开展大病医疗互助活动，构建了一张全方位立体型帮扶工作网。

（冉袁川）

中铝山西铝业有限公司

一、企业概况

中铝山西铝业有限公司（以下简称：公司）的前身山西铝厂是国家“六五”至“八五”期间重点建设项目，2002年，中国铝业重组上市后，山西铝厂氧化铝板块的优良资产，组成中国铝业山西分公司，剥离后的存续企业仍称山西铝厂。2016年山西铝厂、山西分公司正式分开、独立运作。2017年，山西铝厂实行公司制改制，更名为中铝山西铝业有限公司。

公司坚持“劲旅品牌、精工精品”的工匠精神和“晋铝品牌晋商情怀”的经营理念，紧紧围绕铝工业的发展需求，着力发展工程技术服务、工业产品制造、现代服务产业，并通过关联交易向中铝新材料有限公司提供基础设施服务和土地租赁业务。

截至2017年底，公司总资产43.81亿元，资产负债率39.18%，在岗员工3724人。下设11个二级单位、7个全资公司、7个控股公司、7个参股公司、1个集体企业。

二、生产经营

2017年，公司生产粉煤灰砖6277.63万块，同比增长5%；生产氮化硅3781.64吨，同比增长155%；实现销售收入20.8亿元，同比增长

70.35%；纳税1.16亿元，同比下降4.13%；人身伤亡事故、工亡人数、重伤人数、轻伤人数均为零。

三、企业管理

（一）以“基石行动”为突破口夯实基础管理

一是完善规章制度，理顺业务流程。狠抓制度建设，积极推进管理制度“废改立”进度，公司层面管理制度“废、改、立”梳理90项，废止5项、修改8项、新立28项，有力地促进了管理规范。二是开展基石行动，提升基层管理水平。探索出了包括5项专业管理检查标准和“54321”综合评价检查标准在内的一套完整的基础管理体系，实现了对各项基础工作的有效管控。三是全面开展“安全、干净”班组劳动竞赛。各级领导干部对公司159个班组实现了全覆盖包保，全年共验收通过130个班组，通过率81.76%，公司有2个班组获得中铝集团“安全、干净”示范班组荣誉，班组面貌焕然一新。

（二）以资金管控为切入点确保经营稳定

公司强化“现金为王”的理念，统筹安排资金预算，优化债务结构，降低财务费用，加强资金管控，有效防范资金风险。健全完善“两金”管理责任体系，落实“谁的账，谁清收”的终身负责制，千方百计抓回款。通过实行安全资金额度管理，优先留足职工薪酬和“五险一金”的资金，最大限度地转变了资金紧张局面，为公司生产经营和改革改制提供了有效的资金保障。

（三）以经营业绩为导向标激发企业活力

按照“谁进步、谁贡献、谁受益；谁退步、谁增亏、谁担责”的原则，以基准目标为基础，员工收入随利润进步分档挂钩，建立了有效的激励机制，激发了团队的经营活力。针对公司产业多元的特点，坚持以预算管理为中心，强化月度经济活动分析，对各单位收入和利润完成率等关键指标进行排名，促进各单位形成了比拼赶超的良好氛围。2017年，公司实现营业收入21.01亿元，同比增长70%，首次突破20亿元大关。实现考核利润1.29亿元，超总部核定的奋斗目标330万元，主要经营指标均完成总部核定目标。在岗员工人均收入同比增长18%，员工对企业信心进一步增强。

（四）以问题清单为着力点促进管理提升

严格落实中铝集团的统一部署，按照“找问题、抓整改、求实效、促发展”的工作要求，认真开展问题梳理及整改全覆盖工作，共梳理出215个问题，形成了54份重点问题整改决议并签订了整改责任书，制定了257条整改措施，在全面深化改革、低效无效资产处置、加强资金集中管理、党建管理等方面的整改措施取得初步成效，专项工作为公司提质增效做出了积极贡献。

（五）落实直线责任夯实安全环保基础

2017年共签订“一岗双责”责任清单3952份，实现全员全覆盖。完善安全环保责任管理体系，修订安全生产制度公司层面21项，二级单位层面162项，明确了安全环保的管理职责，增强了管理的针对性和实效性。聚焦“零工亡”、“零环境污染事件”目标，扎实开展了全面大动员、大清查、大整改强基固本行动。积极开展“安全月活动”，营造浓厚的安全生产氛围。扎实推进环境整治，全面治理“小散乱污”，共梳理环保问题3项、卫生问题165项，提升环境保护工作标准化水平。强化监督检查，全年共发现违章2183项，整改完成2183项，整改率达100%，实现了全年安全生产事故为零的目标。

四、产业发展

加快河津市铝工业园区建设，全年共完成招商引资项目5.9亿元，落地招商引资项目2.4亿元。新签署合作框架协议项目3个，分别是河津市铝工业园区多能源局域网项目、河津市铝工业园区新型稀土铝合金电缆及材料项目、肯特河北建材有限公司新型吊顶隔墙材料项目。

五、深化改革

坚持把改革创新作为破解发展难题的根本方法，为企业转型发展增添动力、增添活力。成功实施了公司制改制，11月29日，原山西铝厂办理完成了营业执照变更，正式更名为中铝山西铝业有限公司，由全民所有制企业转换为一人有限公司，成为独立的市场主体，企业迈上了改革发展的新征程。

紧紧抓住国家治理“僵尸企业”、推进“三供一业”移交和厂办大集体改革的机遇，三大改革同步进行，全力实现企业瘦身健体。一是克服重重困难，加快僵尸企业处置。因企施策，积极争取政策支持，对长期亏损、严重资不抵债且扭亏无望的山西碳素厂实行了破产清算，通过办理内退、跨企业转移、有期限放假、经济性裁员、自谋职业等方式共安置员工800余人，破产申请得到地方法院批准；加快晋铝兴业扭亏脱困，集中精力做好氮化硅板块管理提升，晋铝兴业连续8个月实现盈利，实现了扭亏为盈。僵尸企业处置和特困企业治理成效显著，获得中铝资产2017年总经理特别奖。二是积极推进厂办大集体改革，通过协商解除劳动关系的途径，妥善安置实业公司集体工、合同工300余人，补缴了养老、医疗等社会保险，解决了职工关心的退休、就医等热点问题。三是加快“三供一业”和企业办社会职能移交步伐。通过与接收方多次沟通协商，完成了河津、介休、孝义三地四个区域的全部“三供一业”移交框架协议签订，为2018年全面完成办社会职能剥离打下坚实基础。

六、党建工作

全面落实从严治党。以高度政治自觉抓好十九大精神学习贯彻，以全面完成年度任务的优异成绩践行十九大精神。层层压实党建责任，不断夯实党建工作基础。注重制度建设、组织建设、支部建设，党组织凝聚力不断增强。公司党委积极发挥把方向、管大局、保落实作用，坚持党建与生产经营“四同步”，开展“两带两创”主题活动，共申报实施创新创效项目13个、课题98个、改善点172个，有效发挥了党组织和党员的引领带动作用。反腐倡廉常抓不懈，聚焦监督执纪问责，健全党风廉政建设责任制和责任清单，坚持问题导向开展巡视全覆盖，党的纪律建设全面加强，促进了公司党风企风持续好转。积极建设企业文化，落实企业文化示范基地进分厂、进车间、进班组活动。按照企业文化识别系统的要求，指导二级单位积极运用企业文化视觉识别系统相关要素，制作宣传版面，统一视觉形象。

七、履行社会责任

2017年，公司投入100万元，开展送温暖、“金秋助学”活动和特困群体帮扶工作。其中，对15名大病职工及78名特困职工进行了帮扶，共发放救助金19.82万元。为退休人员遗属发放生活困难补助金23.4万元，为116名大病、特困和生活不能自理的退休职工发放了救助款和慰问金17.45万元。

（梁江华）

中国铝业股份有限公司广西分公司

一、企业概况

中国铝业股份有限公司广西分公司（以下简称：公司），位于广西壮族自治区百色市平果县境内，是中国铝业集团有限公司控股的中国铝业股份有限公司的骨干成员企业。

经过20多年的流程优化和扩产性改造，公司已发展成集矿山开采和氧化铝、电解铝生产于一体的现代化大型综合性铝冶炼企业，总资产87.95亿元。拥有年产铝土矿600万吨、氧化铝252万吨、铁精矿80万吨、金属镓40吨、炭素13万吨，热电装机11.7万千瓦的生产能力。公司下设14个管理部室及二级生产单位，在岗职工2250人。

二、生产经营

2017年，公司努力克服市场电价节节攀升，大宗原辅材料价格持续上涨，矿石品位不断下降等不利因素，坚持贯彻新发展理念，迎难而上，深挖内潜，敢于胜利，生产经营取得了辉煌的业绩。2017年完成生产铝土矿566.39万吨、氧化铝254.86万吨、铁精矿71.68万吨、金属镓56.52吨，实现销售收入64.65亿元，利润17.1亿元，上缴税费9.92亿元。

三、管理与改革

（一）作风建设得到强化

把作风建设作为基础管理的一项重点工作来抓，深入开展“爱厂敬业”主题教育活动，把“严细实”的工作作风融入干部员工思想深处、贯穿到每一个工作环节。坚持问题导向，强化跟踪问效，严格考核问责，全年早调会共督办事项1891项，完成率达到99.26%，有力推动了各项工作提速提质提效，实现了生产经营平稳有序、目标任务较好完成。

（二）基础管理得到提升

现场管理标准化成效显著。以“上标准岗、干标准活、出标准产品”为引领，创新制定了涵盖关键设备、生产流程、操作指示等65项标准，深入推行点检标准化、检修标准化、操作标准化、自主维护标准化、清洁维护标准化等工作，向新建、扩建区域发展。一系列管理标准化的推行，在增活力、创效益、促发展上发挥了重要作用，扭转了长期以来现场环境“油黑污”的被动局面，提升了企业形象。中国铝业先后在公司召开“火电厂现场管理标准化观摩会”、“标准化+助推精准管理、实现提质增效现场会”，赢得了各级领导的积极评价。

消除“跑冒滴漏”取得实效。开展消除“跑冒滴漏”专项行动，制定了《动密封点泄漏标准》等7个管理制度，确定了治理管控工作流程，形成了系统化管理体系。全年排查“跑冒滴漏”点1.64万个，治理完成率达到98.4%，改善了环境，节约了能源，降低了作业风险。

消灭设备“非停”扎实开展。从网格化、制度化、标准化、信息化建设等方面统筹推进消灭设备“非停”工作，实现重要设备和关键流程“非停”台次逐月下降。全年设备非停减少169台次，同比下降26%。

（三）改革发展有序推进

剥离企业办社会职能工作取得突破。将剥离企业办社会职能工作纳入公司2017年“三大工程”统筹推进，紧盯时间节点，精心谋划，反复论证，至2017年底中铝集团同意供水、供电、物业、市政、消防移交方案，签订了移交协议，“三供一业”剥离移交工作基本完成。

矿山人力资源改革取得实效。围绕制度完善、人员优化配置、业绩考核、薪酬激励、员工培训等方面推进矿山人力资源改革，实现含泥铝土矿自运率从48.5%提高到57.09%，铝土矿制造成本下降9.7%。

四、节能减排

公司将环保管理列为2017年不可逾越的“三条底线”之一，节能减排管理取得突出成效，获得广西区工信委、广西区环保厅、广西区发改委联合授予的“清洁生产企业”称号。

严格控制污染物排放，实现主要污染物 SO_2 比上年同期减少49吨；NOx比上年同期减少17吨等较好成绩，污染物排放总量符合排污许可要求，成为百色市第一家完成排污许可申报的火电企业。

将整治“小散乱污”与“安全·干净”班组竞赛相结合，与生产设备管理相结合，与承包商安全管理专项行动相结合，与消除跑冒滴漏整治相结合，与强基固本行动相结合，推进整治“小散乱污”取得实效。全年投入资金1547.67万元，整治小散乱污问题3514项。

五、基本建设与技术改造

建设好华磊项目。坚持以打造“国内一流，国际领先”精品工程为目标，按照高起点、高标准要求，精心组织、加快推进华磊项目顺利建成投产。投产时间比记录的20.2个月缩短至17.5个月，创国内同类型机组新的最短工期。

建设好中铝第一个码头。努力克服时间紧、任务重、地质环境复杂等诸多困难，推进码头一期工程项目，2个泊位已基本建成。

建设好配套华磊项目。统筹推进华磊配套项目建设，提前建成配套华磊炭素组装项目、炭素焙烧项目并顺利投产；高效完成配套华磊供水系统改造、水源地和矿山35千伏线路改造、化学分析中心设备改造、供热管改造等项目。

六、自主创新和技术进步

科技创新出成果。公司坚持做自主创新发展的排头兵，瞄准“建设一流的综合性铝产业基地”战略目标，围绕公司生产经营目标和解决生产实际难题开展科研攻关，强化产学研的结合，重点推进智能化采矿项目开发、提高氧化铝回收率、赤泥综合利用、矿泥干排技术研究等工作，积极探索延长产业链的技术开发，推动公司技术进步。2017年共开展科技研发项目13项，投入经费370.02万元。“拜耳法赤泥整体资源化利用技术研究及应用”、“钪基新材料及高纯镓开发与产业化应用”科研项目获得了广西区科技厅创新驱动发展专项支持。

创新活动出成效。一是积极参与中铝集团“创新在线活动”，并获得3次最佳表现奖，整体成绩排名靠前。二是组织开展“创新创效”成果发布会，发布16个“创新创效”项目，激发了员工创新热情，促进创新能力和竞争实力的提升。三是组织开展“自主创新”成果发布会，评选出“十大技术创新成果、十大管理创新成果、十大技术创新标兵、十大管理创新标兵”，激发了全员创新动力，树立了创新榜样。

七、社会主义精神文明建设

加强党的建设。贯彻落实党的十九大精神和习近平总书记系列重要讲话精神，召开第四次党代会，明确“建设一流的综合性铝产业基地”战略目标。强化制度建党，制定12项党建制度措施，将全年党建任务细化为53个项目，推进党建“七个标准化”建设。通过“三考五评”推进大党建检查考核标准化，建立“两学一做”联系点274个，开展“两带两创”项目182个。加强党风廉政建设。落实“两个责任”，签订党风廉政建设责任书，层层传导、压实党风廉政建设责任；制定廉政建设制度措施，开展“两个责任”约谈活动；认真开展问题清单梳理，严格监督执纪问责。

加强和谐企业建设。全方位开展关爱员工“四大工程”，为职工送温暖帮扶、困难补助、疗休养等；提高职工收入，改善食堂就餐环境，让职工共享企业发展成果。发挥群团组织活力，召开了六届一次工会会员代表大会和第四次团代会，各级群团组织主动作为，积极围绕中心工作开展系列培训及劳动竞赛活动，努力构建员工成长成才平台。综合治理发挥效用，诸多民生工程修缮改造全面投入使用，惠及企地群众；践行绿色发展理念，完成生态复垦2326亩，达标排放控制符合标准要求。辖区安保工作有效打击和震慑违法犯罪人员，提升职工群众的安全感和幸福感；普法与统战工作有效维护了企业稳定和谐。

积极履行社会责任。开展“资助贫困大学新生”活动，驻桂企业副科级以上干部筹措14万余元帮扶资金，资助平果县各乡镇共70名贫困家庭大学新生；定点帮扶田东县作登乡陇穷村、思林镇新圩村和三百村，在三个定点帮扶村援建2个篮球场和244盏路灯，得到了地方政府和社会各界的好评。

（舒　诚）

中国铝业青海分公司

一、概况

中国铝业青海分公司（以下简称：青海分公司）是中铝公司下属的专业化电解铝厂，电解铝产能达40万吨，主要产品有重熔用铝锭、铝及铝合金扁锭、铸轧卷、多品种铝电解用预焙阳极及阴极炭块等。截至2017年底，公司资产总额为30.02亿元，职工2267人。

二、生产经营

2017年，青海分公司共生产铝产品40.15万吨，阳极炭素制品19.19万吨，阴极炭素制品7000吨。通过全面落实“算着干、干着算”成本控制理念，深入开展“查补短板、深挖内潜、降本增效”活动，铝锭考核完全成本较总部下达的考核成本节约104元/吨。

坚持绿色发展理念，优化产品结构，提高产品的附加值，成功开发生产绿色85铝，得到国际化大公司的认可，全年共生产销售绿色85铝1.29万吨，利润率大幅提高。在缺少技术人才、没有经验可循的情况下，以“咬定青山不放松”的决心，经过5次试制，于12月8日在中铝铝箔公司完成了厚度为0.0065毫米成品道次的轧制，成品板型板面无缺陷，标志着用铝液直接生产1235铝箔坯料在青海分公司获得成功。实现了5052A铝合金扁锭的批量生产，据下游客户反馈，完全符合用户需求。

紧盯提质降本的目标，发扬工匠精神，认真总结生产经验，严格控制生产工艺，通过加快设备设施改造，组织技术骨干开展技术攻关，在最短的时间内生产出大规格阴极炭块，确保产品满足国内主流客户需求，理化指标优于行业标准。目前，青海分公司已具备不同牌号、各种规格阴极炭块的生产能力。

三、改革与管理

（一）积极推进市场化、开放型改革

青海分公司本着“精干、高效”原则，对二级单位及相应党组织进行撤并整合，对中层管理人员进行了调整，二级单位减幅达25%，中层管理人员减少20%，实现了瘦身健体的目标，进一步提高了管理效率和工作效能。

克服既没有可借鉴的成功经验，又面临着员工身份复杂、历史遗留问题多等现实困难，青海分公司精心编制方案、周密组织实施，青海海源铝业公司于2017年7月15日召开第一届股东大会，顺利完成了厂办大集体改制工作，走在了中铝集团成员企业的前面。

按照国务院国资委关于国有企业剥离办社会职能的相关要求，青海分公司在已完成供暖、供电移交的基础上，积极与大通县政府、北川工业园区联系沟通，圆满完成了生活区物业、供水、市政设施的移交，企业发展实现了轻装上阵。

青海中铝工服公司依靠良好的信誉度和精湛的技术力量，逐步在市场上树立了品牌形象，与庆丰铝业、重庆旗能铝业公司、黄河鑫业公司等多家单位建立合作关系，全年对外创收508万元。

（二）全面提升基础管理水平

一是加强基础管理。坚持问题导向，以“问题清单”专项行动为抓手全面查补短板，提升精准管理水平，青海分公司共梳理出33个专题128项问题，已完成整改99项，占问题总数的77%。工作成果得到了总部的充分肯定，总部考核结果为优秀。持续推进安全环保质量“全面大动员、全面大清查、全面大整改”强基固本活动，机关部室中层以上管理人员、生产单位基层以上管理人员包保班组层层动员，有效解决了“上面热、中间温、下面冷”的形式主义现象，为企业安全平稳生产提供了保障。组织开展厂区环境专项整治，粉刷厂房、修复窗户、重铺道路，绿化美化环境，为员工建设美丽班组、美丽车间、美丽工厂，营造了健康安全美丽的生产环境，干部员工的精神面貌发生了明显改观。

二是全过程推进降本增效工作。继续坚持“算着干、干着算”的成本控制理念，从各个环节入手严控各项成本费用。在设备老化的情况下，加强点检和日常维护等设备基础管理工作，保证了设备高效平稳运行，吨铝修理费用在中铝电解铝企业中保持最低；精打细算，点点滴滴降低机物料消耗，吨铝制造费用在中铝电解铝企业中保持最低。克服石油焦、沥青价格上涨的挑战，吨组装块制造成本在中铝电解铝企业中位列三甲。通过合理安排资金与票据支付比例，统筹资金使用，对承兑汇票收取资金占用费等，青海分公司吨铝财务费用在中铝内部始终保持最低。

三是强化安全管理。坚持“一切事故皆可预防”的理念，认真落实各项安全管理举措，在全公司实现了可视化监控，厂区交通及电解、铸造等主要生产厂房内实现了人车分离、物理隔离，提高了安全工作的物防、技防水平。紧盯班组、现场等重点，深入开展“安全、干净、高效”班组竞赛，认真收听“早安中铝”，主动消除安全隐患，实现了安全管理关口前移、重心下移。严格按照外部承包商安全管理“七步法”“五必须”的要求，对青海分公司所有承包商持续开展了检查评估，防范了承包商生产安全事故的发生。2017年，企业实现了安全生产“六个为零”，顺利通过了国家和中铝集团安全大检查。

四是强化环保管理。认真落实“绿水青山就是金山银山”的理念，2017年共投入资金3000余万元，增加环保设施14套，当年全部投运；新建危废品库房22间，并取得环保合规手续，实现了危险废物合规合法贮存。全年实现了重点污染源监督性监测100%达标，废气各项污染因子100%达标排放，工业废水零排放，环境污染事故为零的目标，顺利通过了国家环保督查。

四、技术进步

2017年，青海分公司新获得授权的专利6件，其中发明专利1件，实用新型专利5件。截至2017年底，青海分公司共获得授权专利134件，其中发明专利53件，实用新型专利81件。

五、积极构建和谐企业

在企业增效的基础上，青海分公司坚持以员工为中心的发展思想，积极兑现“企业好，我们大家当然会好”的承诺：为所有员工普涨工资，并通过发放一次性奖励，实现了员工持续增收。深入推进强基固本行动，狠抓本质安全、美化厂区环境，努力为职工创造安全美丽的工作环境。首次开展全员户外拓展培训，加强了班组、员工之间的交流，增强了员工对企业的归属感和向心力。在春节、中秋等传统节日为员工发放慰问品，为1493名员工进行了职业健康、特殊工种、职业病等类型的免费体检，继续做好困难员工的帮扶工作，建立和完善困难员工电子档案82户，共发放各类救助金60万元。工会开展了多种形式的劳动竞赛，激发班组活力，提升员工技能。团委围绕企业安全生产、青工技能素质提升、青工岗位成才三大主题，深入开展青年安全监督岗等活动。

六、加强党的建设

青海分公司党委修订《党委会会议制度》、《“三重一大”决策制度实施办法》等多项规章制度，突出了党的政治核心和领导核心作用，把方向、管大局、保落实的效果更加明显。从严落实党建责任，实行季度考核与“双百分”考核相结合，解决了基层党建与生产经营结合不紧密的问题。公司党委深入推进“两学一做”学习教育常态化制度化，严格落实“三会一课”，特别是党的十九大胜利召开后，公司党委第一时间安排部署，制定学习贯彻党的十九大精神实施方案，5次召开专题会学习习近平新时代中国特色社会主义思想；党委成员深入基层讲党课，宣贯十九大精神，指导企业实践，使党员的理想信念更加坚定，“四个意识”更加牢固，政治站位显著提高。积极推进基层党建工作标准化，党组织、党员信息采集入库率100%。党员义务奉献、“一名党员一面旗”“党员对对红”等主题活动蓬勃开展，“两带两创”活动确立项目163个，收益1200余万元，充分发挥了基层党组织的战斗堡垒作用和党员的先锋模范作用。

（姜良杰　韩　涛）

中国铝业股份有限公司兰州分公司

一、概况

中国铝业股份有限公司兰州分公司（以下简称：公司）的前身是兰州铝厂，始建于1958年，是新中国成立后国家“二五”期间在大西北建设的第一家电解铝厂。截至2017年底，企业总资产56.31亿元。从一个单一的电解铝企业发展成了“电、铝、加”一体的大型现代化企业，是国内合金化较充分的单体企业之一，实现了产业升级。截至2017年底，共有员工2393人。

2017年，公司生产铝产品39.10万吨，完成年计划的95.19%；生产碳素产品24.94万吨，完成年计划的116.75%；发电38.43亿千瓦时，完成年计划的97.70%。销售铝产品39.02万吨，实现产销率99.80%，货款回笼率100.52%，实现销售收入50.12亿元，经营性现金流1.75亿元。

二、生产经营

2017年，公司认真落实中铝集团党组和中国铝业党委的部署要求，全体员工统一思想，坚定信心，以习近平新时代中国特色社会主义思想为指导，深入学习领会党的十九大精神，有效应对各种困难和挑战，紧紧围绕扭亏脱困转型发展的工作主线，不断优化生产组织，扎实推进基础管理，积极争取政策支持，促进了生产经营的平稳运行和降本增效的不断深化。

按照环境健康、安全、质量三大管理体系的要求，公司加强对管理过程和活动的管控，体系方针得到了较好贯彻执行。

动态推进规章制度的制修订工作，规章制度和管理标准新制定11项、修订35项、废止32项，保证了制度的有效性和适用性，适应了企业管理和发展的需要。

统筹推进强基固本行动。制定行动方案，通过动员会、班组宣讲会等方式，完成全级次宣讲，实现全方位覆盖；加强基础管理工作的督导，及时通报指标完成情况和劳动竞赛结果，坚持边查边改，促进了强基固本行动的持续开展和现场管理的明显提升。

积极推进智能工厂建设，争取实现成本领先目标。申报的铝电解智能工厂试点示范项目（一期）被国家工业和信息化部授予国家级“智能制造试点示范（铝电解智能工厂）”称号，智能工厂建设整体规划及二期的建设方案已经完成。

三、改革与管理

按照中铝集团总部统一安排和压减法人户数的要求，兰州兰铝物资运输有限公司正式加入中铝物流集团，更名为中铝物流集团甘肃有限公司；压减了兰州兰铝现代城市服务有限公司。

与此同时，存续企业兰州铝厂积极推进公司制改革，于11月改制成立了兰州铝厂有限公司；加快实施“三供一业”移交改造，与兰州市国资委及有关各方签订了多方协议和正式分离移交改造协议。切实加强资产管理，规范关联交易，及时收取租赁收入，严格控制各项费用，超额完成考核目标。

四、节能减排

公司将节能工作作为企业生存发展的重中之重，开展节能降耗，降低用能成本。一是建立能源管理监督网，为节能减排工作制度化、常态化提供了组织保证和措施。二是建立健全节能减排制度，为节能减排工作提供制度保障。三是实行能源定额管理，瞄准国内先进水平，对标降低电解槽电压，强化电流强度，提高电流效率，降低产品能耗。2017年公司水资源重复利用率保持在95%以上。四是加强能源计量管理，主要能源、物料计量做到实时监控，为公司开展能源利用分析，开展节能技术改造等提供技术支撑。五是开展能源技改项目建设，成效显著：节约用风3500万立方米/年，发电煤耗降低3.4克/千瓦时，预焙炭块天然气降低10立方米/吨。

五、基本建设与技术改造

一是投资6344万元，实施完成8个大能源项目，实现年化收益2100多万元。公司创新思路，克服困难，协调有序，电煤全自动采制样系统改造、200千安动力电源改造、电解二厂氧化铝卸料输送系统改造、炭素厂燃控系统改造、磨煤机节能改造、炭素厂回转窑余热利用节能改造等8个项目当年开工，当年见效。这些项目，不仅促进了节电节气节煤、热能回收综合利用和烟气达标排放，而且实现了强管理、降成本、补短板的目标。二是充分挖掘现有资源，实施设备填平补齐、改造提升，增加合金和阳极生块产能。投资980万元实施扁锭扩能改造，扁锭总产能达到14万吨；投资1200万元，实施200千安铸造生产线技术改造，建设铝合金圆棒及铝硅合金锭生产线，新增合金产能8万吨；投资795万元，实施阳极生块填平补齐技术项目，增加了7万吨阳极生块产能。

六、自主创新、技术进步

公司加快科技计划项目实施，为降本增效做出贡献。一是实施FHEST技术推广项目。该项目被列为中铝集团总部2017年“节能环保降炭专项”，全年正常期节电44.68万千瓦时，非正常期节电395.01万千瓦时。二是在碳素组装生产线开展了“磷生铁复合改性剂试验”，铁碳压降平均降低了27毫伏，效果比较明显。三是开展的“新型稳流保温铝电解槽节能技术试验与应用”项目获得甘肃省工会第十届全省职工优秀技术创新成果奖三等奖。

七、党建与企业文化建设

公司提高政治站位，深刻学习领会党的十九大精神、习近平总书记系列重要讲话精神，以及总部要求。以“党要管党、从严治党”为统领，以“抓制度建设、抓场所建设、抓活动落实、抓工作创新、抓书记履职、抓党员尽责、抓业绩考核”为工作重点，扎实推进2017年“党建工作基础年”各项工作。

制定《中国铝业兰州分公司党群工作季度检查考核激励办法》，实现了党建工作的定量化考核。

秉持文化治企、文化兴企理念，引导员工认同和自觉践行“励精图治创新求强”企业精神，同时，积极推进企业文化设施建设，不断总结完善和丰富发展企业文化，提炼概括确定了公司“成就员工就是成就企业”的管理理念和“拼搏奉献、务实高效、创新超越、和谐发展”企业作风。

（曾海宏）

中铝集团西北铝业有限责任公司

中铝集团西北铝业有限责任公司（以下简称：西北铝）是国内综合性大型铝加工企业，系中铝集团直属企业。主导产品为铝及铝合金管、棒、型、线、排、铝粉、焊丝、铝箔、铸造铝材和精深加工等14大类，近百种合金，上万种规格，产品以高精尖工业型材、军工材、中小管棒材和双零铝箔材为主。注册商标为“奔马”牌。

一、概况

2017年末，西北铝总资产10.81亿元，净资产3.56亿元，铝加工产能6万吨，挤压材产品产能1.5万吨，板带材产品产能4.5万吨；全年实现工业总产值（现价）2.63亿元，销售收入2.58亿元，全员年劳动生产率6.64万元/人，全年经营利润99万元，处理历史潜亏5864万元，累计亏损5765万元。2017年末，企业在岗职工1589人。

二、生产经营

2017年，西北铝紧紧围绕“坚定不移实施转型发展的战略不动摇，坚定不移推进改革创新的决心不动摇”的工作思路，坚持以提高发展质量和效益为中心，全面推进改革创新，实施结构调整，狠抓精准管理，加快产品研发，生产经营和改革各项工作保持了持续发展的良好态势。

全年完成产量8763吨，销量8862吨，产销率101.13%。产品实际结构综合成品率60.56%，同比提高2.4%。质量异议损失率0.25%，同比基本持平。

西北铝拥有10台挤压机，其中55MN正向双动挤压机，45MN、36MN、25MN3台双动反向挤压机是生产高精度高强度管棒型材的主要装备，同时，西北铝具有反向挤压的装备优势、技术优势和产品优势。

三、改革与管理

2017年，西北铝顺利完成公司制改制，更名为西北铝业有限责任公司，建立和完善了法人治理结构。深入推进混合所有制改革，与全国最大的焊材生产商天津金桥集团合资组建了陇西西北铝金桥焊材有限公司，建成了一期1000吨年产能的铝焊丝生产线。落实“瘦身健体”和压减法人工作要求，完成了陇西西北铝物业管理有限公司工商注销工作。扎实推进企业办社会职能剥离工作，签署了“三供一业”及“企业办市政”移交分离正式协议，职工医院分离移交工作正在有序推进。

在加强管理方面，通过深入推进降本增效和低效无效资产处置、推进三个全面清理（全面清理废旧物资，全面清理应收账款，全面清理库存物资、库存产品工作）、推进“两金”（产成品库存和应收账款）压降、持续完善制度建设、全面梳理《问题清单》等提升了管理水平。

四、节能减排

2017年，西北铝消耗能源9477.41吨标煤，同比下降6.36%；单位产品综合能耗1.082吨标煤/吨，同比下降4.16%，较中铝集团总部考核指标降低12.03%；万元产值能耗0.36吨标煤/万元，同比上升11.80%，较中铝集团总部考核指标上升20.00%；单位产品耗电5630.21千瓦时/吨，同比下降3.10%；生活锅炉二氧化硫排放量27.072吨，同比降低15.55%；COD排放量2.323吨，同比降低1.57%；氨氮排放量0.112吨，同比降低1.75%；工业用水重复利用率95.49%，同比降低0.20%；工业固体废物综合利用率94.9%，同比降低5.10%；污染物实现达标排放。

在节能减排方面，西北铝践行绿色发展理念，通过加强制度管理、开展班组劳动竞赛、加快落后工艺和装备淘汰等等措施取得了显著成效。一是没有发生过被政府节能、环保主管部门通报的情况；二是根据陇西县环保部门要求，西北铝于2017年7－10月将1667.02吨铝灰规范转移至宁夏中宁县长安铝制品有限公司；三是完成《西北铝加工厂清洁生产审核验收工作报告》的编制工作，并通过甘肃省环保厅组织的专家评审；完成《西北铝加工厂突发环境事件风险评估报告》编制并取得陇西县环保部门的备案文件；完成特种行业铝合金材料产业化项目环评报告的编制，并取得陇西县环保部门批复文件。

五、基本建设与技术改造

2017年，西北铝利用棚户区改造政策建职工改善性住房108户。35MN水压机技术更新改造项目完成竣工验收，55MN挤压机全面投产。特种行业铝合金材料产业化项目主要引进设备36MN挤压机完成合同签订，厂房基础开始施工。国防军工保障能力建设项目30米淬火炉、1500吨拉伸机已完成设备招标和合同签订。

六、自主创新、技术进步和新产品开发

（一）精深加工产品亮点纷呈

中广核高精度特殊管材、起重行业铝部件、石油防喷管等产品批量化生产。研发试制某挂架、煨弯型材、某铝合金支架、超声波辐射块、某铝合金部件、换能器等40余项新产品。

（二）科技研发卓有成效

2017年，西北铝承担的大客飞机2项研制任务完成并进入全面应用研究，中铝公司2项科研任务按时间节点完成，甘肃省国际合作项目“风力发电机新型叶片用铝合金型材的研制”通过鉴定和验收。新获批国防军工配套项目2项，省重点科研项目1项，中铝科技重点项目2项。“一种无缝铝合金异形型管生产设备”等2项专利获授权。主起草5项国家标准、军用标准和行业标准。争取各类科研经费770万元。

（三）新品开发多点开花

2017年，开发了航天、舰船等新领域的管材、大型铝部件、排材、制氧机管材等28个大类新产品。及时完成某工程用关键结构铝合金管棒材和某项目2A12合金挤压管棒材的试制供货，保证了国家重点型号工程按期完成。

（四）奖励奖项成果丰硕

2017年，西北铝取得全国高新技术企业资质证书。被列为甘肃省战略性新兴产业第四批骨干企业。汽车用ABS阀体材料的生产工艺获省专利二等奖。“航空用铝合金中压和高压导管规范”获2017年度中国有色金属工业科学技术奖三等奖。挤压厂36MN班组、深加工中心制造班被评为中铝集团“安全、干净”示范班组。深加工中心制造班、备件班分别荣获甘肃省冶金机械行业“工人先锋号”和首批“创新型班组”称号，深加工中心职工周永信荣获甘肃省冶金机械行业“金牌工人”称号。

七、企业党建与文化建设

2017年，西北铝党委充分发挥党建主体责任，深入学习党的十九大精神，认真开展“‘两学一做’强四基，‘两带两创’显价值”活动，有力促进了生产经营和改革发展。

西北铝不断健全内部监督巡察体系，分设了纪检监察部和审计部，加强了对营销采购、项目建设、合资合作等重点工作的日常审计、检查监督，规范了运作，有效防范了经营风险。

认真履行社会责任，积极实施“联村联户，为民富民”和精准扶贫行动，派驻3名主管级干部长期驻村任职。筹措资金为帮扶村安装太阳能路灯90盏。

在党委的领导和支持下，西北铝扎实开展了

精神文明建设、民兵武装、档案管理、军工保密、员工培训、群众文体活动等工作，为推动西北铝稳定和谐发展起到了十分重要的促进作用。

（田永红）

中铝中州铝业有限公司

一、概况

中铝中州铝业有限公司（以下简称：中州铝业）是中国铝业股份有限公司（以下简称：中国铝业）下属氧化铝生产企业，前身为原中州铝厂，1987年开工建设，1993年建成投产。2001年底，根据中国铝业境外上市需要，改制成立中州分公司。2010年6月，中国铝业公司对中铝矿业有限公司实施分立重组，新设中铝中州矿业有限公司，由中州分公司托管。2015年3月29日，中州分公司完成“分转子”工作，正式成立中铝中州铝业有限公司。2017年11月29日，为落实国家关于中央企业公司制改革规定，中州铝业的代管单位中州铝厂完成公司制改革，成立河南中州铝厂有限公司。

中州铝业自一期投产至今，通过不断地挖潜改造，已形成250万吨氧化铝的年生产能力。主要产品为冶金级氧化铝和非冶金级氧化铝，其中，非冶金级氧化铝包括精细氧化铝和非铝产品。目前，非冶金级氧化铝已形成年产58万吨生产规模，产品广泛应用于冶金、建材、阻燃、陶瓷、玻璃、牙膏、医药等行业，并出口美国、日本、韩国等10多个国家和地区。

2017年，中州铝业（含代、托管企业）实现营业收入77.11亿元，利润2.61万元，上缴税金5.04亿元。截至2017年底，中州铝业（含代、托管企业）资产总额100.41亿元。2017年中州铝业在册员工4405人。

二、生产经营

坚持精料生产、精益生产，严抓流程管控，确保“点点合格”，较好消化了物料供应、物流运输、限产限排带来的损益。2017年，公司42项主要经济技术指标同比优化28项，优化率67%；冶金级氧化铝 $-45\mu m$ 同比降低0.56%，包装一级品率完成99.69%，同比升高6.07%。狠抓品质、狠抓布局、狠抓节奏，全年实现供矿528万吨，自采比例同比提高13%。落实企业再造理念，高温氧化铝、2#立磨系统、细白升级改造等项目相继建成，全年精细氧化铝、非铝产品产量同比分别增长21.5%和12.7%，非冶金级产品占比达到17.2%

三、改革与管理

落实“丰收计划”，完成了中州铝业工商变更登记，有息负债降低24亿元，资产结构大幅优化；落实内退政策，推进人员分流安置，员工结构进一步优化；实施中州铝厂公司制改革，成立了河南中州铝厂有限公司，进一步明晰了产权关系，提高资本运行效率。“三供一业”、职工医院、消防、外部公路等企业办社会职能剥离工作快速推进，物流贸易、科技研发、环境治理、仪器仪表维修等业务健康发展，内部交易产品实现100%内供。

聚焦中州企业转型示范园，加大对外招商合作力度，推进铝基新材料、赤泥综合利用等优势产业进园。特别是随着第一届精细氧化铝与建材、耐材行业协同创新发展大会的召开，社会化分工、专业化协作的区域特色产业布局正在搭建，截至当前，已签订战略合作框架协议4家，静脉产业园等6个重点项目正在推进。

四、节能减排

树立“大能源”理念，坚持能源总量控制，深挖能源降本，9#机、10#机、直供电项目相继并网运行，水网系统正式上线，全年实现大能源降本5434万元；牢固树立环保底线思维，按照《铝工业污染物排放标准》及地方政府要求，燃煤锅炉超低排放、7#熟料窑脱硝、5#熟料窑收尘改造、进口矿堆场封闭、锅炉燃煤堆场棚化、均化堆场围挡、南矿场抑尘等环保治理项目全部整改完成，烟尘、二氧化硫和氮氧化物日均排放总量均控制在限值以内。

全面攻坚蓝天保卫战，严格落实“2+26”城市秋冬季大气污染综合治理攻坚行动方案措施，实施了“4+1”环保治理专项行动（控车、洗厂、谈心、沟通+项目治理），推进“河长制”、“场长制”、“路长制”，做到了铁腕治污、精准治污。

五、基本建设与技术改造

严格落实“干一个成一个”的工作要求，全力以赴做好项目投资及建设工作，大南爻尾矿库项目A区顺利交付生产；燃煤锅炉超低排放改造项目4月份全部建成投用；9#汽机、10#汽机相继并网；环保治理道路升级改造项目、冯营石灰石矿环保升级改造项目等9个环保项目成效显著，全年项目累计创效2.1亿元，为公司持续发展奠定了扎实的基础。

六、科技创新

坚持科技兴企战略，紧紧围绕公司“十三五”科技发展规划，围绕“三端定位”（即向矿石和能源的前端倾斜、向化学品的高端发展、向产品的终端研发）和“628”创新工程，加快矿产开采利用、铝土矿浮选、冶金级氧化铝生产等6大课题推进工作，提升企业制造整体水平。坚持推进科技成果创新，召开了2017年科技成果评价会，1项科技成果达到国际领先，5项科技成果达到国内领先，1项科技成果达到国内先进；同时，2项科技成果被评为2017年度中国有色金属工业科学技术奖三等奖。

坚持人才兴企战略，全员创新创效的活力迸发。五级工程师选聘、科技先进评选、与高校对接组建教育实践基地及博士后工作站、员工创新工作室等载体，形成了多层次、全方位的人才养成机制。2017年，中州铝业6家公司级、2家分厂级工作室运行良好，其中1家被评为焦作市优秀创新工作室；同时，员工队伍中涌现了一大批“技术带头人”和“工人发明家”，入选焦作市科技创新领军人才1人，高层次创新人才2人。

七、党建工作

以落实全面从严治党为主线，以书记讲党课、专题研讨、民主生活会等形式，深入开展“两学一做”学习教育活动；完善了《党建工作责任制》，制定了年度考核实施方案及任务清单，补充了党建例会、述职评议考核等5项制度，为党建工作规范开展提供了制度遵循。

围绕“三型党组织”创建，紧扣转型升级、提质增效中心任务，推进“两带两创”，深化“五星党支部”创建，开展了“降本增效我先行”党员主题承诺活动；抓实“两个责任”，层层签订了党风廉政建设责任书，印发了监督计划、责任清单，建立了管理人员廉政“活页夹”；抓实监控督察，开展了“原燃料质检”、“扩大内部市场交易”专项监督；认真做好审计、巡视发现问题的整改，追责问责相关责任人27人次。强化信访维稳工作，化解信访事件36项，群众满意度不断提升。

关爱员工，慰问帮扶163人，发放救助金、慰问金等53.15万元。举办男子足球、女子排球、毽球、羽毛球比赛，以及书香“三八”征文、“不忘初心、砥砺奋进”职工大合唱比赛、职工书法美术摄影作品展，丰富了职工文娱生活。

落实精准帮扶要求，出资160余万元为当地村镇进行修路、打水井等基础设施建设；选派优秀干部入驻七贤镇铁匠庄村开展帮扶工作；职工医院对附近村镇的41户贫困户120人实行医疗扶贫，为其办理免费医疗服务和农村家庭医生签约服务。

（姚　帅）

中国铝业股份有限公司连城分公司

一、概况

中国铝业股份有限公司连城分公司（以下简称：连城分公司）现有电解铝产能54万吨，炭素产能35万吨，合金铸锭产能27万吨。主导产品有重熔用铝锭、各种合金锭、铝扁锭、铝棒材、炭素制品等10多个品种规格。年末总资产44.98亿元，在册职工1914人，人年产值劳动生产率329.78万元。

2017年，连城分公司生产铝产品51.44万吨，同比增长29.05%；生产组装炭块31.26万吨，同比增长45.26%；实现销售收入65.43亿元，同比增长52.73%；上缴税收1.49亿元；盈利156.8万元。

二、生产经营

2017年，连城分公司围绕高产、稳产中心任务，强化过程管控，主要生产技术指标稳中有升，电流效率90.19%，同比增长0.78%，吨铝产品综合交流电耗13627千瓦时，同比降低337千瓦时，吨铝阳极毛耗489千克，同比降低11千克，吨铝氧化铝单耗1914千克，同比降低1.7千克，吨铝氟化盐单耗19.96千克，同比降低0.16千克。原铝、阳极炭块及合金等主要产品产量大幅提升，全年外销铝液20.76万吨，同比增长22.96%；销售合金17.15万吨，同比增长34.79%；外销阳极炭块6.65万吨，同比增长665%。铝液和阳极炭块外销量均创历史最好水平。

三、改革与管理

（一）深化企业改革

开展管理机构改革。将原办公室和人力资源

部合并成立人事行政部，增设装备能源部；剥离辅营业务，将物流资产、人员和业务划转到中铝物流集团，成立了中铝物流集团甘肃有限公司连城分公司；完成了生活区物业服务社会化改革；盘活原100千安电解厂房及部分设备设施，招商引进年产能5万吨的电工圆铝杆生产线。

（二）多措并举创效

一是开展“5分钱”降本行动，即通过提高产量、降低物料消耗、控制费用支出等途径，全年降本3.05亿元，折算每千瓦时电价5.03分。二是压降“两金”占用，降低库存2052万元，节约财务费用1496万元。三是强化财务管理，严控承兑汇票收取比例，转移支付超比例票据，降低财务费用3700万元。四是通过大宗原料增减储、利旧采购、辅材和备件批量采购、区域协同采购、氧化铝集装箱运输等方式，实现采购降本2738万元。五是盘活闲置厂房、设备、备件和辅材，建成了电解质破碎系统，改善了清极破碎作业环境。建成电解质磨粉系统，全年消化壳面料1.25万吨，降低了新鲜氧化铝的消耗。处置低效无效备件，降低资金占用2025万元。

（三）提升基础管理

按照中铝集团统一要求，开展了“安全、干净”班组建设活动、推进“精准管理，实现提质增效”活动和安全环保质量强基固本行动，使基础管理水平明显提升，提振了干部员工士气。建立重点工作督办制度，人事行政部负责督办业务并建立了督办平台，全年督办重点工作425项，对督办事项未完成和逾期完成的中层干部问责32人次，提升了工作执行力。

推进信息化和工业化的两化融合，完善了数据决策系统、OA办公平台、设备能源管理平台、工艺车辆GPS定位和超速报警等智能信息系统。

完善供水系统三级计量设施，开发了流程图和水量月报分析系统，实现了水消耗可视化管理。

（四）强化安全环保管理

全面落实安全生产责任制，建立全员安全责任清单，实行领导包保班组，强化相关方安全管理；实施物理隔离、上锁挂牌和安全风险“四色”管理；结合岗位特点和事故案例，提炼形成各岗位的安全保命措施；开展安全隐患排查治理、班组安全评比的正向激励，调动基层员工参与安全管理的积极性、主动性。

全面整治“小散乱污”，实现了工业废水零排放，各类污染物达标排放，向“天蓝、地绿、水清”的目标迈出了坚实步伐

四、节能减排

2017年生产能源消耗总量117.97万吨标准煤。吨铝原铝液交流电耗较能耗限额降低了248千瓦时，吨铝产品综合能耗1.71吨标煤。

推广应用“新型稳流保温节能”技术大修电解槽87台，使500千安电解系统第一代电解槽数量下降到142台，应用该技术后的电解槽吨铝节电效果明显。

实施了炭渣综合利用、200千安炭素3号回转窑脱硫系统改造、电解质破碎系统改造等项目，实现了炭素系统炭渣、煅烧余热、炭粉、废焦油的循环利用。分别建成500千安炭素系统焙烧烟气净化系统升级改造项目和200千安炭素焙烧1号焙烧烟气净化系统升级改造项目，实现炭素焙烧烟气全部合规排放。

五、基本建设与技术改造

2017年投资5376万元，新建电解质破碎系统、电解炭渣棚、炭渣循环再利用和铝锭在线计量及激光打标项目，在500千安电解净化增加了氧化铝自动除砂除渣装置并对天车及控制系统进行了改造。在炭素系统实施炭素挖潜增产改造项目，同步实施了200千安焙烧净化系统、煅烧回转窑脱硫系统的升级改造和组装中频炉烟气治理等一批环保项目。

六、自主创新与技术进步

自主研发应用铝锭连铸在线计量及激光标识项目，实现了铝锭计量、打标等工序的自动化，荣获中国集团创新创意大赛二等奖；备品备件全流程精准管理系统研发项目被确立为中国集团2017年青年科技人才启明星计划项目，获得30万元资金支持；铝电解槽安全高效复产及指标优化综合技术项目、500千安电解系列工艺优化探索研究项目分别获得甘肃省冶金有色工业科技进步奖二等奖和三等奖。成功开发了牌号AlSi20、A356.2－2、ZLD104等铝硅合金锭新产品。

七、党建与精神文明建设

连城分公司党委扎实组织开展党的十九大精神宣传教育活动，深入推进“两学一做”学习教育常态化制度化，融入生产经营开展“两带两创”活动，构建党建与生产经营双百分互

为系数的考核体系，不断推进党建工作精准化、标准化。将微信公众平台、微信群等新媒体与传统媒体相结合，发挥宣传工作的主动性，传递正能量。丰富企业文化建设载体，设立了办公楼一楼企业展厅、二号门文化墙，规范了基层党组织活动室，美化亮化基层班组交接班室。动态监控重点岗位廉洁风险点，规范企业领导人员履职待遇和业务支出。

八、积极履行社会责任

开展困难职工帮扶活动。发放日常救助、扶贫解困、贫困助学、互助医疗等困难帮扶资金51.7万元，帮扶职工300余人；发放抚恤金112万元；职业健康普查1809人次。

开展精准扶贫工作。向渭源县秦祁乡捐助扶贫资金40万元，建设自来水改造项目。

（王冬生）

中铝河南铝业有限公司

一、基本情况

中铝河南铝业有限公司（以下简称：河南铝业）成立于2005年8月12日，是由中国铝业集团有限公司、洛阳城市发展投资集团有限公司、伊川财源实业投资有限责任公司、万基控股集团有限公司共同出资设立的控股公司，持股比例分别为90.03%、6.58%、2.73%和0.67%。

河南铝业主营业务：高中端铝及铝合金板带箔及型材产品，设备、房产的租赁业务。2017年11月，河南铝业完成中铝河南洛阳铝加工有限公司和中铝河南洛阳铝箔有限公司分离后，不再进行铝加工产品经营，主要围绕土地、房产的租赁业务开展资产经营工作。

2017年，河南铝业主要产品产能13万吨，资产总额15.35亿元，负债率77.46%。员工总数125人，平均年龄44岁，其中硕士及以上学历的3人，大学本科67人，大学专科39人，中专及以下16人。

二、生产经营

2017年，河南铝业认真贯彻落实“扎实做好生产经营，快速提升产销规模”的工作思路，持续推进产品结构调整，产销规模稳步提升；同时加快资产盘活进程，实现营业收入13.95亿元，同比减亏9800万元，完成年度控亏目标。

2017年，河南铝业铝板带产量为7.34万吨，同比增长22.13%；铝箔产量2.61万吨，同比增长5.24%；实现销售收入13.95亿元，同比增长0.79%；利润额-8900万元，同比增长52.41%；纳税额3300万元，同比下降13.16%。全年安全生产事故为零。

三、重大发展项目

重大项目情况表

项目名称	投资规模/万元	当年完成投资额/万元	年内项目建设形象进度
中铝河南洛阳铝加工有限公司污水处理站设备升级改造项目	286	161	3月开工，四季度试运行，12月完成验收纳固。
洛阳冷轧厂MK8463A磨床搬迁至中铝河南洛阳铝加工有限公司项目	110	96	年初开工，4月进行安装、调试，5月完成验收纳固。
洛阳冷轧厂轧制油再生装置搬迁至中铝河南洛阳铝加工有限公司项目	46	39	4月开工，四季度试运行，12月完成验收纳固。

四、企业管理

2017年，河南铝业修订和新建制度14项，废除30项。

2017年河南铝业开展安全环保质量强基固本活动，安全、环保、质量三大体系平稳运行，圆满完成各项安全环保质量目标。

河南铝业制定《骨干员工激励实施方案》，定期进行骨干员工评选，通过薪酬激励，稳定人才队伍。

五、深化改革

（一）管理体制改革

2017年11月，为适应经营主业由铝加工产品经营向资产经营转型的实际，河南铝业进行组织机构改革，压缩管理层级，撤销二级单位编制，建立适应河南铝业资产经营业务需要的扁平化组织架构；通过推进协商解除劳动合同、为符合条件员工办理内退、实行有限期放假政策，全年完成人员分流50人。

（二）重组改制

2017年7月，河南铝业完成对中铝河南洛阳铝加工有限公司和中铝河南洛阳铝箔有限公司的设备增资，降低了两子公司的资产负债率。11月，河南铝业与中铝集团签订债务抵偿协议，将所持有的中铝河南洛阳铝加工有限公司和中铝河南洛阳铝箔有限公司所有股权转让给中铝集团，两子公司从河南铝业分离。

根据中铝集团统一安排，河南铝业积极配合中色科技股份有限公司以系统内部分债权置换洛阳冷轧厂相关资产，2017年末完成相关资产和人员的移交工作。

（三）闲置资产盘活

2017年，河南铝业通过与中铝集团系统内企业沟通，寻求合作，推进闲置设备等的盘活工作，完成洛阳冷轧厂全部设备、洛阳热轧厂精密锯设备和郑州冷轧厂2300轧机、精整设备等向中铝瑞闽股份有限公司的搬迁和资产评估工作；利用闲置厂房资源优势，实现经营收益，郑州冷轧厂按照“短期经营+长期开发”的工作思路，开展物流方向的短期租赁经营工作。2017年末，郑州冷轧厂租赁面积及收入较年初翻番。

六、党建与企业文化建设

2017年，河南铝业党委以层层建立党建工作责任制为抓手，同各单位签订党建工作目标责任书，形成了党委统一领导，职能部门和所属单位各司其职、各负其责，上下齐抓共管、责任明晰、考核具体的规范化、科学化工作格局；组织开展“不忘初心，牢记使命”主题教育，专题学习党的十九大会议精神；通过修订河南铝业章程，把党建工作的职责权限、机构设置、运行机制、基础保障等纳入公司章程；开展安全环保质量工作“两带两创”活动，发动党员带动员工群众学案例、查隐患、限期整改，把安全环保质量强基固本行动纳入党建工作考核细则。

2017年，河南铝业以企业微信公众号、企业网站为主阵地，认真做好企业文化宣传工作，展示河南铝业全体员工扭亏脱困和转型发展的决心和风貌。

七、履行社会责任

2017年，河南铝业积极落实重点排污口“河长制”，制定《重污染天气环保应急预案（措施）》，各种污染物均达标排放，全年未发生环境污染事故。

2017年，河南铝业共帮扶生病住院员工40余人，帮扶金额15万元；开展“金秋爱心助学”活动，为18名考上大学的困难职工子弟发放爱心助学金2.4万元；开展生活困难职工的送温暖活动，发放困难帮扶金3万元。

（王亚飞）

河南豫港龙泉铝业有限公司

2017年，河南豫港龙泉铝业有限公司（以下简称：公司）围绕降本增效，坚持精细化管理，强化指标考核，实现了安全生产相对平稳、技术指标持续优良、企业效益不断提升的管理新常态。在二次创业的征程中，坚守安全红线，承受环保重压，积极落实错峰生产措施，以设备治理为抓手，以岗位创新为动力，持续推进精细化管理，紧紧围绕降低工人劳动强度、提高劳动生产率、提升经济效益，来开展节能降耗、修旧利废、自主维修、技术改造等工作，完成全年目标任务的138.7%。

一、企业概况

公司是伊电控股集团有限公司下属分公司，技术上居国内前列。电解系统采用一个供电系列300千安电解槽256台。电解槽及控制系统采用干式防渗料、氮化硅结合碳化硅内衬、单围带摇篮架船形槽壳、蜗轮蜗杆三角板阳极提升机构、双阳极、烟气干法净化和计算机集中控制等国际先进技术，年产20万吨电解铝及合金铝。

2017年，共计生产原铝6.47万吨，铝锭14.47万吨；原铝综合电耗13505千瓦时每吨铝，氧化铝单耗1915.46千克每吨铝，氟盐单耗20.23千克每吨铝，阳极碳块单耗469.4千克每吨铝，铸造损耗率4.85‰；实现主营收入25.46亿元，上缴税款8634.9万元，提取折旧14.91亿元，发生财务费用－2590.93万元，实现销售收入29.21亿元，利润2078万元。

二、安全生产与设备管理

（一）安全生产

公司在保供电安全、保电解安全的前提下，以反习惯性违章为切入点，加强现场安全管理，开展双节、春秋季、安全月、冬防等季节性安全大检查工作，共查出隐患616项，整改547项，整改率88%，纠正习惯性违章216人次。

（二）连带处罚机制

公司坚守安全生产红线，采取重奖重罚的严厉措施，体现在收入分配上，严格处理抬包车违章驾驶、天车机组误撞检修人员、有源滤波调试造成系列停电等不安全事件。

（三）设备动态管理

加大设备安全生产监督力度，成立以公司总经理为组长的评审考评机构，开展安全管理综合评比活动。坚持履行夜间不定期、不定时查岗制度，建立设备安全生产常态化管理机制，形成全员参与安全管理的可喜局面。

（四）设备安全度夏

相继开展“安全发展忠诚卫士”、“体验安全生产监管者”、“企业领导谈主体责任”和“安全生产正能量”等活动，及时纠正“手机低头族”的危害行为。进行高危槽漏槽冲断母线、电气故障引起系列全停、抬包车运输过程倾翻等与生产紧密相关的事故演练，均收到良好的效果。

三、电解基础生产

（一）基础管理与日常操作

从最基本的熄效应、堵漏料处理、封极换极操作、大面收边整形入手，逐步规范操作行为，不断提升操作质量。由工段长带头跟踪封换极、摸炉底、打结壳、捞沉淀等日常操作。全年累计打捞沉淀1121.52吨、结壳470吨，达到炉膛规整、炉底干净。

（二）电解槽效应管理

做好电解槽效应基础管理。按时统计上报效应棒使用数量，月度考核。效应棒的使用情况，真实反映员工的操作质量和班组工段平时的管理水平，效应系数由上年同期的0.23次/槽日降至0.15次/槽日，平均电压由3.955伏降至3.952伏，节能效果明显。

（三）规范电解槽盖板摆放

为减少散热损失，由调度值班跟踪检查各工段槽盖板摆放情况，及时杜绝敞槽作业的陋习。两个电解车间也不等不靠，亲自动手，维修变形拉裂槽盖板，基本上达到“横平、竖直、拉成线”的目的。

四、技术创新与节能降耗

（一）设备创新

公司下发《设备责任划分制度》、《设备基础管理实施细则》、《设备评价综合评比办法》等文件，对设备日常管理、评价、报废、电子台账建立及大小修过程控制进行规范。全年共查处漏料、漏气、氧化、火苗、葫芦头等6876处，工艺车间题106项，相继完成普车大修、4台滤波补偿10千伏高压开关改造、6台整流柜大修、3#空压机大修、8#空压机一二级缸套维修等治理任务。

（二）节气节水节电

根据生产用气需要，公司制定落实空压机启停制度，采取槽车打料避开抬母线作业的措施，缓解集中供气压力。杜绝大风吹地，自行清理空压循环水池污，想方设法降低中冷温度，千方百计提高运行出力，节约资金223余万元。经过努力，空压机运行台时由年初的90台时，最低降到50台时，节电效果显著。

（三）技术改造

开展设备技改工作，通过在电解车间操作平台上开孔、直接吊运零米物料等措施，清除积压物料3000多吨。电解车间对抬母线框架进行改造，缩短抬升时间，缩减换极时间，降低散热损失。对电解4台国产机组技改，缓解天车工劳动强度，实现地面遥控操作的目的；阳极车间进行新法筑炉实验，通过更换筑炉材料、改进筑炉方法、扩大炉膛容积等措施，把中频炉炉龄由92炉次提高到400炉次，月节省材料费用1.8万元，减少烘炉电量21.6万千瓦时。供电车间完成6台整流变大修、9套220千伏站高压开关以及滤波电容和开关的更换工作；铸贮车间完成超浓相溜槽改造，每次供料时间缩短15分钟左右。实施烟道余热利用项目改造，用换热器直接加热冷水，满足职工洗浴和办公楼冬季供暖，节约热水费、采暖费合计170万元。

五、教育培训

（一）新员工入厂培训

2017年，受社会人才流动速度加剧的影响，公司电解车间劳动用工相对紧张，克服新入厂员工零散入职、组织教育难度大的影响，严格执行

“先培训、后上岗”的就业准入制度，完成新员工的培训任务。

（二）“两票”知识培训

公司邀请供电安全专工为大家讲解“两票”相关知识，组织全员进行“两票”知识考试，进一步规范工作票、操作票管理，有效避免电气误操作事故的发生。

（三）安全教育培训

将全年的培训计划分解到各车间，由各车间制定详细的培训计划，层层落实，提高了职工的安全意识和岗位操作技术水平。

（四）特殊工种培训

协调洛阳市机车技校职业技能鉴定中心，公司先后对新调整的电工、焊工、天车工、工艺车司机等168名特种作业人员进行培训取证。

六、环境保护

（一）环保监督与环保治理

2017年，公司依法缴纳排污费280万元。按要求开展废气重点源监测，对划入省控的4座烟囱废气进行了重点源监测，均达标排放。全年完成4次对在线监控的有效性审核。按时间节点完成了环境信息公开管理系统信息公开填报工作，保证企业环境信息公开率达到100%。

（二）危险废物处置

完成对废乳化油、废铝灰铝渣等危险类物的识别、分类，建立健全各类台账，逐月进行申报和网上转移。新建扩建了危险物贮存设施，满足安全贮存要求。对涉及环保要求的重点岗位进行培训，进行管理制度上墙，组织开展相应项目的应急演练。

（三）环境管控与碳排放

落实错峰生产措施，停槽77台，不定期接待省市县级暗访组高达20余次，通过了碳排放阶段性核查和重污染天气应急管控。

（王现伟）

国家电投集团
宁夏能源铝业有限公司

2017年，国家电投集团宁夏能源铝业有限公司（以下简称：宁夏能源铝业）完成电解铝产量85.67万吨，同比增长9.24%；销量89.81万吨，同比增长18.79%。发电量133.21亿千瓦时，同比增长28.6%；上网电量122.77亿千瓦时，同比增长28.74%。实现营业收入138亿元，同比增长49.74%。

——3年治亏目标任务全面完成。宁夏能源铝业在2016年实现盈利基础上，2017年完成利润2.22亿元，较上年增利1.73亿元，超额完成铝电公司考核目标。

——产业链建设取得重大突破。临河3号机组与宁东铝业通过直连线路实现直供，夯实了生存发展根基。

——降本增效成效显著。积极应对煤炭、氧化铝等大宗原材料价格大幅上涨的不利局面，大力推进精细化管理，千方百计开源节流，全年挖潜降本2.16亿元。

——深化改革迈出新步伐。制定“改革47条”，全面启动3年改革工作。

一、强化责任落实，安全环保持续改进

落实各级安全生产责任，保障、监督和支持体系形成合力。宁夏能源铝业所属各单位配置总工程师、安全总监，车间、班组配备专职安全人员，安全管理得到强化。加大对事故责任岗位处罚力度，全年累计处罚86人次。加大安全激励，试行百日安全环保质量无事故奖励，全年共发放奖励423万元。重新修订42项公司重点监控风险，细化落实146项控制措施。将电力25项反措推广到非电板块，持续加强重点区域、重要场所和危险性较大的作业活动安全管控。先后组织各类安全检查11次，累计发现问题806项，整改完成率93%。推进HSE管理提升，强化工具应用，团队式班前会效果明显。继续开展“安全生产自主管理型班组”创建，组织经验交流活动，班组安全管理进一步规范。全年组织各类安全技术技能培训共31期，参加3861人次。强化环保治理，全面辨识环保风险，梳理督办34项重点环保改造项目，规范危废贮存。5台共计175万千瓦火电机组实现超低排放，完成宁东铝业煅烧烟气净化系统改造。获取电解铝危废处置经营许可证，所有电厂获取新版排污许可证。完成年度二氧化硫和氮氧化物减排指标。

二、推进产业协同，产业链建设取得重大突破

面对铝电产业链建设种种难题和巨大风险压

力，广大干部职工齐心协力，铆足干劲，合力攻坚。宁夏能源铝业主要领导现场督办，分管领导和专业部门驻守现场，临河分公司、宁东分公司干部职工放弃休息、无私奉献，公司上下众志成城、顶住压力，于6月19日成功实现了临河3号机组点对点直连直供宁东350千安电解系列，并保持安全稳定运行。直连直供以来，铝电两侧增加效益1.09亿元。积极协调地方政府，调整宁夏能源铝业电解铝供电模式与用电价格，与国网宁夏电力公司协商签订了自备供电框架协议。

加快推进产能置换核准工作。获取了临河1号、2号机组发电业务许可证。根据国家能源局关于等量置换核准的相关精神，宁夏能源铝业与宁夏庆华煤化集团签订70万千瓦规划容量指标购买合同，与集团公司内部协商落实35万千瓦置换指标，临河3台机组核准步伐加快。加快推进煤炭项目合作开发，与山东新矿集团签订战略合作框架协议，积极做好移交国源平台公司相关工作，全力推进矿权获取和项目核准，努力盘活煤炭资产。

新能源和智慧能源项目取得新进展。中卫香山风电20万千瓦项目获得核准。青铜峡工业园区供热项目锁定了独家经营权；宁夏润恒冷链物流园分布式光伏项目达成开发合作意向。售电业务取得突破，售电公司完成在宁夏电力交易中心注册，获取了交易平台数字证书，首次电力交易中完成总成交电量1.47亿千瓦时，在宁夏首批备案公示的10家售电企业中排名第一。

三、狠抓降本增效，效益水平大幅提升

千方百计开源增收。宁夏能源铝业电解铝板块把握铝价回升有利时机，加快电解槽大修启动，释放铝业产能，全年电解铝产量同比增长7.25万吨，增加收益1.1亿元。充分发挥阳极生产系统综合效益，推进煅后石油焦外售，强化阳极余热发电利用，增加收益1230万元。两个铝业分公司全年盈利4.42亿元，同比增利2.99亿元，为企业整体效益提升做出了突出贡献。工程检修公司强化外部市场开拓，全年实现利润2388万元，外部市场利润占比达到79%。青鑫炭素强化亏损治理，积极开拓电极新产品市场，实现利润506万元。新能源各单位积极参与直接交易电量及火电替代电量，加强与电网调度沟通，调度弃风率同比下降9.92个百分点、弃光率同比下降6.45个百分点，实现利润9330万元。银川（售电）新能源积极走出去，承揽小罗山风电运维，取得较好收益。各部门、各单位积极争取外部补贴优惠政策，获取中央财政“僵尸”企业补助资金1.12亿元，获得各类税收优惠及补贴共计2120万元。

精细管理节流降本。宁夏能源铝业强化对标管理，成立专业技术委员会，全力开展电解铝指标提升攻关，主要技术指标逐步优化改善。采取生块外委焙烧解决自身焙烧能力不足的问题，全年节约阳极成本504万元。加强营销采购全过程管理，强化市场分析研判，合理制定营销、采购、库存策略。加大近距离市场销售及直销力度，节约销售费用700万元。抓住机遇采购5万吨低价氧化铝，节约采购成本1955万元。开展备件材料周转库存清理，10类物资实现网上采购。强化招标管理，全年完成126项招标，中标总价较估算总价减少4028万元，节资率7.37%。全面梳理外委业务，外委费用同比减少1347万元，降幅20%。全力应对煤价大幅上涨不利影响，积极开拓低价煤源，青铝发电入炉综合标煤单价继续保持区域最低；加大煤泥科学掺烧力度，全年掺烧煤泥133万吨，降低成本7415万元；加强发电机组运维，综合厂用电率同比降低0.15个百分点，火电供电煤耗同比降低5.08克/千瓦时，节约燃料成本2576万元。全力控降财务成本，通过两金压降、降低贷款利率、压缩贷款期限等措施，降低财务费用2300万元。

四、深化改革创新，经营活力不断增强

坚定方向，3年深化改革工作全面启动。宁夏能源铝业完成改革顶层设计，制定了2017－2019年深化改革总体实施方案，细化分解了47项改革任务，全面推动实施。完善法人治理结构，明确了董事会、党委会、经理层、监事会职责权限。完成本部机关改革，部门由15个精简为11个，撤销及调整支持性机构。建立并强化所属单位成本与利润中心的管控体系，将铝产品销售业务划归铝业生产单位，对新能源单位进行区域化整合，注销电力分公司和中卫热力，进一步压缩管理层级、减少法人户数，公司所属管理单位由17家减少到10家。强化干部培养使用，对98名中层干部进行优化调整使用；加快年轻干部培养，建立了后备干部人才库。稳步推进铝业用工优化，在岗人员同比减少287人，降幅4.3%。推进全面绩效考核，以利润为核心，突出业绩导向，形成了分级分层、月度与年度业绩评价相结合的考核体系，实现了压力层层传递；优化本部人员绩效考核，在绩效分配上打破岗位职级，调动了工作主动性和积极性。加快推进企业办社会职能分离移交工作，签订了供暖、供水、物业移交框架协议和供电移交正式协议，基本完成市政移交协议签订。处僵治困完成年度目标，清算注销通润铝材及煤炭分公司，妥善完成人员分流安置；青鑫炭素亏损治理成效明显。

立足实际，科技创新工作不断增强。深入推进群众性科技创新工作，开展QC小组活动122项，创新项目184项，征集合理化建议、金点子161条，456人获得科技创新奖励积分，20人因创新积分而薪资晋档，有3项职工技术创新成果分获集团公司优秀职工技术创新成果一等奖和三等奖，有3项成果分获宁夏企业管理现代化创新成果一等奖、电力建设科技进步三等奖、集团公司管理创新成果三等奖。以解决生产实际问题为导向，加强研发项目成果转化。普铝自动打渣机器人已在宁东铸造车间上线试用，铝合金变配电柜项目完成首台制作及性能测试，成功研发多功能天车激光防撞及绝缘和漏电在线监测装置，并获得良好应用。积极推进铝合金轻型车厢、物流托盘等一批市场前景广阔的研发项目。加强知识产权保护，获得授权专利5项，获得奖励15万元。宁夏能源铝业“铝电解生产技术研发团队”荣获国家电投优秀科技创新团队称号，青鑫炭素荣获2017年宁夏自主创新标杆企业称号。

五、全面从严治党，核心作用得到彰显

按照“大党建、强体系、聚人心、创价值”的总体思路，持续加强党建和党风廉政建设，全面从严治党责任得到落实。深入贯彻落实党的十八届六中全会和全国国有企业党的建设工作会议精神，将党建工作总体要求写入企业章程，明确了董事会决定企业重大问题应事先听取党委意见，强化了党委“把方向、管大局、保落实”的领导核心和政治核心作用。组织全体员工深入学习宣贯党的十九大精神。扎实推进“两学一做”学习教育常态化制度化，持续开展了党员回答“三个一”活动；两级领导班子成员认真践行党建联系点制度，开展“六个一”活动70余次。结合公司实际，制定并推进落实党建工作45个行动项。所属各单位完成换届选举，健全完善党群部门，配齐配强党群人员。深化星级服务型党支部创建，三星级及以上党支部占比达到64%。结合中心工作开展党员工程139项，产生经济效益2000余万元。全面落实党风廉政建设“两个责任”，强化责任落实情况检查考核与整改，开展“四风”问题整治情况“再回头”及落实八项规定精神配套制度建设和执行情况专项巡查，坚持不懈纠正“四风”，深入推动廉洁企业创建。认真开展效能监察和物资管理专项监察，避免经济损失810万元。加强审计内控，开展各类审计21项，完成内控合规体系建设。积极宣传贯彻国家电投“和文化”理念，制定企业文化建设“十三五”规划，开展集团公司VI规范应用。积极发挥群团组织工作合力，广泛深入开展员工“文化、安全、创新、关爱”四大行动，邓宏兴和王彪劳模创新工作室分别获评国家级和自治区级技能大师工作室。加强思想建设，持续开展形势任务宣传引导，干部职工主动投入改革，在推进改革、人员分流过程中始终保持稳定。

（韩永东）

包头铝业有限公司

一、基本情况

包头铝业有限公司（以下简称：包头铝业）前身是包头铝厂，始建于1958年，是国家“一五”计划建设的国内第二家电解铝企业，是内蒙古自治区第一家电解铝企业。1998年底改制为包头铝业（集团）有限责任公司，为中铝集团的控股子公司，其中中铝集团股权占比80%，包头市国资委占比20%。2005年5月9日，包头铝业股票在上交所上市发行；2007年12月26日，中国铝业股份有限公司以换股吸收合并的方式将包头铝业吸纳为全资子公司。主营业务：许可经营项目有电力生产、电力供应；一般经营项目为铝、铝合金及其加工产品、高纯铝、热能、炭素制品的生产销售。

2017年，包头铝业电解铝年产能为130万吨、碳素制品年产能为12万吨、高纯铝年产能为2万吨、发电机组装机容量171MW，资产总额163亿元（含内蒙古华云），负债率为29.08%，在岗员工总数4503人（含内蒙古华云），平均年龄43岁，其中硕士及以上学历的10人、大学本科406人、大学专科857人、中专及以下3230人。

二、生产经营

2017年，包头铝业共生产铝产品57.22万吨，电流效率同比提高0.09个百分点；发电64.49亿千瓦时，机组利用小时数达到7071小时（不含华云），供电标煤耗同比降低2.85克/千瓦时；阳极一级品率平均完成79.85%，同比提高5.62个百分点。

2017年，包头铝业铝系列产品产量为81.29万吨，同比增长42%；碳素制品产量为38.07万吨，同比增长40%；工业产值105.48亿元，同比增长72%；销售收入104.19亿元，同比增长61%；利润额8.83亿元，同比下降16%；纳税额6.49亿元，同比增长49%；净资产收益率为11.76%。全年人身伤亡事故两起，工亡两人。

包头铝业依托地方得天独厚的资源能源和区位政策优势，全力推进合金铝项目建设以扩大产能，按照达产达标和压缩边际利润为零品种的要求，强化熔铸中心、高纯铝厂、轻金属材料厂产销联动机制，全年共生产铝合金产品21.6万吨，同比增加2.29万吨，创效2725万元。

包头铝业电解槽大修渣无害化处理线，获得包头市环保局专项补贴820万元。

三、重大发展项目

2017年，包头铝业结构调整、转型升级三大项目成果丰硕：5月1日，华云二期抚铝搬迁项目投产，创造了搬迁项目9个月建成投产的“华云速度”；5月29日，华云一期工程提前90天投产；7月18日，华云电厂项目5#机组提前42天投产发电；10月24日，4#机组提前6天投产发电。在短短的一年时间，华云三大项目陆续提前投产。

重大发展项目情况

项目名称	设计规模（万吨）	投资规模（万元）	当年完成投资额（万元）	年内项目建设形象进度
华云一期（含配套3350MW机组）	46.4	645068	331339	基本建成投产，1台机组建成未投产
华云二期一步	28	274369	182569	建成投产

四、企业管理

（一）完善法人治理结构

2017年，包头铝业召开了制度建设及废改立动员会，制定下发了企业规章制度“废、改、立”工作方案，对现行的各类管理制度、办法、实施细则及相关规定进行全面梳理、审核、修改、优化。根据企业近3年生产经营情况及机构、职能变化情况，对所有二级机构工作职责进行重新修订，提高运营效率、全面控制经营风险。

（二）问题清单专项工作

2017年，包头铝业成立问题清单专项工作领导小组，制定专项工作实施方案，建立工作平台，高标准、严要求推进问题清单梳理整改全覆盖工作。落实“包厂到人”的要求，从上到下建立了层层包厂分工的联系制度。建立了“月度经济活动分析会专题汇报制度”、“周报及月报制度”，高质量的完成了包头铝业、包铝集团及所属子公司《重点问题整改决议》，共发现问题110个，完成整改70个，整改率为69.64%。

（三）现场管理

通过制定《中铝包头企业2017年现场管理工作方案》，积极开展现场管理专项行动，各单位现场管理水平明显提升。成立现场提升督查组，并开展了工具箱、休息室、办公室、库房、驾驶室等现场专项整治活动。实施物理隔离工程，对厂区道路增设交通标线、交通标志和设施，对旋转、低速水平运动设备加装隔离护栏，现场目视化工作逐步推进。

（四）安全管理

2017年，包头铝业进一步完善和落实“党政同责、一岗双责、失职追责”、“管工作必须管安全”的责任体系，强化各级人员安全履职能力。

开展安全分享，讲安全学安全，层层传导压力，唤醒全员安全责任，坚守红线意识、底线思维，广泛发动职工，建立隐患排查长效机制。开展强基固本专项行动，提升全员安全生产素质。加强HSE系统建设，夯实基层安全管理，开展包保班组、班组安全自主管理、安全培训等工作。开展以落实承包商安全管理“七步法”、“五必须”为主要内容的承包商安全管控专项行动，细化承包商管控各流程的具体措施。加强厂区交通安全管理，成立交委会，实施可视化监控工程，现场车辆加装GPS系统和行车记录仪。

五、科技创新

2017年，包头铝业推进全员创新和技术创新，推动“标准化+”，按照中铝集团2017年铝电解节能技术推广实施计划要求，及时推行并跟进“FHEST新型稳流保温铝电解槽”新技术应用推广，实现铝电解指标不断优化。国家电网、中南大学与轻金属材料厂共同组成课题组，研发“稀土耐热高强杆”，经过3次工业级试验，已掌握该耐热杆的核心技术工艺。沈阳铝镁设计研究院、中南大学与工服公司共同组成课题组，推进“高温高导铝母线”研发项目。攻关提高7A04铝合金圆坯料成品率，通过改变起铸方式、搭配最佳工艺控制点等多种技术手段的应用，成品率提升至80%以上。

2017年11月包头铝业荣获自治区科学技术厅、财政厅和自治区国税局、地税局授予的“高新技术企业证书”。

2017年，包头铝业科技创新投入2.32亿元，申请专利1件，授权专利5件，科技人员占比达15.99%。

六、深化改革

（一）强化绩效考核

结合中铝集团岗位划分标准，立足华云新项目，包头铝业开展横纵向对比分析，坚持“抓住关键、指明路径、双重挂钩、激励有序”思路，制定岗位名录和对应的岗级标准，健全岗位绩效工资体系，建立以市场化模拟利润、降本总额、创效总额为主的关键业绩指标体系，强化绩效考核结果的双重挂钩力度，解决人工成本过高的问题和短板。

（二）优化资产结构

按照中铝集团安排，包头铝业完成中铝物流资产、人员、费用划转，顺利实现物流资产剥离。大集体改制工作有序推进，综合企业公司完成工商变更，由集体企业变为包铝集团全资子公司，更名为包头中铝科技服务开发有限公司；按照推进节点，逐项落实三供一业移交工作。截至2017年底，已完成“三供一业”移交改造正式协议的签订。

（三）关注电力体制改革试点

2017年，包头铝业密切关注以输配电价改革为主要内容的电力体制改革试点进展，加强与内蒙古电力公司和包头供电局的沟通协调，包铝存量和增量网购电价均达到电力多边交易平台自治区用电企业最优惠电价，创效3528万元。

七、党建与企业文化建设

2017年，包头铝业党委修订完善了《“三重一大”决策制度实施办法》、《党委议事规则》、《党委会议事规则》，将党组织研究讨论作为董事会、经理层决策企业重大问题的前置程序，彻底杜绝了以董事长办公会、党政联席会替代党委会的现象。全年共召开党委会58次。

2017年，包头铝业党委针对有期限放假、协议休假的党员，积极采取有效措施，确保每一名党员可控、在控，对身在外地确实无法参加活动的党员，利用QQ、微信等方式共享学习资料，确保了“党员离岗不离党、流动不流失、组织生活有保障”。随着华云项目的建成投产，休假返岗党员已全部编入所属党支部。

2017年，包头铝业党委全面夯实党建责任制，各级党组织坚持每月召开一次书记办公会，每季度召开一次党群工作例会，每年召开一次党建工作会议。制定出台《包铝党委2017年党建工作综合考核实施方案》，每季度开展一次党群工作综合检查。实行党建工作与生产经营工作绩效考核“双百分”制，切实把党建的“软任务”变成助推发展的“硬指标”。

打造“1221”工作体系，推动党建“标准化+”建设。即：制定一个目录——《标准化+党建工作目录》；编制两个清单——《包铝党委落实党要管党、全面从严治党责任制度清单》和《包铝党委各级党组织书记、班子成员抓党建责任清单》；形成两本手册——《基层党组织规范管理工作手册》和《党员学习记录手册》；签订一个责任书——《党建工作目标责任书》。

试点推行《包铝党委党员积分管理制度》，以细化“四讲四有”合格党员要求为考核指标，通过每月对照考核指标进行逐项计分、年度根据积分对党员进行奖惩的办法，提升党员队伍整体素质。

2017年，经中央精神文明建设指导委员会复查，确认包头铝业继续保留“全国文明单位”荣誉称号，这是驻自治区包头市大企业和中铝集团唯一一家连续5次获得“全国文明单位”称号的企业。

八、履行社会责任

作为“企业公民”，包头铝业在履行运营增盈求得股东权益最大化、完善法人治理结构、健全内控体系等基本义务的同时，致力于履行保护利益相关方权益。2017年，包头铝业围绕提升员工幸福指数、强化安全环保工作、继续推行“河长制”、强化矛盾纠纷排查化解等工作，履行企业社会责任。

（一）保障员工权益，提升员工幸福感

为员工创造畅通的发展通道，让员工进一步分享企业发展成果，不断改善员工的生活水平和工作环境，2017年包头铝业对员工工资进行调整，人均增加收入近600元/月。

（二）加快科技创新，提升绿色发展品质

投入近2000万元，实施废槽衬无害化处理、铸造混合炉烟气治理、铝灰生产净化收尘整治、火法提炼电解质烟气净化改造等治理项目。2017年，建成国内首条铝电解废槽衬无害化处理生产线，开发推进各项节能降碳项目，引进天然气替代传统能源，减少氟化物和粉尘排放，进一步改善了周边环境；进行工业废水处理，实现了零排放，荣获“内蒙古绿色能源示范单位”和“节能减排创新企业”称号。

（三）投身公益，回馈社会

坚持参与社会公益活动，帮助弱势群体，努力推动社会和谐发展。每年拨付专项资金用以援助困难职工；开展“金秋助学”活动，帮扶资助贫困大学生。积极救助社会弱势群体和受灾群众，支持包铝定点帮扶对象——包头市固阳县西斗铺镇红泥井村脱贫。

（赵　伟）

抚顺铝业有限公司

一、基本情况

抚顺铝业有限公司（以下简称：抚顺铝业）成立于2006年1月，由原抚顺铝厂资产重组而成，同年3月被收购成为中国铝业全资子公司。主要经营炭素产品和铝合金产品。

截至2017年底，抚顺铝业已形成年产铝合金5000吨、预焙阳极18万吨的能力，资产总额16.21亿元，员工总数为1369人，其中，具有大学专科及以上人员250人，占全体员工的18.3%。

二、生产经营

2017年，抚顺铝业按照中铝集团扭亏脱困转型升级的总基调，加快工作节奏、加强工作力度，商品阳极质量大幅提升，炭素盈利能力本质性改善，新炭素项目加紧推进前期工作，全年生产商品阳极16.29万吨、铝合金2927吨。完成工业总产值6.17亿元，同比增长1.4倍，实现销售收入6.27亿元，同比增长1.3倍，利润为－2.16亿元，减产1.18亿元。

三、企业管理

2017年，抚顺铝业新班子成立后，提出了“一年改观，两年翻身，三年跨越”，用3年时间打造中铝一流炭素的目标和“依靠抚铝人，筑牢抚铝魂，实现抚铝梦”的发展方向，为企业扭亏脱困转型升级提供信心支撑。

广开言路求良策，集思广益谋发展。发动各级干部员工开展“转型发展执行力大讨论”活动；启动了全层级人员培训，举行了内部集中夜间培训和各单位、各专业口的自主培训，各级管理和技术人员轮流“走出去”向兄弟企业学习；建立人才后备库，打通了年轻人成长通道。

2017年，在中铝炭素专家组指导下，抚顺铝业制定了多种工艺调整方案，并多次组织人员到广西分公司、山西华泽、山东华宇等企业进行学习，邀请包头铝业、郑研院、连城分公司等企业技术人员到抚顺铝业进行交流指导，炭素产品质量稳中有升，实现商品阳极首次走出国门销往马来西亚。努力开发适合自身生产的中间合金，AL-SI20中间合金得到了客户认可，通过第三方审核，与东轻公司达成了长期合作意向；成功研发生产铝合金标样，通过了最终鉴定，成为企业新的利润增长点。

2017年，抚顺铝业职业健康安全管理体系通过年度审核，质量管理体系和环境管理体系顺利通过换版审核，三大体系均有效运行。设备运转率提高到92%。

2017年，抚顺铝业对安全制度进行了全面梳理，修订职业健康安全环保管理制度18项；岗位安全技术操作规程修订23项、新制定2项；对安全和环保管理专项考核细则进行了全面修订；结合“7·25”承包商员工坠亡事故，制定下发了《抚顺铝业承包商安全管控专项行动工作方案》，修订了《安全文明施工管理协议》，加强对承包商的管理。安环部组建后全面梳理、排查、整改安全隐患，启动了安全环保质量强基固本行动。

2017年，抚顺铝业准确梳理了与抚顺钛业的法律关系，积极维护两公司合法权益。承接了抚顺钛业518人（包括内退398人、在岗14人、退休106人）劳动关系转移，妥善办理相关手续，做到了平稳过渡。

四、深化改革

对合金单元的人、财、物，产、供、销采取市场化运作方式，实行内部承包经营，风险抵押，赋予其自主权。合金事业部明确了自身定位及发展方向，积极向中高端中间合金转型。

在逐步解决处理了医保、社保等涉及员工切身利益的历史遗留问题的同时，多方面开辟就业和安置渠道：一是组织11人转移到包头华云公司就业，2人通过了东南铜业的招聘选拔；二是与中铝工服合作，组织了97人参与印度奥里萨邦电解铝厂的劳务输出项目；三是承揽沈加打磨业务，安置25人；四是由中铝资产牵头对企业富余人员按承建制劳务输出到包头铝业；五是根据生产实际，开展334名到期放假人员返岗工作；六是办理内退37人；七是自谋职业、协解等安置76人。

35万吨预焙阳极项目是抚顺铝业实现转型升级的载体。该项目总投资8.1亿元，得到了中铝总部和地方政府的大力支持。闲置废旧厂房拆除和土地平整已于2017年9月完成。关键主体设备基本完成了前期调研，冬季过后项目即具备全面开工建设条件。签订了新项目60%的产品销售合同。

合金生产线项目总投资430万元，于2017年11月15日竣工，形成中间合金产能5000吨/年。此项目为抚顺铝业发展铝基中间合金和其他高端金属材料制造奠定了坚实的基础，也为中铝旗下企业大量中间合金需求提供了供应条件。

五、党建与企业文化建设

2017年，抚顺铝业以建立完善党建工作责任机制为保障，持续改进工作作风，加强队伍建设，并根据总部党建目标双百分考核制度，对企业党建目标任务进行细化、量化，逐级明确职责，加强党的基层组织建设。

启动和开展问题清单梳理工作，经过动员、启动、培训、制定方案、查找问题等阶段，形成了公司《问题清单》，完成并上报了《重点问题整改决议》和《非重点问题整改方案》。整理、完善、修订《合同管理办法》、《公司章程》等规章制度34份。

2017年，抚顺铝业党委提出了“依靠抚铝人、筑牢抚铝魂、实现抚铝梦，重拾团结拼搏，求是向上”的抚铝精神。以党建主题实践活动为着力点，融入中心强化引领。开展了“戴党徽树形象”、“两带两创”等主题实践活动。

（田　野）

东北轻合金有限责任公司

东北轻合金有限责任公司（以下简称：东轻公司）是新中国第一个铝镁合金加工企业，是国家“一五”期间156项重点工程中的2项。

2017年，东轻公司完成商品产量11.52万吨，同比增长19.9%；销量11.93万吨，同比增长23.5%；主营业务收入26.45亿元，同比增长27.13%；实现利润1064万元，同比增加1.93亿元；实现工业总产值24.89亿元，同比增长15.2%；上缴税费1.01亿元；总资产达到56.26亿元。

2017年，东轻公司全体员工咬紧牙关、紧绷弓弦，在“战时状态”中绝地崛起，以“三种精神”自我加压，成功实现扭亏为盈。

一、结构调整纵深推进

东轻公司积极调整产品结构，实现合同订货11.96万吨，同比增长18.5%，积极拓展海外市场，实现出口合同订货8537吨，同比增长75%；持续优化产业布局，大力推进深加工中心建设；不断加强能力建设，完成4500吨拉伸机改造等装备提升项目，强化了军工和高端合金市场保供能力。

二、精准管理全面发力

全面推进精准管理，管理体系协调性增强，管理水平大幅提升。东轻公司紧盯产量目标不放松，实现合同执行率93%；强化质量体系管控，实现实际结构成品率53.15%，同比提高2.3个百分点；深化问题清单梳理，梳理各类问题149个，制定重点问题整改决议16个。

三、科技创新成果丰硕

东轻公司坚持创新驱动发展战略，科技创新取得新进展。搭建协同创新平台，与哈工大等知名高校和科研院所签署全面合作协议，建立了院士工作站；自主创新取得佳绩，实现新产品发货3370吨，同比增长67%；完善科技创新机制，实施《科技创新激励实施细则》等制度；大运机翼壁板材料全面实现自主保供、大型客机材料国产化取得重大突破，2017年11月18日，中央电视台《新闻联播》播发了时长为1分20秒的题为《黑龙江：转型升级助力经济发展》的报道，东轻公司为国产大飞机翼壁板用铝合金材料的成功投产。

四、降本增效再上台阶

东轻公司坚持以降本增效为主线，提升基础管理能力，提升企业竞争力。降低融资成本增效益，开发融资工具降低成本287万元；降低期间费用增效益，财务费用、管理费用和销售费用同比降低2599万元；降低维修成本增效益，维修费同比降低1316万元；降低能源消耗增效益，综合能耗同比降低22%，电单耗同比降低16.2%。

五、安全环保保持稳定

抓牢一岗双责、双控机制建设和安全生产标准化三条主线。大力推进强基固本行动，完成安全问题清单、环保问题清单等三轮次清查；积极落实安全生产责任，全员签订安全一岗双责责任清单；强化承包商施工现场监督检查，开展安全生产大检查，创新安全监管方式，发挥微信公众平台查违章和隐患功能。开展“安全、干净”班组劳动竞赛，现场管理和员工作业环境显著提升。

六、改革改制多点突破

东轻公司关键环节改革取得新成效。深化管理机制改革，完善绩效考核体系，激发经营活力；深化营销系统改革，建立营销业绩考核激励与淘汰竞争机制；多种方式盘活存量资产，在中铝集团党组和哈尔滨市政府的大力支持下，有效盘活闲置土地，奠定了公司解困发展的基础。

七、党建工作优势彰显

全面加强党的领导，修订《公司章程》，明确党组织在公司治理中的法定地位；贯彻落实党建责任制，实施党政双百分互乘考核；扎实开展党建载体活动，构建出党建工作融入中心促发展的重要载体；全面从严治党，全级次推进围绕生产经营抓监督；着力推进群团组织建设，完成工会、共青团换届工作。以党建带群建为主要抓手，搭建建功立业的平台，打造温暖工程、文化工程。中央电视台等主流媒体相继深度报道东轻公司，全省国有企业党组织负责人调研观摩东轻公司，黑龙江省委组织部以东轻“党建原动力激活老字号”向中组部形成了专报。表明了东轻公司发展开始向政治和社会影响力递进、思想和文化彰显、精气神上扬转变，党建思想政治工作进入了全面进步的新阶段。

（孙文广）

西南铝业（集团）有限责任公司

2017年，西南铝业（集团）有限责任公司（以下简称：西南铝）紧紧围绕“提质量、降成本、调结构、促改革、增收入、控风险”工作主线，积极推动生产经营和改革发展，各项工作取得显著进步，主要经济指标创历史较好水平。

一、经营绩效大幅提升

狠抓提质增效和强基固本，把保军工和调结构放在更加突出位置，强化绩效考核导向，着力推进营销策略、生产组织和体制机制创新，产销规模较快增长，经济效益明显提升。2017年，西南铝完成商品产量41.6万吨，同比增长10.39%；实现营业收入86.74亿元，同比增长18.75%；实现利润总额2400万元。

二、基础管理大为改观

一是现场管理取得明显成效。将环境综合整治工作与“安全干净班组”劳动竞赛和“小散乱污”整治相结合，按照“设备见本色、卫生无死角、安全无隐患”要求，不断加大检查和整治力度，现场管理水平大幅提升，卫生状况和现场环境大为改观。

二是问题梳理及整改专项工作扎实推进。全级次开展了《问题清单》梳理工作，深入查找生产经营管理中存在的短板与问题，有效提升了生产经营管理水平，为西南铝持续健康发展及转型跨越夯实了基础。

三是强基固本行动有序开展。西南铝领导班子成员带头深入基层联系“包保班组”，大力开展宣讲活动，指导、参加基层民主生活会、专题组织生活会和班前会。通过穿透式、全方位、深层次的大排查，全面提升了基础管理水平。截至2017年底，西南铝实现了连续4448天无工亡事故、2009天无重伤事故，无新增职业病发生，无环境污染事件。

三、技术创新成果丰硕

一是重点品种成品率稳步提升。开展“熔铸大板锭、圆铸锭和空心锭质量提升”专项劳动竞赛，3104大板锭成品率同比提高2.69个百分点。持续开展“产品质量提升”专项行动，航空航天薄板产品成品率同比提高4.4个百分点；2A12大规格板成品率同比提高4个百分点。

二是科研成果成绩斐然。2017年，共申请国家级、省部级各类科研项目8项，获得科研配套资金4900余万元。申请专利95件，获得授权专利70件，其中发明专利36件，实用新型专利34件。完成制修订标准22项，其中国家标准18项。“汽车轻量化技术协同创新模式研究及成功实践”项目获得2017年度中国汽车工业科学技术进步奖一等奖。

三是新产品开发步伐加快。攻克了高性能船用增压器叶轮模锻件细晶和高温蠕变控制技术，2个规格产品得到了ABB公司的生产许可，实现进口替代。成功试制出400mm船用高镁合金整体壁板型材、C919大飞机窗框精密模锻件。完成6XH1手机壳产品工艺开发。

四是精深加工产品开发取得突破。开展了吉利全铝合金商务车和东风货车用多个品种型材的研制工作，完成了样车组装。汽车保险杠产品、铝合金托盘、铝制结晶器、全铝家居等一批“以铝代钢”、“以铝节木”产品相继投放市场。积极融入城市大巴车前端设计，承接了359种结构件共计1638个零件的加工。

四、结构调整成效明显

加大新市场开发力度，不断拓展铝在汽车、船舶、石化领域的应用。汽车用铝材深加工取得实质性进展，承接了成都客车公司新能源客车全铝车身制作项目；完成宁德时代所需电池箱体技术研发，得到用户高度肯定；船用铝材取得重大突破，实现国内船板的首次批量供货。石化用铝材在LNG罐体料上取得新进展，实现向中海油供货。

抓住航空航天、国防军工高速发展的有利时机，加大军品产销力度，全年军品销量同比增长9%。为国产大飞机、天舟一号等提供了大量关键铝材，保证了国家重点项目的实施。

大力实施“走出去”和“大客户”战略，民品万吨级客户达到7家，年约量达总量的90%。积极拓展PS铝板基市场，产销量3.7万吨，同比增长24%，占国内中高端市场的40%以上。

适应产品结构调整需要，不断加快西彭基地填平补齐、升级改造步伐，一批重点技改项目建设获得新进展。大飞项目顺利获得国防科工局竣工验收批复，新增1万吨自由锻油压机、锻件热处理炉等设备投入生产；以35吨熔铸机组、2000吨拉伸机、2800mm薄宽规格剪机组等为代表的GX三期项目建成投入使用；关键材料技术自主化能力建设项目获得国家可研评审批复。2500吨反挤压机组建成投产；新增16吨熔铸机组，重卷清洗机组、厚板抛光覆膜机组，10米综合炉项目、12500吨挤压机水改油等一批重点项目建设按计划有序推进。

五、成本控制持续改善

紧紧围绕降成本1亿元的目标，扎实推进提质增效工作，通过开展质量提升、“两金”压降、资金精准管理、原辅材料降本、节能技改等工作，实现降本增效1.19亿元，基本消化了产品降价损失1.16亿元。

六、改革改制稳步推进

一是精心谋划，统筹推进，全面完成民生实业公司等8户全民所有制企业公司制改革，一并解决了4家公司股权悬而未决的历史遗留问题。

二是“三供一业”移交改造有序推进。

三是社会职能剥离加快推进。

四是对17家集体企业进行整合改革，实现集中统一管理和运营。

七、职工获得感明显增强

实行年度奖、季度奖、冲刺奖，上调岗位工资，提高中夜班费，落实全员工作餐，提高就餐标准和职工健康体检标准，在国庆中秋、元旦春节传统节日为职工发放实物福利，职工收入全年增长了10.7%。坚持职代会制度，在车间工会推行经济责任制经职工代表或职工群众讨论表决后实行，在主线厂和子公司开展厂情民意恳谈会活动，共谋企业发展大计，架起了干群连心桥，增强了职工主人翁意识，有效调动了职工的积极性。

（秦　朗）

中国铝业重庆分公司

一、基本情况

中国铝业股份有限公司重庆分公司（以下简称：重庆分公司）于2006年7月7日注册成立。生产规模为年产80万吨冶金级砂状氧化铝，2014年7月氧化铝生产线停产。

二、生产经营

2017年，重庆分公司主要产品氧化铝年产能80万吨，资产总额29.24亿元，负债率98%。员工总数443人，其中，硕士及以上学历的5人，大学本科66人，大学专科127人，中专及以下245人。

2017年，重庆分公司以扭亏脱困转型升级为中心，全面实施精准管理，积极推进挖潜增效，租售闲置资产、盘活库存物资、争取政策补贴，全面完成全年控亏目标。

按照效益最大化原则，联系周边厂家对外销售母液，销售收入429万元。加强与地方政府及企业对接，借助地方新引进重点项目，将部分土地、仓库等对外出租，创收241.66万元。

三、企业管理

全面落实安全环保主体责任，牢固树立“大安全”理念，扎实推进安全环保宣传教育，组织收听早安中铝，落实安全一岗双责责任清单。抓好安全环保综合大检查和“放射源安全”、“防汛安全”等专项检查，加强重点部位的安全监管工作，组织2次应急实战演练；推进“安全干净”劳动竞赛、安全环保质量“全面大动员、全面大清查、全面大整改”强基固本行动，抓好安全环保隐患排查整治工作，全年未发生安全生产事故，实现了安全环保工作目标。

坚持科学减法，强化费用严控，深化节约降本，全面实行直采、网购工作，自主完成设备检修维护、清理绿化等工作，2017年可控费用同比下降30%。

建立健全“巡逻－督察－组长联合检查－值班组长检查－领导抽查督办”五级安全巡检监控体系，定期对现场设备进行检修与保养，全力做好资产维护保全。

坚持“内部充分准备、外部强化协调，坚持分厘必争，最大限度止损”的原则，积极应对法律诉讼和潜在纠纷，避免经济损失1580万元。

四、科技创新

2017年，重庆分公司配合重庆市科委推进重庆市121科技支撑项目结题验收。对10项专利缴纳了维护年费1.02万元。

五、深化改革

2017年，重庆分公司与重庆市发改委、重庆能投集团旗能电铝就多方合作盘活资产、打造上下游一体化产业链事宜进行多次沟通协商。与南川区政府及相关部门就建设铝的深加工项目、全铝汽车整车装配等脱困方案进行了多次探讨。与中电投白马氧化铝厂、重庆京宏源实业有限公司（电解铝）就多方合作盘活资产等事宜进行多次沟通。重庆分公司与南川区政府、重庆市博赛矿业（集团）有限公司就资产租赁合作事宜进行了多轮沟通谈判，12月启动标的资产的评估工作。

推进转型发展的尝试，与东方智库、绿地集团多次就合作开发民族风情、建设特色旅游事宜进行磋商。就利用国家和重庆市政府再就业培训和职业教育相关政策，与西南铝培训中心联合办学进行探讨沟通。

分类推进闲置资产盘活。根据中铝股份批示，优先将闲置资产调剂转让至集团内部企业，共转移盘活种分母液、备品备件和设备等，盘活资产约8200万元。

六、党建与企业文化建设

2017年，重庆分公司深入推进“两学一做”学习教育常态化制度化，组织党委中心组学习19次、专题民主生活会2次，党员集中学习34次，各级领导干部讲党课17次，发放学习资料433份。运用“互联网+”开展新媒体教育，打造指尖上的“移动课堂”，加强理想信念教育，提高党员的政治觉悟和思想境界。坚持逢会必讲党风廉政建设，与关键岗位进行廉洁谈话，给予党政纪处分4人。

2017年，重庆分公司组织开展创新赢得未来演讲比赛、“学革命英烈、做合格党员”和“讲党性讲担当讲奉献”主题党日活动，以及“降本增效我先行、我为基层党建献一策”合理化建议征集、主题论坛、专题述评、纪念建党96周年活动等特色活动，征集员工意见建议89条。

七、履行社会责任

组织下基层座谈会和日常谈心谈话活动，实现与留守职工百分之百的交流谈心。

帮助员工解决生活工作中的困难，组织开展迎新春系列活动、正月十五篝火晚会、三八节趣味活动、夏季送清凉、八一复转军人慰问、“徒步走健康、行动促安全”健身活动、员工生日发放蛋糕等活动。

持续落实“送温暖”工程，做好精准困难帮扶工作，累计慰问困难党员、职工6人，发放慰问金1.25万元。

坚持对员工负责，用好用足跨企业转移支持政策，为员工上岗再就业、跨企业转移提供支持和帮助，创新党员“1+1+N”网格化服务，多方邀请内外部企业到重庆分公司宣讲面试，组织多场专题招聘会，全年稳妥安置员工364人。

（王　震）

中铝瑞闽股份有限公司

一、基本情况

中铝瑞闽股份有限公司（以下简称：中铝瑞闽）地处中国东部沿海的福建省福州经济技术开发区。筹建于1992年，1996年投产，2014－2015年完成股份制和混合所有制改革，成立了中铝瑞闽股份有限公司。

中铝瑞闽被列为福建省工业企业品牌培育试点示范企业；“瑞闽”牌铝板带被评为“中国名牌”产品，被国家海关总署评为“AA”级企业。

中铝瑞闽在福州新区闽台（福州）蓝色经济产业园建设东南沿海铝精深加工基地，项目建成后企业整体规模将达到80万吨，工业年产值150亿元以上，从而实现打造“百亿瑞闽”，成为国内特大型铝加工企业。

2017年，中铝瑞闽铝板材年产能为1.6万吨、带材34.4万吨、箔材1万吨，资产总额56.97亿元，负债率67.23%。员工总数1319人，其中硕士及以上12人，大学本科282人，大学专科318人，中专及以下701人。

二、生产经营

2017年，中铝瑞闽累计实现产量28.21万吨，同比增长14.63%；实现销量27.72万吨，同比增长9.78%；纳税额5200万元，同比增长30%；产销率达98.64%，实现利润8137万元，没有发生安全生产事故，全面实现了全年的生产经营目标。

三、重大发展项目

重大发展项目情况

项目名称	设计规模	投资规模	2017年完成投资额	2017年项目建设形象进度
蓝园一期项目	29万吨	14.4亿元	8.62亿元	2017年完成建筑面积122901.18平方米，完成施工进度95%。
汽车板项目	10万吨	9.94亿元	2.1亿元	开工前准备工作，项目备案、环评批复、土地招拍挂、项目初设及开工许可，通过总部批复。

四、企业管理

中铝瑞闽以“一切风险均可控制、一切事故均可预防”的安全管理理念，大力推进安全标准化建设工作和营造“自主安全”的企业安全文化氛围。严格按照安全标准化要求，推进落实安全领导力建设和责任制落实。2017年安全形势保持良好，并且保持着连续20年未发生重大安全事故的良好记录。2017年中铝瑞闽通过国家有色金属行业安全标准化一级企业复审。

中铝瑞闽针对雨水排放口，建立河长制，实现废水零排放。通过全油回收装置，实现轧制生产过程的废油全部再利用；通过引进专业的无害化处理设备，对生产过程产生的废渣进行无害化处理。

中铝瑞闽通过重点加强质量管理基础工作和严格过程控制，全年共收集327条合理化建议。

五、科技创新

2017年，中铝瑞闽推动成立了中铝中央研究院东南分院，与高校及科研机构开展深入合作，进行新品研发、轧制工艺优化、效率提升和质量管控，取得了良好成效。东南分院确定了8个科研项目，总研发投入达到2213万元，多个产品进入小批量试样阶段，部分已开始批量销售。

2017年中铝瑞闽专利申报66项，其中发明专利34项，实用新型专利32项，增长超过100%。5N靶材在2017年第二届中国军民两用技术创新应用大赛从7000多个竞赛项目中通过层层筛选，成功晋级决赛并荣获优胜奖，是中铝集团也是福建省唯一参赛项目。

六、深化改革

2017年国内铝加工行业产品竞争已进入同质化阶段，中铝瑞闽坚持“设备只有发挥其设计产能才是有效”的理念，致力于每一台设备产出效率最大化，构建成本效率；通过重点落实产品结构转型和客户结构转型工作，完成结构转型；在价值提升上，2017年中铝瑞闽致力于产品向产业链终端和价值高端发展，取得实质性成效。

七、党建与企业文化建设

中铝瑞闽把全面贯彻落实党中央、国务院国资委党委和中铝集团党组重大决策部署作为首要任务，坚持把党建工作同企业工作同安排、同部署、同检查、同考核，做到“四个同步”，落实管党治党责任。2017年，中铝瑞闽党委深入贯彻落实全国国有企业党建工作会议精神，以“两学一做”学习常态化制度化教育为主线，以两手抓、两促进、双融合开展“两带两创”活动，推动中铝瑞闽公司党建工作与中心工作深度融合。

八、履行社会责任

2017年，中铝瑞闽被纳入中铝集团社会责任实践试点单位，全面启动社会责任试点工作。提炼出了“智慧制造，轻铝生活”的社会责任核心理念，并付诸实践，开发“铝”的绿色环保特性，用轻量化产品服务社会，为大众生活增色，为经济发展减负。

（叶硕宁）

中铝山西新材料有限公司

一、基本情况

中铝山西新材料有限公司（以下简称：山西新材料）是由中国铝业股份有限公司山西分公司（以下简称：山西分公司）和山西华泽铝电有限公司（以下简称：山西华泽）于2017年8月合并重组而成，是山西省第一家拥有“矿山－氧化铝－电解铝－铝加工”并配套自备发电机组的完整铝产业链的大型企业。

2017年8月8日，山西分公司和华泽公司进行合并重组，以中国铝业山西分公司经评估后的全部资产和负债的净额山西华泽进行增资，重组完成后，山西华泽更名为中铝山西新材料有限公司。截至2017年底，山西新材料资产总额128.95亿元，在岗员工5004人，年产氧化铝250万吨、电解铝42万吨、铝合金棒10万吨、阳极炭素21万吨及2300兆瓦燃煤发电机组。

二、机构设置

山西新材料成立后设置职能部室8个，管理中心6个，二级单位13个，托管单位6家。

三、生产经营

2017年，山西新材料实现氧化铝产量189万吨，精细氧化铝产量1.5万吨，电解铝产量43.67万吨，铝基合金产量12.74万吨，炭素产量20.9万吨，产量较2016年皆有提升，成本同比下降明显，产品创效能力稳步提高。全年实现营业收入80.9亿元，减亏4亿余元，上缴税金总额3.5亿元，为实现本质脱困奠定了坚实基础。

四、重大发展项目

2017年在建重大项目5项，分别为赤泥堆场扩建项目、热电分厂脱硫脱硝及粉尘综合治理项目、氧化铝厂区生产废水治理及雨水排放改造完善项目、炭素系统挖潜创效项目、2X300MW发电机组超低排放改造BOT项目。2017年完成投资约1.70亿元。

表2　2017年在建重大项目情况

项目名称	设计规模	投资规模（万元）	当年完成投资额（万元）	年内项目建设形象进度
赤泥堆场扩建项目	在苍头征地建设赤泥Ⅸ格及应急处理措施，形成2087万m^3库容。	33228	300	应急措施全部完工投用，新建Ⅸ格A格建成投用，Ⅸ格B格协调征地事宜。
热电分厂脱硫脱硝及粉尘综合治理项目	对二期5台220t/h高温高压煤粉锅炉进行脱硫脱硝及除尘改造；对三期3台240t/h高温高压循环流化床锅炉进行脱硫改造。	23074	716	主体工程已完工投用，配套建设工程在建。
氧化铝厂区生产废水治理及雨水排放改造完善项目	在工业废水处理站增建初期雨水收集池；在一厂经一路和经三路、4号路新建提升泵站，将厂区的污废水引入工业废水处理站集中处理；在西马路生活污水管道上增加启闭机；对工业废水处理站局部改造；对氧化铝厂区部分破损的防碱地坪予以修复，对使用年限较长的工艺管道进行更换等内容。	2236	235	主体工程完工投用。
炭素系统挖潜创效项目	28万吨预焙阳极。	32998.83	0	焙烧车间桩基、土方开挖、基础完成施工；生阳极车间桩基完成施工。
2X300MW发电机组超低排放改造BOT项目	烟气污染物排放标准满足粉尘≤5mg/Nm^3、SO_2 ≤ 35mg/Nm^3、NOx ≤ 50mg/Nm^3。	15788.38	15788.38	改造完成，实施后烟气污染物排放控制在烟尘≤5mg/Nm^3、SO_2≤35mg/Nm^3、NOx≤50mg/Nm^3，满足山西省超低排放的环保达标排放标准，每年减少排放NOx总量599t/a、烟尘总量55t/a、SO_2总量441t/a。

五、企业管理

2017年，山西新材料组织对法律法规及其它要求进行识别、评价、更新，开展了合规性评价；组织开展危险有害因素、环境因素辨识评价，对识别和评价出的重大风险、重要环境因素，通过制定管理方案、应急预案等措施实施有效控制；组织质量、HSE管理体系手册和程序文件的换版工作，完善了质量、安全、环境管理制度；通过内外部审核，确保了体系文件的贯彻落实和体系的规范运行，实现了体系的持续改进。

六、科技创新

2017年，山西新材料与中国铝业郑州有色金属研究院有限公司合作，开展了FHEST（电解槽新型稳流保温节能）技术推广应用，项目总投入2925万元，应用该技术使电解吨铝直流电耗降低至12400千瓦时以下，节电效益显著；与中铝国际合作的二组份烧成半工业试验关键指标良好，将进一步开展工业试验；自主开展了提高种分分解率新技术、赤泥综合利用、赤泥脱钠技术等多项新技术研究和应用；成功引进微粉合作生产项目，一期建设规模3万吨/年；牵头组织公司氧化铝生产技术攻关，为生产降本增效做出积极贡献，技术贡献730余万元；制定了公司科技创新管理制度、科技项目管理办法，理顺了管理流程，强化科技创新体系建设；编制了未来3年的“精细氧化铝发展规划”、“科技发展规划”等规划，强化科技对企业转型发展的引领作用；创办了科技信息共享平台，加强对外技术合作交流，加强技术人才队伍建设；6项专利获得国家知识产权局受理，5项专利获得授权。为增强企业核心竞争力提供了有力支撑。

2017年，科技创新投入2925万元，申请专利6件，受权专利4件，科技人员占比为1.72%。

七、深化改革

2017年山西新材料上下团结致力于发挥“1+1>2”效应，同向发力，同频共振，直购电交易、新能源交易双重突破，28万吨炭素项目顺利开工建设、1.5万吨拟薄水铝石扩建项目通过中铝股份总裁专题会，3万吨氢氧化铝微粉项目签订合作协议，转型发展开启新篇章。

坚持创新驱动引领，全面深化改革，发展活力和创新动力明显增强。加强机构改革，整合业务分工，优化运营管理，强化设备管理。实施精细氧化铝公司市场化改革，产销量均创历史新高，一举扭转连续3年亏损局面，同比增效600多万元。实施大宗原燃物料采购大客户战略，年节约费用4200万元。实行备件辅材供应及维检修一体化承包，年减少费用支出1400万元。践行“互联网+”思想，建立电商物流、大宗物料管控系统，无人计量、网上竞价和电子支付成功应用。招标实现统一集中管理，规范化全覆盖，全年降本9834万元。

八、党建与企业文化建设

山西新材料党委深入学习贯彻党的十九大精神和习近平新时代中国特色社会主义思想，全面落实从严治党责任，持续巩固“两学一做”学习教育成果，坚持扭亏脱困转型升级总基调，持续夯实党建工作基础，强化干部队伍建设，严明纪律匡正风气，为新材料公司扭亏增盈、决战决胜提供了坚强的思想保障和政治保障。

践行以人为本的理念，将关爱员工工作放在首位，着力为员工打造“大家庭”的温暖。开办职工食堂，为倒班职工提供免费工作餐，开展夏送清凉配发洗衣机，实施“厕所革命”，职工生活条件持续改善。重点关爱特殊群体，开展大病医疗互助、金秋助学、特困帮扶，发放救助金50万元，体现组织温暖。全力争取跨企业转移和内退政策，职工群众的获得感不断增强。

九、履行社会责任

山西新材料主动搞好企地关系，不断支持和带动地方经济社会发展，为企业发展赢得了和谐融洽的外部环境。

积极推进绿色矿山建设，实施精矿战略，提高了资源利用率。大力开展节能减排，实施氧化铝厂3#立盘液封流程改造，解决了现场冒泡的问题，停运2台液封泵，降低了生产电耗，并对改造经验进行推广。开展降低产汽煤耗技术攻关，实施了热电分厂二期5台锅炉脱硝综合整治，持续开展锅炉漏风治理，锅炉综合产汽原煤耗较2016年降低1.61kgce/t－汽，减排CO_2量1万吨，为全国铝企业低碳绿色发展做出了重要贡献。

（刘　杰）

广西华磊新材料有限公司

一、基本情况

广西华磊新材料有限公司（以下简称：公司）位于广西壮族自治区百色市平果工业区，毗邻中铝股份广西分公司，是中铝广西投资发展有限公司、广西百色开发投资集团有限公司和广西平果县城市建设投资有限责任公司分别按40%、40%、20%的比例出资，于2015年12月30日注册成立的合资公司，注册资本1.2亿元，经营范围包括电解铝生产、火力发电、铝材深加工、煤炭生产和经营、投资百色区域电网、铝加工、电解铝生产的技术服务和技术培训。

二、项目建设

公司2016年7月15日开工建设的轻合金材料项目（以下简称：华磊项目）是2011年国家发展改革委批准的“广西百色生态型铝产业示范基地”的核心项目，是广西壮族自治区铝产业“二次创业”的重要支撑项目，是中铝驻桂企业转型升级的重大项目，项目建设主要包括500千安级大型预焙槽300台、年产铝水40万吨的轻合金部分，配套建设3350MW超临界燃煤发电机组的热电部分，计划建设工期18个月，总投资概算61亿元。

2017年，华磊项目建设在安全、质量、进度、投资等方面均实现有效控制。轻合金部分于2017年9月25日建成投产，比中铝总部批复的工期提前了两个月；热电部分一号机组于2017年12月27日投产发电，创国内同类型机组最短工期。主要做法是：

一是压实、落实安全环保责任，建立健全安全生产责任制，落实全员安全“一岗双责”清单，强化对项目承包商的管控，加强对承包商和建设现场的安全管理。截至2017年底，共开展安全环保检查99次、安全警示约谈7次；下发安全整改通知单69份，治理安全环保隐患451项，隐患整改闭环率100%；开出安全罚单55份、处罚金额累计达30余万元。安全环保实现“零事故”目标。

二是加强项目建设质量管控，创建“质量样板园”引领施工质量，致力打造“国内一流、国际领先”精品工程。项目整体工程质量合格率达100%、优良率达82.7%。2017年11月22日，全国有色金属工业创建精品工程培训暨现场观摩会在华磊项目建设现场召开，全国有色质监总站各分站代表，中铝公司相关部门、各成员企业相关负责人以及中国有色金属杂志、中国有色金属报等媒体记者共300余人到现场观摩。

三是加强项目管理，精心组织施工。全体建设者克服高温多雨造成的施工困难以及施工爆破点多面广等不利条件，确保项目建设有力推进，实现提前投产目标。

四是做好百色区域电网至华磊项目输电线路建设的跟踪协调工作，确保轻合金部分投产所需的电力供给；积极参与区域电网调度稳控系统改造，增进电网稳定。

五是抓好招标组织，严格控制设计变更和现场签证，加强采购和财务管理，严格控制投资，确保项目投资不超概算。

六是做足生产准备，制定并实施试车方案，确保生产一次启动成功并稳定运行。截至2017年底，电解槽成功启动144台，槽系列平均电压3.87V、噪声小于20mV。热电部分1号机组从点火到整套启动成功只用6天、从定速到并网成功仅用了29.5小时。

三、生产经营

截至2017年底，公司共产出铝液2.07万吨；实现工业总产值（当年价）1.75亿元，工业销售产值（当年价）1.64亿元。

四、企业管理

（一）加强员工管理，培养高素质员工队伍

公司坚持以“从严把关，宁缺勿滥，逐步引进各类专业人才”为原则选聘员工。截至2017年底，公司在册员工779人，其中：硕士17人，大学本科196人，大学专科226人。

2017年，公司继续严抓队伍建设。一是弘扬团结之风，要求广大员工牢固树立大家庭观念，避免出现“团团伙伙”；二是引领员工深入学习党的十八大、十九大精神，用习近平新时代中国特色社会主义思想武装头脑，不断提高理论水平；三是继续开展员工“爱岗敬业”主题教育，强化员工主人翁意识；四是组织开展导师（师傅）带徒活动，通过传、帮、带让新员工快速适应环境和提升技能，共结成271对师徒；五是做好后备人才培养，以加快华磊公司新生代骨干、核心人才的成长进程。

（二）精简、高效，及时完善组织制度建设

为适应由项目建设转入生产经营的需要，公司以“精简、高效”为原则，于2017年8月完成了两级机构设置，成立了电解铝厂、发电厂、动力厂3个二级单位和综合部（内审部）、人力资源部、财务部、生产技术部（安全环保部）、工程管理部、装备能源部、营销采购部7等个职能部门，并按照中铝股份广西分公司党委的安排，逐步完善党、团组织建设，成立了4个二级党委、14个党支部和公司团委。

2017年，公司制定实施了招投标管理、工程管理、投资控制、安全环保管理、物资采购供应管理、人员招聘、培训、综合管理，以及生产操作规程等管理制度共335个；对已有制度进行梳理，共修订制度27项。

五、社会责任

公司的环保设施与主体工程同时设计、同时施工、同时投入使用。热电部分总投资34.95亿元，同步建设的环保设施包括烟气处理装置、废水处理装置、固体废物处置装置以及风险防范措施等，投资2.4亿元，占总投资的6.86%。环保设施投入使用后，烟气出口二氧化硫、氮氧化物和烟尘排放浓度可分别控制在35mg/Nm^3、50mg/Nm^3、10mg/Nm^{3}以下，实现废水循环利用、固体废物无害化处理和再利用。轻合金部分总投资22.45亿元，同步建设烟气净化系统，投资1.02

亿元，占总投资的4.5%，可实现氟化物、粉尘排放浓度分别控制在$<1mg/Nm^3$、$\leq 5mg/Nm^3$，优于国家排放标准。

（王建宁）

山西华圣铝业有限公司

一、概况

山西华圣铝业有限公司（以下简称：山西华圣）是中国铝业股份有限公司与山西昇运有色金属有限公司（原为山西关铝股份有限公司）合资组建的大型电解铝企业。2006年3月7日正式注册成立，双方出资比例为51：9，注册资本总额为10亿元人民币。截至2017年底，山西华圣资产总额22.59亿元，员工总数1505人。山西华圣主要经营范围为年产22万吨电解铝和6万吨阳极碳素产品，分别采用300千安大型预焙槽电解技术和预焙阳极焙烧技术。

山西华圣地处秦晋豫黄河金三角的山西省永济市，坐落在城东6公里处永济市循环经济园铝深加工区，背倚中条山，前瞰伍姓湖，周边环境优美，地理位置优越，铁路、公路交通便利。

二、生产经营

2017年，山西华圣围绕“一坚持，两加强”党建总方针，和“保盈争先”工作主题，深耕主业，开垦“鑫”业，深化精准管理，强化技术攻关，倾力挖潜增效，积极争取政策，关键业绩指标位居前列，转型升级取得新成效。全年生产铝锭22.48万吨，超产3834吨；自产阳极8.31万吨，超产8054吨；铝锭99.70以上率100%，产销率100%；实现工业总产值28.84亿元，盈利9116万元。

全面推行设备自主维护、预防性维修、设备故障管理等标准化模块，规范计划检修和二级点检，建立主要设备KPI。设备管理架构更加成熟、系统，主要设备完好率提高到98%。

三、改革与管理

编制了“十三五”发展规划，明确了“深耕主业，开垦‘鑫’业，打造国内最具竞争力的铝产业循环企业”的战略目标和“一争取，两做强，两开拓”的工作思路，转型发展步入关键期。成立了合金化推进办公室，积极开展废铝回收及再生工作，开拓了铝母线、铝焊板等新业务，迈出了电解铝合金化转型第一步。

以创建模范工厂为目标，全面推行精准管理。安装安全隔离护栏，规范标识牌及看板，制作关键设备现场管理标准卡，实施设备清洁方案，现场管理更加规范。推行设备点检标准化和预防性维修，设备维修费用和备件费用同比分别下降14%和43%，大修槽工期保持在20天，设备管理水平明显提升。扎实开展“安全、干净”班组竞赛活动，实施班组值班室、休息室、卫生间改造，拍摄制作“安全、干净”视频，班组工作环境明显改善，操作标准化水平大幅提高。成立女子安全纠察队，全员配发“616”安全确认卡，开展“党员安全监督岗”“青年安全监督岗”等活动，员工安全意识和防范能力进一步增强。

四、节能减排

积极开展“更低能耗电解槽扩大试验”攻关项目，加强设备的精细化管理，强化人员标准化操作，试验槽直流电耗达行业一流水平。优化生产流程，利用阳极余热，将组装好的热阳极在短时间内上槽，缩短了新阳极在槽上导全电流的时间，阳极24小时合格率提高11.48%，导电量提高10.5%，对系列电耗贡献约44千瓦时/t－Al，年化经济效益约427万元。扎实开展设备无泄漏治理工作。对下料器点检紧固，钢制弓形套连接处进行摸胶密封，供料管路泄漏治理，槽上部积料清理、回收，氧化铝单耗同比降低6千克/t－Al，节省氧化铝成本230余万元。开展电解槽消音改造与净化烟气回收工作，车间噪音降低35分贝，优于国家标准。加强烟气净化设备管理，烟气达标排放，各项环保指标均达到标准。

五、基本建设与技术改造

启动“炭素系统挖潜增效填平补齐”项目，并开工建设。该项目实现了企业多年以来重大发展项目零的突破，主要建设内容为在焙烧二期预留场地新建焙烧炉及其辅助设备设施和厂房，建成投产后，焙烧产能将增加4万吨，实现电解与炭素的产能配套。

六、技术创新

实施槽控系统升级、破碎系统改造、精准出铝改造等多项技术改造项目，试验槽直流电耗、电流效率等指标显著提升。优化阳极外形尺寸，采取防氧化措施，阳极毛耗、天然气单耗等指标位居中前列。打开工程技术人员职业发展通道，建立技术人员与管理人员并行、共存、互通、共融的发展平台，技术人才创新成果突出，全年有2项“五小”成果荣获山西省“五小”竞赛一等奖和三等奖；4项创新成果荣获中铝集团“金点子”“银点子”奖。全年共申请专利4件，获得授权3件。

七、精神文明建设

落实全国国有企业党建工作会议精神，完成党建进章程工作，明确了党组织在公司法人治理中的法定地位。建立“党组织工作责任清单”和“党组织书记责任清单”，落实“双百分”责任制考核。企业领导带头开展“十九大精神”宣讲，中层以上干部给联系点党支部讲党课36场，关键少数表率作用强劲。落实“两学一做”学习教育常态化制度化，实施“两带两创”项目，设置党员安全监督岗，广大党员示范作用突出。建立健全工会及团委组织，成立女工委员会，开展安全监督、巡回演讲、食堂改进等活动，各级组织带动作用明显。加强内外宣传，“厚植创新潜力，引领华圣辉煌”作品入选中铝公司品牌故事。发布《文化手册》之四—“我的踏石攻坚计”，开展“我的安全谁做主”主题征文活动，文化氛围更浓。

以人为本，关爱员工。设立了困难员工帮扶基金，成立职工帮扶服务中心，将70名困难员工纳入到全总工会帮扶工作管理系统。组织员工参加运城市总工会开展的大病医疗互助工程，全年为8名员工申领大病医疗互助保险金27573元，员工幸福感和满意度进一步提升。

（姚向红　武世杰）

福建省南平铝业股份有限公司

一、经营情况

2017年，在省政府政策支持和福建冶金坚强领导下，福建省南平铝业股份有限公司（以下简称：南铝公司）坚定发展信心，坚持新发展理念，对外抓住国家供给侧结构性改革及铝价上涨契机，对内积极推进改革创新、全流程降本、提质提效、调结构促转型等工作，不但使南铝公司本部扭亏为盈，而且控股子公司也实现全面盈利，取得了南铝公司建企以来最好的经营佳绩，并荣获第五届“全国文明单位”殊荣。与此同时，南铝公司按高质量发展要求，实施科技兴企、人才强企的发展战略，大力投资开发新兴材料、高附加值、高技术含量、绿色低碳等产业链递延深加工项目及多元化产品，为南铝公司可持续发展开创了新局面。

（一）产销量情况

2017年，南铝公司生产电解铝14.06万吨，同比增长13.4%；圆铸锭18.53万吨，同比增长22.2%，其中高品质圆铸锭10.35万吨，同比增长20.7%。铝型材12.67万吨，同比增长4.1%。铸轧带材4.53万吨，同比下降6.3%；铝板带材5.17万吨，同比增长6.1%；铝单板27.53万平方米，同比增长44.7%。铝合金锭2.21万吨，同比增长12.4%。铝成品窗341.7万平方米，同比下降21.1%。轻量化车辆263辆。

2017年，销售圆铸锭16.88万吨，同比增长49.8%，其中高品质圆铸锭10.26万吨，同比增长26.6%。铝型材13.33万吨，同比增长5.5%，其中公司本部含华银9.57万吨，同比增长3.7%。南铝成都公司3.76万吨，同比增长10.4%；铝板带材4.67万吨，同比增长12.8%；铝单板33.20万平方米，同比增长37.9%；铝合金锭2.31万吨，同比增长38.2%；压铸件0.17万吨，同比增长143.0%；轻量化车辆200辆。

（二）经济效益情况

2017年，南铝公司及控股企业实现销售收入63.51亿元，同比增长19.9%；实现利润2.23亿元，同比增长266.9%；实现税金2.14亿元，同比增长38.3%。

二、完成的主要工作

（一）拓展递延加工，产品转型升级成效显著

2017年，南铝公司积极开拓新市场，依靠自身竞争优势，科学研判，细分市场，逐步降低普通产品和低附加值产品的产销量，不断提升新产品、高品质、高附加值产品的市场占有率。同时积极扩大铝的应用领域，加大后端递延深加工产品的开发，不断提升产品科技含量和附加值，显著增强了企业产品多元化盈利能力。高品质圆铸锭保持高速增长，同比大幅增长26.6%；传统铝型材产品转型初见成效，高附加值产品占出库总量29.38%，高附加值深加工产品比重接近60%，

产品盈利能力有较大提升；IT铝型材递延深加工产品稳步提升，高附加值IT材产品贡献利润88%以上；板带材递延加工品种贡献逐步增大；轻量化汽车产品实现批量供货；全铝结构天桥、防洪挡板、全铝屋面维护结构等结构件产品批量生产；开拓合金锭与压铸件产品新用途。

（二）深挖降本潜力，推进全流程降成本

南铝公司通过开发新优质供应商，推进厂家直供直销，等质品牌替代、化零为整、规模采购、提高采购物资综合性价比等举措，全年节约成本超过2100万元。通过推进生产工序降本增效方案，同口径对比完成903.83万元效益。

（三）加大科技投入，助力企业提质增效

南铝公司始终贯彻科技兴企发展理念，持续做好国家级企业技术中心、国家级创新型企业、省级铝合金型材工程研究中心和省级铝合金重点实验室等创新平台建设和维护，积极立项攻关科技创新项目。2017年“铝合金车体产品开发及应用”等7个项目通过验收或申报入列省重大科技计划等；开展66项创新研发、技术改造、设备改造类项目的实施，有力促进提质增效，节能降耗。2017年授权专利20件，其中发明3件、实用新型4件。主起草或参编GB/T 5237.6－2017《铝合金建筑型材第6部分：隔热型材》等20项国家标准和4项行业标准。2017年企业加快技术改造，促进提质增效，完成技术改造投资3.83亿元，投资计划完成率94%。

（四）加强人才队伍建设，创新人才培养和稳定措施

南铝公司始终坚持“人才是企业最宝贵资源”的理念，重视各层次人才队伍建设。创新生产技能人才培训培养方式，与南平技师学院合作开设南铝专班，26名学生签约为南铝定向培养生源，提升技能人才招收队伍质量；引进1名博士，计划建立博士后工作站。同时实行稳定人才队伍激励措施。一是对“985工程”、“211工程”、境外著名大学排名前200名全日制本科以上学历人才收入实行保底，对引进人才的技术职称直接或破格聘任；二是筹划建设“南铝产权型人才公寓”，解决人才住房问题，以此吸引并留住各类高级人才。

（五）求实效提升企业文化

变更职工食堂原承包经营模式，收回公司自行管理，食堂饭菜价格降低，饭菜质量不断提高，食堂卫生明显改善；完成公司夜景亮化工程，以及第三车库的建设，努力为职工建设美好家园，解决职工停车难问题；组织公司职工、劳务派遣工1813人体检；发放医疗补助、困难职工补助62.28万元；大力支持扶贫帮困，上门慰问困难职工和困难党员，签订“一助一”帮扶协议19份。举办春节游园活动、阖家欢乐闹元宵、迎“三八”女职工趣味健身比赛、迎“五一”职工拔河比赛、“迎国庆”职工气排球、庆“国庆”“中秋”三人制男子篮球赛、陈式太极拳习练班、书画摄影展、志愿者服务和大学生户外拓展等职工喜闻乐见的系列文体活动，营造更加和谐的环境。2017年南平铝业荣膺第五届“全国文明单位”称号。

（谢林芳）

深圳华加日铝业有限公司

一、企业概况

深圳华加日铝业有限公司（以下简称：公司）是1986年成立的中外合资企业，隶属于上市公司深圳市中金岭南有色金属股份有限公司。

公司是国家高新技术企业和全国外商投资先进企业，注册资本1.88亿元，总资产8.8亿元，净资产6.5亿元。现有股权结构为深圳市中金岭南有色金属股份有限公司（72%）、日本轻金属株式会社（18%）、深圳市加汇华投资有限公司10%。

2017年月平均在岗员工889人，其中内退员工5人。公司旗下拥有4家子公司，其中2家全资子公司，1家控股子公司，1家参股子公司。公司主营业务为生产高端工业与建筑铝型材及其精深加工产品和轨道交通用供电轨系统器材及配套产品，以及高档建筑节能门窗和幕墙工程的设计、加工与施工。

二、生产经营

2017年，公司聚焦高端工业铝材及高档建筑节能幕墙门窗市场需求，着力推进精准管理和降本增效，各主要生产经营指标迈向新台阶，归属母公司净利润再攀新高，取得历史最好成绩。全年公司生产1.8万吨高端工业铝材（主要面向汽车轻量化、消费电子、家用电器、航空航海等应用领域）、48万平方米建筑幕墙门窗工程产品、2

公里磁悬浮轨道交通供电轨系统器材，实现年销售收入9.6亿元，归属母公司净利润5086万元。

三、安全环保

严格落实安全环保主体责任。系统部署安全环保工作，定期实施领导值班带班及日报告制度，深入车间一线、深入工程施工现场，加大安全环保检查力度，确保安全环保工作态势总体平稳，各项安全环保控制指标正常，全年未发生一起安全环保事故，“三废”排放达标，节能减排取得明显成效。

加强环保治理，推进安全标准化建设，夯实发展基础。2017年公司被深圳市人居委评为环保诚信企业（绿牌），绿牌为环保信用等级最优级，并成为深圳市企业风险管控和安全标准化双重预防机制建设的800家试点企业之一。

四、精准管理

2017年公司全面推进精准管理工作。以成本控制为中心实施全面预算管理，推进六大精准管理项目。型材综合成品率达72%，环比增加1%，建筑幕墙门窗工程合格率达100%。推进清洁生产和安全标准化工作，实施两大改善项目，加强工艺管理和生产过程控制，确保安全生产，提高产品质量。

五、技术创新

坚持技术创新，提升公司核心竞争力。不断研发高新技术及高端产品，深圳市航空及轨道交通用新型高精密铝合金材料工程实验室获深圳市主管部门批复，研发新型建筑幕墙工程BIM应用技术、改进型3000A与4000A钢铝复合供电轨、2500A悬挂式单轨用轨体及500A微轨轨体等高科技产品。

“磁悬浮列车轨道交通高强高导电性能感应板材料研发”获得中金岭南公司第三届科技创新大会一等奖。全年共获授权专利16项，其中发明专利1项，实用新型专利15项。

六、制度建设

推进“三项制度”改革，完善企业治理，修订完善或新制定一系列管理制度。修订《员工聘任管理制度》、《员工薪酬管理制度》、《绩效考核管理制度》，进一步完善干部选拔任用操作规程，进一步规范员工薪酬发放和绩效考核。

强化风险管控，颁布试行《子公司管理制度》，规范子公司“三重一大”事项方面的生产经营行为。颁布《监督检查管理制度》，组织精干力量全面检查子公司在物资采购、市场销售、劳务分包、薪酬发放、干部提拔等方面的实际运营情况。

七、党建工会

2017年通过强化决策把关，落实“三重一大”事项党委的前置研究。加强党风廉政建设，切实履行“一岗双责”，开展廉洁风险隐患排查，狠抓制度建设和重点领域、人员的监管，进一步做实党内监督。通过整合监督力量，强化督查督办，完善责任考核，构建起务实管用的工作机制。通过抓教育、抓苗头、抓专项治理和整顿，严格了队伍的监管。

积极开展员工群众性技术革新活动，创建“劳模（职工）创新工作室”，弘扬新时代劳模精神和工匠精神。公司优秀员工荣获深圳市“五一”劳动奖章，并参加了深圳市庆祝五一国际劳动节暨表彰大会。2017年公司荣获“深圳市社会责任评价”三星级企业，基层工会分会获深圳市“职工小家”称号。

（何　伟）

云南冶金集团股份有限公司

一、企业概况

云南冶金集团股份有限公司（以下简称：云南冶金集团）于1989年由原云南省冶金工业厅改制设立，2008年在云南首家完成集团层面股份制改制。截至2017年底，云南冶金集团全资和控股企业134户，其中包括云铝股份、驰宏锌锗两家A股上市公司、一家“新三板”挂牌企业云南科力新材料股份有限公司，以及电子级多晶硅、高端氯化钛白粉等战略新兴企业，形成了以水电铝材、铅锌锗、水电硅、钛为主体的“一体”产业，以金融服务业和生产生活配套服务业为“两翼”的“一体两翼”发展新格局。已形成采矿近1200万吨、选矿近1200万吨、冶炼260万吨、各类加工产品100万吨的年生产能力，资产总额近900亿元，在职职工近3万人。

二、生产经营

2017年，在云南省委、省政府和省国资委的坚强领导下，云南冶金集团围绕“打赢扭亏为盈翻身仗”这个目标，按照“抓党建、晒成本、促帮扶”工作主线，通过优化结构、满产满销、内部帮扶、整合资源、业务协同、相对集中采购营销、加大成本管控等一系列举措，抓住市场上升期和平稳期，生产经营业绩“超过同期、好于预期”。全年完成金属总产量204万吨，同比增长18.79%；实现营业收入471.73亿元，同比增长35.35%；实现利税总额33.40亿元，同比增长177.83%，其中利润总额10.18亿元，同比增长123.71%；工业总产值387.96亿元，工业增加值76.54亿元，同比均分别有大幅度增长。其中，两个上市公司合计盈利近23亿元，水电铝、铅锌锗传统优势产业发展势头强劲。

三、深化改革

云南冶金集团以推进供给侧结构性改革为主线，加快改革步伐，狠抓改革落地。云南冶金集团混改方案已获云南省国资委批复并取得突破性进展，已与7家机构签订股份认购协议。完成新增所属混改企业12家，集团所属企业混改比例已提前完成2020年80%攻坚责任目标。完成3家企业产能关闭和4家企业出清工作。加快剥离企业办社会职能，“三供一业”已有90%的企业签订分离移交框架协议。按照“相对集中、适度分散、合理归集、注重实效”原则，加大整合内部资源、培育内部市场力度，创新商业模式、加强业务协同。培育新业务创造新的利润增长点，积极归集发展集团铁路、公路物流，成立了2家物流公司，物流产业协同发展初步形成。

四、安全环保

云南冶金集团安全环保形势总体平稳向好。2017年安全费用投入超过1.1亿元，未发生较大以上生产安全事故，重伤事故为零，安全控制指标创近5年来最好水平。6家企业通过安全标准化一级、二级企业评（复）审，其中1家公司通过一级安全标准化企业评审。各企业未发生环保污染事故，主要污染物达标排放，危险废物按规定处置，工业用水重复利用率、固体废物综合利用率有一定提升。云铝股份获国家工信部首批“绿色工厂”称号；2家公司通过第四批国家绿色矿山验收。云南冶金集团生产企业生产指标持续保持领先水平，能耗、消耗指标大幅改善。

五、转型升级

在转型升级中，云南冶金集团坚持绿色低碳可持续发展方向，不断加快产业建设步伐，积极培育新产品、新业务，“一体”产业提质提速，“两翼”产业支撑逐步发力。2017年，云南冶金集团重点建设项目22项，完成固定资产投资53亿元。3个水电铝项目全面开工建设，10万吨水电硅项目前期工作基本完成，3.6万吨高精、超薄铝箔项目产出0.0063毫米厚度双零铝箔产品，16万吨废旧铅酸电池无害化综合回收项目一期工程进入投料试车，资源接替工程项目建设有序推进。同时，金融服务业得到不断巩固和强化，生产生活服务业不断拓展。

六、科技创新

云南冶金集团始终坚持以提高科技创新核心竞争力为目标，聚焦主业发展，不断加大科技转型升级力度，创新驱动力逐步显现。2017年，“低电耗大极板锌电解与自动剥板系统技术创新及产业化示范工程”等国家级关键科技项目先后顺利通过验收；铅锌冶炼技术全部列为云南省转型升级鼓励发展工艺技术；合作成立“材料产业技术研究院”、“产学教培用”人才培养基地等项目已落地；着力深入推进机制改革，出台《科技成果转化奖和重大科学技术奖实施办法》，引导科技成果从“获奖型”向“转化型”转变。全年云南冶金集团4个院士工作站通过认定并获准建站；3项行业标准获批准立项；获云南省科技奖6项；获云南省知识产权局首次专利奖4项。

七、党的建设

认真落实全面从严治党主体责任，以“抓党建”为切入点，以推进“两学一做”学习教育常态化制度化和“基层党建提升年”为抓手，深入贯彻落实党的十九大，统筹推进政治建设、思想建设、人才队伍建设、基层组织建设、作风建设、纪律建设和群团工作，在改革发展中切实发挥好党委的领导作用。2017年，云南冶金集团所属企业全部实现将党建工作总体要求纳入公司章程，在岗职工全年平均收入同比取得较大增长。同时高度重视并做好离退休、信访维稳等工作，保持了企业和谐稳定。2017年，云南冶金集团获全国“五一”劳动奖章、全国“五一”巾帼标兵各1人，全国“工人先锋号”1个；获省“劳动模范”、省“五一”劳动奖章各3名，省“五一”劳动奖状1个，省“五一”巾帼标兵2名、省“职工和谐家庭”5户。

（王留清）

江苏大亚铝业有限公司

江苏大亚铝业有限公司（以下简称：公司）是国内主要的专业“双零”铝箔企业之一，主要服务于食品医药软包装、高压电力电容器和卷烟包装三个领域，丹阳、洛阳两个工厂合计铝箔产能2.5万吨。

一、概况

2017年，公司实际产销铝箔1.7万吨，销售收入4.5亿元，实现利润1500万元，两个工厂年末人数合计为350人。

二、生产经营

2017年，在市场产能严重过剩，产品销价不断被动下滑，单位产品毛利率不断下降的不利情况下，新的领导班子及时调整思路，外抓市场稳定，内抓管理重建，理顺各项业务流程，引进先进的管理思想和管理工具，革除旧习，积极创新，提高产品质量，做强做大传统优质市场，2017年铝箔产销虽然只比2016年增加1000吨，且利润有所下滑，但企业内在的问题得到了逐步解决，企业已逐步走上了健康、可持续发展的轨道。

（戴燕飞）

河南神火集团有限公司

一、概况

2017年，对于河南神火集团有限公司（以下简称：集团公司）而言，是意义非凡的一年。面对严厉的安全环保政策、复杂多变的市场形势、压力巨大的资金风险等重重困难和挑战，集团公司带领干部员工坚持贯彻“巩固提升、创新发展”的工作思路，围绕全年各项既定目标，抓改革、促转型、强管理、稳运行、控风险、保和谐，主要经营指标大幅增长，各项工作有序推进，企业继续呈现良好发展态势。

二、生产经营

（一）经营效益显著增长

2017年，集团公司在主要产品产量明显下降的情况下，经济效益指标超额完成年度目标，同比大幅增长。全年生产煤炭626万吨，型焦5.2万吨；生产铝产品111.26万吨，炭素58.7万吨，自供电量123.78亿千瓦时；生产冷轧产品6.04万吨，铝箔2.68万吨；生产氧化铝66万吨。集团公司整体实现营业收入197亿元，同比增长5.35%；经营性利润14亿元，较计划增盈4亿元，同比增盈11.2亿元；上缴各类税金25亿元，同比增加9.84亿元。尤其是新疆神火公司连续两年利润超过14亿元，是名副其实的利润大户，为集团公司经济效益增长做出了突出贡献；

（二）深化改革成果丰硕

2017年，6个历史遗留职工家属区“三供一业”完成维修改造并分离移交，实现了社会化、市场化管理；2289名退休人员向地方顺利移交，实现了社会化管理服务；集团公司在职职工社会基本医疗保险参保手续完成办理；压减和停止业务运营法人户数37家，完成了省政府下达的压减30%以上的任务；化解煤炭过剩产能关闭矿井7对，退出产能120万吨；淘汰落后电解铝产能30万吨，并经省政府主管部门顺利验收公告。在“僵尸企业”处置和盘活闲置资产上取得了阶段性成果。

（三）转型升级方向明确

集团公司确定了“4基地+4园区+1总部”的产业布局，明确了转型升级与发展方向。2017年，完成煤炭后备资源考察45处；利用淘汰和关停的电解铝实施产能置换与项目合作工作积极推进；商丘神隆宝鼎高端双零铝箔项目加快建设；与河南国土资源开发投资管理中心签订了战略合作框架协议，正在努力推动整合氧化铝资源与发展优势项目。

（四）重大风险有效防控

大力实施环保治理与改造，主要环保设施运行正常，实现了达标排放；按时偿还各类到期债务，避免了违约风险；强化信访与矛盾化解工作，确保了全年及党的十九大等关键时期的大局和谐稳定。

三、党建工作

集团公司党委坚持把方向、管大局、保落实，党建工作写入公司章程，并融入到安全生产、经营管理、改革发展各个方面。深入学习宣传贯彻党的十九大精神，全面落实从严治党，持续推进“两学一做”学习教育常态化制度化。通过创建“五好党组织”、“党员示范岗”、“党员突击队”等活动，彰显了党组织的战斗堡垒作用，发挥了党员的先锋模范作用。进一步规范了干部选拔任用与教育培训，干部队伍综合素质有新的提升。全面加强党风廉政建设，各级纪检监察部门主动参与到重大经济活动监督与选人用人等工作把关，结合查办违规违纪案件，实现了在监督执纪问责上有新作为。各级工会、共青团组织结合自身特点，紧紧围绕集团公司年度中心工作，主动作为，发挥了积极的作用。

四、发展成果

集团公司坚持以人为本，全心全意依靠职工办企业，让广大职工共享发展成果。随着企业经济效益的提高，适时增加了工资总额列支，2017年集团公司发放工资总额比计划增长19%，同比增长12.5%。继续实施扶贫帮困、大病救助、金秋助学和节日送温暖等多种形式的职工帮扶救助活动，全年慰问困难职工660人次，发放救助金96万元；资助参加高考的员工子女446名，发放资助金88.2万元。职工获得感、幸福感、归属感明显增强。

（王永岐）

河南中孚实业股份有限公司

一、基本概况

河南中孚实业股份有限公司（以下简称：中孚实业）是以铝电解及铝精深加工为核心产业的煤电铝一体化大型现代化企业，是河南省铝工业煤电铝一体化转型升级示范性企业。2017年底总资产达254亿元，员工9400余人，拥有365万吨原煤、90万千瓦发电、75万吨电解铝、18万吨炭素、80万吨铝加工的产业规模。主要产品为替代进口的易拉罐罐身罐盖料、包装及电子用双零铝箔坯料、手机和笔记本电脑用的阳极氧化材料、汽车和船舶用的交通铝材以及高纯铝、高端棒材和线杆等，广泛应用于新型包装、电子电器、交通工具及绿色建筑等领域。

2017年是中孚实业调整优化产业结构、管理水平持续提高的一年，也是强力推进转型升级、内生动力不断增强的一年。面对复杂多变的外部环境和诸多不确定因素，全体干部员工以经济效益为中心，牢固树立“一盘棋”思想，敢于担当，奋勇争先，生产经营平稳有序，挖潜增效亮点纷呈，资金保障坚实有力，科技创新瞄准市场，核心转型升级高精铝项目进入利润增长期，高端产品高端市场开发势头迅猛，率先转型优势更加稳固，企业面貌焕然一新。

二、生产经营平稳有序，管理手段持续完善

2017年，中孚实业实现销售收入115亿元，产品产量基本按计划完成，内部挖潜、创效1.23亿元。多年来，中孚实业持续加强内部管理，整合内部资源提高管理效率，有效控制经营成本。全面推进预算管理和精益管理，实现企业各个环节的规范化、精益化。加强信息化建设，自主开发信息系统，实现生产现场和关键设备运行实时监控，提升了信息共享及分析能力。广泛开展“找短板、提建议、全面提升管理水平”活动，有效提高管理水平。深入开展员工技术比武活动，从中涌现出一大批业务精湛的技术能手，在广大员工中掀起了“学技术、比技能、当工匠”的热潮。结合职业薪酬制度改革，持续开展“师带徒”活动和员工技能鉴定，加强员工技能评价体系建设，建立健全人才“传、帮、带”机制。

三、转型升级推进有力，市场开发势头迅猛

高精铝项目加快提产增效步伐。冷轧、精整产品产量逐步提高，产品质量得到市场认可，高端产品销量超出预期。罐体、罐盖、拉环料等产品全面进入主流市场，阳极氧化料、高纯铝、汽车板等高附加值新产品市场开发稳步推进，高端客户开发进入加速期。中孚实业已成为国内罐盖料单一产品最大的供应商，向世界排名前三位的制罐企业大批量供货。加强院企合作，突破技术瓶颈，成功开发了罐体减薄料、高端深冲料、高端电子料等新产品，具备了深厚的新产品储备和发展潜力。

四、资本运营成效显著，科技创新服务生产

强化资本运作，在满足企业快速发展的前提下，不断优化资本结构，降低财务风险。中孚实业紧密贴近市场需求，围绕生产经营开展科技攻关，与科研院所合作，在铝深加工产品开发、装备改进、工艺完善、质量提高等方面开展科技攻关。完成新型稳流节能电解槽改造任务，实现了吨铝直流电耗降低500千瓦时的目标。中孚实业牵头成立的“河南省高效能铝基新材料创新中心”被确定为“河南省首批制造业创新中心培育单位”，成为河南省“博士后创新实践基地”，为高技术人才的引进搭建了平台。成功召开第七届科技大会，对科技创新先进单位及个人进行了大力表彰，明确了今后科技创新目标方向。

五、绿色发展成效显著，安全基础更加稳固

根据国家相关环保政策要求，中孚实业所属子公司中孚电力、中孚铝业、中孚炭素以及林丰铝电在各相应环节实施环保超低排放改造，企业各项排放物指标均优于行业排放限值。中孚实业不断完善安全管理体系，加快推进安全生产标准化建设，加强宣传教育和应急队伍建设，强化重大危险源和危险因素管理力度，确保了安全工作大局稳定。

六、强化后勤保障能力，提高行政服务水平

中孚实业加大行政督察落实力度，决策部署执行有力，管理提效初见成效。充分利用各类宣传载体，大力宣传先进人物典型事迹，弘扬了正能量，提升了凝聚力。行政后勤进一步强化服务功能，新建高规格幼儿园，开通员工子女校车，对考取大学的员工子女进行奖励，举办大型单身青年员工联谊活动，帮助员工解决实际问题，不断改善员工生产生活环境，增强员工的归属感。常态化开展丰富多彩的文体活动，荣获巩义市第四届运动会团体总分第一名和“突出贡献奖”，展现了企业风采。积极参与巩义市“全国文明城市”创建活动，提升了员工文明素质。参与对口精准扶贫，履行企业社会责任。坚持弘扬诚信文化，喜获“全国企业文化优秀案例”奖，彰显了良好的企业形象。

（李月清）

国家电投集团山西铝业有限公司

一、企业概况

国家电投集团山西铝业有限公司（以下简称：公司）成立于2002年10月，由国家电投集团铝电投资有限公司（占比96.54%）和山西省经济建设投资集团有限公司（占比3.46%）共同持股经营。公司主营业务为氧化铝。截至2017年底，公司固定资产总投资113亿元，员工1755人。公司曾先后荣获山西省“五一”劳动奖状、“山西省优秀企业”、“全国有色金属行业先进集体”、“山西省环境行为绿色等级企业”等荣誉称号，连续8年被评为“全国氧化铝十佳厂商”。

二、生产经营

2017年，公司坚持以价值创造为原则，以成本管控为中心，以效益最大化为目标，突破瓶颈、抢抓机遇、攻坚克难，安全生产形势持续稳固，生产经营成果再创新高，重点项目落地稳步发力，奋斗成果丰硕亮点纷呈。

（一）落实责任严控风险，安全环保局面稳定

全面落实企业安全生产主体责任，突出重点领域安全风险防控和隐患排查治理，形成了内外一体、上下一致抓安全的管理格局。制定安全生产责任清单和到位评价标准，组织开展安全尽职督查，增强了各级人员安全履职意识。2017年，公司规范班组安全活动，提升员工安全技能，开展安全事故学习、教育培训、应急演练1000余次。加强安全等同化管理，将外委单位纳入班组建设管理，加大外委作业现场盯控，防范外委项目安全风险。认真贯彻落实绿色发展理念，加大环保管控力度，积极响应政府重污染天气应急预警，制定应急响应方案，强化环保监管和监测。全年未发生一般及以上安全生产和设备事故，氧化铝、热电、矿山、尾矿库等重要生产板块安全稳定运行，环保设施运转率100%，氧化铝系统监督性监测数据全部达标，环境治理成效明显。

（二）紧盯市场精准施策，经营业绩突破提升

打破矿石供应紧张、质量下降等困难局面，积极应对市场形势，在保产、稳产、高产上攻克壁垒，精准实施生产调控。2017年，公司制定落实低品位矿石生产组织方案，从矿石均化、岗位操作、指标控制等方面逐步适应了矿石质量下降带来的运行新常态。根据矿石供应及库存情况，适时实施了弹性生产，组织对系统进行消缺，为后续平稳运行提供了保障。在环保限产、弹性生产的情况下，结合实际，合理制定生产组织预案，减少生产波动，实现全年氧化铝产量275万吨。同时，主动强化售后服务，积极配合客户需求，有力抓住了市场机遇期，提高了销售收入，提升了利润水平，最大限度地提升了企业效益。

（三）精益生产纵深开展，降本增效成果显著

深入贯彻精益理念，鼓励引导全员参与精益生产。公司以消除浪费、指标优化、节支降耗为目标开展精益改善建议征集活动，2017年实施的精益改善项目累计节约费用2300余万元。深入开

展对标提升，积极借鉴先进经验在分解率、电耗、汽耗等关键指标控制上进行优化改善。严格指标过程监督，精准实施偏离调控，实现了矿耗、碱耗、汽耗等主要指标最优控制。推进设备精益化管理，深入开展TnPM设备“六源”治理，加强日常巡检维护，落实主体设备点检定修、计划检修，改善了现场操作环境，提升了设备运行水平。持续开展技术攻关，烧结法在创造产量历史新纪录的同时，有效平抑了矿耗、碱耗的升高，大幅降低了生产成本。同时，通过严格预算控制，降低期间费用，控制采购成本，降低库存占用和推进技改革新，实现创收创效，做实了降本增效。

（四）重点项目加快落地，发展后劲持续增强

供热项目顺利投运，供热能力持续提升。公司挖潜改造项目克服工期短、子项多、施工与生产交叉等困难，主体工程完工，溶出新增套管加热器、新增分解槽投用等逐步发挥提产降耗效益。按照国务院《关于支持山西省进一步深化改革促进资源型经济转型发展的意见》和省市政府要求，积极推进70万吨铝镁合金新材料项目前期工作，项目列入山西省铝镁合金中心建设总体规划。同时，矿山建设取得积极进展，资源优势向成本优势、效益优势转化的步伐进一步加快。

（五）规范管理合规运营，依法治企不断深化

内控合规体系建设启动运行。2017年，公司梳理“决策、合同、资金”三个业务领域流程，将业务流程与内控合规控制相结合，按照责、权、利对等原则细化各层级、岗位内控合规要求，实现了三大业务领域重要审签流程线上运行，在促进规范运营、管控风险、提质增效等方面发挥了监督保障作用。严格履行企业重大风险整改上报机制，落实重大风险整改，重大风险问题得到稳妥处置。积极构建和谐企地关系，践行央企社会责任，派驻第一书记参与地方精准扶贫活动，取得了脱贫攻坚阶段性成果。发挥供热项目在节能减排、改善民生方面的社会效益，落实天然气“压非保民”政策，全力保障民生需求，赢得社会公众认可与好评。

（六）积极探索变革路径，改革创新逐步深入

深化改革全面有序推进。公司积极探索与企业生产经营发展相适应的改革路径，确定了以市场化为方向，以价值创造为核心，以成本中心为基本定位，以三项制度为重点的改革框架。开展与优秀企业体制机制改革对标，逐步完善优化和推进重要改革举措研究和方案制定。坚持优化劳动用工结构。科技创新取得积极进展。水铝钙石工业化项目完成首批试验产品生产，市场销售前期工作积极推进。赤泥土壤化处置技术及环境风险防控管理研究项目完成结题。大宗物料系统扩容升级项目、数字化实验室项目进入调试、试运阶段。加大科技创新奖励力度，组织对科技创新成果项目进行评审并实施了奖励。

（七）紧扣中心服务大局，党的建设全面加强

认真学习贯彻党的十八届六中全会、十九大会议精神，落实上级党建工作会议部署和要求，推进“两学一做”学习教育常态化制度化，开展党员回答“三个一”活动和领导干部党建联系点“六个一”工作。夯实党建基础，把党的领导纳入公司治理体系，将党委前置讨论程序制度化。以党员创价值为目的，按照项目化管理方式开展党员三项主题实践活动，创新性地实施了党支部、党员“积分制管理”。加强党风廉政建设，开展“讲忠诚、讲担当、讲奉献”主题教育、关爱提醒谈话等活动。加强企业文化建设，开通公司微信公众平台，加大精益生产等典型人物事迹宣传报道。推进青年成长成才，加快青年人才库建设。立足员工四大行动，组织实施了多项文化活动，为职工舒心生活工作创造了良好的环境和条件。

（许云开）

山东华建铝业集团有限公司

一、企业概况

山东华建铝业集团有限公司（以下简称：公司）位于山东临朐，始建于2000年，铝型材年产能55万吨，是以铝型材产业为主，其他相关产业协同发展的大型企业集团，位列中国建筑铝型材10强企业第三名。

公司建有高标准的省级企业技术中心、CNAS国家认可实验室，通过了CMA中国计量检验检测资质认定。公司获得国家专利500多项，并参与了《铝合金建筑型材》、《铝合金门窗》等20多项国家标准、行业标准及地方标准的起草和修订。公司产品远销亚、非、美、欧、大洋洲等40多个国

家和地区。在中国尊、2008 年北京奥运会场馆、2014 年北京 APEC 会议主场馆、北京城市副中心、2017 年金砖国家峰会厦门国际会议中心、2018 上合峰会青岛国际会议中心、雄安市民服务中心以及安哥拉社会福利住房项目等众多国内外知名工程建设中得到广泛应用。

公司荣获高新技术企业、国家守合同重信用企业、全国有色金属行业先进集体、中国房地产开发企业500 强首选供应商等荣誉称号。是中国有色金属工业协会会员单位、中国有色金属加工工业协会副理事长单位、中国建筑金属结构协会副会长单位、国家有色金属标准化技术委员会会员单位、中国模板脚手架协会副理事长单位。

二、生产经营业绩出色

2017 年，公司产销两旺：建筑型材、工业型材、家居材料等方面销售均佳。与碧桂园、恒大、融创等全国百强地产企业建立战略合作关系，大客户业务量明显攀升。产品应用于北京第一高楼——中国尊、北京城市副中心、金砖国家峰会厦门会议中心、雄安新区市民服务中心、山东第一高——海天中心、青岛机场等。APEC 会议中心工程获得“全国获奖工程供货商”，北京城市副中心工程荣获“杰出供应商”殊荣。

三、基础管理再上新台阶

集团化管控体系进一步健全。公司新成立了华铝产业园、华建农业、华铝家居、青岛华铝技术公司等成员企业，优化集团管理架构及职能权限。持续推动标准化管理，通过了标准化良好行为 AAA 级企业复评。提升产品质量，强化安全意识，开展质量管理月活动和安全生产月活动。强化人本管理，注重培养后备人才；推进积分制管理，强化激励和引导作用。进一步规范财务管理，有效控制了经营风险。加强成本管理，推进“两化融合”，完成 ERP 系统升级，成为山东省首批企业上云试点单位。技改创新、增收节支效果良好。

四、基本建设项目齐头并进

2017 年，公司多个产业升级项目和现代服务业项目投产，诠释了新的“华建速度”和“华建质量”。华建科技公司项目实现当年建设当年投产。中欧节能门窗产业园项目和中国铝模板产业园项目高点定位，吸引了来自北京、江苏、广东、河北等30 多家门窗幕墙和铝模板行业知名企业签约落户，并成立中欧节能门窗产业发展联盟；以两个产业园为依托，助力临朐县申报成功“中国铝模板产业基地”、“中国节能门窗产业基地”、“中国铝合金装饰材料产业基地”。高性能特种铝材项目稳步推进。皇山接待中心启用，是全球首个薄壁轻钢被动房项目，采用易欧思被动窗，顺利通过德国专家验收。

五、技术创新成果丰硕

检测中心检测领域实现 CMA、CNAS 双认证认可资质覆盖，研发了耐火节能窗、新型仿古窗、双层推拉窗、遮阳一体窗，以及凉亭、葡萄架、隔热阳光房、全铝家具等新产品。积极推进工业材和家装系列的开发和试制，参与多项国家标准及行业标准的编制。华达门窗获评“铝木门窗十佳品牌”。飞度胶业公司成为中国建筑防水协会密封材料分会副会长单位，产品获评建筑胶十大首选品牌。易欧思公司完成了多个系列新品的研发试制，荣获“山东省建筑门窗行业家居门窗优秀企业”。多名技术人员被聘为“既有建筑幕墙门窗安全与节能改造专业委员会专家库专家、中窗认证专家委员会专家、全国生产许可证核查员、山东省建筑门窗标准化技术委员会委员。

六、文化建设营造浓厚和谐氛围

2017 年，公司发扬民主管理定期组织员工专题座谈会，征求员工在企业管理方面的意见建议。企业成为阿拉善 SEE 环保组织华北项目中心创始会员，上榜山东省“厚道鲁商”品牌形象榜，被授予山东省五四红旗团总支、省级安全生产示范岗称号。积极开展全方位文化宣传工作。公司与央视结为战略合作伙伴，应邀参加央视《一槌定音》栏目录播。公司成功举办建厂 17 周年文艺晚会、中经联盟羽毛球公开赛等大型文体活动。依托华建文化艺术中心，组织多次名家书画展、砚台展等。

七、品牌影响力持续提升

2017 年，公司成功举办了两届窗博会，首次在全国叫响了“全铝家居展览会”。依托窗博城平台，举办了中国房地产业与门窗幕墙行业发展交流峰会暨无铬化行动启动会、首届铝型材家居门窗幕墙涂装技术交流会、第二届中国铝模板产业发展联盟会议、第三届中国国际工程采购供需合作高峰论坛、第四届中国绿色建材与装配式被动房大会，扩大铝制家具应用高层论坛等行业会议，宣传了企业、展示了品牌。受邀参加中国国际铝加工论坛等多次学术会议。

2017年，公司荣获“中国门窗行业金奖”、“中国幕墙行业金奖”，连续两年荣获中国房地产开发企业500强首选供应商，连续4年荣获“建筑幕墙行业推荐优质产品”，连续6年获得有色金属产品实物质量金杯奖，荣获鲁班奖、阿拉善SEE生态协会“最佳凝聚奖”和“金兰奖”等。

（王 鑫）

山东华宇合金材料有限公司

一、公司概况

山东华宇合金材料有限公司（以下简称：山东华宇）地处山东省临沂市罗庄区江泉工业园，占地面积1060亩。2006年6月，由中国铝业股份有限公司和山东华盛江泉集团有限公司分别以55%和45%的股权比例，共同出资成立。2015年9月1日，更名为山东华宇合金材料有限公司，其主要业务是合金材料的研发、生产和销售。到2017年底，山东华宇已具备电解铝年产22万吨、发电33亿千瓦时、炭素制品11万吨和煅后焦60万吨等生产能力；资产总额为35.63亿元，负债率47.53%；员工总数1837人，具有大专及以上学历的有587人。2017年在临港经济开发区建设完成中铝煅后焦基地一期60万吨项目。

二、生产经营

2017年，山东华宇完成原铝液20.22万吨，同比下降2.4%，铝合金18.52万吨，同比下降0.4%；实现工业总产值28.82亿元，同比增长15.93%，销售收入29亿元，同比增长16%，利润额为2600万元，同比下降89.03%，纳税额为7800万元，同比下降52.73%。

2017年12月，山东华宇与中铝材料应用研究院联合组建了山东分院；研发的发力3C电子表面材料成为了山东分院受市场欢迎的拳头产品，成为vivox20型号手机背板铝材独家供应商；通过多项技术措施和管理措施，用普通氧化铝在现有电解槽实现3N铝生产，2017年累计销售229.53吨；量产多型号高强高韧结构件用变形铝合金材料，2017年累计销售ADT17合金4.68吨；A390合金已用于开发汽车底盘用高性能锻坯、连铸棒、锻造轮毂用高性能锻坯、汽车空调用高耐磨斜盘锻坯等。

三、改革与管理

（一）改革方面

2017年，山东华宇成立了铝加工事业部，将电解铝厂、炭素厂事业部运行实行市场化改革。9月12日，山东华宇与临沂恒源热力、沈阳铝镁设计院三方合作建设的山东沂兴炭素新材料有限公司成功运行，投入生产。将子公司山东华博建筑工程有限公司列入2017年集团压减法人户数行列，于2017年10月末完成了子公司的注销工作。将12台备用闲置的柴油发电机组通过出租方式进行了盘活。一期60万吨煅后焦基地项目建设投资1.97亿元，厂址设在山东省临沂市临港开发区，占地200亩。本项目新建8台76罐罐式煅烧炉，采用沈阳院先进的均温煅烧工艺及新型罐式炉炉型结构。该项目于2017年3月3日正式批复开工，于2017年12月6日第一车煅后焦成功首发，当年实现创效804万元。

（二）管理方面

1. 安全方面：山东华宇以“安全生产十条禁令”、“三无工厂”创建、“安全三项工作”为切入点，狠抓安全管理，实现了全年轻伤以上事故为零。

2. 环保方面：按照排污许可证管理有关要求，重新进行了环境应急预案备案的编制，定期开展环境数据监测，确保达标排放。同时，按照《绿色工厂评价通则》开展绿色工厂创建和产品碳标签认证。

3. 质量方面：一是机制建设方面，在主要分厂设置体系运行工程师4名，有效推动全员参与质量管理。二是生产考核主要围绕质量开展，各单位负责人每季度缴纳3000元的风险抵押金，对质量事件进行挂钩考核。三是编制《2018年－2019年新体系建设推进一览表》，逐步完成7项高附加值产品质量（体系）认证。

四、节能减排

根据国家和山东省有关污染物排放管理规定，山东华宇通过环保设施的建设和提升改造，实现了污染物的达标排放。8月4日，被国家安全生产监督管理总局确定为“有色安全生产标准化一级企业”。

五、科技创新

2017年，山东华宇科技创新投入9241万元，占销售收入总额的3.3%，科技项目立项11项；通过市级企业技术中心综合考核，获批国家级高新技术企业；获得山东省西部紧缺人才项目支撑计划、研发费用加计扣除减免所得税、罗庄区人才支持、临沂市产学研合作资金支持388万元；获得发明专利2项，专利授权2个。

六、加强社会主义精神文明建设

制定、修订《公司干部选拔任用、考核考评制度》等制度，推崇并形成“公平公正、晋升凭业绩”的选人用人观。将山东华宇各级党组织、所有党员信息录入山东省“灯塔－党建在线”综合管理服务平台，做到“一网覆盖”“同网管理”。

创新开展“党员大讲堂”活动，并致力于将“党员大讲堂”活动打造成为加强干部队伍建设、发现和培训人才的平台。

层层签订《2017年党风廉政建设责任书》，并纳入年度绩效考核体系，签订《廉洁从业承诺书》、《家庭助廉承诺书》、《企业廉洁约定书》从源头上警示预防违规违纪的发生。各级党员领导干部坚决执行山东华宇“四个不允许”制度。

企业文化体系建设：山东华宇制定下发《山东华宇企业文化管理办法》、《山东华宇品牌建设指导意见》等制度，使企业文化和品牌建设更加规范化。在企业文化阵地建设方面，企业文化综合展厅、员工活动室、阅览室已投入使用。

2017年，山东华宇获得中国铝业公司“优秀青年志愿服务队”荣誉称号。先后组织青年志愿者290人次到周边敬老院、社区、公园开展志愿活动，受到群众好评。

（刘　琳）

甘肃华鹭铝业有限公司

一、基本情况

甘肃华鹭铝业有限公司（以下简称：甘肃华鹭）位于黄河上游的甘肃省白银市，是国家“七五”重点建设工程，前身是白银铝厂，始建于1986年。2006年8月成为中国铝业股份有限公司的控股子公司。

甘肃华鹭的主要经营业务为：金属材料加工，炭素产品生产销售。2017年企业实施出城入园和转型发展，开展炭素搬迁项目建设。2017年，资产总额16.34亿元，负债率76.85%。企业主要产品煅后焦产量3.4万吨；合金产品3.29万吨，同比增长109%；实现销售收入3.9亿元，同比增长119%；利润总额－1.32亿元，同比下降47.2%；纳税额1700万元，同比下降19%。截至2017年底，员工总数1297人，其中，硕士及以上11人，大学本科243人，大学专科187人，中专及以下856人。

二、生产经营

2017年，甘肃华鹭抢抓市场机遇，科学制定投产方案，在停产两年后实现了正常生产销售。截至12月底，销售煅后焦2.23万吨，生产铝合金产品1.7万吨。全年未发生安全生产事故。

三、重大发展项目

15万吨炭素搬迁项目：煅烧系统于2017年5月29日点火烘炉，焙烧系统于7月31日点火试生产，成型系统于12月7日顺利出块，基本实现了全流程投产。

2017年，甘肃华鹭在出城入园项目建设中取得成绩，获得中铝股份“优建快盈总裁特别奖”。

四、企业管理

2017年，甘肃华鹭坚持物料处置价值最大化原则，依法合规进行资产处置，210千安和155千安停产系统的电解槽刨炉和物料清理工作全部完成；155千安系列1055项资产报废处置工作完成资产评估、备案及进场交易，处置回收资金2456万元。210千安系列1158项固定资产处置完成评估和内部决策审批流程。全年累计盘活各类停产系统物资26586吨，回收资金1.18亿元。办理新增委托贷款3.4亿元，保证了7.1亿元贷款到期接续。全年获取政府稳岗补贴54万元，获取人员分流安置补助资金677万元，减免城镇土地使用税58.2万元，抵减企业所得税9.9万元。

五、深化改革

2017年，甘肃华鹭针对出城入园实际，对部分运营流程和组织机构进行了调整优化。

2017年开展了年度中层管理干部述职考评，组织实施中层（含技术）管理人员竞聘上岗工作，中层干部调整交流幅度达53.3%；7名基层干部走上了中层管理和技术管理岗位。

完成年度“瘦身健体”工作目标，压缩法人户数1户。完成总部下达岗位总控定员800人的年度工作目标。

通过异地运营电工铝杆合金项目安置员工50余人。通过竞标，近90名员工驻兰州分公司承担炭素成型设备检修和铸造生产任务，获得劳务收入532万元。委派33名天车工承揽印度电解铝厂天车工作业任务。向包头铝业、东南铜跨企业转移人员66人。

六、党建和企业文化建设

2017年，甘肃华鹭深入学习贯彻党的十九大精神，组织召开了第二次党员代表大会，完成了党委和纪委换届选举工作，明确了“利用五年时间再造一个崭新的甘肃华鹭”奋斗目标。将党建工作要求写入公司章程，有效发挥了党委的领导核心和政治核心作用。

全面落实中铝集团党组印发的《党建工作责任制实施细则》、《领导班子党建工作责任制清单》，明确了党建工作“责任人”的责任内容，细化了党委班子成员抓党建的具体任务、工作标准、进度要求，企业党建工作的基础得到进一步夯实。

七、履行社会责任

2017年，甘肃华鹭自觉遵守环境保护、资源节约和安全生产、职工权益保护、市场经济秩序等法律法规，有序推进出城入园工作。

积极参与到精准扶贫攻坚战，与农户合作实施产业扶贫，实现炕枣销售1万公斤目标。利用社会资金1.2万元，为4户人家完成了自来水进户工程；动员社会力量捐助4000多元衣物、玩具。筹集资金1.16万元开展年底分户慰问工作。将原乡文化站作为义诊基地，邀请社会爱心人士驻村义诊，人数达500人。

（郑启瑾）

铜　镍

江西铜业集团有限公司

一、概况

江西铜业集团有限公司（以下简称：江铜）是中国有色金属行业特大型集团公司，是中国铜行业和江西省首家世界500强企业。2017年，江铜集团共生产阴极铜137.49万吨、黄金26.55吨、铜加工材118.97万吨、硫酸397.63万吨，累计实现营业收入2252亿元、完成利税77.34亿元，位列2018《财富》世界500强第370位，旗下上市公司江西铜业股份有限公司位居2018福布斯全球2000强企业第1249位，位列2018《财富》中国企业500强第41位，并入选MSCI标的股。截至2017年底，江铜资产总额为1257亿元，拥有从业人员2.76万人。

江铜产品质量优良，拥有多个“世界名牌”产品。其中，“贵冶”牌和“江铜”牌阴极铜为LME注册产品，“江铜”牌黄金、白银为LMBA注册产品，旗下贵溪铜材公司、广州铜材公司均是LME测试工厂，贵冶中心化验室是LME指定的国内首家注册阴极铜测试工厂化学成分检验实验室。

二、生产经营

2017年，江铜生产经营管理主要呈现以下亮点。一是矿山、冶炼产能高效发挥，自有铜矿山持续保持稳产高产，铜冶炼系统复杂原料处理能力不断提高，阴极铜产量完成年计划。二是积极推进贵冶铜冶炼由对标标杆向创造世界标杆转变，全年5项创标指标实现奋斗值，16项对标指标达到标杆值，对标创标取得阶段性成果。三是经过3年多的不懈努力，铜加工企业总体发展态势持续好转，日常管理显著改善，成本优势逐步凸显。2017年，铜箔、铜杆线、漆包线、铜管等产品“量质双升”、“产销两旺”，铜箔A级品率、铜杆一二级品率、铜管综合成品率均创历史新高，铜板带综合成品率也高于年计划。四是提质增效工作持续推进，全年企业通过提质增效实现可量化的降本或增效近4亿元。

三、改革创新

围绕破除体制机制障碍和深化供给侧结构性改革，在“真改”上下功夫，改革攻坚不断深入。制定下发《公司制改制方案》，江铜集团层面公司制改制基本完成，所属全民所有制企业公司制改制全面启动。江铜集团混合所有制改革形成了新思路，正在积极接洽引进与江铜具有协同效应的战略投资者。按照上级文件精神，“党建入章”、公务用车、医疗工伤生育保险纳入属地经办管理等改革已经完成。“三供一业”分离移交严格按照省国资委要求推进，社区社会职能完成移交，相关维修改造全面动工，中央财政补助资金已争取到位。

树立目标导向，加强科研创新项目管理，加快科研成果转化，稳步推动信息化建设，创新驱动扎实有为。分银渣中锡的提取、铜阳极泥中碲的高效回收、铅冰铜综合回收、双旋向高效内螺纹铜管研发、高速铜箔研发等重点项目完成研究。“有色金属共伴生硫铁矿资源综合利用关键技术及应用”项目获国家科技进步奖二等奖，“硫化铜矿伴生金属钼铼综合回收新技术与产业化”、“再生铜冶炼系统工艺及装备开发”项目获江西省科技进步奖一等奖。全年江铜共获得授权专利42项，其中发明专利13项，并再次成功通过江西省“高新技术企业”认定。

四、社会责任

2017年，江铜继续坚持绿色发展理念，安全环保、节能减排态势良好。通过狠抓安全生产主体责任落实，加强安全生产教育，创新安全生产管理，全员安全生产意识有效增强。坚持环保优先，持续加大环保投入，强化环保设施运行维护和管理，稳步抓好污染防治、生态恢复及环境治理项目建设。落实节能减排措施，推广节能技术和设备，节能减排任务圆满完成，其中，铜冶炼综合能耗同比下降4.98%。江铜获评首届“中国有色金属工业年度绿色发展领军企业”。

积极履行精准扶贫责任，定点包扶的井冈山市曲江村成功脱贫，江铜获评2015－2016年度省派定点帮扶工作优秀单位。积极开展“慈善一日捐”、“扶贫日”等慈善活动，荣获江西省首届“最具爱心捐赠企业”奖。关爱女职工，落实女职工劳动保护特别规定；关心困难职工生活，帮扶送温暖更加精准，金秋助学、“两节”慰问、职工医疗互助等工作持续给力。

五、企业党建

2017年，江铜进一步落实全面从严治党，党建工作为企业生产经营、改革发展提供了保证作用。“党建入章”全面完成。修订了“党委会议事规则”，党委会前置研究“三重一大”决策事项成为规定动作。进一步明确了公司党委委员、班子成员党建工作责任清单。江铜党委理论学习中心组学习进一步制度化、规范化。加强党对意识形态工作的领导，明确了公司党委领导班子、领导干部的意识形态工作责任。坚持学做改，“两学一做”学习教育常态化制度化。推进“党建＋”工作，基层党组织充分履行职能、发挥了堡垒作用。推进人才管理制度变革，在试点单位初步形成了市场化竞争择优用人机制。修订完善制度，规范权力运行，确保制度可执行、可监督、可检查、可问责，开展了有效运用监督执纪“四种形态”和全面从严治党向基层延伸工作试点，探索建立了企业“微腐败”治理和“四种形态”运用工作模式。江铜各级党群组织获得国家级荣誉5项，党建工作受到中央改革办国企党建工作专项督察组的高度评价，被评价为“国企党建的典范”。

（曹剑雄）

金川集团股份有限公司

一、概况

金川集团股份有限公司（以下简称：金川集团）是以矿业和金属为主业，采、选、冶、化、深加工联合配套，相关产业共同发展，工贸并举，产融结合的跨国集团。金川集团生产镍、铜、钴、稀贵金属、羰化冶金、化工等传统产品，同时从事有色金属的精深加工以及新材料的研发，大力发展机械制造、工程建设、信息与自动化、研究设计、技术集成、管理咨询、检修等相关业务。

2017年金川集团实现营业收入2100亿元，实现利税总额50.5亿元，其中利润13.5亿元，税金37亿元。生产有色金属及深加工产品117.5万吨，阴极铜75万吨，生产化工产品314万吨。产品共计15类100余种。

金川集团位列2017年中国企业500强第88位、中国制造业企业500强第32位、中国100大跨国公司第41位。

二、生产经营

2017年，金川集团万元产值能耗为0.6356吨标煤（工业总产值按1990年不变价计算），与上年相比，下降1.66%，节能1.49万吨标煤；电解镍综合能耗为3.4897吨标煤/吨，与上年相比，下降0.58%；电解铜综合能耗为0.5483吨标煤/吨，与上年相比，下降1.21%；钴产品综合能耗和稀贵金属产品综合能耗与上年同期相比，均有不同程度的下降。

三、改革与管理

2017年，公司法人治理结构协调运转。落实中央、省委国企改革指导意见，加快转机建制步伐。以规范董事会建设、明确党组织法定地位为重点，以公司章程和制度体系为保证，以规范领导班子分工、明确层级会议制度为配套，做实公司法人治理结构。董事会、监事会、经理层和党组织的各自作用有效发挥。

2017年，金川集团市场化改革卓有成效。坚持贯彻企业“四化”改革管控思路举措，攻克了一些过去认为不可能攻克的关口，解决了过去认为不可能解决的难题。“五自”经营体制落地生根。“阿米巴”经营模式开花结果。平台建设初见成效。主体责任体系更趋完备，单位和部门协同落实。市场化核算体系更加完善，人人参与经营蔚然成风。30余项重点改革举措积极推进。各级组织和各类人员的内在活力不断激发、澎湃动力不断释放。

2017年，金川集团三项制度改革持续深化。重组整合铜、贵金属、化工等业务，产业发展更具整体优势。全员差异化绩效管理、风险抵押经营、延期薪酬和职业经理人制度分步推行。“瘦身健体”效果明显，注销“僵尸企业”3家，撤并各类机构17家。全员产值劳动生产率同比提高15.6%。

2017年，金川集团子公司管控日趋规范。规范股东行权方式、改变行权习惯，通过委派“董监高”人员体现好出资人意志；规范子公司法人治理结构，理顺管控层级，完善委派管理制度及考评办法，从体制机制上保证母、子公司依法依规运行。调整委派了56家子公司“董监高”人员，对213项子公司议案进行了合规性审查，做到增强活力与强化监管相结合。

四、节能减排措施

金川集团年耗能达160万吨标准煤。2017年，金川集团认真贯彻执行国家和甘肃省政府关于节能降耗工作的一系列方针、政策和总体部署，坚持节约优先，努力提高能源利用效率，促进企业降本增效和节能降耗工作的深入开展，加快形成绿色集约化生产方式，增强企业核心竞争力，通过合理组织生产，提高冶金炉窑生产作业率和设备运行负荷率，强化工艺技术节能，大力开展合同能源管理，淘汰落后产能，深入开展能效对标活动，层级分解用能指标，以及严格能效考核等节能降耗措施，推进能效提升，实现节约发展。

五、基本建设与技术改造

2017年，金川集团完成投资26亿元。二矿区深部开采工程完成工程量4096米/7.99万立方米、投资7680万元。金川矿山贫矿开采工程全面启动。合成炉大修提前15天点火生产。二选扩能降耗技术改造（一期）、3000吨/年四氧化三钴等项目竣工。酸性废水处理改造铜、镍系统实现联动试车。10万吨/年三元前驱体项目开工建设。印尼红土矿项目完成投资3.13亿元。赞比亚齐福普项目建成投产。刚果（金）金森达铜矿全面投产，实现了产品销售。

六、自主创新、技术进步

2017年，金川集团低成本红土矿冶炼关键技术及工程化应用研究完成中试。铜冶炼废水中提取铼酸铵完成工业试验。6种贵金属材料产品进入批量生产和市场推广。NCA前驱体、废旧锂离子电池回收等中试平台建成。镍铜钴金属新材料平台具备服务条件。金属物料办公APP上线使用。中国工程院重大咨询项目结题。军民融合拓展推进。

工艺技术革新蓬勃开展。矿山系统改造、多功能整体镍电解槽开发、电镀硫酸铜产品质量提升等项目成效明显。铜电解始极片自动剥片机组研发成功。矿山镍、铜供矿品位同比分别提高0.03和0.02个百分点。镍、铜选矿回收率同比分别提高0.51和1.72个百分点。镍、铜冶炼综合回收率完成计划。以技术创新带动全员创新，以全员创新带动技术革新的氛围浓厚、作用凸显。

平台效应逐步显现。镍钴新材料等创新平台获建。“国重实验室”等研发平台承担省级以上重大项目8项，获得经费1350万元。制（修）订国家标准4项、行业标准3项。获国家专利授权402项。获省部级科技进步奖一等奖3项、二等奖5项。金川第22次科技创新暨地企融合创新大会成功召开。

七、扶贫及职工健康工程

金川集团积极做好精准扶贫、藏区扶贫、对口支援等工作。2017年投入资金390余万元，组织各类培训500余人次。帮扶的20个贫困村实现整村脱贫，人均年纯收入涨幅高于省计划指标4.65个百分点。支持金昌市城市建设、经济发展及精神文明建设。带动周边区域和项目所在地共同发展。

推进职工健康工程，完成职工健康体检3500余人次、职业健康体检4700余人次、女职工专项体检5600余人次。举办健康讲座50余场次。完善困难帮扶机制，发放各类补助补贴350余万元。离退休人员管理服务不断改善。“三供一业”加快移交。配套建设外部基地生活设施。按照效益与收入挂钩原则调升了职工工资，人均月增资725元。6364名管理、技术人员晋升了职位，2526名生产操作人员晋升了技能等级。2017年，公司职工年人均收入比上年增长了13.75%。

（谢冬梅）

白银有色集团股份有限公司

一、企业概况

白银有色集团股份有限公司（以下简称：白银集团）的前身是白银有色金属公司，成立于1954年，是国家“一五”时期156个重点建设项目之一，新中国重要的有色金属基地，曾创造了铜硫产量、产值和利税连续18年全国第一的辉煌，独创了我国具有自主知识产权的“白银炼铜法”。2008年，白银集团引进中信战略投资实施股份制改造。截至2017年底，白银集团有分子公司41家，业务覆盖有色金属勘探、采矿、选矿、冶炼、加工于一体的全产业链，涉及国内、南非、秘鲁、哈萨克斯坦、刚果（金）、菲律宾等多个地区，是具有深厚行业积淀并初步形成国际布局的行业领先的大型有色金属企业。

二、生产经营

白银集团抢抓上市带来的重大机遇，按照“1336”战略规划的总体部署，坚持“六个并重”提质增效、改革创新，生产经营稳中有增，各项工作继续保持良好发展态势。2017年完成铜铅锌产量41.85万吨；营业收入566.34亿元；工业总产值303亿元，利润总额6.54亿元，经济效益和发展质量明显改善。2017年白银集团在中国企业500强排名第271位，有色行业排名第11位。

三、资本运营

2017年2月15日，白银集团成功实现首发上市，登陆A股市场（股票简称：白银有色，股票代码：601212），成为目前国内A股市场有色冶金行业唯一一家整体上市的大型国有企业。公司利用上市平台实施平安信托股权收购和小铁山八中段以下深部开拓工程两个募投项目，平安信托股权收购募投项目为公司新增铜铅锌资源金属量157万吨、银880吨。

四、海外拓展

持续做大南非黄金板块，通过南非第一黄金战略支持南非斯班一公司以22亿美元并购全球第六大铂系金属企业美国静水公司，使其具备了年产黄金约50吨、铂系金属17吨的生产能力，成为全球第九大黄金公司和第三大铂系金属公司；加快建立南美资源贸易支点，公司投资1.61亿美元在秘鲁建设的尾矿综合开发项目于2017年11月正式投产，创造了秘鲁中资企业项目投资管控目标实现，并使循环经济技术成为集团公司海外投资的一张亮丽“名片”。集团公司荣获2017年度南非社会责任突出贡献奖。在100大跨国企业中排名从90位跃升到第78位。

五、项目建设

2017年，白银集团完成固定资产投资10亿元，4个项目实现达产达标，9个环保治理项目建成投用并达到环保要求，甘肃省列重点项目铜冶炼技术提升改造、厂坝300万吨采选扩能改造等8个在建项目完成投资建设进度，6个技改项目完成竣工验收，28个项目开展后评价。通过项目建设，白银集团采选能力突破1000万吨、冶炼能力突破50万吨。

六、技术创新

2017年，白银集团开展技术攻关、技术研发项目59项。申请受理专利138件，发明专利占比达到46%。实施技术经济增量项目71项，创新增效1亿元。9个新材料、新产品研发项目试制成功，长通公司自主研发的PF4超导电缆达到国际领先水平。引进了2名中国工程院院士，在白银集团成立了院士专家工作站，有22项技术创新项目获得国家、行业和省科技进步奖。白银集团被评为国家知识产权优势企业。

七、改革管理

深化固定资产投资决策管理、项目管控、生产管理、资本运营管理、境外投资管理等重点领域改革，深入推进“三项制度”改革建立“三能”机制，采取“一企一策”的办法推进分子公司建立市场化运行机制，白银集团改革管理经验入选《国务院国资委国企改革100例》。对照上市要求，健全完善公司法人治理体系，建立外部董事制度，聘任6名独立董事。修订公司章程，将党组织内嵌到公司治理结构之中，坚持重大决策问题党委会前置讨论。真实准确、完整及时开展信息披露，白银有色入选上证180和沪深300指数样本股、荣获“2017年度中国卓越IR最佳信披奖”。导入卓越绩效管理模式，开展“5s”现场管理，进一步提升企业基础管理水平。

八、安全环保

2017年，白银集团投入安全生产费用8100万元，全员安全生产责任体系实现全覆盖；深入开展安全生产标准化建设，“双重预防”机制初步建立，排查整改隐患2957项，18家单位建成二级、三级安全标准化企业。应急救援队成立配备到位。1.47万余人次接受理论和实操培训。四项安全生产主要指标及新发职业病例大幅下降，生产安全隐患实现持续全面治理，并顺利通过国考、国巡和安监总局专项督查。环保管理上，对照中央环保督查反馈问题进行整改销号，举一反三开展环境风险隐患排查，123项完成整改，4个项目完成环评验收，7家分子公司完成清洁能源改造。扎实开展危废规范管理和大气污染防治工作，公司废气废水排放达标率、环保设施运行率、工业固废（危废）规范贮存处置转移率均达到100%，重大环境污染事故为零。持续推进节能减排，全年节约标煤2.2万吨，节约新水75万吨。

九、社会责任

完善经济责任制考核，职工收入随企业效益实现持续增长。开展各类素质提升和培训，累计培训2.8万人次。全年1.2万人次进行了职业健康检查。投入174万元深入开展“五型班组”和“职工小家”建设。投入152万元帮扶救助各类困难职工1859人次。投入帮扶资金768万元，公司帮扶的12个村1560户6527人如期脱贫。公司荣获2017中国上市公司口碑榜“最具社会责任”奖和第五届“全国文明单位”荣誉称号。

十、党的建设

白银集团党委紧紧围绕生产经营和转型发展中心任务，突出思想引领、激发活力和忠诚担当，聚合放大正能量。坚持两个“一以贯之”，做到了“四对接、四结合”，实现了党组织与其他治理主体有机嵌入、深度融合。坚持标准选贤任能，更加注重政治标准、专业能力和道德品质，干部队伍整体素质和结构持续优化。加强党风廉政建设，抓早抓小防微杜渐，创新党内教育方式方法，弘扬“艰苦奋斗、感恩回报”的企业文化，营造了干事创业良好环境。

（刘威良）

铜陵有色金属集团控股有限公司

一、概况

2017年，铜陵有色金属集团控股有限公司（以下简称：集团公司）资产总额895.17亿元，净资产216.58亿元。实现销售收入1573.45亿元，同比增长5.21%；利税总额（含进口环节增值税）57.59亿元，同比增长19.55%。期末从业人数25063人，劳动生产率23.61万元/人·年。

二、生产经营

2017年，集团公司在消化诸多历史包袱的基础上，实现利润4.52亿元，同比增长123.16%，提前3个月完成省国资委下达的考核指标。这是集团公司在2015年出现巨额亏损后，连续两年实现盈利。

2017年，完成阴极铜127.8万吨，同比下降1.49%；铜料4.7万吨，同比下降2.30%；生产硫酸402.5万吨，同比下降10.18%；精细化工14.39万吨，同比增长6.93%；黄金9605千克，同比增长11.72%；白银385.9吨，同比下降3.13%；铜加工材33.4万吨，同比增长6.03%。

三、改革改制

加快关联性强的产业、业务整合，持续压缩管理层级、提升运营效率，完成金隆铜业公司、稀贵金属分公司合并重组，有序推进金冠铜业分公司与奥炉工程项目部合并。加快发展混合所有制经济，完善集团公司深化改革方案并上报省国资委。深化子公司股权多元化改革，创造条件加快优势产业上市步伐，铜冠矿建公司主板IPO、铜冠物流公司“新三板”挂牌筹备工作有序推进。按照省国资委部署，积极开展“深化改革、创新发展”试点，铜冠铜箔公司入围首批试点企业名单。完善质检中心等管理、运营模式，进一步优化资源配置。坚持倒排计划、重点跟进，加快三级以下及非主业企业清理整合，全年完成6家企业清算或处置，挂牌转让集团公司所持低效股权1项。“三供一业”分离移交按照节点目标加快推进。加快人才队伍建设，打造适应国际化、市场化竞争的专业人才队伍。6人享受国务院特殊津贴、3人享受省政府特殊津贴，引进高校应届毕业生81名，转录预备制技工183人。

四、企业管理

卓越绩效模式持续完善，2家单位获铜冠卓越绩效奖、6家单位获提名奖。推进“两化”深度融合，成为安徽省首批制造业与互联网融合发展试点企业；加强ERP系统维护、安全测评，提高信息安全指数和数据的准确度、及时性。1项管理成果分别获得安徽省和中国有色金属工业协会企业管理现代化创新成果评审一等奖。完成“三标一体”管理体系换版和再认证，修订“三大标准”，强化对标管理及5S管理，提高管理体系和管理制度的适应性、契合性。加强多渠道、低成本融资，成功发行超短期融资券、中期票据等。严控资金风险，开展应收账款专项清理，加强外汇风险研究与管理，最大限度降低市场风险。

五、节能减排

2017年实现节能减支金额2.1亿元，其中：主产品电耗同比节电减支922万元；加强力率管理，实现电费奖励1174万元；开展分时电价工作，消化政策性增资1154万元；加强基本电费管理，实现电费减支272万元；积极争取政策，开展电力直接交易，实现电费减支1.6亿元；开展天然气大客户优惠工作，实现减支1519万元。全年总能耗量72.9万吨标准煤，同比下降3.4%。阴极铜产量128万吨，铜冶炼综合能耗222千克标准煤/吨，同比下降10.2%。主要产品综合能耗同比节能1.27万吨标准煤，超额完成国家年度节能考核目标。

2017年，集团公司共投入环保费用1.46亿元，完成金隆铜业公司环境综合治理、铜冠冶化分公司初期雨水收集及废水处理等一批重点环保工程；完成“双闪”工程、铜山深部矿产资源开采项目等5个项目环保验收；铜冠新技术公司有色金属二次资源综合利用、金冠铜业分公司铜阳极泥、铜冠有色（池州）公司铅锌冶炼资源综合利用等8个项目通过环评审批。加强内部环境监测，全年监测废气数据289个，达标率96.98%；监测废水数据2434个，达标率98.60%。铜冶炼硫的总捕集率99.47%，危险废物安全处置率100%，工业用水重复利用率95.83%。在企业环境信用评价中，铜冠有色池州公司、铜冠池州资源公司、安徽铜冠铜箔公司等12家单位被评为环保诚信企业，金冠铜业分公司、铜冠电工公司、铜冠冶化分公司等10家单位被评为环保良好企业。积极践行绿色发展理念，从2017年4月20日起，对金昌冶炼厂现有生产线实施永久关停，年减少排放二氧化硫3006吨、烟粉尘314吨。2017年，集团公司大气排放二氧化硫同比下降36%，烟尘下降70%，氨氮下降33.4%，废水排放重金属铅下降59%，砷下降72%，镉下降80%，汞下降64%，减排效果十分显著。

六、基本建设与技术改造

2017年完成投资42亿元，同比增长31.5%。沙溪铜矿采用新模式办矿，于2017年7月1日顺利实现重负荷联动试车。“奥炉工程”基本建成，为试生产创造了有利条件。铜陵铜冠铜箔项目一期一段工程建成投产。厄瓜多尔米拉多铜矿项目建设全面提速，采矿基建剥离、选矿设备安装加快推进，各重大子项目进展有序。姚家岭锌金多金属矿探矿工程进展顺利。铜阳极泥资源综合利用项目、铅锌资源及铁矾渣资源综合利用项目开工建设。赤峰金剑“退城入园”、有色金属二次资源回收与综合利用等项目前期筹备有序推进。法国铜冠格里赛公司平稳运行。围绕铜基新材料、新能源汽车、高端装备制造等领域，加强与央企的合资合作，股份公司与中国航发公司等签署合作协议。坚持盘活存量、稳定增量，推进省内有色金属资源整合，加强现有矿权管理，研究谋划新的资源项目。加强现有矿山深边部找矿，增加铜金属储量超6万吨。加强投资管控，通过方案优化和投资审核，全年核减项目投资费用1亿元。完成4个项目竣工验收、4个项目后评价、7个项目自评。

七、科技创新

加强研发中心建设，“安徽省铜基电子材料及加工技术工程研究中心”获批筹建，“铜加工工程技术研究中心”获评省级工程技术中心。获得安徽省2017年科学技术奖3项、中国有色金属工业科学技术奖4项，1项研发课题入围安徽省重大科技专项。安排实施3批次、188项科技项目，并确定28项重点攻关课题。获得授权受理专利93项，其中获安徽省专利金奖2项。主持或参与起草国家、行业、地方标准9项，2项标准获得中国有色金属工业科学技术奖。加快技术研发、产品创新，不断推出各种适销对路的新产品，金威铜业公司新型铜板带进入ABB、施耐德等世界500强企业，铜冠铜箔公司“超低轮廓电子铜箔”打破国际垄断等，这些都是对集团公司未来发展的有益探索，更加明确了公司走创新发展之路的路径和方向。

八、党建工作

按照学懂、弄通、做实的要求，深入学习宣传贯彻党的十九大精神，将其有机融入到集团公司生产经营、改革发展各项工作之中。推进“两学一做”学习教育常态化制度化，开展“讲重作”专题教育、专题警示教育，紧密结合省国资委党委要求，开展10个方面违规行为专项整治。集团公司党委制定下发“1+8”系列配套制度，将党建工作纳入公司章程，完成公司党委隶属关系变更，基层党组织标准化建设全面推进，党组织凝聚力创造力战斗力进一步增强。加强干部队伍建设，完善《集团公司中层管理人员选拔任用工作办法》，全年调整中层管理人员168人次，其中，新提拔中层正职管理人员9名、副职34人，4人离岗休息、15人改任非领导职务、7人交接工作。制定后备干部建设规划。狠抓全面从严治党“两个责任”落实，强化内部监督，加强督查工作，完成首轮巡察，加大审计力度，完善“阳光工程”，持续扎紧制度的“笼子”。加强信访件查处，运用监督执纪“四种形态”，全年立案调查违纪案件11件、违纪人员15人，涉及中层管理人员5人、高级技术主管1人、科级管理人员6人、普通员工3人，其中开除党籍4人、留党察看1人、撤销党内职务2人、党内严重警告5人、党内警告3人。持续加强意识形态管理、精神文明建设、新闻宣传等，举办第五届职工运动会，凝心聚力营造健康积极向上的企业发展环境。认真抓好员工合理化建议、技术比武、劳动竞赛等，其中员工合理化建议创效30万元以上的获奖项目继续保持全省首位。持续推进厂务公开，保障员工知情权、参与权和监督权。在企业效率效益提升的基础上，稳步提高员工收入水平。深化“温暖工程”建设，发放各类慰问金、救助款560万元，结对帮扶困难员工317人。履行社会责任，加强精准扶贫，对口帮扶单位8个、扶贫款650万元。

（黄维荣）

大冶有色金属集团控股有限公司

一、概况

大冶有色金属集团控股有限公司（以下简称：公司）始创于1953年，是新中国最早建设的铜工业基地之一。公司已形成年采矿500万吨、选矿500万吨、阴极铜70万吨、黄金20吨、白银1000吨、硫酸100万吨、铁精矿35万吨、铜杆30万吨的主产品年生产能力。

2017年，根据国际国内形势变化和要求，公司积极调整发展思路，全心全意依靠职工办企业，团结带领广大干部职工，加快从规模速度型向质量效益型转变，主动优化经营结构，努力提升实体经济比重，全年共生产矿山铜3万吨、阴极铜47.7万吨、黄金13.9吨、白银862吨、硫酸104万吨、铜杆12.7万吨、铜线4800吨，实现营业收入703亿元、利润2000万元。

二、生产经营

抓住市场价格回升有利时机，围绕效益组织生产，主产品同比实现增产。优化市场运作，抓好新业务模式运营，商业模式更加成熟。深化“以效益为中心”理念，落实监管要求，逐步退出低质低效贸易业务。

着力向内挖潜，成本管控取得实效。金属平衡管理工作扎实深入，经济技术指标持续优化，“两渣”尾矿含铜品位同比降低，铜、金、银冶炼总回收率同比提升；开展工艺流程优化攻关，黄金、白银直收率创历史最优水平。压缩费用支出，总部可控管理性支出降低10%。

三、改革与管理

（一）对标先进抓改革，瘦身健体成效明显

坚持问题导向、效益导向、资源整合导向和扁平化导向，聚焦矿山板块、冶化产业链、市场化运营及总部管控等四个方面。开展全员、全流程、全要素市场化对标，形成了市场化对标总体方案，为提质增效、赶超发展奠定了基础。

按照“一企一策”思路制定个性化的压减方案，全年实现“压减”企业16户；“三供一业”移交工作加快推进，签订了供水、供电、物业管理分离移交框架协议，完成了“瘦身健体”阶段性任务。

按照对标优化目标，制定了《公司人力资源结构优化指导意见》等方案。由总部带头，各单位自我加压，全年共压缩从业人员986人，全员实物劳动生产率进一步提升。

（二）务实重行抓管理，管理效率持续提升

以审计、巡视整改“回头看”工作为契机，坚持问题导向，不断强化基础管理，完善管理体系，进一步规范了管理，提高了效率。

一是优化制度流程，提升运行效率。2017年发布92个公司级制度，形成了各层级管理体系过程清单。制订了外派董事、监事考核管理办法，组织开展外派财务负责人专题述职活动，对28家子公司“三重一大”决策事项进行专项核查并提出整改意见，强化了对子公司监管。严格落实贸易业务“负面清单”监管要求，开展贸易整改“回头看”工作，夯实了贸易规范运作的基础。构建审计整改长效机制，配套制定完善了10项制度。

二是推进管理创新，提升管理效率。完成了ERP项目一期建设，并顺利启动二期项目建设，财务系统12月份上线运行。推进会计工作达标升级，公司成为中国有色集团第一家晋升“二级”资格的子企业。6项管理创新成果和18篇管理论文获得有色行业协会表彰，其中《基于能源评审的能源管理方法》获得一等奖。

三是加强作风建设，提升办事效率。开展“严纪律、转作风、强担当”大讨论，形成了“总部作风建设十条”，针对基层反映的检查较多、记录繁复等问题开展调研，精简基层检查、班组记录50%以上，减轻了基层班组负担。开展青年干部培训与交流挂职活动，提升了领导人员综合管理能力与工作执行能力。加强督办问责，形成“713工作法”、领导干部月度工作汇报机制，对执行不力、庸懒散软的行为严肃追责问责，提升了执行力。

四、节能减排

公司坚持落实五大发展理念，持续推进传统产业改造升级，实现绿色转型；抢抓新兴产业发展机遇，培育新的增长点，企业发展后劲提升。

环境集烟系统改造工程等治理项目顺利完成，二氧化硫排放量同比降低6650吨。冶炼厂区外排水提质工作抓紧推进，外排水均值同比降低38%。稀贵厂单锅液氨通入量降低35%以上，减少了氨气散排。厂区矿区绿化及环境整治成效明显，新增绿化面积4.8万平方米。

五、基本建设与技术改造

矿山深部开采接替工程稳步推进。完成了铜绿山矿Ⅺ号矿体主溜井改造和－785m及－845m中段开拓、铜山口矿－220m～－280m中段开拓及北扩工程、丰山铜矿－380m～－440m中段开采掘砌和南缘－380m～－440m主斜坡道工程。铜绿山矿露天转井下防治水工程达到－84m设计标高，为矿山安全生产创造了良好条件。

20万吨废杂铜综合利用项目主体工程基本建成，“城市矿产”项目逐步完善，棋盘洲化工码头进展顺利。

六、自主创新与技术进步

围绕提质增效和技术进步目标，组织实施重点科研项目24项，其中“铜冶炼过程中稀贵金属高效回收关键技术创新与应用”等2项成果获得中国有色金属工业科学技术奖一等奖，全年获得授权专利21件。

七、和谐企业建设

贯彻落实党的十九大精神，践行“以人为本”理念，全心全意依靠职工办企业，让改革发展成果惠及全体职工，凝聚了全员合力。

（一）努力提高职工收入

公司积极应对市场压力，想方设法挖潜增效，千方百计增加职工收入，制订一次性绩效奖发放方案和职工调资方案，按市场效益原则兑现职工绩效奖励，在岗职工人均收入增幅达到6%以上。

（二）维护职工合法权益

公司坚持重大政策出台前广泛听取职工意见，完善以职代会为基本形式的民主管理制度，推进厂务公开，充分尊重职工的知情权、参与权和监督权。扎实推进职业病防治工作，强化作业点检测、扩大涉尘涉毒岗位体检范围，不断完善职工职业健康安全防护体系，改善职工工作环境。

（三）提升文明和谐水平

公司荣获“2017年中国进出口质量诚信企业”称号，继续保持“全国文明单位”荣誉称号，冶炼厂等6家单位通过“省级文明单位”复审。尊重职工首创精神，大力弘扬“劳动精神、劳模精神、工匠精神”，宋幸福创新工作室被评为“全国示范性劳模和工匠人才创新工作室”；冶炼厂熔炼车间荣获“全国工人先锋号”称号；熔炼车间澳炉大班荣获“全国优秀质量管理小组”称号；宋幸福等13人荣获黄石市首批“百名东楚工匠”称号。

（刘晓宇）

中条山有色金属集团有限公司

一、企业概况

中条山有色金属集团有限公司（以下简称：中条山集团）成立于1956年，是华北地区最大的铜联合企业、中国重要产铜基地之一、山西省首批创新型企业。主要产品产量年产能为采矿710万吨、选矿860万吨、阴极铜20万吨、硫酸57万吨、金锭8吨、银锭203吨、水泥150万吨、耐磨材料2万吨，综合回收生产铂、钯、硒、碲、铋等多种有价金属元素。中条山集团多次荣列中国制造业企业500强、中国有色金属工业销售收入50强，曾荣获全国“五一”劳动奖状。截至2017年末，资产总额达到163.2亿元，所有者权益54.1亿元，分别同比增长25.38%和21.63%，从业人员11955人。2017年实现营业收入272亿元、利税3.3亿元，分别同比增长18.26%和20.88%。

二、生产经营

2017年，中条山集团坚持科学决策稳健经营，坚持深化企业改革，坚持推进精细化管理，抓住有色金属市场回暖机遇，取得了较好的生产经营成果。

生产方面，完成矿山处理矿量871.9万吨、铜精矿含铜4.28万吨，分别完成计划的109.8%和112.6%。生产阴极铜19.2万吨、金锭2.1吨、精硒36.2吨，分别完成计划的101%、102.7%和164.7%。新金属达产达标，综合回收海绵铂1.86千克、海绵钯9千克、海绵金27.62千克、粗碲2.59吨、粗铋2.4吨。机加工、建筑、建材、塑编、运输、水电汽暖供应等相应完成了经济化生产任务。

经营方面，坚持以经济效益为中心，科学决策，稳健经营。坚持每月主产品市场、铜原料市场、物资燃料市场分析例会制度，严格主产品营销方案批复制，以资金为支持，融资为支撑，精准操作，在宽幅震荡中捕捉销售价格高点和采购价格低点，获取市场机会利润，实现了增盈创效。利用套期保值工具规避市场风险，实现了平仓收益。采取异地易货、异地移库等途径，降低销售费用。做好铜原料经济采购，实现合理库存经济运营。

三、企业管理

夯实基础，进一步深化企业管理，以管理升级促进效率效益提升。在铜选矿和冶炼上，持续深入推进生产函数化管理，定量化控制，精准化操作，促进了技经指标的提升。2017年，实现铜原矿品位0.529%，铜精矿品位25.13%，铜选矿回收率92.77%，铜冶炼回收率97.8%，A级铜比率95.7%，指标稳中有升增创了效益。加强设备管理，做好计划检修，设备完好率97.22%，设备可开动率96.3%，装备大型化、自动化优势显现。加强人力资源配置，优化劳动生产组织，全员劳动生产率同比增长18.82%。

积极开展质量攻关活动，抓好ISO 9001质量管理体系的有效运行和持续改进，做好新版标准培训和对接，制定了12项企业标准。质量攻关QC活动成效显著，“铜矿峪矿降低渣选铜尾矿品位”和“侯马北铜公司延长50吨阳极炉炉寿命”两项QC成果获国家级“优秀成果”，中条山集团荣获“全国质量管理小组活动优秀企业”称号。

四、企业改革

把握山西省国企国资改革加快推进的窗口期和机遇期，深化企业改革，在改革中发展，在发展中改革。加强党的领导，将党建工作写入公司章程，修订了《集团公司党委会议事规则》，企业“三重一大”事项党委会前置。根据政府相关文件要求，对原授权经营土地使用权和采矿权进行了价值重估，增加了资本公积，降低了企业负债率，促进了国有资产保值增值。基本完成厂办大集体改革，成为全省首批完成厂办大集体改革的企业。积极稳妥推进分离企业办社会职能改革，11月与地方政府签订了“三供一业”分离移交框架协议。

五、安全生产

严格落实企业安全生产主体责任，抓铁有痕扎实做好安全管理。严格岗位安全确认制等制度，强化现场安全管理，提高了基层预防事故的能力。抓好尾矿库等重点部位的安全监控，加强非煤矿山、冶炼、建筑、道路交通等重点行业领域单位的专项整治和安全管理。中条山集团连续3年实现人身伤亡事故、较大设备事故、较大火灾事故、重大交通事故为零的长周期安全生产。

六、环保与节能减排

认真贯彻国家环保政策，落实中条山集团2017年环保工作安排。做好环保基础工作，重点完成了突发环境事件环境风险评估和应急预案编制、排污许可证延期换证等工作。大力推进生态文明建设，加大环境治理力度，做好清洁生产，进一步改善了生产生活环境。2017年实现了污染物全面达标排放，完成了污染减排指标，杜绝了各类环境污染事故。

加强工艺节能和管理节能。深入开展能效对标活动，强化全员、全要素、全流程成本管控，材料单耗、设备能耗等指标进一步降低，矿山采矿电耗、选矿电耗、铜冶炼综合能耗，分别同比下降0.28%、2.31%和5.46%，创效1400万元。

七、重点工程

认真落实“十三五”发展战略与规划，科学做好可行性研究、初步设计的审定，加快可持续发展项目建设，积极推进转型升级项目。全年完成投资5.1亿元。

胡家峪矿业公司南和沟探矿（四期）工程及选矿厂改造工程、铜矿峪矿410中段开采工程、十八河尾矿库扩容工程等可持续发展项目有序推进，为矿山可持续生产和发展打下了基础。

转型升级项目取得新进展。尾矿综合利用制备建筑陶瓷项目2月份开工建设，全年主体工程完成工程量的51%，主要设备完成招标。年产5万吨高精度铜板带箔及200万平方米覆铜板项目，完成了选址，可研报告通过了集团公司组织的专家审核。侯马北铜公司年处理铜精矿150万吨综合回收项目，完成了项目立项，积极推进了环评、初步设计等前期工作。

八、技术研发与创新

围绕生产经营和发展项目关键环节，重点开展了新金属提取技术攻关、高强高韧性耐磨槽帮材料技术开发等科研攻关，解决了多项技术难题。

加强资源综合利用技术研究。尾矿综合开发利用取得重大突破，在全国率先掌握铜尾矿制备建筑陶瓷核心技术，申报国家发明专利1项。

国家级企业技术中心创建工作有序推进，并取得了一系列科研科技成果。成立了煤矿综采装备山西省重点实验室耐磨材料研究室。申报的20项专利得到受理，7项专利获得授权。参与制订国家标准2项、行业标准9项。“阳极铜化学分析方法”荣获全国有色金属标准化技术委员会技术标准三等奖。“铜冶炼副产品及中间产品中稀贵金属综合回收技术的推广应用”列入“2017年度山西省科技成果转化引导专项”，首次获得科技厅政府资金支持。

九、精神文明建设和企业文化建设

深入学习贯彻党的十九大精神，扎实开展“两学一做”学习教育活动，“维护核心、见诸行动”“三基建设”成效显现，党员干部作风进一步改进，职工队伍精神焕发，党的凝聚力不断加强。贯彻为民理念，持续改善民生，职工收入同比增长了18%。利用国家棚户区改造政策，加快推进职工住宅楼建设，改善职工住房条件。做好水电暖供应、医疗卫生服务以及职工参保等后勤保障工作，为广大职工及家属创造了安居乐业良好环境。持续开展了创建文明单位、文明小区、文明家庭、文明职工活动，深入开展“道德讲堂”“家庭、家教、家风”等活动，编辑出版了《故事与哲理》（续）、《英模风采（二）》等企业文化书籍，注册成立了“中条山集团志愿者服务联合会”，志愿者服务蓬勃发展，在广大职工群众中进一步汇聚了正能量，引领文明和谐新风尚。

（肖书磊）

中铝洛阳铜业有限公司

一、基本情况

中铝洛阳铜业有限公司（以下简称：洛阳铜业）为中国“一五”期间兴建的156项重点工程之一，项目于1954年筹建并成立洛阳有色金属加工厂，1961年更名为黄河冶炼厂，1965年正式投产，1972年更名为洛阳铜加工厂，1998年改制为洛阳铜加工集团有限责任公司，2005年中铝收购洛铜集团核心资产，并成立洛阳铜业。在60年的发展历程中，洛阳铜业形成了自身的品牌优势和核心竞争力，在行业中具有一定的知名度和影响力。

洛阳铜业于2005年成立，是中国铜业有限公司控股（占股91.69%），洛阳市国资委（占股8.31%）参股的有限责任公司。

洛阳铜业拥有铜及铜合金板带、管棒、铝镁

板带材加工生产系统，具备年产有色金属加工材20万吨的生产能力，可生产有色加工材合金牌号175个，品种760余个，规格上万种。产品广泛应用于航空、航天、舰船、军工、冶金、电子、机电、纺织、交通、建筑、化工、轻工、能源等国民经济各领域。

洛阳铜业拥有中国铜加工行业最早的国家级企业技术中心、国家级实验室；先后承担了“863计划”项目、重大科技攻关项目等国家级项目；取得了近百项工艺技术、产品开发的科研创新成果；研制出一大批涉及电子、通讯、现代交通、环保能源、生物工程等高新技术领域和朝阳产业用高性能铜合金产品，为中国经济发展做出了重要的贡献。

洛阳铜业是中国航天、航空工业用铜材的主要供应商，先后为人造卫星、嫦娥卫星、长征火箭等一大批国家重点工程和国防项目的研发提供关键铜及铜合金材料。

二、经营情况

2017年，洛阳铜业亏损2.74亿元，比预算多亏9189万元。主要原因是30亿元国家产业基金到位较晚（原定3月底到位，实际7月陆续到位），且未足额到位，造成与银行谈判的空间压缩，融资条件愈加苛刻，贷款利率不断攀升。剔除由于基金未按时到位而增加的预算外财务费用6879万元，实际亏损1.59亿元，比预算减亏84万元。

三、深化改革

（一）破解多年来土地盘活的困局

2017年，面对多年来一直处于“死结”的土地盘活困局，根据中国铝业集团董事长葛红林借景、借势、借力的要求和允许洛铜摸着石头过河、探索转型发展的指示，一方面加强与政府的沟通对接工作，取得政府部门的理解和支持；另一方面，组织相关专家座谈论证，多方寻找土地盘活的思路和途径。经过近两个月的优劣比选，最终选定与洛阳旅发集团、涧西区政府等合作实施“中国铜工业文化旅游双创产业园”项目。已经完成三方、四方协议的签订，5月27日洛阳市涧西区政府已明确对项目表示支持，并对土地出让金返还、政策支持等关键内容，以会议纪要的形式给予了认可。困扰洛铜多年的土地盘活工作终于取得突破，找到了一条政企双赢的路径。

（二）充分利用闲置土地实施创收

为使土地收益实现最大化，利用土地正式开发的空档期，建立临时停车场，利用牡丹花会的有利时机，最大限度进行创收。针对人员短缺的情况，为确保洛阳牡丹文化节期间双休日、节假日停车场的有序运行，在不增加人员的情况下，实行了各单位人员双休日、节假日轮流值班制度。

（三）积极推进拟开发土地的搬迁工作

根据历史形成的与洛铜集团互占土地、犬牙交错、原因构成复杂的状况，为保证东区428亩土地能够按期腾退，公司班子按照全局着眼、分步解决，先易后难、最后攻坚，尽可能以最低的费用尽快解决互占土地的历史遗留问题的思路，启动了与洛铜集团有关428亩地上资产搬迁谈判工作，历经几十轮次的拉锯谈判和艰苦磋商，终于达成一致意见，并签署了“洛铜集团搬离东区的工作备忘录”，要求洛铜集团12月10日前完成全部搬迁工作，为未来土地盘活奠定基础。

（四）瘦身健体，铜宝股权转让顺利完成

在总部保险经纪公司的支持下，通过产权交易公开挂牌方式将所持有的铜宝公司65%的股权进行转让，为企业带来收益334万元，实现了企业利益的最大化（原计划1元出售）。

（五）“三供一业”移交稳步推进

为快速推进洛阳铜业“三供一业”移交工作，降低企业负担费用，企业积极进行争取和谈判，剔除不合理的费用，洛阳铜业的负担费用由8000万元降至约2300万元。

（六）加快闲废资产的盘活

发挥闲废资产管理的职能，组织对留存在母公司的房产、设备类固定资产进行了全面清查盘点，较全面掌握资产现状，对企业低效无效资产加快处置进度。2017年处置低效无效资产873万元。

（七）问题梳理

按照总部要求，组织开展问题梳理及专项整改工作，对梳理出的问题列举典型案例，分析产生的原因，应吸取的教训，对已经具备整改条件的坚持立行立改。截至11月份，已完成问题整改11项，问题整改率已达39%。。通过开展问题梳理工作，对公司改进管理方法、提升管理水平起到积极作用。

（八）精准管理

围绕费用管理创新、债务化解、人员分流等

工作，不断创新思路，强化精准管理成效显著。

（九）费用支出管理创新改革

树立节约一分钱就是赚一分钱的理念，全力堵塞经营管理过程中的漏洞。在公司推行费用支出信用卡结算管理办法，杜绝现金来往，从源头上杜绝跑冒滴漏、私设“小金库”等违规行为的发生。终结了多年来违规给部分离退休厂级领导发放座机电话补贴的历史。

（十）历史遗留门面房出租问题和纠纷得到圆满解决

针对门面房出租过程中历史遗留问题多、矛盾多的特点，攻坚克难，敢于碰硬开展清理整顿工作，得到圆满解决，每年可为企业实现增收200多万元。同时，对利用率较低并且即将进入大修的北京房产积极研究盘活方案，实现对外出租，每年可为企业带来收益30余万元。收回了长期外借的轿车1台。

（十一）全力推进退休人员社会化管理

根据河南省政府办公厅《关于推进省属国有企业退休人员社会化管理服务工作的意见》（豫政办〔2017〕44号）要求，企业积极组织人员，克服时间跨度大、档案资料不规范等不利因素，共完成7407名退休人员档案的移交工作，每年可为企业节约费用60万元。

（十二）规范和完善离休干部医疗费用管理

在认真研究和征求意见的基础上，11月1日下发了《进一步完善洛铜离休干部医疗内部统筹暂行办法》，对离休干部医疗费用开支进行规范，明确规定对离休干部门诊、住院必须实行定点医院，针对超出医保费用部分，经公司研究批准后，可视情况给予不超过10%的补助。

（十三）债务化解工作实现突破

根据总部的安排部署，积极配合做好基金审计和尽职调查工作，确保基金各项程序的顺利完成，第一期债务化解基金25亿元已经到位，为彻底化解债务奠定了基础。

在基金到位的基础上，洛阳铜业与各个银行反复联系、沟通，想方设法降低资金成本，取得了阶段性进展。

（十四）人员分流安置基本完成

稳步做好人员分流安置工作，促进企业和谐稳定发展。上半年，已签订协议人员达到1207人，占总分流人数96%。在加强人员分流和维稳工作的同时，持续推进分流人员的再就业工作。各种通道退出32人，再就业或上岗36人（含已签协议人员），自谋职业1人，共计69人。

四、党建与企业文化

（一）创新党建模式

在企业面临重重危机的逆境面前，洛阳铜业党委提出“企业越困难越要重党建”，通过搭建“特色党日”等载体，融入企业转型发展中心工作，充分发挥基层党支部的战斗堡垒作用和党员干部先锋模范带头作用，以上率下，迎难而上。公司党委书记、董事长周明新撰写的《企业越困难越要重党建》在2017年11月1日的《中国铝业报》发表后，中铝集团党组书记、董事长葛红林专门作了批示。洛阳铜业党建模式的创新，为企业脱困发展、转型升级提供了有效支撑。

洛阳铜业围绕公司转型发展实际，为倡导攻坚克难、创新实干的发展氛围，在公司提出“人人精神抖擞，工作有板有眼”的要求，为企业员工攻坚克难，转型发展，营造了正能量。

（二）从严管党治党责任全面落实

根据中铝集团党组2017年党建工作的目标和要求，印发了《党建工作责任制实施细则（试行）》，与基层党组织签订责任书，层层压实责任，对党建工作有布置、有检查、有考核，引导各级领导干部扎实履行“一岗双责”，各基层党组织逐级签订《党建工作目标责任书》13份，公司党委和各基层党组织委员48人全部签订了“一岗双责”清单，全体党员签订了“党员个人责任清单”。严肃党内政治生活，建立了《党委会会议制度》，严格执行民主集中制，坚持和完善中心组学习制度，不断强化理论武装。

（三）创新基层党建管理模式

面对分流安置人员带来的不稳定因素和584名在册不在岗党员不能过正常组织生活的实际，公司党委打破惯常做法，完成了劳动力市场党支部的建立和对党员的有效教育管理，建立了支部层面的“洛铜党员之家”微信群，13个党小组均建立了本小组微信群，共发布党建知识和公司党建新闻20余次，在企业改革脱困和维护稳定中发挥了积极作用。

（四）融入中心工作取得成效

公司党委坚持融入中心服务大局，突出重点求实效，在全体党员中开展了“解放思想，振兴洛铜我先行”主题实践活动，共有693名党员向党组织做出了承诺，促使党员辐射带动、引领示范作用得到充分发挥。积极对困难职工给予帮扶救助，在双节期间先后筹措资金16万元，对137名困难职工、困难劳模和军转干部进行帮扶和慰问，进一步提高了党组织的凝聚力、影响力。

（五）党风廉政建设不断强化

2017年认真组织完成了13起信访和转办件的核查处理，组织对巡视组反馈的74个问题实施整改，确保达到整改目标，对违规违纪违法进行了严肃处理，分别给予45人进行了问责处理和党政纪处分（问责处理26人，党政纪处分19人），收回违规款项13.53万元。

五、履行社会责任

2017年，洛阳铜业积极贯彻落实中央、省、市扶贫开发工作会议精神，认真履行洛阳市委、市政府关于做好定点扶贫工作的要求，公司领导多次深入杜沟村，调研了解脱贫攻坚工作进展，与县直帮扶单位和村干部一起研究发展集体经济方案，慰问贫困群众，落实定点帮扶工作。

积极申请扶贫项目，协调实施。截至2017年底，120平方米的村卫生所和497平方米的新村、1000平方米的综合文化服务中心和文化广场项目已经建成投入使用；打通长度3.5公里田间路6条，建设提灌站和蓄水池各一座，为村民生产创造了便利条件；对镇里通往杜沟村的原宽3.5米已损坏的3公里主干道进行整修，并扩宽为4.5米，方便全村群众出行，工程已经完成一半。

认真落实“一对一”帮扶要求，组织洛阳铜业领导干部与贫困户结对帮扶，帮助贫困户制定脱贫措施，为精准帮扶、精准脱贫打下坚实基础。在帮扶人的鼓励下，9户贫困户成功申请免息小额贷款20万元，发展养殖种植项目，实现增收；7名贫困户参与到户增收项目，实现每年分红。

先后筹措资金8000余元，对贫困户开展春节、中秋慰问和夏季送清凉活动；组织职工为杜沟村小学捐赠图书1100余册和价值2000余元的体育和学习用品；团委组织青年志愿者到村开展志愿服务活动，助力脱贫攻坚；积极向河南省福兴儿童公益基金会与省扶贫开发协会申请，为贫困户子女申请到600元生活资助金；协调汝阳县劳动局到村组织举办短期职业技能培训班，村里64户贫困户106人参加培训并取得资格证书，为贫困户劳动力就业拓宽渠道；协调为26户贫困户35人办理了低保和五保，让无劳动力的贫困人口老有所依。

（汪恒玉）

中铝洛阳铜加工有限公司

一、概况

截至2017年底，中铝洛阳铜加工有限公司（以下简称：洛阳铜加工）资产总额达到20.98亿元，主要产品产能为8.04万吨，主要产品产量分别为铜板带材7.00万吨、铜管棒材7910吨、铝镁板带材2022吨，实现工业产值达32.80亿元，销售收入34.40亿元，利润额2600万元，纳税额400万元，员工总数1617人，产值劳动生产率202.84万元/人·年。

二、生产经营

2017年，洛阳铜加工着力提质增效，实施精准管理，狠抓强基固本，优化整合资源，凝聚干群合力，推行标准化管理，改善了生产组织均衡性，增强了市场服务能力，组建了专业组织架构，技经指标保持稳定，降本增效亮点纷呈，有效管控经营风险，科技研发成果丰硕，实现了企业扭亏增盈，迈出了再塑洛铜辉煌的第一步。

（一）生产组织

2017年，洛阳铜加工以准时化交货为核心，细化补充数据量，进行了有针对性分析，保证了生产计划的规范化，实现准时化交货率78.9%，较2016年的72.25%上升了6.6个百分点。

（二）装备管理

装备管理围绕保运行、还欠账、提性能、出精品，加强效率管理，推行分级管理，开展A+重点设备责任承包考核；建立维保检修工作档案，分类梳理日检修项目问题清单，执行“1248”故障处理通报和评估制度，科学规划维保检修方案，使突发故障与设备维保的比例，由初期的6：4逐步达到4：6，为生产提供可靠支撑。

（三）质量管理

内部实施产品质量扁平化管理，按照ISO 9001：2015版标准的要求，运用流程图和5W1H相结合的方法及模式，构建流程化程序文件体系并在10月份运行实施；企业组织推荐的“提高锌白铜成品率”和“合理使用锯片，减少锯片消耗”两项QC成果，分别获得了2017年度洛阳市质量管理小组一等奖和二等奖的荣誉；经过“四上四下”的质量问题大清查工作，共排查出质量问题12项，完成整改4项，其余8项在全面大整改阶段进行整改落实。

三、改革与管理

2017年，洛阳铜加工企业管理从制度建设入手，制定下发22大类管理制度211项。4月，洛阳铜加工对组织架构和业务职能进行了变革和优化，新组建了装备管理部、工艺管理部等部门，并对原有职能部门业务进行调整，将主体生产厂中的装备、质量、技术、作业计划、调拨等管理职能上收至相应职能管理部门，形成集技术、服务、资源、平台“四位一体”的管理架构，实现了各项资源的统一管理、整合、调配，改变了以往60多年来传统管理的运行模式，使管理更贴近市场、贴近现场，为企业生产运营、降本增效和持续发展提供了可靠保障。

四、节能减排

2017年，洛阳铜加工将4台1000kva和400kva老旧熔炼炉变压器更换为高效节能变压器；改变生产过程中不合理的工序、科学调配炉台班次、压缩炉台开动时间、减少炉台开动数量，有效地降低了废气排放总量；所有生产过程中产生的废水全部循环使用，年可实现节水180万吨，取得经济效益317万元；减少外排悬浮物5.3吨/年，石油类6.4吨/年，COD7.2吨/年；在企业确定的9个重点排污口设置“河长”标示牌，明示“河长”的姓名、职责、污染物控制指标，“河长”作为重点排污口的第一责任人，监督和保障排污口达标排放；公司委托有资质的检测公司定期对废水、废气、噪声进行全面检测，近一年来污染物排放量持续降低。

五、基本建设和技术改造

2017年，洛阳铜加工充分利用现有资源，开展技术改造项目，恢复设备性能提高生产保障力。2017年先后组织新建650水平连铸，实施2#酸碱洗性能恢复，实施1#气垫炉运行状态恢复，实施2#剪清洁化封闭工程。

六、科技创新

2017年，洛阳铜加工高强高导铜合金研制取得突破性进展，破解了非真空条件下高熔点、易烧损合金元素的成分控制的行业难题，“高强高导铜合金关键制备加工技术开发及应用”项目获国家科技进步奖二等奖；开发出高性能引线框架异型带控制技术，达到了异型带高温软化性能要求，导电率由原来的85%IACS提高到88%IACS以上，实现千吨级规模；“大规模集成电路用铜基引线框架材料的关键技术及产业化”获中国机械工业科学技术奖一等奖；研制出新型造币（泰铢）材料——满足国际造币材料特殊性能需求；研发出镍铝青铜大规格铸锭制备技术，解决了易氧化造渣易热裂难题，开发出镍铝青铜LC6156造币带材。

七、精神文明建设

2017年，洛阳铜加工召开第一次党代会，配齐配强党委、纪委班子，完成11个二级党组织、23个基层党支部选举工作。按照“双向进入”要求，实行了党政交叉任职。深入推进“两带两创”活动，设立创效项目48个，党员带领群众创新项目或课题69个。开展“党员手中出精品”、“党员责任区”、“党员先锋岗”等特色活动。

认真落实巡视整改，建立了问题清单、任务清单和责任清单，制定整改措施124条，建章立制17项，制定、修订管理标准13大类230项。召开党风廉政建设警示教育大会5次，集中通报处理违规违纪问题。紧盯现场管理问题，开展“接地气”专项工作，督促责任单位立行立改、形成规范。

积极履行社会责任，响应国家加大环境保护力度的指导方向，成立“青年创新工作站”，攻克新能源汽车用纯铜铜板焊接软化行业性技术难题。2017年，洛阳铜加工开发出新能源汽车用铜板带材1781吨，在给企业带来经济效益的基础上，满足了国家持续增加的新能源汽车的需求。

2017年未发生轻伤以上事故；未发生新增职业病病例；未发生重大消防、厂内交通事故；各级各类人员安全教育率和持证上岗率均达到100%；事故隐患整改率为99.3%；接触职业危害因素作业员工健康检查率为98.95%。

2017年，洛阳铜加工确立了“重塑行业领先地位，建设一流铜加工企业”的发展愿景，大力灌输“客户至上，质量第一”的经营理念和“把重复的事情做到极致”的工作理念，加强“四少四多”、“一真三严”等行为文化教育。开展进入战时状态“打赢强基固本攻坚战，再造品牌洛铜铸辉煌”活动。编制公司视觉识别系统手册，规范着装要求，树立统一形象。弘扬诚信文化，公司推选的《按期保质保量，助力杭州峰会》入选2016年中铝集团十大诚信案例。

（李瑞华）

中国铜业有限公司

中国铜业有限公司（以下简称：中国铜业）成立于2008年8月，注册资本金32.35亿元，是中国铝业集团有限公司的全资子公司。截至2017年底，总资产984.38亿元，实现营业收入1012.55亿元，拥有各类从业人员21335人。

2016年3月，根据中铝集团与云南省的战略合作安排，中国铜业企业工商注册地址从北京迁往昆明。2017年4月，按照中铝集团党组决定，实行中国铜业与云铜集团一体化管理。

中国铜业所属企业有云南铜业股份有限公司、中铝矿业国际（含中铝秘鲁矿业公司）、中铝矿产资源有限公司、中铝洛阳铜业有限公司、中铝上海铜业有限公司、中铝华中铜业有限公司、中铝东南铜业有限公司、中铝洛阳铜加工有限公司、凉山矿业等主要成员企业。其中：秘鲁矿业是中国在海外建设运营的特大型铜矿项目。中国铜业下辖云铜股份、云铜科技两家上市公司。

中国铜业铜产业链条完整，包括海外和国内现代一流铜矿山、先进采矿冶炼技术和现代化铜加工生产线。矿山铜资源储量约3020万吨，包括海外秘鲁铜矿和云铜集团11座在产矿山，年产铜精矿（含铜）27万吨；有5家铜冶炼厂，年产电铜59万吨；铜加工企业主要包括洛阳铜加工、华中铜业、昆明铜业及上海铜业，主产品为铜合金板、带、箔、管、棒、型材等，品种760余个，规格上万种，铜加工材产能超过30万吨。

一、主要产品产量及经营指标

2017年，中国铜业自产铜精矿含铜27.77万吨，同比增长12%；电解铜62.68万吨，完成计划的106%，同比增长8%；黄金10.03吨，完成计划的125%；白银450.87吨，完成计划的100%；硫酸260.68万吨，完成计划的117%；锌锭16.38万吨，完成计划的113%；铜转子11万台（套），完成计划的157.29%，同比增长101.65%，实现了产量翻番；铜加工材30.34万吨，同比增长17%。全年实现营业收入1012.55亿元，首次跨入“千亿级”企业行列；实现利润总额7.06亿元。

二、产业优化

中国铜业全年投入资金55.63亿元，一批重点项目建设取得重大成果，是中国铜业成立以来建设项目投产最多的一年，为企业综合实力上台阶提供新的支撑。普朗铜矿项目实现“3·16”投料试车，青海鸿鑫牛苦头铅锌矿项目较考核目标工期提前35天投料试车，香格里拉鼎立公司铜厂沟铜钼矿项目于3月15日投料试车。东南铜业年产40万吨铜冶炼项目进展顺利；赤峰云铜年产40万吨铜冶炼环保搬迁项目、华中铜业高精度铜板带箔项目二期工程、凉山矿业拉拉落凼矿区深部矿段采矿工程、刚果（金）LCS冶炼项目有序推进。秘鲁矿业坚持“三步走”战略，强化设备管理和计划执行，实现均衡供矿。凉山矿业拉拉铜矿、玉溪矿业大红山铜矿、楚雄矿冶六苴铜矿等老矿山稳定生产指标，迪庆矿业羊拉铜矿基本实现正常生产，金沙矿业完成新老区整合。西南铜业、易门铜业、滇中有色等3个短平快项目先后建成投产，实现增产增效目标，全年创造效益超亿元。

三、资源获取

中国铜业坚持资源取胜，按照“抓大放小、有进有退”思路，科学分析评价资源，重点围绕12个项目开展工作，国内新增铜金属5.22万吨、铅锌金属2.76万吨、锑金属1604吨，升级铜金属5.94万吨、铁矿石491.58万吨。同时，与渣打银行、加拿大皇家银行、瑞银国际等多家机构建立稳定合作关系，拓宽获取优质矿业项目的渠道。

四、政策争取

东南铜业、赤峰云铜等重点项目引入地方政府资金支持，减少公司投资，放大国有资本的影响力。洛阳铜业收到25亿元产业调整基金，其中国调基金20亿元，缓解了资金紧张的困难局面。推进“三供一业”分离移交，签订12个项目移交协议，收到中央财政补助资金4.89亿元，完成中铝集团考核目标。用好用活用足政策支持，争取关破企业经常性费用补助等9项社会化管理有关政策补助，合计3158.4万元。

五、企业改革

中国铜业落实中铝集团与云南省全面深化战略合作协议，完成中国铜业、云铜集团的“一体化”改革，推进了两级机关优化整合、人员重组、流程再造，完善OA公文处理系统，借助远程会议系统和信息化等手段，提升“双总部”高效运行。推进中铝集团内部资产注入，洛阳铜业、华中铜业、上海铜业、中铝资源资产注入已经完成；中矿国际成功从香港退市，为资产注入中国铜业和秘鲁矿业二期工程建设资金筹措创造条件。积极推动云南省资产配套注入，2018年将进行实质操作。落实“党建进章程”要求，出台《公司决策权限管理办法》，健全公司法人治理。昆勘院、省建物资公司完成公司制改制，冶炼加工总厂改制为西南铜业分公司，洛阳铜加工和华中铜业实现营销整合。

六、科技创新

中国铜业重视效率变革、高质量发展，强化科技创新和产品升级，成果丰硕。洛阳铜加工参与的“高强高导铜合金关键制备加工技术开发及应用”项目，荣获2016年度国家科技进步奖二等奖，在国家科技奖励大会上受到表彰；西南铜业铼的提取取得重大突破，建成氢还原制备铼粉生产线，处于国内先进水平；华中铜业重视产品结构优化，高端产品比重增加30%，部分产品已替代进口产品；洛阳铜加工强化高附加值产品的市场开发，提升了经济效益，为国防工业做出了贡献。

七、管理运营

中国铜业以精益管理为方向，坚持召开早调会和“一对一、面对面”提质增效月度分析会，全级次穿透管理，大幅提高运营效率。加强库存管理，呆滞库存清理完成年度目标的132.86%。内部市场推陈出新，强力推动内部市场交易管理和大宗物资集中采购，涵盖燃油、劳保工装等11个类别，提高交易量，降本增利效果初显。制定《客户信用管理办法》，健全客户信用管理体系，落实经济合同、规章制度、重要决策事项100%的法律审核。强化内审风控工作，实施47个经济责任审计、项目审计及专项审计，全年生产经营未发生重大风险事项。持续优化信息化系统建设，实现管理信息化、数据化，云铜“两化融合”通过监督审核。深入开展“模范工厂”创建、“精准辨识、消除浪费”和“下基层、盯问题、督整改”专项行动，现场管理有所改善，易门铜业现场管理通过中铝集团年度抽查，达到先进水平。全面落实“一岗双责”安全责任清单，抓牢安全环保质量“全面大动员、全面大清查、全面大整改”强基固本行动，深入实施“领导进班组、全员查隐患”专项安全活动，积极开展隐患专项整治、安全生产许可证办理和承包商安全管控专项工作，企业安全环保态势总体平稳。

八、瘦身健体

中国铜业狠抓“减问题”工作，中国铜业领导和部门、企业主要负责人亲自挂帅、分工负责，坚持召开月度例会，瘦身健体、“处僵治困”等工作有较大突破。截至2017年底，亏损企业降至20户，完成年度考核任务。“僵尸企业”处置完成年度工作计划，多户企业提交破产申请，法院已经受理。减少法人企业16户，完成年度“压减”任务，昆勘院成功转让。债权清收取得成效，完成清收7.1亿元。借助经营成果较好的机会，处理和消化了部分历史遗留问题，企业包袱有所减轻。

九、社会责任

中国铜业深入推进社会责任工作，荣获“金蜜蜂生态文明奖”、“社区责任信息披露奖”2个重要奖项；3个案例荣获中铝集团“社会责任实践十大优秀案例”、2个案例荣获“降碳实践十大优秀案例”；完成云铜集团《2016社会责任工作报告》《一路铜“行”》H5手机微信版报告编制，在“中国西部可持续发展·玉溪论坛”上成功发布；编制印刷《云铜集团社会责任制度汇编（2017年版）》；拍摄首部以降碳为题材的微电影《郭碳五的儿童节》，得到社会好评。

十、精准扶贫

中国铜业认真落实云南省委、省政府和企业所在地党委、政府的部署，扎实精准扶贫工作，得到各级党委、政府和帮扶群众的肯定。2017年，中国铜业本部共投入184.81万元（直接项目投入175.65万元，间接和引进投入9.16万元），所属企业共投入224.10万元（直接项目投入113.67万元，间接和引进投入110.43万元），实施帮扶项目10余项，其中：成功引进加拿大泰克资源有限公司子公司——泰克咨询（北京）有限公司开展学前教育点联合捐助活动，开创中国铜业和迪庆州引进外资企业参与精准扶贫事业的先河。

十一、党的建设

中国铜业党委把从严治党工作贯穿于一切工作始终，管党治党氛围日益浓厚。党内政治生活不断规范和加强。中国铜业党委认真贯彻落实党章和新形势下党内政治生活若干准则，修订完善《党委常委会议事规则》、《党委理论学习中心组学习制度》、《“三重一大”决策制度实施办法》、《决策权限管理办法》等一系列制度，党内生活、党内决策、党内学习有规可依，形成规范体系。学习培训不断深化拓展。中国铜业党委把党内政治学习与干部培训有机结合，先后在中央党校、云南省工青妇干校、昆明市委党校举办中层领导干部培训班，党委书记、纪委书记调训班，基层党组织书记、党务干部培训班，近1000人次参加培训，有效提升政治业务素质。党的基层组织更加巩固。中国铜业党委围绕“三同时”“三基本”要求，全面加强基层党组织建设，实现党的组织全覆盖，落实“党建进章程”工作，建立健全党的工作部门，选优配强党务干部。党内主题活动丰富多彩。实现“两学一做”常态化制度化，在“抓长抓常、落小落细”上定向、着力；推进“两带两创”活动，“党组织带党员创效”项目748个，“党员带群众创新”项目1161个，1.38万人次党员和9910人次群众参与；参与推动“强基固本”专项行动；24个实体企业党委梳理出问题清单，确定整改事项398条，落实整改措施416条。党建“双百分”考核稳步推进。中国铜业党委紧跟中铝集团党组步伐，制定考核方案、考核办法、考核细则，与二级党组织签订党建责任书，层层压实责任。检查考核年度大党建工作，党委组织为期2个月的大检查考核，查找问题145个，提出整改建议132条。

十二、党风廉政建设

中国铜业党委扛起“主体责任”，加强领导、突出重点，统筹推进党风廉政建设。抓好巡视整改，针对中铝集团巡视发现的问题，制定整改措施460条，完成整改178个。开展内部巡察，公司巡察组全年完成6个企业巡察，发现问题317个，通报批评1个党委，党政纪处分22人次，问责26人次，发挥“利剑”作用。中国铜业纪委扛起监督责任，聚焦监督执纪问责，依法依规处置问题线索112件，问责261人次，党政纪处分135人次；狠抓八项规定精神落地，严防“四风”回潮反弹，快查快处违反中央八项规定的问题；强化警示教育，全年召开警示教育大会4次，通报案例122个。驰而不息正风肃纪，党员干部纪律意识、规矩意识不断增强，形成风清气正的环境和氛围。

十三、群团和宣传文化工作

中国铜业加强宣传思想工作的领导，严守宣传思想工作阵地，统筹协调各级党组织和宣传部门，充分调动广大宣传工作者的积极性。坚持正确舆论导向，拓展思想政治工作研究，推进企业文化建设，加强舆情疏导，建好、用好网络平台，凝聚干事创业正能量。工会组织围绕企业中心工作履行职能，突出抓好“安全、干净”班组和“金牌”班组建设，班组覆盖率达到100%；“三项劳动竞赛”创效5600余万元；突出抓好扶贫济困工作，为员工群众排忧解难，全年支付“送温暖”资金133万元、“甘露”资金60.29万元。共青团组织紧扣“一学一做”主题教育实践活动，深化“三会两制一课”，加强思想引领，打造“青安岗”“青年文明号”“微学习、微行动、微创新”等团青品牌，一批基层单位和基层员工获国家级、省级表彰。

（孙 剑）

吉林昊融集团股份有限公司

一、企业概况

吉林昊融集团股份有限公司（以下简称：集团）是由原吉林镍业集团有限责任公司改制重组设立的产权多元化企业，总部位于吉林省磐石市。集团始建于1960年，经过半个多世纪的发展建设，现已成为集科、工、贸于一体，专业从事金属产品生产加工、新能源、新材料开发的大型企业集团，员工7400余人。

集团麾下由吉林吉恩镍业股份有限公司、朝阳昊天有色金属有限公司、吉林昊融技术开发有限公司、大连融德特种材料有限公司等核心控股企业以及多家参股成员企业组成。

集团拥有国家级技术中心，通过了ISO 9001质量体系认证和ISO 14001环境体系认证。集团主导产品有：高冰镍、硫酸镍、氢氧化镍、镍铁、羰基镍、羰基铁、氯化镍、电解镍、工业硫酸、钼精矿、银精矿、金精矿等，形成了“吉恩”品牌优质镍系列产品。产品经销网络覆盖全国并远销海外。

二、生产经营

在原料问题凸显的背景下，集团大力调整产业结构，暂停了一批高投入低产出的“吸金”项目。着力推动新旧动能转换。通过优势资源再配置、补齐短板、创新驱动不断打造新的比较优势，大力拓展新能源、新材料领域，积极培育新业态、新模式，努力让传统产业焕发生机。集团不断加大市场分析预判力度，及时调整生产经营策略。主动采取挖潜增效、开源节流、增收节支、技术改造、工艺改进、修旧利废、优化资源配置、盘活存量等措施，从不同角度、不同层面节本增效，企业在逆境中保持健康平稳发展态势。

三、企业制度

大力优化企业管理，通过资金管控对集团存量资产进行有效运营；重新规范集团财务制度，提高资金使用效率，规避资金风险。向加拿大项目派驻管理团队，接受国内总部统一领导。压缩管理层级，通过机构整合，降低经营成本。

四、节能减排

进一步增强成本意识，集团提出明确的节能降耗的目标，最大限度降低消耗。以“节本降耗、创新增效”为主题开展劳动竞赛。完成ISO环境管理体系年度认证审核。集团进一步健全完善成本指标分析，狠抓事前控制、过程管理，突出抓好原料、水电等能源消耗控制，切实降低维修及可控性管理费用。

五、技术创新

集团持续加大研发投入，瞄准附加值高，市场前景广阔的粉末冶金、高品质动力电池材料产业，对拥有先发优势的镍系列产品进行结构调整。对附属系列产品，注重生产工艺改造升级。大连融德在成为德国、日本、美国企业合格供应商后，有望成为俄罗斯企业和美国另一家企业合格供应商，并顺利通过了西部超导、西工大超晶的产品认证工作，成功进入民用医疗器械及人体植入物领域。新乡吉恩通过技术创新采用新的萃取剂生产出电池级高纯硫酸锰，降低了生产成本。依托中科昊融，充分利用自主知识产权的核心技术，制备相应的特种粉体材料和功能材料，实现羰基金属及功能材料产业化。

六、党群工作

在省委省政府及省国资委党委的坚强领导下，新一届集团党委班子扎根企业，强化责任担当，认真履职尽责，党群工作取得了新成效。一是坚持党的领导制度化。建立健全《党委会议事规则》、《“三重一大”决策议事规则》、《加强昊融集团党风廉政警示教育工作的实施意见》等系列规章；把党建工作要求写进企业章程。二是配强党委班子，补齐党的机构。结合集团党委的实际，及时增补党委班子成员，重新梳理党的组织机构。三是狠抓党风廉政建设不松懈。按照“一岗双责”要求，及时调整责任人和责任范围，明确各岗位廉政工作职责，签订《党风廉政建设主体责任书》、《党风廉政建设监督责任书》，全年共约谈30余次，约谈各级班子成员130余人。四是狠反“四风”不止步。力戒形式主义、官僚主义、享乐主义和奢靡之风，党委班子成员坚持深入基层调查研究，通过增设内部审批环节，严控企业三费。五是坚持党管干部不动摇。按照《党政干部选拔任用工作条例》要求，严格执行动议、推荐、考察、研究、讨论等任用程序，杜绝干部选拔任用“一言堂”现象。六是党内政治生活回归常态。加强党员干部培训学习，将“两学一做”学习教育常态化制度化，定期组织开展党委理论中心组学习。长期坚持“新时代e支部”学习，截至目前，党员累计登陆8668次，累计学习时长达到3576小时。七是帮扶力度持续加大。全年帮扶困难职工2000余人次、发放慰问金90余万元；工会综合互助保险共有199人得到报销和赔付，合计金额30.46万元。

（石坤磊）

中铝上海铜业有限公司

一、基本情况

中铝上海铜业有限公司（以下简称：上海铜业）是中国铜业有限公司控股子公司，注册资本15.23亿元。上海铜业分别由中国铜业有限公司、上海仪电资产经营管理（集团）有限公司、上海工业投资（集团）有限公司、上海闵马投资管理有限公司组成，股比分别为55.15%、33.04%、9.62%和2.19%。上海铜业主要从事铜及铜合金材料加工、贸易和进出口业务，主要产品为铜板带箔。

1956年1月成立的上海市有色金属工业公司，

1986年更名为上海市有色金属总公司，后又更名为上海有色金属（集团）有限公司，2006年中国铝业公司与上海仪电控股（集团）公司、上海有色新材料（集团）有限公司、上海长江有色金属现货市场、上海闵马投资管理有限公司，对部分企业及相关土地、厂房等资产进行重组，共同设立中铝上海铜业有限公司。

2017年，上海铜业资产总额为24.83亿元，负债率为83.82%；员工总数为713人，其中硕士以上学历的4人，大学本科45人，大学专科82人，中专及以下为582人。

二、生产经营

2017年，上海铜业销售收入为150.8亿元，同比增长2.525；利润额为3600万元，同比增长114.4%；纳税额900万元，同比下降11.11%；净资产收益率9.3%。安全生产事故为零。

（一）积极作为，获得隆昌路地块最大收益

上海铜业以“快、好、省”的方式完成了隆昌路地块土地修复工作，创造了上海市土地修复的“上铜案例”与“上铜速度”，实际费用比概算节约了450万元，使该地块具备了挂牌条件。经上下齐心协力，获得了隆昌路地块出让土地收益7.06亿元，超出预计目标3.06亿元。同时，经过与宝山区税务部门协调沟通，获免税4200万元。为此，上海铜业被中国铜业有限公司授予2017年度“资本运作成功奖”总裁特别奖励。

（二）开展降本增效，实现减支增利

上海铜业开展“两金占用”压减工作，加大应收账款清欠力度，及时归还银行贷款，降低财务费用。2017年末两金占用合计1.89亿元，比目标值下降了4126.39万元；两金周转率按预算口径达到58.66次，比年初预算目标提高5.66次。2017年，上海铜业归还银行贷款8亿元。加强物资采购和委外修理管理，推行网上采购，减少中间环节，降低采购成本。组织开展“双增双节”活动，收拢零散有色金属，累计清扫清理铜屑、铜渣8688公斤，价值30多万元。充分运用司法手段追讨和清算清欠应收账款，压减应收账款51万元，回笼进出口公司应收账款2万美元，处理历史老欠款940万元，抢抓时机开展套期保值，取得连续收益75万元。

（三）强化物业管理，确保租金收入

上海铜业主动协调沟通，解决好西部地块承租户在公辅设施配套、能源费用结算、夏季用电等方面的具体问题，签订了三方供能费用支付方式补充协议，并加强租赁场所安全监管，确保了安全度汛和“迎峰度夏”。

（四）多管齐下，高效推进资产处置

2017年，上海铜业新老线设备拟搬迁至中铝华中铜业有限公司，配套建设华中铜板带箔二期工程。为加快实施设备搬迁，研究和咨询国资监管制度，协调做好资产评估和备案，按规定程序依法合规地推进设备内部协议转让。

积极开展盘活金属存货工作，与中铝洛阳铜业有限公司签订了在制品、成品处置框架协议，累计处置金属1800余吨，实现资金回笼7000多万元。其间还开展了期货套期保值业务，择时对在制品和产成品库存的占用金属进行保值，严格执行中铝期货相关规定，把握市场节奏，实现了期货和现货双盈利。

（五）继续开展减员增效工作

为做好减员增效工作，上海铜业严格按照上级人员分流安置和清理的要求，2017年办理内退18人，协议解除劳动关系5人，清退劳务人员16人，完成了上级下达的“僵尸企业”及特困企业2017年度人员分流安置计划。

（六）认真做好问题清单梳理及整改专项工作

上海铜业认真开展企业诊断、强化基础管理工作的重点环节，予以深入贯彻落实，前期进行动员部署、成立问题清单梳理及整改工作领导小组、工作小组，分解任务，制定计划，领导带头，包企到户，确保全覆盖。在33个专题中梳理出49个问题，并完成25个问题的整改。

三、企业管理

2017年，上海铜业组织制定了全体上岗人员的“一岗双责”安全责任清单，组织修订和完善了9项安全生产管理制度，确保在转型发展过程中安全生产管理体系的有效运行。

通过组织安全教育视频培训、召开安全教育警示大会、建立微信群宣传安全教育知识、开展安全应急演练和安全生产知识竞赛等活动，全年共计对332人次进行了相关安全教育培训。

以开展“全面大检查、全面大排查、全面大整改”强基固本行动为主线，认真开展安全隐患大排查、安全大检查工作，确保安全生产零事故、零伤亡、零投诉。每周至少2次下现场进行安全检查。设备迁建工作启动后，及时建立现场安全监督检查网络，并加强到现场的检查。设备拆迁安全工作处于受控，无事故发生。

建立了上海铜业“河长制”，将排放责任落实到人。妥善处理了长年积累下来的化学品，委托有关资质单位处置危险废弃物。处置了5台全油轧机的轧制油87吨，节约费用40万元以上。另外，积极利用市政府给予的碳排放试点单位政策，通过上海能源交易所卖出公司能源节约配额1101吨，收益4.2万元。

四、深化改革

（一）有序推进吴淞东部地块“城市更新”项目落地

吴淞厂区东部地块（泰和路1006号、1010号）厂房改造城市更新项目通过大量的考察、交流、遴选工作，以及项目招标和专家论证，确定了上海圣博华康规划设计咨询有限公司为上海铜业的战略合作方，共同打造成具有互联网+、智能制造、科创文旅、大健康等融为一体的科创小镇。

（二）探索混改新机制，盘活富余生产设备

积极谋求盘活富余生产设备，研究与民营企业合作，探索混改新机制。进一步谋划盘活压延铜箔生产和研发方面的无形资产，以知识产权、装备、资金及无形资产等入股混合所有制企业，加大经营激励机制创新，推进资本运作，实现资产保值增值。

（三）优化布局，有效压缩法人户数

按照中铝集团和中国铜业有限公司“瘦身健体”的要求，上海铜业及时拟定“瘦身健体”工作方案、工作计划和考核办法，明确目标，落实责任。2017年完成了压减2户任务。

（四）开拓创新，盘活闲置资产实现企业增效

为盘活安欣公司持有的坐落于太仓市南郊镇群星村内闲置资产（已全部计提坏账），在获悉太仓市政府将对该资产予以征收的信息后，上海铜业主动上门洽谈，商议资产评估事宜，经多次前往调研，了解市场行情，与管委会进行沟通和反复协调后，最终获得了472万元补偿款，比评估价高了近50%，实现了企业增效。

五、党建与企业文化建设

上海铜业党委注重加强党建基础管理，制定了2017年党建工作考核实施方案、党委中心组学习制度和学习计划等党内基本制度。全年召开党委会32次，民主生活会2次，组织中心组学习12次。遵照党建进章程的股东会审批流程，履行工商登记备案相关法定程序，完成了党建进章程工作。

制定了“学习宣传贯彻党的十九大精神系列活动实施方案”。通过领导上党课、制作宣传展板、开展十九大知识竞赛和主题征文等丰富多样的形式，迅速掀起了学习宣传、贯彻、落实党的十九大精神热潮。扎实开展“两学一做”学习教育常态化制度化活动，党委、党支部和党员分别建立了学习计划，认真完成党员承诺践诺工作。通过组织开展“安全、干净”班组劳动竞赛、“庆七一·创新赢得未来”主题演讲比赛和“庆国庆、迎十九大爱国歌曲大家唱”等活动，丰富党日活动的内容和载体。开展“党组织带党员创新，党员带群众创效”主题活动，共建立了11个创新创效项目，做到在岗党员全覆盖。

在贯彻落实党风和反腐倡廉建设中，通过扎实推进“接地气”现场巡查督改，有序开展设备搬迁等重点工作的预警督查，对违规公款购买消费高档白酒问题、非经营性房产问题、自查自纠深化巡视整改专项督查、领导人员及亲属违规经商办企业自查、有关业务核查等多项自查督查工作，加大查信办案力度，为转型发展保驾护航。

六、履行社会责任

2017年，上海铜业环保投入为18.3万元，COD排放量4.36吨，废水排放量15397万吨，粉尘达到零排放，重复用水率为79%。

2017年，上海铜业用工数为713人，劳动合同签订率达100%，千人负伤率1.4，全年无人身伤亡事故，无职业病发病。

（胡　蓉）

中铝华中铜业有限公司

一、基本情况

中铝华中铜业有限公司（以下简称：华中铜业），地处湖北省黄石市，成立于2005年9月28日，由中国铜业有限公司控股75.6%、黄石市国有资产经营有限公司参股24.4%。其高精度铜板带项目是我国高精度板带材产品产业化的示范项

目，是世界500强企业中铝集团同湖北省开展战略合作的开局性项目，主导产品有国内市场急需的高精度引线框架铜带、变压器铜带、电缆铜带、电子接插件铜带、光伏太阳能铜带、LED产品用电子铜带、军工用热交换器散热铜带等。2010年，高精度铜板带一期工程竣工转固并正式投产，完成总投资16.95亿元。

2017年9月，高精度铜板带箔项目二期工程启动建设，项目是中铝集团“十三五”规划的重点项目，也是黄石市促进铜产品千亿产业发展、延长铜精深加工产业链的重点项目。项目总投资11.27亿元，产品主要包括压延铜箔3000吨/年、引线框架及无氧铜带3.7万吨/年、新合金材料2万吨/年，符合国家新一代电子信息技术产业发展政策导向。

2017年，华中铜业高精度铜板带材成品年产能3万吨，高精度铜板带坯3.5万吨；资产总额17.47亿元；负债率61.66%；员工总数481人，其中硕士及以上学历的有9人，大学本科120人，大学专科202人，中专及以下150人。

二、生产经营

2017年，华中铜业围绕“抓党建、促经营，调结构、抢高端，提质量、增效益，强管理、求精准，抓项目、谋发展”五项重点工作，内强管理求精准，外拓市场增效益，各项关键指标稳中趋好，实现产量3.64万吨，同比增加10%；销量36712吨，同比增加11.4%；综合成品率62.68%，同比提升3.1%；单位加工费4547元/吨，同比下降67元/吨；在消化历史遗留等问题3764万元的基础上，同比减亏3796万元，首次实现现金流不亏，实现华中铜业发展的历史性突破。

三、重大发展项目

2017年，华中铜业实际完成投资37473.75万元，其中高精度铜板带箔项目二期工程完成37140.1万元。

（一）高精度铜板带箔项目二期工程项目建成后，可新增劳动用工300人，营业收入超过40亿元，年均税后利润8000万元以上，年上缴税金5000万元以上。

（二）500万元以下零星更新改造项目全年完成333.65万元。主要包括精轧机IMS测厚仪改造、850气垫炉摩擦搅拌焊机、2#炉改造、熔铸粉尘与烟气治理项目等。

四、企业管理

运行管理。现场管理推行标准化管理，坚持“赛马定标，定标比高、有标必依、执标必严、违标必问、持续提高”，深入推进标准化，形成以质量管理、生产操作、设备精度、安全干净为主的现场管理的标准化体系，形成488条5S标准，270项规范型标准、43项创新型标准。

实现结果管理向节点过程管理转变，将现场生产效率、产品质量、工艺技术等问题实行每日工作节点化管理，早晨布置，白天落实，晚上验收。推行节点管理工作计划促使准时化交货率提高9.5个百分点，产品平均交期为7天，比行业平均水平快一倍，受到客户广泛认可。

安全环保。2017年华中铜业认真践行中铝集团“3132”安全管理思路，逐步建立完善“党政同责、一岗双责、失职追责”的安全履职考核体系。在继续夯实基础性安全环保工作的同时，结合强基固本行动，梳理安全环保管理薄弱环节，有序整改，二期工程项目重点推进“安全交底条”行动，促进安全管理的持续升级。全年实现各类安全环保事故为零的目标。

五、科技创新

华中铜业所生产高端产品C19400进入行业所有高端客户，市场占有率稳居国内首位；通过了国家高新技术企业认证；获得授权发明专利2项、实用新型专利9项，其中首个自助发明专利1项，2017年10月25日，“一种高氧韧铜的熔铸生产工艺”获得国家发明专利授权；2017年12月30日，黄石市铜加工产业技术研究院落户华中铜业。

华中铜业积极对接国家高端电子信息产业，成功研发出高氧韧铜，2017年产量达2000吨，成为国内唯一合格批量生产FPC压延铜箔材企业，实现替代进口，填补国内空白，为二期项目压延铜箔国内领先奠定基础，为我国高端电子信息产业发展提供强有力的支持和保障。

六、深化改革

一是2017年华中铜业以增资重组和经营班子市场化契约化改革试点为契机，加快管理体制改革，全面推广“以效益为中心，以业绩定薪酬”的工作绩效承包改革。

二是全面推行的“四保一包”，保安全、保产量、保质量、保成本和包工资的总额工作绩效总承包。设置目标红线，竞标确定承包人。

三是全面启动首席工程师区域技术负责制。首席工程师牵头成立管理小组，负责解决责任区域内的工艺、质量问题，全面推行技术人员“完成日常工作只拿基本绩效，凭技术创新拿高额奖金绩效”的三级激励模式。

四是积极摸索适合维修班组（区域）特性的承包模式。金工班只发岗位及技能工资，其余全部通过内外承揽机加工业务创效创收；公辅作业区实行工资包干改革，减人不减资，增人不增资；维修区实行工时制改革，多劳多得。

五是机关管理部室统筹推进“个性化”改革，推行KPI指标考核为主的工作绩效承包，注重工作质量和执行力考核。金地公司实施物流自营、个人贸易和辅业承包等试点，成为公司改革的试验田。

六是建立干部“双百分制”交叉考核机制。将干部绩效指标考核和管理行为考核相结合，强化考核结果运用，突出干好、干坏待遇不一样，对完不成承包责任目标、执行力不强、作风不务实、推诿扯皮、群众口碑不好的干部坚决予以调整。

七、党建与企业文化建设

2017年，华中铜业党委认真学习贯彻党的十九大精神和习近平新时代中国特色社会主义理论，紧密围绕“抓党建、促经营”工作思路，创新构建“党建+N”工作体系，以党建工作责任制为统领，以党建“双百分”考核为抓手，通过完善基层组织、强化标准化建设，创新“备课式”党委中心组、微党课等学习方法，加强党员干部培训教育；扎实开展“两带两创+N”“三型党组织”等特色活动，全年创新创效项目24个，创效644.37万元，推进了“两学一做”学习教育常态化制度化，推进党风廉政建设，开创了党建经营工作新局面，党建工作得到中铝集团党建工作考核组的充分肯定。

八、履行社会责任

2017年，华中铜业精准帮扶，推行职工互助金制度，帮扶慰问困难党员及职工；通过开展“金秋助学”“劳动竞赛”“职工文艺汇演”等丰富多彩活动，提升员工归属感；提高员工收入，2017年员工收入同比提升12.65%。

贯彻落实精准扶贫政策，华中铜业青年干部张涛挂点阳新县三溪镇柏树村任第一书记。

（郝　君）

中铝沈阳有色金属加工有限公司

一、企业概况

中铝沈阳有色金属加工有限公司（以下简称：中铝沈加）是中国铝业集团有限公司全资子公司。前身系沈阳有色金属加工厂，是新中国第一家国有有色金属加工企业，是我国重点综合性钛镍材生产基地和研发中心。中铝沈加占地面积600亩，总投资21.87亿元，年生产钛、镍、铬锆铜加工材万余吨。企业拥有钛熔铸、镍（铬锆铜）熔铸、锻造、板带轧制、残钛回收等生产线，是钛镍加工材国家标准的主要制订者，可以生产国内外众多钛、镍合金牌号。2017年企业在岗职工750人。

二、生产经营

2017年是中铝沈加钛镍项目全面正式投产第一年，完成产量4811吨，完成销量4804吨；主营业务收入2.91亿元，实现利润总额120万元。

2017年中铝沈加多措并举，营销工作收到预期效果。创新营销模式，产品订单保障了生产需要。调整营销组织机构，新成立市场开发部和四个片区的工作模式，分别落实相应的职责；创新营销策略，实施了“年约客户保证金优惠制度”，保证了合同量。市场对公司认可度不断提高，正式投产以来，克服诸多困难，迎难而上，不断创新，成功开发氯碱行业用钛板材，替代进口；化工用15006000板材市场占有率快速提升，占年销量的40.9%，在国内市场占有份额已达20%左右，跃升国内第一，已成为公司拳头产品；手机用1.7毫米厚TC4冷轧钛合金带卷试制成功，填补了国内空白；高附加值氯碱行业用钛材阴极槽多个规格开发成功并供货。军品研发正式启动，与航空院所签订战略协议，启动军用航空合金产品的研制；供航天用的TC4军用棒材开发多个规格，已试制成功并开始供货；完成火箭用多规格饼材研制任务；开拓舰船用钛及钛合金材料军工市场，开展了舰船材料认证工作，编制完成了《舰船材料认可申请书》，并已研制、生产出宽幅钛合金板材。

2017年中铝沈加无一般以上安全事故，环保达标，企业稳定，市场开发取得重要进展，生产、设备、能源等基础管理工作得到逐步加强，钛镍加工材项目完成竣工验收。

三、科技进步、技术创新

中铝沈加聘请了两位有色金属材料专家为技术顾问，专门从事材料研制和技术支持等方面工作。

成立EB炉铸锭表面质量攻关、热冷轧板型攻关、锻造成品率提升等攻关小组，均取得一定效果。热轧板型合格率达100%，冷轧板型合格率已达91%，锻造成品率提高了5个百分点，EB炉铸坯生产工艺进一步优化。

从2017年初开始，中铝沈加加大对成品率的管理，对各个工序的各类产品进行统计分析。经过近一年的努力，通过不断调整优化，产品实际成品率比计划成品率提升了4.26个百分点。

针对年初废料积压、金属占用高的困难，多次走访，反复研究，制定安全方案、技术方案，成功实现3~5吨大吨位废料捆扎电极熔炼，加快了金属流转，缓解企业资金压力，同时还减少了废料减值销售产生的损失，全年废料捆扎电极467根（1500吨），该做法被评为中铝集团2017年度“银点子”合理化建议。

四、企业管理

2017年中铝沈加企业管理多管齐下，管理水平逐步提高。强化生产计划的执行，加强生产监督，根据产品生产周期、合同及实际生产进度，做到提前策划、统筹安排，适时组织、沟通、协调处理生产过程中出现的问题，保证半成品供应节点，促进生产计划的落实，确保了稳定生产。质量监督工作再上新台阶，通过加强管理，质量监督工作水平有了明显的提高和进步。重点抽查产品实物质量，抽查合格率97%；通过了国家质检总局对公司产品质量的抽样检查；通过了质量管理体系符合性和有效性现场审核、“PED”认证年度监督审核、CNAS实验室认可年度审核；通过了安监局及专家现场验收，通过了安全生产二级标准化企业验收，成为沈阳市第135家安全生产二级标准化企业。安全、环保、职业健康工作进步明显。

通过完善各项管理制度，落实“一岗双责”责任清单、班组长履责百字守则、承包商安全管控“七步法”、“三规两必”保命条款，开展了“安全、干净”劳动竞赛和“小散乱污”问题治理。通过开展强基固本行动，员工的安全意识得到增强，安全行为更加规范，切实防范和遏制了事故的发生。职业健康体检率100%，无环保事件发生。强化“峰谷平”分时用电管理，强化绩效考核，企业峰电占比有所下降，全年节约电费支出40万元。积极争取优惠政策，成功获得直供电政策支持，全年节约电费427万元。

设备管理得到不断强化。从设备三级点检管理、检修维修管理、特种设备管理、设备事故管理、外委施工管理等多个方面强化管理。设置机械、电气、流体、润滑等专责工程师负责专业工作。技术人员包片负责设备日常管理工作，对日常检维修进行监督和检查，设备管理得到进一步规范；完成热轧机地下卷曲前侧导位处增加侧导辊、脱脂清洗机优化加热装置、抛丸酸洗设备“风刀”加宽等改造；自行设计自制的双工位压矫炉投入运行，达到预期效果；2017年下半年下发了《主要设备精度/产品质量关联制度》，开展设备精度管理；设备管理向标准化、规范化、制度化迈进；特种设备管理设专人负责，特种设备受检率100%，合格率100%。

积极推进基础管理工作，建立班组记录台账；规范各类报表建设；开展制度的立改废；完善业务分析制度。全年新制定制度126项，建立报表129个；生产班组记录已全覆盖，各系统业务分析常态化，公司管理数字化、规范化逐渐形成。创新绩效考核，促进了干部员工的观念转变。2017年绩效考核对关键指标进行了细化、量化和调整，实行生产经营月考核制、年度工作目标责任制、单项管理考核制、销售人员销售责任制、奖励基金五种考核模式；强调效率效益优先，兼顾公平的原则，创新绩效考核后，生产效率大大提高，员工收入明显增加，收入靠贡献的思想正在形成。全年通过工资筹划和向中铝集团总部争取工资总额，员工平均收入增长达13%以上，人均收入达到5万元。通过开展“安全干净”班组竞赛，员工在落实责任、学习能力、行为规范、环境干净、设备状态等方面进步较大，板带制造中心精整班组获得2017年中铝集团级“安全、干净”示范班组荣誉称号。扎实有效开展安全环保质量强基固本，基础管理工作得到有效提升。幸福工程逐步得到实施，为员工建设充电桩及车棚，配备文体器材，在员工单身宿舍楼和食堂加装净水装置，保证了生活用水的干净安全。

五、企业党建与文化建设

2017年中铝沈加党委抓党建促监督，两个责任得到有效落实。把坚持党要管党、从严治党的要求和任务落实到位。认真落实国企党建会议精神，完成了党建管理进章程工作。加强党组织机构建设，新设党委工作部。签订了《2017年党建工作目标责任书》、《党风廉政建设责任书》，制定了《2017年党建工作考核细则》，实行双百分考核。积极配合中铝集团第四巡视组对企业为期两个月的巡视工作；认真推进“两学一做”学习教育常态化制度化。召开了“两学一做”学习教育常态化制度化推进会，制定方案并进行了部署落实；组织中心组学习13次、各党支部围绕确定的四个主题开展专题研讨；坚持“三会一课”制度，建立支部主题党日制度；多种形式开展了党的十九大精神宣传贯彻工作；认真开展纪检干部“接地气”工作。通过“动员千遍不如问责一次”的有效措施，正风肃纪，纪委对下一级党组织开展巡查5次，发现问题78项。在“执行力问题”方面问责29人次，廉洁从业谈话55人次。

（谭　论）

中铝东南铜业有限公司

一、基本情况

中铝东南铜业有限公司（以下简称：东南铜业）于2015年12月31日注册。2015年9月27日，福建省政府与中国铝业公司签署的《铜冶炼基地项目合作协议书》（以下简称：《协议》），双方约定，按40%和60%出资比例组建合资公司，建设40万吨铜冶炼项目。

2017年，东南铜业重点推进铜冶炼基地项目建设，同步开展中铝宁德保税仓库混矿项目混矿作业。其中，铜冶炼基地项目位于宁德（漳湾）临港工业区冶金新材料产业园，紧邻漳湾港8#、9#泊位，占地面积1324亩，实际用地面积987亩。项目全部以进口铜精矿为原料，冶炼工艺采用国际先进、成熟、环保、具有规模优势的富氧强化熔炼技术。设计规模为年产阴极铜40万吨、硫酸（折合100%硫酸）146万吨。项目概算总投资为48.86亿元，其中固定资产投资40.44亿元。截至2017年底，东南铜业员工总数262人，硕士及以上17人，大学本科107人，大学专科59人，中专及以下79人。资产总额19.94亿元，负债率43.32%。2017年，企业实现营业收入1624.88万元，利润额40.03万元，纳税900万元，全年无安全生产事故。

二、生产经营

2017年，东南铜业通过与福建省及宁德市政府相关部门沟通协调，推进了优惠电价政策落实工作。根据《铜冶炼基地项目合作协议书》约定，东南铜业取得了返回项目地基处理补助款3564.78万元，减免了城市建设配套费390万元等。

2017年，东南铜业与10家企业签订了179万吨的硫酸销售意向性协议。为开辟硫酸海运外销之路，与宁德港务集团协商，开始了10#码头增加硫酸货种的前期工作。

三、重大项目

2017年，东南铜业重点围绕40万吨铜冶炼基地项目建设，同步落实硫酸与铜渣消纳、水电气路、项目优惠电价等各项外部条件，稳步推进保税仓库运营，着力构建公司党建管理架构。年内，办理完成11项内部和政府行政审批手续，累计办理完成26项，均取得了相关批复或支撑性文件。

（一）40万吨铜冶炼基地项目建设

实现9个里程碑节点目标。完成了“12月12日闪速炉本体安装完工”等9个里程碑节点目标，满足了一级网络计划图所要求的工程进度。完成桩基施工13770根，完成率100%；熔炼、电解等各区域总体完成年度计划工程量的103%；设备安装完成年度计划工程量的100%。完成投资15.58亿元，为年度计划的101%。

项目外部条件落实。一是铜渣综合利用。联手政府部门招商引资，多方选择引进了武汉声荣环保科技有限公司，与之签订了60万吨铜废渣综合利用合同，地方政府与之签订了投资建厂的合作协议。2017年，完成项目可研、当地新公司注册、项目备案、用地范围海域吹砂等工作。此外，启动了铜渣堆场（一期）项目建设，确定了新的选址，开始了初勘工作。与多家水泥和新型建材企业接洽铜渣使用事宜。二是制氧站建设。实施了制氧站BOO模式建设，与上海宝钢气体公司签订了项目工业气体供用合同，总投资2.9亿元。由其注册成立了宁德宝铜气体有限公司，相继完成了项目桩基施工、基础施工、全部设备采购。三是配套基础设施建设。2017年项目用水、用电设施建设分别完成进度的50%、70%以上，完成与中国铜业所签目标责任书工作任务。

四、企业管理

2017年，东南铜业共筹集资金14.3亿元（注册资本金11亿元、外部融资3.3亿元）。项目资本金按时间节点计划落实到位，共计11.3亿元。办理了35.5亿元的银行授信。同时，严控资金成本，比年初计划节约资本化利息3345万元。

持续开展规章制度“废、改、立”工作，全年新增下发制度94项，修改25项，废止1项，制度体系进一步完善；建立了领导干部安全环保、党的建设、党风廉政建设一岗双责责任清单，并从严执行与落实；督办股东会、董事会决策事项以及总经理办公会安排的各类重点工作280余项。

2017年，完成人员招聘643人，完成需求总数的70%，协商解除劳动关系人员6人。2017年，采取“自编自培、分类施教、注重实操”的培训模式，编制了400余万字、20余册培训教材，组织各类培训累计8期，达431人次，先后组织410名员工参加各类职称评审并取证。

认真开展问题梳理及整改专项工作，历经“十上十下”，梳理出8个主要风险点、60个问题；经“八上八下”审核修改，形成4个重点问题整改决议、12个非重点问题整改方案。将巡视、审计、工程建设项目招投标督察等专项整改问题与问题清单结合起来，一并落实，全年完成42个问题的整改。

五、党建工作

深入学习贯彻党的十九大精神。制定了《学习宣传十九大精神实施方案》，开展了5个大讨论和研讨会，组织人员参加了中铝党校的十九大精神轮训班等各种培训，开展宣讲和讲党课16次。

对照全国国有企业党的建设工作会议精神以及“四同步、四对接”要求，建立了临时党总支，成立了3个临时党支部和14个临时党小组，被福建省委列入省管单位，并取得了成立东南铜业党委、纪委的批复，实现了企业党组织属地化管理。增设党群工作部（纪检监察部），配备相应编制人员。

从严落实党建责任制，制定了党建工作考核细则，层层签订目标责任书，压实管党治党责任。按时完成党建工作总体要求入章程工作，明确了党组织在公司治理中的法定地位。认真开展党组织书记述职评议。坚持落实党组织研究是重大问题决策的前置程序。建立完善党内制度24项。

扎实开展“党组织带党员创效、党员带群众创新”活动，围绕企业重点工作落实项目13个；各级党员干部下班组、进岗位300余次，与员工一道清查问题，制定整改措施。

印发了《2017年党风和反腐倡廉建设责任分解方案》，制定了责任清单，签订了责任书。对各种不作为、慢作为或履职不到位的员工加大问责力度，共计诫勉谈话3人，批评教育6人，经济处罚4人，提升了工作效能。开展“下基层、盯问题、督整改”现场巡查督改专项活动和纪检干部“接地气”活动，发现各类问题320项，全部完成整改。

七、履行社会责任

关心关爱职工生活。解决了16名在岗员工子女入学问题。组织78名入职半年以上员工进行了健康体检。开通了通勤班车。投用了厂区员工食堂。经与宁德市委市政府及相关部门汇报联系沟通，进一步解决员工住房问题，确定宁德师范学院东段一地块为自建员工住宅选址。

实现安全“六为零”目标。加强安全管控体系建设，配齐配好安全管理人员；落实建设项目“三同时”制度，建立健全安全管理制度，进行了覆盖全员的安全一岗双责责任清单制定与落实。引入“七步法”管理模式，认真开展承包商安全管控专项行动。深入开展安全环保质量“全面大动员、全面大清查、全面大整改”强基固本行动，查出安全问题216项，全部进行了整改，实现了“六为零”目标。

（田茂良）

中国有色集团
抚顺红透山矿业有限公司

2017年，中国有色集团抚顺红透山矿业有限公司（以下简称：公司）坚持稳中求进的总基调，以聚焦主业和精细化管理为中心，竭力打好“提质增效、扭亏脱困”攻坚战，实现了扭亏盈利目标。

一、生产经营指标完成情况

2017年，公司完成铜精矿含量7507吨，为年度计划的 102.8%，同比增加 85 吨，增长 1.2%。完成锌精矿含量 8880 吨，为年计划的 103.1%，同比减少 565 吨，下降 5.98%。完成硫标量 22.34 万吨，为年计划的 123%，同比增加 5700 吨，增长 2.6%。实现主营业务收入 5.42 亿元，完成年预算的 129%，同比增加 1.08 亿元，增长 25%。实现利润 1490 万元，比上年同期亏损 9944 万元，增加 114 亿元。上缴税费完成 9810 万元，为年预算的 126%，比上年同期增加 3194 万元，增长 48.3%。资产总额 5.90 亿元，同比增加 6444 万元，增长 12%。

二、强化主业生产，增强发展后劲

2017 年，公司围绕聚焦主业这个中心，紧紧抓住采选生产不放松，加大技术攻关力度，提高生产作业质量。辅助生产单位加大协作保障力度，确保实现了稳产增产目标。特别是采选生产系统克服重重困难，全面超额完成生产任务。铜锌矿克服井下生产边、远、窄、贫、深等众多采矿难题，加强技术攻关及现场管理，完成采出矿量 69.4 万吨，完成掘进量 8759 米，完成稳产增产、提质增效目标。选矿厂狠抓“三质三率”，铜回收率完成 94%，比计划提升 1%，同比提升 0.9%；锌回收率完成 74%，比计划提升 0.6%，同比提升 1.3%；硫回收率完成 70%，比计划提升 7.1%。

三、加大科研力度，助推企业发展

一是技术部门与铜锌矿结合七系统工程设计，精心组织编制了井下生产 5 年调整计划及七系统施工计划，并认真组织实施，确保后期上部中段生产和七系统采出矿的衔接，实现公司持续稳定生产。

二是“深部金属矿山开采过程围岩稳定性分析及地压灾害预警技术”和“金属矿山深井地温分布上，规律通风降温控制技术研究”分别获得中国职业安全健康协会三等奖。

三是“一种地表钻机稳固架及其安装方法”获得国家发明专利。

四是与东北大学、武汉研究所合作开发的“深部金属矿床开采过程智能实时监测与控制技术”及“高应力诱导破岩的深部开采高效爆破技术”结题验收。此外，“金属非金属矿山重大灾害致灾机理及防控技术研究”、“红透山矿深部开采环境下采场顶板失稳活动规律及支护关键技术研究”项目稳步推进实施。

五是与地勘部门合作的“红透山黄泥岭地区铜锌硫详查”项目，初步探明铁矿资源近 100 万吨，增加了矿山保有资源品种。

六是质量检验处实验室通过了国家级实验室能力验证审核，连续获得了国家级实验室资质。

四、规范投资管理，重点项目稳步推进

一是七系统开拓工程盲罐笼井开凿工程于 2017 年初成功贯通；盲罐笼井卷扬硐室卷扬设备、配电设施及井筒内设施安装提前完工。

二是 -407 井下坑探工程探矿掘进 625 米，采出副产矿石 2230 吨。

三是按照国家环保标准要求，对原尾矿回水曝气池进行了维修改造，解决了尾矿回水循环利用问题。

四是新建一座曝气池和 3 万吨存储能力的硫精矿仓储货场。

五是对采选生产的老旧设备进行了更新改造，提升了设备设施水平。

五、强化安全管理，保障生产运行

一是强化安全生产管理和专项检查。2017 年共整改各项安全隐患 224 项，落实整改率 100%。排查出消防隐患 294 项，整改率 100%。开展各类安全培训 3465 人次，涉爆人员专项培训 472 人次。通过了辽宁省安监局金属矿地下矿山和尾矿库安全生产二级标准化评审，促进了安全标准化。

二是持续加大环保投入，确保了尾矿回水循环利用和选矿生产环保达标及解决了露天堆放硫精矿污染环境的问题。

三是矿山救护队通过了国家安全生产应急救援指挥中心的检查验收，被评定为二级矿山救护队。

六、推行精细管理，提质增效成果显著

2017 年，各单位、各部门强化职能作用发挥，全面贯彻提质增效工作方案，把提质增效的视线从单纯的成本管控向企业全价值链条管理转变，寻找提质增效突破口，促进了公司提质增效目标的全面完成。全年挖潜指标 196 项，完成 188 项，指标完成率为 96%。提质增效立项 154 项，取得效益 4000 余万元。铜锌矿推行一岗多能机制，提高了劳动生产率，降低了人工成本，全年总成本 1.68 亿元，比计划降低 48 万元。选矿厂将精细化管理落实到各车间、班组、人头，全年总成本 7277 万元，比计划降低 95 万元。运输处加大车辆管控力度，全年节约燃料费和维修费100万元以上。通过对大宗物资及设备采取定价、定量比价采购，全年节约采购资金151.2万元，降低率为5.3%。

七、加强设备管控，提升能源工程管理水平

通过加大设备管理力度，及时组织各类机电设备的检修，保障了生产顺利进行。通过细化能源指标分解，加强能源管理，报停冶炼厂8000千伏安变压器、更换LED节能灯、压峰填谷和利用国家直购电相关政策等系列措施，全年节约电费623万元。土建工程管理部门提升工程设计、预算管理水平，较好地组织完成了近1600万元的土建工程项目。

八、强化人力资源管理，加大薪酬调整力度

公司在岗人员3665人，比上年减少100人。绩效工资系数由0.38上调到0.56，职工人均收入较上年增长5%，职工住房公积金企业缴纳比例由6%上调到12%，实现了企业改革发展成果最大限度回馈职工。2017年新办理和续签保留劳动关系离岗协议58人，正常退休及特殊工种退休156人，按政策办理了离岗退养72人。全年组织副处级以上领导干部管理能力培训3期，组织正副科级领导干部业务培训5期，一般管理干部业务培训6期。分别组织采矿、消防、安保、岗位技能、法律法规、考评员等培训班6期，共培训人数232人次，有24人取得了考评员资质，有190人符合晋升技能等级条件，公司技术工人水平进一步提高。

九、强化政策研究，改革改制初见成效

一是“三供一业”分离移交工作经公司与辽宁省城乡建设集团等多家企业进行洽谈，对公司的“三供一业”移交分离工作内容进行了讨论、研究，并进行现场调研，有望签订意向移交协议。对医院分离移交工作与政府多次协商研究分离方式。

二是在2017年12月末完成了市政设施、矿区道路及路灯管理移交工作，签订了移交协议，进一步减轻了企业负担。

三是2017年9月完成了公司社会消防职能的撤销工作。

十、加强党的建设，增强凝聚力

公司党委通过组织学习贯彻党的十九大精神，用习近平新时代中国特色社会主义思想武装头脑，增强了各级班子和领导干部的执行力，坚定了各级党员干部的理想信念，干部职工在岗位上争创一流业绩，不断提升了党员干部职工队伍素质，推动了企业发展。

（姜宏连）

铁岭选矿药剂有限公司

一、企业概况

铁岭选矿药剂有限公司（以下简称：铁岭药剂）是由中国有色集团沈阳矿业投资有限公司控股，北京矿冶科技集团有限公司参股的国有中央直属企业，是集生产、研发、营销为一体的矿山浮选药剂生产企业。

铁岭药剂拥有两个生产基地，分别地处辽宁省铁岭市银州区和沈阳市经济技术开发区，总资产2.5亿元，综合生产能力5.5万吨/年，产品涵盖黄药系列、黑药系列、起泡剂、羟肟酸系列、乙硫氮、酯类药剂及复合药剂等70余个品种，“矿友”品牌享誉中外，产品销往国内各地，出口亚、欧、非、南美、北美、大洋洲等30多个国家和地区。

二、开拓市场，抢抓商机，夯实市场基础

2017年国际加大了环保整治力度，致使安全环保手续不全的药剂企业纷纷限产、停产，导致下半年药剂市场供不应求。铁岭药剂内外销与时俱进，抓住商机，实现了药剂销量历史性突破。2017年，铁岭药剂、沈阳有研深入学习落实党的十九大精神，紧紧围绕集团公司“抓资源、国际化、走高端”的战略定位，以沈阳矿业“做优做强药剂板块”为发展方向，沈铁两地团结协作，抓机遇、调结构、释产能、谋发展为主线。在完善软环境建设同时，完成多项技改项目施工，确保了全年安全生产的平稳运行，超额完成全年的工作目标，再创历史佳绩。

在出口市场方面，铁岭药剂从扩大直销量着手，响应国家“一带一路”倡议，把稳老用户，开发新市场。国内市场抓住药剂供不应求的商机，加快市场拓展力度，加大规避资金风险力度，把控好量、价、款这一矛盾，压缩资金占用成效显著。

三、加强沈、铁“高度融合”，做强做优做大“药剂板块”

一是充分利用两个公司技术人力资源、铁岭药剂省市两级技术研发中心资质与科研院所合作进行技术融合。目前，两个公司充分发挥沈、铁两地的技术资源，进行技术交流和融合，从而增加产品品种和高附加值产品，破解技术难题，提升企业抗风险能力和经济效益，解决制约环保的瓶颈问题。

二是以铁岭药剂职工创新工作室为载体进行技术融合。充分发挥职工创新工作室试验平台和大讲堂作用进行沈、铁两个公司技术交流和经验交流，推动技术资源共享。发挥技术团队优势，为客户提供专业的服务与支持，变“向客户提供销售产品”为“向客户提供解决方案”。

三是推动人力资源和企业文化融合。铁岭药剂是拥有76年企业文化底蕴的国有企业，需要将“药剂铁人”企业精神传承给一代一代年轻人，使年轻人在经验丰富的专业人士和高超技能师傅“传、帮、带”的悉心培养下快速成长。

沈阳有研矿化是新型的年轻企业，所拥有的大中专院校毕业生和专业技术人才充满活力、掌握着现代的先进专业技术和信息资源。利用两个公司资源优势互补，促进公司整体实力和管理水平不断提升。

四、依靠科技进步，促进企业可持续发展

铁岭药剂坚定科技兴企发展方向，在加强自主研发的同时，加快了与科研单位的合作，共同研发推广新产品，增强科技创新实力，实现创新发展、持续发展。

（一）精准开发新产品

2017年研发中心根据市场需求，研发新产品5项，并根据市场需求，加大新产品研发力度。

（二）科技项目稳步推进

“高效环保铜钼混合浮选新型捕收剂的研制及应用”项目已完成工业试验，并到矿山应用；“新型铌细泥浮选捕收剂的研制及应用”项目获得集团项目资金支持，已完成实验室试验；“新型双季铵型（Gemini）矿物浮选剂的研制”项目正在推进；沈阳有研申报的新技术“烯丙基异丁基硫氨酯合成工艺关键技术”入选国土部第六批矿产资源节约与综合利用先进适用技术目录。

（三）技术服务效果显著，稳定老用户，拓展新客源

一是针对新产品相关药剂的推广，技术人员多次前往山区进行技术服务，得到了矿山的认可，销量有明显的提升。

二是技术人员对重点用户进行技术交流，回访药剂使用情况，探讨选矿问题，增加了矿山对企业产品的信任度，达到了长期合作的目的。

五、加强党建，约束行为，促进企业健康发展

两个药剂基地在一个党委的领导下，共同开展中心组学习及召开民主生活会，一起组织党员开展各项活动；发挥党委的指导作用，督导各基层支部围绕本支部的难点和瓶颈问题立项攻关，激发党员干部干事创业的内生动力，为完成全年工作目标提供坚实保证。严格执行“三重一大”决策制度，认真落实十九大会议精神，丰富开展学习十九大活动。

2017年组织优秀党员开展红色教育活动。加强企业文化建设，工会组织全体员工开展了排球比赛、趣味运动会、扑克比赛等，并于8月开展建厂75周年企业文化演讲比赛，弘扬企业文化，传承“药剂铁人”精神，全员参与，和谐共建。

（陈向荣）

金龙精密铜管集团股份有限公司

2017年是金龙精密铜管集团股份有限公司（以下简称：金龙）发展出现新转折的一年，也是经济效益大打翻身仗的一年。经过重组，2017年金龙终于打破连续两年亏损的境况，实现铜管产量48.5万吨，实现销售收入327亿元，位列中国民营企业500强第225位。

一、金龙重组取得实质性进展

2017年，按照万州经开区与金龙集团双方签署的整体重组“备忘录”，以委托加工合作、产能转移合作、资本合作的“三步走”战略，逐步向前推进双方合作的广度和深度，金龙的元气正在逐步恢复。

在资金利用方面，2017年度金龙利用万州资金有效促进了集团铜管生产规模的扩大和盈利能力的增强，取得了建厂以来最好的铜管销售业绩。同时企业还按照协议要求，2016年底金龙集团注册地变更为重庆万州区，金龙总部顺利落户万州。

产能转移是重组的基础。金龙初步的合作是

贸易先行，体现了企业对万州出资的真诚回报。2016年11月，金龙在万州成立了重庆平湖金龙贸易有限公司，在协助事业部申报委托加工业务、及时支付铜款、保证原料供应的同时，按集团与经开区的战略部署，多方寻求贸易途径，拓展业务量，搭建起了新的平湖贸易业务链。特别是2016年12月28日，在平湖金龙铜管项目一期工程竣工投产仪式上，金龙与万州经开区签署了新的战略重组框架协议，对金龙未来的内部经营与管理进行了全面的安排。

二、铜管销售扭亏为盈

2017年，金龙通过抓增量促销量，优化客户资源，扩大来料加工和预付款业务，加强超期库存、超期款、出货而未开票等管理措施，取得了历史上同期最好的营销业绩，把因铜板供应不及时造成的订单影响降至最低，奠定了全年任务完成的基础；同时还开发出了不少新的客户群，还把上年因资金困难而流失的订单给夺了回来。

铜管外贸方面，通过引入万贺融通资金，采用联合销售模式，保证了韩国LG、中东和印度的业务订单；最大限度地利用现有资源，开发了马来西亚、新加坡、韩国和越南等国家的新客户，实现了集团外贸销量的新目标。

特别需要指出的是，为了抑制铜管的超期库存，提高资金周转率，销售部门出台了《集团超期库存考核办法》、《集团发出未开票考核办法》、《集团逾期货款和不良欠款考核办法》等管理文件，把管控目标进行数字化、量化转变，落实责任人及考核机制，抑制了超期库存、超期压款的客户。

三、铜管技术优势进一步得以强化

产品方面，2017年，金龙重点强化了高效内螺纹管升级换代和无氧铜耐腐蚀铜管的市场推广。其中为海尔设计制造的内螺纹升级管，其能效相比原管型大为提升；为美的、奥克斯、三菱分别设计的铜管升级方案均已完成了项目测试，为格力、美的、重庆海尔燃热设计的内螺纹铜管新品，美的已实现批量供货；摸索出了大规模生产大口径白铜管材的工艺路线，打通从铸造到后续加工的各个环节，完成了所承担国家“十三五”课题的任务要求。

装备方面，代表着整个铜管行业又一次创新革命的新型行星轧机、大散盘和探伤仪等项目已经获得重大创新突破，新技术、新工艺已经进入实质性实施阶段；成套设备加工能力得到提升；自主研发的螺纹芯头旋压位置检测装置在龙阳、龙丰、龙煜得到推广应用，螺纹芯头寿命提升15%以上；内螺纹芯头齿底圆弧加工经过持续的工艺优化，突破了过去不能加工大齿底圆弧的限制，为后续瘦高齿大螺旋角的研发提供了模具加工保证。

与此同时，金龙在龙丰公司建立了新的院士工作站，并争取到当地相关政策支持；积极申报，多方努力，使金龙成功获得国家知识产权示范企业称号；完成金龙集团国家知识产权优势企业年度审核，获得新乡市知识产权局的现金奖励；完成集团无形资产评估，金龙集团无形资产获得21亿元人民币的估值。

四、平湖金龙铜管一期创行业奇迹

平湖金龙8万吨铜管项目于2017年2月13日注册成立，4月19日开工奠基，经过8个月的奋战，一期工程的第一条生产线于同年12月28日建成投产，创造了铜管行业生产线建设的最快纪录。

作为重庆市下辖的一个山城，万州区历史悠久，物产丰富，气候适宜，风景秀丽，是一个十分适合人类安居的好地方，但建设工厂却是另外一回事，工厂厂址几乎全是开山辟石造出来的平地，所能给项目用地仅有100亩，如何在这仅有的场地上建设出三条线的规模，其设备安装密集程度可想而知。

困难面前，筹备小组几经周折，使设备工艺布局设计尽量近于完美。设计完工之后的建设过程中，万州高温多雨极端天气又给万州项目组带来了不小的麻烦。为了确保年内投产的预期目标，全体参建人员从项目开工放弃了所有的节假日和双休日，加班加点，相携相助，让万州精神和金龙文化在这里迸发出火花。

当然平湖金龙铜管项目的按时完成，还得益于企业各职能部门及各铜管事业部的大力支持，项目施工开始之后，以董事长李长杰为首的董事会领导多次视察万州，关心员工生活，查看安装进度，并在发展战略、人力资源等方面进行指导和帮扶，促进了项目管理规范化、制度化，在企业流动资金非常紧张的情况下，优先保证了万州项目的建设资金；同时金龙的各铜管事业部也主动为项目所想，要人给人，要设备给设备，龙阳公司、新乡公司、爱伦公司、龙煜公司等在自身人员也非常紧张的情况下，仍为万州项目建设提供了各种有效的人力资源支持。

另外，平湖金龙铜管项目的按时完成，也得益于万州政府及经开区各级领导的大力支持。从项目前期的调研、合作、签约到项目的规划、设计以及项目进程中的建设、施工、投产，自始至终都受到万州区政府的高度重视，并在政策上给予了最大的优惠；经开区的领导也多次亲临现场，协调解决影响项目进度的困难和问题；万州区政府职能部门也积极帮助企业分忧，在申请注册、项目备案、环境、安全、职业预评价等多方面都给予了支持和便利。

五、新能源产业稳步推进

锂电隔膜加强产品生产过程工艺优化及过程控制，干法、湿法、涂覆膜生产稳定性及成品率均得到了较大程度的提高，其中干法膜A品综合成品率达到49.34%，在2016年的基础上提高了10个百分点；湿法膜主线生产速度由23米/分，提升至25米/分，产销量突破1000万平方米，产量较上年增长了25%；涂覆膜的综合成品率达到56.28%，在2016年基础上提高了5个百分点。

动力电池顺利通过了三元体系、铁锂体系5款单体电池和2款电池包系统的强制性检验，基本满足电动大巴、电动中巴、电动轿车、电动物流车、特种电动车辆应用市场的配套需求。同时成功获得了河南省工业和信息化委员会认定的“动力锂电池智能制造车间”称号，成为首家获此殊荣的省内电池企业。

在新能源产业的新品研发上，大家各显奇招，努力争先。德国蒸发法生产线经过中德技术人员的共同努力，已经生产出合格的16微米、12微米隔膜并送入电池厂进行测试，9微米隔膜和7微米隔膜生产供应正在调试；韩国湿法线在16微米以及12微米产品基础上，进行了9微米的开发与试生产，工艺技术得到进一步提升。锂动电池以“项目制”为基础，持续推进新产品新技术的研发与储备，2017年获得国家专利授权6项，增强了企业市场竞争力。

六、员工工作积极性空前提高

2017年，员工凭着对金龙的忠诚，奉献在一线，创造了近50年吨铜管产量供应市场的经营结果。

2017年，铜管市场转暖，每一个月份都是一场攻坚战。订单就是铁指标，硬任务。铜加工公司向员工发出了倡议，动员员工以“老板”的姿态、创新的精气神投入到岗位工作中，运用一切可以动用的力量，必保铜管产量生产任务的实现。

为了给员工鼓劲，金龙辅之于正能量的文化论坛、金龙成立30年周年系列庆祝活动、大型体育项目比赛、秋季长跑等，极大地凝聚了员工的力量，激发出了蕴藏在员工内在源源不断的创新力和干事业的爆发力，为每个月份铜管产量的完成，交出了一份份合格的答卷。

（岳振廷）

宁波金田铜业(集团)股份有限公司

一、公司概况

宁波金田铜业（集团）股份有限公司（以下简称：公司）始建于1986年，是一家以铜加工为主，涵盖高新材料、建筑材料、稀土钕铁硼等领域的大型企业。

经过30多年的沉淀，公司已发展成为面向全球的铜加工制造基地，共有员工5600余人，占地面积约3000亩，下辖分子公司20多家，先后在宁波、江苏、越南等地建立制造基地，在中国香港、美国、德国、日本、泰国设立海外分公司，铜合金板、带、管、线、棒及阴极铜、漆包线等主要产品产量均居行业前列。公司设有国家认证企业技术中心、国家级博士后科研工作站及国家认可实验室，主持参与多项国家及行业标准制定，凭借先进的再生铜精加工技术以及在再生资源循环利用方面的成绩，被评为“全国循环经济”试点单位及全国首批“城市矿产”示范基地。

二、经营业绩

2017年，公司立足铜加工主业不动摇，紧紧围绕“以客户为导向，以市场为中心”，优化产品结构调整，拓展国际业务开发，抢抓全球市场机遇，稳步推进各项生产经营管理工作，全年实现铜产品产销量超80万吨，被列为宁波市首批7家千亿级龙头培育企业之一；集团位列宁波制造业百强榜首、浙江民营百强第13位、中国制造业500强第126位、中国企业500强第238位。

三、管理提升

2017年，在公司战略目标的引领下，公司上下同欲，以时不我待的精神、激情昂扬的斗志、严谨扎实的作风，推进工作落实与内涵发展，紧抓重点工程项目建设，有效保障项目进度质量；广泛引进经营管理咨询，优化提升内部管理绩效；全面推进信息化建设，紧密服务生产经营管理；积极实施新品研发创新，快速响应新兴市场需求，促进公司管理在精益化、规范化、系统性方面向前跨越了一大步。

（一）广泛开展管理咨询，有效提升绩效

2017 年，公司分别与 IBM、华夏基石等国内外知名管理咨询机构合作完成了企业文化、战略管理体系、绩效管理体系等项目。通过借鉴咨询公司的先进经验，结合公司实际经营管理需求，形成了完整的企业文化体系、战略管理体系，并通过绩效管理体系对战略有效分解落实，促进了各项管理转型升级，为公司可持续发展奠定基础。

（二）全面推进信息建设，紧密服务现场

为了实现传统制造向智能智造的华丽转身，公司在信息化、数字化、精细化方面狠下功夫。2017 年，公司引入行业内领先的客户管理 CRM 系统、生产过程执行 MES 系统、成品 WMS 条码等信息化项目，实现客户全生命周期管理，提升公司产销管理协同及业务需求响应，沿着既定的信息化战略规划，不断深化信息化和工业化的有效融合，引领公司逐步由“制造”向“智造”转型。

（三）积极建设工程项目，及时保障进度

公司紧抓国家“一带一路”建设的有关政策机遇，加快建成了越南工厂，为公司拓展东南亚市场并进一步辐射全球市场做好准备；15 万吨低氧高强韧铜线等 10 多个重点工程项目的顺利建设或投产，有效地缓解了当前产能瓶颈，为公司提升规模、巩固行业地位及战略落地提供了产能保障。

（四）坚持研发创新投入，不断促进转型

公司始终以研发为基石、以创新为使命，不断促进产品结构调整与市场开拓。2017 年公司改进新工艺 5 项，引进新技术装备 4 项，新增授权专利 31 项，积极实施新品开发计划，重点开展环保、高强、高导、耐蚀新型高端铜合金材料的研发，其中“重大基础装备专用多元高强耐磨铜合金产业化开发”项目荣获 2017 年度宁波市科技进步奖三等奖，多项新产品顺利进入产业化生产，助力公司产品结构优化及市场地位巩固。

（五）有序推进投资并购，继续强化优势

2017 年，公司完善了投资管理的组织机构和管理体系，多管齐下推进外延式发展并取得突破。江苏兴荣美乐并购项目较好促进了行业优势资源整合，扩大公司铜管业务的综合竞争力及对中部和北方市场的辐射能力；广东、西南区域生产基地的布局建设进一步扩充了公司产能，为保障集团“十三五”战略目标实现迈出了坚实的一步。

（田彩娟　陆利琴）

中色奥博特铜铝业有限公司

一、公司概况

中色奥博特铜铝业有限公司（以下简称：中色奥博特）隶属中国有色矿业集团，坐落在素有“千年古县”、“运河名城”美誉的山东省临清市，成立于 2001 年 9 月，现已发展成为集科研、开发、生产、销售于一体的大型铜加工企业，占地面积 1167 亩，现有员工 2233 人，年铜材加工规模 21 万吨。

中色奥博特主要生产及实验检测设备引进于德国、美国、日本、瑞士等国。中色奥博特主导产品涵盖了高精度内螺纹铜管、铜合金板带、压延铜箔等几十个门类，数百个规格，广泛应用于电子通讯、空调制冷、轨道交通、航空航天、国防军工、船舶制造等领域，得到了格力、美的、富士康、通用、三星、西门子、ABB 等世界知名企业一致赞誉。

中色奥博特先后荣获“全国有色金属行业先进集体”、“全国企业管理现代化创新成果奖”、“中国有色金属工业科学技术奖”、“山东省先进基层党组织”、“山东省富民兴鲁劳动奖状”、“山东省创新型企业”、“中国专利山东明星企业”、“低碳山东模范贡献单位”等荣誉称号。

二、生产经营

2017 年，中色奥博特资产总额 91.01 亿元，完成铜加工材 17.78 万吨，营业收入 74.7 亿元，实现利润 1.52 亿元，上缴税金 8127.71 万元。

三、企业管理

2017 年，中色奥博特结合企业实际，坚持以班组建设为载体，以精细化管理为重点，全面开展提质增效活动，取得可喜效果。据不完全统计，全年实现管理效益突破7000万元。铜管材荣获首批“全国制造业单项冠军产品”；铜板带材蝉联“中国板带材十强”；企业分别荣获“聊城市特殊贡献企业”、“聊城市第四届企业管理奖”称号。

四、市场开拓

2017年，中色奥博特共开发新客户29家，客户总数达199家，其中，铜管客户43家、铜板带客户121家、铜箔客户35家。企业获得美的授予的2017年最高奖项“优秀供应商奖”、海信授予的2017年“优秀供应商奖”、2017年被TCL评选为“战略合作伙伴”荣誉称号。

五、技术进步

2017年，中色奥博特共开展科技研发项目11项，其中，国家级2项、省部级3项、集团级2项、企业自立项目4项；申请专利20项，其中，发明专利8项；发布标准1项，参与审定行业标准1项。“高精度压延铜箔生产新技术”项目荣获中国有色矿业集团2017年度科技进步奖一等奖；“造币专用铜带生产新技术”项目荣获中国有色金属工业科学技术奖二等奖。

六、安全环保

2017年，中色奥博特全面贯彻落实国家安全环保新政策、新要求，通过强化安全生产责任制、安全生产和特种设备专项检查、安全教育培训、特种设备与特种作业人员管理、组织消防、液氨泄漏事故等各类应急演练，职业健康管理等措施，全年杜绝了各类安全生产事故的发生。根据环保要求，通过新建一体化生活污水处理设备，实现了污水分类处理，确保了工业污水及生活污水的达标排放；通过在铜管公司熔铸工序加装除尘设备，实现了废气达标排放。

七、党建和群团建设

2017年，按照集团公司党委统一部署，通过贯彻落实党的十九大精神和习近平新时代中国特色社会主义思想、全国国有企业党建工作会议精神，开展“两学一做”学习教育和民主生活会、党员评议、“党在我心中”知识竞赛、党支部“1+1”共建等活动，党委的领导核心作用、基层党支部的战斗堡垒作用和党员的先锋模范作用得到充分发挥，党在企业中的核心领导和领导地位进一步巩固。围绕企业中心任务，积极开展“提质增效”合理化建议征集活动，全年共征集合理化建议148项，其中5项获得集团表彰；扎实推进职工创新工作室工作，全年完成创新项目9项。积极开展关爱活动和文化娱乐活动，为公司女职工及其家属近300人进行了健康查体，为工作一线广大职工送茶叶、冰糖等防暑降温物品，对考入大学的16名职工子女发放了奖金、奖品。通过大家的努力，公司全年共获得各项荣誉59项，其中国务院国资委表彰11项，中国有色金属工业协会6项，有色金属人才中心5项、集团表彰16项、临清市13项。

（杜光华）

菏泽广源铜带有限公司

一、概况

菏泽广源铜带有限公司（以下简称：公司）创建于1985年，现有员工256人，总资产10亿元。主要产销厚度0.006mm以上、宽度650mm以内的高精电子压延铜箔、散热器精密铜带箔和高精电子电器铜带箔三大系列产品，年产能力3万吨，其中高精电子压延铜箔能力5000吨。企业成立以来，始终坚持“专、精、高”创新发展，大力实施技术创新和名牌战略，发展为拥有自主知识产权和自主品牌的集铜及铜合金带箔研发、生产、销售、服务为一体的高新技术企业。现有山东省企业技术中心、山东省电子压延铜箔工程实验室、山东省电子压延铜箔工程技术研究中心等科技创新平台，已成为散热器精密铜带箔行业龙头企业，全国首家高精电子压延铜箔研发生产企业，中国铜板带材十强企业，中国电子铜箔材料专业十强企业。

二、生产经营

2017年，公司面对国内国际铜带箔市场持续向好和金融环境变化、流动资金紧缩、刚性成本居高不下的矛盾，采取了机智灵活的生产经营策略，积极调整优化产品产销结构，尽力压缩低端产品订单，下大力增加高技术含量、高附加值和出口产品产销量，减少参与低端产品的恶性竞争，逐步转向质量效益型良性发展，取得了较好的生产经营成果。公司全年实现主营业务收入9.32亿元。其中高精铜带箔出口量比2016年增长27.1%；产品综合成品率比2017年提高了0.43个百分点；高强高导电子电器铜带、12微米挠性印制电路板用无胶黑化压延铜箔、6~8微米动力锂离子电池负极集流体用压延铜箔等新材料新技术新工艺研发投入进一步加大，新产品产值达工业总产值的70%以上；企业参与国内国际市场竞争的应变能力进一步增强，为企业的持续稳健快速发展奠定了较好的基础。

三、改革与管理

2017年，公司持续推进企业管理的标准化、制度化和信息化工作；开展了GB/T 19001-2016/ISO 9001：2015质量管理体系、GB/T 24001-2016/ISO 14001：2015环境管理体系的换版认证工作，集中组织了相关人员的体系换版培训，提高了企业管理水平，优化了各项技术标准、管理标准和管理制度，定额消耗、目标管理、岗位绩效考核激励机制趋于完善；大力推行“五个一”工作标准和“5S”现场管理工作法、设备巡检记录挂牌管理和清洁文明安全环保生产；党建工作、企业文化建设和职工文化生活更加丰富；企业综合管理水平逐步提升。

四、安全、环保

2017年，公司全面贯彻落实国家关于工贸企业安全监管新举措、环保部《京津冀及周边地区2017年大气污染防治工作方案》及其2+26城市空气质量改善目标，切实履行企业主体责任，变事后处置为事前预防。

强化完善了安全生产管理机构，组织专人对企业安全现状进行全面剖析，建立健全并严格落实《风险分级管控体系》和《隐患排查治理体系》。

投入400余万元对安全环保设施进行优化升级，增加双面铣、560轧机、退火工序油雾净化器各1套，改造了470水平连铸除尘过滤器，加高了抽油烟雾排放筒，环保治理效果得到了较大改善，通过了监测合格环评验收。

形成班组具体执行、工段指导监督、公司现场督察的三级协同运行机制，发现隐患、当场处置，避免了重大安全事故的发生，为2+26城市空气质量改善目标的实现做出了积极的贡献。

五、科技进步

2017年，公司加大了新技术、新产品创新开发的力度，技术研发投入占销售收入的3%以上。

积极推进公司参与的国家重点研发计划“动力电池集流体超薄高纯铜带生产成套技术及产业化”课题研究工作，成功试制了8um、6um动力电池用压延铜箔产品，并提供用户试用。自主开发了高频高速印制电路板用无胶型黑化压延铜箔等新产品。

申请受理了“压延铜箔的黑色表面处理方法”新材料发明专利。

负责起草国家标准《锂离子电池用压延铜箔》的各项工作进展顺利，已完成标准审定及报批工作，荣获了2017年度全国有色金属标准化技术委员会优秀标准三等奖；参与起草的《铜及铜合金材料室温拉伸试验方法》（GB/T 34505-2017）国家标准已发布实施。

（韩新俊）

铅　锌

株洲冶炼集团股份有限公司

2017年，株洲冶炼集团股份有限公司（以下简称：公司）按照“精益成本管理，提升盈利能力；聚焦改革创新，推进转移转型”的工作思路，积极应对供给侧改革带来的机遇和挑战，坚持预算目标导向，狠抓责任落实与执行，实现了减产不减效，减量不减收。全年完成铅锌总产量52.38万吨（本部），实现营业收入138.45亿元。

一、安全生产平稳运行

（一）安全环保持续稳定

2017年，公司强化“安全第一，环保优先”理念，深入推进安全环保精细化管理，完善安全环保责任制，加大隐患排查和网格化管理力度，以实施MMG对标管理、违章记分为抓手，进一步夯实了安全环保基础。杜绝了一般及以上生产安全责任事故、职业病群体性事件和突发环保事件，实现了污染物排放同比下降。全年废水处理率

100%，外排水达标率100%，外排烟气达标率100%，在线监测达标率100%，净化水回用量127.65万吨，外排水量同比减少17.3%。积极主动迎接中央环保督察及各类执法检查，立行立改，促进安全环保管理提升；注重应急准备与响应体系建设和演练，提升现场处置能力，有效化解了六七月持续性强降雨的冲击，得到了株洲市环保局的高度肯定。

（二）生产总体平稳

按照整体布局、有进有退，效益环保优先、渣料处理最大化等原则，公司整合退出了直浸工序、净液二工序、电解八系列工序，加大渣料及外购锌处理力度，开足开好沸腾炉、基夫赛特炉，强化工艺控制，实现了生产的均衡稳定运行。沸腾炉月均处理量达到5.15万吨，同比增加1366吨；挥发窑处理完当期及库存全部浸出渣；基夫赛特炉累计处理各类渣料近10万吨。全年公司完成电锌42.81万吨，电铅9.57万吨，析出锌32.26万吨，粗铅9.39万吨，粗铜2756吨，精铟73.9吨，精铋127吨，电银182吨，黄金256千克。

（三）挖潜创效指标刷新

公司各生产厂紧紧围绕降本增效目标，以“三规一制”督查、对标管理为抓手，通过创新成本管控方法、优化资源配置、强化技术攻关等措施，实现了关键指标明显改善。铅系统，下半年阳极泥含铅稳定控制在16%以内；K炉渣含铅9月份起稳定控制在4.5%以内。锌系统，析出锌加工成本同比下降近100元/吨，锌回收率达到95.7%，同比提高1.5个百分点；铜回收率消化工艺变化影响，稳定在53%水平；锌直流电单耗8月份起稳定控制在3000千瓦时/吨以下，创10年来最高水平。稀贵系统，铟冶炼回收率同比提高0.4个百分点，全面完成冰铜破碎任务，阳极泥实现零库存。整个生产系统设备故障率同比降低11个百分点。

二、经营业绩稳中有升

2017年，市场行情一路走高后宽幅震荡，国内冶炼产能有所放大，上下游市场竞争加剧，经营团队回归经营本质，进行了一系列基础夯实、管理提升、业务创新和风险控制等工作，坚持购销两端对齐锁定锌加工费，把握市场机会，实现了保供应、促销售、调结构、增效益目标。全年锌拨料价差5985元/吨，同比提高近400元/吨。

（一）供销提质绩效改善

2017年，供销部完成了业务整合与融合优化，建立了按商品单元划分、业务与管理分开、前台与后台分离的业务管控模式，经营管理优化提质，实现低库存运营。采购团队在原料市场竞争激烈及资金持续紧张的情况下，主动出击，提前布局，全年采购同比增长16.5%；材料采购踏准市场节奏，协同降本增效，较上年节约资金近900万元。销售团队全面推进营销升级，以顾客价值为导向，积极实施合金战略，全年销售各类有色金属产品51.1万吨，硫酸51.65万吨，渣料34.48万吨，合金销售保持80%的投放量；实现锌产品升水146元/吨，铅产品升水201元/吨。铸造锌合金销售抓住市场机遇，精心运作，实现毛利1700万元；铅合金向高端市场挺进，电缆护套铅实现销量1.26万吨，同比增长72%。硫酸销售精细营销，创新定价模式，发挥协同效果，价格跑赢市场。

（二）子公司经营同比增盈

各子公司进一步开拓经营思路，强化风险管理，全年实现销售自营收入21亿元，利润6940万元，同比增长34%。其中，进出口公司积极发挥窗口效应，实现各类产品全部销售（含出口）；同时把握机会，在进口锌精矿加工费相对高位拿下3万干吨进口矿合同，为原料冬储打下了坚实基础。上海公司，锁定合金增量，精心维护市场，电缆护套铅同比增长80%，利润贡献增幅达60%。锃科公司、天津公司在确保安全环保的同时，加强产品质量控制和售后服务力度，以效益为中心稳健开展生产经营活动，提高产品市场竞争力，全面完成利润目标。科开公司有效拓展科研、环保、工程技术等各类业务市场，实现营业收入2.84亿元，较上年增加8200万元。

（三）风险防控全方位落实

公司坚持制度从严、体系从严、流程从严，建立风险情况分析、风险监控、风险预警、重大经营风险报送等长效工作机制，实施套期保值、市场、信用、财务、合同等全方位的专项风险管理，较好地控制了各类经营风险。经营、财务部门通过强化资金计划管理，积极争取融资合作对象，创新金融产品，合理调度资金，做好销售均衡回款和应付款项支付协调，保证了资金链的安全。加强渣料外销外委处置力度，压缩存货资金占用，年末“两金占用”完成了有色控股的控制目标。信息披露工作主动及时，维护了公司证券市场形象。

三、转移转型谱写新篇

2017年，公司转移转型工作迈出坚实步伐。转型项目总体规划通过有色控股审核，已获集团公司初步认可；铜铅锌产业基地30万吨锌项目已于11月29日正式开工。这期间相关的人员在争取国家、省市政府部门及集团公司支持，在政策落实、方案设计、环保审批、投资优化、项目审批及转型项目推进等方面开展了大量工作，为项目顺利实施贡献了智慧和力量。

（一）转移项目顺利开工

公司铜铅锌产业基地项目得到了集团公司和省市政府的高度重视，列入了湖南省首批重点项目、中国五矿2017年重大业务事件，在多方共同努力下，克服了时间紧任务重等多种困难，取得了阶段性成果。内外审批手续均已完成，施工图设计已全面铺开，总包、施工分包、监理等均已进场，2018年元月已经开始了沸腾炉桩基施工，项目建设正在加速推动中。

（二）资源保障总体到位

为保障基地项目的顺利实施，公司成立基地项目组、区域组、现场指挥部等机构，制定了两促进保障机制，全力推进项目建设。项目现场成立了临时支部委员会，与此同时，人力资源、绩效激励、劳动纪律管理等管控方案均已经完成，公司正通过强有力的组织措施、监督措施、考核措施、激励措施有效推动项目的实施。

（三）转型业务基本明晰

公司以四大业务板块的滚动式建设来推动转型升级，实现生产型企业向“生产+服务型”企业转变，相关项目成熟一个，推进一个，目前5个重点项目正在积极推动。其中，30万吨锌基材料项目，已经落户株洲县渌口经济开发区南洲新区工业园，12月中旬取得了环评批复，已完成集团公司立项审批。环保产业项目，大力开展市场拓展工作，实现了衡阳、永兴、郴州、湘西片区、邵阳、长株潭本土地区的市场深入开拓及对接，2017年完成收入500余万元。技术服务项目，立足铅锌冶炼技术和二次资源综合开发，积极与国内外相关企业展开合作，提供各种技术咨询和服务，2017年签订了技术服务合同350万元。ITO靶材项目、新能源动力电池综合利用项目，也在加快推进相关工作。

四、深化改革初显成效

（一）瘦身健体全面铺开

为提高劳动生产率，为转移转型项目做准备，公司实施了机构改革和瘦身健体，3月份完成机关精简，职能部室由16个精简为10个，减少37.5%，公司二级机构从31个精简到24个，减少22.6%。9月份完成生产厂（业务中心）职能业务室和工段整合，精简工段、职能业务室49个，减少36%。此次改革，全公司共精简管理人员146名，精简率为24%；全年减少在岗人员1154人，其中正式工556人，派遣工598人，公司全员劳动生产率同比提高77.77%（按增加值计）。

（二）“压减移交”有序推进

为进一步减轻企业社会负担，聚焦主业发展，公司积极推动了压减层级和三供一业移交工作。完成了郴州火炬矿业有限责任公司和火炬锌业有限公司清算注销、天津金火炬合金材料制造有限公司股权转让，减少了公司层级，清理了低效资产，法人治理结构更加完善。完成了供水、供电移交的资产清查，与接收单位株洲市自来水公司、株洲市电力公司初步拟订了供水、供电分离移交协议，就物业移交与集团公司、株洲市政府进行了多次沟通协调，三供一业移交正按计划有序推进。

（三）机制改革释放活力

公司以成本管理为核心，不断优化创新“模拟利润”承包模式。5月份起在锌焙烧厂、锌浸出厂、锌电解厂实行了“全工薪”承包，各项指标重新刷新和分解，全员参与降本增效，促进了析出锌成本、直流电单耗、人工等指标的下降。公司积极推进运营机制创新，在科开公司进行试点，实现了业务和人员重新组合优化。仓储物流集中管理，锌精矿火车一次入仓率92.53%，同比提高2%；物资验收验证落到实处，为公司物资进厂把好了最后一道关。

（四）管理提升有效深化

公司针对管理的薄弱环节，以专项审核、“三规一制”督查为手段，查找问题，剖析原因，并对重点突出问题以案例的形式在公司办公会通报，追责问责，起到了较好的警示作用。同时针对问题认真分析原因，制定整改措施，并督促整改，最终实现管理的闭环。开展全公司范围的清仓查库，实现了呆滞物资的调剂盘活，有效规范了各生产厂仓库物资管理。注重质量体系与日常管理融合，各类产品质量保持较高水平。完善进厂原料风险防控体系，加大抽检频次，采取人防、技防相结合的方式，把好进厂原、燃料质量关，查假治劣纠错工作为公司避免经济损失2000余万元。

（五）开源节流多点创收

生产系统通过优化工序运行，降低动力空压机电力消耗，节约用电383万千瓦时，降幅达11%。通过合理安排电解装板、优化供电模式及错峰用电等措施，完成分时效益4914万元，同比增加780万元。合理平衡系统蒸汽，实现余热发电3878万千瓦时，同比增加376万千瓦时，创效近300万元。实施新水管控措施，比上年节约新水20万吨以上。阳光购销挂网品种增加，全年组织各类招议标247次，节约成本664.8万元；相关部门积极争取各类优惠政策，获得了电价优惠与排污费、资源综合利用税收财政返还等多项支持。

（六）费用管控成效明显

通过开展辅材消耗竞赛，公司主要生产单位辅材消耗累计降低375万元。通过理顺程序、严格审批、规范管理，临时用工费用同比减少266万元，降幅32.88%。通过优化物流管理，减少二次转运，公司内部运输费用同比减少364万元，降幅11.92%。公司管理费用、财务费用、销售费用、维修费用分别同比下降4280万元、4271万元、68万元和1827万元，降幅分别达到15.31%、19.83%、0.8%和18.77%。

五、党群同心保障有力

2017年，各级党群组织认真学习和贯彻落实党的十九大和上级党组织的各项决策部署，不断加强党的建设和工会、共青团等群团组织建设，服务改革发展大局，为推动公司持续健康发展提供了坚实的保障。

（一）党建工作深入推进

公司不断强化新形势下党组织建设，促进党建工作与现代企业治理的有机融合，将党委决策前置，党建工作写进公司章程。把各级中心组学习与生产经营实践有机结合，把习近平总书记有关国有企业党的建设的新精神、新要求贯穿于工作实践，推动企业升级发展。各基层党组织把“两学一做”与创先争优、主题党日、党员先锋岗等活动载体充分结合，融入中心开展“三降一堵”，夯实“三规一制”，带领职工群众攻坚克难，服务生产经营。

（二）思想文化强化引领

围绕“两促进”加强思想引导和正能量宣传，对内鼓士气，对外树形象，积极报道基层降本增效实例、亮点及先进事迹，在外部媒体上强化株冶声音，为企业升级发展营造了良好舆论氛围。主动与常宁市宣传部门及有关媒体联系，为新基地建设鼓劲造势。多形式、多途径、多频次组织党员骨干学习党的十九大精神，把十九大精神转化为推动公司两促进的精神指引和强大动力。同时，突出四个重点，抓实党风廉洁建设，一岗双责不走过场、八项规定不打折扣、廉洁防控不留死角，执纪问责不留情面，为公司营造了积极向上、风清气正的良好氛围。

（三）大政工形成一盘棋

公司坚持传统优势，充分发挥工会、共青团、统战、科协等群众组织的桥梁纽带作用，始终做到“一盘棋”，形成“大合唱”。积极搭建平台为广大员工发挥才能创造条件，开展了合理化建议、科技论文发布、技能竞赛、生产运动会等活动，涌现出大批先进集体和个人。开展凝心聚力工程，全年走访慰问长病长休职工370人，发放慰问金7.5万元；为困难职工家庭发放帮扶基金60多万元。开展了游艺活动、羽毛球赛、篮球赛、田径运动会、“工厂记忆”摄影比赛等文体活动，丰富了职工的业余生活。同时，公司切实加强信访维稳、综合治理工作，化解各类矛盾纠纷，夯实“三防”措施，积极开展“企地共建”帮扶活动，促进与周边社区形成良性互动，保障了公司整体形势的稳定。公司连续5年获得“湖南省平安单位”称号。

（肖建成）

中冶葫芦岛有色金属集团有限公司

一、企业概况

2017年，中冶葫芦岛有色金属集团有限公司（以下简称：公司）面临原燃料供应紧张、采购竞争惨烈、产品需求萎缩不振、内部生产系统检修任务繁重、产能提升空间有限、环保治理压力巨大、采购成本急剧上升、加工费急剧下降、资金需求急剧增长等诸多不利因素，公司上下认真贯彻落实董事会的各项决策部署，精密筹划，精心组织，精准发力，努力克服各种困难，积极应对各种挑战，全年完成有色金属总量42万吨，同比增长1.2%；实现工业总产值117亿元，同比增长31%；全年实现营业收入116亿元，同比增长40%；实现利润2.3亿元，同比增长28%；职工工资待遇大幅提高。

二、生产管理

2017年生产各系统都集中进入停产大修期，检修项目之多、工作量之大、施工难度之高前所未有。公司创新检修新理念，科学规划，合理安排，抢工期、赶进度、保质量、控费用，生产再上新台阶。电解锌厂开创性实行带生产检修，提前40天完成电一、电二检修任务，彻底解决了影响系统安全运行问题，阴极锌产量超计划3272吨，再创历史新高，直流电单耗和吨锌加工费均达到同行业先进水平。铅锌厂首次进行全系统检修，完成了260多个检修改造项目，安全环保水平和综合回收能力得到大幅提升，建立起以处理杂料为主的生产新模式，全年使用处理铅泥、银精矿等物料1.8万余吨，回收银量30吨，回收锌量1600吨、铅量3370吨。精锌厂结合炉塔大中修，重点解决了天然气燃烧特性与现有炉体结构不匹配问题，燃气成本大幅降低，全年按用户需求及时生产出各种合金、低铁锌、纯锌大锭等高附加值产品1.3万吨，处理各类锌品4700吨，增效1000多万元。硫酸厂对109系统、东山一、二系统全部进行了停产检修，彻底解决了关键设备缺陷，确保了制酸尾气达标排放和两矿供应，成功试烧混合矿4万吨。粗铜厂自行组织完成了制氧系统、4#转炉和制酸系统扩能改造，解决了低空烟气污染，制酸系统产能和粗铜产能得到较大提高，阳极板产量实现新突破，全年完成10.8万吨，同比增产5694吨。综合利用厂优化工艺条件，促进增产增收，各小品种生产全面完成年度计划，白银产量较上年提高15吨，增长31%，硫酸锌产量较上年提高6831吨，增长59%，均创历史新高。热电厂对旋涡炉系统进行了检修改造，余热回收能力和中间物料处理能力大幅提升，全年处理各种物料12万吨，增加效益3000多万元。

三、市场营销

面对产品市场剧烈震荡、能源和原料价格大幅上涨、市场风险日趋加大的严峻形势，公司整合经营系统的5个部门，成立经营公司，打破了原有部门各自为政、单打独斗的局面，加强了生产、经营与市场的密切联动，营销工作效率明显提高。原料采购价差实现国内领先，同比提高454元。进口混合矿通过加工费谈判、点价等实现效益最大化，同比提高1977元；铅价差同比提高962元。产品市场开发取得新突破，高附加值低铁锌新增销量近万吨，现有大钢厂热镀锌用量达到总销量的60%以上，全年锌品价格升水增效4395万元。物资供应更加透明及时，物资采购渠道全面向社会开放，采购过程实现透明可控，直采率达到99.1%，扣除价格上涨等减利因素实现挖潜1545万元。设备、备品备件采购迈出历史性一步，与多个生产厂家签订了长期战略合作协议，质量、价格得到双重保证。燃料采购新开发了焦粒、洗精煤、焦炭三个品种的替代品，降低采购成本1056万元。进口原料转港圆满成功，所有进口矿业务全部转往葫芦岛港，并获得了企业海关高级认证资质，每年可节省港杂费和运费2200多万元。尝试开展了锌精矿套期保值操作，实现期货销售与现货销售联动，实现市场效益1600万元。成功举办了东戴河经贸洽谈会，扩大了与国内外大型企业的战略合作。

四、技术改造

15万吨电解铜项目，仅用20个月建成投产，现已成功产出合格电解铜，完善了铜系统产业链。硫酸锌工艺升级改造项目一期粗镉系统已竣工，具备生产条件，硫酸锌产能由1万吨提高到2万吨，厂区制酸系统污水、鼓风炉杂料将得到全部处理。碳化硅搬迁改造项目建成投产，碳化硅年产量由700吨提高到2000吨。硫酸罐区应急事故池投入使用，硫酸储存能力由5万吨提高到20万吨，大大提高公司对东北地区硫酸市场的调控能力。万立制氧项目竣工投产，可满足奥斯麦特炉粗铜产量由10万吨提高到15万吨的需要。厂区东门建设项目顺利竣工通车，将大大节省公司物流成本，缓解厂区交通压力。洗袋厂建成投入使用，实现机械化洗袋，每年可回收锌精矿2000余吨。技术中心采用国内最先进的萃取工艺从洗钴渣中回收锌、钴取得成功，并实现产业化，处置危险固废能力显著增强，全年生产碳酸钴40吨，成为公司新的经济增长点。

五、品牌建设

公司以启动“葫芦岛市市长质量奖”参评工作为契机，以完善质量体系建设为抓手，以客户满意为标准，全面强化工序间质量管理和品牌建设，取得良好效果。质量管理体系实现全天候达标运行，成为东北地区唯一不符合项为“零”的企业。“葫锌”系列产品质量全面提升，精锌厂99.997%的精馏锌正式纳入国家行业标准，在国内同行业处于领先地位；电解锌厂新开发的10个热镀锌品种达到高强汽车板热镀锌标准，首次打开了高端用户市场的大门。铅锌厂鼓风炉99.997%锌锭实现规模化生产，彻底扭转了与精馏锌搭配销售的局面。品牌建设再获殊荣，锌锭、热镀锌合金被认定为辽宁省名牌产品；热镀用锌合金锭再度获得行业“实物认定金杯奖”；工业硫酸、银锭被认定为葫芦岛市名牌产品；公司再度获得辽宁省“工业产品生产许可证获证企业AA类企业”称号。

六、成本管控

面对原、燃料大幅涨价带来的成本压力，公司创新挖潜思路，努力开源节流，降本增效。一是开展了用低价兰碳替代焦粒、用灵石洗煤替代乌海洗煤、用末煤替代小块煤等燃料替代实验取得成功，年可降成本4800多万元。二是用高杂矿、混合矿配合锌精矿试烧取得成功，拓宽了原料来源，创效5698万元。三是结合设备大中修，成功实施了26项技术改造，全年节电2165万千瓦时、节水127万吨、节天然气159万立方米、节原煤1.7万吨。四是积极参与全额电量直接交易，获得10亿千瓦时直接交易额度，全年节省电费8000多万元。五是努力争取税收优惠政策，全年实现退税485万元，减少重整税款和免除罚款1504万元，降低融资成本500万元。六是全面推行预算管理，严控费用支出，主产品加工费同比降低3385万元。

七、安全环保

为迎接中央环保督察组检查，公司下大力气对主要污染源进行了深度治理。一是对五大烟气收尘设施进行了检修更新和升级改造，使厂区所有冶炼烟气实现全天候达标排放。二是对流经厂区的两条河流实行了河长制，对河道沿岸所有污水渗漏点进行排查封堵，实现废水零排放。三是按照国家固体废物规范化管理的要求，改造了3个固体废物暂存库，所有固体废物实现仓内存放，达到了固体废物规范化管理的要求。四是大手笔美化绿化厂区，新增绿化面积30万平米，种植大小树木52万株，新建各种创意花坛近千个，厂区面貌发生翻天覆地新变化。五是加强了污染源监测和对环保设施的日常检查，有效促进了各污染源达标排放，经受住了中央环保督察组的明察暗访，得到了督察组和省市环保部门的高度赞扬。六是安全工作建立起以基层行政正职为主的安全管理体系，完成隐患整改108项，重点加大了对检修作业和外委施工队伍的安全监管力度，实现了公司年初制定的重大安全事故为零的目标。

八、内部改革

平稳实施薪酬制度改革。为解决公司发展与薪酬体系不匹配、不平衡问题，让广大职工分享企业改革发展带来的红利，公司按照按劳分配、同岗同薪和三公开的原则，一次设计，四步实施，4月份普调岗薪，5月份调整修正，6月份实施职称与学历补贴，7月份提高公积金缴纳标准，建立起相对公平合理的分配框架，职工人均收入较破产重整前基本实现了翻番，广大干部职工有了更多获得感、幸福感、自豪感。逐步理顺了管理机构。年初整合营销系统，成立经营公司，使营销工作职责清晰、信息共享、运作顺畅，收效显著；年中压缩了部分生产单位的管理层级和干部职数，建立分厂、作业区、班组管理架构，共取消11个车间，取消、合并59个作业区，减少基层干部职数183人。年末对有关单位与部门进行了业务整合、职能捋顺，使管理机构职责明确，运行高效。创新用人机制。公司打破原有干部考核模式，细化量化了中层管理人员考核内容，根据基层民主评议、交叉测评和领导综合考评结果，对中层管理人员进行了调整，并对考核后10名的人员，降职5人，诫勉谈话5人，并根据企业目前工作和未来发展需要，把符合需要的优秀人才提拔到管理岗位，重点加大了对2015年以来入职大学生的培养力度，采取以师带徒、定期轮岗、专业实习等各种方法，确定培养方向和需求订单。积极推进重整后续相关工作。3月份成功召开三届二次职代会，审议通过公司重整后进一步改制方案。12月份成功召开股东大会，选举产生新一届董事会、监事会和进一步改制后的领导班子，完成了工商登记变更相关手续，实现了企业新老体制平稳过渡。12月末，公司召开2017年第3次股东大会，通过“在岗职工重新订立劳动合同，向职工发放经济补偿金”的决议。

九、党群工作

公司党委坚持服务中心从严治党原则，完成了中组部要求的全体党员信息采集工作，党建基础建设不断加强。严格落实党委主体责任和纪委监督责任，营造了风清气正的工作氛围。组织开展创新献策、立功竞赛和职工技能大比武等卓有成效的活动，与宏跃集团联合举办2017大学生员工辩论赛、“牵手宏跃、青春有约”等大型联谊会活动，深受青工喜爱。组织3000多名员工参加了“铿锵八十载，砥砺铸辉煌”大合唱比赛，吸引2万余名群众观看。组织离退休职工和机关人员进厂区参观学习，收到良好的社会反响。组织558名劳模和先进工作者到东戴河疗养，增强了员工的荣誉感。积极履行社会责任，投资10万元帮助下三角村打井抗旱、修缮房屋。累计救助困难职工3200多人次，发放救助金92万元。强化舆论宣传，人民日报、新华社、经济日报、光明日报、中国改革报、中央电视台等多家新闻媒体专题报道了企业改革改制的成功经验和发生的巨大变化，塑造了公司良好形象。积极配合地方做好党的十九大期间安全维稳工作，得到了省市领导的充分肯定。2017年，公司荣获“全国厂务公开民主管理先进单位”和“全国文明单位”称号。

（孙中江）

深圳市中金岭南有色金属股份有限公司

一、企业概况

深圳市中金岭南有色金属股份有限公司（以下简称：中金岭南公司）是以铅、锌、铜等有色金属生产为主业国际化经营的上市公司。2017年，中金岭南公司坚持“在创新中谋求发展、在发展中解决问题”，顶住巨大压力，抓住市场机遇，稳住生产经营，实现了综合竞争力的进一步提升，主要技术经济指标创历史新高，位居全国铅锌企业前列。全年共生产精矿铅锌金属量29.4万吨，冶炼铅锌产品26.07万吨，铝型材1.74万吨，铝门窗及幕墙工程47.83万平方米，电池锌粉1.4万吨，片状锌粉209吨，冲孔镀镍钢带962吨，实现营业总收入189.67亿元，归属于上市公司股东净利润10.67亿元。

二、提质增效取得新突破

中金岭南公司以精准管理为抓手，及时调整优化生产经营策略，各项技术经济指标显著提高，主要措施有：

（一）向稳产高产要效益

韶冶厂粗铜产量同比增长122%，丹冶厂锌锭产量同比增长7%，华加日公司高端铝型材、节能幕墙门窗工程产量均超额完成计划。

（二）向质量提升要效益

凡口矿持续抓好微细矿物和硫微细粒金属回收工作，广西矿业实施选矿流程改造，有效提升铅锌回收率。韶冶厂1#铅品级率、0#锌品级率均达100%，“南华”牌系列产品荣获有色金属产品实物质量“金杯奖”。丹冶厂“南华”牌锌锭成功在上期所注册，并成为铅锌行业唯一一家入选国家首批绿色制造体系示范名单的企业。

（三）向节支降本要效益

中金岭南公司“三公经费”同比下降20%，母公司财务费用同比下降14.69%，全年综合融资成本控制在4%以内，远低于市场平均利率水平。主要生产企业通过优化劳动组织、开展设备集中采购等举措，实现降本增效约1.5亿元。

（四）向市场开拓要效益

广西矿业抓住价格上涨的有利时机，稳产顺销，净利润创新高。华加日公司积极拓展海外市场，做大高端铝型材业务规模，净利润大幅提升。科技公司无汞锌粉业务实现突破，销量同比大幅提升。中金岭南公司资金中心加强闲置募集资金投资理财力度，实现理财收益4385万元，收益率创新高。

（五）向政策开发要效益

中金岭南公司通过政策资源开发累计创效达1.2亿元，积极做好直购电工作，凡口矿、韶冶厂、丹冶厂合计参与交易电量8.4亿千瓦时，共计减少电费5910万元。

三、控亏扭亏取得新成效

（一）有效遏制重大亏损

丹冶厂实现建厂以来首次年度盈利，韶冶厂首次实现过渡性复产以来，2017年前10个月连续盈利。

（二）加快“僵尸”企业出清和瘦身强体

中金岭南公司1户特困企业已成功重组并实现盈利，3户关停企业已完成托管出清。加快探索建立“业务有进有退、企业优胜劣汰、板块专业经营、管控精干高效”的发展格局，提升发展质量和经济效益。

（三）剥离企业办社会职能

大力推进驻韶企业办社会职能、“三供一业”及社区管理职能的分离移交工作，完成凡口矿学校、韶冶厂学校和派出所的分离移交，涉及1.2万多户“三供一业”的分离移交已全部签订接收协议。

四、有效防范化解各类风险

（一）严守安全环保、职业健康的“底线”

2017年，中金岭南公司严格落实安全环保主体责任，系统部署特别防护期工作，实施领导值班带班及日报告制度，深入井下一线及生产现场，加大费用投入，全方位、本质化开展隐患治理。做好职业病危害监测和预防，开展职业健康检查，维护员工健康权益。

（二）不触贸易风险的“高压线”

对贸易业务进行立项评审，坚决杜绝未立项的贸易业务，实施前后台分开，采取“业务、货物、资金三权分离”原则，不相容岗位严格分离，有效防范业务风险，实现期货交易风险监控全覆盖。

（三）不越投资风险的“红线”

出台立项评审、后评价管理制度，完善投资项目事前、事中、事后一体化管控和评价体系，强化监管，建立重点项目定期报告机制，加大现场考核力度。以战略为导向，严控投资总量，坚决杜绝产能过剩、低端落后、效益低下的项目，做到有的放矢，避免盲目投资。

（四）筑牢金融风险的“防线”

积极贯彻落实银监会“专项治理”要求，强化自查自纠，在充分进行风险评估的情况下，稳健推进金融业务。搭建财务资金管控与业务管控相分离的内控体系，公司主要财务指标更趋优化，资产负债率由年初的51.58%下降至44.85%，下降了6.73个百分点。

五、产业布局进一步优化

（一）矿山板块的资源掌控力不断提升

积极拓展海内外矿山资源，扩大现有矿山产能，外围地质找矿和矿区深部探矿取得重大进展，凡口矿新探明铅锌金属量31.99万吨，选矿厂技术升级改造工程稳步推进，迈蒙矿新探明矿石资源量1000万吨以上，广西矿业6000吨/日扩产改造项目正式开工建设。

（二）冶炼板块的自主创新力不断提升

韶冶厂强化杂料制粒和氧化物料压团，加大综合回收力度，全年混合矿配入比例接近50%。丹冶厂镓锗铟铜综合回收项目试产成功，先后破解多项业界难题，使效率和效益最大化，实现了高产低耗，与年初相比，铜产能增长53%。

（三）新材料加工板块的行业竞争力不断提升

华加日公司大力开拓汽车轻量化、消费电子领域高端工业铝材市场，努力拓展海外高档建筑幕墙门窗业务，积极推进轨道交通铝材应用项目。科技公司成为全球领先的两家电池制造企业——美国劲量和金霸王的供应商，第二条复合材料工业生产线即将建成，智能穿戴用微型电池生产线已建成并产出合格产品。

（四）金融贸易板块的协同管控能力不断提升

系统规划金融板块发展，对融资租赁、私募股权基金等项目进行充分论证。加快财务体系改革，完善金融基础平台，加强财务集中管控，在人才共享、资金集中支付等方面初见成效。制定贸易板块发展方案，整合全公司贸易资源，推动营销体制改革，着力增强营销系统的整体性、协同性，努力提高专业化水平。

（五）工程技术板块的市场开拓能力不断提升

南沙自贸区“中金岭南国际贸易中心”已获得项目用地，进入开工建设阶段。建安公司成功中标贵能锰业项目。环保公司加快落实陕西华源废水处理项目，湖南雅城氨氮废水处理工程联动试机。设备公司成功签订对外贸易合同，设计公司有序推进项目设计、技术咨询、EPC总承包等业务开发。

六、深化改革激发创新发展活力

（一）以优化流程为重点，推动制度创新

2017年，中金岭南公司全面推动公司制度创新，已完成或正在修订制度近30项，梳理流程153项，其中新增及优化流程92项，通过推进建章立制，进一步为改革创新者营造“宽松有活力、干事有动力”的发展环境。

（二）以“三项制度”改革为切入点，推动体制机制创新推行事业部制管理体制，优化组织管控与流程管理，明晰总部对事业部、新设业务中心、二级企业的管控导向、授权体系和流程架构。积极开展薪酬管控优化、全面绩效评价、人才培养计划等重大改革议题的研究及推进工作，进一步完善员工职业发展通道，其中公司总部率先打通专业技术人员职业发展通道，获批“有色金属行业中金岭南技能鉴定点”。对重点岗位、关键敏感岗位开展轮岗、换岗工作，建立“年轻化、专业化、职业化”的选拔机制，优化岗位设置，推动岗位交流与调整。

（三）以项目攻关为突破口，推动技术创新

顺利通过国家技术中心年度评价，推进科学技术研究院、新材料研发中心、重点实验室建设，完成“中金岭南－中南大学产学研合作中心”共建，构建多层次自主创新和资源共享体系。投入科研经费超亿元，持续推动“尾砂综合利用”等重大科研项目攻关。荣获省部级科技成果奖励4项、专利授权17项，其中发明专利9项，参与近30项标准编制和修订。

七、海外管控水平显著增强

2017年，通过植入“中金岭南方案”，强化对海外企业的技术输出和咨询服务，稳定优化了佩利雅公司铜锌分离生产工艺，各项技术指标进一步提升。实施管理、技术、财务、业务全方位融合，最大限度发挥协同效应。全面加强国际化管控，有效降低了生产成本，大幅提升了海外企业的创效水平，佩利雅公司取得收购以来最好业绩，用技术赢得尊重、用文化赢得认同、用管控赢得效益。

八、资本运作能力大幅提升

中金岭南公司克服再融资市场环境变化、发行时间短以及难度加大等一系列困难和挑战，圆满完成15.25亿元定增目标，融资额创历史新高。凭借良好的资本市场形象，中金岭南成为铅锌行业唯一一家成功入选摩根士丹利名晟中国A股指数标的股的上市公司，体现了行业龙头的影响力和竞争力。

九、全面从严治党走向深入

中金岭南公司以党的十九大和习近平总书记系列重要讲话精神为指引，推动全面从严治党。落实管党治党责任，制订下发责任清单，明确任务分工，层层传导压力。完善党委议事规则，落实“三重一大”事项的前置研究，制定重大事项报告、十大禁令等制度，进一步完善党建工作机制。以“两学一做”常态化、制度化为主线，强化宣传教育。严格党内生活，开展书记述职评议，推进支部标准化建设。加强廉洁风险防控，聘请专业机构，指导所属企业编制权力运行清单。强化执纪问责，加大案件查办力度。认真抓好巡视督查反馈问题整改，深入开展自查自纠，持续推进纪律作风专项整顿。全力抓好信访维稳工作，通过全面开展矛盾纠纷排查、信访积案集中攻坚，有效防止各类群体事件的发生。打造劳模大讲堂等创新平台，最大限度激发广大员工的创新潜能，在全国有色金属行业班组长技能竞赛中荣获历史最佳成绩。

（焦小刚）

深圳市中金岭南
有色金属股份有限公司凡口铅锌矿

一、概况

深圳市中金岭南有色金属股份有限公司凡口铅锌矿（以下简称：凡口铅锌矿），1958年建矿，1968年正式投产，年生产能力18万吨铅锌金属量。在岗职工人数2534人。

二、生产经营难中求胜

2017年，是凡口铅锌矿生产经营最为艰难的一年。困难面前，凡口铅锌矿全体员工勇于担当、敢于作为，在矿党政领导班子的带领下，树立必胜信念，强化责任担当，秉承优良作风，不断深化“强责任，重执行，精管理，提效率，促发展”的矿山工作方针，有力推动中金岭南公司“稳中有进，难中有为”的发展理念，通过精心计划、精准执行，2017年生产铅锌金属量15万吨，销售收入为年度预算的110.78%，利润为年度预算的116.80%。

三、安全环保总体稳定

2017年2月9日，凡口铅锌矿井下发生一起“冒顶”事故，导致驻矿施工单位广东十六冶建设有限公司矿建凡口分公司在井下狮岭－550m二分段S10－14#采场作业死亡1人，这对于在2016年实现全年安全生产零事故的凡口铅锌矿犹如晴天霹雳。

为了迅速扭转安全生产的被动局面，重新树立全体员工的信心，确保后10个月实现安全生产，凡口铅锌矿领导痛定思痛，在承受着安全和生产双重任务和巨大压力的情况下，通过各种会议提高干部的思想意识，确立2017年的每一天都是安全“特护期”，全矿员工以如履薄冰的谨慎态度，以高度警醒的自觉意识全力以赴抓好安全环保工作，坚守生存底线。

（一）安全管理强化稳定、稳妥、稳住

面对“2·9”事故后安全生产的被动、严峻局面，凡口铅锌矿及时调整生产组织安排，对重难点采场进行分级管理，强化现场管理人员履职尽责，建立和完善各作业环节交接中的安全确认及验收制度，在采矿车间、选矿厂等单位重要岗位员工中开展培训学习，提升员工的安全意识和安全技能。通过一系列措施的强力实施，逐步扭转了安全的被动局面，为后续的生产组织营造了稳定环境，从而在之后的10个月实现了安全生产。

（二）应对尾矿库问题真心、细心、虚心

凡口铅锌矿尾矿库由于历史、所在位置等原因，成为社会的一个敏感问题，引起各级政府领导的重视，成为安全、环保部门的严密监管对象。2017年3月10日，国家审计署广州特派办指出“韶关凡口铅锌矿尾矿库项目存在安全隐患”矿山面临严峻的生存压力。

紧急情况下，凡口铅锌矿邀请了专家对尾矿库安全风险进行评估和论证评审，经各方艰苦努力，如期完成了尾矿库安全生产许可证的换证工作。4月8日，《凡口铅锌矿尾矿库专项安全论证报告》通过专家组评审，8月4日，按照政府的要求与北京矿冶研究总院联合制订的《中金岭南公司凡口铅锌矿尾矿库逐步退出方案》，按照“通过管理、技术措施分阶段逐步退出”的思路，完成方案编制并上报，根据方案全面铺开尾矿库环境综合整治工作。11月20日，完成整改工作并提交了《凡口矿尾矿库专项治理落实情况总结》，得到审计署广州特派办和广东省安监局的认可，事情终于得到圆满解决。

（三）安环工作强根基、重责任

矿山完善了井下通风防尘系统、进行井下通风系统检测、反风试验，做好爆破作业现场末端管控，继续实施安全举报奖励制度，加强矿区环境治理、环境监测，稳妥处置矿区危险废物。2017年，先后接受上级公司和政府安全环保督查、检查10余次，矿山以此为契机不断加强安全环保隐患的排查治理，提升管理，确保了安全环保态势的整体稳定。

（四）居安思危抓演练、未雨绸缪保平安

2017年11月17日，根据广东省安全生产监督管理局要求，凡口铅锌矿在尾矿库举行应急预案综合演练，演练模拟凡口铅锌矿尾矿库2#副坝因连日降雨发生排洪沟出现淤堵现象，继而坝体局部发生塌坑、渗流、坍塌、坝坡出现深层滑动“险情”而展开的一系列应急救援活动。演练用时27分钟，参加演练人员达116人，出动抢险车、消防车和救护车等各种车辆20多辆。演练过程紧凑、衔接准确，取得了圆满成功，受到在现场观摩的中国尾矿库首席专家田文旗教授等专家和市县安监部门、上级公司领导的一致好评。

四、企业管理精益求精

2017年，针对井下周转采场少、边远采场多，水泥钢材等原材料价格上涨等因素，凡口铅锌矿严格执行公司“两个计划”，从人工成本入手努力挖潜革新，对生产工艺精益求精有效提高生产效率，取得明显成效。

（一）成本管控稳中有降

矿山通过逐级分解细化落实成本责任、定期分析通报成本计划执行情况、强化关键环节管控、开展技术经济指标攻关、加大废石回填等措施，保障财务预算目标的实现。2017年生产总成本比预算成本节约2600万元。

（二）生产管理数据共享

2017年启动了采矿劳动组织改革，提升了工作效率，同时进一步提升了安全的可控度。1月，采矿生产组织协调信息指挥系统的全面上线，实现了井下生产数据共享、网络传输等现代化管理，有效提升了生产计划的执行效率，精准管理的效果已经初步体现。

（三）劳动整合相得益彰

通过推进机械化作业，整合劳动组织，以及建立井下压风、通风、排水、配电系统集控中心，实现了“机械化换人、自动化减人”的目标。经过一年又四个月的试运行，采矿车间通风、压风、排水、提升、配电集中控制中心（简称：集控中心）于2017年8月15日正式投入使用，同年10

月18日挂牌运行。该中心担负井下排水、通风和地表通风机和压风机的远程监控任务。它的投入使用，把原有的井下排水人员全部集中到控制室，既减少了人力投入，又便于管理。

（四）竞聘干部拓宽晋升通道

3月22日，在全矿高级主管以上干部中公开竞聘党委工作部部长，拉开了公开选聘中层领导干部的序幕，开启了矿山选人用人的新模式，实现了更大程度的公平、公正，收效良好。9月13日，公开竞聘离退休管理中心主任岗位，进一步拓宽选人用人渠道。11月17日，根据中金岭南公司的要求，对敏感和重要岗位管理人员进行轮岗。

（五）提高工龄补贴职工受惠

从2017年4月1日起，对职工工龄津贴标准进行调整，将原来的10年以下工龄每人每月补贴2元、11至20年4元、21至24年8元、25年以上10元四个档次缩小为两个，调整后的标准分为20年以下每人每月10元和20年以上15元两种，同时强化了激励机制的灵活运用，对调动员工的积极性、保证任务的完成起到了积极作用。

（六）调整工作时间深得人心

应广大干部员工的要求，从2017年5月15日起，工作时间实行大调整，机关工作时间调整为上午8时至12时，下午14时30分至17时30分，改变了从建矿以后近60年的工作时间，深受员工欢迎。

（七）资源开发实现新突破

2017年，凡口铅锌矿继续进行矿山边部、深部、外围找矿勘查工作，以增强矿山发展后劲，矿山外围、深边部探矿成绩突出，共探获新增金属量超过40万吨。

（八）逐步退出社会化企业模式

2017年6月27日，开办了50年的凡口矿职工子弟学校正式移交仁化县管理，矿山“三供一业”移交工作正按上级公司和政府的要求逐步进行。

五、党群工作固本强基

2017年，在矿山出现极端困难面前，矿党委认真贯彻落实公司党委“融入中心、服务大局、凝聚力量、推动发展”的党建工作理念，紧扣“基础牢、结合紧、目标明、特色鲜、效果实”的总体工作思路，把党建工作的目标聚焦到加强队伍能力建设、激发基层党建活力、服务改革发展、保障安全生产、维护和谐稳定上，将“两学一做”学习教育作为严肃党内政治生活的重要抓手，把学习贯彻落实党的十九大精神作为党建工作的重点任务，为矿山稳定健康发展保驾护航。

（一）依托新媒体构建教育体系

以“五好班子”建设为契机，以面向基层一线为重点，以多种宣传手段联动为依托，构建了以宣传橱窗、矿内报纸和电视为点，微信群、QQ群为线，内网平台和微信公众号为面的全覆盖宣传网络。不仅保证了党的十九大等重要精神、公司新的发展理念和要求等及时传达到位，矿山中心工作的新做法、新举措、新成效宣传到位，更在引导干部员工统一思想，主动作为，凝聚改革共识，形成发展合力方面，发挥了重要作用。8月2日，凡口铅锌矿首个微信公众号“凡口聚焦”正式上线运营。

（二）融入中心展示新作用

2017年，凡口铅锌矿党群部门在培养员工科学精神和工匠精神，着力利用“三个创新”、劳模（职工）创新工作室、合理化建议、矿山工匠评选等载体，为员工创新搭建良好发力平台。“三个创新”参评项目达到254项，创历史新高；劳模创新工作室则确立12个创新项目；提出创新合理化建议250条。共确立并实施“书记项目”22项，创建“党员安全生产示范岗”80个、“党员安全责任区”78个、“党员安全隐患举报”229起，“创星达标”支部建设17项，持续开展党员岗位“承诺、亮诺、践诺”活动、“四强四优”争创评比活动，促进了党支部战斗堡垒作用和党员先锋模范作用的发挥。

（三）合力搭台关爱暖人心

2017年，凡口铅锌矿各级群团组织在矿党委的领导下，一方面在促进生产经营任务完成上搭台，全年群团组织开展劳动竞赛56项、设备维护竞赛31项、岗位创新80多项；另一方面在丰富员工业余文化生活上搭台，营造积极健康的工作生活氛围。积极开展困难救助、金秋助学等温暖人心的工作，全年共为全矿417名困难职工发放补助金66.95万元，组织158名职工及家属到江西宜春进行疗养。党政工团齐上阵的关爱和服务，使员工切实感受到组织的温暖。

（张秋利）

深圳市中金岭南有色金属股份有限公司韶关冶炼厂

一、概况

深圳市中金岭南有色金属股份有限公司韶关冶炼厂（以下简称：韶冶厂）隶属于深圳市中金岭南有色金属股份有限公司，始建于1966年，是我国最早采用ISP工艺的大型铅锌冶炼企业之一。韶冶厂主产品有电铅、精锌、电银、精镉、精铟、锗锭、铅锌系列合金等，注册商标为“南华”牌。主产品电铅、精锌、白银已在伦敦金属交易所注册，铅锭、镉锭获国家金质奖，锌锭获国家银质奖并为国家免检产品，铅锭、锌锭获省名优产品荣誉称号。工厂已通过QHSE（质量、环境与职业健康安全）管理体系认证、ISO 10012测量管理体系认证，连续十多年被广东省工商管理部门评为“重合同、守信用”单位。2017年共完成铅锌总产量13.27万吨，为年计划的102.1%，实现工业总产值25.77亿元，为年计划的117%。

二、过渡性生产

在确保安全环保的前提下，韶冶厂坚持打造“精品冶炼”品牌，根据生产实际情况，加强生产组织，精准工艺控制，积极协调解决困扰生产的难点问题，确保全流程生产工艺平稳有序，实现稳产优产。充分发挥ISP工艺优势，加大库存杂料和小矿山矿的配入量，加强对进厂精矿质量监控，确保工艺稳定，为降本增效做出巨大贡献。在此基础上，聚焦关键环节，精密统筹，精准发力，精确攻关，着力解决生产瓶颈。对全厂天然气替代发生炉煤气项目（简称：煤改气）、烧结配料、熔炼渣型、氧化物料配入、综合回收等重点项目进行全面监控，加强炉窑等设备的维护，严格工艺过程控制，实现稳产、优质、低耗，并确保高温季节工厂的安全生产、环保排放稳定达标。三季度，工厂开展了“战高温、稳生产、保安环、降成本”为主题的劳动竞赛，稳定工艺设备，确保安全环保稳定，生产成本下降，实现高温季节人机两不误。认真做好年末大修工作，共计用时48天，是自2008年以来企业最大规模的一次检修，这次大修的圆满成功直接关系到韶冶厂今后的生产和工艺稳定。

三、安全环保

做到红线意识深入人心，底线思想雷打不动。韶冶厂坚持“安全第一，预防为主，综合治理，环境友好”的方针，严格落实“党政同责、一岗双责、齐抓共管、失职追责”要求，认真贯彻实施安全环保工作部署，积极贯彻上级部门安全环保工作指示和精神，加强安全环保法律法规的宣贯，提高全员的底线意识、责任意识、法治意识。以安全环保主体责任制落实为抓手，积极推进“安全生产特护期”及“安全生产基层管理年”方案实施，落实责任，强化管理，认真组织开展安全环保培训，深化隐患排查治理，推进安全环保技术革新，落实事故风险防控措施，确保安全环保绩效良好。加强汛期安全环保管理，确保物资保障到位，设施运行到位，应急演练到位，安环值守到位。强化高温季节安全生产管理，创造良好工作环境，关注员工健康状态，合理降低劳动强度。积极开展“安康杯”、“安全生产月”、“六五世界环境日”活动，有效运行“三合一”体系，完成换版认证工作。认真组织开展安全事故应急演练，提升安全环保应急能力。做好工业废水管理，降低北江环境风险，继续保持工业废水零排放，配合韶关市实施了北江河堤加固工程，圆满完成了环境风险防控任务。强化废气治理设施管理，减少废气污染物排放，提高自行监测频率，用监测数据提高管理水平，全年韶关市环境监测站组织开展完成四次预警监测全部达标。

2017年，韶冶厂安全生产形势平稳有序，轻伤以上事故为零，未发生环保事故，职业健康体检达标率好于预期，新增职业病为零，工业废水零排放，废气稳定达标排放，固废妥善处置，工农关系融洽，环境信用等级被评为环保良好企业，顺利完成了“十九大”特护期的安全环保风险管控任务，通过了为期一个月的广东省环保督查。

四、降本增效

继续深入开展“两个计划”，编制并组织实施《运营改善方案》和《成本削减计划》，积极开展降本增效活动，千方百计减亏控亏，结合“关键绩效指标（KPI）”考核和“专项合同”的激励引导，全年降本增利3500多万元，成本控制效果明显。严格成本管控，对可控成本、项目费用实行定额管理，建立 KPI 考核台账，每月编制 KPI 考核工作表，提高工厂整体绩效管控水平。强化技经指标管理，按进度严控辅材及备品备件、修理费发生额，每月核算产品成本，并进行详实的分析、对比。全年围绕精品冶炼做文章，主要技经指标持续好转。参与 2017 年广东省电力集中竞争交易，全年降低用电成本约 911 万元。

五、创新创效

韶冶厂以打造“精品冶炼”为目标，努力创新实现突破，通过技术攻关解决生产瓶颈，广泛开展创新提效活动，有效挖掘产能潜力，稳步推进各项工作。“一种铅锌冶炼废水反渗透浓液同步除氟除钙处理工艺”获得国家知识产权局发明专利授权，《粗氢氧化镍化学分析方法》喜获“全国有色标委会技术标准一等奖”，中国有色金属工业协会授予工厂“南华”牌系列中 6 个产品有色金属产品实物质量“金杯奖”认定证书，《班组安全培训》作品获广东省企业班组安全知识培训大赛优胜奖，“铅锌冶炼废水回用与零排放处理关键技术研究及应用”成果荣获韶关市科学技术进步奖二等奖，厂工会荣获“2016 年度韶关市工会工作优秀单位”称号，创建了 5 个劳模（职工）创新工作室，其中有一个为韶关市级工作室，职工林兴韶荣获韶关市首届十大“韶关工匠”荣誉称号，“江铜杯”全国有色金属行业班组长综合管理技能竞赛中，韶关厂职工分获个人一、二等奖，企业职工书屋被评为“全国职工书屋”等。

六、队伍稳定

组织全厂干部职工学习习近平总书记“7·26”重要讲话精神、收看党的十九大开幕直播和系列报道，开展“学报告学党章”考学等活动，并在工厂宣传平台开设《车间主任谈学习十九大精神》和《基层党员谈学习十九大精神》两个专栏进行系列报道。召开韶关厂第八次党代会，选举产生了新一届党委委员和纪委委员，明确今后 5 年党建工作思路和指导思想。打造党建工作品牌，亮化“书记项目”，优化“1 + X”党建项目，强化“三结对”活动，积极开展“特色支部”、“红色主题党日”等活动，提升基层党建工作水平。发挥工会职能，精准帮扶，2017 年累计帮扶职工 651 人次，发放各类帮扶慰问金 90 多万元。加强廉洁风险防控，重点对工程建设、物资采购、取样验收、财务管理等易发领域进行廉洁风险排查，强力推进敏感岗位人员定期轮岗交流，降低廉洁风险。在全厂范围内开展《廉洁从业承诺书》签订和廉洁教育进党课活动，组织集体廉洁诫勉谈话，发送廉洁手机报，发放廉洁书籍，邀请专家作反腐倡廉报告，开展典型案例教育，切实筑牢思想道德防线。扎实做好十九大和特别防护期的稳定工作，成立特别防护期工作小组，对全厂不稳定因素进行全面摸底，全力以赴做好信访维稳工作，确保工农关系和谐，无群体性事件发生，为企业持续健康稳定发展提供了坚强有力的支持和保证。

（丁　众）

深圳市中金岭南有色金属股份有限公司丹霞冶炼厂

一、概述

深圳市中金岭南有色金属股份有限公司丹霞冶炼厂（以下简称：丹冶厂）隶属于深圳市中金岭南有色金属股份有限公司，成立于 2007 年 3 月，是国内大规模采用锌氧压浸出工艺并综合回收镓锗等稀贵金属的锌冶炼企业。

2017 年是丹冶厂史上极不平凡，具有转折意义的一年。面对世界经济形势复杂多变、我国经济发展进入新常态、金属价格高位震荡的新变化，面对环境保护形势空前严峻、安全生产进入特别防护期的新环境，面对原料采购极度困难、煤炭及人工成本大幅上涨、年初库存高价矿跌价风险大的新局面，丹冶厂以扭亏脱困为奋斗目标，不忘初心，聚力前行，牢记使命砥砺奋进，抢抓机遇提升产能，精准管理破解短板，改革创新激发活力，从严治党夯实基础，逆境求存突围解困，生产经营等工作取得了历史性跨越，实现了绿色崛起、扭亏为盈，丹冶厂迈出了具有划时代意义的一步，进入了新的发展阶段。

二、产品产量再创历史新高

以问题为导向，针对生产过程中因氟、氯、钴、镉、油等杂质导致的剥锌困难，质量波动大等难题，放大视野放宽思路，统筹兼顾精准施策，勇于创新迎难而上，通过创建全流程净化体系，创建除镉除钴流程，并利用移动互联网平台，对生产、工艺、设备进行动态全时全域管控，破解了高产与低质、高产与高耗、有机系统与无机系统融合的三大矛盾，实现了高产高质、高产低耗以及两个系统的有效融合，使效率和效益最大化，开创了行业先河，拓展了氧压浸出工艺原料的适应性，为丹冶厂的健康发展探索积累了宝贵的生产经验。

2017年，丹冶厂共生产锌及锌制品12.8万吨，为年计划的107%，同比增长7%。其中4N7锌锭5.05万吨，占比39%，同比增长39%；硫磺3.45万吨，为年计划的107%，同比增长1.1%；硫酸4.99万吨，为年计划的111%，同比增长22%；锗精矿含锗（金属量）5.6吨；阴极铜205吨；高银渣含银（金属量）22吨。高压釜浸出率等指标不断向好，特别是0号锌品级率连续10个月为100%，锌锭含铅稳定在28ppm以下，有力推动了产品认证工作的如期完成。10月10日，丹冶厂“南华”牌锌锭正式成为上海期货交易所的交割品牌，有效提升了产品的市场竞争力和溢价能力。

三、经济效益绝地崛起

创新应用锌氧压浸出新工艺，强力推进渣料资源化，经济效益延续了自2016年4月份以来的连续盈利局面，实现了建厂以来的首次年度盈利，开创了丹冶厂发展新篇章，铸就了行业新辉煌。

四、成本管控取得重大突破

2017年，丹冶厂持续推进成本管理进班组，严格成本预算、计划、控制、核算、考核、分析6大环节管理，每周统计成本消耗情况，每月开展成本分析考核，提升成本管控水平。大力加强生产管控，着力提高生产能力，锌锭产量同比增长7%。深入开展技术攻关，全力提升金属直收率，锌直收率比上年提高1.08个百分点。积极参与电力集中竞价交易，强力推进洗涤塔余热利用，水的分级处置、分质使用、梯级利用，电力及煤炭成本大幅降低。全面推行设备点检标准化和设备预防性维护，加大设备自主维修力度，全面降低维修成本。进一步压缩非生产性支出，管理费用大幅减少。在成本刚性上升（其中用工成本增加2500万元）、综合加工费低的不利形势下，通过技术进步、实施精准管理，使成本竞争力大幅提升。

五、生态文明建设实现新跨越

丹冶厂坚持绿色发展理念，以建设美丽工厂为目标，精心做好锅炉、焙烧、转窑等系统的工艺控制，优化氧压浸出洗涤塔、硫回收酸雾净化塔的运行，着力推进渣料“四化”，狠抓生产管控，从严从重考核，加大环保投入力度，先后投资近4000万元开展技术改造和环保设施维护，加强生产现场的吸尘清扫，投资151万元用于厂区绿化美化，营造了干净整洁、绿色文明的现场环境，并作为全国唯一一家有色金属铅锌企业，成功入选国家首批绿色制造体系（绿色工厂）示范名单。9月份，丹冶厂自我加压，提前执行更加严格的广东省《锅炉大气污染物排放标准》、《铅、锌工业污染物排放标准》，绝大部分排放指标已达到“特别限值”，并顺利取得新版排污许可证。

六、安全管理水平显著提升

2017年，丹冶厂以“安全生产基层管理年”活动为契机，大力加强班组安全管理，深入开展“每周一题、每月一考”工作，先后组织安全学习7000余人次，提高了全员的安全意识和防范技能。全面实施安全绩效看板制度，将安全培训教育、风险辨识管控、应急预案演练等与职工利益紧密挂钩，增强了职工做好安全工作的主动性。大力开展安全生产检查和隐患排查治理活动，各级领导带头参加安全大检查，查处并整改各类隐患239项，降低了安全生产风险。加大安全生产投入力度，共支出1249万元用于安全设施完善、安全隐患整改等项目，夯实了安全生产基础。开展职业病预防，定期进行岗位职业卫生检测，组织一线职工750人进行职业健康体检，确保了职工健康从业。加强危险源的辨识和管控，尤其是对富氧焙烧、液氧充装、氯气库等危险源，制定了专项管理方案，并组织开展氯气泄漏等应急预案演练35项700余人次，提高了应对突发事件的快速反应能力。做好新建项目的验收工作，综合回收项目的安评、职评、环保验收都已通过专家评审并备案，焙烧富氧冶炼项目的相关手续正有序办理。

七、科技创效能力大幅提升

坚持创新驱动发展战略，牢固树立“人人都是创新主体、处处都有创新项目”的理念，以职工创新工作室为平台，紧紧围绕制约丹冶厂生存发展的瓶颈开展全员创新，先后开展了优化工艺提高锌一次直收率等78项技术创新项目，实现科技创效约1.2亿元。全年共申报国家专利14项，获得授权发明专利1项，荣获韶关市及公司科技进步奖7项，并有60多项群众性技术创新成果在生产现场得到应用。

八、深化改革取得重大突破

深入推进“三项制度”改革，在2016年完成车间23个大班长岗位竞聘的基础上，相继开展了职能部室和辅助生产单位25个关键管理岗位、车间90名值班长的公开竞聘工作，基本完成了工厂管理架构与管理通道的搭建，实现了管理架构扁平化、管理流程简洁化、管理权责对等化。从严从实从细推进绩效考核，以业绩和贡献为导向，对年薪人员、大班长、关键管理岗位人员进行严格考核，初步建立了以“业绩论英雄、收入凭贡献”的激励机制，营造了干事创业的良好氛围，增强了职工的感情认同、利益认同和理念认同，提升了职工的幸福感、获得感和归属感。

九、党建工作水平大幅提升

丹冶厂党组织大力加强党风廉政建设，切实履行“两个责任”，严格落实“一岗双责”，将党风廉政建设与生产经营等工作同布置、同检查、同考核。出台了巡查、谈话等制度，并与相关岗位人员签订廉洁从业承诺书，提高了广大干部职工廉洁从业的自觉性。认真开展全方位的廉洁风险隐患排查，重点对工程建设、物资采购、检化验等领域进行排查，查出并整改各类隐患112项，筑牢了廉洁从业防线。深入学习宣传贯彻党的十九大精神，扎实开展“三会一课”活动，增强了基层党组织的战斗力。严格落实中央八项规定精神和反“四风”要求，重新修订《业务接待管理办法》，严格公务用车管理，实现了“三公”经费的大幅下降。开展形势任务教育、建厂十周年等系列活动，增强了全厂职工的凝聚力。参加“江铜杯”全国有色金属行业班组长综合管理技能竞赛，并取得了优异成绩。履行社会责任，先后支出150万元用于对口帮扶等活动，树立了良好的社会形象。

（黄育平）

广西中金岭南矿业有限责任公司

一、公司概况

广西中金岭南矿业有限责任公司（以下简称：广西矿业）原名武宣县盘龙铅锌矿有限责任公司（民资企业），创建于2001年3月，2005年11月正式投产。2008年7月，深圳市中金岭南有色金属股份有限公司（以下简称：中金岭南）以3.41亿元收购原股东55%股份，之后陆续增持，目前中金岭南控股83%。

广西矿业是广西最大的铅锌生产基地之一，主要从事铅锌采、选生产，综合回收重晶石。目前探明备案的铅锌金属储量327万吨，日处理铅锌矿石近3000吨，年处理铅锌矿石近80万吨，铅锌金属年产量约2万吨，总资产10.66亿元。2017年底在册员工384人，其中硕士7人，本科56人，教授级职称2人，高级职称10人，中级职称23人、注安师2人、持有特种上岗证138人。

二、生产经营

2017年，广西矿业出矿量62.34万吨，选矿处理量64.74万吨，充填量28.61万立方，精矿铅锌金属量1.97万吨，销售收入约3.14亿元，利润总额6444万元。

三、安全环保

广西矿业坚持“安全第一、预防为主、综合治理、环境友好、持续改进”的安全环保方针，强化安全观念，提升安全素质，扎实开展了各项工作。认真贯彻特别防护期工作精神，确保了安全环保总体态势的稳定。2017年度，广西矿业实际投入安全环保费用861.71万元，千人负伤率1.28，环保方面“三废”排放达标，无突发性环保事件，实现了安全、环保总体目标。

（一）加强安全环保隐患排查，确保安全环保态势稳定

认真贯彻特别防护期工作精神，严格落实中金岭南关于“特别防护期”的工作部署，确保特别防护期矿山24小时有公司领导值班，加强了外包队伍管理，认真开展安全生产基层管理年活动。加强安全环保隐患排查工作，全年广西矿业共进行了21次安全环保大检查（公司内部安全环保9次，中金岭南交叉安全环保检查6次，区、市、县安监局监督检查6次），查出并整改安全环保隐患220项。

（二）健全安全管理制度体系

2017年广西矿业先后制定印发《广西矿业安全生产大检查自查自改实施方案》、《广西矿业2017年安全生产专项整治工作实施方案》等共4个安全环保工作方案，并严格按照方案执行，确保公司安全环保态势良好平稳。继续全面梳理安

全环保操作规程，补充和完善《广西矿业中深孔爆破作业操作规程》、《电子雷管使用安全操作规程》等多个安全环保操作规程。

（三）强化基础管理及重视事故应急演练

认真做好安全管理标准化工作，实行领导带班下井制度，强调领导责任，强化安全教育培训工作，提前预防、重视职业卫生管理工作。强调演练就是预防、演练就是实战，开展尾矿库坝体边坡塌跨抢险、井下突水抢险、井下电气设备着火、特种设备故障应急、炸药库、仓库消防应急等5项应急演练，增强企业对突发事件的应急处置能力。

（四）科技兴安

加大科研和设备投入，引进遥控铲运机、天井钻机、遥控破碎台车等先进设备，完成斜井防跑车装置安全隐患项目整改，并通过专家验收，井下阻燃电缆完成更换。

四、精准管理、降本增效

广西矿业紧紧围绕国有企业改革的要求，以“成本削减”和“运营改善”为基础，全面推行精准管理。一是全力回收残矿和边角矿，加强采掘现场管理，及时跟进控制采矿边界，残矿、边角矿回收经济价值约5000万元；二是推进废石回填和探边扫盲项目，全年完成回填废石7855立方米，二次圈定矿量30万吨，经济价值约1.1亿元；三是积极在矿区推广LED节能灯使用，完成井下水泵自动化排水系统改造，累计节约成本148.2万元；四是充填工艺改进、选矿流程改造、井下电瓶车广泛应用，经济效益502.60万元。

五、科技创新

2017年广西矿业紧密围绕安全生产、创新工作、节能减排等方向积极推进科技创新、技术应用工作。

科技创新取得新的突破。“一种黄铁矿活化剂的制备方法”获得国家发明专利授权，《广西武宣县盘龙矿区盘龙铅锌矿采矿权标高下部铅锌矿详查》获得国土资源部科学技术奖二等奖。

持续开展科学研究项目。开展并完成盘龙铅锌矿老尾矿库取砂充填应用项目、盘龙铅锌矿井下采空区废石回填项目；井下地压监控系统完成建立和调试、具备监测数据收集，全年共提交10次阶段性监测分析报告；推进采空区处理与矿柱回收工业试验研究、低品位矿床充填采矿方法研究工作；积极寻找尾矿废物再利用途径，与华润水泥（武宣）有限公司合作开展利用尾砂配制水泥试验研究；与藤县某公司合作，进行利用尾砂制作建筑材料（陶瓷砖）试验研究；完成“固化剂代替水泥作为充填胶凝剂试验研究”——阶段工业试验；“高硫铅锌矿原矿性质和工艺矿物学研究——提高磨矿效率的试验”完成实验室试验，提交了试验研究报告。

六、重大发展项目

（一）选厂流程改造

选厂流程改造项目是2017年度技改项目，旨在利用1500t/d浮选生产线现有设备设施资源进行优化整合，达到提高选矿技术经济指标，降本增效，完善浮选现场管理的目的。流程设计为铅流程一粗两扫五精流程，锌流程二粗二扫四精流程。项目总投入约650万元，其中设备投入约200万元，其余土建、安装、材料等约450万元。项目改造完成后，每年可产生经济效益约（估）1061.82万元左右。

（二）6000吨/日铅锌采选扩产改造项目

6000吨/日铅锌采选扩产改造项目是广西矿业重大发展项目，预计总投资7.88亿元，自2013年提出，经几年的前期筹备和可行性研究，在取得项目的环境影响报告、用地、建设用地地质灾害危险性评估及修建性详细规划方案，水土保持方案、使用林地可行性报告等政府相关部门批复前提下。2017年项目取得大的进展。2017年7月，项目取得广西壮族自治区工业和信息化委员会关于项目核准的批复，8月取得项目招投标方案核准的批复。2017年10月、11月，项目先后通过了中金岭南公司董事会，广西矿业公司董事会，获得实施批准。2017年12月20日举行6000吨/日铅锌采选扩产改造项目开工仪式。

七、党建和企业文化

（一）强化党风廉政建设、严肃党纪党规

广西矿业党委全面学习贯彻党的十九大精神、深入学习习近平总书记系列讲话精神，坚持党委的领导核心和政治核心作用，坚持“围绕经营抓党建、抓好党建促经营”，通过完善制度建设，组织建设、党员教育，强调党风廉政建设、严肃党纪党规等方式做好党建工作，确保公司生产经营平稳顺利。

2017年，按照中金岭南党委的统一部署，广西矿业党委强化权力监督，通过整合党委、纪委的各种监督资源，积极进行制度梳理、工作流程图、廉洁风险排查以及与各单位负责人签订《党风廉政建设责任书》等手段坚决防范各种权利腐败问题的发生，确保各项工作有章可循、权利运行清晰明确。

（二）民主管理、积极创新

广西矿业不断完善民主管理，将维稳工作和职工权益放在重要位置，通过成立劳动仲裁委员会、建立微信群、接待室等手段保证职工与公司能够无障碍沟通，及时解决职工权益问题。积极开展群众技术创新活动，2017年申报3#皮带压停整改、NG－15浓密池传动系统优化、螺杆式空压机油细分离优化、发电机组并机柜控制电源的改进、利用分段措施平项回采间柱采场等12项群众技术创新项目。广西矿业2017年荣获“全国工人先锋号”称号。

（三）关爱职工、丰富职工生活

广西矿业工会以打造“善表达的工会、有作为的工会、富活力的工会、暖人心的工会、高素质的工会”等“五个工会”为载体，积极举办文体活动、开展扶贫帮困、关爱女职工。

2017年广西矿业工会积极开展各类文体活动，积极参加地方举办的各类赛事、举办公司内部文体赛事。积极开展慰问行动，向困难职工发放慰问款1.5万元，日常救济慰问、慰问款1.16万元，家庭困难职工子女（在校大学生）慰问款1.9万元，与地方政府一起开展“联企驻村”行动，帮扶款1.53万元。

（四）履行社会责任

2017年广西矿业纳税4288.34万元，为当地提供300多个就业岗位。

（伍长快）

西部矿业集团有限公司

一、综述

2017年，是西部矿业集团有限公司（以下简称：西部矿业）打赢“扭亏脱困”翻身仗、乘势而上巩固发展成果的重要一年。这一年，西部矿业以党的十九大和省十三次党代会精神为指引，认真贯彻落实新发展理念，以“四个转变”推进落实“四个扎扎实实”重大要求，深入推进供给侧结构性改革，调整产业结构，加快转型升级，夯实企业管理，企业经营效益和发展质量全面好转，提升了企业发展的竞争力、影响力，开启了企业转型升级的新引擎。西部矿业整体发展能力不断提升，生产经营高位平稳运行，经营指标再创新高，项目建设取得新突破，矿山持续提高盈利水平，冶炼和盐湖开发产量同比大幅提升，新型产业呈现快速发展势头，增添了企业发展的新动力、新活力，开创了西部矿业改革发展新局面。

二、生产经营

2017年，西部矿业上下齐心协力，共同努力，生产经营高位平稳运行，经营指标再创新高，总资产达到498亿元，销售收入362亿元，上缴税金14亿元。主要产品产量实现了同比增长。其中：铅金属5.93万吨，同比增长26.31%；锌金属13.63万吨，同比增长25.58%；铜金属5.86万吨，同比增长14.70%；锌锭5.69万吨，同比增长33.49%；粗铅7.78万吨，同比增长14.02%；电解铜5.15万吨，同比增长32.47%；工业盐176.52万吨，同比下降9.11%；食用盐5.89万吨，同比增长3.29%；碳酸锂8507吨，同比增长0.02%；氢氧化镁2.12万吨，同比增长16.63%。新增产品产量分别为镍金属1594吨，电铅4.26万吨，钢结构产品6563吨。

三、改革创新

按照青海省国资委“3＋10”改革试点工作部署，开展实施了规范法人治理结构及授权董事会改革、混合所有制改革、市场化选聘管理者和高级管理人员市场化选聘等7项改革试点工作，取得阶段性成果。根据“增人不增总额、减人不减总额”原则，对12个生产单位实行了工资总额承包模式，完成8个单位薪酬套改及薪酬标准制定工作，完成13个单位组织机构优化，组织机构优化减少16个，减少中层编制26个。加大股权运作重组，进一步完善出资企业股权结构，加强实际管控能力。推进“三供一业”改革，企业办社会职能逐步移交社会，幼儿园分离移交工作已经完成，小区供电、供水分离移交已与地方政府签订框架协议，老河口物业撤离工作稳步推进。对招投标、设计咨询、青科创通公司实施效益分成机制，对主业的服务意服务质量得到全面改善，创效能力得到有效提升，精细管控持续加强，降本增效形成长效化体系化。

四、企业管理

深入开展“三去一降一补”工作，精细化管理和降本增效工作纵深推进。针对生产经营存在的实际问题，制订完善各类规章制度52项，制定下发常用合同范本16类，进一步完善法律风险防控体系、招投标管理体系与内控体系。规范矿山采矿秩序，全面实施充填采矿，选矿废水全部实现重复利用，资源综合利用水平全面提高，综合采矿成本大幅降低，技术指标全面进步升级，实现效益最大化，年降低成本2亿多元。全面压缩非生产费用，管理费用、销售费用、财务费用较年度预算大幅减少，全年降低费用8236万元。积极开展创新创效，全年累计创效近2亿元。积极推进和有效管理各项权证办理，各项权证实现了管理可控。加强监督管理，加强审计结果运用与合同流程管控，全年对各单位进行营销管理、制度执行、安全环保等多次专项检查，促进了规范经营和风险防控。

五、项目建设

推进产业结构调整，加快了转型升级步伐。2017年完成项目投资23.22亿元，股权投资25.69亿元。10万吨阴极铜项目全面完成基建工程，现已具备试生产条件。绿色新型建筑一期项目建设完成，4月2日新产品成功下线，全年承接项目合同超过10亿元。加大茶卡盐湖景区升级改造，成功升级为4A级国家旅游景区，2017年接待旅游人数突破270万人次，实现旅游收入2.2亿元，同比分别增长8.4%和123.5%，被树为全省国有企业转型升级的成功典范。北京青海大厦和海湖住宅楼项目主体工程完成，全面进入收尾阶段。

六、科技创新

充分发挥重组后的科技发展公司和博士后工作站、省级重点实验室等平台作用，加大科技服务一线和服务现场的力度，使科研工作与生产经营紧密结合，促进了主要技术指标明显进步。锡铁山金、银的加权平均回收率分别比计划指标提高8.54和5.36个百分点。鑫源矿业铜铅锌加权平均回收率比计划指标分别提高1.17、1.19和0.3个百分点，玉龙铜矿一选厂和二选厂铜回收率分别提高4.67和1.54个百分点，大梁矿业铅回收率提高5.22个百分点。2017年，西部矿业申报省级重点企业技术创新项目39项，申请专利48件，获得政府科研补助资金2230万元。企业3项科技成果通过评审，其中国际领先1项，国际先进2项。

七、人才建设

通过实施百名研究生引进计划、订单式培养项目、精英选拔培养计划以及各类引才引智工程，全面推进人才体制建设，加快人才队伍建设步伐，适应企业发展新要求。西部矿业硕士研究生及以上人数达到172人，40岁以下员工占比达到64%，实现人才总量逐步增加、专业结构逐步改善、年龄结构趋于合理。同时，通过新产业的建成运营培养了一批专业人才。2017年，有1人入选国家中青年科技创新领军人才，推荐9名优秀干部参加青海省领军才培养计划，4名优秀干部人才入选第二批“高端创新人才千人计划”，2名入选青海省优秀专业技术人才。

八、关注民生坚持企业发展成果与职工共享，逐步提升职工收入和福利水平

上调工资标准和津贴；提高误餐补助标准；全年组织安排20批次355名员工赴海口基地参加疗休养；对361名派遣制员工转为合同制员工，妥善处理赛什塘铜矿政策性关停后182名员工的分流安置工作；修缮甘河职工公寓、锡铁山职工食堂，建设鑫源公司宿舍楼，实施家属区楼房“保温层”工程等，改善职工及其家属生活条件；传统重大节日和十九大期间，组织多种形式开展慰问帮扶，为职工送温暖、送清凉、送健康。

九、党建工作和精神文明建设

（一）加强党的建设

深入学习贯彻习近平总书记新时代中国特色社会主义思想和全国国有企业党建工作会议精神，以“四个转变”落实“四个扎扎实实”重大要求，切实加强党建工作，开展了一系列卓有成效工作。按照“双向进入、交叉任职”领导体制要求，西部矿业设置董事长（总经理）、党委（党总支）书记“一肩挑”23人，配备专职副书记21人，基层党组织书记112人。规范基层党建工作，编写完善《西部矿业基层党建标准化建设指导手册系列》，从职责、工作、流程、程序、标准和目标几个层次提供系统规范的操作指导，健全基层党建工作台账，将党内工作目标与企业经营发展目标相结合，把党内要求与岗位要求相结合。在年度考核中，将党建考核量化指标细化到226项，做到企业

党建工作制度有保障、管理有体系、考核有评价。不断完善健全党内各项规章制度。实行党委、董事会、纪委、财务和内控“五条线”监管，建立了一套“激励有效、约束有力”的监督考核机制。组成内部巡查工作组，对下属单位落实党风廉政建设“两个责任”、党的基层组织建设和落实全面从严治党、作风建设、执行民主集中制和民主决策、选人用人、物资采购、费用报销、津补贴发放、车辆管理等方面的情况进行全面检查。组织开展“尚廉助廉、守护良好家风”家庭助廉系列活动，对干部廉政教育向身边人和家属延伸。

（二）文化宣传

形成了“智慧创造价值，责任成就未来”的企业核心价值观，“信念、忍耐、严实、创新”的企业精神和“讲实话、干实事、创实效”的企业风气，干部职工作风得到持续转变，上下形成了浓厚的干事创业氛围，树立了“二次创业再铸辉煌”的坚定信心。全方位、多层次宣传企业改革发展成果，全年网络宣传总阅读量突破320万，发布各类宣传稿件突破1000篇。《青海日报》、青海电视台、《中国有色金属报》等省内和全国行业媒体对公司各类报道100余次。深度宣传股份公司上市10周年发展成就，树立了股份公司市场形象，坚定了投资者的信心。

（三）社会责任

在企业改革发展中，西部矿业始终发挥国企责任担当，始终将“造福社会、支持地方经济发展”作为企业使命，积极参与抗震救灾、扶贫助困、助学、助孤、助残、助老、教育、医疗等社会公益活动。热心为社会上的困难群体、群众排忧解难办实事。资助困难学生完成学业。为希望工程等公益组织或受灾地区、个人捐款捐物。成立青海省公安英模子女西部矿业集团助学基金，每年帮助100名公安英烈子女就学的社会公益活动。与此同时，西部矿业所属单位也积极参与所在地的文化活动等社会公益事业。从2015年以来，西部矿业累计捐款3000余万元，派出20名优秀干部担任驻村干部。

（四）获得荣誉

自2007年以来，西部矿业已连续11次入选中国企业500强，连续13次入选青海50强。先后获得全国“五一”劳动奖状、“中国工业行业排头兵企业”、“中国矿业十佳企业”、中国工业经济先进集体示范单位、“国家级创新型企业”、“国家技能人才培育突出贡献奖”、“中国有色金属工业科学技术工作先进单位”、“2014－2015年度全国企业文化优秀案例”、“中国铅锌行业绿色创新发展杰出贡献奖”、“中国铅锌行业践行社会责任优秀奖”、“工业经济运行突出贡献奖”、“职工志愿服务精品团队”、“金融繁荣活力一等奖”、“学雷锋活动示范点”、“固定资产工作优秀奖”等多项荣誉。

（马国玲）

湖南水口山有色金属集团有限公司

一、概况

湖南水口山有色金属集团有限公司（以下简称：公司）为中国五矿集团有限公司重要骨干子企业，是一家集采矿、选矿、冶炼、加工、贸易于一体的大型有色金属联合企业。

公司主营矿山采选、铅锌冶炼加工、铍冶炼加工3个板块，拥有3座铅锌铜矿山、4个冶炼加工厂，具有年产60万吨铅锌铜采选、23万吨铅锌冶炼、1500千克黄金和400吨白银的生产能力。企业主要生产铅、锌、金、银、铍、氧化锌、硫酸等50余种有色金属和有色化工系列产品。“水口山”牌铅锭、银锭、锌锭均为伦敦金属交易所和上交所注册品牌，中国驰名商标，成为国际市场上的免检产品。公司具有自主知识产权的水口山炼铅法、水口山炼铜法，已在国内外广泛应用。

二、生产经营

2017年是公司第三个甲子的第一年，也是企业历史转折的关键一年。公司围绕“全面对标管理，深化改革改制，努力建成具有持续盈利能力的现代企业”目标，奋力拼搏，全年完成铅锌铜精矿含量3.34万吨、铅锌产品产量18.73万吨、黄金862千克、白银219吨，实现营业收入55.06亿元，较好地完成了年度工作目标。

（一）康家湾矿持续高产高效

康家湾矿作为主力矿山，多项指标创历史新高。全年出矿45万吨，铅锌精矿含量3.02万吨，分别创近7年来和13年来最高水平；完成黄金含量430千克，为年计划的134%，同比增长36%，创效达2000万元，为历史最好水平；选矿回收率指标取得了较大突破，铅、锌、硫选矿回收率分别为 89.67%、89.69% 和 62.93%，同比上升 0.05、0.03 和 3.2 个百分点。

（二）冶炼攻关成效显著

铅冶炼系统积极开展底吹炉“粒煤 + 铅泥”处理实验，有力地降低了库存、盘活了资金，并为大规模处理铜铅锌基地项目渣料储备了技术；锌冶炼系统实施次氧化锌分类处理攻关，提高铅泥含铅品位 5% 以上，提升了铅泥后续处理的经济性。

三、改革与管理

（一）改革分立稳妥进行

2017 年，公司坚定决心推动深化改革，用无畏的勇气、坚强的毅力，抢抓公司发展新机遇。

深化改革赢得共识。广大员工积极支持改革，公司分立重组改革脱困方案在公司职代会上高票通过，体现出水口山人认同改革、支持改革、爱企兴企的精神品质。

瘦身健体成效显著。全年分流安置 1856 人，公司从业人员由 2014 年初的 10571 人，降至 5124 人，人员总量降到近 30 年来最低，人工成本与 2014 年相比，降幅为 8.64%；主产品全员劳动生产率较 2013 年增长 25.68%。

融资能力得到修复。积极争取了上级转移贷款支持，降低了资产负债率，融资能力得到修复。

改革有序稳妥推进。公司分立重组全面完成；三供一业等社会职能移交取得重大突破，供水、供电移交进入快速实施期；法人单位“压减”、辅业分离退出等均进展顺利。

干部制度改革取得突破。公司全体中层干部竞争上岗并签订任职承诺书，中层干部总数精简率达 31.45%，平均年龄下降 3 岁，真正打破了干部职务和待遇“终身制”。

（二）强化管理成效显著

2017 年，公司痛下决心整治沉疴旧疾，坚持从严治企，大力整治管理问题，为转变干部职工作风，深入推进改革发展奠定基础。

坚持从严治企。坚持把督查与问责作为从严治企的核心环节，建立管理督查机制和工作责任清单制度，形成问责追责常态化，对前期发生的安全、设备、经营、财务等方面的问题进行了严肃问责。通过有效整治，大大改善干部的执行力、员工的履职力。

整顿营销管理。以问题为导向，查找管理漏洞，健全完善了物资、原料的采购和验收管理制度，完成公司物资采购阳光平台建设，物资采购、产品销售招标覆盖范围进一步扩大。实施物资定额管理，年末库存资金同比下降 2739 万元，降幅 30.47%。净化营销环境，规范营销秩序，积极构建既保供又保效的经营局面。

强化财务管理。千方百计确保了资金链安全，降低财务费用 480 万元，资金状况得到改善；严格子、分公司资金管控，形成了公司资金管理“一盘棋”局面。积极推动“两金压减”工作，实现压减 2 亿元，债权债务催收取得初步成效，收回应收账款 1400 万元。积极筹划一级核算，为全面实施一级核算和一级管理做出准备。

积极争取政策。公司成为湖南省首批电力交易大用户之一，仅 2017 年 4 季度就创效 410 万元；完成了康家湾矿资源退税前期工作，每年可减少税费 1050 万元。

推行机构整合。八厂和三厂实现整合发展，二厂与新材料公司合署办公，公司机关部室总数由 17 个精简至 13 个；推进改制分离，机电总厂改制成民营企业，生活服务部完成撤销；实施法人“压减”，完成了常宁山水、武汉山水、实业投资公司的法人注销，亏损法人较上年下降 30%。此外，提前启动北京公司、上海公司、铍业特材公司的注销程序，为新一年压减工作创造了条件。

四、项目建设

公司 2017 年完成项目投资近 1.23 亿元。

矿山方面：主要开展了康家湾铅锌金矿深部开采工程和康家湾东部详查工程，项目的实施为公司发展提供了后劲。

冶炼方面：启动八厂环保改造工程，预计投资 1 亿元以上，实现烟气排放达到极限排放标准，全面优化铅冶炼环保状况。

三供一业方面：开展了水口山生活水移交项目，2017 年底，公司生活供水正式移交地方管理，减轻了企业负担。

五、节能减排

2017 年公司总耗能量为 13.14 万吨标煤。按产品综合能源消耗计算节能量，全公司综合单耗与上年比节约 5044 吨标准煤；与考核指标比，节约 4151 吨标准煤。生产新水总用量 549 万吨，与计划比节约新水 50 万吨。全年分时用电创效

395.83万元，功率因素创效240万元，全年节约电费支出1500万元。加强转供用电管理，年转供电量4630万千瓦时，较上年降低520万千瓦时。

六、科研技改

（一）产学研合作成效显著

公司与长沙矿冶院合作承担的“十二五”国家科技支撑计划课题“多金属采选冶生产基地铅锌铜资源回收利用关键技术研究与示范”顺利开展，中试试验方案通过了专家评审。公司与湖南华麒公司合作开展的“水口山康家湾矿无石灰锌硫分选新工艺试验研究”，已成功应用于康家湾选矿生产，技术经济指标稳定，硫精矿选矿回收率达到65%左右，与原工艺比提高了5%以上，选矿废水pH值易于控制，实现了废水稳定达标排放。

（二）科技创新、成果转化提升企业后劲

开展了康家湾矿井下通风系统优化研究、八厂烟化炉处理玻璃铅工业试验、铅系统含砷中间物料浸砷及固砷试验、计算机及监控设备系统软件管理升级等科研项目，均取得成功，获得良好经济、环保效益。柏坊铜矿通过研究古溶洞与断层裂隙控矿物征，系统总结了南部岩溶区矿体的成矿规律，探获并回收矿石量1.64万吨，铜含量2811吨，银含量2209千克，创利6160万元，对铜鼓塘矿物组合进行了大量的研究工作，发现了两种新矿物，为矿物学的发展做出了贡献。通过物相组合分析，提出了矿床成因的新观点，对矿山深边部找矿具有深远指导意义。

（三）科研管理、知识产权管理稳步推进

康家湾矿东部勘探研究获得阶段成果；推广应用“康家湾清洁选矿新工艺”并取得成功，提高了金、硫的回收率，从源头解决了选矿废水的环保问题，矿山可持续发展能力进一步增强。

获得授权发明专利10项，申报发明专利10项，实用新型专利1项，收取氧气底吹熔炼技术转让费140万元。修订了《高纯锌中砷量的检测方法》国家行业标准，满足了市场对高纯锌中砷量检验要求。

（四）科技项目、成果获得多个政策奖项

公司参与的国际标准《铜、铅、锌和镍精矿中砷量的测定－电感耦合等离子体原子发射光谱法》获得2017年度中国有色金属工业科学技术奖一等奖；发明专利“锌冶炼酸浸渣贵金属回收工艺及装置”荣获中国五矿2017年度科技奖励专利二等奖，荣获“2017年度湖南有色金属行业经济运行统计先进单位”荣誉称号。公司科协荣获了“2017年度衡阳市先进科协”荣誉称号。

七、党的建设

2017年，公司坚持党的领导，加强党的建设，坚持党要管党，从严治党，全面整改中国五矿巡视反馈问题，经受了组织的考验，有力地构建了企业风清气正的发展环境。

深入学习贯彻党的十九大精神。深刻领会新发展理念，为公司改革发展奠定了坚实的思想基础。

强化党组织的领导核心和政治核心作用。坚持全面落实党委在公司法人治理结构中的法定地位，完成党建进章程，健全了《三会决策权限管理办法》及相关规定，党委会成为公司重大重要事项决策前置程序。

坚持在“真学实做”上深化拓展。深入推广“党建＋”工作理念，主动服务改革发展稳定大局，实现了党建工作与企业中心工作同频共振。

加强思想政治宣传。开展主题形势教育，构建主动信访维护机制，加强群团工作，维护了和谐稳定局面。

真心关爱职工。在资金十分紧张的情况下，给一线职工增加了收入，帮扶困难职工2500人次，帮扶资金118余万元，进一步为改革发展凝心聚力。

（周丽娟）

云南驰宏锌锗股份有限公司

云南驰宏锌锗股份有限公司（以下简称：驰宏锌锗）由云南冶金集团股份有限公司控股38.19%，现有员工9000余人，是以铅锌锗产业为主，综合回收稀贵金属，集地质勘探、采矿、选矿、冶炼、化工、深加工、贸易和科研为一体的国有控股A股上市公司。驰宏锌锗前身云南会泽铅锌矿，始成立于1951年1月，是我国“一五”计划156个重点建设项目之一，为“两弹一星”的成功研制做出过贡献。在国内云南、内蒙古、黑龙江、上海、西藏，以及国外的加拿大、玻利维亚、澳大利亚拥有39家分子公司。截至2017年末，具有年采选矿石300万吨、铅锌冶炼62.2万吨、银150吨、金70千克、锗产品含锗30吨，镉、铋、锑等稀贵金属400余吨的综合生产能力。

2017年，驰宏锌锗围绕“强党建、抓机遇、促跨越”的年度发展主题，坚持对内抓好生产运营、释放优质产能，对外强化资本运作、推进资产处置，为深化改革和转型升级奠定了坚实基础。2017年实现营业收入184.69亿元，实现归属于上市公司股东净利润11.55亿元，实现归属于上市公司股东的扣除非经常性损益的净利润11.46亿元，为近10年来最高水平。

一、生产经营

2017年，驰宏锌锗以市场为导向组织弹性生产，紧抓铅锌价格上涨的有利时机，超计划释放产能、稳定生产运行，实现产销平衡。2017年采出硫化矿271.28万吨、产出铅锌金属量37.07万吨。其中，产出铅金属量10.66万吨，产出锌金属量26.41万吨。冶炼铅锌产品48.26万吨，其中：锌锭33.49万吨、锌合金6.21万吨、铅锭8.56万吨，银锭64.08吨，黄金21千克，锗精矿含锗36.92吨，锗产品含锗17.23吨。自产产品销售实现锌锭33.65万吨、锌合金5.97万吨、铅锭8.43万吨，银产品58.14吨，锗精矿3.92吨，锗产品含锗6.66吨。

二、安全环保

驰宏锌锗严格履行安全生产职责，提升全员安全素质，构建双重预防机制，抓牢安全风险防控，为持续健康发展提供坚实保障，2017年安全生产形势整体向好，各项安全生产指标均在年度控制范围内。环境保护方面，驰宏锌锗严格执行国家环保法律、法规、相关标准要求，加大环保管理和环保投入力度，认真落实各项污染治理措施，废水、废气、废渣、噪声等经政府环保部门监督性监测，主要污染物实现稳定达标排放，污染物排放总量控制在政府环保部门核定的排放总量指标以内，未受到政府各类行政处罚。

三、资本运作

全力推进公司股权融资，增强公司资本实力，公司于2016年9月启动了三年期非公开发行股票工作，组织专业团队，充分研究论证融资方案，高效编制与完善申报文件，有力推进发行审核进度，与潜在投资机构积极接洽，2017年9月18日取得证监会核准批复，11月30日完成公司非公开发行股票发行的所有事宜，实现募集资金净额37.96亿元，在有效改善公司资本结构的同时，首次实现公司员工持股，优化了员工的长效激励机制，有效地将股东利益、公司利益和员工利益结合在一起，持续激励员工士气，使各方共同关注公司的长远发展。

四、依法治企

驰宏锌锗始终把“控风险”作为2017年首要任务，坚持从制度保障、母子公司管控、混合所有制企业治理、主动诉讼、审计监察、债权债务、阳光购销、矿山业务管控和冶炼辅助业务招标等方面持续深入开展依法治企，不断健全阳光、公开、透明的工作机制。着力提升风险管控意识，重点关注违规经营投资责任追究，强化依法合规经营绩效考核，保证合规经营。此外，通过对非全资子公司风险评估、风险分类识别和管理进行全覆盖，并对海内外投资、业务外包等重大风险制定了管理策略、解决方案、业务流程，且采取了有针对性的措施，有效降低了运营风险。

五、科研投入

2017年，驰宏锌锗申请专利59件，其中，发明专利17件，实用新型42件，实现授权54件。截至2017年末拥有专利203件，其中发明专利72件、实用新型专利131件。“一种侧吹化料的生产方法”发明专利，获第十九届中国专利奖优秀奖。通过技术创新共有3项成果获省、部级奖励，2项成果获曲靖市政府奖励。“锌电解大极板自动剥锌技术和成套装备研发”项目获中国有色金属工业科学技术奖一等奖；“铅阳极泥有价金属综合利用关键技术开发及应用”项目获中国有色金属工业科学技术奖三等奖。

六、党建工作

驰宏锌锗坚持党组织在企业的政治核心地位，紧紧围绕“强党建、抓机遇、促跨越”年度发展主题，紧盯“巩固一个干事环境、树立一种创业精神、打造一批先进组织、培养一批优秀人才”四个目标，始终牢牢把握生产经营和改革发展正确方向，团结带领广大干部员工加强党的建设、把握市场机遇、狠抓生产运营、强化资本运作、推进资产处置、突出科技创新，开创了安全环保平稳可控、产品产量历史之最、经营业绩再创新高、资本运作重大突破、员工持股顺利实现、资产质量大幅提升、精神面貌焕然一新的良好局面，荣获“企业党建文化十强单位”荣誉称号。

在扶贫攻坚方面：2017 年实际挂包帮扶 11 个村（社区），挂包 1669 户贫困户，派出驻村干部 18 名，投入扶贫工作专项资金 270.81 万元，实际帮助 394 户、1681 名人员脱贫。

（段兴川）

河南金利金铅集团有限公司

一、概况

河南金利金铅集团有限公司（以下简称：公司）成立于 1995 年，是中国民营 500 强企业。公司注册资金 4.5 亿元，总资产 51.26 亿元，AAA 级信用企业，海关 AEO 高级认证企业，现有员工 2397 人。

公司主要产品为电解铅、黄金、白银、冰铜、硫酸、氧化锌等，具备年产电解铅 30 万吨、硫酸 25 万吨、冰铜 1 万吨、次氧化锌 5 万吨、黄金 10 吨、白银 1000 吨、锑白 5000 吨、精铋 1000 吨的生产能力。

二、主要经济指标

2017 年实现销售收入 182.6 亿元，同比增长 50.9%；实现利润 4.5 亿元，同比增长 27.84%；上缴税金 4.18 亿元，同比增长 120%。

三、生产经营

生产经营稳步推进。通过认真编制生产经营计划，强化生产调度管理，对影响生产的因素提前预见、及时调控，采取一系列措施来保证生产，减少中间占用。

规范设备管理。投资 300 多万元建设设备管理信息化项目，共完成设备管理框架 8 个单位、39 个车间的组建和 516 个用户的录入，实现了周期性预防维护的预提醒；投资 200 万元建设智能制造生产大数据监控中心，全厂设立监控点位 60 余个，有效避免不必要的系统停车事故，确保整体生产安全稳定且效益最大化。

营销工作。一是内贸保障生产。2017 年共采购物料 70 余万吨，有效保证了生产需求。二是外贸拓宽业务。加工贸易业务量在全国高居首位，并在省内首家成功完成了第一批加工贸易手册的核销。三是实现产销平衡。以“零库存”销售为目标，与国内外知名企业签订长单合同。四是调整融资结构。在正常生产以外，不断降低综合融资成本，减少开证费用，降低内外汇差成本，减少汇兑损失，严格执行公司制定的对客户的结算时间按时付款，提高公司资源利用率。

四、建设任务与技术改造

2017 年，公司扩建办共计签订施工合同 173 份，完成投资 1.01 亿元，其中土建 3661 万元，工艺设备 6912 万元，安装 300 余万元。

五、严把质量关

2017 年，因为国内料增加、车辆限超载、各类摸底样增多、计价元素增加等因素，工作量大幅度上升。2017 年共取 3.70 万个样，分析 29.22 万个元素，工作量比上年同期增加了 52.75%。仲裁了 4497 个元素，超过误差范围的 226 个，仲裁率为 0.07%，仲裁符合率为 94.97%。全年协助业务单位外出取样 60 余次，共计出差 226 天。

六、坚守红线抓强化

一是绷紧“安全红线”不松懈。公司逐个岗位建立“岗位安全责任明白卡”，健全了安全管理网络。二是绷紧“环保红线”不动摇。树立和践行“绿水青山就是金山银山”的新发展理念，各分厂抓好多项环保改造提升。三是绷紧“质量红线”不退让。公司的铅锭、精铋、七水硫酸锌一次交检合格率 100%，银锭一次交检合格率 99.9%，锑白一次交检合格率 99.31%，并通过了江森自控、理士国际、双登等供应商的三体系现场审核。

七、科技引领抓创新

全年共上报技改项目 180 多项，完成 160 多项，共奖励 3.6 万余元。

“再生资源联盟再生资源富氧熔池熔炼技术创新中心”和“再生资源联盟理事单位”成功揭牌，为公司大力实施科技创新提供了保障。

投资 3000 余万元的科技信息化研发实验中心全面投用；投资 700 多万元对厂区外围环境进行美化、绿化、亮化，改善了周边环境；投资 500 多万元改造金鸿公司锑白、铅锡熔炼及铅锡分离项目；投资 3500 万元进行铅电解除铜工序含重金属烟气深度治理项目；投资 80 多万元建设污水处理站。

八、内部管理抓提升

不断强化员工的培训教育，组织 144 名科级以上管理人员分三批赴浙江大学学习，提升管理人员的素质和技能；与省有色协会合作申报有色技能鉴定工种，申报 132 人，并筹备组织培训。

九、幸福企业抓创建

一是提高职工收入水平。公司按时足额缴纳“五险一金”2325.2万元，较好保障了职工合法权益，对员工工资进行了普调150～300元。二是加强企业文化建设。通过《金利报》、公司微信公众号、公司网站多渠道宣传；组织开展职工运动会、南山徒步、春节文艺演出、消防业务比武竞赛等活动，丰富了职工文化生活。三是提升服务质量。仓储中心不断加强内部管理，通过成立综合服务办公室，集成办公，节约客户时间，提高了工作效率。四是加强党员队伍建设。全年共发展7名预备党员，6名预备党员按期转正，为党组织注入了新鲜血液。

十、荣誉

2017年入围中国民营企业500强，通过海关AEO高级认证，位居中国对外贸易民营500强第312位，河南民营企业100强第14位。

（张　丽）

湖南宝山有色金属矿业有限责任公司

一、概况

湖南宝山有色金属矿业有限责任公司（以下简称：宝山矿业）成立于2007年9月，其前身为湖南宝山铅锌银矿，注册资本2.36亿元，固定资产6.2亿元，在册员工1316人。曾隶属于湖南省有色金属管理局，2017年12月29日正式成为湖南黄金集团有限责任公司全资子公司。宝山矿业以生产铅精矿、锌精矿、硫精矿为主，是湖南省主要的铅锌原料生产基地之一。宝山矿业拥有1家控股子公司和1家分公司，均以铅锌矿采选为主业。现为湖南稀土新能源有限责任公司第二大股东。

2017年，宝山矿业完成铅锌金属量2.31万吨，铅含金60.37千克、铅含银24655.24千克、锌含银3913.95千克。实现销售收入4.42亿元、利润总额1.47亿元，上缴税金1.06亿元，国有资产保值增值率为127.9%。

二、生产经营

宝山矿业在高度重视安全环保工作的同时，科学安排生产组织，紧盯目标、强化部署、狠抓落实，取得了较好的成绩，积累了宝贵的经验。一是加强安全责任落实，科学安排和组织生产；二是强化全员培训、落实“一单四制”；三是工作精细化、管理严格化。

宝山矿业认真贯彻绿色发展理念，6月份成功创建了省级环境教育基地，9月份被国土资源部纳入“全国绿色矿山名录库”，10月份成功创建省级生态文明教育基地。中央电视台、湖南电视台多次对企业环保工作、绿色发展、成功转型的经验做法进行了典型报道。2017年，张德江、杜家毫、许达哲、凌月明等中央、省部级领导到宝山矿业进行了视察，绿色发展成效得到了高度肯定。

三、改革改制

宝山矿业平稳推进三项制度改革有关工作，员工工资新增了5.67%绩效工资，包括原绩效工资考核系数合计为18%。通过员工绩效考核激励，员工的工作积极性、工作质量及自身工作能力方面都得到很大提高。在人事管理方面，严格控岗控编，审核签订岗位合同1316份，办理员工调配手续237人次，办理13人辞职、1人解除劳动合同、1人调出、1人病亡、27人的退休手续。在劳动管理方面，加强作风整顿，组织进行了10次作风整顿检查，共有10人次被问责，企业管理人员及员工纪律意识不断增强，工作作风持续好转。

四、节能减排

宝山矿业积极开展“从严治厂”“瘦身、减债、健体”专项活动，制定《2017年节能工作方案》并严格落实和考核。在技术方面，花大力气淘汰落后设备，推广应用了自动车床、加压站陶瓷泵、球磨机挖砂嘴、电动铲运机等新技术、新设备。在企业文化方面，号召全体员工养成良好的工作、生活习惯，对办公耗材、空调使用等进行了专项规定和检查。2017年，宝山矿业实际万元产值综合能耗0.101吨标准煤，与上年同期的0.14吨标准煤相比下降27.86%。

五、项目建设

2017年是宝山矿业提质扩能项目投产年，在省有色金属管理局和湖南黄金集团的重点督办下，宝山矿业集中技术骨干力量，攻坚克难，项目建设取得阶段性胜利，箕斗主井于11月28日正式投入运行，大大提升了井下输运能力，使得井下提升运输系统趋于完善。罐笼井延伸工程成功落底-415m，正全力推进各中段的贯通施工。全尾砂膏体充填系统已通过专家评审，正加快推进招标建设。

六、科学技术

宝山矿业高度重视科技创新增效工作。2017年加强了知识产权保护工作，获得3项实用新型专利授权。全年组织科技项目立项34项，在地测方面对深部和盲区的找矿获得了一定成果，在采矿技术方面成功试验了下向式分层胶结充填采矿法，在选矿方面解决了尾矿库扬尘治理问题，在调度方面研究推广自动化。科技成果应用在安全生产工作和“机械化换人、自动化减人”工作推广取得良好成绩。

七、企业文化

宝山矿业始终坚守安全环保底线，抓好综治维稳工作创建平安和谐发展环境，始终坚持党的领导，认真履行社会责任。持续深入开展“两学一做”学习教育常态化制度化建设，切实落实基层党组织“五化”建设，深度融合企业中心工作，充分发挥党员先锋模范和支部战斗堡垒作用。扎实做好纪检监察工作，防范各类风险，认真做好群团工作，把员工利益放在首位，成功培育申报省有色局、市国资委系统“两优一先”18人次，走访慰问生活困难党员、团员123人次，发放慰问金4.92万元。成功推荐全国劳模、公司机运工区竖井维修队陆新华为湖南省出席党的十九大代表，在全公司掀起学习宣传贯彻党的十九大精神和习近平新时代中国特色社会主义思想的热潮。

（邵泽祥）

河南豫光金铅集团有限责任公司

河南豫光金铅集团有限责任公司（以下简称：集团公司）拥有铅、锌、铜、金、银、硫酸、合金、锑、铋、铟、镉、碲、靶材等30余种产品，主要产品年生产能力为：铅40万吨、锌30万吨、铜12万吨，黄金10000千克、白银1000吨、硫酸110万吨。

依托集团公司省级技术中心、博士后科研工作站、河南省铅锌冶金工程技术研究中心等科研机构，围绕公司主导产业及多元化领域，建立“一院八所”，靠自主研发形成了一批国际领先拥有自主知识产权的核心技术，引领了行业发展。集团公司主持和参与了50余项国家及行业标准的制修订工作，获得科技成果近200项，专利100余项，有2项科技成果获国家科技进步奖二等奖。

集团公司通过自主研发、自主创新，先后实现了中国铅冶炼的工艺从烧结锅、烧结机、富氧底吹到液态高铅渣直接还原技术四次革命性升级。集团公司各项指标明显优于行业平均水平，被国家工信部列为有色金属行业能效标杆企业，将豫光铅、锌冶炼综合能耗指标列为有色金属行业能效标杆指标。

集团公司在国内首创了“废旧铅酸蓄电池自动分离－底吹熔炼再生铅”先进工艺，开创了再生铅和原生铅相结合的新模式，实现了资源循环高效利用，使铅工业步入“生产—消费—再生”的循环发展之路，成为了中国再生铅产业发展的样本。豫光已形成年处理54万吨废旧蓄电池的再生铅产能。

一、行业地位进一步巩固

2017年，集团公司获得全国“五一”劳动奖状，继续跻身中国企业500强、制造业500强、财富中国500强，集团公司、股份公司和锌业公司均获得国家2017年度绿色企业管理奖，锌业公司获得河南绿色工厂，企业地位、形象和行业影响力得到持续提升。

二、产量创历史最好水平

2017年，集团公司紧紧围绕企业“做强有色主业，扩大循环经济，加快转型升级，提升资本运作”总体布局和“上游抓矿山、主业抓标杆、下游抓延链，外向抓贸易，周边抓多元”的战略布局，精心谋划，精心组织，迎难而上，扎实工作，较好地完成了年度各项预期工作目标，集团公司工业总产值、销售收入、利润总额、税收等主要经济指标，铅、锌、黄金、白银等主要产品产量均创历史最好水平。全年完成现价工业总产值300.7亿元，实现利润6亿元，利税总额达到16亿元。

2017年，集团公司坚持以“创效增收”为中心，围绕稳产、满产，通过开展劳动竞赛，实施生产技改，加大过程控制，优化流程细节，降低中间占用，理顺生产关系，较好地确保了各系统生产均衡、组织顺畅、稳产高产，主要指标实现历史性突破，企业36种主副产品中，铅锭、锌锭、金锭、银锭、阴极铜、精铋、铟锭、锌合金及电厂发电量等34种产品超额完成了全年生产任务，铅锭、锌锭、金锭、银锭四种主要产品产量均创历史最高纪录，同比分别增长 2.23%、2.29%、22.15% 和 30.37%，金锭、银锭、锌合金等 15 种产品产量大幅增长，涨幅达 10% 以上。

三、创建中国有色冶炼标杆企业

2017 年，集团公司坚持以“创建中国有色冶炼标杆企业”为主线，通过导入阿米巴管理理念，健全各项管理机制，加强安全、环保、质量、驻外企业管控，管理水平和主要技术指标有较大提升，驻外企业盈利能力得到明显提升。

组织开展了“创建中国有色冶炼标杆企业”，对标行业最优，明确了安全、环保、质量、指标、管理、文化、环境等 7 个细分领域的一流标准，量化了 2017－2020 年各年度的具体目标，制定了管理措施、工作要求和工作机制。把“标杆生产厂”的培育和评选作为 2017 年创标工作的重要载体，建立了标杆评价考核体系。各生产单位积极推进创标，通过加强对设备日常维护保养，减少炉况波动和故障停机率，均衡稳定生产，实现了作业率、投料量双提高；围绕小金属增产、降低渣含有价金属等核心创效点，实施 60 个创效项目，累计创效 6886 万元。2017 年集团公司所有对标目标中，除安全指标、锌系统尾矿含银指标未完成外，其余目标全部完成，企业铅综合能耗、锌综合能耗、析出铅直流电耗、析出锌交流电耗等指标位居行业第一。

四、发展动能进一步蓄积

2017 年，对集团公司发展具有深远影响，投资 19.27 亿元，国内单套铅冶炼系统规模最大的再生铅资源循环利用及高效清洁生产技改项目建设进展顺利，火法、电解部分工程设计已完成 70%，原料房、主厂房土建图纸已到位，锅炉、制氧站、烟化炉、电解机组已具备招标条件，底吹炉、二氧化硫风机等核心设备正在制作中。

对集团公司再生产业未来发展具有决定性因素的项目，废铅酸蓄电池回收网络体系建设试点布局工作全面展开。周口、洛阳等地站点环评、备案、选址等工作进展顺利，山西运城分公司注册、备案已完成，长治已通过授权方式开展定向回收处置业务，与陕西 9 家公司签订了处置协议。

多元产业持续发展，贵金属制品、物流产业营业收入均突破 1 亿元，靶材、铝业、冶金机械、铅锌合金等产业产量和盈利能力均有大幅提升。

围绕做强有色主业，做大循环经济，组织实施了一系列配套延伸项目，进展顺利。再生铜资源综合利用项目即将建成，投产后阴极铜产量可望从 12 万吨提升到 15 万吨，为集团公司发展原生铜＋再生铜的循环经济模式奠定基础。废铅酸蓄电池塑料再生利用项目二期完成设备安装及单机调试开始试生产，ABS 塑料分选工程设备已开始安装，股份发烟酸项目、贵冶厂银电解扩建项目竣工投产，玉川污酸污水处理系统升级改造项目建成投用，侧吹炉脱硝工程、铜冶炼主系统装备升级改造工程、锌业自动打包机、自动剥锌机组、精制硫酸、热镀锌、冲渣水治理等项目均已开工建设或建成投产。

五、科技研发多点推进

坚持创新引领发展的工作思路，通过完善科技创新体制，发挥一院八所作用，强化科技攻关，加强与重点院校、科研院所的合作，取得一系列科技成果。高电流密度银电解工艺研究取得成功，将有效推动行业技术、装备升级。与上海交大等单位联合申报的“有色金属冶炼烟气多污染物协同控制技术”项目，被列为国家重点研发计划“大气污染成因与控制技术研究”重点专项。紧密结合生产实际，组织实施了股份公司侧吹炉系统处理再生铅工业化应用、底吹还原炉喷粉煤工业化应用、固体废物及危险废物处理研究、铜尾渣资源化利用研究、锌业除氯试验、离心机脱水工业试验、铜冶炼污酸提铼、铜烟灰处理等工艺研究和应用，为生产工艺提升和指标突破打下了良好基础。豫光股份有色冶金设计院获批“济源市底吹熔池熔炼重点实验室”。工信部公布的《国家涉重金属重点行业清洁生产先进适用技术推荐目录》中，河南省有 5 项新技术入选，其中豫光锌业高铁氧化锌含铟物料高效利用、回转窑尾气综合治理，股份铅高效冶金及资源循环利用、“双底吹”连续炼铜 4 项技术入选。

六、经营管理实现提质增效

着眼生产和市场两个大局，抓好原料入口、销售出口两个关键环节，重视营销与生产的统筹协调，较好实现了营销提质创效。原料采购针对加工费大幅下调，市场竞争日趋激烈的局面，通过协调国内原料、进口原料和再生铅的采购，较好做到了相互补充，满足了公司生产需求。通过实行区域经理负责制，提高了原料采购能力。通过加强对高金、高银、高铜、高锌和高锑铋等物料的采购，加大国内高品位锌矿粉采购，采购效益更加明显。通过加强优质矿山客户开发，矿山采购量同比增长10%。通过对辅料100%竞标采购，确保了辅料采购效益最大化。

产品销售通过抢抓市场机遇，上调铅锭长单基价，创效近2000万元。通过铜价高位去库存，快产快销，创效近2000万元。狠抓市场开发，铅合金新增上海、山东等多家客户，锌合金销售首次突破7万吨，增幅达22.5%。加强硫酸和小金属销售，硫酸平均售价同比提高了72元/吨，销售效益明显。通过把握市场节奏，加强市场研究判断，主要产品阴极铜、铅锭、锌锭销售价格同比分别提高了249元/吨、183元/吨、13元/吨。

七、全面落实安全生产主体责任

通过逐级开展“明责、尽责、知厉害”对话谈心和“告别违章、珍爱生命”安全承诺活动，层层签订《安全生产责任明白书》，修订完善各项安全管理制度，制定“安全生产九大禁令”，规范八大风险作业审批、作业流程，安全责任更加明晰，全员安全意识进一步增强；通过扎实推进风险管控体系建设，全面排查治理各类事故隐患，对“四新五危”岗位重新开展风险辨识和危险因素辨识表修订，各岗位作业环节风险因素进一步明晰，风险管控体系得到加强；通过组织开展典型事故案例、八大危险作业安全视频拍摄、建立违章学习室、设置违章曝光平台等10多项安全教育活动，职工安全意识明显增强。

八、持续提升绿色发展水平

通过落实环保管理主体责任，组织实施玉川硫酸污水站升级改造、锌粉储运装卸改造、锌电解车间雨污分流、电厂超低排放改造等23项年度环保治理项目，严格开展扬尘管控等措施，较好减少了环境隐患，推动了污染物达标排放。通过开展“五小技改”，强化观摩整改，清洁生产现场管理得到全面提升。全年企业发布6811组自行监测数据，发布率、达标率均达100%。

九、牢固树立质量红线意识

通过落实产品质量主体责任，开展技能培训、抓好质量缺陷分级、深化产品质量审核、细化工艺控制、创建质量标杆等措施，产品质量不断提升。铅锭、锌锭、阴极铜、金锭、银锭等29种产品内在质量一次检验合格率100%，铅锭、锌锭、阴极铜、硫酸等18批次产品质量监督抽检合格率100%。铅锭、锌锭、银锭3种产品再次评为“全国用户满意产品”。将“过程方法”及“风险管控”应用于质量及环境管理体系转版全过程，顺利通过中质协质保中心换版审核。公司QC小组活动实践经验方法列入省“质量标杆对标活动手册”并在全省推广。2017年，豫光牌A极铜在伦敦金属交易所（LME）成功注册，极大提升了公司铜产品市场竞争力；顺利通过股份、锌业公司海关高级认证企业（AEO）认证，首次开展了高金黄铁矿和粗铜进口业务。

十、加强能源管理实现降本增收

在电力市场集中撮合竞价交易中，成为河南省交易电量占比最大、优惠时段最长、享受电价优惠力度较大的大用户企业；严格编制月度用电计划，没有发生直供电违约电价现象，全年节约电费3683万元。通过节能技改、错峰用电，股份公司铅系统综合能耗、铜系统综合能耗、析出铅直流电耗较计划降低3.17%、2.59%和5.05%，铅系统主要产品能耗指标创历史最优，粗铅、铅锭、硫酸、阴极铜等多种产品综合能耗大幅下降。积极实施技改，年用水量节约42.8万立方米。切实加强炉窑设备指标控制，年用气量节约244.6万立方米。锌业公司锌锭、析出锌交流电耗等11项能耗指标创历史最好水平，锌冶炼综合能耗、析出锌交流电耗等主要能耗指标实现历史最好水平。

十一、加强集团管控驻外公司经营向好

建立“战略决策集中、经营决策分权、部门协同共管、风险有效防控”的集团公司管控战略，加强成熟制度输出和资金、技术、人才等协调服务工作，对宝徽、源丰领导班子进行了充实加强，向驻外单位复制引进集团管理模式，完成江西源丰40%股权收购，切实规范驻外企业经营行为，帮助驻外企业与科研院所、大专院校开展技术合作，较好提升了驻外公司生产经营水平、发展质量和空间。2017年，宝徽集团实现销售收入11.83亿元，利润9100万元；尔呷地吉实现销售收入1.5亿元，利润5300万元；源丰实现销售收入3.52亿元，利润1500万元；龙钰实现销售收入2150万元，利润280万元。

十二、两化融合加快推进

“大数据”开启管理提升新途径。集团公司投资近千万元进行基础信息化升级改造，引进了银企互联、资金管理、预算管理、集团采购、财务共享等新的管理方式，实现了预算执行的自动控制，极大推动了工作效率提升、财务费用和采购成本降低，使基础财务工作更加精准高效。开发实施的原料管理系统和备品备件管理软件，使原料管理流程更加清晰，数据更加准确及时，备品备件管理更加完善，为压缩二级库存提供了技术支撑。

十三、全面提高国企党的建设质量

2017年集团公司坚持把学习贯彻党的十九大精神作为首要政治任务，迅速行动，周密部署。坚持党政班子带头学，积极参加市里组织的十九大精神轮训班，先学一步、学深一些，以上率下；中层管理人员听宣讲、集中学、记笔记、写心得；组织宣讲团面对基层党员、职工群众巡回讲，立标打样，在集团公司上下迅速兴起学习宣传贯彻党的十九大精神的热潮。通过“两学一做”学习教育深耕细作，实现了从党委班子向全体党员拓展、从集中性教育活动向经常性教育延伸，较好地增强了全体党员的发展自觉、坚定了发展信心、提升了发展能力。坚持把学习贯彻党的十九大精神与谋划推进豫光加快发展、转型升级和生产经营发展各项工作紧密结合起来，明确了当前和今后一段时期豫光发展和党的建设的总体要求、奋斗目标、基本原则、战略部署和保障措施，描绘了豫光未来发展的“时间表”“路线图”，推动了党的十九大精神在豫光具体化、实践化，有力确保了党的十九大精神在豫光落地生根。

加强基层组织建设。2017年，集团公司党委对16个党支部进行了充实调整，落实双向进入、交叉任职，设置了组织委员兼任纪检员，基层组织建设和党支部战斗力得到加强。召开了第五次党代会，选举产生了新一届党委和纪委，新一届两委委员呈现学历高、工作经验丰富、职工评价优秀、年轻化、专业化等特点，较好夯实了党建工作和公司发展的组织基础。组织开展了以争创“五好”党支部为主要内容的“创先争优”活动，通过加强党支部目标管理，创新党建工作流程，制定完善领导定点联系制度、谈心制度、基层组织民主生活会制度、“三重一大”决策制度、党员干部公开承诺制度、党员民主评议制度等各项制度，使基层支部党建工作更加充满活力，较好实现了党建责任制与生产经营任务的深度融合，实现了党的政治优势向公司核心竞争力的转化，基层支部和党员干部履责能力得到明显增强。

加强人才梯队建设。通过梳理岗位职责、细化绩效指标，整合培训资源，创新培训方法，建立“三阶段”人才培养模式，实行技术职务引领等措施，较好提升了职工队伍的整体素质，公司技术人才队伍从864人扩至937人。

加强党风廉政建设。坚持教育管理并重，坚持惩防并举，注重预防，惩防体系不断健全；坚持落实“一岗双责”，加强重点岗位、风险岗位和领导干部廉洁自律主题教育，完善监督机制，在服务窗口、新建项目、原辅料采购、招标、驻外公司等关键环节建立常态监督机制，广泛开展效能监察，党员干部廉洁自律意识全面提升。

（苗世清）

钨钼锡锑

江西钨业控股集团有限公司

江西钨业控股集团有限公司（以下简称：江钨控股集团）系省委省政府实施江西钨及稀有金属产业重组整合，由江西稀有金属钨业控股集团有限公司、江西稀有稀土金属钨业集团有限公司和江西钨业集团有限公司重组组建的省属国有企业。拥有全资及控股各层级企业117户，在册员工1.3万人。

2017年，是江钨控股集团重组整合后运营的第一年，也是集团发生重大变革的一年。广大干部员工坚定国企责任和使命不动摇，砥砺奋进，克难前行，扭亏增盈实现重大突破，一体化决策、一体化管控、一体化运营全面落地，回归经营本质成效显著，政通人和局面基本形成。

一、全面确立改革发展新战略

面对重组整合后集团面临高负债、高杠杆、资金链濒临断裂、融资形势异常严峻、生产经营举步维艰的困境，江钨控股集团客观总结历史经验教训，遵循市场经济规律和企业发展规律，提出了改革发展一系列新战略新理念新要求：坚持“调整、巩固、创新、提高”的方针，坚持质量第一、效益优先，以供给侧结构性改革为主线，“回归经营本质，坚守价值创造，奉行稳健经营，追求人正品真”，全力推动集团由片面追求规模扩张向追求资本回报、做优做强做大特色产业转变，由片面追求社会效应向回归经营本质、提升发展质量效益转变，由分散粗放经营向专注集约经营转变，由依靠要素投入向依靠科技进步、创新发展转变，由提供产品向提供产品及系统解决方案转变，由生产型向生产服务型转变，全力打造卓越责任和谐新江钨。

二、扭亏脱困实现重大转折

江钨控股集团两级班子担当实干，团结带领广大干部员工克难奋进：千方百计增产增销抓“造血”、出清“僵尸企业”抓“止血”、低成本融资抓“输血”、严控资本性支出防“贫血”，全力以赴打赢提质增效攻坚战。全年实现营业收入176.9亿元；在消化历史包袱4亿元的前提下实现利润1300万元，同比扭亏增盈13.1亿元，实现由连续5年巨亏到扭亏为盈的重大转折。上缴税费9.6亿元，同比增加2.6亿元；进出口总额3.1亿美元，同比增长56.3%。

三、深化改革取得重大突破

江钨控股集团以强烈的政治担当，刀刃向内、自我革命，毅然决然突入改革深水区。全面推进重组整合，集团战略契合、组织融合、资源整合、业务整合、管理糅合和文化融合基本完成，实现了一体化决策、一体化经营、一体化管控。本着“总部做优、基层做精、上下做顺”原则，将原两大集团机关整合后压减部门51.6%，精简工作人员50.3%。积极推进“三项制度”改革，全集团分流减员1679人。坚决出清低效无效资产及“僵尸企业”，全集团减少法人户数16户。企业重组整合取得重要进展，拟上市平台“江钨股份”正式设立。

四、运营管控得到有效优化

2017年，江钨控股集团重塑集团运营模式，明确了集团总部的职能定位和管理边界，作为战略管理中心、资金配置中心、风险控制中心、运营协调中心的集团总部机关业已形成。强化主附产品统一营销、大宗原材料集采统供、财务集中统一管理、国际化经营、资源要素配置、科技研发等方面及环节的协同统一，促进和保障了集团价值链利益最大化。规范运营强化执行，整合、修订原两个集团制度及流程270多项，管理流程再造基本完成。防范风险保障运营，初步建立了集团公司全面风控管理体系，规避了企业信用和筹资等系统性风险。抓安环保稳定，实现了安全环保形势总体平稳。

五、科技创新成果丰硕

强化市场需求产品开发及关键技术攻关，着力提升资源高效利用水平，打造具有江钨特色的产品及技术优势。新开发了钽酸锂晶体（LT）、高沉积率 Cr_3C_2 基热喷涂粉、超细粒浆料高梯度磁选机等多种产品并成功打入市场。九冶公司获批建设“江西省稀有金属钽铌新材料工程研究中心”，江钨新材公司获批建设“江西省粘结钕铁硼磁性材料工程技术研究中心”，赣研所被批准为博士后培养基地。获得省部级科技进步奖9项，其中“高性能粘结钕铁硼磁性材料产业化及应用”和“高性能硬质合金纳米涂层数控刀片关键技术的研究及产业化”两项目分别获得省科技进步奖二等奖和三等奖；获得授权专利45项，其中发明专利18项；“虔锋”牌钨铁品牌通过“全国驰名商标”认定。集团公司被授予“钨精矿国标产品认证示范基地”。

六、党建成效显著

党建责任制进一步落实，重要事项决策党委会前置程序全面落实；调整了企业党组织设置，做到了基层党组织“应建尽建”；41家企业完成“党建入章”工作；“党建+”效果进一步彰显，从严治企进一步落地。人才队伍进一步强大，全面启动了青年人才成长“雄鹰·薪火相传计划”和“5215”人才培育工程。干部作风进一步转变，表现出了高度的政治责任感和大局意识。

（蓝伟国）

江西浒坑钨业有限公司

一、企业概况

江西浒坑钨业有限公司（以下简称：公司）隶属江西钨业控股集团有限公司，是一座正规开采了60余年的国有中型矿山企业，年采掘综合生产能力33万吨，年产黑钨精矿能力1500吨，主要生产黑钨精矿，伴生回收铋精矿、锌精矿及黄铁矿等。

2017年，在集团公司的坚强领导下，公司紧紧围绕年初确立的工作思路，沉着应对老矿山原矿品位持续降低和产品成本不断攀升等诸多困难和挑战，紧盯任务目标，凝心聚力，砥砺前行，全力打好提质增效、安全生产、三项制度改革三场攻坚战，各项工作运转协调有序。全年实现工业总产值9580万元，同比增长11.83%，工业增加值4784万元，同比增长25.5%；主营业务收入1.72亿元，同比增长1252%；实现利税总额1507.61万元，同比下降144.14%；年平均从业人员710人，同比下降4.2%；全员劳动生产率（按工业增加值计算）同比增长31%。截至年底，资产总额达6.01亿元。

二、生产经营

（一）生产运行总体平稳

针对原矿品位持续降低现状，积极采取有效措施确保任务目标，通过加大出矿力度、适当延长作业时间、全力以量补质等措施，实现增产增收。在上部90中段改变作业方式，清理堵塞巷道，开发新的半截矿块作业面，提高了整体出矿品位。加强选矿技术管理，强化洗矿分级和细泥回收，减少金属流失，提高了选矿实收率。加大对－160中段生产探矿力度，全年完成生探进尺2342米，为年计划的166%。全年生产钨精矿1319吨，年度采掘总量、采矿、掘进、出矿分别完成年计划的117.2%、113.6%、137.2%和109.6%。

（二）经营工作克难前行

在上半年钨产品市场仍然低迷形势下，按照集团公司大营销大发展战略要求，产品销售由集团营销部实行统一销售统一开票结算。健全了财务管理制度，加大了对历年货款的回笼和资金调控力度，规范资金使用和审批程序，全力保障生产经营资金周转。在企业经营困难的情况下，全面控制物资采购量，并保障了正常的生产材料供应。通过银行融资4400万元，确保了企业的正常生产经营和员工工资按月发放。全年共销售钨精矿产品2418标吨（含期初库存），销售仲钨酸铵60吨，产品销售量创历史新高。

（三）安全基础不断夯实

加强了对尾矿库运行情况的监控，全力抓好防洪度汛，实现了汛期无险情。强化了全员安全培训，改建了两个安全培训室，配备了投影设施，开展了全员系统安全培训，并由公司领导挂点督办落实。全年组织全员安全培训19次，特种作业人员做到了100%持证上岗。坚持了领导下井带班制和安全督查小组现场巡查制，全年共查处违章行为49起，罚金9200元，奖励安全工作出色员工金额1500元。全面开展了安全生产“五个一”活动，重点加强了安全隐患排查和安全生产专项整治，隐患整改率达99%。始终保持矿业秩序整治高压态势，坚持地表、井下24小时不间断巡查，维护了矿业秩序的稳定。

三、改革与管理

（一）企业管理持续创新

建立健全了风险管理体系，全面推行风险管控，对资金运作、采购业务、资产管理、合同管理等方面进行梳理，修订完善了规章制度。成立了对标组织领导机构，制定工作方案，对照标杆体系，坚持做好了关键指标和常态指标的对标工作。严格招投标程序，凡采运选及土建工程、半截矿块回收项目均实施了招投标，操作过程规范合理。制订和完善了《金属平衡管理制度》等7个重要制度，对重大事项、重点环节的管理事宜进行了规范。主动学习和借鉴先进典型经验，先后5次组织值班长以上管理人员到兄弟单位考察学习生产管理经验，开展技术交流，有效提升了管理能力。

（二）提质增效成效显著

围绕集团下达的提质增效目标，对全年任务目标进行分解，细化和实施了17条降本增效措施。通过严格控制采场采幅，采矿损失率、贫化率同比分别下降4.28%和5.28%；加大了井下剔废充填力度，共充填井下废石和淤泥7260吨，做到了废石不出窿，减少转运、提升费用约10万元；对3个外包工程队结算单价平均再降1.5%以上，全年外包工程队成本总额下降45万元；各主要生产单位按照“收旧利废，利废再用，降本1万元”的要求，共节支成本10.5万元；实行全面预算管理，除井下重点项目、水泥漏斗和安全隐患整改外，其他土建工程均实行包工不包料，工价精细核算，节约了费用；实行了公务用车制度改革，公车使用率下降40%。

（三）三项制度改革平稳推进

成立了劳动、人事、分配三项制度改革领导机构，结合实际制定方案，基层单位、机关部室中层管理岗位人员分别按照组织人事任免程序由公司研究决定聘用上岗和推行竞聘上岗的方式进行。对富余人员实行内部提前休养等方式进行了安置分流，做到了宣传教育到位、审定程序到位、协调推进到位、组织实施到位。按照精干高效的原则，将原来的10个科室、8个基层单位精简为8个部室和6个基层单位，减幅达28%；总体用工规模由原来的733人减少到663人，减员率达9.55%。其中：中层管理人员（含享受待遇副主任科员）由改革前的54人精简到37人，净减17人，降幅达31%。

三、精神文明建设、党建和党风廉政建设、创建和谐社会

（一）精神文明建设取得成效

扎实推进"两学一做"学习教育，做到了常态化制度化。公司领导班子成员坚持深入到基层单位开展形势任务教育宣讲，保持了队伍稳定，促进了生产平稳。开展了学习和领会党的十九大精神和习近平新时代中国特色社会主义思想，积极践行集团公司改革发展新理念新战略新要求，坚持"四个发展"，提升"五种能力"，促进"六个转变"，坚定"七个不动摇"。组织开展了篮球联谊赛、棋牌球类赛等多载体、多形式的娱乐活动，丰富了员工业余文化生活。及时帮助解决员工的实际困难，争取市总工会帮扶大病大灾员工136人次、资金10万元，春节、"七一"探望困难党员16人次、慰问金1.48万元，走访看望矿级老领导4人次，慰问金2900元，"金秋助学"活动援助4名困难员工子女入大学。

（二）党建和党风廉政建设全面深化

坚持所有重大事项严格执行议事规则和决策程序，基层党支部由原来的12个合并调整为9个，做到了基层党组织"应建尽建"，完成了"党建入章"工作。坚持以"党建+"为引领开展系列活动，把党建工作与企业生产经营、提质增效、安全稳定等工作紧密结合，并纳入党建考核体系，逐项考核落实。在节假重要节点提前打招呼、提示警醒，对违规收送"红包"、公车私用等易发问题坚持进行明察暗访，杜绝了违纪违规。党员发展工作注重从一线青年骨干和专业技术人员中培养，年内发展党员3名。全年党委中心组开展专题学习（扩大）会23次，开展专题廉政教育11次，结合"两学一做"学习教育开展全公司专题党课4次。

（三）民生福祉不断改善

适度提高员工井下津贴和中晚班补贴，通过劳动竞赛和全年出勤奖的方式给员工人均增发工资2000元以上，员工年人均薪酬收入同比增长10.2%。开展了"整治生产场所，优化矿容厂貌"活动，投入部分资金修缮招待所和篮球场，利用旧房改建了选矿厂食堂，为生产单位员工提供免费班中餐。利用旧办公场所改建了大学生宿舍；修建了篮球场旁停车场；完成了员工上下班主要路段路面的修缮和硬化，改善了员工的工作和生活环境。

（曾玉梅）

江西画眉坳钨业有限公司

一、企业概况

江西画眉坳钨业有限公司（以下简称：公司）成立于2006年10月9日，现隶属江西钨业控股集团有限公司，为省属国有全资矿山企业。主产品为黑钨精矿，伴生回收铋精矿、锌精矿、铜精矿、硫铁矿等。年采选设计生产能力29.3万吨，现年产黑钨精矿约450吨，系集采选一体的矿山生产企业。

2017年，公司按照"围绕一个中心，把握两条主线，消除三大隐患，落实四项措施，打好五个战役，做好六项工作"的工作思路，克服资源枯竭、深部作业难度大等困难，苦练内功，主动作为，各项工作成绩斐然。全年完成工业总产值3995万元，为年计划的130.22%，同比增长60.25%；工业增加值2670万元，为计划的267%；生产钨精矿509.8吨，为年计划的110.83%；完成采矿量4.41万吨，为年计划的104.93%；掘进量2606.2米，为年计划的144.79%；运输矿量7.13万吨，为年计划的102.85%；销售钨精矿714.2吨，为年计划的156.16%；实现销售收入5362万元，为年计划的172.42%；实现利润93万元，同比增长107%；

上缴税收1018万元。

二、改革发展

（一）以增产增效为目的，精心周密组织生产

一是抓生产指标和责任落实。层层签订经济责任状，逐月下达生产计划，制定过硬措施保任务、保指标。二是抓生产组织和管理。坚持周一班子会、周五生产（安全）调度会，下指令、定措施、提要求；坚持干部下井带班、周日值班制度，深入生产一线解决困难和问题，强化技术指导与现场管理。三是抓“中间”带“两头”。抓住运输提升中间环节，保证设备正常开动、高效运转；带动出矿和选矿两头，寻找新的高品位矿点，多出矿、出好矿，优化选矿工艺，精工细作，早收多收。四是抓劳动竞赛促生产。千方百计高产稳产，组织开展了“大干一百天，决战全年”等四场劳动竞赛，充分调动员工的生产积极性，不断掀起生产大干高潮，促进了生产任务完成，提前一个月完成年度生产任务，钨精矿产量比上年同期多生产84.8吨。

（二）筑牢屏障，连续4年实现安全生产

一是安全教育培训全覆盖。多形式做好岗前、岗中、转岗、特种作业人员安全教育培训，多渠道宣传安全知识，营造了浓厚的安全文化氛围，员工安全意识、技能不断提升。

二是隐患排查治理制度化、常态化。开展了17次公司级综合和专项安全检查，迎接地方各级安监部门和集团安全检查、督查共13次，查出各类隐患86起，整改率为100%。

三是强化现场管理。推行现场安全确认制，重点加强了井下通风、提升运输、采场顶板的管理，完善了设备设施，提高了风险防范能力。

四是加大环保工作力度。选厂粗选段建立起废水沉淀池，石料加工厂增添环保设施，有效控制废水废渣直排；对矿区河道进行清理，清出的废渣用于矿区公路建设，既节约了费用，又解决了多年悬而未决的环保问题；积极推进矿区技改项目环评工作，完善体系文件和资料。

五是重视职业卫生管理。严格实行岗前、岗中、离岗健康检查，完善健康档案，开展职业病防治专题教育，委托省安科中心对职业病防治设施进行现状评价和工作场所职业危害进行日常监测。

六是开展地下矿山、尾矿库安全生产标准化重评创建工作。抽调精兵强将，分工负责，责任到人，集中大量人力物力财力，如期于2017年3月份通过省安监局评审验收，达到二级单位标准。

（三）强基固本，重点项目扎实推进

一是深部开拓工程稳步推进。合理安排，强化监管，狠抓“三率”，全年完成240中段、195干线等掘进2606.2米，为年计划的144.79%，完成各类开帮量1560吨，浇灌量24米，提前三个月完成全年计划。

二是选厂工艺流程技改项目初见成效。选厂技改项目包括粗选原生细泥回收、重选尾矿回收、联副产品综合回收工艺流程，总投资约220万元，全部由承包人投资。截至12月底，项目已竣工并投入使用，不但提高了选矿回收率，填补多年联副产品回收的空白，还将彻底解决了粗选尾矿回收废水废渣直排的环保问题。

三是石英矿综合回收项目基本完成。该项目为公司2017年重点项目之一，从可行性研究到项目申报，从项目建设到试运行，公司和承包方通力合作，生产系统于年底建成后，进入试运行和完善之中。

（四）精细管理，降本增效成效良好

公司回归经营本质，多措并举，多管齐下，打了一场降本增效、扭亏增盈翻身战。钨精矿单位完全成本比集团公司考核指标降低0.83万元/吨，比上年同期减少1.39万元/吨；实现利润93万元，同比扭亏增盈1350万元。采取的措施主要是：一是增产增效，全年多生产钨精矿84.8吨，有效地降低单位生产成本；二是进行三项制度改革，压缩人员，精干队伍，节约人工成本20余万元；三是开展修旧利废活动，以废代用、重复利用，节约成本近60万元；四是完善电器设施，合理安排用电，用电量比上年减少20多万千瓦时；五是注重去库存，盘活材备料库存资金近20万元；六是抓住钨市场上涨的有利时机，适时销售产品，增加收入73万元；七是控制非生产性开支，完善“三公”经费管理制度、审批程序，业务招待费、差旅费、公务用车费同比下降了16%；八是充分利用国家税收、社保、能源等方面的优惠政策，节约资金62.3万元。

三、党的建设和精神文明建设

（一）党建工作

一是坚持党对国企的领导，党组织的政治作

用进一步发挥。在公司党组织调整过程中，做到党建工作步伐不停、反腐倡廉力度不减，全面贯彻集团党委的决策部署，统筹谋划本单位的全局，推动各项工作持续健康快速发展。

二是坚持把纪律挺在前面，从严治党的责任进一步落实。纪委与各单位、部室签订党风廉政建设责任状，与中层以上管理人员签订廉洁从业承诺书，逐级落实责任；开展了“讲政治、守规矩、刹歪风、树正气”专题教育活动和反腐倡廉警示教育活动，强化了政治意识、规矩意识，不断筑牢思想防线；开展了“干部作风建设年”活动，切实增强“四个意识”，提振干事创业的精气神。

三是坚持党员活动载体创新，党员干部的表率作用进一步体现。开展了形式多样的主题实践活动、“党建主题+”活动和“宣贯十九大”专题活动，推行3+X集中学习模式，统一印刷《学习范本》并发到每位党员手中，使“两学一做”常态化制度化；拓宽党员发挥作用的平台，开展了“创建党员示范岗、责任区”活动，党员的模范表率作用得到充分发挥。

（二）综治维稳

强化信访工作，妥善化解企业改制遗留的矛盾和问题，超前预判形势，制定应急预案，主动做好日常排查调处和集中排查调处工作，全年共接待各类人员上访19次、399人次，确保了企业正常的生产生活秩序。开展矿业秩序整治，强化护矿工作。开展矿业秩序整治行动，炸毁封堵非法开采的窿洞3处，拆除非法搭建工棚1处，清理、教育盗采人员6人。严厉打击偷盗、走私矿产品违法行为，全年共查处各类案件3起，处理违法人员3人次。认真做好综治和平安创建工作。开展了综治宣传月活动、反邪教宣传活动，加强与地方政府的沟通与联络，开展企地和谐共建活动，妥善处理涉农涉地纠纷，企地关系进一步融洽、密切。

（三）和谐建设

坚持思想政治和文化引路，员工凝聚力增强。办好宣传专栏、板报，广泛宣传党的方针政策、安全生产法规、时事要闻，全年出专栏、板报19期，向集团网站投稿采用52篇；围绕生产大干深入开展宣传发动、形势任务教育活动，凝聚力量，共克时艰；开展丰富多彩的文体活动，寓教于乐，陶冶情操，满足员工家属的精神需求。坚持践行以人为本理念，改革成果惠及员工。规范员工养老保险，在岗员工由灵活就业人员身份转为职工身份参保；按分三年小步走的思路，连续两年对员工工资进行普调；办好员工食堂，硬化矿区公路，解决员工家属日常生活中的困难；开展“扶贫解困”、“金秋助学”活动，帮助困难员工家庭解决小孩入学、生活、就业等方面的困难；开展生产场所、矿容矿貌整治活动，矿区面貌焕然一新，企业形象不断提升。

（张开元）

金堆城钼业集团有限公司

一、企业概况

金堆城钼业集团有限公司（以下简称：金钼集团）是陕西有色金属控股集团有限责任公司（以下简称：陕西有色集团）全资子公司，在册职工8300余人。全年共生产钼精矿（45%）4.54万吨，实现营业收入222亿元。截至2017年底，资产总额为256亿元。

二、生产经营

生产运行平稳。钼产业加强工艺把控，技术指标年计划完成率83%，其中选硫回收率提高了9.8个百分点。非钼产业持续推动提质降本，强化组织运行，为生产生活提供了有效保障。机修厂加强生产现场管理，生产组织平稳有序。工程公司转变思想观念，主动对标优秀企业，为改革“热身”。华光公司优化工艺控制，选铜理论回收率提高了1.06个百分点，华州工业园实现试运行。

设备标准化管理持续深化。基本实现设备故障与事故管理标准化在主要生产单位的全覆盖。开展了“运检合一”、检修资源整合等工作。运用新的设备维检模式，持续优化大型专用设备管理。

三、改革管理

（一）改革工作有序推进

一是剥离国有企业办社会职能工作提前完成年度任务。独立工矿区综合改革试点扎实推进，协议签订率达到100%，试点工作走在了全国5家试点单位的前列，有效解决了独立工矿区剥离办社会职能接收平台的瓶颈问题，得到了各级政府部门的高度肯定，为国务院国资委推广实施提供了经验和有益探索。二是非钼产业开展了贸易经营、机加耐磨材料、工程建设板块的市场化运营工作，完成了设立分、子公司的前期准备工作。三是对金钼股份中层干部实行了“基础薪金+绩效薪金”的年薪考核制，对科级干部实行了考核末位淘汰，在部分车间试行了干部竞聘上岗。按照“增人不增资、减人不减资”，适度扩大了基层单位用人和薪酬自主权，探索实施了工资总额管理。对各板块实施了差异化经营责任制考核。优化了物资采购渠道和结算模式，持续推行电商采购，降低了运营成本。

（二）基础管理稳步提升

质量管理：强化生产过程质量控制，优化控制要素和工作机制，质量管理水平有所提升。对标行业一流，全年与SGS对比分析误差全部达到国家标准。开展了20项国家标准、行业标准和企业标准的制修订工作，获得奖励37万元。

经营管理：持续加强经营管理，实施了机关处室季度考核，重点强化数据监控与分析，有效促进了经营目标的实现。优化对标要素指标体系，固化有效做法，经济效益稳步提升。

财审管理：修订了全面预算、资金管理、差旅费等制度，进一步完善了财务内控制度，完成了年度决算和预算编制，开展了会计信息质量自查和财务委派基层调研。开展了领导干部离任、管理费用、项目建设、财务收支及内部控制等方面审计工作。

人力资源：完成了机关“三定”方案草案的制定。累计开展专业技术人员继续教育培训880余人次、各类员工培训近1500人次。

两化融合：制定了信息化发展纲要，筛选了两化融合试点单位。完成了会计信息化升级，已实现财务系统并账试运行。

四、安全环保与节能减排

严格落实主体责任，开展各类检查17次、整改隐患63项。构建风险管控和隐患排查治理双重预防机制，积极落实“铁腕治霾”要求，开展了废水废气治理、燃煤锅炉拆改、物料堆场整治工作，组织610余人对54个重点部位进行了应急实战演练。全年生产安全事故工亡人数为零；千人负伤率0.25；无100万元以上直接经济损失事故；无环保影响事件；主要污染物基本达标排放。

五、重点项目

2017年共实施重点项目6项，完成年计划的111%。王家坪尾矿库项目基本竣工。采矿场周边居民搬迁项目实现16栋搬迁楼主体封顶。汝阳东沟钼矿采选改造项目2万吨选矿厂总图工程基本完工，北沟尾矿库各标段正在加紧施工。金堆城钼矿总体采矿升级改造项目已获上级批准。钼冶炼烟气应急处理项目完成了主装置区域钢结构施工。

六、自主创新

2017年安排科研项目37项，完成率93%。成功制备出了G6代以上钼靶材所需原料和大宽幅钨及钨钼合金板材；“钼铁冶炼新工艺研究项目”将回收率提高到99%；“二硫化钼工艺升级项目”应用新工艺降杂，合格率达90%；“钼浮选优化研究项目”开展了工业试验，可提高钼粗选回收率约1个百分点。成功申请3项国家“重点基础材料技术提升与产业化”专项，获得国家资助425万元。荣获中国有色金属科学技术奖一等奖、二等奖各1项和陕西省2017年科学技术奖三等奖2项。取得了知识产权管理规范体系认证证书，获得授权专利51项。

七、和谐企业建设

（一）党建工作不断深化

2017年，金钼集团坚持党对国有企业的领导，将党建要求写入了《公司章程》，落实了党组织法定地位。完成了基层党组织换届选举和公司党委换届筹备工作。推进“两学一做”学习教育常态化、制度化，党员干部“四个意识”不断增强。正确运用监督执纪“四种形态”，提醒约谈4人，诫勉谈话5人，党纪处分3人。

（二）民生工作积极推进

长安东区住房建设项目稳步推进，已完成4栋楼地下主体结构施工和一、二期地下车库施工。启动了矿区环境改造提升工作，完成了矿区煤棚拆除，规范了道路标识，实施了老爷岭隧洞照明工程，对矿区多个体育场馆进行了维修改造和设施完善。认真组织大病医疗救助，累计救助315人，发放救助金223.6万元。积极做好了千阳县走马坡村驻村扶贫工作，常年驻村2人，帮扶结对6户，投入扶贫项目资金7万元。

（三）依法治企有序开展

2017年，金钼集团深入推进“七五”普法工作，制定了普法规划，开展了专题讲座、现场庭审等系列教育活动，全员法治意识进一步增强。修订公司章程、法律事务等各类制度23项。

（四）效能监察力度加大

坚持“融入管理，进入流程”的工作思路，围绕“管理提升、提质降本”实施效能监察项目18项，结项16项，提出监察建议86条，建章立制89项。

（五）企业文化稳步实施

2017年，围绕竞争和创新主题，金钼集团编制了《2017年至2020年文化再造规划》。开展了“讲形势、看前景、鼓干劲”形势宣讲活动，营造了积极向上的良好氛围。

（杨文治）

株洲硬质合金集团有限公司

一、公司概况

株洲硬质合金集团有限公司（以下简称：公司）地处“长株潭城市经济群”核心地带和中国南方交通枢纽中心的湖南省株洲市，是国家“一五”期间建设的156项重点工程之一，被誉为“中国硬质合金工业的摇篮”。1954年开始建厂，2009年12月成为中国五矿集团公司旗下企业，是国内大型的硬质合金生产、科研、经营和出口基地，被湖南省认定为“十大标志性工程”企业。公司主要生产金属切削工具、矿山及油田钻探采掘工具、硬质材料、钨钼制品、钽铌制品、稀有金属粉末制品等六大系列产品，广泛应用于冶金、机械、地质、煤炭、石油、化工、电子、轻纺及国防军工等领域。公司拥有硬质合金国家重点实验室、工业产品质量控制和技术评价实验室、国家认定企业技术中心、国家级分析测试中心；被评为国家技术创新示范企业、国家知识产权优势企业；是湖南省第一家博士后科研工作站挂牌单位。公司通过了质量、职业健康安全和环境管理、军工产品体系认证，具有武器装备科研生产单位保密资格。

二、生产经营

2017年，面对复杂的内外部环境，公司把握好中国经济仍然向好的大趋势和公司发展的积极因素，按照“稳中求进”的工作总基调，转方式、调结构，推改革、强机制，精管理、增效益，科学务实，积极作为，攻坚克难，真抓实干，努力推进公司的改革和发展工作，整体彰显较好发展态势。公司全年完成硬质合金产量5563.5吨，同比增长13.7%；销量5645.1吨，同比增长18.1%。全年完成出口总量3125.78吨，同比增长37.05%；本部完成硬质合金出口1100.8吨，同比增长15.54%。产品结构调整扎实推进，各专业产品能力布局继续优化，主导产品棒材、球齿、轧辊、高性能拉丝模、数控刀片、微钻等产品产量均实现两位数的增长。公司进入了国家第二批制造业单项冠军示范企业名单。

三、改革改制

2017年，公司通过事业部运行模式，优化组织，简化流程，改革取得阶段性成果。一是以事业部为基础，下放事权，理顺职能，突出了事业部的利润中心作用，充分激发了内部的创造力与活力。二是调整绩效考核体系，将子公司纳入与本部二级单位统一的绩效考核体系；推行量化考核，鼓励多劳多得，引导员工进一步提高劳动效率。2017年公司在岗人员实物劳动生产率提高36.69%。

四、科技创新

2017年投入技术开发费超过8000万元，选准方向，重点突破，重点科研项目进展良好，螺旋孔棒、枪钻等产品研发取得重要突破。公司本部全年新产品销售收入近6亿元，新产品贡献率超过30%。充分发挥硬质合金国家重点实验室等国家级技术平台的作用，分别与湖南工业大学、中国航发南方工业有限公司和中国铁建重工集团有限公司等签订了战略合作协议，建立了产业链与产学研协同技术创新联盟。多个项目获得中国有色金属工业科学技术奖二等奖、中国有色金属工业技术发明奖二等奖、湖南省科技进步奖三等奖等各类奖项。全年获得授权专利135项，其中发明专利61项。

五、精细管理

加强质量管理，全年质量成本同比下降16%，其中内部故障成本同比下降27.13%。加强成本管理，开展成本对标，通过降低内部结算价格倒逼降成本，内部各生产单位的加工成本都下降了10%以上。坚持节能管理，重点实施蒸汽节能改造，全年生产动力能源成本在生产总成本占比由

7.51%下降到5.63%，2017年公司本部万元产值综合能耗同比下降25%。推进设备自动化工作，推广应用自动压力机机械手，推广硬质合金产品自动化检测装置，切实提升设备生产保障能力，全年公司主要关键设备可开动率同比提高2.04个百分点。

六、开展的主要工作及取得的成绩

（一）召开三届董事会一次会议，选举产生新一届董事长，聘任新一届经理班子成员

2017年2月27日，公司召开第三届董事会第一次会议。会议根据《公司法》、公司《章程》和上级相关文件，选举李仲泽担任公司第三届董事会董事长；聘任谢康德担任公司总经理，毛善文担任公司常务副总经理，蔡家发、胡启明、徐涛担任公司副总经理；聘任蔡家发担任公司财务负责人。

（二）承办硬质合金产业高峰论坛暨产需合作对接会

5月7日，2017年全国企业家活动日暨中国企业家年会重要活动之一，由公司承办的“硬质合金产业高峰论坛暨产需合作对接会”在株洲召开。国内顶尖的硬质合金材料专家及部分相关行业企业家汇聚一堂，共同探讨硬质合金材料产学研应用与协同合作，为“中国制造2025”谋求“强筋健骨”良策。

（三）金洲公司连续4次入选中国电子电路行业“优秀民族品牌企业”

2017年9月，中国电子电路行业第四届“优秀民族品牌企业”产生，此次全国共61家企业入选。株硬集团子公司金洲精工科技股份有限公司第四次入选中国电子电路行业“优秀民族品牌企业”。

（四）召开第三次党代会，选举产生了新一届党委会委员和纪律检查委员会委员

2017年10月26日，召开了中国共产党株洲硬质合金集团有限公司第三次代表大会，选举产生了公司第三届党委会委员和纪律检查委员会委员。

（五）进入国家第二批制造业单项冠军示范企业名单

2017年12月，国家工信部网站公布了国家第二批制造业单项冠军示范企业名单。此次入选的企业全国共71家。硬质合金行业仅公司一家入选。

（六）一专利荣获中国专利优秀奖

2017年12月13日，公司“硬质合金挤压成型剂及制备、以及在挤压生产中的应用”专利荣获中国专利优秀奖，同时获得五矿集团专利奖二等奖、湖南省专利奖二等奖。

（孔　娟）

自贡硬质合金有限责任公司

一、概况

自贡硬质合金有限责任公司（以下简称：公司）始建于1965年的三线建设时期，是中国自主创建的第一家大型硬质合金和钨钼制品生产企业，是中国五矿旗下硬质合金及钨钼产业的核心成员之一。公司建有硬质合金、硬面材料、钨钼制品三大产品科研、制造、营销基地，综合实力居国内前列，企业先后获得“五一”劳动奖状、“中国名牌产品”、“中国驰名商标”等荣誉。通过了ISO 9001质量体系、ISO 14001环境管理体系、OHSAS 18001职业安全健康体系认证，质量检测体系获得中国和国际实验室认可委员会（CNAL）认可，计量控制体系获得国家ISO 10012测量管理体系认证。公司建有省级研发中心和博士后工作站，承担了国家和省市级科技支撑项目9项，科研成果8项获奖，获得授权有效专利160多项，先后牵头制定国标、军标、行标10余项。2017年，公司资产总额17.16亿元，从业人员2815人，劳动生产率同比提高10.9%。

二、生产经营

2017年，面对良好的外部环境，公司按照“聚焦重点产品，打造发展优势，创新价值管理，提升发展质量”的工作思路，主动作为，抢抓机遇，攻坚克难，呈现出产销两旺、结构优化、占用降低、效率提升、效益改善的良好态势。

（一）明确公司愿景目标

明确了未来要打造“综合实力国内领先、优势产品世界一流”的中国五矿骨干企业的愿景目标，进一步明确了硬质合金、硬面材料、钨钼制品三大板块的发展定位，制定《产品结构优化调整方案》并积极推动实施。

（二）实现销量和结构双突破

一是实现经营规模的新突破。公司总销量首

次突破8000吨，提前一个月完成全年目标任务；其中，硬质合金销量同比增长34%。二是实现结构优化的新突破。公司着力于推进供给侧改革，积极实施“产品聚焦”策略，在每个经营主体明确重点发展产品的基础上，制定并实施了43个产品专项激励计划，全力促进重点产品的品质提升和市场拓展。公司重点产品精密耐磨零件销量同比增长185%，辊压齿同比增长263%，棒材同比增长86%，专用锯片刀同比增长140%。四大类产品中，硬质合金、硬面材料、钨钼制品呈现出齐头并进的良好势头。产品结构的优化，有力支撑了公司的效益改善。

三、改革与管理

（一）内部活力持续增强

着力于效率倒逼和效益考核机制，充分发挥考核牵引作用。对经营主体，推行以“所占、所费、所得”为价值链的核算模式，打破“鞭打快牛”的传统考核方式，回归经营和考核的本质，12个经营主体实现“经营性”盈利；对管理部门，紧扣价值管理，首次纳入指标体系考核，并尽可能采取可量化的、直接为公司降本增效作贡献的关键“效益”指标，职能部门服务效益、服务一线的意识明显增强。

（二）专业管理有效提升

以整治十大管理浪费专项工作为抓手，聚焦降本增效的关键环节，细化管控措施，实现“管理创效”2035万元。生产环节，强化对重点客户和重点产品的订单评审，在原料采购、能源供应、安全生产、设备运行等方面共同构筑了交货“高保障”体系。优化生产组织，多渠道盘活积压物料，在销量同比增长7.5%的情况下，在制、产成品月均占用量同比减少520吨，存货周转速度同比提高1.9次。营销环节，将应收账款的催收与营销人员的业绩紧密挂钩，借助信息系统对内贸客户的每一单发货、回款进行全过程管控等措施，在营业收入同比增长35%的情况下，应收账款月均占用同比减少900万元，应收账款周转速度同比提高2.2次。

四、科技创新

（一）技术创新稳步推进

重新成立了公司研发中心，逐步完善管理架构和研发体系。更加重视技术人才队伍建设，聘任13名技术专家，激励技术人员在新品开发、品质提升、工艺提升、装备改进等方面中展现新作为。着力于现有技术人才的合理使用，稳步推进研发项目。全年开展研发课题62项，获得专利授权12项。作为国内领先的材质研究项目，“无粘结相WC硬质材料产品研发”与中南大学合作，已经研制成功，即将进入产业化生产；“3D打印金属粉末的研发与产业化”项目已通过中国五矿2017年度科技专项计划立项。进一步强化知识产权保护，推进钨钼板块和采掘合金板块专利布局工作，公司被国家知识产权局授予“国家知识产权示范企业”荣誉称号。

（二）产品质量稳定提升

对标行业先进，稳定提升质量控制水平。加速工艺和装备升级，提高产品质量的稳定性和一致性。建立硬质合金牌号动态管理机制，加强对重点产品的过程跟踪和质量控制，全年硬质合金综合合格率超目标0.68个百分点。着力服务质量提升，各营销主体开展上门技术服务的次数同比增幅超过90%。四川省质量协会出具的用户满意度指数测评报告中，公司在连续15年保持用户“满意”水平的基础上，连续2年达到用户“很满意”水平。

五、安全环保平稳受控

全面推进企业安全文化建设，提升本质安全的有效性。全年开展专项安全检查53次，发现各类安全隐患430项，整改415项，隐患整改率96.5%。公司全年未发生重伤及以上事故，无新增职业病例，无环境污染事件，安全环保、职业健康形势总体平稳。特别是中央第四环保督察组入川进行下沉督察期间，公司无投诉发生。公司在中钨高新健康安全环保目标责任状考核中位列第一名，获评中国五矿2017年度安全环保工作先进单位。

六、党的建设和精神文明建设

公司认真落实党要管党、全面从严治党的要求，始终坚持“围绕中心抓党建，凝聚人心促发展”的思路，落实主体责任，完善工作制度，深化五好创建，为企业改革发展提供坚强的政治保证、组织保障和人才支撑。

（一）“管党治党”主体责任进一步落实

召开了公司第八次党代会、五届一次职工（会员）大会，新一届党委、纪委、工会领导班子全部到位。坚持把政治建设放在首位，“四个意识”不断得到强化。

（二）党建工作机制进一步健全

通过修改公司章程、修建制度等措施，落实党组织在公司法人治理结构中的法定地位，明确公司党委会、董事会和总经理办公会之间的权责界限。

（三）政治生态进一步向好

树立“不整改就是失职、整改不力就是渎职”的责任意识和政治意识，着力于规范内部管控和防范廉洁风险，公司各项管理工作水平持续提升。

（四）促进生产经营的作用进一步发挥

着力于发挥全体员工的智慧和力量，组织开展了“促进节能降耗，推动提质增效”劳动竞赛，26 项活动创效 2276 万元；新建合理化建议积分制度，全年收到职工建议 6682 条，实施 2595 条。着力提升全员素质，全年累计培训 4832 人次，新增高级技师、技师等职称 16 人，粉末分厂 203 球磨合批组获“全国五一巾帼标兵岗”，刀片烧结组获“四川省工人先锋号”。

（应晓燕）

南昌硬质合金有限责任公司

一、企业概况

2017 年，南昌硬质合金有限责任公司（以下简称：公司）围绕“认清形势，坚定信心，打赢扭亏脱帽攻坚战”的目标，扎扎实实落实“拼抢订单扩规模，强化管理降成本”等一系列有力举措，实现扭亏为盈，一举摘掉多年亏损的帽子，贯彻落实党的十九大精神取得了开篇佳绩。

2017 年，公司工业总产值 7.01 亿元，工业销售产值 7.22 亿元，工业增加值 7635 万元，主营收入 7.22 亿元，利税总额 1175 万元，其中利润 14 万元，资产总额 5.63 亿元，固定资产净值平均余额 2.29 亿元，流动资产平均余额 2.87 亿元，年末从业人员 571 人，主要产品钨粉、碳化钨粉形成产能 3600 吨，硬质合金棒料产能 700 吨，精密工具产能 1800 万支。

二、改革发展

（一）经营业绩实现历史性跨越

一是经营规模显著提升，扭亏脱帽任务完成。2017 年，实现营业收入 7.26 亿元，完成预算的 147%，同比增长 47%；利润 14 万元，比上年减亏 1500 万元以上，比预算减亏 1400 万元，结束了连续 5 年的亏损局面，实现了扭亏脱帽目标。

二是主要产品产销量大幅增长，全部创历史纪录。钨粉、碳化钨粉产量 2966 吨，同比增长 18%；销量 2252 吨，同比增长 16%。硬质合金棒材产量 682 吨，同比增长 67%；销量 606 吨，首次销售突破 400 吨，同比增长 78%。精密工具产量 1559 万支，同比增长 4%；销量 1567 万支，同比增长 9.6%。以上主要产品产销量全部创历史新高。

三是劳动生产率进一步提高。不断优化人员结构，进一步强化考核激励机制，调动在岗员工的积极性，各主要产品的劳动生产率进一步提高。碳化钨粉劳动生产率同比提高 13%，硬质合金棒材毛坯劳动生产率同比提高 30%，精密工具劳动生产率同比提高 10%。较好地完成了中钨高新下达的各主要产品的劳动生产率增长 5% 的目标。

（二）积极推动专项治理工作

一是成功处理两块闲置土地。经与经开区相关部门沟通，2017 年 9 月成功将两块闲置土地促成政府收储，获得土地收储价款 736 万元，扣除土地成本收益 634 万元，以后每年减少成本 41.17 万元。

二是将两台闲置的设备（奥斯瓦尔德粉末成型压机及基准调整仪）以 314 万元处置给了集团内的自贡硬质合金有限责任公司，按公司账面价值计算，损失了 66 万元，但以后每年可减少成本 36.12 万元。

（三）打造千亿内部市场的战略部署，加大内部市场开拓

2017 年，公司积极响应集团公司打造千亿内部市场的战略部署，主动与株硬集团等兄弟单位开展业务对接，采购钴粉 2.6 万千克、碳化钽 700 千克、碳化铬 138 千克、PCB 棒材 10 万支、氧化钨 2000 千克，合计采购金额 1396 万元。

公司主动与株钴公司、金洲公司、株硬集团对接，了解和把握兄弟单位需求，积极加强业务联系，实现内部 WC 订单 182 吨、氧化钨订单 7 吨、PCB 棒材订单 2.7 吨、委托加工 PCB 铣刀 1333 万支，合计销售金额 7520 万元。

三、科技创新

（一）稳定 04 型 PCB 铣刀用棒料工艺，实现预期目标

2017年不同牌号PCB棒料生产1601万支，同比增长103.8%。其中04型PCB铣刀用棒料生产1012万支，同比增长115%。

（二）科研成果显著

2017年公司科研项目共立项7项，重点是粉末和合金产品开发及工艺开发完善等方面，为促进公司新品推进和产品质量提升，提高公司产品的经济效益起到较好的推动作用。

完成公司省级技术中心复审认证。完成ISO 9001:2015标准换版工作15项、生产操作文件217项、工艺规程4项；新产品送样81人次；完成1项国家标准（GB/T 33819－2017硬质合金巴氏韧性试验）的制定。获得国家专利3项，其中发明专利1项。

（三）安全环保工作进一步夯实

公司实现了安全事故发生率为零、职业病发生率为零、急性中毒事故为零、重大环境污染事故为零安全生产目标。实现了五矿下达的节能减排考核目标。2017年，公司荣获“全省安全文化建设示范企业”命名。

四、精神文明建设和绿色发展

一是认真学习宣传贯彻党的十九大精神。在十九大即将召开之际，开展了“争做合格党员”承诺践诺行动，推动广大党员对照并践行合格党员标准20条，做到“四个合格”。组织全体党员参加“两学一做”学习教育知识答题活动，组织“喜迎十九大”篮球赛，营造了喜迎十九大的浓厚氛围。十九大开幕当日，组织党员集中观看十九大开幕式，聆听习近平总书记的报告，并现场采访广大职工感想感悟。为了进一步学习宣传贯彻十九大精神，公司为全体党员发放了《党的十九大报告学习辅导百问》、《中国共产党第十九次全国代表大会文件汇编》等学习资料，印发了《关于深入学习宣传贯彻党的十九大精神的通知》。同时，公司利用板报、微信等多种平台宣传贯彻十九大精神，并在《南硬报道》上刊登了习近平总书记十九大报告的主要内容，发放到每个党员。通过多种方式途径，确保十九大精神的贯彻落实，入脑入心。

二是扎实做好巡视整改工作。根据中国五矿集团公司党组巡视组提出的整改问题和建议以及中钨高新党委的要求，公司成立了巡视整改领导小组和办公室，认真开展自查自纠，制订了切实可行的整改工作方案。前后召开巡视整改工作例会5次，公司8个巡视整改、自查自纠问题已经全部按要求提前整改到位，并通过中钨高新巡视整改办审核。在巡视整改工作中共修订和完善《关键岗位轮换（岗）管理办法》、《中层管理人员管理办法》等7项制度。

三是召开第二次党代会。公司第二次党员代表大会于2017年8月17日召开。公司党委书记姚兴旺作了题为《发挥党组织政治优势，全力护航企业改革发展，为实现扭亏脱困、打造优秀的硬质合金企业而奋斗》的工作报告。公司党委副书记、纪委书记梅群作了题为《强化监督，严格执纪，深入推进党风廉政建设和反腐败工作》的报告。大会选举产生了中国共产党南昌硬质合金有限责任公司第二届委员会和纪律检查委员会；公司党委二届一次会议和公司纪律检查委员会一次会议选举产生了党委书记、党委副书记和纪委书记。

四是寓教于游、寓学于行，推进“两学一做”学习教育常态化制度化。为推进“两学一做”学习教育常态化制度化，引导党员继承和弘扬井冈山精神，进一步坚定理想信念、锤炼党性修养，公司党委于6月24日、7月8日，在井冈山红色文化教育学院举办了两期“两学一做”党员培训班，102名党员参加了培训。通过开展《井冈山斗争与井冈山精神》专题教学，在井冈山烈士陵园、小井红军医院、黄洋界等地开展现场教学，并邀请革命先烈后人参加现场访谈教学，使党员思想得到了升华，心灵得到了洗礼，精神上受到了震撼，井冈山精神深深烙印在大家的心里。很多党员主动写下了参加培训的心得，并积极地将所得所想与其他职工分享，争做一名合格的、优秀的共产党员。本次党员培训，丰富了学习内容，创新了教学模式，取得了很好的效果。

五是公司党委书记姚兴旺受邀在属地经开区做党建工作汇报演讲，公司荣获五矿集团纪检监察工作先进单位。

（王利家）

锡矿山闪星锑业有限责任公司

2017年，锡矿山闪星锑业有限责任公司（以下简称：公司）在上级及党委的正确领导下，积极落实集团“回归经营本质、提质增效、深化改革”的精神，围绕“改革突围、扭亏增效”开展工作。从严从细从实强化管理，生产经营工作稳步推进，安全环保平稳运行；按照聚焦主业、分离辅业的改革思路，积极推进公司分立重整，争取国家、集团的改革政策支持，实现了集团对公司的注资，企业资产负债率大幅优化；妥善安置分流富余人员，推进“三供一业”和社会职能的移交，减轻企业负担；完成了“新职位体系方案”的制订；积极推进重点项目建设，增强企业后劲，重塑公司形象。

一、生产经营

2017 年，公司自产锑精矿含量 1.01 万吨，精锑产量 1.65 万吨，氧化锑产量 2.37 万吨，锑品销售量 2.22 万吨，实现收入 11.84 亿元，实现利润 5084 万元。较好地完成了全年生产经营计划，实现了年初预算目标。

二、安全环保职业健康

公司始终把安全环保和职业健康工作摆在首位，坚持“先安全后生产，不安全不生产”和“百年锑都，绿色发展”理念，确保了安全环保及职业健康持续稳定。

落实安全主体责任，提高安全意识，全年杜绝了生产性工亡事故、重伤事故，负伤率为 2‰，实现了平安年的目标。完成矿山安全标准化二级创建，通过了 HSE 体系复评审；有效应对两次洪涝灾害，确保了平稳度汛；南矿通过了有色控股安全精细化管理标杆企业验收。

治理环保隐患，“三废”实现了达标排放。对锑冶炼厂二氧化硫烟气处理系统进行了综合改造，实现了锑冶炼二氧化硫的达标排放；完成了锑冶炼厂砷碱渣二期处理系统的工艺改造；对锑冶炼厂部分低空无组织排放进行了改造；采选厂建成了采选尾砂废水零排放系统；两个矿山废石堆场开工建设；老江冲废渣综合治理工程获得了省环保厅立项，列入中央项目库；顺利通过了中央环保督察组的督查。

加强了职业健康管理。狠抓了职业健康知识培训，委托相关机构对公司涉及职业健康危害因素的作业场所进行检测与评价。组织对接触毒物作业人员 240 余人进行职业健康体检。

三、深化改革

按照“聚焦主业，分离辅业，盘活资产，创新机制，激发活力、分块突围”的整体改革思路，积极推进改革工作。公司被列为五矿集团深化改革第一家试点单位。

完成了公司分立重整。以派生方式新设冷水江锡矿山飞水资产管理有限公司，将低效、无效资产纳入飞水公司进行独立管理；有色控股对公司进行了 8.01 亿元的注资，资产负债率降到了 70% 以下。

内部深化改革有序推进。注销了 3 家子公司；理顺了闪星、飞水、资产公司人员管理隶属关系；根据用工情况，妥善安置了待岗员工 40 余人；按国家政策为 156 名员工办理了提前退休手续；全年分流安置费用到位 7097 万元；进一步完善了薪酬考核办法，实现了员工收入与效益指标的挂钩考核；完成了新职位体系套改方案整体框架的制定；健全了管理人员综合考核评价体系和退出机制。

辅业分离改革有新进展。按照移交、混改、出售等改革思路，积极稳妥推进三医院和其他辅业单位的分离移交改革工作。

剥离企业办社会职能工作进展顺利。推进了“三供一业”、离退管中心和企业办市政职能的分离移交等工作。“三供一业”移交资金全年到位 3516 万元。

四、创新升级

促进锑冶炼技术进步。国家级企业技术中心创新能力建设项目和省科技重大专项顺利通过了结题验收；完成了富氧侧吹熔池熔炼技术 13 次中试试验；与恩菲公司合作进行电热炼锑新工艺研究，以锡矿山炼锑法（XKS 法）联合申请专利。

锑产品产业链延伸工作有新突破。具备了 EVA、PE、PP、PBT、AS 等五种氧化锑母粒料的生产技术，年产能达 2000 吨。

加强专业技术管理，完成了 10 大专业学组的组建。全年公司获得专利 7 项，其中发明专利 6 项。加大了残矿开发、地质找矿和外围探矿力度。全年回收残矿重量 22 万吨，金属量 5500 吨，完成内部地质找矿 41 万吨，外围探矿新增锑金属量 1.28 万吨。

五、党群工作

持续推进“两学一做”常态化制度化；落实了党委会讨论重大问题的前置程序；制定了《公司党委会、董事会、总经理办公会决策权限管理办法（试行）》及《公司党委会、董事会、总经理办公会决策事项权限清单》；把党建工作写进了公司章程；开展了锑业开发120周年系列活动；《人民日报》、《中国国门时报》、《湖南日报》、《亚洲金属网》、《英国金属导报》、《中国有色金属报》等多家媒体对公司深化改革、安全环保和纪念锑业开发120周年进行了宣传报导。

（杨晓春）

湖南柿竹园有色金属有限责任公司

一、概况

湖南柿竹园有色金属有限责任公司（以下简称：公司）是一家集探矿、采矿、选矿、冶炼、贸易为一体的国有大型企业，为全国矿产资源综合回收利用示范基地之一，是世界500强企业中国五矿集团有限公司旗下的重要骨干企业之一。公司资产总额32亿元，净资产13亿元，注册资本4.6亿元，现有员工2000人，二级生产单位7个；有控股子公司3个，参股公司3个。

公司地处郴州市东城区，交通十分便利。拥有土地面积15平方公里，采矿权面积35平方公里。矿区资源丰富，主要生产钨、钼、铋、萤石、磁铁矿、硫铁矿等精矿，目前保有资源金属量钨60万吨、钼10万吨、铋25万吨、萤石6600万吨。公司因储量大、矿物品种多达143种，被中外地质专家誉为“世界有色金属博物馆”。

二、生产与经营

2017年，公司一方面通过科学合理配矿，确保选厂吃好吃饱，确保设备运转率，不断提高选厂处理量；另一方面开展劳动竞赛，掀起生产追赶热潮，产品产量月月攀升。2017年，公司抓住经济形势回暖、价格上升的有利时机，加大销售力度，主要产品产销率达到100%，完成年度预算的108.21%，实现营业收入9.4亿元。

三、改革与管理

公司打破传统管理模式，对组织机构进行撤并调整，二级单位由原来41个精简到31个，其中部室由原来的20个精简为12个。人力资源不断优化整合，通过采取对停产单位人员进行分流充实一线等措施，2017年精简公司管理人员和非生产人员10.4%。在供销人员管理上创新设立了业务员互为AB角制度，使销售、采购业务与上级单位无缝对接。对公司薪酬体系和定员定岗进行全方位“把脉问诊”，为制定薪酬体系改革方案提供科学客观的依据。

四、安全环保

严格按照安全生产“党政同责、一岗双责、齐抓共管、失职追责”的责任体系，进行了安全责任清单编制，重新修订安全生产责任制及岗位职责，完善了109项制度，编制了85个责任清单和78个岗位职责。按照“一必须五到位”的原则，开展安全生产合法合规专项自查自纠工作。核查外包队伍资质证件、建设项目“三同时”执行情况，深入开展安全检查和隐患排查，对查出的隐患分级分类管理，分层次逐一落实，建立档案，规范台账。下达隐患整改通知书60份、业务联系书21份，完成隐患整改387项，整改率98%，对整改不到位及工作难度大的项目，公司安排专人跟踪管理。

公司抢抓先机，主动对接集团公司，以柿竹园技术中心为平台率先推动智能化矿山建设。以多金属采矿产为示范点，以人工智能发展趋势为指引，通过改装试验，可遥控铲运作业取得突破，公司在智能化生产的总体规划下，积极推进科技兴安、促进安全生产，提升本质安全。

五、党建工作

以党组织为核心，完善内部议事规则，健全决策程序，公司改党政联席会体制为党委会和总经理办公会体制，通过党委会把握公司大方向，为公司生产经营提供全面服务。加强了党支部建设，充分发挥战斗堡垒作用，公司机构调整后，及时设置了党组织机构，配齐党务工作人员，顺利完成了公司及所属各党总支、支部集中换届选举工作。

对干部作风建设、廉洁自律等提出明确要求，加强了个人重大事项报告制度建设，建立了廉洁档案。谈心谈话工作进行全覆盖，开展任前谈话16人次，进行了党纪、政纪处分和组织处理25人次。

2017年，公司作为帮扶后援，把党建延伸到农村，以桂东县长青村为对口扶贫点，给贫困户捐赠物资和资金，15户困难户实现基本脱贫。公司团购房工作进入扫尾阶段，棚户房二期已经开工建设，职工收入水平得到提升，职工关注的核心问题得以落地；工会群团开展形式多样“得人心、暖人心、稳人心”的活动，对困难职工及特定群体支付了扶助资金74.6万元，凝聚了干部和职工队伍安居乐业、和谐稳定发展的人心和信心。

（侯伟伟）

香花岭锡业有限责任公司

一、概况

2017年是香花岭锡业有限责任公司（以下简称：公司）励志磨剑、种植希望、破冰成长的一年。

经济大环境和产品市场状况的明显改观，使公司走出了产品价格长期低迷、跌破成本的困境，实现了扭亏为盈、资产保值增值。至年末，公司总资产达到3.5亿元，净资产1.2亿元，采掘剥年产能总量40万吨，选矿年处理矿石量25万吨，员工1100余人。

2017年，选举产生了公司第二届股权代理人和新一届股东会、董事会、监事会。

经多年勘查，2017年公司确认在588矿段发现了一种新的矿产资源——玉石，被称之为“香花岭玉”。这种玉石为“透闪石质玉”，呈绿豆色，可与新疆“和田玉”媲美。面世之后，深受玉石界专家和社会各届的赞许。

二、生产经营

2017年，公司实现工业总值1.34亿元，为年计划的98.77%，比上年增长46.88%；营业收入1.6亿元，为年计划的125.1%，比上年增长31.5%；上缴税金2400万元，比上年增长24%；净利润800万元。锡选厂平均回收率为63.73%，比上年提高1.16%；铅锌选厂回收率与上年基本持平；生产成本上升趋势有所遏制，年生产总成本与上年基本持平。

三、安全环保

安全生产方面，全年死亡事故、千人负伤率、千人重伤率均低于国家和地方政府的标准；设备安全运行率达100%。环保方面保持了多年以来的固体污染物排放为零、“三废排放达标纪录”，一次性顺利通过了中央环保督查和通过了地方政府开展的多次环保监察。公司安全生产和环境保护均达到国家要求。

四、项目建设

2017年公司的重点建设主要有36湾整合矿区的资源利用项目部分前期准备工程、新风工区7号斜井延伸工程、塘官铺工区南大川区域探矿找矿工程等3个项目。经全体员工努力和奋战，这3个项目均按计划进度要求完成了年度工程量，效果较好。此外，探矿工程也取得了较好的效果，全年新探获了一定数量的资源储量。

五、改革与管理

着力抓好公司法人治理结构的完善和《公司组织机构设置和定员定岗方案》的制订。通过自愿报名、全体股东无记名投票方式，民主选举产生了尹夏生、黄程辉、阳宏等3名公司第二届股权代理人和新一届股东会、董事会、监事会、经理层领导团队。2017年12月，召开了公司工会第三届会员代表暨职工代表会，选举产生了公司第三届工会委员会和公司监事会职工监事。

六、技术改造与创新

一是探索产学研相结合之路。聘请了湘潭大学选矿教授及科研院所的选矿专家来公司进行选矿技术攻关。通过攻关，锡选厂锡年综合回收率达到了68.25%，铅锌回收率也获重大突破。二是坚持科技自主创新。自主设计、制造、安装了一台适应本公司毛毯收锡工段特殊需要的特种龙门吊；探索创新井下采场模式，成功地建立起了“采场里用红线固定采矿范围”的降贫化采矿模式，有效地降低了采矿贫化率。三是开展了高新技术企业申报工作。

七、加强社会主义精神文明建设，积极履行社会责任

在企业内部精神文明建设方面，一是抓了爱矿护矿教育，开展了严厉打击偷盗矿产品行为专项活动；二是积极开展有益员工身心健康的多种文体活动，丰富员工业余文化生活，陶冶员工高尚情操；三是关心员工生活，为困难员工排忧解难，调动员工工作积极性。

在履行社会责任方面，除积极开展日常履行社会责任的工作外，公司还做了3件事：一是帮扶困难乡村进行新农村建设，出资为香花岭镇新甘村安装了多套太阳能路灯，还给该村5户特困户发放了特别扶贫解困资金；二是积极参加地方政府组织的“万企帮万家”、“为乡村小学赠书”等公益活动；三是积极参加驻地县开展的旅游项目建设，2017年公司投入800余万元，协助临武县政府建设“香花铺矿区旅游项目”。

（谭中龙）

湖南瑶岗仙矿业有限责任公司

湖南瑶岗仙矿业有限责任公司（以下简称：瑶岗仙矿业公司）截至2017年底公司总资产为15.36亿元，净资产为7195.85万元，现有员工近1500人，年采掘能力40余万吨，年产一级黑钨精矿3000吨，实现销售收入3亿多元，上缴税费4000多万元。

2017年，瑶岗仙矿业公司在上级公司和各级政府的关心及支持下，企业领导带领广大员工励精图治、攻坚克难，全力以赴开展安全环保整治并取得了明显成效，内部改革实现全面深化，生产经营逐步迈向正轨，党建工作全面推进，各项工作取得了全面有效突破。

一、持续进行安全生产整治，实现安全形势根本好转

2017年，瑶岗仙矿业公司认真执行省安委办安全整治精神，继续按照"生产组织有序、企业管理规范、安全形势好转、社会和谐稳定"四个目标，投入资金5000多万元，从强硬件、转模式、控风险、建机制等方面采取措施，全面落实安全生产主体责任，彻底转变"大承包"作业模式，加强安全隐患排查整改，修建和完善"井下六大系统"，升级和改造井下通风系统，加强安全教育培训和应急演练，推进安全生产精细化管理，深入开展矿业秩序整治，按期完成了省级重点安全隐患挂牌督办的销号工作，安全形势得到了根本好转。

2017年1月10日省安监局批准同意瑶岗仙矿业公司中部23－26中段先行恢复生产；8月29日同意中部12－22中段逐步恢复生产，并于12月25日完成了省级重点安全隐患挂牌督办的销号工作。

二、全力以赴开展环保治理，实现水质达标排放和东江湖"零排放"

按照湖南省环保厅专题会议要求，从2017年1月25日开始，瑶岗仙矿业公司用8个月的时间，共投入资金7000多万元，采用清污分流、分类治理的方案，建设了临时蓄水坝、临时泵站等环保应急设施；建好了垅下回水泵站、回水管路、水洞深度污水处理站等环保工程，启用了污水处理站、水洞回水库、渔溪河排放口，8月底实现了向东江湖"零排放"和向渔溪河达标排放的环保治理总目标，得到了环保部门和上级公司的高度认可。

2017年8月30日，郴州市环保局同意瑶岗仙黑钨系统恢复生产。至此，瑶岗仙矿业公司的黑钨矿区取得了安监环保部门的全部复产批复。

三、采取稳步复产，多方举措强化生产管理，完成上级公司下达的考核指标

从2017年9月1日起瑶岗仙矿业公司按"稳步推进，逐步复产"的原则，稳健逐步恢复生产，实现了安全生产的可管可控。

瑶岗仙矿业公司克服因长时间停产造成的生产启动困难、劳动力严重不足、有效生产时间较短等现实困难，多方举措全面增产增收，实现钨精矿产量逐月提升。9月份钨精矿产量21.7吨，10月份钨精矿产量44.5吨，11月份钨精矿产量117吨，12月份钨精矿产量256吨。9－12月共完成钨精矿产量439.2吨，实现营业收入6022万元。其中11－12月份完成钨精矿产量373吨，单位完全成本控制在8.58万元以下，顺利完成了上级公司给瑶岗仙矿业公司下达的安全和产量、成本任务指标。

（一）多方举措增产节支增效

大力开展劳动竞赛，提高生产积极性。成立了价格管理领导小组，实行全面预算，严格把关瑶岗仙矿业公司内部成本核算和产品结算价格。实行办公用品集中预算、采购、发放管理，改变了以前分散随意采购造成的浪费。

（二）采用先进技术提高生产效率

瑶岗仙矿业公司粗选厂改变了几十年来落后的生产方式，引进了两台智能选矿机替代原有落后的手选作业方式，提高劳动生产效率。

（三）全力推进小型粗选厂环评

瑶岗仙矿业公司原有的6家小型粗选厂实行全面整治整合后，经过公司领导及相关部门的共同努力，克服重重阻力，环境影响评估工作于11月10日通过了专家评审，解决了这一历史遗留问题，为实现12－22中段恢复生产创造了必要条件。

（四）启动裕新白钨矿石委托加工

针对企业资金严重紧张，无法保证正常生产经营的现状。瑶岗仙矿业公司拟定了裕新白钨矿石委托加工方案。即组织人员、设备对白钨采矿

区5#窿上部矿区进行表土剥离，并对剥离区域进行试采，试采矿石进行委托加工。按照方案实施可提前收回货款3600万元，解决现阶段资金严重短缺的问题。

四、全面推进企业内部改革，实现管理优化和升级

瑶岗仙矿业公司按照集团公司“三项制度”改革要求，全面进行人员结构优化。年内有334名员工实行了内退，91名劳务派遣工不再续聘，全员劳动生产率得到提高。“三供一业”分离移交取得实质进展，供电分离移交可研报告、改造设计方案及预算项目得到中钨高新审查通过；供水和物业管理已分别与宜章县自来水公司、瑶岗仙镇政府签订了框架协议，分离完成将极大减轻企业负担。按照法定程序召开了瑶岗仙矿业公司股东会，选举产生了新一届董事会、监事会，召开了新一届董事会会议、监事会会议，重新修订了瑶岗仙矿业公司章程。企业法人治理结构得到完善。

五、大力优化项目建设，为项目推进打下坚实基础

瑶岗仙矿业公司竭力优化和推进裕新项目建设，对项目机构设置进行了调整优化；对原项目合同全面清理和评估；优化了净化库建设、瑶滁公路改道、净化库排洪隧道、尾矿库库外排洪隧道支护等工程方案，预计减少投入近6000万元；完成了资兴垅下净化库至选厂回水管道、水洞污水处理站等；启动了白钨选矿工艺、低品位多金属硫化矿物分离、白钨风化矿选矿工艺和白钨选矿流程优化等研究工作。在公司资金非常困难的情况下，仍竭力确保项目建设，项目全年完成投资5904万元，累计已完成投资10.51亿元，完成形象进度的80%。

六、党建实现新突破，全面服务好中心工作

瑶岗仙矿业公司党委按照上级党委的工作部署和要求，全面从严治党、落实党建责任、服务生产经营中心。抓组织建设，9月份召开了第二次党代会，选举产生了新一届党委会和纪律检查委员会，明确了今后一段时期党的工作目标和任务；抓基础工作，开展了“五化建设”，落实党建目标责任；抓干部管理，创新用人机制，加强了党员培训和教育，抓作风建设，提高了干部执行力；抓意识形态教育，坚定了理想信念；抓廉洁防控，廉洁从业意识进一步增强；抓服务中心，履职尽责进入新常态。

七、保民生促发展，全力抓好民生工程建设

建立困难员工帮扶基金，全年发放慰问金和困难补助费40多万元，发放“金秋爱心助学金”8.25万元，帮扶困难员工上学子女71人，1635名员工参加了医疗互助和女员工特殊疾病保障活动，101名员工得到16万元的医疗帮扶救助。实施廉租房建设和国有工矿棚户区改造，改造60套公租房，改善了员工的住房条件。新增远距离工作员工交通费、野外津贴。提高班中餐补贴，投入50多万元为全体员工新添了秋、冬工装。12月28日，瑶岗仙矿业公司召开了职代会，举办了元旦文艺晚会。

（杨　波）

赣州华兴钨制品有限公司

一、概况

赣州华兴钨制品有限公司（以下简称：公司）隶属于江西钨业集团有限公司管理，是1995年注册成立的合资企业，投资三方分别为江西钨业集团有限公司、江西稀有稀土金属钨业集团有限公司和香港华钨有限公司，现有资产总额2.03亿元，固定资产净值3800余万元，职工180余人，主要产品产能为仲钨酸铵6000吨、氧化钨5000吨、偏钨酸铵1000吨。

2017年，公司实现营业收入4.62亿元、工业总产值4.44亿元，同比分别增长65.3%和62.3%；上缴税金314万元，实现利润总额13万元。共生产钨制品5819吨，同比增加1780吨，其中仲钨酸铵4507吨、氧化钨1017.6吨、偏钨酸铵294.5吨，同比分别增长45.3%、61%和-3.7%。APT金属回收率96.36%。

二、改革发展

2017年，面对困难和挑战，公司在集团的坚强领导和大力支持下，在全体员工的共同努力下，攻坚克难，深入开展扭亏增盈、提质降本增效和三项制度改革等工作，极力扭转不利局面，全年运营管控更趋完善，安全环保运行平稳，科技攻关成绩显著，产品质量稳中有进，产量基本恢复，成本大幅下降，生产经营形势好转。

（一）狠抓生产管控，产量和成本打了翻身仗

坚持问题导向，填平补齐，破解产量瓶颈，逐步将产能恢复到500吨以上，为大生产奠定了坚实基础。狠抓生产管控，产供销协同，开展劳动竞赛，充分调动各种积极因素，在环保达标的前提下，APT全年生产4507吨，创2014年以来新高，基本恢复到2013年以前产量水平。狠抓成本管控，2017年碱耗同比下降27.13%，次氯酸钠下降47%、硫化铵下降70.7%、硫酸下降34.7%、氯化铵下降21%、液氨下降16.4%、盐酸下降14.7%、硝酸钠下降9.4%，APT单位加工成本下降15.6%。

（二）抢抓市场机遇，实现了营销增利

1. 积极开展市场运作，及时调整营销策略。7月底，公司研判原料价格上涨趋势，果断采取措施，其后钨行情急速上涨，取得了较好的效益。在订单不饱满和钨砂采购困难的情况下，争取代加工订单1000余吨，大幅增加了产量。积极研究调整报价策略，成功中标1家偏钨酸铵年度长单。协同集团大营销战略，加强集团内部钨砂采购。

2. 深化产品销售管理。着力抓好和稳定长单用户，巩固原有优良客户，每月长单320吨以上，保障了正常生产。加强产品宣传和推介，积极开发新客户。继续推进“差异化销售”，特色产品销量60%以上，形成定制化产品和优质化服务，增强了公司竞争力和赢利能力。

3. 强化风险管控。严格贯彻落实集团公司风险管控制度和措施，加强了风险评价，严格应收、预付和信用管理，加快资金周转，严控资金风险，货款回笼率100.23%，提高了整体运行效率。

（三）严防死守，安全环保整体平稳

安全方面：全面落实安全生产主体责任，完善安全生产设施，积极开展安全检查和隐患排查整治，加强安全教育培训和应急救援管理，做好月度安全考核，全年安全生产形势总体平稳，杜绝了重伤及以上安全生产事故。

环保方面：大力开展三废治理，推行节能减排责任制，加强环保内部督查和隐患整改，及时更换、增设环保设施，积极做好环境自行监测管理，积极配合环保部门的检查，认真整改各类隐患，全年废水各污染因子达标排放，废气基本达标排放。

（四）深化内部管控，切实提质降本增效

2017年，公司积极转变管理理念，优化管控机制和流程，深入开展提质降本增效工作，取得了一定成绩。1. 坚持周例会制度，提高了管理效率。2. 加强成本分析管理，寻找薄弱点和“出血”点，以降低生产成本，取得了较好效果。3. 强化资金和费用管理，基本保证了生产经营所需资金；强化全面预算管理，三项费用分摊每吨产品成本节约率41.4%，可控费用同比下降12.4%；全面开展低效沉淀资产清理，提高了资金利用效率。4. 三项制度改革取得阶段性成果，重新定员定额，机构和人员精简幅度较大，实现了强身瘦体、精简高效的目的。5. 质量管理毫不松懈。严把原辅材料重量质量关，加大抽检监督力度；加强压滤渣钨度、干渣钨度监测，严防金属流失；计量、监测器具校验率大于99%。质量、环境、职业健康安全管理体系运行正常。6. 采购和比价招标管理更加规范。严格按照集团要求统一采购物资，大宗原辅材料及设备采购、工程项目建设、废旧物资出售等，严格执行比价招标管理制度，货比三家择优选择。7. 对外检测业务增加。检测中心通过增加设备、新建10余项检测方法等，提升化验质量，从而扩展业务、稳定客户，在激烈的市场竞争中，全年外化收入同比增长19.4%。8. 推进依法依规治企。实行厂务公开，严格按照国家法律法规治理企业，不踩红线和底线；加强与上级部门的请示汇报，聘请法律顾问，妥善进行三项制度改革。

三、科技创新

以市场为导向，加强产品科研攻关，开发提供新性能产品满足客户特定产品需求，与某客户签订了每月40～70吨的黄钨年度长单。

围绕产量成本，持续开展科研技改。新增的除氨装置提高了氨水吹脱效率，减轻了废水处理压力，大幅节约了除氨试剂和片碱；新增的蒸发器，对碱节约起到了关键作用；对现有离子交换解吸过程进一步精细化分段、优化结晶母液处理工艺、改造产品烘干工艺、改变锅炉水膜除尘脱硫用碱方式等；针对低杂矿、白钨、钨细泥等原料增多的情况，不断优化碱分解技术。

深入开展科技创新和总结工作，全年共申报4个发明专利和11个实用新型专利。

四、党建工作

（一）加强党建和领导班子建设

党建工作写入了公司章程，党委（直属党总

支）严格执行所有“三重一大”制度，对公司改革发展重大战略、重大经营活动等全部进行了党委会讨论研究前置程序。认真开好领导班子专题民主生活会，党建责任制进一步压实。注重党员干部政治理论学习，继续抓好“两学一做”、十九大精神的学习教育活动，支部建设工作更接地气更有成效，表彰了9名党员先锋岗。

（二）落实纪委监督责任

加强党风廉政建设和反腐倡廉工作，签订党风廉政建设责任状，认真落实“一岗双责”。进一步强化纪律意识和规矩意识，严格按制度和规矩办事，确保勤政廉洁。积极参与和监督公司各项原料采购、产品销售定价、设备采购和废旧物资出售招标等经济活动。整风肃纪，加强作风建设，队伍战斗力进一步增强。

（三）深入开展群团工作

开展劳动竞赛和“降本增效创意创新”合理化建议活动，取得了较好效果。以人为本，关心员工，为员工谋福利办实事，主动了解员工思想动态，帮助员工排忧解难，走访慰问困难家庭，不断增强企业的向心力和凝聚力。加强与地方综治部门的联系，妥善处理各类不稳定因素，公司整体平稳有序。

（陈　云）

江西荡坪钨业有限公司

一、企业概况

2017年，江西荡坪钨业有限公司（以下简称：荡坪钨业）实现工业总产值1.14亿元，为预算的156.63%；工业增加值9068.88万元，为预算的226.72%；营业收入1.28亿元，为预算的154.41%；实现利润1778.51万元；钨精矿完全单位成本6.90万元/吨，同比减少1.47万元/吨，减幅17.1%。实现了扭亏为盈的目标。

2017年采矿完成24.89万吨，为年计划101.6%；掘进完成5211.9米，为年计划的100.23%；出矿完成37.68万吨，为年计划的95.16%，钨精矿完成1050.71吨，为年计划的103.01%，完成了集团下达的生产任务。

二、改革发展

（一）抓实生产，全面完成了集团下达的生产经营任务

2017年，为全力打赢“提质增效、扭亏为盈、安全维稳”三大攻坚战，荡坪钨业上下团结一心，深化改革创新，奋力克难攻坚，全面完成了生产经营任务，自2014年以来首次实现了扭亏为盈，打了一个翻身战。

1. 开展劳动竞赛。荡坪钨业积极开展了“月月红”、“四季春”劳动竞赛，每季开展“五好班组”、“生产标兵”竞赛。为确保任务完成，各单位强化了激励措施，加大考核力度，有力地掀起了你追我赶的竞赛热潮。半边山车间提前9天全面完成了产品任务。

2. 结合实际，开展柔性生产。2017年上半年为解决各矿区出矿难及出矿品位低的问题，荡坪钨业结合实际，一是加大了账外矿回收力度；二是针对樟东坑矿区生产成本高、产量低的现状，为确保扭亏为盈攻坚战目标的实现，公司采取柔性生产方式，果断停止了樟东坑矿区生产作业，强化护厂护矿，合理分流职工，减少了生产投入，提高了公司盈利能力；三是紧盯市场需求，在得知50%的白钨精矿产品有市场需求的信息时，及时与集团营销部沟通，立即调整生产策略，将原来生产65%的白钨精矿改为50%的白钨精矿，10月份通过工业性试生产，取得了良好效果。白钨产品每月多回收2吨（折合量65%）。

3. 抓好现场管理，提高经济技术指标。一是做好降贫降损，加强现场管理，控制采幅，全年贫化率为32.7%，比标杆值下降12.3%；损失率为4.8%，比标杆值下降5.4%。二是强化手选丢废，加强现场指导，选矿回收率比计划提高了0.17%。

（二）深入挖潜，降本增效，实现了扭亏为盈奋斗目标

为全力打好扭亏为盈攻坚战，荡坪钨业以集团先进标杆值为指引，深入抓好对标管理，进一步厘清降本增效的路径，强化挖潜降耗的措施。

1. 强化节水节电，降低能耗。加强避高峰用电，合理调度大功率机械设备的开动，充分利用自然水组织生产，根据生产变化，灵活报停宝山矿区变压器，切实跟踪功率补偿装置，提高功率因数，落实了用电降价等惠企政策，加强节能改造，强化节电管理，提高用电效率，有效降低了电耗。全年选矿电力单耗为21.33吨/千瓦时，比

标杆值减少4.27吨/千瓦时。全年用电比上年节约177万千瓦时，节约电费152万元。

2. 努力降低物耗。严控物资采购，在采掘量不变的情况下，采购总量比上年减少227万元。大力开展修旧利废，全年修复电机节省30多万元，3个车间修旧利废节约92.5万元，盘活库存，共盘活资金12万多元，库存资金比年初下降3%左右。

3. 强化营销战略。全年实现销售收入（含税价）1.48亿元，比上年同期增长了45.6%，货款回笼达到100%，防范了营销风险。

（三）夯实安全基础，强化安全管理，提高安全本质程度

1. 全面落实了安全生产主体责任。强化红线意识和底线思维，全面落实了安全生产主体责任，深化安全风险管控体系和隐患排查体系建设，始终把安全环保工作摆在更加突出的位置来抓，以敢于担当的自觉性，切实履行安全管理职责，夯实安全环保管理基础。

2. 强化了现场安全管理。一是完善通风系统。落实了宝山竖井主扇改造工程，增设了荡坪矿区440中段20南、九龙脑矿区620中段东头通风天井，改善了通风状况。二是加强现场检查，落实隐患排查治理。持续开展现场安全确认，加强各级各类检查，共查出主要问题和隐患362条，落实了隐患排查治理闭环管理，隐患整改率达100%。荡坪钨业3个尾矿库隐患综合治理项目均已验收达标。三是强化对外包队安全管理。加强了对外包队员工操作技能教育培训，把外包队管理纳入荡坪钨业统一管理、统一考核，狠抓外包队“三违”现象，对违章行为从严考核和曝光。

3. 做好安全教育培训。全年新入人员安全教育培训95人，807名在岗员工接受了安全再教育培训。已有16名安全管理人员、110名特种作业人员和116名爆破作业人员参加了专业管理部门的培训、复审、换证，做到100%持证上岗。

4. 开展安全专项活动。认真开展夏季百日安全专项行动、6月份“安全生产月”活动，举办了安全演讲比赛，年末“百日无事故”活动，利用安全专刊、标语、横幅、黑板报大力宣传，营造了良好的安全氛围。积极开展应急演练，在3个车间开展了井下中毒窒息事故应急演练，在3个尾矿库开展了尾矿库溃坝事故应急演练，开展了火灾事故应急演练，提高了应急救援能力。

5. 防范环保事件的发生。完善了环保管理制度，建立了环保设施档案和运行记录，做好环保相关资料归档工作。强化了日常环保监督管理，做好环保设备设施运行的维护、保养，确保正常运行，对可能存在较大环境污染的关键部位和环节落实了应急措施。4个矿区技改工程和3个尾矿库隐患综合治理环境保护项目通过了省环保厅组织的专家评审验收。

（四）抓实生产设施和矿容矿貌整治，优化生产作业环境

开展生产设施和矿容矿貌整治活动以来，荡坪钨业成立了矿容矿貌整治工作领导小组，下发了整治工作活动方案，组织全员积极参与，现已翻修了矿区部分厂房、库房、职工住房的屋面和门窗等，修复平整硬化了矿区部分场地、道路，整治了公路、房前屋后、公共场所的环境卫生，清除了路障和倒塌房屋的残垣断壁，亮化了矿区部分道路、公共场所、办公区域路灯。共立项55个，投入254万元，其中已经完工和在建项目共计23项，费用143万元。为进一步规范整治活动，公司加强了以矿区主要窿口作业场所和职工住房为重点的整治，整治活动取得较大成效。

（五）积极推进“三项制度”改革，实现瘦身健体、精干高效之目的

一是荡坪钨业成立了“三项制度”改革领导小组，制定下发了《关于贯彻落实集团公司“三项制度”改革的通知》，明确了“三项制度”改革的目标任务、方法步骤、具体要求。

二是利用各种会议、专栏、板报等加强“三项制度”改革的宣传；开设热线解答、个别走访、面对面咨询进行释疑解惑，使广大干部职工对“三项制度”改革入脑入心。

三是对所有干部职工的年龄结构、技术职称、岗位工种、工作表现逐一摸排，调查核实，认真梳理，为制定改革措施提供参考依据。

四是“三项制度”改革的初稿形成后，采取座谈、家访、发放调查问卷等形式，广泛征求、听取、收集、整理干部职工的意见和建议，制定方案经总经理办公会讨论修改，召开职代会团组长会议通过，上报集团批准后组织实施。

五是“三项制度”改革的方案下发后，认真组织实施，在年底前完成了集团“三项制度”改

革的目标。公司机构由八部一室精简为六部一室；员工减少 102 人，减幅 11%；中层干部减少 11 名，减幅 23.4%。实现了集团公司“三项制度”改革目标，达到了瘦身健体、精干高效之目的。

（六）按期完成了上市前的各项准备工作

围绕宝山矿区、九龙脑矿区上市工作，荡坪钨业通过与崇义、大余两县政府及相关部门沟通，做好不动产权登记确权工作。按期完成了上市前的土地房产备案工作。

三、精神文明建设、政治文明建设和绿色发展

（一）抓实党建，强基固本，努力提高党建工作的质量和水平

1. 全面落实党建工作责任制。荡坪钨业对全年党建工作实行目标质量管理考核，将党建工作的内容细化为党建基础工作、党风廉政建设、宣传思想政治工作、服务生产经营、群团工作五大块，30 条子项内容，每条设置相应的考核分值。年终对二级班子党建工作业绩实行量化考核，考核结果直接与个人年终兑现收入挂钩，切实将党建工作责任制落到了实处，扎实推进了“党建落实年”各项任务目标的落实。

2. 强化党员干部政治理论学习，着力提高党员干部素质。充分利用支部“三会一课”、党员活动日等多种形式，加强对党员干部政治理论学习，深入推进“两学一做”学习教育活动，特别是党的十九大后，公司将“两学一做”活动与学习贯彻党的十九大精神结合起来，每周加强集中学习，做到集中学习与业余助学相结合，确保党员学习教育全覆盖。为了提高学习效果，公司党委采取外请专家授课、领导干部宣讲、书写心得体会等措施，进一步提高了学习质量。

3. 将党建工作与生产经营相结合。坚持将党建工作与生产经营同计划、同部署、同检查、同考核，使党组织和党员在完成任务、安全环保、降本增效、扭亏为盈、三项制度改革、矿容矿貌整治、急难险重工作中大有作为，发挥更大作用。

（二）防微杜渐，关口前移，着力加强党风廉政建设

1. 认真履行全面从严治党责任。年初全体党员干部签订了党风廉政建设承诺书，扎实开展了六月党风廉政教育月活动，加强了警示教育，在范围上面向全体党员、各级党组织，重点是抓人财物、产供销方面“关键少数”，在教育上做到从严要求，旗帜鲜明地批评和纠正违规违纪行为。

2. 持之以恒开展反“四风”问题。狠抓全体党员干部对反“四风”问题的教育和管理，加强对各单位落实中央八项规定的检查，加强对节假日期间党员干部是否违规的检查等，对反“四风”问题起到有力的震慑作用。全年发生接待费用 29.99 万元，降幅 11.85%。

3. 加强审计监督和效能监察。强化了审计监督和效能监察，做到了在签订合同，招标投标等方面严格按程序、按规范进行，以钉钉子精神抓好落实。全年完成工程项目预（结）算审计 33 项、涉及金额 347.8 万余元、避免经济损失 16.8 万元。督促各单位、部门切实有效地执行了公司各项管理制度，维护了企业正常的生产经营秩序。

（三）关心职工群众，强化综治维稳，实现了矿区和谐稳定

1. 2017 年职工人均收入比上年增长了 10%；关心特困职工，尽力为职工解决实际问题，积极开展送温暖和金秋助学，全年支出慰问金、帮扶金共 16.4 万元，慰问帮扶 252 位职工和退休人员，支出助学金 1.1 万元；进一步提高了职工班中餐质量；保障了职工正常的福利发放。

2. 加强不稳定因素排查和民事纠纷调解，及时化解了矛盾。与当地派出所、居委会等开展和谐平安矿区联手共建，充分发挥群防群治作用，加强治安防范，严厉打击了偷盗国有矿产资源的不法行为，加强了护厂护矿，守住了阵地，全年未发生刑事违法案件，矿区呈现出和谐稳定新气象。

（吴建业）

江西西华山钨业有限公司

一、企业概况

江西西华山钨业有限公司（以下简称：公司）于 2002 年 11 月 8 日由百年老矿西华山钨矿关破后改制而成。公司集矿山开采、药品生产、建材加工、住宿餐饮和医疗服务于一体，注册资本 2706 万元。2017 年末，公司资产总额达 7185 万元，资产负债率 69.35%；实现营业收入 3161 万元，工业增加值 1015 万元，上缴税金 200 万元；完成钨

精矿产量312吨，实现利润控亏目标，安环工作实现了“四个为零”的目标。

公司在册员工（含制药厂）217人。现设办公室、党群工作部、人力企划部、安全生产部、财务部、营销部6个职能管理部门和两个坑口、水电管理站、精选厂等4个二级单位，拥有赣州邦达高科制药有限公司1个全资子公司。

公司215米以上有15个生产中段，因资源枯竭、生产成本高、安全风险大，自2014年起全面停止了生产；深部接替资源地下开采有139、100两个生产中段，目前正在试生产。

二、改革发展

公司坚持集团公司“回归经营本质，奉行稳健经营，坚守价值创造，追求人正品真”的经营理念，坚定了接替资源地下开采项目进行生产的决心，通过边际效益测算，制定了详细的试生产方案，在获得了安监部门批复同意后，接替资源地下开采项目在10月底顺利进行试生产。

积极融入集团公司“大营销”战略，发挥厂矿协同作用。2017年，在面临钨精矿价格回升，市场行情活跃的难得机遇面前，公司营销人员下市场、摸行情，及时掌握第一手信息，将最新钨产品市场走势第一时间与集团营销部门及多家冶炼厂对接共享，让集团营销部及相关钨制品厂家的营销决策更好地规避市场风险，同时也反馈公司外购订单信息，积极融入集团公司“大营销”战略。发挥厂矿协同作用，加强行动对接，引进“县外无票资源”，“零时差”的把外购产品销售出去，有效地提高了流动资金的周转，为公司赢得利差的同时又分享了政策红利。

稳步推进三项制度改革，积极做好企业瘦身健体工作。根据集团统一部署，2017年进一步推行三项制度改革，机关部室设置由原有的10部1室1委精简为5部1室，机构精简率为50%，基层单位由原有的9个精简为5个，中层管理人员由45人精简至28人，精简率为38%。

深化细化邦达药业内部管理，积极落实提质增效措施。通过提高质量，抢占市场份额，把握市场行情，低价储备原材料，降低生产成本等举措，实现利润117万元，比上年同期增长195%，人均利润超3万元，取得了药厂建厂以来历史最好成绩。

拓宽思路，积极谋划企业的转型发展。一是融入大余县西华山钨矿国家矿山公园建设，二是以企业为主体，积极开展申报国家工业遗产工作，西华山钨矿成功入选第一批国家工业遗产认定名单，获得国家工信部授牌。

2017年下半年，公司在资金非常紧张的情况下，仍安排几十万元资金，重点对公司机关办公大院（公司宾馆）、药厂、项目部、各单位部室办公场所等区域进行大力整治，美化环境，创建“整洁、美丽、安全、文明”的矿容厂貌。

三、精神文明建设、政治文明建设和绿色发展

一是结合“不忘初心跟党走、牢记使命作贡献”主题教育实践活动，把学习党的十九大精神同贯彻党对国有企业的领导这一重大政治原则有机结合起来。二是严格执行新形势下党内政治生活若干准则，制订了中心组2017年度理论学习计划，组织集中学习、坚持了“三会一课”，党内政治生活得到有力加强。强化了干部作风督查、履职问责，使各级干部特别是两级班子的大局意识、责任意识、担当精神、作风形象明显好转。三是积极开展企业文化活动，群策群力，抓好群团和综治维稳工作，确保了公司全年未发生治安刑事、群体性上访、民事纠纷等不稳定事件，保证了矿区和谐稳定。

（陈　伟）

江西大吉山钨业有限公司

一、企业概况

2017年，江西大吉山钨业有限公司（以下简称：公司）生产钨精矿3130吨，为年计划的101.62%。实现现价工业总产值2.42亿元，同比增长45.5%；工业销售产值2.57亿元，同比增长85.82%；工业增加值2.16亿元，同比增长77.71%；主营业务收入2.57亿元，同比增长86.95%；上缴税金5695.96万元，同比增长40.26%，实现利润5117万元，同比增长601.18%；年末资产总额4.7亿元，同比下降1.55%；年末净资产1.33亿元，同比上升238.43%。年平均员工人数1183人，按工业增加值计算，年人均劳动生产率18.2万元。

二、生产经营

（一）克难求进，竞赛助推，生产热潮持续

高涨

一是精心筹划组织生产。通过做好生产排产，及时调整采掘布局，积极开拓矿源，高品位强采强放提高出矿品位，加大采掘运生产准备力度等措施，确保了年度采掘运选生产任务全面完成，钨产品产量创32年来新高。

二是劳动竞赛高潮迭起。开展以“提质增效攻坚战”为主题的各类劳动竞赛15项，开展技术比武赛17项，掀起了人人“撸起袖子加油干”的热潮。

三是深入推进精益生产。强化生产过程管控，合理出矿配矿管理，建立选矿技术指标超标或异常预警分档分析制，加强生产指标的跟踪、平衡与调整。强化生产质量管理，坚持工程质量日检、周检、月验制度，严把工程质量验收关。加强设备维护保养，突出大型与重点设备的检查，实行检修质量问责制，及时消除设备隐患。开展公司内部选矿生产专家“会诊”工作，按照“闭环管理”要求逐条整改，全年选矿三尾指标均控制在计划内，选矿实收率稳中有升。加大副产品的回收管理，全年铋金属实收率比计划上升了2.29个百分点，钼精矿实收率比计划上升了4.45个百分点。

（二）落实责任，强化管理，安全生产保持稳定

一是强化安全责任落实。坚持公司领导带班、中层干部跟班、工区队段“三检”制度。强化制度执行，坚持事故分析，落实责任追究。持续推进安全标准化建设，做到现场检查与基础工作相结合，每季开展检查考评，提高了企业本质安全程度。

二是加强安全教育培训。积极开展各具特色的安全教育活动，坚持坑厂领导“每人一课”教育培训方式，开展全员抄写背诵岗位操作规程和《员工明白卡》活动，举办了“安全意识提升”培训班，积极开展“六月安全生产月”活动，把教育培训工作重心前移到班组、作业现场。全年，公司共组织各类培训158期，参培人员共计5124人次。

三是抓实隐患排查整改。扎实开展安全生产大检查活动，突出抓好反“三违”和“五个一”活动开展。落实安监总局要求，完成了井下阻燃电缆与老3吨架线机车的淘汰工作。加强地压管理预防地质灾害，加大了对地压活动严重区域的监测力度。加强道路交通安全教育，开展了“交通安全文明伴我行”宣传月活动。组织开展了尾矿库溃坝事故、井下停电防洪和井下炮烟中毒窒息事故应急预案演练，提高了应急救援水平。强化污染物排放管理，按照闭环管理要求，跟踪隐患整改，污染物排放达标。

（三）多管齐下，精打细算，降本增效成效显著

一是强化资金管控。严格资金开支审批，做好筹融资工作，确保了企业资金链的安全。全年，12项可控费用为年预算的71.61%，同比下降27.05%。

二是强化物资管理。做好物资采购计划的编制，优化库存结构，加强物资采购质量管理，继续对批量自购材料实行全面比价，全年共比价采购材料166.8万元，节约采购资金12.61万元。

三是继续实施减员增效。实施三项制度改革，继续采取兼岗并岗、减员不补员等措施，节约人工费开支，年末企业在岗员工人数同比减少16%。

四是落实政府惠企政策，做到应享尽享，全年享受惠企政策金额约225.4万元。

五是大力开展修旧利废和小改小革活动。坑口对工程结束后使用的钢轨、道木、电缆、风机风筒、管子管件等旧设备和材料进行回收，用到新的作业点；选厂对废旧支架调节器转盘和皮带脱辊、三节辊进行回收修复再利用，节约了生产成本。

六是突出节能降耗。全面整治井下各作业点的电路，在分支巷道安装时控用电开关，加强井下水泵、风机和空压机管理，合理调节开动时间与空压机数量；完善选矿各系统用水分离措施，加强选矿系统启停车管理，合理安排开车班次；完善用水、用电考核制度，认真做好无功功率因数补偿的跟踪；全年公司动力消耗同比下降2.89%。

2017年，钨产品单位完全成本同比下降4.48%，为2011年以来产品成本的最低点。

三、改革与管理

（一）完善机制，重视创新，企业发展更具活力

一是深化对标管理。完善对标管理考核体系，考核结果与单位经济责任制挂钩奖罚。2017年，

全员人年钨产品劳动生产率较标杆提高0.33吨，自产钨精矿完全成本较标杆值低3245元，物资周转率同比减少108天。

二是企业管理基础进一步夯实。认真贯彻落实集团公司“学习新规章贯彻新理念”通知精神，完善以制度流程为核心的内控机制，组织了公司制度修订与汇编，全年新增制度20个，修订制度19个，企业管理更加规范。开展了公司各类证照清查工作，全面梳理了证照有效性情况；继续开展“优胜仓库”竞赛活动，物资管理工作质量有了提升。继续实行机关干部挂职锻炼，全年组织两批8人到生产单位挂职；充实基层管理力量，培养年轻干部，推选7名专业技术人员到坑厂担任工区（工段）管理干部。

三是清洁文明矿山创建见成效。划分“三区一所”，制定创建标准、整治项目和考评细则，分四个阶段组织实施。各单位、部门对设备设施进行除锈刷漆、备品备件定置摆放、井下巷道整治、厂区外墙粉刷、河床清理、完善交通标志、公共场所清洁文明整治等工作。

（二）统筹安排，规范操作，企业改革稳步推进

一是着力推进企业改制重组工作。做好参组企业重组资产的划分和土地作价出资工作，年底分别完成了公司股权转让、集团公司注资、股东变更等企业重组及工商登记工作。社区接交顺利完成。

二是启动企业三项制度改革。按照“达到三个10%，实现三个100%”的改革目标，制定了《员工内部退养实施办法》，实施后中层干部职数减少15个，降幅为25%；实行内退减员、提前离岗休养、协议性离岗等计88人，在岗员工人数同比减少16%。对公司机关部分部门进行了整合，优化机构配置，提高工作效率。

四、基本建设与技术改造

进一步完善钨资源综合利用示范基地钽铌项目建设：

一是精心组织钽铌项目的重车试运行。1－5月，组织了新竖井重车提升试运行，运行效果良好；组织了选厂系统的重车分段试运行，累计整改各类问题200余个，理顺、疏通了选矿粗碎系统、磨重系统、细泥车间及尾矿设施各项工艺流程，并产出了少量合格的粗粒钽铌钨综合精矿。加强了新35千伏变电站的日常检查、维护，保持了变电站的正常运行。

二是抓紧实施各中段新竖井连通工程。井下已完成5个中段与新竖井的连通工程，形成了467中段钽铌钨采场的备采；组织了417首采中段运输道工程施工。地面完成了尾矿砂泵房及事故池土建工程、2#尾矿库排渗管工程的施工。

三是积极探索示范基地钽铌矿开采工艺；配合江西省财政投资评审中心完成了示范基地建设3个项目的竣工财务决算审计。

五、技术进步

积极运用新产品、新技术，在选厂粗选工段引进安装智能图像选矿机，节约了人工成本费用；在467中段南组地压显现区安装了1台“多通道声发射监测定位系统”地压监测仪，提高井下地压监测技术水平；选矿厂－60目钨精矿干燥应用空心桨叶螺旋干燥机，淘汰采用木柴的落后干燥工艺，改善了作业环境；工艺技术改进10项。积极开展专利申请工作，公司申请的“一种溜井矿量限位系统”、“一种井下采矿场负压通风结构”两项实用新型专利获得授权。公司还通过了工信部组织的第二批钨行业规范条件现场核查。

六、精神文明建设

（一）强基固本，打防结合，企业保持和谐稳定

加强员工思想教育。坚持预防为主、齐抓共管抓综治，落实综治责任，积极开展形势任务和员工素质教育活动。坚持思想工作“五必访”制度，按时对员工思想动态进行分析、报告，员工队伍总体稳定。

积极推进七五普法。积极开展法治宣教活动，举办以“崇尚科学、关爱家庭、珍惜生命、反对邪教”为主题的宣传图片展5期，深入开展创建“和谐平安班组”“和谐平安家庭”活动以及评选表彰“学法、知法、守法、用法”先进员工活动，确保了公司和谐稳定。

强化治安护矿措施。坚持“全员护矿”的策略，加大人防、物防、技防投入，开展打击内偷外盗专项行动，确保了地表采矿区无盗采。

（二）围绕中心，凝聚人心，党群工作有新气象

党建工作有特色。坚持“围绕生产抓党建，抓好党建促发展”的工作原则，开展了“讲政治、

守规矩、刹歪风、树正气”专题教育活动、“立合格标尺、树先锋形象，向十九大献礼”“我为党旗添光彩”等主题实践活动。各党总支、支部结合实际，开展“安全生产当先锋、提质增效做表率”“党员安全监督岗”“党员责任示范区”等各具特色的党建主题活动，积极组织党员参与技术攻关、小改小革、节能降耗、修旧利废等工作，充分发挥党组织和党员的引领示范作用。加强廉洁建设，认真贯彻执行中央“八项规定”精神、集团公司十项规定和公司“十严禁、十不准”要求。一年来，干部党员中没有发生违规违纪的行为。

企业文化丰富多彩。结合节假日和特殊纪念日，为弘扬家庭美德、体现文明风尚，公司工会开展了“培育好家风——吉山女工在行动”主题系列活动，举办了“最美全家福”评选、“弘扬好家风共筑中国梦”图片展，开展了以“安全生产、拒绝黄赌毒、培育良好家风”为主题的“一封家书”征集评选活动。为弘扬劳模精神，充分发挥先进典型在做好安全生产工作中的传帮带作用，开辟了“劳模话安全”电视专题。全年工会开展各类文体活动37项，丰富了员工的业余文化生活。从4月份起，提高了员工班中餐标准；全年两级工会共探望患病、家庭困难员工334人次，补助金额13.76万元；开展“金秋助学”活动，为28名考入专科以上院校的员工子女发放助学金4.8万元。

（谭国珍）

江西下垄钨业有限公司

2017年，面对资产负债率高、成本压力大、产品任务重等困难，江西下垄钨业有限公司（以下简称：公司）上下“突出一个要点（提质增效）、坚持二个必保（产量与利润）、强化三项工作（安全生产、项目建设、文化建设）”，以“三新”（体制机制创新、科技创新、管理创新）为手段，打响改革创新、提质增效、和谐稳定三场攻坚战，一举扭亏增盈，圆满完成全年各项工作任务。

五个创新高：钨精矿产量创公司历史最高；营业收入为预算的133.05%，达近3年新高；企业利润完成预算的230.54%，一举甩掉连续3年严重亏损的帽子；自产钨精矿完全单位成本为2011年以来最低、成本控制水平达6年来新高；伤亡事故、污染事故为零，井下、地面均实现安全生产，保持历史最好水平。

十个大提升：资产经营能力提升，资产负债率比预算下降16.8个百分点；全员劳动生产率明显提升：钨精矿实物劳动生产率由1.68吨/人·年提高到2.01吨/人·年；费用管控能力提升：管理费用同比减少737.87万元、财务费用同比减少21.49万元；企业工业化水平提升：工业总产值完成预算的145.09%；企业创造财富能力提升：工业增加值完成预算的198.93%；资源回收利用水平提升：选矿回收率比预算提高0.2%、资源综合利用率比计划提高0.3%；新增储量WO_3金属量同比增加7.29%；科技创新完成8项，同比增加33.3%，成为集团年度奖项最多、奖项最全的矿山企业；职工人均工资收入同比提高14.4%，创开矿以来历史新高；企业内外部环境大为改善，矿区生产、生活秩序良好，无邪教非法活动、无越级上访事件，未发生刑事、治安案件和火灾、交通等事故，企地和谐。

一、勤俭办事蔚然成风，成本费用得到管控

一是严控非生产支出。除重要增效项目和影响安全环保项目外，其他专项或缓或停，大项目费用现场核实，审核专项61个、费用247.6万元，核减45.2万元。加大办公费、差旅费、招待费、修理费、交通费和水电费监控、跟踪，定点保险、定点维修，取消内部油库，严格执行出差、用车、招待管理办法，管住“腿”管住“嘴”，12项可控管理费用同比下降33.4%。二是严控生产成本。把成本节约责任落实到各生产班组机台，生产单位辅材定额下降3%～5%，其中左拔坑口生地探作业钢轨、机车线、塑料管定额下降50%，樟斗坑口开拓、生地探作业钢轨、机车线、塑料管全靠回收复用，班组核算面达100%，修旧利废节约成本262万元。三是坚持勤俭办事。老矿山改造项目多，决策时精打细算，使资金既经济又到位。主要财务指标均好于集团下达的预算目标，一举甩掉连续3年严重亏损的帽子，为江钨集团转型升级、集优上市夯实根基。

二、功夫下在现场，眼睛盯着市场

一是调整生产布局。抓好樟斗140以上中段低品位资源和左拔186、236、337中段短小、半截、难采和不适合正规机采的残矿资源及对大采实施有影响的资源回收，多出存窿老矿弥补原矿品位

不足。二是压缩生产规模。减少边部和低品位段掘进量，想方设法“多出矿、提品位、保产品”，加大原矿处理，满负荷生产，选厂日处理原矿1050吨以上，再创历史新高。三是抓账外矿回收。加强左拔500残矿回收跟踪管理，减轻机采压力，确保账外矿和残矿回收计划完成。四是优化原矿品位。加强左拔高品位采场技术管理，加大高品位放矿点考核，井下废石充填空区，少出窿废石5000吨，创下月产、日产钨精矿和出窿原矿品位历史新高，原矿品位比计划提高0.035个百分点、采矿贫化率比计划降低3.1%同比低2.4%、采矿损失率比计划降低1.2%同比低0.3%、开采回采率比计划提高2.52%同比高1.3%。五是把握销售时机。完善矿产品外包装标识，获国家产品质量认证书，“双龙”牌黑钨精矿知名度提升，并作为集团矿山企业产品外包装样板。准确分析市场行情，选准价格波峰时销售，销售钨精矿为年计划的102.8%、销售钼精矿为年计划的289%，产品卖上了好价钱。

三、严抓细化保安全，安全本质程度提高

一是按制度问责。2017年，公司完善267个岗位安全生产责任制和井下54个、地面150个岗位操作规程，明确“党政同责、一岗双责、齐抓共管”要求，增加“外包工程队安全管理与奖惩”和“环境保护奖惩”内容，将日常作业中违章行为由206条增至297条列入处罚细则，安全问责制度化。二是严格安全现场确认。保持现场安全确认和对安全违章行为常态化高压态势，开展安全教育培训2896人次、安全演练12项、专项治理24次、排查治理隐患609处。三是重点跟踪管理。结合点多面广生产格局，明确工区长、值班管理人员分工职责，每周安全员、分管领导不定期对各采掘、装运点班前班后安全确认执行情况复查，公司每周汇总发布坑厂安全生产管理信息，明确各主要生产作业点的风险分析和控制措施、安全检查、安全教育与培训、安全奖罚等重点，跟踪管理。公司爆破作业、现场管理、工艺劳动纪律、基建安全质量4个督查小组，分线查处违章行为，组织专项检查39次、查治各类安全问题741处，查处违章、违纪行为892起，处罚相关责任人575人次，“现身说教”42起。四是安全活动多样。先后组织“安康杯”、“十个一”、“安全生产月”、“夏季百日安全专项行动”等活动，将主要岗位工种“课堂”转移至作业面，组织岗位规程、自救设备操作、职业卫生、环境保护等知识培训。五是深化安标建设。把采掘台班现场文明生产作为管理提升项目，采场有一条不合格视为不达标，平巷有二条不合格视为不达标。采矿台班达标率100%，顺利通过持续6年的法定安全环保项目，安全生产标准化管理体系运行通过专家组复评，选矿厂重金属治理项目验收通过，尾矿库排放口在线监测系统运行正常，在线有效数据传输率90%以上、综合发布率95%以上，工业“三废”达标排放，工业废水循环利用率比计划提高1.3个百分点，达到“六杜绝一控制”要求，轻伤负伤率下降7‰，个体呼吸性粉尘采样率比计划提高5.6个百分点、工人群平均粉尘浓度合格率比计划提高7个百分点、职工职业健康监护档案100%，未新增职业病，实现安全效益目标，再获江钨集团“安全生产先进单位”荣誉称号。

四、精益管理彰显成效，管控能力明显增强

一是优化结构，减员增效。重点压缩生产辅助、机关后勤、管理岗位定员，年内退休、辞职等自然减员不补，鼓励支持大众创业、外出就业，签订离岗协议45人，减少工资支出54万元，在岗职工人数由年初797人，精简到年末的765人。二是优化标准，项目增效。以企业内部管理近5年最好水平为参照，选取其中38项最具先进性、可操作性和示范性的对标指标为标杆值，把井下浇斗等基建施工列入管理提升项目，减少浇灌量269.68立方米、节约费用26.5万元。继续抓好“降低采矿贫化，提高矿石质量”、“提高左拔286运输大巷运输能力”项目，每个专项都有相关部室人员现场察看，严格把关。年内完成审计监督项目11个、50万元以下工程基建项目3个，结算金额42.28万元，审核金额38.68万元，核减3.6万元，核减率8.51%，完成承包费审计8次合计84.98万元，保证资金使用效果，资源综合利用率、掘进与选矿成本、物资周转率、二三线人员比例等接近历史最好水平或优于标杆值，其中设备完好率比计划提高2%同比高1%、万元产值能耗比计划降低0.013吨标煤，同比低0.021吨标煤，成本节约785.36万元。三是优化风控，管控增效。严把证照入门关，规避合同管理风险，加强外包工程结算，催收左拔残矿回收和樟斗石料厂应收账款40万元、预收承包金112.5万元。针

对樟斗村民土地、樟斗石料厂挡土墙整改、青山尾残矿回收复产告之等问题，均通过企业法律顾问出具法律意见函答复。四是优化物管，降本增效。坚持材料、备件、设备采购货比三家，对一些统供外物资采取年初锁定基价年中适当调整的比价模式，最大限度地使用积压的金属简易门、旧金属筛网、铝芯电线、废旧轮胎、旧铁管、旧桌椅等物资，在材料采购总额同比减少17.30万元的情况下，节约材料采购费用11.86万元。

五、科技创新进展顺利，项目建设卓有成效

一是集团科技项目有序推进。左拔矿区南组难采矿体开采项目已实施炮孔作业和首次大爆破，该区域存窿老矿、账外矿和后退式回收矿柱问题有望得到解决，新增产值2240万元计划有望实现。调整回采左拔矿区236中段100－101线V205、V206、V209采场技术和施工方案，确保回采量5.67万吨、品位0.318%、新增产值2400万元设计要求。二是自主创新项目落实有力。组织精选钨系统磨矿工艺流程改造，采用螺旋机给矿、球磨机替代棒磨机磨矿的工艺，年节约人工、物耗和电耗成本6万元；樟斗系列成功应用智能图像选矿，两个手选台以机械化换人，废石选出率提高5%，生产效率提高10%，减少人员6人/班·系列；老厂手选排废矿车运输改为皮带运输，减轻劳动强度；左拔坑口成功应用光感应自动洒水降尘工艺；以高压风清理矿车结底技术解决传统锤击法清矿车结底易造成矿车变形弊端，清车底时间由原来的每班1小时缩短至半小时，矿车使用周期提高10%，装载系数提高15%；中矿加工实行PDCA管理，增产钨精矿29.9吨、铋金属2.8吨。三是加大培育发展新动能。编制了公司“十三五”（2016－2020年）科技专项规划，向集团申报创新创意项目35个，密切跟踪CYGJ86型液压掘进钻机、反井钻机等新技术新设备应用情况，落实双层摇床、破碎机齿板加涂料、聚胺脂新型筛网和聚胺脂螺旋护板等新技术、新材料推广应用工作，加速科学技术成果转化。四是矿证管理进一步完善。完成左拔、樟斗矿区储量核实报告评审备案，确定左拔、樟斗矿区地质环境恢复治理与土地复垦项目矿区废石堆现场勘查及主要工程。完成产业重组整合所需的采矿权评估资料提交，并积极开展左拔矿区86米以下探矿权申请工作。五是“五小”活动广泛开展。“多金属硫化矿无氰分选工艺研究”、“左拔矿区南组脉带深部开采地压控制研究”和“某矿黑钨矿、白钨矿、锡石分选试验研究”项目分别获集团优秀科技成果、优秀科技论文，公司获集团科技工作先进单位称号。

六、内部改革持续深化，发展活力明显增强

一是完善法人治理结构。修订完善公司《章程》和《党委会议事规则》等制度，把企业党组织内嵌到公司治理结构中，将党委会研究讨论作为决策的前置条件。二是改制重组有序推进。严格按集团资产重组要求，及时与大余、崇义县局室工作对接，先后完成不动产登记土地、房屋的外业测量和数据提交，有证土地的分割、入宗以及相关资料的准备、资产划分方案编制工作，办理不动产证66本、涉及土地658.3亩、房屋面积2.74万平方米矿区管委会重组到下垄钨业阵营。三是三项制度改革平稳进行。按照集团的要求，出台工作方案和实施细则，推行兼岗并岗、岗位承包、内部退养、离岗休养等形式，中层管理人员由51人减为40人，业务部门由12个减为11个，公司两级机关减少36人。职工89人离岗，其中内退62人、离岗休养9人，解除劳动合同18人。四是企业办社会职能正在剥离。与当地政府签订“三供一业”分离移交协议，移交建筑（含老年活动场所、废弃危房等）1014平方米、土地（含篮球场、健身场、菜市场、空地等）22.16亩，移交档案3600余份、195名党员组织关系已转移到位、资产移交问题双方达成共识并签署备忘录，退休职工养老统筹、妇幼保健等社会职能剥离工作同步推进，社会职能移交工作进入尾声。

七、凝心聚力队伍稳健，干部作风明显转变

一是大力加强基层党建工作。坑厂配备专兼职总支（支部）书记，规范“共产党员之家”和党支部建设，增强党员归属感和党支部凝聚力。构建总支（支部）“两学一做”“互联网＋”系统，借助公司局域网和集团网实时传播党建动态、“两学一做”热点，利用QQ群和微信群构建“指尖上的支部”，广泛开展“微党课”“微展播”“微讨论”“微活动”和党员挂靠班组活动，党员与班组共同探讨、深入分析，提出改进措施，解决班组中遇到的难题，提升安全管理水平和生产效率。坑厂党员干部每周常态化义务劳动，带头收旧利废、降本增效，促进了干部作风转变。一

大批先进人物受到上级表彰，台班长陆高峰获集团年度劳动模范称号。二是组织“法律下基层”。请法学专家到坑口教授法律知识。学习宣传贯彻党的十九大精神，开展形势任务教育和反腐倡廉教育，组织党员干部观看“四风”警示教育片，纪委命题组织中层副职以上党员干部闭卷考试，不断严明政治纪律和政治规矩，筑牢拒腐防变防线。三是精心组织“攻坚杯”劳动竞赛。以主体指标赛为主抓手，配套实施井下运输班组达标赛、巾帼手选赛、选矿机台标杆赛、优质服务流动红旗赛、自主赛等8个大项比赛和常态化赛中赛，连获集团竞赛大奖。四是扎实推进文化建设。围绕新时代中国特色社会主义思想、社会主义核心价值观，集团发展新理念、公司发展目标和企业文化，开展系列活动，投入50余万元制作安全生产视频教育系列片。全年编发下钨简报333期，外发稿采用301篇，均创历史新高。五是关心职工生产生活。全年拨付职工班中餐费用231万元、支付矿区环境整治费用235万元，着力改善生产生活条件。及时对生病住院和生活困难的职工伸出援助之手，完成145名退休职工大病补充医保的缴费、60名退休职工定点医院的变更，安排岗前、岗中和离岗职业健康检查399人次，为871名职工建立职业卫生档案，企业和职工社会保障各项权益得到保证，受到国家安监总局和省市县职业卫生健康巡视检查组好评。

八、和谐共建惠民惠企，矿区环境持续优化

一是绿色矿山扎实推进。樟斗矿区第三批国家级绿色矿山试点通过初评，以94的总分为江西省国家级绿色矿山试点单位建设第一高分。示范基地建设项目总结和推广工作正在进行，以确保顺利通过部委、省政府等部门验收。二是企地综治联防共建。主动靠前，抓小抓早，各护矿（厂）队出巡760多人次，驱逐进入矿区进行非法采、捡、选矿者19人（次），派出2000多人次守护井下高品位采场，查找漏洞，企业内外部环境大为改善，矿区生产、生活秩序良好，无邪教非法活动、无越级访事件，未发生刑事、治安案件和火灾、交通等事故，企地和谐，获江钨控股集团“社会治理综合治理先进单位”荣誉称号。三是矿容厂貌得到整治。第一批12个矿容矿貌整治项目从11月1日开始实施，现已基本完成；第二批项目已经完成立项、预算、审批程序，亦将实施，矿容厂貌有望焕然一新。四是惠企政策落地有声。加强与人力社保、财政、地矿、土地、工商、税务、科技、安全、经信委等各部门沟通联系，重新梳理解读省政府80条惠企政策，分头落实，对接省惠企政策7条，降低成本费用170.85万元。

（熊　龙）

云南木利锑业有限公司

一、概述

云南木利锑业有限公司（以下简称：公司）是集采矿、选矿、冶炼为一体的股份制企业，技术装备和工艺水平位居国内先进行列，其系列锑品以优良、稳定的质量深受国内外用户信赖。2017年，公司基本完成年度内部经济责任制指标及奋斗目标。全年产品商检合格率100%，顾客司法投诉率为零，严格执行ISO 9001：2000国际质量管理体系及ISO 14001：2004环境管理体系标准。公司属“安全生产标准化二级”企业。“木利”牌商标保持“云南省著名商标”品牌形象及“文山州知名商标”。公司产品质量获文山州首届质量管理奖。公司属中国有色金属工业协会理事单位及中国五矿化工进出口商会锑分会理事单位、国际锑协会全权会员单位、中国有色金属节能理事会会员单位、中国有色金属工业协会锑业分会副会长单位。公司从2010－2017年连年获得国家工商行政管理总局“守合同重信用”企业公示资格；2008－2015年连年被评为省级“守合同重信用”及州级“守合同重信用”企业。曾被评为“全国无偿献血促进奖特别奖”。公司被广南县总工会表彰为“广南县劳动关系和谐企业”；被文山州工业和信息化委员会评为“文山州企业技术中心”；被中国有色金属工业协会评为“2016年度有色金属行业先进统计单位”；2017年6月公司获广南县“两学一做”学习教育知识竞赛优秀组织奖。

二、生产经营

2017年，完成工业总产值1.47亿元，同比增长27.98%；实现工业增加值0.73亿元，同比下降3.4%；实现销售收入1.4亿元，同比增长22.29%；上缴税金1784万元，同比增长9.84%。公司资产总额达到2.19亿元，比年初增长3.29%。采矿回收率97.03%，比计划上升3.03

个百分点，比上年上升0.75个百分点；选矿回收率82.76%，比计划回收率上升2.46个百分点，比上年上升1.41个百分点；平炉冶炼回收率90.43%，比计划降低3.61个百分点，比上年降低3.79个百分点；反射炉冶炼回收率99.06%，比计划回收率上升0.06个百分点，比上年降低0.43个百分点。全年销售氧化锑系列产品3448吨，比上年下降7.68%。电站自发电量411万千瓦时，比上年的427万千瓦时下降3.70%，比公司内部经济责任制计划400万千瓦时增长2.8%。

三、改革与管理

2017年，公司持续完善内部管理及制度。根据国家相关规定，制定公司《安全认可与奖惩制度》，以最大限度减少各类事故，降低经济损失，保障公司经营目标顺利实现。成立汛期值班领导小组，切实作好汛期防洪、抗洪救灾工作。召开公司第六次科技代表大会，并对科代会评选的论文给予表彰。进一步做好公司初级职称评审委员会的任职，持续做好专业技术职称评定工作，推进公司初级技术职称任职资格的落实，并聘用各类专业职务人员，实现公司人才队伍的合理配置与利用。进一步规范公司人事管理权限，促进公司管理人员及员工有效流动，提高公司各层人员的整体工作效率。进一步补充和完善公司《内部经济责任制》，发挥员工效能最大化，降低各项生产成本。用奖罚方式把企业全年总经济技术指标和工作指标，安全生产责任制，层层分解落实到下属分公司、厂站车间、班组乃至个人，企业分解面100%，确保2017年度产量、回收率、成本、安全、环保等经济指标和工作任务顺利完成。通过召开股东代表大会，审议了公司各类工作报告及签订《安全生产承诺书》、《集体合同书》。2017年，公司积极组织参加安保互动、团体意外伤害保险、车辆保险等各项保险，进一步保障公司的各项工作安全有效运行。严格执行ISO 9001：2000国际质量管理体系及ISO 14001：2004环境管理体系认证标准，确保产品合格率100%，保持质量标准与国际接轨，不定期对客户开展满意度调查，充分征求广大客户的意见和建议。将安全文明生产放在一切工作中心位置，着重开展“安全生产月活动”，并结合公司“百赛”活动、驾驶员考核、贯彻落实《2017年安全生产大检查实施方案》等全方位检查考核措施，实行企业安全生产责任体系五落实五到位，确保企业主体责任落实，确保公司安全生产与经济指标运行的协调健康发展。

四、服务社会

2017年，公司在生产经营困难的情况下，不忘感恩，回馈公司退休的老职工，对老职工进行生活补贴100多万元。更不忘扶贫工作这一重要社会民生工程，除对矿区周边进行扶贫帮扶外，提供水泥20吨，帮扶乡村建设项目；还提供水泥100吨，帮扶乡镇分支道路和入户道路建设项目；认真贯彻、宣传义务献血法，参与无偿献血员工29人（次），献血1.1万毫升。

五、建设与技改

2017年，公司充填工艺改造项目系统投入使用，系统共投入800万元，投入运营后真正实现降低工人劳动强度和劳动力成本支出。公司投入80万元，在选矿分公司建设尾矿再选工艺，以提高回收率，降低磨选段丢尾品位。投入资金235万元，对第一冶炼平炉进行扩能改造，新建6号、7号平炉系统，以适应公司的生产要求和发展要求，进一步提高公司冶炼增效能力。投入资金45万元，新建一套引风系统，满足污染物达标排放标准。投入32万元，完成冶炼厂的行车安装、脱硫塔加固及防腐处理、房屋修缮及零星工程等生产建设。投入资金36万元，完成一冶厂进厂公路的柏油路硬化工程。公司投入300多万元，完成新产品开发项目前期工程。

六、党群工作

深入学习贯彻党的十九大精神，订购系列丛书及十九大精神学习笔记本，做到公司党员人手一册认真组织学习。2017年，根据中共中央党费收缴的规定，组织公司106名党员认真缴纳党费。认真组织与5个支部签订2017年度《云南木利锑业有限公司党支部党风廉洁从业建设工作责任制》。下发执行《公司党支部2017年工作责任制》，完成党委对各支部的考核及评分。进一步签订《非公企业党员目标责任书》对5个支部106名党员按要求参与考核，支部及党员参与率100%。公司党委认真组织开展党委民主生活会。认真组织开展庆祝建党96周年系列活动，制定周密的活动方案，对2017年度先进党支部及优秀党员进行表彰。年中，认真执行2017年度《公司党委委员及党员高管人员目标责任书》。认真制定《云南木利锑业有限公司机关党建特色工作方案》，着力推进非公企业规范化、诚信化、法治化进程。年内，共发放慰问金1.91万元，慰问员工、家属及困难党员共28人（户）。投入资金11.45万元开展创先争优活动先进评比工作，评出2个先进党支部、10名优秀党员、2个先进单位、15个先进班组、52名先进工作者并进行表彰奖励。组织员工开展丰富而较具活力的“三八”妇女节、“五一”国际劳动节、开展八一建军节座谈会；组织退休老员工欢度敬老节；积极组织“十一”国庆节活动；开展“安康杯”知识竞赛活动；开展季度安全生产、设备管理“百赛”活动；投入资金1.7万元完成2018年度党报党刊、业务性报刊的征订工作。

（蒙 文）

崇义章源钨业股份有限公司

一、企业概况

崇义章源钨业股份有限公司（以下简称：公司）位于“世界钨都”——江西赣州的崇义县，始创于2000年。公司历经10余载的艰辛创业，从一家以采选钨矿为主的小企业迅速发展成为集钨的采选、冶炼、制粉、钨材与硬质合金生产和深加工、贸易为一体的集团型企业。公司于2010年3月31日在深交所成功挂牌上市，是江西省钨行业唯一上市企业（股票简称：章源钨业，股票代码：002378）。公司现拥有7个探矿权矿区、5座采矿权矿山、5个钨冶炼及精深加工厂、3家全资子公司、1家控股公司及2家参股公司。截至2017年底，公司注册资本为9.24亿元，总资产为41.14亿元，职工人数为2850人。

二、生产与经营

2017年共生产钨锡精矿3139.9吨；采矿量76.27万吨；钨选矿处理量100.37万吨；仲钨酸铵7641.64吨，钨粉5787.74吨，碳化钨粉5305.81吨，硬质合金1706.72吨。

2017年，公司实现工业总产值16.22亿元，营业收入18.20亿元，实现利税总额为2.90亿元，其中利润总额为2.14亿元。

三、改革与管理

（一）安全环保

2017年，公司安全生产态势平稳，环保工作持续向好，全年污染物达标排放，未发生环境污染及群体性上访事件。

公司各矿山各项环保设施运行正常，废水达标排放，在线监测数据传输符合要求，环保应急响应能力不断提高。此外，安标化工作取得重大进展，三个主营矿山地下矿山系统、尾矿库和选矿厂三个系统均顺利通过安全标准化二级标准的复评。

公司深加工板块通过采取积极防控措施，有效地杜绝重大火灾、爆炸事故及重伤以上事故的发生。同时，公司完成生物质燃料锅炉的改造并投入使用，新增湿式静电除尘器等装置，本质上降低二氧化硫、烟尘等废气的排放；并对冶炼厂废水站进行优化改造，在行业内率先使用除氟污泥干化系统，大幅降低废水污泥量，公司污染防治水平得到提升。

（二）两化融合

2017年，公司持续推进两化融合建设，重点推进了矿山机械化建设和深加工板块信息化建设。各矿积极探索、力避陈规，积极引进与目前矿山生产态势相匹配的技术和设备，大大提高了劳动安全程度并减轻了劳动强度，有效提升矿山生产效率。

深加工板块生产控制系统MES项目扎实推进，2017年10月在冶炼厂正式上线，运行平稳。同时，融入新技术，公司积极推动企业数据中心上线，建立章源钨业云桌面系统，实现数据的统一存储和弹性办公，为公司今后信息化发展打下坚实基础。为有效完善公司一体化管理体系，公司还重点推进了两化融合管理体系贯标工作。

鉴于公司在智能制造领域积极探索与开拓，公司被江西省工业与信息化委员会授予“省级智能制造试点示范企业”荣誉称号。

（三）市场营销

公司合金产品以往都是通过经销商销往终端客户，产品销量一定程度上受限于经销商。为拓宽销售渠道，整合相关资源，2017年12月，公司与经销商合资成立了赣州章源合金棒材销售有限公司，专门负责公司棒材产品的销售，集中力量，重点突破，有力提升了公司棒材产品的市场占有率。

（四）财务管理

2017年公司财务部紧紧围绕生产经营计划和

年度工作重点，以求真务实、高效创新的工作作风，有序地完成了各项工作，亮点颇多。为进一步细化生产成本核算，公司财务部创新举措，新制定出产品利润中心核算方案；同时创新融资渠道，与四大行签定协定存款协议，提升存款利润，进一步降低融资成本。

四、科技创新

（一）平台建设开创新局面

博士后工作站运行良好，完善了相关管理机制，成功引进两名博士后，有力助推公司的技术创新向更高层次提升。同时，依托公司技术中心设立的江西省钨制品工程研究中心，成功获批2016年省创新驱动“5511”工程平台。

（二）技术改造获得新成果

冶炼厂成功制备出超高纯APT，产品质量已达到国际领先水平。粉末厂重点改进了喷涂粉的生产工艺，成功解决空心粒子波动等问题，有效提高产品的稳定性。

（三）知识产权取得新成就

公司全年申请专利10项，授权专利6项，其中发明专利2项，实用新型专利4项。

（四）产品开发迈出新步伐

合金厂新开发16个异形牌号和2个棒材牌号；同时，针对ZK系列和ZJ系列牌号进行优化，提高产品性能，现已成为公司地矿用合金的拳头产品。

五、党群建设

2017年，公司党委全力推进党建工作与生产经营的深度融合，充分发挥非公企业党组织在企业发展中的政治引领和在职工群众中的政治核心作用，全面提升了党建工作水平。一是战斗堡垒作用凸显，各级党组织在支持配合行政抓好生产经营管理、促进改革创新、推动降本增效等方面发挥了重要作用，同时按照职责分工，着力加强员工思想政治工作，化解内部矛盾；协调周边关系，优化发展环境；积极推进企业文化建设。二是党员先锋模范效应凸显。据统计，公司212名党员中，有178名是部门骨干、班组长、中层以上人员，占党员总数的84%。三是党员中坚作用凸显。公司所有技术创新、管理创新、降本增效工作以及日常生产经营中的急难险重新中，党员在其中起了中坚作用。四是党群工作成绩显著。公司党委被评为“优秀基层党委”；党委书记张宗伟被评为“优秀党务工作者”；公司工会被省总工会授予“全省百佳园区非公企业工会”荣誉称号；公司妇联被省妇联授予“2017年江西省三八红旗集体”荣誉称号；女职工王贤莲被授予“2017年全国巾帼建功标兵”。

（钟芳兰）

赣州市赣南钨业有限公司

一、基本概况

赣州市赣南钨业有限公司（以下简称：公司）成立于2001年1月，是由五矿有色金属股份有限公司、赣州工业投资集团有限公司、崇义章源钨业股份有限公司、赣州海盛钨钼集团有限公司、赣州特精钨钼业有限公司、普宁市金丰穗再生资源有限公司共同出资，依照现代企业制度设立和运营的有限责任公司。公司主营业务为钨矿及其制品的销售，是中国钨业协会理事单位、赣州市钨业协会副会长单位，中国有色金属工业协会、中国五矿化工进出口商会会员单位，也是中国五矿集团设在赣州钨原料集散地的“窗口”企业。

在董事会的领导下，在股东企业的支持和帮助下，公司顺应市场形势积极调整年度经营战略，以严控风险、服务创新、提高整体竞争力为2017年经营宗旨，努力克服价格上升带来的流动资金紧缺的困难，全年实现主营业务收入4.05亿元，同比增长103%；实现利润60.15万元，同比增长38.09%；公司平稳运营，完成中钨高新下达的经营业绩考核目标。

针对2017年钨原料供应紧缺、价格波动大的市场特点，公司在经营工作中树立市场危机意识，克服价格上升带来的流动资金紧缺的困难，以快进快出的营销策略建设性开展营销工作。

二、快进快出，建设性开展营销工作

在股东企业的大力支持下，公司业务量同比大幅增加。1－12月采购商品4396.79吨，其中钨精矿和APT同比分别增长332%和70.14%；1－12月销售商品3684吨，其中钨精矿和APT同比分别增长356%和78.6%，既及时满足股东企业对钨原料的采购需求，又有效扩大了公司作为赣州钨原料集散地对外“窗口”企业的市场影响力和市场份额占有率，也将赣州钨原料市场信息、客户资源优势与股东企业原料采购需求有效结合，适应上下游产业链产销节奏，更好地服务于股东企业上下游产业链的营销一体化运作。

三、加强经营风险管控，强化财务预算监控

公司贯彻执行全面预算与程序规范的财务管理制度，加强预算总量控制，强化年度预算费用指标，实现年度预算差异率低于10%，成本费用利润率、其间费用占收入的比重均有效控制在年度预算范围内；注重提高流动性安全的保障程度，营销部与财务部在流动资金调配、应收应付信息及客户信用档案方面建立了无缝协同运作关系，有效增强了市场应变能力，缩短了营销业务应变周期和资金账期，全年未发生业务坏账与呆账，实现应收账款周转率43.50次，实现流动资产周转率10.79次，存货周转率29.76次。

四、建立健全内控体系

按照《中国五矿内部控制标准（2015版）》及相关要求，以"控制制衡、深化评价"为总体原则开展2017年内部控制的建设工作。重点推进以预算管理、存货管理为内控工作重点流程，注重财务管理与公司运营目标的协作融合，陆续开展内控自评价工作，先由主责部门采用内控标准对标方式自评价，使公司制度流程得到优化，再由内控工作组对执行情况检查，不断完善和优化公司业务流程，使之与公司经营规模、业务范围、竞争状况和风险水平相适应，在权责分配、业务流程等方面形成相互制约、相互监督，并兼顾运营效率的内部控制建设，保障公司稳健经营、持续发展的需要。

五、提高党建工作在经营管理中的指导地位

2017年，公司党小组深入开展以"学党章党规、学系列讲话，做合格党员"为主要内容的"两学一做"主题活动，增强党员的党性意识、纪律规矩意识，始终把纪律规矩挺在前面，不触碰纪律底线，不逾越规矩红线，不踩踏法律雷区。加强廉政防控，防止腐败现象的发生，并根据《转发<关于做好中央企业"党建工作要求纳入公司章程"有关问题的通知>的通知》（中国五矿党组办〔2017〕12号）文件精神，完成"党建进章程"工作，修订《公司章程》，使公司的经营管理在党建工作的指导下规范开展。

六、承担行业自律责任，服务赣州产业发展

公司作为赣州市钨协副会长单位，积极参与赣州钨粉企业建立钨粉价格自律机制及赣州市钨产业深加工产品新一轮奖励政策的修订工作，并参与赣州钨深加工企业在新一轮奖励政策期内产能与销售情况预测调研课题。主动服务五矿运营体系和公司经营对市场信息的需要，对大型钨企钨原料采购长单价格进行动态数据整理分析，并按季提供赣州钨产业分析报告，为公司决策和中钨体系运营提供有效的参考信息。

七、深化政治共识，提高员工政治素养

公司把学习十九大精神放在全体员工思想建设工作的首要位置，以定期举行的系列学习专题会为平台，树立"学习是为了更好地再出发"的理念，努力把公司全体员工思想统一到党的十九大精神上来，不断坚定"四个自信"，提高自身政治素养和理论修养。以丰富多彩的工会文体活动凝聚员工合力，把员工的智慧和力量汇聚到公司的经营管理目标任务上来，为全面完成董事会下达的年度经营任务，多献务实之策。

（赖彦芳）

洛阳栾川钼业集团股份有限公司

一、企业概况

洛阳栾川钼业集团股份有限公司（以下简称：公司）属于有色金属采矿业，主要从事铜、钼、钨、钴、铌、磷等矿业的采选、冶炼和部分深加工等业务，拥有较为完整的一体化产业链条，是A+H两地上市平台的矿业类上市公司。2017年公司总资产978亿元，净资产459亿元，工业总产值86.13亿元，主营业务收入241亿元，税费8.97亿元，净利润35.96亿元，其中归属于母公司股东净利润27亿元，年末职工人数11226人。

二、生产经营

2017年伴随着全球经济出现持续回暖，以铜为代表的大宗商品价格出现上涨，叠加新能源汽车领域的爆发性增长带来的钴价大幅度上涨，以及国家供给侧改革使得中国不锈钢产量稳步提升带来的钼消费需求增长。公司各个业务板块经营持续向好。

生产经营主要措施：一是独家锁定刚果（金）铜钴业务少数股东权益，巩固海外并购成果，提升话语权及控制力；二是顺利完成A股非公开发行股票，有效改善资产负债结构，增强公司实力；三是参与设立资源投资基金，签约全球领先金属贸易商；四是加强成本管控，提升生产技术指标，资源综合回收利用成效显著，成本优势进一步增强；五是严格要求，狠抓督促落实，安全环保形势平稳。

2017年无重大以上设备事故发生，设备运转率95.59%；配件消耗同比降低839.59万元，电力消耗同比降低2163.78万元；钼选矿回收率85.26%，钨选矿回收率79.13%。

三、改革与管理

公司创立于1969年8月，前身是河南省栾川钼矿，经过近半个世纪的改革发展，公司已成为一家覆盖了基本金属、稀有金属和贵金属生产的A+H两地上市公司。特别是近年来，公司适应市场经济发展模式，实施混合所有制改革，借助资本市场运营，收购海外优质资源，企业发展驶入了快车道。

公司已建成股东大会、董事会、监事会、董事会下属各专门委员会及投资委员会等一整套现代企业管理架构，确保企业规范高效运作。

四、科技创新

公司一贯重视并持续投资于技术革新。2017年公司自主开发了远程控制卡车、挖掘机、高风压潜孔钻机进行露天采矿作业的智能采矿生产线，有效解决危险区域的作业安全，大幅度降低采矿成本，改善了工人作业条件，并获得中国有色金属工业科学技术奖一等奖。

公司通过优化产品结构和提升产品质量来进一步提高盈利水平。钨业务板块的APT项目是国土资源部支持的资源综合利用示范基地项目。该项目不仅创造了钨湿法冶炼行业最快的工程建设及达产速度，其生产工艺在国际国内均为首创，具有回收率高、成本低、综合回收效果好的特点。特别是解决了该行业长期以来的环保难题，基本上实现废渣废水的零排放，并且通过回收钼等副产品大幅降低了生产成本，同时提高了钨板块销售价格。该项目获得了中国产学研合作创新成果奖一等奖。

公司一贯秉承通过技术创新提高公司竞争优势的发展战略，强化科学技术创新对公司的支撑和保证作用，通过技术的创新改造培育公司新的利润增长点以及降低销售产品的生产成本，公司产品更具市场竞争力，以提高企业的综合效益。2017年公司境内业务主要实施了三道庄矿区选钼尾矿中铁综合回收实验研究、万吨工艺流程优化试验研究、辉钼矿“超微入磨粒度”碎磨技术应用研究、基于高压辊磨机破碎粒度下的球磨钢球配比优化研究、钨浮选尾矿萤石综合回收选矿技术开发研究等技术研发项目。

五、党的建设、精神文明建设和绿色发展

围绕生产经营，持续加强党建和反腐倡廉工作。围绕提升公司凝聚力、向心力和执行力，扎实开展企业文化建设工程，促进各单位互相交流、互相学习，为生产经营活动助力。深入开展党规党纪学教活动，积极推进巡察工作，保持反腐倡廉高压态势。

加强防治污染设施建设及运行治理工作。严格按照环保部门及项目环境评价报告制定的要求，完善废气、废水治理环保设施，通过安装和建设袋式除尘器、雨水收集池、隔声消声器等环保设备、设施，有效防治生产运行中产生的废气、废水污染，并确保噪声得到控制管理。

积极履行社会责任。落实工业反哺农业政策，不断为栾川地方经济和各项事业的发展捐资助力，连续4年为栾川县捐赠社会化公益扶贫资金及捐资助教金达8500余万元。先后被河南省政府和洛阳市政府授予“全省社会扶贫先进集体”、“洛阳市社会扶贫爱心企业”荣誉称号。

秉承“矿业立企、造福社会、成就员工、回报股东”的使命。以“执行安全、环保和职业健康的最高行业标准，为股东、员工及社会创造丰厚回报”为核心价值观。以“依托先进的管理理念和团队优势，在巩固和稳定极具竞争力成本优势的同时，致力于在全球范围内投资整合优质资源类项目，将公司打造成具有全球视野的、具备深度行业整合能力的国际化资源公司”为战略目标和战略定位，与客户建立了稳定双赢的合作关系，为员工创建良好工作环境、优厚的报酬和良好的发展空间。

（宋英奇）

广西高峰矿业有限责任公司

一、概况

广西高峰矿业有限责任公司（以下简称：高

峰公司）成立于1997年元月，位于广西南丹大厂矿区，矿区面积为2.2平方公里，矿区内资源丰富，开采的主体为105号矿体。公司法人治理结构健全，多项配套管理制度完善。高峰公司现有资产总额为16.37亿元，有员工949人，其中各类专业技术人员187人。

经过多年的建设、改造、创新，高峰公司业已形成年采选矿33万吨、年充填20万立方米的生产能力，主要产品为锡精矿、铅锑精矿、锌精矿等。

多年来，高峰公司员工不断发扬“坚韧不拔、艰苦奋斗、团结拼搏、勇攀高峰”的企业精神，努力将潜在的资源优势转变为现实的经济优势，累计完成采（选）矿量499.16万吨，产出锡、铅锑、锌精矿金属量85.34万吨，实现工业总产值116.05亿元，实现销售收入105.01亿元，实现利润总额46亿元，上缴税费25.18亿元。其中2017年完成采（选）矿量27.54万吨，实现销售收入9.27亿元，实现利润总额5.48亿元，上缴税费2.43亿元。公司先后荣获了“南丹县文明单位”、“河池市纳税信用AAA级企业”、“河池市强优企业”、“广西有色金属行业十强企业”、“广西纳税大户”、“全国安康杯竞赛优胜单位”、“全国矿产资源开发利用先进矿山企业”等荣誉称号。

二、生产经营——严密组织均衡生产

2017年，高峰公司在组织生产过程中，重点加强生产作业计划管理，抓好井下开拓及采矿工程施工，严格开采回收率、采矿贫化率指标管理，抓紧井下深部生产系统优化建设，持续推进机械化作业进程，继续完善以7号盲斜井为中心的深部提升系统和无轨运输系统，有效提高生产效率，持续抓好100号矿体残矿回收，加强空区充填工作，强化选矿日常生产组织和岗位操作管理，优化选矿工艺流程，加强设备维护保养，强化生产指标分析等。通过不懈努力，采选生产能力有效提升；在因安全事故等因素造成井下采掘作业停产累计达一个多月，选厂因无矿可选而被迫停产近一个月的情况下，全年仍能完成出（选）矿量27.54万吨。完成了地面集中供风向井下分区供风方式的转换，井下通风系统建设取得较大进展，井下作业环境得到有效改善；机械化作业得到进一步推进，井下外包工程队员工总数由上年度的696人减至555人，同比下降20.23%。

三、强化企业内部管理

高峰公司进一步修订完善内部管理制度，不断规范公司生产经营管理行为；加强招标和合同管理，重点抓好工程项目和物资采购招标管理工作，通过招标节约资金858.05万元；强化销售管理，做好产品定价工作，加强市场调研，拓宽销售渠道，确保了产销平衡，加强产品运输过程监管，做好销售服务，努力减少销售费用；加强财务管理，抓紧货款催收，积极与合作银行沟通，争取资金筹措，努力维持公司生产经营正常运转；继续清理外包业务，安排公司员工承担井下固定岗位工作；持续深化人力资源改革，进一步精简机构，优化后勤人员配置，深入改革薪酬分配制度，严控加班费支出，按规定及时清理长期旷工员工，进一步控制人工成本；继续实行值班长（班组长）及安全员（工）岗位专项津贴，调动员工的积极性，有效提高劳动生产率；从严控制各项非生产性支出；加强技术、设备、节能降耗减排等方面的管理工作，抓好对标管理，努力降低成本。强化内部管理有效促进了生产经营的良性发展。2017年管理费用同比下降30.88%，其中业务招待费、办公费、差旅费同比分别下降40.94%、12.83%和11.89%；采选单位成本同比下降0.49%。

四、抓好技改科研项目

2017年共投入技改资金2098万元，完成了探井新变电站建设等14个项目。其中，巴里选矿厂异地提标升级改造工程项目用地问题双方已达成“搁置争议同意先施工，待土地权属明确后按实际补偿”的一致意见，完成了工勘施工，集团公司组织对该工程初步设计（修改稿）进行了技术审查论证。深井高硫矿体通风系统高效节能改造工程，回风系统改造已基本完成，进风系统已完成大部分工程，黄瓜洞地面通风机站正在进行设备安装。

科研项目共投入经费156万元。重点开展了“锡共生多金属硫化矿绿色高效回收关键技术研究及示范”等6个研究项目，获得了“105号矿体矿石多金属分离无氰浮选”、“选矿废水低投资低成本快速处理”等技术，为高峰公司建设“清洁生产企业、绿色工厂”提供了技术保障。

五、加强企业文化建设

2017年，高峰公司领导班子会同公司党委、工会继续深化企业文化建设，重点推进市级文明单位创建活动，2月份公司喜获“河池市文明单位”荣誉称号；大力推进华锡企业文化——高峰公司讲堂工作，并于12月21日成功开讲，收到了较好的效果。

六、强化员工队伍建设

认真学习贯彻习近平总书记关于反腐倡廉的系列重要讲话精神，严格执行中央关于反腐倡廉的系列规定和条例，认真落实反腐倡廉主体责任。积极配合上级纪检部门开展专项巡察和中央八项规定“回头看”工作，加强对工程项目建设、物资采购、产品销售、资源保护等重点业务的效能监察，规范公务用车及公务接待管理，对“四风”进行常态化监督检查，加大对中层管理人员履职尽责考核力度，严肃查处履职尽责不力人员，不断改进工作作风，促进了员工队伍建设。

七、努力做好民生工作

2017年，高峰公司积极将金城江员工集资房产权证办理相关工作推进到了申请工程竣工备案环节；配合集团公司做好了南丹128户、来宾66户业主的集资房房号选定；完成了职工住房公积金移交地方住房公积金管理中心统一管理工作；会同工会深入开展爱心帮扶送温暖活动，共慰问、救助伤病员工、困难员工和退休员工1052人（次），发放慰问、救助金37.32万元，为困难员工申请上级帮扶救助金1.8万元，组织完成了公司1087名职工自费参加广西职工医疗互助保障投保，组织开展了员工气排球、羽毛球、足球比赛等多种形式的文体娱乐活动，丰富了员工精神文化生活。

（马　铭）

广西华锡集团股份有限公司

一、概况

广西华锡集团股份有限公司（以下简称：华锡集团）以生产锡、铅、锌、锑、铟为主，综合回收金、银、铜、铋、镉等多种金属，2017年已形成矿石采选315万吨/年，冶炼精锡2万吨/年，铅锭6万吨/年，锌锭6万吨/年，铟锭80吨/年，硫酸12万吨/年的生产能力。

2017年底，华锡集团总资产达104.46亿元，净资产14.67亿元。全年完成出矿量206.56万吨，生产锡锭1.15万吨，锌锭4.78万吨，铅锭2.45万吨，锑锭1685吨，白银4.73吨，铟锭2.11吨。总产值53.92亿元，营业收入35.89亿元，利润总额1.72亿元，税费4.85亿元。年末职工人数9586人，职工收入与上年同比人均增长约12%，收入增长更多向生产一线职工倾斜。

二、生产经营

通过组织均衡生产，加紧年初工作任务推进，提高设备检修效率，确保采、选、冶三线持续稳定运行，实现满负荷生产。矿山作业量和选矿处理量基本完成年度计划，锡、锌、铅、锑、银、铟回收率分别为96.57%、96.60%、95.42%、91.89%、93.59%和77.10%，其中锌冶炼回收率再创历史新高。

三、改革与管理

（一）推进职工家属区“三供一业”分离移交改造工作

认真贯彻落实国家要求企业剥离社会职能的方针政策，主动与地方政府有关部门对接工作，编制上报“三供一业”分离移交改造工作方案，做好分离移交的改造工作，签订移交协议，有望在2018年全面完成分离移交改造工作，切实改善职工居住环境，减轻企业负担。

（二）加强安全环保管理

2017年共投入安全环保费用1.53亿元，加强环保监管，做好危险源管控、安全大检查等长效机制工作。狠抓安全隐患的排查及整改，推进“双体系”建设，完善事故隐患排查治理责任链条。有序推进重要环保项目建设，为实现污染物达标排放提供保障。

（三）加强资金管理

全面推行资金平衡计划，降低资金风险，强化资金预算执行力，优化支付结构，确保公司资金链不断。开展压降“两金”工作，“两金”共计减少1.11亿元。

（四）加强物资采购和招标管理

逐步取消定价采购方式，继续扩大比价、招标、品牌、厂家直购比例，全年占比达79%，实现降库存2500万元。规范招标工作流程，创新招标工作方法，建立工程项目供应商的资料信息库，完善招标价格和客商评价体系，不断引进新的客户，形成招标工作良性竞争，全年共完成招标项目398项，招标成交金额5.61亿元，通过招标降低项目费用912.77万元，增加收入984.53万元。

（五）加强资源勘查管理

2017年，地质勘查共投入986.1万元。有序推进铜坑矿黑水沟－大树脚矿段锌铜矿首采区勘探项目，完成钻探2250.25米，地质效果较好。继续推进高峰公司105号矿体深部及边部探矿项目，完成钻探1992米，地质效果较好。开展对105－5号矿体的勘查分析，初步估算含矿石量8万吨，潜在价值约3亿元，高峰105号矿体找矿前景光明，集团公司战略资源储备进一步加强。

（六）加强销售管理

充分利用对内对外两个市场，拓宽销售及原料采购渠道，把握销售时点，全年共计实现运营增利1457万元。

四、开展“降本增效”专项活动

加强投资管控，严控工程项目数量及规模，全面缩减开支。推进修旧利废工作，共实现降本增效925.11万元。积极开展直购电工作，全年通过直购电交易，降低电费支出1425.3万元。从严控制可控费用支出，降本增效工作成效显著。

五、优化投资结构，重点工程建设有序推进

2017年实际完成投资1.11亿元。推进铜坑锌多金属矿3000吨/日采选工程建设，实际完成投资7450万元；推进铜坑全尾砂结构流体胶结充填系统及采矿方法调整改造工程，实际完成1560万元；车河灰岭尾矿库续建（470～490米）工程，实际完成投资1069万元；华锡铟锡资源高效利用国家工程实验室项目，实际完成投资1013万元。

六、实施科技兴企战略，技术创新取得新突破

完成广西区级创新平台“广西铟锡多金属采矿工程技术研究中心”的建设并认定为广西工程技术研究中心。完成国家重点研发项目“稀散矿产资源基地深部探测技术示范”的前期工作。2017年度集团公司申报获受理专利11项；授权专利20项，发表学术论文83篇，超额完成了年度的科技专业考核指标。锡锭、锌锭两个产品荣获中国有色金属产品实物质量认定金杯奖；“五吉”牌锑锭再次获得2016年广西名牌产品荣誉称号。

七、发挥党建监察工作优势，强化三个保障

认真落实管党治党责任，始终坚持融入中心、服务大局，把握方向、参与大事，抓好班子、带好队伍，充分发挥党委的政治核心和领导核心作用。坚持开展好“道德讲堂”和“企业文化讲堂”，成为华锡集团党群工作亮丽的风景线。严明政治纪律，强化监督制约，坚持问题导向，突出预防治本。强化学习教育，增强廉洁意识。创新体制机制，推进派驻改革。实施了完全独立的片区派驻纪检监察机构管理模式，建立交叉办案和跟班学习机制，提升干部素质。为企业发展提供坚强的思想保证、组织保证和作风保证。

八、加强企业文化建设，关注民生工程，构建和谐企业

加强企业关怀与帮扶，构建以精准帮扶为重点的服务职工工作体系，2017年共慰问困难党员216名，发放慰问金10.9万元；发放困难帮扶款、金秋助学款58.33万元。积极推进民生工程建设，2017年棚户区新增房源173套，助力矿山职工实现安家县城的美好愿望。

（王文菁）

江西耀升钨业股份有限公司

一、企业概况

江西耀升钨业股份有限公司（以下简称：公司）属民营企业，创立于2000年4月，原名为江西耀升工贸发展有限公司，2012年10月完成股份制改造，变更为江西耀升钨业股份有限公司。公司注册资本2.6853亿元，总资产14.6亿元，从业人员2300多人，现有2个直属矿山、3个全资矿业公司（含矿山），4个钨制品加工厂，2家四星级酒店，1座水电站。公司主营业务为钨业，已经形成了采矿、选矿、冶炼、制粉、硬质合金、贸易为一体的生产、加工、制造、销售全过程完整产业链条，现具备年生产钨精矿3000吨、仲钨酸铵（APT）1万吨、氧化钨6000吨、钨粉4000吨、碳化钨粉2500吨，喷雾混合料2000吨、硬质合金棒材800吨、球齿400吨生产能力。公司是江西省钨钢合金工程技术研究中心，江西省企业技术中心，国家高新技术企业，国家绿色矿山示范企业。公司被授予“江西省优秀企业”、“江西省杰出矿业企业”、“江西省知识产权优势企业”称号。

2017年，钨行业突破3年多的低谷期，钨市

场逐步回暖，公司抓住机遇，调整生产经营策略，不断改革创新，重抓安全环保，完善制度建设，适应新时代步伐，各方面工作取得了一定成效。

二、改革发展

（一）抓生产经营

全年完成主营业务收入7.36亿元，比上年增长6.2%，上缴税收5006万元，比上年增长15.7%；三产完成营业收入1650万元，利润145万元，税收150万元。

各生产经营单位抓计划目标早明确，计划任务早安排，工作措施早落实。茅坪钨钼矿完成当年计划钨锡矿产量的117.78%，比上年增长39.18%；恒昌矿业长龙坑铜锌矿完成当年计划钨锡矿产量的101.67%；锡坑钨锡矿、威恒矿业石公前铜锌矿、慧敏矿业面对困境，积极采取措施，不断完善条件；粉末冶金厂在人员减少、成本上升的压力下，超额完成钨粉、碳化钨粉计划目标，分别完成当年计划的115.1%和102.63%；多金属精选厂、金龙钨制品厂在完成生产计划的同时，不断改进工艺技术，提高资源回收率；硬质合金厂首次完成全年计划总目标；耀升国际饭店取得了计划任务完成、市场营销稳定、菜品开拓创新的良好效果；耀升西湖工程管理站合理调度，做到了发电上网、防汛抗旱两不误；公司机关部门职责进一步明确，服务意识进一步增强，服务基层单位能够主动及时，做到有求必应、有事必到、有矛盾问题必协调处理。

生产单位适应市场变化，调整生产布局，实施技术创新；矿山合理贫富矿兼采，错峰安排设备设施检修，并岗精简人员，降低生产成本。

茅坪钨钼矿实行一线生产管理分层负责，实行全员考核、按劳按绩计酬机制；长龙坑铜锌矿实施出勤积分、积分叠加考勤模式，将出勤天数与绩效考核深度挂钩，定期考核，奖勤罚懒，多出勤多得分多计酬，充分调动了员工的生产积极性。

公司营销积极应对市场变化，锁定维护大客户、优质客户，做活国际贸易，全年出口实现销售收入6220万元，比2016年增长42.85%；对客户实行授信管理，控制市场风险；收缩不良客户业务，加快资金回笼。

耀升国际饭店完善激励机制，加强营销管理，开拓新市场，注重新菜品研发，新推出了具有明显王阳明文化特点的“阳明宴”，具有特色竹文化的“全竹宴”在美团网上线；建立了饭店微信公众平台，开通了微信支付方式，方便了旅客。西湖工程管理站在保证汛期安全的基础上，尽力蓄水发电。

（二）抓安全生产

安全工作是公司稳健发展的重中之重。一年来，生产安全死亡事故控制为零，重伤以下事故明显下降。

公司从上到下层层落实安全生产主体责任，人人明确安全生产事项。茅坪钨钼矿创新建立了井下安全生产片区值班长责任制；长龙坑铜锌矿对井下员工实施安全绩效考核，使现场作业人员违规操作行为和生产安全事故得到有效控制，2个矿山全年未发生重伤事故，一般事故明显减少。

矿山、工厂分别建立了安全生产风险管控和安全生产条件确认制度，加强现场安全监管，严惩违章指挥、违规作业、违反劳动纪律“三违”人员，使安全风险处于可控状态。全年处罚违章违纪536起，罚款953人次。

持续推进安全生产标准化建设工作，公司5个矿山、4个工厂安全生产标准化建设全部处于达标条件，形成制度化、常态化；茅坪矿首次接受并顺利通过了国家安监总局组织的遏制非煤矿山重特大事故专项督导，经受了一次国家级考试。开展了职工职业健康体检工作，有效防范职业病隐患。

2017年，公司有关部门会同生产经营单位完善了矿山井下、防汛、尾矿库、火灾等应急救援预案，组织开展了消防、危化品安全等应急演练18次，建立了公司微型消防站，提高了处置突发事件的应急能力。

升级改造监控系统，监控系统由原模拟信号，升级为高清数字信号，更新高清摄像头86个，增加了有关领导手机实时查看监控点的功能。加强了日常保卫、巡逻和检查，开通了消防云平台功能，增设了网络防雷防静电设施。加强了设备、防汛、消防、车辆、食堂、网络、档案等安全工作。

（三）抓环境保护

严抓环境保护工作，不断适应新形势新要求，未发生因环保措施不落实、因发生环保事故而出现的行政处罚。公司环保部门积极适应新的政策要求，加强了与上级环保部门沟通联系，及时传达落实新的政策措施，较好地完成了各级环保部门检查督查工作；各厂矿环保职责明确，加强了各排污口、扬眉江流域断面的日常巡查、督查，环保在线监测及环保污染因子全面自行监测得到加强；茅坪钨钼矿投资3500万元新建的井下充填系统，是目前在赣州首家实施的矿山，已经通过环评验收，进入正常试运行；公司ISO环境管理体系认证和排污许可证换证如期完成。

（四）资源利用

完成了矿山采矿权及探矿权有关证照年检延续，有关矿山资源储量核实报告编制，慧敏矿业深部扩深预划定矿区范围延续申报及批复等工作。

（五）抓制度建设

改变了茅坪矿管理体制和钨制品厂经营模式，通过改变管理模式，加强了生产和人员管理。进一步完善了经济合同、公章管理使用、报账、OA审批、劳务合同、车辆、采购、招标、接待等制度，加强了对各项规章制度执行情况的督查，加强了经济合同审批权限管理。

（六）目标考核

把控制生产成本、实现现金流、产品质量、安全生产、环境保护等主要指标纳入重点考核内容，调整考核参数，根据实际执行情况进行考核，进一步完善了公司目标考核制度，年终考核结果与工资、奖金、绩效、评先评优挂钩。

（七）抓降本增效

对旧老用电设备及线路进行了改造，加强了尾矿回收率和单耗检测，严抓材料设备、办公用品采购和领用，严守出差报账程序和标准，严控赣州市外出差派车，严管客饭及外派客饭接待，新增自助餐接待客饭方式，严控公司内部中餐用膳酒水管理等等。通过系列管理措施，降低了成本。

（八）抓项目建设

申报科技项目6项，共计下拨资金220万元。做好了项目申报、复评、验收、评先评优工作；启动了茅坪钨钼矿一号尾矿库闭库工程；加强了公司网站建设，完成了公司网站在公安机关备案，注册了“耀升钨业.手机”、“耀升国际饭店.手机”中文国际域名。

（九）抓人才使用

坚持干部能上能下、选贤任能用人原则，打破论资排辈、惟亲惟情用人思维，大胆提拔使用有德有才有责任担当的年轻人，调整处罚不称职的人员。对不称职的干部及出现事故的责任人进行通报批评、经济处罚、行政降职或免职、开除等处理。一年来提拔使用中层干部16人，对挪用公司货款案及出现重大设备事故等责任人进行了处理，经济处罚12人次、行政降职4人次。对公司机关部分年龄较大的司机合理安排了转岗。

（十）抓人才培训

加大了对员工的业务技术、特殊工种、安全知识等方面的培训力度，全年参加公司内部及到县以上单位培训共4950人次，培训费用230万元，提高员工的创新能力、业务水平和安全意识。

（十一）抓对口联系

公司有关职能部门主动靠前，加强了与党政、发改、工信、科技、安监、公安、环保、人社、国土、金融、税务、工会、保险等部门及驻地村镇的联系对接工作，加强协调联系，争取工作支持，协助解决问题，提高了办事效率。

（十二）抓职工关怀

开展了“金秋圆梦”助学行动，奖励了考取二本以上大学生23人；慰问帮扶困难职工或工伤职工超过100人次，有效维护职工合法利益；全年为职工办理养老、医疗、工伤等各种保险，走访慰问、帮扶济困、职工体检、企业文化活动等投入资金1460多万元，为职工发放工资8000万元。拆除原茅坪矿老宿舍区等4处危旧土坯房5575平方米，搬移安置了38户、80名职工住宿。

（十三）抓公益事业

公司努力履行社会责任，积极参与各项公益事业。一年来，为公益慈善事业捐款捐物230万元。

三、技术创新

2017年，公司通过引进先进技术，技改现有设备，调整工艺流程，开发新产品，取得了新成效。

（一）引进先进技术，技改现有设备

茅坪钨钼矿选厂引进了较先进的影像智能选矿、微细产品悬振选矿生产设备，金龙钨制品厂新上了氨气回收和低钨综合回收利用技术改造项目；粉末冶金厂进行了氢气站和四管炉半自动化技术改造，长龙坑铜锌矿对井下水泵进行技术改造，实现了井下无专职抽排水人员；西湖工程管理站对发电设备进行了自动化技术改造，减少了人员，降低了成本；硬质合金厂新开发了硬质合金双螺旋孔圆棒、YS550牌号棒材产品，得到市场的认可。技改了茅坪井下通风系统，彻底解决了茅坪矿井下多年存在通风不畅的老大难问题。

（二）调整工艺技术，提高回收率

金龙钨制品厂对原生产条件进行调参数、改设备、补短板，生产能力和回收率大幅度提高；多金属精选厂调整工艺技术，锡含钨品位由1%～1.2%下降到0.8%以下，尾矿中钨加锡品位控制在0.7%以下，采取简单有效的淋喷方式，既解决了粉尘外排问题，又提高了回收率，得到行业专家和附近居民的好评。

（三）科技成果

全年获授权发明专利7项，目前公司拥有发明专利12项，实用新型专利87项，合计拥有专利99项；启动了国家知识产权标准体系认证工作；公司第二轮获批国家高新技术企业。

四、党群工作

深入开展了“两学一做”学习教育、学习贯彻十九大精神、“三会一课”等工作。2017年，上党课6次，制作宣传板报18板，党员提意见建议156条，更新了各支部党组织有关制度，印制了《支部书记工作手册》，组织了赴井冈山学习教育及重温入党誓词活动，完成了党员信息录入中组部“全国党员管理信息系统”，实现党员信息全国联网。开展了“三八”、“五一”、“五四”、“七一”、“八一”等节日活动。积极组织参加市、县举办的各项文体活动。

（甘业书）

韶关棉土窝矿业有限公司

一、企业概况

2017年在上级公司的正确领导及全体员工全力配合下，韶关棉土窝矿业有限公司（以下简称：公司）紧紧围绕“减员、稳薪、控亏”的生产经营工作思路，积极组织开展各项工作，按照与上级公司年初签订的《2017年目标责任书》和《硬约束规定》要求，圆满完成了减亏任务。

2017年，公司完成了安全和环保各项工作任务，实现了“六无三减少”目标；2017年实现工业总产值1212.17万元，销售产值1196.34万元，工业增加值848.51万元，主营业务收入1196.34万元，利税总额－10.29万元，利润总额－308.03万元，资产总额8588.69万元，固定资产净值平均余额2054.04万元，流动资产平均余额5056.66万元，负债总额5952.35万元，从业人数为184人。

二、改革发展

（一）生产经营强化管理

1. 签订责任书，抓生产经营目标的组织落实。在年初职代会上，围绕年度生产经营计划和财务预算，公司与各车间、部门签订了安全生产、生产经营、精细化管理、维稳责任书，车间、部门与每个员工分别签订安全环保责任书，将安全生产和生产任务责任层层落实，层层分解到班组、岗位，做到责任分解到位，考核到位，提高生产经营安全各项工作执行力。

2. 完善钨新流程项目改造，提高选矿多金属综合回收率。公司重视抓好多金属回收率的提高，选矿车间在出矿品位普遍偏低情况下，不断完善钨新流程技术改造，同时抓好选矿车间生产现场管理和技术指导，坚持早拿多收的选矿原则，加强跳汰收砂，提高废石选出率；加强员工的责任心教育，提高员工的操作技能，使每道工序精工细作，确保有用金属及时回收，钨实收率完成87.95%，超出计划1.95%，铋实收率完成59.61%，超出计划2.61%，钼实收率完成69.80%，超出计划9.8%。

3. 继续推进精细化管理项目，促进降本增效。2017年为强化各项业务的精细化管理，切实提高管理效能，促进降本增效，通过开展全面预算管理、安全生产反“三违”、设备管理、新流程药剂投放管理等12个课题，深入开展精细化管理工作。重点体现在全面预算管理方面，通过事前督办、控制、事中跟踪、事后分析，每月对责任目标考核等措施下，公司各项管理焕然一新，推托扯皮的现象得到有效遏制，保证了公司2017年各项费用指标均在预算范围内，在劳动力欠缺的情况下，产品产量均按照预算完成，管理费用、销售费用、人工成本分别比预算节约33.29%、24.74%和1.91%；净利润比预算减亏71.79%。

4. 狠抓掘进工作，落实年度探矿和确保三级矿量的平衡。2017年重点安排了140中段2859、2913采场与275中段3602采场的回采与切割工作，以及310中段v36东、v36西、185中段V5脉外道穿200线、200线穿v30、打穿的v30（v30东、v30西）、100中段V4沿脉斜井与200线穿脉掘进工作，加强了对现场的蹲点管理，加大了安全教育培训的力度，及时解决生产中存在的安全问题，实现安全生产。此外，公司还加强了采矿与选矿的配合协调工作，认真安排各矿点均衡出矿和选矿及金属综合回收率的提高。

（二）落实企业安全环保主体责任，实现安全环保责任目标

2017年，公司党委、经营班子把安全稳定工作当作重大的政治任务，切实履行企业安全生产主体责任贯穿全年的生产经营过程中，严格落实“党政同责、一岗双责、齐抓共管”“安全是最大的政治，安全就是效益”，认真贯彻落实上级部署的各项工作。2017年公司组织了季度安全环保大检查、“头顶库”和采空区专项治理行动、风险分级管控和隐患排查治理预防重特大事故的双重机制建设工作，开展了安全生产月活动，开展了防汛度汛专项安全工作、冬季消防专项安全工作、特别防护期安全专项工作、事故应急救援演练、安全教育培训、岁末年初安全工作、创建平安企业等。做好节日和重要会议期间的值班值守和安全防护工作。全年实现无工亡、无重伤、无重大设备、环保事故和职业危害事故，安全工作整体情况稳定。

三、精神文明建设和绿色发展

2017年，公司党委在广晟有色股份公司党委和南雄市委的正确领导下，积极围绕党建目标责任制，以学习贯彻十八大六中、七中全会，十九大精神，以继续开展“两学一做”学习教育常态化制度化为契机，围绕公司中心工作和“两学一做”活动开展工作，使党委工作与公司各项工作紧密结合起来，团结和带动全体员工和党员干部，认真贯彻执行党的方针、政策，积极引导和激发全体党员、干部的工作积极性和工作热情，努力完成了公司安全环保、生产经营、降本减耗各项工作任务。2017年，领导班子成员严格遵守《中国共产党纪律处分条例》、《中国共产党党员领导干部廉洁从政若干准则（试行）》以及《进一步规范领导干部廉洁从严的“八项规定”》。公司领导班子没有利用职务和工作之便谋取私利现象，无违法违纪现象；无用公款支付的高消费娱乐活动现象；不参加可能影响工作的宴请、不受礼、不送礼，远离“四条高压线”；严格执行重大事项报告；没有私设小金库、没有违反财务规定；能严格遵守组织人事纪律，能够按照干部选拔任用工作的制度办事，不谋私利；坚持勤俭节约，反对铺张浪费；能认真执行党风廉政建设责任制的各项规定，签定了廉政责任书，能很好地指导基层抓好党风廉政责任制的落实。

（黄　靖）

稀有　稀土　贵金属　硅

广东省广晟资产经营有限公司

一、概况

2017年，在省委、省政府和省国资委的坚强领导下，在董事会的正确带领下，广东省广晟资产经营有限公司（以下简称：广晟公司）上下团结一心、迎难而上，全力以赴抓好生产经营，有效确保了党的十九大和省第十二次党代会特别防护期的稳定，企业发展稳中向好，主要经济指标上升。2017年，广晟公司拥有资产总额1411.92亿元，负债总额808.89亿元，所有者权益603.03亿元，资产负债率57.3%；实现营业收入561亿元，同比增加92亿元、增长19.7%；实现净利润21.78亿元，同比增加12.19亿元、增长127%。创下公司近5年新高，利润指标排在竞争性省属企业第2位。

二、生产经营取得新成效

2017年，广晟公司把提质增效作为核心工作来抓，打出了系列“组合拳”，盈利企业的数量和质量同比大幅增长，利润指标达近5年最高水平，发展的质量和效益显著提升。

（一）在“增盈创利”上做文章

建立一级企业重点问题分工解决机制，建立完善月度生产经营专题会制度，启用新的生产经

营报表系统，切实将“多增收入、多创利润”的责任落实到各部门、各企业。广晟公司6家上市公司全年实现利润总额34.55亿元，其中中金岭南全年实现营收近200亿元，成为国内铅锌行业唯一入选美国“明晟指数”的上市公司，佩利雅取得收购以来最好的业绩，实现税后利润8000万澳元。佛山照明名列“中国品牌价值500强”第336名，上升26个名次。东江环保完成6个新项目建设，危废处理能力达到173万吨。国星光电小间距产品产销规模稳居全球第一，首度跻身全球LED封装厂排行榜前十。风华高科片容、片阻保持在国内龙头地位，片阻向全球第三靠拢，名列“中国电子元件百强企业”第28位。广晟金控狠抓市值管理和基金运作，全年实现归母净利润达1.7亿元。财务公司、广晟建设、大宝山矿、华建集团、广晟置业等非上市企业实现归母净利润均突破5000万元。泛澳公司生产铜金属9万吨，创下最高产量纪录，实现归母净利润约8200万美元。

（二）在“减亏扭亏”上做文章

全面开展亏损企业清理，坚持亏损企业“月报”机制，制定“一企一策”减亏方案，通过“控人控薪”、约谈提醒、分类警示等常态化措施，公司系统亏损一级企业由上年同期的7家减少至4家，减亏金额达1.7亿元。亏损法人企业由上年的151家减少至128家，减亏金额约3.5亿元。广晟地产重点抓好长沙楚盛园和番禺万博城项目运营，全年合计销售27.09亿元，回笼资金23.67亿元，同比分别增长95.03%和62.79%，由预亏3000万元到盈利1800万元，实现扭亏为盈。红岭集团和广晟冶金通过减员挖潜、降本增效、盘活资产，分别实现盈利366万元和317.9万元。广晟高速、电子集团、广晟矿投等企业通过加强费用管控、盘活资产、减员增效等措施，同比分别减亏71.8%、21.7%和14.5%。香港广晟揭阳绿源项目列入广东省2017年重点建设项目并于6月全面启动施工建设。

（三）在“资本运作”上做文章

中金岭南通过非公开发行股票1.67亿股，成功募集15.2亿元资金，为加速进军新材料领域提供有力支撑。东江环保完成国家首批、广东省首单PPP项目证券化工作，发行规模3.2亿元，在深交所发行首单绿色债6亿元，与广晟金控联合成立了规模达30亿元的环保产业基金。稀土集团所属广晟健发成功在新三板挂牌。

三、改革与管理成效明显

2017年，广晟公司围绕做强做优做大主业，扎实推进整合重组，出清“僵尸企业”，加快剥离企业办社会职能，提升企业活力和抗风险能力。

（一）加大整合重组力度

成立工作领导小组，逐户走访调查18家一级企业，研究出台广晟整合重组总体方案和工作指引。在风华高科开展试点，召开整合重组现场工作会。出台整合重组工作量化考核办法，并将量化考核结果与企业的经营业绩挂钩，进一步激发企业的积极性。通过产权转让、清算注销、吸收合并等方式，减少纳入合并报表的法人企业共15户。

（二）加快“僵尸企业”出清重组

制定关停企业和特困企业出清重组责任分工方案，全力推进“僵尸企业”出清重组。全年共有8户关停企业通过法院快速破产或产权转让的方式实现出清，其中广晟置业凯旋运输以1650万元挂牌转让，成交溢价超1000万元；有色集团完成乐昌明裕、陆丰金亿股权转让，收回资金约2000万元。其余32户特困企业全部实现出清或脱困，公司顺利完成省国资委下达的162户“僵尸企业”出清重组任务。

（三）加快剥离企业办社会职能

顺利完成公司驻韶企业4所中小学校、3个公安派出所、3个居民委员会，以及2784名已退休人员的移交属地管理工作，为企业节约费用近3000万元。统筹推进“三供一业”分离移交工作，省内25944户已签订分离移交正式协议，完成率达96%，并获得“三供一业”财政补助金1.79亿元。加快推进社区管理职能移交及教育医疗机构改革，属地政府已原则同意接收流花医院、韶冶职工医院，大宝山矿社区管理职能已签订正式移交协议，大宝山矿医院、凡口矿医院和冶金技工学校已形成改革方案。有色集团通过盘活增城派潭土地，不仅完成了退管机构和管理人员的移交，而且实现收益1577万元。历时12年的中色十六冶破产清算工作由广州中院裁定终结。

四、高度重视节能减排

为贯彻落实省委、省政府关于加快推进生态文明和环境友好型社会建设的决策部署，根据省领导的批示，广晟公司充分发挥国有龙头环保企业的引领作用，与省环保厅加强合作，全面提升危险废物污染防治水平，实现危险废物“减量化、资源化、无害化”，实现人民对美好生活的向往。2017年，广晟公司与广东省环保厅积极推进合作研究制定危废行业发展规划、合作建设危废信息管理和服务平台、合作制定危废行业标准和规范、合作推动环保产业园区规划和建设等“四个合作”，共建省级环境应急中心、国际合作中心、人才培训交流中心、省际区域处置合作中心等“四个中心”项目。

五、基本建设与技术改造项目卓有成效

2017年，广晟公司狠抓科研平台和人才队伍建设，有效整合创新优势资源，进一步夯实了技术改造和创新发展基础。中金岭南先后破解镓锗共萃、镓锌分离等多项业界难题，使镓锗铟铜综合回收项目试产成功，同时全力推进矿山产业整合，积极开展矿山深部、外围探矿，通过回收微细矿物、残矿等工艺创新，合计增效近4000万元。广晟有色通过技改降低稀土分离成本1300万元。大宝山矿建成华南地区规模最大、技术最先进的日产7000吨铜硫选厂项目，铜、硫精矿回收率同比分别提高12.5和5个百分点。风华高科与澳大利亚国立大学合作“巨介电介质材料研发”项目、与香港应科院合作“下一代电源模块”项目。国星光电与华南理工大学合作“复合电极倒装LED”、“微小间距显示用LED”、“高品质LED荧光涂覆”、“高密度小间距LED显示COB”等项目，与南京大学、北京大学等合作“半导体照明器件封装智能化生产技术与应用”项目。

六、自主创新和技术进步取得新成效

2017年，广晟公司获得省部级科技进步奖一等奖2项、二等奖1项、三等奖2项。新增国家级课题1个、国家级科技企业孵化器1个、省级工程中心和技术中心5个。新认定高新技术企业7家，新增授权专利282项、同比增长56.67%，其中发明专利80项、同比增长9.6%。申报科技项目85项，获得财政资金2.6亿元。荣获省国资委创新驱动及转型升级优秀奖第一名。

国星光电开发的小间距LED器件完全替代传统的DLP、投影及液晶拼接屏，产品的产能和销量均位列全球第一，应用于金砖峰会、建军90周年阅兵等重大场合。风华高科薄膜片式电阻、高频叠层电感器等产品均获得被动元器件汽车级品质认证，为进军汽车电子应用市场打下了基础。广东省电子技术研究所自主研发的六轴自动点胶机工业机器人获得世界知名企业捷普电子的认可，成为捷普电子在中国大陆仅有的几家自动化合格供应商之一。

七、强化社会主义精神文明建设，为科学发展保驾护航

（一）加强党的建设

组织学习党的十九大、省委十二届二次和三次全会精神，深入贯彻习近平新时代中国特色社会主义思想，组织召开4次党委中心组学习会。推进“两学一做”学习教育常态化、制度化，组织本部党员“瞻仰中共三大会址、重温入党誓词”。坚持对重大事项前置研究、集体决策，发挥领导核心和政治核心作用。通过修改企业章程，把党的组织有机嵌入企业法人治理和经营管理结构，厘清党委会、董事会、经营班子会决策权限。每月召开党建工作专题推进会，严肃党内政治生活、强化党内监督，压实党建责任。规范干部选拔任用流程，优化人员全方位、全覆盖考核体系，营造树立以德为先、唯贤是举的选人用人导向。大宝山矿围绕企业转型发展，在建设“融合型、创新型、实效型”党建方面进行了有益探索。

（二）加强党风廉政建设

开展公司选人用人的专项检查，着力纠正企业选人用人不当的行为，对2015年巡视中发现的110条问题进行再检查、再落实。公司领导班子退出所属企业兼职5人次，清理和规范所属企业领导班子兼职70余人次，对执行任职回避纪律不严情况进行整改共3人次。坚决落实全面从严治党政治责任，突出从严执纪问责，狠抓作风建设。先后5次召开系统党风廉政建设专项工作会议、3次纪委书记联席会议。运用审计检查、专项检查、内部巡察等综合监督手段，发现并严肃查处多起性质恶劣、顶风违纪案件。全年公司系统共立案28件，移送司法机关2人，组织处理5人，党纪政纪处分17人，谈话函询5人次，提醒谈话300多人次，诫勉谈话11人次，清退、收缴违纪违规资金和挽回直接经济损失合计8400多万元。

（三）加强企业文化建设

全年创建“劳模创新工作室”和创新小组10个，开展劳动竞赛76场，为企业创造经济效益7000多万元。全年帮扶慰问困难、大病、离退休

职工4700多人次，发放慰问、帮扶金额合计900多万元。推进“职工书屋”建设，组织丰富多彩的书画、摄影比赛活动。

（钟伟智）

广东广晟稀有金属光电新材料有限公司

2017年是广东广晟稀有金属光电新材料有限公司（以下简称：公司）发展历程中极为不平凡的一年。公司前身为从化钽铌冶炼厂，面对复杂多变的市场环境和搬迁重建的历史性发展契机，全体员工团结一致，砥砺奋进，在保证生产经营工作有序平稳进行的同时，公司制改制、广晟新材异地搬迁升级改造项目、党建工作等各项重点工作任务齐头并进，为企业跨越式发展奠定了坚实的基础。

一、克服诸多不利因素，力求生产经营有序平稳

2017年，面对复杂多变的市场、环保督查、停产搬迁等不利因素，公司积极采取各种应对措施，力求生产经营的平稳。一是强化内部生产管理，采取降本增效等措施，从3月份开始实现了满负荷生产；二是加强行业联系，搭建加工合作平台，充分利用企业外产能，加快周转、降低成本，弥补了因环保督查、搬迁停产的损失；三是在维护好现有客户的同时积极开拓新市场，并根据市场需求的变化，重点突出高纯氧化铌的生产销售，收到良好效果。

（一）生产经营指标完成情况

2017年实现营业收入2.34亿元（合并报表，扣除关联业务），其中本部实现营业收入1.55亿元，株洲高力新材料有限公司（以下简称：高力公司，为公司控股子公司）实现营业收入1.15亿元。下半年，为贯彻落实广东省委省政府对原从冶厂地块处置的工作部署，公司本部开始降库存并控制生产规模、减少业务接单，错过了产品价格持续上涨的市场行情。同时，受公司本部控制生产规模、原料供应量减少的影响，高力公司营业收入和净利润间接受影响。

（二）安全环保平稳运行

2017年公司保持了安全环保局势的稳定，未发生较大安全环保事故。共接受上级公司、政府职能部门的检查85次，自查自纠32次；公司修订完善了安全环保管理制度，制度建设进一步健全；制定了特别防护期、防极端天气安全生产行动方案，推进了安全生产环保整治；在正常生产状态下完成了旧液氨罐的全面检测，更换为容量小于10吨的液氨罐，摘掉了重大危险源帽子。协同广州市从化区安监局举行了一次液氨泄漏场外应急演练，检验了公司液氨泄露应急预案的可行性，并提升了公司员工的安全环保意识和突发事故应急能力。

（三）科技研发工作取得了新的成绩

一是技术发明专利申报有新成果。申请的2个专利进入实质审查阶段；二是新产品研发取得新突破。开展了FTA－48电容器钽粉的试验工作并取得阶段性成果。低氮氢氧化铌的生产工艺成熟，已能稳定批量生产；三是成功认定高企。重新进行了“高新技术企业”的认定申报工作，在审核通过率较往年大幅下降的情况下，通过精心准备及对公司研发项目与成果转化梳理，被正式认定为“高新技术企业”。

二、各项重点工作齐头并进，步入跨越发展新征程

（一）公司制改制圆满完成

2017年4月经广州市工商行政管理局核准，“从化钽铌冶炼厂”正式改制更名为“广东广晟稀有金属光电新材料有限公司”，公司董事会、党委、经营班子及组织架构相继组建完成，与政府职能部门、客户、金融机构等顺利衔接。公司在建立健全现代企业管理制度、完善法人治理结构和运行机制上迈出了重要一步。

（二）制度建设贯穿始终

随着公司制改制的完成，公司重新组织了制度的修订工作，严格遵照《公司法》及国家、省市、上级公司的最新规定，相继对《财务管理制度汇编》、《安全环保管理制度汇编》等规章制度进行了修订完善，使公司制度运行始终保持与时代同步、与企业发展同行。

（三）妥善安置棚户区住户

2017年2月，公司与施工单位办理了原从冶厂棚户区改造项目整体移交手续，全面接收了棚户区宿舍后期管理工作，并于2017年3月顺利完成了棚户区宿舍分配工作，住户陆续搬入新宿舍

居住，圆了棚户区住户的安居梦。

2017年6月，广东省委省政府决定将原从冶厂地块整体交由广州市进行收储，需对厂区内的棚户区宿舍进行搬迁重置。在征求棚户区住户代表意见的基础上，通过反复调研讨论，经广晟公司、有色集团公司同意，于2017年12月确定了在广州市从化区嘉东广场购买商住房对原从冶厂棚户区住户进行安置的重置方式，为按期交地奠定了坚实基础。

（四）项目建设各项工作顺利推进

为适应新形势下企业的发展需要，原从冶厂于2016年6月启动异地搬迁升级改造项目前期准备工作，项目于2017年1月被列入广东省2017年重点建设前期预备项目，项目于2017年6月通过广州市从化区科工商信局等8个部门的准入评审。

2017年6月，根据广东省委省政府对原从冶厂地块处置的整体工作部署，广晟新材异地搬迁升级改造项目加快实施。有色集团公司于2017年7月批准项目立项，项目于2017年9月重新选址落户清远华侨工业园，2017年12月广晟公司党委会前置审议并原则同意项目投资立项。公司按程序完成了环评、总体规划、初勘、部分设备采购等招标工作，此外还完成了项目初步地质勘查及报告编制，完成了项目立项备案、红线图、选址意见书、规划许可证等工作。

项目规划总投资9.14亿元，建设用地356亩，高起点、高标准规划建设钽铌氧化物、钽铌金属、钽铌光电晶体材料和钽铌合金及超导材料四大类产品生产线。项目按照总体规划、分步实施的原则计划分三期进行建设，第一期主要建设钽铌氧化物生产线，第二期建设钽铌金属（含铌铁合金）及钽铌晶体生产线，第三期建设钽铌合金与超导材料生产线。

实施广晟新材异地搬迁升级改造项目，是公司历史性的发展契机，项目达产后将全面提升企业科技技术水平和综合创效能力，推动企业登上更高的平台。

三、坚持全面从严治党，政治优势得到彰显

2017年，公司党建工作始终围绕企业生产经营、搬迁建设等中心任务协同推进，积极发挥党组织在公司法人治理结构中法定地位的功能作用，党的政治优势逐步转化为企业的发展优势，公司党委荣获有色集团公司2017年度基层党建先进单位。

（一）党委坚持发挥领导、政治核心作用

企业改制完成后，组建了新党委班子，进一步明确了党委委员职责分工。凡企业重大事项，严格落实“先党内，后提交”程序，在企业发展中发挥党委核心作用。制定实施了《党委会议事规则》，进一步推进了党委决策的科学化、民主化。

（二）重视思想教育，强化政治建设

开展推进“两学一做”学习教育常态化制度化工作，各支部累计组织6个专题片的学习，开展习近平总书记系列讲话学习活动40余次，党员共撰写学习心得体会60余篇。

（三）支部组织生活全面规范

对支部组织生活严要求、重实施，全年各支部累计共开展组织生活会和“三会一课”等各类组织生活91次。

（四）党风廉政建设持之以恒正风肃纪

制定实施党风廉政工作计划及责任分解清单，明晰责任范围，落实一岗双责制；通过纪律教育学习月、重要节假日纪律提醒等活动和形式，提升党员干部纪律规矩和廉洁从业意识；“三重一大”事项决策不断规范，民主科学决策得到有效保障；《信访举报工作流程》等一批制度密集出台，制度笼子越扎越牢；对中央八项规定精神贯彻执行、项目招投标、废旧物质处置等进行常态化监督，努力使项目优质高效、干部廉洁成长。

（张启达）

宝钛集团有限公司

2017年是宝钛集团有限公司（以下简称：宝钛集团）全面深化改革的破局之年。2017年，共实现营业收入208.3亿元，完成年度经营业绩指标；完成主导产品钛材同比增长5.8%。企业被评为“首届中国有色金属工业年度绿色发展领军企业”；通过国家高新技术企业资格复审。

一、企业深化改革

宝钛集团领导班子以十九大精神为指引，提出“建设国内一流、国际知名，职工有获得感、幸福感的世界钛业强企”的企业愿景，制定出“两步走”的战略目标及“做精军品、做活民品”

的发展思路，强化资本、技术、产品与管理相结合，强力推进“1+N”改革，逐步实现合作共赢、共同发展的混合所有制模式。

（一）实施内部业务板块专业化细分

按照“做精军品、做活民品”的发展思路，对宝钛股份业务进行专业化细分，成立军品部和民品部。铸件材料公司、棒丝材材料公司与钛带材料公司一并试行模拟法人运行机制。

（二）加快实施“五定”工作

整合精简机关部门，在股份公司军品部机关率先开展“五定”工作，进行全员优化组合、竞聘上岗，薪酬改革方案已初步完成。设立再就业中心。完成5户企业改制任务。按期完成“三供一业”分离移交协议签订工作。

（三）开启技术人员及技术工人成长激励机制改革

宝钛集团拿出171万元对9名“宝钛工匠”、9个优秀科技成果项目，以及10名一线科技工作先进个人进行重奖。对从事基层岗位的劳务派遣人员，工作超过5年且年终考核连续3年合格的439名劳务派遣人员转为短期合同制工人。

二、坚持问题导向，奋力追赶超越

宝钛集团按照省国资委及陕西有色集团“追赶超越”绩效考核要求，强化“大销售”观念和“一盘棋”思想，着重提升公司营销能力和服务水平。

（一）高端生产

宝钛股份被中国航发黎阳航空发动机公司评为年度优秀供应商，被中国航天三院评为“2016－2017年度优秀供方单位”，被中国航发成都航空发动机公司评为首个原材料年度最佳供应商，被中国航天科技集团连续三届评为年度钛材唯一优秀供应商。成为C919项目钛材的国内唯一合格供应商。以船舶总装厂及设计所为突破重点，实现订货量同比增加47.4%。外贸市场实现波音公司订货193吨。航空用材订货量达到全年出口订货的41%。

南京宝色股份在核电领域迈出实质性的步伐，承担第四代核反应堆钍基熔盐堆装置主容器及其附属结构产品，制造出世界上最大的MMA和PTA氧化反应器影响巨大，高端领域的市场份额及知名度显著提高，为公司后续带来4亿多元的合同。

（二）节能降耗

大力开展库存清理专项工作，2017年降低库存约3.88亿元。加强应收账款清收工作，全年集团共清收货款6244万元。持续开展直购电工作，全年节约电费1100万元。控制能源消耗，全年共节约标准煤3243.9吨，完成全年计划节能量的108%。持续执行避峰用电制度，节约电费463.9万元。继续开展修旧利废及备件国产化活动，节约资金1454万元。企业被评为“陕西省重点用能单位能源资源计量标杆示范企业”。

（三）质量认证

积极做好质量审核与换版认证工作，完成AS 9100体系、PED产品和AD 2000体系、NADCAP（美国航空航天和国防合同方授信项目）无损检测及NORSOK（挪威石油工业技术法规）铸件扩容等三方审核，顺利通过赛峰公司实验室认证，德国欧福公司、国际电话电报公司、日本本田公司等二方审核和认证。顺利通过国家核安全局审定，为企业产品进入国家民用核设备制造市场提供了保障。

三、企业创新发展

2017年11月30日，中国4500米载人潜水器“深海勇士号”正式验收交付。宝钛集团承担的深潜器钛合金载人球舱，经国家鉴定达到国际先进水平，实现了我国深海潜水器关键部件国产化。宝钛集团设计研制的“11000米全海深载人潜水器用钛合金载人舱研制”课题已完成大单重厚板制备、半球整体成型和出入口、观察窗的开孔等工作。

宝钛集团主导起草的钛及钛合金焊管用钛带技术交货条件，薄厚板、带材技术交货条件，棒、杆、坯技术交货条件，命名系统，Ti－6Al－4VICP－AES（电感耦合等离子体原子发射光谱法）测定Al、V含量等5项国际标准提案获国际组织认可和支持，公司开创制定国际钛标准方面新的里程碑。

宝钛集团申报的“一种真空蠕变校形炉”专利项目，专利号：ZL201020214751.0荣获国家知识产权局和世界知识产权组织联合认定的第十八届中国专利金奖。全年共获得上级科技成果奖8项，其中中国有色金属工业科学技术奖2项。获得国家发明专利授权6项，国防发明专利授权2项，实用新型专利授权2项。主编起草完成国家标准《航空用钛合金挤压型材》等13项、有色行业标准3项和ISO钛标准。

四、企业改进管理完善制度

宝钛集团共实施精益对标管理项目237项、实施改善项目439项。全年完成培训项目91项，累计培训5650人次。开展6个工种职业技能鉴定工作，268人取得初、中、高级职业资格证书。教培中心顺利通过省级专业技术人员继续教育基地资质及省级三级安全培训机构资质复审。全年共开展离任审计8项、专项审计1项、物资采购合同审计13项、工程预结算审计305项。公司保密办被评为“2015－2016陕西省国防科技工业安全保密工作先进集体”。

五、企业履行社会责任，关爱职工生活

宝钛集团积极履行社会责任。扶贫资助的千阳县惠家沟村的光伏发电项目已投入运行，每户贫困户年收入可增加近3000元。积极开展爱心助学活动，为千阳县惠家沟村7名家庭困难学子资助助学金1.9万元。开展“健康扶贫、爱心认领”活动，共筹集爱心捐款106万元，为千阳县1831户、6000余名贫困人员购买大病补充医疗保险，以实际行动响应“集全党全国全社会力量打赢脱贫攻坚战”的号召。按照宝鸡市政府“铁腕治霾、保卫蓝天”专项工作要求，公司已完成8台锅炉、3台茶水炉的拆除工作，完成工业园两台20吨锅炉脱硫、脱硝综合治理及除尘设施改造，污染物排放符合国家标准限值。

不断改善职工生活环境，投资61万元，补充建设宝钛家园停车位113个，有效解决停车难、停放秩序乱的问题。投资96万元，建设宝钛家园滨河路人行天桥工程。宝钛社区在继续保持省级文明社区的同时，获得宝鸡市最美志愿服务社区称号。

（赵锋兵）

贵州遵钛（集团）有限责任公司

2017年，贵州遵钛（集团）有限责任公司（以下简称：遵钛集团）生产受限于筹融资渠道没有彻底改善，生产流动资金依然严重短缺；遵宝公司未能预期复产和原料供应不足所造成产能仅为三分之一；海绵钛市场虽有小幅反弹，但仍处于供大于求的局面，对改变公司被动局面不能形成有力的市场支撑；公司经营效果依然较差，职工收入仍然处于较低水平。但面对困难，在省国资委党委和黔晟国资党委的关心、领导及大力支持下，特别是8月份黔晟国资受托管理公司后，积极筹措资金给予支持，公司上下各部门精心组织，奋力拼搏，创造了月产802吨的最好生产水平，全年同口径减亏了3000万元。

一、主要生产经营指标

2017年，海绵钛产量同比下降9.53%。自产钛锭增长36.39%。营业收入同比增长23.69%。同口径减亏3000万元。

二、生产经营精心组织，确保公司整体工作平稳

一是股份公司、播宇公司、盛钛公司等三个主体生产单位扣除折旧、财务费用外实现了盈利，为下一步增量复产、扭亏脱困打下了良好基础。

二是生产运行部11月份生产海绵钛802吨，圆满完成了公司要求的月产800吨目标，也创造了2015年以来的最高月产量。

三是供销部充分发挥大供销优势，全年产销率超过100%，实现了预定目标。同时积极开展老欠清收工作，补充了公司流动资金的不足。

四是钛世纪房开公司、机动能源部、审计部等部门通力协作，盘活土地存量资产、闲置厂房，成功实现对外出租，局部缓解了公司资金紧缺状况。

五是虽然产品品级率有所下降，但高端产品占比及客户认同有了显著提升，精品生产线效益得到进一步发挥，质量异议同比大幅下降，市场认可度有了明显的进步。

六是各部门大力开展修旧利废等活动，减少非生产性支出，成绩显著。生产运行部积极开展修旧利废和精镁回收活动，实现了增效；播宇公司消化了等外钛，提升了产品价值；盛钛公司提高材料利用率等，减少支出；劳司采用按包装桶尺寸采购镀锌主材，全年节约了大量成本；供销部加强物资供应比价管理，使原辅材料采购价格同比下降5%；工会通过开展技术革新、合理化建议以及劳动竞赛等活动，积极发动职工参与修旧利废活动；监察部积极开展效能监察，严格控制非生产性支出；公司办公室加强车辆统一管理，停止使用9辆小轿车，车辆运行费用降低12%。

七是公司领导以身作则，发挥示范作用。领导人员履职待遇、业务支出比预算节约38%。

三、科技创新工作持续进步，竞争力得到强化

2017年，遵钛集团完成了《国家级企业技术中心》、《高新技术企业》复审工作；组织申报"百家品牌"、"省长质量奖"；获得工程设计中心资格论证，并获得50万元资金奖励。立项"提高海绵钛产品的均匀性"等10项攻关项目，部分项目成果已用于生产过程，并取得了显著成绩，大炉型海绵钛生产工艺又有了新的突破。《三标一体》、《国军标》、《测量管理体系》通过内外审核。全年共申请专利8项，其中发明专利2项。

2017年遵钛集团党委从企业战略和发展布局出发，为激发核心科技人员的创新活力，成立了专家委员会，首期聘请了8位专家。专家委员会的成立，为企业技术革新、改造以及引进吸收消化工作提供强有力的技术和人才保障。

四、安全生产和环境保护工作确保了企业第二生命线的安全

2017年，遵钛集团共发生生产安全事故4起（轻伤2人，微伤2人）；生产性事故轻伤率为2‰（轻伤2人）；无重伤以上安全及重大设备事故，无新增职业病，无重大环境污染事故，污染物稳定达标排放，环保投诉基本受控，安全环保目标总体稳定。

遵宝公司进一步强化了停产期间安全环保及设备状况监控，全年未发生周边群众环保投诉事件。

强化治安防范工作，确保全年治安形势稳定、可控，无重大交通安全事故、火灾事故发生。

五、财务管理发挥导向作用，提升了公司的基础管理工作

一是继续完善经济运行会制度，用财务管理的理念来引导公司各部门，让大家学会认真算账，看到节约成本的"点"，找准效益增加的"面"。

二是组织制订了《遵钛股份2017年度经济责任制考核调整方案》，进一步明确了工作目标，提升了效益最大化的认识。

三是制定了《贵州遵钛（集团）有限责任公司资金支付审批制度》、《贵州遵钛（集团）有限责任公司乘用车辆管理制度》，进一步规范公司各项管理工作。

四是发挥职能部门的监督作用。各部门按照职责，履行监督责任，防止推诿现象发生。

六、引战工作、"三供一业"分离移交、人事制度改革等工作稳步推进

2017年，遵钛集团继续加强引战工作，针对每一个战略合作意向者，遵钛集团都认真对待，根据与对方的协商情况，结合企业实际积极推动重组设想。作为遵钛集团脱困的重大战略，得到黔晟公司党委高度重视，积极履行托管责任，为企业创造了实质性的外部条件。

2017年，遵钛集团"三供一业"分离移交工作在市（区）两级政府的关心支持下，紧密结合遵义市红花岗区棚户区改造工作扎实推进，预计2019年元月前可实现改革目标，切实减轻企业负担。

为提高人力资源使用效率，遵钛集团组织制定了《职工退出岗位实施办法》，为企业职工退出机制开辟了新的通道。

公共卫生、医疗安全工作等平稳运行，实现了医疗"一切事故为零"的工作目标。

七、党组织的领导核心和政治核心作用充分发挥，创造性地开展了党建工作

坚持党领导一切工作的原则。首次把党建工作纳入公司章程，按规定明确了党组织在决策、执行、监督各环节的权责和工作方式，使党组织发挥作用组织化、制度化、具体化。按照党组织研究讨论是董事会、经理层决策重大问题的前置程序，重大经营管理事项均经党委会研究讨论后，再由董事会或经理层作出决定。

遵钛集团党委坚持党建工作融入中心工作方针。紧紧围绕"五位一体"和协调推进"四个全面"战略布局，深入学习贯彻党的十九大精神、习近平总书记在贵州省代表团重要讲话精神以及省委十二届二次全会精神，大力培育和弘扬"团结奋进、拼搏创新、苦干实干、后发赶超"的新时代贵州精神；狠抓基层党组织和团组织建设，夯实基层党建团建基础，推进基层党团组织融入中心、融入生产、融入管理、融入职工群众；以"两学一做"为基本内容，以"三会一课"为基本制度，以党支部为基本单位，以解决问题、发挥作用为基本目标，深入推进"两学一做"学习常态化制度化；充分利用党委中心组学习、"三会一课"等形式，开展赴遵宝重温入党誓词活动，进一步做好干部职工思想的统一工作；切实做好职工思想政治工作，确保职工队伍的稳定，为企业生产经营正常运行提供了有力的政治保证和组织保证。

（孙五根）

云南省贵金属新材料控股集团有限公司

一、概况

云南省贵金属新材料控股集团有限公司（以下简称：贵金属集团）是根据云南省委、省政府打造新材料产业的战略部署，于2016年4月15日注册成立，主要由贵研铂业股份有限公司（简称：贵研铂业）和昆明贵金属研究所（简称：贵研所）组建而成的大型企业集团。贵金属集团是集贵金属及有色金属新材料的研发、生产和销售于一体的高科技企业集团，是云南省贵金属战略性新材料产业培育及发展的运营主体，是云南省新材料产业的实施平台。

贵金属集团集中了贵金属冶金、材料、化学化工、工业催化、分析检测、商务和经营管理等多学科各类人才，其中中国工程院院士1人、博士生导师7人、享受国务院特殊津贴专家2人、入选国家百千万人才工程1人、省级高层次人才30余人，拥有4个院士工作站和7个省级技术创新人才团队，高级专业技术人员占总人数的30%以上。承担国家贵金属领域80%以上的科研项目。累计制定国家标准、国家军用标准、行业标准、企业标准近400项，申请发明专利约200件，拥有授权发明专利约120件。

贵金属集团致力于打造全国贵金属新材料制造基地，国际化贵金属新材料重要供应商；中国贵金属二次资源循环再生利用产业基地和物流集散基地，全球化贵金属资源配置重要基地；国内重要的贵金属商务贸易平台，国际知名的专业贵金属交易商；形成贵金属新材料产业集群聚集发展的经济形态和带动效应，全力打造新材料产业领军企业。

二、生产与经营

2017年，在省国资委的正确领导下，贵金属集团坚持党的领导，迎难而上，砥砺前行，以贵金属新材料产业“十三五”发展规划为引领，推动贵金属产业持续健康发展。深化改革迈出重大步伐，生产经营目标圆满完成，产业发展再上新台阶。

2017年贵金属集团实现营业收入165.51亿元，同比增长49.6%；利润总额1.53亿元，同比增长31.24%。实现经济增加值1.05亿元。实现利税总额2.06亿元。累计完成投资3.30亿元，其中研发投入2.60亿元，同比增长63.52%。全员职工收入平均增长10%以上。

截至2017年末，贵金属集团资产总额60.99亿元，净资产22.61亿元，净资产收益率5.95%。

2017年，贵金属新材料产品产量338吨，同比增长43%，销量302吨，同比增长52%；汽车催化剂产量343.1万升，同比增长48%，销量320.96万升，同比增长54%。实现营业收入41亿元，同比增长65.73%；实现利润总额1.09亿元，同比增长98.53%。汽车催化剂在上汽乘用、玉柴取得突破；电真空焊料、镍铂靶材国际高端市场份额大幅增长；化学品在煤制乙二醇、TDI行业实现突破，并保持了醋酸、己内酰胺行业领头羊地位；废水废气治理项目市场拓展取得重大突破，完成了亚洲最大的涂装废气治理项目，实现大型装备销售14套，收入3100万元。

2017年贵金属资源循环利用产出金属503吨，同比增长48%。其中：铂族金属6吨，黄金909千克，白银496吨。实现营业收入30亿元，同比增长63%；实现利润总额5118万元，同比增长64%。失效石化催化剂领域与中石化、中石油、中海油全面合作，成功打开丙烷脱氢、煤制乙二醇市场；失效汽车催化剂领域行业影响力显著提升，回收量达605吨，同比增长101.45%。白银循环利用新项目投产，实现销量670吨，同比增长41%。

2017年，白银销售1225吨，同比增长51%；黄金销售14.6吨，同比增长61%；铂族金属销售7.9吨，同比下降2%。实现营业收入110亿元，同比增长51%；实现利润总额2267万元，同比增长18.6%。优化供应商结构，积极开发外资终端市场，开辟了有色金属市场，原料保障能力不断增强。有效运用套期保值等多种金融工具，风险对冲能力不断提升。

三、发展与规划

贵金属新材料产业“十三五”发展规划颁布

实施。规划目标：贵金属集团以中国贵金属产业和云南省新材料产业发展为已任，坚持贵金属新材料主业方向，实施科技创新和资本运营双轮驱动战略，坚持贵金属新材料制造、资源循环利用、供给服务全产业链发展定位，积极打造科技创新、高端人才、产业运营、产业投资四大平台。

深化改革取得重大突破。贵研铂业股权划转到位，贵金属集团做实资产，理顺关系，为进一步深化改革奠定了基础，创造了条件。启动混合所有制改革，引进中介机构，制定了混改方案，积极引进战略认同、产业协同、利益共同的战略投资者，先期与昆明高新区、国家先进装备制造基金签订了战略合作协议，高新区投资预付款1.6亿元已到位。集中优势资源做优做强做大贵金属新材料产业。向贵研所增资4000万元，增强技术创新支持能力。大力拓展相关新材料领域，成立环境科技专项组，积极培育废气废水环境治理新业务领域。剥离非主业资产，推进贵研房地产清算；服务云南省发展生物医药产业的需要，挂牌转让贵研药业公司21%的股权；退出参股的重庆贵研汽车净化器公司。推动专业化发展，对贵研铂业功能材料事业部进行整合，组建半导体材料事业部和特种材料事业部。按照国家《关于国有企业职工家属区“三供一业”分离移交工作的实施意见》要求，推动贵研小区、铂苑小区“三供一业”分离移交工作。

着力统筹资源，产业布局稳步推进。加强产业布局统筹，积极融入全球贵金属产业价值链，通过产业化项目建设和并购重组等方式，加快产业布局。与昆明高新区（马金铺片区）共建云南省贵金属新材料产业园，项目占地505.54亩，建设期5年，预计投资总额22.2亿元，现已完成土地购置和总图规划。2017年，完成了400万升机动车催化剂、贵金属资源循环利用、500吨电解银产业化项目验收；基本完成国家军品多品种小批量研发能力建设项目；完成了前驱体项目可行性报告。积极开展国内外项目调研，与相关领域具有竞争优势的企业达成合作意向。收购了上海中希合金有限公司60%的股权。与中汽中心、云内动力合作，投资建设高原汽车实验室。启动贵研铂业资本市场再融资工作。

着力科技创新，增量培育取得实效。以贵金属产业发展和市场需求为目标，以学科建设为主导，应用研究为基础，加强产业化关键技术攻关、新产品开发和新技术应用。2017年获批国家企业技术中心，新建3个院士工作站，国家重点实验室通过中期评估。着力推进军民融合，多品种小批量能力建设项目新增投资1000万元，成功开发深空探测用铂及铱合金包壳材料，保障供应国家高新工程用关键材料PtAg窄薄带，LTCC系列浆料完成关键技术研发和配方定型。研发中心着力推进“一室一线”建设，围绕资源综合回收利用、合金材料、信息功能材料、化学与催化材料领域开展基础研究、新产品开发、产业化技术攻关并取得进展。稀贵金属靶材产品达到国外同类产品水平；废气废水环境治理专项产品服务推向市场；集成电路用蒸发材料、钌锌催化剂、国Ⅵ催化剂、煤制乙二醇废料的富集精炼技术等项目，力争2018年实现中试和批量生产。启动了贵金属新材料基因组研究。

科技项目立项54项，签订经费5606万元，到位经费6121万元。获授权发明专利15件，制修订各类标准38项，获省部级科技奖励3项，发表学术论文60篇。组织2017年贵金属论坛，发布了2017年度《贵金属蓝皮书》。

四、管理与创新

着力团队建设，人力资源优势凸显。深入推进人才强企战略，加大高层次人才（团队）培养引进力度，引进高层次科技人才6名、财务管理人才3名、市场营销人才2名，充实到科技创新、深化改革、市场拓展等相关领域。入选国家、省、市外专重点项目和高层次创新人才项目6项，入选国家百千万工程人才、云岭英才计划、云岭产业领军人才等15人次。优秀产业工人崭露头角，3人荣获“工匠”荣誉称号，1个团队荣获全国“工人先锋号”荣誉称号。进一步完善研究生培养奖助体系，新增省级博士后科研工作站点1个，获批博士后资助基金2项。围绕学历教育与素质培养，完成141项培训计划，参训2006人次。完善各级技术职称评审委员机构，153人获得初、中、高级专业技术职称。

统筹劳动、人事、分配机制建设，劳动用工依法合规，劳动生产率不断提高。2017年人均效益为19.57万元，同比增长17.25%。进一步提高员工基本工资标准，增加两档岗位工资，全年人均收入增长10%。

着力管理创新，支撑发展能力不断提升。积极探索战略管理、专业运营、协同支撑的集团管控模式，切实加强组织领导和统筹协调，各项重点工作有效推进。一是加强规范运营，认真落实党中央八项规定精神，坚决纠正“四风”；建立健全集团法人治理结构，完善党委会、董事会、经理层决策机制，建立“三重一大”决策程序；加强子公司治理体系建设，制修订子公司《公司章程》，增强各独立法人董监高履职能力。二是加强战略引领，围绕集团总体规划目标，各产业板块、各单位出台子规划，集团上下形成合力共谋发展。三是提升风险管控能力，推进内控体系建设和制度建设，在重点管理环节建立40个管理制度；完善信用评价机制，加强应收账款、销售合同、存货管理；全面清理风险资产，切实防范运营风险。四是建立健全安全、环保、消防、质量、保密管理组织和责任体系，全年投入安全费用312.83万元，环保费用1389.8万元，实现全员责任状覆盖，全员持证上岗，全年未发生安全事故和环境污染事件；通过质量体系监督审核，推行“6S”现场管理；加强保密体系建设，严格执行国家保密要求，全年未发生失泄密事件。五是加强政策争取，争取扩产促销、物流、招标、撮合电价、电力容量等政策资金840万元，争取增值税退税、企业所得税等优惠2106万元，争取人才引培政策经费、研究生培养教育支持经费共530万元，拓展融资渠道，新增低成本融资16.5亿元。

坚持党的领导，企业实现和谐发展。牢固树立“四个意识”，坚决维护以习近平同志为核心的党中央权威和集中统一领导，确保中央大政方针和省委决策部署在贵金属集团贯彻落实。推进依法治企和民主管理，坚持司务公开。集团战略规划、薪酬集体协商合同等涉及员工切身利益的事项通过职代会审议。解决员工实际困难，新建本部职工食堂、改造贵研小区员工宿舍等基础设施。健全员工社会保障和福利体系，坚持员工全员体检，续缴企业年金。坚持产业发展、回报股东、回馈社会的责任。获得金牛投资价值150强、中国航发优秀供应商、云南制造业企业500强、云南企业100强、引进国外智力示范单位等荣誉。

（张　力）

甘肃稀土新材料股份有限公司

一、基本情况

甘肃稀土新材料股份有限公司（以下简称：公司）始建于1969年，是保证国家“493”重点国防工程而建设的“三线”企业，代号903厂，建厂初期主要从事铍产品的冶炼与加工。1975年，按照国家产业总体布局，为综合利用包头白云鄂博铁矿中伴生的稀土资源，在时任国务院副总理方毅的关心指导下，转产稀土。

公司原隶属于中国有色金属工业总公司管理，2000年划归甘肃省政府管理，为省属国有大型骨干企业。截至2017年底，公司拥有总资产32亿元，净资产27亿元。

二、生产经营

2017年，公司完成北方矿处理总量2.49万吨，同比增长1.66%；完成南方矿投矿量925吨，同比下降31.36%；生产抛光粉2380吨，同比增长52.25%；贮氢粉254吨，同比下降6.31%；钕铁硼758吨，同比下降32.48%；稀土金属2877吨，同比增长14.89%；氯化铵5886吨，同比增长21.11%；盐酸产销量4.53万吨，同比下降6.82%；液碱产销量1.81万吨，同比增长1.08%；发电量2000万千瓦时，同比下降4.88%；实现营业收入12.35亿元，同比基本持平；完成出口额1161万美元，同比增长5.44%；上缴各种税金4174万元；全年实现利润394万元，实现扭亏增盈。

三、改革改制

公司紧紧围绕“破解制约、理顺机制、完善制度、优化方案、激发活力”的总体思路，深入推进改革改制各项工作，尤其突出供给侧结构性改革以及内部考核体制改革，不断激发企业发展活力。一是紧扣长期制约公司发展的资源瓶颈问题，切实推进与北方稀土的战略重组工作；二是积极推进“走出去”战略，境外南方矿采购实现新的突破；三是及时调整对稀土分离板块的考核指标，大幅提高成本降低、产品一次合格率在整个考核中的比重，突出经济效益和产品质量理念。通过一系列改革改制措施，资源瓶颈问题得到缓解，各生产经营板块的主动作为得到凸显，分

（子）公司及事业部的经济效益与2016年相比较，取得突破性增长。

四、节能减排及安全环保

公司以“环保达标、安全生产、经济效益”为项目实施导向，坚持不懈地推进技改开发项目建设，实施完成了“稀土焙烧尾气深度处理项目、稀土皂废水深度处理及资源化利用项目、含油酸性废水及杂用水深度处理项目、一般工业固体废弃物贮存场项目”等国家环保部门要求整改的重点环保项目，消除了省市环保部门督办的重大环境隐患，实现了冶炼废水、废气的资源综合利用和有效治理。

五、科技进步富有成效，产业结构调整的支撑性不断强化

2017年，公司累计投入资金近1.4亿元，实施了17项技改开发项目，完成科研实验项目16项，申报发明专利3件，获得授权2件。其中，氧化铕、金属钐等技术改造项目的实施，较好地调整了公司优势产品结构，进一步优化了工艺，大幅度降低了生产成本，成为公司新的经济效益增长点。

六、职工群众生活水平不断提升

（一）着力提高职工收入水平

公司通过对主要生产单位调整考核办法，极大地提高了员工的生产积极性，在为公司创造效益的同时，职工收入水平较上年增长9.52%；在公司全面完成省政府、省国资委下达的“三扛”任务的前提下，为广大职工人均发放“三扛经济责任考核奖”。

（二）完善职工保险制度

针对职工出行频繁的现状，投资16.8万元为每位职工购买车上人员意外伤害保险；同时，为职工人均每月增加了交通补贴。

（三）完善基础设施，丰富职工业余生活

公司在稀土仁和园小区为退休职工开辟了新的活动场所，使广大退休职工老有所乐、乐有所依。九九重阳节为退休职工组织了丰富多彩的文化活动，并为每位退休职工发放“重阳节”纪念品。

（四）大力推进精神文明建设，丰富职工业余文化生活

公司积极组织职工篮球、排球、乒乓球比赛等多项文化体育活动，进一步增强了企业的凝聚力。

（邓博文）

中色(宁夏)东方集团有限公司

一、2017年主要工作

2017年，面对钽铌主业增长缓慢、新产业持续亏损、提质增效任务艰巨等严峻形势，中色（宁夏）东方集团有限公司（以下简称：集团公司）实现了有质量的适度规模增长，经营性亏损进一步降低，减亏扭亏步伐进一步加快，逐步走向健康发展的轨道。全年集团公司实现营业收入24.07亿元，完成年计划21.4亿元的112.5%，同比减少1.70亿元，主营业务收入22.86亿元，同比下降9.57%；经营性亏损2.82亿元，同口径比减亏1.44亿元；成本费用率同比降低4.41个百分点，产品主营业务利润率同比增加4.37个百分点，经营性现金流量净额为3.36亿元，连续3年为正。截至2017年底，集团公司资产总额49.47亿元。

（一）千方百计“提效益”，生产经营持续向好

集团公司以市场为导向，密切关注经营运行中出现的新情况、新变化，集团公司班子成员及各子分公司主要领导既挂帅又出征，注重产品成本的对比核算，注重客户的差别需求，综合施策，精准发力，奋力拓展盈利空间。截至年底，集团公司共接订单6551份，综合订单完成率97.8%。

（二）持之以恒“挖潜力”，提质增效持续推进

严格贯彻落实《集团公司提质增效实施方案》，坚持以提高产品收率、降低两金占用为提质增效工作主线，努力盘活存量、优化增量、挖潜增效。

1. 加强生产控制。与各单位确定了2017年收率指标，每月跟踪各生产单位收率完成情况，及时分析收率变化原因，积极协调存在的问题。

2. 加强两金压控。印发《关于下发“一年以上应收账款”和“非正常存货”指标的通知》，按月通报一年以上应收账款和非正常存货进展情况，将规定的压降目标进展纳入调度会进行通报，非正常存货同比下降7545.18万元。

3. 加强成本管理。生产、采购、审计等管理

部门通过网上采购、比质比价、内部调拨、合同审减、修旧利废等管理提升措施，节约成本5800万元，其中，因单耗降低节约1088万元，废旧利用、小改小革、一般材料节约1101万元，废旧物资处置回收699万元。

截至年底，集团公司应收账款净额为2.64亿元，比年初4.06亿元减少34.98%，纳入清单管理的账龄180天以上应收账款与基准日相比下降16.55%，较年初下降5.24%，金额减少5690万元；存货净额为9.07亿元，比年初10.94亿元下降17.09%，；经营性现金流净额为3.36亿元，比上年同期减少9700万元。

（三）毫不动摇“强体格”，改革攻坚持续深入

集团公司以深化改革为抓手，大力推进结构调整和产业升级，瘦身健体，精干主业，努力使企业驶入持续健康的发展轨道。

1. 理清发展思路。结合集团公司实际，完成了《集团公司2017－2019年发展战略与规划》，明确了公司将坚持“植根钽铌铍，拓展新材料”的战略定位，依靠人才优势，突出科技创新，实现更高质量、更多效益、更可持续的发展，争创世界一流稀有金属高新技术企业。

2. 优化产业结构。完成了3家法人单位的注销；聚焦主业，主动退出氟化铝产业，对金和公司实施混改重组，已回收1.23亿元流动资金用于主业发展，通过混改集团公司迅速走出困境，盈利能力大幅增强；对铍铜产业进行了调整优化，原铍铜分公司板带加工部分和相关辅助设施并入西材院，成立铍铜研究所，充分发挥西材院成建制的管理平台和较好的融资平台作用，为铍铜产业健康发展奠定了坚实基础。

3. 处置低效无效资产。在对星日电子公司实施关停，上年对主体工艺设备进行挂牌拍卖后，近期又将对剩余部分零星设备进行处置。对河南韶星公司实施停产，积极推动资产处置。对光伏材料分公司实施限产，对研磨分公司生产线、钛材分公司管材生产线实施关停，并积极寻求合作方，坚决止住出血点。

4. 依法妥善安置员工。结合金和重组、淘汰产能、机构调整等措施，本着维护职工利益、劳动岗位稳定，劳动关系接续的原则，对金和公司、星日电子等公司482名职工进行平稳分流安置。

5. 解决历史遗留问题。已与当地政府签订“三供一业”分离移交框架协议，将供水供电供热和物业社会化职能移交政府，提前完成了物业（包括排水）部分施工图设计单位招标和施工图设计工作，目前职能移交各项基础准备工作就绪，争取在2018年底前基本完成分离移交任务；修改了《集团公司职工补充医疗保险实施细则》和《集团公司职工住院护理管理办法》，努力卸掉历史包袱。

6. 全民所有制企业改制。按照国务院国资委和中国有色集团总体部署，完成集团公司下属2家全民所有制企业——西材院和有色化工改制，产权关系进一步明晰，为产业发展奠定了良好的体制基础。

（四）坚持不懈“补短板”，管理绩效持续提升

坚持用制度管人、管事，加大精细化管理力度。

1. 强化审计整改。实施了内部控制、绩效、离任、财务收支审计共13个审计项目，发现经营管理问题60项，提出审计建议46条，结合外部审计及内部审计整改事项，对审计中发现的问题及时跟踪整改、总结反馈、转化应用，以典型问题的发现来纠正普遍问题，由事后控制向事前预防转移，提高管理决策的正确性和控制措施的实效性。

2. 强化制度管控。完善集团公司内部控制体系，制（修）定《集团公司贯彻落实“三重一大”决策制度实施细则（2017年修订）》、《集团公司固定资产投资项目管理办法》、《集团公司招标管理办法》、《集团公司领导干部选拔任用管理办法》等30余项管理制度，同时，出台《关于加强集团公司重大事项督办工作的通知》，强化制度执行力度，完成重大督办事项27项。

3. 强化绩效管理。推行绩效工资管理新模式，对职工年工资总额的20%、中层干部年收入总额的40%、各子分公司经营班子年薪的60%参与经营业绩考核，对各子分公司经营班子增加了经济增加值改善值、非正常存货等考核指标。把中层干部提合理化建议作为硬性指标。同时，修订《2017年集团公司职能部门绩效考核方案》，有效激发了各子分公司及各职能部门工作的积极性。

4. 强化资金管理。坚持资金预算统筹与执行

管理，克服了资金紧、融资难，完成年度资金筹措34笔，按时足额收回盈氟公司重组款，顺利完成税务3系统改革过渡，减免土地使用税293万元，5项费用同比减少16.02%，有效实现企业资金保障目标。

5. 强化风险管控。成立了法律风控部，严格遵守期货套期保值业务规定，严禁开展融资性、走单等违规虚假贸易，组织各单位对历史性贸易业务进行了全面排查和清理，加大逾期应收账款清欠，通过申请强制执行、以物抵债和现金支付方式共挽回经济损失7243.89万元。

6. 强化项目管理。克服历史遗留问题困难，完成了铍材、铍铜和钛材3个项目验收，出台了涉及项目管理的《关于进一步明确档案管理工作职责的通知》、《集团公司档案分类编号规则》等相关制度，为新项目规范管理奠定了基础。

（五）提速换挡“增动力”，技术质量持续改善

集团公司坚持科技创新驱动，以科研课题为牵引，向内强化科技质量管理，向外争取国家政策资金支持。铌钛合金棒和球形银粉成功实现产业化，铍窗口成功应用于“慧眼”卫星并于2017年成功升空。

1. 科技进步取得新成果。2017年各子分公司共申报集团公司级课题90项，各级科研课题开题率100%，3项集团级重点科研课题顺利结题。其中，“高压高比容钽粉的技术、装备及其应用研究”改善了漏电流，提升了产品的耐压性能，通过了客户认证，120K以上产品实现销售；“12英寸钽靶材织构控制研究”解决了关键技术问题，实现了小批量销售，为批量化生产和销售奠定了基础；“镍硅青铜合金铸造工艺研究”取得突破，实现了产品批量销售。

2. 项目专利取得新进步。集团公司共申报国家、地方各类项目40项，各类科技成果4项，申请专利20件，授权专利22件，获中国有色金属工业科学技术奖二等奖1项。

3. 质量管理取得新提升。从强化质量监督、深化群众性质量活动、提高质量体系运行效果为切入点，对各基层单位进行抽样检查，对质量检查结果进行通报并处罚绩效工资，全程对质量问题的整改效果进行跟踪检查，指导子分公司完善并建立新版质量管理体系。西材院首次通过国军标质量管理体系认证，东方钽业荣获“全国质量管理小组活动优秀企业”。

4. 两化融合取得新进展。完成对各子分公司22条产品生产线整体情况和设备状况进行的现场调研，梳理形成了《中色东方生产线两化融合现状和需求分析报告》，以“钽铌湿法数字化生产线”和“钒钽窑炉智能控制系统”为示范点，制定了《钽铌湿法数字化生产线建设方案》，“以点带面”带动企业产品生产线的智能化水平的提升。

5. 人才激励取得新成绩。修订完善了《集团公司科研课题奖励办法》、《集团公司论文奖励办法》等6项制度，从制度上保障技术人员参与并分享科研成果的权利和利益，打通技术人才晋升的各种渠道。杨国启等4人纳入自治区青年拔尖人才培养计划，赵刚等6人评选为中国有色集团“十百千”科技人才，选派李建兵纳入“西部之光”访问学者，张启龙评选为自治区“塞上技能大师”，王培军获得“塞上技能能手”称号。

Nb47Ti新产品按销售收入比例提纯41万元，用于相关研发人员奖励。

（六）不遗余力“防隐患”，安全环保持续加强

深入推进安全生产标准化运行质量，突出安全隐患排查和安全应急演练，夯实基层安全环保主体责任，通过了国务院安全生产巡查组的专项巡查，并得到了充分肯定。一是严格安全生产费用提取。2017年计提取安全生产费用1784万元。二是加强安全隐患四级排查治理。开展集团公司级检查8次，排查各类隐患及问题点375项，完成全部隐患的整改工作。三是提高安全生产应急能力，首次开展晚间泄漏应急演练，组织实施各类应急演练82场。四是加大环保监管力度。主要污染物氨氮、COD、氟化物等稳定达标排放，排放总量严格控制在集团公司下达的指标以内。

截至年底，集团公司安全环保形势整体平稳，未发生重伤及以上事故，未发生环境污染事故，轻伤事故千人负伤率为0.54，同比下降61.4%；未发生水、电、汽、天然气运行事故，动力系统运行安全、可靠，万元产值综合能耗0.1892吨标准煤，同比下降2.88%；争取政府动力能源政策支持557万元。

（七）坚定不移“提士气”，企业活力持续增强

集团公司全面学习贯彻党的十九大和全国国有企业党建工作会议精神，全面落实党建工作主体责任，树立一切工作到支部的鲜明导向，把全面从严治党向基层延伸，为企业扭亏为盈凝聚强大动力。

1. 集团公司党委认真学习贯彻党的十九大精神，全面推进“两学一做”学习教育常态化制度化。制定了《党建经费使用管理办法》、修订《党建工作责任制实施办法》等集团公司层面党建制度9个，全力落实党建工作责任。按照集团公司《关于在推进“两学一做”学习教育常态化制度化中深入学习宣传贯彻党的十九大精神的通知》和《推进“两学一做”学习教育常态化制度化实施方案》，把学习党的十九大精神纳入“两学一做”学习教育全过程，纳入党委中心组理论学习计划，纳入党组织书记培训班，纳入“三会一课”等基本制度，通过集中学习研讨、派员外出学习、宣传载体学习、外请宣讲团讲授、选购教材自学、主题征文评比等多种方式，在公司内部迅速掀起了学习贯彻十九大精神的热潮。以星级基层服务型党组织创建达标升级竞赛活动为抓手，公司党委结合扭亏为盈中心任务，在全体党员中组织开展了“我为提质增效做贡献”主题实践活动、“党建促进月”系列活动和“向身边模范学习”等各具特色的主题党日活动，将党建工作目标和生产经营指标有机结合，30个基层党组织共申报项目76项，提质增效任务指标全面完成，不断将党建工作责任落实落细，持续将以党建促发展抓出实效。

2. 集团公司纪委严明规矩纪律，压实“两个责任”，强化事前预防。聚焦主责主业，根据《集团公司2017年党风廉政建设和反腐败工作主要任务分工》，明确各项任务的责任单位、责任领导，厘清责任清单，确保各项任务责任到人，延伸到基层逐级对应，明确了党风廉政建设和反腐败工作“一岗双责”的工作机制。集团公司将党委会作为“三重一大”事项决策的前置程序，严格落实“三重一大”决策制度，有效杜绝违规决策问题发生。制定出台《集团公司党员领导干部约谈实施办法》，组织开展落实中央八项规定精神、“三重一大”制度、“小金库”、法定节假日期间纠正四风工作等方面开展常态化专项检查。运用好监督执纪“四种形态”，组织开展“三项任务”的“回头看”和四项专项检查工作，对违规领取保健等津贴情况的1家子公司，及时责令相关责任人进行书面检讨，对5名责任人进行了集中约谈。紧扣企业关键重点领域，针对货币资金管理、物资采购、贸易、对外投资担保等关键重点进行廉洁风险点排查，对风险点等级按照发生可能性和危害程度两种维度结合进行了重新定级，共认定高级风险点48个，中级风险点149个，低级风险点145个，制定了相对应的防范措施374条，及时发现管理漏洞，助力公司提高管理水平。

（张自鼎）

九江有色金属冶炼有限公司

一、公司概况

九江有色金属冶炼有限公司（以下简称：九冶公司）隶属于江西钨业控股集团有限公司，是江钨集团重点骨干企业和钽铌国际研究中心（T.I.C）主要成员，中国目前主要的钽铌湿法冶炼加工基地，生产工艺与技术装备及产品质量达到国内领先水平。具备年处理钽铌矿2000吨能力，主要产品有钽铌氧化物、碳化物、金属加工材等，年产氧化铌500吨、氧化钽150吨、钽铌碳化物100吨，能为国内外市场提供50多个品种200余种规格的钽、铌化合物和金属制品，其中70%出口日、韩及欧美发达国家和地区。

九冶公司占地面积45万平方米，注册资金9000万元，现有总资产3.08亿元，员工320余人，其中专业技术人员180多人。组建有“江西省钽铌新材料创新团队”、省级“钽铌新材料工程研究中心”和江钨集团“钽铌技术中心”。

二、奖项荣誉

九冶公司科研开发实力雄厚，技术吸收消化能力强，技术改造经验丰富，科研项目成果多，有40多个项目获国家、省部级科技成果奖，申请并获得国家发明专利和实用新型专项多项，其中有3项获国家发明二等奖，多为国内领先和填补空白项目。先后实施了国家火炬计划项目3项、国家技术创新计划项目1项、国家重点新产品4项、国家军品配套新材料10多项及国家高技术产业化示范工程、国家级重大技术改造等重大科技计划项目，完成了国家级、省部级科研项目200多项，多项产品获得省部优、国优称号，高纯氧化铌产品获国家质量金奖。九冶公司先后主持及参与制（修）订国家或行业标准多项，其中国家标准《碳化钽粉》GB/T 20508－2006获2007年度中国有色金属工业科学技术奖三等奖，行业标准《高纯五氧化二铌》YS/T 548－2007达到国际先进水平，2017年成为国家高新技术企业。

三、生产经营

2017年，九冶公司面对国际大宗商品及有色金属包括钽铌等稀有金属跌宕起伏复杂的市场形势，坚定搞好国有企业信心不动摇，贯彻中央供给侧改革精神，根据《江西省人民政府关于江西钨及稀有金属产业重组整合实施方案的批复》及“江西钨业”上市的要求，坚持“湿法做优、火法做强”的战略目标，加大推进改革措施落实，以新思维、新举措寻求新常态下战略商机，突出重点与关键环节，通过深入优化产品结构、精益生产、科研转化、项目建设、风险管控、内部改革等系列措施，保证了企业经营业绩的逆势上扬。全年完成产量621.4吨，实现工业总产值2.68亿元，销售收入2.44亿元，工业增加值5955万元，利润2780万元，上缴税金1363万元，全年净资产收益率为13%。利润总额同比增长43%，为历史上利润率最高的一年。

（一）推进精益生产，实施对标降本，提升产品质量

2017年，九冶公司持续推进精益生产，以此促进生产组织和生产工艺优化，缩短产品生产周期，提高设备利用率和员工劳动生产率，改善产品质量，降低产品成本。通过实施“精准对标、柔性生产、一品一策”，强化创新，科学组织，以精细化生产提高全要素生产率，取得了良好成效。

一是深化精益生产管理，降低生产成本。通过树立标杆班组，配套奖励措施，促进员工比、学、赶、超，使得钽铌冶炼回收率稳步提高。通过实施一矿一工艺、强化集约化管理、加强生产设施改进等诸多改进，冶炼加工成本进一步下降。

二是以节能降耗为着力点，优化生产工艺。广泛开展工艺查定工作，深入查找生产工艺中可能存在的改进点，通过反复验证，实施多项工艺改进，节能降耗成效显著。

三是精益生产，结合科技攻关，促进产品质量提升。九冶公司把质量攻关列入2017年的重点工作，开展了与用户要求对标的质量提升活动，解决了一系列问题，进一步巩固了公司产品质量信誉，提升了企业竞争力。

（二）以销售为龙头，“拉动式”组织生产

一是全力生产旺销产品，实现增产增效。对市场需求好的产品，实施产量对标策略，将生产任务细化分解到每个班次，连续组织劳动竞赛活动，产品产量连续创造历史新高。

二是压缩滞销产品产量，减少产品库存，减少低利润产品生产，优化产品结构。

（三）合理组织劳动用工，提升劳动生产率

实行工作职责和工资总额目标管理，提升工作积极性和主动性，2017年全员实物劳动生产率达到1320千克/人·年，同比增长32%。

（四）加强采购比价管理，严控物资采购成本

九冶公司修订和完善价格管理办法，精确原料计价方法，严格采购审批程序。2017年在原料和材料价格大幅上涨的情况下，严格价格管理为生产经营成本的降低起到了重要作用。

（五）深加工扩大利润，提效率降低成本

全力推进加工材项目建设进度，加大承接钽铌金属及加工材订单合同力度，在与境外企业已签订管材制备技术、市场合作意向的基础上，加快推进合作进程，稳步推进钽铌深加工，延伸公司产品产业链。扬长避短，发挥技术攻关优势，提高产品附加值，加强钽铌粉体镀膜材料等高端应用产品技术攻关，拓展产品品种，优化产品结构，争取高端客户。

四、科技创新

九冶公司持续贯彻科技创新这一主题，在项目研发、工艺优化、持续改进、提质增效、节能减排、环保治理、技术改造、知识产权等方面积极开展工作，取得了良好成效。2017年开展集团公司科技计划项目7项、省重点新产品2项、产学研项目2项、自立项目12项，实现成果转化5项，实施技术改造工程2项，申请发明专利3项，获得授权发明专利3项，发表科技论文3篇，开展“江西省稀有金属钽铌新材料工程研究中心”创建，通过“高新技术企业”和江西省科技型中小微企业的认定。企业科技创新，进一步提升了企业科技竞争实力，有力促进提质增效对标工作，为企业创造了良好的经济、社会和环保效益。

2017年与江西省科学院应用物理研究所共同

完成了“钽铌湿法清洁冶炼关键技术和自动化装备集成研究开发与产业化”成果鉴定，及申报推荐2017年度江西省科学技术进步奖。

开展信息化网络建设与管理，探索两化融合及智能工厂建设，为企业科技升级提供技术支撑。

五、改革攻坚

为落实中共中央、国务院《关于深化国有企业改革的指导意见》和省委、省政府《关于进一步深化国资国企改革的意见》的要求，2017年10月九冶公司正式启动深化劳动、人事、分配三项制度改革的工作。

首先确立了三项制度改革的总体思路与目标任务，构建了一套适合现代企业制度要求和公司实际的劳动、人事、分配制度体系，从业人员由三改前的405人压缩到357人，压缩比例为11.85%。中层管理人员人数由原来31人压缩到23人，压缩比例为22.58%；二三线人员由原来69人压缩到49人，压缩比例为27.94%。

其次建立和完善公司组织架构和竞聘上岗、能上能下的人事制度。将原来的机关“八部一室一办”优化为“六部一室”，中层管理人员和一般管理人员都实行竞聘上岗，建立干部考评档案，将考评结果作为职务升降、薪酬确定、教育培训的重要依据。

三是建立和完善择优录用、能进能出的劳动用工制度，建立和完善劳动关系契约化管理机制，实施全员劳动合同制，依法规范劳动关系，实行合同契约化管理。到2017年底，公司劳动合同签订率达到100%。

四是建立和完善以岗位管理为核心的竞争机制，全面推行岗位管理。彻底打破原有“身份”界限，实现由“身份管理”向“岗位管理”的转变，在公司内部实行岗变薪变，权益与岗位对应。

五是建立和完善有效激励的分配制度，推行全员绩效考核，建立健全体现岗位价值和业绩导向的员工薪酬体系。

六是建立关键人才薪酬激励机制。依据公司的发展战略和公司部分急需专业人才稀缺的情况，以实际贡献为评价标准，建立科技创新人才薪酬激励制度，激发高技能人才的主动性和创造性。

六、安全环保

九冶公司利用江西省技术优势创新团队——钽铌新材料技术创新团队和江钨集团钽铌技术中心两个科技平台，充分考虑钽铌冶炼节能减排、环保治理、生产技术、产业发展攻关的需求，致力于采用自主研发的绿色环保冶炼工艺技术，提高钽铌冶炼节能减排和安全环保保障水平，极大节约能源、降低能耗、减少污染物的排放总量，逐步实现生产经营发展方式的转变。

科学提出“源头削减、中间循环、末端治理、综合利用”的节能减排和环保治理理念，研究制定工艺优化、兼顾产能、节能减排的全新“三位一体”工艺方案。一是通过优化前端生产工艺，在保证产能的同时，大幅减少酸、水等材料的消耗量，大幅减少“三废”排放量。二是梳理生产工艺，攻克技术难关，实现中间环节化工材料、工序用水的循环回收再利用，再次减少“三废”排放量。三是推动智能工厂建设，攻克节能减排和废弃物治理工艺技术装备难关，确保节能降耗与达标排放。

七、党建文化

2017年九冶公司以深入学习贯彻落实党的十九大精神为主线，以“进一步加强党的建设、持续深化党风廉政建设、进一步加强干部队伍建设、进一步加强作风建设、推动党建与企业文化融合共进”五大中心工作为抓手，从严治党，为生产经营提供坚强保障。一是加强思想政治教育不放松。着力加强新《党章》《宪法》《监察法》的学习，进一步深化“不忘初心，牢记使命”主题教育活动，持续组织党员干部学习诵读《红色家书》、景仰革命英烈事迹活动，学习先进典型事迹，树先锋，立榜样。二是狠抓作风建设不放松。坚定查找纠正工作中的“怕、慢、假、庸、散、粗”等作风问题，公司领导带头抓好作风建设，率先垂范，形成“头雁效应”。三是强化干部队伍建设不放松。增强党员干部的“担当精神”，遇到困难不退缩不推诿，勇于克服，守职担责。四是推进党风廉政建设不放松。严格遵守中央“八项规定”，把纪律摆在前头，严防腐败滋生。五是创新企业文化建设不放松。加强党建教育阵地建设，实施“党建+”，推动党建与企业文化的有力融合。完善“职工书屋”建设，大力开展文化交流活动，强化舆论导向，充分利用网站、微信群、刊物、板报等宣传工具，广泛宣传企业党建、文化建设态势和成果。

2017年九冶公司大力实施厂容厂貌整治工程，

针对厂区内环境“脏、乱、差”和“跑、冒、漏”，通过聘请专业公司整体规划设计和改造，因地制宜，统筹考虑公司生产布局、产业特点、企业文化建设等因素，制订治理方案，全面提升公司感官形象。

2017年，九冶公司秉承“和谐发展”理念，满怀着“责任诚信迎来八方共赢”的热情，坚守着“卓越品质、用户的信任和期望是我们对质量始终不渝的追求”的意识，坚定贯彻“遵法守约，清洁生产；超前预防，控制风险；持续改进，提升绩效”的工作方针，用“金牌产品，金牌品质”的企业文化内涵，构建出“优结构、拓市场、推精益，强管控、转观念、促发展”企业发展战略，通过融入“一带一路”和集团新时代发展步伐，谱写了企业发展新华章，在致力打造国内领先、国际一流的稀有金属加工企业和全球重要的生产基地道路上又迈出了坚实的一步。

（邱　峰）

宜春钽铌矿

2017年，宜春钽铌矿生产钽铌精矿（折合量50%）182.09吨，同比下降15.89%；生产锂云母精矿8.68万吨，同比增长3.95%；生产长石粉93万吨，同比增长3.75%；完成工业总产值3.81亿元；实现营业收入近5亿元，同比增长64.53%；工业增加值1.53亿元；实现利润9116.32万元。

一、营销工作取得突破

一是用粗长石代替锂云母在玻陶行业的应用取得重大突破，锂云母产品实现从原有玻陶行业向锂盐行业的转变，全年锂云母改长石客户13家，新增长石粉销售量4.1万吨；二是充分发挥锂云母产品需求旺盛的特点，采取锂云母与长石产品混合搭售模式，扩大长石产品的销量，全年长石产品累计销量132.73万吨，创历史新高，去库存39.4万吨；三是加强与地方企业合作共赢，全年本地化销售锂云母约6.3万吨；四是主动跟踪市场，实时调整价格，实现产品销售的利润最大化，钽铌、锂云母销售收入分别增加3582万元和5689万元；五是采取“产品投入加后端分红”的形式，以原材料投入为杠杆，参与碳酸锂企业的成品销售，共享碳酸锂利润分红，新增利润400万元。

二、劳动竞赛显现特色

组织开展了“攻坚克难、提质增效、确保两个选厂满负荷生产”等全矿性劳动竞赛活动，做到季季有比拼，月月有竞赛，各基层生产单位结合自身实际开展车间、班组和个人赛，通过大赛套小赛，达到以赛增产，以产促效的目的，充分调动广大职工的工作热情。2017年9月、10月，生产锂云母实物量分别达9697吨、9971吨，连续刷新历史生产新高。

三、扩改工程逐步完善

2017年宜春钽铌矿将扩改工程达产达标列为企业第一标志性任务，成立工作小组和技术改造攻关小组，明确责任分工，认真梳理问题，按照“一分布置，九分落实”的要求，不断推进扩改工程达产达标工作。2017年9月，扩改工程钟家市选矿厂生产钽铌精矿15.89吨，锂云母6200吨，长石粉6.84万吨，产品产量明显提升。改用内衬铸石板槽的方法替代原有工艺流程中的钢管，大大减少了管路磨损严重的问题；新建选矿事故通道，解决了原有磨矿系统和综合回收系统相互制约的问题；新建1200立方米水池，进一步提高了综合回收系统的浮选、过滤效果；缩换重型筛板尺寸，采用模块化方法，大大延长了筛板使用寿命，每月降低成本近万元。

四、基础管理不断提升

一是实施红线预警机制。采取“销管分离”形式，建立客户信用管理台账，强化信息共享，实时监控每一单客户业务，对超欠情况运用红线预警的形式及时采取风险防控，2013年至2017年实现连续5年应收账款回笼率为100%；二是认真对照省委省政府100条具体惠企政策，积极推进惠企政策的实施，将政策利好转化为企业红利，累计享受惠企红利近1200万元。

五、改革发展稳步推进

一是股份制改革不断推动，按照集团公司统一部署，清查土地资产4300多亩；新增钟家市选矿厂土地报批24.48亩；完成报批倒班楼、排土场等划拨土地转作价出资土地4宗；对59栋无房产证的老房子办理了建设工程规划许可证、竣工规划合格证和质量检查意见书；完成钟家市选厂19栋新建房屋的房产测绘工作；开展不动产登记工作，办理不动产产权证书87本。二是“三项制度”改革全面展开。在机关和生产单位分别采取“推荐+竞聘+组织任命”和“推荐+考核+组织任命”的形式，企业组织机构由原来的24个优化到14个，其中，机关部室由原有17个优化到8个。中层管理人员职数在年初基础上压缩10%以上，由年初的44人压缩到39人，各单位、部室定员定编定岗，薪酬制度正在拟定出台。三是剥离国有企业办社会职能工作有序推进。按照剥离国有企业办社会职能文件要求，主动与地方政府及相关部门进行对接。2017年5月，完成供水、供电改造设计方案和预算编制工作。2017年10月，宜春市袁州区政府常务会议讨论同意成立“四一四社区居委会”。目前，剥离国有企业办社会职能工作移交工作已经完成，“三供一业”改造移交工作正有序推进。

六、创新盈利不断扩大

一是《宜春钽铌矿数字化矿山示范——选矿自动化》列入2017年度集团公司科技计划项目名单，投入资金705万元。已进入设备购置，着手实施阶段。二是组织对长石细粉中的锂云母进行有价回收，第一阶段改造工作已经完成，浮选作业稳定，可新增锂云母（3.5以上品位）约600吨/月，新增收入120万元/月；三是依托国家“十二五”低品位钽铌课题研究成果，成功掌握了长石产品中二次精选锂云母核心技术，并与有技术有实力的本土优势企业进行深度合作，从长石粉中进一步提取锂云母精矿，实现了再次精选锂云母核心技术的产业化应用。联合本土优势企业累计综合利用长石产品29万吨，回收锂云母近3万吨；四是积极实施1号尾矿库综合利用方案。目前已完成1号尾矿库综合利用工程初步设计、安全设施设计，省安监局审核通过。

七、平安建设稳步推进

一是加强人防、物防、技防建设，全年未发生一起重大治安案件和群体性事件，民事纠纷明显下降，矛盾纠纷调解成功率达100%；连续两年被评为宜春市社会治安综合治理先进单位，2017年荣获集团公司社会治安综合治理先进单位；二是矿区及周边原有15处非法开采点全部取缔，非法开采行为得到有效遏制。宜春钽铌矿现已组织专门力量，加强与地方政府的沟通，定期开展矿业巡查工作，共同维护矿山矿业秩序；三是累计投入资金200余万元，完成矿容矿貌整治工程11项，拆除违规建筑20处，集中整治清理垃圾点5个，植树7000多株，新增绿化面积约1100平方米，矿区环境得到明显改善。

八、安全环保得到加强

一是完成《矿产资源开发利用、地质环境恢复治理与土地复垦方案》评审工作，组织实施2号尾矿库排洪系统隐患治理工程等尾矿库环保保障工程实施方案，并通过江钨控股集团公司项目审查。二是组织完成扩改工程环保验收工作；完成扩改工程水保基础资料整理工作，编制完成了《水土保持监测总结报告》、《水土保持技术评估报告》，并通过专家评审，组织验收。三是抓好安全隐患大排查，全年组织开展各项安全检查30次，查出隐患473条，完成整改472条，整改完成率99.8%。四是组织开展尾矿库防洪应急演练和采矿场防火实战演练，有效地提高了应对和处理突发事故的能力。积极推进全员安全再教育、再学习、再提升，组织开展了全员安全知识考试，全年共开展各类安全培训8000余人次。

九、党建群建深入人心

一是抓好党的十九大会议精神学习宣传贯彻。通过广播、电视、网络、手机等各种方式，组织全体党员收听收看十九大会议盛况，组织召开政工工作会议，下发专门文件，专题部署，明确学习内容和要求。二是抓好“两学一做”学习教育常态化制度化。按照“两学一做”学习教育常态化制度化实施方案，细化分解具体工作，通过定期召开党员大会、党小组会、支部例会和上党课，认真学习党章党规，学深悟透习近平总书记系列重要讲话精神，不断增强“四个意识”，坚定“四个自信”，真正做到思想认同、政治看齐、行动紧跟。三是抓好“讲政治、守规矩、刹歪风、树正气”专题教育活动。按照江钨控股集团公司党委的统一部署，组织召开党委中心组学习和专题会议，认真学习了《中国共产党纪律处分条例》、《关于新形势下党内政治生活若干准则》和《集团公司贯彻“三重一大”决策制度实施细则》等内容，并对照文件落实“三重一大”重大事项报告、合同审批和风险防范等情况的整改工作。四是抓好中央八项规定贯彻落实。认真贯彻落实江西省纪委及集团公司纪委的有关通知精神，扎实落实好八项规定精神，防止“四风”反弹；组织开展

“喜迎党的十九大，不忘初心跟党走”为主题的反腐倡廉宣传教育月活动，强化全体党员干部廉洁自律意识，筑牢反腐倡廉思想防线。五是积极开展职工文体活动。2017 年 9 月，代表江钨控股集团公司、江西省国资委参加江西省“三个 90 周年”暨迎接党的十九大胜利召开群众歌咏比赛活动，荣获江西省国资委大合唱组二等奖；10 月份，参加宜春市工会干部法律法规知识竞赛活动，荣获二等奖；组织开展了“三八”妇女节登山和趣味活动、第二届职工健步行和职工篮球运动会活动，丰富广大职工的业余文化生活。六是认真做好走访慰问和精准帮扶工作。组织开展走访慰问工作，为 20 余名老劳模、老党员、退休职工、离休干部和 80 名困难职工（家属）送上温暖，共发放慰问金 30 余万元；发挥矿帮扶工作站作用，先后对 84 名职工（家属）进行医疗帮扶，共发放补助金 36 万元，被宜春市总工会授予首家市直属工会帮扶工作站。

（钱军林）

中铝广西有色稀土开发有限公司

一、基本情况

中铝广西有色稀土开发有限公司（以下简称：中铝广西稀土）于 2011 年 7 月 19 日在广西南宁市成立。中铝广西稀土同中国稀有稀土股份有限公司、广西有色金属集团共同持股，股权占比分别为 60%、40%。注册资金 7.5 亿元人民币。

中铝广西稀土主要经营范围：稀土、矿产资源的勘查和开发；稀土、有色金属、矿产品及其冶炼分离产品、加工产品的研究、开发、生产和销售；稀土相关设备的研制和销售；稀土资源的技术咨询、技术转让、技术服务；实业投资；进出口贸易。2017 年，稀土分离的年产能为 9000 吨、稀土矿山 1000 吨、稀土抢救性回收 2250 吨、永磁产品 2000 吨，企业资产总额 17.73 亿元，负债率 39.45%。截至年底，企业员工总数 1013 人，其中硕士及以上 23 人，大学本科 181 人，大学专科 173 人，中专及以下 636 人。

二、生产经营

中铝广西稀土按照“把牢一条主线，巩固一个重点，寻求两大突破，实现一个覆盖，抓好一降一增”的“112111”生产经营思路，稀土矿和冶炼分离产量再创新高。

资源获取和矿权申办工作均取得突破：荔浦至玉林高速公路稀土资源抢救性回收项目获广西壮族自治区正式批复；藤县稀土资源抢救性回收项目获广西壮族自治区国土资源厅的“路条”；花山稀土采矿权申办获国土资源部同意划定矿区范围批复；广西壮族自治区政府向国土资源部呈两函，申请协议出让糯垌稀土矿采矿权和大青山稀土探矿权；积极获取东盟稀土资源，进口稀土矿 4000 多吨。

中铝广西稀土与岑溪市政府签署“岑溪市稀土废料综合利用项目”合作协议；与广西西骏新材料有限公司签订“稀土冶炼分离异地升级改造项目”合作协议；推进稀土冶炼分离项目二期工程建设；推进与韩国星林电子合作研发生产永磁电机项目和金源公司永磁产品提质扩产工作；崇左稀土保税仓建设基本完成。

2017 年，生产稀土矿产品 2483 吨，同比下降 0.16%；生产稀土氧化物 2855 吨，同比增长 1.09%；生产稀土永磁材料 827 吨，同比增长 46.63%；实现销售收入 21.22 亿元，同比增长 99.62%；利润额 1.72 亿元，同比增长 309.52%；纳税额 2.05 亿元，同比增长 111.34%；产值劳动生产率 1538.99 千元/人，同比增长 1.42%。全年没有发生安全生产事故。

三、重大发展项目

中铝广西稀土南宁研发中心项目：项目采用国内成熟先进的试验、分析检测设备，环保、节能、安全、卫生均符合国家规定。项目投资规模 3801 万元，当年完成投资 3231 万元，于 2017 年 1 月开工建设，年底基本建成。

建设广西国盛二期稀土分离生产线，在稀土中游产业增量方面推进产业升级，促进“质量变革”。

四、企业管理

中铝广西稀土实施现场管理标准化建设，开展“安全、干净”班组竞赛、安全环保质量强基固本行动、质量月活动、百日劳动竞赛等，为提质增效夯实基础。

强化运营管控，借力问题清单工作，深入推进 90 项问题整改，全面提升管理水平。

中铝广西稀土落实安全环保责任制，强化安

全培训教育，推动隐患排查治理的常态化和制度化，全年实现“零工亡事故、零环保事件”的目标。

严格落实承包商安全管理“七步法”、“五必须”，铁腕整治相关方的“三违”现场，“习惯性”违章现象。

落实中国稀有稀土精益化管理的重要举措，推进“争创质量效益型工厂（矿山）”活动，实行一厂一策，一事一策，精准施策。

五、科技创新

2017 年，中铝广西稀土科技创新投入达 6121.92 万元，获批科研立项 29 个，其中国家级项目 1 项；获得授权专利 27 项。“精、小、细、特”新产品开发取得新突破，崇左矿山复杂地质条件离子型稀土矿镁盐浸取工业化实验顺利产矿；广西国盛通过生产线改造，成功生产出氯化镧结晶；江苏国盛磷酸二氢铝产品达到高纯级别，磷酸二氢钡一次性试产成功；金源稀土成功开发出型号为 48SH 的高性能永磁材料。

所属企业“自治区级稀土冶炼智能化工厂”、“自治区级博士后创新基地”等科研平台相继建立；与崇左市共建的“广西－东盟（崇左）稀土研究院”成立。

六、深化改革

对内统筹谋划，坚持目标管理，强化责任落实。对外加强管理，包管结合，放管结合，不断提升综合管理效率。

实施人事体制机制创新，调动企业一线和机关普通员工的积极性，拓展纵向流动奋斗成才的渠道和机会。

七、党建与企业文化建设

中铝广西稀土深入学习贯彻党的十八大和十九大精神，落实中铝集团党组关于全面从严治党一系列决策部署，签订了党建工作目标责任书，强化主体责任和监督责任的落实；规范党委会、中心组学习、政工月例会、季检查考评、半年和年度总结部署为重点的党建工作体系。推进党建入章程，党的领导成为公司治理的核心与引领力；设立中铝广西稀土党校，明确“一岗双责”清单，强化基层调研“五必谈”；开展“两带两创”活动，深化“两学一做”常态化制度化，“党组织带党员创效”23 项，“党员带群众创新”24 项。制定党风廉政建设工作要点，明确“12346”党风廉政建设工作思路；设立纪检监察审计部，借力政治巡视和问题清单，强化监督执纪。

八、履行社会责任

中铝广西稀土支持社区发展，回报地方政府和社区群众支持：在符合岗位要求的前提下，优先选聘当地群众，安排就业 260 余人。在组织勘探、开采和零星工程建设时，优先考虑当地群众，促进群众增收 600 余万元。持续优化原山浸取采矿新工艺，严守安全环保底线，实现资源有效保护和高效利用；设立社区关系代表，打造“亲朋式”和谐企地关系；引导矿区群众成立经联社，构筑矿企合作新模式。所属企业贺州稀土公司主动承担历史遗留的大丈塘采矿区复垦工作，新增耕地 1.19 公顷（93.70%）；改良 1.27 公顷土地土壤生态环境，培肥地力，矿区群众得到实惠。

（梁　健）

山东黄金有色矿业集团有限公司

一、概况

山东黄金有色矿业集团有限公司（以下简称：山金有色）系山东黄金集团有限公司全资子公司，成立于 2008 年 8 月，经营范围为金属、非金属矿的地质勘查、开采、选冶加工和有色金属贸易，涉及有色、黑色、建材 3 个行业。

二、生产与经营

持续优化生产布局，强化对生产系统的总体调控，不断优化和创新劳动组织形式，提高生产系统的运行效率和效益，充分挖掘生产潜力，突出掘进工作，掌握生产主动，保持了良好的生产势头，在克服政策性停产指令、环保督察等重大活动期间炸药停供等不利因素的情况下，超额完成了全年指标。2017 年黄金产量同比增长 15.62%，“铅含量＋锌含量”同比增长 10.67%，铁精粉同比增长 1.25%，利润同比增长 54.9%。

三、改革与管理

围绕供给侧结构性改革，着力做好去产能、去杠杆、去库存、降成本、补短板工作，保持了稳健的经济运行势头。一方面，紧盯治亏工作目标，出台考核管理办法，与各亏损企业签订了《亏损治理责任书》，严密监测、及时掌握生产经营状况，多次派出专业诊断指导小组并集中召开现场办公会议，对亏损企业经营策略、生产运行、采购及销售行为做出指导和调整，使亏损企业减少了两户；另一方面，根据对“僵尸”企业处置工作目标，设定时间节点，落实责任到个人，扎实有序地推进退出工作。成功回收嵩县天运公司超出考核目标400多万元的债权款；通过拆除金绿苑公司库房剩余建筑回收拆迁款；完成了锌业公司、陕西山金、金联公司在产权交易中心的挂牌工作。

四、降本增效

高度重视成本管控，转变思路，以科技和创新为抓手，多方面、全方位地深化降本增效。一是推广完成余热发电、空压机合同能源管理、水泵变频节能技术等3项“四新”应用项目。二是规范、创新招标、采购、销售等工作，物资、设备等可比采购价格同比下降8.5%。三是开展了资产大清查活动，通过清查各项盘亏、待报废资产、闲置资产，进一步盘活闲置资产，提高资产使用效率。四是成立了一支设备（设施）快速响应维修（诊断）队伍，进一步加强设备（设施）管理，遇到突发事件时，能快速响应、及时维修，尽可能地减少设备故障带来的经济损失。

五、项目建设与技术改造

以确保工程项目实施速度、质量为抓手，积极培育发展新动能，确保项目建设快速推进。事业部重点项目累计完成形象投资和井巷工程量分别完成年计划的105%和126%。阿尔哈达3000吨/日采选扩建工程、呼伦贝尔3000吨/日采选扩建工程、西和中宝四儿沟门450吨/日采选工程、福建源鑫全尾砂高浓度充填系统工程等均完成竣工验收；白音呼布2000吨/日采选工程建设强势推进，并提前40天完成全年建设任务。同时，围绕提质增效这一中心，扎实开展“三率”指标管理活动，进一步优化生产工艺流程，嵩县山金通过持续的选厂工艺改造，选矿回收率同比提高3.67%；海南山金加强矿石质量管控，严格控制采场采幅，贫化率同比降低了2.47个百分点；阿尔哈达通过选厂技术改造，选矿处理能力同比增长53%。

六、科技创新

深入推进“创新驱动发展”战略实施，不断加大科技创新工作力度。2017年完成科技投资额是上年的两倍多。“一种井下手动安全撬毛机”等24项技术获得发明或实用新型专利授权；红岭矿业“低品位铜铅锌铁复杂多金属资源清洁高效综合利用技术”在中国有色金属工业协会组织的成果评价中获得“国际先进”的综合评价；西和中宝的提升工作室被甘肃省和陇南市总工会表彰为“创新型班组”，其研发的“竖井罐笼挡车器安全联锁装置”已在集团内推广使用。

七、党建文化和社会责任

全面贯彻上级党委要求，深入落实“两个责任”，在强化党的理论、方针、政策，尤其是“十九大”精神学习的同时，组织参观孟良崮战役纪念馆、菏泽单县曙光学校爱心捐赠等主题党日活动，设立党员先锋岗，评选“文明家庭”，以丰富多彩的形式强化党的建设。强化监督执纪问责，认真开展监督执纪“规范年”活动，与基层单位签订《党风廉政责任书》208份，实行廉洁承诺201人，领导人员述廉议廉204人次，约谈党政主要负责人13名。深入贯彻集团企业文化体系，通过推出矿长和员工风采系列专题报道、改革网站主页、积极组织参与集团文化活动、组织学习“山金柱石”侯学武的活动、倡导工作作风转变、发扬企业家精神等方式，营造了“团结一心，干事创业”的火热氛围。始终坚守“让尽可能多的个人和尽可能大的范围因山东黄金的存在而受益”的理想目标理念；坚持以自身发展拉动地方经济增长，造福当地百姓；积极奉献公益事业，开展爱心助学活动；开展风雪天为牧民运送生活物资、参与车辆救援、帮助贫困家庭等爱心活动。

（孙　越）

赤峰山金红岭有色矿业有限责任公司

一、基本概况

赤峰山金红岭有色矿业有限责任公司（以下简称：公司）由山东黄金集团有限公司与内蒙古赤峰市巴林左旗政府于2010年3月份共同出资组建，注册资本5.44亿元，其中山东黄金集团有限公司拥有90%的产权。企业现拥有采矿权面积3.39平方公里，探矿权面积61.79平方公里，设计生产能力为3000吨/日，主要产品为锌精矿、铁精矿、铅精矿（含银）、铜精矿。2017年末在册职工405人。企业先后被授予“国家级绿色矿山”、“非煤矿山安全生产标准化一级企业”、“高新技术企业”；先后荣获“全国有色行业先进集体”、内蒙古“五一”劳动奖状、“工人先锋号”、“公益之星单位”、“示范化企业工会”及山东省“省管企业思想政治工作优秀企业”、“齐鲁创业先锋基层党组织”、“设备管理先进单位”等荣誉称号。

二、生产经营

2017年，面对主产品锌资源品位下降和提升运输能力等困难，企业紧紧围绕山东黄金集团企业文化，以诚信和使命为基础，以诚信银行体系建设、能力发挥为措施，以制度规范、正向激励为手段，通过“提质增效、创新增效、挖潜增效”三条路径，引导员工在挑战中积极作为，在困境中强势突围，圆满完成了各项工作任务，为全力打造“国际一流示范矿山”奠定基础。全年共生产锌金属3.33万吨；生产铁精粉25.94万吨；完成利润2亿元左右；矿石损失率、贫化率分别控制在8.82%和13.51%。全员劳动生产率达到年处理矿石1710吨/人。安全环保工作实现“双零”目标。

三、安全环保

2017年，公司以开展安全管理“全面提升年”活动为主线，全面推行双体系建设试点，通过开展生产现场风险辨识、推广红黄牌挂牌督办制、全面推广实施“安全诚信银行”级别管理和安全绩效诚信工资等措施，提升安全管理水平。

四、科技创新

牢固树立“创新是引领发展的第一动力”的思想，落实“时时创新、处处创新、人人创新”的科技创新工作理念，激励全体员工立足岗位搞科研、搞创新。依托各创新工作室工作平台，对重点科技创新项目进行负责人招募。2017年，公司坚持每月开展“智慧献企业”合理化建议征集活动，形成了“岗位挖潜、全员创新”的良好氛围，创新积极性进一步激发，已收集合理化建议内容271条，收集管理创新及科技创新项目72项，发表论文26篇CN期刊，获得17项实用新型专利授权；新设备不断投入，首台凿岩台车在八中段投入使用，开创了中华矿业事业部机械化减人之先河。质计中心CIT－3000SM能量色散x荧光分析仪投用，效率提高300%，耗材同比降低74.69%；新工艺、新技术不断研发应用，两个充填站的建成，标志着采矿工艺更加符合创新、协调、绿色发展理念，使资源得到更加充分地利用，提高发展质量，延长矿山寿命，实现财富共享。使无废绿色矿山成为现实，实现生态发展；空压机节能承包、泵类维修费用承包，钢球、药剂、衬板按量计价等新的商业模式为企业降本增效带来新思路，经济效益明显；实施“关键指标证券化”薪酬模式，员工由打工者向投资者、经营者转变，实现员工收入与企业效益紧密关联。

五、探矿增储

2017年，企业地质探矿工作遵循突破固化思维、探索创新思路的探矿理念，大胆创新，敢于推翻以往地质经验，从基础工作抓起，从现场寻求答案，实现了探矿增储新突破。利用潜孔钻机及孔内摄像机等设备用于探矿增储工作，并对多种成矿模式进行研究，取得良好探矿效果，采矿权内新增地质储量53万吨，外围探矿权范围内确定了“一主两辅”共三个重点工作区，主要对地表磁异常和断裂构造进行验证，发现多条矿化蚀变带。

六、降本增效

企业以“提质增效、创新增效、挖潜增效”为主线，坚持全面发力，多点突破，纵深推进，持续开展降本增效工作。紧扣市场脉搏，制定科学合理的销售政策，通过采取铜精矿招标销售、库存铁精矿择机销售和锌精矿点价销售等措施，多增加销售收入1633.65万元；科研经费加计扣除节省税费142万元；大工业用电直购节省电费207.6万元。同时，选矿车间陶瓷过滤机“水改气”和滤液水回收再利用、节能空压机等项目的应用，均取得了明显的经济效益。

七、党的建设

公司积极探索党建新模式，搭建了“红岭智慧党建平台”，推行了“党建诚信银行”体系，实现对基层党组织和党员的实时标准化跟踪管理和服务。标准化党支部建设取得阶段性成果，支部活动场所、党内组织生活、党员教育管理及基础工作走向制度化、规范化。同时，制定出台《党员领导干部行为规范》，开展了领导干部作风集体宣誓、支部书记讲党课、“转作风、进一线”等活动，改进作风，以上率下，当好表率。着眼于建设积极向上的企业文化，成功举办了“铜锌筑梦、爱在红岭”元旦、“矿工节”文艺汇演等活动，将山东黄金集团文化贯穿其中，寓教于乐，企业凝聚力显著增强。

八、社会责任

加强和谐地企共建，在带动地方经济发展、扶贫攻坚和开展文化活动等方面，为地方政府和群众提供强有力的帮助，赢得了支持和尊重。公司建立了困难员工档案，定期进行走访慰问，当年救助金10余万元，赢得了员工的真心拥护和支持。公司103名职工（其中少数民族员工38名）完成了矿业工程专业学习，获得了中专学历，大大提升了职工的文化素质；大力实施矿区美化、办公区和生活区扩建、职工生活娱乐设施建设、家属区水电线路改造等民生工程，改善了员工的生活、工作环境；通过为员工定制蛋糕庆祝生日、免费体检等工作，增强了职工对黄金文化的认同感和对企业的归属感。

（李晓琴）

紫金矿业集团股份有限公司

2017年，紫金矿业集团股份有限公司（以下简称：公司）总体运行情况大体分为以下几个方面：

一、主要金属储量及产量

	紫金矿业	中国矿山总量	紫金/中国总量
保有黄金资源储量（吨）	1320.07	12166.98	10.85%
矿产金产量（吨）	37.48	369.17	10.15%
保有铜资源储量（万吨）	3147.51	10110.63	31.13%
矿产铜产量（万吨）	20.80	165.64	12.56%
保有锌资源储量（万吨）	783.04	17798.89	4.40%
矿产锌产量（万吨）	27.00	326.85	8.26%

注：全国金、铜、锌资源储量数据来源国土资源部《2017中国矿产资源报告》；全国矿产金产量来源于中国黄金协会，矿产铜、锌产量来源于中国有色金属工业协会。

二、主要会计数据

单位：元

主要会计数据	2017年	比上年增减（%）
营业收入	94 548 619 098	19.91
净利润	3 507 717 627	90.66
扣除非经常性损益的净利润	2 696 908 503	172.39
经营活动产生的现金流量净额	9 764 355 514	13.52
	2017年末	比上年末增减（%）
净资产	34 999 723 155	26.07
总资产	89 315 263 550	0.11
总股本	2 303 121 889	6.92

三、公司治理

2017年，公司新一届董事会和管理层在古田会议所在地召开战略实施务虚会议，回顾了公司发展历程，总结了企业发展过程中的经验和教训，分析了国内外经济和矿业形势，指出了公司存在的主要困难和问题并提出了针对性的解决措施，进一步明确了公司发展战略。修订了“十三五规划暨2030远景规划（纲要）”，明确创新是公司核心竞争力，增强了发展的战略自信、能力自信、文化自信；深化以事业部为主的管理模式和体系变革，激发业务板块活力；实施员工薪酬制度改革，加大国际化复合型优秀人才招聘和培养力度，基本建成高级后备人才和优秀青年人才体系；规范权属企业董事会运作机制，促进改革方案在集团和权属企业层面双落地。全面加强党的领导和党的建设，修订公司议事规则，完善了执董高管党委会议制度。

四、探矿增储

按权益法计算，公司全年投入地勘资金2.26亿元，成果显著。卡莫阿铜业新增铜金属量322.6万吨（该矿区铜资源储量可望突破4000万吨铜金属，平均品位高达2.72%，其中品位超过6%的铜金属超过700万吨），穆索诺伊、山西紫金、坤宇矿业、乌后紫金等项目找矿取得重大突破，阿舍勒铜业、武平紫金、珲春紫金项目取得重要成果。按权益计算勘查新增333类别以上资源储量：金59.21吨、铜170.7万吨、铅锌21.89万吨、银224.75吨、钴1.89万吨。

截至2017年底，本集团共有探矿权188个，面积1860.81平方公里；采矿权226个，面积744.92平方公里。

五、安全环保

全年集团公司实现了“零环保”事故，多数权属企业实现了“零工亡”目标。

公司全面推进绿色矿山建设，持续做好环保治理和植被恢复，努力打造生态矿业，全年植树66.5万棵，恢复植被面积400余公顷，二氧化硫、氮氧化物同比减排均达20%以上。公司获评“中国有色金属工业绿色发展领军企业”；紫金铜业成功入选国家第一批绿色制造示范企业。

六、科技工作

公司召开第五次科技大会，制定了中长期科学技术发展规划纲要，出台技术服务和科技创新成果共享办法。集团母公司、贵州紫金、紫金锌业、山西紫金等获评“高新技术企业”称号。

公司自主研发的中国首套热压预氧化装备在贵州紫金正式建成投产，该技术装备达到国际领先水平。穆索诺伊难选氧化铜矿选矿工艺技术、图瓦选矿高效浮选分离关键技术、紫金铜业阳极泥处理及稀贵金属提取工艺优化，以及多个矿山的新型充填技术研究攻关成果实现产业应用，取得显著经济效益。

七、海外运营

公司海外运营贡献逐步扩大，全年境外项目矿产金产量20吨，占集团总量超过50%，矿产锌产量占集团总量超过三分之一，境外项目利润占集团利润超过30%。

八、建设项目

2017年集团公司建设项目累计投资34.61亿元，进展顺利。黑龙江多宝山铜矿二期扩建工程、黑龙江紫金铜业铜冶炼、阿舍勒铜矿深部开发、贵州长田项目等稳步推进；紫金铜业末端物料综合回收扩建项目、紫金贵金属材料金银深加工项目等一批项目先后投入运行；紫金锌业三期技改项目、新疆紫金有色锌冶炼项目，紫金铜业铜冶炼资源综合利用及无害化处理项目完成前期设计工作。

九、A股增发

2017年，公司抓住时机，顺利完成A股定向增发。成功募集资金46.35亿元。公司A股股票价格从2016年末的3.34元/股上涨37%至2017年末的4.59元/股，香港H股股票价格从2.50港元/股上涨18%至2.95港元/股，公司总市值从648亿元人民币上涨44%至935亿元，投资者获得良好回报。

十、荣誉地位

2017年，集团公司获评第五届全国文明单位、全国十佳和谐社区样板企业、中国企业社会责任500强第48位、第十四届（2017）中国慈善榜14位等荣誉，进入福布斯全球2000强企业榜第1200位，在上榜的36家有色金属企业中，居第18位，在上榜的国内有色金属企业中居第3位；进入《财富》中国企业500强榜第82位。

（赖旭林）

机械制造

中国有色（沈阳）冶金机械有限公司

一、企业概况

中国有色（沈阳）冶金机械有限公司（以下简称：沈冶机械），隶属于中国有色矿业集团有限公司，是中国有色金属建设股份有限公司的控股子公司，是中国有色、冶金、矿山、煤化工及电力等行业装备制造的大型骨干企业。沈冶机械历经70多年的发展与进步，现已成为世界三大制铝设备供应商之一及亚洲最大的镍铁回转窑、大型混合机、大型球磨机的供应商，年销售额20亿元。沈冶机械拥有最大切削直径16米的数控双柱立式铣车床、最大回转直径6.3米的数控重型落地车床及世界为数不多的ZC006移动式数控摇臂钻等大、精、稀金属切削设备380余台。截至2017年末，沈冶机械总资产为26.90亿元、职工1884人。2017年完成工业总产量3.09万吨、工业总产值4.76亿元、销售收入4.07亿元、上缴税金2517万元。

二、生产经营

沈冶机械营销工作实现了开门红，1月份实现订货、回款、销售收入3个1亿元。在市场竞争日趋激烈的形势下，抓住了碳素市场和冶金市场发展机遇，在新行业、新领域、新结构、大规格等方面实现了突破，完成新产品订货33台，合同额1.15亿元，开发新用户18户，合同额2.27亿元。应收账款期末余额下降至6.80亿元。截至2017年底，为2018年储备货源4.7亿元。拓展安装、改造业务，实现订货180万元，全年完成204台设备的安装交验，超额完成计划指标。

生产统筹协调，全年完成工业总产值4.76亿元、工业总产量3.09万吨。仅用10天时间就完成了魏桥公司电解车大梁生产和铝包清理机整体装配任务，一次试车合格并完整入库。设备能源方面，组织设备检查40余次，完成特种设备定期检验93台次。克服困难完成125台套成台设备的涂装、包装与发货。沈冶机械在资金持续紧张的情况下，把有限的资金用在刀刃上，保证了原材料、FP号、备件以及生产消耗的准时供应，节点完成率达到95%。

三、改革与管理

加强内控制度建设。修订《沈冶机械ERP运行管理办法V4.0》、《贸易合同管理办法》等30项管理制度；积极开展以ERP系统为核心、PDM（产品数据管理系统）为辅的企业管理信息系统的实施工作，以及面向产品智能化的多功能天车安全监控系统的开发与部署；“两化融合”管理体系贯标顺利进行；积极运用法律手段维护公司权益，解决诉讼案件22起，通过诉讼、庭外调解等方式，为企业索回款项925万元；审价和招标工作进一步规范；顺利通过了认证公司对公司质量、环境、职业健康安全管理体系运行监督审核；协调各种会议及接待工作，督办各项会议要求400余项；全年完成融资1.17亿元，为企业生产经营工作提供资金保证；按照“两金”压控方案，积极组织开展存货资金占用和应收账款的清理与管控；强化成本分析的广度和力度；完成财务、税务审计工作；顺利完成税号变更工作。

四、环保节能减排

各级领导和全体员工严格落实安全生产责任制，2017年实现了安全生产零事故，被评为沈阳市安全生产先进单位、中色股份安全生产先进集体，再创安全环保工作新佳绩。

参加政府性能源及节能工作会议八次，加强与政府节能部门的沟通，为沈冶机械争取到碳排放基础核定、能源计量仪表申报等相关有利政策。重新制定公司《能源管理办法》，完善能源管理制度。根据组织机构调整，调整公司节能领导组。通过管理检查工作，提升能源管理水平，使公司全年降耗量28.23万元，万元增加值0.59吨标煤，远低于2015年1.02吨标煤和2016年0.65吨标煤。完善能源计量统计工作，全年完成上报政府、集团股份能源统计报表及分析报告230余份。提前一年完成国家下达的“十二五”节能指标3000吨标煤。

五、自主创新、技术进步和创名牌产品情况

2017年，沈冶机械完成辽宁省新产品鉴定1项，申报专利37项，其中发明专利9项。完成企业6个商标地址信息变更。从售前支持、产品设计和技术服务等方面抢进度、保节点，为经营回款、生产产出、现场安装提供支持。对NOELL起重机等重点件进行了工艺细化和标准化。

“红土镍矿生产高品位镍铁关键技术与装备开发及应用”项目获得国家科技进步奖二等奖，“600千安电解槽用铝电解多功能机组”获得有色金属工业科学技术奖一等奖，获得集团公司科技配套奖5项，辽宁省自然科学学术成果奖7项，沈阳市自然科学学术成果奖11项。

六、和谐企业建设得到夯实

沈冶机械加强组织建设，对公司两委班子进行了重新调整，对企业领导班子细化分工，为企业改革发展提供坚强组织保证；在安全生产工作中突出“党政同责，齐抓共管”，开展“提质增效，扭亏脱困，党员作示范”党员示范岗争创活动；加强党风廉政建设，深入落实党风廉政建设主体及监督责任，对重点环节进行廉洁风险排查、评估和防控；以党建带团建，以活动为载体，充分凝聚青年的向心力和凝聚力，服务生产经营，调动团员青年的积极性、创造性和主动性；为体现组织关怀和温暖，工会向274人次困难职工支付困难补助金9.16万元，慰问患病职工21人次，发放慰问金9300元，办理大病帮扶31人次，发放帮扶资金4.3万元。

（张黎黎）

涿神有色金属加工专用设备有限公司

涿神有色金属加工专用设备有限公司（以下简称：涿神公司）是由中国华北铝业有限公司和日本国（株）神户制钢所、神户商事株式会社三方联合投资，于1984年7月在中国河北省涿州市成立的中外合资企业，是具有现代化水平的集工程设计、技术研发、加工制造、现场组装、安装调试、售后服务以及工程总承包为一体的全新型设备制造公司。经多年努力，涿神公司能够独自承揽具有国际先进水平的铝铸轧机、铝热轧机、铝冷轧机、铝箔轧机、铝箔分切机（立式、卧式）、铝箔合卷机、厚箔剪切机（新型）、铝板带横切机、纵切机、拉弯矫直机、亲水箔生产线、铜带水平拉铸机、线外铣面机、铜带箔拉弯矫直机等有色金属加工设备，以及钢板材、线材轧制设备的设计、制造、安装、调试等工程。

2017年，涿神公司积极抢抓市场机遇，攻坚克难，超额完成了各项生产经营任务指标，企业发展再上新台阶。

一、严抓现场环境整顿、违章治理和隐患排查，安全5S管理水平不断提升

2017年涿神公司围绕“全年无事故，现场大变样”的安全5S管理目标，稳步有序地开展了安全5S管理提升活动，通过平整车间绿色通道地面、清理卫生死角、规范现场定置管理等措施，全面彻底进行现场5S整顿，同时，坚持巡查、督查、自查多管齐下，以全方位、多层次、制度化的治理手段，实现违章治理“零容忍”和隐患排查“全覆盖”。一年来，涿神公司全体员工安全意识显著提高，现场5S环境卫生明显改善，安全管理标准化水平得到提升。

二、抢抓机遇，精准发力，市场订货再获重大突破

2017年铝加工设备市场基本延续了上一年度的升温态势。涿神公司紧盯市场，快速反应，在优势项目和成熟项目上精准发力，不断扩大订货成果。在市场开发和订货工作中，涿神公司持续坚持“立足重点老客户，开发优质新用户”的策略。对于重点老客户投资新上的项目和企业的优势项目，涿神公司全力以赴、确保拿到。在新产品市场开发方面，涿神公司凭借较强的综合实力和良好的品牌信誉赢得了客户的信赖，先后拿到了多个新项目订单。一年来，通过市场开发部门不懈努力和企业相关部门通力协作，市场订货工作再创佳绩。

三、设备调试验收、售后服务和货款回收工作取得积极进展

2017年，涿神公司通过精准服务和不懈努力，在最终用户现场实现设备验收42台套，远超计划目标，其中一些已经交货两三年、久拖未验收的项目，在2017年也陆续实现了验收。一年来，涿神公司投入较大精力，先后向多个设备安装、调试现场派出安装指导和调试人员。他们在用户现场克服种种困难，任劳任怨，积极工作，主动担当尽责，代表了涿神公司的良好精神风貌，受到了用户的充分肯定。2017年，涿神公司坚持售后服务和货款回收工作“两同时、齐发力”，在坚持做精、做好售后服务工作的同时，安排专人按协议分期催收回款，长期欠款清欠工作取得有效进展，为企业正常生产经营活动提供了有力保障。

四、坚持设计与开发并重，综合技术实力稳步提升

涿神公司设计部门不断改进完善成熟机型设计，提升产品稳定性和可靠性。通过方案优化和结构再设计，降低设备制造成本，增强产品市场竞争力，为争取设备订单和实现经济效益打下坚实基础。新产品开发工作取得一定进展，镁合金铸轧机等部分新产品在2017年首次实现市场订货。以设计开发部为依托申报的省级铝加工工艺设备工程技术研究中心建成并通过验收，企业技术研发平台建设迈出关键一步。省级科研项目、技术专利和政府质量奖申报、质量效益型企业创建、院校合作等工作取得积极进展，企业综合技术实力得到有效提升。

五、精心组织，科学管理，强化生产管控，稳定产品质量

生产系统面对人员紧张、项目扎堆、工期重叠的生产形势，从计划管理入手，充分利用内、外加工两种手段，科学统筹，均衡生产。在内部，最大限度发挥自身优势，满负荷高效运转；在外部，坚持做到“早分流早运作”，采取有力措施加强工期监控。全年通过内外结合、动态调整，完成35台套设备的生产任务，较好地满足了用户的工期需要。涿神公司质量管理部门适应生产组织出现的新变化，及时调整质量监控工作重心。在狠抓质量责任考核、做好全过程质量管控的同时，加强对外协零部件的检验把关和质量监控力度，确保了企业产品质量总体稳定。

六、精细化管理初现成效，公司综合管理工作全面加强

2017年涿神公司深入扎实开展精细化管理工作，在降本减费控税方面实现了预算目标，经营性现金流持续保持为正，精细化管理工作取得成效。

2017年涿神公司重新定义了企业文化内容，企业文化得到传承和创新；同时，公司统一制作展板和规范看板管理，建立起了较为系统的看板管理文化。工会组织开展了多种工间娱乐活动，提升了企业凝聚力和向心力。2017年公司还实施了基本薪酬改革；解决了部分员工职工医疗保险、失业保险统一上缴问题；组织了员工健康体检和有害工种员工职业病预防体检；为在岗员工发放了劳保棉服，这些措施都保障了员工收入和福利待遇。

通过各项举措，2017年涿神公司保持了稳定、和谐的经营态势。在日益严峻的市场形势中，企业将继续内抓管理、外拓市场，团结一心，逐步走出一条新常态下的健康持续发展道路。

（池静怡）

赣州有色冶金机械有限公司

一、概况

2017年面对经济形势严峻挑战，赣州有色冶金机械有限公司（以下简称：赣机公司）在江钨控股集团公司的正确领导下，按照集团公司“改革重组”，“提质增效、扭亏为盈”两大攻坚战的部署，全体员工坚定信念，积极努力，在危机中寻找生机，在困境中求生存，与各种艰难困苦展开了顽强的抗争，保证了企业生产经营的正常进行，维护了企业的稳定。

二、经营形式

2017年，赣机公司完成工业总产值（现价）7235万元，比上年同期增长10.31%，实现销售收入7071万元，比上年同期6917万元增长2.22%，工业增加值（现价）完成2736万元，较上年2698万元增长1.41%；产量完成6271吨，较上年同期5778吨，增长8.53%；实现营业收入7678万元，较上年同期增长2.6%；利润总额－194万元，亏损额较上年同期下降102.08%；上缴税金612万元，较上年下降14.04%；资金回笼率达到96%。

三、开源节流促增效，提升素质控风险

2017年虽然形势依然严峻，订货难度依然存在，在赣机公司领导班子的正确领导下，销售部门的全体员工树立信心，克服困难，想尽方法，开辟渠道。订货总量将近6254万元，与上年订货量4916万元相比，增长了27.22%。

（一）“开源”保生产，发展新商机

一是充分利用江钨集团重组的契机，巩固老客户，发展新用户。主动深入到江钨各个矿山和冶炼单位，在没有成台订货的情况下，加大备品备件订货量，力求多订货，稳定江钨市场。

二是积极拓宽销售渠道，争取新的用户。积极做好客户设备选型与前期设备的推荐工作，完善各种设备技术文件，积极与客户沟通，以诚待客，实力取信，争取新客户的成功合作。同时在钨冶炼领域进行大胆尝试，新增钨煅烧炉系列近百万元。

（二）“节流”促增长，强化风险防范

一是在经营管理方面坚持不懈地做好“比质比价”，货比三家，将采购成本降到最低；优化产品的结构和性能，精益生产管理，精益设备管理，精益信息化管理。

二是在节能降耗方面加强各项费用管理，推广无纸化办公；用电比上年下降3.55%、办公费比上年下降23%、招待费比上年下降32%；提倡“抓大放小”为应为之事，培养核心合作者“减员降本”。

三是认真贯彻落实集团公司劳动、人事、分配三项制改革，优化组织结构，精减二三线人员，充实生产一线。在人才管理方面促进企业内部员工流转，打造复合型人才队伍；完善规章制度和培训计划，实行有效激励措施，不断提高员工的综合素质；强化考核与激励机制，逐步实现待遇留人，稳定员工队伍。

四、技术改造提水平，健康发展创佳绩

2017 年，赣机公司进一步加强技术创新的力度，有目的和针对性地抓好新产品的研发，积极采用新技术、新工艺、新设备、新材料进行技术改造和新产品研发，落实好技术创新计划，努力做好产品的更新换代和配套工作，推动传统产业的改造提升。开发、设计并制造了“HZ400 蓝钨炉”、“HZ1000 氧化焙烧炉”。“HZ400 蓝钨炉”的开发直接获得了两台订单，实现产值 94.06 万元；“HZ1000 氧化焙烧炉”的开发也获得了两台订单，实现产值 272 万元。后续还可能有 3 台“HZ400 蓝钨炉”设备的订货。在该两类设备研发过程中，公司申请了多项专利，并获得了授权，如回转动密封的关键技术“一种回转窑的动密封连接装置”获得了国家发明专利。

五、紧抓安全保生产，消除隐患防事故

赣机公司按照集团公司安全生产工作会议精神，深入落实《安全生产法》和《环境保护法》，以构建安全预防控制体系为主线，提高员工综合素质为核心，以转变员工思想观念为主线，以排查治理隐患为抓手，完善安全管理措施，加强安全培训，整治作业现场，全力消除安全隐患，提升了公司安全生产水平和员工安全素质。制定下发《赣州有色冶金机械有限公司安全生产大检查活动实施方案》，有序推进安全生产大检查活动的开展。

六、加强社会管理，构建维稳防线

2017 年，企业、社区未发生重大刑事案件，生产设备和火灾事故；在重大活动期间未发生集体赴省进京上访事件；无内部员工违法犯罪案件，社会治安基本稳定，员工、家属安居乐业。荣获 2016 年度平安赣州建设暨社会治安综治目标管理先进单位。

七、开展丰富活动，稳定员工队伍。

一是通过组织开展夏送清凉冬送温暖等活动关心员工，赣机公司领导走访慰问离退休老职工、在岗员工、家属 848 人次（户），送去慰问金及物品 11.88 万余元。组织全体员工进行了健康体检，为新入公司员工，实施了过渡性租房补贴。贯彻《江西省女职工劳动保护特别规定》，按时足额发放女工经期护理费。“七一”期间，赣机公司党组织帮扶 3 名困难党员家庭，送去慰问金 900 元，各党支部还积极参与集团开展的“微心愿”活动，为 3 名困难党员家庭争取到 3000 元资金。开展“金秋助学”，争取到 5000 元资助 1 名困难员工家庭子女圆大学梦。积极开展劳动模范、岗位标兵的评选活动。

二是为了活跃员工的文化生活，激发员工工作热情，培养员工实干担当精神，积极调动青年员工的积极性，组织开展形式多样的员工活动。

2017 年，通过各项举措，赣机公司保持了稳定的局面。在日益严峻的市场环境中，企业继续内抓管理，外拓市场，团结一心，逐步走出一条健康持续发展道路。

（彭 婷）

施工企业

中国有色金属工业第六冶金建设有限公司

一、企业概况

2017 年末，中国有色金属工业第六冶金建设有限公司（以下简称：公司）资产总额 67.08 亿元，资产负债率 71.49%。全年主营业务收入 49.86 亿元，利润总额 2.7 亿元。2017 年末在岗职工 2025 人，年人均劳动生产率 246.22 万元。

二、生产经营

公司具有建筑工程施工总承包特级资质、建筑行业甲级设计资质和对外援助工程总承包资质。2017 年，公司签订工程合同 223.02 亿元，其中施工总承包合同 44.3 亿元，PPP 合同、代建合同等 178.72 亿元。

公司承建了华峰铝业、河南金大地、漯河紫光锦园、新蔡如意花园、三门峡安和苑、许昌智慧产业园、华中铜业、博兴瑞峰等一批大单承包类项目，签订了汝州电子商务园、汝南市政道路、太康党政服务中心等 PPP 合同。初步落实了云南“2+8+N”高速公路 PPP 项目。加强工程用铝市场开拓，承建了北京、福州、呼和浩特、陇西、张掖等地一批铝天桥项目，努力打造公司铝天桥建造品牌。

三、改革与管理

公司设立有安全环保部、五分公司、六分公司，成立海外事业部，组建云南分公司。2017 年，公司推进了压减法人户数的“瘦体健身”工作。

实施党建目标考核与经营绩效考核互为系数，确保经营生产和党的建设双加强。公司建立了总经理特别奖、项目营销考核、项目管理考核、项目成本责任制、工程用铝、“两金”压降、工程结算等专项激励机制，进一步实现了激励考核多元化，调动干部职工的积极性。

适应公司运营管控和防范风险的新要求，2017 年新建了包括总部工作制度、决策权限管理、招投标管理、国内市场管理、项目市场营销、项目成本责任制、项目管理考核、工程款回收管理、违规经营投资责任追究、党建和党风廉政建设等规章制度 30 余项，修订规章制度近 20 项，完成三大管理体系文件换版。

四、节能减排规划、目标、措施和取得的成就

2017 年，公司实际综合能源消费量 4.43 万吨标准煤，实际工业用水总量约 6.59 万吨，重复用水量约 3744 吨。无环境方面投诉或违法行为。

五、基本建设与技术改造

公司建成铝型材加工生产线，集成了铝天桥设计、型材加工和安装综合能力。

六、自主创新、技术进步和创名牌产品情况

国家企业技术中心通过认定。公司加强高新技术企业维护，技术创新立项 42 项，评定省部级工法 8 项，受理专利 35 项、得到授权专利 21 项。重点项目推广 BIM 技术，建成项目远程监控系统，提升施工和安全管理水平。以扩大铝应用为契机，提升铝天桥结构设计和制造技术，打造设计、施工价值链和自有品牌。公司推广铝模板技术应用，参编河南省地方铝模板标准 1 项、申报专利 5 项。

2017 年获得 3 项国家级、9 项省部级 QC 成果奖。被中华全国总工会、国家安监总局授予 2016 年度全国“安康杯”竞赛优胜单位。中烟黄金叶项目被省总工会、省发改委、省环保厅评为河南省节能减排竞赛“先进班组”。

七、加强民主法制建设、廉政建设、企业文化建设

公司组织党员干部到河南省反腐倡廉宣传教育基地参观学习，开展反腐倡廉教育 71 场次，聘请党建和纪检监察专家培训纪检监察干部 50 余人次，新建党风廉政建设制度 13 项，签订《党风廉政建设责任书暨承诺书》99 份。

以有效保障农民工权益基础上的人权保护为主题，公司开展了社会责任实践，表彰了 8 名优秀农民工及 6 家优秀分包方。

（薛瑞玉）

七冶建设集团有限责任公司

一、生产经营

2017 年，七冶建设集团有限责任公司（以下简称：七冶）主要生产经营指标完成情况：实现营业收入 151.39 亿元，完成年计划的 100.92%；新找工程任务 208.64 亿元，完成年计划的 104.32%；实现利润 1.8 亿元，完成年计划的 103%；上缴税金 5.9 亿元，完成年计划的 101%；工程合格率 100%；全年无重大安全事故发生。

（一）工业市场开发

2017 年，七冶按照坚守传统铝业底线份额的基本要求，加大对安装、压力容器、炉窑等公司的支持，积极开拓为数不多的铝行业市场份额；在建筑、市政工程等市场开发上，积极顺应行业发展趋势，不断探索各类工程承接模式，取得了较好的成绩。先后承接了蒙泰电解项目、创源供电整流项目、华仁电解项目、邹平宏程铝业厂房项目、昭通电解项目及多项槽大修项目，合同额 4.2 亿元。氧化铝工程承接了云南文山蒸发项目、山西复晟氧化铝溶出套管改造及零星检修项目，合同金额 2000 余万元。在水泥、化工、电力等行业市场开发上取得了突破，安装公司承接了贵州

越都化工有限公司技改项目、贵州能矿锰业项目、瓮福磷矿项目、开磷集团项目、天福化工项目、普安楼下光伏发电项目；省化建承接了贵州福泉川东化工有限公司“矿化一体”磷资源深加工项目、瓮福化工公司湿法净化磷酸扩能改建项目、都匀至凯里天然气支线管道工程项目；省冶建承接了新疆晶和源材料项目。同时，集团公司还努力拓展国外工业市场，国际公司依托中色、中铝、瓮福等企业抱团发展，积极参与上海电气、北方国际、北京思菲、重庆博赛等公司海外项目的前期投标报价，努力抢抓国家“一带一路”倡议带来的市场机遇。截至2017年底，公司在刚果(金)、伊朗、印度、哈萨克斯坦、马来西亚、土耳其的在建工业项目累计13个，完成产值约10亿元，创历史新高。2017年海外工程项目新签合同15份，合同造价6.6亿元。

（二）民用、市政市场开发

2017年，七冶两级公司紧抓贵州“大数据、大扶贫、大交通、大健康、大旅游”给各市、区、县经济全面发展带来的良好机遇，加大集团公司投、融、建一体化力度，通过股权合作、战略联盟、合作经营等多种方式，推动全面、全方位合作，抢抓市场机遇。在民用、市政市场开发上采取“双轮驱动、辐射周边、拉动全省”的策略，立足服务在建项目，注重市场布局，以集团公司为龙头同步带动子分公司共同拓展市场。2017年以省内遵义、四川泸州为两个重点区域为双轮，以其他市县为支点，以现有项目为支撑，两级公司在民用、市政项目上精耕细作，进一步开发潜在项目，取得可喜成绩。

七冶在遵义聚集了多个子分公司，在建项目较多，企业品牌效应和辐射作用已经凸显，区域市场明显扩大。遵义红花岗区舟水办镇隆片区棚户改造项目，总投资33亿元，是集团公司首次以独立身份承担30亿元以上的棚户区改造项目，为七冶全方位、深层次参与政府主导的城市棚改项目积累了经验和业绩；承接的遵义市南部新区市政基础设施第六包PPP项目合同金额5.8亿元，是七冶首次实施的PPP项目，为后续对PPP项目承接运管理提供了培育平台。七冶依托已完工茜草项目，在建的蓝田项目，又签订了古蔺县城棚户区及旧城改造项目，合同价79.71亿元，是七冶首个在省外承接的EPC项目，产值超过100亿元。此外，七冶相继成立了关岭海百合公司、贵定金海公司，授权路桥公司与石阡县组建股份制公司，现关岭、务川等县一批项目已陆续落地，并签订了贵州长顺贵顺产业园项目。

二、企业管理

（一）规范财务行为，推进提质增效

2017年2月，省审计厅对七冶主要负责人2014－2016年度任期经济责任履行情况进行审计。针对审计中披露的管理缺陷和提出的整改问题，七冶从规范财务行为、提升资产运行质量、全面防范经营风险等方面认真梳理，并充分运用好审计成果加快改进公司管理现状，通过建立长效机制，强化重要岗位制度的刚性约束，增强管理人员遵规守纪、依法合规履行职责的意识。同时，加强内部审计，完成山东魏桥铝材项目部、土耳其ETI铝业电解铝项目设备安装工程、山西孝义氧化铝项目二三期工程等6项竣工项目审计；完成遵义市幸福村项目部风险审计；重庆分公司负责人离任审计。根据工作需要增加审计人员，以强化审计工作组织、拓宽审计范围、充实审计内容。为缓解资金压力，保证公司生产经营的正常开展，一方面积极拓宽融资渠道，增加融资品种，与28家融资机构建立业务联系，授信总额达72亿多元，确保了两级公司生产经营资金的需求；另一方面加强资金集中管控力度，已实现建行、工行资金归集，七冶直属项目基本实现统收统支。通过资金集中管理，提高资金使用效益，并且通过OA系统审批模块平台，进一步完善资金管理制度化、流程化、信息化。两级公司还加大了债权清收力度，制定清收计划，落实责任人，严格结果考核，努力遏制应收账款居高不下，保证公司资金安全。2017年七冶计划清收额为20.33亿元，实际清收额为17.93亿元，完成了年计划的88.2%。在推进“提质增效”工作上，围绕应收账款压降15%，存货压降20%，资产负债率控制在87.5%以内的目标，七冶多次召开专题会，在去杠杆、压负债、控风险、设定资产负债率硬约束等方面做出具体部署，取得一定效果。

（二）搭建项目综合管理平台，加强基础管理工作

1. 按年初签订的贵州省建筑施工安全工作目标和任务责任书及企业工程质量工作目标责任书要求，通过组织召开安全质量专题会、层层签订

目标责任书，加强安全质量工作部署，并制订了公司质量安全提升行动实施方案和建筑施工安全生产“打非治违”专项行动实施方案等36份文件，形成了“谁主管、谁负责”、“党政同责、一岗双责、齐抓共管、失职追责”的责任体系，通过加强安全质量宣传教育，开展安全质量专项巡视检查，切实将安全质量要求落到实处。同时，项目标准化管理全面推开。七冶大厦、泸州茜草区棚改项目获省部级优质工程；贵安数字产业园、毕节七星关安置房、绥阳幸福大道6号地还房、汇川区田沟棚改和桐梓马鞍山棚改等5个项目参评省级文明样板工地；遵义液力117工程获得“全国AAA标准化诚信工地”称号；贵安数字产业园、毕节七星关安置房获“主体结构优良工程”质量奖。

2. 强化风险防范，推动集采平台运行。成立“工程成本管控中心”，以规范和强化项目成本有效控制，通过制定工程分包、物资采购商务平台管理办法、集采平台管理办法等，对项目物资采购、工程分包、劳务分包等关键运营成本进行有效控制。通过对工程款收支、工程分包、物资采购、机械设备等经营活动的合同管理及农民工工资支付实名制管理的试点运行，达到了提升工作效率、规范化管理的基本目标。全年通过集采平台实现招投标合同额5.6亿元，已有164家供应商进入平台供应商名录。

3. 加强施工技术经验和成果的总结。经努力，2017年获得有色金属行业部级工法7项；“环保型铜精炼炉窑安装成套技术研究与应用”获得新学技术先进成果奖；《轻金属冶炼安装工程施工及质量验收系列标准》获得中国有色金属工业科学技术奖一等奖；获得2017年度有色建设行业工程建设优秀QC小组一等奖2项、二等奖2项、三等奖3项；“一种基于BIM工程管理系统”获得发明专利，参编行业标准《钢制焊接锥形立式容器施工及质量验收规范》已正式发布。这些成绩的取得，凝聚了大家的心血和汗水，提升了七冶在业内品牌效应和技术实力。

4. 严格投资审批，合理控制房地产领域投资。一是按照“三重一大”的规定，在投资规划上严格审批程序。相继跟踪完善七冶南部新区PPP项目、完善七冶洪投有限责任公司、七冶海百合建设有限责任公司的国资委报批与组建，完成了对贵安开投2亿的股权及收益3500万元的收回，推动贵定县、石阡县控股子公司的组建，调研公司“退城进园”产业规划，完成七冶贵龙股权变更和下设子公司设立，完成哈萨克斯坦公司、印度尼西亚代表处设立等工作。二是按“三去一降一补”总体要求和对自有房地产项目控制规模和提质增效总体安排，七冶房开、贵州置业、七冶城投公司做了大量工作，总体经营平稳，呈现稳中向好态势。全年实现房地产销售收入7.03亿元，累计完成投资5.34亿元，开工面积14.58万平方米，竣工面积16.48万平方米。

5. 加强人力资源管理，逐步推进薪酬制度改革。一是建立有效的人力资源管理系统，加强规划、培训、薪酬等工作，并建立人力资源管理软件系统。根据“十三五”规划及经营发展目标，2017年审批招收181人（其中管理人员167人，工人14人）。加强“师带徒”工作，评选出10对优秀“师带徒”给予表彰。加强各层次员工培训工作，全年组织1500余人次参加各类培训30余次，组织选派50人参加“中高层管理人员综合素质提升研修班”。七冶5名班子成员参加了省党校全国国有企业党的建设专题研讨班学习培训，1名班子成员和1名中层干部参加省委党校、贵州行政学院2017年调训培训班。二是加强干部管理和考核工作。全年新选拔任用干部19人，干部交流23人，138名中层干部参加考核，按照考核规定，降职任用1人，免职回原单位2人。三是积极探索改革薪酬激励模式。在七冶薪酬改革领导小组安排下，相关部门负责人前往省内外相关企业进行学习调研，形成专题调研报告，为下步稳妥实施薪酬改革提供参考经验。四是继续完善制度建设，相继修订完善了经营管理办法、控投子公司管理办法、联营管理办法、合作分公司管理办法等规章制度。全年办理、协调、跟踪诉讼案件193件，出具法律意见书5份。积极指导配合子分公司及项目部的纠纷调处、诉讼应对，区域分公司的法律纠纷得到有效遏制。同时邀请法律顾问参与公司重大经济合同与产权制度改革工作，提升企业法律风险防范能力。

三、企业改革和扶贫工作

积极采取多种方式推进公司股权多元化改革工作，按照省国资委相关批复要求，完成了化建公司制改革工作；邀请国资委分管改革工作的领导及改革处、信访办到省冶建公司，针生产经营、改革发展、维护稳定等项工作进行实地调研，为推进下步改革打好基础。

根据相关要求，制定了职工家属区“三供一业”分离移交工作方案和分离移交维修改造工作方案，对涉及的剥离办社会职能和需解决的历史遗留问题进一步进行了统计、梳理和排查，对需维护改造费用做了分析测算，并上报了水电移交改造资金申请报告。

在扶贫攻坚工作中，按照上级对口帮扶工作要求和履行国企社会责任的需要，制定了扶贫工作实施方案，并成立扶贫工作办公室主抓扶贫攻坚工作。出资500万元参与国资委扶贫基金设立，先后与雷山县大塘镇和麻江县宣威镇签订精准扶贫帮扶协议，直接投入500余万元无偿帮扶雷山县大塘镇桥港村、新塘村修建产业道路12.8公里；拨付资金80万元支持麻江县宣威镇琅琊村和中寨村稻田养鱼、生猪养殖等10个精准扶贫项目；资助雷山县大塘镇桥港村、新塘村贫困户大学生35人共计8.75万元助学金等等。七冶被授予“先进帮扶集体”荣誉称号，雷山扶贫产业道路项目部获得有色冶金工会授予的省级“工人先锋号”荣誉。

四、党建工作

2017年，七冶开展“守纪律讲规矩、做国资忠诚卫士”专题学习教育和学习贯彻党的十九大精神为根本，全面推进“两学一做”专题教育常态化、制度化，以强化“监督执纪问责”为抓手，持之以恒纠正“四风”，加强作风建设，充分发挥党组织的战斗堡垒作用和共产党员的模范带头作用，推进各项工作依法、依规稳步开展。

一是两级公司党委制定了各阶段学习和工作计划。班子成员认真参加中心组学习，撰写心得体会，结合自身工作对照检查，并上报省国资委党委。二是把深入学习贯彻落实党的十九大精神和省十二次党代会精神，作为七冶党委今后一个时期重要的政治任务。所属17家子分公司党委书记作为宣讲第一责任人，全部完成了党代会精神宣讲，实现了党组织、党员全覆盖；制定了关于党的十九大精神宣讲工作实施细则、关于认真学习宣传贯彻党的十九大精神和习近平总书记在贵州代表团重要讲话精神的实施方案。围绕年初生产经营目标，相继开展了“决战四季度、冲刺年目标”劳动竞赛、“劳模上讲堂”、“感恩·奋进——青春建功新时代”学习党的十九大精神为主题的系列活动。三是落实全国国有企业党的建设工作会议要求，加强和完善党建工作制度。党委制定了相关实施意见和加强基层组织建设工作方案，两级公司认真开展了召开党代会的准备工作，大部分子分公司已成功召开党代会和党员大会。四是全面从严治党，加强党风廉政建设和反腐败工作。通过开列责任清单，强化责任追究，倒逼各级党组织切实履行党委主体责任、纪委监督责任。领导班子成员率先签订年度领导班子成员抓牢抓实党内廉政建设落实“一岗双责”责任书，17家子分公司党委（总支）签订年度党风廉政建设和反腐败工作目标责任书，171名中层干部和两级公司33名重要岗位人员签订《党员干部廉洁自律暨廉洁过节承诺书》。各子分公司党委（总支）与下级单位共计签订《年度党风廉政建设目标责任书》285份，签订《廉洁自律暨廉洁过节承诺书》662份，印发关于公务活动、业务活动全面禁酒的通知，按要求封存了已购各种酒类。七冶党委还制定党内巡察监督工作暂行办法，成立巡查工作领导小组和巡查办，建立“纪委组织协调、相关部门对口把关协同进行”的工作机制，通过把效能监察和监督巡察有机结合，进一步提高震慑作用，持续将推进从严治党的压力向基层传导。同时准确把握运用“四种形态”，强化监督执纪问责，以制度化、规范化推进七冶干部约谈的常态化；坚持有案必查、有腐必惩，重视信访举报问题线索的收集和办理，坚持信访举报“零暂存”原则，以证据事实为依据，党规党纪为准绳，对违纪行为进行严查快处，切实做到了违纪必究、执纪必严。

（李 博）

八冶建设集团有限公司

2017年，是八冶建设集团有限公司（以下简称：集团公司）实施“十三五”发展规划重要之年，是励精图治、攻坚克难、转型升级的重要一年。集团公司面对投资持续趋缓，行业格局改变，市场竞争加剧，施工任务难找，项目成本居高的严峻形势。集团公司团结带领各级组织和广大干部职工，坚定不移地实施以“一二三”为引领的八大发展战略，持续推进改革，力促转型升级，奋力市场开发，强化企业管理，较好地完成了各项经济技术指标，实现了企业持续稳定发展。

2017年，完成企业总产值70.6亿元，为国资委下达考核指标70.1亿元的100%，实现利润6815万元，为国资委下达考核指标6500万元的104%。工程任务开发72亿元，清欠回笼资金4.21亿元，上缴税费2.97亿元。营业收入、利润总额、国有资产保值增值均完成了国资委下达的考核指标。同时，取得了建筑工程总承包特级和设计甲级资质。

一、企业改革持续深入

按照省委、省政府对混合所有制改革试点工作要求，集团公司改革有序深入地推进。一是出台了混改方案，完成了清产核资，厘清了资产。二是历史遗留问题已审核清晰，正待协调解决。三是股权结构方案不断研讨，使之更趋合理。四是已与政府签订了“三供一业”移交工作框架协议，移交工作按计划进行。五是不断推进模拟子公司改革，48家模拟子公司除了极个别之外，已走上规范运营轨道。大部分模拟子公司股本分红实现了逐年增长，2017年平均分红率达20%以上，改革红利惠及了广大职工，提振了改革信心。运营规范、管理精细、效益较好的有中原、宁夏、兰州等分公司和筑炉防腐、设计院等单位，还有一建、二建、一安、二安直管的一些分公司。

二、市场开发有效拓展

着眼于国际国内两大市场，采取上下一盘棋联合开发、滚动开发，巩固传统领域，开拓新的领域。成功开发了新疆广汇、兰石老厂区改造、兰州新区保税区等重大项目。2017年，中标298项，中标值72亿元，其中中标1亿元以上项目有14项，5000万元以上的项目有30项。2017年兰州新区总承包部、兰州总承包部、一建、一安、中原、八公司等单位开发成效突出。国外市场有拓展：成立巴基斯坦有限公司，调查掌握了该国工程建设的基本国情。以在建社保基金总部大楼为契机，筹备注册了埃塞俄比亚分公司。玻利维亚分公司与深圳为可达公司组成的联合体，成功中标尾矿管线和高架桥修复项目，“走出去”实现新突破。

三、工程质量逐步提升

2017年，集团公司着力开展质量管理提升活动。一是加大检查考核力度，对80项在建工程进行了质量管理体系内审和现场考评。二是加大整改力度，对整改不及时的项目部、质量通病多的项目，通过“回头看”、跟踪复查等措施，使工程实体与观感质量得到明显提高。三是质量标准化建设步伐加快，精品工程不断增多。2017年，获得国家优质工程1项，省部级优质工程4项，市级优质工程3项。

四、新技术有所进步

集团公司获得7项省部级工法，2项省部级科技进步奖。10项建筑新技术得到了有效地推广应用，如组合铝合金模板技术、综合管廊施工技术等。BIM技术应用初步推开。举办了应用实战培训班，选择兰州基地A9商住楼项目进行试点，为进一步扩大应用范围积累经验。

五、转型升级循序推进

2017年，集团公司致力于向综合型高端建筑企业转型，向投资建造并重转型，向国内外一体化转型。成功晋升为建筑工程特级资质，将提升市场开发层次，进入高端市场。金昌康颐医养项目有进展。已建成康颐医院、沿街商铺主体、展示中心、5栋适老住宅，完成投资2.3亿元，适老住宅开盘销售达60%，销售额达8061万元。上达重工取得了中国钢结构协会颁发的“一级钢结构制造资质”，完成锅炉支架制作，成为哈尔滨锅炉厂在西北地区唯一合格的供应商。

六、风险管控不断加强

一是利用综合管理体系严把合同条款审核关。二是化解处理了涉诉案件71起，涉诉金额5.1亿元。2017年，重点对武威分公司地表供水管线、西宁分公司古城度假村酒店、宁夏分公司长胜煤炭市场等项目纠纷，进行了有效处置。三是运用法律手段，强化了对联营单位的管理。对煤电公司、南方分公司、六公司、上海分公司等单位违规经营的行为，给予中止投标、经济处罚、诫勉谈话、行政警告等处理。对西安分公司、吉林分公司、十六分公司依法清算注销。对私刻公章等犯罪行为的单位负责人移交公安机关处理；对其涉嫌职务侵占、诈骗等违法犯罪问题将移交监察机关处理。

七、连年守牢安全底线

一是对16家基层单位，96个施工现场进行大排查和随机抽查出安全隐患150项。严肃通报和处罚了8家单位和23个施工现场，经济处罚达21万元，安全生产隐患整改率达到100%。二是开展应急救援培训演练达80余场，并有130人参加红十字应急救护培训。三是通过三个管理体系运行和施工现场综合考评，真实评价了安全生产情况，并执行“双报告”制度，使一线职工对安全生产有了知情权、参与权和监督权。四是深入开展安全生产标准化工地创建活动，8项工程获得省部级标准化工地和文明工地称号。

八、内部审计从严从实

2017年审计项目共25个，对18家直管模拟子公司进行2016年度经济效益审计。同时对2015年度进行后续审计，认定筑炉防腐、矿山、中原等11家模拟子公司盈利结果，并同意兑现股本分红。对审计认定亏损的京津、青海、新疆、上海、岩土爆破5家模拟子公司，明确了不能兑现股本分红意见。履行了3个公司总经理离任经济责任审计。对兰州新区、兰州和金川3个总承包部进行了财务收支审计。与此同时，4个建设公司也分别对其下属30个模拟子公司进行了年度审计。有效的内部审计对实施精细化管理，改进项目成本管理，发挥了监督促进作用。

九、队伍建设不断加强

2017年，招聘高校毕业生190人。继续开展了“铁军大练兵”和“导师带徒”等活动。筹办各专业培训班29期，3580人次，全员培训率达到80%。专业技术职称晋升累计396人，其中正高级7人，副高级38人，中级216人；新取得一级建造师职业资格29人，累计达155人，新取得二级建造师135人，累计达519人；新取得“八大员”岗位职业资格1364人，累计达2805人，基本满足了企业一线施工和市场开发的需要。通过培树典型，涌现出孔晓东、郭仲军等一批有担当、有作为、有奉献、有正能量的劳动模范。

十、企业党建富有成效

2017年，集团公司党委认真组织学习党的十九大和习近平总书记系列重要讲话，坚持“两学一做”制度化、常态化。以党建带动群团工作，将党建工作融入经营发展全过程。党风廉政建设“两个责任”认真落实。思想政治工作、企业文化建设不断加强。群团组织的合力不断增强，和谐企业建设扎实推进。扶贫攻坚工作深入推进，社会责任积极履行。企业党建工作不断取得新进展、新成效，为推进企业改革发展、提质增效等各项工作提供政治保证。

（高　娜）

九冶建设有限公司

一、基本情况

九冶建设有限公司（以下简称：九冶）现为中铝国际控股企业，拥有建筑工程施工总承包特级资质。

九冶注册资本金3.2亿元，股权结构为：中铝国际持股比例为62.5%，咸阳市金融控股有限公司持股比例为7.23%，西咸新区九冶志诚管理咨询合伙企业持股比例为4.99%，西咸新区九冶立信管理咨询合伙企业持股比例为5.53%，西咸新区九冶同创管理咨询合伙企业持股比例为5%，西咸新区九冶益新管理咨询合伙企业持股比例为5.17%，11名自然人股东合计持股比例为9.58%。

九冶主营业务为：建筑工程、市政公用工程、机电工程、冶金工程、矿山工程、钢结构工程、水工金属结构制作与安装工程、管道工程、起重设备安装工程、环保工程、公路工程、管道安装、塔吊拆装；石油化工工程、电力工程、建筑装修装饰工程；建筑设计、建筑材料及其工程试件检验试验；物资经销；消防设施工程、水利水电工程，商品混凝土和混凝土制品；土地开发、整理、复垦；道路普通货物运输。境外建筑、冶金、机电、钢结构、水工金属结构制作与安装、管道工程和境内国际招标工程，上述境外工程所需设备材料的出口、对外派遣实施上述境外工程所需的工程技术和劳务人员及进出口业务。

截至2017年底，九冶资产总额为71.62亿元，完成产值63.98亿元，销售收入53.13亿元，上缴税金1.22亿元，实现利润1.96亿元，员工2539人，人身伤亡事故为零。

二、生产经营

2017年，在中铝集团统一部署下，九冶认真开展了问题梳理与整改专项工作，按照“查找主要管理问题形成问题清单、梳理重点问题形成整改决议、制定非重点问题整改方案”等要求，按时完成了各阶段的材料上报。

2017年，九冶围绕“强化执行、精准管理”主题管理活动，强化企业管理。一是以扭掉“四种坏习惯”为抓手，坚持开展了管理问题“自查自纠”“降本增效”等工作。二是信息化建设持续推进，信息化成为企业加快转型升级、提质增效的强力助推器。三是以市场营销为龙头，始终坚持“四轮驱动”营销战略，全年落实施工任务88.29亿元。四是以建设标准化示范工地为载体，持续推进施工管理标准化，创优质工程、创文明工地、创绿色施工示范工程、创新技术应用示范工程等“四创”工作。五是狠抓“两金”压降专项工作。六是加强员工队伍建设，九冶专门成立了网络培训学院，全年共组织各类培训149次，累计参培人员4236人次。

2017年，九冶未发生生产安全事故及环境污染事故。全年共对158名专职安全员进行了岗前培训，按照中铝集团要求，开展安全环保质量强基固本行动。两级公司领导带头进车间、到项目、下班组，带领班组共同梳理在安全环保质量方面存在的问题，并立行立改，对实现全年安全生产发挥了重要作用。2017年，九冶获得国家级优质工程1项；获省部级优质工程10项，其中：长安杯1项，冶金优质工程4项；全国优秀焊接工程3项；陕西省冶金优质工程1项，省级优质结构工程1项。

三、企业改革

2017年，九冶按照中铝国际企业法人压减和管理层级压减工作的总体安排和要求，对下属的山东九冶建设有限公司、郑州九冶海联机电设备有限公司、河南九冶钢结构有限公司、河南九冶建筑物资租赁有限公司、安康市九冶畅佳力混凝土有限公司等5个子公司采取了股权转让、工商注销的方式，完成了企业法人压减和管理层级压减的工作。

四、科技创新

2017年，九冶科技创新投入近2.3亿元，主要包含企业内部的日常研发经费支出及当年形成于研发的固定资产支出等。重大科技项目包括：工程用铝、企业级BIM平台建设、1100MW超超临界锅炉钢结构制造等项目。科技研发项目在工程上应用关键技术10项，其中4项为国内领先水平，5项为国内先进水平，1项为行业领先水平。

2017年，九冶通过国家级企业技术中心认定。年内取得部级工法9项，形成关键技术10项，发明专利1项，实用新型专利6项。

五、党建与企业文化建设

2017年，九冶党委深入学习宣传贯彻十九大精神。持续加强基层党支部建设，切实开展“标准化党支部”创建活动。全年建成15个标准化党支部、党员先锋岗近90个。

稳步推进企业文化建设。由九冶编写的《诚信大旗飘扬在黄河畔》被中国铝业公司评选为“十大诚信典型案例”；征集“九冶故事”27篇并汇编成书；《九冶志》完成初稿撰写工作；举办了“爱厂如家多奉献立足岗位展风采”庆“五一”慰问演出活动、“最美员工，筑梦九冶”第五届职工摄影艺术展、“青春共筑九冶梦，降本增效做贡献”第六届青年演讲赛。

六、履行社会责任

2017年，九冶积极履行社会责任。参与企业所在地咸阳市创建“全国文明城市”活动；开展“关心关爱”活动，全年共慰问困难劳模及职工76人，困难党员60人；开展互助保障计划，1000余名员工参加了互助保险计划；为职工排忧解难，成立红白理事会，全年共为20多名青年职工筹备喜事，协助10多个去世家属办理丧事；做好安全环保工作，全年未发生环境污染事件，未发生工亡事故，无重大道路交通及以上事故，无职业病新增病例，千人负伤率为零；积极组织技术比武，由九冶选送的4名选手在陕西省职业技能竞赛中获得电焊工专业团体第一名。

（罗拱北）

十一冶建设集团有限责任公司

十一冶建设集团有限责任公司（以下简称：十一冶集团）是经广西壮族自治区政府批准于2003年9月8日设立的国有独资企业。2017年12月按照自治区党委、政府的要求，在自治区国资委的组织下，与柳钢实施了战略重组，合力打造千亿柳钢集团，现十一冶集团为广西柳州钢铁集团有限责任公司子公司。企业位于柳州市，占地面积33.3万平方米，拥有国家住房和城乡建设部颁发的冶金工程施工总承包特级、建筑工程施工总承包特级、冶金行业甲级及建筑行业（建筑工程、人防工程）甲级设计资质。爆破拆除资质和三类压力容器制造资质均位居广西前三强。是集工程建设、房地产开发、装备制造、商贸服务业等主要业务板块为一体的大型综合性企业（集团）。十一冶集团公司注册资本3.28亿元，总资产83.57亿元，在册员工2793人，拥有独资子公司7个、控股公司2个。

十一冶集团在社会和业界树立了良好的品牌形象，2017年连续荣获“中国建筑业AAA级信用企业”、“国家工商行政管理总局守合同重信用企业”、“全国建筑业先进企业”、“全国优秀施工企业”、“中国建筑业最具竞争力200强企业”、“全国用户满意施工企业”、“全国爆破工程施工企业50强”、“中国有色金属部级优秀建筑业企业”、“全国文明单位”、“广西建筑业50强”、“广西企业100强”、“广西有色企业10强”等一大批荣誉称号。

2017年，在广西壮族自治区国资委的正确领导和监事会的大力支持和帮助下，十一冶集团党委、董事会团结带领全体员工，正确把握经济形势，以全面开启“再创业”为指引，以“提质增效降成本、执纪问责抓落实”为方针，以创新发展为动力，以加强党的建设为保证，严格贯彻执行“一二三四”发展战略，着力做好年初工作会提出的“十个方面”工作，扎扎实实、一步一个脚印，取得了丰硕的成果。2017年是十一冶集团近10年来营业收入最高的一年，也是经济效益最好的一年。全年新签合同订单589项，合同总额近120亿元，实现营业收入124.75亿元，利润总额7028.26万元，税收总额2.2亿元，分别比上年同期增长9.76%、17.74%和-27.91%。

一、突出市场开发，打造科学发展“助推器”，推进转型升级调结构

十一冶集团和所属各子分公司两级经营团队以管理、服务、施工组织和技术等综合优势角逐市场，精心布局广西、云南、内蒙古、山东、山西、贵州、“一带一路”等市场，积极推进优质的PPP和EPC项目建设，全面参与中铝公司新投资的4个铝厂建设，全面参与百矿集团煤电铝一体化项目施工，项目储备和积累达到了有史以来的最好水平，既顺利实现了当期目标，又为长远发展奠定了坚实基础。顺利构建了“优揽、精干”的生产经营格局。

“走出去”迈出重大步伐。2017年，十一冶集团“走出去”工作不断增强，设立了“十一冶柬埔寨分公司”、“十一冶香港分公司”，设置了“国际事业部”，取得了“对外援助成套项目总承包企业资格”，荣获了“柳州市对外经贸先进企业”称号。积极拓展了阿塞拜疆、巴基斯坦、乌干达、印度等国际市场，尤其是乌干达EPC总承包项目是十一冶集团努力开拓海外市场、积极融入“一带一路”倡议以来取得的具有代表意义和开创性的一项成果，“走出去”战略迈出了重要一步。

把“升特”工作作为提升企业发展层次、拓展发展空间的战略目标，扎实细致地推动资质升级工作，成为了国内为数不多的拥有“双特级”资质的建筑施工企业，标志着十一冶集团在做强做优做大、专注发展过程中又走上了一个新的里程碑。

二、实施创新驱动，发挥科学技术“支撑力”，增强竞争优势促发展

过去一年，十一冶集团侧重抓科技生产力的形成，注重盘活科技资源，提高企业装备、工艺、技术、人才的科技含量，有效发挥科技引领作用，推动企业发展。

企业科技创新能力明显增强，技术竞争力显著提升。“轻金属冶炼安装工程施工及质量验收系列标准”荣获中国有色金属工业科学技术奖一等奖，嘉峪关索通炭材料有限公司年产34万吨预焙阳极及余热发电项目获2016-2017年度国家优质工程奖，并荣获部优工程奖2项、中国安装之星奖1项、市级优质工程3项、全国优秀焊接工程一等奖1项、部级QC成果奖4项。

积极构建企业自有技术、标准及知识产权体系，加强关键技术总结和推广。顺利通过自治区级企业技术中心认定年审；申报获得部级工法4项，自治区级工程建设工法3项。“科技研发实验楼”被列入2017年柳州市仅有的两个装配式建筑示范工程之一，开启BIM技术的学习和应用。

三、全面管控风险，筑牢安全发展“防火墙”，着力提质增效健体魄

进一步完善了以全面风险管理为纲要的风险防控体系，在过程管理上完善了以合同条件、印章使用、授权管理为基本内容的刚性管理；强化了以质量、工期等合同全面履约为控制点的动态管理；完善了以结算、回款为重点的效益成果管理；构建了风险事件的控制和处置管理；保证了风险管理始终受控。

进一步强化了全方位、全过程的责任管理和责任追究。签订目标管理责任书，严格落实目标管理责任制，把牢项目成本、合同履约、财务及资金等关键点，有目标、有责任、有考核、有奖罚，有效防范生产经营各类风险。

将总法律顾问制度纳入了企业《章程》，建立健全了总法律顾问参与重大经营决策的法律审核机制，坚持一票否决制度，为高歌猛进的生产经营保驾护航。

四、转型升级工作持续推进

2017 年上半年十一冶集团以“三个必须”的要求有序实施胜利路、五岔路 PPP 项目，下半年以“三个目标”为统领扎实开展百矿项目建设。在大力拓展 PPP 市场的同时，EPC 总承包项目的比例大幅增加，主要有：内蒙古大唐国际电解槽 EPC 大修工程，新疆阳极焙烧石油焦储罐 EPC 工程，防城港污水处理设施 EPC 总承包项目，中信大锰矿业 35 千伏线路供电工程 EPC 总承包项目，融安县浮石镇中心小学教学综合楼、宿舍楼、档案馆、综合示范村设计施工总承包项目，融水县易地扶贫搬迁安置设计施工总承包项目，贺州黄姚职业教育中心总承包项目，广州东送集团乌干达综合产业园区开发 EPC 总承包项目等，企业由建筑承包商向建筑发展商的转变不断取得新成效。

五、抓好队伍建设，培育建设企业“人才库”，注重人力资源添保证

2017 年，十一冶集团秉承人才发展理念，坚持走人才强企之路，不断创造人才集聚优势，提升人力资源管理水平，推动了公司人才队伍的建设。

加强学习教育和培训，提高干部队伍素质和能力。企业有针对性地安排了中层干部赴中国人民大学开展专题轮训学习，举办了一级建造师、造价工程师、“五大员”、税务操作等知识培训班，组织了 40 多名员工报读环境工程、贸易等紧缺专业本科生班，为各类人才成长搭建平台，助推人才协调发展。

着重抓好机电、房建、市政、公路等专业一级注册建造师、造价工程师、安全工程师等取证工作和企业中高级职称的申报工作，十一冶集团已拥有一级建造师职业资格的人数已达 130 人，高级职称人数超过了 160 人。

六、攻坚文明创建，凝聚和谐发展“软实力”，创造精神财富提形象

持续推进社会主义核心价值观建设，将核心价值观融入文明创建各项具体工作中，提高企业文明程度。

强化企业宗旨、工匠精神、家风家教等的宣传教育，培育新风尚，凝聚正能量；选树道德模范、勤廉榜样，发挥先进典型在铸魂育人、传导社会主义核心价值观中的示范引领作用。

积极履行社会责任，主动参与扶贫和公益事业，把实现经济效益与社会效益统一起来，展现自觉履责、勇于担当的优秀企业形象。

（陈　强）

中色十二冶金建设有限公司

一、基本情况

中色十二冶金建设有限公司（以下简称：十二冶），始建于 1964 年，先后隶属于国家冶金工业部、中国有色金属工业管理总局、中国有色金属工业总公司，现为中国铝业集团有限公司工程技术版块——中铝国际工程股份有限公司的全资子公司，是一家集工程总承包、投融资项目运作、房地产开发、矿产资源开发、科技开发、装备制造、海外业务于一体的多元化大型建设企业，本部位于山西省太原市。

十二冶拥有 1 项冶金工程施工总承包特级资质，建筑工程、矿山工程、石油化工工程、市政公用工程、机电工程 5 项施工总承包一级资质，钢结构工程、地基基础工程、建筑装修装饰工程 3 项专业承包一级资质，公路工程、电力工程 2 项施工总承包二级资质，输变电工程专业承包二级资质，及冶金行业（金属冶炼工程、冶金矿山工程）专业甲级设计资质、房地产开发二级资质和中华人民共和国对外承包工程经营资格（商务部）等。

2017 年，十二冶资产总额 52.74 亿元，负债率 93.29%，员工总数 3049 人，其中硕士及以上学历的 27 人、大学本科 906 人、大学专科 633 人、中专及以下 1483 人。

二、生产经营

2017 年，十二冶明确了建设公司、二级公司、

项目部3个层级的定位，全面实施机构改革，在“两金”清理、市场开拓、项目管理、铝应用等方面取得了一些进展。但是面对严峻的市场形势，十二冶自身内生动力不足，管理中仍然存在较多的问题，导致整体经营状况不佳，除产值基本持平外，其余各项经营指标均出现不同程度的下滑。

2017年，十二冶工业总产值21.7亿元，同比增长0.46%；销售收入22.43亿元，同比下降13.4%；利润额为-1.48亿元，同比增亏16.53%；所有者权益为3.54亿元，同比下降22.54%；纳税额为6700万元，同比下降35.57%；净资产收益率-35.13%，下降14.73个百分点；产值劳动生产率71.17千元/人·年；安全事故为零。

三、重大发展项目

重大项目情况表

项目名称	设计规模（万吨）	投资规模（万元）	当年完成投资额（万元）	年内项目建设进度
“云城尚品”建设项目（D地块）	基础工程、主体结构工程、楼地面工程、屋面工程、防水工程、保温工程、窗户工程、室内初装及公共部分装饰、外墙装饰、室内给排水、室内电气、安装工程	23079.36	3020	具备施工条件的5#、6#、8#楼土方开挖完成，人工挖孔桩开挖完成120个。

四、企业管理

（一）质量安全环保三大体系情况

2017年，结合内部管理情况和外部标准转换，十二冶重新修订了质量、环境和职业健康安全管理体系文件，并保持有效运行，能及时发现潜在问题并持续改进，满足法律法规等相关要求，获得了方圆标志认证集团的认证证书。

（二）管理提升

明确建设公司、二级公司、项目部3个层级的定位，确定了公司的发展方向及各层级工作重点和任务。

坚持“1+5+X”的市场布局，相继中标安徽萧县、云城尚品、云南保山和贵州仁怀等一批项目，积极跟踪和推进石家庄藁城，河南汝州、郏县、南阳、安阳，以及四川、重庆等地的项目。

进行法人压减，全年完成了6个子公司、16个注册类分公司的注销工作，有效防范各类经营风险。

按要求对到期资质——压力容器、安全生产许可证、非煤安全生产许可证等进行更换，确保相关证书有效使用。

有效处理法律案件，清收回款，落实债权，有效止住“出血点”。

加快推进信息化建设，基本实现了项目财务与业务的接轨。

五、科技创新

（一）科技投入

2017年，十二冶科技创新投入6692.55万元，用于科研项目支出、科技人员培训、工法和专利申报及科技人员奖励等。

（二）科技创新举措与绩效

2017年7月正式取得高新技术企业证书，并获得授牌，同时获得太原市科技局及财政局的2017年第一批科学技术项目资金10万元。

全年共获得省部级工法3项、国家知识产权局授权专利4项（其中发明专利2项、实用新型2项），新申请专利3项（发明专利2项、实用新型1项）、软件著作权9项，部级优秀QC小组成果4项。

参与编制3项国家标准，其中：《有色井巷矿山工程验收评定标准》已编制完成，开审查会议；《建设工程质量管理标准》和《建设工程合同管理标准》已报批，待公示。参与编制1项地方标准，《保模一体板复合墙体保温系统应用技术标准（有机芯材型）》编制完成，已报批。

2017年初，向太原市杏花岭区国税局成功办理研究开发费用加计扣除备案工作，研发费用加计扣除额284.43万元，节省资金42.66万元。

六、深化改革

（一）全面实施机构改革，重新布局，提高经营效果。机关部室由12个合并为9个，优化工作流程，提高工作效率；合并组建了新的华北分公司和西北分公司，对二级公司的布局进行了调整。

（二）山西中色十二冶新材料有限公司完成了工商注册，建成了2条保模一体化板生产线，与山西省建科院共同成立了“产学研用”基地。

（三）启动“三供一业”移交地方工作，全年签署了移交框架协议10项。

七、党建与企业文化建设

十二冶党委以学习宣传党的十九大精神系列活动为主要内容，将“两学一做”学习教育制度化常态化，深化学习型党组织建设，形成常态化的党员学习教育机制；落实党要管党、从严治党责任，进一步抓好党建工作的推进与落实；狠抓党风廉政建设，认真履行党委主体责任，层层签订“党风廉政建设承诺书”，落实分解责任，促进党风廉政建设“两个责任”“一岗双责”的落实。

以党建工作融入中心工作为目标，落实考核细则，强化考核激励，创新开展了党建工作与生产经营绩效两者互为系数的“双百分”考核机制，层层压实党建责任。

以十二冶“十三五”规划企业文化落实方案为重点，持续开展了“品牌故事”征集、企业文化小故事征文等活动；统一项目的企业文化形象，制定了项目企业文化理念标准。

八、履行社会责任

（一）员工权益

为196户322人办理了城镇职工及居民低保年度审核和新增户；开展送温暖活动，为困难家庭发放了慰问款12.76万元；开展金秋助学活动，为8名困难职工子女发放助学金1.1万余元；为3名女职工办理女工特病保险理赔3万元。

（二）社区参与和发展

组织30余名员工进行无偿献血，献血量1万余毫升。

十二冶志愿者走进太原社区的“蜗牛之家”，与社区的唐氏综合症、自闭症患者开展帮扶活动。

（三）环境保护

为响应中铝集团“绿色发展、以铝代钢、扩大铝应用”的号召，成立“山西中色十二冶新材料有限公司”，在“内铝外保一体化板”等领域开展铝应用推广。

（徐岱儒）

中国十五冶金建设集团有限公司

一、企业概况

中国十五冶金建设集团有限公司（以下简称：公司）1953年3月成立于湖南省长沙市，1965年10月根据冶金部指示从湖南省长沙市搬迁至湖北省黄石市。公司先后隶属于国家重工业部、湖南省、冶金部、中国有色金属工业总公司、国家有色金属工业局，2000年成为国务院国资委直管的中国有色矿业集团有限公司成员企业。公司下设7家全资和控股子公司、4家综合性工程分公司、2家区域分公司、1家矿业分公司、1家事业法人单位、4家直属国外项目部。

公司资质领域广泛，拥有冶金工程施工总承包特级资质，建筑工程、公路工程、电力工程、矿山工程、石油化工工程、市政公用工程、机电工程等7项施工总承包壹级资质以及钢结构工程、公路路面工程、公路路基工程等3项专业承包壹级资质，桥梁工程专业贰级资质。公司还具有对外经济合作经营资格，可从事境外承包工程、输出劳务和相关进出口业务。60余年来，公司先后在全国30个省市自治区建成各类大中型项目600多个，工程质量合格率达100%。企业还积极实施“走出去”战略，在赞比亚、安哥拉、阿尔及利亚、沙特、缅甸、蒙古、俄罗斯、白俄罗斯、塔吉克斯坦、刚果（金）、刚果（布）、苏丹、孟加拉、厄瓜多尔等20多个国家承接了数十项工程任务。公司先后多次被评为“中国建筑业企业竞争力百强企业”、“全国优秀施工企业”、“全国守合同重信用企业”、“全国建筑业先进施工企业”、“中国工程建设社会信用AAA企业”，相继荣获鲁班奖、境外工程鲁班奖、国家优质工程银质奖、省部级优质工程奖200余项，获得国家级、省部级工法百余项和发明专利、实用新型专利百余项，创造了10余项中国企业新纪录，公司的社会影响力不断增强。

二、主要经营指标完成情况

2017年，公司新签合同值53亿元，完成营业额52亿元，实现利润超过1亿元。创省部级优质工程11项，国优工程2项，境外工程鲁班奖1项；获得省部级QC成果奖16项，国家级QC成果奖6项；获得省部级工法10项，取得实用新型专利10项，发明专利1项。通过质量、环境管理体系换版审核。荣获中国建筑业企业竞争力200强、湖北省100强企业、黄石市“质量强市示范单位”等称号。

三、市场开发常抓不懈

公司坚持市场开发方向不变、力度不减，更加注重与新老客户沟通合作。积极加强与中央企业、大客户的联系，深入挖掘工程信息，努力扩大有效信息供给。按月定期召开专题会，分析研究部署市场开发工作。严格投标过程中重大事项决策程序，加强海外项目和重大项目投标评审。通过不懈努力，2017年共承接1亿元以上项目14个。

四、项目履约总体受控

公司认真落实项目前期策划方案，充分发挥策划在项目管理中的纲领性作用，努力提高项目运行的预控能力。建立重点项目联络员制度，加强对项目的适时监控。组织安全质量专项检查，对存在问题进行处罚并提出整改要求，有效促进了现场安全质量管理水平提升。在建项目履约总体受控，没有发生重大安全环保、质量责任事故。部分项目履约能力良好，成为亮点工程。比如河南灵宝项目安全质量受到业主及总包方高度肯定；厄瓜多尔米拉多铜矿项目克服了前期各种困难，有效保障了项目安全、质量和进度，业主比较满意；福建宁德项目清水混凝土结构质量成为现场质量样板，工程节点正常推进，得到业主好评；中白工业园项目工程进度和质量受到中国驻白俄罗斯大使和商务参赞的称赞；刚果（金）RTR项目现场安全生产管理良好，荣获业主“550万安全工时”表彰；华刚项目荣获（境外工程）鲁班奖。

五、组织结构不断优化

结合二级单位发展现状，为进一步激发内在活力，公司将下属的一公司和四公司整体合并，将对外公司安哥拉项目部整体划入一公司，在相关单位大力支持和职工充分理解下，机构整合平稳、运转正常。为实现企业瘦身健体，积极开展法人压减工作，组织完成三、四、七子公司以及十五冶矿业（印尼）公司、刚果（金）金舰建筑贸易公司等5家法人单位注销工作。同时，根据国家和地方有关政策并结合企业发展需要，分别对国内区域分公司和境外机构进行全面清理，提出处置意见，需要保留的予以保留，不需要保留的一律予以注销。

六、提质增效取得成效

公司制定了两金压降管理办法，按月通报二级单位两金压降完成情况，严格落实奖惩，有效推动两金压控工作开展，全年完成陈欠清收7.08亿元。为落实巡视审计整改要求，着力推进咸宁丹桂天下项目去库存工作，积极动员合作伙伴购买，累计去库存住宅429户、商铺14户、车位264个，有效化解部分二级单位债务风险。根据上级要求，为加快剥离国有企业办社会职能，制定职工医院深化改革方案，并就企业举办的社区活动场所移交问题与地方积极沟通，下一步将严格按照政策组织分离移交工作。

七、人力资源管理加强

公司努力完善劳动用工制度，规范劳动合同管理。全年共备案劳动合同3080份。积极开展职称评审工作，全年受理申报内部中级职称247人，188人获相应资格，180人被聘用；7人通过集团公司职称评审，其中教授级高工1人、高工2人、政工师4人。加大培训力度，全年共举办各类培训班862期，培训2.01万人次，管理人员培训覆盖率100%。规范干部选拔任用程序，对拟提拔任用对象在公示期间被举报问题的处理作出规定，保证选拔工作质量，防止干部“带病提拔”。

八、党建工作扎实开展

公司按照国务院国资委党委和中国有色集团党委要求，及时对公司和相关出资企业章程进行修订，把党建工作纳入公司章程中，明确党组织研究讨论重大问题作为领导班子决策的前置程序。认真落实党建工作责任制，加强对二级单位党建工作巡查及海外党建工作的督办指导，制定党建工作融入生产经营指导意见和党建工作责任清单。狠抓党风廉政建设，加大反腐倡廉力度。积极推进“两学一做”学习教育常态化制度化，将“两学一做”与学习十九大报告、学习新党章结合起来。发挥群团组织优势，深入开展青工立功竞赛活动，举办“质量与规模”主题辩论赛。对外公司沙特磷矿项目部青安岗被团中央、国家安监管总局授予“全国青年安全生产示范岗”荣誉称号。

（王　芬）

二十一冶建设集团有限公司

2017年是国家实施供给侧结构性改革的深化之年，是国企改革承上启下的关键年，也是建筑行业持续深化改革的重要一年。国务院《关于促进建筑业持续健康发展的意见》的出台，营改增、行业资质管理改革、推行建筑业10项新技术、招投标方式改变等多项建筑业改革政策的密集发布，与二十一冶建设集团有限公司（以下简称：集团公司）的生存和发展息息相关。在新常态下，国内投资增长减缓，建筑行业总体市场需求萎缩，企业之间竞争异常激烈，企业经营环境日趋严峻。面对诸多困难，集团公司认真落实年度各项工作重点和工作措施，确保各项工作顺利开展。

一、经营指标完成情况

2017年，承揽施工任务11.28亿元，完成任务计划20亿元的56.4%；全年完成产值17.2亿元，完成计划产值24亿元的71.7%；全年收取管理费4393万元；当年经营亏损91万元，未实现计划目标；资金回收达标。当年回收工程款9.07亿元，回收率74.2%，完成了目标计划。2017年回收历史拖欠款9300万元，为目标指标8000万元的116.25%；分项工程一次验收合格率100%，单位工程交验合格率100%；全年未发生重大安全事故，亿元产值负伤率1.18人·次，控制在亿元1.5人/次以下；废水、噪声、粉尘排放均达到国家标准，无社会投诉。

二、2017年主要工作

（一）加强董事会建设

按照省国资委《省属国有企业规范董事会建设实施方案》的要求，设置了董事会办公室及4个董事会专门委员会。2017年2月23日，集团公司召开四届四次董事会会议，审议通过了《2016年度董事会工作报告》《2016年度经理层工作报告》《二十一冶建设集团有限公司章程》《关于设立董事会办公室和四个专门委员会的议案》《董事会1+N项制度》《公司财务预决算报告》《公司2017年经营计划报告》《公司2017年项目投资计划及方案》《公司2017年施工机械设备投资计划》，审议了《子、分公司规范运营方案》和《子、分公司规范运营管理办法》《公司债发行议案》和《关于外保内贷项目融资的议案》，通报了《公司2016年度融资状况报告》《股东变动情况》和股东大会议程，经讨论决定暂不召开2017年度第一次股东大会。2017年12月29日，集团公司召开干部大会，国资委宣布任免决定：马庭荣担任董事长，鲍晶不再担任董事长、董事职务。

（二）注重经济效益，促进提质增效

面对严峻的市场经济形势，集团公司审时度势，及时转变发展观念，更加注重生产经营的质量和效益，综合考虑集团公司资源实际，不贪大求多，不片面追求产值规模，实事求是地调整制定与自身相匹配的目标计划；加强了项目承接和投资的风险防范，严格执行项目承建审批程序，强化经济效益分析，持续规范项目管理。在项目管控中，努力推动项目科学化管理，在信发铝业、蒙泰铝业及天水水漪润园等项目上，严格贯彻执行集团公司各项组织、技术及管理措施，努力降低各项成本费用，提高项目经济效益。三公司、六公司、房地产开发公司、金正公司等单位在项目管理中，积极探索BIM技术应用，优化成本，提升了项目的盈利能力。

（三）优化组织机构，促进规范管理

一是在2016年的基础上，按照“精简、统一、效能”的原则，继续调整、规范机关部室和基层单位的管理职能和经营定位，理顺业务重叠和归口不清的职能管理，着重规范了投资经营权限和审批流程。

二是清理经营不善和风险较大的子分公司。召开专题会议，逐一盘点、分析34家非实体经营、挂靠机构及项目，对15家项目在建、管理规范、处于可控状态的挂靠方予以续存或变更负责人，进一步加强管理；对管理不善、风险失控的19家挂靠单位坚决予以清理注销，进一步遏制挂靠行为，消除集团公司分支机构庞大臃肿、管理松散，且项目收益低、风险大的弊端。

三是针对集团公司法律诉讼形势严峻、工作量大，与涉诉责任主体信息不对称，集团公司的法律事务部门力量薄弱、疲于应对等问题，及时成立了各基层单位法律事务机构，制定工作办法，督促指导，提高工作效率。

（四）强化内部管控，提高管理效率

1. 顺利通过一体化管理体系转版再认证审核。完成了集团公司一体化管理体系文件G/0版的转版内审和管理评审工作，顺利通过新世纪检验认证股份有限公司对集团公司一体化管理体系的再认证审核。

2. 加强资金集中管控。一是将建投公司的融资业务并入集团公司财务部，统一融资平台，并监督贷款资金的使用流向，确保资金合法、合规、合理使用及按期偿还；二是强调发挥结算中心的作用，统一调配和安排资金使用，并进行监督控制；三是明确内部资金管理实行有偿使用，有效提高了资金的使用效率；四是加大对债权债务及备用金、各类保证金的清理力度，使资金占用和财务风险得到了改善。

3. 强化风险防控工作。一是进一步完善风险防控管理措施，对项目实施全过程的风险控制点进行自查，促进施工合同履约过程中潜在风险的防范工作；二是规范集团公司投资项目、招标文件和施工合同风险评估，确立风险等级，制定防范措施，严把合同签订关；三是针对涉诉风险，千方百计对集团公司优良资产和重点项目采取股权结构设置、项目分解、调整资金收取方式等手段积极应对，有效规避了风险，保证了正常生产经营；四是对存在较大风险和已经出现问题的联营项目坚决终止合同，进行清算。

4. 加强审计监察工作。健全强化审计监察工作，进一步完善审计监督体系。按省国资委巡察组的巡察反馈意见，对重点风险领域审计监督加大工作力度，相继开展了离任审计、子公司专项审计和河北分公司专项审计及配合取证工作；对泰国项目的后续处理工作，专题研究制定了工作措施。

（五）多措并举，积极应对资金难题

因银行信贷政策收紧，年度内集团公司运营资金极度紧张。为此，集团公司多次召开专题会议，研究制定措施，积极应对，以缓解资金危机。

一是盘活沉淀资产、资金。积极与金融机构和相关业主协商，组建兰州新区房产营销团队，盘活库存房产，及时化解三方资金矛盾；通过金融机构与业主的信贷关系，分别与山东信发、广东奥园等大业主沟通，将应收欠款直接抵付集团公司贷款，保证资金安全。

二是继续做好融资工作。首先通过统一平衡货币资金收支业务，提高资金使用效率；其次充分与贷款金融机构协商，取得谅解，做到以新还旧，守住银行信用底线；借助社会资金拆借，对接到期银行贷款。

三是加大应收账款回收力度。集团公司紧抓工程结算及工程尾款清收工作，监督施工现场加强工程进度款的审核，并将工程结算列为相关部门、项目部和相关单位目标管理和绩效考核的主要内容。同时，梳理近年集团公司应收账款明细，清欠办公室制定资金回收计划，明确任务，多部门、多单位统一协调，加强落实。对于久欠不清的工程款，主动运用法律诉讼手段清收。

四是抓好纠纷案件的落实工作。连续召开法律纠纷诉讼、盘活资产确保续贷、全面清理内部往来借贷、加速清收应收账款等多个专题会议，编制工作方案。梳理纠纷案件，制定解封账号和反诉计划；梳理融资方式和途径，以及展期和续贷节点；梳理内部往来和借贷明细，厘清各子分公司历年来内部欠款及债权债务，督促各部门切实落实方案措施，明确责任人、时间表。

（六）加强项目管理，提高管理实效

2017 年，集团公司以工程项目管理为主线，狠抓重点工程形象进度，强化质量安全管理，确保在手项目施工免受干扰。一是重点工程施工严格按进度计划执行，并对节点工期进行分解考核，确保工期目标的实现。内蒙古创源、山东信源、蒙泰铝业工程保持进度领先，得到了业主的赞许，为承揽内蒙古新恒丰能源工程奠定了基础；二是及时召开月度生产经营调度会议，总结分析和协调处理施工现场问题；三是签订年度安全生产目标责任书，结合国家安委会安全大检查活动和“安全生产月”活动，集团公司组织了 2 次全覆盖安全大检查，营造了良好的全员安全生产氛围，促进了集团公司安全生产管理水平的提升，安全生产状况与往年相比有较大改观。

通过以上措施，集团公司承建的嘉峪关索通碳素项目被评为部优工程；天水水漪润园工地获得部级施工安全生产标准化工地和甘肃省安全文明工地称号，创省级优秀 QC 小组 2 项，创省优质量信得过班组 1 项，甘肃省工程建设优秀建造师 4 人，1 项勘察成果获部级三等奖。

（七）施工技术不断进步

2017 年度《集成式附着升降脚手架（YKJ－01 型）施工工法》等 4 项工法获部级工法。完成起重机械安装资质的复审换证工作。继续推广应用 BIM 技术，组织编制了智慧工地创建和 BIM 技术应用专集。收集施工技术总结、技术论文、特殊施工方案、四新技术的介绍等 10 余项。通过对各基层单位施工技术管理工作的监督检查，及时审核项目施工组织设计、专项方案，督促整改存在的问题，促使集团公司技术管理工作不断进步。

（八）人力资源建设持续改善

一是修订集团公司“资格证件管理暂行办法”，规范证件管理，鼓励广大职工积极考取各类执业资格证书，确保公司生产经营的稳步发展。二是加强人才的在职培养，年内新增和延续注册建造师、造价工程师等执业资格44人；组织20余名技术人员参加了鲁班BIM项目级应用培训；举办“三类人员”年度安全教育培训，参培人数87人，安全考核复证95人，新增取证28人。新增进网电工培训并取证95人，保证了公司电力资质需要。“八大员”上岗资格换证161人；完善建筑平台人员信息入库214人。三是按国家人社部等12部委有关农民工工资支付专项检查精神，督促基层单位签订农民工用工合同，落实农民工实名制管理及工资银行代发制度，加强风险防控。

（九）党建和作风建设进一步加强

2017年，集团公司党委紧紧围绕生产经营，坚决贯彻落实中央“八项规定”、省委“双十条”和党风廉政建设“两个责任”，规范公司党委前置讨论研究重大决策问题制度，严格执行“三重一大”议事规则，强化基层党组织和全体党员的责任意识和制度落实，工作作风得到进一步改观，为实现年度各项目标任务提供了坚强保证。

（姚保良）

五矿二十三冶建设集团有限公司

一、企业概况

2017年，五矿二十三冶建设集团有限公司（以下简称：二十三冶）完成开拓量351.59亿元（含PPP125.9亿元），同比增长50.30%；签约量268.72亿元（含PPP81.62亿元），同比增长64.26%（传统建安增长25.24%，PPP为代表的新型业务增长70.92%）；收入120亿元（其中：建安业务90.74亿元，房地产业务23.23亿元，其他投资业务5.97亿元）、利润3.68亿元。截至2017年底，所有者权益总额突破30亿元。

2017年，二十三冶获全国“工程建设项目施工安全标准化工地”4个、省部级优质工程奖8项、湖南省质量标准化工地46个、省部级QC成果奖34项。在建项目安全生产标准化考评合格率100%，16个项目实现远程可视化应用。

二、业务发展

（一）创新营销模式

营销机制更加健全。制定并发布了营销奖惩办法、新营销模式联动管理办法，全面推进子分公司实施营销市场化机制。

营销责任更加明确。制定并发布了市场营销责任体系和建安业务“十三五”营销目标，以业绩导向，抓好市场开拓。

（二）转型新型业务

建立PPP项目运营管控体系。制定并发布了PPP项目运营管理办法、SPV项目公司管理实施办法、PPP项目考核办法等制度，建立了PPP项目运营管理体系，完善了投资考核体系。

不断增强PPP项目营销能力。完善了PPP项目识别、立项、参与资格审查识别筛选程序，形成一套完整的项目选择标准。中标PPP项目6个，总投资额125.9亿元。营销模式不断创新，鼓励员工和社会各界资源积极参与PPP营销工作，建立了流畅的PPP项目营销策划内部管理模式。

完善融资功能。与众多金融机构建立了良好的合作关系。融资手段和合作渠道多样化，非公开定向债务融资工具和公司私募债成功发行，独立融资体系已初步形成。

（三）狠抓营销龙头

“大营销”战略持续推进。二十三冶从区域布局、责任体系、制度优化、营销实践等方面进一步巩固“大营销”战略，开拓亿元以上项目64个，占合同总额的88.94%。

地铁、公路和基础设施业务量持续增长。二十三冶地铁项目在建合同量超7亿元，公路和基础设施项目以PPP模式实现业务突破。

国际市场营销持续改观。二十三冶援外项目取得新突破，初步形成了四大海外区域市场。

内部协同统筹推进。二十三冶与五矿发展协同推进钢材集采，合同量达10万吨；承接株冶搬迁和惠州哈施塔特内部协同项目；持续开拓矿冶院的金驰能源三期内部协同项目。

三、改革与管理

（一）优化组织功能和机构

完成集团总部组织机构、职能职责优化调整，精简总部部门负责人编制，启动直属单位总部机构改革。制度流程不断优化，完成74项制度的修订或补充，发布新增制度89项。机构压减工作成效明显。

（二）改革体制机制

一是项目员工合伙制启动实施。发布了员工合伙制指导意见，郑州阳光城项目员工合伙制试点启动；二是项目合作取得新成绩。以合作模式成功开拓北海棚户区改造EPC项目和广州国际生物岛项目，合同额超20亿元；三是发布合作型和经营型区域公司设立指导意见以及驻点区域营销管理办法，推进了区域合作营销+项目合伙等区域经营变革；四是激励约束机制更加健全。对优化业绩考核、员工绩效考核和干部选用机制做了大量卓有成效的工作，发布了薪酬管理指导意见。

（三）提高人力资源管理效能

推进“定岗、定编、定员”工作，建安人均产值提高16%，员工队伍结构不断优化。围绕实现“内强素质、外树形象”的目标，制定并发布了《集团公司中高层管理人员能力提升方案》，全年组织培训65场、3000人次，培训覆盖率100%，员工素质不断提高，干部能力素质提升取得明显效果，保持了项目经理团队的基本稳定，人才梯队建设得到重视和加强。通过严把人员进口关、严格控制员工数量，指导薪酬改革，不断细化项目考核兑现方式，缩短兑现周期等措施，调动员工积极性，项目创效活力得到进一步释放。

（四）提升发展实力

资产结构持续改善。通过压降两金、清理债权债务、股东增资等举措，有效确保银行融资授信水平以及工程竞标的基本“门槛”不受限制。加强资产盘活，实现租金收入903万元，回收劳保资金6798万元。

安全生产水平持续提升。坚持安全发展，坚持改革创新，坚持系统治理，坚持安全红线。以改革发展为主题，建立与企业创新变革相适应的安全生产保障新体系，以风险管控和事故预防为重点，不断培育与企业安全生产主体责任相一致的安全生产保障新能力，安全生产持续稳定，公司再次获评湖南省安全生产工作优秀单位。

风险控制能力不断增强。持续完善“分层、分类”内控风险管理体系，法律风险防范体系得到增强，法律诉讼结案27件，减少经济损失8271.68万元。信用风险控制在年度预算范围内。强化税务管控和筹划，减少所得税资金流出1100万元。全力推进重点难点项目结算和资金回收，完成结算值105.45亿元，减少逾期应收账款2.9亿元。

矿业业务运营管控持续强化。矿业公司持续强化财务、采购、分包的集约管控，大部分项目运营符合预期，亏损的李家湾项目、莱新项目、铜陵项目得以逐渐减亏或止损。矿山分公司成本管控意识不断增强，并在就地延伸开拓和业务结构优化方面取得一定成效。

房地产业务平稳发展。五矿地产湖南公司库存快速去化，新品解筹率持续提升，产品线持续升级，运营管控持续优化，项目效益持续增长，继续发挥主营业务支撑作用。

（五）推进科技创新

推进BIM应用。全年启动4个BIM应用项目，其中高新区国际社区项目利用BIM技术减少工程费用支出超60万元，龙湾国际四期高层项目通过土建、安装、钢筋BIM模型工程量和合同预算工程量对比可节省成本21.7万元，通过工程量效益双向对比可增加管控效益33.5万元。信息中心在ERP审批系统迁移改造项目中勇于担当，节省费用13.88万元。

不断开发专利工法。全年获专利2项、省部级工法11项、省级新技术应用示范工程2项、省级绿色施工示范工程7项。铝模、新型爬架和BIM等技术得到广泛认同和推广，铝模已累计在近200栋建筑上使用。“智慧工地云平台”管理系统在12个项目中推广应用，并取得国家版权局颁发的计算机软件著作权证书。

（六）强化企业品牌影响力

二十三冶首次取得《中国建筑业协会AAA级诚信企业证书》，参与湖南省装配式建设工程消耗量标准编制和建设工程材料造价信息评审，展示了企业实力、水平和担当。二公司山水印象项目部荣获“全国青年文明号”，一大批项目成为全国、省、市和有色金属建设行业安全生产标准化建设示范观摩工地，提升了企业知名度。在建项目在五矿地产第三方评估的实测质量保持较高水平。

四、党建工作与精神文明建设

党建工作扎实推进。成功召开公司第四次党代会，明确了今后一段时期的发展使命，为企业发展指明了方向。深入推进“两学一做”学习教育，开展形势任务教育，营造业绩导向和价值创造氛围。强化“五型党支部（学习型、创新型、服务型、制度型、和谐型）、五星党员（理想信念星、业务绩效星、义务奉献星、工作创新星、团结和谐星）”党建品牌创建，为项目推进注入红色动力。

企业文化凝心聚力。办好《五矿二十三冶报》，营造干事创业的文化氛围。运用新媒体不断延伸宣传思想文化工作空间，塑造企业良好的品牌形象。实施“凝心聚力”工程，打造思想“同心圆”。获评首批全国建筑业企业文化示范企业。

党风廉政建设持续深入。逐级分解党风廉政建设责任，开展“五个一”和“四个双一”廉政宣传教育活动，形成了“讲廉政、学廉政、守廉政”的好风气。通过严格执纪问责，经济处罚及退赔费用301.1万元。通过强化效能监察和巡查监督，节约成本120余万元。通过审计整改，助推管理不断提升，营造了风清气正的良好环境。

推进和谐企业建设。积极开展扶贫帮困、爱心捐助活动，注重人文关怀，增强了员工凝聚力。举办第六届职工运动会，丰富了员工业余文体生活。开展抢险救灾、助学助孤活动，充分展示企业的社会责任。扎实做好信访维稳、后勤保卫、离退休管理、机要档案、接待管理等工作，为企业健康和谐发展打下了坚实的基础。被评为2017年度“十大平安”系列创建示范单位平安企业、2017年度湖南省综治工作先进单位、2017年度湖南省综治工作平安单位”。

（李继良）

地质勘查

天津华北地质勘查局

2017年，天津华北地质勘查局（以下简称：华勘）深入学习贯彻习近平新时代中国特色社会主义思想和党的十九大精神，紧紧围绕做好党建、改革、发展“三篇文章”，创新竞进，担当作为，各项工作均取得明显成效。主要概括为“十项重大成果”。

一、经济发展稳中有升

2017年，华勘结算收入、利润、增加值，同比分别增长3%、12%和22%。房地产业、工程施工业继续发挥支撑作用，特别是房地产业销售回流现金8.9亿元；队域经济保持良好发展势头，经济总量和效益全局分别占比46%。

二、经济运行质量持续提升

2017年，华勘结算收入利润率6.27%，同比增长13%；净资产达18.34亿元，同比增长4.25%；增加值占结算收入比率达41.8%，同比增长22%；经营活动现金流入高于结算收入；现金净流入覆盖了利润、折旧和待摊费用；净资产收益率6.49%，高于同行业3%的平均值；带息负债比率11%，实现连续下降；缴纳各种税款2.63亿元，创历史最高。

三、职工收入大幅提高

华勘始终坚持“以人民为中心”的发展思想，职工收入随效益增加而增长。2017年，华勘在岗职工人均年收入达14.22万元，同比增长20%。单位负担事业编职工社会保险、公积金分别增长22%和13.9%。

四、“一号工程”达产达效

“一号工程”的老挝爬奔金矿项目，在如期圆满完成试生产任务的基础上，不断优化选矿工艺，着力降本增效，销售收入超亿元，当年达产、当年销售、当年获利、当年分红。

五、转型升级效果显著

在不断巩固和提升传统产业的同时，华勘围绕“六大领域区域”，大力培育新兴产业。新兴产业实现利润全局占比1/3，不仅一定程度上弥补了传统产业效益下滑的缺口，而且有效支撑了经济的高质量发展。华勘近40%的企业新兴产业经济总量、效益在本单位占比双双超过30%，519队、普查队、地质研究所等单位新兴产业占比远超全局平均数。

六、改革创新得到深化

坚持改革从体制机制入手，推进了以财务分开、制度分开为重点的事企分开改革，以扭亏解困为目的的经营体制改革，以事业部职能转变为重点的管理体制改革；推进了以激发内生动力为目的的业绩考核和分配制度改革，加大特殊贡献奖奖励力度，进一步激发了各层级经营者干事创业的激情；推进了以优化队伍结构、严格岗位设置、职称评聘分开、强化执业资格建设等为重点的人事制度改革；推进了以单项工程预核算、风险防控、审计全覆盖体系建立为重点的规范化管理。

七、实力能力建设不断提升

2017 年，华勘资质建设取得新进展，10 个下属单位新获和升级各类资质 27 项，一批新兴产业急需资质成功获取。科技工作再获新成果，23 个科研项目立项实施；“鱼刺孔”、“帷幕注浆中压试验平台研制”等科研成果有效转化；获取 5 项省部级科研成果奖、7 项专利、11 项软件著作权；4 家企业成为国家级和省级科技型中小企业；4 人次获得省部级科技领军或创新型人才称号。

八、资产盘活获得新突破

加拿大 J&L 项目股权转让、普查大队 5 个矿权转让取得新进展，在苏丹的哈马迪金矿项目承包经营取得了实质性进展；在 2016 年已核销 2 亿多元不良资产的基础上，2017 年又核销了 4500 余万元。

九、国际市场不断拓展

坚持“走出去”战略，积极参与国家“一带一路”建设，不断加大国际市场开发力度，在巩固已有国别市场的同时，又开发了伊朗、加纳、印尼、格林纳达等国市场；新签合同额同比增长 132%。境外“三个中心”市场（以老挝和柬埔寨为中心的东南亚市场，以苏丹为中心的北非市场，以刚果（金）为中心的西南非市场）得到进一步加强，业务布局得到进一步优化。

十、管党治党全面加强

全面加强政治建设，始终旗帜鲜明讲政治。华勘认真学习宣传贯彻习近平新时代中国特色社会主义思想和党的十九大精神。认真开展“维护核心、铸就忠诚、担当作为、抓实支部”主题教育实践活动，推进“两学一做”学习教育常态化制度化；开展“不作为不担当”问题专项治理。健全“三外”（即津外、海外、野外）企业党的组织。开展基层党建工作述职述责述廉评议；持续推动巡视问题整改落实，形成了长效机制。持之以恒正风肃纪，严格落实党风廉政责任制。强化监督执纪问责，净化党内政治生态。深入落实中央八项规定精神，严防“四风”反弹。加强党对群团工作的领导，支持开展工作。被评为第五届全国文明单位和 2015－2017 年天津市文明单位。

（孙宏岩）

江西有色地质勘查局

一、概况

江西有色地质勘查局成立于 1953 年，是省直属事业单位，全国文明单位。局本部坐落在南昌市，下设“五队、三院、三中心”共 11 个事业单位，企业化经营单位 45 个。设“院士工作站”1 个，博士后工作站 2 个。现有职工 5000 余人，各类专业技术人员 2000 人。

2017 年，全局上下牢牢把握发展主旋律，坚持稳中求进工作总基调，以提高质量和效益为中心，坚定实施“大地质立局，多产业并举”发展战略，统筹推进稳增长、调结构、控风险、强党建、惠民生各项工作，着力抓好重点工作，促进全局各项事业持续健康发展。全年累计完成经营收入超 35 亿元，同比增长 29.1%；完成增加值超 10 亿元，同比增长 11.16%；实现利润超 2 亿元，同比增长 279%。经济效益和经营质量稳步提高，呈现出“经济增长提速、风险管控得力、总体企稳向好”的运行态势。

二、工作回顾

（一）地质找矿成效显著

全局共实施各类地勘项目 92 项，新签合同金额超亿元，完成产值 7784 万元，完成岩心钻探进尺 11.5 万米。新获政府类资金项目 21 项，其中省地勘基金项目 8 项，获政府资金共 3544 万元，省地勘基金 2620 万元，其中承接地质调查局系统的项目资金近 1000 万元，占比大幅提升。在全国地勘投资大幅缩减的形势下，全局各地勘单位顶住压力，保持了稳健发展的良好态势。德兴水石坞金矿详查提交金矿资源储量 17 吨，接近大型规模；于都小东坑钨矿详查探明一处优质中型规模石英脉型黑钨矿床，提交三氧化钨储量 3.2 万吨，为近 30 年赣南地区钨矿找矿的重要成果；乐平众埠街铅锌锰多金属找矿揭露 30～40 米厚的锰矿层，深部铅锌矿化增强，同时出现较好铜矿化体；“江西宁都河源－石城海罗岭锡、锂多金属矿整装勘查区矿产调查与找矿预测”项目获得重要发现，提升了工作区内对基础地质认识，为后续申报政府类资金提供坚实基础。开展高家岭地热水勘查、画眉坳矿区水文地质调查，以及宁都坑背萤石矿勘查等项目，成功拓展非金属矿地勘服务领域。积极加强与省内大型矿业企业的联系，与江铜集团签订了战略合作协议，有效地推动了局属各地勘单位与其相关项目的合作。承担《稀有金属矿产地质勘查规范》行业标准编制，基本完成各子课题的调研工作。出台仪器设备购置方案，为局属9个单位投入750万元资金用于地质和地质延伸产业相关专业领域的装备更新，多种形式夯实大地质产业发展基础。

（二）地质延伸产业蓬勃发展

局属地勘单位立足自身比较优势，以“大地质”思维积极拓展延伸产业市场。2017年，地质延伸产业新签项目517个，合同额超3.1亿元，完成产值近1.8亿元，在大地质板块占比超过70%。对接赣南精准扶贫政策，融入地方建设，成功中标中国地调局水环中心“宁都县与兴国县供水水文地质钻探”项目；获得矿产资源利用调查项目，在兴国等7县开展工作。测绘市场项目成果丰硕。共承接会昌、高安、珠山区、浙江平阳等省内外多个县区的农村土地承包经营权和房地一体确权测绘项目，以及新余市仙女湖区、高新区、芦溪县等地土地整治规划项目，涉足高标准农田测量、棚户区改造房屋测绘、长江航道水下地形测量等市场领域。渝水区农村房屋调查确权登记项目中标金额2076万元，创单个测绘项目中标额新高；婺源县农村集体土地确权登记发证项目获2017年度全国优秀测绘工程奖铜奖；衢州市地籍调查项目、智慧新余控制网修补测量项目、仙女湖区农村土地承包经营权项目分别获得江西省测绘地理信息学会2017年度优秀测绘工程奖一、二、三等奖。地质环境项目不断拓展。成功中标3025万元的定南县富田废弃稀土矿山地质环境综合治理、四川贡山县崩塌治理等一批省内外项目，浮梁、峡江等县1/5万地质灾害调查项目通过野外验收；开展玉山、定南、寻乌、庐山4个县市的矿山地质环境恢复和综合治理规划编制工作；局有色水利公司和金泰公司成功进入地灾施工领域。工勘业务发展迅速。有效发挥高等级资质的作用，将业务拓展至多个省市。中标并实施杭温、赣深、盐通、瓮安至遵义等多条铁路工勘施工，承揽衢州公路隧道工程，及上栗县城区地下管线普查等多个物探项目。资质升级成效明显。新增地质灾害危险性评估，地质灾害治理勘查、施工等多项甲级资质，新增测绘航空摄影、摄影测量与遥感、地图编制、土地规划等乙级资质，大地质产业资质种类进一步丰富；金源测试公司获环保部认证，成功入选“全国土壤污染状况详查检测实验室名录”。金银珠宝质检站加强与中国黄金公司的合作，努力拓展批量业务，品牌知名度得到提升。

（三）工程建设业形势良好

有色建设集团新签合同额50.6亿元，创历史新高，实现收入16.7亿元，利润2238万元；成功中标四川万源、江西新余高新区等大型PPP项目，首次承接婺源县城区雨污分流改造EPC工程；获评中国对外承包工程AAA级信用企业，海外市场中标4个肯尼亚公路项目，合同额超6亿元；厄瓜多尔房建自营项目稳妥有序推进；积极妥善处理历史遗留问题，通过法律有效解决经济纠纷项目，解冻局资金2600万元，解除债务1200万元；着力加强内部管理，改革公司组织构架，强化对分公司及办事处的考核管理，同时加强合作项目的督查，有效防控经营风险；推进融资成本最低化，减少财务支出近1000万元。有色水利公司明确发展方针，全年参与市场投标750个，中标金额近2.2亿元，实现收入超亿元，再创历史新高；中标国家烟草总公司援建的省重点水利项目——兴国县长龙灌区改造工程，合同额超4500万元；在上海、广东、山东、广西等多地设立办事处，加快“走出去”步伐。

（四）产品制造业效益突出

晶安高科通过科技和管理双创新大幅提升生产效率，年度产销两旺，实现营业收入近7.43亿元，净利润9388万元，同比均大幅提升。氧氯化锆荣获江西省名牌产品，品牌优势进一步凸显。以院士工作站、博士后工作站及省级企业技术中心为平台，加大科技项目申报力度，切实发挥人才支撑作用，多个项目获省部级立项补助；成功与江西师大签订联合培养博士后协议，引进博士进站工作；与国家钨与稀土质检中心合作共建的锆铪联合实验室正式挂牌。金泰公司转攻非煤矿山机械市场获得市场订单；深化兄弟单位合作，拓展业务范围，在钻探、地灾施工等领域均有成效。

（五）商贸服务业企稳向好

金鹏房地产公司九江金鹏城项目完成二期主体建设，当年完成住宅认购856套，销售金额超5.95亿元，实现净利润超5000万元。金浔公司通过竞拍购得九江柴桑区约50亩居住地块，为布局房地产开发奠定了基础。酒店业稳中有升，全年实现经营收入5500余万元，同比小幅增长。其中锦都皇冠酒店入住率超58%，比上年的51%增长了7个百分点，在餐饮收入下降的情况下，客房收入有显著增长。锦都金源酒店、锦都龙荷酒店加强营销管理，大幅降低成本，客房入住率有所提高；在提取折旧摊销的基础上，金源酒店减亏350余万元、龙荷酒店减亏近320万元。锦都南星宾馆实现收入288万元，提取折旧及利润122万元。

（六）重点工作扎实推进

南昌西客站金色广场项目成立开发管理部制定了专项绩效奖惩办法，1号楼、3号楼现已完成地下负二层顶板的模板安装，2号楼正进行筏板基础浇筑，整体施工按计划有序推进。大舟金矿通过挂牌完成转让工作。罗家墩金矿启动清产核资工作，接洽多批意向买家。石坞矿权转让受国家相关矿权政策影响，正与江铜集团加紧磋商推进。金鹏怡和园项目销售车位59个、杂间与非机动车位15个，实现收入597万元；与赣州银座村镇银行签订了剩余写字楼和若干店面等物业的认购意向书。

（七）人才队伍更具活力

各单位通过年内两次事业单位公开招聘，招录176名新职工，为全局产业发展注入更多新鲜血液。全年共有102人晋升中高级技术职称，申报和通过人数均创新高。截至2017年底，全局35岁及以下青年职工占在职职工总数的40%，大专及以上学历人数占在岗职工总数的84%，人才队伍结构更加优化，同比分别提高17%和4%。结合局产业发展战略，按照“针对薄弱新领域，加强能力建设”的要求，相继举办全局大地质技术培训班、钻探新技术高级培训班和地质岗位技能竞赛等活动，“比、学、赶、帮、超”的业务钻研氛围更加浓厚。

（八）内部管理规范有效

经营管理制度持续完善。制定出台并推进实施《关于落实“大地质立局、多产业并举”发展战略的指导意见》等多项重要文件，进一步明确发展方向，规范经营行为。财务风险有效控制。全局年末银行贷款余额较上年同期减少3.74亿元，资产负债率持续下降。组织开展全局财务工作大检查，督促指导各单位整改问题、规范财务运作。审计职能有效发挥。全年完成8个基层单位的14位处级干部的离任经济责任审计和两个重点建设项目竣工结算审计，及时反馈审计中发现的问题，并督促整改，有力促进基层单位规范运行。安全生产态势平稳。牢固树立以人为本、安全发展的理念，修订完善了局安全生产年度考核评分标准；精心组织开展“安全生产月”活动和“岁末年初安全生产工作”全局性的突击抽查；严格规范作业现场安全管理，狠抓安全隐患整改落实；安全生产主体责任进一步落实，未发生安全生产责任事故。机关工作进一步改进。充分发挥承上启下关键作用，坚持服务与监管并重，工作作风持续改进，办公自动化水平不断提高。

（九）全面从严治党落实落细

主体责任层层压实，监督执纪创新局面。全面从严治党责任推进到了生产经营项目，党风廉政建设责任落实到了一线支部，各级党员领导干部“一岗双责”得到履行。组织建设强化，作用发挥彰显。通过划小支部提高了适应性，全局72个支部运行良好，学习型组织建设获得推进，支部生活规范，“第一书记”作用充分。思想建党深化，觉悟普遍提高。“两学一做”扎实开展，实现了制度化常态化；谈心活动广泛开展，各级班子实现全覆盖；警示教育形式多样，道德讲堂保持延续；喜迎十九大氛围浓郁，十九大精神和习近平新时代中国特色社会主义思想得到学习、宣传和贯彻。制度建设日臻完善，红线底线高压带电。局新出台7项规范性文件指导工作、规范行为，尤其突出干部管理，重要和敏感岗位人选纳入党管范围；各基层单位梳理完善一批制度规范，“笼子”扎得更紧更密。

（张　哲）

湖南省有色地质勘查局

一、概况

湖南省有色地质勘查局创建于1953年，先后隶属于国家重工业部、冶金工业部、中国有色金属工业总公司和国家有色金属工业局，现为湖南省直正厅级事业单位，下属事业单位11个，主要从事地质勘查、地环地灾防治、测量测绘及工程施工等业务。拥有地质勘查类资质（甲、乙级）60余个，地灾地环资质34个、工程施工总承包一级资质3个、专业承包一级资质7个、对外援助成套项目A级施工企业资质1个、对外承包工程施工证书3个、企业境外投资证书7个、对外地质技术援助资质1个。工作区域以湖南和国内为主，同时积极响应国家“一带一路”倡议在海外拓展。至2017年底，全局职工共计6285人，在职2735人，内含专业技术人员1376人，其中地质技术人员810人。

二、生产经营

（一）主要经济指标

2017年，全局围绕产业转型升级加快调整步伐，产业经济实现了快速平稳的增长态势。全年实现经营产值25.38亿元，较上年增长17.23%，完成年计划的125.76%；实现利润1.28亿元，较上年实际考核利润增长11.39%，完成年计划的103.04%。全局净资产达20.37亿元，国有资产保值增值率105%。

（二）资源地质业

全年共实施规模性地勘项目131个，争取财政投入1296万元，完成钻探9.29万米、槽探1.03万立方米、坑探2236米、地质填图98平方千米，提交地质报告54份。完成经营产值1.41亿元，较上年增长16.05%，经营毛利4156万元，毛利率29.5%。新增资源储量（金属量）铅锌54.2万吨、金6.8吨、铜2.5万吨、银659吨、萤石矿物量6.5万吨，提供可供饮用优质矿泉水源地1处。新增合同额1.13亿元，比上年同期增长42.91%。

（三）民生地质业

全年完成经营产值2.12亿元，较上年增长60.17%，经营毛利2735万元，毛利率12.9%。全年新签项目合同额1.68亿元，同比下降31.66%。主动对接服务社会能力大幅增强，累计与近20余县级政府或县市区国土资源局签订了战略合作框架协议。

（四）工程施工业及其他

全年完成经营产值21.85亿元，较上年增长14.34%，经营毛利1.35亿元，较上年增长20.87%，其中工程施工、房地产开发、医疗与物业经营、对外投资分别完成产值20.22亿元、1.21亿元、3317万元和888万元。主要施工企业全年新增合同额26.33亿元，较上年下降9.87%。

三、改革与管理

（一）改革发展

一是“项目带动战略”取得阶段性成果。2017年全局新增合同额29.14亿元，局属施工单位签订了多个单项合同金额较大的自营项目，为产业可持续发展打下了坚实基础。

二是产业转型升级步伐加快。经过近几年持续探索调整，民生地质业经营产值、增长速度超越资源地质业，且呈现出规模加速增大和效益不断改善的良好发展态势，工程施工业以自营为发展核心的战略措施也开始见效。

三是产学研相结合的优势不断凸显。局属单位通过与高等院校合作打造产学研相结合的发展机制，为提高技术水平、建设人才梯队、拓展业务能力搭建了新平台。

四是各项改革工作稳步推进。根据省委省政府的指示，围绕地勘单位改革开展了广泛深入细致的工作，按照改革时间节点，已开展了组建集团公司调研和施工企业引进央企重组协调等工作，为地勘单位改革任务的推进做了大量政策研究和前期准备工作。

（二）服务管理

一是工作效率大幅提升。历时近一年对局颁制度进行了全面清理，完成局《规范性文件汇编》并正式实施。OA系统运行步入正轨，基本实现日常行政工作全覆盖。

二是监督管理逐步加强。工作督办机制基本形成，该局牵头果断对有关重点项目采取强力督导措施，及时化解了潜在重大风险。开展了资产清查，规范管理国有资产，为改革摸清家底打下基础。财政资金绩效评价较好，被省财政厅评为“2016年度财政资金绩效评价良好单位”。

三是发展环境持续改善。外部融资环境持续改善，为项目实施和生产经营顺利开展提供了可靠的资金保障。局队关系进一步理顺，主体责任和监管责任得到有效落实。

四、自主创新与技术进步

（一）技术突破

2017年全局转型升级和项目带动战略取得重

大进展，引领技术发展取得实效。该局首次与高校联合申报的“我国稀有金属矿床形成的深部过程与综合探测技术示范”项目，被科技部列为国家重点研发计划2017年重点专项项目。承担的省重点研发项目“通天玉产业化开发的关键技术研究”申请了8项通天玉作品专利，其中有2项作品获评“神雕奖”金奖。承担的省自然科学基金项目成功实现2项遥感影像信息处理技术突破。

（二）获奖与资质

资源地质找矿成果突出，正冲金矿详查项目和水口山接替资源勘查项目获中国有色金属工业科学技术奖二等奖。民生地质资质建设取得重大突破，2017年申报的13个地灾地环甲级资质中获批12个，创局一次性申报通过高等级资质的最高纪录，多个项目获得湖南省优秀测绘地理信息工程奖。工程施工再创新高，局属施工单位获得交通运输企业安全标准化一级证书、公路工程施工总承包贰级资质，3项施工工法被批准为部级工法，多个项目获QC成果奖。

五、加强党的建设和精神文明建设

（一）党的建设

2017年，全局扎实推进“两学一做”学习教育常态化制度化，以党章党纪党规、习近平新时代中国特色社会主义思想和党的十九大精神等为重点，不断创新学习教育方式，积极开展开放式组织生活，取得较好成效。强化党建基层基础工作，进一步加强野外项目部党建工作，实现党建工作与生产工作的有机融合。加强党风廉政建设工作，组织召开局直属机关党员代表大会，选举产生了局直机关纪委班子。构建作风建设长效机制，开展了纠“四风”治陋习和清理国家公职人员违规参与涉砂涉矿等经营性活动等的专项整治工作。

（二）群团建设

组织开展了困难帮扶、爱心募捐、志愿者服务和助学救困等活动。“喜迎十九大”歌唱比赛、门球赛等全局性文体活动反响热烈，局老干部合唱团获首届湖南省合唱大赛“最佳创新奖”。

（三）文化建设

深化文明创建工作，完成了局机关2018届省级文明单位的预申报工作，继续开展“局长荐书”活动，在全国地质勘查行业第二届“寻访最美地质队员”活动中局系统1人获得“最美地质队员”光荣称号。

（四）获得奖励

2017年多项工作获得表彰奖励，包括湖南省安全生产工作先进单位、湖南省综治工作先进单位、湖南省平安单位、湖南省企业财务会计决算工作先进单位等。

（邓皓静）

广东省有色金属地质局

一、概况

广东省有色金属地质局（以下简称：地勘局）属行政类副厅级事业单位，归口广东省地质局管理，业务相对独立。2017年，局机关内设6个职能部室，下设11个公益二类的正处级事业单位和1个局属企业。全局拥有地质勘查、物化探、钻探、坑探、化验测试和地质灾害危险性评估、勘查、设计、水工环评价以及工程勘察、施工等专业资质证书120多张，深孔液压钻机、千米深孔钻机、大口径搅拌桩机、物化探仪器和测绘测试等大型先进设备累计100余台套，是一支门类齐全、装备良好、信誉度高和专业技术力量雄厚的综合性地勘队伍。截至2017年底，全局共有职工3820人，在职职工1277人，其中具有高级专业职称150人，中级职称257人，初级职称359人，具有大专以上学历962人，博士11人，硕士92人；离退休职工2543人。2017年，全局实现总收入8.84亿元，较上年增加1.88亿元，增长27%。其中财政拨款5.53亿元，经营收入3.31亿元，实现利润总额985万元。全局总资产11.9亿元，国有净资产6.33亿元，国有资产保值增值率101.3%。职工收入较上年度有较大增长，并妥善解决了一些历史遗留问题，地勘经济保持平稳发展。

二、改革与管理的主要成果

（一）紧抓地质勘查主业，地质找矿有新成果

2017年，全局开展各类地质勘查矿产项目75项，总金额约9154万元。新发现凡口南部董中－南湖大型铅锌矿床、德庆县九市镇大岭头矿区建筑用花岗岩矿大型矿床共2处，可供进一步工作的勘查基地3处，新发现具有找矿意义的矿点4处。一批中央、省财政及科研项目取得成果，其中双华－平安镇地区矿产地质调查项目已完成野

外验收，预测具有大型锡铅锌多金属矿的潜力；凡口铅锌银多金属矿整装勘查区矿产调查与找矿预测项目，预测新增铅锌金属资源量将超过100万吨，达大型规模；丰顺县十字路锡多金属矿区项目，预测具寻找大中型锡铅锌多金属矿床的潜力。

（二）彰显服务民生职能，地质环境工作有新作为

2017年，地勘局地质环境工作积极参与“绿色广东”建设，努力拓宽服务领域，产业转型升级成效明显。全局承揽地环项目234项，总产值6358.4万元，较上年增长39%。其中市场项目234个，总产值6016.3万元；实验检测样品3万余个，产值342.1万元。局属单位以实际行动融入地方，配合当地国土部门抓好防灾减灾工作，排查地灾隐患点174处，举办地灾应急演练6次，提交各类地灾应急调查报告35份，开展地灾科普讲座、业务培训、授课等活动17次，并通过与当地国土部门签订地灾防治技术支撑协议和服务合同，成为当地地灾防治的主力军。931队承接了汕头市、揭阳市“十三五”地灾防治规划的编写工作，并协助汕头市潮阳区和金平区申报“地质灾害防治高标准十有县”。940队加大投入，加快建设一流实验室的步伐，并牵头成立了清远市地质灾害防治协会，搭建起了与政府、科研单位之间的平台。地环中心和地勘院2家实验室整合为1家，壮大了综合实力。局择优补充了9个一级项目和19个二级项目，充实和完善了局地环项目库。935队承揽的“广东省龙门县龙田镇江屻村地热资源预可行性勘查实施方案”成功通过了广东省国土资源档案馆评审，并为甲方取得了该项目的探矿权证，水工环工作尤其是地热勘查成为该队新的支柱产业。地防中心承揽的“广东省南雄恐龙化石群省级自然保护区管理处地质公园科普长廊建设”项目是广东省内首次开展古生物化石类自然保护区范围调整和总体规划修编的项目，为全国同类型自然保护区规划建设提供了参考和借鉴。地勘局先后与有色金属华东地质勘查局和浙江有色金属地质局签订了环境影响评价、土壤（水）污染治理、民生地质、城市地质等技术合作及市场开发、战略合作协议，积极拓宽服务领域。

（三）落实供给侧结构性改革，工程地质产业有新发展

工程地质产业是地勘局地质事业实现可持续发展的重要基础，局属各单位积极服务广东省基础设施建设，不断提升承揽大型项目的能力，做大做强工程地质产业。2017年，工程地质产业共签订经营合同307份，实际完成产值2.68亿元，同比增长24.7%。局属各单位逐步改变工勘施工单一发展的局面，朝着涵盖设计、评估、测绘、勘察、施工、监测检测及监理等方面提供多元化地质服务。地防中心继续发挥工程施工优势，大力拓展地质灾害治理和环境治理施工业务，成功承接了汕尾市区林埠山山体边坡稳定加固治理工程，清远市君隆－中央公馆基坑支护工程，永和九岭石场地质灾害治理工程，世代水岸花园项目一、二标段桩基础工程等一批大中型施工项目。地环中心作为工程勘察的龙头单位，承揽了梅州恒大御景半岛C地块详细勘察工程项目，深圳市城市轨道交通14号线工程勘察项目，佛山市城市轨道交通3号线工程4标段北延线（狮山－科技学院）初、详勘项目，广州市轨道交通18号线工程勘察咨询项目，广州市轨道交通13号线二期工程（朝阳－天河公园）勘察咨询项目等一大批具有社会影响力的项目。测绘院、地环中心、935队和932队工勘珠海分院在测绘业务上都有所突破。932队、935队在钻探施工项目上均有不俗表现，其中932队的专业水准获得了凡口铅锌矿等单位的高度肯定。测绘院结合广东省公路、铁路、城际轨道交通和机场网络建设，积极筹建地理信息大数据（处理）中心。

（四）打造民生工程，基地改造项目取得新成效

全局坚定不移地贯彻以人为本的发展思想，以政策为导向，积极推进“三旧”改造，成效显著，职工群众幸福感不断增强。为了解决广大职工和家属的住房困难问题，932队班子迎难而上，从实际出发，利用“三旧”改造政策，对新华大院和阳山基地闲置土地进行盘活开发改造。新华大院棚户区改造（一期）项目已经竣工验收，220个拆迁安置户在节前喜迁新居；二期棚户区改造项目已完成六层主体结构施工，能够解决112户职工群众住房困难问题；新华大院“三旧”改造项目正在办理土地转商手续，阳山基地小阳山“三旧”改造（一期）项目正在建设之中，综合楼已封顶。借力“三旧”改造，打造“安居乐业”民

生工程，美化了社区环境，解决了队伍设备不足、发展资金短缺和历史负债等诸多的历史遗留问题，进一步夯实了队伍发展基础，也为地方政府完成国家下达的住房保障目标任务做出了贡献。

（五）深化改革、规范管理，构建有色地质事业科学发展新局面

深化改革汇聚新动力。地勘局党委进一步贯彻落实《关于深化国有企业改革的实施意见》以及省局地质工作会议上的部署，研究全局事业单位深化改革的意见建议，为事业单位深化改革做好准备。成立了深化改革领导小组，就深化改革问题召开8场座谈会；局属各单位在6－8月开展了"深化改革"大讨论活动；与此同时，局领导带队分3个组前往外省兄弟单位进行调研，了解有色地勘单位的改革发展情况及改革发展思路，最终形成了调研报告和局改革发展方案上报省地质局，并在地防中心先行先试，探索事企相对分离新模式。

地质科研结出新硕果。地环中心多个工程项目获得了"中国有色金属地质找矿成果奖"、"广东省科学技术三等奖"、"省级优秀QC小组成果奖"、"广州市2017年度优秀工程勘察奖"、"省地质局科技成果奖"等多个奖项。地防中心已向国家知识产权局申报发明专利5项、实用新型专利20项。地勘院公益类项目《广东省（粤东河源地区）金属非金属矿山尾矿库地质灾害隐患调查》获得广东省地质学会地质科学技术奖二等奖。此外，地勘局与中金岭南凡口铅锌矿召开了广东仁化凡口矿集区找矿成果研讨会，积极与中国地调局、国土资源部找矿指导中心、武汉地调中心、中山大学、中国科学院等科研院所密切沟通，大力推进项目申报和成果提升等多方面的战略合作和交流，发挥地勘局在整装勘查区以及重点成矿区带所取得的找矿和科研成果优势。

资质建设得到新提升。全局升级和新增各类资质证书共12张。其中乙级资质升为甲级7个，丙级资质升为乙级3个，特别是933队与940队新增了土壤污染修复工程临时资质，标志着地勘局环保资质建设迈出新步伐。截至目前，全局共有地环资质58个，其中甲级22个、乙级22个、丙级7个、其他7个。具备"五甲"资质的单位有932队、地防中心和地环中心3个单位，充分体现了全局地质服务的多元化。

安全生产有新举措。全局深入学习贯彻习近平总书记关于安全生产系列重要讲话精神和党中央、国务院关于加强安全生产有关文件要求，按照省安监局、省国土厅和地勘局安委会的工作部署，全面落实安全生产规范、强化安全生产管理。全局进一步加强安全机构建设，健全安全生产三级管理网络，明确安全生产主体责任，加大经费投入，强化安全教育培训，开展安全生产大检查及坑探项目安全生产专项整治行动，抓好隐患排查治理，严防安全事故发生。通过全局上下齐心协力，安全生产形势继续保持良好态势。

（六）深入学习贯彻党的十九大精神，开创党建工作新局面

局党委严格落实中央和省委的部署，组织全局1000多名党员集中收看党的十九大开幕式盛况；召开学习贯彻党的十九大精神党建工作经验交流会，组织专题辅导报告会3次，开展网络考学1次，购买学习辅导书籍2600多套；各级党组织召开学习党的十九大精神中心组学习会和专题组织生活会77次。932队还充分利用"互联网＋"，搭建"党建微平台"，向党员干部及时传达党建要闻、"两学一做"和十九大专题学习等信息。掀起了学习贯彻党的十九大精神和习近平新时代中国特色社会主义思想热潮。

建立健全地勘局惩治和预防腐败体系建设工作，严格落实党员领导干部"八小时以外"活动监督管理办法，切实把抓早抓小、动辄则咎、全面从严治党的要求落到实处。加强党员领导干部尤其是"一把手"的监督，严格执行诫勉谈话和领导干部报告个人有关事项等制度，并进一步完善局属单位处级干部的廉政档案。

（七）持之以恒保障和改善民生，有色地勘队伍展现新面貌

注重发展成果惠及民生，着力解决人民群众最关心最直接最现实的利益问题，干部职工群众的获得感、幸福感不断增强。坚持开展"春送温暖"、"夏送清凉"和"金秋助学"等慰问活动。

（蔡婷婷）

西北有色地质勘查局

一、概况

西北有色地质勘查局（西北有色地矿集团，

以下简称：西北地勘）成立于1957年，先后隶属于冶金部、中国有色金属工业总公司、陕西省，是一支具有60年找矿历史的综合性勘查队伍，下设14个二级单位，拥有地质勘查各类资质67个，其中甲级40个，乙级17个，丙级10个，建成各类标准化金属矿山13座，涉及金、铅、锌、铜、钒5个矿种，年处理矿石量超过300万吨。截至2017年底，有在职职工5149人，离退休人员3134人。

2017年在全体干部职工的共同努力下，全年共实现经营收入55亿元。

二、生产经营

2017年，西北地勘着力推进地质工作转型，初步形成“大地质”格局；紧紧抓住矿产品价格复苏的有利时机，加强矿山现场管理、提升盈利空间；同时对产业结构进行进一步优化升级，加强国际产能合作，主动融入“一带一路”建设，取得了良好的经营业绩。

（一）地质技术服务业

2017年组织实施各类地质技术服务项目219个，完成货币工作总量1.82亿元。承担中央财政项目3个，新疆地勘基金项目2个，实施陕西地勘基金项目18个，境外地勘项目6个，民生地质项目113个，逐步建立起全方位的技术服务体系。

提交各类地质报告37份，其中勘探报告5份、详查报告8份；新增资源量：晶质石墨矿116万吨，钨1.29万吨，金16.98吨，银132吨，铅锌18万吨，钼资源量4.5万吨，铁矿石量3200万吨。提交（331+332+333）铅锌金属量19.58万吨，金金属量13048千克。

承担的5个整装勘查项目进展顺利。国家、省基金项目取得较大进展，山阳矿集区找矿预测、勉县瓦子坪金铜多金属矿预查等项目找矿成果良好。新疆基金项目阿尔金山地区地质矿产调查顺利通过野外验收。

地质技术服务领域不断扩大，大地质工作格局基本形成，全面进军地质灾害治理、城市地质、农业地质、环境地质、文物地质等大地质领域，服务地区遍布10多个省份。

中标西安地铁10号线勘察项目、西安市“幸福林带”改造工程；承揽江苏南京市地下管网探测项目，介入城市地下空间规划领域。承担铜川、汉中等地的地质灾害防治调查和治理项目；中标哭泉镇2017年移民搬迁（脱贫）集中安置点地质灾害治理施工项目。承揽新疆1：25万农业地球化学调查、新疆阿拉尔市及广西重要农业区的土地质量地球化学调查等农业地质项目。文物地质先后承揽了青海省海西州都兰县热水墓群文物保护利用设施建设项目、彬县大佛寺岩体与僧房窟保护加固工程设计。

持续学习新的绿色勘查相关法律法规，积极践行绿色勘查。

（二）铅锌铜产业

2017年，各矿山抢抓铅、锌、铜等金属价格上涨的利好时机，生产铅精粉（金属量）6701吨，锌精粉（金属量）3.06万吨，铜精粉（金属量）460吨。依托资源优势，开展铅锌收储等有色金属贸易业务，培育壮大铅锌优势产业。

全面启动铅锌业务改制重组上市工作，探索资源与资本市场对接的有效方式，做大做强优势产业。

（三）黄金产业

继续秉持资源共享、协同发展的理念，将矿山的资源优势与冶炼、加工、销售等结合起来，打造完成产业链格局，全年共生产黄金1746千克，提交标准金7.05吨，回购黄金2.2吨，全年黄金回购量为全国第二。

各矿山企业狠抓现场管理，努力降低成本，经营质量显著提升。精炼企业积极提高黄金提纯工艺水平，加强同上海黄金交易所、上海期货交易所在标准金体系的对标，提交国库标准金总量创历史最好水平。营销板块积极适应市场变化需求，新开拓银行渠道2个，形成覆盖全国31个省（区、直辖市）的营销网络。

（四）新能源产业

抓住钒价格复苏时机，加大技术创新和优化改造，积极培育新能源产业。与加拿大金谷矿业股份有限公司签订钒电解液产品委托加工与销售合作备忘录，办理完成钒电解液的出口手续，钒电解液样品检测性能受到美方肯定；参与能源行业液流电池标准起草，参展2017年丝博会暨第21届西洽会，扩大行业影响。

（五）多种经营产业

物业项目整体经营情况良好，对补充现金流、稳定效益发挥了积极作用。东新科贸保持了稳定、有序经营，同时推进现代农业项目。宝鸡建国饭店以市场为导向，扩大酒店的品牌知名度及市场影响力，盈利能力显著提升。

（六）“走出去”工作

澳大利亚项目推介与合作取得阶段性进展。与澳大利亚一家上市矿业公司合作开展盈地项目矿产勘查等工作，已进入正式转让协议的签署阶段。协利公司完成重组，主营业务变更为石油液化天然气密闭储运。雷纳德·谢尔夫铅锌矿项目所属的一处矿权已与一家澳大利亚公司签署框架协议，目前着手正式转让。

同时大力开拓“一带一路”沿线市场，在印尼、巴西、摩洛哥等地提供国际勘查技术服务；参与伊朗、俄罗斯、柬埔寨等国的项目咨询与合作。

三、内部管理

2017 年，是西北地勘提质增效工作的第一个完整年。通过优化工艺流程、提高工作效率、强化成本管控、落实控制要素目标等，全年完成提质增效工作总目标共计 2202 万元，其中降本 1380 万元、增效 822 万元。

资产结构进一步优化。深化全面预算管理，全力压缩非生产性开支，清查“两金”占用；降低财务成本，加强信贷总量控制，有效缓解了经营压力。

两化融合进一步深入。着力推进生产运营管理系统建设，对协同办公管理系统移动端和平台进行升级，完成“震奥鼎盛公司选矿工艺数据挖掘及系统诊断”项目，尝试以大数据促进产业发展。

安全生产、环境保护工作常抓不懈。认真做好省级非煤矿山防范和遏制重特大事故试点工作，编制形成《地质勘探企业安全风险分级标准（试行）》，填补了陕西省此项标准的空白。积极开展安全专项整治，安全生产总体平稳。严格落实各级环保责任制，建立健全环保管理制度，所属及参股企业均已取得环保竣工验收批复，全面完成了环保各项任务目标。

四、科技创新

产学研合作机制进一步完善。中国地球物理院士专家工作站良性运转，院士专家基层行活动助力找矿突破；博士后科研工作站正式授牌，研究人员获得一批国家级科研项目支持；获中国有色金属工业科学技术奖二等奖 1 项，三等奖 1 项；1 人获全国地质勘查行业第二届“最美地质队员”称号；1 人获省国土铁军技术标兵称号；获得发明专利 3 项、实用新型专利 10 项。

五、党建工作

深入贯彻习近平总书记系列重要讲话精神，以学习贯彻党的十九大精神为主线，坚持抓基层打基础，抓典型创特色，抓载体增活力，不断增强各级党组织的创造力、凝聚力、战斗力。

全面落实“追赶超越”党建工作和“三项机制”季度考核任务，深入推进“两学一做”学习教育常态化制度化建设，保证了党建各项工作的全面落实，营造了和谐发展的良好氛围。

以“三项机制”为导向，充分调动干部干事创业的积极性。通过严格的考核管理，着力打造一支政治过硬、作风严谨、坚持学习、履职尽责、敢于担当的干部队伍。

积极落实党风廉政建设“两个责任”，推动实施党委主体责任清单工作；进一步强化问题线索管理处置，综合运用监督执纪“四种形态”，认真落实中央八项规定精神和纠正“四风”工作，通过专项检查和抽查，推进工作深入开展。

2017 年，西北地勘全体干部职工团结一致，共同努力，取得了较好的经营成果，面对新的机遇与挑战，西北地勘将继续坚持走地矿一体化道路，深化产业结构调整，推进转型升级，力争在“十三五”期间再创佳绩。

（李　烨）

甘肃省有色金属地质勘查局

一、经济发展状况

2017 年，甘肃省有色金属地质勘查局（以下简称：地勘局）实现总收入 7.45 亿元，完成收入目标的 103.5%。其中，预算内收入实现 3.32 亿元，占总收入的 44.6%；市场经营收入 4.13 亿元，占总收入的 55.4%。年末全局总资产 18.31 亿元，净资产 10.58 亿元，国有资产保值增值率为 101.86%。

地勘局收入呈现稳中有进、转型向好的特征：一是总收入保持在预判区间，经济质量效益进一步提高；二是市场经营收入对地勘经济贡献率逐年增大；三是财政项目仍然对地勘工作转型升级起着“助推器”作用；四是产业孕育成长加速，大地质“大”的效应持续发酵，多种经营“多”的亮点增加。这些特征说明，全局适应新形势新要求的能力在提升，与经济社会发展大局的契合度不断紧密，大地质大服务已成为地勘经济发展的主动脉。

二、主要勘查成果

2017年地勘局实施各类地质勘查项目73个，项目经费共计9881万元。完成钻探10.05万米、坑探124.6米、槽探6.92万立方米、1/5万地质填图1635.67平方千米、1/1万地质草测495.38平方千米、1/2千地质草测37.11平方千米、1/5万高精度磁法测量888.22平方千米、1/1万高精度磁测14.5平方千米、1/5万水系沉积物测量1913.20平方千米、1/5万遥感解译1936.22平方千米、化探样品分析6.77万件、基本分析9688件。

2017年提交大型矿产地1处，小型矿产地4处，勘查基地5处，找矿靶区13处。提交各类地质报告41份，提交铅锌金属量69.46万吨，伴生银金属量347.25吨，镓金属量128.17吨，伴生镉金属量2597.76吨。新增金金属量2497.52千克。

三、绿色勘查推进情况

2017年地勘局上下坚持生态优先理念，将绿色勘查贯穿和体现在整个地质勘查全过程，形成了领导重视、措施具体、制度支撑、手段更新、推进有力的绿色勘查格局。制定了《关于大力推进绿色勘查工作的意见》，成立了绿色勘查领导小组，召开贯彻生态文明国策推进绿色勘查工作会议。局党委多次召开专题会议研究部署祁连山自然保护区内探矿权退出事宜，对涉及祁连山自然保护区的13宗探矿权，向省国土资源厅上报了注销退出的处理意见。同时对涉及其他自然保护区的19宗探矿权制定了退出方案，对18个勘查项目终止勘查。局绿色勘查领导小组对野外地质勘查项目实施过程中的环境保护工作进行了多次检查，把发现的问题消灭在萌芽状态，努力实现对生态无影响勘查。强化对勘查区块生态环境修复治理工作，先后两次对涉及自然保护区的探矿权进行了现场核查，制定生态修复方案，逐项进行了整改落实。

四、水工环业

2017年，地勘局水工环产业大力拓展服务领域，提升服务能力，产业转型升级效果持续显现，核心竞争力不断增强。一是服务领域拓展。积极响应全省发展战略，围绕生态、环境和民生问题，全面开展了地质灾害综合防治体系建设、水资源远景调查评价项目、高精度地形图测绘、农村土地确权以及城市管线普查等项目。主动调整发展目标，优化矿产勘查工作部署，局管地质勘查项目优先安排了“甘肃省地热资源开发利用现状调查”、“定西市马铃薯种植基地水土环境调查”等项目。工勘院发挥龙头引领作用，主动参与了白银市城区地下综合管廊岩土工程勘察以及庆阳市全国“海绵城市”建设试点等国家新兴城市地质项目。牵头全省13家调查及规划承担单位开展了矿山地质环境恢复与综合治理规划编制工作，同时完成了《甘肃省矿山地质环境详细调查技术要求》等行业规范文件，为推进全省生态文明建设及经济社会可持续发展作出了贡献，也为拓展新领域业务奠定了坚实基础。组织实施省国土资源厅下达的地质灾害调查评价及水资源远景调查评价项目，承担了一批国家在政策和资金上给予支持的民生类地质项目和“兰州市集中式饮用水水源地环境保护项目勘察”，扩大了民生地质服务领域。申报的“甘肃省兰州市安宁区安宁堡仁寿山一带地热井勘察”和“舟曲县峰迭新区南山边坡治理工程勘查及施工图设计”两个项目，分别获得2017年度全国有色金属行业（部级）优秀工程勘察二等奖和三等奖。局属其他院积极承担与地方经济社会发展密切相关的部分地灾、评估及岩土工程勘察等项目，承揽并实施了土地整理、工程测量、岩土勘察、地灾勘查设计等一批社会项目，以自身的技术优势和良好的市场形象，为今后的发展提供了不竭的动力。兰州矿勘院以兰州市为中心，河西、陇南为两翼，积极开拓水工环业服务市场，完成了天祝县打柴沟镇矿山环境恢复治理、武都角弓镇泥石流治理等一大批项目，形成了一支多专业综合工勘队伍。天水矿勘院还积极参与陇南武都8·7泥石流暴洪灾后地质灾害调查。白银矿勘院承担实施了斯里兰卡机场建设测量工作。二是规模效益增加。2017年地勘局水工环地质工程业共签约672个项目，合同额2.48亿元，实现产值2.4亿元，较上年同期合同额上升2%，产值上升40%。局属各院民生地质类产业总量增加超过6000万元，而且签订的项目遍及甘肃省各个市州并延伸到青海、新疆、陕西等地，项目涉及资质覆盖的所有门类。

五、钻探业

2017年地勘局钻探业质量效益整体提高，打造了钻探施工“升级版”，已由单纯施工模式成功转向技术管理与经营管理型并重的模式，呈现出市场开拓能力强、深孔和复杂钻孔施工水平高的特点。全年全局累计开动78台钻机，完成各类岩心钻探工程量10.12万米/260孔，其中完成超千米深孔数达3个，最深孔达1703.88米。目前，地勘局四个矿勘院体制内钻探工作岗位人员总计108人，专业技术人员45人，其中高级职称4人，中级职称及技师12人，初级29人，专业能力整体上升。

六、实验测试业

2017年，地勘局院两级紧盯全国1:10000土壤污染状况详查样品测试工作，筹集1300余万元对全局4个实验检测室进行装备更新改造，购置离子色谱仪、气相色谱质谱联用仪、电弧光电直读光谱仪等专用和通用设备数十台套，同时实施了实验室改扩建项目，使地勘局实验测试能力和水平得到整体提高。兰州矿勘院实验室入选《全国土壤污染状况详查检测实验室名录》，新建了有机分析室和农产品分析室，新增了土壤和水中有机成分分析、农产品中重金属分析、土工试验及饲料分析等检测项目，做到了由无机检测向无机有机双轨运行检测的转型升级。天水矿勘院实验室积极开展检测领域扩项升级，试验新技术新方法三大类74项，通过了中国合格评定委员会实验室复评审现场评审，取得了实验室资质认定扩项评审证书，申请的甘肃省耕地质量提升与化肥减量增效项目已顺利列入筛选入围名录。张掖矿勘院实验室通过技术创新，先后掌握了铂、钯、锇、铱、钌、铑等稀有元素的分析方法，以及土壤、肥料等样品的检测技术，成为甘肃省唯一一家掌握铂、钯等稀有元素检测方法的测试机构，同样通过了上述两项评审，为实验室晋档升位打下了良好基础。

七、装备与资质建设

2017年，地勘局共完成专业设备采购2648.88万元，购置了全站仪、测绘无人机、多功能坡度测量仪等设备，进一步提高了装备现代化水平，提升了市场竞争力。把资质建设持续摆在提升服务能力的突出位置，一年来全局升级或新增资质13个，其中水工环甲级11个、建设项目水资源论证乙级1个、旅游规划设计丙级1个。各院均新增了环境设计和施工甲级资质。资质覆盖地质勘查、测绘、地质灾害、环境、土地、水资源、旅游等7大类。截至年底，全局从事水工环地质工程业人员总计346人，技术人员267人，其中高级职称26人，中级职称及技师65人，初级176人。

八、职工福祉

局院两级党委认真贯彻以人民为中心发展思想，充分发挥帮扶基金的作用，对101名困难职工及遗属发放困难补助金22.2万元。补助困难退休省劳模3人，发放补助金1万元。同时，慰问局离休干部15人，发放慰问金1.5万元。局属各单位普遍开展了“关爱职工、夏送清凉”活动，共看望慰问了36个野外项目组和一线职工190余人次。

九、人居环境建设

局院两级党委始终把改善职工工作生活环境的责任扛在肩上，记在心上，抓在手上。2017年6月，地勘局东岗西路办公楼维修改造工程竣工，实现了局机关回迁办公，解决了工勘院、矿研院等单位没有办公场所的难题。积极推进安居工程建设，局筹集资金660万元，各院筹资677万元，用于基地维修改造，为职工提供了安居乐业的良好环境。天水矿勘院除对基地设施进行改造外，完成了院办公地点由赵崖基地搬迁至社棠基地工作。张掖矿勘院积极争取政府棚户区改建项目资金1664万元，完成基地11栋职工住宅楼的改造。

十、创先争优活动

开展创先争优活动，充分发挥先进典型的示范、引领和骨干带头作用，努力营造学习先进、崇尚先进、赶超先进的浓厚氛围。2017年局表彰先进个人24名、先进集体4个，先进班组12个。天水矿勘院创立了“刘菊琴劳模创新工作室”。刘菊琴获得2017年第二届全国地质勘查行业“最美地质队员”荣誉称号。工勘院地理国情普查组获得“甘肃省工人先锋号”称号。工勘院还参加了全省工程测量技能大赛，获得了个人并列第五、团体第四名的好成绩。

十一、精准扶贫工作

地勘局党委坚决贯彻“用绣花的功夫实施精准扶贫”的指示精神，积极开展脱贫攻坚阶段的帮扶工作。先后安排8批干部、120多人次深入农户进行摸底帮扶，更换或增加了新的民情连心卡。选派2名年富力强、熟悉农村工作的年轻干部为驻村第一书记。局领导多次带领干部深入帮扶村、走进农户家，宣传党的十九大精神和惠民惠农政策，为每个贫困户精准制定帮扶方案和脱贫帮扶计划清单。面对农副产品销售难的问题，局党委把助销农产品活动和每次入户帮扶结合起来，动员进村入户的帮扶干部以自购、代购或代为联系销售的方式购买一些农副产品增加农户收入。年底，局领导带领20余名帮扶干部开展了“2018年春节慰问活动”，为两个村210户帮扶户每户送去了纯棉床上用品4件套。经有关部门考评，局精准扶贫工作得到良好评价，1名驻村干部被省上评为优秀第一村支部书记。

（董小刚）

青海省有色地质矿产勘查局

2017年，青海省有色地质矿产勘查局（以下简称：地勘局）坚持以生态文明理念引领地勘工作，积极应对环保要求提高、资源政策趋紧、地勘布局调整、地勘投入下滑等多重影响，取得了一系列发展成果，实现地勘经济总量4.11亿元，较上年的3.46亿元增长19%，地质找矿取得一批重要进展，绿色勘查典型示范作用进一步彰显，民生产业实现历史性跨越，全面从严治党、脱贫攻坚、科技创新、队伍建设等各项工作扎实推进，在取得一系列找矿成果和发展成效上又有了新突破、新进展、新特色。

一、以新发展理念为统领，坚持做精和提升地勘主业，资源保障能力进一步提升

一是地勘局狠抓立项，加强综研选点和设计论证，年初落实各渠道项目资金达1.5亿元，首次中标1∶2.5万地球化学测量项目3项，保持了地勘投入持续稳定；持续加大自有资金投入力度，开展资料二次开发和靶区优选等基础性项目，有力支持了地勘布局调整。二是在青南多彩整装勘查区5800多万元重点项目受外部环境影响暂时不能开展的情况下，集全局之力、全局之智，及时申请、有效调整了相关项目资金投入，在青海省厅、地调局等的大力支持下，统筹加大其他重点项目的投入力度，置换地勘项目资金2000多万元，进行了地勘布局调整。三是在地勘项目普遍进场晚、开工迟的情况下，地勘局队（院）多次召开调度会、推进会，多次开展野外生产督导检查，保障了地勘局实物工作量全面完成；在浪木日等重点项目迟迟不能进场的情况下，坚定信心不放弃，耐心细致地疏通外部关系，在10月下旬进场开展冬季施工会战，较短的时间内就取得了振奋人心的重要进展。地勘局共实施地勘项目57项，实际地勘投入1.09亿元，全面完成了地勘工程任务，其中钻探1.02万米，浅钻4026.2米，槽探5.56万立方米。新发现矿产地2处，提交普查基地3处，新增资源量金8.16吨、铜铅锌4.04万吨、银272吨。不断强化野外项目质量管理和监督，全局地勘项目全覆盖式检查3次以上，其中重点项目5次以上，地勘工作质量持续提升，合格率100%，优良率97%。

持续推进整装勘查区基础地质调查工作，通过1∶2.5万地球化学测量及资料二次开发和靶区优选，圈出各类元素综合异常216处，圈定找矿靶区13处，提交立项建议17份，夯实了立项基础。一批重点项目取得了新突破、新进展、新发现。一是岩浆熔离型铜镍矿取得重要进展，浪木日地区钻孔深部首次发现厚大富矿体，邻区莫哈尔、阿斯哈掌地区发现良好的铜镍矿化信息，显现出东昆仑东段寻找这类型铜镍矿的巨大找矿前景，也为该地区找矿部署明确了新方向。二是构造蚀变岩型金矿取得新进展和新发现，都兰沟里色日、迈龙、卡龙等地区金矿体规模进一步扩大，阿斯哈、瓦勒尕地区金矿体控制程度进一步提高，热龙、吉日迈地区新发现金矿化线索，进一步扩大了沟里地区金矿找矿前景。鑫拓地区经深部远景控制，扩大了矿带及矿体规模，资源量进一步增加。三是浅成低温热液型银多金属矿取得新认识和新进展，各玛龙、那更康切尔北等地区圈出多条银多金属矿体，具有较好地找矿前景。三大找矿格局的初步形成，为加快战略转移提供了有力支撑。

二、转型升级步伐加快，服务国家和全省发展大局的能力进一步增强

一是强力推进民生产业发展，主动适应地质工作深刻变革，以国家、省的战略决策和市场需求为导向，加强整体规划和扶持引导，投入专项资金近500万元增添设备、武装队伍、推动扩项，与中国地质大学合作开办高层次产业转型培训班培养人才，全面提升各类资质水平，不断深化拓展对外合作，与新疆、四川等强势单位签订了战略合作协议，成立了驻新疆办事处，落实新疆项目860多万元，“走出去”迈出实质性步伐。二是产业规模实现了大跨越，2017年地勘局落实各类民生项目230多个，合同金额首次超过1亿元，较上年翻了近一番，完成产值7610万元，近3年来产值年均增长40%以上。三是服务领域实现了历史性拓展。主动对接，超前谋划，测试中心被列入全国土壤污染详查实验室，承担了祁连山水林田湖综合治理、茫崖行委水资源勘查、环保大督查问题矿山环境保护与综合治理、山体滑坡抢险救援、精准扶贫土地整理、全国土壤污染调查等多个领域国家和省重点项目，成为国土、环保、农牧等行业重要技术支撑单位。四是社会效益取得了突破性提升。牢固树立以质量求生存的理念，以信誉创品牌、赢市场，初次承担的湟源县蒙古槽矿山地质环境综合治理项目、互助五十镇土观等四村土地整理项目、全国土地“三调”试点项目等，都得到了省厅、地方政府和群众的高度评价，被列为样板工程。

三、坚持绿色发展理念，全面深化绿色和谐勘查，典型示范作用进一步彰显

一是持续完善和落实绿色勘查责任体系及“1+5”制度体系，将绿色发展理念和措施全面贯彻到基层和各类项目。二是不断提升绿色勘查的层次和水平，积极探索模块化可拆卸钻机、以钻代槽、地质项目环境影响因素与分析、地勘项目环境影响评价等一些好的经验做法，健全完善了绿色勘查主动防控机制。三是与中国地调局探矿工艺研究所、四川华锋钻探公司等科研生产单位签订了战略合作协议，加强了在绿色勘查技术方法创新方面的合作。积极参与全国绿色勘查规范、标准等制度体系的制订和研究工作，为顶层设计输送“青海有色经验”。四是结合全省环保督察，投入500多万元自有资金对以往矿山和实施重型工程的项目全面开展了恢复治理，恢复矿山面积11.72万平方米，回填槽探5.89万立方米，恢复机台89个、简易道路30公里，播种草籽560多亩。地勘局多次受邀在2017中国矿业循环经济暨绿色矿山论坛、全国能源资源基地综合评价研讨会等重要会议上介绍经验做法，国土资源部找矿指导中心、西南能矿集团、四川省冶金地质局等多家单位通过实地调研或邀请讲课等形式学习地勘局经验做法。

四、坚持科技引领、创新驱动，产学研用平台结硕果

一是在承担省、部级基础和科研项目的同时，自筹资金与吉林大学、中国地质大学（武汉）等院校合作，加大科研及综合研究工作，提高了重点找矿区域研究程度。二是科研团队依托“产学研用”平台全程跟踪指导20余个重要项目地勘工作，开展了省内典型矿区实地考察，提高了各重点矿区成矿作用和成矿类型的认识，助推了找矿成果的取得。三是举办高层次的找矿突破研讨会和野外项目现场研讨会，组织省内外知名专家研究分析重点矿区及找矿靶区的找矿思路，明确下一步找矿方向。四是科技创新水平持续提升，“都兰县沟里地区金矿成矿规律研究及找矿突破”科研成果获省科技进步奖三等奖。

五、深化改革，规范管理，发展的动能不断积聚

一是积极稳妥推进绩效工资制度在省厅内先行实施，配合做好事业单位分类改革调研、方案编制等工作。研判新形势，编制了局“十三五”发展规划。二是认真完成了省委第九督查组、省纪委驻厅纪检组关于有关问题整改事项，加强防范，堵塞漏洞，新制订修订规章制度25项。三是在地勘局建立了内控管理体系，推动规范化、精细化、科学化管理，八队内控制度建设走在了全省前列，七队全面预算管理处于地勘行业领先水平。四是地勘局开展了为期3个月的财经纪律大检查，针对11个方面51项内容责令局属各单位限时完成整改并进行复查。五是加强重点领域和关键环节的风险防控，加大清欠力度，清理收回以往年度欠款2433万元，协同推动了中铝黄金有限公司股权转让挂牌。六是加强对松树南沟和沟里两个合作矿山的监管指导，坚持提质增效、节能挖潜，完成黄金产量1.03吨。七是坚持依法治局，依靠法律手段解决肯德可克、有色大厦等历史遗留问题。

六、狠抓安全责任落实，安全生产总体平稳向好

一是全面落实安全生产主体责任，强化安全事故预防，对年内发生的安全责任事故进行严格

处理，严肃问责。二是深入推进安全生产双重预防性工作体系与地勘单位安全生产标准化体系建设，形成了三级应急预案体系。三是加强了重点领域、关键环节和重要节点安全管理，实现了地勘项目和民生地质项目安全管理全覆盖。四是持续夯实管理基础，全面开展不同层次的安全生产大检查43次、应急演练15次，“安全生产月”活动有声有色，全面完成了省厅下达的各项安全生产目标任务。

七、抓班子带队伍，核心竞争力不断提升

一是加强领导班子建设，努力培养人才，提任、转正处级干部6人，公开招录专业技术人员20名，举办了包括与中国地质大学（武汉）合办的两期高层次产业转型研修班等各类培训76班次，1959人次参加了培训。87人取得各类专业技术任职资格。二是加强地勘资信建设，年内新取得和升级各类资质14项，其中甲级资质9项，实现了全局多年来资质短板的重大突破。三是持续强化有色地勘文化建设，大力弘扬拼搏进取、干事创业的有色地勘精神，举办了第九届文化周、庆祝建党96周年、迎接党的十九大等系列活动，为推动全局地勘事业发展提供强大的精神力量。有色七队王生龙被评为全国第二届“最美地质队员”，有色八队王纯仁家庭被评为全国“最美家庭”，一批先进集体和个人受到表彰。四是矿勘院勤奋巷办公驻址建设事项推进顺利，城南仓储基地围墙及配电工程通过竣工验收。扶贫帮困、“两节”和野外慰问、“金秋助学”等覆盖600人次（户），常态化、长效化作用更加彰显。

八、强化责任，狠抓落实，脱贫攻坚取得阶段性成效

一是认真部署，全力支持，强化保障，多次专题研究推动扶贫工作，随时听取汇报，协调解决问题，积极改善驻村干部工作和生活条件。二是持续深化结对帮扶，局队院领导深入宣讲一号文件、调研走访21次，帮助研究解决帮扶工作中面临的困难和问题。结对帮扶慰问350余户次，资金10万余元。三是大力争取协调项目，扶持产业发展，三角城村成立了种养殖及绿化合作社3个，“雨露计划”惠及贫困户66户，特色种植就地务工106人次。为石乃海村争取的40万元畜禽标准化养殖场建设帮扶项目资金基本落实，为东加村争取的1000亩退耕还林计划已经完成。四是科学谋划异地搬迁，东加村和石乃海村全面完成了搬迁80%的任务，东加村易地搬迁中形成的“4321”经验做法得到省扶贫局充分肯定。五是不断改善基础建设，支持三角城村“美丽乡村”建设“文彩根”文化广场项目全面完成，有色七队实施的投资185万元的三角城村土地整理项目基本完成。六是扶志扶智见实效，各渠道劳动技能培训52人次，局队通过帮助举办农民运动会、送戏下乡、地勘佣工、金秋助学、支部共建、送温暖献爱心、农产品协销等各种活动，提升了群众脱贫致富积极性。

九、深入贯彻落实“两个责任”，党建和党风廉政建设取得新成效

一是深入学习宣传贯彻党的十九大精神，推动全局各项工作创新发展。组织集中收看党的十九大实况直播、召开学习宣传贯彻十九大精神动员部署会、举办为期3天的全局100余名科级以上干部学习党的十九大精神轮训班、全局领导干部学习十九大精神专题研讨会、“学习贯彻十九大、努力实现新作为”青年论坛等活动，地勘局领导带队深入野外项目冬季施工现场宣讲十九大精神，推动十九大精神在全局落地生根。二是认真履行全面从严治党主体责任，深化廉政、法治宣传教育，不折不扣抓好省第九督查组、驻厅纪检组督导检查中反馈意见问题的整改落实工作，推动党风廉政建设取得新成效。三是认真履行全面从严治党监督责任，开展了全局财经纪律大检查、党建和党风廉政建设工作督导检查、公款购买消费高档白酒集中排查等，强化执纪问责，6人受到党政纪处分，4名处级干部被诫勉谈话，6名职工因违规违纪被通报批评。加强纪检监察队伍建设，切实提升监督执纪问责水平。四是继续深化作风建设，在全局深入开展“责任落实年”活动、不担当不作为问题专项治理、全局重点领域和关键环节廉政风险点排查与管控等。五是推进“两学一做”学习教育常态化制度化，把支部调整重建在处（科）室，广泛开展“一名党员一面旗”、“晒成绩、亮承诺、作表率”活动，推动全面从严治党向基层延伸。

（刘桂阳）

新疆维吾尔自治区有色地质勘查局

2017年，新疆维吾尔自治区有色地质勘查局（以下简称：地勘局）全面加强党的领导、党的建设，聚焦新疆社会稳定和长治久安总目标，积极适应地勘行业发展新常态，主动求变探索转型，大力推动民生地质发展，经全局各族干部职工的共同努力，全年实现地勘经济总收入3.3亿元（含事业费拨款），综合效益1200万元，国有资产保值增值实现目标，总体实现了地勘经济的持续发展。

一、地勘经济探索转型平稳发展

（一）主动应对新变化，齐心协力促发展

面对地勘经济继续下行的不利局面，地勘局班子成员多次带队奔赴各基层单位开展实地调研，研判地勘行业出现的新变化、新需求，指导、帮助各单位认清形势，调整思路，突出本单位特色，避免同质化竞争，加快转型发展。利用参加每年一届的全国有色金属地质勘查行业高层论坛会议，加强与内地兄弟单位沟通交流互访，与湖南省有色地质勘查局、四川省地矿局签订了战略合作协议。同时，地勘局抓住“一带一路”发展机遇，与吉尔吉斯斯坦国工业能源和地下矿产资源委员会实现互访，初步议定了合作的方向和项目。

（二）狠抓全过程管理，地质找矿取得新成果

2017年，地勘局新增各类地质勘查项目费用1.3亿元。其中701队、704队、地研院新增财政项目费用均超2000万元。地勘局地质勘查主攻的南疆地区已呈现多点开花的局面，局部地区已初步连片成带，有望成为新的找矿勘查基地。积极介入萤石、石膏等矿种找矿，首次争取到了一个页岩气－油砂项目，为介入新能源勘查领域开了一个好头。哈密玉海铜矿和玉峰金矿、奇台东石墨矿、柯坪砂岩型铜矿和岩溶角砾岩型铅锌矿、阿图什萤石矿的找矿工作取得较大进展。

（三）拓展地质新领域，转型发展取得新成效

2017年，地勘局通过招投标、项目分包合作、联合考察立项、加强相关专业培训等多种方式，积极进入公路测量、地灾评估、无人机播撒农药、土壤污染物分析评价等民生地质工作领域。邀请有关专家对艾比湖进行了现场踏勘，提出了湖域环境调查评价、钾盐开发和盐碱化治理的双向综合开发——治理方案的立项思路。积极引进外部专业技术力量，推进伊犁地区地热资源开发利用的前期论证工作。2017年地勘局共完成民生地质项目合同金额4000余万元，在地勘局产值中的占比首次突破20%，展现出良好的发展势头。测试中心新增“土壤污染状况详查”和“多目标区域地球化学调查样品测试”两项资质，为今后承担农业、环境、生态地球化学调查等多领域业务奠定了基础。

（四）加强生产经营管理，增强内生发展动力

2017年，地勘局结合各单位改革发展实践，对《有色地勘局地勘单位经营目标责任制考核办法》及《有色地勘局所属企业经营目标责任制考核办法》进行了修订完善，增加了创新发展、特色发展的考核权重，旨在引导各单位要主动适应地勘单位供给侧改革的新变化，积极探索适合本单位发展的模式路径。在地勘局的大力支持下，物探队、701队对绩效工资分配办法进行了调整，有效化解了同岗不同酬、岗位与报酬不匹配的矛盾，有力调动了一线职工工作积极性。坚持开展审计和效能监察工作，运用审计和效能监察工作取得的成果，促进了内控管理各项制度的建立和完善，增强了各单位学法依法从事生产经营活动的自觉性和主动性。

二、安全环保高度重视态势良好

（一）安全生产形势平稳向好

2017年，地勘局各单位通过不断完善安全生产管理的“党政同责、一岗双责、齐抓共管、失职追责”工作机制和责任体系，使安全生产标准化建设的基础更加牢固，安全管理工作的可控因素进一步增多，全局未发生重大生产性安全事故，经集团公司考核，被评为安全生产管理先进单位。

（二）安全学习培训注重实效

重点加强了生产一线干部职工对“两规程、一制度”的学习培训和应用考核工作，在安全生产工作中引入“互联网＋”理念，借助网络宣贯安全生产知识，及时掌握一线生产情况，职工的安全意识得到了增强，安全防范能力得到了提升，有些单位还将学习教材翻译成少数民族文字进行宣教。

（三）安全检查突出行业特色

逐步形成了常规安全检查、重点时段安全检

查、安全抽查互检、安全督查等多种形式的安全检查工作方法，局队两级班子成员到基层调研，均负有安全督导检查的责任，促进了防控排查的隐患得到及时有效整改。

（四）积极倡导绿色勘探理念

地勘局实施的地质勘查项目大部分地处高原、林区、戈壁环境，对生产生活垃圾及排放物做到了集中存放、定期回收处理，最大限度地减少了对山川、河流、森林、草原植被的破坏和扰动，努力化解地质勘探与环境保护的矛盾。

三、党的建设持续用力不断加强

（一）严肃党内政治生活，抓好党的基层基础建设

2017年，地勘局各级党委深入学习贯彻习近平总书记系列重要讲话精神，紧紧围绕社会稳定和长治久安总目标，推进党建重点工作落实。各级党组织逐步规范中心组学习，局中心组全年组织学习13次。通过中心组“先学”，班子成员下基层讲党课“导学”，党政工团各级组织带领党员干部“深学”的方式，提升理论学习效果。认真落实“三会一课”制度，严格组织生活，加强党员管理。党团小组基本建到一线，做到党团组织全覆盖，保证了党的各项方针政策及时传达到一线，为完成上级党委安排的各项重点工作和全年生产经营目标提供了坚强政治保证。

（二）认真学习宣传贯彻党的十九大精神，用习近平新时代中国特色社会主义思想凝聚干部职工共识

十九大召开当天，地勘局27个党支部、10个野外项目组、2个“访惠聚”工作队共982人收听收看了十九大开幕式直播。局党委召开专题会议研究十九大宣贯系列活动，各级党组织利用“民族团结一家亲”、机关干部下沉“访惠聚”工作队、项目组“双节”慰问、安全检查等工作机会，送学习材料到一线、到南疆、到亲戚身边，其中在库车、叶城等地开展各类宣讲10次，“访惠聚”一线宣讲8次，引导广大干部职工牢固树立“四个意识”，坚定不移地听党话、跟党走。

（三）扎实开展“学转促”专项活动，着力推动干部队伍建设

抓好一个“学”字，突出一个“转”字，落实一个“促”字，进一步学习领会了习近平总书记的重要讲话精神，推动了干部队伍作风的转变，推进了单位稳定发展。突出用好“四种形态”，强化对干部的管理，年内全局交流干部5人，提任正处级干部3人、副处级干部1人，选送4名处级干部参加自治区党委组织部举办的各类干部能力提升培训班，有效提升了干部工作能力和政治素养。

（四）加强日常监督力度，发挥巡察利剑作用

2017年局队两级召开廉政专题会议49场次，层层签订党风廉政建设责任书135份，做到横向到边、纵向到底。在年中、岁末两次对党风廉政责任落实情况进行自查和点评，以自查促整改，以整改促落实。对干部选拔、公开招聘、招投标等工作进行了全过程监督，坚持党务公开和政务公开，自觉接受职工群众的监督。紧紧围绕经营管理工作，开展效能监察和巡察工作，下发建议书8份，提出意见建议107条，开展巡察工作对促进基层班子建设和加强管理工作取得了很好的效果，也为今后加大巡察工作覆盖面打下基础。严格落实保密工作责任制，将涉密管理视线延伸到野外地质项目。

四、全力做好维护稳定各项工作

（一）落实维稳责任，确保“三不出”

2017年，地勘局共投入各类维稳经费近270万元，地处地州的各基层单位对监控系统进行了改造升级重装，配备了金属探测仪，安装了围栏、防撞墩等。同时，各单位把维稳工作延伸到野外一线项目工地和机台，确保了各类项目的顺利实施。局队两级按照自治区相关要求，进一步充实了值班人员，严格落实领导带班制度，实现了“三不出”。

（二）聚焦总目标，持续做好“访惠聚”工作

认真落实“队员当代表、单位作后盾、一把手负总责”的常态化工作机制要求，全年召开专题党委会8次，研究部署南疆工作。先后抽调干部9人次下沉工作队，协助驻村工作队开展工作，承销困难村民家庭核桃8吨。全年投入“访惠聚”工作队、为村民办实事经费合计约130万元。2017年，地勘局驻叶城“访惠聚”工作队总领队张勇荣获了自治区“三伏一战”工作先进个人称号。

（三）切实做好“民族团结一家亲”和定点扶贫工作

2017年，地勘局干部职工结对认亲人数597人，开展走访慰问活动6次，购买各种慰问物品

费用17万元。各族干部职工带领“亲戚”共同学习党的十九大精神，在物质帮扶的同时，不断加强思想引领，组织各类主题联谊活动12场次。通过多方努力，为阿图什市松他克乡巴格拉村争取到庭院经济项目资金10万元，切实落实惠民工作要求。

（四）抓牢意识形态领域工作，凝聚稳定人心

严格落实意识形态领域工作责任制，明确各级党委书记作为第一责任人要带头抓好意识形态工作。对各单位意识形态阵地开展自查，及时发现并整改存在的问题。完成了地勘局门户网站初期建设。全局向有色网站投送稿件1300余篇、有色报刊稿50余篇、编辑各类小报简讯46期、展出板报120块、悬挂宣传横标100余条，开展参观红色基地、重温入党誓词等各类“发声亮剑”活动23场次。

（陈春锋）

江苏省有色金属华东地质勘查局

一、概况

江苏省有色金属华东地质勘查局（以下简称：华东地勘）隶属于江苏省人民政府，为财政全额拨款的正厅级事业单位，内设13个行政和党群管理机构。截至2017年底，全局共有职工2210人，其中事业编制人员1619人，外聘企业编制591人。事业编制在职1619人，离退休2384，其中离休23人。在职职工中技术人员1489人。全局拥有地质勘查、水工环监测治理、矿业开发、海洋地质调查、新型环境治理、设计咨询、测绘及地理信息等各类甲级资质40多个。局属直管企业17家，有地质勘查、工程建设、矿业开发和工贸服务4个板块，主要从事地质勘查、矿业开发、海洋地质调查、环境治理、钻探工程、岩土施工、工程勘察、设计咨询、测绘及地理信息、钢材及矿石贸易等业务。2017年，华东地勘共完成经营产值23.9亿元，同比增长35.8%；完成经营收入20.2亿元，同比增长28.7%，是年度目标值的1.19倍；完成净利润9100万元，同比增长188.9%，是年度目标值的1.82倍。控股公司直管14家生产性企业中，经营产值超过亿元的有8家，占比57%，比上年增加了2家。经营收入过亿元的企业有7家，比上年增加了3家。2017年，华东地勘在职职工人均收入11.0万元（不含因缴纳养老保险金增加的收入部分），与上年度同口径相比，增长14.6%，实现了收入与经济发展的同向增长。

二、产业经济发展

（一）四大产业板块发展迅猛

地质勘查：2017年华东地勘自有矿权探获铅锌新增金属资源量（333及以上级别）20.37万吨；新增（332+333级）钼金属资源量1.04万吨。省地勘基金项目“大华山铜多金属矿普查（续作）”，在花岗闪长斑岩中探获斑岩型铜钼矿体，新增铜金属量2万吨，钼金属量5000吨。公益性地勘项目获批再创新高。2017年，华东地勘共获批省内公益性项目资金1.63亿元，是2016年的1.9倍。其中，获批省级地勘基金项目13项，获批金额3476万元；获批省财政专项资金800万元；获批土地改良项目9611万元，耕地污染防治项目3127万元。

工程建设：2017年，工程建设业务板块经营产值达10.9亿元，首次突破10亿元大关，同比增长34.4%；经营收入9.0亿元，同比增长22.5%。该业务板块的产值和收入分别占全局总量的47.0%和45.9%，在华东地勘产业经济发展中继续保持“压舱石”的重要地位。

矿业开发：该业务板块经营产值达5.7亿元，同比增长73.0%；经营收入4.8亿元，同比增长69.4%；净利润1.0亿元，近年来实现首次整体扭亏，并成为全局净利润的主要来源。

商贸服务：物资公司抓住钢材市场价格扬升的机遇，销售额实现高位增长，继续保持在5亿元以上。

（二）产业转型升级亮点纷呈

生态文明建设方面：2017年，顺应供给侧结构性改革的总体要求，大力推进“矿地融合”和转型升级，业务领域逐步转向服务国家和地方经济社会发展的生态文明建设、城乡基础建设、清洁能源勘探等各个方面，并将业务市场的范围不断延伸到省外其他地区。与生态文明有关的水工环地质、农业地质、清洁能源勘探等新兴产业在全局产业经济中占比逐年提高。2017年，华东地勘矿产地质类公益性项目在总额中仅占16%，而与生态文明有关的公益性项目占比高达84%。利用地质技术和人才优势，与省内宿迁市和扬州市

两个地级市人民政府合作，分别成立了地级宿迁、扬州市“地质灾害应急与地质环境保护技术中心”，搭建了支撑地方环境保护和生态文明建设的公益性服务平台。局属海洋院在盐城市滨海盐碱地开展耐盐水稻种植试验，完成耐盐水稻种植44亩并获得了丰收，专家测定亩产680斤。这一创新性的成功试验，为江苏滩涂改良积累了经验，受到江苏省委省政府主要领导的充分肯定，并批示在全省推广。2017年，该院实施的盐碱地改良整治土地面积已达8000亩，还有近万亩盐碱地改良项目正在跟踪和洽谈中。局属基础地质公司完成《江苏省丹阳市Hg、Cd－Zn重金属污染土壤修复试点项目设计》的编制，获省国土资源厅“优秀”评价，被列为江苏省“矿地融合”示范项目。局属地质工程公司先后在南京江北新区承接了“东方红河区块土壤污染治理”等8个土壤修复及环境调查治理项目，在江苏环保业内提升了知名度。局属矿产地质公司与中国矿业大学合作，承担了“矿地融合示范区徐州市城北采煤沉陷区建设用地稳定性评价与沉降预测”项目，成为徐州市矿地融合的示范项目。局属福建金东公司在大力推进“绿色矿山”建设、着力打造福建省铅锌行业环保标杆，进一步延伸生态环保业务链，通过矿区整治打造的峰岩铅锌矿矿坑涌水处理标杆工程，成为福建省矿山生态环保新亮点。公司两次申报中央土壤治理资金共400多万元。局属云南金山公司创新思维、打破常规，服务地方发展，强化“矿地融合”，让当地村民从矿业发展中得到实惠，为实现金矿恢复生产奠定了基础。

城乡基础建设方面：局属设计公司在保持轨道交通、商住楼基础咨询设计业务优势的同时，与局属华建基础公司组成联合体，首次采用EPC总承包模式，承接了合同额为5668万元的南京市青少年宫迁建基坑支护工程。华建基础公司经营产值首次突破5亿元大关，达5.4亿元，同比增长34.4%，在华东地勘继续保持领跑地位。局属华都公司进一步巩固并放大建筑物纠偏、加固、顶升、平移等特种工程施工优势，首次采用人工挖孔桩后注浆新技术，在不停产情况下实现厂区内的加固改造工程。局属工勘公司实现了从传统工民建勘察向利润率相对较高的市政勘察领域的拓展，其市政工程项目收入突破6000万元。局属梦都公司重组后，利用地建集团的品牌优势，提升了资质等级，通过实施差别化经营，大力拓展特色岩土及地下空间项目，使经济增长进入快车道。

清洁能源勘探及其他方面：局属814物探公司（江苏省页岩气公司）承担的省内页岩气资源调查与评价项目，优选了多套有利目标层系及其对应的远景区和有利区。据估算，仅高家边组及孤峰－大隆组页岩气资源量即超过3.2万亿立方米，并在下扬子地区首次发现高家边组页岩气显示。此外，该公司注重技术创新，通过引进和消化广域电磁法、时频电磁法等先进方法和技术手段，不断提升市场竞争力。2017年在中国地调局油气中心等国家公益性项目招标中独中5个，成为同行业的翘楚。局属基础地质公司成功获批了“句容市宝华山、仑山湖地区地热资源普查”项目，该项目设计在物探工作中引入了广域电磁法，提高了地热资源勘查的效果。局属矿产地质公司主动谋划测绘地理信息技术的拓展，基于无人机遥感技术申请获批的省财政项目“基于倾斜摄影测量的城市及矿区大比例尺三维测图精度分析研究”，使该公司在航空摄影测量、影像处理、三维立体影像处理等方面形成了一定的市场竞争能力。

三、地勘科研与技术创新

2017年，华东地勘获得各类地质地勘项目及成果奖项34个，其中省部级29个。全年共立项国家级科研项目2个、省部级3个、市厅级3个，省级自然科学基金项目1个。局属华都公司入选了“江苏省第二批科技型中小企业”名录；局属梦都公司（地建集团）获批成为局首个高新技术企业。在各类学术会议、公开期刊发表论文142篇，获得专利（工法等）12项，新增各类资质23个，其中甲级9个。局系统单位和工作人员获得地市级以上荣誉称号7个，其中，局地质信息中心“‘点石成金’地质科普教育在线平台”和华东地勘参与完成的“全球矿业投资环境研究与应用”2项科研成果获国土资源科学技术奖二等奖；局属海洋院获江苏省“国土资源系统先进集体”荣誉称号；副局长程知言获全国第二届“最美地质队员”荣誉称号。

四、队伍建设与内部管理

（一）加强队伍建设和机构整合

坚持党管干部原则。2017年进一步加强领导班子建设和干部队伍建设，制定并印发了《局管领导干部选拔任用暂行办法》，全面推行处级干部选拔任用工作全程纪实制度。根据工作需要对部分企事业单位领导班子成员和局机关、控股公司总部部门负责人进行了调整，将一批业绩突出、工作能力强、群众满意度高的年轻职工提拔到了局属单位领导岗位上来。通过民主推荐、组织考察、任前公示等相关程序，提拔任用企业领导干部17人。根据有关规定以及华东地勘实际情况，制定了全局科级干部设置方案。制定并印发了《局属单位领导班子成员绩效考核与薪酬管理办法》和《华东有色投资控股有限公司所属企业经营者绩效考核与薪酬管理办法》，通过政策导向调动了事业单位领导干部、企业经营层人员干事创业的积极性和创造性。局及控股公司两大机关再次进行机构整合和调整，局机关内设机构由原来的16个，减少到13个。两个机关的地质、安全、人事、资产、法务实行了合署办公或职能归并，消除了机构重叠带来的资源浪费和效率低下等现象。

（二）加强制度建设和内部管理

拟订并出台了《局制度性文件管理办法》。对华东地勘制度性文件进行清理，2017年共废止制度性文件19项，新制定和修订27项。强化财务管理和审计监督。开展普法教育，邀请法学专家和法院负责人为华东地勘干部进行学法用法培训授课。组织开展了全局企事业单位财务大检查，摸清局属企事业单位会计基础工作和财务管理现状，解决基层单位财务管理突出问题。完成了以2015年6月底为基数的企事业单位资产清查工作。出台了《局所属事业单位固定资产管理办法》，拟定了《境内非生产性矿业公司统一管理方案》和《局属企业清理方案》，为资产管理、推进企业清理工作提供制度保障。认真贯彻落实习近平总书记对安全生产工作的指示精神，围绕年度安全生产工作重点，强化安全监管能力建设，层层落实安全生产责任制。组织开展了3次全局性安全生产大检查和“安全生产月”活动，举办了两次“安全生产知识和管理能力考核”培训班。“三项岗位人员”持证上岗率和新员工及转岗人员上岗前培训率均达100%，圆满实现了“安全生产无重大责任事故”的年度工作目标。

五、民生工作

贯彻落实以人民为中心的发展理念。按照经济发展与收入水平同向增长的要求，通过工资调整和绩效增加，使包括离退休人员在内的全局职工收入水平实现了较大幅度增长。高度关注困难企业和困难职工的生产生活，把维护队伍稳定放在重要位置。局党政领导班子成员深入基层开展专题调研，推动落实基层联系点工作的不断深化。在推进企业重组和资源整合的同时，持续关注出现的新情况和新问题，针对部分企业薪酬发放滞后、劳动纠纷等问题，及时沟通了解情况，并通过资金和项目扶持、结对帮扶等有效措施，增强了困难企业改革发展的信心，化解了突出矛盾，维护了队伍稳定。关注农民工工资发放工作，局属企业严格按照有关部署和要求，克服资金困难，及时兑现了企业聘用的农民工工资。通过扎实推进“找补改提”抓落实行动，使机关部门和基层单位在工作开展中进一步找准问题、修补短板、改进作风、提高质量。局工会组织开展节日“送温暖”、特困医疗互助、金秋助学、防暑慰问、“关爱月月送”等系列活动，全年共走访慰问困难职工300余人次，1849名职工参加了省直机关职工第三期医疗特困互助活动，13人次获得医疗互助活动补助金和“关爱月月送”慰问金，3名困难职工子女获得“金秋助学”帮扶金并圆了大学梦。局团委紧密围绕全局中心工作，通过“青春华东有色”团干部拓展训练、第二期“书香传递、善读修身”主题读书活动、打造团委官方微信平台——“青春华东有色”及其固定特色栏目——“有声有色·青悦读”、创办华东有色“青年讲堂”等，团结和凝聚广大团员青年积极投身局改革发展事业中。

贯彻落实中央和省委关于离退休工作的方针和政策，全面落实老干部政治生活待遇，着力加强离退休干部“两项建设”，不断强化离退休服务职能。切实做好信访接待工作，通过对基层群众来信来访情况的调查摸底，将信访工作由“被动接待”转为“主动了解”，从源头上直接化解了突出矛盾。全年共接到人民来信8封，接待上访21次，并做到事事有落实，件件有回音。

扎实推进局机关及基层单位后勤管理和基地建设，积极应对局石门坎102号办公大院拆迁安置工作。充分利用省财政专项资金，完成了机关及各地质队基地的维修改造工作

六、党建工作

（一）深入学习贯彻党的十九大精神

党的十九大胜利召开后，局党委根据省委部署，对全面系统开展十九大精神的学习宣传进行了专题部署。局党政领导班子在学习中率先垂范，共组织了8次中心组理论学习和3次专题研讨。班子成员深入领会习近平新时代中国特色社会主义思想的核心要义，深刻理解我国社会主要矛盾发生历史性变化的重要意义，以新坐标、新视野、新理念、新要求，总结华东地勘过去的经验教训，谋划全局未来改革的总体定位。局属各单位党组织按照局党委统一部署，周密组织和精心安排了党的十九大精神的贯彻落实，其间各基层党组织负责人为党员上党课87次，组织学习讨论102次。

（二）召开局第二次党代会

2017年9月21－22日，华东地勘第二次党代表大会召开。157名党代表代表全局近1600名党员参加了大会。省委组织部督导组组长文晓明和督导组成员，省委第三巡视组副组长邹二男等出席了会议。局党委书记潘正勤作了题为《统一思想凝聚力量 推进发展 聚焦富民 为建设“优强富高”新华东有色而扎实奋斗》的工作报告，局纪委书记作了题为《坚持全面从严治党强化监督执纪问责为建设“优强富高”新华东有色提供坚强纪律保证》工作报告。

（三）迎接省委巡视“回头看”

省委第三巡视组于2017年7月31日至9月28日对华东地勘党委开展了巡视“回头看”，并反馈了意见和建议。局党委第一时间召开党委常委会，按照中央和省委的部署要求，对巡视整改工作做出了总体部署。成立了巡视整改工作领导小组及工作机构，通过细化整改任务、明确责任主体和完成时间等，具体推进整改落实的工作。

（四）党建工作

2017年，局党委按照“党的组织建设提升年”的总体要求，完成了地质队（事业管理中心）党组织的换届工作，使基层党组织建设得到了加强。

局党委先后印发了《关于贯彻落实意识形态工作责任制的通知》、《关于加强意识形态工作监督检查的通知》、《关于加强对贯彻落实意识形态工作责任制情况考核的通知》等系列文件，从制度上构建党委统一领导、党政齐抓共管、宣传部门组织协调、各相关部门积极配合的良好格局，确保意识形态工作责任的落实。

推进“两学一做”学习教育常态化制度化，印发了《支部“三会一课”制度》和《局党费收缴使用管理办法》，全年共发展党员19名，选派35名青年职工参加了省委组织部举办的入党积极分子培训班。“七一”之际，表彰了以学带干、以干促学、学用并举的18个先进基层党组织、42名优秀共产党员和18名优秀党务工作者。

七、党风廉政建设取得新成效

全面落实党风廉政建设“两个责任”。局党委召开年度党风廉政建设工作会议，对落实主体责任和监督责任工作进行全面部署。局及所属单位主要负责人签订了党风廉政建设责任状，建立了完整的党风廉政建设责任体系。局纪委将全年党风廉政建设工作任务进行梳理和分解，并实行了台账式管理和项目化推进，做到管理“不留盲区”、层层传导压力。组织学习了省纪委编发的《违纪违法干部忏悔录》，以前局长邵毅案件为警示，用身边事教育身边人，教育引导党员领导干部牢固树立宗旨意识、廉洁意识和纪律意识。全年开展反腐败典型案例剖析6次，警示教育4次，组织全局党员干部收看中纪委《永远在路上》专题片，筑牢拒腐防变的思想防线。

强化监督制约，规范权力运行。始终坚持领导班子集体决策机制，落实主要领导干部“五不直接分管”、重要情况报告、主要领导末位表态制度。根据重新确定的局党政领导体制运行机制，对“三重一大”事项集体决策制度、局党政联席会议、局党委常委会议、局行政班子会议议事规则等进行了重新修改，从制度层面明确了局党政联席会议和党委常委会议分别承担局“三重一大”有关事项的集体决策职能。局纪委全面开展全局廉政风险点排查防控工作，经初步排查，梳理出个人岗位风险点1116个，局属单位风险点153个，局及控股公司机关风险点75个，针对“三重一大”集体决策制度、项目招投标制度执行不到位、企业财务和固定资产管理不规范、境外企业存在资产损失等廉政风险，提出防控措施1593条，拟修订或完善的制度372个。研究出台了《局党委巡察工作实施办法》和《关于建立容错纠错机制激励干部改革创新担当作为的实施办法（试行）》，为领导干部担当作为、干事创业奠定了良好的工作基础。严格领导干部个人有关事项申报制度，对报告过程中存在漏报问题的4位处级干部进行了批评教育，对其中漏报问题情节较重的1位处级干部进行了诫勉。

局纪委认真落实“打铁还需自身硬”专项行动部署，定期组织纪检干部进行纪检相关知识学习，规范问题线索处置流程，完善内部监督机制，避免出现“灯下黑”。全面理顺了局系统纪检组织关系，通过基层党组织换届，实现了局机关、局属单位纪委书记（纪检委员）全覆盖。充实加强了局纪委监督力量，工作人员由3人增加到4人。先后组织开展违规吃喝专项整治“回头看”、节日期间公务用车使用情况摸排督查等，确保了节日氛围的风清气正。

（曹　科）

科研院所　大专院校

中国有色桂林矿产地质研究院有限公司

2017年，面对国内外经济不确定性增多和行业发展未见明显起色的形势，中国有色桂林矿产地质研究院有限公司（以下简称：公司）新一届党政领导班子认真贯彻落实中色集团“瘦身健体、提质增效”的总体部署，带领全体干部职工协同作战，砥砺奋进，对外加强市场开拓扩大业务，对内启动“两项改革”完善自身，改革工作稳步推进，经营运行形势良好，科研项目收入创历史新高，取得了新成绩。

一、概况

公司于1955年创建于北京，前身为重工业部地质局矿物检验所；1970年迁至桂林；1999年转制为科技型企业；2000年归属广西自治区政府管理；2011年10月成为中国有色集团控股企业，是集团唯一的地质类科研院所。总占地面积180余亩（含产业化基地50亩），总资产6亿元，净资产4.19亿元。主要以地质科研与勘查、新材料研发及产业化、环保与工程三大产业为主营业务，已形成三大业务板块并举发展的格局。公司下设矿产地质研究所、资源综合利用研究所、博泰环保研究所、测试中心、工程中心等7个研究所（分院）和研究中心，拥有特邦新材料公司、工程公司、金泽利公司、兴达钻探公司、中色赞比亚公司、百锐光电公司等11个全资、控股和参股公司；拥有1个国际组织平台、1个国家级科研平台、9个省部级科研平台。现在岗正式职工375人（总从业人员742人），完成了科研成果3000余项，获国家科技进步奖、全国科技大会奖、国家发明奖等共23项，获省部级科研成果奖326项。

二、生产经营稳步回升，提质增效明显提升

2017年主要经济指标完成情况：实现综合收入2.66亿元，其中，纵向项目到账经费3032万元。地质业务板块实现综合收入5835万元，比上年增长68%；新材料业务板块实现综合收入1.3亿元，比上年增长43.5%；环保与工程业务板块实现综合收入6202万元，比上年下降2%。从经营数据来看，公司狠抓提质增效和“两项改革”取得了初步成效，资金管控得到了加强，“瘦身健体”成效明显，经营运行正在步入“稳”步回升的态势，“质”的水平得到明显提升。

三、深化改革稳步推进，为公司发展激发活力

一是“两项改革”取得实质性进展。2017年初公司成立了管控模式优化工作领导小组，经过反复酝酿、研讨、设计，出台了“两项改革”“2+N”系列制度。在部分二级业务单位试行了项目预算管理和成本控制制度，对公司职能部门和实行项目预算管理的二级业务单位推行了新的薪酬方案，“两项改革”已经进入试运行阶段。同时，为做大做强环保业务，整合了原地灾所和资环所成立博泰环保所。地质业务板块的整合也正在调研、制定方案。此外，工程公司在实行项目统一管理改革中迈出了实质性的一步，必将对工程公司今后的发展产生深远影响。

二是干部选拔任用机制有效创新。以中层换届为契机，对所有原任中层干部实行任期考核、民主评议和综合评价，得分后10名者不得进入本届中层干部，对机关7个职能部门和环保所负责人实行公开竞聘上岗，打破了国有企业干部“能上不能下，能进不能出”的弊端，为全力打造一支“想干事、能干事、干成事”的干部队伍迈出

了艰难的第一步。换届基本上达到了预期目标，新任中层干部职数比上届减少了25%，优化了中层干部队伍年龄结构，45岁以下的中层干部超过了55%。

四、科技创新成绩显著，为公司发展提供创新驱动

一是科技创新体系进一步完善。修订了科技管理办法，有效保障了公司“两项改革”的顺利推进，促进了公司科技管理工作规范有序进行。完成了科研项目库建立和公司创新基金项目的征集和评审立项，为培养科研骨干和科研团队提供了条件，从而提高了纵向项目申报的质量和承接各类企业项目的能力。

二是科技成果评价取得新成绩。申请中国有色金属工业协会成果评价4项，其中2项达到“国际先进”、2项达到“国内领先”。申请中国有色金属工业协会科技奖4项，2项科技成果获得二等奖。申请并获得受理发明专利21项，获得授权10项；主持制定的国际标准1项，复审国际标准2项，主持制定并发布国家标准3项、行业标准1项，参与制定并发布国家标准13项、行业标准9项。获得广西重要技术标准奖励1项，桂林市重要技术标准奖励2项，并成功组织召开了第23届国际标准化组织电子探针分析技术委员会年会。

三是科技项目申报成效显著。积极组织申报广西科技重大专项（创新驱动专项资金）并获得了大丰收。全年共计获批各类科研经费5000多万元，创历年新高，有力地支撑了公司新材料产业科技成果转化和产业化升级，为公司实现科研助产业、产业哺科研的良性循环打下坚实基础。

五、党建工作全面加强，为公司发展保驾护航

一是党建活动扎实开展。印发了《“两学一做”学习教育常态化制度化实施方案》，确保学习教育常态化开展。开展学习党的十九大报告精神系列活动，组织参加了中央党校、中色集团和桂林市委组织部组织的专题培训，开展了中心组专题学习、红色教育专题党日、专题党课等活动。

二是党的建设明显加强。将党建工作纳入了重新修订的公司章程，明确了党委会研究讨论是董事会、经理层决策重大问题的前置程序，保证了公司党委在公司治理中的法定地位。完成了各基层党支部换届，新制定或修订了基层党组织建设系列管理办法及实施细则，明确党建工作考评结果纳入公司绩效考核体系，党建基础逐步夯实。

三是认真落实廉政责任。公司党委始终绷紧党风廉政建设和反腐败工作这根弦，签订了党风廉政建设责任书，每逢节假日等敏感时期，公司纪委进行专题部署，严格遵守中央八项规定。组织中层以上干部去桂林廉政教育基地接受廉政教育，感受廉政文化，高度认识党的作风建设永远在路上的深刻内涵。

六、群团民生工作有新成效，为公司发展创造良好环境。

一是文体活动广泛开展。完成了工会和团委换届，成立了各类文体协会，开展了首届桂林矿地院“讲故事、诉心声、凝正气”演讲比赛，“创新发展，青年担当”素质拓展训练，第三届“齐心协力、力创佳绩”的职工趣味运动会，青年职工亲子运动会，气排球比赛等一列活动，培养了团队精神，增进了交流，丰富了业余文化生活。团中央莅临公司调研时，对公司团委在“服务企业、引导青年”两条主线上所作出的努力和成果给予了充分肯定。

二是民生工作获新进展。努力推进公司南、北家属区改造工作，通过努力争取，南家属区被列入七星区无物业小区改造美化项目和健身器材更新项目，配合桂林创城完成了小区违规建筑的清理、环境美化整治工作，公司的环境卫生面貌得到了根本改善。

三是积极开展慰问活动。慰问生活困难党员、职工共11人次，发放补助6500元，为优秀员工子弟发放奖学金1200元。对于困难职工，公司不仅从思想上、物质上给予关心，还着力解决他们的实际困难和问题。

（胡乔帆）

中国铝业郑州有色金属研究院有限公司

一、企业概况

中国铝业郑州有色金属研究院有限公司（以下简称：郑州研究院）地处河南省郑州市上街区，前身是始建于1965年的郑州轻金属研究所，2001年3月进入中国铝业公司，12月主体随中国铝业

上市，定名为中国铝业股份有限公司郑州研究院，存续部分沿用原名称郑州轻金属研究院。2015 年，上市部分由分公司体制改为子公司体制，更名为中国铝业郑州有色金属研究院有限公司。2017 年，存续部分由全民所有制企业改制为国有一人有限公司，更名为郑州轻金属研究院有限公司。截至 2017 年底，共有在职员工 668 人，其中硕士研究生以上学历的 149 人；组织机构共设有 7 个职能部室，18 个二级单位；2017 年度实现收入 5.8 亿元，同比增加 1.6 亿元，实现利润 2330 万元，资产总额 5.29 亿元。

二、生产经营

加快转型升级，产业结构调整取得新成效。扎实开展“五个专项”行动，通过技改投资，盘活存量和运营转型，实现销售收入近 3 亿元，同比增长 50%。主导产品累计完成 10.2 万吨，同比增长 52%；科技创效取得新突破。加快协同发展，全年科技收入实现 2.3 亿元，同比翻番；以平台建设为抓手，大力提升协同创新能力。“温室气体自愿减排交易项目审定与核证机构”获国家发改委批准。牵头组建河南省氧化铝产业技术创新战略联盟和电解铝产业技术创新战略联盟。下属轻研合金公司获批建立郑州市轻合金材料院士工作站，并通过了武器装备质量管理体系审核。

三、改革与管理

通过“僵尸”与特困企业专项治理、两金压缩、完善选人用人机制和相关制度，开展内部改革试点等一系列的工作，深化机制体制创新。进一步完善了基层职工考评、岗位工资晋（降）档机制。修订完善了五级工程师选拔聘任工作实施办法和考核激励机制，组织开展了选拔聘任工作。建立了新入职大学毕业生前 3 年工资待遇保障机制。加大自主研发基金项目支持力度。推动完成内部机构重组。全面完成了郑州轻金属研究院公司制改革。“三供一业”社会化移交工作稳步推进。

四、节能减排

服务中铝集团和行业节能减排取得积极成效。新型稳流保温铝电解槽节能技术在多家企业全面推广，均实现节电 500 千瓦时/t－Al 以上，年创造节能效益 5000 万元以上。该技术被列入国家重点节能技术目录前三名。“铝电解大修渣无害化处置技术”建成投用国内首条 1 万吨/年铝电解大修渣无害化处理示范线。新型双碱法脱硫技术运用于燃煤锅炉，达到超低排放要求。烟气干法非催化还原脱硝技术已在 3 家氧化铝企业及 4 家炭素企业推广应用。

五、基本建设与技术改造

2017 年，郑州研究院完成在建项目 2 个，总建设投资 769 万元，其中，安全环保项目 1 个，建设投资 450 万元；搬迁项目 1 个，建设投资 319 万元。开展整治“小散乱污”专项活动，实施了园区雨污水综合整治等多个环保治理项目，提升了环保装备水平。

六、自主创新

郑州研究院坚持“稳住一头强创新，放开一片增活力”，全年共开展研发项目 43 项，申报成功国家项目 2 项；获专利授权 15 项，其中发明专利 9 项，并获国际发明专利 1 项；6 项科技成果经中国有色金属工业协会组织的专家评审，1 项达国际领先水平，5 项达国际先进水平；两项成果获省部级科技进步奖。“更低能耗铝电解节能技术扩大试验”形成了能量平衡技术和工艺与控制技术。“大规格抗氧化阳极经济性生产技术”、“铝电解废阴极资源综合利用技术”正加快产业化步伐。“高硫铝土矿选矿脱硫技术”为全国高硫铝土矿有效开发利用提供了较为经济可行技术。

七、党建与企业文化建设

落实全面从严治党，完成了党建工作进章程，严格落实党建工作“一岗双责”。完善党委会议事规则，落实党委会重大事项的前置程序，坚持党建与生产经营“四同步”，实施“双百分”考核。把“三型”党组织建设和“两带两创”活动有机融合。认真落实党管干部、党管人才原则，制定了“十三五”人力资源发展规划，加大青年人员培养力度。认真落实“两个责任”，聚焦监督执纪问责，加强警示教育和对关键部门、岗位和选人用人等事项的监督。修订完善了“三重一大”决策、企业负责人履职待遇及业务支出、公务接待等制度，全面落实中央八项规定精神。同时在“闲官”治理中，对排名靠后的中基层管理人员给予免职。

大力开展“安全、干净”班组竞赛、“随立功、随记功”、合理化建议和劳动竞赛活动，加强新闻宣传工作和企业文化建设，讲好员工故事，树立先进典型，弘扬工匠精神。

（王　卫）

西北矿冶研究院

2017年，西北矿冶研究院（以下简称：西北院）坚持从高目标引领的新理念中汲取信念和力量；从新征程中提振信心和能力，团结奋进，共克时艰，继续保持了稳中有进，进中向好的发展态势。全年共签订各类技术服务合同348份，实现综合经营收入1.38亿元，较2016年增长3.7%。

一、2017年取得的成绩

（一）提质增效取得新成效

2017年，西北院紧盯西部地区采、选、冶传统产业的技术指标提升，针对影响采选冶生产成本、效益、技术指标、环保治理等的瓶颈技术问题，挖掘和凝炼科研项目，共承担矿产资源储量调查与研判项目、采选冶工艺技术优化与资源综合回收利用研发和技术服务项目86项。矿山系统：承担资源储量核实、矿权评估、探矿方案及相关评价项目以及设计咨询、研发及技术服务项目100余项，服务范围覆盖了西部地区绝大部分矿山，为矿山企业的决策提供资源量和资源价值评判依据。选矿方面：以提高选矿回收率和综合利用率为目标，深化选矿工艺流程和新药剂应用研究，在铜冶炼渣、铅银渣、硫精砂综合回收选冶工艺技术研究方面进展良好。冶化系统：围绕提高生产效率，优化核心工艺和资源综合利用开展科研开发14项，有2个项目进入产业化实施的阶段。2017年荣获白银有色集团股份有限公司“支撑集团主业提质增效奖”。

（二）海外事业发展彰显新作为

紧密跟踪白银有色集团股份公司“一带一路”海外事业发展的进程，深度介入了秘鲁、南非项目的技术服务工作，全面开展了刚果（金）班罗、美国静水等10余项海外资源评价和研判工作，形成了资料翻译、国外政策研究和多专业协同服务的海外项目专业化团队。特别是在秘鲁首信项目建设过程中，海外技术服务团队，远离家国故土，克服种种困难，持续开展技术跟进和现场服务，为首信秘铁项目一期工程顺利投产提供了坚强有力的技术支撑和保障。

（三）创新平台和创新能力建设取得新进展

完成了“甘肃省有色金属冶炼新工艺及伴生稀散金属高效综合利用重点实验室”和“深井高效开采与灾变控制工程实验室”建设验收。在认真维护“高新技术企业”、“国家火炬计划重点高新技术企业”、“国家级技术创新示范企业”、“国家级企业技术中心”、“中小企业公共服务平台”等创新平台的同时，新申报了甘肃专业化众创空间、甘肃省第一批技术转移机构、创新券接收机构和院士工作站4个创新平台，全院科研设施更加完备，创新平台更加广阔。

（四）科技成果凝炼和专利申报创造新纪录

依托各类创新平台优势，加强创新政策的研究吸纳和运用，全年凝炼申报各级政府纵向项目13项，争取创新政策支持555万元。全年组织申请专利106项，其中发明专利86项，增长200%，占到全院发明专利的80%以上；全年发表论文50余篇；申报各类奖项12项，完成科技成果鉴定3项。申请专利的数量和科技专项的质量均达到近年来最好水平。

（五）以安全环保为重点的基础管理展示了新形象

以年度国考、国巡、安监总局专项检查和创建文明城市为契机，建立领导干部带班检查制度，全面落实安全生产和环保责任制，从制度建设、机构设置、人员配备、技术力量、经费投入、综合整治等各个方面，扎实有效地推进安全生产和清洁文明生产，多年沉积的安全环保隐患得到有效治理。全面清理132项管理风险点，建立完善修订管理制度15项，有效加强了财务预算管理、科研质量管理、工程项目管理和人力资源管理。特别是通过“两学一做”学习教育和从严治党责任的传导落实，干部员工队伍牢固树立“四种意识”，严格遵守“六大纪律”，展现出了良好的团队形象和精神面貌。

二、强化改革责任，加快推进自身改革转型

（一）转变机关部室职能

以专业化、规范化建设为目标，以提高管理价值和运行效率为抓手，优化了机关部室服务清单，厘清功能定位，明确管理要素，依据扁平化和复合性要求，重新开展岗位描述和定岗定员，规范管理、服务、指导、协调、监督职能，同时有针对性池对部分管理资源、管理职能和管理流程进行优化调整，全面提升职能部室的参谋决策能力和服务质量效率。

（二）实施优质科技资源整合

以环评业务为重点，统筹考虑安评、能评、环境监理、环境工程咨询、地质灾害评价等相关业务，延伸咨询业务链，提升一体化开拓市场能力。以白银有色建筑设计院为主体，吸引外部战略投资者，打造设计技术与工程一体化平台。

（三）深化三项制度改革

用工制度方面，依托重点项目，打破专业界限和门户之见，建立矩阵式创新团队和灵活用工制度。人事制度方面，实行“干部能上能下”和“选拔培养优秀年轻干部”的规定，安排年轻后备干部进入基层群团组织实践锻炼。依据改革改制进程，建立多元化薪酬分配体系，宽带设计岗位薪酬结构，拓宽薪酬晋升通道，提高研发团队及重要贡献人员分享科技成果转化或转化收益比例，激发团队创新活力。

（四）强化科研质量管理

进一步加强设计咨询板块的合同跟踪管理，持续改进科研质量管理体系。理顺了产业转化板块招投标、采购、生产、库存之间的管理关系，制定科学合理的管理制度。认真研究吸纳国家科技供给侧改革等创新政策，积极争取国家政策支持。

（王文昌）

西北有色金属研究院（集团）

一、概况

2017 年是西北有色金属研究院（集团）（以下简称：西北有色院）落实“十三五”规划的关键之年。西北有色院统筹抓好党建、经营工作，以奋力追赶超越的坚韧和执着对标落实任务，各项工作再创佳绩。综合收入再创历史新高，达到 105.38 亿元，同比增长 3.8%，其中科技收入 3.26 亿元，产业收入首次突破 100 亿元。净利润达到 3.76 亿元，同比增长 70%，截至 2017 年底，资产总值 104 亿元，仪器设备 5000 多台套，占地 3500 亩，正式职工 3300 人。总体来看，西北有色院发展稳中向好，活力更足，动力更强，增长更有质量、更有效益。

二、生产经营

通过技术创新、产业升级、加大市场开展等措施提升生产经营能力，利润显著提高；瞄准三航、军工、节能、环保、核工业、生物等重点领域，以科技创新支撑供给侧改革；2017 年，西北有色院各产业公司开发新产品 122 项，实现新品产值 1.11 亿元，部分产品利润贡献率达到 20%；加强资本运营，推动凯立、宝德两公司增发工作并取得陕西省财政厅批复；启动了欧中、瑞鑫科、赛福斯、庄信 4 家公司增资扩股，其中欧中、庄信公司已完成。开展了赛隆、天力、菲尔特和西诺公司的部分股权转让工作。

三、改革与管理

依据先行先试政策，积极开展创改工作，确定“进一步探索复制推广西北有色院模式”、“建设陕西省创新人才发展改革试验区”、“建设稀有金属材料科技成果中试及产业化示范基地”和“开展区域创新改革试点”4 项工作任务，制定具体改革措施和分解目标予以推进落实；制定了《西北有色金属研究院科技成果转化实施办法》；加强两个体系的管理，系统修订保密制度规范提升管理水平，完成质量体系文件换版的制度修订；加强资质认证，开展各类取证换证工作 19 项；加强财务预决算、会计核算、纳税筹划、项目审计、资金融通等基础工作；强化内部审计，开展多项专项审计，启动资产负债损益审计，组织内部预算执行、财务收支内审自查；出台 4 项干部管理制度，实现干部的分级管理和明确管理责任。

四、节能减排

坚持“围绕目标、安全运行、节能降耗、保障供应”的方针，加强动能设备维护，落实节能降耗措施，提高动能供应效率，提升动能供应稳定性。各类动能供应率达到 99.8% 以上，通过加强水、电损耗专项治理，实现节能降耗 10% 以上；通过落实优惠政策，节约电费 360 余万元；通过节能技改项目和优化电力系统电能质量，获得相关管理部门的节能奖励 50 余万元；通过照明设施节能改造，预期每年可节约费用数十万元；通过集中采购、竞价采购、加强外协管理等措施，有效降低生产成本；设立专项奖励，积极开展合理化建议和技术改进活动提高生产率，降低能耗；在新建项目中注重引进节能设备以降低能耗。

五、基本建设与技术改造

西北有色院承担了 20 项产业化项目，并有部分重点项目取得阶段性成果。西部新锆公司锆材建设项目熔炼厂生产线全面打通，板材生产线设备基本贯通，完成坯料厂、管棒厂112台套设备的验收，建成了国际一流的坯料生产线和国内领先的锆合金管材自主化生产线，实现中国自主研发核燃料组件关键材料N36由研制阶段转向工业化规模生产。西诺公司“自主化核电站堆芯关键材料国产化”和菲尔特公司“火力发电厂锅炉尾气用金属滤袋及除尘器生产线技术改造”等项目主体工程完工，将正式投产。西部超导公司“高性能高温合金产业化”项目高温合金熔炼生产线全部打通，进入小批量生产；“高端装备用特种钛合金材料产业化”项目进入主型设备安装调试阶段，实现了高温合金生产线和熔炼辅助生产线机械化。宝德公司完成了水雾化生产线建设，解决了多年来铁铝粉末原料供应问题。瑞鑫科公司建成4条稀贵金属化学制品生产线。

六、自主创新与技术进步、品牌建设

申报项目366项，立项136项，运行课题693项；取得科技成果奖励12项（国家级1项，省部级以上8项），获授权专利184件（发明专利122件），核心期刊发表文章384篇（SCI110篇）；获批“新型贵金属催化剂研发技术国家地方联合工程中心”“陕西省稀有金属材料制造业创新中心”“陕西省医用金属材料重点实验室”和“西安市生物医用钛合金材料工程实验室”，金属多孔材料国家重点实验室顺利通过科技部平台中心评估；组团参加“中国钛谷国际钛产业博览会”“全国（东营）有色金属工业展会”等宣传产业创新成果；获得省名牌产品2个、市名牌产品2个、省著名商标1个，市著名商标1个。

七、精神文明建设

通过“中心组学习－干部培训”和党支部“三会一课”两级学习平台组织学习宣贯、座谈研讨等59次；提出“创新强院、人才强院、强院富民、开放协调”的战略理念；扎实推进党风廉政建设，签订责任书落实责任制，开展干部廉洁教育、任前谈话、诫勉谈话，开展库存废料管理专项效能监察等工作；5次赴帮扶村调研，捐助物资、购买农产品，获评2016年度全省驻村联户扶贫工作优秀单位；组织舞蹈、篮球、足球、羽毛球、棋类比赛等各类活动，丰富职工文化生活，共计2200多人次参加；坚持主题教育引导青年，文体活动熏陶青年，开展和参加培训、组织各类活动30余次；积极推优树模，获评省“五四”青年奖章集体、省青年文明号、西安好青年等荣誉11项。

（庞晋豫）

沈阳有色金属研究院有限公司

一、概况

2017年，沈阳有色金属研究院有限公司（以下简称：沈阳研究院）紧紧围绕集团公司“抓资源、国际化、走高端”的战略部署，全面从严加强党的建设，践行自身发展定位，着力提升科技创新和成果转化能力，首次实现了综合收入过亿元的可喜突破。全年综合收入1.01亿元，同比增长28%；营业收入8677万元，同比增长48%。

二、科技创新

2017年，沈阳研究院科研收入1088万元，同比增长23%，其中技术服务收入898万元，同比增长35%；获得授权发明专利9项，建设的“辽宁省镍资源开发利用工程技术研究中心”通过验收，各项科技创新工作取得了新突破。

一是积极响应国家“十三五”科技发展规划，重点围绕铜镍冶炼炉渣梯级利用、工业废催化剂高效回收以及钴资源综合利用等专业领域开展了行业共性关键技术研究，获批各级科技计划项目5项，批复专项经费340万元。

二是积极实施科技、人才“走出去”发展战略，密切关注集团公司在国内外的投资发展项目，先后与刚果矿业、刚波夫矿业签订院企战略合作协议，重点在铜钴资源综合利用领域开展了广泛的技术合作，同时针对低品位红土镍矿综合利用提出了整套的直接还原－磁选富集技术方案。

三是坚持技术需求导向，开展科技成果转化，完成的“刚果（金）复杂低品位铜钴资源高效利用技术及产业化应用”在中色华鑫和中色马本德矿业实现了产业化应用，各项技术指标均达到了国际领先水平，创造了显著的经济和社会效益；开展的“黄原酸丙烯酯环保新工艺”核心技术转让也得到业主认可。这些工作的开展进一步拉近了与企业间的距离，强化提升了沈阳研究院市场竞争能力。

三、产业发展

2017年，沈阳研究院明确提出了优化资源配置、发展研究型科技产业的远景规划，重点依托自主开发的、具备市场优势的科技成果开展产业化工作。随着沈阳研究院贵金属和选矿药剂新产品市场逐渐打开，产业板块也实现了跨越式发展。全年产业板块营业收入7778万元，同比增长近50%，其中贵金属产业收入7052万元，同比增长42%；新型选矿药剂产业收入724万元，同比增长近2.5倍。两大产业板块实现净利润280万元，达到了历史最好水平。

四、管理与改革

围绕2017年重点任务，沈阳研究院继续实施以领导班子成员、中层干部为责任核心的网络责任制，重点完成了薪酬改革、公司制改制、全面预算集中管理等工作。

一是积极落实了薪酬体系实施方案，突出绩效考核和科技成果奖励，切实推进了企业内部机制转换和分配制度改革。

二是围绕企业经营业绩指标，以控制成本费用率为目标，开展了2017年度瘦身健体、提质增效和公司制改制等专项工作，为实现公司化治理奠定了基础。

三是继续以稳定经济增长、防控风险为目标，在全院范围严格推行全面预算和资金集中管理，形成了全面预算管控机制，在保证业务正常开展的前提下，加快资金周转率。

四是按照内控专项审计的整改要求，对存在的内控缺陷进行了整改，进一步完善各项财务制度和管理办法，规范了会计核算行为。

五、党建群团工作

2017年，沈阳研究院党委全面坚持党的领导，严格落实管党治党主体责任，积极发挥政治核心作用。

一是组织全体干部党员深入学习贯彻党的十九大精神，坚决落实全国国有企业党的建设工作会议精神，常态化制度化地开展了“两学一做”学习教育工作。

二是全面完成了党建工作进章程，并修订了“三重一大”决策制度，将党组织研究讨论作为企业决策重大问题的前置程序；还组织开展了巡视整改“回头看”和党建重点任务落实情况督查工作，坚持问题导向，积极落实整改。

三是落实抓党风廉政建设主体责任，推动全面从严治党向基层延伸，完善反腐倡廉制度机制建设，建立了支部书记述职制度和党建工作考核评价机制，全面监督落实中央八项规定精神，驰而不息纠正“四风”。

（王奇黎）

湖南有色金属研究院

2017年，湖南有色金属研究院（以下简称：有色院）在湖南省有色金属管理局的正确领导下，高举习近平新时代中国特色社会主义思想的旗帜，始终坚持“科技为核心、一体带两翼”的发展战略，积极探索改革创新、开放发展的道路，紧扣“改革生动力、服务提效率，创新增质量，实现高质量发展”的工作主线，带动全院干部职工共同努力，圆满完成了湖南省有色金属管理局下达的年度主要工作任务，各项工作稳中有进，实现了较高质量的发展。

一、深入实施融合发展，明确发展新思路

为积极践行湖南有色金属行业“1234”发展思路，有色院发掘自身优势，以“军民融合”为切入点，以“产学研用”融合为基本路径，做好国防工业体系与民企、高校之间的创新桥梁，加强融合研发体系建设。在武器装备领域，将自身锌基合金材料方面的研发成果介绍给需求单位，用以完善坦克自动变速箱，保障其大马力流畅运行；在航空、航天材料领域，联合高校为中国航天研究院提供耐高温铝合金技术，并引进民营企业作为产业化基地，实现资本、市场和技术的融合；还与各高校和科研单位开展合作，共同探讨了新材料项目库建设、应用研究和成果转化机制构建等内容。

二、深入开展高水平科研人才队伍建设，夯实发展基础

2017年，为了吸引人才、完善人才结构，有色院在人才引进、培养、一次分配和激励等方面做了大量工作。在人才引进方面，组织人力资源部和需求单位举行各类招聘，引进人才12人，其中，通过博士后科研工作站引进博士2人、专业技术人员9人；在人才培养方面，全院获得各类专技职称资格人员共27人，其中高级以上职称11人，中级职称15人，初级1人，共组织专技人员继续教育培训129人次，组织2人参加思想政治专

业考试，2 名技术工人参加技能鉴定；在一次分配方面，根据巡视整改意见和局系统直属单位加强规范薪酬管理的会议要求，聘请专业咨询公司对有色院现有各部门岗位职责及薪酬体系进行梳理，并通过调研，根据部门职能重新定岗定责，对院薪酬分配制度、各部门绩效考核办法等体系重新设计；在激励机制改革方面，制定和完善了《科研项目及科技成果转化收益分红激励办法》、《科技成果管理办法》和《科研设备奖励制度》，按照多劳多得、贡献大小的原则给予科研人员奖励，提高科研人员的积极性和创造性。

三、大力推动科技创新资质、平台、装备和品牌建设，扩充发展空间

2017 年，有色院在资质、平台、装备和品牌建设上做出了一些具有重大意义的成绩。在资质建设上，通过了高新技术企业的认定，申请并获得了固体废物处理处置工程环境工程专项资质的乙级升甲级资质，该资质的获得使有色院的工程设计水平再上了一个新的台阶，进一步开拓了工程设计的业务范围，为有色院创造了一个新的经济增长点，提高了有色院在行业中的竞争力；通过了国家实验室复评审，职业卫生评价资质检测范围扩充至 81 项，完成了省质监局的环境监测扩项审核。在平台建设上，申报了 5 个科研平台，分别为长沙市院士专家工作站（市科协）；长沙市科技创新创业领军人才（市科技局）；工业节能与绿色发展评价中心（国家工信部）；湖南有色金属研究院节能环保科技创新创业团队（省科技厅）；湖南有色金属研究院技术创新示范企业（市经信委）；在装备建设上，有色院加大科研装备投入，购置了科研装备，为配合职业卫生评价业务的开展，新增设备 200 余台套。在品牌建设上，2017 年，有色院获得科学技术奖 3 项，其中“富氧强化熔炼处理铅、铋、锡、金、银二次资源综合回收新工艺”获中国有色金属工业科学技术奖一等奖，“城口地区下寒武统黑色岩系多金属成矿作用及提取利用”有望获得重庆市科学技术进步奖三等奖，《粗硒化学分析方法》获有色金属行业标准三等奖；有色院各项科研成果得到了行业媒体和公众媒体的广泛宣传报道，扩大了社会影响面；2017 年还参加了有色金属工业成就展，有色院在清洁选矿、高效冶炼、资源综合利用、新材料、有色环保等领域的优秀成果，得到了中国有色金属工业协会、同行专家和企业的高度赞赏；信息中心顺利推进了信息数据库建设、期刊出版、网络维护等信息化工作，《湖南有色金属》成为了《美国化学文摘（CA）》收录期刊，并与《湖南有色金属技术经济信息快递（内刊）》分别荣获第三届中国有色金属出版物奖“优秀奖”和“二等奖”。

四、大力提升科技创新与成果转化能力，强化行业服务

2017 年，有色院科研工作瞄准行业科技高端前沿领域开展科研攻关，获得授权专利 14 个，其中发明 11 个、实用新型 3 个，发表论文 44 篇，并共同促进科技成果向药剂、装备和总承包项目转化，促进应用研究成果向产业化项目储备转化，促进有色院由简单的科技咨询与服务向区域科技总服务商转变。

有色院科研团队经过 4 年的努力攻关，在对钼铼金矿提取钼回收铼工艺研究与开发项目中成功提纯“铼”金属，为我国航空事业做出了重要贡献。

同时，有色院的选矿工艺也已达国际先进水平，在铜钴回收新工艺方面取得重大突破，对我国降低对钴矿进口的依赖具有重大意义，完成了对铜钴矿钴元素赋存状态与空间分布规律研究相关项目中，发现新矿物—guite，取得较大的国际影响；选矿所还加大了药剂研发经营力度，实现脉动式自动加药机的技术升级和产品包装，正在进行给药机、浮选柱和高效浓密机等装备的开发；有色院在开展全省产排污系数研究，并结合在土壤治理方面的研究成果，升级成果转化模式，提升对地区的服务力度和质量，围绕土壤修复治理着力开展工程总承包项目，实现合同额重大突破，为公司打开了新的市场局面；共起草完成国家、行业标准 4 项；深入研究采矿工艺，专注科技创新，积极开辟海外市场项目；还不断加大研发力度，自行测试的 4.45 伏高电压钴酸锂产品达到同行先进水平。2017 年，在有色局的整体部署下，参加了与地方及区域的战略合作，将富氧强化熔炼新炉型、工艺、区域产业规划和重点企业技术支撑作为有色院向湘江治理科研咨询总服务商转变的起点。

五、主动对接“一带一路”建设，开展国际交流合作

2017 年，院领导班子成立了国际工作领导小组，专项拓展“一带一路”国际业务，紧跟国家“一带一路”建设步伐，先后为哈萨克斯坦、塔吉克斯坦、南非、摩洛哥、印尼等地的矿山企业解决技术难题，积极开展工程总承包业务。

有色院还积极对外开展引智引资，邀请相关企业来进行座谈，并前往项目实地考察交流，就冶金提纯技术、产业展望、合作前景等方面进行了深入交流，达成了较好的合作意向；邀请国际意向合作方来院访问，就水处理研究相关机构、实验室、大学、企业等，开展国际学术、产业的交流与合作达成下一步工作意向；与相关专家就水处理与土壤治理技术开展联合研发、推广工作。

六、扎实推进资金风险控制，巩固发展成果

产业和贸易承载着有色院做大做强的使命。2017 年，产业板块加大实现销售和资金管理的平衡，通过努力开展缩短账期、整合营销资源、合理搭配采购方式和节能技改等工作，实现产销钴酸锂 1731 吨（其中，代加工钴酸锂 906 吨），净利润 1640 万元；在院领导班子深刻分析美特公司市场形势、市场地位和资金状况的基础上，积极联系资本方寻求美特公司合作经营并上市的道路，从而进一步为有色院叩开资本市场大门提供有力的支持。贸易板块在经营中努力适应经济发展新常态，积极调整工作思路，努力开拓业务，依法合规地管理和处置债务债权，控制了国有资产的风险。

七、努力维护全院稳定大局，优化发展氛围

有色院完成了对闲置土地的处置和交易所的股权转让，在培训楼租赁纠纷中取得胜诉；逐级签订综治、维稳和安全生产工作的责任状，多次开展安全生产大检查，严格管理危化品，对供电供水设施设备每天巡查，电梯完成月巡、年检，增设了有色院安全出口，保证了全院科研生产的稳定运行；对不稳定因素进行了深入的排查和分析，并制定应急预案，实施有效防控，较好地化解了风险；坚持电话联系、走访、慰问制度，两节期间慰问离退休员工 26 人，“七一”期间慰问困难党员 3 名；完善了离退休党支部建设，做到勤沟通、勤了解，为宿舍区老年人娱乐室建设添置了新的娱乐设施，丰富了离退休职工的娱乐生活。2017 年，有色院获评了“湖南省综治先进单位”。

八、充分发挥党组织总揽全局协调各方的领导核心作用

2017 年，有色院接受了省委巡视组的巡视“回头看”，积极落实各项整改，进一步规范管理，建立长效机制，推动有色院党的建设再上台阶。进一步完善了决策机制，确保“三重一大”事项党委会前置研究。2017 年初，有色院完成了 12 个党支部的换届工作。

全院上下以贯彻落实党的十八届六中全会、十九大精神为统领，按照中央、省委及省有色局的部署，院党委扎实开展了“两学一做”学习教育常态化制度化，多次召开专题会议，研究部署，把“三会一课”、“主题党日”活动与学习教育常态化制度化结合起来，周密安排专题教育，通过成立机构、制定方案、宣传动员、学习交流、红色教育、专题座谈、党课教育等形式推动教育活动不走过场，不留死角，领导班子和党员干部队伍作风建设得到进一步加强。

党风廉政建设从未停歇，全面从严治党不断向纵深发展。通过设立廉政监督员、纪检检察员和监督执纪“四种形态”的运用，有色院建立起了行之有效的惩防腐败体系；通过层层压实党风廉政建设主体责任和监督责任、聚焦巡视问题、注重宣传教育、认真谈心谈话、严格落实“三重一大”制度和效能监察等工作，全院更加风清气正，纪律意识、规矩意识进一步加强。

2017 年，有色院在《湖南日报》、湖南卫视、《中国有色金属报》等媒体上不断发声，有效地提升了有色院有色科技创新引领者的品牌形象；顺利组织完成 2017 年省机关党建和思想政治理论研究重大立项课题和立项课题各 1 项，均获得 2017 年机关党建和思想政治工作优秀调研课题二等奖；着力强化“务实创新、淳朴担当”企业文化建设，全年在经济信息网、院网发布宣传报道 70 余篇，推出宣传栏 30 余期、简报 12 期，思想、宣传工作力度进一步加强。

2017 年，院工会召开职代会 2 次，对重大发展问题进行决策，维护职工合法权益；积极组织秋季篮排球赛、开展女职工摄影比赛等活动，获评省冶金工会优秀女干部 2 人，芙蓉百岗明星 1 人，有色院分析所获评芙蓉标兵岗。

（陈　媛）

湖南稀土金属材料研究院

一、总体经济运行情况

2017年，湖南稀土金属材料研究院（以下简称：稀土院）实现综合收入2.66亿元，实现利润25.28万元。在职在岗职工年平均收入7.6万元，保持适度增长，财务整体运行平稳。

二、坚持创新引领，强化科技支撑基础作用

（一）军工项目建设取得重大突破

2017年，稀土院立足自身优势向国家国防科工局申报了“军用特种稀土材料基础研发条件建设项目”，申请投资1.9亿元。项目已完成国家国防科工局初审、国家国防科工局授权的审核评估单位组织的专家评审和现场审查，取得重大阶段性成果。评估核定投资约在1.6亿元以上。

（二）民口项目保持稳定

2017年，稀土院重视项目申报质量，加强项目管理，注重项目完成质量和后续效益。全年完成纵向科研项目申报10项，实现新增科研项目获批资金1212.16万元。完成了国家科技部国家重点研发计划——战略性先进电子材料重点专项项目“微纳电子制造用超高纯稀土金属及靶材”等重点项目。完成横向课题2项，到账资金195万元。

（三）自主知识产权与资质建设成效明显

2017年，稀土院有3项发明专利被受理，授权的发明专利9项；发表科技论文6篇；获各级科技奖项4项：其中，科研成果“4N级高纯金属锆钙热还原法制备新工艺”获湖南省技术发明三等奖，参与《稀土系贮氢合金化学分析方法（7项）》获全国稀土标准化技术委员会标准优秀一等奖。通过了二级军工保密资格续期复审，按新规定重新办理了武器装备科研生产许可证，为军用特种稀土材料基础研发条件建设项目提供了有力保障。

三、立足产业，开拓创新，持续发展

稀土院在注重发展高科技产业规模的同时，更加突出效益，进一步重视盈利能力的提升，市场化运营步入正轨。

湖南稀土新能源材料有限责任公司2017年创新思路，开拓市场，经营业绩稳步增长。一是拓宽市场，调整产品结构。公司在固化现有风力发电应用市场的基础上，成功进军新能源汽车应用和军工应用市场，取得较好成效。二是审时度势，抢抓市场机遇。在原材料价格相对低位时批量采购了镨钕金属等原料，在2017年原材料价格持续上涨之际，在保证了公司正常生产的同时增加了产品利润。公司全年实现综合收入2.12亿元，实现盈利320.02万元，同比增长433.3%，盈利能力大幅提升。

桃江瑞龙金属新材料有限责任公司应市场要求，在合资方美国Bloom·Energy（博隆能源）公司专家的指导下，瑞龙公司新建了一条从氧化锆陶瓷粉中提取高纯氧化钪和锆的新生产线，成为当前全世界唯一一条从氧化锆陶瓷粉中提取高纯氧化钪的生产线。目前规模化试生产已步入正轨，全年共生产氧化钪582千克。

四、持续深化改革，强化制度建设

稀土院围绕日常管理、薪酬体制、业务职能、工作效能和人才队伍各个方面进行制度化建设，努力探索建立高效规范的管理运行机制。出台了《党政联席会议事规则》、《院长办公会议事规则》、《领导班子成员兼职（任职）、取酬管理办法》、《公务用车制度改革方案》等一系列管理制度，执行力显著提高，管理进一步规范，有力推动了稀土院科研生产经营的持续协调健康发展。

五、强化党建工作，充分发挥政治核心作用

为贯彻落实国企党建工作新要求，稀土院党委围绕企业中心工作，大力加强党的政治建设、思想建设、组织建设、作风建设、纪律建设、制度建设。一是加强领导班子建设。召开党员大会，完成党委换届选举工作；修订完善了《党委会议事规则》、《“三重一大”事项集体决策制度》等制度，加强组织制度建设。二是学习贯彻党的十九大精神。综合运用个人自学、中心组学习、集中研讨、党委书记讲党课、知识竞赛和观看学习视频等多种方式开展学习教育，切实抓好党的十九大精神的学习宣传贯彻工作，促进党员干部学深悟透、融会贯通。三是推进“两学一做”学习教育常态化制度化。教育引导党员践行“四讲四有”，做到“四个合格”，推行党支部“主题党日”“三会一课”纪实管理等做法，推动指导党支部加强自身建设、发挥主体作用。四是夯实基层组织基础。落实基层党建7项重点任务，进一步规范党费收缴管理工作。加强党员干部的教育管理，发展新党员8名，预备党员转正2名，培养入党积极分子10名。按照湖南省“红星云”手机移动平台工作要求，在支部和党员中推广关注和使用“红星云”微信公众号新媒体平台。五是认真履行党风廉政主体责任。细化具体工作措施，推动党风廉政建设有研究、有部署、有落实。健全纪检组织机构，配齐党支部纪检委员，加强业务指导、教育培训。支持纪委发挥监督执纪问责作用，加强党风廉政教育，落实巡视整改要求，落实领导谈话制度，推进制约防范机制建设，较好地完成了巡视整改的各项任务。六是充分发挥群团组织作用。工会组织加大困难职工帮扶力度，坚持对职工伤、病、丧进行慰问；组织球类比赛、三八妇女节活动等，丰富了职工业余文化生活。团委发挥党的助手和后备军优势，组织了湖南省博物馆参观学习等活动，激发干部职工岗位建功、创新创业的热情，营造担当作为、服务发展的氛围。

（阳可臻）

湖南有色冶金劳动保护研究院

2017年，是湖南有色冶金劳动保护研究院（以下简称：湖南有色劳保院）迎难而上推进转型发展的攻坚之年。一年来，坚持以项目为抓手，突出创新创收，积极谋划，主动作为，沉着应对挑战与考验，抢抓下半年市场回暖有利时机，通过广大干部职工的共同努力，圆满完成既定目标任务，实现了稳中有进和较快发展，同时积极推进调结构转方式，坚持发展成果共享惠民生，努力化解矛盾解决难题，维护了和谐稳定的大局。

一、经济运行稳中有进

2017年实现综合收入6253万元，达到历史最好水平，同比增加129万元，增长2.1%。其中实现经营收入4473万元，同比增加1150万元，增长34.6%。全年实现利润总额977万元，其中实现净利润969万元。

二、科技工作有新进展

非煤矿山通风防尘湖南省重点实验室，一次性通过省科技厅组织的现场评审验收；非煤矿山安全生产设备检测检验资质扩项，一次性通过省安监局组织的专家评审；院士专家工作站被省科技厅和省科协联合评为优秀等次；取得生产建设项目水土保持监测单位水平评价证书；设立了北京矿冶研究总院环境影响评价中心湖南办事处；全年获得省部级一等奖1项、发明专利2项、实用新型专利授权8项、发表学术论文20篇，其中核心期刊12篇。全年新签项目合同额4185万元，项目回款3866万元，其中历年项目回款1365万元。

三、教育培训不断加强

全年举办工矿企业安全培训班26期3058人次。其中，送教进企业办班7期1400人次；巴陵石化公司分2期组织安全科长（主任）进院安全培训93人次；承办省安监局培训班3期300人次；举办湖南省安全评价师继续教育培训班2期318人次。

3人新晋为国家科技专家库专家；全年分专业分部门参加专业技术人员各类培训（含继续教育）145人次；申报专业技术职称23人（正高1人，副高7人，中级14人，初级1人）。

四、项目建设有序推进

取得了“居家养老服务”资格，并对原有场地进行改造，添置设施设备，为逐渐扩大医养产业项目奠定了一定基础。同时，办学条件不断改善，新教学综合楼已开工建设，田径运动场完成改建。

五、管理改革有新成效

全年实现减免税收5项，金额达116.05万元；争取省市科技发展专项资金、政府财政专项资金、所得税返还资金1100万元，包括上年度结余资金累计达1400万元；高新技术企业重新认定顺利通过审查；编制了2017年版质量管理体系；制定印发了《湖南有色冶金劳动保护研究院职工薪酬管理办法（试行）》等系列规章；完成湖南省有色金属中等专业学校事业单位社保参保登记工作，解决了30年来的历史遗留问题，为事企分离奠定了基础；贯彻创新驱动发展战略，根据转型发展所需，倡导并践行“人才强院、科技兴院、管理治院”新理念。

六、改善民生落到实处

全年在职职工人均综合收入达到9.47万元，同比增长7.7%。离退休人员人均综合收入达到6.87万元，同比增长3.6%。职工收入和幸福指数不断提升。

七、基层党建有新作为

以“围绕发展抓党建，抓好党建促发展”为宗旨，贯彻落实“基层党组织建设提升年”活动；严格落实“主体责任”和“一岗双责”；创新方式方法，进企业面对面与党的十九大代表座谈交流，以支部为单位开展“学习十九大报告”主题党日活动，深入学习贯彻党的十九大精神和习近平新时代中国特色社会主义思想，扎实推进“两学一做”学习教育常态化制度化；启动党支部标准化建设，实行党务工作留痕化管理；开展述职评议，全面实行支部书记“双述双评”；加强党员教育培训管理，组织观看先进事迹报告及优秀纪录片，加强爱国廉政教育。

八、文化建设精彩纷呈

充分发挥工、青、妇等群团组织的桥梁纽带作用，围绕中心，服务大局，为职工搭建交流平台，激发职工工作热情，增强企业凝聚力。2017年组织开展了迎春文艺汇演、女职工问卷调查及红色教育基地学习、篮球赛、扑克比赛和气排球赛等文娱活动。

九、综治工作扎实推进

牢固树立安全发展理念，坚决落实安全主体责任，认真落实安全生产责任制和信访维稳工作目标责任制，强化安全及综治工作。一年来，通过加强对安全意识和知识的宣传教育与管理；加强对重点部位、重点部门的安全隐患排查，并进行及时整改；加强对重点人群的教育引导工作，畅通信访渠道，想办法解决合理诉求；加强与驻地有关省市区直单位部门的联系，形成防控体系等。全年没有发生安全事故，无工亡事故发生，没有发生重大信访事件，没有发生刑事案件和重大治安案件。

（肖　芳）

长沙矿山研究院有限责任公司

2017年，长沙矿山研究院有限责任公司（以下简称：公司）在深化改革、科技创新、行业协同发展等方面奋力书写新作为，为促进有色行业健康平稳发展注入新动力。

一、经济工作运行质量稳中向好

2017年，公司在严峻的市场环境中，坚定走“专、精、深”科研道路，以创新强筋健体、以创新脱胎换骨，在创新中求生存、谋发展，使企业盈利能力在困境中得到不断增强，确保了经济发展逐步向好。全年累计实现营业收入1.25亿元。较上年同期大幅增加，超额完成2017年预算总收入。

2017年度，公司在册职工808人。其中，高级工程师以上职称人员113人，拥有博士、硕士学位的专业人员154人。

二、深化改革工作取得重大进展

2017年，公司根据中国五矿指示精神，以国务院《关于深化国有企业改革的指导意见》和《中国五矿集团公司关于全面深化改革的指导意见》为指导，在院党委领导下，组织全体干部职工以转换、创新体制提效率；以培育和拓展优势技术求发展；以面向市场、服务金属矿产行业拓领域等举措为手段精准发力，不断提高公司在矿山技术服务领域的市场份额，提升公司自身的经济效益。有计划、有秩序推进落实减负控亏、“三供一业”移交、人事制度改革、探索推进企业化转型、改进经营机制、促进内部业务协同等各项工作。

三、科技能力取得长足发展

建院60余年来，形成了鲜明的技术特色，已成长为我国专门从事矿产资源开发方面新方法、新工艺、新设备和新材料研究的重点专业技术研究院。拥有“国家金属采矿工程技术研究中心”、“金属矿山安全技术国家重点实验室”、“国家安全生产长沙矿山机电检测检验中心”和“金属非金属矿山重大灾害事故分析鉴定实验室”等实验室，是国内科技平台级别高、实验手段齐全、技术先进的矿山科学技术研究单位。拥有国内一流的创新团队和科技领军人才，具有高级工程师及以上职称113人，博士和硕士154人。其中，国家突出贡献中青年专家1人，享受国务院政府特殊津贴专家10人，国家安全生产专家7人，国务院安委会专家咨询委员会矿山专业委员会专家1人，国家级杰出工程师1人等各类精英人才。具有专业配套齐全、实验设备先进、工程配套能力强、科研成果丰硕等特点。2017年度，公司继续发挥优势，坚定走“专、精、尖”科研道路，聚焦科研、实现提质增效。

（一）大力开展科研平台建设

2017年，由国家发改委批准建设的“安全生产支撑体系国家级中心实验室（二期）——金属非金属矿山重大灾害事故分析鉴定实验室建设”项目进展顺利。项目建成后，可满足金属非金属采空区坍塌、透水、矿山运输设备等事故隐患分析鉴定与重特大事故调查，相关标准规范制定与修订，以及安全生产相关技术仲裁与服务等方面的需求，提升国家安全生产技术支撑保障能力，完善国家级监管监察技术支撑体系，技术水平保持国际一流。

在前期事故分析实验室建设的基础上，由国家安全监管总局组织、依托公司建设的“金属非金属矿山矿用电梯安全准入分析验证实验室”已列入了国家安全监管总局、国家发展改革委联合印发的监管监察能力建设规划（2016－2020年）。项目建成后，将提供定期检测检验和安标准入分析验证等技术服务，成为公司未来业务发展新方向。

与此同时，各平台运行良好。2017年9月，公司“金属矿山安全技术国家重点实验室”被国家科技部评为良好类实验室。

（二）面向行业承担国家、行业重大课题

1. 加强顶层设计，推进重大专项实施。“十三五”国家重点研发计划项目“深部金属矿建井与提升关键技术”、“深部金属矿协同开采理论与技术”等项目，国家安监总局委托的“金属非金属矿山禁止使用的设备及工艺目录（第一批）、（第二批）”项目，湖南省安全生产财政专项项目“花垣县铅锌矿采空区重大安全隐患治理技术研究”等工作有序开展，实施绩效良好。

国家科技部“十二五”科技支撑计划“特大型地下矿山规模化开采关键技术”等多个项目顺利通过科技部验收，所取得的成果对提升我国金属矿床地下开采的整体水平将发挥重要作用。

中国有色金属工业协会组织专家对公司安全技术中心承担“地下矿山重大灾害防控技术及安全装备开发应用”、“刚果（金）卡莫亚铜钴矿南Ⅱ露天采场边坡优化研究”等4个项目研究成果进行评价，均获国际先进水平。

2. 强化合作联动，积极争取上级支持。2017年，公司充分发挥技术平台的研发优势，有效整合科技资源，积极组织申报承担国家重大课题，解决行业共性技术及关键技术难题，为各级政府安全监管提供技术支撑。

成功申报国家“十三五科技重大研发计划”，国家科技部、国家安全生产管理总局、省科技厅、省安全监督管理总局、市科技局、中国有色金属工业协会、中国五矿等开展的“深部大矿段多采区协同连续开采理论与技术”和“深部金属矿开采的卸荷原理与方法”等诸多项目。

随着科技管理的进一步规范，绩效跟踪管理水平的不断提升，公司科技成果不断涌现。2017年，公司专利申请、授权量百余项。多个项目获得中国有色金属工业协会、中国有色金属建设协会、湖南省、中国五矿等单位各种奖项。

四、行业协同助展科技业务显成效

公司通过争取上级政策支持、组织对接活动等形式挖掘优势，整合资源，推进结构调整，加快科技创新，为推进全行业的建设做出了积极贡献。

（一）与多家单位开展全面战略合作

在中国五矿大力支持下，公司与中国恩菲签订全面战略合作协议，合作成立项目执行（长沙）中心。双方在各领域展开全方位合作，促进内部资源优化配置和业务支持，发挥市场联动作用，见到了实效。

与鲁中矿业、中金岭南等知名矿山企业签署战略合作框架协议。双方本着优势互补、资源共享和共赢发展的原则，就矿山投资与改造项目论证咨询；采矿、安全技术研发；设计与工程总承包等多方面开展多层次全方位的战略合作，实现共赢。

（二）巩固强化安全生产标准化体系建设

2017年，国家安全生产监督管理总局发布公告，公司再次获准为“金属非金属矿山安全生产标准化一级企业评审单位”，是国家安监总局对公司在金属非金属矿山安全生产标准化创建咨询和评审工作业绩和技术力量肯定，也为公司在安全生产标准化领域的拓展提供了优势平台，更利于为中国五矿旗下企业的安全生产标准化体系创建提供内部协同和更好的咨询服务，助力矿山企业的安全高效和可持续发展。

（三）开发成套技术与药剂，攻克选矿难题

公司选矿技术创新能力不断提高，形成了体现自身特色的技术优势。研发的原创技术有：成套氧化铅锌综合回收技术方案，该方案已在四川、云南、河北等地成功开展了工业应用；成套针对易浮易泥化脉石的解决方案，该方案已在小寺沟铜矿等矿山成功开展了工业应用；提升难选白钨矿技术指标的成套方案，这项技术已在新田岭钨业、香炉山钨业等众多矿山获得成功。

（四）矿山充填技术不断取得新成果

公司“200m³/h大流量快循环双管调控全尾砂胶结充填技术”、“无砂仓短流程分级尾砂胶结充填技术”分别获得2016年、2017年度中国有色金属工业科学技术奖二等奖。通过中国五矿强化内部合作的工作要求，打造了一个个内部技术协同的典范，打响了中国五矿的充填技术品牌。

（五）积极加强与有色企业的交流合作

公司通过技术合作、走访调研等多种形式加强与有色企业的科技交流及合作。新开辟了西藏、蒙古等设计工程市场；与西部矿业集团在矿山研究设计领域保持长久友好的合作；走访调研新疆瑞伦矿业，以瑞伦矿业为良好开端，进一步拓展公司在新疆地区矿山工程设计和总承包等领域的业务和市场，同时也为双方的深化合作奠定坚实基础，更为着力构建以“高端、智能、绿色、服务”为方向的新型有色金属工业做出努力。

五、全面夯实管党治党责任

2017年，在公司党委带领下，公司紧密围绕深化改革主题，以“提升党群工作的科学化水平和系统化建设，促进企业改革发展为目标，以树立企业文化、引导正确舆论、提升职工归属感为己任”，在党建、宣传、工会等方面做了大量扎实的工作。

通过全面落实“三会一课”制度，规范党内政治生活，创新党员学习教育。广泛开展党内主题教育实践活动，精心组织党的十九大学习宣传活动，并持续深入开展“两学一做”学习教育活动。此外，通过制度严格干部选拔任用及管理机制，建立后备干部人才库，使干部管理工作依法依规实施。

（陈　争）

峨嵋半导体材料研究所

峨嵋半导体材料研究所（以下简称：峨半所）是一家集超高纯材料和半导体材料科研、试制、生产相结合的中央级技术开发类科研机构。2017年全面深化改革，明确了高纯材料产业为峨半所未来发展方向。所属全资子公司峨眉山市峨半高纯材料有限公司能够生产碲、镉、磷、砷、锑、铋、镓、铟、铅、锡、锌、硫、硒、金、银、铜等20余种高纯材料产品，被广泛应用于探测、航天、军工设备、半导体材料等行业，其中高纯碲、镉、锑、铟、磷等材料主要用于高端红外探测、半导体材料行业。截至2017年底，峨半所从业人员由改革前的355人精简至124人，本科及以上学历或中级及以上专业技术职称人数占75%以上。拥有资产总额1.44亿元，2017年实现工业总产值3077万元，营业收入3139万元，利润总额－4819万元（深化改革职工分流安置费用计入成本）。

一、深化改革，激发企业经营活力

按照中央和地方相关政策法规，在中国东方电气集团有限公司（以下简称：东方电气）的领导下，峨半所实施了全面深化改革工作，明确了峨半所产业发展方向。重点发展有市场前景且有进一步开发潜力，经营效果尚可且具有提高盈利水平潜在能力的高纯材料产业；对市场开发困难，亏损严重且扭亏困难的机械制造、半导体硅材料实行了产业退出。按“精简、高效”的原则和减少层级、实现“五个瘦身”的要求，重新构建了研究所和子公司组织架构，调整岗位职能设置，重新核定人员编制。按市场化用工模式和职工能进能出，管理人员能上能下的要求，通过公开竞聘方式，选配了人员。在保持骨干人才队伍基本稳定的前提下，从业人员大幅减少，并妥善安置了富余人员。

二、调整营销策略，加大市场开拓力度

2017年面临严峻的经营形势，峨半所调整了市场营销工作重点。一方面加强高纯产品销售力度，提高顾客满意度。积极开展客户走访工作，主动了解客户经营状况，产品库存、使用情况以及下一步采购计划。收集客户在产品价格、质量、包装、发货情况等方面反馈的意见，给予积极的回复或整改。另一方面按照退出低效、无效产能的要求，加强去库存和应收货款催收工作。对于多次催收无果的客户，组织开展依法追偿工作。

三、强化标准编制申报，提高企业品牌效益

峨半所高度重视检测、技术、产品等标准的编制和申报工作，2017年峨半所的《超高纯锌》产品标准通过有色行业标准审定，《超高纯锌》产品标准形成报批稿，还组织开展了《高纯镉化学分析方法镁、铝、钙、铬、铁、镍、铜、锌、银、锡、锑、铅、铋量的测定电感耦合等离子体质谱法》、《高纯锌化学分析方法第2部分铅、镉量的测定极谱法》、《高纯锌化学分析方法第1部分杂质元素镁、铝、钴、铁、镍、铜、砷、银、镉、铟、锡、铅量的测定电感耦合等离子体质谱法》3个分析方法标准的编写工作。

四、坚持依法治企，规范企业管理

（一）强化制度建设和档案管理

根据国家政策法规和东方电气集团制度调整情况，结合峨半所工作实际，组织对现行的132项管理制度的合规性、有效性、可操作性进行了梳理、评价，提出保留86项制度，对38项制度进行修订，废止不适应当前工作的8项制度，根据需要新制订了12项制度。制定了制度“废改立”工作计划。

针对历史原因形成档案管理中的问题，按照《档案管理制度》要求，组织对2013年1月1日至2016年12月31日的档案资料进行集中整理。同时对峨半所及峨半公司原技术档案资料组织人员进行了抢救性整理。

（二）推行集中采购招标，降低运营成本

为落实东方电气“三降两提高”的工作要求，峨半所进一步规范了招标采购行为，在东方电气集中采购平台积极推行对大宗物资的集中采购招标活动。2017年集中采购上线率为98.61%，并完成15家新增供应商的准入评审。

（三）明确安全目标，落实安全责任

制定峨半所《2017年职业健康安全与环境保护工作计划》，加强对现场的安全巡查，发现的问题及时组织整改，并对整改情况实行闭环管理，确保整改措施的有效落实。组织开展了危险化学品、特种设备、职业防护和重点危险岗位监督管理工作，布置安排夏季“四防”工作。全年未发生工伤事故、群体性职业中毒事故，无职业病发生。

制订危险废物转移处置方案，开展有关协调工作，取得乐山市环保局的批准。加强了涉重废水的自我监测，确保合法排放。全年未发生环保事故。

（四）严把财务关，正确发挥财务监督功能

加强资金需求分析，合理制定资金需求计划，严格控制各种资金的流出，确保了资金安全和防范风险。严控非生产经营性支出。积极跟踪和监控重点项目资金的运行情况，加强预审计工作，强化项目过程监督管理，杜绝资金浪费，提高资金使用效率。

持续做好“两金”压降工作，确保完成压降目标。对应收账款和存货分类梳理，落实责任，狠抓落实，切实有效做好“两金”压降工作。

五、全面加强党的建设，落实治党管党主体责任

推进“两学一做”学习教育常态化制度化，深入学习贯彻党的十八大、十八届历次全会和党的十九大精神，学习贯彻习近平总书记系列重要讲话精神和习近平谈治国理政读本，领会习近平新时代中国特色社会主义思想精神实质和丰富内涵，贯彻落实中央和国务院国资委决策部署及上级党组织重要决议。围绕深化国企改革，保障国有资产保值增值、提质增效，严肃党内政治生活、规范党的组织生活，认真落实党员领导干部双重组织生活、三会一课、谈心谈话等制度，重点抓好党组织书记讲党课、庆祝建党节等系列活动；加强对基层党组织干部和党员队伍的教育、管理和培训，提升队伍战斗力，提高干部和党员素质能力。

落实“一岗双责”，增强“四种意识”，引领改革发展。把落实全面从严治党和从严治企紧密结合起来，形成从严治企新常态，充分发挥好党委的政治核心作用、党支部的战斗堡垒作用和党员的先锋模范作用，为峨半所改革发展提供坚强保障。深入学习贯彻落实党的十九大会议精神和全国国有企业党的建设工作会议精神，牢固树立“四个意识”，严守党的政治纪律和政治规矩，始终在思想上、政治上、行动上同以习近平同志为核心的党中央保持高度一致。

按照《中国东方电气集团有限公司落实党建工作责任制实施意见》要求，严格履行党委主体责任，层层传递压力，形成了层层压实党建责任、夯实党建基础的新格局。

接受乐山市国资委督导组关于三项整改“回头看”、党建重点工作完成情况的督导检查，形成自查报告和问题答复清单。

围绕贯彻落实中央、省、市、集团公司党组关于党风廉政建设和反腐败斗争的部署要求，把

党风廉政建设和反腐败工作纳入峨半所生产经营管理及改革发展工作总体计划。所党委多次召开党委会，认真贯彻落实党的十九大、十八届六中全会精神、中央纪委七次全会精神、“两学一做”常态化制度化、“护根”行动开展，营造风清气正的政治生态，进一步加强党委对党风廉政建设和反腐败工作的统一领导，强化反腐倡廉体制机制创新和制度保障。

（王廷志）

包头稀土研究院

一、概况

2017年末，包头稀土研究院（以下简称：稀土院）下设4个管理部门：综合办公室（内设保密委办公室）、科研管理部、计划财务部、党委工作部；4个科研部门：湿法冶金研究所、金属材料研究所、稀土功能材料研究所、资源与环境研究所；3个中心：后勤保障中心、理化检测中心、信息中心。年末固定资产净值为2亿元；在岗职工423人，其中管理人员51人，各类专业技术人员318人；正高级职称36人，副高级职称74人；享受国务院政府特殊津贴专家4人，新世纪百千万人才国家级人选1人，全国钢铁行业劳动模范、自治区劳动模范、包头市劳动模范、包钢集团劳动模范各1人，自治区有突出贡献的中青年专家3人，自治区“新世纪321人才工程”人选9人，自治区“草原英才”13人，自治区“草原英才创新团队”3个，自治区青年科技奖5人，包头市“鹿城英才”15人，包头市“5512工程”创新团队3个、创新人才（含领军、带头和中青年骨干人才）共计92人，包头市“新世纪人才工程”首批人选6人，包头市拔尖人才2人，享受特殊津贴2人。获评包钢首席技术专家2人、包钢技术专家2人、包钢主责工程师3人。

稀土院建有4个国家级科研平台：“白云鄂博稀土资源研究与综合利用国家重点实验室”、“稀土冶金及功能材料国家工程研究中心”、“北方稀土行业生产力促进中心”和“稀土材料国际科技合作基地”；4个省级科研平台：“内蒙古希苑稀土功能材料工程技术研究中心”、“内蒙古自治区稀土生产力促进中心”、“内蒙古自治区稀土高温冶金工程技术研究中心”和“内蒙古自治区铌冶金工程实验室”；建有国内规模最大、技术领先的“稀土材料中试实验基地”；拥有内蒙古自治区和包头市两级“稀土新材料院士工作站”；内蒙古包钢稀土（集团）有限责任公司博士后科研工作站设在稀土院；在天津市设立分院“天津包钢稀土研究院有限责任公司”。

稀土院是全国稀土信息网网长单位，负责国家发改委稀土办机关刊物《稀土信息》和中国稀土学会会刊《稀土》杂志、英文版《CREI》等刊物的编辑、出版和发行。建有“中国稀土”网站（www.cre.net）、“中西文稀土数据库”和“世界稀土专利检索系统”，面向稀土等行业提供宣传、交流和服务等工作。中国稀土学会技术经济专业和信息专业两个委员会设在稀土院。稀土院理化检测中心是国家和地方部门认可的稀土产品检验单位，得到中国合格评定国家认可委员会认可，承担国家及行业标准分析方法制、修订和标准样品的研制工作，拥有“全国分析检测人员能力培训中心”资质。

稀土院及分（子）公司主要产品有各种稀土功能材料及特种稀土合金、稀土氧化物、单一稀土金属等。主要产品通过了质量、环境、职业健康安全等管理体系认证。稀土院取得了武器装备科研生产许可证，通过了国家军用标准质量体系认证和二级保密资格单位认证。

2017年，稀土院获“稀土高新区绿色通道企业”、包钢（集团）公司先进单位、包钢（集团）公司先进基层党组织、包钢（集团）公司标兵文明单位、包钢（集团）公司保密机要工作单位、包钢（集团）公司社会治安综合治理优秀单位等荣誉称号。

二、经济效益

2017年，稀土院合并报表实现营业收入1.78亿元，净利润1283万元。其中，瑞科国家工程研究中心、蒙稀磁业公司、金稀土公司营业收入合计2951万元。稀土院控股的瑞鑫金属公司营业收入合计1.06亿元。参股的京瑞新材料公司，实现营业收入3789.97万元。

三、科技开发

2017年，稀土院共开展科技开发项目（课题）86项，其中新增国家级科研项目（课题）4项，省部级项目（课题）10项。通过鉴定验收项目

（课题）25 项，获国家专利授权 18 项，发表论文 53 篇。承担了 12 项国家及行业标准的起草。共有 14 个项目获奖，其中，“复合式永磁室温磁制冷机的研制”获自治区科技进步奖一等奖，“含镧、铈稀土 PVC 热稳定剂的研发”、“稀土磁制冷材料及制冷冷藏柜”获中国稀土科学技术奖一等奖、“高稳定性烧结钕铁硼辐射（多极）磁环产业化开发”、“真空蒸馏法制备高纯稀土金属镱及靶材关键技术研发”、“新型铁基稀土磁致伸缩材料在传感器中的应用研究”、“La－Fe－B 系贮氢电极合金中硼对动力学性能的影响研究”、“氟化稀土产品及化学分析方法”获中国稀土科学技术奖二等奖，国家标准“稀土术语”获中国有色金属工业科学技术奖二等奖，“钐钴永磁合金化学分析方法及钐钴永磁合金粉物理性能测试方法”获中国有色金属工业科学技术奖三等奖，“稀土系贮氢合金化学分析方法（7 项）”获全国稀土标准技术委员会技术标准优秀奖一等奖，“稀土镁合金（WE43）标准样品”获全国稀土标准样品技术委员会标准样品优秀奖二等奖，“钇铁合金（3 项）”获全国稀土标准化技术委员会技术标准优秀奖二等奖。

（一）承接国家及地方重点科研项目

国家重点研发计划“轻质高强镁合金集成计算与制备”项目，开展材料成分设计热力学数据库建设工作，设计开发了高强度、高塑性稀土镁合金，完成新型材料的应用验证。国家自然科学基金“稀土对铁镓合金性能影响机理研究”项目，揭示了稀土元素在铁镓合金中的分布规律及其对磁致伸缩性能的影响，制备出的合金磁致伸缩性能提高 50%。内蒙古自然科学基金重点项目“包头轻稀土资源综合提取与应用技术的基础研究”，通过建立矿物浸出动力学模型和复杂体系相平衡图，揭示了从白云鄂博稀土矿物中提取稀土的原理和规律，为现场工艺的进一步完善优化提供理论依据。

（二）对接集团公司技术需求

“白云鄂博矿产资源中中重稀土元素赋存状态调研与评估”项目，研究白云鄂博主、东矿矿石结构构造，元素含量，矿物组成特征，初步掌握中重稀土元素分布规律与赋存状态。“全界面萃取技术在稀土分离上的应用研究”项目，进行全捞转型和钕钐分组中试研究，有效降低有机压槽量与设备能耗。该技术列入国家第二批“节能减排与低碳技术”推广目录。“小尺寸钕铁硼烧结辐射磁环开发”项目，通过合金成分设计与工艺优化，开发了满足高性能伺服电机应用要求的辐射多极磁环产品。

（三）加强对外技术辐射

开发了草本植物沉淀剂沉淀稀土的新工艺，为广西昌明环保科技有限公司将草本沉淀剂用于稀土生产提供技术支撑；设计盐湖水中提取锂、硼元素的工艺流程，为陕西膜分离技术研究院提供盐湖资源综合利用与清洁生产工艺技术指导；在前期良好合作的基础上，继续与河北华特公司共同研发柴油车用稀土基催化剂。

（四）培育自主创新成果

成功开发了 40 种稀土钢用稀土铁合金产品，氧含量最低降至 50ppm。在包钢（集团）公司开展多轮次稀土钢工业试验，顺利实现五连浇，为特种耐磨钢的生产提供原料支撑；提升磁制冷材料磁热性能，优化磁工质制备技术和制冷机电控系统，试制了 20 台满足冷藏要求的室温磁制冷机；依托具有自主知识产权的新型储氢合金制备技术，建成年产 300 吨储氢合金中试线，已与国内外多家客户达成供货意向；成功制备了直径 300～550 毫米的镁合金铸棒，具备大尺寸铸棒制备能力，有效拓展镁合金应用领域；自主研发的柴油车用稀土基 SCR 催化剂经初步台架试验，性能满足国五排放应用要求，为进入柴油车尾气催化剂市场奠定基础。

（五）加快中试产品推广应用

针对高端应用市场需求，完善钕铁硼生产设备及检测手段，开发了大功率垂直轴永磁电机和伺服电机用高性能钕铁硼产品，实现收入 628 万元；依托自主开发的稀土复合热稳定剂，与 10 多家应用单位建立供货关系，成为“一带一路”建设项目供货商，实现收入 131 万元。制订的《稀土复合热稳定剂》行业标准达到国际先进水平，有效提升了稀土院在业内的影响力；成功开发高纯稀土金属靶材制备关键技术，实现靶材成分和微观组织结构的精确控制，满足了高端显示领域对先进稀土材料的需求。建成年产 15 吨高纯稀土金属靶材生产线，实现收入 839 万元。

四、项目建设

“白云鄂博稀土资源研究与综合利用国家重点实验室”建设稳步推进。设立 5 项对外开放课题，购置辉光质谱仪等先进设备仪器17台套，完成科研投入2100多万元，提升了重点实验室装备水平。完善重点实验室管理制度，修订了《项目和人员进入条件》及《人员薪酬分配办法》，激发了科研人员创新活力。对外开放课题成效显现，发表SCI论文3篇。组织召开“学术委员会一届二次会议”，与会院士专家对重点实验室年度建设工作给予充分肯定，为2018年工作重点指明方向。

中国科学院包头稀土研发中心在稀土院揭牌成立。稀土院与该中心已共建了稀土永磁电机技术研发中心、稀土镁（铝）合金应用研发中心、白云鄂博稀土精矿清洁冶炼与资源综合利用示范线建设和查新服务站等多个科研平台。

天津分院获批国家级高新技术企业，授权发明专利7项。稀土改性铁分子筛烟气脱硝催化剂研发，在催化剂整体挤出成型方面取得突破，完成中试挤出试验，中试产品径向强度提高了200%，成本降低50%。开发油溶性纳米氧化铈制备新方法，经过工艺优化，生产效率得到提升。

依托国际科技合作基地，申报了“中欧稀土材料技术转移中心”。与蒙古国共同开展“蒙古矿综合利用技术研究”。与德国弗劳恩霍夫研究院开展磁性材料、稀土综合利用、标准建立等领域技术合作。与俄罗斯莫斯科国立大学在储氢材料领域达成合作意向。

为研制满足机器人、风力发电、智能制造等领域需求的高稳定性高性能稀土永磁材料，加快创新成果转化和创新型人才培养，与李卫院士及其团队合作组建了“包头稀土研究院稀土永磁材料院士工作站”。

五、合作与交流

与宁波材料研究所共同承担了国家重点研究计划项目“高性能稀土磁制冷材料研究”，与北京航空航天大学共同承担了国家“两机”重大专项“新型超高温热障涂层材料研究”，凸显了稀土院承接国家重大科研任务的能力。举办“第五届稀土在空天材料中的应用研讨会”，加强与北京航空航天大学在相关领域的合作；举办“室温磁制冷技术发展趋势国际研讨会”，促进磁制冷技术实用化，为研发与应用搭建沟通桥梁；举办“白云鄂博资源战略发展研讨会”，为白云鄂博健康可持续发展献计献策；承办“2017北京洪堡论坛‘稀土材料’主题分论坛”，为广泛开展中德技术交流与合作奠定良好基础；承办“2017年环保PVC热稳定剂发展论坛”，推动稀土PVC热稳定剂市场应用。

六、管理工作

实施《包头稀土研究院5S管理检查、考核、评价实施办法》，新增相关标准化作业指导书13项，制作5S标识和标牌657个、展板75块，积极宣传5S管理文化，引导职工养成良好工作习惯，顺利通过了包钢对稀土院的全年综合性5S检查。修订了《包头稀土研究院安全、环保工作计划》，制定下发稀土院质量、环境保护及职业健康安全管理目标分解表，完成了全院环境因素、危险源和法律法规的识别更新以及合规性评价等工作。结合实际积极开展“六源排查”工作。院三标体系通过了北京军友诚信质量认证有限公司的监督审核。

（韩建锋）

中南大学

一、概况

中南大学（以下简称：学校）是教育部直属全国重点大学、国家“211工程”首批重点建设高校、国家“985工程”部省重点共建高水平大学和国家“2011计划”首批牵头高校，2017年9月经国务院批准入选世界一流大学A类建设高校。学校学科门类齐全，拥有完备的有色金属、医学、轨道交通等学科体系，涵盖哲、经、法、教、文、理、工、医、管、艺等10大学科门类，辐射军事学。现有一级学科国家重点学科6个，二级学科国家重点学科12个，国家重点（培育）学科1个，国家临床重点专科61个；设有31个二级学院，104个本科专业；博士学位授权一级学科29个，硕士学位授权一级学科44个，博士专业学位授权类别2个，硕士专业学位授权类别21个，博士后科研流动站32个。材料科学、工程学、临床医学、化学、药理学与毒理学、生物学与生物化学、神经科学与行为学、数学、计算机科学、分子生物学与遗传学、社会科学总论、免疫学、精神病学与心理学、地球科学等14个学科ESI（基本科学指标）排名居全球前1%，其中材料科学排名居全球前1‰；拥有享“南湘雅”美誉的湘雅医院、湘雅二医院、湘雅三医院3所大型三级甲等综合性医院及湘雅口腔医院，湘雅医学院附属肿瘤医院、海口医院、株洲医院。

学校现有中国科学院院士2人，中国工程院院士14人，国家“千人计划”入选者57人，国家“万人计划”领军人才12人，“973计划”项目首席科学家19人（其中青年项目2人），“长江学者奖励计划”特聘、讲座教授46人，国家教学名师7人，教授及相应正高职称人员1500余人，享受政府特殊津贴专家496人。有全日制在校学生5.6万余名，其中本科生3.3万余人、研究生2.2万余人、留学生近千人。

二、主要工作

2017年，在校党委领导下，积极推动巡视整改工作，建立了3大整改台账，明确了90项整改任务，出台各类文件97个，确保巡视整改工作广泛参与、全面覆盖、落实落地。通过整改，重点解决了一批突出问题，建立健全了现代大学制度体系，巩固了意识形态阵地，筑牢了基层党建根基，加大了全面从严治党力度，凝聚了全校师生员工力量，巡视成果得到充分运用。

不断加强党的领导，党委领导下的校长负责制的体制机制更加完善，校党委常委会、校务会议议事规则和决策层次进一步厘清，修订了学校领导班子“三重一大”的决策制度，现代大学制度建设扎实推进。

出台了简政放权放管结合优化服务改革、二级学院和附属医院议事决策制度等系列文件，修订了二级单位贯彻落实“三重一大”决策制度的指导意见，管理机制更加清晰。启动《中南大学章程》修订，完成第三轮规范性文件清理工作，依法治校持续推进。

免疫学、精神病学与心理学、地球科学进入ESI全球前1%，总数达到14个，全国高校并列第12位，“双一流”建设取得显著成效。

在全国第四轮学科评估中，学校获评前10%的学科数由第三轮的4个增加到12个，全国并列第19位，其中3个学科为A+、9个学科为A-。A类学科优秀率为26%，居全国参评高校并列第21位。

在软科世界大学学术排名中，学校全球排名335位，国内排名20位；在世界一流学科排名中，学校21个学科上榜，居全国第17位，其中冶金工程位列世界第1、矿业工程位列世界第3。

在QS世界大学排名中，学校首次进入全球前800位。在THE全球大学排名中，学校首次进入全球601-800位，国内排名26位。在USNews全球大学排名中，学校位居445位，较2016年进步32位，国内排名第22位；在其学科排名中，9个学科上榜，物理学科首次进入榜单。

三、教学工作

2017年招收本科生8224人、毕业7968人；招收硕士研究生5908人、毕业4312人；招收博士研究生1208人、毕业1010人；招收留学生412人、毕业221人。启动本科大类招生、大类培养改革，将99个专业划分为25个大类。本科生理工科投档线差超过100分的省份由16个增加到20个，文科投档线差超过100分的省份由1个增加到4个。设立推免生优秀生源奖励计划，接收推免生1354人，增幅43.4%。在14个以工科为主的相关二级单位全面实行申请考核制招收博士研究生。

2017届毕业生就业率为98.34%，其中毕业本科生就业率98.02%、毕业研究生就业率98.82%。学校在《2017年最受企业欢迎高校排行榜》中位列第二，在《2018届秋招最受500强企业喜爱的高校排行榜》中位列第三。

69门课程被认定为开放式精品示范课堂，新立项建设53门，相关做法被教育部推介。有18个试点专业全面推行卓越计划人才培养模式。在湖南省高校教师教学竞赛决赛中获6个一等奖。

获批“全国双创示范基地”、首个国家级研究生联合培养示范基地。6578名本科生获创新创业项目立项，其中国家级项目立项558项，居全国高校首位。2016-2017学年，参与项目学生发表论文221篇，本科生获授权专利67项、制作科技作品73项。研究生创新项目立项927项，获资助学生发表SCI、CSSCI等高水平论文500多篇，申请专利50多项。学校60%以上的ESI高被引论文由研究生和导师共同发表。获湖南省优秀博士学位论文18篇，创4年来新高。

获批临床医学专业认证最长延期时限10年。第5次获高等医学院校大学生临床技能竞赛特等奖，居全国首位。临床医学留学生在全国首届来华留学生临床思维与技能竞赛中获最高奖——优异团队奖。“八年制医学生领军人才培养创新驱动计划”项目获国家留学基金委批准立项，构建了国外导师和国内博士生导师联合的双导师培养模式。选派65名临床八年制学生赴国外一流大学交流学习。

首次开展学位授权点国际评估，临床医学、材料科学与工程均为“优秀”。完成35个博士、硕士学位点自评估。新增社会学等6个博士学位一级学科。

四、科研工作

2017年进校科研经费10.47亿元。发表卓越科技论文2397篇，在全国高校排名中列第6位。2篇论文入选“中国百篇最具影响国际学术论文”。

获批国家重点研发计划牵头项目4项，主持课题32项。获批国家科技重大专项1项、国家社科基金重大项目1项。获得国家自然科学基金项目445项，全国排名第13位。新增国家级平台1个，新增“111”学科创新引智基地1个，总数达9个，全国高校排名首位。“癌变与侵袭原理学科创新引智基地”建设成效评定为“优秀”，3家智库入选中国智库索引（CTTI）来源智库，总数达9个；4家智库进入中国高校智库综合评分TOP100。

专利申请2016项，同比增长23.23%，其中发明专利1746项，同比增长25.07%；授权专利986项，同比增长33.97%，其中发明专利798项，同比增长44.57%。

获国家科技进步奖二等奖5项、中国专利金奖1项、湖南省首届科技创新奖2项。1人获全国创新争先奖状表彰，1人获何梁何利基金“科学与技术进步奖”，1人获第十三届“华罗庚数学奖”，1人获湖南省光召科技奖。2人入选2017年全球高被引学者榜单，2人入选科技部“创新人才推进计划”中青年科技领军人才，3人入选中国科协青年人才托举工程项目，8人入选湖南省首批人才托举工程项目。

五、队伍建设

2017年入选国家级重要人才计划20人，其中：长江学者特聘教授、讲座教授及国家杰青、“万人计划”科技创新领军人才、百千万工程人才11人，青年长江学者、全国优青和青年千人9人。引进千人计划专家、长江特聘、国家杰青等学科领军人才11人，其中以千人团队形式引进领军人才5人。柴立元教授团队入选首批全国高校“黄大年”式教师团队。

六、国际合作与交流

学校与刚果（金）外交学院共建孔子学院，实现“零”的突破，与美国加州大学旧金山分校合作举办护理学专业硕士教育项目，为湖南省和本校首个硕士层面中外合作办学项目。围绕“一带一路”倡议，与非洲、东南亚等地区国家筹办国际铁道学院取得新进展。

与美国、英国、法国等12个国家的20所大学签署了合作协议。派出留学学生1141人，招收海外新生503人，较往年大幅提升。

七、医疗工作

附属医院全年门（急）诊量793.23万人次、出院病人数36.12万人次、手术量17.87万台次。为湖南省患者省内就诊率达到98%做出了重要贡献。

积极参加城市公立医院改革，牵头成立17家专科医联体，得到国家和湖南省卫生计生委充分肯定；在全国卫生系统2015－2017年9大改善服务先进典型评选中获15个奖项；由学校专家组成的中国湖南第18批援塞医疗队获“最美援外医疗队”提名，我国驻塞拉利昂大使馆来信高度赞扬医疗队的贡献。

编制《中南大学医疗质量安全核心制度（试行）》，全面覆盖了医院医疗质量和医疗安全管理各环节。学校是国内综合性大学推出该制度的首家高校。

医疗大数据应用技术国家工程实验室（中南大学）获批建设，医学大数据所有项目全面正式上线运行。

八、定点扶贫和对口支援工作

大力推进对湖南江华瑶族自治县精准扶贫工作，组建77支队伍开展“情牵脱贫攻坚”主题实践活动；筹资589万余元，改造电网、修建饮水蓄水池和村村通公路，发动教职工捐款312.9万元用于安居工程；设计开发3条生态民俗旅游线路、20余款手工艺产品；“江华瑶族长鼓舞”入选教育部“中华优秀传统文化艺术传承基地”优秀案例。

认真落实新疆医科大学、新疆大学等对口支援工作，签署各类合作协议10个，派出援疆干部、教师、医生92人次，接受进修教师、医护人员149人次。

九、保障办学条件

完成基建投资1.9亿元，有序推进新校区体育馆（含游泳馆）等20多个项目建设，积极争取中央预算内支持“双一流”基建项目资金2000万元。争取2018年中央预算内投资建设资金1.34亿元，同比增长21.4%。科技园（研发）总部5栋共4.2万平方米科研用房基本建成，已入驻企业24家。

加强资产管理，出台无形资产、品牌管理等制度。全面清理规范所属企业。建立并完善了学校内部经济控制体系。

学校房屋资产和家具资产管理规范，公用房管理机制进一步理顺，争取政府公租房源220套。

争取到岳麓区1000万元支持对南校区、西苑等进行整体提质改造。推进服务外包工作，深入推进后勤“6T”管理。新疆特色餐厅全新开放。

完成“大后勤”项目一期研发及学校无线示范网建设。

十、党建与思想政治工作

学校把学习宣传贯彻党的十九大精神作为当前和今后一个时期的首要政治任务，深入学习贯彻习近平新时代中国特色社会主义思想。校党委常委会第一时间专题传达学习，学校举行6次大规模宣讲。出台5个指导性文件，系统推进学习培训，深入开展宣讲对谈活动。出台系列思想政治工作文件，全员全过程全方位育人机制进一步完善。积极培育践行社会主义核心价值观，“2017年度湖南十大教育新闻人物”入选者吴步晨等大学生道德模范在社会反响强烈。央视《新闻联播》《人民日报》分别推介学校思政课、大学生应征入伍做法。学校在中宣部、中央统战部、湖南省高校思政工作会议上做典型发言。“学在中南”优良学风不断巩固。研究生导师思想政治考核工作得到加强。学校获教育部2017年度高校网络舆情工作机制先进单位。

成立了学校精神文明建设委员会（文化建设委员会）。1个项目获教育部“礼敬中华优秀传统文化”系列活动示范项目。学校推进传统文化育人的做法被教育部推介。学生交响乐团被纳入教育部等三部委“高雅艺术进校园”活动项目。“中南小团子”累计11次居全国高校共青团微信公众号排行榜首位。

（金红艳）

东北大学

一、概况

东北大学（以下简称：学校）始建于1923年4月26日，是国家首批“211工程”和“985工程”重点建设的高校，2017年9月，经国务院批准，进入世界一流大学建设行列。学校占地总面积255万平方米，建筑面积168万平方米。学校现有教职工4538人，其中专任教师2711人。有中国科学院和中国工程院院士4人，外国院士4人，国家“千人计划”入选者22人，青年千人计划10人。国家“高层次人才特殊支持计划”入选者8人，教育部“长江学者奖励计划”特聘教授、讲座教授27人，国家杰出青年基金获得者23人，海外及港澳学者合作研究基金获得者16人，教育部新世纪优秀人才102人，国家“百千万人才工程”入选者14人。国家自然科学基金创新群体4个，教育部创新团队3个。学校设有100多个研究机构，其中国家重点实验室3个，国家工程（技术）研究中心4个，国家工程实验室3个。设有国家级协同创新中心2个，辽宁省协同创新中心3个。2017年底，学校全日制在校生4.5万余人，其中本科生2.99万人，硕士研究生1.14万人，博士研究生3850人。

二、人才培养

2017年通过教育部本科教学工作审核评估，以评促建、以评促改，根据专家组反馈意见制定了全面的整改方案，着力提升教育教学质量。召开人才培养工作会议，进一步明晰一流人才培养理念。积极推进人才培养模式和机制改革，全面推进“树梁计划”，启动实施本科教育卓越行动计划。以提升创新能力为核心，深化研究生教育教学改革，全面实施“卓越博士生计划”，举办“创客学堂”，不断提升研究生培养质量。加强学位授权点建设，开展学位授权点合格评估工作和新增博士学位授权点申报工作，学科结构更加优化。着力构建全员、全方位、全过程一体化育人格局，2017届毕业生就业稳中有进，本科毕业生初次就业率达95.4%，研究生为95.2%。创新创业教育体系和能力建设成效显著，学校位列中国高校创新人才培养暨学科竞赛评估十强，先后获评“全国大学生创业示范园”（全国29家）、全国深化创新创业教育改革特色典型经验高校。

三、学科建设

完善学科布局，拓宽发展空间，布局医学领域。申请增设“智能科学与技术”一级学科，推进人工智能学科布局及建设。强化学科发展内涵建设，以大数据为基础，对学科、队伍发展情况进行多维度、系统性、深度的观察分析，为学校学科建设奠定基础。积极做好第四轮学科评估工作，在第四轮学科评估中控制科学与工程进入前5%，计算机科学与技术、软件工程、材料科学与工程进入前10%，进入前10%的学科由上一轮的2个增至4个；矿业工程、机械工程、公共管理、管理科学与工程、冶金工程进入前20%，进入前20%的学科由上一轮的3个增至9个。

四、队伍建设

人事制度综合改革迈向纵深，新教师准聘长聘制度稳步推进，选人标准及学术成果明显提升；出台系列关于职务晋升、选拔聘任、引进培养等制度文件，教师发展体制机制进一步健全。紧密围绕立德树人根本任务，加强师风师德建设，信息科学与工程学院电气工程自动化教师团队入选全国首批高校黄大年式教师团队。2017年，7人入选国家千人计划，2人入选教育部长江学者特聘教授，1人入选国家百千万人才工程，2人获批优秀青年科学基金项目。

五、科学研究

深化科技体制改革，技术转移和文化辐射能力进一步增强。2017年全口径科技经费16.9亿元，获批国家自然科学基金项目195项，总经费预计1.3亿元。学校为第一完成单位负责的“热轧板带钢新一代控轧控冷技术及应用”获得国家科技进步奖二等奖。科技成果转化取得重大进展，获批教育部“高校科技成果转化示范基地”；在朝阳、辽阳、葫芦岛等试点建立科技成果研发基地，服务区域经济发展能力有效提升；与国家级中德（沈阳）高端装备制造产业园建立全面合作关系。全年发表SCI论文1650篇，较上年增长23%；国内授权发明专利589项，较上年增长55%；完成科技成果转化22项，涉及知识产权54件，科技成果转化交易金额1.18亿元。

六、社会服务

学校与沈阳市政府正式签署全面战略合作协议，以共赢为基础，实现一流大学和中心城市建设新目标。在浑南锦联产业打造1.27万平方米市场化运作的众创空间，进一步完善学校创新创业生态体系。搭建区域科技成果转化平台，在全国布局了12个技术转移分中心，推进产学研深度融合。紧紧围绕东北老工业基地振兴这一主题，充分发挥新型智库作用，主动作为，举办“2017东北振兴论坛”、“国有企业改革论坛”等，为东北振兴献计献策，学校影响力进一步扩大。2017年，学校科技产业实现年收入110亿元。学校与社会的耦合机制进一步成熟，服务东北振兴及辽沈发展的贡献进一步增强，争取社会和校友资源的渠道进一步拓展，广大校友参与学校治理的建言平台和作用得到充分发挥。

七、国际交流与合作

进一步深化国际合作，拓展交流渠道，留学生数量突破1500人，成功举办第十届中日大学校长论坛，高端外籍人才引进再获突破，外专项目专家规模位居全省第一，国际化水平的质和效明显增强。东北大学白俄罗斯科技孔子学院荣获全球先进孔子学院奖，学校国际知名度与影响力显著提升。积极搭建平台，先后组建“智慧系统国际合作联合实验室”、“中加深部开采创新研究中心”，国际科研合作水平进一步提升。

（刘　洋）

北京科技大学

一、概况

2017年，北京科技大学（以下简称：学校）入选国家“双一流”建设高校，拥有包括1个国家科学中心、1个“2011计划”协同创新中心、2个国家重点实验室、2个国家工程（技术）研究中心在内的10个国家级科研基地和50个省部级重点实验室、工程研究中心、国际合作基地、创新引智基地等。2007年，学校作为第一所教育部直属高校牵头承担了国家重大科技基础设施项目——重大工程材料服役安全研究评价设施，并负责筹建国家材料服役安全科学中心。2017年，学校牵头成立“北京材料基因工程高精尖创新中心”。

学校拥有18个一级学科博士授权点，73个博士学科点，128个硕士学科点，另有MBA（含EMBA）、MPA、法律硕士、会计硕士、翻译硕士、社会工作、文物与博物馆和20个领域的工程硕士专业学位授予权，16个博士后科研流动站，50个本科专业。学校冶金工程、材料科学与工程、矿业工程、科学技术史4个学科学术水平蜚声中外。截至2017年底，全日制在校生2.4万余人，其中本专科生13663人，研究生10125人（其中硕士生6959人、博士生3166人），国际学生985人；成人教育学院学生4030人，远程教育学生65025人。在站博士后239人。

学校始终以解决国家重大需求、引领行业技术进步为己任，创造了国家科技史上的诸多"第一"，如发明世界上第一台弧形连铸机、研制中国第一颗人造地球卫星的壳体材料、研发中国第一台大型电渣炉、第一台国产工业机器人等等。改革开放以来，学校申请专利6859项，授权专利4064项；有2000余项科研成果获国家、省、部委级各种奖励，其中国家级奖励169项。

学校拥有一支治学严谨的师资队伍。教职工总数3375人，具有正高级专业技术职务的教职工495人，具有副高级专业技术职务的教职工792人，其中专任教师1760人。现有中国科学院院士3人，中国工程院院士5人（双聘2人），国务院学位委员会委员1人，国务院学位委员会学科评议组成员5人，国家973项目首席科学家3人，国家"千人计划"（含"青年千人计划"）入选者20人，国家级有突出贡献专家15人，省部级有突出贡献专家10人，"长江学者奖励计划"特聘教授14人、讲座教授4人、青年学者2人，国家杰出青年科学基金获得者20人，"万人计划"领军人才3人、青年拔尖人才3人，国家级教学名师2人，国家百千万人才工程人选18人，国家优秀青年科学基金获得者11人。

二、学科建设水平不断提升

2017年，学校科学技术史、材料科学与工程、冶金工程、矿业工程4个学科进入一流学科建设行列，入选学科数列全部137所高校的第26位（6校并列）。学校召开"双一流"建设方案论证会，编制完成《北京科技大学一流学科建设高校建设方案》。在全国第四轮学科评估中，学校25个参评学科共获评2个A+、1个A和6个B+等，16个学科进入前30%，3个优势学科位列前10%。8个学科进入"QS世界大学学科排名"500强。此外，仪器科学与技术、马克思主义理论两个博士点申报通过审核进入公示阶段。

三、人才培养质量稳步提高

学校坚持以人才培养为中心，召开本科教育教学工作会议，全面实施2017版培养方案，进一步推进完全学分制改革，完善本科教学质量保障体系，深化学生创新创业教育和实践能力培养。2017年，学校《形势与政策》入选2017年国家精品在线开放课程，顺利完成环境工程、冶金工程等5个专业的工程教育专业认证。进一步深化研究生培养机制改革，扩大二级单位和导师招生自主权，制定2017版研究生培养方案，出台《北京科技大学学位评定委员会章程》。顺德研究生院建设进展顺利。继续教育、远程与成人教育和国际合作教育稳步开展，管庄校区与学校实现了实质性融合。

学校2017届毕业生整体就业率达96.64%，其中研究生就业率98.48%，本科生就业率95.08%，用人单位对学校毕业生的总体满意度达到98.65%。

四、师资队伍建设取得新成效

实施"北科学者"人才支持计划，建立院士工作平台，试行教师学术休假制度，推动融合创新研究院建设，全方位加大高层次人才、创新团队和优秀青年教师培养引进力度。持续深化人事制度改革，进一步扩大二级单位人事自主权，修订专业技术职务评聘政策，完成全校各类人员新一轮岗位聘任工作，努力推动校聘劳动合同人员"同工同酬"，进一步调动了教职工投身学校发展的积极性。

五、科学研究和成果转化取得新突破

坚持服务国家重大战略和北京市"全国科技创新中心"建设，发挥特色和交叉协作优势，高水平团队和平台建设取得重要进展。先后成立精准医疗与健康研究院、平谷生物农业研究院，吸引了以诺贝尔奖获得者穆拉德院士为首的多名国际顶尖科学家。召开军民融合创新研讨会，建议发起成立北京科技大学军民融合雄安联盟，举办首期"先进装备制造及关键材料专家大讲堂"。

2017年，学校全口径科技经费13亿元。国家自然科学基金和人文社科项目立项数量均创历史新高，吕昭平教授和罗海文教授的科研成果在

《Nature》和《Science》发表，陈飞武教授的文章位居2007－2016年高被引论文排名第8位。校地、校企合作稳步推进，与26家企业、政府签订合作协议。

六、国际化进程持续加快

2017年，学校召开国际化工作会议，提出新时期国际化发展愿景和规划，明确国际化建设定位，积极谋划“一带一路”国际合作新布局。

深入推进与鲁汶大学、日本东北大学、巴黎第十一大学、李约瑟研究所等机构的高层次战略合作，参与中欧工程教育联盟、欧亚太平洋大学联盟。成立的东盟研究中心入选教育部备案名单，与泰国农业大学联合开展我国首个“一带一路”材料环境腐蚀研究的国际合作项目，与新南威尔士大学、亚利桑那大学等11所知名高校新建合作关系。

七、党建与思想政治工作再上新台阶

2017年，学校深入学习宣传贯彻习近平新时代中国特色社会主义思想和党的十九大精神，召开学习宣传贯彻专题部署会，确保学习宣传“六个纳入”。学校党委理论中心组围绕党的十九大精神等内容组织专题学习16次。坚持做好意识形态工作，落实意识形态工作责任制，进一步强化了阵地管理与舆情研判工作。

学校认真贯彻落实全国高校思想政治工作会精神，召开了学校思想政治工作会议，扎实推动教职工理论学习，不断加强师德师风建设。年内，4位教师获评“北京市优秀教师”、1位教师获评“北京市优秀教育工作者”。圆满完成了北京市党建评估工作，并以完善体制机制为抓手，推进“两学一做”学习教育常态化制度化，强化院、系党的领导和党组织政治核心作用的发挥，层层压实主体责任，党员先锋模范和基层党支部战斗堡垒作用得到有效发挥。

学校进一步完善干部选拔任用机制，修订《处级干部选拔任用工作规定》、《校外挂职干部管理办法》，积极稳妥推进新一轮机关、直属单位及学院行政领导班子集中换届工作。完成新任处级干部和青年干部培训工作，选派24名干部赴教育部、北京市、甘肃省等进行挂职锻炼。

学校持续巩固党风廉政建设成效，全面落实中央八项规定精神，持续加强惩治和预防腐败体系建设，严肃规范开展执纪审查工作，践行监督执纪“四种形态”，实施干部谈话制度，坚持纪在法前、纪严于法。

学校坚持文化育人，制定发布学校文化建设规划。以65周年校庆为契机，举办“魏寿昆科技教育奖”颁奖活动，确定《北科华章》、《摇篮颂歌》为校歌，设立求实、鼎新、五环、青年4座文化广场，学校文化精神得到进一步凝练。

（倪　阳）

北方工业大学

2017年，北方工业大学（以下简称：学校）贯彻落实习近平新时代中国特色社会主义思想和党的十九大精神，认真落实北京市十二次党代会精神，全面贯彻全国和北京市思想政治工作会议精神，按照学校第八次党员代表大会提出的新时代学校发展目标，以“四大工程”和“四大任务”为抓手，大力推进改革发展建设，学校各项事业呈现出良好的发展态势，朝着建设在国内外有重要影响、特色鲜明、优势突出的高水平工业大学迈出了坚实的步伐。

一、认真学习宣传贯彻党的十九大精神，用习近平新时代中国特色社会主义思想武装全校师生

（一）全面部署推动，开展立体化宣讲

校党委及时制定了学习宣传贯彻党的十九大精神的《学习方案》、《工作安排》、《宣讲方案》、《中心组学习计划》方案，带领班子、领导干部和师生员工认真学习领会党的十九大报告和党章，组建学校党的十九大精神宣讲团、大学生宣讲团，开展立体化、分众化、规模化的宣讲活动。

（二）打造“三大品牌”，强化学习效果

打造理论学习特色品牌，安排学校理论学习中心组8次专题学习会，邀请十九大代表及知名党建专家做十九大精神辅导报告；打造党课辅导特色品牌，校领导多次举办干部、师生多层面的十九大主题党课，举办“毓秀青年”中国特色社会主义理论培训班专题讲座，对民主党派负责人和党外代表人士、学工干部、学生骨干等进行培训；打造校园文化特色品牌，搭建十九大精神宣传矩阵，组织系列主题活动。“党的十九大和十九岁的我”主题班会、“拥抱新时代、践行新思想、

展现新作为”——学习宣传贯彻十九大精神系列主题教育实践活动等两项成果被北京市教工委评为北京高校学习宣传贯彻党的十九大精神优秀项目。

（三）建好教育主渠道，推进“三进”工程

校党委把十九大精神纳入思想政治理论课教学计划，在“形势与政策”课中开设“学习党的十九大精神”专题。思政课教师参与了北京市教工委党的十九大精神“三进”《思政课教学建议》编写工作。打造十九大精神“精彩一课”，提升思政课教学吸引力感染力说服力，提高课堂教学的“到课率”“抬头率”“点赞率”。

二、以党风廉政建设为抓手，深入推进全面从严治党

（一）“两个责任”形成合力，压实管党治党政治责任

校党委常委会、党委（扩大）会全年学习、研究、部署全面从严治党、党风廉政建设重要工作27次、64个事项。召开年度党风廉政建设工作会，学校党委书记、纪委书记带头上廉政党课，逐级签订个性化责任书暨承诺书，全体校领导带队开展年度责任制检查。实行主体责任全程记实制度。出具党风廉政意见85人次，建立了干部廉政档案。出台《加强纪检监察队伍建设实施意见》。深入推进党风廉政宣传教育和研究，成立了学校反腐败法治研究中心。

（二）抓好巡视整改，开展专项整治行动

校党委持续推进巡视整改，58项任务已全部完成。组织开展巡视整改落实及重点领域制度执行情况监督检查，进一步巩固巡视整改成果。深入开展“为官不为”“为官乱为”和“师生身边的不正之风和腐败问题”专项治理。按照上级部署或配合上级开展专项工作16项，均获得较高评价。

三、本科教育质量稳步提升，教学水平持续增强

（一）教育质量工程取得新成绩

学校召开了教学工作会议，启动了本科教学审核评估工作，进一步加强了教学工作的核心地位。大力开展一流专业建设，电子信息工程专业入选北京市第一批一流专业。英语、计算机科学与技术、会计学三个专业在北京市普通高校本科专业评估中均取得第3名的好成绩。1名教师入选北京市教学名师。成功申报电子信息工程、电气工程与自动化两个专业参加教育部工程教育认证，凝练、遴选推荐了19项教学成果申报北京市高等教育教学成果奖。

（二）生源质量稳中有升

录取普通本科生2547名。在普通本科招生的27个省市中，理工类提档线超过一本线20分的省市达到21个，其中超过一本线50分的省市达到10个。录取超过一本线50分或达到一本线110%的优秀考生606人，比2016年多101人。

（三）英语教学成果显著

大学英语四级考试通过率达到74.92%，超出北京地区高校首次平均通过率近31个百分点。

（四）毕业生质量保持高水平

应届本科毕业生2714名，本科毕业生考研和出国深造率逐年上升，达到31.14%（不含高职升本），位居市属高校前列。本科毕业生就业率为99.26%，连续多年保持在96%以上，高于北京高校平均水平。毕业生对就业工作的满意度超过90%。

（五）实践教学成效显著

学校组织学生参加校外各类学科竞赛60余项，获省部级及以上奖励844人次，其中国家级奖项115项，省部级奖项401项。获得“挑战杯”课外学术科技作品竞赛全国三等奖1项，北京市一等奖4项、二等奖2项、三等奖4项以及优秀组织奖。成功举办“2017年北方工业大学教学成果及学生创新创业作品展”。培育并推荐16项学生作品参加“第六届大学生科技创新作品与专利成果展示”推介会，获市级三等奖2项和最佳组织奖。学校获评“北京地区高校示范性创业中心”。

（六）继续教育发展态势良好

招收继续教育新生940人，比2016年增加66人。2017年春季新生入学后在校生2803人，其中本科生1412人，专科生1391人。培养毕业生1344人，其中本科毕业409人，专科毕业935人。

四、研究生教育持续推进，学科建设不断加强

（一）学科建设成效明显

学校共有12个一级学科进入全国第四轮学科评估前70%行列。投入专项经费1307.7万元开展优势学科建设，进一步提升了学校核心竞争力和学科建设整体水平。

（二）研究生教育发展态势良好

第一志愿考生上线率61.39%，比2016年增长了11.7%。硕士生报考人数为1574人，再创历史新高。全日制研究生招生录取774人，在校研究生规模达2271人，其中全日制研究生1920人（博士生18人、硕士生1902人），留学研究生52人，非全日制及在职硕士研究生299人。

（三）毕业研究生学术水平和就业率保持较高水平

2017年毕业研究生并授予学位694人，其中全日制毕业研究生592人，博士生2人，留学生15人，在职研究生85人。毕业研究生就业率达到95.08%。毕业研究生共发表核心期刊及以上论文269篇，申请专利63项。研究生学科竞赛共获得国家级一等奖5项，二等奖8项，三等奖7项，省部级36项，为历年之最。

五、科研工作取得新进展

（一）科研项目明显增加

2017年科研到款1.17亿元，比2016年增加了近30%。共获得国家社科基金、国家自然科学基金、北京市自然科学基金、北京市社科基金项目等纵向科研项目达到163项，比2016年增长了43%。

（二）高水平学术成果有所增长

2017年度共发表学术论文1835篇，比2016年增长了40%，其中SCI，EI等检索期刊418篇，比2016年增长了26%；获授权发明专利等知识产权162项，比2016年增长了13%；获国家和省部级奖项46项，比2016年增长了109%。

（三）产学研一体化不断深化

学校新增“节能照明电源集成与制造北京市重点实验室”“环保检测与控制工程技术研究中心”“混合流程工业及自动化系统国家重点实验室——北方工业大学研究基地”3个省部级研究机构，成立了“京西经济社会发展”“新兴风险”“智能制造”“控制工程”“海绵城市与地下空间”等5个研究院。与北京科学技术研究院签署战略合作协议，参加了“京津冀科研院所联盟”，参与多个省部级重要协同创新中心的建设，参加中美百项技术成果对接交流会，全面促进学校技术成果深化、转化、落地。

六、人才强校成效突出

（一）专任教师队伍实力进一步增强

2017年引进各类人才28人。目前，学校在编教职工1020人，其中专任教师823人，具有高级职务426人，专任教师中高级职务比例达50%。

（二）高层次人才建设工作成绩突出

2017年引进谭建荣双聘院士，中组部千人计划专家2人。聘任13名国内外著名学者为兼职教授，其中包括国外首席科学家、海聚工程专家、教育部长江学者、杰出青年等国家一流高层次人才。入选长城学者、青年拔尖培育人才、百千万人才等市级人才项目20人次，北京市高水平创新团队2个。

（三）人才队伍培养力度进一步加大

投入专项经费251万元，遴选了11个校内创新团队、10名长城学者后备人才、18名青年拔尖人才；投入专项经费53万元，资助了41个“优秀青年教师培养计划”项目。资助培训经费86万元，组织教师参加各类培训1215人次。2名教师获北京市优秀教师，1人获北京市优秀教育工作者。

（四）新一轮全员岗位聘任顺利完成

学校以“学院办大学”为导向深化人事制度改革，采取学校统筹规划、校院（处）两级协调配合、学院（处）自主实施的两级岗位聘任模式，加强编制管理与岗位管理，2017年度共晋升评聘和职务认定51人，其中正高9人，副高21人。完成了2016－2017学年度考核、聘期考核工作。

七、学生综合能力不断提高

（一）大学生思想政治教育工作取得良好成绩

电子信息工程学院电14－5班获评北京高校“优秀示范班集体”称号。计算机学院计算机本科学生第一党支部获评2017年北京市高校红色“1+1”示范活动二等奖。1名辅导员获2017年全国高校学生辅导员年度人物提名奖，1名辅导员获得北京市优秀党务工作者称号。

（二）加强和改进学风建设

以“敦品引航，励学成才”为主题，开展新生引航工程系列教育活动。通过校领导讲堂、院士讲堂、“励学茶座”、中秋茶话会等形式，为新生讲好开学第一课。打造了“博远工程1946”“优斋计划”“浩学成长激励计划”等一批学生工作精品。

（三）大学生社会实践活动丰富精彩

学校获评首都大学生暑期社会实践先进单位，

2 支团队获评首都大中专学生暑期社会实践百强团队三等奖，2 支团队被中国青年报评为 2017 年最佳实践团队和优秀团队。

（四）心理健康和国防教育屡获嘉奖

学校在北京市心理健康节获得市教育工委嘉奖 8 项，心理健康教育暨咨询中心获得优秀组织奖。学校国防教育主题鲜明，获评“国防教育特色学校”。

（五）高质量学生活动品牌项目不断涌现

以挂职驻村“第一书记”因公殉职的李卫朝同志为原型的原创报告剧《初心》顺利公演，舞蹈《佳茗行》获北京大学生舞蹈节金奖，原创话剧《我们？我们！》获北京大学生戏剧节银奖。

（六）资助工作精准到位

本科生共发放各类资助资金近 2000 万元。研究生共发放各类奖助学金 2439.9 万元。留学生共发放各类奖学金 331.4 万元。

八、国际化办学水平进一步提升

（一）开放办学战略成果丰硕

学校成为国家政府奖学金外国留学生接收院校、获批“一带一路”国家卓越工程师国际人才培养基地建设项目。同美国纽约州立大学奥尔巴尼分校等 12 所高校建立了校际合作关系。积极推进与美国阿拉巴马大学亨茨维尔分校、英国华威大学、澳大利亚迪肯大学开展中外合作办学事宜。

（二）留学生规模不断扩大

学校接收长、短期外国留学生 884 人次，与 2016 年相比增长 18.8%。其中，长期留学生 620 人次（含学历留学生 402 人次），短期留学生 264 人次，长期留学生总人数比上一年度增加 13%。

（三）因公派出和学生赴境外交流学习规模进一步扩大

学校共派出了 67 个因公出国（境）团组 130 人次参加学术会议、研修、讲学等。有 359 名学生赴国（境）外高校交流学习，比 2016 年增长了 11.8%。

（刘　侠）

江西理工大学

一、概况

江西理工大学（以下简称：学校）是一所以工学为主，理工结合，管理学、经济学、法学、文学、艺术学、教育学等多学科协调发展，博、硕士研究生教育与本科教育并举，面向全国招生和就业，并有权接收华侨及港澳台学生和留学生的教学研究型大学；是宝钢教育奖评审高校；是我国有色金属工业和钢铁工业重要的人才培养和科研基地，被誉为“有色冶金人才摇篮”。

二、学生培养

（一）大力推进一流本科教育建设

本科教学工作审核评估整改工作有效落实，4 个专业开展大类招生大类培养试点，24 个本科专业参加江西省本科专业综合评价。积极开展实践教学，2017 年共安排 9000 多人次进行集中实习实训，支出实习经费 278.84 万元，加强了实践教学环节和本科毕业设计过程管理。获江西省优秀教学成果一等奖 1 项、二等奖 5 项，获批江西省在线开放课程 3 门、立项教材 12 部。

（二）不断深化创新创业教育改革

成立创新创业学院，建立了“三融三互三促”创新创业教育机制。获批“全国创新创业典型经验高校 50 强”，成为全省第 2 所获此殊荣的高校；获批“江西省大学生创新创业示范基地”。获批国家级大学生创新创业训练计划项目 30 项，立项校级大学生创新创业训练计划项目 60 项。入选江西省大学生创新创业优秀导师 1 人，入库全国万名优秀创新创业导师 2 人。获第三届中国“互联网+”大学生创新创业大赛银奖 1 项、铜奖 1 项，获省赛银奖 2 项、铜奖 2 项，创历年最好成绩；获第十五届“挑战杯”江西赛区总决赛优秀组织奖和 13 个奖项。

（三）不断加强研究生培养工作

博士人才培养项目有效实施，自主培养的 5 名博士研究生顺利毕业，实现了学校和赣州发展史上零的突破；全年研究生招生 1015 人，首次突破千人；研究生在各项赛事中取得优异成绩，获全国一等奖 6 项、二等奖 19 项、三等奖 38 项，获省级一等奖 7 项、二等奖 22 项、三等奖 27 项；获省级研究生教学成果奖一等奖 3 项、二等奖 2 项（全省第三），获省级研究生优质课程建设项目 3 项（全省第四），获省级优秀硕士学位论文 16 篇（全省第五）；获国家级优秀硕士学位论文 1 篇，成为江西省唯一入选学位论文，实现零的突破。

（四）有效规范学生教育管理

进一步加强学生管理工作，根据教育部41号令修订或起草了《江西理工大学学生管理规定》等9个文件。学风建设成果丰硕，2017届毕业生的毕业率、学位授予率、考研率、就业率均有提高，结业率、留级率、学业警示率均有下降，学校平均考研率达16.9%。认真做好学生服务工作，全年为3583人办理生源地助学贷款2595万元，为5652人发放国家奖助学金1850.8万元。

（五）有序开展继续教育与培训工作

成人高考录取新生2010人。积极服务地方与行业，与鹰潭市政府、宁波兴业集团、江西中烟赣州卷烟厂、赣州市国税局等开展培训合作，培训人次超过2000人。组建赣州市企业家培训学院，筹建继续教育与培训学院兴国分院。

三、学科建设

2017年，学校在学科建设上取得了重大进展。积极争取了学校申报博士学位授予单位享受西部高校政策，为申博成功赢得了极大的政策优势。精心组织，积极走访相关单位，大力宣传推介学校，得到同行的广泛理解和支持。2017年10月31日，江西省第十二次学位委员会会议投票通过学校作为江西省唯一高校推荐到国家复审。

学校在内涵建设方面得到切实加强，有3个学科获批江西省一流学科，其中冶金工程为优势学科、矿业工程为成长学科、材料科学与工程为培育学科，共获得2.42亿元学科建设专项经费，获批学科数量和立项建设经费在全省高校中位列第五。参加国家第四轮学科评估，矿业工程、冶金工程、材料科学与工程、计算机科学与技术、测绘科学与技术、马克思主义理论、工商管理等7个学科榜上有名，入选数量位列全省高校第四。获批江西省首批“特色马克思主义学院”建设单位。推进了学科分层分群建设，学校8名教授入选江西省第二届学科评议组成员，冶金工程等学科进入艾瑞深校友会学科排行榜和上海软科学科排行榜。

四、科学研究

（一）科研项目申报硕果累累

新增科研项目424项，科技经费总额1.3亿元，其中R&D经费1.17亿元。获批国家级项目63项，其中国家自然科学基金项目54项、国家社科基金项目6项、国家重点研发计划项目（子课题）3项，为历史最高。

（二）科技成果培育和转化成效明显

获江西省自然科学一等奖1项、江西省社会科学优秀成果奖10项。发表SCI、EI检索论文226篇，其中2篇进入ESI1%高被引用论文。授权国家发明专利111件。柔性锂电池团队8项专利技术顺利转让北京东旭光电股份有限公司，成果转化经费达1650万元。新型智库建设取得新进展，有色金属产业发展研究中心被评为全国高校智库100强，1成果入选《江西日报》省社联重点研究基地智库成果选登专刊。

（三）科技平台建设卓有成效

获批组建江西省新材料研究院。联合江铜、江钨、南方稀土集团等成立稀土新材料研究院有限公司，注册资金1亿多元。与赣县区政府共建的中国稀金（赣州）新材料研究院正式挂牌成立，将无偿获得250亩左右土地及9.1万平方米建筑。获批江西省重点实验室2个、“5511工程”和国家重大科技创新平台培育项目2项、赣州市工程研究中心7个。院士工作站入选全国示范院士专家工作站。国家离子型稀土资源高效开发利用工程技术研究中心和离子型稀土资源高效开发及应用省部共建教育部重点实验室通过验收并获优秀。江西省离子型稀土资源高效开发及应用“2011协同创新中心”通过省级评审验收。钨与稀土资源高效利用国家重点实验室被列入省部会商优先支持项目。分析测试中心作用进一步发挥。

（四）期刊影响力显著提高

《有色金属科学与工程》复合影响因子位列全国TF冶金类期刊第10位，《江西理工大学学报》复合影响因子在全国423种理科综合类学报期刊中位列第103位，均为历史最好。成功获批《钨科技》（英文）期刊，填补了江西省英文期刊的空白。

五、人才队伍建设

2017年，学校修订出台了《工作绩效评价办法》、《绩效工资实施方案》、《重要业绩奖励办法》、《专业技术资格申报条件》等一系列人事人才工作文件。优化学校机构设置，调整相关部门干部职数和机构职能，实现科级干部从虚职向实职的变革。

2017年，学校引进国家级人才4名，其中引进中科院“百人计划”A类人选2人，柔性引进教育部“长江学者”特聘教授1人、国家杰出科学基金获得者1人，实现国家级人才引进的新突破。新增优秀博士100名，其中海外留学博士5名；博士教师达517名，占比达38.2%。博士后流动站自主招收博士后5人，博士后工作站联合招生4人。成功举办“钨与稀土等国家战略资源开发利用与可持续发展”全国博士后学术论坛。

在积极做好优秀人才选拔推荐工作方面，学校获批了“新世纪百千万人才工程”国家级人选1人、江西省“百千万人才工程”人选3人、“西部之光”访问学者1人、中央博士服务团人才1人。入选“全国高校黄大年式教师团队”1个。组织遴选了第二批“清江人才计划”人选。

六、党建与思政

（一）党建工作水平不断提升

以学习、贯彻党的十九大为主线，开展了系列活动，制定了学习宣传贯彻方案。注重先学领学促学，校党委中心组全年集中学习14次，邀请省委常委、赣州市委书记李炳军和省人大常委会副主任朱虹等来校作辅导报告。领导班子建设持续加强，校领导班子被评为好班子，并有2位校领导个人年度考核被确定为优秀等次。干部队伍建设切实强化，修订了《干部选拔任用管理实施办法》，出台了《推进干部能上能下实施细则》等系列文件，建立了中层干部承诺、宣誓制度；顺利完成新一轮中层干部聘期轮岗、选任工作，得到省委组织部高度认可并在省内高校推广；做好了科级干部转任、转岗、选任和聘任等工作；派出挂职干部19人。基层组织建设进一步夯实，第五轮“三联系”工作有序推进，抓好了“连心、强基、模范”三大工程，培植了“党建+服务区域”品牌；加强了对各二级党委（总支）的指导监督检查，配齐了专兼职组织员队伍，建立了党课台账考核制度，提高了党建工作在学校考核中的权重，开展了二级党组织书记抓基层党建述职考核工作；顺利完成全校24个二级党委（总支）、158个党支部换届工作，进一步规范了党员活动经费使用管理，发展预备党员922名，预备党员转正557名。推进党建工作项目化、品牌化，获评全省基层党建工作优秀案例5项、省级党建研究项目5项。召开了纪念中国共产党成立96周年暨“七一”表彰大会，评选表彰优秀共产党员110名、先进预备党员37名、优秀党务工作者23名、先进基层党组织17个。

（二）意识形态工作责任制有效落实

切实抓好意识形态与网络安全工作，成立意识形态工作领导小组，意识形态工作纳入党委工作考核体系，形成了党委统一领导、党政齐抓共管、宣传部门组织协调、有关部门分工负责的工作格局；强化意识形态阵地管理，建立了哲学社会科学报告会、研讨会、讲座、论坛等“一会一报”“一事一报”制度；加强了网络宣传管理和评论员队伍建设，开展了二级单位网站清理整顿，编印《网情专报》10期、《网情快报》1期。

（三）思想政治工作有力加强

召开了思想政治工作专题党委会和1500余人参加的全校思想政治工作会议，对加强和改进思想政治工作进行了系统谋划。制定下发了《关于加强和改进新形势下思想政治工作的实施意见》等“1+N”文件。建立了思政工作联席会议制度。扎实推进思想政治理论课教学质量年专项工作，开展了思政课教师集体备课等系列活动。推进思想政治工作改革，启动了文化建设与管理改革、“课程思政”教育教学试点改革，推进了校院两级党政负责人讲授思政课、毕业生德育答辩试点、思想政治理论课教师队伍建设、优秀网络文化成果认定等工作。积极开展文明单位创建工作，成功获批赣州市文明单位。配合赣州市成功创建全国文明城市，学校荣获创建全国文明城市先进集体，11人荣获创建全国文明城市工作优秀志愿者。加强师德师风建设，完善了《思想政治、意识形态工作及师德师风建设考核办法》，组织评选了师德师风示范学院和师德师风工作先进单位，积极开展向黄大年、支月英、江风益、陈米宋等校内外典型人物学习活动。有效开展大学生思想政治教育，打造了分层、分类、分年级、分学期的思想政治教育新模式；抓好相关时间节点的专题教育，重点做好了新生入学教育和毕业生离校教育；完成“学雷锋创三好”先进集体、先进个人等各类评先评优和奖励工作，强化了先进典型示范引领教育。

（四）宣传工作再上台阶

学校在中央电视台、《人民日报》、新华社、中国新闻社、江西电视台、《江西日报》等主流媒体发表各类新闻近2000篇。学校再次在央视新闻联播亮相，中央电视台新闻直播间等全国媒体聚焦学校思想政治工作，《人民日报》以近2000字的篇幅报道学校党委书记体验学生生活。教育部“迎接十九大，教育看变化”中央媒体采访团走进学校，集中报道学校思想政治工作，引起社会各界强烈反响。学校在《中国教育报》、中国教育电视台刊播新闻达11条，在江西教育电视台多次接受专访，在新华社、中国新闻社等权威媒体刊发通稿12篇。内宣工作实效进一步提升，改版了校园网主页，校园网发布校园要闻516条、校园传真稿件430条，出版《江西理工大学报》23期，拍摄、制作、播出校内电视新闻248条，完成现场全程录像、现场会议直播、电视转播39场次，制作申博答辩视频等8个专题。学校官方微信列腾讯微校中部排行榜第五名，“江小理”入选首批江西青年新媒体工作站。获评中国高校校报好新闻二等奖1项、三等奖3项，江西省高校校报好新闻奖一等奖1项、二等奖4项、三等奖1项。

（五）党风廉政建设深入推进

学校党委认真履行党风廉政建设主体责任，党风廉政建设与业务工作同研究、同部署、同检查、同落实，全年召开12次会议专题研究部署党风廉政建设和反腐败工作，校党委书记与校领导班子成员、校领导班子成员与分管（联系）部门（单位）负责人分别签订党风廉政建设责任书。纪委切实履行党风廉政建设监督责任，明确了纪检监察工作要点、党风廉政建设和反腐败工作任务分工，大力推进“三转”，立足“监督的再监督”“检查的再检查”，加强对重点领域和关键环节的监督，不断推进源头治理，有效防控廉政风险。校领导班子成员强化“一岗双责”，把管党治党要求融入分管业务工作。加强了党风廉政制度建设，出台《推进干事创业实行干部容错减责免责的实施办法（试行）》等文件。全面落实巡视整改任务，遗留的5件问题线索已办结4件，学校巡视整改工作成效得到省委巡视组充分肯定；对照省委巡视办通报的第十四届省委第一轮巡视发现的倾向性问题，及时开展了问题查摆和整改工作。

七、国际及港澳台合作交流

国际化人才培养取得突破。孔子学院学生累计超过1100人次。对接“一带一路”建设，服务三峡南亚投资有限公司，获批与巴基斯坦旁遮普大学合作举办“2＋2”电气工程专业本科教育。成立国际教育学院，全面启动全日制留学生招生工作和来华留学奖学金项目申报工作，全年到校注册博士、硕士、本科留学生74人，泰国宋卡王子大学31名学生来校进行一个学期的中文研修。获批国家留学基金委“优秀本科生国际交流项目”，首次争取到国家公派留学基金经费支持。“学分互认双学位项目”4个国际班招生116人，全年共派出各类留学生65名。华文教育基地圆满完成中华文化大乐园－意大利罗马营项目和中国寻根之旅－客家文化营项目。

大力开拓国际交流与合作。与英国阿尔斯特大学、加拿大皇家学会科学院、加拿大劳伦森大学、瑞典核燃料废物管理公司、德国莱比锡应用技术大学、日本电化株式会社等开展产学研合作，取得阶段性成果。成功获批建立巴基斯坦国别研究中心。

（宋友凯）

嘉兴学院

嘉兴学院（以下简称：学校）有越秀、梁林、平湖3个校区，校园面积1800亩。下设17个教学单位、2个直属科研机构，全日制在校本科生1.5万余人，独立学院在校本科生近8000人，成教在册生8000余人。教职工1867人，其中，高级职称教师571人，博士学位教师453人。设有54个本科专业，涵盖经济学、医学、管理学、艺术学等9大学科门类。有国家级特色专业2个，省级重点、优势（建设）、特色建设专业14个，国家级实验教学示范中心1个，省级实验教学示范中心6个。有省级一流学科6个，教育部人文社科重点研究基地1个，省级重点实验室1个，省级创新服务平台3个，省级工程技术研究中心1个，省级院士专家工作站1个，省高校产学研联盟中心1个。教学科研仪器设备总值3.5亿元，图书馆纸质藏书195万余册、电子藏书175万余册。

2017年，学校深入学习贯彻党的十九大、全国高校思想政治工作会议精神，以学校“十三五”规划确定的目标任务为引领，以加强应用型建设为主线，坚持聚精会神谋发展、深化改革促转型、聚焦重点求突破，在党的建设、人才培养、师资队伍、科学研究、综合改革、对外交流合作等方面取得了较大进步，综合实力进一步提升。学校在浙江省教育厅普通本科高校分类评价中继续保持教学为主型综合性高校第1名。

一、党建和思想政治工作不断强化

学校大力推进二级学院党委领导下的院长负责制试点工作并取得积极成效，试点学院由2个扩展到5个，试点类型由1种扩大到3种；出台了《关于加强新形势下基层党组织建设的实施意见》，深入推进“两学一做”学习教育常态化制度化；组织实施党员先锋指数、支部堡垒指数考评，开展党建特色品牌、党建示范点评选与“六个一”等特色党建活动，全年共评选产生10个党建示范点、10个党建特色品牌；召开学校思想政治工作会议，出台《关于加强和改进新形势下思想政治工作的实施意见》、《网络意识形态工作责任制实施细则（试行)》等文件，稳步推进思想政治理论课专项改革；大力弘扬红船精神，研究制定了《关于大力弘扬红船精神扎实推进高水平应用型大学建设的实施意见》，“红船精神”融入思政教育工作得到中央电视台《新闻联播》等多家媒体报道；组织开展二级单位内部巡查试点工作，党风廉政建设责任进一步压实。

二、人才培养质量不断提高

修订《嘉兴学院学生学籍管理规定》、《嘉兴学院全日制普通本科生转专业管理办法》等管理制度，教育教学管理机制更加规范。出台了《嘉兴学院关于深化创新创业教育改革的指导意见》、《嘉兴学院学分累积与转换管理办法》等制度，创新创业教育的政策环境和工作机制进一步优化。与嘉兴经济技术开发区、平湖市政府、阿里巴巴集团等单位和企业签订包括共建附属幼儿园在内的18项重大合作协议。5个校企合作项目被教育部认定为全国高校第一批产学研合作协同育人项目，中兴通讯ICT产教融合创新基地项目荣获2017年度“中国校企合作好案例”奖。11部教材入选浙江省普通高校“十三五”首批新形态教材，立项数全省高校排名第二，嘉兴学院大学生创业实践园获批国家级众创空间。录取新生6393人，毕业生初次就业率为97.20%，考取研究生400人。学生A类学科竞赛获省级以上奖项182项，比上年增长42.1%，其中省级一等奖及以上获奖数比上年增长87.5%，学科竞赛总成绩位列全省高校第12位。组织学生参与各类社会实践活动2.6万人次，连续3年获评全国大学生社会实践活动先进单位，被列为全省两所青马工程改革深化试点学校之一。

三、人才队伍建设不断加强

坚持“人才优先发展”战略，成立学校人才工作专门委员会，构建了党委统一领导、党政齐抓共管、校院协同推进的工作格局。出台了《嘉兴学院人才引进管理办法》、《嘉兴学院海内外高层次人才柔性引进管理办法（暂行)》，进一步优化引人用人环境，规范人事管理。全年新增教职工112人（不含独立学院)，引进以“国家千人计划”李溪教授为领军人才的学术团队，实现国家级人才团队引进零的突破，引进“省千人计划专家”1人，学科带头人6人、学术带头人4人、学术骨干教师9人、博士51人。新增钱江人才D类项目1人，省151人才工程第三层次培养人员1人，省高校中青年学科带头人9人，嘉兴市精英引领计划等市级各类人才13人。新增双师型教师53人、教师出国（境）访学31人、取得博士学位9人、博士后进站研究8人、国内访学8人，新聘外聘教授等各类人才28人。

四、科研层次和水平不断提升

加强科研投入力度和组织化程度，修订《横向课题经费管理办法》等科研管理制度。全年共获省部级以上科研项目立项114项，比上年增长37.34%。新增省级科技成果奖7项，国内一级及以上（含SCI、EI）期刊论文257篇，获授权发明专利68项。产出《马克思主义在中国早期传播史料长编（1917-1927)》等重要成果，在《光明日报》、《人民日报》等报刊发表理论文章10余篇，中国共产党创建史研究中心获批浙江省人文社科重点研究基地，马克思主义学院入选浙江省重点马克思主义学院建设单位。同嘉兴市发改委等部门共建浙江省全面接轨上海研究中心，与市文化广电新闻出版局共建嘉兴地方文化研究中心。

五、校内综合改革不断深化

出台新一轮《嘉兴学院二级学院经费核拨办法》等制度，推出第二批简政放权事项17项，进一步推进管理重心下移。出台《关于深化平湖校区管理体制改革的实施意见》细化方案，加快推进平湖校区与本部的深度融合。全面落实《深化后勤管理体制改革的指导意见》，后勤服务质量进一步提升。修订校学位评定委员会等31个非常设机构工作规则，进一步推进民主管理。深入开展“服务质量提升年”专项活动，逐步推动学校管理从“管制型”向“服务型”转变。修订《嘉兴学院合同管理办法》，校内管理权限配置更加清晰，风险防控机制进一步健全。学校被浙江省教育体制改革领导小组办公室确定为浙江省高校内部治理机制改革试点单位。

六、对外交流与合作不断开拓

新签国际校际合作交流协议13项，新增出国交流学习学生291人，培养长短期留学生89人，选派16名学生赴英国、日本、韩国攻读双学士学位。与东北石油大学签订联合培养研究生合作框架协议。国内高校以及其它行业委托学校的继续教育与培训业务大幅增加，继续教育培训人员2万余人次，南湖干部学院开展各类培训班57期，培训学员2857人次。

（李朋朋）

湖南有色金属职业技术学院

一、学院概况

湖南有色金属职业技术学院（以下简称：学院）是经湖南省政府批准、湖南省有色金属管理局主管的全日制普通高等学校，是中国有色金属工业协会与湖南省政府共建的高等院校。学院为中国有色金属工业高技能人才培养基地，全国职工职业技能实训基地，全国有色金属行业职工继续教育基地，湖南省高技能人才培养基地，湖南省专业技术人员继续教育培训基地和湖南省教育科学职业教育行业办学研究基地。

学院位于湖南（株洲）职业教育大学城，占地20.27公顷，总建筑面积12万平方米。学院开办矿物加工技术、金属材料与热处理技术、智能控制技术等25个专业及专业方向，设有资源环境系、冶金材料系、机电工程系、建工管理系、基础课部（体艺部）和具有50多个工种职业技能等级鉴定资质的国家职业技能鉴定站。学院开设的金属矿与非金属矿开采技术、矿山地质、材料工程技术、有色冶金技术等专业，在全国高职院校中独树一帜；是全国首个开设稀土工程技术专业方向的高职院校。2017年，学院在校生7200人，教职工400余人。

学院重视人才培养和教育教学质量，与省内3所本科院校进行“专升本无缝对接”，39名学生进入本科学校学习，16名学生获得自考本科文凭。参加2017年全省职业院校专业技能抽查，整体合格率在90%以上。参加2017年省教育厅组织的毕业设计抽查，成果合格率80%。积极组织学生参加各类专业技能竞赛，获得国家级奖3项，省级奖2项，行业奖11项。学院教师参加各类教学比赛，获省说课竞赛二等奖1项，三等奖2项，省信息化教学竞赛三等奖1项。2017年，学院为各类企业单位组织开展了1700余人次鉴定及培训。

二、运行情况

（一）创新开展职业教育精准扶贫

2017年，学院为充分发挥职业教育精准扶贫作用，针对贫困地区适龄人员没有技术技能的实际，与桑植县政府签订扶贫协议，接收当地20名学员进行了为期三个月的继续教育与培训，获得技能等级证后进入工作岗位。同时学院继续做好涟源市安平镇岛石村的教育扶贫工作，党委书记、院长与贫困户开展结对帮扶，扶贫干部与帮扶队一起开展教育扶贫、发展项目扶贫、经济创收扶贫，全面查摆、全面诊断、全面整改脱贫工作中存在的问题，如期完成了工作任务。学院职业教育精准扶贫经验被《湖南日报》（2017年3月18日）和省委办公厅《工作情况交流》（2017年第10期）报道。

（二）举办大型毕业生供需见面会

6月9日，学院举行湖南有色金属行业2017年毕业生供需见面会、校园招聘会。供需见面会由湖南省有色金属管理局主办，学院承办，株洲市人力资源和社会保障局协办。中国五矿、中铝、中车、江铜等200余家有色金属行业骨干企业参会，为学院2017届2000多名毕业生以及株洲职教大学兄弟院校毕业生提供了3000多个就业岗位。本次招聘会得到省政府网站、红网、新浪网等省市多家媒体报道。

（三）继续推进职业教育“走出去”工作

学院积极响应服务国家“一带一路”倡议，继续做好有色金属行业职业教育“走出去”工作。3月，教育部职业教育“走出去”试点工作组来学院开展试点工作调研。3月6日，学院院长谭骁彧应邀参加北京有色金属行业职业教育“走出去”试点工作阶段总结会，并作典型发言。6月底，学院副院长陈志勋等3人，与有色行指委及南京工业职业技术学院等赞比亚应用技术大学建设院校领导一起赴赞比亚开展调研。8月，学院参加了职业教育“走出去”试点院校外事工作培训交流会。11月，学院参加了全国有色金属行业职业教育“走出去”试点项目教学标准研讨会。7－12月，学院第二批赴赞比亚担任教学培训的4位老师完成培训任务先后回校。

（四）科学研究、服务社会能力进一步提高

2017年，学院申报发展类项目1个，2017年度省财政重点支持项目2个，申报教育部教育援外项目等4个，获批省教育科学研究院等教科研项目21项，项目结题4项。获得国家发明专利1项，实现学院发明专利零的突破，实用新型专利17项，软件著作权1项。全院教职工发表论文165篇，其中中文核心期刊6篇，出版专著1本，获得各类科研成果奖13项。

（文　媛）

赣州有色冶金研究所

一、企业概况

赣州有色冶金研究所（以下简称：赣研所）隶属于江西钨业控股集团有限公司（以下简称：江钨控股集团），是一家集采矿、选矿、冶金、材料、环保、设备制造、自动化等多个专业，以有色金属、黑色金属和非金属为综合性研究主体，重点研发和推广钨、稀土、钽铌等有色金属资源采、选、冶、二次资源综合利用、节能环保、自动化新工艺、新技术和新设备，以及非煤矿山工程设计、节能评估、安全检测、职业卫生以及有色金属产品分析检测、咨询等服务的综合性科研院所。同时，承担了江钨控股集团技术中心和博士后科研工作站运行管理的职责。截至2017年底，赣研所在职职工392人（其中博士2人、硕士86人、大学161人），专业技术人员307人（其中教授级高级工程师19人、高级工程师52人、工程师93人），拥有总资产6.44亿元。

2017年，赣研所实现营业收入6.14亿元，同比增长27.92%；实现利润总额2301万元，同比增长247.59%；实现工业总产值6.05亿元，同比增长25.73%；实现工业增加值1.12亿元，同比增长3.5%。

二、深化改革取得重大突破

2017年，赣研所紧扣集团公司“重组改革、提质增效、和谐稳定”三大攻坚目标，提能力，转作风，优机制，激活力，以强烈的政治担当，自我革命，毅然决然突入改革深水区。

（一）抓制度建设不放松

创新内部管理，切实推进制度清查梳理优化工作，共制（修）订了《外派人员管理办法》、《公文格式规范》等5项规章制度，以科学的制度管理企业，管理员工，逐步形成一个高效、规范的现代企业运营模式。

（二）争取惠企政策有成效

利用赣80条惠企政策降低成本费用共计96.84万元。其中：全面实施“营改增”政策节税16万元，落实固定资产加速折旧所得税政策节税60万元，特种设备中电梯定期检验检测费按规定标准的90%收取节约0.02万元，降低工商用户电价政策取得优惠3万元，在养老保险和失业保险基数不变，阶段性降低社会保险费的情况下，取得优惠17.82万元。

（三）降本降耗挖内潜

始终坚持开源与节流并重，千方百计降低成本，增加收益。树立“过紧日子”思想，优化支出项目、严控支出标准、严格支出审批，从严控制各项费用性开支。杜绝高能耗用电设备的空转运行，化学试剂等原材料尽可能零库存，使运营成本降到最低。全年可控管理费用同比降低10%，其中，业务招待费比上年度节省5.34万元，同比降低36.98%。

（四）顺利完成机关部门精简整合

秉承集团公司深化三项制度改革的东风，赣研所以精兵简政为目的，着力打造一支组织结构合理、运行高效的机关服务团队。从9月启动三项制度改革开始，按照避免“职能交叉、职能重叠、职能缺失、职能错位”的原则，设置了新的机关部门，减幅达33.3%；通过岗位竞聘，机关工作人员减员率26.5%。

（五）坚决打破“铁饭碗”，破除职务“终身制”

坚持“精干高效”和“干部能上能下”的导向，坚持公平、公正和公开的竞争原则，完成了所本部全体中层干部、机关工作人员和科研部门辅助管理人员竞聘工作，富余人员分流安置工作顺利落实。改革后，部门正副职人员减少18%，机关一般工作人员减少23%；一批忠诚担当，想干事、愿干事、能干事、干成事的人员走上新的岗位。

（六）剥离办社会职能工作扎实推进

成立了赣研所青年路小区业主委员会。完成了生活用水、电分表到户前期勘测、预算工作，与电力公司签订了用电改造框架协议。完成了青年路社区移交所需办公用房的装修并移交到位。死亡人员和退休人员档案整理移交到位。

（七）积极稳妥处置历史遗留问题

将房产证在3名退休职工名下而实际产权为赣研所的3套房进行了产权权属变更。办理了青年路12、13、14三栋房划拨转出让土地证和分户不动产登记证。清理了没有签合同的临时工。启动实施“滨江苑”小区的规划验收工作。完成了技术中心食堂、车间平面更改的审批和规划验收。对赣研所与南方稀土在七里镇地块重新进行了确权，办理了不动产登记证。为赣研所未来发展及落实把党建工作写入章程的需要，按照现代企业发展要求，对1989年的《赣州有色冶金研究所章程》进行重新修订。

三、科技创新取得新业绩

2017年在研科研项目共91项，新增科研项目35项，新增科研经费875万元（合同金额，不含集团公司2016年结转经费）。完成验收或结题项目17项，完成科技成果鉴定或评价5项，承担制（修）订国家标准任务11项，获得授权发明专利4件，获得授权实用新型专利3件，公开发表省部级以上科技论文23篇，获得科技成果奖励16项。2015年两名进站博士按时出站，赣研所被省人社厅批准为博士后创新实践基地、被省工信委认定为2017年度第二批省级设计企业中心（赣州有色冶金研究所有色金属矿冶装备工业设计中心），工业（稀土）产品质量控制和技术评价实验室顺利通过国家工业和信息化部组织的复核评审，参与组建的国家离子型稀土工程技术研究中心高分通过科技部组织的验收。

四、党建与党风廉政建设基础更加扎实

一是以学习贯彻党的十九大精神为重点加强了职工思想政治工作，保证了党和国家方针政策在赣研所不折不扣地得到贯彻执行，把省国资委和集团党委关于推进改革发展稳定的各项工作要求和指示落到了实处。二是以严肃党内组织生活为重点，加强了党支部和党员队伍建设。三是开展了党风廉政宣传教育月活动，组织中层以上干部及关键岗位人员到赣州监狱开展警示教育。班子成员给全体党员上廉政党课2次，开展“红线”教育1次，提醒大家时刻注意防范各类风险，一切按制度办事。开展了领导干部亲属及其他特定关系人违规经商、办企业、承揽工程专项治理、节假日前公车封存检查和廉洁自律提醒等专项治理和检查活动，确保了人员和资产安全，党群干群关系进一步改善。

（曾满齐）

设计　勘察　其他

中铝国际工程股份有限公司

一、概况

2017年，中铝国际工程股份有限公司（以下简称：中铝国际）员工总数为11528人，平均年龄为38岁，其中，大学本科以上学历的为5880人，大学专科学历的为2536人。机关部室共分为董事会办公室、总裁办公室、人力资源部/党群工作部、纪检监察审计部、财务部、国内业务部、国际业务部、科技管理部、企业管理部、工程管理部/安全环保健康部。二级单位：沈阳铝镁设计研究院有限公司、贵阳铝镁设计研究院有限公司、长沙有色冶金设计研究院有限公司、中色科技股份有限公司、中国有色金属长沙勘察设计研究院有限公司、中国有色金属工业第六冶金建设有限公司、九冶建设有限公司、中色十二冶金建设有限公司、中铝长城建设有限公司、中铝国际（天津）建设有限公司、中国有色金属昆明勘察设计研究院有限公司、中铝山东工程技术有限公司、中铝国际技术发展有限公司、中铝国际工程设备有限公司、北京紫宸投资发展有限公司、中铝国际香港有限公司、中铝国际上海有限公司、中铝国际铝材科技产业有限公司。

二、生产经营

2017年，中铝国际重点关注地方政府保障房和市政交通基础设施PPP项目等“投融建”业务的市场开发，在业务转型上实现重大突破。

2017年，中铝国际印发了《关于加强国内市场管理的指导意见》，成立了雄安片区、西南片区、内蒙古片区和长三角片区4个重点片区经营团队。

2017年，中铝国际利用电解节能技术，积极拓展印度和印尼等国家的电解铝存量市场。

中铝国际重点打造以全铝天桥为重点的绿色城市产品。在北京、甘肃、呼和浩特、福州等多地承建了8座全铝天桥，其中，北京的东单、崇文门全铝人行天桥是目前国内单跨最大的铝合金天桥。

三、改革与管理

（一）运营管理

2017年，为配合中铝国际A股回归，加快工程板块做大做强步伐，下半年如期完成了对昆勘院和山东工程的并购任务。

中铝国际本部综合甲级资质申报已正式启动，2018年上半年将资料递交北京市规委审核。

2017年，中铝国际完成所有5级企业管理层级的提升，全年签署“三供一业”协议31项，“压减”法人户数21户，圆满完成了中铝集团下达的压减任务。

2017年，中铝国际装备制造板块合同、收入、利润同比均创出新高，标志着公司制造板块复苏态势进一步加快。

（二）安全管理

按照中铝集团关于开展安全环保质量“全面大动员、全面大清查、全面大整改”强基固本行动的要求，中铝国际制定了专项行动方案。加强了施工现场的安全隐患排查治理力度，全面推进施工现场安全管理标准化工作。中铝国际全年组织了3次抽样安全大检查，提出39项隐患整改清单和289项整改要求，并按期完成了整改，企业安全生产形势总体平稳。

（三）信息化建设

中铝国际各成员企业大力推进BIM技术应用。目前，大型项目使用BIM技术直接进行协同设计的项目已超过50%。

中铝国际完善了采购流程，并配合中铝集团开展产品内部交易；招标公司的成立进一步完善了中铝集团招投标管理体系，中铝集团内部资源得到有效整合，集中管理优势得到发挥。

四、自主创新与技术进步

2017年中铝国际有11项科研成果通过行业协会等有关部门组织的成果评定，获中国有色金属工业科学技术奖一、二、三等奖各3项。全年申报国内专利286件、国际专利10件，其中国内发明专利124项；获得国内授权专利246项，其中发明专利137项，获得境外授权专利9项，获得部级工法23项。

五、党建、党风廉政及企业文化建设

在认真学习贯彻党的十九大精神的基础上，中铝国际狠抓党建责任落实，按照党建与经营“双百分”要求，组织中铝国际党委与各级党组织签订党建目标责任书，并严格组织考核。

中铝国际加强民主管理，开展了“安全干净”班组竞赛。印发了《领导接待日实施办法》，每月开展一次领导接待日活动。在三级单位中围绕收入、利润、“两金”压降、合同额和安全5个方面开展常态化的“比学赶帮超”工作。

中铝国际抓住“关键少数”，以全体党员和领导干部为重点，扎实开展纪律教育、廉洁教育和警示教育，通过红色记忆、重温誓词和手机“微课堂”等多种形式，推动廉政建设教育进一步深入，促进了企业党风企风的持续好转。

六、其他工作亮点

2017年，中铝国际抓两个文明建设两手都硬，被评为第五届全国文明单位。中铝国际在香港资本市场获得“最佳投资者管理上市公司奖”荣誉称号。中铝国际有25个集体及23名个人荣获中国好人、“五一”劳动奖章等省部级以上先进集体、先进个人荣誉。

（张　婷）

沈阳铝镁设计研究院有限公司

一、企业概况

沈阳铝镁设计研究院有限公司（以下简称：沈阳院）始建于1951年，隶属于中国铝业集团有限公司，是中铝国际工程股份有限公司成员企业，是国家最早建立的大型综合性甲级设计研究单位，是全国勘察设计综合实力百强单位、国家级“守合同、重信用”单位。

沈阳院长期致力于氧化铝、电解铝及其他轻金属工程设计和工艺技术的研究与开发，总体技术处于国内领先、国际先进水平，拥有自己的工程技术中心、研发中心及产业化基地，建立了完善的工程公司信息化体系，建立了国际先进的工艺设计、工程设计平台和工程数据库。

沈阳院设有15个职能部门，8个生产科室，4个二级公司。截至2017年底，共有员工657人，其中大学本科学历325人，硕士研究生以上学历193人，高级工程师279人，180余人获得国家各类注册工程师执业资格，全国有色金属行业工程设计大师8人，全国有色金属建设行业专家库专家4人，辽宁省勘察设计大师2人，中铝集团首席工程师2人。

二、生产经营

截至2017年底，沈阳院总资产为20.13亿元，净资产8.65亿元，实现销售收入24.29亿元，实现利润4910.54万元。

在市场开发上实施存量市场和增量市场并重，在国内增量市场，沈阳院签订了索通齐力、山东创新等炭素项目，获得增量炭素项目绝大部分市场份额；签订了东方希望三门峡氧化铝扩建项目设计合同，签订了中碳能源EPC总承包合同。在国内存量市场，先后中标国电投山西氧化铝、中州分公司氧化铝系统改造总承包项目，签订了贵州广铝焙烧炉、山西信发焙烧炉总承包合同。

在市场开发上实施国际市场和国内市场并重，沈阳院签署了南非罐式炉设计及设备材料供货合同，实现第一个罐式炉技术的出口；同土耳其ETI铝业公司签订了新型阴极浇铸及设备供货合同，实现土耳其市场的持续开发；成功签订实施中铝印尼氧化铝项目可研合同，为印尼市场的后续开发奠定了坚实的基础。

三、改革与管理

2017年，沈阳院实施《骨干员工薪酬激励办法》，通过综合考评和薪酬调整，实现收入同能力和贡献相匹配；实施《中层管理人员年度考核办法》，提升干部工作状态；在绩效考核方面，突出关键指标，实行各部门年度重点工作“上墙”公示。

为调动技术团队研发和营销的积极性，实施组织模式创新，成立炭素事业部和环保事业部，事业部签订了连城铝厂RTO项目合同、南非项目材料和控制系统等合同。

四、科技研发

2017年，沈阳院的“辽宁省轻金属冶炼工程技术研究中心”通过省科学技术厅的验收，通过沈阳市市级企业技术中心认定。沈阳院充分发挥技术中心的平台作用，瞄准技术发展方向和市场需求，开展行业前沿的创新技术研究，巩固核心技术的领先地位。迅速抢占智能化工厂的制高点，在电解铝方面，推进数字化电解槽、远程大数据诊断、云端电解铝智能制造系统开发；在氧化铝方面，加快溶出、蒸发和沉降区域智能优化控制系统及氧化铝生产智能决策系统的研发。

2017年，共取得国内受理专利52项，获得授权专利44件，其中发明专利39项。首次被评为国家知识产权示范单位，公司1名员工被评为全国企业知识产权先进个人。

五、技术进步

2017年，沈阳院自主研发的“大型高效节能阳极焙烧炉及系统控制技术开发与应用”“铝、锡、锑、汞工艺污染物排放标准”和“残极自动清理工艺及装备技术开发与应用”3项科技成果通过中国有色金属工业协会组织的成果评价，分别被评为国际领先水平和国际先进水平；其中“大型高效节能阳极焙烧炉及系统控制技术开发与应用”“铝、锡、锑、汞工艺污染物排放标准”2项成果获得中国有色金属工业科学技术奖一等奖；国家标准《炭素厂工艺设计规范》获得中国有色金属工业科学技术奖二等奖。

沈阳院深入开展标准化、模块化设计。在设计管理上对工程的子项表、设计进度表进行梳理，进一步提升管理标准化。根据业主不同要求和项目特点，推进模块化、标准化设计及定制化设计，进一步提高设计效率和质量。

六、党建与企业文化建设

坚持党建引领，发挥国企政治优势，沈阳院公司党委带头全面学习贯彻党的十九大精神、习近平新时代中国特色社会主义思想和中铝集团党组的工作要求，不忘初心，践行公司转型升级发展的新使命，召开了12次党委中心组学习会、2次领导班子民主生活会、23次党委会，选派18名党员干部参加中铝集团和沈阳市委党校共10期学习培训班，开展了贯彻学习党的十九大精神“十个一”活动，按基层联系点制度公司班子成员宣讲专题党课11次，扎实推进“两学一做”教育常态化制度化、“三会一课”、“两带两创”主题实践，各基层党组织和广大党员“四个意识”更加牢固，政治站位显著提高。

2017年，沈阳院围绕生产经营重点工作制定创新创效项目，实施党委和党支部“党组织带党员创效”项目40个，“党员带群众创新”项目37个。通过“两带两创”活动，广大党员群众工作积极性高涨，各项工作效率大幅度提高，为完成全年工作任务提供了坚实的政治保证。

沈阳院开展“三八”国际妇女节系列活动，为女员工购买安康保险、赠送图书与礼品、观看电影；增加职工活动室活动设施，新设立离退休职工二经阅览室，方便离退职工读书看报。

沈阳院在“2017年国际创新创业博览会”上，获得年度双创示范奖；由于知识产权工作突出，沈阳院被评为“国家知识产权示范企业”。

（韩齐卓）

贵阳铝镁设计研究院有限公司

一、概况

贵阳铝镁设计研究院有限公司（以下简称：贵阳院）隶属于中国铝业集团有限公司，是中铝国际工程股份有限公司的成员企业，是我国最具实力的轻金属冶炼设计科研单位之一，拥有国家铝镁电解装备工程技术研究中心、博士后工作站、国家企业技术中心，是本行业领域21家重点高校、科研院所、大型企业“产学研联盟”的依托单位。

贵阳院自1958年成立后，承担过国内外各类工程设计1000余项和国家863项目、国家重点科技攻关项目60余项，获国家级科技进步奖及优秀设计金（银）奖60余项，省部级奖400余项，为我国有色金属工业的技术进步和快速发展做出了积极贡献。被授予“全国文明单位”、全国“企事业单位专利示范企业”。

贵阳院现有员工700余人，其中硕士及以上学历200余人，大学本科学历400余人，大学专科及以下学历100余人。有国家勘察设计大师1人、行业勘察设计大师6人、省部级勘察设计大师3人、享有国务院特殊津贴专家21人、省管专家8人、高级工程师以上职称290人、270余人拥有国家各类注册执业资格。

二、生产经营

2017年，贵阳院拥有资产总额21.71亿元，实现销售收入11.10亿元，利润额1.07亿元，纳税额6900万元，净资产收益率4.46%。

贵阳院推行全员经营的理念，加大传统有色市场开拓力度，坚定实施国际战略，努力开拓国际市场。2017年，贵阳院围绕年度工作目标，各项工作取得积极进展。在市场开拓、转型升级、标杆建设、基础管理、风险管理、技术创新和党建工作等方面有了新的突破。

三、改革与管理

2017年，贵阳院相继完成了对珠海新峰公司、晨辉达公司的注销工作，实现企业瘦身健体。

贵阳院办公自动化系统全面投入使用，日常办公基本实现无纸化；严格预算管理，严控办公用房使用面积，把闲置办公用房出租；实施财务集中管理，二级公司财务人员和本部财务人员集中办公。

2017年，贵阳院完成了对振兴公司和顺安公司的业务整合，降低了成本，实现了优化配置；实行财务集中管理，强化了财务监督、管理和风险控制能力。

贵阳院实施供给侧结构改革，将冶金工程分院的电解铝组单独设立为铝电解工程事业部；从相关处室选拔优秀设计人员充实到铝应用工程事业部；通过外部招聘补充铝应用工程事业部经营人员；设立矿山事业部，进行独立经营核算。

四、节能减排

贵阳院一直注重节能减排工作，目前公司掌握有铝电解烟气干法净化暨PM2.5控制技术、煅烧烟气脱硫技术、发生炉煤气GX（PDS）湿式氧化法脱硫技术等15项新环保技术。其中有13项已完成产业化推广，有1项已经完成示范工程，3项处于试验或者试验完成阶段。

五、自主创新与技术改进

2017年，贵阳院拥有国家铝镁电解装备工程技术研究中心、国家企业技术中心、博士后工作站、贵州省轻金属工艺装备工程技术研究中心、贵州省轻金属冶炼工艺装备工程研究中心、贵州省企业技术中心“3+3”的科技创新平台体系。

在国家中心平台上实施的863计划课题“铝电解槽（窑炉）PM2.5控制技术与装备研制”和国际合作项目“铝电解电、磁、热、力、流与浓度分布综合研究及应用”顺利通过国家科技部组织的验收。完成的“基于精确感知与智能决策的铝电解MES系统”科技成果获得中国有色金属工业科学技术奖一等奖；“系列全电流下铝电解槽带电焊接方法及装备”获得第十九届中国专利优秀奖；“老挝80万吨氧化铝可行性研究报告”获得中国有色金属建设协会优秀工程咨询一等奖。

贵阳院开发的“Φ18m大型节能机械搅拌分解槽”成功在云南文山氧化铝厂推广应用。

六、党建与企业文化建设

认真学习贯彻党的十九大精神，持续深入“两学一做”学习教育，坚定践行新发展理念。推动学习宣传与重点工作有机融入，做到两不误、两促进，把学习党的十九大精神转化为推动公司高质量发展的强大合力。

落实“双责”推进从严治党。党委严格落实党建工作“双百分”考核和“一岗双责”要求，确保完成年初签订责任书，年中动态督查，年底述职评议的考核全过程；制定下发了党支部工作清单手册，完善党组织经费管理规定，落实“三会一课”制度，积极发挥制度常态化、长效化管理功能。

创新党建融入中心。在各岗位党员中开展“党员公开承诺”“共产党员岗”和“两带两创”活动。各党支部申报了21个专项党员攻关项目，申报了36个党员带群众创新项目。

积极发挥群团建设桥梁纽带作用。工会通过强化和完善管理规章制度，不断加强组织的规范运行；不断增强职工全面参与企业民主管理的职能；加强文体俱乐部各分会建设、不断探索和创新工会活动的新形式。团委通过读书分享会、志愿者服务、趣味运动会、青年联谊等活动不断丰富青年员工业余生活。

七、履行社会责任

贵阳院积极投身贵州“脱贫攻坚战”，彰显央企社会责任。赴党建扶贫点——施秉县牛大场镇金坑村开展深入调研，慰问困难党员，为精准扶贫提供方案；为筹建村综合楼投入8万元设计费；多渠道联系开展精准扶贫，并积极与医院、银行合作，共同筹集扶贫资金20余万元。

冶金、电气、市政、监理公司等党支部深入扶贫点、社区和小学开展志愿帮扶活动。

（韦玉台）

中国瑞林工程技术有限公司

一、概况

2017年，中国瑞林工程技术有限公司（以下简称：中国瑞林）主要经济指标保持了稳定增长，其中实现利润总额1.43亿元，经济效益和发展质量稳中有进、进中向好。据中国勘察设计协会公布的数据显示，2017年度中国瑞林名列全国勘察设计行业工程项目管理完成合同额第26位，较上年前移2位，工程总承包完成合同额列第131位。

2017年底中国瑞林正式员工1592人，其中专业技术人员1077人，包括中国工程院院士1名，全国工程设计大师3名，全国有色工程设计大师9名，教授级高级工程师138名，高级工程师387名，享受政府津贴专家10名，各类国家注册工程师368名。

二、生产经营

2017年，中国瑞林积极应对严峻的外部市场形势，聚焦国际化发展战略，深化“创新、转型、开放、协作”的发展理念，紧紧围绕“提升管理能力、激发创新活力、积聚发展动力”的目标任务，扎实推进各项工作，取得良好成绩。全年新签合同额同比增长84.4%。勘察设计、咨询业务合同额创出历史新高，同比增长13.4%；总承包业务合同额同比增长52%。合同质量进一步提升，500万元以上合同同比增加19个，占新签合同额的比重由38.2%增长到65.6%。2017年，执行的咨询、设计及EPC项目300多个。较往年相比，中国瑞林一体化智能管理信息系统中项目立项策划及资源配置更加及时，项目进度和产品质量的保障更加有效。一批重点项目取得积极进展，其中中铝东南铜业电解区域EPC承包工程设计基本结束，设备采购全部完成，主体结构已封顶；江西铜业城门山铜矿三期扩建工程初步设计已完成，施工图已全面展开；智利国家矿业公司FHVL冶炼厂硫酸尾气EPS项目已全面启动设计及采购工作；

宜春市城区地下综合管廊一期工程设计已经全部完成，土建主体施工已进入收尾阶段；中国农业银行江西省分行省域运营中心代建工程已完成主体结构和普装工程，正进行精装和设备安装工作。

三、科技创新

2017 年，中国瑞林共获得科技类、工程类和专利奖 57 项，其中中国有色金属工业科学技术奖一等奖 4 项，二等奖 2 项；专利金奖和优秀奖 2 项；新受理专利 75 项，获得包括“旋流熔炼炉和旋流熔炼工艺”发明专利（ZL2014102578976）在内的授权专利 43 项。一批创新项目取得新突破：中国瑞林全资子公司——江西瑞林稀贵金属公司完成 NRTS 炉优化设计并形成了系列专有技术，获得了江西省创新驱动“5511”工程重大研发专项资金支持；与智利 ENAMI 公司联合开发的填料床铜连续吹炼及精炼工业试验项目正稳步推进；国家自然科学基金项目、国家“十三五”重点科研专项——闪铁工业试验项目，中国瑞林承担的闪铁炉及其工艺设计已完成，中试装置建设已接近完工；与江铜集团合作开发的铜尾渣还原提铁技术实验项目已完成设计与施工；以 H_2S 气体为硫化剂的废酸处理新工艺与南国铜业成功签约；与澳大利亚 Aquamill Five Star 公司合作开发“自由表面蒸发技术”成套装备预计 2018 年出产品；预制拼装及转体工艺新技术在立交桥梁及大跨度桥梁项目中获得应用。

四、管理提升和上市工作

2017 年，中国瑞林根据发展要求，完成了部分职能部门、生产部门、分公司的职能与组织调整，新组建了宜兴环保分公司、南美分公司等分支机构，并与江铜共同出资成立了铜瑞项目管理公司。编制完成了《内控手册》、《内控评价手册》、《关键业务流程手册》等相关管理文件初稿，取得了 QHSE 管理体系新版三标证书，完善了《科技成果奖励办法》，修订了《科技项目管理规定》，策划并组织了冶金及矿山国外项目高阶段文件编制标准工作。信息系统优化进入上线实施阶段，改善了用户体验，各部门积极开展信息化应用创新，已有包括财务、投标、专利、采购、证照等业务实现在线管理。

上市工作取得新进展。上市是促进公司转型发展，完善公司治理结构，规范公司内控管理，实现技术与资本融合，提升公司品牌形象，助力公司实现国际化工程公司战略目标的关键举措。2017 年是中国瑞林上市的攻坚年，经过券商、律师、会计师、上市办全体成员和公司上下的一致努力，公司员工股权规范工作取得了突破，并处置了许多历史遗留问题，优化了业务财务一体化的基本流程，对募投项目进行了筹划。

五、企业文化建设

2017 年，结合公司成立 60 周年暨改制 10 周年，开展了“瑞林大讲堂”、红色教育基地培训、员工手册修订、展厅宣传布置、党建 + 企业文化门户建设和系列文体宣传及品牌建设活动。积极履行社会责任，在认真做好公司对口江西省万安县罗塘乡村背村的扶贫攻坚工作中，积极筹划落实扶贫资金，加快推进扶贫项目进度，在扎实推进公司投资建设的井冈蜜柚合作社及光伏发电产业的基础上，中国瑞林充分利用村背村萝卜产品优势，又投资组建成立村背村萝卜干加工厂和蔬菜合作社，提高农产品附加值，目前对口扶贫村已有 80% 贫困户家庭实现了就业，100% 的贫困户拥有短期增效产业或通过产业信贷通增收，100% 贫困户通入户路、用上卫生厕、住上安全房。中国瑞林对口帮扶的村背村荣获 2017 年脱贫攻坚优秀村，中国瑞林驻村工作队荣获 2017 年优秀驻村工作队。

（孙美山）

中色科技股份有限公司

一、基本情况

中色科技股份有限公司（以下简称：中色科技）成立于 2002 年 1 月，由洛阳有色金属加工设计研究院有限公司联合苏州长光企业发展有限公司等发起设立，为中铝国际工程股份有限公司（以下简称：中铝国际）的控股子公司，业务范围包括有色金属加工行业规划、工程咨询设计、装备研制、科研及科研成果产业化、工程总承包等。截至 2017 年底，员工总数 909 人，其中大学专科及以上人员有 768 人。

二、生产经营

2017 年，中色科技成功签订了西北铝、东轻、西南铝、华中铜业、中铝瑞闽等系统内新改扩建项目，以及天津忠旺、中天合金、河南明泰、楚江新材等系统外大型项目，合同总额10.6亿元。其中，设计咨询合同额较上年翻番，广西百矿项目以9550万元创单一设计项目合同历史之最，贵铝“退城进园”合金化项目为近5年第一个工业EPC总承包项目。

在生产方面，开展“履职尽责、攻坚担当”主题劳动竞赛，发动生产单位突击任务，抢进度、保质量、优化服务。设计板块加强人力资源动态管理，采取激励措施保生产进度、收费节点和重点项目。快速响应客户要求，配强现场服务力量，全年16台套设备完成验收。

2017年，中色科技完成工业总产值5.76亿元，同比增长68%，实现销售收入5.76亿元，同比增长68%，利润总额5100万元，同比增长2.4倍。

三、企业管理

2017年，中色科技开展了干部公开竞聘，公开竞聘选拔25名中层干部，优化了干部队伍结构，进一步推动干部年轻化。中色科技中层干部中上世纪70年代后出生的人员聘为正职的占54%，中层副职中八零后占49%。加强重点工作督办，2017年共下发督办任务538项，完成率97.1%。全体中层从10月份起取消双休日，全力以赴投入“爬坡过坎决胜全年”工作冲刺，创造了良好业绩，赢得了员工的认可。

2017年，中色科技强化财务管理，处理特殊事项挖潜2509万元，通过增值税销项税额扣减节约税收722万元，累计节省财务费用400万元。采取奖惩措施压降“两金”，存量压降完成年度考核目标的125%，第三方应收账款较年初下降27%，逾期应收账款完成考核目标的181%，处理呆滞存货完成考核目标的130%。严控非生产性支出，节省开支2000多万元。

重视加强安全环保质量管理。组建安全环保部，完善安全环境管理和监督问责制度，实行安全生产风险抵押和专职安全管理人员委派制度。开展强基固本专项行动，结合HSE督察反馈问题组织全面大整改。开展“十大管理缺陷”“十大设计错误”评选活动，以身边实例教育员工增强质量意识和责任意识。

开展“问题清单”梳理工作，查找到127个问题点。形成了重点问题专项报告、整改计划和整改决议，力求以整改成果促进精准管理和提质增效。

四、科技创新

2017年，中色科技出台《工程设计技术创新指导意见》、《科技创新管理办法》、《科研项目负责人制管理办法》，鼓励技术创新。“国家企业技术中心”获得河南省和洛阳市奖励资金510万元。申报技术推广项目7项、技术开发项目21项，获中铝集团、中铝国际资金支持800万元。“X型六辊铜箔轧机关键技术研究及装备研制”和“超长型材分膛时效炉的研制”获中国有色金属工业科学技术奖二等奖。实施“互联网+”工业技术服务基础建设，备品备件平台开始线上运营，上网备件和二手设备总额超过10亿元，成交额近1000万元，荣获中铝集团首届创新创意大赛一等奖；远程服务平台在中铝洛阳铜业有限公司和中铝河南洛阳铝加工有限公司实现全流程贯通，具备了远程调试及数据采集、设备故障预警、专家视频会诊等服务功能。“中色万基年产10万吨铝板带工程”荣获全国优秀工程勘察设计银奖，6个项目获全国有色金属行业优秀工程设计奖和优秀工程咨询成果奖。全年科技创新资金投入4225万元，申请专利46项，获得授权专利35项。

五、深化改革

改进对事业部和分（子）公司的管理，实施简政放权，下放经营权、人事权和分配权。实施管理部门定编、定岗、定责、定薪，公开招聘，精干队伍。规范生产经营岗位职系，构建以五级工程师、五级商务经理为主线的工程技术和经营人员职业发展通道，与总承包项目经理共同构成主营业务岗位体系。

改革薪酬分配，严格绩效考核。生产单位实行薪酬总额与人均利润挂钩，设计和科研人员按月兑现、多劳多得、上不封顶，管理人员定性评价与定量考核相结合。在岗员工收入较上年增长11.1%，共享了企业业绩提升、转型发展的成果。

六、党建与企业文化建设

按照中铝集团党建工作部署，全级次完成党建要求入章程，落实了党委研究讨论作为重大决策的前置程序。制定《党支部工作规则》，实施党建目标考核和党组织书记抓党建述职评议考核，建立党委、党支部、党员三级责任清单，层层压实压紧党建责任。组织学习习近平总书记治国理政重要论述和党的十九大精神，开展党员承诺践诺评诺和“身边的榜样”主题教育活动，推动“两学一做”学习教育制度化常态化。以“三型”党组织建设、“两带两创”活动、党员攻关项目为抓手，坚持党建与生产经营“四同步”，实施“双百分”考核，促进党建工作与中心任务深度融合，发挥了党组织的政治核心和战斗堡垒作用。

七、履行社会责任

2017年，中色科技扶贫工作队全面学习了解国家扶贫工作政策，多方争取社会资源帮助贫困户增收，先后直接投入7.7万元，争取政府扶贫资金和社会捐助88.5万元，多措并举全面助力新安县仓头镇王村脱贫致富。该村共有居民480户，人口1524人，其中，建档立卡贫困户110户，贫困人口380人。截至2017年12月31日，已脱贫80户，脱贫人口290人；未脱贫30户，共计90人，力争2018年全部实现脱贫。

（张　鸽）

长沙有色冶金设计研究院有限公司

一、概况

长沙有色冶金设计研究院有限公司（以下简称：公司）的主营业务：从事冶金、煤炭、建筑、市政、机械、商物粮、建材、电力、化工石化医药等行业，环境工程资质范围内的咨询、设计及工程总承包；上述工程项目的科学研究及设备、材料的销售；岩土工程、工程测量、固体矿产勘查资质范围内的工程勘察；城乡规划编制、建设项目环境影响评价、工程造价咨询；压力容器设计、压力管道设计；承担资质范围内的国（境）外工程的勘察、咨询、设计和监理项目及上述工程项目所需的设备、材料出口；承包与其实力、规模、业绩相适应的国外工程项目，对外派遣实施上述境外工程所需的劳务人员；自有房屋租赁（依法须经批准的项目，经相关部门批准后方可开展经营活动）。2017年末，公司在岗职工总数为1114人。

二、生产经营

2017年，在中铝集团、中铝国际的正确领导下，在兄弟企业、地方政府的大力支持下，公司面对国内有色金属行业投资依然萎缩的市场，积极谋划改革、转型、升级、发展之路，团结带领全体干部员工创新求强、不懈奋进，在狠抓有色主业稳基础的同时，大力拓展新能源材料、市政、民建、环保、智能制造等相关业务，目前已开始呈现全面开花态势；紧紧抓牢压缩“两金”这个牛鼻子，保证企业“血液”不断流，为发展提供持续的动力。2017年，公司在激烈的市场竞争中经受住了磨砺，生产经营总体持续向好。

三、改革与管理

三大体系正常运行。质量、环境和职业健康安全管理体系运行良好，结合实际修订体系文件，管理体系进一步健全。

建章立制全面展开。全面清理规章制度，形成“废改立”清单，废止10项、修订46项、新立28项制度，形成了较完善的办文、办会、办事制度和流程体系。

“瘦身健体”继续增效。认真开展“两金”清收，创新清收模式，针对逾期和重大项目签订清收目标责任书，通过法律手段、保理、签订解除合作协议、甲供材抵账、三方抵账等多种方式清收款项。加快推进法人“压减”工作，华楚矿山和华楚机械完成工商、税务注销。扎实推进“三供一业”移交工作，逐步解决历史遗留问题。

风控手段有效增强。开展“20＋N”专项工作，问题清单梳理实现了全覆盖，最终梳理查找出3大方面33个专题88个问题。退出劳动广场棚改项目与华楚高科产业化项目。强化资金管控，及时偿还到期借款，确保资金安全。

安全生产常抓不懈。坚持转观念、见行动、补短板、谋实效，深入开展安全督察整改、强基固本专项行动、“安全、干净”班组竞赛、“小散乱污”全面整治、承包商安全管控等，持续开展安全生产培训，落实安全生产一岗双责，推进安全管理人员委派制，实施安全风险抵押，全面提升安全生产管理水平与绩效。

四、技术进步

安排技术研发、业务建设项目20项，完成13项。主编国标6部、图集1部、行标2部；参编国标6部、行标4部；函审国标4部；复审国标4部；国标《浆体长距离管道输送工程设计规程》（修订）成功列入2017年工程建设协会标准制定、修订计划。获省部级科学技术奖三等奖2项，获省部级优秀工程勘察设计一等奖2项、二等奖3项、三等奖2项，获省部级优秀工程咨询成果一等奖1项、二等奖4项、三等奖6项。专利申请完成54件，其中发明21件，获国家专利授权35件。山东建设取得部级工法3项、QC成果1项。

五、党建和精神文明建设

扎实推进“两学一做”学习教育常态化制度化工作，重点抓好党的十九大精神和全国国有企业党建工作会议精神的学习和贯彻。坚决落实党建工作责任制，层层签订年度党建工作目标责任书。完善党建工作与绩效考核挂钩的考核办法，推进全国党员管理信息系统应用，加强支部和党员管理的标准化、信息化建设。

构建自上而下、一级对一级的监督体系，建立执行力问责机制，聚焦党风廉政建设和反腐败斗争中心任务。

（尹　恒）

沈阳有色冶金设计研究院有限公司

一、概况

沈阳有色冶金设计研究院有限公司（以下简称：公司）始建于1953年，是中国有色矿业集团有限公司的全资子公司，注册资本金635万元。是一家专业从事冶金行业，建筑工程行业，市政工程（热力）行业的工程设计、技术咨询、建设工程总承包及项目管理等相关业务的综合型设计院，高新技术型企业，现持有冶金行业甲级设计资质、甲级咨询资质，建筑工程甲级设计资质，乙级咨询资质，市政公用（热力）乙级设计资质、乙级咨询资质，压力管道设计资质，火电丙级咨询资质，通过了ISO 9000质量管理体系认证。

2017年，全院有在职员工140人，其中全国有色金属行业工程设计大师2人，获得国务院政府特殊津贴专家1人，高级职称40人，具有硕士学历23人，平均年龄37岁。拥有地质、采矿、选矿、冶金、机械、建筑、结构、造价、电气等20多个专业和省部级各类技术专家20余人。

二、生产经营

2017年，公司全体干部职工团结拼搏、锐意进取，坚持以提高质量效益为中心，以深入推进“两学一做”学习教育常态化制度化为抓手，全面加强党的建设；以提质增效为目标，积极开发设计市场、努力提高设计质量，加强了制度建设、完成了公司制改革。面对严峻的市场环境，深度参与“一带一路”建设，充分利用国内国际两个市场、两种资源，积极做好有色矿业集团公司及各出资企业国内外项目，加大重点客户营销力度，取得了较大的进步。2017年新签合同额同比增长144%，营业收入同比增长5.3%，主营业务收入同比增长10.2%，净利润同比增长17.3%；资产总额2555万元，同比增长10.5%。完成国内外重点项目10余项。赞比亚谦比希铜矿东南矿区探建结合采选工程完成采矿工程；刚果（金）湿法冶炼综合回收项目实现一年投产试车，实现利润2836万元，月产量已达到1400吨；完成有价元素回收和全尾砂充填工程5项；完成多项省内外尾矿库扩容工程及闭库设计等工作。

三、科技创新

2017年，公司依托有色矿业集团公司重点工程和重点项目，加大科技投入，开展技术创新。开发湿法冶金（铜、钴、金）冶炼提升工艺技术，火法冶炼在侧吹炉方面加强科技研发，专利转化，立足赞比亚、刚果（金）工程项目，针对钴回收工艺，湿法冶金、尾矿充填等核心技术，加大科研投入，研发专有技术。2017年完成科研项目1项，获国家省部级技术设计咨询奖3项，申报获得专利3项，发表论文28篇。

四、改革与管理

2017年12月8日按期完成公司制改制工作，积极推进“三供一业”移交工作，签订了物业移交协议。

加强制度建设，对标集团制度，完成院制度梳理工作，共修订制度102项，进一步完善了公司制制度管理体系。

加强维稳工作，为离退休职工发放统外费用、军转干部生活补贴，缴纳离休医疗保险费。

加强法律风险防范，坚持“三重一大”决策制度，加强三项制度的法律审核，为企业依法合规经营提供了有效保障。

五、加强社会主义精神文明

公司党委为全面深入学习贯彻党的十九大精神和习近平新时代中国特色社会主义思想，举办了专题宣讲会，党委理论中心组带头学习，各支部采取多种形式开展学习。广大党员、干部立足于自身岗位，原原本本学，联系实际悟，切实把思想和行动统一到党的十九大精神上来，把智慧和力量凝聚到落实党的十九大提出的各项重大战略部署和公司各项生产目标任务上来。

公司纪委聚焦监督执纪问责，挺纪在前，强化党内监督。结合开展巡视整改“回头看”，严格落实中央八项规定精神，认真开展四个专项检查，坚决防止“四风”反弹。加强专项监察，抓重点领域、关键环节监督防控，保持公司风清气正的环境并一以贯之，为改革发展提供坚强保障。

公司工会紧紧围绕中心工作，积极参与民主管理，积极开展慰问和帮扶活动，改善职工福利。举办了2期知识讲座，组织了春游、篮球赛、冬季长跑、羽毛球赛等丰富多彩的文体活动，缓解了职工压力，凝聚了企业合力；开展了职工健康体检，发放生日卡、电影票，关爱职工身心健康，提高职工生活质量。

（潘丽丽）

兰州有色冶金设计研究院有限公司

一、概况

兰州有色冶金设计研究院有限公司（以下简称：公司）具有冶金综合、建筑工程、城市规划、工程咨询、工程造价咨询、招投标代理等6项国家甲级资质和市政公用工程、建材工程、工程测绘等3项国家乙级资质，工程监理综合资质具有独立的境外经营权。

公司下设矿山工程、建筑工程、城建规划、城建工程、工程造价咨询五个设计院所及全资子公司甘肃蓝野建设监理有限公司。截至2017年底，在册人员853人，各类专业技术人员682人，其中行业设计大师6人，享受国务院政府津贴专家11人，教授级高级工程师21人，高级工程师223人，工程师290人，各类国家注册工程师412人/次，甘肃省建设科技专家委员会专家31人。

2017年共签订各类主营业务合同3.51亿元，实现营业收入2.7亿元，实现利润总额1727万元，年末资产总计2.3亿元，国有资产保值增值率110%。共完成各阶段设计项目525项，创优秀工程设计、优秀工程咨询、科技进步、QC小组等奖37项。

二、生产经营完成的重点工作及取得的主要成绩

（一）生产经营有序运行，各业务板块平稳发展

矿山工程方面：贯彻绿色发展理念，开拓新兴业务市场，进一步夯实结构调整转型升级基础。2017年，设计市场形势依然严峻，竞争激烈，经营压力巨大。为此，公司上下主动转变思想观念，迎难而上，积极开拓新兴市场，为进一步推进转型升级夯实基础。由公司设计完成的郭家沟铅锌矿被国家工业和信息化部列为全国首批“绿色工厂”，并且已经升级为国家4A级旅游景区。

民用建筑方面：建筑工程院认真落实公司提出的“强内功、固根基、上水平、赢市场”十二字方针和转型升级的战略要求，以经营为龙头，以质量为宗旨，以创新为引领，以服务为保障，早部署、早行动，抓重点、抓核心。继续扩大优势项目影响，努力争取大中型项目；抓住棚改及城镇化建设机遇，有效拓展地县市场；提高建筑方案创作水平，积极参与市场竞标；持续抓管理促质量，产品质量与服务水平再上新台阶。

工程监理方面：为适应市场变化，2017年监理公司把经营重心转移到了民用建筑、市政工程、医药化工、节能环保等领域上，明确目标，多措并举。坚持以生产促经营，实施奖励政策，激励分公司自主承揽项目，动员全体员工参与经营；积极参与各类项目投标，做到项目、部门、责任人三落实，确保年度收费目标的完成，生产上以监理服务标准化为抓手，以提升整体服务水平为目标，通过加强对分公司及项目部的绩效考核、对业主回访和满意度调查、项目巡检等措施，确保项目管理有序、安全生产无事故。

工程总承包方面：公司首个工程总承包项目——辽宁盘锦危废处置项目经过近两年的努力，项目整体建设进度完成约95%，年末正处于收尾、消缺及调试准备阶段，部分子项已启动竣工结算工作。

城建、造价及设计审查方面：城建规划继续以陇南地区为经营主战场，以城镇、美丽乡村等各类规划为龙头，巩固道路、桥梁业务，大力拓展市政业务，取得了明显成效。在综合管廊、景观工程设计、生活垃圾处理、乡村污水处理工程等方面填补了公司在这些业务领域的空白，为公司在相关资质建设上积累了宝贵的业绩财富。工程造价业务主要围绕社会购买审计服务和各类工

程造价咨询工作展开，积极参加各类投标竞争。设计审查中心尽管受资质影响，承接的项目规模较小、收费低，但还是不惧繁琐，积少成多，基本保持平稳运行。

分支机构方面：沈阳分公司保持稳定发展，并又上新台阶。新疆分公司发展迅速，成立两年市场开拓即有成效，并且紧抓“一带一路”发展机遇，成功向境外市场拓展。

（二）抓生产组织管理，确保设计产品及监理质量，为客户提供满意服务

2017年在生产组织管理方面，从方案和初步设计抓起，加强了对关键环节和关键点的把控，确保方案优化、初步设计达到深度要求，强化了专业负责人、副总工程师的技术把关责任、项目负责人的统筹和协调责任、部门领导的管理责任及项目所在部门的主体责任。各生产部门在生产和质量上也都采取不同措施加大了管理力度，使得公司整体产品质量明显提高。2017年质量管理体系持续改进提高，完成了设计、监理两个体系的内审、管理评审和外部再认证审核，同时启动了新版质量管理体系的文件编写工作。

（三）推进管理创新、科技创新、服务创新理念进一步落实，研发工作再获突破

2017年，董事长提出“持续开拓创新、全面攻坚克难，努力打造升级版的兰冶院”的要求，一年来在这方面做了大量工作，尤其是在科技创新方面取得了较大成绩。向省科技厅申报了“技术转移示范机构”获得通过，“废旧印刷电路板资源化处理关键技术开发与应用”被评为兰州市10大科技创新项目，多项技术创新成果运用于实际工程，解决重大工程技术难题。

（四）重视培训，加大激励，促进学习，人才培养和员工队伍建设收获颇丰

2017年公司制定了激励政策，加大了对注册考试人员的奖励，同时调整了注册人员的疗养休假制度，体现了公司在加强资质建设和提升员工队伍整体素质方面的决心和举措。各部门在全力以赴抓经营、促生产、提质量、保服务的同时，也更加注重了员工教育培训、能力打造和素质提升，在人才培养和队伍建设方面做了大量工作并在职称晋升、注册考试、员工培训等各方面取得了可喜成绩。

（五）强化预算管理，严控应收账款，压缩管理层级，努力提质增效、提高发展质量

2017年以强化预算管理、优化管理流程、完善各类规章制度为切入点，加强管理，防范风险。一是进一步强调预算执行的严肃性。二是严控应收账款，建立责任制，抓住关键时间节点，及时清理、及时通报、专人负责跟踪落实，做到了时间、数额、责任三落实。三是完善制度，优化流程，控制风险。四是严格执行中央八项规定，从细从严控制非生产性支出，严格审批流程，控制经营性风险。五是做好开源节流、降本增效。

（六）以自主开发为主，推进信息化建设，信息化工作再上新台阶

一是坚持以自我为主，以满足工作需要为前提不断开发新模块。二是搭建VPN网络，实现了驻外分公司与公司综合信息管理系统的一体化。三是继续建设数字图书馆。四是完成工程底图扫描建档工作。五是对公司门户网站进行改版并上线。

（七）“两学一做”学习教育常态化制度化，党建工作不断加强

制定“两学一做”学习教育常态化制度化实施方案。传达学习中央、省、市推进“两学一做”学习教育常态化制度化会议精神，印发学习材料，组织广大党员通过自学、集中学习、微信群、党务公开课等多种形式学习，促进思想认识和理论水平的提高。

领导干部带头学、带头讲党课。坚持公司党委中心组学习制度，坚持学用结合、以用促学，交流学习心得、研究探讨工作，公司党委领导主动参加所在支部的学习活动，并带头讲党课。

落实“党政同责、一岗双责”要求。制定了《党员领导人员落实一岗双责规定》和《公司党委议事规则》，明确了重大事项党委决策前置程序。

认真组织学习宣传贯彻党的十九大精神。公司党委及时组织各级党员干部收听收看党的十九大召开盛况，并下发通知，深入学习、宣传、贯彻党的十九大精神。公司各党支部迅速行动起来，组织广大党员深入学习，深刻领会，统一思想，谈体会、写心得、聚力量，进一步增强“四个意识”，切实把思想和行动统一到党的十九大精神上来，坚定自觉地把党中央的各项决策部署落到实处，全力开创公司各项工作新局面。

（常红霞）

甘肃土木工程科学研究院

一、概况

2017年，甘肃土木工程科学研究院（以下简称：土木院）根据甘肃省省直部门管理企业改制脱钩集中统一监管工作安排，与省国资委顺利对接完成改制脱钩工作，整体改制为甘肃土木工程科学研究院有限公司。全年引进高校毕业生9人，调入（录用）技术人才9人。评审通过正高级职称3人，高级职称6人，中级职称19人。引进一级注册结构工程师1人、一级注册建筑师1人、注册造价工程师2人，注册监理工程师1人，现有在职职工256人，其中中高级以上工程师179人，各类注册人员达到132人。

2017年，土木院生产经营区域仍以甘肃省为主，在稳固本省业务的同时，积极辐射新疆、陕西、西藏、青海、广西等省区，积极实践走出去的经营思路。全年共签订合同1172项，完成合同额1.94亿元，基本完成年初制定的2.10亿元目标；实收产值1.63亿元，超过1.55亿元的目标产值。全院共输出各类技术成果1816套，常规材料试验报告21458份。

二、深化改革、转型升级，发展动力持续增强

2017年，为进一步完善现代企业制度，规范企业治理结构，提升企业的市场运作和经营管理水平，提高市场竞争力，实现国有资产保值增值，2017年11月土木院整体改制为“甘肃土木工程科学研究院有限公司”，改制后公司注册资本7991万元，出资人为甘肃省国资委，持股比例100%。

本次改制工作中，通过对企业优劣势的分析，面对不可预期的市场变化，领导班子确立了土木院“以工程质量检测鉴定和结构、地基加固为核心，设计及岩土工程勘察作为其技术依托，特色总承包和新型建材研发销售作为其产业延伸的、具有鲜明专业特色、能积极服务于甘肃省工程建设和有色金属行业，能在应对重大自然灾害及建设领域公共事件中为政府提供咨询服务的科技型国有企业”的发展方向。努力在全过程工程咨询的产业链的基础上，通过内部业务整合，加强业务前后端的延伸，使产业链更加饱满，能够更加适应市场的需求，更好地发挥自身产业链完整的优势，为土木院的发展注入新的活力和动力。

三、协同联动、实践创新，科研工作积极开展

2017年，土木院立足甘肃省科技事业的发展，积极策划科研项目，持续推进创新驱动，不断实施自主创新和成果转化。

2017年，进一步加强科技研发和成果转化。全年共获科技经费153万元，其中纵向科技经费107万元，横向科技经费46万元。通过了高新技术企业的重新认定，获专项资金5万元。全院在研科研项目45项（主持41项，参与合作4项），其中国家科技部科研院所创新能力专项经费项目1项，国家工信部行业标准制修订计划项目4项，甘肃省建设厅建设科技建筑节能与绿色建筑科研计划15项，甘肃工程建设标准及标准设计编修计划19项，甘肃省水泥散装办新技术研发及推广应用项目12项，兰州市科技发展计划项目1项、合作项目1项。全年新立科研项目9项，已列入省厅级各类计划。申报“甘肃省科技转移示范机构”通过评审，获甘肃省科技厅资金补助30万元。

2017年主编行业标准4项，其中3项已完成编写；完成甘肃省地方标准、图集共8项；列入甘肃省建设厅科技计划项目4项通过验收；发明专利1项获授权。获甘肃省科技进步奖二等奖1项（“TFT高原型高效低阻预热预分解装备开发与应用”）。获甘肃省优秀勘察设计二等奖1项（“天庆国际新城A区岩土工程勘察”）、三等奖3项（“甘肃稀土新材料股份有限公司3#尾液库环境隐患整治工程试验检测及拟加固坝体岩土工程勘察”、“静宁汽车南站”、“敦煌艺术旅游中等专业学校”）。获全国有色金属行业（部级）优秀勘察设计一等奖1项（“天庆国际新城A区岩土工程勘察”）、二等奖1项（“甘肃稀土新材料股份有限公司3#尾液库环境隐患整治工程试验检测及拟加固坝体岩土工程勘察”）。

2017年，根据甘肃省民政厅、甘肃省住建厅要求，甘肃省建设科技与建筑节能协会、甘肃省建筑金属结构与门窗协会、甘肃省勘察设计协会完成了脱钩换届工作，土木院分别当选为三个协会的会长单位。

甘肃省建设科技与建筑节能协会向省住建厅申请课题2项，获资金补助30万元；甘肃省建筑

金属结构与门窗协会向省住建厅申请课题1项。2017年9月，两家协会召集11家企业参加了由兰州市政府组织的每年一届的科技博览会，反响较好。

节能协会协助中国城科会在兰州组织召开了国家标准《绿色生态城区评价标准》宣贯会。组织编制了项目立项、验收、评价、评奖等管理办法，搭建协会的业务架构，让协会发挥应有的职能，为会员更好服务。门窗协会组织会员企业申报门窗资格证29家，全部通过评审。组织门窗协会20多家会员企业参加了第三届中国西部门窗博览会和第十四届国际门窗幕墙博览会，促进了学习交流。

四、抓好党建、带好队伍，从严治党向纵深推进

2017年，以全国国有企业党的建设工作会议精神、习近平总书记关于国有企业重要讲话精神、省属国有企业党组织把方向管大局保落实的实施意见、甘肃省第十三次党代会精神、十九大精神、甘肃省委十三届二次全会精神、上级主管部门重要文件及会议精神等为主要内容，组织党委理论学习中心组学习10次，扩大到中层干部和支部班子。各支部的组织生活会、“三会一课”、理论学习较上年在学习内容、学习形式、学习成效上取得了明显改进。

五、整合提升、规划愿景，宣传推广更加有力

经土木院领导班子研究，确立了“树立土木价值、坚守土木精神、弘扬土木文化”的企业文化，“开拓、笃行、诚信、共赢”的经营宗旨，“全国一流、西北领先的，具有鲜明专业特色、先进科研应用、雄厚技术实力的土木工程咨询企业”的战略目标以及“做甘肃土木工程科技发展的引领者”的企业愿景。

面对新时期下国有企业宣传需要，建立了以土木院网站宣传为核心，院宣传册、《甘肃土木》杂志和微信公众号作为有力支撑的企业宣传阵地。院网站改版上线，内容突出企业党建工作、经营特色和发展重点；院宣传册改版后也已用于对外宣传，内部刊物《甘肃土木》已经发行四期，受众面覆盖全省建设系统的主要单位及有色金属行业的联系单位，广受好评。

（王继功）

中国有色金属工业西安勘察设计研究院

2017年，中国有色金属工业西安勘察设计研究院有限公司（以下简称：公司）在陕西有色集团的正确领导和大力支持下，紧紧围绕年初制定的目标任务，始终坚持稳中求进的工作总基调，以“四个全面”战略布局和“五大”发展理念为指引，聚焦追赶超越，强化创新驱动，狠抓基础管理，切实做好稳增长、促改革、调结构、防风险各项工作，企业实现持续健康发展。

一、生产经营稳中有进

全年共签订合同1871项，合同额53.09亿元，同比增长11%；实现营业收入46.40亿元（剔除关联交易），同比增长1%，实现利税1.67亿元（剔除关联交易），同比下降5%。完成固定资产投资1200万元。全年无工亡事故，无群体性事件，无污染事件，项目合格率100%。

二、业务板块发展稳中有新

岩土工程业务在集团公司“十二五”重点投资项目建设步入尾声，新一轮投资尚未启动的情况下，积极拓展新业务、打造新模式、适应新业态。直管项目有了新发展：经过两年多的摸索和实践，团队正在组建，各项业务逐步铺开，已启动的超高层岩土工程勘察和施工项目进展顺利，填补了公司此类业绩的空白；环境治理业务实现新突破：新增环境保护设施施工、环境工程设计等资质，全年共签订环境治理类项目合同近亿元，实现业务平台和专业方向的进一步延伸；经营思路有了新转变：鼓励生产单位与大型房企及相关产业集团建立长期战略合作关系，分别与碧桂园、万科、省电力集团等企业签订框架合作协议，在扩大市场影响力的同时，有效降低了行业政策对岩土施工专业的影响。

施工总承包业务坚持“稳”字当头，合理控制规模，强化内控管理，实现平稳发展。继续推行“大市场、大业主、大项目”战略，与高科集团、美鑫集团、金钼集团等企业建立长期合作关系。着力激发内部经营活力，修订《全员经营奖励（暂行）办法》，充分调动全体员工的积极性和主动性。强化平台打造和维护，钢结构专业承包

资质成功升级，为相关业务市场的拓展奠定了基础。加强风险防控工作，坚持标前评审，严格合同审查，控制成本造价，强化诉讼管理，严控项目履约风险和各类法律风险。积极融入资本市场，启动新三板挂牌筹备工作，现已完成尽职调查，正在着手内部整改。

建材业务在原料、燃料成本蹿升，供求关系进一步失衡，产品价格持续不振的严峻形势下，狠抓内部管控，最大程度压缩生产成本，确保企业正常运转。生产上，继续坚持以销定产的生产原则，结合库存和市场经营情况，实行阶段性停产整修，降低人工成本；启用LNG液化天然气燃料和雨水回收系统，在争取政策补贴的同时，有效降低燃料成本和用水成本。经营上，继续与同业管桩单位开展战略合作，统一部署，抱团取暖；同时，加大NPC混凝土预制方涵产品推广，对潜在客户加强后续沟通和走访跟进。管理上，信息化建设工作全面启动，着力打造一体化信息管理系统，促进管理能力提升。

建筑设计和监理业务稳步发展。设计业务继续加强自身团队建设，完善内部机构设置，合同额、营业收入实现大幅增长。万基监理公司在完成领导班子调整后，紧抓在建项目，全面建章立制，强化内部管控，为后续发展积蓄力量。

全过程工程咨询项目管理业务取得重大突破。公司通过资源整合，吸引高素质团队共同合作，成功中标华阴市生物医药产业园区一期项目的项目管理和监理业务，合同额5250万元。这是公司承揽的首个全过程工程咨询项目管理业务，也是创新性开拓新市场、实现新发展的成果，为下一步全过程工程咨询业务的开展奠定了基础。

三、基础管控体系不断完善

质量、环境、职业健康安全管理体系和计量管理体系按照新标准和文件要求，完成有色西勘院有限公司和有色测试公司体系文件换版，并对内审员进行了换版培训，确保合规运行。全年向用户提交技术报告1279份，质量合格率100%，优良率99.5%，无技术质量事故发生。外审工作首次将范围扩大至驻外分支机构，顺利通过认证机构监督审核。内审工作严格按照新版体系文件要求，认真查找生产管理运行存在的问题。

安全环保消防工作按照企业安全主体责任要求，建立对标检查手册，开展安全生产标准化建设，保证安全投入，落实三级安全教育，深入隐患排查与治理，完善事故应急预案，确保企业安全生产主体责任落到实处，顺利通过集团公司专项安全检查。有色建设公司按照“五定”原则进行重点监控和复查，全年创建省级文明工地3项、市级文明工地1项、绿色施工示范工程1项。

财务管理工作在做好基础性工作的同时，积极应对税务、资金双重压力，为公司业务的正常开展提供了保障。资金管理方面：成立资金管理中心，按月制定融资平衡计划，实现资金整体管控；出台鼓励政策，加大承兑汇票的使用力度，加速存量资金流转，缓解资金压力；制定《压缩“两金”占用和降低资产负债率工作方案》，对公司应收账款、预付账款和存货进行集中盘点和清理。税务管理方面：积极应对税务稽查和审计提出的问题，在合理范围内积极争取政策支持，完成结论认定和税款补缴工作。

人力资源管理工作强化制度建设，修订《职称评聘管理办法》，完善人才评价机制；改进绩效考核制度，强化考核成果运用，将考核结果与薪酬挂钩，与“三项机制”挂钩，达到考核倒逼、压力传导的目的；制定《外聘人员管理办法》，规范劳动用工管理，降低劳动风险。加强员工培养，全年组织实施各类培训18项，累计培训员工1300余人次，新增各类执业资格注册人员21人，为公司各类业务的持续开展提供了人员保障。

创新创优工作进一步提高站位，加强与科技主管部门及高校间的联系，各项工作开创新局面。“预制混凝土方桩在基坑支护中的应用研究”项目获省科技厅批准立项；与西安理工大学、金钼集团合作，启动“陕西省尾矿库防灾减灾工程技术研究中心”省级研发平台的立项申报工作；有色建设公司成立博士后流动站和BIM技术应用中心，取得发明专利1项，软件著作权8项。规范编制工作进展顺利：全年在编各类技术规范33部，获批准发布实施规范4部，完成规范报批稿24部，剩余规范均按进度要求稳步推进。此外，工程创优方面获全国优秀工程勘察设计行业三等奖1项，省级优秀工程勘察设计一等奖1项、三等奖1项，有色行业优秀工程勘察设计一等奖1项、二等奖1项；有色建设公司获得省级建筑优质结构工程1项，省部级QC成果5项。

四、党的领导和政治核心作用有效发挥

2017年，公司党委、纪委、工会和共青团组织，深入贯彻落实党的十九大精神，思想建设、制度建设、机构建设协同发力，把方向、谋大局、促改革、保发展的能力进一步提升。

党委工作以党章为根本遵循，坚持全面从严治党。强化党委自身建设，制定《党委议事规则》、《党委意识形态工作责任制实施细则》和《党委主体责任清单》，明确党委工作主体责任抓手，充分发挥党委的领导核心和政治核心作用。制定《领导干部责任清单》，建立三项机制和主要领导干部请假制度，强化干部队伍管理，抓住“关键少数”，力求在思想和认识上贯彻领会新理念，与党中央保持高度一致。

（王　康）

中国有色金属
长沙勘察设计研究院有限公司

一、基本情况

中国有色金属长沙勘察设计研究院有限公司（以下简称：长勘院）位于湖南省长沙市，成立于1964年4月，原名为冶金勘察总公司长沙勘察公司，隶属于冶金工业部。1981年12月划归国家有色金属工业管理总局管理；1983年7月更名为长沙有色冶金勘察公司，由中国有色金属工业总公司管理；1985年12月，更名为中国有色金属工业总公司长沙勘察院；1998年6月更名为中国有色金属工业长沙勘察设计研究院，由国家有色金属工业局管理；1999年7月由中国铝业公司管理；2000年7月由中央直属企业转为省级地方性企业，归湖南省有色金属工业总公司管理；2008年6月19日加入中国铝业集团有限公司；2010年4月划入中国铝业集团有限公司工程技术板块；2011年3月中国铝业集团有限公司工程技术板块重组改制，4月更名为中国有色金属长沙勘察设计研究院有限公司。

长勘院主营业务：测绘工程、工程地质勘察、水文地质勘察、岩土工程（勘察、设计、治理、监测、监理）、地基与基础工程（桩基础施工、地基处理、基坑支护、边坡与滑坡治理）、固体矿产勘查、地质灾害治理工程（勘查、设计、施工）及地质灾害危险性评估、建筑工程设计、工程建设监理、环境评价咨询、岩土建材试验、水质分析。

2017年，长勘院资产总额7.55亿元，负债率67.88%，员工总人数562人，平均年龄39岁，其中中专及以下82人，大学专科91人，大学本科308人，硕士及以上81人。

二、机构设置

长勘院共设有总经理办公室、党群工作部、纪检监察审计部、人力资源部、财务部、企业管理部、科技质量部、安全环保健康部、离退休办公室9个职能部门。下辖14个二级单位和2个参股、控股公司。

三、生产经营

2017年，长勘院（上市部分）签订合同12.07亿元，实现营业收入8.33亿元，实现利润9026.64万元。商贸公司（存续部分）实现利润31.13万元，经营活动净现金流1665万元。长勘院相继在南京、三明、瑞金、雄安、全南等地新建立5个经营网点；大力清收清欠工程款，“两金”存量压降2.15亿元；组建铝模板业务团队，开展工程铝应用，签订合同1451万元；北海海东方项目房产销售回笼资金2043万元。

2017年，长勘院主要生产指标合同额12.07亿元，同比增长0.84%；销售收入8.32亿元，同比增长34.41%；利润额8200万元，同比增长15.49%；所有者权益2.42亿元，同比增长21.61%；纳税额5500万元，同比增长37.50%；净资产收益率34.79%，同比下降4.42%；全员劳动生产率43.62万元/人·年，同比增长24.88%；未发生任何安全环保事故，人身伤亡率为零。

四、企业管理

建立健全风险管理“三道防线”，完善决策机制，结合问题清单开展自查自纠，风险管理得到强化。大力推进强基固本行动，扎实开展安全生产“全面大动员、全面大清查、全面大整改”行动，实行领导干部包保班组，加大对重大、复杂工程方案和报告的审查力度，通过月度检查、督促整改、约谈问责等措施，安全、质量管理得到巩固。选拔60名优秀人才充实到中基层后备干部库，引进注册执业人员5名，19名员工通过了注册资格考试，队伍结构更加优化。取得银行综合授信2.8亿元，开具1000多万元零保证金履约保函，融资渠道得到拓宽。

五、科技创新

“地下空间智能化全息探测技术与装备研究”、

“中铝公司安全与环境在线监测大数据中心”两个重点科研项目实现生产应用。自主研发了“铝土矿尾矿水深度处理和循环利用”，解决了铝尾矿废水高效净化循环利用这一难题。引进并推广应用无人机倾斜摄影测量和正射摄影测量、地面三维激光扫描、洞穴三维激光扫描等尖端技术，创造了良好的社会效益和经济效益。在湘西州地灾监控应急指挥系统、凡口铅锌矿安全监测系统等重点项目上打造了一批科技成果推广应用示范项目，受到政府和客户的高度评价。完成科研成果推广3500多万元，创效980万元。

“空间地理信息无人化采集与厂矿三维仿真技术”获中铝集团首届创新创意大赛一等奖。“地下空间智能化全息探测技术与装备研究”项目获得国务院国资委央企熠星创新创意大赛三等奖。“微型钢管桩施工工艺的改进”获得中铝集团“金点子”奖。

主编有色金属行业标准5项规程，参编19项规范规程。获科技进步二等奖1项，优秀工程一等奖11项、二等奖7项、三等奖2项。

2017年，长勘院科技创新投入2578万元，申请专利11件，授权专利7件，科技人员占比11.4%。

2017年，长勘院的“中国铝业广西分公司在线采矿地理信息系统建设工程”获得湖南省优秀工程勘察设计一、二等奖项目工程勘察类最佳人气奖。

六、深化改革

深入开展问题清单梳理工作，共梳理出三大方面33个专题101个问题，整改完成率63%，未完成整改的问题制订了3年整改计划。完成中铝华大股份有限公司的亏损治理。湖南君天物业管理有限公司在上海联合产权交易所挂牌。退休人员社会化管理签订了移交协议。完成了“三供一业”分离移交相关协议的签订，其中供水已完成外业改造施工。11月份新基地正式收房，进入装修准备阶段。投资257万元购置办公用房，改善了重庆分公司、中山经营部的办公环境。与中南大学携手创建“卓越测绘工程师工程实践教育中心”。成立了“技术能手创新工作室”“青年创新工作室”。

七、党建与企业文化建设

长勘院党委认真贯彻中铝集团党组的工作部署，坚持党的领导，加强党的建设，全面从严治党。党委带头学习习近平总书记系列重要讲话精神，积极贯彻落实党的十九大精神，抓好学习培训，推进“两学一做”学习教育常态化制度化，落实“三会一课”，严格执行党内监督和“三重一大”决策，建立“一岗双责”党建责任体系，开展党支部书记述职评议。深入开展“两带两创”活动、“安全、干净”班组竞赛、创新主题演讲比赛、提质增效主题征文等活动。选人用人坚持“四凡四必”，匡正风气，开展整治“闲官”“闲岗”专项工作。制订、完善巡察工作等管理制度，建立监督长效机制。开展纪律教育、廉洁教育和警示教育，压实执纪问责监督责任，处理5起违纪违规行为，问责21人，党风廉政建设更加从严。

八、履行社会责任

长勘院着力加强内部管控，积极开展普法教育，完善制度体系建设，严格依法依规治企。大力开展安全、环保、质量管控行动，全年工程质量合格率100%，无安全、环保事故发生，客户满意度达90%以上。采取定期帮扶和应急救助相结合的方式开展困难员工帮扶，共帮扶困难员工97名。积极参与公益，履行央企责任，在长沙遭遇水灾之际，长勘院向受灾地区捐助爱心款11.2万元。加大综合治理整治力度，做好维稳工作，获得2017年度湖南省直单位社会治安综合治理“先进单位”称号。

（王万里）

昆明有色冶金设计研究院股份公司

一、概况

昆明有色冶金设计研究院股份公司（以下简称：公司）现有在职职工800余人，拥有省部级设计大师7人、享受政府特殊津贴专家11人、正高级工程师45人、高级工程师196人、工程师165人，拥有各类国家注册执业资格专业人员共150余人。公司具备矿山、冶金化工（有色、黑色、石化等）、工业与民用建筑、市政等行业工程的土地整治、水土保持、城市规划、节能评估、环境保护与治理和计算机应用等近40个专业的设计、咨询、工程总包、工程造价、工程监理、项目管理等甲级资质及其他20余个资质证书。

2017年，公司实现营业收入12亿元，利润总额5150万元，新签咨询设计合同总额1.64亿元，工程总承包合同额52亿元，公司制单位新签合同额9002万元。

二、重点工作推进有力

（一）抓机制

把党建工作写入了公司章程，明确和落实党委在公司法人治理结构中的法定地位，确保党委的领导核心和政治核心作用有效发挥。先后修订完善了《公司接待管理办法》、《出差管理办法》等管理制度，更加规范了公司的生产经营活动。

（二）建制度

公司针对生产经营管理等实际，出台了一系列管理制度措施，逐步向“公司、专业院（子公司）、专业室（项目部）”三级管理架构转变。公司将商务接待、员工出差管理审批权限下放到各部门，体现“管理重心下移”，理顺工作流程。

（三）补短板

补人才短板。制定实施《设计大师特殊津贴》和《技术人才培养责任制》，第一批26名导师和36名徒弟签订了导师带徒责任书，并完成了半年总结检查，对人才培养和职工素质提升起到了积极的推动作用。

补技术短板。公司被认定为云南省第20批企业技术中心，获得省财政补助40万元。公司下发了《技术开发项目管理办法》，确定了“公司级”和“部门级”的技术开发项目管理办法，将技术开发、知识产权申报、评优报优等科技指标分解到各部门，实行半年检查、年底考核。

2017年，公司共获发明专利1件、计算机软件著作权登记1件，申报专利7件；荣获省部级以上奖项18项，其中全国优秀工程咨询成果优秀奖1项、云南省科学技术进步三等奖1项。完成国家标准编制3项、在编国家标准3项。

（四）重落实

强化责任。突出生产经营目标考核，年初签订了责任书，年末进行考核兑现。建立了党委会、总经理办公会和书记办公会会议督办台账，对会议决策的落实情况进行督查。

解决实际问题。对年初职代会提出的意见和建议进行了汇总整理，确定了重点解决的7个方面问题。目前，总承包管理、人才培养、职工食堂和职工体检4个方面的问题已完成，信息化建设和图纸加密、薪酬改革、企业文化建设3个方面的问题正在积极推进。

三、党建工作有力提升

公司党委坚持以从严治党为主线，认真落实党建工作的主体责任、第一责任、直接责任和“一岗双责”，对党建工作的重视程度、投入力度、规范提升前所未有。

（一）抓学习

推进“两学一做”学习教育常态化、制度化，认真组织广大党员干部职工学习党的十八届四中、五中、六中全会和十九大精神，用习近平新时代中国特色社会主义思想武装头脑。落实意识形态工作责任制，创办了手机报，加大一楼大屏幕和OA平台、门户网站以及有色金属报、集团报等媒体的重点新闻报道力度，唱响主旋律，传播正能量。

（二）抓基层

以“党建提升年”为契机，认真落实“三会一课”、党员积分制、民主评议党员、组织生活会等制度，进一步加强党对工会、共青团工作的领导，召开了公司第二次工代会和第二次团代会，选举产生了新一届工会和团委领导班子，明确了今后五年的工作目标任务。坚持和完善职代会、院务公开等制度，充分发挥桥梁纽带作用。

（三）抓作风

认真落实党内监督条例，用好“四种形态”，结合年度综合考核结果反馈，开展了对所属各单位、部门领导班子的工作约谈，及时通报集团内外违规违纪案例13次，组织参观反腐倡廉警示教育基地，强化对各级领导班子成员、项目负责人和重要岗位人员等“关键少数”的监督，推进廉洁风险防控建设，把纪律和规矩挺在前面。深入开展“小金库”、“六个严禁”、高档白酒、节假日和重要时点等专项监督检查，持之以恒落实中央八项规定精神和纠正“四风”。加强效能监察和审计监督，对发现的问题进行认真整改和处理，以查促改、以审促改、真查真改效果明显。

（四）抓和谐

组织参加省勘察设计杯足球、羽毛球等体育比赛和集团喜迎党的十九大歌咏比赛，深入开展形式多样的劳动竞赛、经济技术创新、导师带徒等活动，在搭建建功立业平台的过程中发挥广大职工的改革创新精神，引导职工为公司改革发展贡献智慧和力量。

（罗明媛）

光 荣 榜

有色金属行业全国“五一”劳动奖状、奖章、工人先锋号获奖名单

全国“五一”劳动奖状

包头吉泰稀土铝业股份有限公司
辽宁省有色地质局勘察研究院
西北有色金属研究院
富通集团有限公司
晶科能源控股有限公司

全国“五一”劳动奖章

巴　音（蒙古族）　乌拉特后旗欧布拉格铜矿有限责任公司球磨班班长
朴洪日（朝鲜族）　珲春紫金矿业有限公司总调度室工人
邹文军　上海期货交易所总监
陆伟庆　无锡华能电缆有限公司铝绞线工段长
周明明　超威电源有限公司董事长
曹　亮　江西铜业股份有限公司城门山铜矿采矿场穿爆铲工段铲装一班班长
郭海涛　江西金泰特种材料有限公司机修班长
谭志刚　明冠新材料股份有限公司设备主管
张　坤　河南神火铝业公司永城铝厂副厂长
付结卫　广东省大宝山矿业有限公司磨浮车间浮选班班长
罗国伟　广东亚太新材料科技有限公司副总经理、总工程师
肖承瑞　中国铝业股份公司广西分公司热电厂生产管理业务厂长助理兼业务主管
涂明江　天齐锂业(射洪)有限公司工艺技术部经理
肖红梅（女）　九冶建设有限公司汉中分公司焊工
潘从明　金川集团铜业有限公司贵金属分厂提纯班班长
杨尚明　青海锂业有限公司工程师

全国工人先锋号

博宇金属股份有限公司 ERP 事业部
中冶葫芦岛有色金属集团有限公司铅锌冶炼厂熔炼车间备料作业区三班
忠旺集团忠旺研究院
东北轻合金有限责任公司特材公司锻压工区模压甲班
浙江元立金属制品集团有限公司新宏公司优带厂生产丙工段轧机班
中赣新能源股份有限公司工艺部
赣州海创钨业有限公司生产技术部
江西铜业股份有限公司德兴铜矿精尾综合厂精矿工段铜甲班
江西大吉山钨业有限公司选矿厂精选工段钨大班
江西铜业股份有限公司武山铜矿选矿车间碎运工段主机班
中信重工机械股份有限公司刘新安全国劳模工作室
中铝中州铝业有限公司卫星职工技术创新工作室
河南超威电源有限公司组装二科
桃江久通锑业有限责任公司采矿工区 226 运输班
海南矿业股份有限公司采矿场采矿车间反铲组
重庆航墙铝业股份有限公司设计部
绵阳铜鑫铜业有限责任公司再生铜熔炼班组
云南永昌硅业股份有限公司冶炼厂二车间 3 号炉 303 班
西安航天博诚新材料有限公司制造部钛丝生产班组
青海时代新能源科技有限公司制造部
宁夏太阳镁业有限公司机电设备部电仪课
新疆新鑫矿业股份有限公司阜康冶炼厂钴车间萃取运行班

新疆众和股份有限公司铝箔分公司三车间

2016－2017年度国家优质工程奖获奖名单

国家优质工程奖获奖名单

项目名称：河南中原黄金冶炼厂有限责任公司整体搬迁升级改造项目
建设单位：河南中原黄金冶炼厂有限责任公司
勘察及设计单位：中国城市建设研究院有限公司
中国恩菲工程技术有限公司
河南省博瑞地质工程有限公司
监理单位：鑫诚建设监理咨询有限公司
长春黄金设计院工程建设监理部
总承包单位：中国黄金集团建设有限公司
施工单位：中国恩菲工程技术有限公司
中国十五冶金建设集团有限公司
中十冶集团有限公司
河南天方建设工程有限公司

项目名称：嘉峪关索通炭材料有限公司340kt/a预焙阳极及余热发电项目
建设单位：嘉峪关索通炭材料有限公司
勘察及设计单位：沈阳铝镁设计研究院有限公司
监理单位：鑫诚建设监理咨询有限公司
总承包单位：酒钢集团冶金建设有限公司
施工单位：十一冶建设集团有限责任公司
八冶建设集团有限公司

项目名称：云南华联锌铟股份有限公司都龙矿区8000t/d选矿扩建项目—主厂房建设工程
建设单位：云南华联锌铟股份有限公司
勘察及设计单位：中国恩菲工程技术有限公司
中国建筑西南勘察设计研究院有限公司
监理单位：云南鑫华建设咨询监理有限公司
施工单位：个旧云锡通达工程有限公司
中国十五冶金建设集团有限公司
云南建工第四建设有限公司
云南建工安装股份有限公司

国家优质工程奖（境外工程）获奖名单

项目名称：缅甸达贡山镍矿工程
建设单位：中色镍业有限公司
勘察及设计单位：中国恩菲工程技术有限公司
云南省有色地质局三〇八队
监理单位：中咨工程建设监理公司
鑫诚建设监理咨询有限公司
总承包单位：中国十五冶金建设集团有限公司
湖北省电力勘测设计院
中国港湾工程有限责任公司

项目名称：刚果（金）绿纱铜钴矿采选冶项目
建设单位：绿纱矿业有限责任公司
勘察及设计单位：北京矿冶研究总院
监理单位：绿纱矿业有限责任公司
总承包单位：十五冶对外工程有限公司

2016－2017年度中国建设工程鲁班奖（国家优质工程）有色金属工业获奖名单

序号	工程名称	承建单位	参建单位
108	万境财智中心	五矿二十三冶建设集团有限公司 湖南顺天建设集团有限公司	五矿二十三冶建设集团第二工程有限公司 五矿二十三冶建设集团第四工程有限公司 五矿瑞和（上海）建设有限公司

2017年中国技能大赛——“中国铝业杯”第十一届全国有色金属行业职业技能竞赛决赛

铝及铝合金熔铸工成绩优异选手名单

名次	姓　名	单位名称
1	王庆云	中国铝业贵州分公司
2	罗　朋	中国铝业贵州分公司

续表

名次	姓　名	单位名称
3	许　健	中国铝业贵州分公司
4	胡　波	西南铝业（集团）有限责任公司
5	张　兴	中国铝业贵州分公司
6	刘宗发	中国铝业贵州分公司
7	喻　波	西南铝业（集团）有限责任公司
8	李　亮	西南铝业（集团）有限责任公司
9	徐　杰	中国铝业贵州分公司
10	阮　程	中国铝业贵州分公司
11	曾庆勇	西南铝业（集团）有限责任公司
12	王　波	西南铝业（集团）有限责任公司
13	唐榜伟	西南铝业（集团）有限责任公司
14	冷祯华	西南铝业（集团）有限责任公司
15	赵　辉	西南铝业（集团）有限责任公司

铸轧工（金属轧制方向）成绩优异选手名单

名次	姓　名	单位名称
1	朱雪兵	西南铝业（集团）有限责任公司
2	何希家	西南铝业（集团）有限责任公司
3	胡　沙	商丘阳光铝材有限公司
4	王建辉	福建省南平铝业股份有限公司
5	韩德地	河南中孚实业股份有限公司
6	宋　寅	福建省南平铝业股份有限公司
7	韩忠勇	西南铝业（集团）有限责任公司
8	戴福春	中铝瑞闽股份有限公司
9	张　学	河南中孚实业股份有限公司
10	梅韻强	西南铝业（集团）有限责任公司
11	陈　刚	西南铝业（集团）有限责任公司
12	刘　兵	西南铝业（集团）有限责任公司
13	毕苍兆	东北轻合金有限责任公司
14	黄龙奎	万基控股集团有限公司
15	苏东太	中铝瑞闽股份有限公司

设备点检工（起重设备方向）成绩优异选手名单

名次	姓　名	单位名称
1	徐栋梁	内蒙古大唐国际再生资源开发有限公司
2	孙家林	河南豫光金铅集团有限责任公司
3	周双双	内蒙古大唐国际再生资源开发有限公司
4	陈　岩	西南铝业（集团）有限责任公司
5	陆国维	云南铜业（集团）有限公司
6	平运胜	中铝中州铝业有限公司
7	张　炜	中铝山东有限公司
8	韦景安	中国铝业广西分公司
9	李　骥	西南铝业（集团）有限责任公司
10	张　伦	西南铝业（集团）有限责任公司
11	吕东起	中铝山西新材料有限公司
12	徐龙山	西南铝业（集团）有限责任公司
13	李　海	中铝洛阳铝业有限公司
14	蒙江林	中国铝业广西分公司
15	蒋　军	贵州铝厂

优秀教练员名单

（排名不分先后）

序号	姓　名	单位名称
1	习　普	西南铝业（集团）有限责任公司
2	马尚军	云南铜业（集团）有限公司
3	王　瑧	中国铝业贵州分公司
4	王中林	西南铝业（集团）有限责任公司
5	王洪刚	西南铝业（集团）有限责任公司
6	乌日娜	内蒙古大唐国际再生资源开发有限公司
7	兰永祥	中国铝业广西分公司
8	吕　正	中国铝业广西分公司
9	刘学民	中铝洛阳铜业有限公司
10	刘晓白	中铝中州铝业有限公司
11	邹　杰	西南铝业（集团）有限责任公司
12	范　林	西南铝业（集团）有限责任公司
13	周国涛	福建省南平铝业股份有限公司

续表

序号	姓　名	单位名称
14	袁家传	福建省南平铝业股份有限公司
15	郭　伟	中国铝业贵州分公司
16	郭志盛	商丘阳光铝材有限公司
17	曹卫卫	河南豫光金铅集团有限责任公司
18	梁勤华	西南铝业（集团）有限责任公司
19	游长江	中国铝业广西分公司
20	魏社栋	西南铝业（集团）有限责任公司

团体优胜奖单位名单

名次	单位名称
1	西南铝业（集团）有限责任公司
2	中国铝业贵州分公司
3	内蒙古大唐国际再生资源开发有限公司

团体优秀奖单位名单

（排名不分先后）

序号	单位名称
1	福建省南平铝业股份有限公司
2	河南中孚实业股份有限公司
3	河南豫光金铅集团有限责任公司
4	商丘阳光铝材有限公司
5	云南铜业（集团）有限公司
6	中国铝业广西分公司
7	中铝瑞闽股份有限公司
8	中铝中州铝业有限公司
9	中铝山东有限公司
10	东北轻合金有限责任公司
11	万基控股集团有限公司
12	中铝洛阳铜业有限公司
13	中铝山西新材料有限公司
14	贵州铝厂

优秀组织奖单位名单

序号	单位名称
1	西南铝业（集团）有限责任公司

大 事 记 篇

2017年全国有色金属工业大事记

一 月

1月9日上午，中共中央、国务院在北京举行国家科学技术奖励大会。党和国家领导人习近平、李克强、刘云山、张高丽出席大会并为获奖代表颁奖。

有色金属行业共4项成果荣获国家科技进步奖二等奖，他们是：由中国有色矿业集团有限公司、中国恩菲工程技术有限公司、太原钢铁（集团）有限公司、中色镍业有限公司、沈阳有色金属研究院、中国有色（沈阳）冶金机械有限公司和四川省自贡运输机械集团股份有限公司主要完成的“红土镍矿生产高品位镍铁关键技术与装备开发及应用”，由昆明理工大学、北京矿冶研究总院、云南冶金集团股份有限公司、铜陵化工集团新桥矿业有限公司、江西铜业股份有限公司德兴铜矿、南京银茂铅锌矿业有限公司和深圳市中金岭南有色金属股份有限公司凡口铅锌矿主要完成的“有色金属共伴生硫铁矿资源综合利用关键技术及应用”，由中国恩菲工程技术有限公司、山东恒邦冶炼股份有限公司、济源市万洋冶炼（集团）有限公司、河南金利金铅有限公司、安阳市岷山有色金属有限责任公司和中南大学主要完成的“底吹熔炼－熔融还原－富氧挥发连续炼铅新技术及产业化应用”，由江西理工大学、崇义章源钨业股份有限公司和赣州海创钨业有限公司主要完成的“铵盐体系白钨绿色冶炼关键技术和装备集成创新及产业化”。

1月10日，中国有色金属工业协会2017年工作会议在京召开。中国有色金属工业协会会长、党委书记陈全训作了2017年工作报告，全面总结了2016年行业发展和协会工作情况，展望2017年行业发展形势，部署2017年的重点工作。会议由中国有色金属工业协会常务副会长、党委副书记任旭东主持，国资委第五巡视组副组长李历，协会党政领导班子成员赵家生、丁学全、贾明星、尚福山、王健、范顺科、王京彬、朱景兵、杨兵，协会本部全体干部职工，各所属（代管）单位的领导班子成员等参加会议。

陈全训提出2017年有色金属行业工作的基本思路，就是要认真贯彻供给侧结构性改革和42号文件不动摇，进一步扩大产品应用和培育发展新动能不动摇，切实推进有色实体经济降本增效和有效投资不动摇，努力推进国际产能合作和用好两个市场两种资源不动摇，坚持抓好技术进步和提升质量品牌不动摇。重点做好七方面工作，一是从严从实抓好巡视整改工作。二是将42号文件协会的工作任务落实到位。三是继续拓展铝、铜等有色金属的应用领域。四是推进国际产能合作。五是继续推动一批科技重大专项立项。六是做好日常工作，加强自身建设。七是精心筹备换届。

1月25日，工业和信息化部副部长徐乐江带领经济运行局、原材料工业司和产业政策司等有关负责同志一行7人，到中国有色金属工业协会调研。

二 月

2月3日，湖南省委副书记、省长许达哲率队到株洲市调研产业园区株洲钻石切削刀具股份有限公司调研。

2月7日，江西省委副书记姚增科到江西铜业集团公司调研。

2月10日，河南省委书记、省人大常委会主任谢伏瞻，省委副书记、省长陈润儿到中信重工调研。

2月15日，白银有色集团股份有限公司成功在上海证券交易所首发上市，这成为国内有色金属行业首家整体上市的大型企业集团。

2月15日，国资委党委第五巡视组向中国有色金属工业协会党委反馈巡视情况，会议在协会会议室召开。国资委党委第五巡视组组长武保忠，国资委巡视工作领导小组成员、巡视办主任阮国平，国资委党委第五巡视组副组长李历及巡视组成员出席会议。武保忠代表第五巡视组反馈了巡视工作情况和意见，阮国平提出了整改要求，中国有色金属工业协会党委书记陈全训代表协会党委领导班子作表态发言。

2月24日，中国有色金属工业协会会长陈全训、副会长文献军等一行来到位于四川省德阳市的东深科技公司，考察铝燃料电池产业化项目。

三　月

3月1日，由河南多氟多化工股份有限公司捐赠500万元的中华思源工程扶贫基金会新能源公益基金在北京揭牌成立。全国人大常委会副委员长、民建中央主席、中华思源工程扶贫基金会理事长陈昌智，河南省政协副主席、民建河南省委会主委龚立群等出席启动仪式。

3月13日，中国有色金属工业协会获悉美国铝业协会贸易执法工作组及其成员向美国商务部提出申请，要求对自中国进口的铝箔发起反倾销和反补贴调查，协会对此表示强烈反对，建议通过业界对话与合作的方式，寻求妥善的解决方案，消除误解，化解矛盾。

3月13日上午，中国有色金属工业协会组织人事部在有色金属技术经济研究院召开会议，宣布关于技经院主要负责同志调整的决定：林如海同志任技经院院长、党委副书记；范顺科同志不再担任技经院院长职务。

3月16日，中国有色金属工业协会会长陈全训等调研安徽省淮北市有色金属企业，并出席中国有色金属工业协会与淮北市人民政府战略合作框架协议签约仪式。中国有色金属工业协会副会长赵家生，淮北市委常委、副市长孙劲飚分别代表中国有色金属工业协会和淮北市人民政府在战略合作框架协议书上签字。

3月22日，第十七届中国金属冶金展+中国交通用铝展、中国（重庆）汽车技术及材料展在重庆国际博览中心隆重举行，本届展会由中国有色金属工业协会等单位承办。

3月22日，全国人大常委会副委员长艾力更·依明巴海率领由全国人大财经委员会副主任黄奇帆任组长的全国人大常委会产品质量法检查组一行到西南铝业（集团）有限责任公司调研。

3月24日，中国有色金属工业协会会长陈全训、副会长文献军与来访的德阳东深新能源科技有限公司董事长王旭就进一步深入推进铝燃料电池产业化工作进行了广泛的交流。

3月30日，2017（第四届）新能源材料高峰论坛在江西省新余市举行，中国有色金属工业协会会长陈全训，中国工程院院士、原副院长干勇，工业和信息化部原材料工业司副司长余薇出席开幕式并致辞；国务院发展研究中心原副主任侯云春作宏观形势报告；中国工程院院士郑绵平、多吉出席开幕式；开幕式上致辞的企业领导有江西赣锋锂业股份有限公司董事长李良彬、江西赛维LDK光伏硅科技有限公司首席副总经理王辉、金川集团股份有限公司副总经理周民。来自全国的新能源材料和新能源生产企业、科研院所、高等院校、政府相关部门、行业组织以及金融机构的代表600余人参加了大会。开幕式由中国有色金属工业协会副会长赵家生主持。

3月31日，中国有色金属国际产能合作企业联盟成立大会暨第一次联盟成员代表大会在京召开。中国有色金属工业协会会长、党委书记陈全训出席大会并讲话。

四　月

4月6–9日，工信部党组成员、副部长徐乐江一行分别对信发集团有限公司、山东魏桥创业集团有限公司、山东南山铝业股份有限公司和丛林集团公司进行调研。山东省副省长王书坚等参加调研。

4月12日，中共云南省委书记陈豪一行到云南锡业集团（控股）有限责任公司锡、铟新材料研发中心和动力与储能电池工程技术研究中心调研。

4月14日，五矿有色金属控股有限公司在长沙本部召开干部大会，宣布集团公司党组关于有色控股领导班子调整的决定：集团公司副总经理、党组成员李福利不再兼任有色控股董事长、党委书记，继续分管有色控股；黄国平任有色控股董事长、党委书记，不再担任有色控股总经理、党委副书记；赵志顺任有色控股总经理、党委副书记。

4月18日，甘肃省委书记林铎到兰州金川科技园调研。

4月20日，国家主席习近平来到广西南南铝加工有限公司，实地了解企业进行传统产业优化升级，发展航空航天、轨道交通、船舶海洋等领域高性能铝材产业情况。2010年5月，时任国家副主席的习近平曾到南南铝业股份有限公司考察。总书记说，上一次是看传统产品，今天看了新产品、高端产品，鸟枪换炮了。六七年的时间，企业与国家发展同步，取得可喜成绩，向大家表示祝贺。

4月24日，中国有色金属工业协会会长陈全训、副会长兼秘书长贾明星等一行到陕西东岭集团考察。

五　月

5月8日，按照国资委党委巡视整改要求和中国有色金属工业协会党委工作部署，中国有色金属工业协会召开了巡视整改通报警示大会。中国有色金属工业协会党委书记、会长陈全训，国资委党委巡视组副局级巡视专员黄宝荣，以及协会党政领导班子成员、副处级以上干部，各所属单位领导班子成员，各代管协会、学会和分会的会长、秘书长、支部书记等出席大会。会议由中国有色金属工业协会党委副书记、常务副会长任旭东主持。

5月10日，中国有色金属工业协会会长陈全训，副会长贾明星一行到中铝驻河津3家企业；中铝山西分公司、山西华泽铝电有限公司、山西铝厂调研。

六　月

6月8日，国务委员王勇，在民政部部长黄树贤、外交部副部长张明、国务院国资委副主任王文斌、中国驻赞比亚大使杨优明的陪同下，前往中国有色集团在赞出资企业中色卢安夏铜业有限公司（简称中色卢安夏）、谦比希铜冶炼有限公司（简称铜冶炼公司）、赞比亚中国经济贸易合作区发展有限公司（简称经贸合作区）考察。中国有色集团总经理、党委书记张克利，中国有色集团副总经理陶星虎陪同考察并向王勇一行汇报了企业情况。

6月14日，陕西有色集团在总部西安召开干部大会，宣布集团公司主要领导职务任免职决定。省委常委、统战部部长、副省长姜锋到会并讲话。马宝平同志任陕西有色金属控股集团党委书记，为董事长人选，不再担任总经理职务。免去黄晓平同志陕西有色金属控股集团党委书记，不再担任董事长职务，另有任用。邹武装同志任陕西有色金属控股集团党委副书记，为总经理人选。

6月20日，湖南省委副书记、省长许达哲，副省长张剑飞一行赴娄底市调研，其间到五矿有色控股所属锡矿山闪星锑业有限责任公司考察。

6月22日，中共中央政治局常委、中央书记处书记刘云山到辽宁营口忠旺铝业有限公司调研。

七　月

7月5日，中国有色金属工业协会会长陈全训到东北轻合金有限公司调研。

7月9日，中共中央政治局委员、中央党的建设工作领导小组副组长、中央新疆工作协调小组副组长张春贤到中信重工开诚智能装备有限公司调研。

7月19日，2017年中国国际铝工业暨上海国际工业材料展览会在上海开幕。中国有色金属工业协会会长陈全训，中国铝业公司董事长葛红林，工信部原材料司副司长余薇，国际铝业协会秘书长罗恩·耐普，中国有色金属工业协会副会长丁学全、文献军、党委副书记范顺科，山东魏桥创业集团有限公司董事长张士平，励展博览集团大中华区及韩国总裁胡伟等出席启动仪式。

八　月

8月1日，江西钨业控股集团有限公司在南昌国家高新技术产业开发区淳和大厦前广场隆重举行揭牌仪式。江西省领导出席仪式并为集团公司揭牌。

8月4日，金川集团公司召开干部大会，宣布甘肃省委省政府关于金川集团公司主要领导调整的决定。杨志强不再担任金川集团公司董事长、党委书记，王永前任党委书记、董事长；陈得信任金川集团公司总经理、党委副书记；许多丰不再担任金川集团公司监事会主席；包国忠不再担任金川集团公司副总经理。中共甘肃省委常委、副省长宋亮出席会议，并代表省委省政府对公司领导班子和各级领导干部提出要求。

8月3日，湖南省委书记、省人大常委会主任杜家毫一行到金旺铋业仙溪总厂调研。

8月7日，深圳市新星轻合金材料股份有限公司（简称：深圳新星）成功在上海证券交易所主板上市。中国有色金属工业协会副会长兼秘书长贾明星应邀出席上市仪式，并与公司董事长陈学敏共同鸣锣开市。

8月8日，中国铝业山西分公司与山西华泽铝电有限公司实施合并重组，成立中铝山西新材料有限公司。

8月13日上午，湖南省省长、省委副书记许达哲赴五矿铜业（湖南）有限公司（以下简称：铜业公司），调研环境治理和企业转型升级工作。五矿集团公司副总经理、党组成员李福利，有色控股领导黄国平、赵志顺、黄忠民、吴世忠等陪同调研。

8月16日，2017年全国有色金属行业科研、设计院所院所长、书记座谈会在成都召开。中国有色金属工业协会会长陈全训出席会议并讲话。

8月16日，为进一步加快促进央企与地方经济共赢发展、融合发展，黑龙江省委书记、省人大常委会主任张庆伟到东北轻合金有限公司调研。

8月19日，中国地质调查局矿产资源绿色评价研究中心揭牌仪式暨学术研讨会在京召开。国土资源部党组成员、中国地质调查局局长钟自然，中国有色金属工业协会会长陈全训，中国地质调查局党组成员、副局长王昆，中国有色金属工业协会副会长、北京矿产地质研究院院长王京彬等领导出席仪式。

8月21日，中国有色金属工业协会组织召开协会各部室、各所属和代管单位党组织负责人集体谈话会议。这次会议的主要目的是学习贯彻习近平总书记在省部级主要领导干部“学习习近平总书记重要讲话，迎接党的十九大”专题研讨班上的重要讲话精神，履行全面从严治党主体责任，抓好党风廉政建设和反腐败工作，以优异的成绩迎接党的十九大胜利召开。中国有色金属工业协会党委书记、会长陈全训出席会议并讲话。

九　月

9月4日，按照国资委党委的部署和协会党委总体安排，中国有色金属工业协会党委书记、会长陈全训以《学习习近平总书记“7·26”重要讲话迎接十九大召开》为题，为协会各级干部讲党课。

9月5日，中国有色金属工业协会会长陈全训到包头铝业有限公司调研。

9月8日，江西铜业集团公司召开领导干部大会，江西省委组织部副部长徐忠出席会议，宣布江西省委对江铜主要领导同志调整的决定；龙子平同志任江西铜业集团公司、江西铜业股份有限公司党委书记，提名江西铜业集团公司、江西铜业股份有限公司董事长。由于年龄关系，李保民同志不再担任江铜主要领导职务。

9月13日，2017亚洲锡业周在昆明开幕。本届锡业周由国际锡业协会（ITRI）主办，云南锡业集团（控股）有限责任公司、上海期货交易所、云南乘风有色金属股份有限公司协办。中国有色金属工业协会会长陈全训、国际锡业协会总裁DavidBishop、云南锡业集团（控股）有限责任公司董事长张涛出席会议并致辞。

9月16日，由江西铜业集团公司和上海期货交易所共同主办、金瑞期货有限公司承办的“第七届中国有色金属现货·期货互动峰会”在上海召开，中国有色金属工业协会党委书记、会长陈全训，中国期货业协会会长王明伟，上期所党委书记、理事长姜岩，江铜集团党委书记、董事长、总经理龙子平等出席会议并致辞。

十　月

10月9日，中国有色金属工业协会在京召开中青年员工座谈会。中国有色金属工业协会党委书记、会长陈全训，党委副书记、常务副会长任旭东，协会领导赵家生、丁学全、贾明星、尚福山、王健、文献军、王琴华、朱景兵出席了会议。

10月30日，由中国有色金属工业协会会长陈全训带队，与协会在京领导、协会各部门主要负责人及所属单位负责人40余人，参观了国资委在京举办的“中央企业贯彻落实新发展理念、深入实施创新驱动发展战略、大力推动双创工作”成就展。

十一月

11月5日，2017年第二届全国（东营）有色金属工业展在山东东营市黄河国际会展中心举行。中国有色金属工业协会党委书记、会长陈全训出席开幕式讲话。

11月9日，南山集团和美国AEC公司参加了习近平主席和唐纳德·特朗普总统在北京举行的历史性峰会，南山集团执行董事程仁策参加了中美企业家经济对话，并与美国AEC公司CEO约翰·赫泰林签署大规模乙烷进口合作协议。在中美双方元首见证下正式签订了合作协议。

11月10日，由国务院参事室、中国有色金属工业协会联合主办，以“供给侧结构性改革应用创新绿色发展”为主题的2017（第三届）中国稀土论坛在广西南宁召开。国务院参事室党组成员、副主任赵冰，中国有色金属工业协会会长陈全训，工业和信息化部原材料司朱贵之、广西壮族自治区工业和信息化委员会副主任侯刚，中国铝业公司党组成员刘祥民出席会议并致辞。

11月15日，由中国有色金属工业协会主办“2017中国国际铝业周”在福州市召开。中国有色金属工业协会会长陈全训出席本次活动并发表重要讲话。

11月22日，2017年中国国际铅锌周暨第二十届中国国际铅锌年会在深圳召开，中国有色金属工业协会会长陈全训出席本次会议并致辞。

11月29日，第十四届中俄新材料新工艺研讨会在中国南海之滨的三亚召开。本届研讨会以“金属、陶瓷与复合材料”为主题，中俄两国的院士、专家、学者齐聚一堂。中国有色金属工业协会会长陈全训，中国工程院院士黄伯云，中国工程院院士、昆明理工大学校长彭金辉，中国工程院院士屠海令、邱定蕃、何季麟、孙传尧、周克崧、邱冠周、段宁、王玉忠、聂祚仁等出席了本次会议。

十二月

12月12日，由中国有色金属工业协会和甘肃省科学技术厅主办、金昌市人民政府和金川集团股份有限公司承办的金川第22次科技创新大会暨金昌市－金川集团地企融合创新大会在金昌召开。中国有色金属工业协会会长陈全训，甘肃省科技厅党组书记、厅长李文卿，中国科学院院士刘维民，中国工程院院士孙传尧、邱定蕃，金昌市委副书记、市长杨建武等出席大会。金川集团公司董事长、党委书记王永前致辞。

12月12－14日，中国有色金属工业协会党委在北京举办了学习党的十九大精神暨党务纪检干部培训班。中国有色金属工业协会党委书记陈全训作讲话，党委副书记范顺科作开班动员讲话并带领大家重温入党誓词。

12月14日，中国有色金属工业年度经济论坛”于在北京举行。中国有色金属工业协会会长陈全训，中国有色金属工业协会党委副书记范顺科，经济学家邱晓华教授，有色金属技术经济研究院院长林如海等出席会议。

12月15日，中国有色金属工业协会在京举办党的十九大精神辅导报告会。中国有色金属工业协会党委书记、会长陈全训出席并主持报告会。十九大代表，中国铝业集团党组书记、董事长葛红林，为广大党员干部作了“以党的十九大精神统领改革发展”的辅导报告。这也是协会开办“有色大讲堂”的第一讲。

12月16日，由中国有色金属工业协会、济源市人民政府支持，河南豫光金铅集团有限责任公司主办的2017有色金属产业绿色发展高峰研讨会在河南省济源市召开。中国有色金属工业协会会长陈全训，中国工程院院士邱定蕃，中国有色金属工业协会副会长尚福山，豫光集团党委书记、董事长杨安国，党委副书记、总经理任文艺等出席会议。

12月19日，按照党中央、国务院的安排部署，中国铝业公司进行了公司制改制，并已经完成工商变更登记，正式由“中国铝业公司”改制更名为“中国铝业集团有限公司”（简称：中铝集团）。

12月26日，经江西省国资委批准，并由江西省工商行政管理局核准，江西铜业集团公司于完成了公司制改制的工商变更登记，企业类型由全民所有制企业变更为国有独资公司，企业名称由“江西铜业集团公司”变更为“江西铜业集团有限公司”。

统 计 篇

第一部分 中国有色金属工业统计
Part 1 Statistics of Nonferrous Metals Industry of China

一、全国有色金属工业概况
Survey of Non-ferrous Metals Industry

项 目(item)		单位(unit)		2000 年	2005 年	2010 年	2012 年	2013 年	2014 年	2015 年	2016 年	2017 年
一、主要产品产量	Production of Main Product											
1. 十种有色金属合计	Ten Non-ferrous Metals	万吨	$t\times10^4$	783.81	1639.02	3136.02	4025.30	4492.10	4811.19	5155.94	5350.91	5653.68
(1) 精炼铜	Copper	万吨	$t\times10^4$	137.11	260.04	454.03	587.91	666.71	764.91	796.89	845.42	891.51
(2) 原铝(电解铝)	Aluminium	万吨	$t\times10^4$	279.41	780.60	1624.41	2353.40	2653.40	2831.67	3151.81	3269.81	3518.91
(3) 铅	Lead	万吨	$t\times10^4$	109.99	239.14	415.75	459.09	493.51	470.43	442.16	460.39	472.62
(4) 锌	Zinc	万吨	$t\times10^4$	195.70	277.61	520.89	488.12	527.96	580.70	611.59	619.60	614.39
(5) 镍	Nickel	万吨	$t\times10^4$	5.09	9.51	15.86	19.68	22.7	24.67	23.67	22.17	20.29
(6) 锡	Tin	万吨	$t\times10^4$	11.24	12.18	14.90	14.79	15.96	18.71	16.72	18.25	17.84
(7) 锑	Antimony	万吨	$t\times10^4$	11.33	13.83	19.26	24.20	26.31	25.71	20.99	21.03	20.34
(8) 汞	Mercury	吨	t	203	1094	1585	1347	1822	2259	2801	3482	3573
(9) 镁	Magnesium	万吨	$t\times10^4$	14.21	45.08	65.08	69.82	77.04	87.36	85.93	87.28	90.46
(10) 钛	Titanium	吨	t	1905	9161	56848	82120	82619	68167	58762	66263	69641
2. 有色金属矿产品	Metals Content in Concentrate											
(1) 铜精矿含铜量	Copper	万吨	$t\times10^4$	59.26	76.16	115.58	155.15	168.13	174.13	166.71	185.07	165.64
(2) 铅精矿含铅量	Lead	万吨	$t\times10^4$	65.95	114.20	198.13	261.32	269.65	260.86	233.50	233.75	185.22
(3) 锌精矿含锌量	Zinc	万吨	$t\times10^4$	178.03	254.78	384.22	485.91	518.77	511.84	474.89	471.05	386.85
(4) 镍精矿含镍量	Nickel	万吨	$t\times10^4$	5.03	7.27	7.98	9.33	9.32	10.11	10.14	10.02	10.23

注:1. 从 2004 年起十种有色金属产量中不包括再生铝。
2. 对 2011、2012、2013 年的十种有色金属合计和原铝产量进行了调整。
3. 对 2012、2013、2014 年的氧化铝产量进行了调整。
4. 对 2016 年铜精矿含铜量、铅精矿含铅量、锌精矿含锌量进行了调整,其他年份未做调整。

续表

项　目（item）		单位（unit）		2000 年	2005 年	2010 年	2012 年	2013 年	2014 年	2015 年	2016 年	2017 年
（5）锡精矿含锡量	Tin	万吨	$t\times10^4$	9.94	12.56	9.41	9.10	10.12	10.21	11.02	9.72	9.55
（6）锑精矿含锑量	Antimony	万吨	$t\times10^4$	9.93	15.15	12.27	13.56	15.21	14.04	12.07	10.75	9.77
（7）钨精矿（折三氧化钨 65%）	Tungsten (Convert into $WO_3$65%)	万吨	$t\times10^4$	4.55	9.94	9.95	12.03	12.59	12.68	12.91	12.41	13.09
（8）钼精矿（折纯钼 45%）	Converted by Moly. concentrate (Conv. into Mo 45%)	万吨	$t\times10^4$	6.39	8.84	21.47	26.86	27.17	28.56	30.06	28.75	26.02
（9）钴精矿含钴量	Cobalt	吨	t	91	2104	6382	7498	8580	9619	10093	9293	10237
（10）铋精矿含铋量	Bismuth	吨	t	1122	1886	1589	2494	1393	1490	1587	1672	1748
3. 中间产品	Half Product											
（1）粗铜（矿产）	Blister. Copper (Mine)	万吨	$t\times10^4$	101.39	175.15	282.56	360.14	422.89	516.79	550.48	611.50	642.42
（2）粗铅（矿产）	Lead Bullion (Mine)	万吨	$t\times10^4$	82.96	178.58	279.57	312.14	326.93	305.54	281.09	287.52	266.29
（3）氧化铝	Alumina	万吨	$t\times10^4$	432.81	853.57	2906.49	4071.59	4774.96	5379.58	5897.84	6103.44	6905.61
（4）高冰镍（含量）	Nickel Content in Nickel Matte	万吨	$t\times10^4$	5.70	8.35	13.89	15.29	15.68	15.92	16.25	16.36	14.94
4. 有色金属加工材	Nonferrous Metals Processing products											
（1）铜材	Copper	万吨	$t\times10^4$	159.66	502.48	985.13	1101.37	1365.00	1497.04	1618.83	1772.39	1680.81
（2）铝材	Aluminium	万吨	$t\times10^4$	217.15	647.86	1990.59	2594.11	3348.64	4013.79	4426.90	4851.52	4180.01
（3）铅材	Lead	万吨	$t\times10^4$	0.31	2.24	0.97	0.97	9.61	9.60	9.59	9.65	11.82
（4）锌材	Zinc	万吨	$t\times10^4$	0.59	5.00	1.68	1.40	3.23	3.20	3.26	3.25	3.14
（5）镍材	Nickel	吨	t	403	4885	6314	4853	6571	8037	7938	7732	8732
（6）锡材	Tin	吨	t	458	15908	38578	39241	45691	47492	45256	50701	51465
（7）镁材	Magnesium	吨	t	9		59	112	192	15169	13678	15170	16308
（8）铜盘条	Copper Coil rod	万吨	$t\times10^4$	36.47	104.76	181.17	230.53	305.52	355.05	373.25	412.22	447.57
（9）铝盘条	Aluminiu Coil rod	万吨	$t\times10^4$	9.36	15.45	90.68	119.18	139.86	277.59	286.81	359.93	445.29
5. 其它常用有色金属	Other Metals											
（1）镉	Cadmium	吨	t	2368	4077	7363	7265	7496	8201	8162	8222	8411
（2）铋	Bismuth	吨	t	768	10605	13898	15078	15447	15871	16013	15643	14813

注：1. 从 2006 年起铅材、锌材等为系统内企业产量。

2. 2013－2016 年的铜、铝材产量根据 2017 年的铜、铝材汇总口径进行了调整。

续表

项目（item）		单位（unit）		2000 年	2005 年	2010 年	2012 年	2013 年	2014 年	2015 年	2016 年	2017 年
（3）钴	Cobalt	吨	t	411	7148	4123	6420	5621	4780	5159	8578	8357
（4）硅	Silicon	万吨	$t\times10^4$	4.17	41.32	114.27	113.68	145.21	170.50	195.35	210.10	220.47
6. 辅助材料及其它	Auxiliary Material & Other											
（1）炭素制品（有色企业）	Carbon Paste (in CNMI)	万吨	$t\times10^4$	83.80	224.36	585.55	724.64	762.18	859.46	880.97	924.69	980.83
（2）氟化盐	Flourate	万吨	$t\times10^4$	9.93	25.85	48.88	47.46	54.74	53.24	53.00	53.42	55.35
（3）选矿药剂	Flotation Reagents	万吨	$t\times10^4$	2.92	3.01	4.73	4.63	20.44	20.16	20.11	22.39	23.65
（4）硫精矿	Sulfur Concentrate	万吨	$t\times10^4$	290.81	499.50	672.10	724.08	765.35	767.00	772.18	750.40	748.14
（5）硫酸（有色企业）	Sulfur Acid (in CNMI)	万吨	$t\times10^4$	557.79	831.86	2167.03	2636.46	2660.48	3118.42	3293.94	3377.89	3448.16
（6）商品硫酸铜	Copper Sulfate	万吨	$t\times10^4$	1.31	4.55	4.79	6.82	6.66	6.23	6.61	6.39	6.44
（7）商品硫酸锌	Zinc Sulfate	万吨	$t\times10^4$	2.54	3.55	2.32	1.17	0.88	1.13	2.38	1.83	2.34
（8）商品硫酸镍	Nickel Sulfate	万吨	$t\times10^4$	0.16	2.40	4.07	7.55	7.76	6.82	6.53	8.80	9.31
（9）发电量（有色企业）	Generated Energy (in CNMI)	亿千瓦时	$kwh\times10^8$	26.27	168.80	518.64	667.23	670.95	799.68	960.97	2798.89	2927.39
（10）水泥（有色企业）	Cement (in CNMI)	万吨	$t\times10^4$	265.19	174.63	540.15	611.14	931.87	997.97	914.98	939.98	933.13
二、能源消耗	Energy Consumption											
电	Electricity	亿千瓦时	$kwh\times10^8$	595.57	1419.02	3263.04	3909.11	4415.48	4619.43	5243.97	5613.50	5906.81
煤	Coal	万吨	$t\times10^4$	1210.12	2190.74	7313.23	7520.18	9084.83	11179.00	14330.58	16034.57	16684.03
焦炭	Coke	万吨	$t\times10^4$	155.18	171.11	553.95	428.94	394.06	430.44	371.84	331.23	322.59
燃料油	Fuel Oil	万吨	$t\times10^4$	48.90	51.34	96.83	63.82	54.79	52.06	45.76	41.33	28.82
三、固定资产投资	Fixed Assets Investment Fulfilled in 2004	亿元	$Yuan\times10^8$	175	880.71	3639.16	5506.22	6657.20	6947.03	6719.77	6228.03	5770.07
四、利润总额		亿元	$Yuan\times10^8$	66.3	559.98	1843.95	1999.99	1713.65	1903.85	1616.78	2174.40	2298.33

二、全国有色金属产量

Output of Non-ferrous Metals in 2017

（一）分省 市 自治区十种有色金属产量

Output of Ten Kinds of Non-ferrous Metals in Provinces (Cities, Aut. Regions)

单位：吨（unit：ton）

省份 Province		十种产量 Ten Non-feerous Metals			精炼铜（铜）产量 Copper				矿产粗铜产量 Copper Blister	加工及制品企业直接利用的再生铜 Secondary Copper (direct use)
		总计 Tatol	矿产 Primary Output	再生 Secovered	合计 Sum	矿产 Primary Output	其中：电积铜 SX-EX	再生 Recovered Copper		
全国合计	Total	56 536 791	51 525 153	5 011 638	8 915 117	6 614 328	41 509	2 300 789	6424 159	900000
北京	Beijing									
天津	Tianjin	19 083		19 083	19 083			19 083		
河北	Hebei	63 329	2 381	60 948	34 261			34 261		
山西	Shanxi	1 327 377	1 327 377		192 598	192 598			171 779	
内蒙古	Neimenggu	4 801 129	4 796 695	4 434	336 997	332 563		4 434	352 737	
辽宁	Liaoning	991 680	991 320	360	110 318	110 318			108 228	
吉林	Jilin	126 806	126 806		124 528	124 528			116 587	
黑龙江	Heilongjiang	280	280		280	280	280			
上海	Shanghai	34 016	31 333	2 683	34 016	31 333		2 683		
江苏	Jiangsu	729 700	288 372	441 328	387 616	288 372		99 244		
浙江	Zhejiang	381 680	236 235	145 445	351 165	235 039	729	116 126	214 500	
安徽	Anhui	1 779 971	927 483	852 488	845 303	747 915		97 388	868 948	
福建	Fujian	462 125	459 684	2 441	319 050	319 050	18 149		314 586	
江西	Jiangxi	1 726 470	1 052 788	673 682	1 346 662	754 703	727	591 959	590 965	
山东	Shandong	10 731 959	9 965 354	766 605	2 064 302	1 297 697		766 605	1 292 480	
河南	Henan	5 162 064	4 521 401	640 663	398 715	298 660		100 055	243 347	
湖北	Hubei	775 574	418 970	356 604	484 742	333 933	3 933	150 809	413 780	
湖南	Hunan	2 116 960	1 819 180	297 780	99 817			99 817	5 988	
广东	Guangdong	379 463	261 506	117 957	105 544			105 544		
广西	Guangxi	2 301 386	2 264 052	37 334	488 990	488 990			522 936	
海南	Hainan									
重庆	Chongqing	601 855	546 478	55 377	6 316	5 716		600		
四川	Sichuan	780 119	772 121	7 998	96	96			109 639	
贵州	Guizhou	1 094 503	1 049 127	45 376						
云南	Yunnan	3 745 900	3 518 268	227 632	591482	535 614	1 110	55 868	550 005	
西藏	Xizang	8 380	8 380		8 380	8 380	8 380			
陕西	Shanxi	2 408 935	2 219 919	189 016	1 445	1 445				
甘肃	Gansu	3 503 069	3 446 756	56 313	426 362	370 049		56 313	440 921	
青海	Qinghai	2 510 908	2 509 355	1 553	21 257	21 257				
宁夏	Ningxia	1 328 212	1 319 674	8 538						
新疆	Xinjiang	6 643 858	6 643 858		115 792	115 792	8 201		106 733	

注：再生铝产量另外统计，没有计入十种有色金属产量合计中。

续表

单位：吨（unit：ton）

省份 Province		原铝（电解铝）产量 Primary Aluminium	再生铝产量 Secondary Aluminum 合计 Total	再生铝产量 Secondary Aluminum 再生铝锭及铝合金锭 Secondary Al Ingot & Al Alloy Ingot	再生铝产量 Secondary Aluminum 加工及制品企业直接利用再生铝 Secondary Aluminum (direct use)	氧化铝产量 Alumina	铅产量 Lead 合计 Total	铅产量 Lead 矿产 Mine Output	铅产量 Lead 再生 Recovered	矿产粗铅产量 Lead Bullion
全国合计	Total	35 189 054	6 904 164	5 504 164	1 400 000	69 056 092	4 726 247	2 677 091	2 049 156	2 662 876
北京	Beijing			1009						
天津	Tianjin			154 864						
河北	Hebei	2 381		336 987						
山西	Shanxi	990 944		31 493		19 234 882				
内蒙古	Neimenggu	3 718 667		82 393			424 922	93 936	93 936	83 277
辽宁	Liaoning	492 456		23 503			83 066	82 706	360	85 466
吉林	Jilin									
黑龙江	Heilongjiang			20 547						
上海	Shanghai			198 125						
江苏	Jiangsu			853 589			309 501		309 501	
浙江	Zhejiang			345 319						
安徽	Anhui			435 715			831 349	76 249	755 100	70 200
福建	Fujian	140 634		201 745						
江西	Jiangxi			50 234			233 901	156 305	77 596	168 154
山东	Shandong	8 667 657		540 292		21 166 036				
河南	Henan	2 868 019		354 671		11 744 381	1515 446	989 779	525 667	883 242
湖北	Hubei	72 615		123 360			205 795		205 795	
湖南	Hunan			87 597			832 765	759 597	73 168	725 143
广东	Guangdong			605 084			50 166	50 166		
广西	Guangxi	1 205 529		79 151		10 434 341	100 360	82 710	17 650	70 654
海南	Hainan									
重庆	Chongqing	539 931		739 257		864 984	47 052		47 052	
四川	Sichuan	517 327		40 128						
贵州	Guizhou	1 018 029		12 091		4 331 439	34 301	974	33 327	
云南	Yunnan	1 551 002		45 625		855 107	325 591	323 204	2 387	366 810
西藏	Xizang									
陕西	Shanxi	773 192		33 603			30 194	30 194		29 460
甘肃	Gansu	2 597 138		13 402			28 468	28 468		33 960
青海	Qinghai	2 420 506		80 956			3 466	1 913	1 553	92 330
宁夏	Ningxia	1 150 445		13 426			890	890		18 920
新疆	Xinjiang	6 462 582								35 260

续表

单位：吨（unit：ton）

省份 Province		锌产量 Zinc						锌品产量 Zinc Products					锌基合金 Zinc-base Alloy
		合计 Sum	矿产 Primary	再生 Secondary	其中：电解锌 Primary Zinc	精锌 Refined Zinc	其他锌 Others	合计 Sum	锌粉 Zinc Powder	锌饼 Zinc Wafer	氧化锌折锌 Zinc Oxide Converted Into Zinc	其他锌品 Others	
全国合计	Total	6 143 940	5 484 892	659 048	4 746 836	620 761	776 343	377628	176341		167835	33452	398 715
北 京	Beijing												
天 津	Tianjin												
河 北	Hebei	26 687		26 687	6 757		19 930	19 930			19 930		
山 西	Shanxi												
内蒙古	Neimenggu	630 249	630 249		629 155		1 094	1 094				1 094	
辽 宁	Liaoning	278 392	278 392		166 172	109 972	2 248	965	965				1 283
吉 林	Jilin												
黑龙江	Heilongjiang												
上 海	Shanghai												
江 苏	Jiangsu	32 583		32 583			32 583	29 582			29 582		3 001
浙 江	Zhejiang	28 959		28 959	21 247		7 712	7 712	7 712				
安 徽	Anhui	103 319	103 319		103 319								
福 建	Fujian	2 441		2 441			2 441	2 441	2 441				
江 西	Jiangxi	113 533	110 306	3 227	113 533								
山 东	Shandong												
河 南	Henan	320 433	305 492	14 941	305 492		14 941	14 941	527		14 414		
湖 北	Hubei												
湖 南	Hunan	1 012 462	887 667	124 795	521 860		490 602	175 248	105 442		45 682	24 124	315 354
广 东	Guangdong	222 986	210 573	12 413	130 284	82 568	10 134	10 134	10 134				
广 西	Guangxi	464 930	446 631	18 299	444 857		20 073	20 073			17 185	2 888	
海 南	Hainan												
重 庆	Chongqing	7 725		7 725			7 725	7 725			7 725		
四 川	Sichuan	241 206	233 208	7 998	238 714		2 492	2 492			2 492		
贵 州	Guizhou	16 740	4 691	12 049	3 551	7 799	5 390	5 390	5 390				
云 南	Yunnan	1 158 053	988 676	169 377	917 523	137 040	103 490	41 597	30 401		11 196		61 893
西 藏	Xizang												
陕 西	Shanxi	1 092 987	903 971	189 016	871 414	215 424	6 149	6 149			6 149		
甘 肃	Gansu	316 038	316 038		210 843	67 958	37 237	20 053	9 765		4 942	5 346	17 184
青 海	Qinghai	65 679	65 679		62 115		3 564	3 564	3 564				
宁 夏	Ningxia	8 538		8 538			8 538	8 538			8 538		
新 疆	Xinjiang												

续表 单位：吨（unit：ton）

省份 Province		镍产量 Nickel			高冰镍实物量 Gross Weight of Nickel Matte	高冰镍含镍量 Nickel Content in Nickel Matte	锡产量 Tin					
		合计 Sum	矿产 Mine Output	再生 Recovered			合计 Sum	矿产 Mine Output	再生 Recovered	其中：精锡 Refined Tin	其中：铸造锡铅焊料折锡 Tin Content in Tin-lead Solder	其中：其他锡品 Others
全国合计	Total	202 888	202 888		342 387	149 433	178 411	175 766	2 645	130 891	14 593	32 927
北　京	Beijing											
天　津	Tianjin											
河　北	Hebei											
山　西	Shanxi											
内蒙古	Neimenggu	286	286				12 812	12 812		12 812		
辽　宁	Liaoning											
吉　林	Jilin	693	693			1 798						
黑龙江	Heilongjiang											
上　海	Shanghai											
江　苏	Jiangsu											
浙　江	Zhejiang						1 556	1 196	360	1 196		360
安　徽	Anhui											
福　建	Fujian											
江　西	Jiangxi	548	548				17 767	16 867	900	16 867		900
山　东	Shandong											
河　南	Henan	1513	1513									
湖　北	Hubei	1624	1624									
湖　南	Hunan						31 836	31 836		31 836		
广　东	Guangdong											
广　西	Guangxi	20406	20406				11 541	10 156	1 385	11 538		3
海　南	Hainan											
重　庆	Chongqing	831	831									
四　川	Sichuan				8 156	3 010						
贵　州	Guizhou											
云　南	Yunnan	430	430		5 984	4 856	102 899	102 899		56 642	14 593	31 664
西　藏	Xizang											
陕　西	Shanxi	31470	31470									
甘　肃	Gansu	135063	135063		304 826	127 624						
青　海	Qinghai											
宁　夏	Ningxia											
新　疆	Xinjiang	10024	10024		20 206	12 145						

续表

单位：吨（unit：ton）

省份 Province		锑产量 Antimony						
		合计 Sum	矿产 Mine Output	再生 Recovered	其中：			
					精锑 Refined Antimony	生锑 Crude Antimony	锑白 Antimony Oxide	其它 Others
全国合计	Total	203 356	203 356		112 195	11 252	77 987	1 922
北京	Beijing							
天津	Tianjin							
河北	Hebei							
山西	Shanxi							
内蒙古	Neimenggu							
辽宁	Liaoning							
吉林	Jilin							
黑龙江	Heilongjiang							
上海	Shanghai							
江苏	Jiangsu							
浙江	Zhejiang							
安徽	Anhui							
福建	Fujian							
江西	Jiangxi	14 059	14 059		2 807	11 252		
山东	Shandong							
河南	Henan	2 485	2 485				2 485	
湖北	Hubei	8 764	8 764		1 676		7 088	
湖南	Hunan	140 080	140 080		81 049		57 109	1 922
广东	Guangdong	767	767				767	
广西	Guangxi	9 630	9 630		8 843		787	
海南	Hainan							
重庆	Chongqing							
四川	Sichuan							
贵州	Guizhou	14 230	14 230		10 236		3 994	
云南	Yunnan	13 341	13 341		7 584		5 757	
西藏	Xizang							
陕西	Shanxi							
甘肃	Gansu							
青海	Qinghai							
宁夏	Ningxia							
新疆	Xinjiang							

续表　　单位：吨（unit：ton）

省份 Province		镁产量 Magnesium			汞产量 Mercury			钛产量 Titanium		
		合计 Sum	矿产 Mine Output	再生 Recovered	合计 Sum	矿产 Mine output	再生 Recovered	合计 Sum	矿产 Mine output	再生 Recovered
全国合计	Total	90 4564	904 564		3573	3573		69 641	69 641	
北　京	Beijing									
天　津	Tianjin									
河　北	Hebei									
山　西	Shanxi	143 620	143 620					215	215	
内蒙古	Neimenggu	8 182	8 182							
辽　宁	Liaoning							27 448	27 448	
吉　林	Jilin	1 585	1 585							
黑龙江	Heilongjiang									
上　海	Shanghai									
江　苏	Jiangsu									
浙　江	Zhejiang									
安　徽	Anhui									
福　建	Fujian									
江　西	Jiangxi									
山　东	Shandong									
河　南	Henan	43 438	43 438					12 015	12 015	
湖　北	Hubei							2 034	2 034	
湖　南	Hunan									
广　东	Guangdong									
广　西	Guangxi									
海　南	Hainan									
重　庆	Chongqing									
四　川	Sichuan	5 113	5 113					16 377	16 377	
贵　州	Guizhou				2 753	2 753		8 450	8 450	
云　南	Yunnan							3 102	3 102	
西　藏	Xizang									
陕　西	Shanxi	478 827	478 827		820	820				
甘　肃	Gansu									
青　海	Qinghai									
宁　夏	Ningxia	168 339	168 339							
新　疆	Xinjiang	55 460	55 460							

（二）分省 市 自治区常用有色金属精矿含量
Nonferrous Metals Content in Concentrate in Provinces（Cities，Aut. Regions）

单位：吨（unit：ton）

省 份	Province	六种精矿产量（Six kinds of metals content in concentrate）							钨精矿含量（折三氧化钨65%）Tungsten content（convert into $WO_3$65%）	钼精矿含量（折纯钼45%）Molybde-mun content（convert into Mo 45%）	钴精矿含量 Cobalt content	铋精矿含量 Bismuth content
		合计 Sum	铜 Copper	铅 Lead	锌 Zinc	镍 Nickel	锡 Tin	锑 Antimony				
全国合计	Total	7 672 665	1 656 404	1 852 230	3 868 450	102 348	95 549	97 683	130 866	260 231	10 237	1 748
北 京	Beijing											
天 津	Tianjin											
河 北	Hebei	67 840	485	5 401	61 954					21 765		
山 西	Shanxi	46 068	46 068									
内蒙古	Neimenggu	2 087 927	137 914	706 764	1 230 987	4 658	7 603		722	10 778		
辽 宁	Liaoning	106 745	8 569	69 514	28 662					707		
吉 林	Jilin	28 781	12 240	8 346	6 689	1 506				8 226		
黑龙江	Heilongjiang	52 207	36 473	1 691	14 043					32 015		
上 海	Shanghai											
江 苏	Jiangsu	11 060		4 323	6 737							
浙 江	Zhejiang	66 811	23 572	7 369	35 871				293	5 307		
安 徽	Anhui	194 985	166 044	17 161	11 779					598		
福 建	Fujian	112 697	60 106	17 352	35 238				4211	5 109		
江 西	Jiangxi	434 940	325 597	48 560	56 372		4 411		52 903	8 557		161
山 东	Shandong	4 096	4 096									
河 南	Henan	119 375	19 083	81 966	17 627			699	20 455	112 859		
湖 北	Hubei	64 068	64 068						200	138		
湖 南	Hunan	632 310	18 701	230 891	296 266		14 852	71 600	36 888	2 197		1 584
广 东	Guangdong	207 678	13 070	65 680	128 828		100		1 567	48		3
广 西	Guangxi	443 920	2 707	128 080	285 505		20 393	7 235	4 251			
海 南	Hainan											
重 庆	Chongqing											
四 川	Sichuan	296 660	57 062	66 826	172 772					1 275	9	
贵 州	Guizhou	64 318		10 009	54 309							
云 南	Yunnan	1 010 117	239 523	129 217	580 666		48 191	12 521	6 418			
西 藏	Xizang	180 683	56 630	77 908	42 158			3 987				
陕 西	Shanxi	340 684	5 349	37 786	295 252	657		1 640		50 652	56	
甘 肃	Gansu	572 149	149 889	53 707	284 353	84 199			2 459		10 172	
青 海	Qinghai	141 017	15 101	53 001	71 769	1146						
宁 夏	Ningxia											
新 疆	Xinjiang	385 527	194 055	30 680	150 610	10 182			500			
各省区未包括的规模以下产量												

(三) 分省　市　自治区铜加工材及铜盘条产量
Copper Products in Provinces (Cities, Aut. Regions)

单位：吨 (unit：ton)

省　份 Province		铜加工材产量 (Products)									铜盘条 Copper wire rods
		合计 Sum	板材 Plate	带材 Strip	排材 Row	管材 Tube	棒材 Bar	箔材 Sheet	线材 Wire	其他材 Misc	
全国合计	Total	16 808 060	795 665	1 714 844	711 936	2 880 174	2 257 112	332 344	7 632 728	483 257	4 475 667
北　京	Beijing	3 582		3 582							
天　津	Tianjin	188 104		3 514	10 834		15 229		156 401	2 126	301 037
河　北	Hebei	85 730		2 795			3 907		78 522	506	154 500
山　西	Shanxi	19 033		19 033							
内蒙古	Neimenggu	84 022							84 022		51 452
辽　宁	Liaoning	188 798		21 482		11 268	2 986		152 282	780	
吉　林	Jilin										
黑龙江	Heilongjiang	2 403			2 403						
上　海	Shanghai	290 944	6 865	50 845	12 066	159 864	3 694		57 610		
江　苏	Jiangsu	2 289 657	40 087	93 508	89 187	212 637	271 641	35 884	1 531 015	15 698	704 548
浙　江	Zhejiang	3 246 651	259 201	481 805	105 130	796 645	779 629	2 512	733 922	87 807	15 236
安　徽	Anhui	2 334 716	51 248	350 543	13 149	146 653	187 579	65 231	1 469 333	50 980	654 034
福　建	Fujian	270 719	1 912		18 189	40 621	15 279	2 264	190 511	1 943	
江　西	Jiangxi	2 878 504	167 798	288 789	228 700	450 153	518 640	9512	932 558	282 354	1175 578
山　东	Shandong	631 918	50 236	21 790	3 257	320 249	555	15 020	220 811		288 315
河　南	Henan	569 218	45 740	55 169	14 144	219 972	30 202	24 166	174 357	5 468	
湖　北	Hubei	139 462		54 270			8 638	35 274	40 334	946	257 836
湖　南	Hunan	415 705	55 450	52 551	48 344	48 144	33 978	35 164	142 074		
广　东	Guangdong	1 853 297	89 424	198 111	42 055	355 771	212 866	105 186	844 039	5 845	488 660
广　西	Guangxi	140 993	25 467			9 091	32 976		73 459		48 450
重　庆	Chongqing	198 433			6 106	97 926	1301		93 100		
四　川	Sichuan	122 410		8 798	17 414		26 855		68 688	655	
贵　州	Guizhou	3 512								3 512	
云　南	Yunnan	223 050			9 454		1 625		211 445	526	188 468
西　藏	Xizang										
陕　西	Shanxi	28 879				9 631	6 913	2 131	10 204		
甘　肃	Gansu	289 020	390	634	4 379	1 549	507		257 450	24 111	147 553
青　海	Qinghai	174 725					100 467		74 258		
宁　夏	Ningxia	99 350		7 625	87 125				4 600		
新　疆	Xinjiang	35 225	1 847				1 645		31 733		

注：铜加工材产量基本扣除了重复统计的量。

(四) 分省 市 自治区铝加工材及铝盘条产量
Aluminium Products in Provinces (Cities, Aut. Regions)

单位：吨 (unit：ton)

省份	Province	铝加工材产量 (Products)										铝盘条 Alum wire rods
		合计 Sum	板材 Plate	带材 Strip	排材 Row	管材 Tube	棒材 Bar	箔材 Sheet	线材 Wire	型材 Section	其他材 Misc	
全国合计	Total	41 800 140	6 685 522	5 176 434	120 818	519 440	4 174 346	3 996 281	886 680	19 553 308	687 311	4 452 857
北京	Beijing	3 707							1 572	2 045	90	
天津	Tianjin	231 610	30 125	41 256		10 992				141 261	7 976	
河北	Hebei	620 826	11 720	181 315	58	208	28	72 495	1 306	347 334	6 362	
山西	Shanxi	436 575	57 126	57 563			86 188	38 529	4 901	192 268		
内蒙古	Neimenggu	953 474	109 179	95 000			298 523	35 860	59 521	278 400	76 991	85 000
辽宁	Liaoning	891 449	14 241	10 136			11 569	5 347		850 156		
吉林	Jilin	168 419				2 444	815			165 160		
黑龙江	Heilongjiang	147 892	42 479	41 731		694	7 375	33 098	214	6 328	15 973	
上海	Shanghai	497 257	11 001	103 637		6 040	44 594	120 932	40 125	160 389	10 539	
江苏	Jiangsu	3 001 226	184 551	119 396	14 897	65 098	259 604	768 778	54 777	1 515 319	18 806	50 817
浙江	Zhejiang	2 168 818	472 239	274 083		83 022	37 278	492 400	55 772	719 356	346 68	57 067
安徽	Anhui	378 513	11 379			28 238	8 287	59 446	9 022	239 193	22 948	8 295
福建	Fujian	1 508 881	66 962	279 536				198 492		958 886	5 005	
江西	Jiangxi	261 088	17 528		3 736	16 894		1 589	5 872	215 469		
山东	Shandong	6 990 371	1 130 997	790 164		13 524	1 111 234	473 097	164 181	3 252 546	546 28	2789 638
河南	Henan	8 925 927	3 084 706	1 620 195	97 727	66 188	1 055 782	1 137 598	337 917	1 396 152	129 662	798 278
湖北	Hubei	1 152 629	53 915	10 007		4 630	48 765	14 940		988 950	31 422	11 924
湖南	Hunan	1 152 072	82 738	60 000		22 420		80 000		906 914		
广东	Guangdong	4 818 160	186 740	82 257		62 028	66 517	12 395	35 201	4 343 437	29 585	
广西	Guangxi	1 623 887	148 173	96 969		32 560	70 910	62 473	87 019	1 114 546	11 237	187 467
海南	Hainan											
重庆	Chongqing	1 354 333	263 781	545 690	4 138	14 530	10 665	64 202		245 912	205 415	69 152
四川	Sichuan	756 471	28 748	6 797			132 322			583 003	5 601	52 792
贵州	Guizhou	533 996	129 849	25 600		88 165	58 054	40 186	29 075	152 373	10 694	51 638
云南	Yunnan	403 492	32 391	75 815			264 580	10 630		18 361	1715	43 678
西藏	Xizang											
陕西	Shanxi	202 265	32 916	10 664						156 230	2 455	21 705
甘肃	Gansu	775 097	108 346	146 520	262	1 765	147 443	15 165	205	354 082	1 309	
青海	Qinghai	946 423	281 256	332 841			217 015	280		115 031		211 017
宁夏	Ningxia	412 108	84 225	169 262			50 192	42 562		61 637	4 230	14 389
新疆	Xinjiang	483 174	8 211				186 606	215 787		72 570		

注：铝加工材产量基本扣除了重复统计的量，为与历史数据一致，未扣除铝箔用毛料的重复统计。

三、全国有色金属工业主要综合指标
Major Comprehensive Targets of Non-ferrous Metals Industry in 2017

(一) 有色金属矿山作业量
Works of Non-ferrous Metal Mines

系统 (systems)		采掘剥离总量(吨) Sum of Mining, Drifting & stri-Pping	采矿量 Mining				剥离量 Stripping		掘进量 Drifting		其他(吨) Other	出矿量(原矿量)(吨) Ore Output
			合计(吨) Sum	坑下 Under Ground	露天 Open-Pit	露采中砂矿 Placer Among	合计(吨) Sum	其中:砂矿 Placer	掘进(吨) t	掘进(米) m		
全国合计	Total	1 126 988 059	463 323 810	192 857 728	270 466 082	880 952	588 509 023	16 558 037	72 044 403	4 001 193	3 110 823	459 764 107
铜系统	Copper	4 71 849 426	192 168 531	80 040 285	112 128 246		248 969 176	16 558 037	29 848 898	1 852 940	862 821	201 776 809
铝系统	Aluminium	253 541 587	75 928 757	4 434 319	71 494 438		162 788 769		14 707 909	48 362	116 152	68 392 954
铅锌系统	Lead & Zinc	120 480 377	58 944 451	51 239 974	7 704 477		52 632 207		8 838 933	754 798	64 786	55 270 354
镍系统	Nickel	15 644 258	11 290 375	11 290 375					3 093 351	93 193	260 532	11 781 517
锡系统	Tin	27 201 241	15 735 019	14 230 119	1 504 900	510 000	4 411 500		6 834 306	330 140	220 416	15 851 497
锑系统	Antimony	6 180 295	4 953 656	4 953 656					1 123 139	141 519	103 500	4 949 364
钨系统	Tungsten	24 881 210	13 511 001	10 314 344	3 196 657		7 167 848		3 805 745	3886 77	396 616	14 730 970
钼系统	Molybdenum	164 888 815	74 032 072	9 553 590	64 478 482		90 111 005		744 738	107 650	1 000	70 759 438
金银系统	Gold, Silver	10 514 667	7 280 431	5 294 431	1 986 000		923 050		2 311 186	239 610		5427 360
稀有稀土系统	Rare Earth	20 024 369	2 457 836	454 900	2 002 936		17 307 733		258 800	20 900		2 656 147
其他系统	Misc.	11 781 814	7 021 681	1 051 735	5 969 946	370 952	4 197 735		477 398	23 404	85 000	8 167 697

(二) 能源消耗
Energy Consumption

	综合能源消费量(吨标准煤) Tons Standard Coal Equivalent	煤炭(吨) coal (t)	焦炭(吨) coke (t)	天然气(万立方米) gas (10^4 m^3)	汽油(吨) petrol (t)	柴油(吨) diesel oil (t)	燃料油(吨) fuel oil (t)	电力(万千瓦时) electricity (10^4 kWh)
全国合计	165 827 769	170 414 034	3 225 931	654 871	65 273	513 090	288 218	59 068 119
有色金属矿采选	3 795 469	1 082 940	34 944	1 712	44 995	276 513	13 986	2 193 705
铜矿采选	726 830	205 690	19 936	32	7 256	44 498	45	442 538
铅锌矿采选	795 174	205 839	10 068		5 797	53 525	17	487 260
镍钴矿采选	30 564	9 945			2 157	1 741		18 480
锡矿采选	50 893	1 372			470	2 069		40 746
锑矿采选	22 879	4 686			568	2 389		11 742
铝矿采选	98 957	25 640			1 408	24 379		37 364
镁矿采选	494 341	283 805	204	734	329	2 699	13 924	217 772
其他常用有色金属矿采选	165 636	47 637	3 254		476	13 585		87 886
银矿采选	37 612	9 657			156	1 625		23 624
钨钼矿采选	497 196	78 823	11	895	2 474	21 440		333 746

续表

	综合能源消费量（吨标准煤）Tons Standard Coal Equivalent	煤炭（吨）coal (t)	焦炭（吨）coke (t)	天然气（万立方米）gas (10^4 m^3)	汽油（吨）petrol (t)	柴油（吨）diesel oil (t)	燃料油（吨）fuel oil (t)	电力（万千瓦时）electricity (10^4 kWh)
稀土金属矿采选	26 659	10 890			69	962		12 441
其他稀有金属矿采选	45 742	69 237			174	1 859		15 604
有色金属冶炼	125 154 449	132 612 237	2 938 240	262 608	20 286	289 424	118 573	45 134 948
铜冶炼	3 656 130	917 506	391 539	26 499	2 098	92 574	78 825	1 643 249
铅锌冶炼	7 021 641	4 556 214	1 039 860	29 342	3 378	24 145	9 249	2 297 889
镍钴冶炼	3 353 743	2 002 724	929 500	4 902	868	23 244	8 690	926 792
锡冶炼	521 907	340 094	29 772	717	616	13 520	59	185 058
锑冶炼	193 817	154 932	43 996	214	91	659	222	23 065
铝冶炼	102 787 015	115 565 887	197 702	174 699	2 660	72 422	15 256	37 341 434
镁冶炼	1 965 829	6 149 680	78 992	415	148	2 905		258 774
其他常用有色金属冶炼	1 687 079	1 023 478	104 283	4 896	542	3 395	756	750 786
银冶炼	393 111	267 905	89 751	5 862	459	1 566		49 788
其他贵金属冶炼	31 498	1 533		15	103	49		19 968
钨钼冶炼	309 272	164 523	2 574	1 247	893	3 563		122 307
稀土金属冶炼	505 432	165 738		10 432	2 327	2 775		172 056
其他稀有金属冶炼	1 775 499	844 835	6 525	189	617	1 597		896 846
有色金属合金制造及压延加工	38 633 313	37 305 764	277 964	393 781	29 139	99 905	161 175	12 650 904
有色金属合金制造	5 190 902	3 504 956	93 178	51 294	4 283	20 426	59 582	1 545 718
有色金属铸造	348 020	42 044	5 117	7 997	547	1 808		158 109
铜压延加工	2 096 198	82 335	35 353	37 879	6 826	12 249	31 381	1 133 446
铝压延加工	26 312 232	28 737 852	47 754	267 089	11 351	51 761	69 770	8 341 969
贵金属压延加工	47 702	17 170	16	453	513	1 422		22 081
稀有稀土金属压延加工	660 531	478 523	6 723	2 625	1 641	2 586		198 129
其他有色金属压延加工	3 977 728	4 442 884	89 823	26 444	3 978	9 653	442	1 251 452

注：煤炭 = 原煤 + 洗精煤 + 其他洗煤

（三）2017 年分行业规模以上有色金属工业企业主要财务指标

2017 Major Finance Index of Nonferrous Metals Enterprises with Above Scale

1. 表 1

Chart 1

计量单位：千元（unit：10^3 RMB）

行业小类	企业个数	主营业务收入	利润总额	资产总计	负债合计	应收账款	产成品
全国合计（含黄金）	8 324	5 600 541 129	229 832 558	4 397 877 932	2 740 141 487	339 002 607	182 811 309
有色金属矿采选	1 280	301 368 114	36 064 294	430 264 547	225 138 093	22 566 612	14 881 799
铜矿采选	256	60 188 999	6 376 496	107 595 763	62 573 831	3 644 401	2 501 280
铅锌矿采选	421	93 868 270	20 803 823	127 319 249	58 424 852	8 034 351	3 880 538
镍钴矿采选	17	3470 370	-151 893	8 097 119	5 512 222	151 297	273 565
锡矿采选	36	11 730 248	1 403 510	17 888 672	11 106 832	1 116 323	312 406
锑矿采选	24	3 884 626	170 478	2 150 970	1 234 800	97 773	333 750

续表

计量单位：千元（unit：10^3RMB）

行业小类	企业个数	主营业务收入	利润总额	资产总计	负债合计	应收账款	产成品
铝矿采选	97	35 094 588	2 284 187	34 093 483	14 442 759	3 290 029	1153 874
镁矿采选	56	6 304 941	441 346	12 624 169	10 466 521	1 282 559	785 393
其他常用有色金属矿采选	80	15 017 085	814 413	12 864 013	6 374 273	563 952	623 646
银矿采选	26	4 228 773	703 790	5 651 806	2 857 795	77 604	222 643
其他贵金属矿采选	3	455 170	19 746	197 285	94 161	9 896	7 744
钨钼矿采选	222	55 883 749	2273220	84 759 290	43 704 795	3 528 443	3 656 238
稀土金属矿采选	22	5 211 620	392 895	9 767 917	4 554 729	420 725	874 962
其他稀有金属矿采选	20	6 029 675	532 283	7 254 811	3 790 523	349 259	255 760
有色金属冶炼	1745	2 564 228 801	86 722 948	2 278 272 961	1 540 490 460	126 840 309	92 696 560
铜冶炼	209	908 916 462	17 056 422	501 271 625	327 293 020	22 981 879	20 686 249
铅锌冶炼	338	344 385 293	10 270 120	238 917 714	158 133 854	9 433 247	12 077 990
镍钴冶炼	74	307 648 951	3 246 252	227 909 156	168 765 055	12 562 581	14 567 072
锡冶炼	51	49 497 575	-639 461	50 879 487	43 650 817	1 864 144	3 057 072
锑冶炼	48	13 031 688	361 190	8 748 056	5 299 499	830 009	600 056
铝冶炼	280	621 050 127	33 753 550	829 406 335	590 777 251	55 875 003	18 836 201
镁冶炼	94	22 558 185	365 083	25 068 486	16 948 934	1 955 216	1 509 120
其他常用有色金属冶炼	166	52128 370	2 466 088	132 270 466	96 705 232	3 684 639	2 145 212
银冶炼	66	43 812 508	1 333 432	27 579 080	18 241 667	414 958	1 444 419
其他贵金属冶炼	35	18 002 599	627 877	6 373 689	3 244 748	750 886	256 817
钨钼冶炼	122	77 546 488	7 497 271	131 704 047	70 517 051	6 160 624	4 015 490
稀土金属冶炼	173	78828620	7 076 028	67 738 443	30 466 382	9019 553	11 697 838
其他稀有金属冶炼	89	26 821 935	3 309 096	30 406 377	10 446 950	1 307 570	1 803 024
有色金属合金制造及压延加工	5 299	2 734 944 214	107 045 316	1 689 340 424	974 512 934	189 595 686	75 232 950
有色金属合金制造	968	414 965 505	17 145 382	264 936 228	156 494 587	34 255 364	15 239 357
有色金属铸造	223	43 310 570	2 347 678	30 130 054	17 674 620	5 292 607	1 851 074
铜压延加工	1 292	955 365 903	28 843 430	373 041 858	224 804 074	51 462 541	17 396 535
铝压延加工	2 004	1 038 880 330	48 617 424	813 574 501	454 472 296	74 860 443	28 971 667
贵金属压延加工	83	47 548 538	1 312 942	43 463 764	32 535 902	3 277 048	597 919
稀有稀土金属压延加工	218	77 580 345	2 871 962	77 714 814	38 841 665	7 577 224	5 387 037
其他有色金属压延加工	511	157 293 023	5 906 498	86 479 205	49 689 790	12 870 459	5 789 361

注：“-”为企业个数少于3个。

2. 表2

Chart 1

单位：千元（unit：10^3RMB）

行业小类	企业个数	主营业务成本	营业费用	管理费用	财务费用	利息支出
全国合计	8 324	5 133 187 375	47 950 720	105 685 719	72 092 415	60 399 135
有色金属矿采选	1 280	233 253 371	4 324 254	15 046 685	5 519 952	4 474 984
铜矿采选	256	46 752 274	902 728	3 452 287	1 097 842	879 337
铅锌矿采选	421	62 171 962	923 691	5 274 748	1 515 764	1 232 258
镍钴矿采选	17	3 156 553	85 322	196 389	119 303	60 673
锡矿采选	36	9 357 076	74 411	467 760	378 053	335 287
锑矿采选	24	3 229 542	77 578	272 211	38 276	37 120
铝矿采选	97	29 492 333	785 912	1266 589	599 766	448 027
镁矿采选	56	4 943 900	255 672	260 649	349 952	285 556
其他常用有色金属矿采选	80	13 051 466	413 155	565 947	143 449	85 769
银矿采选	26	3 037 196	63 343	259 587	47 889	50 179
其他贵金属矿采选	3	402 108	3 516	19 973	543	89
钨钼矿采选	222	48 607 396	510 061	2 489 961	992 312	872 017
稀土金属矿采选	22	4 167 207	58 985	244 035	87 431	93 541
其他稀有金属矿采选	20	4 884 358	169 880	276 549	149 372	95 131
有色金属冶炼	1745	2 376 198 584	17 484 893	39 047 605	40 075 837	34 145 974
铜冶炼	209	873 073 242	2 861 686	7 625 317	6 927 467	4 865 464
铅锌冶炼	338	319 479 041	2 117 401	7 330 241	4 576 140	4 212 109
镍钴冶炼	74	291 730 565	1 560 894	3 633 999	5 457 306	5 111 258
锡冶炼	51	45 580 143	380 641	1 928 575	1 789 851	1 517 319
锑冶炼	48	11 681 702	199 716	547 592	139 793	135 003
铝冶炼	280	555 148 186	7 383 493	9 890 818	16 161 760	14 491 386
镁冶炼	94	20 684 135	368 423	693 875	328 706	157 252
其他常用有色金属冶炼	166	44 813 636	616 776	1 587 824	1 357 554	789 083
银冶炼	66	40 899 409	80 078	596 749	564 452	473 406
其他贵金属冶炼	35	17 246 332	119 282	289 379	105 599	67 428
钨钼冶炼	122	65 644 097	682 410	1 917 738	1 543 130	1 263 844
稀土金属冶炼	173	68 395 753	590 518	2 170 932	865 363	849 247
其他稀有金属冶炼	89	21 822 343	523 575	834 566	258 716	213 175
有色金属合金制造及压延加工	5 299	2 523 735 420	26 141 573	51 591 429	26 496 626	21 778 177
有色金属合金制造	968	378 259 046	4 980 985	10 388 762	4 997 388	4 224 289
有色金属铸造	223	37 520 607	759 250	2 120 018	505 161	459 609
铜压延加工	1 292	904 269 633	5 475 189	9 369 369	6 174 334	5 000 263
铝压延加工	2 004	944 865 804	11 760 914	21 680 891	11 970 683	9 709 797
贵金属压延加工	83	44 756 361	472 986	797 692	271 531	224 368
稀有稀土金属压延加工	218	70 666 981	774 526	2 633 961	925 402	868 240
其他有色金属压延加工	511	143 396 988	1 917 723	4 600 736	1 652 127	1 291 611

注：“－”为企业个数少于3个。

(四) 有色金属进出口情况
Import & Export of Non-ferrou Metals

项 目	Item	出口数量(吨) Export Volume (in metric ton)	出口创汇额(万美元) Export Value (u. s. Dollar×10[4])	进口数量(吨) Import Volume (in metric ton)	进口用汇额(万美元) Import Value (u. s. Dollar×10[4])
合计(含黄金)	Total		3 746 247		9 737 017
合计(不含黄金)	Total		2 738 866		9 685 608
1. 铜	1. Copper		576427		6 634 616
未锻轧铜	Unwrought Copper and It's products	338 122	204 997	3 308 456	2 063 630
其中:精炼铜	Refined copper	338 079	204 957	3 242 969	2 033 870
铜合金	Alloy	43	40	65 486	29 760
铜材	Products	478 841	371 238	582 069	579 696
其中:铜粉	Powder & flakes	3 477	3 741	4 399	4 690
铜条杆型材	Bar, rod, profile	9 102	7 542	61 748	37 880
铜丝	Wire	44 284	29 720	135 216	97 830
铜板带	Sheet & plates, strip	36 398	28 668	132 609	115 159
铜箔	Foil	120 551	87 270	222 875	294 826
铜管	Tube & pipe	166 969	118 676	20 770	16 767
铜制管子附件	Tube accessories	98 059	95 621	4 451	12 544
粗铜	Crude copper	1907	50	799 622	481 190
铜矿	Concentrate & ore	188	11	17 333 378	2 597 144
铜废碎料	Scrap	343	132	3 557 583	912 956
* 铜金属制品	Manufactured goods	60 058	69 414	30 121	65 205
2. 铝	2. Aluminum	5 146 420	1 330 495	74 025 289	1 032 851
未锻轧铝	Unwrought Aluminum and It's products	551195	106449	186157	39 682
其中:非合金铝	Primary Aluminum	14 315	3 051	116 230	24 003
铝合金	Alloy	536 880	103 398	69 927	15 679
铝材	Products	4 242 951	1204 191		247 028
其中:铝粉	Powder & flakes	9 760	4 016	1 527	1 795
铝条杆型材	Bar, rod, profile	832 834	246 687	56 792	37 049
非合金铝制条、杆	Aluminum bars, rods	1 170	340	189	159
非合金铝制型材及异型材	Aluminum profiles	885	384	2 689	1 613
铝合金制空心异型材	Aluminum alloy hollow profiles	403 366	118 675	6 170	3 741
铝合金制条、杆		40 915	11 324	15 336	7 807
其他铝合金制型材及异型材		386 500	115 965	32 408	23 728
铝丝	Wire	24 425	9180	11205	6 176
铝板带	Sheet, plates, strip	2 077 170	521 775	255 470	96 884
铝箔	Foil	1 162 493	360 005	60 992	93 510
铝管	Tube & pipe	111 986	39 738	9 280	7 198
铝制管子附件	Tube accessories	24 282	22 790	1 334	4 417
铝废碎料	Scrap	592	129	2 172 366	282 711
氧化铝	Alumina	55 779	5 639	2 865 476	110 118
铝矿砂及其精矿	Bauxite and concentrates	16 899	528	68 763 049	349 007
氢氧化铝	Aluminum hydrate	279 005	13 559	38 240	4 305
* 铝金属制品	Manufactured goods	2138 163	957 188	44 730	92 074

续表

项　目	Item	出口数量（吨）Export Volume (in metric ton)	出口创汇额（万美元）Export Value (u. s. Dollar × 10^4)	进口数量（吨）Import Volume (in metric ton)	进口用汇额（万美元）Import Value (u. s. Dollar × 10^4)
3. 铅	3. Lead		6 546		197 522
未锻轧铅	Unwrought lead and It's products	8 280	2 002	108 373	25 390
其中：精铅	Refined lead	7 269	1 717	78 149	18 996
铅合金	Alloy	1 011	285	30 224	6 394
铅材	Products	16 646	4 191	331	337
铅废碎料		0	0	0	0
铅矿	Concentrate & ore	106	16	1 292 434	171 771
氧化铅/铅丹/铅橙	Lead oxide / yellow lead / red lead	1 052	337	233	24
* 铅金属制品	Manufactured good	6 400	2 312	978	735
* 铅酸蓄电池（个）	Lead-acid battery	197 914 824	274 009	10 920 715	32 501
4. 锌	4. Zinc		15 852		472 448
未锻轧锌	Unwrought zinc and It's products	16 445	4 783	783 698	237 235
其中：非合金锌	Refined zinc	14 761	4 200	676 296	205 906
锌合金	Alloy	1 684	583	107 402	31 329
氧化锌	Zinc oxide	13 445	3 501	14 198	3 312
锌钡白（立德粉）	Zinc white	17 287	2 485	197	109
锌材	Products	11 134	5 039	17 831	6 461
锌矿	Concentrate & ore	521	43	2 443 981	222 273
锌废碎料	Scrap	20	1	13 818	3 058
* 锌金属制品	Manufactured good	19 853	15 019	2 070	3 077
* 原电池（个）	Cell	19 203 487 823	111866	1 363 395 265	28 738
5. 锡	5. Tin		4 338		111 461
未锻轧锡	Unwrought tin and It's products	2 181	2 054	3 958	8 338
其中：非合金锡	Refined tin	2 175	1 981	3 390	7 085
锡合金	Alloy	6	73	568	1 253
锡材	Products	2 525	2 227	5 258	10 786
锡矿	Concentrate & ore	76	57	295 526	92 336
* 锡金属制品	3 184	1 710	460	1 751	
6. 镍	6. Nickel		38 868		530 693
未锻轧镍	Unwrought nickel and It's products	19 352	20 075	239 284	265 723
其中：非合金镍	Refined nickel	18 385	19 027	235 415	260 544
镍合金	Alloy	967	1 048	3 869	5 179
镍材	Products	7 072	18 412	27 027	54 170
镍矿	Concentrate	465	26	35 045 750	210 746
镍废碎料	Scrap	544	355	97	54
* 镍金属制品	Manufactured goods	593	3 203	2 179	17 018
7. 锑	7. Antimony		28 961		15 413
未锻轧锑	Unwrought antimony	2 890	1 937	832	417
粉末	Powder	0	0	1	17

续表

项　　目	Item	出口数量 (吨) Export Volume (in metric ton)	出口创汇额 (万美元) Export Value (u. s. Dollar×10^4)	进口数量 (吨) Import Volume (in metric ton)	进口用汇额 (万美元) Import Value (u. s. Dollar×10^4)
废碎料		0	0	0	0
氧化锑	Antimony oxide	35 305	25 667	966	765
硫化锑	Antimony sulfide	674	404	147	153
锑矿	Concentrate & ore	3 549	953	70 210	14 061
* 锑金属制品	Products	0	0	5	37
8. 镁	8. Magnesium		108 016		861
未锻轧镁	Unwrought magnesium	368 740	84 605	129	41
其中：含镁>99.8	Refined magnesium(>99.8)	250 498	55 427	56	11
含镁<99.8	Refined magnesium(<99.8)	118 242	29 178	73	30
镁粒、粉	Granular, powder	85 299	19 704	22	55
镁材及金属制品	Products	8521	3 566	186	765
镁废碎料	Scrap	686	141	0	0
9. 钨	9. Tungsten		83 027		8 338
钨材及金属制品	Products	3 871	16 598	346	4 146
其中:钨粉	Powder	1 253	4 080	176	906
未锻轧钨及条杆型材	Unwrought tungsten,bar,rod	1 620	6 302	50	808
钨丝	Wire	345	3 163	16	951
钨矿	Concentrate & ore	96	84	3 956	2 749
钨酸盐	Tungstate	7 211	14 580	620	971
其中:仲钨酸铵	Ammonium paratungstate	5 427	10 646	88	188
氧化钨及氢氧化钨	Tungsten oxide,tungsten hydrate	12 869	28 809	142	349
其中:三氧化钨	Tungstic oxide	6 162	13 963	128	319
钨铁	Ferro－Tungsten	2 623	6 111	0	0
碳化钨	Tungsten Carbide	5 485	16 845	17	123
硬质合金		42 871	33 156	3 815	4 870
10. 钼	10. Molybdenum		38 982		27 013
钼材及金属制品	Products	5 498	14 829	639	5 097
其中:钼粉	Power	545	1 521	120	447
未锻轧钼及钼材	Unwrought molybdenum,bar,rod	3 900	9 967	423	3 561
钼丝	Wire	345	1 575	38	366
钼矿	Concentrate & ore	8 450	7 101	28 559	21 501
氧化钼及氢氧化钼	Molybdenum oxide,hydroxied	3 682	5 452	26	39
钼铁	Ferro-Molybdenum	7 197	8 383	54	44
钼酸盐	Molybdate	2 800	3 218	322	331
其中:钼酸铵	Ammonium paramolybdate	2 012	2 523	180	271
11. 银(千克)	11. Silver(kg)		202950		150850
未锻造银	Unwrought silver	2 474 847	140 105	800 345	35 841
银粉	Power	26 073	475	2 795 959	85 009
半制成银	Blanks	4 318	159	692 588	9755
银手饰及零件	Jewelry and spare	288 040	60 463	54 577	20 116
银器皿及零件	Containers and spare	12 056	1 749	1 090	130
12. 金首饰及零件	12. Gold(kg)		1 007 381		51 409
金首饰及零件		156 057	1 007 381	9 836	51 409

续表

项　　目	Item	出口数量（吨）Export Volume (in metric ton)	出口创汇额（万美元）Export Value (u. s. Dollar × 10^4)	进口数量（吨）Import Volume (in metric ton)	进口用汇额（万美元）Import Value (u. s. Dollar × 10^4)
13. 钛	13. Titanium		33 786		101 115
海绵钛	Titanium sponge	1 900	1 027	3 844	2 654
钛废碎料	Scrap	0	0	406	56
钛材及金属制品	Products	15 612	31 164	7 228	43 384
钛矿	Concentrate	22 133	1 595	3 065 085	55 021
* 钛白粉	Titanium white	830 917	198 617	214 979	57 651
14. 钴	14. Cobalt		58 613		265 438
钴及其制品	Cobalt and cobalt products	4 304	21 290	232 393	221 455
钴矿	Concentrate	95	13	100 732	33 920
氧化钴	Cobaltous oxide	8 392	32 038	2 431	8 425
硝酸钴	Cobaltous nitrate	64	74	68	26
碳酸钴	Cobaltous carbonate	2 395	5 197	56	84
钴盐	Cobalt Salt	19	1	163	1 529
15. 锆	15. Zirconium		2 465		74 584
锆及其制品	Zirconium and Zirconium products	460	1 331	358	1 696
锆矿	Concentrate & ore	10 369	1 134	1 014 708	72 888
16. 钽铌	16. Tantalum-Niobium		17 596		20 976
钽及其制品	Tantalum and It's products	530	17 596	264	6 549
钽铌矿	Tantalum-Niobium ore	0	0	7 275	14 428
17. 铋及其制品	17. Bismuth and It's products		5 159		605
18. 镉及其制品	18. Cadmium and It's products		195		1 345
19. 锗及其制品	19. Germanium and It's products		2 178		518
20. 汞	20. Mercury		0		0
21. 稀土	21. Rare – Earths		184 412		38 960
稀土金属	Rare – Earth metals	3 807	6 534		68
其中：钕	Neodymium	380	2 539	0	0
镝	Dysprosium	18	471	0	4
稀土合金	Rare – Earth alloy	1 708	1 450	81	590
其中：电池储氢合金	Hydrogen – store Cell Alloy	0	0	0	0
稀土氧化物	Rare – Earth oxide	34 655	29 469	9 984	15 301
其中：氧化（氢氧化）铈	Cerous hydroside	3 429	2 340	1 909	413
氧化钇	Yttrium oxide	2 171	979	21	317
氧化镧	Lanthanum oxide	1 2591	2 878	335	65
氧化钕	Neodymium oxide	434	2 171	79	304
氧化铕	Europium oxide	10	93	0	0
氯化稀土	Rare – Earth Chloride		0		0
氟化稀土	Rare – Earth Fluoride	0	0	0	0
碳酸稀土	Rare-Earth Carbonate	0	0	24 121	1 554
稀土永磁体	permanent Magnet	29 907	146 958	2 357	21 448

注：总计中不包括 * 产品

四、全国有色金属主要技术经济指标

Major Techical Economic Targets of Non-ferrous Metals Industry in 2017

主要技术经济指标 (Main Technical & Economic Data)		计量单位 (Unit)	指　　标 (Data)
一、铜系统	Copper		
1. 铜坑采	Underground Mining		
铜坑采出矿品位	Grade of Ore Output	%	0.77
铜采矿损失率	Loss Rate of Mining	%	12.44
铜矿石贫化率	Dilution of Ore	%	10.76
铜掘采比	Ratio of Drifting Meters Over Mining Tonnages	米/万吨 m/10 000t	162.29
铜采矿掌子面工班效率	Efficiency of mining	吨/工班 t/man. shift	33.24
铜掘进掌子面工班效率	Efficiency of Drifting	米/工班 m/man. shift	0.76
铜原矿综合能源消耗	Overall Energy Consumption of Mining	千克标煤/吨 kg/t	2.73
铜工人实物劳动生产率	Productivity of Miner	吨/人·年 t/man a	1 315.25
2. 铜露采	Open – pit Mining		
铜露采出矿品位	Grade of Ore output	%	0.47
铜采矿损失率	Loss Rate of Mining	%	1.69
铜矿石贫化率	Dilution of Mining	%	3.42
铜剥采比	Ratio of Mining Over Stripping	吨/吨 t/t	2.14
铜采出矿综合能源消耗	Overall Energy Consumption of Mining	千克标煤/吨 kg/t	0.52
铜工人实物劳动生产率	Productivity of Miner	吨/人·年 t/man a	50 113.42
3. 铜选矿	Milling		
铜原矿品位	Grade of Ore	%	0.53
铜精矿品位	Grade of Concentrate	%	21.95
铜尾矿品位	Grade of Tailing	%	0.07
铜选矿实际回收率	Actual Recovery of Milling	%	86.39
铜磨矿机作业率	Grinder Operating Ratio	%	79.48
铜选矿工人实物劳动生产率	Productivity of Miner	吨/人·年 t/man a	7 240.51
铜选矿综合能源消耗	Overall Energy Consumption of Mining	千克标煤/吨 kg/t	3.37
铜选矿用新水单耗	Fresh Water Unit Corsumption of Milling	立方米/吨 m^3/t	0.81
4. 铜冶炼	Smelting		
铜冶炼总回收率	Overall Recovery of Smelting & Refining	%	98.39
粗铜冶炼总回收率	Recovery of smelting	%	98.82
铜精炼回收率	Recovery of Copper Refining	%	99.42

续表

主要技术经济指标 (Main Technical & Economic Data)		计量单位 (Unit)	指 标 (Data)
铜冶炼综合能耗	Overall Energy Consum. of Copper Smelting & Refining	千克标煤/吨 kg/t	299.09
粗铜综合能耗	Overall Energy Consum. of Blister Copper	千克标煤/吨 kg/t	157.61
铜精炼综合能耗	Overall Energy Consum. of Copper Refining	千克标煤/吨 kg/t	125.59
粗铜焦耗	Coke Consum. of Blister Copper	千克/吨 kg/t	173.56
粗铜煤耗	Coal Consum. of Blister Copper	千克/吨 kg/t	252.99
粗铜电耗	Elec. Consum. of Blister Copper	千瓦时/吨 kWh/t	704.47
铜电解直流电单耗	DC Consum. of Cathod Copper	千瓦时/吨 kWh/t	310.31
铜冶炼新水单耗	Fresh Water Unit Consum. in Copper smelting	立方米/吨 m^3/t	10.24
5. 铜加工材	Copper Processing		
铜熔铸成品率	Endproduct Rate of Founding	%	93.50
铜加工材成品率	Endproduct Rate of Processing	%	74.26
铜加工材综合成品率	Overall Endproduct Rate of mat. proc	%	73.02
每吨铜加工材金属消耗	Metal Consum. of mat. proc	千克/吨 kg/t	1 016.95
每吨铜加工材综合电耗	Overall Elec. Consum. of mat. proc	千瓦时/吨 kWh/t	1 037.94
每吨铜加工材综合能耗	Overall Energy Consum. of mat. proc	千克标煤/吨 kg/t	228.50
铜材新水单耗	Fresh Water Unit Consum. of Copper semis	立方米/吨 m^3/t	6.11
二、铝系统	Aluminium		
1. 铝露采	Open-pit Mining		
铝露采出矿品位	Grade Ore Output	%	55.63
铝采矿损失率	Loss Ratio of Mining	%	8.04
铝矿石贫化率	Dilution Ratio of Ore	%	4.20
铝剥采比	Ratio of Mining Over Strip	吨/吨 t/t	3.80
铝露采采出矿综合能源消耗	Overall energy Consumption	千克/吨 kg/t	6.87
铝工人实物劳动生产率	Productivity of Miners	吨/人·年 t/man a	7 867.35

续表

主要技术经济指标 (Main Technical & Economic Data)		计量单位 (Unit)	指标 (Data)
2. 铝冶炼	Smelting		
氧化铝总回收率	Total recovery of alumina	%	79.43
氧化铝纯碱消耗	Calcined soda consumption in alumina	千克标煤/吨 kg/t	162.85
氧化铝综合能耗	Specific Overall Energy Consum. of Alumina (Standard Coal)	千克标煤/吨 kg/t	410.08
原铝液直流电耗	D. C. Overall Consum. of Aluminum Pad (prebaked)	千瓦时/吨 kWh/t	12 910.90
电解铝综合交流电耗	A. C. Overall Consum. of Electrolytic Aluminum	千瓦时/吨 kWh/t	13 578.99
原铝液交流电耗	A. C. Overall Consum. of Aluminum Pad	千瓦时/吨 kWh/t	13 257.46
原铝液消耗氧化铝单耗	Specific Consum. of Alumina of Aluminum Pad	千克/吨 kg/t	1 913.11
原铝液消耗氟化盐单耗	Specific Consum. of Fluorate Alumina of Aluminum Pad	千克/吨 kg/t	18.02
原铝液消耗炭阳极（毛耗）	Gross Consumption of Carbon Anode	千克/吨 kg/t	479.52
原铝液消耗炭阳极（净耗）	Net Consumption of Carbon Anode	千克/吨 kg/t	401.32
铝锭综合能耗	Specific Overall Energy of Aluminum Ingot (new Coefficint)	千克标煤/吨 kg/t	1 658.85
氧化铝新水单耗	Fresh Water Unit Consum. of Alumina	立方米/吨 m^3/t	1.53
电解铝新水单耗	Fresh Water Unit Consum. of Aluminum	立方米/吨 m^3/t	1.22
3. 铝加工材	Aluminium Processing		
铝熔铸成品率	Endproduct Rate of Founding	%	92.69
铝加工材成品率	Endproduct Rate of Processing	%	83.04
铝加工材综合成品率	Overall Endproduct Rate of mat. proc.	%	74.62
每吨铝加工材金属消耗	Metal Consum. of mat. proc	千克/吨 kg/t	1 020.92
每吨铝加工材综合电耗	Overall Elec. Consum. of mat. proc.	千瓦时/吨 kWh/t	1 056.16
每吨铝加工材综合能耗	Overall Energy Consum. of mat. proc.	千克标煤/吨 kg/t	298.61
铝材新水单耗	Fresh Water Unit Comsum. of Aluminum semis	立方米/吨 m^3/t	4.84
三、铅锌系统	Lead Zinc		
1. 铅锌坑采	Underground Mining		
铅出矿品位	Grade of Lead Ore Output	%	2.76
锌坑矿品位	Grade of Zinc Ore Output	%	5.56

续表

主要技术经济指标 (Main Technical & Economic Data)		计量单位 (Unit)	指　标 (Data)
铅锌坑采采矿损失率	Loss Rate of Mining	%	6. 39
铅锌坑采矿石贫化率	Dilution of Ore	%	9. 36
铅锌坑采掘采比	Ratio of Drifting Meters Over Mining Tonnages	米/万吨 m/10 000t	214. 21
铅锌坑采采矿掌子面工班效率	Efficiency of Mining	吨/工班 t/man. shift	20. 39
铅锌坑采掘进掌子面工班效率	Efficiency of Drifging	米/工班 m/man. shift	1. 19
铅锌坑采原矿综合能源消耗	Overall Energy Consum. of Mining	千克标煤/吨 kg/t	4. 54
铅锌坑采工人实物劳动生产率	Productivity of Miner	吨/人·年 t/man a	957. 49
2. 铅锌露采	Oper-Pit Mining		
锌出矿品位	Grade of Zinc Ore Output	%	3. 88
铅锌采矿损失率	Loss Rate of Mining	%	5. 60
铅锌矿石贫化率	Dilution of Ore	%	6. 25
铅锌剥采比	Ratio of Mining Over Stripping	吨/吨 t/t	8. 93
铅锌采出矿综合能源消耗	Overall Energy Consum. of Mining	千克标煤/吨 kg/t	0. 71
铅锌露采工人实物劳动生产率	Productivity of Miner	吨/人·年 t/man a	48 604. 27
3. 铅锌选矿	Milling		
铅原矿品位	Grade of Lead Ore	%	2. 64
锌原矿品位	Grade of Zinc Ore	%	4. 48
铅精矿品位	Grade of Lead Concentrate	%	61. 79
锌精矿品位	Grade of Zinc Concentrate	%	49. 80
铅尾矿品位	Grade of Lead Tailing	%	0. 25
锌尾矿品位	Grade of Zinc Tailing	%	0. 37
铅选矿实际回收率	Actual Recovery of Lead Milling	%	86. 11
锌选矿实际回收率	Actual Recovery of Zinc Milling	%	91. 04
铅锌磨矿机作业率	Working Rate of Grinder	%	79. 51
铅锌选矿工人实物劳动生产率	Productivity of Miner	吨/人·年 t/man a	3 033. 40
铅锌选矿综合能源消耗	Overall Energy Consum. of Milling	千克标煤/吨 kg/t	7. 07
铅锌选矿用新水单耗	Fresh Water Unit Consum. of Milling	立方米/吨 m^3/t	2. 51
4. 铅冶炼	Lead Smelting		

续表

主要技术经济指标 (Main Technical & Economic Data)		计量单位 (Unit)	指标 (Data)
铅冶炼总回收率	Overall Recovery of Lead Smelting	%	97.17
粗铅熔炼回收率	Recovery of gr. Lead Smelting	%	97.76
铅精炼回收率	Recovery of Lead Refining	%	99.43
铅冶炼综合能耗	Overall Energy Consum. of Lead Smelting	千克标煤/吨 kg/t	367.16
粗铅焦耗	Coke Consum. of Bullion Lead	千克/吨 kg/t	101.47
粗铅冶炼综合能耗	Overall Energy Consum. of Lead Smelting (Standard Coal)	千克标煤/吨 kg/t	315.77
析出铅电解直流电耗	DC Consum. of lead	千瓦时/吨 kWh/t	115.06
铅冶炼新水单耗	Fresh Water Unit Consum. in lead smelting	立方米/吨 m^3/t	2.37
5. 锌冶炼	Zinc Smelting		
蒸馏锌冶炼回收率	Recovery of Distilled Zinc	%	96.60
精锌冶炼总回收率	Overall Recovery of Refing Distilled Zinc	%	95.65
电锌冶炼总回收率（湿法）	Overall Recovery of Electrolytic Zinc	%	95.49
蒸馏锌综合标准煤耗	Coal Consum. of Distilled Zinc	千克/吨 kg/t	1 364.65
析出锌直流电耗	DC Consum. of Electrolytic Zinc	千瓦时/吨 kWh/t	3 054.75
精锌综合能耗	Overall Energy Consum. of Refin Distilled Zinc	千克标煤/吨 kg/t	1 674.16
电锌综合能耗湿法	Overall Energy Consum. of Electrolytic Zinc	千克标煤/吨 kg/t	875.98
锌冶炼新水单耗	Fresh Water Unit Consum. in tinc Smelting	立方米/吨 m^3/t	8.02
四、镍系统	Nickel		
1. 镍坑采	Underground Mining		
镍出矿品位	Grade of Ore Output	%	1.02
镍采矿损失率	Losse Rate of Mining	%	10.82
镍矿石贫化率	Dilution of Ore	%	5.48
镍掘采比	Ratio of Drifting Metre Over Mining Tonnages	米/万吨 m/10 000t	58.76
镍采矿掌子面工班效率	Efficiency of Mining	吨/工班 t/man. shift	27.09
镍掘进掌子面工班效率	Efficiency of Drifting	米/工班 m/man. shift	0.45
镍原矿综合能源消耗	Overall Energy Consum. of Mining	千克标煤/吨 kg/t	3.91
镍坑采工人实物劳动生产率	Productivity of All Workers	吨/人·年 t/man a	2 370.25
2. 镍选矿	Milling		
镍矿处理原矿品位	Grade of Ore	%	1.04

续表

主要技术经济指标 (Main Technical & Economic Data)		计量单位 (Unit)	指 标 (Data)
镍精矿品位	Grade of Concentrate	%	6.72
镍尾矿品位	Grade of Tailing	%	0.18
镍选矿实际回收率	Actual Recovery of Milling	%	85.14
镍磨矿机作业率	Working Rate of Grinder	%	81.32
镍选矿工人实物劳动生产率	Productivity of All Worders	吨/人·年 t/man a	6 607.23
镍选矿综合能源消耗	Overall Energy Consum. of Milling	千克标煤/吨 kg/t	6.74
镍选矿用新水单耗	Fresh Water Unit Consum. of Milling	立方米/吨 m^3/t	0.85
3. 镍冶炼	Nickel Smelting		
镍冶炼总回收率	Overall Recovery of Lead Smelting	%	94.12
电镍综合电力消耗	Elec Consum. of Smelting & Electrorefining	千瓦时/吨 kWh/t	4 848.32
电镍综合能源消耗	Overall Energy Consum. Nickel	千克标煤/吨 kg/t	3 431.49
高冰镍冶炼回收率	Recovery of Nickel Matte	%	95.53
高冰镍综合能源消耗	Energy Consum. of Nickel Matte	千克标煤/吨 kg/t	560.20
镍冶炼新水单耗	Fresh Water Unit Consum. in Nickel Smelting	立方米/吨 m^3/t	18.90
五、锡系统	Tin		
1. 锡坑采	Underground Mining		
锡出矿品位	Grade of Ore Output	%	0.56
锡采矿损失率	Loss Rate of Mining	%	10.39
锡矿石贫化率	Dilution of Ore	%	9.36
锡掘采比	Ratio of Drifting Meters Over Mining Tonnages	米/万吨 m/10 000t	361.73
锡采矿掌子面工班效率	Efficiency of Mining	吨/工班 t/man. shift	13.91
锡掘进掌子面工班效率	Efficiency of Drifting	米/工班 m/man. shift	0.57
锡原矿综合能源消耗	Overall Energy Consum. of Mining	千克标煤/吨 kg/t	2.27
锡工人实物劳动生产率	Productivity of Miner	吨/人·年 t/man a	1 325.87
2. 锡露采	Oper-pit Mining		
锡露采出矿品位	Grade of Ore Output	%	0.26
锡采矿损失率	Tin Mining Loss Rate	%	9.34
锡矿石贫化率	Tin Ore Dilution Rate	%	8.76
锡露采剥采比	Ratio of Mining Over Stripping	吨/吨 t/t	1.62
锡露采采出矿综合能源消耗	Tin Open Pit Mining Comprehensive Energy Consumption	千克标煤/吨 kg/t	0.46

续表

主要技术经济指标 (Main Technical & Economic Data)		计量单位 (Unit)	指标 (Data)
锡露采工人实物劳动生产率	Workers Physical Labor Productivity	吨/人·年 t/man a	2 891.46
3. 锡选矿	Milling		
锡矿处理原矿品位	Grade of Ore	%	0.48
锡选矿精矿品位	Grade of Concentrate	%	43.00
锡选矿尾矿品位	Grade of Tailing	%	0.20
锡选矿实际回收率	Actual Recovery of Milling	%	68.09
锡磨矿机作业率	Working Rate of Grinder	%	65.94
锡选矿工人实物劳动生产率	Productivity of All Workers	吨/人·年 t/man a	1 328.79
锡选矿综合能源消耗	Overall Energy Consum. of Milling	千克标煤/吨 kg/t	6.28
锡选矿用新水单耗	Fresh Water Unit Consum. of Milling	立方米/吨 m^3/t	1.71
4. 锡冶炼	Tin Smelting		
锡冶炼综合回收率	Overall Recovery of Smelting & Refining	%	97.51
锡冶炼综合煤消耗	Coal Consum. of Smelting & Refining	千克/吨 kg/t	1 566.39
锡冶炼综合电力消耗	Elec. Consum. of Smelting & Refining	千瓦时/吨 kWh/t	2 009.50
锡冶炼综合能源消耗	Overall Energy Consum. of Smelting & Refining	千克标煤/吨 kg/t	1 371.85
锡新水单耗	Fresh Water Unit Consum. of Tin	立方米/吨 m^3/t	25.22
六、锑系统	Antimony		
1. 锑坑采	Underground Mining		
锑坑采出矿品位	Grade of Ore Output	%	2.51
锑坑采采矿损失率	Loss Rate of Mining	%	6.15
锑坑采矿石贫化率	Dilution of Ore	%	13.98
锑坑采掘采比	Ratio of Drifting Meters Over Mining Tonnages	米/万吨 m/10 000t	505.16
锑坑采采矿掌子面工班效率	Efficiency of Mining	吨/工班 t/man. shift	7.02
锑坑采掘进掌子面工班效率	Efficiency of Drifting	米/工班 m/man. shift	0.47
锑坑采原矿综合能源消耗	Overall Energy Consum. of Mining	千克标煤/吨 kg/t	45.02
锑坑采工人实物劳动生产率	Productivity of Miner	吨/人·年 t/man a	613.68
2. 锑选矿	Milling		
锑矿处理原矿品位	Grade of Ore	%	2.13
锑选矿精矿品位	Grade of Concentrate	%	29.05
锑选矿尾矿品位	Grade of Tailing	%	0.16

续表

主要技术经济指标（Main Technical & Economic Data）		计量单位（Unit）	指标（Data）
锑选矿实际回收率	Actual Recovery of Milling	%	86.84
锑磨矿机作业率	Working Rate of Grinder	%	69.46
锑选矿工人实物劳动生产率	Productivity of All Workers	吨/人·年 t/man a	640.21
锑选矿综合能源消耗	Overall Energy Consum. of Milling	千克标煤/吨 kg/t	6.45
锑选矿用新水单耗	Fresh Water Unit Corsumption of Milling	立方米/吨 m^3/t	4.19
3. 锑冶炼	Smelting		
精锑冶炼总回收率	Overall Recovery of Smelting	%	95.61
精锑电耗	Elec. Consum. of Refining	千瓦时/吨 kWh	780.26
精锑冶练综合能耗	Elec. Consum. of Smelting	千克标煤/吨 kg/t	1 127.03
七、钛系统	Titanium		
钛冶炼总回收率	Overall Recovary	%	94.51
海绵钛综合能耗	Overall energy consumption of titanium sponge	千克标煤/吨 kg/t	1 091.83
八、钨系统	Tungsten		
1. 钨坑采	Underground Mining		
钨出矿品位	Crade of Ore Output	%	0.32
钨采矿损失率	Loss Rate of Mining	%	9.34
钨矿石贫化率	Dilution of Ore	%	35.35
钨掘采比	Ratio of Drifting Meters Over Mining Tonnages	米/万吨 m/10 000t	249.44
钨采矿掌子面工班效率	Efficiency of mining	吨/工班 t/man. shift	15.20
钨掘进掌子面工班效率	Efficiency of Drifting	米/工班 m/man. shift	0.43
钨原矿综合能源消耗	Overall Energy Consum. of Mining	千克标煤/吨 kg/t	2.49
钨工人实物劳动生产率	Productivity of Miner	吨/人·年 t/man a	883.13
2. 钨露采	Open-pit mining		
钨露采出矿品位	Grade of Ore	%	0.16
钨露采采矿损失率	Loss rate	%	3.59
钨露采矿石贫化率	Dilution of Ore	%	14.15
钨剥采比	Tungsten Stripping Ratio	吨/吨 t/t	2.32
钨露采采出矿综合能源消耗	Tungsten Open Pit Mining Comprehensive Energy Consumtion	千克标煤/吨 kg/t	2.31
钨露采工人实物劳动生产率	Workers Physical Labor Productivity	吨/人·年 t/man a	2 979.05
3. 钨选矿	Milling		

续表

主要技术经济指标 (Main Technical & Economic Data)		计量单位 (Unit)	指　标 (Data)
钨原矿品位	Grade of Ore	%	0. 28
钨精矿品位	Grade of Concentrate	%	54. 09
钨尾矿品位	Grade of Tailing	%	0. 04
钨选矿实际回收率	Actual Recovery of Milling	%	78. 55
钨磨矿机作业率	Working Rate of Grinder	%	53. 97
钨工人实物劳动生产率	Productivity of All Workers	吨/人·年 t/man a	2 011. 22
钨综合能源消耗	Overall Energy Consum. of Milling	千克标煤/吨 kg/t	2. 03
钨选矿用新水单耗	Fresh Water Unit Consum. of Milling	立方米/吨 m^3/t	1. 81
九、钼系统	Molybdenum		
1. 钼露采	Oper-pit Mining		
钼出矿品位	Grade of Ore	%	0. 11
钼采矿损失率	Loss rate	%	1. 48
钼矿石贫化率	Dilution of Ore	%	2. 06
钼剥采比	Ratio of Mining over Strip	吨/吨 t/t	0. 85
钼采出矿综合能源消耗	Overall Energy Consum. of Mining	千克/吨 kg/t	0. 14
钼工人实物劳动生产率	Productivity of Miner	吨/人·年 t/man a	32 754. 23
2. 钼选矿	Milling		
钼原矿品位	Grade of Ore	%	0. 11
钼精矿品位	Grade of Concentrate	%	52. 66
钼尾矿品位	Grade of Tailing	%	0. 02
钼实际回收率	Actual Recovery of Milling	%	86. 12
钼磨矿机作业率	Working Rate of Grinder	%	94. 47
钼工人实物劳动生产率	Productivity of All workers	吨/人·年 t/man a	6 482. 83
钼选矿综合能源消耗	Overall Energy Consum. of Milling	千克标煤/吨 kg/t	2. 75
钼选矿用新水单耗	Fresh Water Unit Consum. of Milling	立方米/吨 m^3/t	0. 54

五、全国有色金属分地区固定资产投资

Fixed Assets Investment of Non - ferrous Metals in China in 2017

单位：万元 （unit：10^4 RMB）

地区名称		2017 完成投资额	2016 完成投资额	同期比（%）
全国合计	Total	57 700 670	62 280 300	-7.3
一、东部地区		16 056 773	18 027 300	-11
北 京	Beijing	6 330	11 392	-44
天 津	Tianjin	429 940	1 260 715	-6.58
河 北	Hebei	1 424 997	1 597 815	-10.86
辽 宁	Liaoning	1 208 507	834 389	45
上 海	Shanghai	10 998	17 342	-36
江 苏	Jiangsu	3 913 957	3 751 412	4.2
浙 江	Zhejiang	959 097	1 097 398	-12
福 建	Fujian	1 374 041	1 014 249	35
山 东	Shandong	5 445 724	7 029 778	-22.53
广 东	Guangdong	1 283 036	1 406 333	-8.7
海 南	Hainan	146	6 477	-97.7
二、中部地区		21 371 493	23 064 130	-7.3
山 西	Shanxi	764 020	1 611 378	-52.5
吉 林	Jilin	435 858	644 816	-32.4
黑龙江	Heilongjiang	239 255	303 204	-21.0
安 徽	Anhui	2 245 331	2 026 579	10.8
江 西	Jiangxi	5423 223	4 639 632	16.8
河 南	Henan	7 121 789	7 811 015	-8.2
湖 北	Hubei	1 322 291	1 445 529	-8.5
湖 南	Hunan	3 819 726	4 581 977	-16.6
三、西部地区		20 272 404	21 188 870	-4.3
内蒙古	Neimeng	5 540 141	6 850 131	-19.1
广 西	Guangxi	3 001 151	1 955 502	53.5
重 庆	Chongqing	834591	735 437	13.5
四 川	Sichuan	1 371 968	1 421 995	-3.5
贵 州	Guizhou	750 761	757 991	-0.1
云 南	Yunnan	2 526 192	2 253 627	12.1
西 藏	Xizang	156 877	346 181	-55
陕 西	Shanxi	3 105 222	2 758 282	12.5
甘 肃	Gansu	446 887	1 180 140	-87
青 海	Qinghai	1 442 525	1 432 330	-20
宁 夏	Ningxia	181 057	237 023	-23.6
新 疆	Xinjiang	915 032	1 260 231	-27.3

第二部分　世界有色金属统计
Part 2　World Nonferrous Metal Statistics

一　世界主要国家和地区有色金属产量和消费量
(1) Output and Consumption of Nonferrous Metals in the World Major Countries or Areas

1. 有色金属产量和消费量
(A) Output and Comsumption of Common Nonferrous Metals

1.1　铜
(A－a) Copper

1.1.1　精炼铜产量和消费量
(A－a－a) Output and Consumption of Refined Copper

单位：万吨
unit：10kt

产　量**					消　费　量				
位次(2017)	国家和地区	年　份			位次(2017)	国家和地区	年　份		
		2015	2016	2017			2015	2016	2017
1	中　国*	796.89	845.42	891.51	1	中　国	1135.31	1164.22	1179.05
2	智　利	268.83	261.25	242.96	2	美　国	179.60	181.10	177.10
3	日　本	148.31	155.30	148.81	3	德　国	121.89	124.31	118.02
4	美　国	114.05	122.13	107.89	4	日　本	99.75	97.27	99.80
5	俄罗斯	87.62	86.73	94.86	5	韩　国	70.49	75.91	65.57
6	印　度	79.19	76.82	84.49	6	意大利	61.30	59.60	63.51
7	刚果民主共和国	79.28	70.72	69.89	7	中国台湾	47.09	50.72	49.79
8	德　国	67.82	67.15	69.49	8	印　度	49.14	49.93	48.56
9	韩　国	60.36	60.72	55.24	9	土耳其	46.77	46.41	44.55
10	波　兰	57.44	53.57	52.20	10	俄罗斯	32.95	37.08	38.53
11	赞比亚	48.23	40.49	43.25	11	墨西哥	39.32	42.33	37.15
12	哈萨克斯坦	39.66	41.28	42.91	12	泰　国	27.35	34.23	36.34
13	墨西哥	44.58	47.38	42.38	13	西班牙	33.37	31.17	34.56
14	西班牙	42.61	43.33	41.95	14	巴　西	43.38	29.26	28.17
15	比利时	37.86	36.64	40.34	15	波　兰	28.04	28.39	27.42
16	澳大利亚	47.50	47.50	38.60	16	马来西亚	23.90	24.24	26.11
17	秘　鲁	35.31	33.13	33.53	17	印　尼	22.90	20.30	21.97
18	加拿大	33.09	31.43	33.23	18	法　国	18.23	19.59	20.95
19	印　尼	19.96	25.35	27.09	19	阿联酋	2.33	9.85	20.55

续表

产量**					消费量				
位次(2017)	国家和地区	年份			位次(2017)	国家和地区	年份		
		2015	2016	2017			2015	2016	2017
20	保加利亚	23.00	21.60	22.90	20	比利时	28.88	25.08	18.98
21	瑞　典	20.61	20.72	21.95	21	越　南	15.67	18.71	18.48
22	菲律宾	15.00	2.88	20.77	22	加拿大	14.88	17.04	17.79
23	芬　兰	13.89	13.87	14.67	23	瑞　典	12.39	12.84	13.36
24	巴　西	35.38	22.56	14.30	24	沙特阿拉伯	17.68	17.73	13.22
25	伊　朗	18.45	15.97	13.79	25	伊　朗	15.68	9.46	11.41
26	奥地利	10.29	10.32	10.98	26	希　腊	5.96	7.39	8.17
27	乌兹别克斯坦	10.08	10.08	10.08	27	芬　兰	6.89	7.64	7.48
28	土耳其	8.40	5.24	9.50	28	保加利亚	3.60	5.06	7.28
29	缅　甸	3.93	6.09	7.81	29	智　利	7.91	8.38	7.00
30	塞尔维亚	4.65	6.23	6.92	30	埃　及	9.56	7.25	5.84
31	南　非	6.44	5.39	6.62	31	乌兹别克斯坦	4.12	4.91	5.24
32	老　挝	8.93	7.85	6.29	32	荷　兰	5.04	5.04	5.04
33	乌克兰	1.85	2.71	3.06	33	秘　鲁	6.70	5.50	4.09
34	挪　威	3.55	2.81	2.27	34	南　非	5.75	4.04	3.52
35	阿　曼	2.65	1.13	2.04	35	奥地利	3.58	3.56	3.48
36	越　南	1.10	1.10	1.58	36	澳大利亚	2.66	2.30	3.12
37	朝　鲜	1.50	1.50	1.50	37	科威特	1.35	2.17	3.03
38	蒙　古	1.50	1.52	1.46	38	哈萨克斯坦	4.48	1.70	2.62
39	阿根廷	1.40	1.40	1.41	39	乌克兰	1.16	2.11	2.43
40	意大利	0.73	0.66	0.87	40	菲律宾	9.60	1.84	2.40
41	埃　及	0.40	0.40	0.40	41	英　国	2.30	2.19	1.90
42	玻利维亚	0.18	0.22	0.22	42	斯洛伐克	0.67	1.77	1.62
43	塞浦路斯	0.21	0.17	0.13	43	塞尔维亚	2.25	2.02	1.59
44	马其顿	0.23	0.14	0.10	44	葡萄牙	1.30	1.52	1.56
					45	阿根廷	2.50	1.54	1.46
					46	赞比亚	1.20	1.20	1.20
					47	巴基斯坦	0.53	1.52	1.02
					48	新加坡	0.97	0.97	0.97
					49	朝　鲜	0.17	1.36	0.96
					50	津巴布韦	0.47	0.59	0.59
					51	中国香港	0.48	0.48	0.48
					52	缅　甸	0.42	0.42	0.42

续表

产　　量**					消　费　量				
位次(2017)	国家和地区	年　　份			位次(2017)	国家和地区	年　　份		
		2015	2016	2017			2015	2016	2017
					53	老　挝	0.32	0.17	0.17
					54	瑞　士	0.17	0.16	0.09
					55	捷　克	0.05	0.08	0.11
					56	匈牙利	0.01	0.06	0.11
					57	阿尔及利亚	0.05	0.06	0.10
					58	罗马尼亚	0.26	0.33	0.09
					59	委内瑞拉	0.54	0.06	0.14
					60	挪　威	0.03	—	0.05
					61	爱尔兰	0.02	0.03	0.03
					62	哥伦比亚	0.16	0.13	0.01
					63	丹　麦	0.01	0.01	0.01
					64	突尼斯	0.02	—	—
					65	亚洲其他国家	5.53	5.30	7.16
					66	欧洲其他国家	0.67	1.05	1.25
					67	美洲其他国家	0.96	0.47	0.85
					68	非洲其他国家	0.60	0.80	0.60
	世界合计	**2302.93**	**2308.92**	**2342.27**		**世界合计**	**2289.31**	**2319.97**	**2326.22**

注：除另有说明外，本部分资料来源：世界金属统计、中国有色金属工业协会信息统计部的统计资料和中华人民共和国海关统计资料。

*包括少量电积铜。

**包括再生精炼铜产量。

1.1.2　世界铜半成品和铜合金半成品产量

(A－a－b) World Production of Copper Semis and Copper Alloys Semis　　单位：万吨

unit：10kt

铜半成品产量					铜合金半成品产量				
位次(2017)	国家和地区	年　　份			位次(2017)	国家和地区	年　　份		
		2015	2016	2017			2015	2016	2017
1	中　国	1914.68	2184.61	1914.40	1	美　国	230.25	234.65	228.13
2	美　国	186.09	190.69	186.42	2	德　国	72.80	73.12	71.00
3	日　本	108.51	105.07	108.17	3	意大利	52.69	55.08	57.89
4	德　国	90.02	97.10	99.77	4	日　本	37.20	37.78	38.98
5	意大利	53.53	50.13	53.43	5	塞尔维亚	3.26	2.68	2.71
6	中国台湾	40.04	45.49	46.05					
7	波　兰	30.98	33.91	33.18					
8	土耳其	35.47	34.31	31.15					
9	瑞　士	3.39	2.99	2.96					
10	塞尔维亚	1.10	1.05	1.13					
	世界合计	**2463.82**	**2745.34**	**2476.67**		**世界合计**	**396.20**	**403.29**	**398.72**

1.1.3 废铜回收量

(A－a－c) Copper Scrap Recovery

单位：万吨

unit：10kt

再生精炼铜产量					制造厂直接应用的废铜量				
位次(2017)	国家和地区	年份			位次(2017)	国家和地区	年份		
		2015	2016	2017			2015	2016	2017
1	中 国	229.72	220.90	230.08	1	美 国	90.60	91.61	92.39
2	日 本	29.65	35.87	36.95	2	中 国	75.00	79.00	90.00
3	德 国	27.95	27.45	28.63	3	日 本	52.88	54.32	57.26
4	比利时	14.17	14.04	17.23	4	意大利	48.24	48.24	48.24
5	波 兰	10.44	10.44	10.44	5	德 国	23.40	23.40	23.40
6	韩 国	10.73	9.24	9.24	6	英 国	12.00	12.00	12.00
7	西班牙	7.08	6.85	7.61	7	巴 西	6.60	6.60	6.60
8	奥地利	6.21	5.86	6.59	8	法 国	5.70	5.70	5.70
9	瑞 典	5.35	5.79	5.92	9	斯堪的纳维亚	5.66	5.64	5.64
10	斯洛伐克	1.14	4.27	4.82	10	塞尔维亚	3.60	3.60	3.60
11	加拿大	2.87	3.00	4.10	11	瑞 士	2.88	2.88	2.88
12	美 国	4.88	4.63	4.01	12	西班牙	2.40	2.40	2.40
13	土耳其	0.95	1.07	3.95	13	南 非	2.40	2.40	2.40
14	墨西哥	3.50	3.50	3.49	14	奥地利	2.04	2.04	2.04
15	塞尔维亚	1.43	2.68	2.61	15	希 腊	1.20	1.20	1.20
16	乌克兰	1.80	2.19	2.51	16	比－荷－卢	3.60	3.60	—
17	巴 西	2.40	2.40	2.40	17	亚洲其他国家	36.00	36.00	36.00
18	俄罗斯	9.18	2.28	2.40					
19	芬 兰	1.02	1.02	2.11					
20	阿根廷	1.40	1.40	1.38					
21	伊 朗	5.32	4.11	1.20					
22	意大利	0.49	0.49	0.48					
23	埃 及	0.43	0.40	0.40					
	世界合计	**378.12**	**369.87**	**388.55**		**世界合计**	**374.20**	**380.63**	**391.75**

1.2 铝

(A－b) Aluminium

1.2.1 精炼铝产量和消费量

(A－b－a) Output and Consumption of Refined Aluminium

单位：万吨

unit：10kt

产 量					消 费 量				
位次(2017)	国家和地区	年份			位次(2017)	国家和地区	年份		
		2015	2016	2017			2015	2016	2017
1	中 国	3151.81	3269.81	3518.91	1	中 国	3106.81	3256.28	3190.80
2	俄罗斯	352.90	356.10	374.14	2	美 国	532.50	512.08	561.48
3	加拿大	288.00	320.87	321.19	3	德 国	216.32	219.72	215.99
4	阿联酋[1)]	246.40	247.10	267.70	4	日 本	177.87	174.16	194.96
5	印 度	192.98	190.91	202.82	5	韩 国	136.58	145.31	142.02

续表

产量					消费量				
位次(2017)	国家和地区	年份			位次(2017)	国家和地区	年份		
		2015	2016	2017			2015	2016	2017
6	澳大利亚	164.60	163.52	148.70	6	印　度	152.15	137.76	121.99
7	挪　威	122.40	124.70	125.30	7	土耳其	95.15	94.95	96.07
8	巴　林	96.06	97.14	98.10	8	意大利	80.09	90.88	92.42
9	沙特阿拉伯	83.90	86.90	91.44	9	巴　西	80.12	76.42	86.76
10	冰　岛	87.78	85.35	86.29	10	阿联酋	83.50	83.50	83.50
11	巴　西	77.22	79.00	80.17	11	西班牙	56.39	68.61	71.05
12	马来西亚	43.99	62.00	76.00	12	法　国	65.60	70.69	70.39
13	美　国	158.65	81.84	74.09	13	俄罗斯	69.20	68.50	68.50
14	南　非	69.50	70.10	71.60	14	泰　国	49.34	57.54	65.42
15	卡塔尔	63.79	61.20	62.61	15	印　尼	44.41	49.47	51.78
16	莫桑比克	55.84	57.11	57.87	16	中国台湾	54.05	51.04	47.85
17	德　国	54.14	54.68	55.00	17	南　非	47.40	47.40	47.40
18	阿根廷	43.04	42.47	43.27	18	巴　林	45.00	45.00	45.00
19	法　国	41.50	42.46	43.00	19	加拿大	54.14	58.43	38.84
20	西班牙	36.00	36.00	36.00	20	希　腊	24.72	29.11	38.53
21	新西兰	33.40	33.86	33.70	21	沙特阿拉伯	27.39	26.71	37.80
22	伊　朗	25.87	29.69	30.02	22	瑞　士	30.04	32.29	31.59
23	罗马尼亚	27.14	27.25	28.21	23	伊　朗	28.15	27.39	29.68
24	埃　及	33.80	31.46	27.91	24	马来西亚	48.23	27.60	28.76
25	哈萨克斯坦	21.90	23.50	25.70	25	匈牙利	21.55	22.00	25.12
26	阿　曼	37.72	38.64	22.90	26	奥地利	22.08	22.61	24.76
27	印　尼	25.71	24.50	21.87	27	英　国	27.00	24.12	24.12
28	希　腊	17.94	18.17	18.16	28	澳大利亚	19.93	26.71	24.00
29	斯洛伐克	17.13	17.36	17.35	29	挪　威	22.26	24.00	24.00
30	委内瑞拉	12.55	14.73	14.38	30	波　兰	19.24	22.95	23.47
31	波斯尼亚-黑塞哥维那	11.83	10.66	12.55	31	墨西哥	18.39	20.77	23.11
32	瑞　典	11.60	12.40	12.40	32	罗马尼亚	21.30	21.83	22.39
33	塔吉克斯坦	14.33	12.93	10.30	33	比利时	23.16	18.50	21.20
34	土耳其	4.59	7.88	8.45	34	埃　及	26.18	24.25	20.12
35	斯洛文尼亚	8.38	8.44	8.44	35	瑞　典	11.28	14.35	14.80
36	喀麦隆	5.78	6.30	6.66	36	捷　克	15.22	14.39	14.28

续表

产量					消费量				
位次(2017)	国家和地区	年份			位次(2017)	国家和地区	年份		
		2015	2016	2017			2015	2016	2017
37	阿塞拜疆	5.82	6.07	5.41	37	斯洛文尼亚	13.46	12.34	12.01
38	英　国	4.80	4.60	4.80	38	葡萄牙	9.50	10.70	11.37
39	加　纳	3.38	3.38	4.05	39	荷　兰	14.64	14.64	11.28
40	黑　山	4.25	3.89	3.94	40	保加利亚	10.98	11.05	10.95
41	荷　兰	2.82	3.63	3.09	41	委内瑞拉	8.00	8.27	10.81
					42	阿根廷	14.61	9.92	10.67
					43	越　南	10.19	10.19	10.19
					44	克罗地亚	2.47	5.20	9.65
					45	新西兰	7.88	9.73	9.61
					46	塞尔维亚	10.11	9.50	8.88
					47	丹　麦	6.27	6.96	7.09
					48	以色列	5.50	4.14	5.33
					49	新加坡	3.78	3.84	5.11
					50	摩洛哥	2.65	3.76	4.70
					51	芬　兰	3.63	3.71	4.12
					52	菲律宾	3.06	3.73	4.06
					53	中国香港	2.37	2.55	3.10
					54	斯洛伐克	2.88	2.88	2.98
					55	哥伦比亚	5.10	2.95	2.70
					56	白俄罗斯	2.19	3.02	2.70
					57	阿尔及利亚	1.51	1.74	2.33
					58	朝　鲜	2.16	2.16	2.16
					59	尼日利亚	1.58	1.58	1.58
					60	乌克兰	0.74	0.96	1.40
					61	喀麦隆	1.14	1.14	1.14
					62	加　纳	1.36	0.99	0.97
					63	马其顿	0.39	0.46	0.53
					64	乌拉圭	0.22	0.23	0.34
					65	古　巴	0.53	0.21	0.25
					66	智　利	0.14	0.14	0.14
					67	爱尔兰	0.08	0.20	0.11
					68	亚洲其他国家	19.62	19.62	19.62
					69	欧洲其他国家	9.26	8.14	9.92
					70	美洲其他国家	5.10	5.10	5.10
					71	非洲其他国家	3.43	3.43	3.43
	世界合计	**5761.24**	**5868.62**	**6154.51**		**世界合计**	**5739.26**	**5892.51**	**5916.25**

注：本表中的精炼铝的产量和消费量仅指原生铝的产量和消费量。

1）包括阿布扎比和迪拜。

1.2.2 铝半成品/铸件产量

(A－b－b) Production of Aluminium Semis/Castings

单位：万吨
unit：10kt

半成品产量					铸件产量				
位次(2017)	国家和地区	年份			位次(2017)	国家和地区	年份		
		2015	2016	2017			2015	2016	2017
1	美国	798.43	802.24	779.23	1	日本	136.88	138.30	146.12
2	德国	248.57	247.55	246.32	2	意大利	68.20	71.84	75.48
3	日本	215.63	216.69	222.44	3	巴西	15.39	13.60	22.34
4	意大利	67.42	128.06	124.32	4	中国台湾	2.86	11.84	12.85
5	巴西	107.26	103.84	106.72	5	阿根廷	4.41	3.11	4.30
6	中国台湾	32.62	29.62	33.54					
7	阿根廷	13.87	9.58	11.41					
8	英国	7.86	7.97	8.36					
9	塞尔维亚	6.49	6.46	5.97					
	世界合计	**1538.31**	**1498.15**	**1552.02**		**世界合计**	**227.74**	**238.69**	**261.09**

注：本表列出了目前能得到的一些国家铝和铝合金半成品和铸件的产量。

1.2.3 再生铝产量

(A－b－b) Output of Secondary Aluminium

单位：万吨
unit：10kt

产量					产量				
位次(2017)	国家和地区	年份			位次(2017)	国家和地区	年份		
		2015	2016	2017			2015	2016	2017
1	中国	577.56	629.83	690.41	15	中国台湾	7.20	7.20	7.20
2	美国	337.50	361.30	362.80	14	瑞典	7.76	7.46	9.31
3	日本	77.28	78.88	80.16	16	捷克	6.36	7.91	6.17
4	德国	63.06	59.53	76.58	17	伊朗	1.00	1.00	4.12
5	意大利	70.67	72.16	74.30	18	丹麦	3.06	3.06	3.06
6	巴西	60.20	62.20	68.30	19	芬兰	1.62	2.12	2.12
7	挪威	34.80	34.80	34.80	20	葡萄牙	1.80	1.80	1.80
8	西班牙	27.81	28.49	30.37	21	阿根廷	1.77	1.77	1.77
9	墨西哥	21.60	21.60	21.60	22	委内瑞拉	1.60	1.60	1.60
10	加拿大	18.50	18.50	18.50	23	塞尔维亚	1.32	1.32	1.32
11	法国	18.12	18.12	18.12	24	波兰	0.22	0.47	0.67
12	英国	14.88	14.88	14.88	25	克罗地亚	0.15	0.24	0.24
13	奥地利	12.12	12.12	12.12	26	非洲国家	3.20	3.20	3.20
						世界合计	**1371.15**	**1451.54**	**1545.52**

注：表中的再生铝产量不包括以废料形式直接应用的铝量。

1.3 锌锭产量和消费量

(A－c) Output and Consumption of Slab Zinc

单位：万吨
unit：10kt

产量					消费量				
位次(2017)	国家和地区	年份			位次(2017)	国家和地区	年份		
		2015	2016	2017			2015	2016	2017
1	中国*	611.59	619.60	614.39	1	中国	644.83	651.52	696.47
2	韩国	92.98	100.91	105.00	2	美国	93.10	78.90	82.90
3	印度	82.13	61.58	79.15	3	韩国	58.46	61.71	71.60
4	加拿大	68.31	69.14	59.84	4	印度	61.56	67.64	65.28
5	日本	56.66	53.37	52.39	5	日本	47.91	47.02	48.22
6	西班牙	50.90	50.70	51.00	6	德国	47.86	48.25	45.22
7	澳大利亚	48.90	47.00	47.10	7	比利时	44.98	35.34	30.56
8	哈萨克斯坦	32.43	32.55	32.92	8	土耳其	22.99	23.43	26.75
9	墨西哥	32.68	32.12	32.70	9	中国台湾	22.91	18.82	22.49
10	秘鲁	33.54	34.15	31.23	10	意大利	25.92	26.77	22.03
11	芬兰	30.57	29.06	28.50	11	西班牙	21.92	28.34	21.70
12	比利时	26.00	23.60	24.90	12	俄罗斯	21.82	19.91	21.32
13	荷兰	29.10	28.30	24.80	13	巴西	20.12	23.75	19.76
14	巴西	23.10	28.45	24.52	14	法国	18.92	20.21	19.56
15	俄罗斯	22.96	23.00	23.80	15	越南	9.97	14.81	18.77
16	德国	17.35	16.88	17.40	16	加拿大	14.81	15.36	15.13
17	挪威	16.29	17.05	17.21	17	墨西哥	16.12	18.11	14.68
18	法国	16.90	14.90	16.60	18	澳大利亚	17.60	17.80	14.50
19	波兰	16.15	16.12	16.20	19	波兰	5.16	10.60	12.74
20	伊朗	13.80	13.50	15.50	20	泰国	13.97	13.51	12.56
21	美国	17.20	12.60	13.20	21	印尼	10.19	11.56	12.45
22	意大利	14.02	13.95	12.88	22	英国	10.77	9.71	10.12
23	纳米比亚	7.18	8.87	8.38	23	荷兰	8.64	8.64	8.64
24	保加利亚	7.51	7.58	7.37	24	秘鲁	7.86	7.05	6.81
25	乌兹别克斯坦	7.20	6.00	7.00	25	奥地利	5.76	5.92	6.22
26	泰国	7.41	7.30	3.00	26	沙特阿拉伯	7.45	6.52	6.15
27	朝鲜	1.50	1.50	1.50	27	南非	8.22	6.14	6.11
28	越南	1.20	1.20	1.00	28	哈萨克斯坦	5.76	6.33	5.99
29	阿尔及利亚	0.76	0.31	0.15	29	孟加拉	6.45	6.72	5.70
30	乌克兰	0.07	0.01	—	30	挪威	3.61	4.28	5.40

续表

产量					消费量				
位次(2017)	国家和地区	年份			位次(2017)	国家和地区	年份		
		2015	2016	2017			2015	2016	2017
31	阿根廷	3.03	—	—	31	芬　兰	4.68	5.45	4.82
					32	斯洛伐克	3.51	3.12	4.52
					33	伊　朗	3.89	3.89	3.89
					34	马来西亚	9.74	7.37	2.82
					35	阿根廷	3.35	3.47	2.79
					36	阿联酋	2.99	1.64	2.60
					37	巴基斯坦	2.18	1.84	2.32
					38	捷　克	1.61	1.86	2.25
					39	乌克兰	1.60	1.90	2.20
					40	哥伦比亚	2.11	2.08	2.07
					41	乌兹别克斯坦	2.06	2.06	2.06
					42	罗马尼亚	1.76	1.56	2.01
					43	埃　及	1.63	1.45	1.95
					44	葡萄牙	1.18	1.74	1.68
					45	朝　鲜	1.20	1.10	1.49
					46	匈牙利	0.92	0.96	1.25
					47	肯尼亚	1.29	1.01	1.21
					48	尼日利亚	2.02	1.32	1.20
					49	摩洛哥	0.99	1.29	1.11
					50	新西兰	0.69	0.87	1.06
					51	瑞　典	2.55	1.22	0.99
					52	希　腊	0.81	0.77	0.92
					53	保加利亚	1.70	0.51	0.91
					54	埃塞俄比亚	1.05	1.59	0.86
					55	智　利	0.86	0.90	0.85
					56	阿尔及利亚	0.91	1.04	0.80
					57	中国香港	0.78	0.78	0.78
					58	新加坡	0.55	1.35	0.77
					59	丹　麦	0.72	0.78	0.75
					60	菲律宾	1.27	1.17	0.74
					61	塞尔维亚	0.68	0.60	0.73
					62	危地马拉	0.66	0.73	0.71
					63	突尼斯	0.14	0.27	0.64
					64	波斯尼亚	0.60	0.60	0.60

续表

产量					消费量				
位次(2017)	国家和地区	年份			位次(2017)	国家和地区	年份		
		2015	2016	2017			2015	2016	2017
					65	马其顿	0.56	0.57	0.58
					66	哥斯达黎加	0.53	0.61	0.52
					67	瑞　士	1.09	1.36	0.49
					68	斯洛文尼亚	1.50	1.25	0.44
					69	克罗地亚	0.35	0.44	0.39
					70	爱尔兰	0.29	0.28	0.38
					71	赞比亚	0.35	0.35	0.35
					72	以色列	0.40	0.46	0.26
					73	拉脱维亚	0.01	0.09	0.16
					74	委内瑞拉	0.22	0.20	0.07
					75	古　巴	0.02	0.06	0.03
					76	乌拉圭	0.04	0.03	0.03
					77	亚洲其他国家	0.72	1.57	2.48
					78	美洲其他国家	1.24	0.88	1.39
					79	欧洲其他国家	0.60	0.60	0.60
					80	非洲其他国家	1.20	0.40	0.59
	世界合计	**1389.43**	**1371.30**	**1369.63**		**世界合计**	**1377.44**	**1382.11**	**1420.94**

注：本表中的锌锭为冶炼厂和精炼厂生产的锌锭，包括所报道国家来料加工的产量，而不管其所用的原料类型（即矿石、精矿、浸出渣或废料），但不包括重熔锌和锌尘粉。

*中国的产量中包括少量再生锌。

1.4　铅

（A－d）Lead

1.4.1　精炼铅产量和消费量

（A－d－a） Output and Consumption of Refined Lead

单位：万吨
unit：10kt

产量					消费量				
位次(2017)	国家和地区	年份			位次(2017)	国家和地区	年份		
		2015	2016	2017			2015	2016	2017
1	中　国	442.16	460.39	472.62	1	中　国	437.96	459.34	479.46
2	美　国	105.00	112.00	101.00	2	美　国	156.00	161.00	164.00
3	韩　国	68.20	83.10	80.50	3	韩　国	60.24	62.24	62.24
4	印　度	49.63	51.24	56.34	4	印　度	53.86	57.09	55.08
5	德　国	37.76	34.33	35.64	5	德　国	35.68	37.35	41.35
6	英　国	35.72	37.46	35.38	6	英　国	21.72	28.46	29.46
7	墨西哥	35.39	34.14	34.20	7	日　本	26.89	26.44	28.70
8	加拿大	26.89	27.42	28.60	8	西班牙	23.79	26.17	26.07
9	日　本	23.23	23.95	23.94	9	巴　西	24.00	23.39	25.13

续表

产量					消费量				
位次(2017)	国家和地区	年份			位次(2017)	国家和地区	年份		
		2015	2016	2017			2015	2016	2017
10	澳大利亚	22.80	22.50	21.40	10	墨西哥	23.51	25.23	23.27
11	巴　西	17.60	18.00	18.00	11	意大利	23.19	21.81	21.51
12	意大利	20.99	18.72	17.37	12	波　兰	15.24	18.56	19.29
13	西班牙	17.20	16.50	16.58	13	土耳其	14.72	15.45	17.36
14	波　兰	15.50	15.40	15.70	14	泰　国	14.44	16.05	15.51
15	哈萨克斯坦	11.99	13.41	14.95	15	越　南	10.12	13.41	14.94
16	比利时	13.00	14.21	13.60	16	捷　克	13.02	14.42	14.91
17	保加利亚	9.69	10.08	10.31	17	中国台湾	10.14	10.87	11.43
18	俄罗斯	10.60	11.00	10.10	18	印　尼	9.53	10.64	11.01
19	伊　朗	7.80	8.60	9.00	19	法　国	7.72	7.82	8.42
20	泰　国	8.60	9.00	9.00	20	伊　朗	6.92	6.54	7.63
21	阿根廷	8.12	9.00	9.00	21	阿根廷	6.52	7.41	6.53
22	瑞　典	7.13	7.44	7.82	22	南　非	6.47	5.73	5.70
23	法　国	7.20	7.00	7.00	23	哥伦比亚	5.51	5.48	5.08
24	土耳其	5.66	5.80	5.80	24	菲律宾	4.11	4.64	5.01
25	南　非	5.20	5.40	5.40	25	马来西亚	2.95	4.03	4.03
26	印　尼	4.60	4.80	4.80	26	希　腊	2.51	2.61	3.81
27	中国台湾	4.60	4.80	4.80	27	斯洛文尼亚	2.72	3.53	3.80
28	捷　克	4.46	4.30	4.50	28	奥地利	3.86	3.45	3.79
29	哥伦比亚	4.20	4.20	4.20	29	巴基斯坦	4.71	5.06	3.58
30	乌克兰	3.18	3.56	3.99	30	比利时	3.50	3.50	3.50
31	沙特阿拉伯	3.80	3.80	3.80	31	以色列	3.05	3.05	3.05
32	马来西亚	2.53	2.40	3.67	32	沙特阿拉伯	5.04	4.13	2.83
33	以色列	2.60	2.70	3.40	33	乌克兰	2.51	2.46	2.82
34	荷　兰	3.20	3.10	3.10	34	保加利亚	2.90	2.40	2.60
35	希　腊	2.40	2.80	2.80	35	爱尔兰	2.11	2.25	2.29
36	奥地利	2.44	2.50	2.70	36	摩洛哥	1.52	1.99	1.96
37	罗马尼亚	2.30	2.40	2.00	37	澳大利亚	1.60	1.50	1.66
38	摩洛哥	2.00	2.00	1.96	38	加拿大	1.61	1.50	1.55
39	菲律宾	3.00	1.80	1.80	39	委内瑞拉	2.03	1.66	1.43
40	爱尔兰	1.80	1.80	1.75	40	俄罗斯	1.37	1.37	1.36
41	委内瑞拉	2.00	1.60	1.60	41	罗马尼亚	1.73	2.58	1.31
42	爱沙尼亚	1.13	1.16	1.34	42	荷　兰	1.20	1.20	1.20
43	斯洛文尼亚	1.20	1.20	1.20	43	新加坡	1.20	1.20	1.20
44	缅　甸	0.06	0.59	1.20	44	葡萄牙	1.37	1.26	1.15

续表

产量					消费量				
位次(2017)	国家和地区	年份			位次(2017)	国家和地区	年份		
		2015	2016	2017			2015	2016	2017
45	黎巴嫩	1.00	1.00	1.00	45	阿尔及利亚	1.26	1.05	0.93
46	巴基斯坦	0.90	0.90	0.90	46	哈萨克斯坦	0.86	0.86	0.86
47	尼日利亚	0.20	0.90	0.90	47	塞尔维亚	1.84	1.65	0.84
48	阿尔及利亚	0.90	0.80	0.80	48	芬兰	0.41	0.48	0.73
49	朝鲜	0.70	0.70	0.70	49	古巴	0.86	0.78	0.64
50	古巴	0.69	0.69	0.69	50	朝鲜	0.92	0.60	0.62
51	牙买加	—	—	0.48	51	智利	0.60	0.60	0.60
52	赞比亚	0.40	0.40	0.44	52	匈牙利	1.32	0.81	0.53
53	危地马拉	1.20	1.20	0.42	53	赞比亚	0.03	0.16	0.44
54	葡萄牙	0.40	0.40	0.40	54	马其顿	0.43	0.37	0.42
55	莫桑比克	0.25	0.28	0.38	55	波斯尼亚	0.36	0.36	0.36
56	斯里兰卡	0.45	0.30	0.35	56	丹麦	0.36	0.36	0.36
57	塞内加尔	0.19	0.36	0.34	57	秘鲁	0.28	0.28	0.36
58	尼加拉瓜	0.36	0.25	0.24	58	爱沙尼亚	0.32	0.47	0.35
59	阿联酋	0.20	0.20	0.20	59	阿曼	0.54	0.73	0.32
60	加纳	0.30	0.18	0.12	60	尼日利亚	0.24	0.28	0.28
61	肯尼亚	0.12	0.12	0.12	61	克罗地亚	0.24	0.24	0.24
62	玻利维亚	0.05	0.00	0.11	62	突尼斯	0.21	0.18	0.24
63	秘鲁	0.15	—	—	63	瑞典	1.14	0.59	0.23
					64	肯尼亚	0.13	0.23	0.23
					65	瑞士	0.12	0.17	0.22
					66	斯洛伐克	0.18	0.18	0.18
					67	中国香港	0.35	0.17	0.17
					68	挪威	0.04	0.06	0.13
					69	阿尔巴尼亚	0.10	0.10	0.10
					70	新西兰	0.03	0.03	0.02
					71	埃及	0.38	0.04	0.01
					72	亚洲其他国家	1.20	1.20	1.20
					73	美洲其他国家	0.62	0.25	0.30
					74	非洲其他国家	0.25	0.29	0.26
					75	欧洲其他国家	0.19	0.16	0.16
					76	大洋洲其他国家	0.05	0.05	0.05
	世界合计	**1073.00**	**1116.29**	**1122.46**		**世界合计**	**1076.66**	**1130.05**	**1160.36**

注：本表中的精炼铅产量包括来自原生和再生物料硬铅中的铅和再生精炼铅，但不包括仅通过重熔从再生材料中回收的铅。

1.4.2 再生精炼铅产量

(A－d－b) Output of Secondary Refined Lead

单位：万吨
unit：10kt

产量					产量				
位次(2017)	国家和地区	年份			位次(2017)	国家和地区	年份		
		2015	2016	2017			2015	2016	2017
1	中国	155.22	166.30	204.92	29	沙特阿拉伯	3.80	3.80	3.80
2	美国	105.00	112.00	101.00	30	保加利亚	2.66	3.16	3.50
3	印度	35.80	38.60	40.00	31	以色列	2.60	2.70	3.40
4	韩国	35.00	39.00	39.00	32	荷兰	3.20	3.10	3.10
5	德国	23.85	22.44	24.11	33	马来西亚	2.10	2.00	3.00
6	墨西哥	24.00	23.00	23.00	34	希腊	2.40	2.80	2.80
7	巴西	17.60	18.00	18.00	35	奥地利	2.44	2.50	2.70
8	西班牙	17.20	16.50	16.58	36	罗马尼亚	2.30	2.40	2.00
9	英国	15.80	15.80	16.00	37	菲律宾	3.00	1.80	1.80
10	日本	14.66	15.48	14.98	38	爱尔兰	1.80	1.80	1.75
11	加拿大	14.16	13.21	14.95	39	委内瑞拉	2.00	1.60	1.60
12	意大利	15.78	13.99	14.33	40	斯洛文尼亚	1.20	1.20	1.20
13	比利时	13.00	14.21	13.60	41	缅甸	0.06	0.59	1.20
14	波兰	10.80	10.60	10.90	42	黎巴嫩	1.00	1.00	1.00
15	俄罗斯	9.90	9.70	10.20	43	巴基斯坦	0.90	0.90	0.90
16	泰国	8.60	9.00	9.00	44	尼日利亚	0.20	0.90	0.90
17	哈萨克斯坦	6.60	7.40	8.20	45	阿尔及利亚	0.90	0.80	0.80
18	伊朗	6.00	7.20	7.20	46	摩洛哥	0.50	0.50	0.50
19	法国	7.20	7.00	7.00	47	牙买加	—	—	0.48
20	阿根廷	6.30	6.30	6.30	48	葡萄牙	0.40	0.40	0.40
21	土耳其	5.66	5.80	5.80	49	莫桑比克	0.25	0.28	0.38
22	瑞典	4.52	4.92	5.64	50	斯里兰卡	0.45	0.30	0.35
23	南非	5.20	5.40	5.40	51	塞内加尔	0.19	0.36	0.34
24	印尼	4.60	4.80	4.80	52	尼加拉瓜	0.36	0.25	0.24
25	中国台湾	4.60	4.80	4.80	53	阿联酋	0.20	0.20	0.20
26	澳大利亚	4.50	4.10	4.60	54	加纳	0.30	0.18	0.12
27	哥伦比亚	4.20	4.20	4.20	55	肯尼亚	0.12	0.12	0.12
28	乌克兰	3.18	3.56	3.99		**世界合计**	**614.26**	**638.97**	**676.09**

注：表中的再生精炼铅产量包括硬铅中的含铅量。

1.5 精炼镍产量和消费量

(A－e) Output and Consumption of Refined Nicket

单位：万吨
unit：10kt

产量					消费量				
位次(2017)	国家和地区	年份			位次(2017)	国家和地区	年份		
		2015	2016	2017			2015	2016	2017
1	中国	23.67	22.17	20.29	1	中国	84.31	89.77	98.20
2	印尼	4.74	9.51	18.84	2	日本	15.06	16.19	16.28
3	日本	19.28	19.56	18.70	3	美国	12.00	10.50	14.49
4	加拿大	14.97	15.83	16.32	4	韩国	8.71	10.40	10.94
5	俄罗斯	23.19	19.21	15.99	5	中国台湾	6.00	6.59	8.43
6	澳大利亚	15.30	12.05	10.85	6	印度	3.71	5.74	8.21
7	新喀里多尼亚	7.75	9.60	10.41	7	德国	6.02	5.76	6.45
8	挪威	9.12	9.27	8.65	8	意大利	6.05	5.60	6.01
9	巴西	6.82	7.44	6.85	9	南非	4.16	4.64	4.82
10	芬兰	4.35	5.37	5.97	10	英国	1.81	2.44	3.65
11	韩国	4.09	4.81	5.27	11	芬兰	2.71	3.26	3.15
12	南非	4.20	4.27	4.24	12	瑞典	2.40	3.02	3.12
13	哥伦比亚	3.67	3.70	4.06	13	西班牙	3.15	3.46	3.07
14	英国	3.88	4.52	3.81	14	法国	2.92	2.68	2.95
15	马达加斯加	4.73	4.21	3.55	15	比利时	3.50	3.14	2.91
16	缅甸	2.10	0.96	2.70	16	俄罗斯	1.37	2.40	2.47
17	希腊	1.71	1.71	1.68	17	巴西	1.57	2.27	2.23
18	乌克兰	2.08	1.88	1.56	18	中国香港	1.20	1.20	1.20
19	古巴	1.46	1.50	1.50	19	马来西亚	0.90	0.90	0.90
20	多米尼加共和国	—	0.93	1.41	20	奥地利	0.67	0.70	0.84
21	危地马拉	1.08	0.88	1.24	21	加拿大	1.01	1.10	0.68
22	科索沃	0.68	0.25	0.85	22	土耳其	0.51	0.47	0.43
23	马其顿	1.77	1.06	0.72	23	新加坡	0.40	0.40	0.40
24	法国	0.68	0.43	0.24	24	墨西哥	0.34	0.39	0.39
25	波兰	0.08	0.08	0.07	25	波兰	0.30	0.40	0.39

续表

产量					消费量				
位次(2017)	国家和地区	年份			位次(2017)	国家和地区	年份		
		2015	2016	2017			2015	2016	2017
26	奥地利	0.07	0.07	0.07	26	泰　国	0.30	0.33	0.37
27	印　度	0.19	0.03	0.01	27	斯洛文尼亚	0.24	0.28	0.35
28	委内瑞拉	0.49	—	—	28	乌克兰	0.24	0.34	0.31
					29	捷　克	0.29	0.30	0.29
					30	阿联酋	0.18	0.18	0.18
					31	澳大利亚	0.16	0.16	0.16
					32	马其顿	0.12	0.12	0.12
					33	越　南	0.12	0.12	0.12
					34	印　尼	0.08	0.08	0.08
					35	匈牙利	0.05	0.05	0.08
					36	瑞　士	0.07	0.07	0.07
					37	罗马尼亚	0.07	0.07	0.07
					38	阿根廷	0.05	0.05	0.05
					39	朝　鲜	0.05	0.05	0.05
					40	丹　麦	0.02	0.04	0.04
					41	葡萄牙	0.04	0.03	0.03
					42	挪　威	0.03	0.03	0.03
					43	菲律宾	0.04	0.02	0.03
					44	希　腊	0.02	0.02	0.02
					45	沙特阿拉伯	0.01	0.01	0.02
					46	塞尔维亚	0.01	0.01	0.02
					47	保加利亚	0.02	0.01	0.01
					48	古　巴	0.01	0.01	0.01
					49	智　利	0.01	0.01	0.01
					50	亚洲其他国家	0.16	0.16	0.16
					51	非洲其他国家	0.12	0.12	0.12
					52	欧洲其他国家	0.07	0.07	0.07
	世界合计	**162.14**	**161.28**	**165.86**		**世界合计**	**173.35**	**186.15**	**205.43**

注：本表中的精炼镍产量包括冶炼厂－精炼厂生产的电解镍、镍粒、镍块、炼钢用的镍粉、镍盐、化学级氧化镍、镍铁、氧化镍烧结块和杂用镍中的含镍量。中国的精炼镍产量仅指电解镍产量，消费量包含镍生铁。

本表中的精炼镍消费量系指未锻镍消费量，包括精炼镍和其他冶炼－精炼产品中消费的含镍量。

1.6　精炼锡产量和消费量

（A－f）Output and Consumption of Refined Tin

单位：万吨
unit：10kt

产量					消费量				
位次(2017)	国家和地区	年份			位次(2017)	国家和地区	年份		
		2015	2016	2017			2015	2016	2017
1	中　国	16.72	18.25	17.84	1	中　国	17.61	19.14	18.34
2	印　尼	6.74	5.23	7.20	2	美　国	3.14	2.95	3.15
3	马来西亚	3.03	2.65	2.72	3	日　本	2.68	2.61	2.91
4	巴　西	1.84	1.84	1.84	4	德　国	1.79	1.82	2.00
5	秘　鲁	2.04	1.94	1.79	5	韩　国	1.31	1.42	1.31
6	玻利维亚	1.55	1.68	1.61	6	巴　西	1.10	1.13	1.00
7	泰　国	1.05	1.11	1.06	7	印　度	0.87	0.91	1.00
8	比利时	0.88	0.85	0.97	8	荷　兰	0.60	0.60	0.60
9	越　南	0.44	0.44	0.44	9	越　南	0.60	0.60	0.60
10	波　兰	0.22	0.29	0.34	10	西班牙	0.57	0.65	0.55
11	日　本	0.17	0.16	0.16	11	法　国	0.44	0.47	0.55
12	尼日利亚	0.06	0.06	0.16	12	阿联酋	0.42	0.48	0.48
					13	中国台湾	0.47	0.41	0.43
					14	泰　国	0.31	0.31	0.43
					15	墨西哥	0.36	0.42	0.41
					16	奥地利	0.34	0.32	0.41
					17	意大利	0.30	0.35	0.38
					18	波　兰	0.27	0.37	0.35
					19	土耳其	0.21	0.24	0.31
					20	加拿大	0.32	0.29	0.26
					21	新加坡	0.20	0.20	0.19
					22	中国香港	0.18	0.18	0.18
					23	马来西亚	0.16	0.22	0.16
					24	斯洛伐克	0.19	0.15	0.16
					25	俄罗斯	0.11	0.10	0.13
					26	印　尼	0.12	0.12	0.12
					27	匈牙利	0.02	0.01	0.12
					28	英　国	0.11	0.11	0.11
					29	伊　朗	0.11	0.10	0.11

续表

产量					消费量				
位次(2017)	国家和地区	年份			位次(2017)	国家和地区	年份		
		2015	2016	2017			2015	2016	2017
					30	南　非	0.11	0.10	0.10
					31	瑞　士	0.10	0.10	0.09
					32	葡萄牙	0.04	0.06	0.09
					33	比利时	0.24	0.24	0.07
					34	阿根廷	0.08	0.09	0.06
					35	希　腊	0.07	0.06	0.06
					36	塞尔维亚	0.05	0.05	0.06
					37	尼日利亚	0.03	0.03	0.06
					38	捷　克	0.05	0.05	0.05
					39	玻利维亚	0.05	0.05	0.05
					40	罗马尼亚	0.08	0.03	0.05
					41	哈萨克斯坦	0.04	0.05	0.04
					42	巴基斯坦	0.05	0.02	0.03
					43	澳大利亚	0.05	0.02	0.03
					44	菲律宾	0.01	0.05	0.02
					45	哥伦比亚	0.02	0.03	0.02
					46	秘　鲁	0.02	0.02	0.02
					47	埃　及	0.02	0.01	0.02
					48	智　利	0.02	0.01	0.01
					49	叙利亚	0.01	0.01	0.01
					50	瑞　典	0.01	0.00	0.01
					51	以色列	0.01	0.00	0.01
					52	芬　兰	0.02	0.01	0.00
					53	保加利亚	0.01	0.01	0.00
					54	委内瑞拉	0.01	0.01	0.00
					55	亚洲其他国家	0.22	0.22	0.02
					56	欧洲其他国家	0.07	0.07	0.07
					57	非洲其他国家	0.07	0.07	0.07
					58	美洲其他国家	0.04	0.04	0.04
	世界合计	**34.71**	**34.49**	**36.03**		**世界合计**	**36.51**	**38.21**	**38.11**

注：本表中的精炼锡产量为精炼锡的总产量，包括从原生物料和再生物料生产的精炼锡。

本表中的精炼锡消费量为未锻精炼锡的消费量，包括从原生物料和再生物料精炼的未锻锡，但不包括以废锡金属形式直接应用的锡。

1.7 精炼汞产量

（A－g）Output of Refined Mercury

单位：吨
unit：t

产量					产量				
位次(2017)	国家和地区	年份			位次(2017)	国家和地区	年份		
		2015	2016	2017			2015	2016	2017
1	中国	2801.0	3482.0	3573	6	阿根廷	25.0	25.0	25.0
2	墨西哥	306.5	267.0	196.7	7	吉尔吉斯斯坦	40.0	20.0	20.0
3	塔吉克斯坦	103.0	100.0	100.0	8	摩洛哥	20.0	20.0	20.0
4	俄罗斯	50.0	50.0	50.0	9	美国	15.0	15.0	15.0
5	秘鲁	35.0	35.0	40.0	10	智利	20.0	2.0	11.0
						世界合计	**3415.5**	**4016.0**	**4050.7**

注：本表中示出来自矿石和精矿的精炼汞产量。

1.8 精炼镁产量

（A－h）Output of Refined Magnesium

单位：万吨
unit：10kt

产量					产量				
位次(2017)	国家和地区	年份			位次(2017)	国家和地区	年份		
		2015	2016	2017			2015	2016	2017
1	中国	85.93	87.28	90.46	7	韩国	1.00	1.00	1.00
2	美国	3.00	4.20	3.70	8	哈萨克斯坦	0.80	1.00	1.00
3	阿曼	5.20	5.30	3.60	9	乌克兰	0.80	0.50	0.80
4	以色列	2.15	1.98	2.14	10	塞尔维亚	0.43	0.46	0.36
5	巴西	1.25	1.60	1.60	11	马来西亚	0.17	0.04	0.00
6	俄罗斯	1.25	1.43	1.40		**世界合计**	**101.98**	**104.79**	**106.06**

注：本表仅给出原生精炼镁的产量。

1.9 海绵钛产量

（A－i）Output of Sponge Titanium

单位：万吨
unit：10kt

产量					产量				
位次(2017)	国家和地区	年份			位次(2017)	国家和地区	年份		
		2015	2016	2017			2015	2016	2017
1	中国	5.88	6.63	6.96	5	乌克兰	1.00	1.00	1.00
2	日本	5.00	5.00	5.00	6	哈萨克斯坦	0.99	0.99	0.99
3	俄罗斯	4.40	4.40	4.40					
4	美国	1.60	1.60	1.60		**世界合计**	**18.87**	**19.62**	**19.95**

3. 几种小金属产量和消费量

3.1　精炼镉产量和消费量

(A－g) Output and Consumption of Refined Cadmium

单位：吨
unit：t

产量					消费量				
位次(2017)	国家和地区	年份			位次(2017)	国家和地区	年份		
		2015	2016	2017			2015	2016	2017
1	中　国	8162.0	8222.0	8411.0	1	中　国	17871.0	17365.0	16395.0
2	韩　国	4090.0	4090.0	4090.0	2	韩　国	3958.1	3958.1	3958.1
3	日　本	1959.4	1988.5	2142.0	3	日　本	1949.6	1972.6	2189.2
4	加拿大	1158.8	2305.4	1802.1	4	瑞　典	987.6	1016.0	1142.8
5	哈萨克斯坦	1495.0	1495.0	1495.0	5	美　国	379.6	630.0	630.0
6	墨西哥	1283.0	1244.0	1126.0	6	比利时	606.9	606.9	606.9
7	俄罗斯	1000.0	1000.0	1000.0	7	印　度	257.0	523.4	324.0
8	秘　鲁	757.0	820.0	797.0	8	波　兰	369.0	298.0	298.0
9	荷　兰	620.0	620.0	620.0	9	加拿大	116.6	202.5	197.5
10	美　国	550.0	550.0	550.0	10	巴　西	176.0	176.0	176.0
11	印　度	462.7	462.7	462.7	11	墨西哥	159.0	159.0	159.0
12	德　国	400.0	400.0	400.0	12	法　国	100.0	100.0	100.0
13	澳大利亚	380.0	380.0	380.0	13	德　国	75.0	75.0	75.0
14	保加利亚	344.0	362.0	333.0	14	意大利	50.0	50.0	50.0
15	挪　威	320.0	320.0	320.0	15	塞尔维亚	30.0	30.0	30.0
16	波　兰	383.0	319.0	309.0	16	澳大利亚	24.0	24.0	24.0
17	朝　鲜	200.0	200.0	200.0	17	英　国	10.0	10.0	10.0
18	亚美尼亚	43.0	43.0	43.0	18	非洲国家	20.4	20.4	20.4
19	阿根廷	107.0	39.0	39.0	19	亚洲其他国家	118.8	118.8	118.8
					20	美洲其他国家	72.0	72.0	72.0
					21	欧洲其他国家	40.0	40.0	40.0
	世界合计	**23714.9**	**24860.6**	**24519.8**		**世界合计**	**27370.6**	**27447.7**	**26616.7**

注：本表中的精炼镉产量为来自国内的和进口的材料中未锻镉的总产量，并包括了已知的再生镉产量，但其量少于世界总产量的1%。

本表中的镉消费量为来自国内的和进口的材料中未锻镉的消费量，包括了已知的再生镉的消费量，但其量少于世界总消费量的1%。

2. 有色金属精矿金属含量

(B) Nonferrous Metals Content in Concentrate

2.1 六种常用有色金属精矿含金属量

(B－a) Nonferrous Metals Content in Concentrate of Six Kinds of Common Nonferrous Metals

2.1.1 矿山铜产量

(B－a－a) Mine Copper Production

单位：万吨
unit：10kt

金属含量					金属含量				
位次(2017)	国家和地区	年 份			位次(2017)	国家和地区	年 份		
		2015	2016	2017			2015	2016	2017
1	智 利	577.21	555.26	550.35	28	芬 兰	4.11	4.92	5.31
2	秘 鲁	170.08	235.39	244.47	29	塞尔维亚	3.06	3.85	4.34
3	中 国	166.71	153.70	165.64	30	沙特阿拉伯	1.29	3.60	3.60
4	美 国	141.00	143.10	125.75	31	阿根廷	6.18	8.19	3.33
5	刚果民主共和国	103.90	102.37	109.46	32	摩洛哥	2.68	3.18	3.32
6	赞比亚	72.53	73.80	94.15	33	印 度	2.85	3.28	3.30
7	澳大利亚	99.59	94.80	86.00	34	毛里塔尼亚	4.50	3.28	2.88
8	哈萨克斯坦	56.61	59.58	74.52	35	缅 甸	4.49	6.31	2.08
9	墨西哥	60.79	76.61	74.22	36	纳米比亚	1.07	1.64	1.55
10	俄罗斯	74.00	74.00	74.00	37	朝 鲜	1.80	1.50	1.50
11	印 尼	58.01	69.59	66.63	38	格鲁吉亚	0.68	0.75	1.44
12	加拿大	71.46	69.55	59.50	39	越 南	2.26	1.29	1.20
13	波 兰	42.64	42.48	41.98	40	巴基斯坦	1.31	1.41	1.01
14	巴 西	35.98	33.76	37.03	41	多米尼加共和国	0.73	0.97	0.96
15	蒙 古	32.67	35.25	31.98	42	马其顿	1.11	1.04	0.95
16	伊 朗	24.31	27.85	29.24	43	哥伦比亚	0.55	0.85	0.94
17	西班牙	12.14	13.79	18.83	44	津巴布韦	0.76	0.91	0.88
18	老 挝	16.64	16.77	15.33	45	厄瓜多尔	0.03	0.20	0.80
19	保加利亚	11.26	11.19	11.33	46	厄立特里亚	6.16	2.53	0.79
20	土耳其	10.80	10.00	10.72	47	玻利维亚	0.95	0.87	0.71
21	巴布亚新几内亚	4.52	8.00	10.51	48	罗马尼亚	0.77	0.84	0.64
22	亚美尼亚	8.36	9.52	10.50	49	坦桑尼亚	1.68	0.74	0.59
23	瑞 典	7.51	7.90	10.44	50	阿塞拜疆	0.10	0.19	0.20
24	乌兹别克斯坦	10.00	10.00	10.00	51	塞浦路斯	0.21	0.17	0.13
25	菲律宾	8.38	8.36	6.82	52	博茨瓦纳	0.92	1.24	0.12
26	南 非	7.74	6.53	6.55	53	阿 曼	0.64	—	—
27	葡萄牙	8.30	7.66	6.37	54	阿尔巴尼亚	0.16	—	—
						世界合计	**1944.21**	**2010.55**	**2024.90**

注：本表中示出所生产的矿石和精矿中可回收的含铜量。

2.1.2 矿山锌产量

(B－a－b) Mine Zinc Production

单位：万吨
unit：10kt

位次(2017)	国家和地区	产量 年份 2015	2016	2017	位次(2017)	国家和地区	产量 年份 2015	2016	2017
1	中　国	474.89	417.50	386.85	27	朝　鲜	3.20	3.22	3.24
2	秘　鲁	142.15	133.43	147.30	28	南　非	2.90	2.67	3.08
3	澳大利亚	160.60	88.40	84.90	29	智　利	4.81	4.29	2.90
4	印　度	81.88	64.60	83.48	30	马其顿	2.92	2.49	2.78
5	美　国	80.75	80.48	77.38	31	阿根廷	3.04	2.63	2.68
6	墨西哥	69.45	66.12	67.43	32	尼日利亚	1.42	1.34	2.26
7	玻利维亚	44.22	48.70	50.37	33	保加利亚	1.63	1.92	2.06
8	土耳其	18.48	20.15	36.50	34	洪都拉斯	2.21	2.84	2.04
9	哈萨克斯坦	38.37	36.56	34.70	35	希　腊	2.77	1.89	1.42
10	加拿大	28.96	30.12	34.43	36	缅　甸	0.48	0.65	1.31
11	俄罗斯	20.10	21.60	27.90	37	巴基斯坦	—	0.92	1.28
12	瑞　典	24.70	25.83	25.12	38	越　南	1.50	1.20	1.20
13	阿尔及利亚	2.50	16.50	25.00	39	波斯尼亚	0.97	0.94	1.02
14	巴　西	15.70	15.90	15.65	40	沙特阿拉伯	2.55	1.22	1.00
15	伊　朗	16.82	15.73	14.00	41	黑山共和国	0.70	0.81	0.88
16	纳米比亚	12.37	11.85	13.44	42	危地马拉	1.33	1.50	0.79
17	爱尔兰	23.64	14.66	13.06	43	刚果民主共和国	0.71	0.63	0.67
18	厄立特里亚	—	4.09	9.40	44	亚美尼亚	0.62	0.47	0.58
19	布基纳法索	6.88	8.14	9.27	45	老　挝	—	0.08	0.57
20	塔吉克斯坦	5.77	5.65	8.15	46	科索沃	0.93	0.65	0.45
21	西班牙	6.40	8.10	7.40	47	塞尔维亚	0.40	0.40	0.39
22	葡萄牙	6.19	6.95	7.14	48	韩　国	0.21	0.21	0.33
23	芬　兰	2.53	4.59	6.63	49	罗马尼亚	0.31	0.16	0.08
24	摩洛哥	5.37	4.90	5.83	50	泰　国	3.47	3.45	—
25	波　兰	5.30	5.00	4.50	51	突尼斯	0.09	—	—
26	蒙　古	4.48	5.01	4.14		**世界合计**	**1337.69**	**1197.15**	**1232.99**

注：本表中示出锌矿石和精矿中的锌含量加上混合矿石中的锌含量。

2.1.3 矿山铅产量

（B－a－c） Mine Lead Production

单位：万吨
unit：10kt

产量					产量				
位次(2017)	国家和地区	年份			位次(2017)	国家和地区	年份		
		2015	2016	2017			2015	2016	2017
1	中 国	233.50	179.60	185.22	24	加拿大	0.38	1.20	1.41
2	澳大利亚	65.30	44.00	46.00	25	希 腊	1.26	1.43	1.26
3	美 国	37.26	34.15	31.26	26	纳米比亚	0.97	0.66	0.98
4	秘 鲁	31.58	31.44	30.68	27	科索沃	1.03	0.72	0.80
5	墨西哥	26.08	24.13	24.12	28	波斯尼亚	0.62	0.68	0.74
6	俄罗斯	18.00	19.50	20.20	29	西班牙	0.77	0.76	0.72
7	印 度	11.99	13.90	17.59	30	巴 西	1.00	0.90	0.70
8	哈萨克斯坦	4.14	7.05	11.23	31	洪都拉斯	0.98	0.40	0.68
9	玻利维亚	7.53	8.95	11.15	32	危地马拉	1.02	1.00	0.54
10	土耳其	7.59	6.47	7.50	33	葡萄牙	0.31	0.41	0.52
11	瑞 典	7.94	7.58	7.11	34	越 南	0.19	0.08	0.45
12	塔吉克斯坦	3.75	4.70	6.00	35	韩 国	0.29	0.28	0.38
13	南 非	3.46	3.93	4.82	36	塞尔维亚	0.33	0.35	0.32
14	伊 朗	4.08	4.70	4.80	37	黑山共和国	0.18	0.26	0.25
15	摩洛哥	3.24	3.73	4.17	38	巴基斯坦	0.01	0.14	0.25
16	马其顿	3.79	3.10	4.02	39	智 利	0.30	0.11	0.07
17	波 兰	4.20	3.70	3.60	40	老 挝	0.04	0.02	0.07
18	朝 鲜	3.24	4.80	3.28	41	刚果民主共和国	0.07	0.01	0.01
19	阿根廷	2.98	2.80	2.80	42	英 国	0.01	0.01	0.01
20	保加利亚	1.87	2.36	2.11	43	布基那法索	0.20	0.22	—
21	尼日利亚	0.80	1.32	2.10	44	罗马尼亚	0.02	—	—
22	缅 甸	1.36	1.40	2.09					
23	爱尔兰	3.13	1.93	1.71		**世界合计**	**496.79**	**424.90**	**443.69**

注：本表中示出铅矿石和精矿中的铅含量加上混合矿石中的铅含量。

2.1.4 矿山锡产量

(B－a－d) Mine Tin Production

单位：万吨
unit：10kt

产量					产量				
位次(2017)	国家和地区	年份			位次(2017)	国家和地区	年份		
		2015	2016	2017			2015	2016	2017
1	中　国	11.02	9.72	9.55	10	越　南	0.45	0.46	0.46
2	印　尼	6.84	6.00	8.28	11	马来西亚	0.41	0.41	0.39
3	缅　甸	5.80	6.00	5.89	12	卢旺达	0.37	0.27	0.33
4	玻利维亚	2.01	1.75	1.83	13	俄罗斯	0.06	0.06	0.12
5	秘　鲁	1.95	1.88	1.78	14	老　挝	0.07	0.10	0.08
6	巴　西	1.88	1.69	1.71	15	泰　国	0.00	0.01	0.07
7	尼日利亚	0.24	0.34	0.92	16	葡萄牙	0.00	0.01	0.01
8	澳大利亚	0.72	0.66	0.74	17	蒙　古	0.00	0.00	0.01
9	刚果民主共和国	0.44	0.65	0.71		**世界合计**	**32.27**	**30.01**	**32.88**

注：本表示出矿山所生产的矿石和精矿中可回收的锡含量。

2.1.5 矿山锑产量

(B－a－e) Mine Antimony Production

单位：吨
unit：t

产量					产量				
位次(2017)	国家和地区	年份			位次(2017)	国家和地区	年份		
		2015	2016	2017			2015	2016	2017
1	中　国	120732	107525	97683	9	越　南	219	218	488
2	塔吉克斯坦	10000	14464	13960	10	哈萨克斯坦	916	574	400
3	俄罗斯	7420	6600	6600	11	老　挝	1166	242	339
4	澳大利亚	3996	5004	3087	12	墨西哥	501	687	256
5	缅　甸	3610	2780	2881	13	巴基斯坦	110	38	56
6	玻利维亚	3843	2669	2844	14	危地马拉	—	25	20
7	土耳其	1917	2000	2000	15	南　非	400	—	—
8	吉尔吉斯斯坦	1200	1880	1369		**世界合计**	**156030**	**144706**	**131983**

注：本表中的矿山锑产量为矿山所生产的矿石和精矿中可回收的锑含量。

2.1.6 矿山镍产量

(B－a－f) Mine Nickel Production

单位：万吨
unit：10kt

产量					产量				
位次(2017)	国家和地区	年份			位次(2017)	国家和地区	年份		
		2015	2016	2017			2015	2016	2017
1	菲律宾	46.68	31.55	38.94	17	美 国	2.72	2.41	2.21
2	印 尼	12.86	17.27	35.80	18	土耳其	0.86	0.93	1.99
3	新喀里多尼亚	19.32	20.42	21.54	19	希 腊	1.98	1.94	1.91
4	加拿大	23.45	23.50	21.12	20	津巴布韦	1.61	1.77	1.66
5	俄罗斯	26.10	22.14	20.69	21	多米尼加	—	0.93	1.41
6	澳大利亚	22.52	20.31	17.89	22	科索沃	0.67	0.43	0.69
7	中 国	10.14	10.02	10.23	23	阿尔巴尼亚	0.67	0.40	0.23
8	巴 西	8.93	7.86	6.88	24	波 兰	0.08	0.08	0.07
9	危地马拉	5.65	4.48	5.57	25	象牙海岸	—	—	0.06
10	古 巴	5.38	5.14	5.17	26	挪 威	0.04	0.02	0.02
11	南 非	5.67	4.90	4.84	27	摩洛哥	0.02	0.02	0.02
12	哥伦比亚	3.67	3.70	4.06	28	博茨瓦纳	1.68	1.43	—
13	芬 兰	1.06	2.20	3.62	29	越 南	0.86	0.43	—
14	马达加斯加	4.73	4.21	3.55	30	西班牙	0.72	—	—
15	巴布亚新几内亚	2.56	2.23	3.47	31	委内瑞拉	0.49	—	—
16	缅 甸	2.10	0.96	2.70		**世界合计**	**213.21**	**191.69**	**216.32**

注：本表中示出矿山所生产的矿石和精矿中的镍含量。

2.2 其他有色金属精矿含金属量

(B－b) Other Nonferrous Metals Content in Concentraltes

2.2.1 矿山钼产量

(B－b－a) Mine Production of Molybdeum

单位：万吨
unit：10kt

产量					产量				
位次(2017)	国家和地区	年份			位次(2017)	国家和地区	年份		
		2015	2016	2017			2015	2016	2017
1	中 国	13.53	12.94	11.71	8	加拿大	0.23	0.28	0.54
2	智 利	5.26	5.56	6.27	9	伊 朗	0.36	0.31	0.33
3	美 国	5.09	3.57	4.05	10	蒙 古	0.26	0.24	0.26
4	秘 鲁	2.02	2.58	2.81	11	阿根廷	0.08	0.17	0.11
5	墨西哥	1.23	1.12	1.40	12	哈萨克斯坦	0.05	0.05	0.05
6	俄罗斯	0.84	0.98	1.08	13	保加利亚	0.04	0.04	0.04
7	亚美尼亚	0.53	0.55	0.56		**世界合计**	**29.52**	**28.39**	**29.21**

注：本表中的矿山钼产量为矿山所生产的矿石和精矿中可回收的钼含量。

2.2.2 矿山钛产量

(B－b－b) Mine Production of Titanium

单位：万吨
unit：10kt

位次(2017)	国家和地区	2015	2016	2017	位次(2017)	国家和地区	2015	2016	2017
1	中　国	189.50	195.88	190.55	12	塞拉利昂	13.44	14.23	18.31
2	南　非	80.00	80.00	125.00	13	美　国	14.00	14.00	14.00
3	澳大利亚	76.50	51.00	76.80	14	韩　国	6.77	10.33	10.26
4	莫桑比克	49.06	58.64	64.72	15	印　度	12.50	12.50	10.00
5	加拿大	60.00	60.00	40.00	16	巴　西	4.50	4.50	4.50
6	挪　威	35.18	34.62	37.50	17	斯里兰卡	3.20	2.35	2.52
7	肯尼亚	21.63	31.00	35.00	18	埃　及	—	1.50	1.50
8	乌克兰	25.25	23.80	32.70	19	马来西亚	0.60	0.54	0.48
9	塞内加尔	26.78	26.80	32.50	20	冈比亚	—	0.24	0.22
10	马达加斯加	7.50	14.20	24.00	21	葡萄牙	0.01	0.01	0.01
11	越　南	10.90	22.55	19.30		**世界合计**	**637.32**	**658.70**	**739.87**

注：本表中示出矿山所生产的矿石和精矿（包括二氧化钛渣）中的 TiO_2 含量。

2.2.3 矿山铋产量

(B－b－c) Mine Production of Bismuth

单位：吨
unit：t

位次(2017)	国家和地区	2015	2016	2017	位次(2017)	国家和地区	2015	2016	2017
1	中　国	1587.0	1672.0	1748.0	7	加拿大	4.0	12.0	17.0
2	日　本	632.4	428.1	525.2	8	保加利亚	6.4	7.1	7.7
3	墨西哥	601.0	539.0	513.0	9	罗马尼亚	6.0	6.0	6.0
4	玻利维亚	19.9	43.3	80.0	10	赞比亚	0.2	0.2	0.2
5	哈萨克斯坦	48.2	50.0	50.0					
6	俄罗斯	18.0	18.0	18.0		**世界合计**	**2923.1**	**2775.7**	**2965.1**

注：本表中的铋产量为所生产的矿石和精矿中可回收的含铋量。

2.2.4 矿山钨产量

(B－b－d) Mine Production of Tungsten

单位：吨
unit：t

产量					产量				
位次(2017)	国家和地区	年份			位次(2017)	国家和地区	年份		
		2015	2016	2017			2015	2016	2017
1	中　国	66540	63950	67450	12	乌兹别克斯坦	300	300	300
2	英　国	600	4817	7151	13	朝　鲜	70	51	299
3	越　南	2562	6357	6483	14	刚果民主共和国	53	77	149
4	俄罗斯	1526	3132	1119	15	缅　甸	73	67	109
5	玻利维亚	1473	1120	1004	16	吉尔吉斯斯坦	100	100	100
6	奥地利	861	954	975	17	乌干达	45	52	20
7	卢旺达	1784	1716	914	18	加拿大	2114	2289	—
8	葡萄牙	430	498	444	19	澳大利亚	213	21	—
9	西班牙	1127	427	423	20	秘　鲁	138	—	—
10	巴　西	432	160	372					
11	泰　国	38	127	335		**世界合计**	**80479**	**86215**	**87647**

注：本表中的钨产量为所生产的矿石和精矿中的含钨量。

2.2.5 矿山铂产量

(B－b－e) Mine Production of Platinum

单位：吨
unit：t

产量					产量				
位次(2017)	国家和地区	年份			位次(2017)	国家和地区	年份		
		2015	2016	2017			2015	2016	2017
1	南　非	139.1	133.2	131.2	7	哥伦比亚	0.9	0.9	0.6
2	俄罗斯	21.8	20.5	21.3	8	澳大利亚	0.2	0.2	0.2
3	津巴布韦	12.6	15.1	14.3	9	哈萨克斯坦	0.1	0.1	0.1
4	加拿大	7.8	8.6	7.5	10	波　兰	0.0	0.1	0.1
5	美　国	3.7	3.9	3.8					
6	芬　兰	1.0	1.2	1.4		**世界合计**	**187.1**	**183.8**	**180.5**

注：本表中的铂产量为所生产的矿石和精矿中可回收的铂含量。据信除中国、印度、巴布亚、新几内亚和菲律宾生产铂族金属外，一些其他国家也可能生产铂族金属，但没有可靠的报道或有关产量的估计值，日本的产量不是矿山产量而是冶炼和精炼进口的矿石（一些矿石可能来自上述国家）所回收的铂量。

2.2.6 矿山金产量

(B－b－b) Mine Production of Gold

单位：吨
unit：t

位次(2017)	国家和地区	2015	2016	2017	位次(2017)	国家和地区	2015	2016	2017
1	中　国	450.1	453.5	420.5	37	保加利亚	7.9	7.9	0.94
2	澳大利亚	278.4	287.3	292.3	38	毛里塔尼亚	8.8	7.1	9.1
3	俄罗斯	255.8	252.2	270.0	39	芬　兰	8.3	8.9	8.4
4	美　国	213.8	222.1	236.8	40	尼加拉瓜	8.5	8.3	7.4
5	加拿大	162.5	165.0	171.3	41	塞内加尔	5.7	6.9	6.7
6	秘　鲁	146.8	153.5	166.7	42	日　本	7.7	6.2	6.4
7	南　非	144.5	142.2	137.1	43	瑞　典	6.0	6.5	6.2
8	墨西哥	123.4	132.4	130.5	44	厄瓜多尔	8.4	6.8	6.2
9	加　纳	130.4	129.0	129.7	45	老　挝	6.9	6.8	5.8
10	苏　丹	82.4	93.4	103.0	46	塔吉克斯坦	4.4	5.0	5.5
11	乌兹别克斯坦	100.0	100.0	102.0	47	埃塞俄比亚	9.4	6.8	4.6
12	印　尼	92.3	80.9	99.0	48	赞比亚	4.2	4.6	4.3
13	巴　西	83.1	80.0	92.2	49	亚美尼亚	3.6	3.6	3.6
14	哈萨克斯坦	63.7	74.6	85.3	50	泰　国	3.3	4.3	3.6
15	阿根廷	62.6	56.0	63.0	51	格鲁吉亚	3.1	3.1	3.1
16	巴布亚新几内亚	55.4	62.0	58.4	52	洪都拉斯	2.6	2.4	2.6
17	马　里	50.5	47.0	47.9	53	马来西亚	4.7	2.2	2.1
18	几内亚	21.5	30.3	46.7	54	阿塞拜疆	2.2	2.0	1.9
19	哥伦比亚	59.2	64.6	44.0	55	危地马拉	5.6	3.8	1.6
20	布基纳法索	35.8	39.0	43.5	56	西班牙	1.6	1.3	1.6
21	坦桑尼亚	43.3	44.3	43.1	57	塞尔维亚	1.2	1.6	1.6
22	智　利	42.5	46.3	35.8	58	印　度	1.4	1.6	1.5
23	多米尼加共和国	31.50	38.1	34.8	59	斐　济	1.4	1.5	1.4
24	刚果民主共和国	31.8	30.7	31.6	60	厄立特里亚	0.8	1.4	1.3
25	津巴布韦	20.0	22.7	26.5	61	乌拉圭	1.4	1.0	1.1
26	苏里南	9.4	12.9	25.8	62	博茨瓦纳	0.8	0.8	0.9
27	玻利维亚	12.8	12.8	24.9	63	希　腊	1.6	0.1	0.6
28	菲律宾	21.3	23.1	22.7	64	委内瑞拉	0.6	0.6	0.5
29	土耳其	27.5	24.5	22.5	65	罗马尼亚	0.5	0.5	0.5
30	象牙海岸	25.9	24.0	20.7	66	韩国	0.3	0.2	0.4
31	圭亚那	14.0	22.2	20.3	67	塞拉利昂	0.1	0.2	0.1
32	蒙　古	20.8	9.3	19.9	68	非洲其他国家	58.6	24.0	32.0
33	吉尔吉斯斯坦	17.0	21.0	19.3	69	美洲其他国家	3.7	0.8	4.3
34	埃　及	13.7	17.1	17.4	70	欧洲其他国家	1.9	0.9	2.1
35	沙特阿拉伯	5.1	7.0	10.4	71	亚洲其他国家	4.1	1.4	1.0
36	新西兰	12.7	9.9	10.3	72	大洋洲其他国家	0.6	0.6	0.6
						世界合计	**3156.4**	**3173.5**	**3275.9**

注：本表中的金产量为所生产的矿石和精矿中可回收的金含量。
众所周知，巴西的矿山金实际产量远大于表中官方给出的产量。

2.2.7 矿山银产量

(B－b－c) Mine Production of Silver

单位：吨

unit：t

产量					产量				
位次 (2017)	国家和地区	年份			位次 (2017)	国家和地区	年份		
		2015	2016	2017			2015	2016	2017
1	墨西哥	5974.8	5408.5	5394.5	30	巴西	25.4	25.4	25.4
2	秘鲁	4102.1	4273.0	4303.5	31	希腊	26.5	29.4	24.1
3	中国	3421.4	3569.0	3502.0	32	洪都拉斯	34.3	17.6	21.6
4	波兰	1407.0	1482.0	1438.0	33	罗马尼亚	18.0	18.0	18.0
5	俄罗斯	1580.1	1450.0	1305.0	34	坦桑尼亚	15.6	18.0	17.3
6	智利	1504.3	1497.0	1259.6	35	尼加拉瓜	18.0	21.2	15.4
7	玻利维亚	1306.0	1353.0	1196.4	36	亚美尼亚	14.3	13.1	14.0
8	澳大利亚	1430.0	1418.0	1120.0	37	芬兰	13.1	16.3	13.7
9	哈萨克斯坦	1305.3	1180.5	1028.5	38	哥伦比亚	10.2	10.4	10.7
10	美国	1090.0	1150.0	1026.4	39	塞尔维亚	8.4	8.4	8.4
11	阿根廷	928.5	933.1	647.7	40	新西兰	12.5	8.0	8.0
12	印度	490.2	445.4	491.0	41	阿塞拜疆	0.8	4.8	4.7
13	瑞典	479.7	515.0	488.1	42	沙特阿拉伯	5.5	4.5	4.5
14	加拿大	383.8	385.1	389.6	43	爱尔兰	4.0	3.3	4.2
15	危地马拉	803.5	837.8	309.9	44	日本	4.6	5.1	3.4
16	摩洛哥	216.0	237.2	237.3	45	韩国	4.6	6.6	2.1
17	土耳其	172.0	175.0	172.0	46	塔吉克斯坦	2.7	3.2	1.7
18	多米尼加共和国	99.8	121.6	148.4	47	马来西亚	0.9	1.1	1.4
19	印尼	151.9	112.8	102.0	48	斐济	0.5	0.5	0.5
20	巴布亚新几内亚	71.6	90.0	90.0	49	象牙海岸	0.9	0.6	0.5
21	南非	48.0	52.1	62.5	50	刚果民主共和国	2.4	0.8	—
22	乌兹别克斯坦	59.1	60.0	60.0	51	博茨瓦那	2.8	—	—
23	保加利亚	38.0	52.5	53.1	52	纳米比亚	0.7	—	—
24	朝鲜	50.0	50.0	50.4	53	欧洲其他国家	33.3	33.3	33.3
25	泰国	27.6	35.9	50.4	54	亚洲其他国家	23.6	23.6	23.6
26	葡萄牙	41.3	38.6	40.2	55	非洲其他国家	18.4	18.4	18.4
27	菲律宾	29.8	35.2	31.7	56	美洲其他国家	1.5	1.5	1.5
28	西班牙	27.3	26.5	30.6	57	大洋洲其他国家	0.9	0.9	0.9
29	蒙古	38.1	44.2	30.3		**世界合计**	**27581.5**	**27323.1**	**25336.6**

注：本表中的银产量为所生产的矿石和精矿中可回收的含银量。

2.3　铝土矿及氧化铝产量

(B－c) Production of Bauxite and Alumina

2.3.1　铝土矿产量

(B－c－a) Bauxite Production

单位：万吨
unit：10kt

产　量					产　量				
位次(2017)	国家和地区	年　份			位次(2017)	国家和地区	年　份		
		2015	2016	2017			2015	2016	2017
1	澳大利亚	8090.93	8351.71	8942.00	16	印　尼	47.17	70.00	129.40
2	中　国	6078.76	6861.58	6839.30	17	土耳其	105.00	100.00	100.08
3	几内亚	2069.20	2691.70	5152.16	18	马来西亚	2418.66	766.37	82.27
4	巴　西	3705.70	3924.42	3812.22	19	伊　朗	86.16	99.94	79.59
5	印　度	2638.30	2421.90	2277.60	20	波斯尼亚-黑塞哥维那	74.87	64.12	73.15
6	牙买加	962.88	854.01	824.46	21	塞尔维亚	5.04	51.62	60.06
7	俄罗斯	538.90	543.20	552.40	22	美　国	47.51	32.27	31.80
8	哈萨克斯坦	468.30	480.22	484.32	23	委内瑞拉	99.18	30.00	20.00
9	沙特阿拉伯	217.40	384.30	370.80	24	斐　济	17.23	5.80	11.85
10	希　腊	183.17	188.00	192.70	25	坦桑尼亚	20.50	7.28	7.28
11	塞拉利昂	133.40	142.95	178.77	26	法　国	7.00	7.00	7.00
12	所罗门群岛	29.19	23.80	157.74	27	莫桑比克	0.50	0.15	0.32
13	加　纳	101.46	108.57	147.00	28	匈牙利	0.83	1.67	0.20
14	圭亚那	152.67	147.91	145.93	29	多米尼加共和国	172.42	0.73	—
15	越　南	109.40	141.90	140.00	30	苏里南	187.14	—	—
						世界合计	**28768.86**	**28503.13**	**30820.31**

2.3.2　氧化铝产量

(B－c－b) AluminaProduction

单位：万吨
unit：10kt

产　量				产　量			
洲　名	年　份			洲　名	年　份		
	2015	2016	2017		2015	2016	2017
欧　洲	839.10	842.50	858.60	拉丁美洲	1270.10	1212.80	1199.30
其中非冶金用量	160.50	167.40	180.30	美洲合计	1818.00	1542.80	1437.20
非　洲[1)]和亚洲[2)]	547.80	656.60	816.70	其中非冶金用量	148.10	138.50	137.40
其中非冶金用量	75.70	25.70	20.80	大洋洲	1991.60	2041.90	2033.50
中　国	5897.84	6103.44	6905.61	其中非冶金用量	46.10	48.10	44.80
北美洲	547.90	330.00	237.90	**世界合计**	**11094.34**	**11187.24**	**12051.61**

注：1）从2013年，非洲的数据包括在亚洲中；2）不包括中国。

本表的数据（除中国产量外）来自国际铝协（IAI）发表的月度和季度报告。

2.3.3 冶金级氧化铝供需摘要

(B－c－c) Supply/Demand Summary for Metallurgical Grade Alumina

单位：万吨
unit：10kt

	2015年					2016年					2017年				
	Q_1	Q_2	Q_3	Q_4	全年	Q_1	Q_2	Q_3	Q_4	全年	Q_1	Q_2	Q_3	Q_4	全年
生产量															
北美	138.9	135.8	138.0	134.8	547.5	91.1	82.9	78.8	77.2	330.0	60.1	60.6	58.6	59.1	238.4
南美	330.1	314.5	314.3	312.5	1271.5	296.3	304.4	305.4	306.7	1212.8	290.5	297.2	308.9	317.3	1214.0
非洲	0	0	0	0	0	0	0	0	0	0	0	0	0	0	0
大洋洲	481.2	487.8	507.3	509.1	1985.4	505.8	507.8	510.6	517.7	2041.9	505.1	509.1	505.9	520.1	2040.2
亚洲	1582.6	1642.4	1682.2	1633.2	6540.4	1593.5	1698.2	1829.8	1910.9	7032.3	1988.3	2059.9	2037.5	1956.7	8042.4
其中：中国	1366.1	1423.8	1464.5	1424.2	5678.7	1374.7	1466.6	1558.9	1624.7	6024.8	1699.1	1755.5	1731.6	1658.0	6844.2
中东	29.9	30.1	34.9	35.5	130.4	43.4	43.4	45.8	51.7	184.2	47.6	51.3	51.8	48.0	198.6
欧洲	216.7	213.9	224.0	224.4	879.0	213.1	217.0	221.1	228.6	879.8	224.3	220.1	226.9	235.2	906.5
其中：西欧	109.7	104.8	112.5	111.7	438.7	100.2	104.7	110.6	112.3	427.8	106.5	99.4	103.6	106.5	416.1
俄罗斯	63.4	65.0	64.7	65.1	258.2	67.0	66.6	65.2	66.3	265.2	69.2	73.1	74.2	72.5	288.9
世界生产量	**2749.5**	**2794.5**	**2865.8**	**2814.0**	**11223.8**	**2699.7**	**2810.3**	**2945.7**	**3041.1**	**11496.8**	**3068.3**	**3147.0**	**3137.9**	**3088.4**	**12441.5**
世界消费量	**2716.7**	**2779.6**	**2829.8**	**2825.5**	**11151.7**	**2744.9**	**2810.3**	**2904.7**	**2999.4**	**11459.3**	**3038.8**	**3130.7**	**3138.2**	**3088.9**	**12396.6**
供需平衡	**32.8**	**14.9**	**36.0**	**-11.5**	**72.1**	**-45.2**	**0**	**41.0**	**41.7**	**37.5**	**29.5**	**16.3**	**-0.3**	**-0.5**	**45.0**

注：欧洲包括前南斯拉夫。本表数据来自：CRUMonitor Alumina 2015–2017.

3.2 精炼碲产量

（C－b）Output of Refined Tellurium

单位：吨
unit：t

产量					产量				
位次(2017)	国家和地区	年份			位次(2017)	国家和地区	年份		
		2015	2016	2017			2015	2016	2017
1	比利时	60	150	123	6	加拿大	9	2	17
2	美 国	50	50	50	7	乌兹别克斯坦	10	10	10
3	日 本	37	33	38	8	中 国	7	7	7
4	俄罗斯	19	19	36	9	智 利	1	1	1
5	瑞典	33	38	35		**世界合计**	**226**	**310**	**317**

注：本表中的精炼碲产量包括精炼的碲产量加上碲盐中的碲含量。

3.3 精炼硒产量

（C－c）Output of Refined Selenium

单位：吨
unit：t

产量					产量				
位次(2017)	国家和地区	年份			位次(2017)	国家和地区	年份		
		2015	2016	2017			2015	2016	2017
1	中 国	729	772	814	11	芬 兰	93	104	100
2	日 本	773	752	792	12	瑞 典	54	60	89
3	德 国	700	700	700	13	波 兰	87	82	74
4	韩 国	490	596	385	14	加拿大	156	175	72
5	俄罗斯	101	240	225	15	秘 鲁	71	78	65
6	比利时	200	200	200	16	哈萨克斯坦	34	40	40
7	菲律宾	59	17	142	17	乌兹别克斯坦	31	30	30
8	美 国	117	120	120	18	塞尔维亚	11	16	19
9	墨西哥	99	121	112	19	赞比亚	10	—	—
10	智 利	30	30	104		**世界合计**	**3845**	**4133**	**4083**

注：本表中的精炼硒产量包括精炼的硒产量加上硒盐中的硒含量。

3.4 精炼钴产量

（C－d）Output of Refined Cobalt

单位：吨
unit：t

产量					产量				
位次(2017)	国家和地区	年份			位次(2017)	国家和地区	年份		
		2015	2016	2017			2015	2016	2017
1	中 国	48719	45046	69600	10	俄罗斯	2040	3092	2077
2	芬 兰	8582	11187	12221	11	摩洛哥	1722	1568	1428
3	比利时	6306	6329	6987	12	南 非	1300	1101	1062
4	加拿大	5591	5544	6507	13	刚果民主共和国	3300	400	400
5	日 本	4259	4305	4159	14	法 国	133	119	277
6	澳大利亚	5150	3200	3601	15	印 度	295	100	100
7	挪 威	3100	3500	3500	16	巴 西	1300	400	46
8	马达加斯加	3464	3273	3053					
9	赞比亚	2997	4725	2520		**世界合计**	**98258**	**93889**	**117538**

注：本表中的精炼钴产量包括精炼的金属钴产量加上钴盐中的钴含量。

根据中国权威统计资料，中国2015、2016和2017年钴金属产量分别为5159吨、8578吨和8357吨。

二　世界主要国家和地区有色金属进口量和出口量
（2）Imports and Exports of Nonferrous Metals in the World Major Countries or Areas

1. 常用有色金属进口量和出口量
（A）Imports and Exports of Common Nonferrous Metals

1.1　铝进出口量
（A－a）Imports and Exports of Aluminium

单位：万吨
unit：10kt

出口量					进口量				
位次(2017)	国家和地区	年份			位次(2017)	国家和地区	年份		
		2015	2016	2017			2015	2016	2017
1	加拿大	246.91	274.03	290.43	1	美国	333.34	427.63	495.96
2	荷兰	196.25	235.11	263.68	2	日本	252.91	251.60	283.55
3	阿联酋	214.28	238.81	261.81	3	德国	258.80	268.41	262.26
4	俄罗斯	341.51	347.99	187.28	4	荷兰	217.63	246.82	258.77
5	挪威	121.47	127.17	136.60	5	韩国	151.21	165.53	162.14
6	澳大利亚	150.13	142.37	130.14	6	意大利	113.17	130.01	130.92
7	印度	79.77	97.03	118.34	7	土耳其	113.09	105.15	107.95
8	冰岛	72.63	70.59	69.57	8	墨西哥	134.30	84.86	87.93
9	中国	56.56	51.17	55.12	9	泰国	53.75	63.16	71.03
10	南非	52.03	49.58	53.09	10	波兰	49.55	59.52	64.72
11	美国	49.04	45.40	50.68	11	中国台湾	64.54	62.87	59.34
12	德国	45.29	49.01	47.49	12	西班牙	39.94	54.68	57.44
13	意大利	33.43	37.78	38.18	13	法国	53.95	58.79	55.85
14	西班牙	33.79	29.97	34.91	14	奥地利	43.26	42.14	44.22
15	阿根廷	21.38	29.84	32.81	15	印度	38.83	43.88	37.51
16	新西兰	30.51	30.77	30.26	16	比利时	51.34	42.78	37.28
17	法国	25.42	26.23	29.96	17	希腊	20.92	27.65	37.23
18	英国	28.35	29.16	27.63	18	印尼	27.14	31.26	36.80
19	巴林	6.89	7.16	23.69	19	匈牙利	30.83	31.17	32.65
20	波兰	24.51	22.53	23.38	20	瑞士	30.04	32.29	31.59
21	巴西	30.91	33.25	21.50	21	挪威	18.45	25.78	28.36
22	奥地利	25.56	22.80	20.40	22	巴西	34.01	30.41	28.10

续表

出口量					进口量				
位次(2017)	国家和地区	年份			位次(2017)	国家和地区	年份		
		2015	2016	2017			2015	2016	2017
23	瑞典	17.20	16.73	19.05	23	英国	21.90	24.13	23.64
24	斯洛伐克	17.33	16.96	16.32	24	中国	22.37	25.65	18.62
25	斯洛文尼亚	11.75	13.70	14.45	25	瑞典	15.60	17.94	18.34
26	希腊	13.66	13.15	13.99	26	斯洛文尼亚	15.77	16.69	17.55
27	比利时	25.99	22.83	13.53	27	葡萄牙	11.62	12.63	13.83
28	韩国	7.65	9.65	13.33	28	加拿大	13.47	11.48	12.61
29	中国台湾	10.50	11.83	11.48	29	丹麦	7.46	8.39	8.73
30	罗马尼亚	10.47	10.18	10.46	30	新加坡	14.68	6.33	8.57
31	新加坡	12.42	16.86	9.56	31	斯洛伐克	7.67	6.99	7.91
32	塔吉克斯坦	49.40	14.50	9.31	32	塞尔维亚	7.13	7.33	7.33
33	埃及	8.73	8.88	9.13	33	澳大利亚	5.58	5.58	5.07
34	瑞士	3.82	6.73	7.45	34	南非	4.64	3.96	4.53
35	印尼	8.44	5.56	6.89	35	俄罗斯	4.73	5.88	4.45
36	喀麦隆	6.18	6.47	6.69	36	芬兰	3.86	3.89	4.31
37	匈牙利	3.02	2.77	6.11	37	中国香港	3.58	3.46	3.69
38	泰国	4.41	5.62	5.61	38	新西兰	0.40	0.33	0.32
39	土耳其	5.02	3.17	4.25	39	爱尔兰	0.08	0.21	0.12
40	委内瑞拉	4.96	3.66	4.06					
41	尼日利亚	0.25	1.20	3.36					
42	墨西哥	5.13	2.30	3.36					
43	乌克兰	3.14	2.46	2.82					
44	日本	1.81	2.44	2.61					
45	塞尔维亚	0.76	1.07	2.17					
46	芬兰	1.63	1.64	2.03					
47	葡萄牙	0.62	0.64	0.84					
48	丹麦	0.53	0.70	0.69					
49	中国香港	1.21	0.90	0.59					
	世界合计	**2222.65**	**2200.35**	**2147.10**		**世界合计**	**2291.52**	**2447.26**	**2571.19**

注：本表所指的铝进出口量包括未锻铝和铝合金主要国家的进出口量。

1.2　精炼铜进出口量

(A – b) Imports and Exports of Refined Copper

单位：万吨
unit：10kt

出口量					进口量				
位次(2017)	国家和地区	年份			位次(2017)	国家和地区	年份		
		2015	2016	2017			2015	2016	2017
1	智利	261.81	263.82	234.79	1	中国	367.84	362.93	324.30
2	俄罗斯	54.77	49.66	56.77	2	美国	66.36	70.14	82.02
3	日本	54.06	61.59	51.82	3	德国	68.52	72.04	64.09
4	哈萨克斯坦	35.17	39.59	40.29	4	意大利	62.24	60.54	63.40
5	印度	34.07	30.50	39.48	5	中国台湾	47.14	53.41	58.38
6	赞比亚	76.17	52.86	37.27	6	土耳其	38.61	40.33	38.77
7	澳大利亚	44.85	45.21	35.49	7	泰国	27.37	34.31	36.37
8	中国	21.16	42.56	33.81	8	马来西亚	35.26	32.58	34.16
9	荷兰	19.77	33.48	31.75	9	韩国	38.30	40.42	32.61
10	秘鲁	28.61	27.63	29.45	10	荷兰	18.04	31.97	31.18
11	波兰	29.82	25.56	25.20	11	法国	19.27	22.05	22.60
12	韩国	28.17	25.24	22.28	12	巴西	18.28	16.80	18.54
13	加拿大	22.52	21.45	21.93	13	沙特阿拉伯	17.72	17.78	12.83
14	菲律宾	6.18	2.31	20.80	14	印尼	12.62	12.61	12.44
15	保加利亚	20.61	18.53	19.51	15	墨西哥	8.45	12.41	10.69
16	印尼	9.69	16.04	17.57	16	新加坡	3.77	20.70	8.66
17	墨西哥	13.79	17.47	15.69	17	希腊	6.02	7.39	8.52
18	德国	14.45	14.88	15.56	18	西班牙	5.46	6.62	8.09
19	西班牙	14.69	19.41	15.48	19	英国	2.36	5.63	5.16
20	美国	11.56	17.37	12.91	20	加拿大	6.13	6.10	4.89
21	奥地利	9.57	10.33	12.50	21	比利时	7.00	7.09	3.97
22	新加坡	3.61	11.78	11.58	22	印度	4.02	3.61	3.55
23	瑞典	9.09	8.60	11.52	23	日本	3.79	3.15	2.45
24	芬兰	8.25	8.30	8.77	24	奥地利	2.86	3.56	1.76
25	中国台湾	0.05	2.69	8.59	25	芬兰	1.24	2.07	1.67
26	塞尔维亚	2.54	4.75	5.87	26	葡萄牙	1.30	1.53	1.56
27	巴西	10.28	10.10	4.67	27	南非	2.44	2.70	1.43
28	南非	3.13	4.05	4.53	28	菲律宾	0.78	1.30	1.17
29	比利时	3.89	2.44	2.33	29	塞尔维亚	0.13	0.54	0.54
30	英国	0.06	3.28	2.26	30	俄罗斯	0.10	0.01	0.44
31	挪威	3.56	2.86	2.23	31	瑞典	0.87	0.72	0.41
32	法国	1.04	2.45	1.65	32	乌克兰	0.01	0.04	0.23
33	意大利	1.67	1.60	0.76	33	瑞士	0.18	0.17	0.14
34	土耳其	0.24	0.32	0.22	34	罗马尼亚	0.26	0.33	0.09
35	塞浦路斯	0.21	0.18	0.13	35	阿根廷	1.10	0.14	0.05
36	中国香港	0.38	0.03	0.04	36	中国香港	0.10	0.03	0.02
37	捷克	0.31	0.03	0.02	37	挪威	0.03	0.02	0.01
38	阿曼	0.83	—	—	38	澳大利亚	0.02	0.02	0.01
					39	丹麦	0.01	0.01	0.01
	世界合计	**860.62**	**898.96**	**855.48**		**世界合计**	**896.01**	**953.76**	**897.18**

1.3 精炼铅进出口量

(A－c) Imports and Exports of Refined Lead

单位：万吨
unit：10kt

出口量					进口量				
位次(2017)	国家和地区	年份			位次(2017)	国家和地区	年份		
		2015	2016	2017			2015	2016	2017
1	韩　国	22.41	32.36	29.10	1	美　国	49.60	50.10	63.68
2	澳大利亚	23.14	24.20	21.88	2	德　国	11.09	11.72	14.74
3	加拿大3)	19.02	20.54	18.67	3	印　度	10.90	12.06	12.07
4	比利时	16.46	14.60	13.68	4	捷　克	10.57	11.55	11.72
5	哈萨克斯坦	10.91	12.14	12.32	5	土耳其	9.12	9.67	11.62
6	墨西哥	12.87	9.76	12.17	6	韩　国	14.45	11.50	10.84
7	俄罗斯	9.33	12.40	11.67	7	西班牙	7.73	10.47	10.54
8	马来西亚	11.12	6.39	10.28	8	中　国	0.78	0.50	8.62
9	英　国	15.79	10.91	9.78	9	泰　国	7.18	8.92	8.53
10	德　国	13.17	8.70	9.03	10	中国台湾	7.20	7.56	8.25
11	瑞　典1)	5.99	6.85	7.63	11	意大利	7.25	6.56	7.65
12	法　国	3.41	3.09	4.13	12	波　兰	7.18	6.88	7.26
13	波　兰	7.44	3.72	3.68	13	巴　西	6.46	6.45	7.13
14	意大利	5.05	3.47	3.51	14	印　尼	6.04	6.50	7.00
15	荷　兰	1.07	2.17	2.77	15	法　国	3.93	3.91	5.55
16	阿根廷	1.60	1.59	2.47	16	日　本2)	3.87	3.33	5.10
17	罗马尼亚	1.71	1.47	1.92	17	英　国	1.79	1.91	3.86
18	中国台湾	1.66	1.49	1.62	18	菲律宾	1.13	2.88	3.67
19	乌克兰	0.92	1.26	1.60	19	比利时	2.69	3.20	2.87
20	捷　克	2.01	1.43	1.31	20	斯洛文尼亚	2.07	2.58	2.60
21	秘　鲁	0.46	0.65	1.16	21	奥地利	2.42	1.79	1.75
22	西班牙	1.14	0.79	1.06	22	希　腊	0.94	0.62	1.69
23	塞尔维亚	0.00	0.00	0.95	23	马来西亚	2.42	4.53	1.67
24	南　非	0.40	1.03	0.82	24	葡萄牙	1.28	1.55	1.39
25	印　尼	1.11	0.67	0.79	25	罗马尼亚	1.14	1.65	1.23
26	中　国	4.98	1.53	0.76	26	墨西哥	0.99	0.86	1.23
27	希　腊	0.82	0.81	0.69	27	南　非	1.67	1.36	1.11
28	奥地利	1.00	0.83	0.66	28	荷　兰	0.26	1.46	0.92
29	美　国2)	1.45	0.71	0.54	29	芬　兰	0.41	0.50	0.80
30	日　本2)	1.05	1.34	0.52	30	爱尔兰2)	0.31	0.45	0.54
31	斯洛文尼亚	0.54	0.25	0.25	31	匈牙利	1.34	0.81	0.54
32	委内瑞拉	0.48	0.16	0.18	32	塞尔维亚	0.35	0.20	0.35
33	丹　麦	0.08	0.06	0.11	33	瑞　士	0.12	0.17	0.23
34	芬　兰	—	0.02	0.07	34	挪　威2)	0.04	0.06	0.13
35	新加坡	0.38	0.52	0.03	35	智　利	0.04	0.07	0.08
36	瑞　士	0.00	0.00	0.01	36	新加坡	0.18	0.11	0.04
37	马其顿	—	0.00	0.01	37	瑞　典	0.00	0.00	0.04
38	新西兰	—	0.00	0.01	38	俄罗斯	0.10	0.14	0.03
39	摩洛哥	0.48	0.01	—	39	丹　麦	0.02	0.02	0.02
					40	委内瑞拉	0.51	0.22	0.01
					41	加拿大3)	0.04	0.03	0.01
	世界合计	**199.44**	**187.95**	**187.82**		**世界合计**	**185.60**	**194.83**	**227.10**

注：1）可能包括粗铅；2）包括合金；3）包括铅丸。

1.4 锌锭进出口量

(A－d) Imports and Exports of Slab Zinc

单位：万吨

unit：10kt

出口量					进口量				
位次(2017)	国家和地区	年份			位次(2017)	国家和地区	年份		
		2015	2016	2017			2015	2016	2017
1	加拿大	51.27	53.58	45.27	1	中国	54.34	42.44	67.63
2	澳大利亚	39.84	39.82	43.53	2	美国	65.92	69.07	61.82
3	韩国	41.36	45.07	39.75	3	德国	35.93	37.20	35.02
4	荷兰	25.64	29.74	30.62	4	比利时[1]	35.03	31.69	29.17
5	西班牙[2]	29.39	22.72	29.96	5	荷兰	18.16	23.72	27.28
6	哈萨克斯坦	26.67	26.22	28.20	6	土耳其	23.18	23.63	26.82
7	印度	31.11	17.52	27.98	7	中国台湾	23.17	19.73	22.78
8	秘鲁	25.69	27.13	24.62	8	印度	10.54	23.58	14.11
9	芬兰	25.89	23.62	23.68	9	印尼	10.31	11.64	12.54
10	比利时[1]	16.05	19.95	23.51	10	法国	11.14	11.68	11.91
11	墨西哥	17.12	16.00	19.08	11	意大利	12.77	13.95	10.72
12	挪威	12.70	12.82	11.81	12	英国	11.06	10.01	10.49
13	波兰	16.03	10.92	9.11	13	马来西亚	8.06	6.78	9.98
14	美国	2.43	13.19	9.03	14	泰国	6.56	6.31	9.72
15	法国	9.12	6.38	8.94	15	奥地利	7.34	7.31	8.12
16	巴西	5.45	7.62	7.73	16	韩国	6.84	5.87	6.35
17	日本	12.08	8.11	7.33	17	南非	8.23	6.15	6.11
18	德国	5.42	5.84	7.20	18	波兰	5.04	5.40	5.65
19	马来西亚	2.13	5.48	7.16	19	斯洛伐克	4.25	3.52	4.55
20	俄罗斯	2.81	4.77	4.11	20	阿根廷	0.55	3.47	2.99
21	奥地利	1.58	1.39	1.90	21	巴西	2.47	2.92	2.97
22	意大利	0.87	1.13	1.56	22	日本	2.85	2.25	2.85
23	中国	9.59	2.14	1.48	23	捷克	6.33	2.18	2.69
24	新加坡	1.31	2.82	0.80	24	乌克兰	1.53	1.89	2.20

续表

出口量					进口量				
位次(2017)	国家和地区	年份			位次(2017)	国家和地区	年份		
		2015	2016	2017			2015	2016	2017
25	中国香港	1.42	0.59	0.68	25	哥伦比亚	2.11	2.09	2.07
26	捷　克	4.72	0.32	0.44	26	罗马尼亚	1.79	1.57	2.02
27	英　国	0.29	0.30	0.37	27	埃　及	1.64	1.45	1.97
28	泰　国	0.12	0.37	0.20	28	葡萄牙	1.21	1.78	1.75
29	阿根廷	0.23	0.00	0.20	29	俄罗斯	1.67	1.69	1.63
30	土耳其	0.19	0.20	0.07	30	匈牙利	0.97	0.96	1.25
31	塞尔维亚	0.07	0.09	0.05	31	摩洛哥	0.99	1.30	1.11
32	希　腊	0.01	0.01	0.03	32	新西兰	0.69	0.87	1.06
33	丹　麦	0.08	0.01	0.02	33	新加坡	1.86	1.65	1.02
34	南　非	0.00	0.01	0.01	34	瑞　典	2.55	1.22	1.00
35	罗马尼亚	0.03	0.01	0.00	35	希　腊3)	0.82	0.78	0.95
36	匈牙利	0.05	0.00	0.00	36	斯洛文尼亚	1.70	1.59	0.90
					37	墨西哥	0.56	2.00	0.89
					38	智　利	0.88	0.90	0.85
					39	菲律宾	1.27	1.17	0.83
					40	塞尔维亚	0.75	0.70	0.78
					41	丹　麦	0.79	0.79	0.77
					42	中国香港3)	0.77	0.54	0.77
					43	西班牙	0.40	0.36	0.67
					44	加拿大	0.62	0.20	0.56
					45	瑞　士	1.15	1.42	0.53
					46	克罗地亚	0.35	0.44	0.39
					47	爱尔兰3)	0.29	0.28	0.38
					48	委内瑞拉	0.22	0.20	0.07
					49	挪　威	0.02	0.05	0.01
	世界合计	**425.78**	**405.89**	**416.45**		**世界合计**	**397.68**	**398.39**	**418.67**

注：1）包括重新冶炼的锌；2）包括废锌；3）包括合金。

1.5 精炼锡进出口量

(A－e) Imports and Exports of Refined Tin

单位：万吨

unit：10kt

出口量					进口量				
位次(2017)	国家和地区	年份			位次(2017)	国家和地区	年份		
		2015	2016	2017			2015	2016	2017
1	印 尼	6.98	6.19	7.18	1	美 国	3.35	3.23	3.41
2	马来西亚	3.83	2.75	2.59	2	日 本	2.55	2.49	2.78
3	新加坡	3.51	3.13	2.15	3	德 国	1.92	1.98	2.16
4	荷 兰3)	2.24	2.08	2.06	4	荷 兰1)	2.56	2.23	1.99
5	秘 鲁	2.10	1.90	1.80	5	新加坡2)	3.82	2.41	1.87
6	玻利维亚	1.55	1.67	1.62	6	韩 国	1.38	1.47	1.31
7	比利时	0.99	1.10	1.08	7	印 度	1.11	1.01	1.01
8	巴 西	0.74	0.71	0.84	8	中国台湾	0.92	0.88	0.89
9	中国香港	0.43	0.66	0.73	9	西班牙	0.61	0.69	0.59
10	泰 国	0.60	0.59	0.53	10	法 国	0.47	0.50	0.58
11	中国台湾	0.45	0.46	0.46	11	意大利	0.41	0.46	0.52
12	美 国	0.22	0.28	0.24	12	英 国	0.46	0.41	0.49
13	中 国	0.06	0.07	0.22	13	泰 国	0.41	0.68	0.43
14	德 国	0.13	0.15	0.16	14	奥地利	0.35	0.33	0.42
15	意大利	0.10	0.11	0.14	15	墨西哥	0.36	0.42	0.41
16	波 兰	0.04	0.03	0.08	16	中 国	0.95	0.95	0.34
17	西班牙	0.05	0.05	0.05	17	希 腊	0.01	0.07	0.32
18	韩 国	0.07	0.05	0.04	18	土耳其	0.21	0.25	0.32
19	法 国	0.03	0.03	0.04	19	加拿大	0.33	0.31	0.27
20	日 本	0.04	0.04	0.03	20	马来西亚	0.25	0.28	0.26
21	英 国	0.07	0.04	0.02	21	斯洛伐克	0.19	0.15	0.16
22	加拿大	0.01	0.02	0.01	22	中国香港1)	0.17	0.15	0.16
23	印 度	0.25	0.11	0.01	23	俄罗斯	0.13	0.12	0.15
24	澳大利亚	—	0.01	0.00	24	比利时	0.11	0.16	0.11
					25	葡萄牙	0.05	0.06	0.10
					26	南 非	0.11	0.11	0.10
					27	瑞 士	0.10	0.10	0.09
					28	波 兰	0.09	0.10	0.09
					29	阿根廷	0.08	0.09	0.06
					30	澳大利亚	0.05	0.02	0.03
					31	丹 麦	0.02	0.01	0.01
					32	瑞 典	0.01	0.01	0.01
					33	芬 兰	0.02	0.01	0.00
	世界合计	**24.50**	**22.22**	**22.69**		**世界合计**	**23.58**	**22.13**	**21.45**

注：1）包括一些合金；2）不包括从印尼的进口量；3）从2007年采用新数列。

2. 其他有色金属产品进出口量

（B）Import and Exports of other Nonferrous Metal Products

2.1　未精炼铜进出口量

（B－a）Imports and Exports of Unrefined Copper

单位：万吨
unit：10kt

出口量					进口量				
位次(2017)	国家和地区	年份			位次(2017)	国家和地区	年份		
		2015	2016	2017			2015	2016	2017
精矿（含铜量）					精矿（含铜量）				
1	智　利	231.77	257.37	270.68	1	中　国	332.97	426.30	433.33
2	秘　鲁	133.52	194.80	205.01	2	日　本	121.36	128.28	118.29
3	澳大利亚	48.03	45.93	44.55	3	西班牙	44.56	47.02	53.02
4	加拿大	48.11	47.55	39.40	4	韩　国	44.24	39.00	41.28
5	西班牙	20.50	27.62	38.75	5	印　度	42.45	25.36	36.70
6	墨西哥	20.27	33.29	37.08	6	德　国	29.00	26.46	31.27
7	蒙　古	36.99	39.05	36.18	7	保加利亚	23.72	18.87	27.47
8	巴　西	27.12	1.99	31.21	8	菲律宾	3.48	2.84	21.17
9	印　尼	42.78	47.82	28.17	9	俄罗斯	5.47	13.75	17.23
10	美　国	39.17	33.43	23.71	10	赞比亚	7.42	13.05	14.33
11	哈萨克斯坦	6.86	8.75	20.08	11	巴　西	14.92	0.01	14.07
12	巴布亚新几内亚	4.64	7.10	10.40	12	芬　兰	11.19	10.71	11.10
13	格鲁吉亚	5.99	7.08	8.73	13	瑞　典	7.83	7.59	5.99
14	保加利亚	9.77	4.31	7.91	14	墨西哥	6.06	4.16	5.13
15	葡萄牙	8.96	8.08	6.80	15	加拿大	3.49	3.10	4.64
16	马来西亚	1.81	1.90	6.36	16	美　国	1.98	3.90	3.26
17	土耳其	7.35	6.12	6.17	17	塞尔维亚	1.86	2.56	2.89
18	南　非	4.84	3.25	5.92	18	智　利	2.22	2.95	1.99
19	摩洛哥	3.07	2.86	4.15	19	哈萨克斯坦	0.17	0.28	0.32
20	阿根廷	6.33	8.22	3.86	20	罗马尼亚	0.03	0.04	0.14
21	菲律宾	8.47	6.62	3.73	21	泰　国	0.74	1.06	0.01
22	德　国	1.09	1.02	1.00	22	南　非	0.01	0.00	0.01
23	罗马尼亚	1.27	1.07	0.95					
24	玻利维亚	1.12	0.81	0.65					
25	俄罗斯	1.13	0.33	0.42					
26	博茨瓦纳	1.16	0.01	0.13					
	合　计	**722.12**	**796.39**	**842.01**		合　计	**705.16**	**777.26**	**843.63**

续表

出口量					进口量				
位次(2017)	国家和地区	年份			位次(2017)	国家和地区	年份		
		2015	2016	2017			2015	2016	2017
粗铜和阳极铜					粗铜和阳极铜				
1	智利	41.68	35.98	38.03	1	中国	53.02	70.73	79.96
2	保加利亚	11.88	7.56	14.66	2	比利时	22.48	18.88	25.61
3	斯洛伐克	3.22	4.51	4.84	3	加拿大	7.11	2.98	14.99
4	西班牙	4.50	4.47	4.56	4	德国	5.05	5.20	10.93
5	比利时	2.05	2.77	2.66	5	韩国	6.53	13.80	7.03
6	南非	2.16	1.82	2.05	6	奥地利	4.09	4.52	4.45
7	芬兰	0.62	1.18	1.49	7	日本	0.33	0.81	2.89
8	墨西哥	0.01	0.11	1.21	8	瑞典	0.68	1.35	1.03
9	美国	1.08	0.95	0.97	9	西班牙	0.03	0.04	0.71
10	意大利	0.79	0.64	0.89	10	荷兰	1.12	0.97	0.61
11	荷兰	0.74	0.17	0.47	11	泰国	0.05	0.08	0.09
12	秘鲁	0.70	0.29	0.40	12	美国	0.28	0.03	0.05
13	英国	0.04	0.03	0.13	13	法国	0.00	0.00	0.04
14	加拿大	0.00	0.93	0.05	14	意大利	0.04	0.04	0.01
15	法国	0.07	0.07	0.05	15	英国	0.05	0.01	0.01
16	中国	0.64	0.26	0.01	16	墨西哥	0.01	0.01	0.01
17	日本	0.01	0.01	0.01	17	土耳其	0.10	0.12	0.00
	合计	**70.20**	**61.77**	**72.47**		**合计**	**100.97**	**119.56**	**148.42**

2.2　世界铜半成品及铜合金半成品进口量和出口量

（B－b）World Cu Semis and Cu Alloy Semis Imports and Exports

单位：万吨

unit：10kt

出口量					进口量				
位次(2017)	国家和地区	年份			位次(2017)	国家和地区	年份		
		2015	2016	2017			2015	2016	2017
1	德国　铜半成品	66.92	69.95	64.41	1	中国　铜半成品	30.80	31.32	31.23
	铜合金半成品	33.94	35.15	37.52		铜合金半成品	16.65	16.26	22.49
	合计	100.86	105.10	101.93		合计	47.45	47.58	53.72
2	美国　铜半成品	25.08	24.28	26.22	2	美国　铜半成品	25.06	25.63	25.46
	铜合金半成品	5.86	5.72	7.29		铜合金半成品	10.19	9.43	10.87
	合计	30.94	30.00	33.51		合计	35.25	35.06	36.33
3	韩国　铜半成品	15.89	17.13	18.66	3	意大利　铜半成品	19.32	23.01	20.14
	铜合金半成品	12.58	10.54	13.80		铜合金半成品	9.35	8.81	10.52
	合计	28.47	27.67	32.46		合计	28.67	31.82	30.66
4	中国台湾　铜半成品	23.27	23.99	24.46	4	德国　铜半成品	16.69	15.64	15.75
	铜合金半成品	5.07	5.78	6.48		铜合金半成品	8.94	9.41	10.76
	合计	28.34	29.77	30.94		合计	25.63	25.05	26.51
5	意大利　铜半成品	15.53	22.25	14.62	5	墨西哥　铜半成品	18.85	20.86	21.88
	铜合金半成品	11.99	12.47	13.73		铜合金半成品	3.51	3.94	4.44
	合计	27.52	34.72	28.35		合计	22.36	24.80	26.32
6	中国　铜半成品	19.27	19.22	21.09	6	捷克　铜半成品	14.55	11.89	11.22
	铜合金半成品	6.75	6.51	7.26		铜合金半成品	3.01	3.85	13.09
	合计	26.02	25.73	28.35		合计	17.56	15.74	24.31
7	西班牙　铜半成品	19.36	19.50	21.61	7	法国　铜半成品	17.48	16.62	14.88
	铜合金半成品	1.07	1.28	2.27		铜合金半成品	6.27	6.86	7.01
	合计	20.43	20.78	23.88		合计	23.75	23.48	21.89
8	比利时　铜半成品	23.27	22.02	22.32	8	英国　铜半成品	16.43	15.68	15.34
	铜合金半成品	0.55	0.59	0.58		铜合金半成品	4.61	4.65	6.14
	合计	23.82	22.61	22.90		合计	21.04	20.33	21.48
9	日本　铜半成品	10.79	10.03	11.01	9	泰国　铜半成品	9.66	8.57	9.61
	铜合金半成品	10.91	11.02	11.68		铜合金半成品	5.13	5.01	5.63
	合计	21.70	21.05	22.69		合计	14.79	13.58	15.24
10	马来西亚　铜半成品	16.45	17.92	18.89	10	马来西亚　铜半成品	9.36	10.61	9.86
	铜合金半成品	2.74	2.86	3.21		铜合金半成品	3.62	3.61	4.21
	合计	19.19	20.78	22.10		合计	12.98	14.22	14.07
11	法国　铜半成品	15.97	15.39	15.06	11	西班牙　铜半成品	7.17	6.66	6.25
	铜合金半成品	4.75	4.38	6.03		铜合金半成品	3.61	4.39	4.91
	合计	20.72	19.77	21.09		合计	10.78	11.05	11.16
12	波兰　铜半成品	17.53	17.21	17.17	12	瑞士　铜半成品	6.38	6.00	5.86
	铜合金半成品	2.49	2.20	2.40		铜合金半成品	2.96	3.06	3.56
	合计	20.02	19.41	19.57		合计	9.34	9.06	9.42
13	俄罗斯　铜半成品	21.15	17.17	16.06	13	中国台湾　铜半成品	5.09	5.27	6.05
	铜合金半成品	0.67	0.90	2.52		铜合金半成品	2.45	2.41	3.30
	合计	21.82	18.07	18.58		合计	7.55	7.68	9.35
14	泰国　铜半成品	9.15	12.30	15.20	14	奥地利　铜半成品	6.77	7.07	6.71
	铜合金半成品	2.11	2.27	2.85		铜合金半成品	1.55	1.75	1.79
	合计	11.26	14.57	18.05		合计	8.32	8.82	8.50

续表

出口量					进口量				
位次(2017)	国家和地区	年份			位次(2017)	国家和地区	年份		
		2015	2016	2017			2015	2016	2017
	土耳其 铜半成品	11.17	12.12	13.56		日本 铜半成品	4.86	4.71	5.62
15	铜合金半成品	2.76	2.73	4.46	15	铜合金半成品	2.16	1.90	2.56
	合计	13.93	14.85	18.02		合计	7.03	6.61	8.18
	加拿大 铜半成品	13.99	14.89	14.43		比利时 铜半成品	5.22	4.71	6.81
16	铜合金半成品	0.31	0.29	0.73	16	铜合金半成品	0.88	0.91	1.13
	合计	14.30	15.18	15.16		合计	6.10	5.62	7.94
	印尼 铜半成品	12.72	11.28	9.58		澳大利亚 铜半成品	6.74	6.48	7.13
17	铜合金半成品	0.23	0.27	0.38	17	铜合金半成品	0.97	0.77	0.77
	合计	12.95	11.55	9.96		合计	7.71	7.25	7.90
	希腊 铜半成品	7.11	7.02	7.40		葡萄牙 铜半成品	6.29	6.48	5.86
18	铜合金半成品	1.45	1.08	1.32	18	铜合金半成品	1.06	0.92	1.56
	合计	8.56	8.10	8.72		合计	7.35	7.40	7.42
	瑞典 铜半成品	8.03	7.83	7.12		加拿大 铜半成品	4.66	4.72	4.54
19	铜合金半成品	0.93	1.42	1.49	19	铜合金半成品	2.55	2.59	2.82
	合计	8.96	9.25	8.61		合计	7.21	7.31	7.36
	荷兰 铜半成品	1.97	1.55	1.84		荷兰 铜半成品	7.32	4.35	4.43
20	铜合金半成品	4.96	4.87	5.56	20	铜合金半成品	1.47	1.55	2.09
	合计	6.93	6.42	7.40		合计	8.79	5.90	6.52
	墨西哥 铜半成品	5.44	5.07	4.08		韩国 铜半成品	3.46	3.09	3.81
21	铜合金半成品	2.01	1.70	1.81	21	铜合金半成品	2.87	2.44	2.07
	合计	7.45	6.77	5.89		合计	6.33	5.53	5.88
	印度 铜半成品	2.51	2.55	3.70		中国香港 铜半成品	2.17	1.96	2.12
22	铜合金半成品	0.90	0.88	1.46	22	铜合金半成品	4.09	3.63	3.40
	合计	3.41	3.43	5.16		合计	6.26	5.59	5.52
	芬兰 铜半成品	4.29	4.81	5.01		瑞典 铜半成品	3.34	3.68	3.99
23	铜合金半成品	0.05	0.07	0.12	23	铜合金半成品	0.99	1.01	0.94
	合计	4.34	4.88	5.13		合计	4.33	4.69	4.93
	英国 铜半成品	2.36	2.77	3.01		芬兰 铜半成品	2.85	2.75	3.10
24	铜合金半成品	1.80	1.75	1.88	24	铜合金半成品	0.40	0.47	0.68
	合计	4.16	4.52	4.89		合计	3.25	3.22	3.78
	中国香港 铜半成品	1.54	1.28	1.27		丹麦 铜半成品	1.19	1.24	1.32
25	铜合金半成品	3.94	3.62	3.21	25	铜合金半成品	1.86	1.90	1.73
	合计	5.48	4.90	4.48		合计	3.05	3.14	3.05
	奥地利 铜半成品	2.65	2.33	2.38		乌克兰 铜半成品	0.32	0.44	0.46
26	铜合金半成品	1.08	0.96	1.27	26	铜合金半成品	0.10	0.11	0.09
	合计	3.72	3.29	3.65		合计	0.42	0.55	0.55
	南非 铜半成品	3.88	1.66	1.81					
27	铜合金半成品	0.90	0.69	1.41					
	合计	4.78	2.35	3.22					
	澳大利亚 铜半成品	0.93	1.35	1.64					
28	铜合金半成品	0.17	0.15	0.18					
	合计	1.09	1.50	1.82					
	哈萨克斯坦 铜半成品	0.14	0.02	—					
29	铜合金半成品	0.04	0.01	0.16					
	合计	0.18	0.03	0.16					

2.3 世界铜线材贸易量
（B－c）World Trade of Cu Wire Rod

单位：万吨
unit：10kt

出口量					进口量				
位次(2017)	国家和地区	年份			位次(2017)	国家和地区	年份		
		2015	2016	2017			2015	2016	2017
1	德　国	32.25	31.65	27.41	1	墨西哥	11.52	11.99	14.22
2	比利时	21.60	20.37	20.62	2	美　国	12.89	13.99	13.28
3	美　国	14.59	14.30	15.97	3	意大利	9.52	11.23	8.71
4	俄罗斯	20.66	16.73	15.12	4	德　国	8.60	8.08	7.84
5	西班牙	13.81	12.80	14.60	5	英　国	9.16	7.43	7.13
6	波　兰	14.35	13.96	13.91	6	捷　克	7.45	7.19	6.97
7	加拿大	11.13	11.98	11.77	7	中　国	8.64	7.89	6.94
8	法　国	9.99	9.89	9.23	8	罗马尼亚	7.37	7.54	6.61
9	瑞　典	7.27	7.02	6.36	9	波　兰	4.12	4.38	5.56
10	韩　国	5.27	5.68	6.26	10	法　国	8.09	6.90	5.27
11	意大利	6.09	13.11	5.46	11	奥地利	4.90	5.20	4.70
12	印　尼	6.10	5.00	4.58	12	土耳其	3.66	4.13	4.33
13	智　利	5.03	5.46	4.52	13	葡萄牙	4.17	3.72	3.92
14	秘　鲁	3.66	3.03	2.88	14	哥伦比亚	3.82	3.54	3.25
15	印　度	1.56	1.46	2.69	15	匈牙利	2.98	3.17	3.07
16	中国台湾	2.47	1.96	2.04	16	瑞　士	3.39	3.01	2.96
17	中　国	1.80	2.14	1.93	17	加拿大	3.15	3.28	2.95
18	巴　西	2.18	3.24	1.38	18	西班牙	3.56	3.38	2.78
19	日　本	2.76	1.45	1.37	19	比利时	3.59	3.28	2.60
20	中国香港	0.03	0.02	0.02	20	芬　兰	2.12	2.07	2.37
21	英　国	0.03	0.06	0.01	21	泰　国	3.41	2.19	2.01
					22	巴　西	1.72	1.95	1.70
					23	荷　兰	2.23	0.11	0.64
					24	希　腊	0.66	0.71	0.59
					25	中国香港	0.10	0.09	0.09

2.4 世界铝半成品和铝合金半成品进出口量
（B－d）World Trade of Aluminium Semis and Aluminium Alloy Semis

单位：万吨
unit：10kt

出口量					进口量				
位次(2017)	国家和地区	年份			位次(2017)	国家和地区	年份		
		2015	2016	2017			2015	2016	2017
1	中 国	422.74	405.51	421.67	1	美 国	156.90	166.51	197.68
2	德 国	205.04	216.87	220.41	2	德 国	168.93	180.09	185.59
3	美 国	130.60	166.39	119.45	3	墨西哥	60.42	69.07	121.33
4	法 国	61.38	65.53	65.71	4	英 国	87.01	88.21	83.16
5	意大利	59.68	65.33	65.23	5	法 国	81.30	82.87	82.45
6	西班牙	45.82	53.78	60.61	6	加拿大	62.05	63.47	63.18
7	韩 国	57.40	52.08	55.56	7	荷 兰	56.75	51.91	57.47
8	土耳其	49.06	48.97	49.32	8	波 兰	44.68	47.57	51.24
9	加拿大	43.88	45.86	47.80	9	意大利	50.57	49.44	50.75
10	比利时	47.45	47.06	47.20	10	比利时	38.79	39.62	43.20
11	俄罗斯	29.38	37.57	42.03	11	西班牙	32.98	36.54	38.83
12	希 腊	34.75	37.98	39.52	12	中 国	45.00	36.73	36.99
13	奥地利	32.87	36.01	38.32	13	泰 国	35.09	33.77	33.19
14	荷 兰	33.56	33.72	37.85	14	奥地利	29.13	29.67	32.47
15	瑞 士	31.83	35.30	37.11	15	瑞 士	22.55	27.90	31.91
16	日 本	33.19	30.20	29.64	16	捷 克	32.58	33.54	31.59
17	英 国	26.52	26.11	26.66	17	韩 国	33.33	23.48	31.38
18	挪 威	24.73	24.36	25.37	18	澳大利亚	22.63	24.21	27.11
19	波 兰	22.98	22.25	24.47	19	印 尼	19.97	18.70	24.83
20	印 度	21.29	22.18	22.53	20	瑞 典	17.88	20.64	22.93
21	罗马尼亚	20.16	20.66	21.55	21	匈牙利	16.22	16.81	18.72
22	匈牙利	18.88	19.20	19.33	22	丹 麦	16.51	17.39	18.37
23	瑞 典	14.45	16.46	16.98	23	日 本	13.22	14.87	17.25
24	南 非	13.83	16.72	16.18	24	俄罗斯	8.78	9.20	11.12
25	斯洛文尼亚	15.69	15.47	15.33	25	中国台湾	8.85	8.82	9.26
26	捷 克	14.09	13.31	12.97	26	中国香港	5.90	4.94	4.96
27	巴 西	9.76	9.88	11.98					
28	丹 麦	9.36	9.66	10.28					
29	中国台湾	10.36	10.45	9.72					
30	中国香港	7.82	6.71	6.92					
31	澳大利亚	5.07	4.36	1.01					

2.5 铝土矿进出口量

（B－e）Imports and Exports of Bauxite

单位：万吨
unit：10kt

出口量					进口量				
位次(2017)	国家和地区	2015	2016	2017	位次(2017)	国家和地区	2015	2016	2017
1	澳大利亚	2028.10	2324.82	2720.42	1	中　国	5610.05	5205.34	6876.30
2	巴　西	933.49	1044.98	896.97	2	乌克兰	433.85	399.28	486.44
3	牙买加	455.80	345.54	334.04	3	爱尔兰	448.21	471.70	481.08
4	印　尼	—	—	171.46	4	美　国	1179.97	628.53	458.84
5	印　度	749.07	292.94	166.70	5	加拿大	369.60	358.18	383.82
6	圭亚那	143.98	149.37	144.35	6	西班牙	386.87	428.14	334.39
7	马来西亚	2791.26	667.79	82.27	7	德　国	276.39	223.03	231.74
8	希　腊	38.75	49.83	46.00	8	法　国	152.74	131.23	148.91
					9	意大利	3.86	4.27	4.94
					10	日　本	3.82	3.46	3.74
	世界合计	**7140.46**	**4875.27**	**4562.22**		**世界合计**	**8865.36**	**7853.17**	**9410.19**

2.6 氧化铝进出口量

（B－f）Imports and Exports of Alumina

单位：万吨
unit：10kt

出口量					进口量				
位次(2017)	国家和地区	2015	2016	2017	位次(2017)	国家和地区	2015	2016	2017
1	澳大利亚	1748.36	1791.99	1787.23	1	加拿大	421.88	473.67	465.76
2	巴　西	896.65	951.57	960.72	2	俄罗斯	443.37	481.72	455.71
3	爱尔兰	194.26	197.25	192.54	3	中　国	468.21	305.99	290.37
4	乌克兰	147.50	150.09	167.31	4	挪　威	248.19	245.13	247.69
5	牙买加	709.95	183.39	160.74	5	荷　兰	123.29	121.38	153.77
6	印　度	150.14	153.49	147.32	6	冰　岛	164.60	165.15	148.64
7	荷　兰	111.06	44.45	132.63	7	美　国	158.93	122.59	148.02
8	德　国	75.63	86.47	103.95	8	南　非	140.03	137.97	140.39
9	西班牙	100.63	94.63	102.14	9	德　国	73.07	102.16	119.21
10	美　国	222.49	137.08	52.03	10	阿根廷	89.08	89.50	84.46
11	希　腊	49.23	47.20	48.13	11	法　国	85.55	86.05	83.53
12	法　国	31.14	36.31	39.40	12	新西兰	65.80	66.62	65.61
13	斯洛文尼亚	21.21	15.17	16.92	13	印　尼	59.12	64.21	47.71
14	加拿大	9.07	10.46	13.33	14	斯洛文尼亚	41.26	34.53	40.29
15	日　本	15.24	12.05	11.50	15	英　国	16.44	25.18	35.85
16	匈牙利	8.26	8.01	8.76	16	罗马尼亚	0.63	0.63	0.65
17	意大利	3.73	2.98	3.09	17	阿联酋	441.00	505.17	
	世界合计	**4494.55**	**3922.59**	**3947.74**		**世界合计**	**3040.47**	**3027.66**	**2527.68**

2.7 镍冶炼厂、精炼厂产品进出口量

(B－g) Imports and Exports of Nickel Smelter and Refinery Products

单位：万吨
unit：10kt

出口量					进口量				
位次(2017)	国家和地区	年份			位次(2017)	国家和地区	年份		
		2015	2016	2017			2015	2016	2017
金属镍 Nickel Metal									
1	俄罗斯	21.70	17.47	13.44	1	中　国	29.26	36.20	23.54
2	加拿大	12.23	13.60	13.19	2	美　国	10.89	9.92	12.13
3	挪　威	9.46	9.48	8.57	3	德　国	5.65	5.82	6.44
4	芬　兰	3.24	4.06	4.23	4	中国台湾	1.04	3.56	4.90
5	中国台湾	0.24	4.52	2.80	5	意大利	3.36	3.51	4.10
6	英　国	2.74	2.94	2.63	6	印　度	7.38	4.10	3.74
7	新加坡	11.34	3.14	2.33	7	日　本	3.12	3.08	3.37
8	中　国	2.18	0.84	1.84	8	法　国	2.39	2.03	2.59
9	比利时	1.17	1.01	1.50	9	比利时	1.81	1.61	2.38
10	南　非	0.88	0.74	0.65	10	韩　国	1.77	2.45	2.28
11	中国香港	1.03	0.74	0.38	11	瑞　典	1.74	2.11	2.28
12	德　国	0.26	0.28	0.37	12	西班牙	1.85	1.97	2.07
13	韩　国	0.04	0.85	0.33	13	新加坡	7.78	3.28	1.69
14	法　国	0.61	0.24	0.21	14	英　国	0.89	0.89	1.27
15	巴　西	1.72	0.56	0.00	15	奥地利	0.63	0.68	0.82
					16	巴　西	0.14	0.43	0.59
					17	土耳其	0.53	0.50	0.46
					18	波　兰	0.30	0.33	0.38
					19	南　非	0.04	0.36	0.37
					20	墨西哥	0.33	0.37	0.36
					21	泰　国	0.28	0.31	0.36
					22	中国香港	0.63	0.46	0.30
					23	乌克兰	0.29	0.26	0.30
					24	芬　兰	0.01	0.82	0.29
					25	捷　克	0.36	0.29	0.28

续表

出口量					进口量				
位次(2017)	国家和地区	年份			位次(2017)	国家和地区	年份		
		2015	2016	2017			2015	2016	2017
镍粉 Nickel Powder									
1	英国	0.72	0.60	0.71	1	中国	0.37	0.50	1.13
2	日本	0.19	0.19	0.21	2	日本	0.66	0.55	0.73
3	美国	0.16	0.19	0.16	3	美国	0.52	0.47	0.54
4	俄罗斯	0.15	0.13	0.13	4	韩国	0.29	0.26	0.40
5	比利时	0.10	0.11	0.12	5	瑞典	0.15	0.20	0.25
6	南非	0.05	0.02	0.05	6	德国	0.20	0.18	0.20
					7	法国	0.15	0.16	0.15
					8	比利时	0.24	0.24	0.14
镍铁 Ferro Nickel									
1	印尼	18.17	41.14	101.56	1	中国	65.41	104.51	137.75
2	巴西	15.03	20.28	20.99	2	中国台湾	16.84	15.23	18.45
3	日本	23.41	16.82	16.25	3	印度	2.61	7.11	13.02
4	哥伦比亚	12.86	12.77	11.10	4	意大利	11.50	9.13	8.24
5	新喀里多尼亚	5.69	6.54	7.38	5	韩国	7.57	7.28	7.31
6	乌克兰	9.70	8.04	7.30	6	比利时	8.61	7.08	6.27
7	多米尼加共和国	—	3.09	4.39	7	荷兰	8.40	4.84	3.77
8	马其顿	8.69	3.60	3.07	8	西班牙	4.83	5.28	3.60
9	荷兰	8.81	4.04	2.62	9	芬兰	4.58	3.33	3.50
10	比利时	0.90	0.23	0.48	10	日本	3.12	4.19	3.41
11	中国	0.54	0.20	0.22	11	南非	2.42	2.21	2.61
12	俄罗斯	0.06	0.22	0.20	12	美国	1.13	0.81	2.27
13	德国	0.03	0.01	0.01	13	瑞典	1.80	2.15	1.81
					14	德国	1.55	0.50	1.07
					15	英国	0.79	0.76	0.73
					16	法国	1.29	1.00	0.61

三 世界主要金属交易所及主要国家和地区有色金属库存量
（3）Stocks of Nonferrous Metal in the World Major Metal Exchanges and World Major Countries or Areas

1. 世界铝库存量
（A）World Stocks of Aluminium

单位：万吨
unit：10kt

交易所 国家和地区	年 份			交易所 国家和地区	年 份		
	2015	2016	2017		2015	2016	2017
金属交易所				**国家和地区**			
伦敦金属交易所（LME）				德 国			
比利时	1.94	0.83	0.84	贸易商	0.01	0.01	0.01
德 国	4.35	3.97	2.18	消费者	2.56	2.56	2.56
意大利	8.59	3.97	2.41	小 计	2.57	2.57	2.57
荷 兰	180.66	84.59	44.39	日 本			
西班牙	2.45	2.12	2.12	消费者	12.88	12.88	12.88
瑞 典	1.23	1.13	—	港 口	40.06	28.18	24.89
英 国	0.03	0.01	0.00	小 计	52.94	41.06	37.77
新加坡	23.44	21.82	18.25	其他国家[1]	—	—	—
美 国	46.00	26.50	6.58	**合 计**	**55.51**	**43.63**	**40.34**
马来西亚	12.39	25.19	15.41	**商业库存总计**	**378.73**	**273.70**	**229.87**
韩 国	7.89	47.75	17.65				
小 计	288.96	217.87	109.82				
纽约商品交易所（COMEX）							
美 国	4.65	2.13	4.31				
上海金属交易所（SME）							
中 国	29.61	10.07	75.41				
东京商品交易所							
日 本	—	—	—				
合 计	**323.22**	**230.07**	**189.54**				

注：本表汇总了未锻原生铝库存的所有现有信息，所有数字为年末时的库存。

1）国际铝协（IAI）报道的生产者库存。

2. 世界铜库存量

（B）World Stocks of Copper

单位：万吨
unit：10kt

交易所　国家和地区	年　份		
	2015	2016	2017
矿石和精矿			
赞比亚	1.19	1.19	1.19
日　本	5.63	6.93	6.39
澳大利亚	4.06	4.06	4.06
粗铜和阳极铜			
纳米比亚	0.36	0.36	0.36
南　非	0.15	0.15	0.15
赞比亚	2.10	2.10	2.10
美　国	1.39	1.42	1.26
加拿大	2.69	3.02	5.35
澳大利亚	0.64	0.64	0.64
小　计	18.21	19.87	21.50
精　铜			
金属交易所 LME			
比利时	1.63	0.01	0.16
马来西亚	4.66	3.09	2.43
意大利	0.71	—	—
荷　兰	4.97	2.02	6.57
英　国	0.08	0.25	1.24
新加坡	1.28	5.75	2.76
美　国	8.38	9.89	2.71
韩　国	1.46	8.23	2.36
中国台湾	0.43	1.96	1.79
德　国	—	—	0.04
小　计	23.58	31.18	20.07
Comex			
美　国	6.42	7.92	19.18
SME			
中　国	18.28	14.66	15.05
合　计	**48.28**	**53.76**	**54.29**

交易所　国家和地区	年　份		
	2015	2016	2017
国家和地区			
法　国[1)]	3.26	3.26	3.26
德　国			
生产者	4.71	4.71	4.71
贸易商	0.57	0.57	0.57
消费者	2.73	2.73	2.73
小　计	8.01	8.01	8.01
波　兰[2)]	0.44	0.96	0.56
英　国[1)]	0.73	0.73	0.73
刚果民主共和国[2)]	0.04	0.04	0.04
南　非[2)]	0.21	0.45	0.18
赞比亚[2)]	0.10	0.10	0.10
印　度[3)]	0.57	0.57	0.57
日　本			
生产者	10.01	9.07	9.22
贸易商	0.49	0.63	0.66
消费者	0.94	1.38	0.85
小　计	11.45	11.09	10.74
韩　国[2)]	2.32	2.32	2.32
菲律宾[2)]	0.95	0.95	0.95
加拿大[2)]	0.80	0.57	0.93
美　国			
生产者	2.30	2.30	2.30
消费者	5.13	3.98	4.13
小　计	7.43	6.28	6.43
巴　西[2)]	1.07	1.07	1.07
澳大利亚[2)]	0.49	0.49	0.49
其他国家[2)]	6.45	6.45	6.45
合　计	44.32	43.33	42.82
其中：生产者	29.88	29.47	29.31
贸易商	1.64	1.78	1.80
消费者	12.80	12.08	11.71
商业库存总计	**92.60**	**97.09**	**97.11**

注：本表汇总了未锻铜库存的所有现有信息，所有数字均指年末时的库存。
1）消费者；2）生产者；3）贸易商（包括其在生产厂的库存）。

3. 世界铅库存量

（C）World Stocks of Lead

单位：万吨
unit：10kt

交易所 国家和地区	年份			交易所 国家和地区	年份		
	2015	2016	2017		2015	2016	2017
金属交易所				日 本			
LME				生产者	2.44	1.86	0.98
比利时	0.02	0.83	0.95	贸易商	0.00	0.00	0.01
马来西亚	5.99	3.74	2.62	消费者	0.65	0.68	0.78
西班牙	0.84	1.30	0.62	小 计	3.09	2.54	1.76
意大利	0.05	0.37	0.58	加拿大[5)]	0.51	0.55	0.31
荷 兰	7.53	9.03	7.11	美 国			
德 国	0.07	0.04	0.02	生产者	2.32	2.32	2.32
美 国	0.03	—	—	消费者	6.33	6.33	6.33
小 计	14.52	15.31	11.89	小 计	8.65	8.65	8.65
SME				巴 西[5)]	0.29	0.29	0.29
中 国	1.33	2.87	4.20	澳大利亚[5)]	0.35	0.44	0.50
合 计	**15.85**	**18.18**	**16.09**	其他国家[6)]	0.12	0.12	0.12
国家和地区				**合 计**	**25.55**	**25.11**	**24.11**
德 国[1)]				其中：生产者	11.78	11.32	10.22
生产者	2.84	2.84	2.84	贸易商	0.03	0.03	0.04
贸易商	0.03	0.03	0.03	消费者	13.73	13.76	13.86
消费者	2.06	2.06	2.06	**商业库存总计**	**41.40**	**43.29**	**40.20**
小 计	4.93	4.93	4.93	**战略库存**			
英 国[2)]	2.59	2.59	2.59	美 国	—	—	—
欧洲其他国家							
生产者[3)]	2.91	2.90	2.86				
消费者[4)]	2.10	2.10	2.10				
小 计	5.01	5.00	4.96				

注：本表汇总了未锻铅库存的现有信息，所有数字均指年末时的库存。

1）包括再熔铅；2）消费者；3）法国、荷兰、挪威和瑞典；4）除德国外的欧洲 OECD 国家；5）生产者；6）包括非洲、阿根廷、墨西哥和秘鲁的生产者。

4. 世界锌库存量

（D）World Stocks of Zinc

单位：万吨
unit：10kt

交易所　国家和地区	年　份			交易所　国家和地区	年　份		
	2015	2016	2017		2015	2016	2017
金属交易所				日　本			
LME				生产者	6.64	7.38	6.75
比利时	4.70	2.34	0.03	贸易商	0.01	0.01	0.31
德　国	—	—	—	消费者	2.06	1.81	1.83
意大利	—	—	—	小　计	8.71	9.20	8.89
荷　兰	0.97	0.87	—	加拿大[5)]	5.20	4.59	3.78
西班牙	0.06	0.06	0.06	美　国			
英　国	0.40	0.40	—	生产者	0.84	0.84	0.84
马来西亚	3.48	1.00	0.08	贸易商	1.02	1.02	1.02
新加坡	0.09	0.09	—	消费者	8.18	8.18	8.18
美　国	36.58	38.01	17.92	小　计	10.04	10.04	10.04
小　计	46.27	42.77	18.10	巴　西[5]	0.26	0.26	0.26
SEM				澳大利亚[5)]	2.08	3.21	2.02
中　国	19.88	15.28	6.86	其他国家[6)]	3.33	3.33	3.33
合　计	**66.15**	**58.05**	**24.96**	**合　计**	**42.43**	**44.20**	**41.79**
国家和地区					其中：		
德　国[1)]				生产者	25.05	27.08	24.35
生产者	0.56	0.56	0.56	贸易商	1.53	1.53	1.83
贸易商	0.50	0.50	0.50	消费者	15.85	15.60	15.61
消费者	2.71	2.71	2.71	**商业库存总计**	**108.58**	**102.26**	**66.75**
小　计	**3.77**	**3.77**	**3.77**	**战略库存**			
英　国[2)]	**0.89**	**0.89**	**0.89**	美　国	0.73	0.73	0.73
欧洲其他国家							
生产者[3)]	6.14	6.91	6.81				
消费者[4)]	2.00	2.00	2.00				
小　计	8.14	8.91	8.81				

注：本表汇总了未锻锌库存的现有信息，所有数字均指年末的库存。

1）包括再熔锌；2）消费者；3）法国、荷兰、挪威和瑞典；4）除德国外的欧洲 OECD 国家；5）生产者；6）阿根廷、秘鲁、印度和韩国的生产者。

5. 世界镍库存量

（E）World Stocks of Nickel

单位：万吨
unit：10kt

交易所 国家和地区	年 份			交易所 国家和地区	年 份		
	2015	2016	2017		2015	2016	2017
金属交易所				**国家和地区**			
LME				德 国			
比利时	0.05	0.05	0.05	贸易商	0.01	0.01	0.01
英 国	0.62	0.47	0.05	消费者	0.34	0.34	0.34
德 国	0.03	0.00	—	小 计	0.35	0.35	0.35
荷 兰	13.48	8.60	5.22	日 本			
瑞 典	0.08	—	—	生产者	0.30	0.23	0.20
新加坡	4.15	4.79	4.55	贸易商	0.78	0.81	0.63
韩 国	1.10	1.81	1.39	消费者	0.76	0.81	0.76
美 国	0.42	0.52	0.38	小 计	1.84	1.85	1.59
马来西亚	17.81	15.04	18.25	美 国[1)]	0.29	0.29	0.29
阿联酋	1.07	1.22	1.47	其他国家[2)]	—	—	—
中国台湾	5.32	4.69	5.31	**合 计**	**2.47**	**2.48**	**2.23**
小 计	**44.13**	**37.21**	**36.66**	**商业库存总计**	**51.12**	**49.08**	**43.31**
SME							
中 国	4.52	9.39	4.42				
合 计	**48.65**	**46.60**	**41.08**				

注：本表汇总了未锻镍库存的所有现有信息，所有数字均指年末时的库存。
1）消费者；2）WBMS 报道的生产者镍库存量。

6. 世界精锡库存量

（F）World Stocks of Refined Tin

单位：万吨
unit：10kt

交易所 国家和地区	年 份			交易所 国家和地区	年 份		
	2015	2016	2017		2015	2016	2017
金属交易所				印 尼[2)]	0.58	0.34	0.28
LME				日 本			
新加坡	0.26	0.18	0.02	生产者	0.01	0.01	0.01
荷 兰	0.03	0.02	0.01	贸易商	0.01	0.00	0.00
马来西亚	0.33	0.18	0.19	消费者	0.12	0.13	0.12
韩 国	0.00	0.00	0.00	小 计	0.14	0.14	0.13
美 国	—	—	—	马来西亚[2)]	0.07	0.04	0.06
小 计	**0.62**	**0.38**	**0.22**	巴 西[2)]	0.36	0.36	0.36
国家和地区				美 国[1)]	0.69	0.62	0.67
德 国[1)]	0.21	0.21	0.21	**合 计**	**2.15**	**1.81**	**1.82**
英 国[1)]	0.10	0.10	0.10	**商业库存总计**	**2.77**	**2.18**	**2.04**
				战略库存			
				美 国	0.40	0.40	0.40

注：本表汇总了未锻锡所有现有的信息，所有数字均指年末时的库存。
1）消费者；2）生产者。

四 世界有色金属价格
（4）World Nonferrous Metal Prices

1. 2017 年伦敦金属交易所基本金属月平均价
（A）LME Base Metals Monthly Average Prices in 2017

品名 / 交易方式 / 月份	A 级铜 美元/吨			
	现 货	3 个月期货	结 算	3 个月卖方
1	5736.99	5758.42	5737.43	5759.21
2	5941.10	5952.03	5941.55	5952.70
3	5821.09	5840.17	5821.52	5840.89
4	5697.36	5727.26	5697.67	5728.00
5	5591.11	5613.58	5591.50	5614.38
6	5699.08	5724.39	5699.48	5725.07
7	5978.11	6007.69	5978.60	6008.31
8	6477.68	6507.09	6478.18	6507.68
9	6582.68	6622.51	6583.19	6623.55
10	6796.84	6832.98	6797.39	6834.05
11	6825.09	6856.82	6825.57	6857.55
12	6800.63	6838.08	6801.16	6839.03

续表

品名 / 交易方式 / 月份	锡 美元/吨			
	现 货	3 个月期货	结 算	3 个月卖方
1	20741.31	20705.12	20749.76	20718.33
2	19485.00	19495.50	19491.50	19505.25
3	19819.57	19779.78	19831.52	19791.74
4	19981.94	19951.11	19991.39	19960.00
5	20222.14	20091.31	20230.95	20101.90
6	19696.48	19535.34	19701.82	19546.82
7	20260.95	20088.45	20272.86	20098.33
8	20559.55	20397.27	20570.00	20407.95
9	20843.45	20669.05	20855.48	20680.71
10	20459.20	20285.57	20468.86	20296.59
11	19567.16	19459.09	19574.55	19468.18
12	19432.11	19353.29	19440.00	19364.21

续表

月份 \ 交易方式 \ 品名	铅 美元/吨			
	现　货	3个月期货	结　算	3个月卖方
1	2236.25	2236.13	2236.69	2237.12
2	2321.24	2322.88	2321.73	2323.60
3	2276.75	2284.66	2277.30	2285.46
4	2230.78	2230.44	2231.31	2231.03
5	2131.15	2137.56	2131.67	2138.29
6	2130.64	2151.19	2131.18	2151.95
7	2265.85	2290.10	2266.40	2290.86
8	2356.76	2379.41	2357.32	2380.14
9	2376.81	2393.51	2377.29	2394.19
10	2505.76	2513.00	2506.30	2513.73
11	2463.80	2472.31	2464.41	2473.00
12	2508.20	2506.78	2508.82	2507.45

续表

月份 \ 交易方式 \ 品名	锌 美元/吨			
	现　货	3个月期货	结　算	3个月卖方
1	2712.68	2727.25	2713.00	2727.74
2	2848.04	2849.01	2848.43	2849.70
3	2781.33	2797.42	2781.74	2798.11
4	2632.50	2649.19	2633.03	2649.75
5	2589.77	2597.73	2590.24	2598.40
6	2571.53	2582.76	2571.93	2583.39
7	2784.63	2789.24	2785.10	2789.86
8	2981.44	2991.58	2981.84	2992.30
9	3119.18	3103.25	3119.79	3103.98
10	3273.52	3210.65	3273.95	3211.66
11	3235.61	3197.05	3236.16	3197.61
12	3192.04	3188.09	3192.47	3188.71

续表

月份 \ 交易方式 \ 品名	铝　美元/吨			
	现　　货	3个月期货	结　　算	3个月卖方
1	1790.37	1786.02	1790.79	1786.38
2	1856.44	1865.53	1856.80	1865.85
3	1901.11	1910.70	1901.57	1911.00
4	1930.61	1940.90	1930.94	1941.31
5	1913.68	1916.63	1914.14	1917.07
6	1886.25	1891.83	1886.61	1892.16
7	1903.23	1921.02	1903.62	1921.36
8	2029.63	2034.93	2030.09	2035.43
9	2100.14	2125.26	2100.48	2125.69
10	2130.02	2148.07	2130.41	2148.50
11	2100.57	2116.60	2101.02	2117.02
12	2070.38	2086.88	2070.74	2087.34

续表

月份 \ 交易方式 \ 品名	铝合金　美元/吨			
	现　　货	3个月期货	结　　算	3个月卖方
1	1578.10	1594.05	1583.10	1599.05
2	1624.50	1637.00	1629.50	1642.00
3	1693.89	1703.26	1698.70	1708.26
4	1682.22	1691.11	1687.22	1696.11
5	1661.19	1670.83	1666.19	1675.71
6	1610.86	1621.02	1615.55	1625.91
7	1629.05	1640.71	1634.05	1645.71
8	1732.27	1743.18	1737.27	1748.18
9	1758.50	1772.02	1762.48	1776.67
10	1820.45	1834.09	1825.45	1839.09
11	1844.77	1859.77	1849.77	1864.57
12	1802.63	1817.63	1807.63	1822.63

续表

品名 / 交易方式 / 月份	镍 美元/吨			
	现 货	3 个月期货	结 算	3 个月卖方
1	9980.71	10032.50	9984.29	10039.76
2	10615.63	10669.38	10619.50	10674.25
3	10225.65	10277.07	10230.43	10282.61
4	9664.86	9721.81	9668.61	9725.83
5	9150.95	9190.48	9154.29	9194.52
6	8927.61	8982.05	8930.68	8988.18
7	9478.69	9525.71	9481.67	9529.52
8	10848.52	10901.82	10852.95	10907.73
9	11230.36	11306.55	11233.57	11313.33
10	11319.66	11377.50	11325.00	11382.27
11	11989.89	12046.02	11992.73	12050.23
12	11405.66	11459.47	11409.21	11463.95

续表

品名 / 交易方式 / 月份	钴 美元/吨			
	现 货	3 个月期货	结 算	3 个月卖方
1	34738.10	34723.81	34961.90	34973.81
2	42998.75	42998.75	43232.50	43232.50
3	52772.83	52783.70	52995.65	53013.04
4	55319.58	55319.44	55555.83	55569.44
5	54690.60	54660.71	54916.90	54904.76
6	57467.16	57405.68	57691.14	57629.55
7	58672.62	57505.95	58916.67	57750.00
8	57963.64	57613.64	58213.64	57863.64
9	60050.00	60030.95	60295.24	60280.95
10	59715.91	59545.45	59954.55	59795.45
11	62022.73	61772.73	62272.73	62022.73
12	72360.53	72305.26	72589.47	72544.74

续表

品名 / 交易方式 / 月份	钼　美元/吨			
	现　货	3个月期货	结　算	3个月卖方
1	15000.00	15000.00	15250.00	15250.00
2	15000.00	15000.00	15250.00	15250.00
3	15000.00	15000.00	15250.00	15250.00
4	15000.00	15000.00	15250.00	15250.00
5	16595.24	16547.62	16845.24	16809.52
6	16636.36	16636.36	16886.36	16886.36
7	15750.00	15750.00	16000.00	16000.00
8	15750.00	15750.00	16000.00	16000.00
9	15750.00	15750.00	16000.00	16000.00
10	15750.00	15750.00	16000.00	16000.00
11	15750.00	15750.00	16000.00	16000.00
12	15750.00	15763.16	16000.00	16026.32

2. 伦敦市场近11年金和银现货价

（B）London Au and Ag Spot Prices in Recent 11 Years

年　月	金（美元/金衡盎司）			银（美分/金衡盎司）		
	平均	最高	最低	平均	最高	最低
2006	604.34	725.80	520.80	1154.92	1494.00	883.00
2007	696.43	841.75	608.30	1338.35	1582.00	1209.50
2008	872.54	1023.50	692.50	1502.01	2092.00	888.00
2009	972.97	1218.25	813.00	1465.40	1918.00	1051.00
2010	1225.46	1426.00	1052.30	2015.75	3070.00	1514.00
2011	1569.58	1896.50	1316.00	3511.19	4870.00	2616.00
2012	1668.50	1718.00	1648.25	3114.90	3342.00	2975.00
2013	1410.80	1692.50	1192.75	2382.96	3223.00	1861.00
2014	1266.34	1298.15	1234.98	1907.80	1981.17	1825.08
2015	1159.21	1168.13	1120.03	1544.78	1609.20	1484.00
2016	1248.60	1284.93	1213.08	1684.62	1773.19	1606.42
2017	1257.31	1346.25	1151.00	1705.36	1856.00	1570.50
1月	1192.62	1214.75	1151.00	1680.76	1729.00	1595.00
2月	1234.36	1257.20	1203.65	1787.43	1834.00	1760.00
3月	1231.09	1257.55	1202.65	1758.78	1833.00	1689.00
4月	1265.63	1284.15	1247.25	1805.83	1856.00	1741.00
5月	1245.00	1266.20	1220.40	1676.48	1731.00	1622.00
6月	1260.26	1293.50	1242.20	1694.59	1760.00	1651.00
7月	1236.22	1267.55	1211.05	1614.38	1679.00	1522.00
8月	1282.32	1318.65	1258.00	1690.91	1760.00	1613.00
9月	1314.98	1346.25	1282.55	1744.86	1821.00	1682.00
10月	1279.51	1303.30	1261.80	1693.73	1741.00	1658.00
11月	1282.28	1294.90	1267.20	1700.50	1714.50	1657.00
12月	1263.47	1296.50	1240.90	1616.08	1686.50	1570.50

3. 2017 年《金属通报》（MB）有色金属现货月平均价

（C）《Metal Bulletin》Monthly Average Cash prices of Nonferrous Metals in 2017

月份	锑 (99.65%) Bi≤100ppm	锑 MMTA 标准Ⅱ级	汞[1] (≥99.99%)	铋[2] (≥99.99%)	铟[3] (≥99.97%)	硒[2] (≥99.5%)
1	7443.75－7703.13	7381.25－7631.25	1050－1275	4.57－4.88	190－230	12.75－14.75
2	7746.25－8018.75	7706.25－7975.00	1050－1275	4.44－4.83	190－230	12.78－14.54
3	8540.00－8840.00	8525.00－8770.00	1050－1275	4.50－4.90	190－230	15.87－17.83
4	8850.00－9100.00	8775.00－9037.50	1100.0－1337.5	4.66－5.06	190.00－223.75	18.88－21.46
5	8844.44－9144.44	8700.00－9016.67	1150－1400	4.77－5.10	187.78－227.78	19.50－21.39
6	8566.67－8855.56	8366.67－8633.33	1150－1400	4.65－5.07	180.56－217.22	18.10－20.17
7	7825.00－8181.25	7750.00－8112.50	1150－1400	4.65－5.05	180.00－206.25	16.14－18.78
8	8211.11－8538.89	8177.78－8511.11	1275－1450	4.68－5.05	180.00－216.67	14.57－16.64
9	8327.78－8600.00	8277.78－8488.89	1350－1450	5.08－5.27	185.56－202.78	14.34－16.28
10	8075.00－8243.75	7937.50－8143.75	1350－1450	5.10－5.30	205.63－224.38	16.19－18.65
11	7922.22－8222.22	7855.56－8138.89	1350－1450	5.10－5.31	263.89－284.44	17.19－18.65
12	8000.00－8322.22	8000.00－8322.22	1600－1700	5.10－5.40	248.33－271.11	17.50－18.96

续表

月份	镉[4]		钴[2]		氧化钼[2]		APT[5]
	99.95%	99.99%	高级 >99.8%	低级 >99.3%	欧洲	美国	欧洲
1	65.00－70.00	68.00－76.75	15.59－16.39	15.30－16.10	7.22－7.36	7.19－7.43	190.75－199.13
2	67.50－74.00	70.50－78.50	19.50－20.35	18.88－19.88	7.61－7.78	7.68－7.86	196.25－205.50
3	70.80－77.80	74.20－81.20	25.72－27.08	23.54－25.09	8.41－8.58	8.36－8.56	208.80－216.40
4	74.63－81.63	77.63－86.13	27.08－28.44	24.82－26.34	8.79－8.91	8.95－9.15	207.50－216.25
5	74.00－82.44	76.33－85.33	27.03－28.52	24.28－25.92	8.13－8.26	8.38－8.59	214.25－222.75
6	68.78－79.22	68.78－79.22	28.20－29.83	26.33－27.52	7.17－7.32	7.37－7.60	217.20－224.60
7	66.00－75.25	66.00－77.00	28.64－30.76	27.68－29.12	7.18－7.33	7.35－7.49	222.25－228.50
8	66.00－75.00	66.00－77.00	28.69－30.19	28.18－29.69	8.33－8.48	8.26－8.43	251.75－258.75
9	67.33－76.33	70.44－81.44	29.26－30.36	28.60－29.77	8.63－8.73	8.66－8.86	299.00－318.00
10	88.00－96.38	93.00－103.38	29.79－30.90	29.32－30.28	8.41－8.54	8.43－8.59	278.75－287.50
11	100.00－109.11	105.00－113.00	30.04－31.29	29.94－31.19	8.42－8.50	8.52－8.64	275.25－286.25
12	98.00－106.00	100.00－109.00	34.33－36.08	33.52－35.33	9.37－9.51	9.43－9.64	293.40－300.40

注：1）美元/瓶；2）美元/磅；3）美元/千克；4）美分/磅；5）美元/吨度
未注明者为美元/吨

4. 2017 年《金属周刊》（MW）有色金属及其产品平均价
（D）Platts Metals Week Average Prices of Nonferrous Metals & its Products in 2017

品名 / 价格 / 月份	氧化铝			铝							
	PAX FOB 澳大利亚 美元/吨	PAX CFR 中国 美元/吨	PAX 中国工厂交货 美元/吨	MW 美国市场 美分/磅	MW 美国交易 美分/磅	LME HG 现货 美元/吨	LME HG 3个月期货 美元/吨	LME 结算 美元/吨	LME HG Y1	LME HG Y2	LME HG Y3
1	341.950	356.268	429.512	89.964	90.265	1790.369	1786.024	1790.786	1826.830	1859.690	1902.120
2	341.975	356.795	425.844	94.375	94.193	1856.438	1865.525	1856.800	1912.500	1941.650	1971.650
3	335.804	352.372	393.520	96.370	96.234	1901.109	1910.696	1901.565	1949.980	1975.890	2004.980
4	309.974	326.926	347.464	96.972	97.311	1930.611	1940.903	1930.944	1980.000	2005.110	2034.610
5	276.833	293.162	339.803	96.071	96.084	1913.679	1916.631	1914.143	1951.210	1975.640	2003.790
6	302.881	317.729	386.995	93.761	93.773	1886.250	1891.830	1886.614	1925.640	1949.320	1974.320
7	306.881	321.905	375.141	93.964	93.771	1903.226	1921.024	1903.619	1959.500	1987.600	2013.400
8	315.500	330.941	390.405	99.330	99.693	2029.625	2034.932	2030.091	2078.230	2116.090	2152.770
9	383.850	401.128	502.881	103.810	103.857	2100.143	2125.262	2100.476	2173.210	2210.170	2245.500
10	465.405	484.614	565.632	106.198	106.081	2130.023	2148.068	2130.409	2195.640	2228.730	2257.320
11	462.614	481.609	540.873	104.852	104.787	2100.568	2116.602	2101.023	2164.730	2199.640	2225.770
12	407.850	426.305	444.156	103.908	103.375	2070.382	2086.882	2070.737	2133.820	2173.820	2199.660
1～12	354.293	370.813	428.519	98.298	98.285	1967.702	1978.698	1968.101	2020.941	2051.946	2082.158

续表

品名 / 价格 / 月份	铝合金					
	LME 现货 美元/吨	LME 3月期货 美元/吨	LME 结算价 美元/吨	LME Y1	LME 北美现货 美元/吨	LME 北美3个月期货 美元/吨
1	1578.095	1594.048	1583.095	1620.000	1748.119	1767.738
2	1624.500	1637.000	1629.500	1660.500	1863.975	1882.325
3	1693.891	1703.261	1698.696	1723.260	1908.837	1929.152
4	1682.222	1691.111	1687.222	1706.110	1784.264	1815.139
5	1661.190	1670.833	1666.190	1682.860	1794.560	1814.524
6	1610.864	1621.023	1615.545	1630.910	1806.352	1823.409
7	1629.048	1640.714	1634.048	1646.900	1782.810	1806.190
8	1732.273	1743.182	1737.273	1746.820	1911.443	1929.205
9	1758.500	1772.024	1762.476	1780.480	1941.024	1962.619
10	1820.455	1834.091	1825.455	1844.090	1895.886	1917.727
11	1844.773	1859.773	1849.773	1867.270	1865.591	1885.625
12	1802.632	1817.632	1807.632	1828.680	1845.671	1860.526
1～12	1703.204	1715.391	1708.075	1728.157	1845.711	1866.182

续表

品名/价格/月份	铝合金									
	LME 北美结算价 美元/吨	MW A380 美分/磅	MW 319# 美分/磅	MW 356# 美分/磅	MW F132 美分/磅	MW A413 美分/磅	美国 旧铸件 美分/磅	美国 旧板片 美分/吨	轧制级 MLCC 美分/磅	冶炼级 MLCC 美分/磅
1	1752.190	84.028	88.667	90.722	89.667	89.778	58.889	57.111	68.722	59.000
2	1867.475	88.375	91.500	93.938	92.500	92.375	60.438	59.375	72.000	63.938
3	1911.391	92.056	94.639	96.611	95.639	95.806	62.944	61.944	73.444	65.667
4	1785.528	91.563	95.125	97.375	96.125	96.813	63.500	62.063	74.688	66.688
5	1795.381	90.750	95.278	97.833	96.278	96.722	61.639	60.389	73.444	65.222
6	1807.500	90.861	95.167	98.111	96.167	97.833	60.944	59.556	72.028	63.833
7	1783.881	90.469	96.250	99.438	97.250	98.438	59.750	59.125	70.906	63.750
8	1911.909	91.889	97.139	101.167	98.111	100.667	58.611	57.500	72.861	63.889
9	1942.190	95.219	99.500	103.000	100.500	102.875	59.000	58.375	73.563	64.000
10	1898.432	95.833	100.611	104.444	101.611	104.056	59.111	58.111	72.611	64.778
11	1867.318	97.094	102.438	105.375	103.375	105.500	59.125	57.813	71.375	64.125
12	1847.974	96.786	103.071	105.000	104.071	105.286	58.857	57.286	68.857	61.857
1～12	1847.597	92.077	96.615	99.418	97.608	98.846	60.234	59.054	72.042	63.896

续表

品名/价格/月份	铝合金					铜			
	美国高级 汽车部件 美分/磅	美国低级 汽车部件 美分/磅	美国切屑 美分/磅	Alloy226 del Eur 欧元/吨	美国 UBCs 美分/磅	COMEX lst 美分/磅	COMEX 2nd 美分/磅	COMEX 3rd 美分/磅	LME，A 级 现货 美元/吨
1	63.778	57.833	57.833	1655.000	72.125	261.863	265.403	265.298	5736.988
2	66.813	60.344	59.875	1735.630	74.125	269.426	270.592	274.879	5941.100
3	69.889	60.000	62.167	1838.000	74.200	264.122	265.089	270.276	5821.087
4	70.000	63.375	61.688	1826.250	72.000	258.626	259.571	265.308	5697.361
5	68.000	61.778	60.778	1757.500	69.250	254.902	255.648	260.477	5591.107
6	66.944	60.556	60.111	1695.000	68.500	260.193	261.066	265.409	5699.080
7	63.313	58.313	59.000	1694.380	69.938	272.883	273.680	278.805	5978.107
8	63.056	57.111	57.778	1740.000	73.200	295.878	296.693	301.954	6477.682
9	65.438	58.500	57.875	1737.000	75.063	298.405	299.823	305.548	6582.679
10	66.333	58.889	57.833	1718.750	74.625	309.559	310.984	316.507	6796.841
11	67.563	59.125	57.063	1716.250	70.600	309.417	310.745	316.221	6825.091
12	68.429	58.857	56.286	1756.000	70.375	309.825	312.048	317.140	6800.632
1～12	66.630	59.557	59.024	1739.147	72.000	280.425	281.779	286.485	6162.313

续表

月份 \ 价格 \ 品名	铜							
	LME A级 3个月期货 美元/吨	LME 结算 美元/吨	LME A级 Y1	LME A级 Y2	LME A级 Y3	MW 1#烧后废铜 美分/磅	MW 1#裸亮铜 美分/磅	MW 2#废铜 美分/磅
1	5758. 417	5737. 429	5771. 190	5755. 950	5743. 570	15. 250	7. 750	38. 500
2	5952. 025	5941. 550	5967. 250	5951. 250	5929. 250	16. 000	8. 750	39. 000
3	5840. 174	5821. 522	5865. 870	5852. 170	5830. 430	17. 200	7. 600	36. 600
4	5727. 264	5697. 667	5784. 440	5784. 170	5763. 060	13. 250	6. 000	34. 000
5	5613. 583	5591. 500	5681. 670	5695. 000	5689. 760	11. 600	5. 400	31. 200
6	5724. 386	5699. 477	5786. 140	5798. 640	5795. 910	10. 500	5. 000	30. 000
7	6007. 690	5978. 595	6081. 430	6104. 290	6104. 290	13. 750	5. 750	32. 000
8	6507. 091	6478. 182	6578. 640	6599. 320	6601. 590	19. 600	11. 200	36. 800
9	6622. 512	6583. 190	6705. 240	6735. 240	6737. 620	24. 000	14. 000	39. 750
10	6832. 977	6797. 386	6904. 550	6931. 140	6932. 950	24. 000	14. 250	39. 500
11	6856. 818	6825. 568	6917. 270	6936. 820	6935. 910	23. 600	13. 400	42. 400
12	6838. 079	6801. 158	6896. 840	6920. 530	6918. 950	20. 750	13. 000	39. 750
1～12	6190. 085	6162. 769	6245. 044	6255. 377	6248. 608	17. 458	9. 342	36. 625

续表

月份 \ 价格 \ 品名	铅					
	LME 现货 美元/吨	LME 3个月期货 美元/吨	LME 结算 美元/吨	LME Y1	LME Y2	LME Y3
1	2236. 250	2236. 131	2236. 690	2233. 020	2211. 120	2209. 690
2	2321. 238	2322. 875	2321. 725	2307. 350	2259. 350	2239. 350
3	2276. 750	2284. 663	2277. 304	2270. 370	2220. 370	2200. 370
4	2230. 778	2230. 444	2231. 306	2250. 220	2216. 720	2196. 720
5	2131. 155	2137. 560	2131. 667	2162. 600	2144. 360	2124. 360
6	2130. 636	2151. 193	2131. 182	2181. 230	2171. 230	2151. 230
7	2265. 845	2290. 095	2266. 405	2321. 400	2311. 400	2291. 400
8	2356. 761	2379. 409	2357. 318	2404. 180	2394. 180	2374. 180
9	2376. 810	2393. 512	2377. 286	2421. 120	2421. 120	2401. 120
10	2505. 761	2513. 000	2506. 295	2531. 050	2540. 050	2537. 500
11	2463. 795	2472. 307	2464. 409	2480. 640	2477. 090	2473. 680
12	2508. 197	2506. 776	2508. 816	2502. 130	2473. 130	2436. 340
1～12	2316. 998	2326. 497	2317. 534	2338. 776	2320. 010	2302. 995

续表

品名 价格 月份	锡				
	LME 现货 美元/吨	LME 3 个月期货 美元/吨	LME 15 个月期货 美元/吨	LME 结算 美元/吨	MW 纽约 交易商 美分/磅
1	20741.310	20705.119	20423.571	20749.762	968.000
2	19485.000	19495.500	19378.000	19491.500	909.875
3	19819.565	19779.783	19581.522	19831.522	919.000
4	19981.944	19951.111	19725.833	19991.389	929.875
5	20222.143	20091.310	19817.381	20230.952	945.889
6	19696.477	19535.341	19221.364	19701.818	917.444
7	20260.952	20088.452	19746.429	20272.857	948.000
8	20559.545	20397.273	20093.636	20570.000	960.778
9	20843.452	20669.048	20332.143	20855.476	972.000
10	20459.205	20285.568	19896.364	20468.864	956.889
11	19567.159	19459.091	19067.500	19574.545	908.667
12	19432.105	19353.289	19014.474	19440.000	903.429
1～12	20089.071	19984.240	19691.518	20098.224	936.654

续表

品名 价格 月份	锌								
	LME，SHG 现货 美元/吨	LME，SHG 3 个月期货 美元/吨	LME 结算 美元/吨	LME SHG Y1 美元/吨	LME SHG Y2 美元/吨	LME SHG Y3 美元/吨	MW 北美 SHG 美分/磅	MW 北美 电镀级 美分/磅	MW No3 合金 美分/磅
1	2712.679	2727.250	2713.000	2545.640	2355.640	2232.790	129.203	129.619	139.810
2	2848.038	2849.013	2848.425	2694.100	2482.400	2332.400	135.603	135.853	146.103
3	2781.326	2797.424	2781.739	2706.800	2547.800	2397.800	134.058	134.895	143.808
4	2632.500	2649.194	2633.028	2595.440	2479.890	2346.560	127.752	129.252	137.252
5	2589.774	2597.726	2590.238	2553.450	2461.600	2364.450	126.027	126.741	135.491
6	2571.534	2582.761	2571.932	2506.680	2402.590	2318.500	125.184	125.684	134.661
7	2784.631	2789.238	2785.095	2718.740	2604.500	2524.500	134.830	135.330	144.330
8	2981.443	2991.580	2981.841	2906.910	2771.000	2661.450	143.913	144.413	153.459
9	3119.179	3103.250	3119.786	3015.500	2870.310	2724.600	150.011	150.511	159.761
10	3273.523	3210.648	3273.955	3081.360	2846.270	2620.360	157.004	157.504	166.754
11	3235.614	3197.045	3236.159	3108.730	2915.230	2692.230	155.017	155.517	164.869
12	3192.039	3188.092	3192.474	3143.290	2989.710	2802.340	152.808	153.308	162.808
1～12	2893.523	2890.268	2893.973	2798.053	2643.912	2501.498	139.284	139.886	149.092

续表

品名 价格 月份	金						钯	
	COMEX lst 美元/盎司	COMEX 2nd 美元/盎司	Engelhard 未加工 美元/盎司	Handy& Harman 美元/盎司	伦敦 收盘 美元/盎司	伦敦 开盘 美元/盎司	JM 北美 美元/盎司	Engelhard 未加工 美元/盎司
1	1193.190	1209.095	1195.285	1192.098	1192.617	1192.648	750.952	752.381
2	1234.542	1252.289	1237.144	1234.203	1234.358	1233.390	775.600	779.474
3	1230.378	1250.626	1234.234	1231.093	1231.093	1231.063	777.826	780.652
4	1268.653	1288.089	1270.854	1266.884	1265.628	1267.150	801.158	803.526
5	1243.764	1265.341	1248.999	1246.036	1245.005	1245.250	795.227	797.636
6	1260.059	1279.759	1264.130	1260.257	1260.257	1261.277	866.273	867.682
7	1235.960	1257.620	1240.813	1236.845	1236.221	1235.100	860.381	860.150
8	1283.796	1304.409	1286.387	1283.041	1282.316	1281.720	916.043	917.261
9	1313.940	1337.830	1317.485	1314.073	1314.979	1317.045	936.667	936.900
10	1279.250	1302.895	1283.896	1279.514	1279.514	1280.677	961.000	963.909
11	1280.690	1307.776	1285.330	1281.900	1282.284	1283.189	1002.955	1005.330
12	1265.570	1291.390	1267.958	1264.445	1261.256	1265.674	1024.421	1026.737
1～12	1257.483	1278.927	1261.043	1257.532	1257.127	1257.849	874.301	872.524

续表

品名 价格 月份	钯		铂			
	NYMEX 附近交货 美元/盎司	纽约 交易商平均 美元/盎司	JM 北美 美元/盎司	Engelhard 未加工 美元/盎司	NYMEX 附近交货 美元/盎司	纽约 交易商平均 美元/盎司
1	751.938	742.250	973.190	973.762	978.135	966.250
2	773.537	764.875	1009.400	1009.632	1012.616	1001.000
3	777.726	777.200	964.696	965.217	961.804	973.700
4	798.742	799.250	962.789	962.632	964.274	963.125
5	791.159	792.250	932.318	933.000	931.323	928.500
6	853.341	854.900	933.955	933.636	933.095	935.300
7	854.495	853.875	921.000	921.900	921.155	917.875
8	912.015	911.200	976.130	975.652	978.761	970.700
9	929.078	938.750	968.762	967.100	966.400	973.750
10	952.200	955.875	923.773	924.000	925.991	923.875
11	997.179	999.400	937.273	937.500	937.095	933.700
12	1029.558	1024.750	909.316	910.684	908.970	907.000
1～12	868.414	867.881	951.107	951.226	951.635	949.565

续表

品名 价格 月份	钯			银				
	纽约交易商平均 美元/盎司	JM 北美 美元/盎司	Engelhard 未加工 美元/盎司	COMEX 1st 美分/盎司	COMEX 2nd 美分/盎司	COMEX 3rd 美分/盎司	Handy & Harman 美分/盎司	Engehand 未加工 美分/盎司
1	816.250	836.429	834.762	1688.565	1724.220	1722.125	1690.200	1682.048
2	855.625	873.250	876.053	1788.679	1793.953	1823.737	1793.316	1789.737
3	945.000	959.565	964.130	1757.891	1761.709	1794.704	1761.957	1763.261
4	1008.750	1023.421	1025.263	1799.205	1804.795	1836.916	1803.342	1804.053
5	941.875	956.818	957.727	1669.941	1675.395	1709.364	1674.477	1678.682
6	960.000	982.045	991.364	1688.923	1694.673	1726.432	1693.114	1695.273
7	1011.250	1023.810	1025.500	1611.505	1616.715	1649.630	1615.200	1622.850
8	1039.000	1052.826	1056.957	1691.996	1697.191	1725.365	1695.174	1696.652
9	1145.625	1160.238	1164.000	1737.270	1742.950	1775.265	1743.150	1743.450
10	1335.625	1401.136	1405.455	1690.650	1696.450	1725.595	1694.136	1695.773
11	1434.000	1443.864	1443.250	1695.090	1700.829	1736.757	1697.714	1703.950
12	1586.250	1597.105	1606.579	1613.390	1623.380	1654.280	1616.500	1617.158
1～12	1089.938	1109.700	1112.587	1702.759	1711.022	1740.014	1706.523	1707.741

续表

品名 价格 月份	银		锑	镁		
	伦敦定盘价 便士/盎司	伦敦定盘价 美分/盎司	纽约交易商 美分/磅	美国西部现货平均 美分/磅	美国交易商进口平均 美分/磅	美国压铸合金交易 美分/磅
1	1363.434	1680.762	400.000	215.000	151.125	172.500
2	1431.688	1787.425	400.000	215.000	150.000	172.500
3	1425.950	1758.783	400.000	215.000	148.100	172.500
4	1428.938	1805.833	400.000	215.000	146.500	172.500
5	1296.664	1676.476	400.000	215.000	146.625	172.500
6	1323.680	1694.591	400.000	215.000	145.500	180.000
7	1242.888	1614.381	400.000	215.000	143.125	180.000
8	1304.537	1690.909	404.000	215.000	141.400	180.000
9	1311.592	1744.857	405.000	215.000	141.750	180.000
10	1282.955	1693.727	402.000	215.000	142.500	180.000
11	1286.636	1700.500	380.000	215.000	143.200	175.500
12	1205.421	1616.079	380.000	215.000	144.000	172.500
1～12	1325.365	1705.360	397.583	215.000	145.319	175.875

续表

品名 / 价格 / 月份	镁	钴					钼铁	
	压铸合金 中国离岸价 美元/吨	99.8% Co 美国现货 美元/磅	LME 现货 美元/吨	LME 3个月期货 美元/吨	LME 15个月期货 美元/吨	LME 结算 美元/吨	美国 美元/磅钼	欧洲 美元/千克钼
1	2360.000	16.044	34738.100	34723.810	34723.810	34961.900	8.400	17.682
2	2451.250	18.919	42998.750	42998.750	42998.750	43232.500	8.475	18.448
3	2573.000	24.500	52772.830	52783.700	52663.040	52995.650	9.545	20.718
4	2521.250	26.475	55319.580	55319.440	55319.440	55555.830	11.100	21.893
5	2461.250	25.688	54690.600	54660.720	54660.710	54916.990	9.600	20.320
6	2460.000	27.600	57467.160	57405.690	57405.680	57691.140	8.190	18.248
7	2486.250	30.000	58672.620	57505.950	57160.710	58916.670	8.838	18.264
8	2867.000	30.450	57963.640	57613.640	57216.140	58213.640	9.680	20.491
9	2647.500	29.281	60050.000	60030.950	59932.140	60295.240	9.925	21.329
10	2481.667	29.375	59715.910	59545.450	59536.820	59954.550	9.725	20.732
11	2488.750	29.900	62022.730	61772.730	61747.950	62272.730	9.850	20.916
12	2598.000	35.344	72360.530	72305.270	72225.260	72589.470	10.675	23.699
1～12	2532.993	26.965	55731.038	55555.508	55465.871	55966.352	9.500	20.228

续表

品名 / 价格 / 月份	铬铁			锰铁		硅铁	氧化钼		
	高碳 65% Cr 美国仓库 美分/磅	低碳 0.10% C 美国仓库 美分/磅	低碳 0.05% C 美国仓库 美分/磅	中碳 85% Mn 美国仓库 美分/磅	高碳 76% Mn 美国仓库 美元/吨	75% Si 美国仓库 美分/磅	交易商 平均价 美元/磅钼	交易商 低价 美元/磅钼	交易商 高价 美元/磅钼
1	151.875	211.375	217.500	99.000	1435.000	83.000	7.305	7.245	7.366
2	148.125	210.500	217.500	110.000	1451.250	83.000	7.639	7.570	7.708
3	146.700	202.700	217.500	110.000	1431.000	79.500	8.539	8.410	8.669
4	146.375	201.125	217.500	110.250	1415.625	76.500	8.838	8.731	8.944
5	145.800	201.500	217.500	111.000	1433.000	80.700	8.192	8.117	8.267
6	143.875	202.500	217.500	111.000	1478.750	80.250	7.220	7.152	7.289
7	143.250	202.500	217.500	111.750	1516.250	78.125	7.262	7.205	7.319
8	145.500	202.500	217.500	112.500	1537.000	86.300	8.415	8.307	8.523
9	147.500	203.125	220.125	112.500	1561.250	102.375	8.701	8.638	8.764
10	148.500	211.500	222.500	112.500	1575.000	98.500	8.415	8.361	8.468
11	143.700	211.100	222.500	112.500	1527.000	92.900	8.489	8.436	8.541
12	146.500	213.500	224.250	112.500	1503.750	101.375	9.458	9.374	9.542
1～12	146.475	206.160	219.115	110.458	1488.740	86.877	8.206	8.129	8.283

续表

品名 价格 月份	氧化钼				硅锰	钒铁	硒	硅		
	LME 现货 美元/吨钼	LME 3个月期货 美元/吨钼	LME 15个月期货 美元/吨钼	LME 结算 美元/吨钼	65% Mn 美国仓库 美分/磅	美国市场 美元/磅	纽约 交易商 美元/磅	553级 美国中西部交货 美分/磅	553级 日本 到岸价 美元/吨	553级 中国 离岸价 美元/吨
1	15000.000	15000.000	15480.710	15250.000	70.500	12.263	8.500	100.125	1465.00	1458.75
2	15000.000	15000.000	15483.400	15250.000	70.750	12.250	9.000	100.500	1486.25	1467.50
3	15000.000	15000.000	15485.000	15250.000	68.400	12.040	9.500	101.700	1538.00	1527.00
4	15000.000	15000.000	15485.560	15250.000	66.750	12.150	10.000	104.875	1483.75	1467.50
5	16595.240	16547.620	17030.240	16845.240	66.500	12.113	10.200	108.500	1463.33	1453.75
6	16636.360	16636.360	17121.140	16886.360	65.250	12.225	10.500	113.625	1471.50	1479.00
7	15750.000	15750.000	16233.570	16000.000	63.750	12.750	10.500	117.250	1558.75	1546.25
8	15750.000	15750.000	16231.360	16000.000	63.800	17.600	11.700	122.000	1936.00	1932.00
9	15750.000	15750.000	16235.000	16000.000	64.000	21.156	12.000	126.000	1995.00	1967.50
10	15750.000	15750.000	16233.640	16000.000	63.500	19.063	12.500	128.750	1853.75	1846.67
11	15750.000	15750.000	16236.140	16000.000	61.900	18.900	12.500	136.200	1858.00	1837.00
12	15750.000	15763.160	16252.630	16000.000	62.000	20.563	12.500	139.250	1833.75	1832.50
1～12	15644.300	15641.428	16125.699	15894.300	65.592	15.256	10.783	116.565	1661.924	1651.285

续表

品名 价格 月份	镍								钛	
	纽约 交易商 阴极镍 美元/磅	纽约 交易商 熔炼镍 美元/磅	LME 现货 美元/吨	LME 3个月期货 美元/吨	LME 结算 美元/吨	LME Y1 美元/吨	LME Y2 美元/吨	LME Y3 美元/吨	美国 美元/磅	
									70% 钛铁	切屑
1	5.201	5.201	9980.714	10032.500	9984.286	10329.520	10480.240	10632.620	1.750	0.450
2	5.427	5.427	10615.625	10669.375	10619.500	10977.250	11153.250	11299.750	1.750	0.475
3	5.169	5.169	10225.652	10277.065	10230.435	10585.650	10757.170	10894.350	1.750	0.475
4	4.887	4.887	9664.861	9721.806	9668.611	10036.940	10217.220	10354.440	1.844	0.513
5	4.671	4.671	9150.952	9190.476	9154.286	9479.050	9663.570	9800.000	1.875	0.538
6	4.475	4.395	8927.614	8982.045	8930.682	9252.270	9437.270	9574.550	1.875	0.550
7	4.603	4.603	9478.690	9525.714	9481.667	9778.100	9963.100	10106.430	2.000	0.575
8	5.258	5.258	10848.523	10901.818	10852.955	11142.730	11327.730	11477.730	2.130	0.600
9	5.490	5.490	11230.357	11306.548	11233.571	11561.670	11765.480	11943.330	2.150	0.600
10	5.616	5.616	11319.659	11377.500	11325.000	11633.640	11857.950	12048.410	2.150	0.600
11	5.892	5.892	11989.886	12046.023	11992.727	12248.860	12435.000	12611.360	2.150	0.600
12	5.719	5.719	11405.658	11459.474	11409.211	11656.840	11839.470	12006.580	2.150	0.600
1～12	5.151	5.144	10403.183	10457.529	10406.911	10723.543	10908.121	11062.463	1.965	0.548

附件：

1949—2017 年全国有色金属工业重要统计资料汇编
Statistics of Nonferrous Metals Industry 1949 ~ 2017

一、全国有色金属产量
Output of Nonferrous Metals

年份 year	十种有色金属产量（万吨） Ten Nonferrous Metals			铜（万吨） Copper			铝（万吨） Aluminium		
	总计 Tatol	矿产 Mine output	再生 Recovered metals	合计 Sum	矿产 Mine output	再生 Recovered copper	合计 Sum	矿产 Mine output	再生 Recovered Aluminium
1949	1. 33	1. 17	0. 16	0. 29	0. 19	0. 10	–	–	–
1950	3. 06	2. 22	0. 84	1. 05	0. 29	0. 76	–	–	–
1951	5. 68	3. 75	1. 93	2. 17	0. 42	1. 75	–	–	–
1952	7. 40	4. 73	2. 67	2. 95	0. 47	2. 48	–	–	–
1953	10. 30	6. 32	3. 98	4. 05	0. 67	3. 38	0. 04	0. 04	–
1954	12. 57	7. 58	4. 99	4. 68	0. 85	3. 83	0. 19	0. 19	–
1955	16. 48	11. 80	4. 68	4. 91	1. 21	3. 70	2. 07	2. 07	–
1956	21. 40	14. 71	6. 69	7. 03	1. 85	5. 18	2. 16	2. 15	0. 01
1957	21. 45	17. 08	4. 37	5. 28	2. 16	3. 12	2. 92	2. 89	0. 03
1958	31. 14	23. 98	7. 16	7. 11	3. 31	3. 80	4. 85	4. 77	0. 08
1959	40. 05	29. 77	10. 28	11. 69	4. 43	7. 26	7. 14	6. 84	0. 30
1960	40. 76	33. 87	6. 89	10. 03	5. 65	4. 38	12. 06	11. 41	0. 65
1961	21. 52	18. 58	2. 94	5. 34	3. 62	1. 72	6. 62	6. 30	0. 32
1962	26. 09	23. 37	2. 72	5. 84	4. 42	1. 42	7. 73	7. 41	0. 32
1963	30. 99	27. 05	3. 94	7. 83	5. 36	3. 74	9. 01	8. 70	0. 31
1964	38. 71	32. 93	5. 78	10. 58	7. 05	3. 53	10. 78	10. 35	0. 43
1965	46. 19	39. 90	6. 29	13. 31	9. 37	3. 94	13. 21	12. 81	0. 40
1966	55. 13	49. 42	5. 71	15. 90	12. 16	3. 74	16. 84	16. 64	0. 20
1967	47. 45	43. 13	4. 32	10. 42	7. 66	2. 76	18. 93	18. 70	0. 23
1968	34. 04	30. 80	3. 24	7. 51	5. 17	2. 34	12. 32	12. 10	0. 22
1969	54. 59	50. 14	4. 45	12. 58	9. 95	2. 63	18. 34	18. 09	0. 25
1970	71. 23	66. 27	4. 96	16. 53	13. 30	3. 23	23. 52	23. 21	0. 31
1971	82. 89	76. 48	5. 47	20. 69	16. 22	3. 53	28. 77	28. 37	0. 40
1972	86. 22	78. 08	5. 29	24. 12	17. 86	3. 41	28. 65	28. 30	0. 35
1973	92. 72	80. 39	5. 90	27. 23	17. 27	3. 53	28. 56	28. 27	0. 29
1974	73. 64	61. 38	7. 36	23. 47	13. 97	4. 60	21. 40	21. 15	0. 25
1975	81. 13	70. 23	7. 38	25. 77	17. 05	5. 20	22. 13	21. 75	0. 38
1976	73. 49	62. 16	7. 30	23. 68	14. 65	5. 00	21. 61	21. 31	0. 30
1977	81. 93	71. 30	7. 72	26. 45	18. 36	5. 18	21. 46	21. 12	0. 34

续表

年份 year	十种有色金属产量（万吨） Ten Nonferrous Metals			铜（万吨） Copper			铝（万吨） Aluminium		
	总计 Tatol	矿产 Mine output	再生 Recovered metals	合计 Sum	矿产 Mine output	再生 Recovered copper	合计 Sum	矿产 Mine output	再生 Recovered Aluminium
1978	99. 63	85. 83	9. 42	29. 89	19. 10	6. 41	30. 01	29. 61	0. 40
1979	113. 63	97. 61	11. 03	33. 71	20. 94	7. 78	36. 60	36. 23	0. 37
1980	124. 79	105. 54	11. 53	38. 36	22. 10	8. 54	39. 92	39. 60	0. 32
1981	126. 24	106. 53	15. 41	38. 62	22. 66	11. 66	39. 50	39. 05	0. 45
1982	125. 34	107. 20	15. 49	35. 13	21. 51	10. 97	40. 13	39. 64	0. 49
1983	132. 65	112. 37	15. 15	37. 00	21. 54	10. 33	44. 48	43. 98	0. 50
1984	144. 15	123. 74	16. 29	39. 23	24. 25	10. 86	47. 97	47. 20	0. 77
1985	155. 77	137. 73	14. 30	41. 26	26. 78	10. 74	52. 47	52. 25	0. 22
1986	169. 39	149. 84	15. 69	45. 60	30. 77	10. 97	56. 15	55. 54	0. 61
1987	188. 92	166. 57	20. 35	51. 64	35. 18	14. 46	61. 62	60. 87	0. 75
1988	204. 50	177. 12	26. 57	52. 50	31. 64	20. 05	71. 81	71. 21	0. 60
1989	219. 90	191. 66	28. 24	56. 16	33. 61	22. 55	75. 83	75. 13	0. 70
1990	239. 32	212. 24	26. 91	55. 87	34. 52	21. 18	85. 43	84. 71	0. 72
1991	259. 11	232. 37	26. 64	56. 00	37. 01	18. 89	96. 25	95. 52	0. 73
1992	299. 20	265. 91	31. 49	65. 90	40. 19	23. 95	109. 60	109. 06	0. 58
1993	343. 15	308. 15	31. 99	73. 03	45. 49	24. 54	125. 45	124. 19	1. 25
1994	394. 52	353. 49	41. 03	73. 61	46. 89	26. 72	149. 84	146. 22	3. 62
1995	496. 62	402. 36	94. 26	107. 97	61. 23	46. 74	186. 97	167. 61	19. 36
1996	523. 10	444. 95	78. 14	111. 91	69. 16	42. 75	190. 07	177. 09	12. 98
1997	581. 01	509. 43	71. 57	117. 94	80. 09	37. 85	217. 86	203. 50	14. 35
1998	616. 41	561. 63	54. 78	121. 13	87. 05	34. 08	243. 53	233. 57	9. 96
1999	694. 71	628. 25	66. 46	117. 42	83. 61	33. 81	280. 89	259. 84	21. 04
2000	783. 81	712. 09	71. 72	137. 11	102. 34	34. 77	298. 92	279. 41	19. 52
2001	883. 71	804. 16	79. 55	152. 33	121. 58	30. 75	357. 58	337. 14	20. 44
2002	1 012. 00	927. 65	84. 35	163. 25	125. 22	38. 03	451. 11	432. 13	18. 98
2003	1 228. 00	1 112. 40	115. 60	183. 63	141. 05	42. 58	596. 20	554. 69	41. 51
2004	1 430. 62	1 321. 62	109. 00	219. 87	157. 87	62. 00	668. 88	668. 88	–
2005	1 639. 02	1 509. 09	129. 93	260. 00	184. 60	75. 40	780. 60	780. 60	–
2006	1 915. 21	1 754. 74	160. 47	300. 32	198. 81	101. 51	935. 84	935. 84	–
2007	2 370. 05	2 187. 54	182. 51	349. 94	234. 52	115. 42	1 258. 83	1 258. 83	–
2008	2 550. 73	2 338. 32	212. 41	379. 46	258. 19	121. 27	1 317. 82	1 317. 82	–
2009	2 604. 43	2 351. 78	252. 65	405. 13	275. 10	130. 03	1 289. 05	1 289. 05	–
2010	3 136. 02	2 819. 07	316. 95	454. 03	292. 07	161. 96	1 624. 41	1 624. 41	–
2011	3 438. 86	3 100. 13	338. 73	516. 31	336. 25	180. 06	1 813. 47	–	–
2012	3 697. 04	3 358. 00	339. 04	587. 91	397. 07	190. 84	2 025. 1	–	–
2013	4 154. 17	3 766. 18	387. 99	666. 71	451. 08	215. 63	2 315. 54	–	–
2014	4 811. 19	4 410. 96	400. 23	764. 90	539. 42	225. 48	2 831. 67	–	–
2015	5 155. 94	4 747. 64	408. 28	796. 89	567. 17	229. 72	3 151 84	57. 75	–
2016	5 350. 91	4 942. 14	408. 77	845. 42	624. 52	220. 90	3 269. 81	–	629. 83
2017	5 653. 68	5 152. 52	501. 16	891. 51	661. 43	230. 08	351. 89	–	690. 41

续表

年份 year	铅（万吨）Lead			锌（万吨）Zinc			镍 Nickel（万吨）	锡 Tin（万吨）	锑 Antimony（万吨）	汞 Mercury（吨）	镁 Magnesium（吨）	钛 Titanium（吨）
	合计 Sum	矿产 Mine output	再生 Recovered Lead	合计 Sum	矿产 Mine output	再生 Recovered Zinc						
1949	0. 26	0. 21	0. 05	0. 02	0. 01	0. 01	–	0. 49	0. 28	–	–	–
1950	0. 49	0. 42	0. 07	0. 07	0. 06	0. 01	–	0. 86	0. 59	3	–	–
1951	0. 74	0. 57	0. 17	0. 47	0. 46	0. 01	–	1. 30	1. 00	52	–	–
1952	0. 89	0. 79	0. 10	0. 84	0. 83	0. 01	–	1. 42	1. 29	108	–	–
1953	1. 53	1. 14	0. 39	1. 40	1. 26	0. 14	–	1. 87	1. 43	226	–	–
1954	2. 74	1. 91	0. 83	1. 72	1. 61	0. 11	–	1. 71	1. 48	530	–	–
1955	3. 19	2. 60	0. 59	2. 33	2. 22	0. 11	0. 002	2. 47	1. 43	774	–	–
1956	5. 24	4. 04	1. 20	2. 97	2. 80	0. 17	0. 005	2. 65	1. 26	912	–	–
1957	5. 35	4. 46	0. 89	3. 66	3. 47	0. 19	0. 006	2. 75	1. 38	1 060	2	–
1958	9. 59	6. 68	2. 91	4. 48	4. 19	0. 29	0. 011	3. 14	1. 57	1 909	2 001	1
1959	10. 09	7. 94	2. 15	5. 01	4. 73	0. 28	0. 010	3. 68	1. 88	2 684	2 832	3
1960	8. 81	7. 44	1. 37	4. 46	4. 15	0. 31	0. 020	3. 25	1. 61	2 603	2 748	49
1961	3. 66	3. 14	0. 52	2. 22	2. 00	0. 22	0. 070	2. 55	0. 76	2 181	662	54
1962	5. 01	4. 39	0. 62	3. 64	3. 41	0. 23	0. 088	2. 47	0. 94	1 673	1 314	17
1963	5. 66	4. 90	0. 76	4. 41	4. 11	0. 30	0. 216	2. 43	1. 17	1 345	1 317	5
1964	7. 08	5. 99	1. 09	6. 11	5. 59	0. 52	0. 255	2. 42	1. 22	1 079	1 541	6
1965	8. 00	6. 79	1. 21	7. 20	6. 62	0. 58	0. 30	2. 37	1. 46	996	2 323	37
1966	9. 37	8. 91	0. 96	8. 08	7. 47	0. 61	0. 53	2. 59	1. 42	1 027	2 801	169
1967	7. 48	6. 81	0. 67	6. 27	5. 85	0. 42	0. 49	2. 24	1. 30	876	2 118	165
1968	5. 66	5. 32	0. 34	6. 09	9. 95	0. 14	0. 43	1. 13	0. 74	658	674	132
1969	9. 95	9. 02	0. 93	9. 40	8. 93	0. 47	0. 62	2. 30	1. 07	700	2 256	414
1970	12. 46	11. 95	0. 51	13. 34	12. 63	0. 71	1. 17	2. 17	1. 55	1 015	3 144	805
1971	13. 30	12. 75	0. 55	14. 22	13. 52	0. 70	1. 33	2. 28	1. 77	1 110	3 010	1 224
1972	13. 07	12. 62	0. 45	15. 18	14. 41	0. 77	1. 06	2. 29	1. 26	1 108	3 573	1 180
1973	14. 06	13. 24	0. 82	17. 31	16. 49	0. 82	1. 19	2. 14	1. 68	1 149	3 431	1 136
1974	11. 48	10. 55	0. 93	12. 29	11. 63	0. 66	1. 18	2. 26	1. 27	814	1 647	593
1975	12. 52	11. 46	1. 06	15. 42	15. 01	0. 41	1. 13	1. 90	1. 73	1 088	3 485	668
1976	11. 45	10. 19	1. 26	12. 68	12. 12	0. 56	0. 87	1. 21	1. 53	836	3 266	552
1977	14. 46	12. 94	1. 52	15. 24	14. 60	0. 64	0. 69	1. 40	1. 79	980	2 857	587
1978	14. 53	12. 67	1. 86	19. 98	19. 26	0. 72	1. 01	1. 62	2. 08	1 001	3 664	1 122
1979	16. 03	13. 84	2. 19	21. 67	21. 01	0. 66	1. 03	1. 69	2. 20	938	4 415	1 623
1980	17. 72	15. 78	1. 94	22. 74	22. 04	0. 70	1. 14	1. 71	2. 43	894	4 527	2 286
1981	18. 80	16. 43	2. 37	23. 29	22. 39	0. 90	1. 10	1. 63	2. 50	826	4 286	2 817
1982	20. 23	17. 11	3. 12	23. 79	22. 88	0. 91	1. 10	1. 87	2. 51	912	3 110	1 841

续表

年份 year	铅（万吨） Lead			锌（万吨） Zinc			镍 Nickel （万吨）	锡 Tin （万吨）	锑 Antimony （万吨）	汞 Mercury （吨）	镁 Magnesium （吨）	钛 Titanium （吨）
	合计 Sum	矿产 Mine output	再生 Recovered Lead	合计 Sum	矿产 Mine output	再生 Recovered Zinc						
1983	21.65	18.08	3.56	23.36	22.61	0.75	1.27	2.03	2.56	895	1 710	308
1984	22.46	18.66	3.80	27.04	26.17	0.87	1.80	2.28	2.98	972	2 087	959
1985	22.25	19.81	2.44	30.62	29.72	0.90	2.27	2.84	3.51	1 005	2 902	1 577
1986	23.96	21.12	2.84	33.62	32.35	1.27	2.32	2.98	4.23	1 186	2 815	1 446
1987	24.64	21.03	3.61	38.31	36.79	1.52	2.49	3.02	6.68	1 145	2 929	1 060
1988	24.14	20.60	3.54	42.54	40.19	2.35	2.56	2.95	7.47	936	3 175	1 045
1989	30.20	26.90	3.30	45.09	43.40	1.69	2.66	3.05	6.28	1 208	3 658	1 516
1990	29.65	26.83	2.82	55.18	52.98	2.20	2.75	3.58	6.00	930	5 852	1 913
1991	31.97	27.34	4.63	61.21	58.82	2.39	2.78	3.64	6.14	768	8 605	1 819
1992	36.60	31.77	4.83	71.90	69.87	2.02	3.08	3.96	6.81	580	10 546	1 714
1993	41.19	36.77	4.43	85.69	84.01	1.69	3.05	5.21	8.13	515	11 941	1 485
1994	46.79	40.80	5.99	101.71	97.64	4.07	3.13	6.78	10.12	466	24 060	853
1995	60.79	43.25	17.53	107.67	98.08	9.59	3.89	6.77	12.95	779	93 593	1 723
1996	70.62	56.26	14.36	118.48	111.20	7.28	4.46	7.15	12.82	508	73 177	2 129
1997	70.75	58.38	12.37	143.44	137.20	6.24	4.33	6.77	12.01	835	75 985	2 342
1998	75.69	66.45	9.23	148.63	147.13	1.50	4.0	7.93	8.20	225	70 464	22 461
1999	91.84	82.10	9.74	170.32	168.46	1.86	4.44	9.08	8.45	195	120 734	1 659
2000	109.99	99.79	10.20	195.70	188.72	6.97	5.09	11.24	11.33	203	142 096	1 905
2001	119.54	98.39	21.15	203.76	196.79	6.97	4.97	10.51	14.79	193	199 693	2 468
2002	132.47	107.25	25.22	215.51	213.43	2.08	5.24	8.18	12.32	495	235 000	3 648
2003	156.41	128.16	28.25	231.85	228.62	3.23	6.47	9.81	8.99	612	341 799	4 118
2004	193.45	150.95	42.50	271.95	267.47	4.48	7.58	11.53	12.53	1 140	442 362	4 809
2005	239.14	185.43	53.71	277.61	275.98	1.63	9.51	12.18	13.83	1 094	450 814	9 161
2006	271.49	212.78	58.71	316.27	314.76	1.51	10.19	13.21	14.04	759	519 704	18 037
2007	278.83	213.78	65.05	374.26	370.73	3.53	11.57	14.88	14.66	798	624 723	45 200
2008	345.18	256.30	88.88	404.23	400.53	3.70	12.87	13.99	15.81	1 333	555 185	57 244
2009	377.29	262.55	114.74	428.63	419.56	9.07	16.48	14.04	16.54	1 425	525 568	45 730
2010	415.75	279.40	136.35	520.89	503.36	17.53	15.86	14.90	19.26	1 585	650 779	56 848
2011	460.36	319.92	140.44	521.22	503.91	17.31	17.47	15.55	20.04	1 493	674 935	68 026
2012	459.09	322.53	136.56	488.11	476.62	11.49	19.68	14.79	24.20	1 347	698 238	82 120
2013	493.51	342.78	150.73	527.96	506.49	21.47	22.70	15.96	26.31	1 822	770 407	82 619
2014	470.43	317.31	153.12	580.70	559.4	21.30	24.67	18.71	25.71	2 259	873 649	68 167
2015	442.16	286.94	155.21	611.59	588.40	23.19	23.67	16.72	20.99	2 801	859 258	58 762
2016	460.39	294.08	166.31	619.60	598.21	21.39	22.17	18.25	21.03	3 482	872 768	66 263
2017	472.62	267.70	204.92	614.39	548.49	65.90	20.29	17.84	20.34	3 573	904 564	69 641

二、全国六种常用有色金属精矿含量

Metal Content of Six kinds of Nonferrous Metal Concentrates in China

年份 year	六种精矿含量							钨精矿含量（折三氧化钨65%）Tungsten content（convert into $WO_3$65%）（吨）	钼精矿含量（折纯钼45%）Molybde-mum content（convert into Mo 45%）（吨）	钴精矿含量 Cobalt content（吨）	铋精矿含量 Bismuth content（吨）
	合计 Sum（万吨）	铜 Copper（万吨）	铅 Lead（万吨）	锌 Zinc（万吨）	镍 Nickel（吨）	锡 Tin（吨）	锑 Antimony（吨）				
1949	0. 49	0. 21	0. 19	0. 04	—	1 843	—	3 402	1		
1950	1. 80	0. 46	0. 56	0. 16	—	3 568	4 265	10 440	683		
1951	2. 83	0. 66	0. 69	0. 33	—	5 967	6 593	16 362	2 005		
1952	4. 76	0. 75	0. 97	1. 27	—	12 259	7 840	21 806	3 228		
1953	6. 43	1. 08	1. 38	1. 57	—	17 254	11 036	25 594	3 978		
1954	8. 22	0. 91	2. 13	1. 86	—	20 326	14 594	28 257	4 398		
1955	10. 92	0. 70	3. 57	2. 54	—	24 644	10 753	32 612	5 188		
1956	13. 55	2. 41	5. 06	3. 20	—	26 324	9 933	35 680	5 619		
1957	15. 87	2. 63	5. 89	3. 61	—	27 204	11 913	37 369	5 503		
1958	25. 46	5. 65	10. 95	5. 65	18	34 546	16 306	55 903	7 455		
1959	29. 24	8. 16	9. 76	8. 01	88	39 660	18 833	60 850	10 064		
1960	34. 22	8. 29	12. 11	8. 49	726	32 072	16 001	55 215	10 044		
1961	16. 30	3. 40	4. 16	4. 13	944	28 533	8 489	27 114	3 985		
1962	15. 80	2. 84	3. 21	4. 56	582	25 763	8 988	23 809	4 561		
1963	21. 17	3. 54	5. 53	5. 95	548	25 583	13 258	25 288	5 331		
1964	23. 81	4. 73	5. 88	6. 56	890	24 883	15 645	30 789	4 764		
1965	28. 92	6. 82	7. 21	7. 82	1 784	23 253	16 919	32 764	5 142		
1966	37. 20	8. 50	8. 82	11. 46	4 468	24 696	11 025	35 916	5 609		
1967	31. 67	7. 55	8. 96	10. 70	4 189	22 543	12 501	34 506	4 877		
1968	19. 08	7. 68	5. 79	6. 50	2 422	12 589	4 361	25 149	3 913		
1969	37. 58	11. 03	10. 35	13. 25	5 085	23 267	7 665	30 006	5 332		
1970	51. 92	13. 25	14. 05	18. 17	9 971	24 573	16 600	33 967	6 475		
1971	60. 17	16. 50	15. 33	19. 84	13 318	24 839	21 165	38 528	7 323		
1972	61. 06	16. 15	15. 29	21. 52	9 731	24 960	15 282	36 215	7 632		
1973	63. 78	17. 76	16. 01	23. 02	10 306	24 760	22 909	37 819	8 178		
1974	53. 30	17. 38	13. 46	19. 33	9 949	23 004	18 127	35 281	8 528		
1975	60. 95	15. 57	14. 75	22. 68	10 875	20 390	23 594	36 227	8 247		
1976	52. 14	14. 83	11. 92	20. 12	10 634	12 765	21 190	30 539	8 479		
1977	57. 50	15. 15	13. 28	21. 98	9 311	14 175	22 418	34 731	7 021		
1978	67. 83	18. 28	15. 81	25. 21	11 391	17 839	25 391	38 426	8 352		
1979	71. 02	21. 70	16. 88	26. 89	12 008	18 375	25 116	43 950	9 348		
1980	73. 02	22. 13	17. 54	27. 57	12 485	18 460	26 812	45 665	9 977		
1981	70. 92	19. 84	17. 33	28. 18	12 634	17 878	25 240	46 162	10 040		
1982	70. 15	19. 65	17. 12	27. 54	11 628	20 153	26 685	37 367	10 478		

续表

年份 year	六种精矿含量							钨精矿含量（折三氧化钨65%）Tungsten content（convert into $WO_3$65%）（吨）	钼精矿含量（折纯钼45%）Molybde-mum content（convert into Mo 45%）（吨）	钴精矿含量 Cobalt content（吨）	铋精矿含量 Bismuth content（吨）
	合计 Sum（万吨）	铜 Copper（万吨）	铅 Lead（万吨）	锌 Zinc（万吨）	镍 Nickel（吨）	锡 Tin（吨）	锑 Antimony（吨）				
1983	74.94	19.80	19.43	29.03	17 191	21 152	28 462	35 300	12 325		
1984	80.58	21.39	20.26	31.30	22 468	22 804	30 949	39 936	16 632		
1985	96.81	23.98	23.05	39.50	27 205	29 785	46 032	48 781	20 205		
1986	97.87	25.35	22.68	39.57	28 650	34 221	39 770	50 319	23 414		
1987	113.64	27.82	26.72	45.92	30 631	35 662	66 403	53 200	29 769		
1988	125.95	28.19	31.17	52.73	32 750	38 252	67 633	59 063	29 560		
1989	139.73	29.91	34.14	62.04	34 299	40 895	61 220	58 915	35 742		
1990	155.31	29.59	36.39	76.31	33 204	42 204	54 795	62 810	32 875	249	1 055
1991	153.68	30.40	35.22	74.98	30 379	42 104	58 321	61 845	29 443	233	1 040
1992	155.86	33.43	33.02	75.81	32 756	43 847	59 427	49 287	43 618	255	820
1993	159.90	34.57	33.81	77.54	30 702	49 115	59 975	44 419	40 748	240	744
1994	202.98	39.56	46.19	99.03	36 908	54 076	21 005	52 374	47 536	61	610
1995	220.44	44.52	51.98	101.07	41 768	62 903	124 990	53 278	73 349	981	739
1996	244.61	43.91	64.31	112.14	43 846	69 719	128 948	51 684	65 823	192	610
1997	266.25	49.55	71.19	120.99	46 619	67 469	131 084	48 642	74 025	196	548
1998	255.68	48.68	58.05	127.32	48 687	70 142	97 429	46 287	66 743	239	624
1999	276.44	52.01	54.89	147.60	49 525	80 105	90 729	39 160	66 132	219	2 682
2000	328.14	59.26	65.95	178.03	50 347	99 362	99 273	45 477	63 933	91	1 122
2001	319.74	58.74	67.58	169.32	51 459	92 876	96 564	53 303	63 153	37	1 245
2002	300.86	56.81	64.07	162.41	53 735	61 687	60 205	69 677	67 436	969	698
2003	385.11	60.44	95.46	202.91	61 101	101 807	100 037	70 216	71 646	707	1 036
2004	444.98	74.22	99.72	239.12	75 621	118 245	125 433	116 302	85 427	1 253	1 857
2005	480.11	76.16	114.20	254.78	72 684	125 581	151 457	99 444	88 432	2 104	1 886
2006	540.87	87.29	133.06	284.42	82 142	126 259	152 632	87 277	95 888	1 833	1 515
2007	575.30	92.80	140.21	304.77	66 429	145 942	162 971	79 958	150 554	6 136	1 363
2008	608.85	107.61	140.27	334.26	79 461	85 457	102 295	97 316	191 323	6 626	1 453
2009	626.70	104.45	160.41	332.44	84 788	97 152	112 009	95 850	200 614	6 003	1 688
2010	727.30	115.58	198.13	384.22	79 756	91 418	122 689	99 514	214 664	6 382	1 589
2011	803.55	127.19	240.57	405.00	89 792	94 142	123 895	119 875	229 553	6 843	1 544
2012	934.22	155.15	261.32	485.91	93 300	90 971	135 629	120 283	268 647	7 498	2 494
2013	991.20	168.13	269.65	518.77	93 151	101 236	152 104	125 850	271 727	8 580	1 393
2014	981.18	174.13	260.86	511.84	101 067	102 052	140 389	126 820	285 639	9 619	1 490
2015	908.33	166.71	233.50	474.89	101 403	110 156	120 732	129 090	300 551	10 093	1 587
2016	877.06	153.70	179.60	471.05	100 219	97 165	107 525	124 078	287 460	9 293	1 672
2017	807.56	165.64	185.22	386.85	102 300	95 500	97 700	130 900	260 200	10 237	1 748

三、全国有色金属工业总产值
The Gross Value of Nonferrous Metals Industry Output

续表　　单位：亿元 （unit：10^2 million RMB）

年份 year	工业总产值（Gross value）		年份 year	工业总产值（Gross value）	
	按当年不变价计算 Fixed. price	按 1990 年不变价计算 Fixed price in 1990		按当年不变价计算 Fixed. price	按 1990 年不变价计算 Fixed price in 1990
1949	0.77	2.27	1983	139.47	310.20
1950	2.45	7.08	1984	155.61	344.88
1951	3.90	12.23	1985	180.05	396.37
1952	5.12	15.52	1986	195.62	430.46
1953	6.63	19.64	1987	210.38	460.40
1954	8.25	23.84	1988	214.20	464.29
1955	10.57	30.90	1989	226.27	488.56
1956	14.25	40.16	1990	229.48	502.32
1957	15.99	45.35	1991	544.09	544.09
1958	28.23	75.91	1992	618.80	591.70
1959	38.66	99.79	1993	754.70	639.50
1960	45.44	118.62	1994	922.53	670.81
1961	22.76	65.04	1995	1 294.22	672.05
1962	22.02	61.49	1996	975.66	736.18
1963	25.87	71.90	1997	1 024.42	847.91
1964	32.32	87.80	1998	1 009.03	884.57
1965	41.16	112.08	1999	1 866.78	1 667.36
1966	50.88	137.56	2000	2 294.25	1 922.90
1967	43.22	115.73	2001	2 456.14	2 180.95
1968	33.16	83.61	2002	2 740.81	2 549.71
1969	51.48	131.20	2003	3 715.60	3 238.69
1970	70.09	174.24	2004	5 657.48	
1971	85.07	207.31	2005	8 365.64	
1972	89.29	216.48	2006	13 755.45	–
1973	92.94	224.08	2007	19 139.81	–
1974	80.94	193.05	2008	22 166.98	–
1975	86.63	205.79	2009	21 622.59	–
1976	80.23	189.43	2010	29 579.33	–
1977	88.44	208.71	2011	37 285.30	–
1978	104.12	242.65	2012	–	–
1979	112.84	264.08	2013	–	–
1980	117.92	275.88	2014	–	–
1981	122.69	274.89	2015	–	–
1982	129.32	287.34	2016	–	–

注：1. 1999 年后的统计口径为全部国有企业及销售收入 500 万元以上非国有企业；从 2004 年起，均按当年不变价计算。

2. 从 2012 年起，不再统计工业总产值数据。

四、全国有色金属工业利税指标
Profit & Tax of Nonferrous Metals Industry

续表　　单位：万元　　（unit：10^4 RMB）

年份 year	实现利税总额 Profit & Tax	其中：利润总额 Profit
1949	8	-19
1950	862	844
1951	6 145	5 762
1952	10 203	8 872
1953	15 382	13 471
1954	17 353	15 695
1955	24 024	21 539
1956	32 765	28 492
1957	35 587	30 137
1958	73 301	61 565
1959	96 126	77 415
1960	118 474	94 164
1961	28 459	15 532
1962	27 372	14 261
1963	44 371	30 066
1964	69 504	51 821
1965	93 317	73 040
1966	120 560	96 442
1967	84 677	63 515
1968	33. 16	83. 61
1969	93 887	65 528
1970	156 368	117 822
1971	194 304	147 912
1972	183 656	136 914
1973	175 357	125 840
1974	123 741	80 848
1975	134 350	89 945
1976	105 152	64 078
1977	127 767	82 050
1978	176 981	122 219
1979	197 016	136 902
1980	201 451	141 407
1981	192 062	130 189
1982	199 640	131 680
1983	216 822	142 634
1984	236 421	153 221
1985	293 507	187 551
1986	343 409	218 081
1987	388 591	242 021
1988	491 348	301 028
1989	572 462	351 264
1990	471 496	256 043
1991	439 719	178 330
1992	513 239	202 386
1993	525 275	148 459
1994	623 215	202 843
1995	955 327	431 376
1996	371 430	-88 177
1997	394 492	-81 559
1998	39 880	-469 600
1999	1 048 900	233 100
2000	1 696 636	662 985
2001	1 772 970	713 659
2002	1 871 223	804 644
2003	3 018 900	1 620 589
2004	5 302 202	3 238 300
2005	8 974 984	5 599 839
2006	16 808 306	11 170 856
2007	22 886 254	14 636 572
2008	19 504 152	10 741 995
2009	17 665 278	10 347 388
2010	28 177 290	18 439 526
2011	35 338 773	23 808 782
2012	32 726 782	19 999 857
2013	29 324 506	17 136 535
2014	33 015 054	19 038 547
2015	-	161 678 148
2016	-	217 440 000
2017	-	229 832 558

注：1999 年后的统计口径为全部国有企业及年销售收入 500 万元以上非国有企业。

五、全国有色金属工业职工人数和工资
Mean income and Amount of Workers and Staff

年份 year	年末人数 (人) Workes & staff	工资总额 (万元) Total of Wages & Salary (10^4 yuan)	年平均工资 (元/人·年) Mean income/ per capita	货币劳动生产率 (元/人·元) currency productivity/ per capita
1949	48 995	1 651.00	510	6 971
1950	5 558	993.10	261	18 646
1951	79 495	2 355.70	389	20 143
1952	86 021	4 502.20	442	15 228
1953	111 335	6 197.00	475	18 462
1954	152 213	8 578.50	546	18 370
1955	159 198	10 152.00	606	20 322
1956	191 863	13 287.70	769	25 267
1957	211 994	15 245.60	747	25 145
1958	805 467	24 826.10	495	17 139
1959	513 470	34 292.40	631	20 809
1960	635 194	32 105.20	546	22 825
1961	489 463	32 558.80	600	13 579
1962	417 000	30 366.50	642	20 148
1963	366 624	28 994.10	759	23 166
1964	367 933	29 162.00	794	29 752
1965	363 831	29 197.40	798	41 649
1966	378 749	29 443.30	793	53 166
1967	412 000	30 167.10	775	34 137
1968	455 000	32 642.60	796	19 826
1969	490 000	35 059.50	760	28 028
1970	576 530	38 981.70	676	38 260
1971	656 755	43 226.70	701	41 900
1972	641 184	46 336.50	714	49 124
1973	650 775	45 024.80	697	49 146
1974	664 302	46 159.20	702	40 618
1975	680 337	46 121.20	686	43 060
1976	709 446	47 391.60	682	37 898
1977	724 060	48 739.20	688	40 389
1978	736 391	53 963.70	759	47 332
1979	862 550	70 921.73	833	34 101
1980	898 174	83 324.04	956	35 589

续表

年份 year	年末人数 （人） Workers & staff	工资总额 （万元） Total of Wages & Salary（10^4 yuan）	年平均工资 （元/人·年） Mean income/ per capita	货币劳动生产率 （元/人·元） currency productivity/ per capita
1981	1 034 478	93 287.46	952	32 440
1982	1 031 032	97 127.79	956	32 817
1983	1 169 398	112 898.64	981	35 661
1984	1 231 580	148 215.46	1 225	38 617
1985	1 261 524	172 112.30	1 390	43 285
1986	1 309 863	199 208.80	1 560	45 531
1987	1 333 523	230 748.20	1 762	47 357
1988	1 338 692	282 131.60	2 126	46 743
1989	1 351 413	325 349.60	2 440	47 019
1990	1 372 011	359 998.30	2 670	47 687
1991	1 404 254	393 170.56	2 847	50 789
1992	1 371 700	439 300.00	3 207	49 641
1993	1 289 627	515 800.00	3 952	53 715
1994	1 236 600	674 000.00	5 450	60 539
1995	345 604	696 300.00	6 877	58 517
1996	1 242 500	917 000.00	7 380	56 946
1997	1 178 900	912 400.00	7 604	63 179
1998	953 429	8 764	105 519	
1999	1 053 116	930 992.90	8 676	111 528
2000	–	–	–	–
2001	–	–	–	–
2002	–	–	–	–
2003	–	–	–	–
2004	–	–	–	–
2005	–	–	–	–
2006	–	–	–	–
2007	–	–	–	–
2008	–	–	–	–
2009	–	–	–	–
2010	–	–	–	–
2011	–	–	–	–
2012	–	–	–	–
2013	–	–	–	–
2014	–	–	–	–
2015	–	–	–	–
2016	–	–	–	–

注：自 2000 年起无统计数据。

六、全国有色金属工业固定资产投资

Fixed Assets Investment of Non-ferrous Metals Industry in China

单位：万元 （unit：10^4 RMB）

年　份	Year	固定资产投资合计 Fixed Investment	基本建设投资 Capital Construction Investment	更新改造投资 Reconstruction Inestment
国民经济恢复时期	renew period of national econorry	–	15 519	
“一五”计划时期	the first five year plan period	–	179 773	
“二五”计划时期	the second five year plan period	–	398 959	
三年调整时期	three years of adjust period	–	162 360	437 500
“三五”计划时期	the third five year plan period	–	318 024	
“四五”计划时期	the 4th five year plan period	–	366 286	
“五五”计划时期	the 5th five year plan period	–	408 171	
“六五”计划时期	the 6th five year plan period	954 650	624 645	330 005
1981		152 888	103 388	49 500
1982		156 994	99 241	57 753
1983		169 901	115 297	54 604
1984		199 997	134 566	65 431
1985		274 870	172 153	102 717
“七五”计划时期	the 7th five year plan period	2 317 690	1 122 910	1 194 780
1986		218 790	20 385	198 405
1987		482 602	239 116	243 486
1988		513 544	224 300	289 244
1989		445 159	222 558	222 601
1990		474 128	233 084	241 044
“八五”计划时期	the 8th five year plan period	4 595 392	1 998 729	2 596 663
1991		654 714	329 863	324 851
1992		731 660	325 786	405 874
1993		920 722	409 596	511 126
1994		1 126 535	490 197	636 338
1995		1 161 761	443 287	718 474
“九五”计划时期	the 9th five year plan period	–	–	–
1996		1 036 009	273 030	762 979
1997		1 024 006	286 198	737 808
1998		793 161	190 281	602 880
1999		867 200	240 900	626 300
2000		1 110 759	324 153	717 496
“十五”计划时期	the 10th five year plan period	–	–	–
2001		1 553 308	315 329	1 076 298
2002		1 859 740	486 286	1 280 344
2003		4 796 711	1 889 816	2 517 283
2004		6 336 830	–	–
2005		8 807 090	–	–
“十一五”计划时期	the 11th five year plan period	–	–	–
2006		11 826 626	–	–
2007		16 604 527	–	–
2008		23 655 945	–	–
2009		27 169 584	–	–
2010		36 391 593	–	–
“十二五”规划时期	the 12th five year plan period	–	–	–
2011		46 063 406	–	–
2012		55 062 200	–	–
2013		66 571 992	–	–
2014		69 470 340	–	–
2015		67 197 652	–	–
“十三五”规划时期	the 13th five year plan period	–	–	–
2016		62 280 300	–	–
2017		57 700 670	–	–

七、有色金属工业主要能源消耗

Major Enery Consumption of Nonferrons Metals Industry

年份 year	电力（亿千瓦时）electricity（10^8kWh）	煤炭（万吨）coal（10kt）	焦炭（万吨）coke（10kt）	燃料油（万吨）fuel oil（10kt）
1949				
1950				
1951				
1952				
1953				
1954				
1955				
1956				
1957				
1958				
1959				
1960				
1961				
1962				
1963				
1964				
1965				
1966				
1967				
1968				
1969				
1970				
1971				
1972				
1973				
1974	102. 78	302. 44		41. 33
1975	114. 04	353. 97		56. 25
1976	105. 70	306. 35		57. 71
1977	113. 63	350. 03		60. 68
1978	135. 35	410. 20	59. 40	62. 79
1979	148. 28	419. 16	63. 90	58. 11
1980	154. 30	435. 55	57. 63	53. 04
1981	155. 52	429. 54	58. 00	46. 50
1982	160. 21	457. 60	59. 93	47. 23
1983	163. 18	466. 81	66. 91	52. 08
1984	178. 65	496. 58	73. 73	52. 04
1985	194. 25	530. 22	73. 75	54. 14
1986	204. 42	559. 06	76. 73	61. 26
1987	221. 51	585. 93	85. 21	61. 16
1988	234. 21	629. 85	90. 89	58. 69
1989	246. 36	675. 13	100. 81	57. 89
1990	254. 59	736. 02	100. 82	53. 43
1991	280. 29	782. 19	108. 82	52. 58
1992	300. 10	839. 00	110. 40	54. 80
1993	355. 84	844. 09	177. 48	52. 26
1994	387. 39	896. 97	124. 44	47. 51
1995	426. 62	1 032. 85	147. 49	58. 26
1996	445. 65	1 103. 48	147. 74	53. 19
1997	487. 06	1 163. 65	160. 17	53. 24
1998	531. 54	1 101. 66	150. 75	44. 63
1999	542. 97	1 192. 97	160. 89	42. 60
2000	595. 57	1 210. 12	155. 18	48. 91
2001	662. 74	1 404. 87	162. 95	50. 52
2002	864. 03	1 433. 76	170. 44	53. 55
2003	1 051. 66	1 764. 56	158. 83	84. 18
2004	1 223. 40	1 908. 59	158. 59	56. 95
2005	1 419. 02	2 190. 74	171. 11	51. 34
2006	1 783. 47	2 794. 93	227. 26	58. 62
2007	2 107. 70	4 204. 75	270. 05	73. 50
2008	2 259. 13	4 378. 32	234. 32	73. 51
2009	2 361. 71	4 655. 73	275. 47	80. 43
2010	3 263. 04	7 313. 24	553. 95	96. 83
2011	3 658. 19	7 736. 72	475. 47	78. 77
2012	3 909. 11	7 520. 18	428. 94	63. 82
2013	4 415. 48	9 084. 83	394. 06	54. 79
2014	4 619. 43	11 533. 58	430. 44	52. 07
2015	5 243. 97	14 627. 74	371. 84	45. 76
2016	5 613. 49	16 383. 98	331. 23	41. 33
2017	5 906. 81	17 041. 03	322. 59	28. 82

八、全国有色金属工业进出口贸易额

Import & Export of Nonferrous Metals

unit：10^2 million USD

年 份 year	进出口贸易总额（亿美元） total volume of trade	出口总额（亿美元） volume of export	进口总额（亿美元） volume of import
1949			
1950	2. 87	1. 62	1. 25
1951	7. 44	4. 12	3. 32
1952	1. 18	0. 88	0. 30
1953	1. 59	1. 21	0. 38
1954	1. 73	1. 27	0. 46
1955	1. 88	1. 58	0. 30
1956	2. 00	1. 51	0. 49
1957	2. 17	1. 82	0. 35
1958	2. 44	1. 82	0. 62
1959	3. 01	1. 99	1. 02
1960	2. 85	1. 89	0. 96
1961	1. 91	1. 62	0. 29
1962	1. 56	1. 27	0. 29
1963	1. 34	1. 13	0. 21
1964	1. 31	0. 94	0. 37
1965	2. 09	0. 95	1. 14
1966	2. 80	0. 98	1. 82
1967	2. 54	0. 82	1. 72
1968	2. 55	0. 72	1. 83
1969	3. 37	0. 74	2. 63
1970	4. 80	0. 81	3. 99
1971	2. 83	1. 01	1. 82
1972	3. 23	1. 03	2. 20
1973	6. 28	1. 43	4. 85
1974	8. 80	2. 16	6. 64
1975	7. 19	2. 53	4. 66
1976	6. 80	2. 61	4. 19
1977	5. 99	2. 62	3. 37
1978	8. 08	2. 96	5. 12
1979	11. 57	4. 01	7. 56
1980	10. 39	4. 38	6. 01
1981	6. 50	4. 38	2. 12

续表

年　份 year	进出口贸易总额（亿美元） total volume of trade	出口总额（亿美元） volume of export	进口总额（亿美元） volume of import
1982	10. 16	4. 16	6. 00
1983	18. 83	3. 72	15. 11
1984	15. 01	3. 40	11. 61
1985	18. 96	4. 61	14. 35
1986	14. 52	4. 87	9. 65
1987	16. 70	8. 34	8. 36
1988	21. 13	11. 95	9. 18
1989	16. 67	8. 94	7. 73
1990	16. 92	9. 15	7. 77
1991	15. 23	8. 43	6. 80
1992	37. 92	10. 39	26. 90
1993	36. 46	11. 84	24. 62
1994	41. 42	18. 00	23. 42
1995	68. 35	27. 77	40. 71
1996	63. 60	20. 49	43. 11
1997	76. 60	31. 00	45. 11
1998	79. 10	30. 48	48. 62
1999	95. 54	31. 32	64. 22
2000	143. 11	43. 23	99. 88
2001	138. 2	39. 82	98. 38
2002	167. 84	58. 51	109. 33
2003	232. 88	80. 72	152. 16
2004	362. 00	131. 53	230. 47
2005	468. 37	164. 89	303. 48
2006	654. 30	239. 82	414. 48
2007	875. 08	263. 89	611. 19
2008	873. 65	260. 14	613. 51
2009	831. 97	172. 58	659. 39
2010	1 203. 42	282. 59	920. 83
2011	1 606. 77	431. 62	1 175. 15
2012	1 664. 31	515. 20	1 149. 11
2013	1 580. 74	547. 51	1 033. 23
2014	1 294. 63	300. 53	994. 10
2015	1 129. 04	273. 30	855. 74
2016	1 045. 23	279. 06	766. 17
2017	1 242. 44	273. 88	968. 56